에듀윌과 함께 시작하면,
당신도 합격할 수 있습니다!

대학 졸업을 앞두고 취업준비를 하며
물류관리사 시험을 준비하는 취준생

비전공자이지만 더 많은 기회를 만들기 위해
물류관리사에 도전하는 수험생

물류 관련 업체에서 일하면서 승진을 위해
물류관리사에 도전하는 주경야독 직장인

누구나 합격할 수 있습니다.
시작하겠다는 '다짐' 하나면 충분합니다.

마지막 페이지를 덮으면,

**에듀윌과 함께
물류관리사 합격이 시작됩니다.**

꿈을 실현하는 에듀윌
Real 합격 스토리

김○석 합격생

비전공자 도전, 결과는 합격이었습니다.

저는 비전공자였기에 4월 초에 접수해서 강의 전체를 하루 2~3시간씩 빠른 속도로 3회 이상 들었습니다. 물류 자체가 광범위해서 좀 어렵겠다는 생각이 들 수 있지만 시험은 역시나 이론적인 부분이 반복되기 때문에 중요한 부분 위주로 공부하면 됩니다. 고민하고 계시는 분들은 에듀윌 믿고 도전하시면 좋은 결과가 있을 겁니다.

김○섭 합격생

50대 직장인, 한번에 합격했습니다.

새로 맡은 물류부서에서 제대로 역할을 하기 위해서 물류관리사 자격증을 취득하였습니다. 시험은 모두 에듀윌 강의와 교재에서 충분히 커버되며, 핵심요약특강에서 제공되는 요약집을 잘 익혀 놓으면 분명히 평균 70점 이상으로 합격할 수 있을 것으로 보입니다. 헷갈리는 부분이 많기에 개념을 정확히 구분해 이해하는 것도 중요합니다. 제 후기가 도움되시길 바라며, 응시하시는 모든 분들이 합격하시길 바랍니다.

유○하 합격생

저도 했기 때문에, 누구나 할 수 있습니다.

공기업 가산점을 위해 4월부터 준비하였습니다. 물류관리론과 화물운송론, 보관하역론에서 고득점을 노렸고 상대적으로 어려운 국제물류와 물류관련법규는 평균만 넘기자는 전략으로 공부를 시작했습니다. 당시 공부에만 매진할 수 없는 상황이어서, 문제풀이보다는 개념 정리에 더 중점을 두고 공부하였고 결국 합격할 수 있었습니다. 에듀윌 커리큘럼에 잘 맞춰 따라가면 누구든 합격할 수 있습니다. 파이팅!

다음 합격의 주인공은 당신입니다!

더 많은 합격 비법

* 2023 대한민국 브랜드만족도 물류관리사 교육 1위(한경비즈니스)

에듀윌 물류관리사

1위 에듀윌만의
체계적인 합격 커리큘럼

원하는 시간과 장소에서, 1:1 관리까지 한번에
온라인 강의

① 전 과목 최신 교재 제공
② 업계 최강 교수진의 전 강의 수강 가능
③ 맞춤형 학습플랜 및 커리큘럼으로 효율적인 학습

쉽고 빠른 합격의 첫걸음
물류관리사 초보수험 가이드 무료 신청

물류관리사
초보수험가이드
무료신청

친구 추천 이벤트

"**친구 추천**하고 한 달 만에
920만원 받았어요"

친구 1명 추천할 때마다 현금 10만원 제공
추천 참여 횟수 무제한 반복 가능

친구 추천 이벤트
바로가기

※ *a*o*h**** 회원의 2021년 2월 실제 리워드 금액 기준
※ 해당 이벤트는 예고 없이 변경되거나 종료될 수 있습니다.

* 2023 대한민국 브랜드만족도 물류관리사 교육 1위(한경비즈니스)

나에게 맞는 최적 학습법
4주 합격 플래너

이론부터 기출까지 3회독 합격전략!

WEEK	DAY	학습내용	완료
1 WEEK	DAY 01	SUBJECT 01 물류관리론 PART 01~04	☐
	DAY 02	SUBJECT 01 물류관리론 PART 05~08	☐
	DAY 03	SUBJECT 02 화물운송론 PART 01~04	☐
	DAY 04	SUBJECT 02 화물운송론 PART 05~08	☐
	DAY 05	SUBJECT 03 국제물류론 PART 01~04	☐
	DAY 06	SUBJECT 04 보관하역론 PART 01~04	☐
	DAY 07	SUBJECT 04 보관하역론 PART 05~08	☐
2 WEEK	DAY 08	SUBJECT 05 물류관련법규 PART 01~04	☐
	DAY 09	SUBJECT 05 물류관련법규 PART 05~07	☐
	DAY 10	2025년 29회 기출문제	☐
	DAY 11	2024년 28회 기출문제	☐
	DAY 12	2023년 27회 기출문제	☐
	DAY 13	2022년 26회 기출문제	☐
	DAY 14	2021년 25회 기출문제 1회독	☐

WEEK	DAY	학습내용	완료
3 WEEK	DAY 15	오답정리	☐
	DAY 16	SUBJECT 01 물류관리론	☐
	DAY 17	SUBJECT 02 화물운송론	☐
	DAY 18	SUBJECT 03 국제물류론	☐
	DAY 19	SUBJECT 04 보관하역론	☐
	DAY 20	SUBJECT 05 물류관련법규	☐
	DAY 21	2025년~2024년 기출문제	☐
	DAY 22	2023년~2022년 기출문제	☐
	DAY 23	2021년 기출문제 2회독	☐
4 WEEK	DAY 24	오답정리	☐
	DAY 25	2025년~2023년 기출문제	☐
	DAY 26	2022년~2021년 기출문제 3회독	☐
	DAY 27	최신 2개년 기출 해설 무료특강	☐
	DAY 28	오답정리 & 최종복습	☐

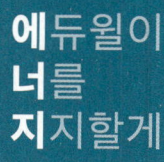

ENERGY

시작하라. 그 자체가 천재성이고,
힘이며, 마력이다.

– 요한 볼프강 폰 괴테(Johann Wolfgang von Goethe)

에듀윌 물류관리사

이론+기출 한권끝장

이론 1교시

INFORMATION
물류관리사 시험정보

01 물류관리사란?

물류의 표준화, 규격화, 정보화에 대하여 계획, 진단, 평가, 자문하고 물류 전략을 수립하는 등 유통/물류의 합리화와 원활화를 위한 업무를 담당하는 전문 인력입니다.

경영합리화에 공헌하여 기업 성장을 가속화시키고, 고객이 더 낮은 비용으로 더 좋은 서비스를 받을 수 있도록 할 뿐 아니라 국가 경쟁력을 강화시키는 데 중요한 역할을 합니다.

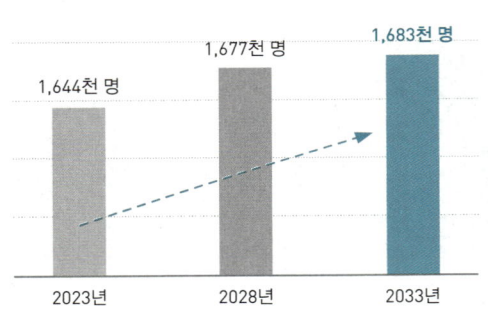

▲ 한국고용정보원 2023~2033년 중장기인력수급전망 및 추가 필요인력 전망 발췌(2025. 03. 17)

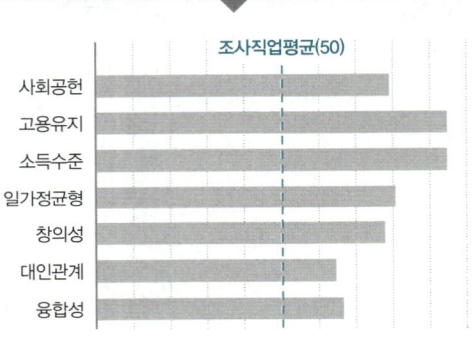

▲ 커리어넷 물류관리사 직업 전망 발췌(한국직업능력연구원, 맞춤형 취업지원을 위한 직업지표연구, 2020)

학점은행제 학점 인정!

학점 인정	20학점
자격직무분야	경영/회계/사무
표준교육과정 해당전공	• 학사: 경영학, 산업공학 • 전문학사: 경영

※ 학점인정 기준에 관한 더 자세한 안내는 평생교육진흥원의 학점은행 홈페이지 (https://www.cb.or.kr) 참조

취업 및 승진 우대!

대상	• 물류분야 공공기관 • 물류분야 일반기업
우대	• 자격증 소지자 우대 채용 (채용 시 가산점 부여) • 보수, 승진, 전보, 신분 보장 등에 우대

02 시험정보

교시	시험 과목	세부 사항	시험 시간	출제 형태	합격 기준
1교시	물류관리론	물류관리론 내의 「화물운송론」, 「보관하역론」 및 「국제물류론」은 제외	09:30~11:30 (120분)	과목당 40문항 총 200문항 (객관식 5지선다형)	매 과목 100점 만점에 40점 이상, 전 과목 평균 60점 이상
1교시	화물운송론	–	09:30~11:30 (120분)		
1교시	국제물류론	–	09:30~11:30 (120분)		
2교시	보관하역론	–	12:00~13:20 (80분)		
2교시	물류관련법규	「물류정책기본법」, 「물류시설의 개발 및 운영에 관한 법률」, 「화물자동차운수사업법」, 「항만운송사업법」, 「유통산업발전법」, 「철도사업법」, 「농수산물유통 및 가격안정에 관한 법률」 중 물류 관련 규정	12:00~13:20 (80분)		

※ 물류관련법규는 시험 시행일 현재 시행 중인 법령을 기준으로 출제함(단, 공포만 되고 시행되지 않은 법령은 제외)

03 응시정보

① 실시기관: 한국산업인력공단
② 응시자격: 제한없음
③ 응시료: 20,000원
④ 과목 면제: 물류관리론(화물운송론·보관하역론 및 국제물류론은 제외)·화물운송론·보관하역론 및 국제물류론에 관한 과목이 개설되어 있는 대학원에서 해당 과목을 모두 이수(학점을 취득한 경우로 한정한다)하고 석사학위 이상의 학위를 받은 자는 시험과목 중 물류관련법규를 제외한 과목의 시험을 면제함

※ 정확한 내용은 한국산업인력공단(Q-net) 참고

Why Eduwill?
에듀윌이 만들면 다릅니다.

1 시험 합격에 필요한 이론과 기출을 한권에 모두 담다!

이론 1교시 + 이론 2교시

물류관리사 시험은 객관식 5지선다의 필기시험으로 5개 과목을 총 2교시에 나누어 치르게 됩니다.
효과적인 학습을 위해 이론 전체 5개 과목을 실제 시험에 맞추어 1교시와 2교시 과목으로 분권하여 구성하였습니다.

이론 1교시: 물류관리론, 화물운송론, 국제물류론
이론 2교시: 보관하역론, 물류관련법규

5개년 기출

내용이 방대한 물류관리사 시험에 합격하기 위해선 기출문제의 유형을 파악할 필요가 있으며 이를 위해 5개년 정도의 기출문제를 풀어보는 것을 추천합니다.
에듀윌 물류관리사 교재에는 기출문제 학습에 필요한 모든 것을 담아 단기 합격이 가능하도록 하였습니다.

5개년 기출: 2025년~2021년 기출문제 및 해설

2 최신 개정사항 완벽 반영!

과락이 가장 많은 물류관련법규 과목 완전 정복

물류관리사 시험은 현재 시행중인 법률을 적용하기 때문에 개정되는 법령을 반영하여 학습하는 것이 매우 중요합니다. 에듀윌 물류관리사 한권끝장 교재에는 현재까지 발표된 모든 개정법령이 완벽하게 반영되어 있습니다.

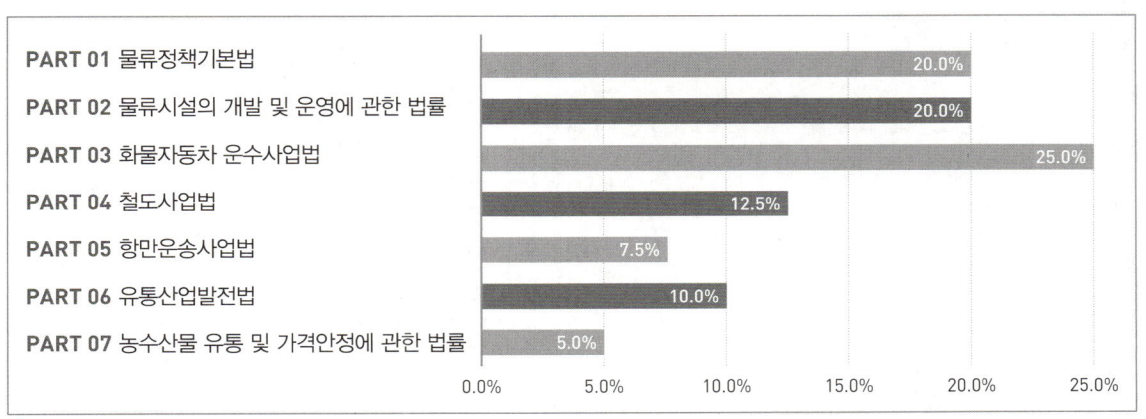

▲ 최근 5년간 주요 법규의 영역별 출제비

3 최신 2개년 기출해설 무료 제공

에듀윌 물류관리사 기출문제편에 수록된 최신 2개년 (29~28회) 기출문제의 해설 강의를 무료로 제공합니다.

강의 수강경로
에듀윌 도서몰(book.eduwill.net) →
로그인/회원가입 → 동영상강의실 →
물류관리사 검색

강의 바로보기

효과적인 학습을 위한 최적의 구성
2026 에듀윌 물류관리사 한권끝장

시험에 나오는 내용만을 정리한 핵심이론!

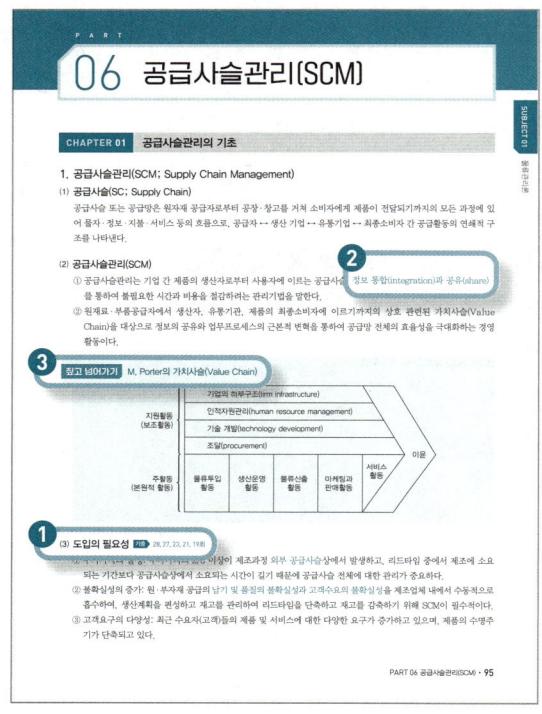

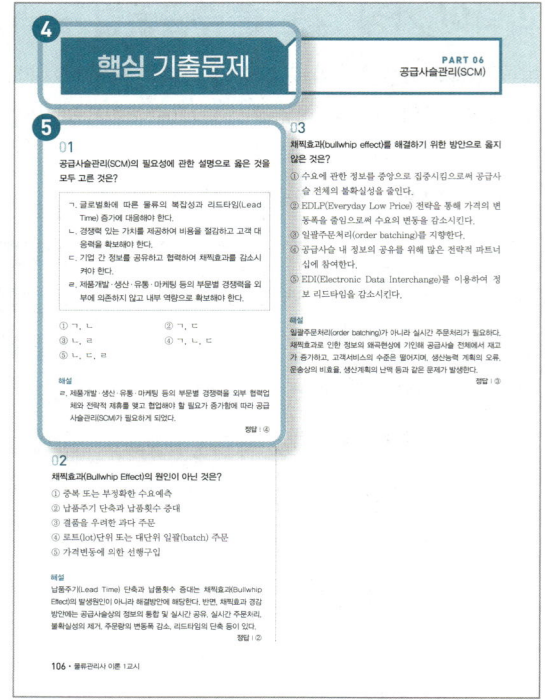

1. 최신 5개년 기출문제를 분석하여 필수이론을 정리하고, 기출 과 빈출 을 표기하여 학습의 편의를 높였습니다.

2. 효과적으로 공부할 수 있도록 중요 이론은 색자로 표시하였습니다.

3. 추가로 알아야 할 내용은 보충학습 , 짚고 넘어가기 로 정리하였습니다.

4. PART가 끝날 때마다 핵심 기출문제를 이론과 연계하여 수록하였습니다.

5. 핵심 기출문제는 이론의 진행 순서에 맞게 배치하였습니다.

" 시험에 나오는 중요이론과 핵심 기출문제로 한번에 끝내는 개념 "

상세한 해설을 수록한 기출문제!

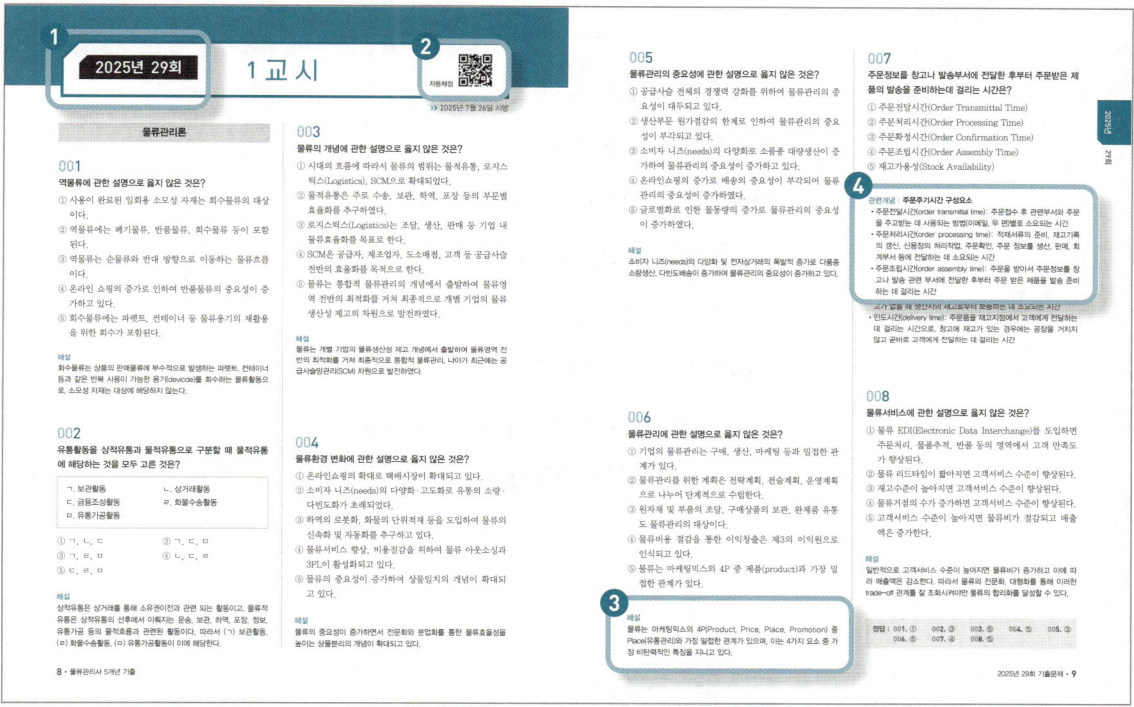

① 최신 5개년 기출 중 최신 기출문제부터 배치하여 물류관리사 시험의 최신 트렌드를 빠르게 파악할 수 있도록 하였습니다.

② 각 회당 자동채점 QR코드를 삽입하여 QR코드를 찍고 정답을 입력하면 자동채점과 성적 분석을 할 수 있습니다.

③ 개념 이해가 필요하거나 어려운 문제는 해설을 자세히 수록하여 이론을 다시 찾아보지 않아도 이해가 되도록 하였습니다.

④ 문제와 관련된 이론을 담아 부족한 이론 학습을 보충할 수 있도록 하였습니다.

" 시험합격을 위한 필수 콘텐츠
5개년 기출문제 "

차례 CONTENTS

SUBJECT 01 물류관리론

PART 01	물류관리총론	14
PART 02	물류경영	31
PART 03	물류표준화와 물류공동화	57
PART 04	물류정보화(정보시스템)	65
PART 05	물류비 회계	82
PART 06	공급사슬관리(SCM)	95
PART 07	친환경 녹색물류와 물류포장	110
PART 08	물류아웃소싱과 물류보안	123

SUBJECT 02 화물운송론

PART 01	화물운송의 기초	136
PART 02	공로운송	149
PART 03	철도운송	187
PART 04	해상운송	198
PART 05	항공운송	219
PART 06	국제복합운송	231
PART 07	유닛로드시스템(ULS)	238
PART 08	수·배송시스템의 합리화	247

SUBJECT 03 국제물류론

PART 01	국제물류 총론	274
PART 02	국제해상운송	308
PART 03	국제항공운송	345
PART 04	국제복합운송 및 국제물류보안	364

SUBJECT

01

물류관리론

PART 01 물류관리총론
PART 02 물류경영
PART 03 물류표준화와 물류공동화
PART 04 물류정보화(정보시스템)
PART 05 물류비 회계
PART 06 공급사슬관리(SCM)
PART 07 친환경 녹색물류와 물류포장
PART 08 물류아웃소싱과 물류보안

합격 GUIDE

물류관리론은 물류와 관련된 전반적인 내용을 담고 있어 다른 과목의 기초가 되는 과목입니다. 따라서 물류관리론을 조금 더 꼼꼼히 학습한다면 다른 과목의 내용을 이해하는 데 조금 더 수월해질 것으로 판단합니다.

1과목의 대부분의 문제는 물류관리론의 주요 이론을 다루기 때문에 모든 내용을 암기하는 것보다는 빈출이론 위주로 이해하며 기출문제를 반복 풀이하는 것이 효과적입니다. 최근에는 친환경, 보안의 중요성이 부각됨에 따라 이에 대한 문제들이 출제되고 있기 때문에 관련 내용을 학습하시면 좋습니다. 그 외에는 계산문제와 물류 경향문제, 매년 등장하는 새로운 이론과 용어 등이 출제되고 있습니다.

PART 01 물류관리총론

CHAPTER 01 물류관리

1. 물류관리의 개념과 중요성

(1) 유통과 물류와의 관계

① 유통(distribution)

생산자로부터 소비자에게 상품과 서비스의 이전을 통해 장소적, 시간적, 소유적 효용 등을 창조하는 활동으로, 생산과 소비를 이어주는 중간기능, 생산품의 사회적 이동에 관계되는 모든 경제활동을 뜻한다. 이는 상적유통(상류), 물적유통(물류), 정보·금융·표준화 등의 유통조성활동을 포함한다.

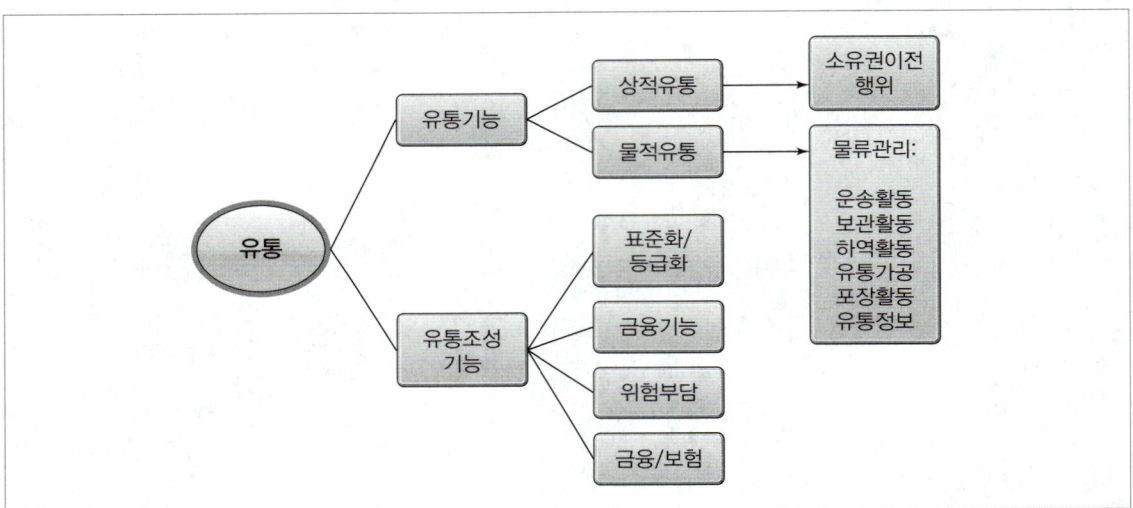

㉠ 상적유통(transactional distribution function): 소유권 이전과 관련되는 상거래활동으로 사회적 불일치 해소기능, 수량적 조정기능, 품질적 조정기능을 포함한다. 이에는 도·소매업, 중개업, 무역업 등이 있다.

㉡ 물적유통(physical distribution function): 물품을 이동시켜 공간적·시간적 효용을 창출하는 것으로 물자의 이동과 흐름을 의미한다. 즉, 생산자와 소비자 간의 장소적 격차를 해소시켜주는 운송기능과 시간적 차이를 조정해주는 보관기능뿐만 아니라 하역, 포장, 유통가공, 물류정보기능 등도 포함한다. 기출 29, 25회

㉢ 유통조성(facilitating marketing function): 표준화 및 등급화(규격화)기능, 금융기능, 보험기능, 위험부담기능, 시장정보기능 등을 포함한다.

② 물류 기출 27, 24회

㉠ 생산에서 소비에 이르는 물적인 흐름으로, 기업이 상품을 생산하여 고객에게 배달하기까지의 전 과정에서 장소와 시간의 효용을 창출하는 제반 활동이다.

㉡ 원료, 반제품, 완제품을 출발지에서 소비지까지 효율적으로 이동시키는 것을 계획·실현·통제하기 위한 두 가지 이상의 활동이다.

(2) **물류의 중요성** 기출 29, 27, 22회

① 제3의 이익원

최근 들어 물류비용 절감을 통한 기업의 이익창출은 제3의 이익원으로 기업 경쟁력 강화 측면에서 중요하게 인식되고 있다.

> **짚고 넘어가기** 이익원의 구분
> - 제1의 이익원(생산관리): 비용절감을 통한 이익창출
> - 제2의 이익원(마케팅관리): 매출액 증대를 통한 이익창출
> - 제3의 이익원(물류관리): 물류비 절감을 통한 이익창출

② 고객주문 다양화 및 고객서비스의 중요성 증가

최근 전자상거래(e-commerce)가 확대되어 소량·다빈도 주문횟수가 크게 증가하였고 이로 인해 물류의 중요성이 부각되고 있다.

③ 운송시간과 비용의 상승

글로벌 공급망 악화에 따른 원자재 가격 급등, 도로교통체증 및 전자상거래 급증에 따른 소량·다빈도배송 증가로 인하여 운송시간 및 비용상의 문제가 커지고 있다. 이런 경우 물류관리의 합리화를 통한 물류비 절감과 고객서비스 개선이 더욱 중요하다.

④ 제조부문 원가절감의 한계

생산관리와 인사관리·마케팅관리 등을 통한 원가절감이 한계에 도달하자 최후의 이익원으로, 물류관리가 매우 중요해지고 있다.

⑤ 경쟁력 강화를 위한 물류부문 우위확보 필요

기능적 물류활동뿐만 아니라 공급사슬 전체의 효율성을 높여 글로벌 경쟁력을 강화하기 위해 물류가 중요해지고 있다.

2. 물류관리의 목표 기출 26회

① 고객서비스의 개선을 통해 고객 니즈에 대한 대응 수준을 향상시키는 데 있다.
② 물류합리화를 통해 상충관계(Trade-Off)에 있는 물류비용과 고객서비스의 수준을 적정하게 조절함에 있다.
③ 물류비 절감을 통해 기업 이익을 추구하는 데 있다.
④ 물류활동의 계획과 실행, 통제 및 성과평가를 통해 기업의 경쟁력 및 공급사슬 전체의 효율성을 추구하는 데 있다.

CHAPTER 02 물류의 개념적 발전

1. 물류의 정의 (「물류정책기본법」제2조 제1호) 기출 26회

물류(物流)란 재화가 공급자로부터 조달·생산되어 수요자에게 전달되거나 소비자로부터 회수되어 폐기될 때까지 이루어지는 운송·보관·하역 등과 이에 부가되어 가치를 창출하는 가공·조립·분류·수리·포장·상표부착·판매·정보통신 등을 말한다.

2. 물류관리의 발전 기출▶ 29, 28, 27회

> 물적유통(physical distribution) → 로지스틱스(Logistics) → 공급사슬관리(Supply Chain Management)

(1) 과거의 물류
1960년대 물적유통에서는 운송·보관·포장·하역 등을 중심으로 하여 비용절감의 최적화가 우선순위였으나, 이후 비용절감뿐만 아니라 화주고객에 대한 서비스증진을 포함하여 전체 물류 프로세스를 효율화한 로지스틱스(logistics)개념이 등장하였다.

> **보충학습**
> **로지스틱스(logistics)**
> 병참이라는 군사용어에서 유래된 것으로 구매, 생산, 판매가 통합된 물류 개념을 의미

(2) 공급사슬관리의 등장 기출▶ 26회
① 최근에는 원료 공급자(supplier)에서 시작하여 생산, 유통, 최종 고객에 이르기까지 제품과 정보의 흐름을 통합(integration) 관리하기 위해, 기업 간 전략적 관계를 형성하고, 정보(information)를 공유(sharing)하며 협력(collaboration)하는 프로세스를 의미하는 공급사슬관리(SCM; Supply Chain Management) 개념이 등장하였다.
② 공급사슬관리가 등장하면서 기업 내·외부에 걸쳐 수요와 공급을 통합하여 물류를 최적화하는 개념으로 확장되었다.

(3) 물류개념의 발전단계 기출▶ 29회

물적유통	→	로지스틱스(Logistics)	→	SCM
운송·보관·하역 등 기능적 물류활동이 중심		물류의 기능적 활동 + 전략적인 고객서비스 강화		logistics개념 + 공급망 전체의 통합을 중시
비용절감 & 기능별 최적화		기업 내 물류 영역 전반의 최적화		공급망 전체 최적화, 장기적 파트너십, 정보공유
물류생산성 제고		상물분리		통합적 물류관리

3. 물류의 기본적 기능과 물류활동 기출▶ 26, 24, 15회

(1) 물류의 기본적 기능

장소적 기능	운송(transportation)을 통해 생산자와 소비자 간의 장소적 격차를 조정하여 장소적 효용을 발생시킴
시간적 기능	보관(storage)활동을 통해 재화의 생산되는 시기와 소비되는 시기의 불일치를 조정하는 시간적 효용을 창출
수량적 기능	집하, 수·배송, 중계기능 등을 통하여 수급불안정, 과잉생산 등 재화의 생산단위와 소비단위의 수량적 불일치 조정
가격적 기능	운송에서 유통가공, 물류정보활동 등을 통해 재화의 가격조정 및 인플레이션 안정화 역할을 담당
품질적 기능	생산자가 제공하는 재화와 소비자가 소비하는 재화의 품질을 가공, 조립, 포장기능 등을 통하여 조정하는 기능을 담당

(2) 물류활동
① 운송활동(수송 + 배송활동)
- 물류비용 중에서 가장 큰 비중을 차지하는 물류활동에 해당한다.
- 생산자와 소비자의 공간적 격차를 해소시키고, 재화와 용역의 효용가치를 낮은 곳(place)에서 높은 곳으로 이동시켜 장소적 효용을 증대시킨다.

② 보관활동
- 유통의 최전선으로서 고객서비스 기능까지도 포함한다.
- 재화와 용역의 시간적 격차를 해소하여 시간적 효용을 창출하고 생산과 소비를 결합시킨다.

③ 포장활동
- 생산의 종착점이자 물류의 출발점에 해당한다.
- 재화의 가치와 상태를 유지하는 작업으로 물류비 절감을 위한 중요 활동이다.
- 물자의 수·배송, 보관, 중계, 사용 등에 있어 적절한 재료, 용기 등을 이용하여 보호하고 상업적인 가치를 높이는 물류활동이다.

④ 하역활동
- 운반관리 개념으로 보관과 운송의 중간에 위치하여 물품 취급의 효율성을 높이는 활동이다.
- 물자를 취급(handling)하고 이동시키며, 상·하차하는 행위 등과 관련된 행위로 하역 자체의 가치보다도 운송과 보관의 효율향상을 위한 지원역할을 한다.

⑤ 물류정보
- 무형의 자원인 정보를 유통시키는 경제활동으로 물류활동 관련 정보를 제공하여 물류관리 기능을 연결시켜 물류관리의 효율화를 증진시킨다.

⑥ 유통가공
- 물품 자체의 기능을 변화시키지 않고 부가가치만을 부여한다.
- 유통과정에서 이루어지는 간단한 가공이나 조립, 재포장, 주문에 따른 소분작업 등의 기능을 수행한다.
- 유통가공활동의 목적은 판매촉진, 생산효율지원 및 물류합리화에 있다.

※ 물류의 기능적 활동 간에는 상충관계(trade-off)도 있기 때문에 기능들 간의 조화를 통한 시스템 통합화가 필요하다.

4. 물류관리전략

(1) **물류관리전략의 의의** 기출▶ 29, 27, 26, 23회
① 물류관리는 상충관계(Trade-Off)에 있는 물류비용과 고객서비스의 수준을 알맞게 조절하여 물류효율성을 제고함에 있다.
② 효과적인 물류관리전략은 유연성을 보유하면서 고객의 다양한 요구를 저렴한 비용으로 충족시킬 수 있도록 해야 한다.
③ 물류관리전략을 설정할 때 우선적으로 고려해야 할 사항은 고객의 니즈(Needs)를 파악하는 것이다.
④ 고객서비스를 평가하는 중요한 척도인 주문 후 인도 시까지의 소요시간, 고객 주문에 대한 제품의 가용성, 주문 처리의 정확성 등을 중점 관리한다.
⑤ 공급사슬관리(SCM)를 통해 구성원들 간 파트너십 관계를 구축하고 실시간 정보를 공유하며 협력을 통해 공급사슬 전체의 이익을 극대화한다.

(2) **물류관리의 전략적 중요성** 기출▶ 28, 27, 23, 17회
① 다품종 소량생산 시대의 도래로 물류비용이 증가하여 효율적인 물류관리 수단이 필요하다.
② 최근 물류관리의 목표는 전체 최적화의 관점에서 물류비용을 절감하고 나아가 고객서비스를 향상시켜 새로운 부가가치를 창출하고 수익을 증가시키는 것이다.
③ 물류의 통합이 기업의 경계를 넘어 공급사슬관리 전체로 확대됨에 따라 데이터와 프로세스의 표준화가 필요하다.
④ 전체적 효율화 및 부문 간 유기적인 결합을 위해 물류정보시스템 구축이 필요하다.
⑤ 기업의 물류관리는 구매, 생산, 영업, 마케팅 등의 활동과 상호 밀접하다.

(3) 통합물류관리 기출 16, 12회

① 통합물류관리(Integrated Logistics Management)는 조달·생산·판매를 하나의 일관 시스템으로 보고 생산계획, 고객서비스, 주문처리, 재고관리 등 물리적 재화의 흐름을 총체적으로 관리하는 것을 말한다.
② 통합물류관리는 고객에 대한 서비스의 최적화를 목표로 한다.
③ 통합물류관리기법으로는 공급사슬관리(SCM), 전사적 자원관리(ERP), 효율적 소비자 대응(QR, ECR) 등이 있다.

5. 물류관리의 기본원칙

(1) 물류관리 원칙 기출 28, 21, 20회

① 신뢰성 원칙: 생산, 유통, 소비에 필요한 물량을 원하는 시기와 장소에 공급하여 사용할 수 있도록 보장하는 원칙
② 경제성 원칙: 최소한의 자원으로 최대한의 물자공급 효과를 추구하여 물류관리비용을 최소화하는 원칙
③ 적시성 원칙: 필요한 수량만큼 필요한 시기에 공급하여 고객의 만족도를 향상시키고 재고비용을 최소화하는 원칙
④ 균형성 원칙: 생산, 유통, 소비에 필요한 물자의 수요와 공급 및 조달과 분배의 균형을 유지하는 원칙
⑤ 간편성 원칙: 물류계획, 물류조직, 물류수급 절차 등을 가장 간단·명료하고 단순화해야만 효율적이라는 원칙
⑥ 집중지원 원칙: 생산, 유통, 소비분야에서 물자가 요구되는 상황에 따라 물량, 장소, 시기의 우선순위별로 집중하여 제공하는 원칙
⑦ 보호의 원칙: 생산, 유통, 소비분야의 물자저장시설의 보호를 철저히 경계하고, 물자운송과정에서도 도난, 망실, 화재, 파손으로부터 보호되어야 한다는 원칙

(2) 7R의 원칙과 3S1L 원칙

① 스마이키의 7R의 원칙 기출 28, 27, 25, 22, 16회

스마이키(Smykey) 교수가 제안한 물류의 7R(Right)은 적절한 상품(Right Commodity), 적절한 가격(Right Price), 적절한 품질(Right Quality), 적절한 양(Right Quantity), 적절한 인상(Right Impression), 적시에(Right Time), 적정한 장소(Right Place)이다.

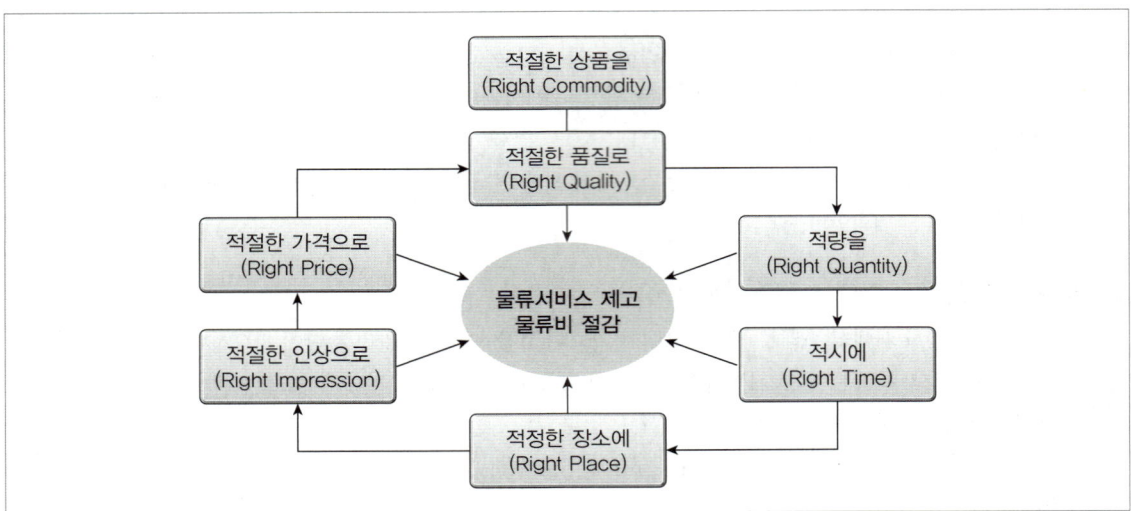

② 3S1L 원칙 기출 17, 8회

3S1L 원칙은 신속하게(Speedy), 확실하게(Surely), 안전하게(Safely), 저렴하게(Low cost)로, 기업이 소비자에게 필요한 물품을 필요한 시기에, 필요한 장소에, 적정한 가격으로 전달한다는 원칙이다.

CHAPTER 03 물류관리의 합리화

1. 물류합리화의 개념 및 필요성 기출 29회

(1) 물류합리화의 개념

① 물류합리화란 기업측면에서는 비용절감을 통해 이윤을 극대화하고, 고객측면에서는 적정수준의 서비스를 제공받음으로써, 사회 전체적으로 기업의 이익과 고객서비스 만족이라는 긍정적인 효과를 불러올 수 있도록 물류의 효율성을 높이는 것을 의미한다. 물류합리화를 달성하기 위해서는 물류의 표준화, 모듈화, 공동화, 상물분리, 제3자 물류활성화 등이 함께 수반되어야 한다.

② 물류합리화의 목표는 물류비용 절감과 고객서비스 향상에 있다. 이는 물류관리의 질적향상을 도모하기 위한 것이나 이 두 가지 목표는 조직 부분 간 상충관계(trade-off)에 있으므로 적정한 수준에서 결합시키는 것이 중요하다.

> **짚고 넘어가기** 물류활동의 상충관계(trade-off) 유형 기출 29, 17회
> - 물류비용 절감과 고객서비스 향상 간의 상충관계
> - 고객서비스 수준과 보관시설 수 간의 상충관계
> - 물류거점(물류센터) 수 증가에 따른 창고유지비용과 운송비 간 상충관계
> - 수송비용과 배송비용 간 상충관계
> - 재고유지비용과 운송비용 간 상충관계

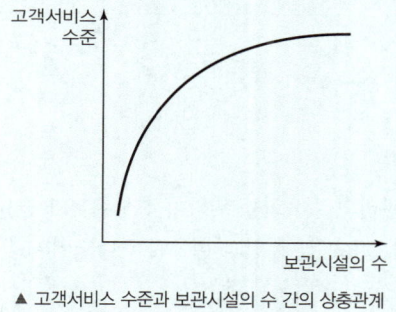

▲ 고객서비스 수준과 보관시설의 수 간의 상충관계

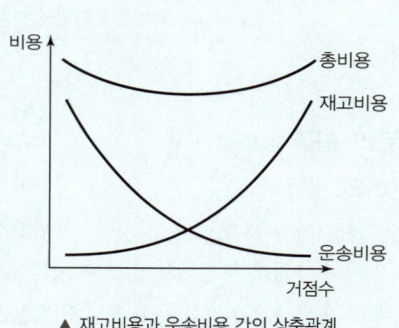

▲ 재고비용과 운송비용 간의 상충관계

(2) 물류합리화의 필요성

① 물류서비스 원가 상승에 대한 대응
② 복잡하고 글로벌화되는 소비자의 다양한 물류서비스 요구 변화에 대응
③ 물류거점의 집약화 등 산업계의 변화 요구에 대응
④ 고객욕구의 다양화·전문화·고도화로 제품수명주기가 짧아짐에 따라 다품종 소량생산체제로 변화하며 소로트, 다빈도 운송의 물류합리화가 요구됨

2. 물류합리화의 유형 기출 29, 22, 18회

① 생력형(省力形): 인적 노동력을 기계로 대체하여 합리화를 추진함으로써 인력의 절감을 주요 목적으로 한 형태
② 생지능형(生知能形): 물류전반에 걸쳐 지식기능을 갖춘 자동화로 업무량의 감소와 업무능력을 향상시킬 수 있음
③ 비용절감형: 단일 기계를 시스템화하여 효과적인 시스템을 만들어 비용을 절감하는 형태
④ 경영구조 혁신형: 기존 경영구조로부터 탈피하여 경영구조를 혁신하는 형태

3. 기능별 물류합리화 방안 기출 15회

물류 기능	기능별 물류합리화 방안
운송	• 수·배송차량, 장비의 현대화 지원 • 최적의 운송수단 선택 및 수·배송차량의 대형화 • ITS를 활용하여 복화운송 및 영차율 향상
보관	• 물류창고의 기계화와 자동화(창고관리시스템, WMS) 도입 • 물류정보화를 통한 재고관리기법의 개선 • 유통창고형으로 창고기능의 개선, 입출고 시스템 개선 • 전체 물류 네트워크를 고려한 거점별 물류센터 운영
하역	• 하역의 기계화·자동화, 표준화 및 단위화 • 불필요한 중복작업 제거 및 하역작업의 개선
포장	• 포장의 대형화·대량화·규격화·표준화 • 내용물의 보호기능을 유지하는 범위 내에서의 사양 변경을 통한 비용절감 • 양질의 포장재료 개발 및 포장을 고려한 제품설계
물류정보	• 인터넷을 통한 물류정보의 수집 및 활용 • EDI와 POS, RFID 시스템 구축 및 SCM을 통한 정보통합
물류조직	• 조직 내 물류 전담부서를 두어 통합적으로 관리 • 수준별 물류전략 수립 시 SCM 관점에서 전사적 계획을 수립 • 기업 상황에 적합한 조직형태 적용

4. 상물분리 기출 29, 27, 21, 15회

(1) 상물분리의 개념

최근 물류합리화의 중요 요소로 상품 판매력의 강화와 물류관리의 효율화를 위하여 상물분리가 중요시되고 있다. 상물분리는 물류합리화 관점에서 기존에 상류와 물류가 동일경로로 흘러 시간과 비용이 과다소비되던 문제를 상적유통경로와 물적유통경로로 분리하여 물류의 효율성을 높이려는 것을 말한다.

(2) 상물분리의 경제적 효과 기출 27회

기업은 상물분리를 통해 대량수송 및 수·배송 시간의 단축화와 재고의 집약화를 통해 최적재고를 달성함으로써 고객서비스를 향상시키고, 총물류비를 절감할 수 있다. 구체적인 효과는 다음과 같다.

① 전문화, 영업력 강화 및 물류전문화
② 물류비 절감 및 고객서비스 향상
③ 운송경로 단축 및 차량의 대형화로 운송비 절감
④ 수주의 통합으로 배송차량의 적재율 향상
⑤ 재고관리를 통한 재고의 편재, 과부족 해소
⑥ 물류활동 자체를 위한 물류합리화 가능(기계화, 자동화)
⑦ 유통혁신으로 저비용 고효율의 물류실현

CHAPTER 04 물류의 영역

1. 물류사업의 범위 기출 24회

※ 물류사업의 범위는 「물류정책기본법 시행령」 제3조(별표1)에 규정되어 있으며, 이밖에 「물류정책기본법」 제26조에 따라 고시된 기업물류비산정지침(물류회계)이 출제된다.

대분류	세분류	세세분류
화물 운송업	육상화물운송업	화물자동차운송사업, 화물자동차운송가맹사업, 철도사업
	해상화물운송업	외항정기화물운송사업, 외항부정기화물운송사업, 내항화물운송사업
	항공화물운송업	정기항공운송사업, 부정기항공운송사업, 상업서류송달업
	파이프라인운송업	파이프라인운송업
물류시설 운영업	창고업 (공동집배송센터운영업 포함)	일반창고업, 냉장 및 냉동 창고업, 농·수산물 창고업, 위험물품보관업, 그 밖의 창고업
	물류터미널운영업	복합물류터미널, 일반물류터미널, 해상터미널, 공항화물터미널, 화물차전용터미널, 컨테이너화물조작장(CFS), 컨테이너장치장(CY), 물류단지, 집배송단지 등 물류시설의 운영업
물류 서비스업	화물취급업 (하역업 포함)	화물의 하역, 포장, 가공, 조립, 상표부착, 프로그램 설치, 품질검사 등 부가적인 물류업
	화물주선업	국제물류주선업, 화물자동차운송주선사업
	물류장비임대업	운송장비임대업, 산업용 기계·장비 임대업, 운반용기임대업, 화물자동차임대업, 화물선박임대업, 화물항공기임대업, 운반·적치·하역장비 임대업, 컨테이너·파렛트 등 포장용기임대업, 선박대여업
	물류정보처리업	물류정보 데이터베이스 구축, 물류지원 SW개발·운영, 물류 관련 전자문서 처리업
	물류컨설팅업	물류 관련 업무프로세스 개선 관련 컨설팅, 자동창고, 물류자동화 설비 등 도입 관련 컨설팅, 물류 관련 정보시스템 도입 관련 컨설팅
	해운부대사업	해운대리점업, 해운중개업, 선박관리업
	항만운송관련업	항만용역업, 선용품공급업, 선박연료공급업, 선박수리업, 컨테이너 수리업, 예선업
	항만운송사업	항만하역사업, 검수사업, 감정사업, 검량사업
종합물류 서비스업	종합물류서비스업	종합물류서비스업

2. 물류의 영역별 분류

(1) 순물류(forwarding logistics) 빈출 28, 27, 26, 24, 23, 22, 20, 17, 16, 15회

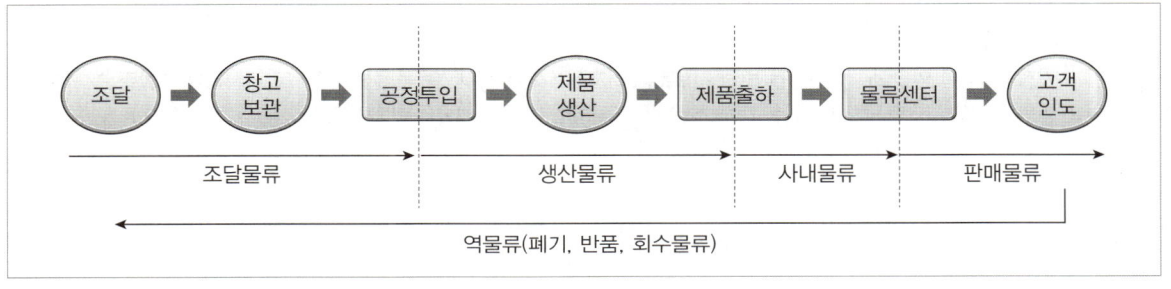

① 조달물류
    ㉠ 조달물류는 물류의 시발점에 해당한다.
    ㉡ 원부자재의 조달부터 매입자의 물품 보관창고에 입고·관리되어 생산 공정에 투입되기 직전까지의 물류활동을 말한다.
    ㉢ 조달물류의 중요성이 높아짐에 따라 구매(purchasing) → 조달(procurement) → 공급망(supply chain)의 개념으로 발전해 왔다.
② 생산물류
    ㉠ 원자재와 부품이 생산공정에 투입되고 제품이 생산되어 판매를 위해 출하되기 직전까지의 물류활동을 의미한다.
    ㉡ 생산물류의 핵심과제는 생산 리드타임의 단축 및 재고량 감축에 있다.
③ 사내물류
    제조업체에서 생산된 완제품의 출하에서부터 물류센터의 보관창고에 이르기까지의 물류활동을 말한다. 여기에는 물류센터에서의 입·출고와 보관활동이 포함된다.
④ 판매물류
    제품이 창고나 물류센터에서 판매를 위해 출하되어 소비자에게 인도되기까지의 물류활동을 의미한다.

(2) 역물류(reverse logistics) 빈출 29, 27, 26, 25, 24, 22, 20, 19, 17, 16, 15, 13회

역물류 또는 리버스물류는 순물류와는 반대방향으로 이동하는 물류흐름으로 소비자로부터 회수되거나 반품되는 제품이나 용기, 폐기물 등을 취급하는 물류활동이다. 최근 친환경 녹색물류와 관련성이 큰 분야이다.

① 종류
    ㉠ 폐기물류
        • 폐기물류는 원자재와 제품의 포장재 및 수·배송용기 등의 폐기물을 처분하기 위한 물류활동으로 그린물류, 환경물류로도 불린다.
        • 일회용 소모성 자재의 회수는 폐기물류에 해당한다.
    ㉡ 반품물류
        • 반품물류란 고객에게 판매된 제품이 하자 등의 이유로 교환되거나 공장으로 되돌아올 때까지의 물류를 뜻하며, 제품의 파손 또는 기능 소멸 등과 관련된다.
        • 고객요구 다양화 및 클레임 증가, 유통채널 간 경쟁 심화, 전자상거래 확대 등에 따라 중요성이 커지고 있다.
    ㉢ 회수물류
        • 회수물류는 상품판매 시 부수적으로 발생하는 파렛트, 컨테이너와 같은 물류용기(device)와 음료수 공병 등의 회수 및 재활용을 위한 물류활동을 말한다. 회수물류는 반품물류, 폐기물류와 함께 역물류에 해당하며, 친환경물류로 분류한다.
        • 운송용기의 재활용, 차량이나 가전제품의 리콜(recall) 등이 포함된다.

> **짚고 넘어가기** 정맥물류(회수물류)
> 정맥물류란 인간의 혈액순환을 빗댄 것으로 소비지에서 사용한 폐기물을 순환자원으로 리사이클 시설로 수송하고, 새롭게 재생산된 리사이클 제품을 다시 소비지로 수송하는 새로운 물류의 형태이다.

② 특징 기출 26, 19회

역물류의 대상은 품질이나 가격이 다르고, 고객 및 시장을 파악하기 어려워 물자의 수량이나 발생시기를 예측할 수 없고, 프로세스의 추적이나 가시성 확보가 어렵다. 또한 물류비용 파악이 복잡하며, 수작업이 많아 자동화가 곤란하다는 특징을 갖고 있다.

(3) 순물류와 역물류의 차이점 기출 24회

구분	순물류	역물류
품질	제품 품질이 일정함	제품 품질이 상이함
가격	제품 가격이 일정함	제품 가격이 상이함
회계	물류비용 파악이 용이함	물류비용 파악이 어려움
구성원	공급망 구성원 간의 거래조건이 단순함	공급망 구성원 간의 거래조건이 복잡하고 자동화가 어려움
제품수명주기	제품수명주기의 관리가 용이함	제품수명주기의 관리가 어려움

CHAPTER 05　물류시스템

1. 물류시스템의 개념과 목적 기출 26, 22회

(1) 물류시스템의 개념

① 물류시스템은 물류관리를 통해 물적 효용을 극대화하고 운송, 보관, 하역, 포장, 물류정보, 유통가공활동 등을 유기적으로 조정하여 전체를 하나의 통합시스템으로 관리하는 것을 뜻한다.
② 물류시스템은 물류관리의 목표인 물류비용의 절감과 고객서비스를 개선하기 위한 것이다. 다만 이 두 목표는 서로 상충관계(trade off)에 있으므로 물류서비스를 개선하면서도 물류비용을 절감할 수 있도록 적정한 수준에서 결합되어야 한다.

(2) 물류시스템의 의의

① 물류시스템은 보다 적은 물류비로 효용 창출을 극대화하기 위한 것이다.
② 생산지에서 소비지까지 연계되도록 물류시스템을 구축한다.
③ 물류시스템의 하부시스템으로는 수·배송시스템, 보관시스템, 하역시스템, 포장시스템, 정보시스템 등이 있으며, 이들을 유기적으로 연계하여 구축해야 한다.
④ 장기적이고 전략적인 계획을 물류시스템에 도입하여야 한다.
⑤ 물류 전체를 통합적인 시스템으로 구축하여 상충관계에서 발생하는 문제점을 해결하는 방안을 모색하여야 한다.

(3) 물류시스템의 목적 기출 21회

① 고객 주문 시 신속하게 물류서비스를 제공한다.
② 화물 분실, 오배송 등을 감소시켜 신뢰성 높은 운송기능을 수행할 수 있게 한다.
③ 화물 변질, 도난, 파손 등을 감소시켜 신뢰성 높은 보관기능을 수행할 수 있게 한다.
④ 물류서비스의 향상을 위해 적정 물류서비스의 수준을 결정한 후 이를 달성하기 위한 물류비용을 최소화한다.
⑤ 하역의 합리화로 운송과 보관 등의 기능이 향상되도록 한다.
⑥ 다양한 고객니즈를 충족시킬 수 있는 신속하고 효율적인 물류시스템 구축이 필요하다.

2. 물류시스템 설계 시 고려사항 [기출] 24, 17회

기업이 최대의 부가가치를 창출하기 위해서는 비용 감축과 동시에 고객이 만족하는 서비스 수준에 도달할 수 있도록 해야 한다. 이를 위해서는 다음의 내용을 고려하여 물류시스템을 구축해야 한다.

① 고객서비스 수준 개선과 물류비 절감의 상충관계 고려
② 공동수·배송으로 인한 물류비 절감과 리드타임 증가 간의 상충관계 고려
③ 고객의 수요에 따른 재고수준 결정과 운송수단 및 운송경로결정 고려
④ ISO 14001을 통하여 환경친화적 물류시스템과 관련된 방침, 목표 등 고려
⑤ 과잉포장을 개선하여 물류활동으로 발생되는 폐기물의 최소화 및 용기의 표준화 지향
⑥ 고객서비스 관점에서 미배송 잔량을 체크하여 주문충족의 완전성 확보

3. 물류시스템의 구축

(1) 구축방향 [기출] 19회

① 수·배송, 포장, 보관, 하역 등 주요 부문을 유기적으로 연계하여 구축하여야 한다.
② 물류시스템의 구축은 기존의 물류제도나 절차를 개선하여 물류비용의 절감과 고객서비스의 향상을 추구하는 방향으로 이루어지는 것이 바람직하다.
③ 기업 이익을 최대화할 수 있는 방향으로 설계되어야 한다.
④ 장기적이고 전략적인 사고를 물류시스템에 도입하여야 한다.
⑤ 물류 전체를 통합적인 시스템으로 구축하여 상충관계에서 발생하는 문제점을 해결하는 방안을 모색하여야 한다.

(2) 구축절차 [기출] 18회

> 시스템의 목표와 제약조건 설정 → 시스템 구축 전담조직 구성 → 데이터 수집 → 데이터 분석 → 모델구축 및 시스템 적용 → 시스템 유지·관리

4. 물류거점 수와 비용과의 관계 [기출] 27, 17, 16회

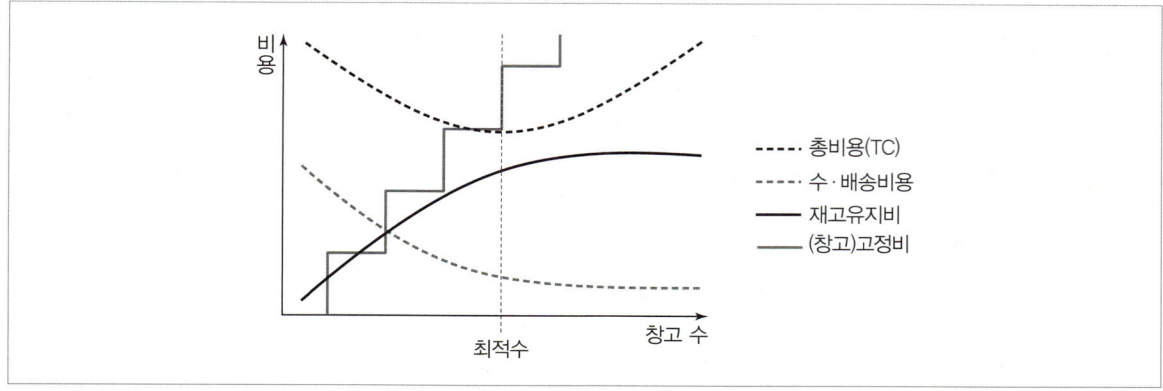

① 물류거점 수(창고의 수)가 증가함에 따라 거점비용이 증가한다.(창고 유지비의 증가 및 불확실한 수요에 대한 안전재고의 증가) 이에 총비용은 감소하다가 증가한다.

② 분포한 물류창고의 수가 많을수록 빈도수가 높은 배송비송은 크게 감소한다. 반면 공장으로부터 창고까지의 수송비용은 증가한 창고 수에 비례히여 증가한다.
③ 분포한 물류창고의 수가 많을수록 보관하는 재고량이 늘어나 재고유지비용이 증가한다.
④ 물류창고 수가 늘어날수록 수·배송 리드타임 감소 → 운송비는 감소하고 고객서비스는 증가한다.
⑤ 위 그래프에서 물류기업이 선택해야 할 최적점은 재고비와 운송비가 교차하는 것과 동시에 고객서비스도 높은 총비용의 최소점을 선택한다.

CHAPTER 06 물류환경의 변화

1. 물류환경 변화의 요인 기출 29, 28, 22, 18, 17, 16회

① 기업활동에서 제조부문의 원가절감이 한계에 부딪침
② 물류비용의 절감과 서비스 향상이 기업경쟁력의 핵심요소로 인식
③ 고객 요구의 다양화·전문화·고도화에 따른 적절한 대응의 필요성
④ 기업 간의 경쟁우위를 확보하기 위한 물류부문 변화의 필요성
⑤ 재고비 증가, 운송시간과 비용의 상승
⑥ 다품종, 소량, 다빈도, 신속, 정시, 유통가공의 지속적 증가
⑦ 운송, 보관, 하역, 포장 및 물류정보 기술의 지속적인 발전
⑧ 생산혁신 및 마케팅을 통한 이익실현의 한계
⑨ 글로벌화로 인해 국제물류의 범위 확대
⑩ 에너지 절감, 친환경 물류, 안전·보안을 강화한 물류의 필요성 증가
⑪ 전자상거래시장의 폭발적 규모 증대에 따른 택배물량의 증가

2. 최근 물류환경 변화 추세 기출 27, 25, 24, 23, 20회

① 기업 핵심역량 강화를 위해 물류기능을 물류전문업체에 아웃소싱하는 제3자물류(3PL)와 제4자물류(4PL)의 활용이 크게 증가하고 있다.
② 제조업 중심의 생산자 물류에서 고객 중심의 소비자 물류로 전환되고 있어, 다품종 소량생산, 다빈도 배송이 중요시되고 있다.
③ 전자상거래의 성장으로 택배시장, 당일배송 등의 신속한 물류서비스 경쟁이 심화되고 있다.
④ 물류기술의 고도화 및 물류정보화의 진전으로 IoT와 인공지능 등에 기반을 둔 스마트팩토리를 통해 고객맞춤형, 다품종·소량생산·다빈도화를 촉진하고 있다.
⑤ 유통시장 개방 및 유통의 대형화로 유통채널의 주도권이 제조업체에서 유통업체로 이전되고 있다.
⑥ 유통가공 및 맞춤형 물류기능 확대 등 고부가가치 물류서비스가 발전하고 있다.
⑦ 고객맞춤형 기능 제공 등 고부가가치 물류서비스가 확산되고 있다.
⑧ 환경문제가 중시되는 가운데 그린물류에 대한 관심이 높아지고 있다.
⑨ 물류국제화가 진행되어 국내시장에서도 세계적인 물류기업과의 경쟁이 심화되고 있다.
⑩ CRM, SCM 등의 정보기술을 이용한 물류관리체계의 합리화가 정착되고 있다.
⑪ 최종 사용자 중심의 부가가치개념을 중시하여 e-Logistics, e-SCM, e-Marketplace 등이 등장하고 있다.

CHAPTER 07 「2030 국가물류기본계획」의 목표 및 추진전략 기출 19, 15, 13회

전략		세부목표
〈전략 1〉 첨단 스마트 기술기반 물류시스템 구축과 디지털 전환 추진	1.1	R&D 상용화
	1.2	물류 R&D 투자
	1.3	물류 정보화 향상
〈전략 2〉 단절 없는 물류서비스 위한 공유·연계 인프라 및 네트워크 구축	2.1	도시 물류 인프라 재정비
	2.2	공·항만 배후단지 투자 유치 활성화
	2.3	연계수송네트워크 구축
	2.4	지역 물류 인프라 확충
〈전략 3〉 사람중심 좋은 일자리 마련과 수요자 관점의 고품질 물류서비스 창출	3.1	전문물류인력 확보
	3.2	택배 서비스 수준
	3.3	물류산업 안전 향상
	3.4	물류산업 일자리 증가
〈전략 4〉 지속가능한 물류산업 환경 조성	4.1	공동화 제고
	4.2	친환경 운송수단 보급
	4.3	대량운송수단 활용 제고
	4.4	영업용 중심 도로 화물 수송 체계 구축
	4.5	자발적 기업참여 유도
	4.6	글로벌 환경규제 대응
	4.7	재난·재해 대응 물류체계
〈전략 5〉 새로운 수요 대응 위한 물류산업 경쟁력 강화 및 체질 개선	5.1	국가물류비 절감
	5.2	글로벌 물류기업 육성
	5.3	물류기업의 수익성 제고
	5.4	물류시장의 확대
	5.5	물류 새싹기업 육성
	5.6	중소물류기업의 경쟁력 제고
	5.7	택배시장규모
〈전략 6〉 글로벌 경제지도 변화에 따른 전략적 해외 시장 진출	6.1	공·항만 허브기능 역량 강화
	6.2	국가물류서비스 품질 제고
	6.3	글로벌네트워크 구축
	6.4	물류기업의 해외매출 확대
	6.5	해운시장 국제경쟁력 강화

핵심 기출문제

PART 01 물류관리총론

01
유통활동을 상적유통과 물적유통으로 구분할 때 물적유통에 해당하는 것을 모두 고른 것은?

| ㄱ. 거래활동 | ㄴ. 보관활동 |
| ㄷ. 표준화 활동 | ㄹ. 정보관리 활동 |

① ㄱ, ㄴ
② ㄱ, ㄹ
③ ㄴ, ㄷ
④ ㄴ, ㄹ
⑤ ㄷ, ㄹ

해설
물적유통의 대표적인 활동으로는 운송, 보관, 하역, 물류정보, 유통가공, 포장활동 등이 있다.
상적유통은 재화·서비스 거래로 인한 소유권 이전과 관련된 활동으로 매매, 중개, 무역행위 등이 있으며, 유통조성기능에는 표준화, 금융기능, 보험기능, 위험부담기능, 시장정보기능 등이 있다.

정답 | ④

02
물류의 기본적 기능에 관한 설명으로 가장 거리가 먼 것은?

① 장소적 간격을 극복하여 준다.
② 시간의 불일치를 조정하여 준다.
③ 물류는 운송에서 정보활동에 이르기까지 가격 조정기능과 관련되어 있다.
④ 집하, 운송, 보관기능을 통해 재화의 품질을 조정한다.
⑤ 생산과 소비의 수량 불일치를 조정하여 준다.

해설
집하, 보관기능은 수량적 불일치를 조정하는 기능이다. 재화의 품질을 조정하는 기능은 가공, 조립, 포장기능을 통해서 이루어진다.

정답 | ④

03
물류관리의 필요성과 원칙에 관한 설명으로 옳지 않은 것은?

① 신속, 저렴, 안전, 확실하게 물품을 거래 상대방에게 전달해야 한다.
② TV 홈쇼핑과 온라인상에서 다양한 형태의 재고정보를 제공함으로써 매출액 증가를 가져올 수 있다.
③ 효율적인 물류관리를 통하여 해당 기업은 비용을 절감하고 서비스 수준을 향상시킬 수 있다.
④ 고객서비스 향상과 물류비용 절감이라는 상반된 목표를 달성하기 위하여 물류 단위기능별 부분최적화를 추구한다.
⑤ 물류관리 목적 달성을 위하여 고객서비스 제공과정에서 7R 원칙이 강조되고 있다.

해설
최근 물류관리의 목표는 기능별 부분최적화가 아니라 전체 최적화 관점에서 물류비용을 절감하고 고객서비스 개선을 통해 새로운 부가가치를 창출하고 수익을 증가시키는 것이다

정답 | ④

04
물류관리 원칙에 관한 설명으로 옳지 않은 것은?

① 신뢰성: 생산, 유통, 소비에 필요한 물량을 원하는 시기와 장소에 공급하여 사용할 수 있도록 보장하는 원칙
② 단순성: 생산, 유통, 소비분야에서 물자가 요구되는 상황에 따라 물량, 장소, 시기의 우선순위별로 집중하여 제공하는 원칙
③ 적시성: 필요한 수량만큼 필요한 시기에 공급하여 고객의 만족도를 향상시키고 재고비용을 최소화하는 원칙
④ 경제성: 최소한의 자원으로 최대한의 물자공급 효과를 추구하여 물류관리비용을 최소화하는 원칙
⑤ 균형성: 생산, 유통, 소비에 필요한 물자의 수요와 공급 및 조달과 분배의 균형을 유지하는 원칙

해설
생산, 유통, 소비분야에서 물자가 요구되는 상황에 따라 물량, 장소, 시기의 우선순위별로 집중하여 제공하는 원칙은 집중지원 원칙이다.

정답 | ②

05

고객이 요구하는 수준의 서비스 제공이라는 물류의 목적 달성을 위한 7R의 원칙에 해당되지 않는 것은?

① Right time ② Right place
③ Right impression ④ Right promotion
⑤ Right quantity

해설
물류의 7R은 적정한 제품(Right Commodity), 적당한 가격(Right Price), 적절한 품질(Right Quality), 적절한 양(Right Quantity), 적절한 인상(Right Impression), 적시에(Right Time), 적정한 장소(Right Place)를 의미한다.

정답 | ④

06

물류서비스에 관한 설명으로 옳지 않은 것은?

① 물류서비스와 물류비용 사이에는 상충관계(Trade-Off)가 존재한다.
② 서비스 수준의 향상에 따라 총매출이 증가하므로 이익을 최대화하기 위해서 서비스 수준을 높이는 것이 중요하다.
③ 전자상거래의 확산으로 유통배송단계가 점점 줄어들고, 고객맞춤형 물류서비스가 강조되고 있다.
④ 물류관리자는 이익 창출을 위해 비용 절감과 물류서비스의 향상에 주력한다.
⑤ 물류서비스 향상을 효율적으로 실행하기 위해서는 3S1L원칙과 7R원칙을 고려해야 한다.

해설
물류서비스와 물류비용 사이에는 상충관계(Trade-off)가 존재하므로, 물류서비스 수준은 최대화가 아니라 적정화가 중요하다. 따라서 제공되는 서비스 수준은 적정한 비용의 범위 내에서 결정되어야 한다.

정답 | ②

07

물류활동에 관한 설명으로 옳지 않은 것은?

① 하역은 보관과 수송의 양단에 있는 물품의 취급을 말한다.
② 보관은 생산과 소비의 시간적 효용을 창출한다.
③ 유통가공은 물품 자체의 기능을 변화시키고 부가가치를 부여한다.
④ 물류관리는 물류활동에 대한 계획, 조정, 통제활동이다.
⑤ 수송은 국가물류비용 중에서 가장 큰 비중을 차지하는 영역이다.

해설
유통가공은 물품 자체의 기능은 변화시키지 않고 부가가치를 부여한다. 유통가공은 유통단계에서 간단한 가공이나 조립, 재포장, 주문에 따른 소분작업 등 동일기능의 형태이전을 위한 작업을 의미하며, 고객의 요구에 보다 부합되기 위한 물류활동으로 부가가치 증가와 직결되는 활동이다.

정답 | ③

08

물류의 영역별 분류에 관한 설명으로 옳은 것은?

① 조달물류는 생산업체에서 생산된 제품이 출하되어 판매창고에 보관될 때까지의 물류활동이다.
② 생산물류는 반환된 제품의 운반, 분류, 정리, 보관과 관련된 물류활동이다.
③ 사내물류는 완제품이 출하되어 고객에게 인도될 때까지의 물류활동이다.
④ 판매물류는 생산에 필요한 원자재나 부품이 협력회사나 도매업자로부터 제조업자의 자재창고에 운송되어 생산공정에 투입되기 전까지의 물류활동이다.
⑤ 회수물류는 제품이나 상품의 판매활동에 부수적으로 발생하는 물류용기의 재사용에 관련된 물류활동이다.

해설
회수물류는 반품, 폐기물류와 함께 역물류에 해당하며, 친환경물류로 분류한다.

선지분석
① 생산물류, ② 반품물류, ③ 판매물류, ④ 조달물류에 대한 설명이다.

정답 | ⑤

09

역물류(Reverse Logistics)에 해당하는 것을 모두 나열한 것은?

ㄱ. 반품물류	ㄴ. 보관물류
ㄷ. 조달물류	ㄹ. 폐기물류
ㅁ. 회수물류	

① ㄱ, ㄷ, ㄹ
② ㄱ, ㄹ, ㅁ
③ ㄴ, ㄷ, ㅁ
④ ㄴ, ㄹ, ㅁ
⑤ ㄷ, ㄹ, ㅁ

해설
순물류와 반대 방향으로 이루어지는 물류활동을 역물류(reverse logistics)라고 한다. 역물류에는 반품물류, 회수물류, 폐기물류가 있다.

정답 | ②

10

회수물류의 대상 품목에 해당하지 않는 것은?

① 음료용 알루미늄 캔
② 화물용 T-11 파렛트
③ 주류용 빈병
④ 운송용 컨테이너
⑤ 일회용 소모성 자재

해설
일회용 소모성 자재는 회수물류가 아니라 폐기물류에 해당된다. 회수물류는 상품판매 시 부수적으로 발생하는 파렛트, 컨테이너와 같은 물류용기(device)와 음료수 공병, 캔, 페트병 등의 회수 및 재활용을 위한 물류활동을 말한다. 회수물류는 반품물류, 폐기물류와 함께 역물류에 해당하며, 친환경물류로 분류한다.

정답 | ⑤

11

물류시스템 설계 시 일반적으로 고려해야 할 사항으로 옳지 않은 것은?

① 배송차량의 대형화와 화물의 혼적을 통해 서비스 수준은 개선되지만 물류비용은 증가한다.
② 대고객서비스 수준을 중요하게 고려한다.
③ 고객의 수요에 따라 재고수준이 결정되고, 이는 운송수단과 경로결정에 영향을 미친다.
④ 물류정보시스템 구축을 통해 물류비용의 감소와 서비스 수준 개선을 달성할 수 있다.
⑤ 고객서비스 관점에서 미배송 잔량을 체크하여 주문충족의 완전성을 확보해야 한다.

해설
배송차량의 대형화와 화물의 혼적을 통해 공동수·배송을 하게 되면 운송수단의 적재율 향상과 운송비 절감이 가능하다. 다만, 리드타임(Lead Time)이 길어져 화주고객에 대한 서비스 수준이 낮아지는 문제점이 있다.

정답 | ①

12

기업의 통합물류운영관점에서 재고거점 수가 증가할 경우 옳지 않은 것은?

① 배송비 감소
② 재고유지비용 증가
③ 총물류비용 감소
④ 시설투자비 증가
⑤ 고객서비스 수준 향상

해설
재고거점 수가 증가하면 도입비용의 증가, 창고를 유지하기 위한 간접비의 증가 및 불확실한 수요에 대한 안전재고의 증가 등 총물류비용 증가의 단점이 발생한다. 총비용은 감소하다가 재고비용과 수송비용이 같아지는 지점을 지나면 증가한다.

정답 | ③

13

거점의 수와 비용의 관계를 나타낸 것이다. (ㄱ)~(ㄷ)에 들어갈 명칭이 바르게 연결된 것은?

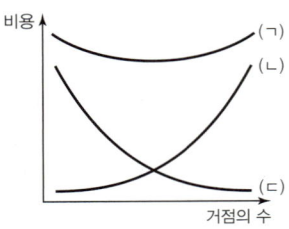

① ㄱ: 총비용, ㄴ: 수송비용, ㄷ: 재고비용
② ㄱ: 총비용, ㄴ: 재고비용, ㄷ: 수송비용
③ ㄱ: 총비용, ㄴ: 재고비용, ㄷ: 창고비용
④ ㄱ: 재고비용, ㄴ: 총비용, ㄷ: 창고비용
⑤ ㄱ: 수송비용, ㄴ: 총비용, ㄷ: 재고비용

해설
거점의 수가 증가하면 재고량이 증가하므로 재고비용은 증가하는 반면 전체 수송비용은 감소한다. 따라서 총비용은 어느 수준까지는 감소하다가 그 이후에는 증가한다.

정답 | ②

14

물류환경의 변화에 관한 설명으로 옳지 않은 것은?

① 전자상거래와 홈쇼핑의 성장으로 택배시장이 확대되고 있다.
② 유통시장 개방 및 유통업체의 대형화로 유통채널의 주도권이 제조업체에서 유통업체로 이전되고 있다.
③ 제조업 중심의 생산자 물류에서 고객 중심의 소비자 물류로 전환되고 있어, 소품종 대량생산이 중요시되고 있다.
④ 환경문제, 교통정체 등으로 인해 기업의 물류비 절감과 매출 증대의 중요성이 강조되고 있다.
⑤ 물류서비스의 수준 향상과 물류운영 원가절감을 위해 아웃소싱과 3PL이 활성화되고 있다.

해설
제조업 중심의 생산자 물류에서 고객 중심의 소비자 물류로 전환되고 있어, 다품종 소량생산, 다빈도 배송이 중요시되고 있다.

정답 | ③

15

기업의 물류환경 변화에 관한 설명으로 옳지 않은 것은?

① 상물일치의 개념 확대로 인하여 물류의 중요성이 부각되고 있다.
② CRM(Customer Relationship Management), SCM(Supply Chain Management) 등의 정보기술을 이용한 물류관리체계의 합리화가 정착되고 있다.
③ 기업정보시스템 및 물류정보시스템을 통합적으로 운영하기 위하여 전통적인 EDI(Electronic Data Interchange)는 XML/EDI로 대체되고 있다.
④ 물류 기능의 일부 또는 전부를 제3자 물류업체에 위탁하는 형태가 확산되고 있다.
⑤ 전자상거래의 확대, 특히 B2C의 확대는 물류의 중요성을 부각시키고 있다.

해설
최근 기업의 물류환경은 물류효율성 측면에서 상·물분리 개념이 확대되고 있다.

정답 | ①

PART 02 물류경영

CHAPTER 01 물류경영계획

1. 물류경영

물류경영이란 조직의 구성원들이 물류기업의 목표달성을 위해 인적, 물적 자원을 포함한 기업 내 경쟁력있는 핵심역량을 조합하는 과정을 뜻한다. 기업은 조직의 지속가능성과 경쟁력을 제고하기 위해 계획-조직-지휘-통제 관련 의사결정을 수행한다.

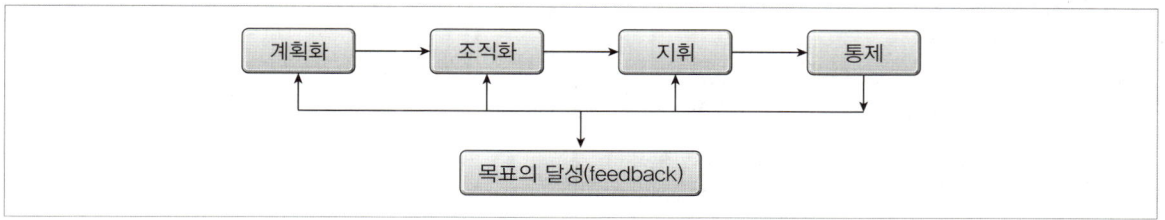

2. 경영계획

(1) 경영계획의 개념

계획화(Planning)는 경영자가 물류기업의 목표를 실현하기 위해 목표를 설정하고 계획을 수립하는 과정으로, 기업의 자원배분과 조직원들의 활동에 대한 의사결정과정이다.

(2) 경영계획의 종류 기출 22, 18회

물류분야의 의사결정을 위한 물류계획은 기간 및 의사결정의 중요도에 따라 전략, 전술, 운영의 3단계에 걸쳐 작성된다.

① 전략계획(strategic planning)

1~5년 또는 그 이상의 기간을 대상으로 하는 장기계획으로, 주로 공급사슬의 구조에 관한 의사결정을 내용으로 한다.

② 전술계획(tactical planning)

3개월~1년 정도의 기간을 대상으로 하는 중기계획으로, 개별품목이 아닌 제품군을 위주로 계획이 이루어진다.

③ 운영계획(operational planning)

생산 및 수·배송일정계획 등 단기간의 활동을 계획하는 것으로, 개별주문에 대한 작업순서, 생산일정계획, 차량대수의 결정, 배송순서의 결정 등과 관련된 운송일정계획 등이 이에 해당한다.

의사결정영역	전략(Strategy)	전술(Tactics)	운영(Operations)
의사결정주체	최고경영층(CEO)	중간경영자	일선관리자
의사결정기간	중·장기적	중기적	단기적
의사결정환경	비반복적/비구조적	중간	반복적/구조적
관점	전사적 관점	중간	기능적 관점
운송관리	운송수단 선택	정기, 임대계약	발송처리
재고관리	창고입지 결정	안전재고수준 결정	주문충족(채우기)
창고관리	배치(Lay-Out)도 설계	공간이용, 활용도	오더(주문) 피킹

3. 물류전략

(1) 물류전략의 개념

변화하는 글로벌 물류환경 속에서 기업의 사명과 목표를 달성하고 환경 변화에 대응하며 경쟁우위를 확보하기 위하여 전략을 수립하고 실행하는 과정이다.

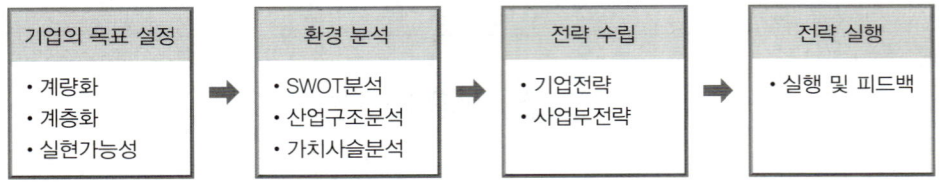

(2) 물류전략의 수준(I. Ansoff)

기업수준 전략	기업 조직 전체(전사적 차원)의 장기적 발전을 위한 자원 배분 및 의사결정	기업의 성장·유지·축소, M&A, 전략적 제휴, 해외투자 등
사업수준 전략	사업부 단위의 경쟁우위 확보 및 유지와 관련된 전략	경쟁우위전략, 차별화, 집중화, 비용절감, 서비스개선 등
기능수준 전략	기업 내 각 기능별 자원들의 효율적 운영과 관련된 일상적 전략	인력선발, 신기술도입, 자본조달, 마케팅·영업전략 등

(3) 물류관리전략의 추진단계(James & Williams) 기출 28, 26, 24회

① 전략적 단계: 고객이 원하는 것이 무엇인지를 파악하는 동시에 회사의 이익목표를 달성할 수 있는 최적의 고객서비스 수준을 정하는 단계
② 관리적 단계: 구조적 단계라고도 하며, 원·부자재의 공급에서 생산과정을 거쳐 완제품의 유통과정까지의 흐름을 최적화하기 위해 유통경로 및 물류 네트워크를 설계하는 단계
③ 기능적 단계: 물류거점 설계 및 운영, 운송관리, 자재 및 재고관리를 하는 단계
④ 실행단계: 정보시스템 구축에 관련된 정책 및 절차 수립, 정보화 설비와 장비를 도입·조작·변화관리를 하는 단계

(4) 물류전략의 통제 기출 26, 25, 21회

① 균형성과표(BSC; Balanced Score Card)
   ㉠ 균형성과표(BSC)는 캐플란과 노튼에 의해 조직의 목표와 전략을 효율적으로 실행 및 관리하기 위한 경영관리 기법으로 제시되었다.
   ㉡ 기존의 계량화 지표인 재무적 측면뿐만 아니라 외부적인 고객 측면, 내부적이며 비계량적인 내부 프로세스 측면, 미래지향적인 지표를 나타내는 학습 및 성장 측면의 균형적 결합을 통해 전략적인 통제를 하려는 방법이다.

② 균형성과표의 구성내용

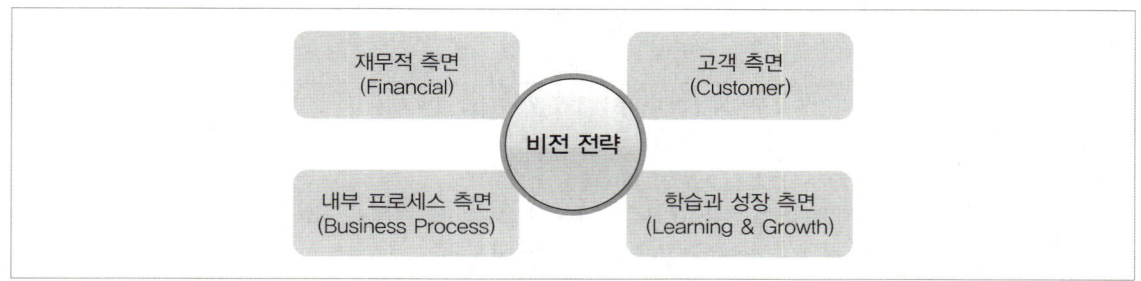

재무적 측면	경영활동을 통해 영업이익, 당기순이익 등이 개선되었는지 측정
고객 측면	고객만족도 지표, CRM 등을 통해 고객과 관련된 사항의 개선여부 측정
내부 프로세스 측면	가치사슬분석을 통해 내부의 가치창출 프로세스의 개선 여부 점검
학습과 성장 측면	기업의 장기적 발전을 위해 인적자원개발에 노력했는지 점검

③ 전통적 성과평가와 BSC(균형성과표)의 비교

구분	전통적 성과평가 기준	BSC
재무적 관점	재무적 관점에 집중	재무적 관점 + 비재무적 관점 고려
성과의 측정자	내부에서 측정	내부 + 고객관점(외부)의 측정
정량적/정성적	정량적 지표(재무적 관점)	정량적 지표 + 정성적 지표
성과의 장·단기	단기적 성과 측정	장기적 성과 측정

④ 유용성

BSC는 비재무적 성과까지 고려하여 실제 성과창출 동인(drivers)을 찾아내 관리하는 것이 특징이며, 이런 점에서 재무적 성과측면에 치우친 EVA(경제적부가가치), ROI(투자수익률) 등의 한계를 극복할 수 있다.

CHAPTER 02 물류와 경영조직

1. 물류조직의 개념

① 물류조직은 고객서비스 개선 및 대외기업 경영활동의 경쟁력 강화에 큰 역할을 담당하며 물류비 절감, 매출 증대 등 보다 높은 물류경쟁력을 갖추어 핵심적인 업무수행을 가능케 한다.

② 형태에 따라 직능형 조직, 라인과 스탭형 조직, 사업부형 조직, 그리드(Grid)형 조직 순으로 발전해왔다.

2. 물류조직의 형태

(1) 전통적 조직구조

① 직능형 조직

㉠ 직능형 조직(기능별 조직)은 부문화의 가장 기본적인 형태로 전체조직을 인사·생산·회계·마케팅 등의 공통된 경영기능을 중심으로 부문화한 조직형태이다.

㉡ 직능형 조직은 라인 부문과 스태프 부문이 아직 분화되지 않은 조직형태이다.

ⓒ 기업환경이 안정적인 경우 효율성이 높지만, 다른 기능과의 협업 또는 의사소통에 문제가 생기는 경우가 있다. 또한 기계식조직에 가깝기 때문에 최고경영자에게 권한과 업무가 과하게 집중되는 경향이 있다.
② 직능형 조직의 장·단점

장점	• 유사 기능별로 구성되어 기능부문 내 협업 및 규모의 경제 가능 • 기능별 전문성과 효율성이 제고됨
단점	• 기능부서 간 협업 및 의견조정이 어려움 • 부서별 기여도 및 책임소재 분리가 어려우며, 전체 최적화 달성이 곤란함 • 환경변화에 반응하는 속도가 늦고 능동적 혁신이 어려움

② 라인조직 기출 13회

라인조직은 조직의 목표달성을 위하여 상급자의 명령체계가 수직적으로 하급자에게 전달되는 조직형태로, 군대식 조직에 가깝다.

③ 라인-스태프조직
  ㉠ 직능형 물류조직의 단점을 보완하기 위하여 라인과 스태프의 기능을 세분화한 조직형태이다.
  ㉡ 물류조직에 있어 라인은 스태프로부터 조언을 받는 관계이다.
  ㉢ 스태프는 물류전략 수립, 물류예산관리 및 채산성 분석 등을 수행한다.
  ㉣ 라인활동은 제품 또는 서비스의 생산과 판매활동에 상당한 영향을 미친다.

짚고 넘어가기 물류활동에서의 라인과 스태프의 활동 기출 14, 11회

라인부문 활동		스태프부문 활동	
• 주문처리 • 창고보관 • 커뮤니케이션	• 재고관리 • 선적, 운송, 하역 및 포장 • 수·배송 및 차량관리	• 재고분석 및 관리 • 물류예산관리 • 물류전략 수립	• 창고배치 • 물류채산성 분석 • 물류시스템 절차 개선

(2) 현대적인 조직구조

① 사업부제 조직(divisional organization) 기출 29, 24, 23, 22, 20, 14회
  ㉠ 기업 경영 규모가 커짐에 따라 등장한 조직구조로, 제품별·지역별로 사업부를 분화하여 각 사업부별로 독립된 경영을 한다. 각 사업부 내에는 라인과 스태프 조직이 기능별로 작용한다.
  ㉡ 부문별, 제품별 또는 지역별로 제조 및 판매에 따르는 책임 및 권한을 사업부에 부여하여 경영상의 득립성을 인정해 줌으로써 책임소재를 명확히 할 수 있다(독립채산제).
  ㉢ 사업부제 조직의 장·단점

장점	• 기업 전체의 전략적 결정과 관리적 결정기능을 분화시켜 각 사업부에 전략적 결정 부분을 분권화시킴 → 최고경영층은 일상적인 업무결정에서 해방되어 기업 전체의 전략적 결정에 몰두 가능 • 많은 제품을 생산하는 대규모 조직이며 환경변화에 대한 유연한 대응이 가능 • 사업부는 하나의 이익 단위로 독립성을 갖고, 분권화된 의사결정과 명확한 책임소재를 통해 고객만족이 제고됨
단점	• 각 사업부가 독자적인 경영활동을 수행하므로 부문 이기주의 경향으로 인해 전체적으로 손해를 미칠 수 있음 • 사업부문 간 통합조정, 표준화, 기업 전체로서의 통일적인 활동이 어려움 • 각 사업부 내에서 규모의 경제를 달성하기 어려움

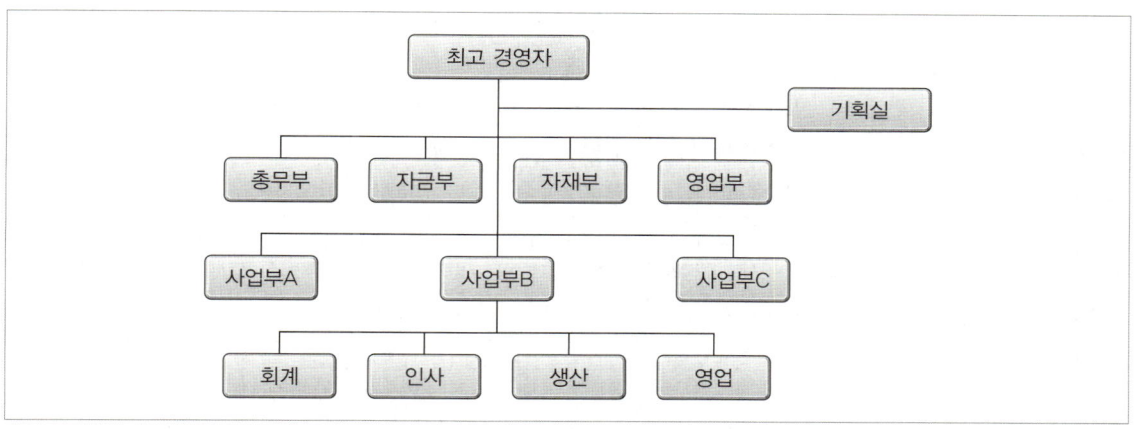

▲ 사업부제 조직

② 그리드형(격자형) 물류조직 기출 25, 23, 22, 19회
　㉠ 다국적기업에서 많이 볼 수 있는 조직의 형태로 기본적으로는 모회사의 권한을 자회사에게 이양하는 형태를 지니며, 모회사의 스태프(Staff)부문이 여러 자회사의 해당 물류부문을 관리·지원하는 조직을 말한다.
　㉡ 자회사의 물류부서는 자사의 경영자로부터 지시를 받으며, 모회사의 물류본부로부터도 지휘·명령을 받게 되는데(이중지배구조, Two boss system), 이는 다른 자회사와 동일한 물류관리의 일원화 또는 효율화를 도모할 목적으로 이루어진 것이다.
　㉢ 해외 자회사의 경우 이중지배구조로 직무 스트레스가 심한 형태에 해당한다.

③ 프로젝트 조직(project organization)
　㉠ 프로젝트 조직은 기업환경의 동태적 변화, 기술혁신의 급격한 진행에 따라 구체적인 특정 프로젝트별로 형성된 조직형태이다.
　㉡ 특정 과업 수행을 위해 여러 부서에서 파견된 사람들로 구성되어 과업 해결 시까지만 존재하는 임시적·탄력적 조직으로 기동성과 환경적응성이 높은 조직형태에 해당한다.
　㉢ 전문가들 간의 집단문제 해결방식을 통한 임무 수행, 목표지향적인 특징을 지닌다.

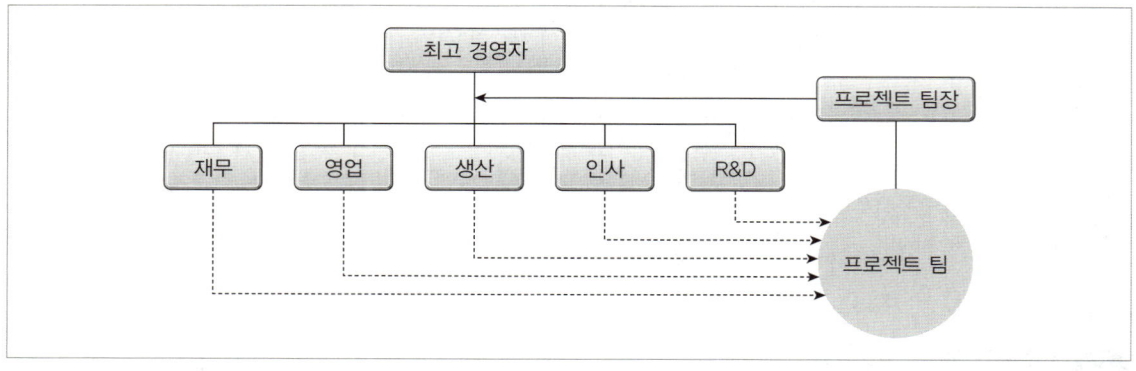

▲ 프로젝트 조직

④ 매트릭스 조직(matrix organization) 기출 22, 17, 13회
　㉠ 매트릭스 조직은 급변하는 새로운 환경변화에 적극적으로 대처하기 위해 시도된 조직이다. 전통적인 기능식 조직(수직적)과 프로젝트 조직 또는 사업부제 조직(수평적)의 장점, 즉 전문성과 제품혁신과 같은 목표를 동시에 달성하고자 하는 의도에서 발생하였다.
　㉡ 인적자원을 기업 상황에 맞게 공유하거나 유연하게 활용이 가능하다.

ⓒ 고도로 복잡한 임무를 수행하는 항공우주산업·기술개발·건설회사 등의 대규모 사업에 널리 사용된다.
ⓔ 프로젝트 조직과는 달리 영구적인 조직에 해당한다.
ⓜ 업무 참여시 전문가와 상호작용이 가능하므로 창의적인 업무 수행이 가능하다.
ⓗ 매트릭스 조직에서 작업자는 이중 명령체계(two boss system)의 문제가 존재한다.
ⓢ 매트릭스 조직의 장·단점

장점	동시에 여러 개의 프로젝트를 수행할 수 있다. 각 프로젝트는 그 임무가 완성될 때까지 자율적으로 운영이 되며, 여러 프로젝트가 동시에 운영될 수 있고, 동시에 여러 기능을 담당하는 부서들로 유지될 수 있다.
단점	명령계통 간의 혼선이 유발될 수 있다. 가령 기능부서와 프로젝트 팀에서 서로 상반되는 지시가 내려질 경우 역할갈등이 발생할 수 있다.

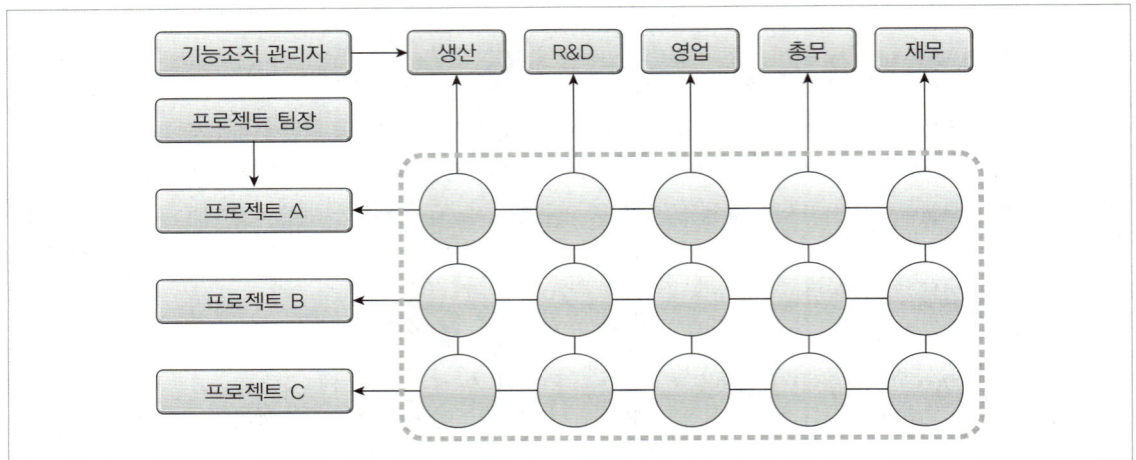

▲ 매트릭스 조직

⑤ 네트워크 조직
ⓐ 네트워크 조직은 자사가 지닌 핵심역량의 강화에 주력하고, 비핵심역량은 네트워크상의 다른 기업들과 전략적 제휴 또는 아웃소싱을 통해 유지되는 조직이다.
ⓑ 전통적 조직의 핵심요소는 간직하고 있으나, 조직의 경계와 구조는 없어 가상조직 또는 모듈조직이라고도 부른다.
ⓒ 등장배경
- 경쟁의 심화에 따른 전략적 제휴의 필요성(비용절감)
- 정보통신 및 IT 기술의 비약적인 발전
- 수평적이고 신축적인 운영방식의 중요성 인식
- 효율적인 생산, 운영방식의 등장

CHAPTER 03 | 물류와 마케팅

1. 물류와 마케팅

(1) 마케팅의 개념 및 기능

① 마케팅(marketing)이란 개인과 조직의 목적을 충족시켜주는 교환을 창출하기 위해 아이디어, 제품 및 서비스, 가격결정, 촉진 및 유통을 계획하고 실행하는 과정을 의미한다.

② 마케팅의 기능으로는 교환기능(구매, 판매), 물적유통기능(운송, 보관), 조성기능(표준화, 금융, 정보제공, 위험부담) 등이 포함한다.

(2) 물류와 마케팅과의 관계 기출> 29, 28, 27, 23, 17회

① 물류는 마케팅 요소 4P 중 유통(place)과 가장 밀접한 관계가 있다.
② 기술혁신으로 품질과 가격의 평준화가 이루어진 상태에서는 고객서비스가 마케팅과 물류에서 중요한 비중을 차지한다.
③ 물류는 포괄적인 마케팅에 포함되므로, 물류 자체의 마케팅 활동을 실천해야 한다.
④ 최근의 물류는 마케팅을 넘어 생산관리 및 산업공학적 측면, 무역학적 측면 등 보다 광범위한 개념으로 확대되고 있다.
⑤ 생산과 물류의 상호작용에 포함되는 요소로는 공장입지, 구매계획, 제품생산계획 등이 있다.

보충학습
마케팅전략의 4P
- Product(제품전략)
- Price(가격전략)
- Place(유통전략)
- Promotion(촉진전략)

2. 물류와 제품수명주기

(1) 제품수명주기(PLC; Product Life Cycle)

새로운 제품이 개발되면 제품이 시장에 처음으로 등장하는 도입기, 판매량이 크게 증가하며 성장하는 성장기, 판매증가율이 둔화되는 성숙기, 판매가 감소하는 쇠퇴기를 거쳐 점차 시장에서 사라지게 된다. 이러한 과정을 제품수명주기(PLC)라고 한다.

(2) 제품수명주기 단계별 특징 기출> 29, 27, 24, 22, 20, 18, 16, 14회

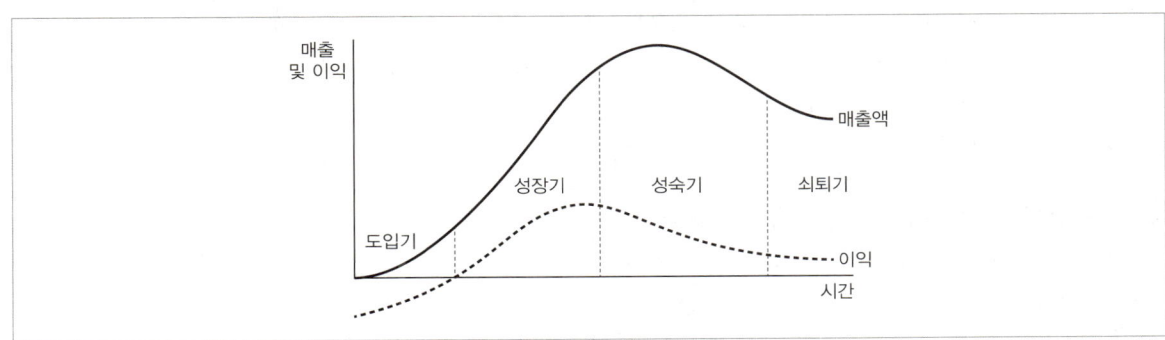

구분	도입기	성장기	성숙기	쇠퇴기
마케팅 목표	제품의 인지도 제고	물류거점 수, 재고수준 결정을 위한 물류계획 수립	시장점유율 방어 및 이윤극대화	철수를 위한 회수 또는 회생
물류 활동	소수 혁신층 확보, 제품가용성 제한	물류비와 서비스 간 상충관계 고려, 규모의 경제 실현	차별화된 물류서비스 제공, 다수의 거점 필요	위험 최소화 전략
매출액	낮음	급격한 성장	최대 매출액 체감적으로 증가	감소
이익	적자 또는 극소	한계이익 최대	최대 총이익에서 점차 감소	감소
제품	핵심제품 (기본사양)	제품가용성 확대, 제품보증의 강화	제품의 전문화 및 브랜드 강화	취약품목의 포기
가격	원가기준가격	시장침투가격	경쟁자기준가격	가격인하
촉진	조기 사용유도를 위한 강력한 촉진	설득을 통해 다양한 소비자들에게 인지도 강화	브랜드 차별화 강조 및 상표전환유도	최소한의 촉진 또는 재마케팅 촉진

3. 제품의 조달방법 기출 25, 23, 21, 20, 18회

① 집중구매: 하나 또는 소수의 공급업체(vendor)로부터 집중적인 구매가 이루어지는 것이다. 안정적인 품질관리나 통합적인 경영관리시스템을 적용할 경우에 유리하다.

② 분산구매: 유통업체가 가능한 한 다수의 공급업체와 거래를 진행함으로써 구매위험을 분산시키는 것이다. 분산구매를 하는 경우 정해진 목표시장의 변화에 대한 유연성이 증가하고, 기업의 제품개발, 기술개발, 상품공급 측면에서는 독립성이 강하게 작용을 한다.

구분	적용 품목	장점	단점
집중 구매	• 전사의 공통품목 • 표준화된 품목 • 수요 많은 품목 • 구매량에 따라 가격차이가 큰 품목	• 가격·거래조건 유리 • 시장조사가 용이함 • 절차가 복잡한 구매에 유리 • 구매효과 측정 용이	• 구매부서·사업장별 자주성이 없고 수속이 복잡함 • 긴급조달 어려움 • 각 사업장별 재고파악 어려움 • 조달기간과 운임 증가
분산 구매	• 시장성 품목 • 구매량과 가격 간 관계가 없는 품목 • 소량·소액 품목 • 사무용 소모품, 수리용 부속품	• 자주적 구매, 사업장의 특수요구 반영 용이 • 긴급수요의 경우 유리 • 구매수속 신속 처리	• 본사 방침과 다른 자재를 구매하는 경우 발생 • 구입단가 비싸고 구매경비 증가 • 구입처와 거리가 먼 경우 적절한 자재 구입 어려움

4. 물류와 유통경로관리

(1) 유통경로(distribution channel)

① 유통경로는 제품이나 서비스가 생산자에서 소비자에 이르기까지 거치게 되는 통로 또는 단계를 의미한다.

② 유통경로는 비탄력적이어서 한 번 결정되면 다른 유통경로의 전환이 용이하지 않다. 따라서 제품, 가격, 촉진 등 다른 마케팅 믹스 요소와 달리 신중하게 결정되어야 한다.

③ 유통경로는 시간적, 장소적 효용뿐만 아니라 소유적, 형태적 효용도 창출한다.

(2) 유통경로상에 존재하는 중간상의 역할 기출 17, 16회

① 중간상의 존재로 인해 생산자는 다수의 소비자와의 거래를 단순화시킬 수 있다.(총거래수 최소화의 원칙)

② 중간상은 생산자와 소비자 간의 욕구 차이에서 발생하는 제품구색 및 구매량의 불일치를 조절한다.

③ 중간상은 생산자에 비해 더 많은 소비자들의 욕구를 파악할 수 있으며 소비자에게 한 장소에서 다양한 제품에 대한 정보를 제공해준다.

④ 중간상은 생산자를 대신하여 소비자에게 판매 후 서비스를 제공하기도 한다.

⑤ 중간상이 생산자와 소비자 사이에 개입함에 따라 생산자의 재고부담을 경감시킨다.(집중저장의 원칙)

(3) 유통기관의 종류와 기능

① 도매업(wholesaling)

㉠ 도매는 제품을 구입하여 소매상 및 기타 상인 그리고 산업체 및 기관 사용자에게 재판매하는 사업단위이다. 따라서 도매업은 최종소비자에게는 판매하지 않는 것을 원칙으로 한다.

㉡ 도매상의 종류 기출 29, 28, 26, 23회

도매상에는 다양한 유형이 있으나 크게 제조업자 도매상, 상인 도매상, 대리인(agent) 및 브로커(broker) 등으로 구분된다. 이 중 제조업자 도매상과 상인 도매상은 상품의 소유권을 가지지만 대리인과 브로커는 거래되는 제품에 대한 소유권을 보유하고 있지 않으며 단지 제품거래를 촉진시키는 역할만 수행한다.

ⓒ 도매상의 기능 [기출] 24회

제조업자를 위한 기능	소매업자를 위한 기능
• 시장커버리지의 제공 • 판매접촉점 창출 • 재고유지 • 주문처리 • 시장정보수집 • 고객지원대행	• 제품공급선 • 소매상 서비스제공 • 신용 및 금융지원 • 구색편의 제공 • 소분판매 • 조언 및 기술지원

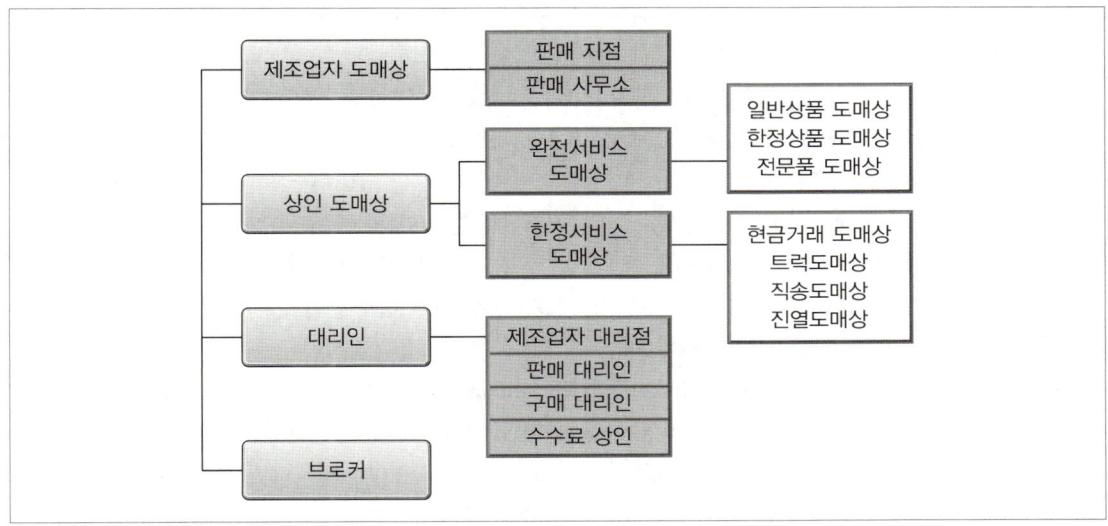

▲ 도매상의 종류

② 소매업(retailing)
  ㉠ 소매업은 최종소비자를 대상으로 제품 및 서비스를 판매하는 것을 업으로 하는 활동으로, 소비자와 직접 접촉하기 때문에 소비자의 욕구에 신속하게 반응한다.
  ㉡ 소매업의 변화
    소비자의 욕구가 점점 다양해지고 업태 간 경쟁이 치열해지면서 오프라인 소매점에서 온라인 소매점으로 변화하고, 최근에는 온-오프라인을 넘나드는 O2O(Online to Offline) 커머스 형태의 새로운 소매업태들이 빠르게 등장하고 있다.
  ㉢ 소매상의 기능

생산자에 대한 기능	• 점포 내 주문처리가 가능해 생산자가 제공해야 할 고객서비스 대행 • 소비자 정보를 공급자에게 제공 • 생산자가 담당하는 상품의 보관기능을 수행함으로써, 생산자의 부담을 경감시킴 • 소매업이 자신들의 판매를 증대시키기 위하여 스스로 광고 및 프로모션 진행
소비자에 대한 기능	• 다양한 상품구색을 갖춤으로써 고객의 상품 선택 폭 증가 • 광고, 디스플레이 등을 통해 고객에게 상품 및 서비스에 관한 정보 제공 • 신용판매나 할부판매 등을 통해 고객의 금융 및 구매 편의 제공

③ 소매상의 종류 [기출] 28회
  ㉠ 백화점: 용역의 제공장소를 제외한 매장면적의 합계가 3,000m² 이상인 점포의 집단으로, 다양한 상품을 구매할 수 있도록 현대적 판매시설과 소비자 편익시설이 설치된 점포

- ⓒ 대형마트: 대통령령으로 정하는 용역의 제공장소를 제외한 매장면적의 합계가 3,000㎡ 이상인 점포의 집단으로, 점원의 도움 없이 소비자에게 식품·가전 및 생활용품을 중심으로 소매하는 점포
- ⓒ SSM(Super-Super Market): 유통산업발전법상 '준대규모점포'라 하며, 기업형 슈퍼마켓으로 품목수와 재고량을 적절히 조절하는 매장
  - 예) 이마트 에브리데이, 롯데슈퍼, 홈플러스 익스프레스 등
- ⓔ 하이퍼마켓: 대형화된 슈퍼마켓에 할인점 및 창고소매업 방식을 접목해 저가격으로 판매하는 업태로 취급상품 중 상당부분이 PB제품으로 구성되어 있는 것이 특징임. 식품, 비식품 등을 다양하게 취급하고 대규모 주차장을 보유한 매장면적 2,500㎡ 이상의 소매점포
- ⓜ 전문점: 용역의 제공장소를 제외한 매장면적의 합계가 3,000㎡ 이상인 점포의 집단으로서 의류·가전 또는 가정용품 등 특정 품목에 특화됨
- ⓗ 아울렛(outlet): 제조업자나 유통업체 등이 자사의 비인기상품, 재고상품, 하자상품, 이월상품 등을 할인된 가격으로 판매하는 상설할인점포로, 통상 제조업자나 백화점이 소유한 오프프라이스 스토어가 대부분이며 팩토리 아울렛이라고 함 기출 ▶ 23, 21회
- ⓢ 카테고리 킬러(category killer): 한정된 제품계열에서 깊이 있는 상품구색으로 전문점과 유사하나 저렴한 가격으로 판매하는 소매점으로 대량판매, 다점포화, 셀프서비스 방식을 채택 기출 ▶ 29, 26, 20, 17회
  - 예) 가전제품 전문매장인 서울전자랜드, 하이마트, 세계최대의 완구 전문할인점인 토이저러스(toysrus), 신발 멀티숍인 ABC마트 등
- ⓞ 회원제 창고형 할인점(MWC; Membership Warehouse Club): 회원제로 일정한 회비를 내는 회원에게만 구매할 수 있는 자격을 주고 거대한 창고형 점포에서 할인된 가격에 상품을 판매하는 소매업
- ⓩ 무점포 소매상: 자판기, 방문판매(네트워크 마케팅), 직접 마케팅(인터넷 쇼핑몰, 인터넷 상거래), SNS 마케팅 등 온라인 또는 직접판매를 통해 매출액을 발생시키는 소매상

> **짚고 넘어가기** 도매상과 소매상의 차이
> - 도매상: 유통과정에서 소비자가 아닌 다른 상인(소매점 등)에게 물건을 판매하는 상인
> - 소매상: 최종 소비자에게 물건을 판매하는 상인

(4) 유통경로이론 기출 ▶ 22, 19회

① 연기-투기이론: 경로구성원들 중 누가 재고보유에 따른 위험을 부담하는가에 따라 경로구조가 결정된다는 이론
② 기능위양이론: 유통기관은 비용우위를 갖는 마케팅 기능들만을 수행하고, 나머지 마케팅 기능은 다른 경로구성원들에게 위양한다는 이론
③ 거래비용이론: 윌리엄슨(Williamson)의 거래비용이론은 수직적 계열화에 드는 비용과 시장거래에서 발생되는 거래비용 간의 상대적 크기에 따라 유통경로 길이의 범위가 결정된다는 이론
④ 게임이론: 수직적인 경쟁관계에 있는 제조업자와 중간상이 각자 자신의 이익을 극대화하기 위해 자신과 상대방의 행위를 조정하는 과정에서 유통경로의 구조가 결정된다는 이론
⑤ 대리인이론: 의뢰인이 대리인의 결정과 행동에 의존한다는 개념을 배경으로, 유통경로의 개별 경로 구성원(의뢰인)에게 가장 큰 성과를 주는 경로구성원(대리인)을 찾아 계약을 맺게 됨에 따라 경로구조가 결정된다는 이론
⑥ 체크리스트법: 경로구조 결정 시 경로구성원들의 마케팅 능력 및 소비자의 유통서비스에 대한 요구를 구체화한 요인들(시장요인, 제품요인, 기업요인, 경로구성원 등)을 고려하여 경로의 길이를 결정하는 방법

(5) **수직적 유통경로(VMS; Vertical Marketing System)** 기출 29, 28, 27, 24, 23, 19, 16회
   ① 수직적 유통경로(VMS)는 생산에서 소비에 이르기까지 유통과정의 흐름을 체계적으로 통합·조정하여 규모의 경제를 실현할 수 있도록 설계된 유통경로의 형태를 말한다.
   ② 수직적 유통경로(VMS) 도입 이유
      ㉠ 유통비용의 절감과 심화되는 업태 간 경쟁에 효과적으로 대응 가능
      ㉡ 자원 및 원재료 등의 안정적 확보 및 도소매 유통망의 확보
   ③ 수직적 유통경로의 유형
      ㉠ 기업형 VMS: 한 경로구성원이 다른 경로구성원들을 경제적, 법률적으로 소유·관리하는 유형으로, 전방통합과 후방통합 유형이 있다.
         • 전방통합: 제조회사가 도·소매업체를 소유하거나 혹은 도매상이 소매업체를 소유하는 유형
         • 후방통합: 소매상이나 도매상이 제조업체를 소유하거나 제조업체가 부품공급업체를 소유하는 유형
         • 수직적 통합: 생산자 위치에서 유통망 통합을 위한 전방통합과 원료 등의 안정적 조달을 도모하기 위한 후방통합을 합친 개념
      ㉡ 계약형 VMS: 경로구성원들이 각자 수행해야 할 마케팅 기능들을 계약(contract)에 의해 합의함으로써 공식적인 경로관계를 형성하는 경로조직으로, 프랜차이즈 시스템, 도매상 후원의 자발적 연쇄점 등이 있다.
      ㉢ 관리형 VMS: 경로구성원들의 마케팅 활동이 소유권이나 명시적인 계약에 의하지 않고 상호이익을 바탕으로 맺어진 협력시스템으로, 어느 한 경로리더의 규모나 파워 또는 경영지원에 의해 조정되는 경로유형이다.
      ㉣ 경로구성원에 대한 통제력의 강도: 기업형 VMS 〉 계약형 VMS 〉 관리형 VMS 기출 29회

> **짚고 넘어가기** 수직적 통합의 장·단점
>
> | 장점 | • 안정적인 원료 공급 및 유통망 확보가 가능함
• 유통경로 전반에 걸친 지배력이 강화되며, 규모의 경제가 발생함 |
> |---|---|
> | 단점 | • 조직 규모의 비대화로 환경변화에 대한 유연성이 떨어짐
• 초기 투자비용이 많이 발생함 |

(6) **유통경로의 힘** 기출 26회

프렌치(J. R. P. French)와 레이븐(B. H. Raven)은 권력의 원천을 5가지로 분류하였다.

권력의 파생	권력의 원천	내용
공식적 지위	보상적 권력 (reward power)	권력행사자가 권력수용자에게 보상을 줄 수 있다는 인식에 기초한 권력
	강압적 권력 (coercive power)	해고나 징계, 작업시간의 단축 등을 지시할 수 있는 능력에서 기인하는 권력
	합법적 권력 (legitimate power)	권력행사자의 정당한 영향력 행사권(권한)을 추종해야 할 의무가 있다는 사고에 기초한 권력
개인적 특성	준거적 권력 (referent power)	리더가 바람직한 특별한 자질을 가지고 있어 다른 사람들이 그를 따르고 일체감을 느끼고자 할 때 생기는 권력
	전문적 권력 (expert power)	권력자가 특정 분야나 상황에 대해서 높은 지식이나 경험을 가지고 있다고 느낄 때 발생하는 권력

CHAPTER 04 물류와 고객서비스

1. 고객서비스 및 서비스 수준의 결정

(1) 고객서비스
물류 고객서비스는 물류기업이 화주나 재화의 최종소비자에게 운송, 보관, 하역 등의 서비스 제공을 통해 고객만족을 개선하는 활동을 말한다. 이는 물품을 이동하는 마지막 단계로서 부가상품(augmented product)의 역할도 한다. 따라서 물류서비스의 차별화는 경쟁우위를 확보할 수 있는 중요한 전략이므로 많은 기업들이 물류서비스 혁신 및 벤치마킹을 통하여 자사의 경쟁력을 높이고 있다.

(2) 서비스 수준의 결정 기출▶ 25, 21, 19회
① 고객서비스 수준이 결정되어 있지 않다면 수익과 비용을 동시에 고려하여 최적의 서비스 수준을 결정하는 과정이 선행되어야 한다.
② 물류관리의 목표인 물류비용의 절감과 고객서비스의 개선은 상충관계(trade off)에 있으므로 물류비를 최소화하면 고객서비스는 크게 낮아진다. 따라서 고객이 원하는 적정한 서비스 수준을 결정한 후 그 범위 내에서 물류비용을 최소화해야 한다.
③ 기업들이 최대의 부가가치를 창출하려면 비용을 줄이면서 고객이 만족하는 서비스 수준에 도달할 수 있는 물류시스템 구축이 필요하다.
④ 물류서비스 수준의 향상은 고객과의 장기적인 관계 형성에 도움이 된다.
⑤ 물류서비스 수준을 결정하기 위해서는 시장 환경이나 경쟁 환경 등을 고려해야 한다.
⑥ 물류서비스 향상을 효율적으로 실행하기 위해서는 3S1L원칙과 7R원칙을 고려해야 한다.

2. 서비스의 특징과 서비스품질관리

(1) 서비스의 특징(무·비·소·이)
① 무형성: 서비스는 무형성과 추상성을 지니므로 서비스를 제공받기 전에는 서비스의 형태·가치·품질을 파악하거나 평가하기 어렵다.
② 비분리성: 서비스는 생산과 소비가 동시에 일어나기 때문에 생산과 소비는 분리될 수 없다.(생산과 소비의 동시성)
③ 소멸성: 서비스는 제공 시 즉시 사용되지 않으면 소멸되기 때문에 재고형태로 저장할 수 없다.(비저장성)
④ 이질성: 서비스는 제공 주체마다 상이하고 비표준적이며 가변적이므로 표준화가 어렵다.

(2) 서비스 품질관리 기출▶ 28, 23, 19회
① SERVQUAL 모형
  ㉠ SERVQUAL 모형은 서비스 품질 측정방법으로 가장 일반화된 모형으로 PZB(Parasuraman, Zeithaml, Berry)에 의해 개발되었다.
  ㉡ 무형성 등 서비스의 특성에 의해 품질측정이 곤란했던 문제를 개선한 방법으로 인정받고 있다.
② SERVQUAL의 내용
  ㉠ 물류서비스 품질은 고객과 서비스 제공자 간의 상호작용에 의해서 결정된다.
  ㉡ 물류서비스 품질은 고객의 기대수준과 인지수준의 차이로 정의된다.
  ㉢ 물류서비스 품질은 고객이 물류서비스를 제공받기 전에 기대하는 것과 물류서비스가 완료된 이후의 성과 간 차이로 결정된다.

③ SERVQUAL의 구성항목(RATER) 기출 28회

신뢰성(Reliability)	고객에게 약속된 서비스를 정확히 수행하는 능력 예 신속·정확한 수주 정보처리, 재고관리의 정확도 향상, 조달 리드타임 단축, 제품가용성 정보제공 등
확신성(Assurance)	서비스 직원의 지식과 예절, 신뢰성과 자신감을 전달하는 능력과 안정성을 의미하며, 보장성이라고도 함 예 화주기업에게 전반적인 업무수행에 대해 확신을 주는 능력
유형성(Tangibles)	물리적 시설, 직원, 장비 등 외관으로 확인 가능한 유형의 설비 예 화주기업에게 차량, 장비 등 물류서비스를 원활히 제공해 줄 수 있는 능력
공감성(Empathy)	고객에게 제공하는 개별적인 배려와 관심, 원활한 의사소통, 고객에 대한 충분한 이해 등으로 구성 예 화주기업과의 원활한 의사소통 능력
응답성(Responsiveness)	고객에 대한 대응성 또는 반응성으로, 신속한 서비스를 제공하는 종업원의 자세를 의미 예 화주기업에게 정확하고 신속하게 물류서비스를 제공할 수 있는 능력

3. 고객서비스 요소와 주문주기시간 구성요소

(1) **고객서비스 구성요소** 빈출 27, 26, 24, 23, 22, 20, 18회

① 거래 전 요소: 고객서비스에 관한 기업의 정책과 연관되어 있으며, 기업에 대한 고객의 인식과 고객의 전반적인 만족에 영향을 미칠 수 있는 요소들을 말한다.
② 거래 시 요소: 고객에게 인도하는 데 직접 관련된 서비스 요소로 제품 및 배달의 신뢰도 등을 말한다.
③ 거래 후 요소: 일반적으로 제품보증, 부품 및 수리서비스, 고객의 불만에 대한 처리절차 및 제품의 교환 등을 말한다.

거래 전 요소	거래 시 요소	거래 후 요소
• 기업의 고객서비스 정책 • 명문화된 회사 정책 • 고객서비스 명문화 • 고객의 접근 용이성 • 주기적 제품 점검 • 시스템의 유연성(융통성) • 경영관리·기술적 서비스 • 목표 배송일 • 재고가용성	• 재고 품절수준 • 주문주기의 일관성(배송의 신뢰성) • 주문의 편리성 • 주문주기 및 주문처리능력 • 정보시스템의 정확성 • 제품 선적(shipping) • 제품 교환, 대체 • 백오더(Back-order) 이용 가능성	• 설치, 보증, 수리, 서비스 부품 • 고객 컴플레인의 처리 • 제품추적 및 보증 • 수리기간 동안의 제품대체

(2) **주문주기시간**

① 개념: 주문주기시간(order cycle time)은 고객이 제품을 주문해서 받을 때까지 걸리는 총시간, 즉, 고객주문이 완성되는 시간을 말하며, 주문주기시간은 재고정책의 개선활동을 통하여 단축될 수 있다.
② 주문주기시간 구성요소 기출 29, 26, 24, 22, 20, 18, 16, 14회

> 주문전달(order transmittal time) → 주문처리(order processing time) → 주문조립(order assembly time) → 재고가용성(stock availability) → 인도시간(delivery time)

㉠ 주문전달시간(order transmittal time): 주문접수 후 관련부서와 주문을 주고받는 데 사용되는 방법(이메일, 우편)별로 소요되는 시간
㉡ 주문처리시간(order processing time): 적재서류의 준비, 재고기록의 갱신, 신용장의 처리작업, 주문확인, 주문정보를 생산, 판매, 회계부서 등에 전달하는 데 소요되는 시간

ⓒ 주문조립시간(order assembly time): 주문을 받아서 주문정보를 창고나 발송 관련 부서에 전달한 후부터 주문받은 제품을 발송 준비하는 데 걸리는 시간

ⓓ 재고가용성(stock availability) 확보 시간: 창고에 보유하고 있는 재고가 없을 때 생산자의 재고로부터 보충하는 데 소요되는 시간

ⓔ 인도시간(delivery time): 주문품을 재고지점에서 고객에게 전달하는 데 걸리는 시간으로, 창고에 재고가 있는 경우에는 공장을 거치지 않고 곧바로 고객에게 전달하는 데 걸리는 시간

③ 주문처리 시간에 영향을 미치는 요소 기출▶ 22, 16회

주문처리 활동은 주문확인, 적재서류 준비, 재고기록 갱신, 주문정보의 관련부서 전달 등을 포함한다. 따라서 주문처리 시간에는 재고로부터 인출, 적재지점으로 이동, 포장, 혼재작업에 걸리는 시간이 모두 포함된다.

4. 서비스 프로세스

슈메너(Schumenner)는 서비스기업과 제조기업은 산업의 특징이 다르므로 서비스 프로세스 설계 또한 제조기업의 프로세스 설계와 다름에 착안하여 서비스 프로세스를 분류하기 위해 노동집약도와 고객과의 상호작용, 고객화의 정도에 따라 서비스 매트릭스를 개발하였다.

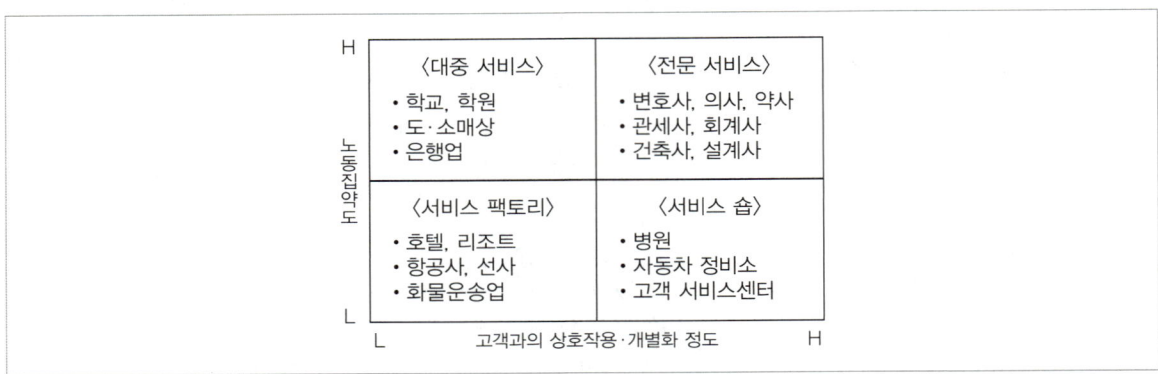

CHAPTER 05 물류와 생산관리

1. 수요예측(demand forecasting) 기출▶ 27, 26, 25, 22, 20, 17, 16, 15, 11회

수요예측은 기업활동에 관한 여러 가지 장·단기 계획을 수립하는 데 필요한 기초자료를 제공한다. 특히 물류시설계획, 생산계획, 재고관리 등 물류운용계획에 관한 대부분의 의사결정에는 미래수요의 예측이 필수적이다.

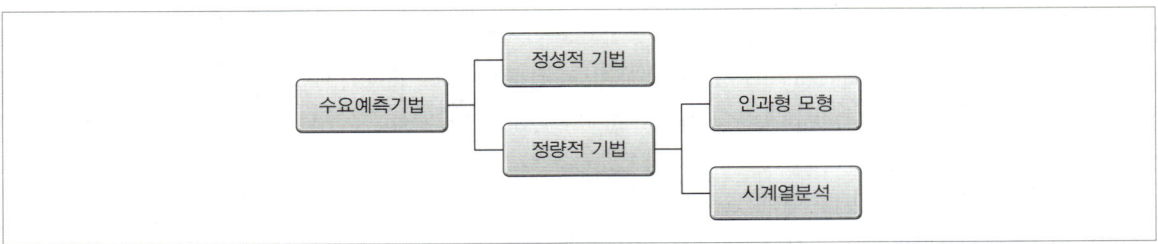

▲ 수요예측기법

(1) **정성적 기법**

① 델파이법(delphi method)
  ㉠ 예측하고자 하는 대상의 전문가 집단을 선정한 다음, 여러 차례 설문지를 돌려 의견을 수렴함으로써 예측치를 얻는다.
  ㉡ 일반적으로 시간과 비용이 많이 드는 단점이 있으나 예측의 특성상 과거의 자료가 없거나 불확실성이 큰 경우에 많이 쓰인다. 특히 생산능력, 설비계획, 신제품개발, 시장전략 등을 위한 장기예측이나 기술예측에 적합하다.

② 전문가 의견법
  오랜 경험과 전문적인 지식을 갖춘 전문가들이 서로 의견을 자유롭게 교환하여 일치된 예측결과를 얻는 기법으로 단기간에 적은 비용으로 결과값을 얻을 수 있다.

③ 시장조사법
  실제 시장에 대해서 조사하려는 내용을 설문지, 인터뷰, 전화 조사 등의 방법을 통해 소비자의 의견을 조사하는 방법으로, 가장 시간과 비용이 많이 들지만 비교적 정확하다는 장점이 있다.

④ 수명주기 유추법
  신제품과 비슷한 기존 제품의 수명주기 단계에서 수요변화에 관한 과거의 자료를 이용하여 수요의 변화를 유추하는 방법이다.

(2) **정량적 기법**

정량적(양적) 기법은 다시 인과형 모형과 시계열 분석으로 나눌 수 있다.

① 인과형 모형(causal forecasting method)
  인과형 모형은 과거자료에서 종속변수인 수요와 밀접한 관련이 있는 독립변수들을 찾아내 수요와 이들 간의 인과관계를 분석하여 미래수요를 예측하는 기법으로 회귀분석, 계량경제모형, 투입-산출모형, 시뮬레이션모형 등이 있다.

② 시계열분석(time series analysis)
  시계열이란 시간에 따라 변화하는 어떤 현상을 일정 시간 간격으로 관찰할 때 얻어지는 관측치로, 과거에 관측된 패턴을 기준으로 하여 미래의 수요를 예측하는 방법을 뜻한다.

> • 변동요인: 추세적 변동, 계절적 변동, 순환적 변동, 불규칙 변동 등의 요소를 지닌다.
> • 종류 및 활용: 이동평균법, 지수평활법 등이 있으며, 중·단기예측에 많이 쓰인다.

  ㉠ 이동평균법
    • 단순이동평균법: 최근 몇 기간 동안의 시계열 관측치의 평균을 내어 이 평균치를 다음 기간의 예측치로 사용하는 방법이다.
    • 가중이동평균법: 단순이동평균법과는 달리 최근의 값에 가중치를 좀 더 주어 그 값을 예측치로 사용하는 방법이다.
  ㉡ 지수평활법(exponential smoothing) 기출 26회
    • 가장 최근의 값에 가장 많은 가중치를 주고, 오래된 자료일수록 가중치를 지수적으로 감소시키면서 예측하는 방법이다. 단기적 예측에 유용하다.
    • 오랜 기간의 실적을 필요로 하지 않으며 데이터 처리에 시간이 적게 소요되는 장점이 있다.
    • 지수평활법에 의한 예측치(C)

> 다음기의 예측치 = α × 전기의 실제치 + $(1-\alpha)$ × 전기의 예측치
>   = 전기의 예측치 + (전기의 실제치 - 전기의 예측치) × α

예제

다음은 어떤 회사의 월별 텔레비전 판매량을 나타낸 것이다. 4월의 텔레비전 판매량은 44만대였다. 이동평균법, 가중이동평균법, 지수평활법을 이용하여 4월의 수요를 예측한 (ㄱ), (ㄴ), (ㄷ)의 적절한 값은? (단, 계산한 값은 반올림하여 천단위까지 구하시오.)

기간	실제 판매량	예측 판매량		
		이동평균법	가중이동평균법	지수평활법
1월	40만대			
2월	43만대			
3월	42만대			45만대
4월	44만대	(ㄱ)	(ㄴ)	(ㄷ)

- 이동평균법의 경우, 이동기간 n=3을 적용
- 가중이동평균의 경우, 가중치는 최근월로부터 각각 0.5, 0.3, 0.2를 적용
- 지수평활법의 경우, 지수평활상수 α=0.8을 적용

해설

(ㄱ) 이동평균법: $\dfrac{40만대+43만대+42만대}{3}=41.7만대$

(ㄴ) 가중이동평균법: $\dfrac{42만대\times0.5+43만대\times0.3+40만대\times0.2}{1}=41.9만대$

(ㄷ) 지수평활법: 예측치(C)=0.8×42만대+(1-0.8)×45만대=42.6만대
또는, 45만대+(42만대-45만대)×0.8=42.6만대

정답 | (ㄱ) 41.7만대, (ㄴ) 41.9만대, (ㄷ) 42.6만대

2. 재고관리(Inventory Management)

(1) 개념 및 목적

① 재고는 현재 사용되지 않고 보유하고 있는 여유자원으로, 시장 수요에 적시에(Right Time), 신속하게 대응할 수 있는 최적 재고(Right Quantity)를 관리하는 것이 중요하다.

② 재고관리의 목적
  ㉠ 자재수급의 불규칙한 변동상황을 적절히 대비함으로써 결품을 방지
  ㉡ 생산과 판매를 원활하게 하여 시장의 안정을 유지
  ㉢ 주문비, 재고유지비, 재고부족으로 인해 발생하는 기회비용 등을 최소화시킴

(2) 재고비용의 종류 및 재주문점의 산정

① 재고비용의 종류
  ㉠ 재고유지비: 적정재고를 유지하기 위하여 필연적으로 발생하는 변동비용으로서 보관료, 보험료, 감가상각비, 제세공과, 이자비용 등
  ㉡ 주문비(발주비): 적정재고를 보충하기 위해 주문할 경우 발생하는 비용으로서 하역, 수송, 검사 등에 따른 제비용
  ㉢ 재고부족비: 결품이 발생하는 경우에 유발될 수 있는 기회비용 성격의 손실비용으로, 주로 판매기회비용, 생산 차질로 인한 신용도의 하락 등을 의미

② 재주문점(ROP; Re-Order Point) 기출▶ 18, 16회

> 재주문점(ROP)=리드타임(조달기간) 동안의 평균수요량[1]+안전재고량[2]
> 1) 조달기간 동안의 평균수요량=평균수요/일×조달기간
> 2) 안전재고량=안전계수×수요의 표준편차×$\sqrt{조달기간}$

(3) 재고관리기법의 발전

> MRP(자재소요계획) → MRP Ⅱ(생산자원계획) → ERP(전사적 자원관리)

① MRP(Material Requirement Planning, 자재소요계획) 기출▶ 28, 20, 15회
  ㉠ MRP는 제품의 생산수량 및 일정을 토대로 제품생산에 필요한 원자재, 부품 등의 소요량과 소요시기를 역산해서 자재조달계획 수립 및 일정관리를 수행하는 효율적인 재고관리법이다.
  ㉡ MRP의 목적은 최종제품의 독립적 수요를 추정하고, 이 수요에 따라 각 구성부품들의 종속적 수요(dependent demand)를 적시에, 적량을, 적합한 장소에 물자를 공급함으로써 재고과잉과 재고부족 현상을 해결하여 재고비용을 극소화시키는 것이다.

② MRP Ⅱ(생산자원계획)
  원자재뿐만 아니라 생산에 필요로 하는 모든 자원을 효율적으로 관리하기 위한 재고통제시스템으로 MRP가 확대된 개념이다.

③ ERP(Enterprise Resources Planning, 전사적 자원관리) 기출▶ 29, 21, 20회
  인사·재무·생산 등 기업의 전 부문에 걸쳐 독립적으로 운영되던 인사정보시스템·재무정보시스템·생산관리시스템 등을 하나로 통합하여 기업 내의 인적·물적 자원의 활용도를 극대화하고자 하는 경영혁신기법이다.

> **짚고 넘어가기** DRP(Distribution Resource Planning, 유통자원계획) 기출▶ 20회
> 고객과 가장 가까운 곳에서 수요데이터를 얻고, 수요를 예측하여 이를 생산계획 수립에 빠르게 반영하며, 완제품 출고 이후 소매점 또는 도매점에 이르는 유통망상의 재고를 줄이는 데 근본적인 목적이 있다.

3. 물류와 생산관리 기법

(1) TQM(Total Quality Management, 전사적 품질경영) 기출▶ 21, 20, 15회

① TQM의 정의
  전사적 품질경영은 경영자가 소비자 지향적인 품질방침을 세우고 최고경영진은 물론 모든 종업원들이 전사적으로 참여하여 품질향상을 추구하는 활동을 말한다.

② TQM의 원칙
  고객만족, 지속적 공정개선, 팀워크와 참여의식, 과정지향, CEO의 솔선수범 등의 원칙이 갖추어져야 한다.

(2) 6-시그마 기출 29, 28, 26, 25, 22, 21, 20, 18, 16회

① 6시그마의 정의
  ㉠ 시그마(σ)는 통계학에서의 표준편차(standard deviation)를 의미한다.
  ㉡ 모토로라에서 시작된 6시그마 운동은 제품의 설계, 제조, 그리고 서비스의 품질편차를 최소화해 그 상한과 하한이 품질 중심으로부터 6σ 이내에 있도록 한다는 것이다.
  ㉢ 6시그마에서 품질규격을 벗어날 확률은 1백만 개 중 3.4개(3.4PPM=3.4DPMO) 수준이다.

> **보충학습**
> **DPMO**
> Defect Per Million Opportunity로, 제품 백만개 당 결함의 수를 의미

② 6시그마의 수행단계 기출 29회

6시그마는 일반적으로 DMAIC라고 불리는 프로세스를 거쳐 최종적으로 6시그마 기준에 도달하는 것을 목표로 한다. 6시그마 기법을 활용하면 제품 또는 서비스의 리드타임이 단축되고 재고감축 및 비용절감 효과가 있다.

단계	내용
정의(Define)	고객들의 요구사항과 품질의 중요 영향요인(CTQ; Critical To Quality), 즉 고객만족을 위해 개선해야 할 중요부분을 인지하고 이를 근거로 개선작업을 수행할 프로세스를 선정하는 단계
측정(Measure)	중요 영향요인(CTQ)에 영향을 미치는 프로세스에 대하여 그 업무과정에서 발생하는 결함을 측정하는 단계
분석(Analyze)	결함의 형태와 발생원인을 조사하여 중요한 직접적 및 잠재적 변동원인을 파악하는 단계 • 프로세스의 현재 수준과 목표 수준 간 차이가 발생하는 원인 규명 • 파레토도, 특성요인도 등의 도구 활용
개선(Improve)	결함의 원인을 제거하여 문제나 프로세스를 개선하는 단계
통제(Control)	개선효과를 분석하고 개선프로세스의 지속방법을 모색하는 단계

(3) 적시생산시스템(JIT) 기출 28, 20, 19, 18, 17, 16, 15, 13회

① JIT(Just In Time)는 제품생산에 요구되는 부품 등 자재를 필요한 시기에 필요한 수량만큼 조달하여 낭비적 요소를 근본적으로 제거하려는 무재고 생산시스템으로 1950년대 도요타(Toyota)에서 개발되었다.

② JIT시스템의 목표
  생산과정에서의 낭비요인들인 재고(inventory), 제조준비시간, 리드타임, 불량품, 자재취급노력 등의 경감을 목표로 한다.

③ JIT시스템의 구성요소
  ㉠ 소규모 lot 생산과 제조준비시간 단축
  ㉡ 생산의 평준화(Heijunka)
  ㉢ 작업자의 다기능화
  ㉣ 칸반시스템(Kanban system) 운용
  ㉤ 단일 또는 소수의 공급자와 장기적인 협력관계 구축
  ㉥ 품질관리활동: 품질분임조, 안돈시스템(품질문제 발생 시 경고시스템), 카이젠(지속적 개선 활동), 포카요케(실수 방지도구)

④ JIT와 MRP의 비교

구분	JIT시스템	MRP시스템
관리시스템	요구(주문)에 따라가는 Pull시스템	계획대로 추진하는 Push 시스템
관리목표	낭비제거(무재고시스템)	계획과 통제(필요시 확보)
관리도구	눈으로 보는 관리 (칸반시스템)	컴퓨터 처리
생산계획	안정된 MPS 필요	변경이 잦은 MPS 적용 가능
자재소요판단	칸반	자재소요계획
발주(생산)로트	소로트(small lot)	경제적 주문량
재고 관점	재고는 부채	재고는 자산

⑤ JIT-Ⅱ 시스템 기출 19회
  ㉠ 보스(Bose)사의 총 책임자 랜스 딕슨(Lance Dixon)이 최초로 도입한 것으로, 미국 기업들이 제품원가 중 조달물류비가 차지하는 비중이 증가하고 있는 원인을 해결하고자 하는 데에서 탄생한 기법이다.
  ㉡ Pull 시스템으로, 기존 JIT와 유사하나 장기적인 계약관계가 아닌 상호 파트너십 관계를 전제로 한다는 점에서 JIT와 차이점을 갖는다.
  ㉢ JIT-Ⅱ는 공급회사의 판매업무와 발주회사의 조달(구매)업무를 연결한 하나의 가상기업(virtual company)을 가정한다.

(4) 린 생산시스템(Lean Production System) 기출 15회
  ① JIT를 좀 더 체계화하여 발전시킨 형태로 일본에서 개발된 JIT를 미국의 환경에 적합하도록 재정립한 생산시스템이다.
  ② lean이란 얇은 혹은 마른의 뜻으로, 낭비없는 생산을 의미하고 생산과정에서 발생할 수 있는 어떤 유형의 낭비도 철저히 제거하겠다는 생산관리시스템을 의미한다.
  ③ 고객관점에서의 가치창조를 위한 전체 프로세스 흐름 최적화에 중점을 둔다.

(5) TOC(Theory Of Constraints, 제약이론) 기출 29, 28, 23, 22, 21, 19, 17회
  ① 개념
    ㉠ 제약이론(TOC)은 골드렛(Eliyahu M. Goldratt)박사가 개발한 생산 스케줄링 소프트웨어인 OPT(Optimized Production Technology)에서 출발한 경영과학이론이다.
    ㉡ 제약이론은 기업의 여러 가지 활동 중 목표달성에 방해가 되는 제약요인(constraints)을 찾아 집중적으로 개선하여 효율성을 제고하는 경영이론이다.
    ㉢ 제약이론에서는 제약요인인 병목공정이 전체 생산성을 결정한다고 본다. 따라서 이러한 병목(Bottleneck)의 생산성(Throughput, 처리량)을 증대시키는 것이 전체 생산성 증대의 핵심이다.

② TOC의 구성

TOC는 공급체인의 제약을 발견하고 관리하는 SCM에 응용할 수 있으며, 다음의 내용으로 구성된다.

㉠ DBR(Drum-Buffer-Rope) 시스템

Drum-Buffer-Rope 시스템은 생산·물류시스템을 관리하여 재고를 줄이면서 산출을 증대시키는 기법으로, 제약공정(constraint process)이 쉬는 일이 없도록 충분한 재공품을 공급하여 주는 것이다.

DBR 시스템에서 DBR의 각각의 역할은 다음과 같다.
- Drum: 드럼을 두드려 전체 생산 프로세스를 병목의 속도에 맞춤
- Buffer: 병목 이전의 공정은 병목이 쉬지 않도록 버퍼 형성
- Rope: 병목 이후의 공정은 병목과 일정한 속도를 맞추어 흐름이 이어지도록 프로세스 전체를 최적화

㉡ 사고 프로세스(Thinking Process)

Thinking Process는 시스템의 개선과 조직이 처한 제약을 판별할 수 있는 도구로 제약요인을 개선하여 목표를 달성하는 구체적 해결방안을 도출하는 기법이다. 사고 프로세스에서는 '전체 최적화'를 추구한다.

㉢ 애로공정 프로젝트관리(Critical Chain Project Management)

Critical Chain Project Management는 프로젝트의 단계별 작업을 효과적으로 관리하여 기간을 단축하고 돌발상황에서도 납기 수준을 높일 수 있는 기법을 말한다.

③ TOC의 3요소 기출 29회

TOC는 기업의 재무적인 성과를 나타내기 위하여 스루풋(throught-put), 재고투자(investment), 운영비용(operating expense)의 3가지 요소개념을 사용한다.

㉠ 스루풋(through-put): 판매에 의한 기업의 현금창출(매출액에서 제품생산에 소요된 직접재료비를 차감한 금액)
㉡ 재고투자(investment): 판매를 위하여 취득된 일체의 재화에 투자된 자금
㉢ 운영비용(operating expense): 기업이 재고를 스루풋으로 전환시키기 위하여 소비하는 일체의 지출
㉣ 최대의 성과를 얻기 위해서 스루풋 증대를 최우선으로 두고 그 다음에 재고와 운영비용의 감소를 추구할 것을 강조한다.

④ TOC의 지속적 개선프로세스 절차 기출 27회

> 제약자원 식별 → 제약자원 최대 활용 → 비제약자원을 제약자원에 종속화 → 제약자원 개선 → 개선프로세스 반복

(6) BPR(Business Process Reengineering) 기출 19회

① BPR은 마이클 해머(M. Hammer)에 의해 주장된 개념으로, 기존의 조직 및 업무체계를 근본부터 새롭게 재설계하여 모든 경영활동을 프로세스 중심으로 재편하는 것을 말한다.
② BPR 성공의 전제조건 중 하나는 최고경영층의 주도하에 추진되어야 하며 이에 대한 구성원의 공감대가 형성되어야 한다는 것이다.
③ 정보기술을 창의적으로 활용하고 기존의 업무프로세스를 혁신적으로 설계하여 고객만족 및 내부 효율성을 극대화하는 기법으로 활용되고 있다.

(7) 대량고객화(Mass Customization) 기출 22, 19, 18, 17회

① 대량고객화는 비용, 효율성 및 효과성을 희생시키지 않고 개별 고객들의 욕구를 파악하고 충족시키는 전략이다.
② 대량고객화는 대량생산의 장점인 비용 절감과 차별화 전략의 장점을 합친 기법으로 다품종 대량생산을 추구한다.

핵심 기출문제

PART 02 물류경영

01

물류시스템 설계 시 운영적 계획의 고려사항에 해당하는 것은?

① 대고객 서비스 수준 ② 설비 입지
③ 주문처리 ④ 운송수단과 경로
⑤ 재고정책

해설
물류시스템 설계 시 주문처리(주문충족, 발주, 재고보충 등)는 물류계획 중 운영적 계획에 해당한다. 대고객 서비스 수준, 설비 입지, 운송수단의 선택, 재고정책 등은 전사적 관점의 전략에 해당한다.

정답 | ③

02

기업의 물류관리를 위한 전략적 계획과 전술적 계획을 비교한 것으로 옳지 않은 것은?

	구분	전술적 계획	전략적 계획
①	의사결정의 종류	혁신성	일상성
②	의사결정의 환경	확실성	불확실성
③	계획주체	중간관리층	최고경영층
④	기간	중·단기적	장기적
⑤	관점	부서별 관점	전사적 관점

해설
전략적 계획은 전술적 계획보다 상위의 계획이다. 물류의사결정에서 전략적 계획은 창의적이고 혁신적이지만 전술적 계획은 일상적으로 이루어진다.

정답 | ①

03

물류관리전략의 수립단계를 순서대로 옳게 나열한 것은?

> ㄱ. 소비자의 니즈(Needs), 필요수량·시기, 요구하는 제품 디자인·품질·가격 등을 분석하고 예측한다.
> ㄴ. 관련 산업·업계·경쟁사·자사 물류환경, 하드웨어, 소프트웨어, 기술 및 법규 등을 분석한다.
> ㄷ. 물류관리전략에 따른 물류시스템의 운영과 성과측정을 통하여 이를 기업의 경영전략에 다시 반영하도록 한다.
> ㄹ. 제품설계 및 개발, 원자재 및 부품조달, 생산 및 조립, 일정계획, 재고관리, 운송 등 소비자에게 제품이 인도될 때까지의 활동을 계획하고 필요한 여러 자원을 검토한다.

① ㄱ → ㄴ → ㄹ → ㄷ ② ㄱ → ㄹ → ㄴ → ㄷ
③ ㄴ → ㄱ → ㄹ → ㄷ ④ ㄴ → ㄷ → ㄹ → ㄱ
⑤ ㄴ → ㄹ → ㄱ → ㄷ

해설
물류관리전략의 수립단계는 목표설정 → 환경분석(거시적 환경분석/소비자 분석) → 계획수립(전략) → 전략의 실행 → 성과평가(피드백) 순으로 진행된다.
문제에서 목표설정은 생략되었으나 물류관리의 목표는 비용절감/서비스 개선임을 알 수 있으며, 물류의 환경분석단계 중 ㄴ은 물류기업을 둘러싼 거시적 환경분석, ㄱ은 소비자 분석이라 할 수 있다. 그 다음은 ㄹ로 계획(전략)수립단계이며, ㄷ은 물류관리전략의 수행 및 성과평가 단계이다.

정답 | ③

04

캐플란(R. Kaplan)과 노튼(D. Norton)의 균형성과표(BSC; Balanced Score Card)는 전 조직원이 전략을 공유하고 전략방향에 따라 행동하도록 유도함으로써 회사의 가치창출을 보다 효과적이고 지속적으로 이루기 위한 성과측정 방법이다. BSC의 4가지 성과지표관리 관점에 해당하지 않는 것은?

① 고객관점(Customer Perspective)
② 재무적 관점(Financial Perspective)
③ 전략적 관점(Strategic Perspective)
④ 학습과 성장의 관점(Learning & Growth Perspective)
⑤ 내부 경영프로세스 관점(Internal Business Process Perspective)

해설
균형성과표(BSC)는 재무적 관점, 고객관점, 내부프로세스 관점, 학습·성장의 관점의 4개 분야에 대해 성과를 측정하여 평가한 뒤 각 지표별로 가중치를 적용해 산출한다.

정답 | ③

05

사업부형 물류조직에 관한 설명으로 옳지 않은 것은?

① 기업의 규모가 커지고 최고 경영자가 기업의 모든 업무를 관리하기가 어려워짐에 따라 등장했다.
② 상품 중심의 사업부제와 지역 중심의 사업부제, 그리고 두 형태를 절충한 형태가 있다.
③ 사업부 간 횡적 교류가 활발하여 전사적 물류활동이 가능하다.
④ 각 사업부 내에는 라인조직과 스탭조직이 있다.
⑤ 각 사업부는 독립된 형태의 분권조직이다.

해설
사업부제 조직에서는 전체 조직이 수직적인 형태를 취하고 있다. 각 사업부가 독자적인 경영활동을 수행하므로 전체적으로 부문 이기주의가 발생할 수 있으며, 사업부문 간 수평적인(횡적인) 통합조정이 곤란하다.

정답 | ③

06

다음 설명에 해당하는 물류조직은?

> 다국적기업에서 많이 볼 수 있는 조직의 형태로 모회사의 권한을 자회사에 이양하는 형태를 지니며 모회사의 스태프 부문이 자회사의 해당 물류부문을 관리하고 지원한다.

① 사업부제형 물류조직
② 프로젝트형 물류조직
③ 그리드형 물류조직
④ 직능형 물류조직
⑤ 라인·스태프형 물류조직

해설
그리드형(Grid) 물류조직은 모회사의 권한을 자회사에 이양하는 형태로 모회사의 스태프부문이 해당 물류부문을 관리하는 다국적기업 형태의 물류조직이다.

정답 | ③

07

물류업무에 있어서의 문제를 해결하기 위하여 다른 부서의 인원이 모여 구성되는 형태로서 특히 항공우주산업, 물류정보시스템 개발과 같은 첨단기술의 분야에서 효과적인 물류조직의 형태는?

① 매트릭스(Matrix)형 조직
② 사업부형 조직
③ 직능형 조직
④ 그리드(Grid)형 조직
⑤ 물류자회사

해설
평상시에는 자기부서에서 근무하다가 특정 물류문제를 해결하기 위하여 여러 다른 부서의 인원이 모여 구성되는 조직을 매트릭스 조직이라고 한다.

정답 | ①

08

그림의 (ㄱ)~(ㅁ)은 제품수명주기(product life cycle)를 단계별로 구분한 것이다. 각 단계의 명칭과 특징을 설명한 것으로 옳지 않은 것은?

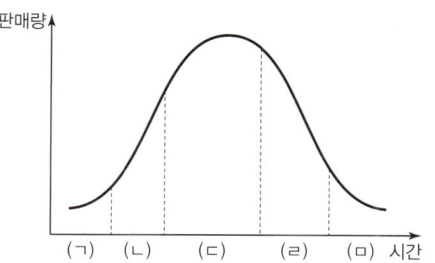

① (ㄱ) 도입기: 일반적으로 수요는 매우 불확실하고 공급도 불확실하며, 이익은 낮거나 손실이 발생하는 단계이다.
② (ㄴ) 성장기: 매출이 증가되고 일부 업체의 쇠퇴 및 시장 재편의 징후가 나타나며, 가장 높은 수익을 얻을 수 있는 단계이다.
③ (ㄷ) 성숙기: 제품이 일반화되고 수요 증대에 맞추어 가격은 하향 조정되기 시작하며, 수익은 평준화되다가 감소하기 시작하는 단계이다.
④ (ㄹ) 쇠퇴기: 가격이 평준화되고 판매량은 감소하며, 이에 따라 이익도 감소하기 시작하는 단계이다.
⑤ (ㅁ) 소멸기: 재고부족으로 인하여 가격상승 현상이 일부 나타날 수도 있으나, 이익은 감소하고 손실이 발생하는 단계이다.

해설
매출증대는 성장기 특징이 맞으나, 일부 업체의 쇠퇴 및 시장 재편의 징후는 성숙기에 나타나는 현상이다. 성숙기에는 시장의 성장이 멈추고 포화상태가 되며 이익은 절정을 지나 감소하기 시작한다. 격심한 경쟁을 거쳐 경쟁제품이 시장에서 점차 사라지기 시작한다.

정답 | ②

09

집중구매와 분산구매를 비교한 것으로 옳지 않은 것은?

① 집중구매는 수요량이 큰 품목에 적합하다.
② 집중구매는 자재의 긴급조달이 어렵다.
③ 분산구매는 구입경비가 많이 든다.
④ 분산구매는 구매량에 따라 가격할인이 가능한 품목에 적합하다.
⑤ 분산구매는 구매절차가 간편하다.

해설
구매량에 따라 가격할인 등 거래조건 조정이 가능한 품목에 적합한 것은 집중구매방식이다.

정답 | ④

10

가격파괴형 소매형태 중 직매입한 상품을 정상 판매한 이후 남은 비인기상품과 이월상품 등을 정상가보다 저렴하게 판매하는 곳은?

① 카테고리 킬러(Category Killer)
② 아울렛(Outlet)
③ 기업형 슈퍼마켓(Super Supermarket)
④ 편의점(Convenience Store)
⑤ 하이퍼 마켓(Hyper Market)

해설
아울렛(Outlet)은 제조업자와 백화점의 비인기상품, 재고상품, 사용상에는 문제가 없는 하자상품, 이월상품 등을 대폭적인 할인가격으로 판매하는 상설할인점을 말한다.

정답 | ②

11

다음 중 유통경로의 구조를 결정하는 이론이 아닌 것은?

① 연기-투기이론 ② 게임이론
③ 체크리스트법 ④ 대리인이론
⑤ 최단경로이론

해설
유통경로상에 어떤 유통기관을 포함시킬 것인가의 문제, 즉 경로구조의 결정문제는 유통경로상에 어떤 기능을 수행하는 경로기관들을 포함시킬 것인가의 문제라고 할 수 있다. 이러한 유통경로 구조를 설명하는 이론으로는 연기-투기이론, 기능위양이론, 시장거래비용이론, 게임이론, 대리인이론, 체크리스트법 등이 있다.

정답 | ⑤

12

유통경로의 조직형태 중 수직적 유통경로 시스템(VMS)에 대한 설명으로 옳지 않은 것은?

① 생산에서 소비에 이르기까지 유통과정의 흐름을 체계적으로 통합·조정하여 규모의 경제를 실현할 수 있도록 설계된 유통경로의 형태다.
② 수직적 유통경로시스템을 도입하는 이유는 유통비용의 절감과 날로 심화되는 업태 간의 경쟁에 효과적으로 대응하기 위해서다.
③ 대량생산으로 인한 대량판매를 위해 도·소매상을 자사의 판매망으로 구축하는 것이 목적이다.
④ 자원 및 원재료 등의 안정적 확보가 가능한 점이 특징이다.
⑤ 중앙 집중화된 파워에 의해 경로구성원들을 조정·통제하고 경로를 관리함에 따라 시장·기술변화 등의 유통환경 변화에 민감한 대응이 가능하다.

해설
수직적 유통경로의 단점은 시장이나 기술변화 등에 대한 민감한 대응이 곤란하다는 것이다.

정답 | ⑤

13

물류서비스 품질을 결정하는 요인을 서비스 시행 전·중·후로 나눌 때, 서비스 시행 중의 요인에 해당하는 것을 모두 고른 것은?

ㄱ. 재고수준	ㄴ. 주문의 편리성
ㄷ. 주기적 제품 점검	ㄹ. 고객서비스 명문화
ㅁ. 시스템의 정확성	ㅂ. 조직의 융통성

① ㄱ, ㅂ ② ㄱ, ㄴ, ㄷ
③ ㄱ, ㄴ, ㅁ ④ ㄴ, ㄷ, ㄹ
⑤ ㄷ, ㄹ, ㅁ, ㅂ

해설
물류 서비스품질을 결정하는 요인 중 주기적 제품 점검, 고객서비스의 명문화, 조직의 융통성은 거래 전(시행 전) 요소에 해당된다.

정답 | ③

14

주문주기시간(Order Cycle Time) 구성요소 중 다음 설명에 해당하는 것은?

> 적재서류의 준비, 재고기록의 갱신, 신용장의 처리작업, 주문확인, 주문정보를 생산, 판매, 회계부서 등에 전달하는 활동이 포함된다.

① 주문전달시간(Order Transmittal Time)
② 주문처리시간(Order Processing Time)
③ 오더어셈블리시간(Order Assembly Time)
④ 재고가용성(Stock Availability)
⑤ 인도시간(Delivery Time)

해설
주문주기시간(Order Cycle Time)은 고객주문이 완성되는 시간을 말하며, 글상자의 내용은 주문처리시간(Order Processing Time)에 대한 설명이다.

정답 | ②

15
고객서비스 수준에 영향을 미치는 주문주기시간(Order Cycle Time)에 관한 내용으로 옳지 않은 것은?

① 주문주기시간은 주문전달방법, 재고정책, 주문처리과정 등에 관한 개선활동을 통하여 단축할 수 있다.
② 주문주기시간을 구성하는 주요 활동으로는 주문전달, 주문처리, 오더피킹(Order Picking) 및 생산, 인도, 회수 등을 포함한다.
③ 주문처리 활동은 주문확인, 적재서류 준비, 재고기록 갱신, 주문정보의 관련부서 전달 등을 포함한다.
④ 오더피킹(Order Picking)은 재고로부터 주문품 인출, 필요한 포장작업과 혼재작업 등을 포함한다.
⑤ 주문주기시간과 관련된 주요 활동들의 일부는 동시 병렬적으로 발생할 수 있다.

해설
주문주기시간을 구성하는 주요 활동에 회수는 포함되지 않는다.

정답 | ②

16
수요예측기법에 관한 설명으로 옳은 것은?

① 시장조사법과 지수평활법은 정량적 기법이다.
② 시장조사법과 지수평활법은 중장기적인 예측에 주로 사용하는 기법이다.
③ 패널동의법은 한 질문서에 대한 응답을 기초로 전문가의 의견을 반복적으로 반영하여 예측하는 기법이다.
④ 역사적 유추법, 회귀분석법, 선도지표법 등은 다양한 변수들을 찾아내고 그들 사이의 인과관계를 예측하는 모형이다.
⑤ 시계열 분석기법은 일정한 시간 간격에 나타나는 관측치를 가지고 분석하는 방법으로 추세, 계절적 변동, 순환요인 등으로 구성된다.

선지분석
① 지수평활법이나 이동평균법 등은 정량적 기법이나, 시장조사법은 정성적 기법이다.
② 지수평활법은 일반적으로 단기적인 예측에 주로 사용된다.
③ 델파이법(Delphi method)에 대한 설명이다.
④ 역사적 유추법은 정성적 기법이며, 변수들 간의 인과관계를 예측하는 모형은 회귀분석법이 대표적이다.

정답 | ⑤

17
6-시그마 물류혁신 프로젝트에서 다음 설명에 해당하는 추진 단계는?

- 프로세스의 현재 수준과 목표 수준 간에 차이가 발생하는 원인을 규명한다.
- 파레토도, 특성요인도 등의 도구를 활용한다.

① 정의(Define) ② 측정(Measure)
③ 분석(Analyze) ④ 개선(Improve)
⑤ 관리(Control)

해설
5단계 중 파레토도(Pareto diagram), 특성요인도(cause and effect diagram) 등의 도구를 활용하여 프로세스의 현재 수준과 목표 수준 간에 차이가 발생하는 원인을 규명하는 것은 분석(Analyze) 단계이다.

정답 | ③

18

JIT(Just In Time) 시스템의 운영 특성에 관한 설명으로 옳지 않은 것은?

① 생산소요시간 감소 및 각 공정 간 작업부하의 균일화를 위해 소롯트(lot)가 요구된다.
② 재고를 최소로 유지하기 위해서는 불량 없는 품질관리가 중요하다.
③ 공급되는 부품의 품질, 수량, 납품시기 측면에서 공급업체와의 신뢰성 구축과 긴밀한 협조체제가 요구된다.
④ 원활한 활동을 위해 노동력의 유연성과 팀워크가 요구된다.
⑤ 재고수준이 일정할 필요가 없으며 상황에 따라 변하는 예측수요 등에 바탕을 둔 재고관리가 요구된다.

해설
JIT시스템은 무재고시스템으로 재고수준이 일정한지의 여부와는 무관하다. 이 시스템은 모든 생산과정에서 필요할 때, 필요한 것만을, 필요한 만큼만 생산함으로써 생산시간을 단축하고 재고를 최소화하여 낭비를 없애는 시스템으로 정의된다.

정답 | ⑤

19

다음 ( )에 들어갈 용어를 바르게 나열한 것은?

> TOC(Theory of Constraints)는 기업의 재무적인 성과를 나타내기 위하여 3가지 요소개념을 사용한다. 첫째, (㉠)은(는) 판매에 의한 기업의 현금 창출 정도를 나타내며 둘째, (㉡)은(는) 판매를 위하여 재화에 투자된 자금으로 정의되고, 셋째, (㉢)은 기업이 (㉡)을(를) (㉠)(으)로 전환하기 위하여 지출한 비용을 말한다.

① ㉠ 재고 ㉡ 스루풋 ㉢ 운영비용
② ㉠ 스루풋 ㉡ 재고 ㉢ 운영비용
③ ㉠ 영업이익 ㉡ 재고 ㉢ 조달비용
④ ㉠ 영업이익 ㉡ 제조원가 ㉢ 운영비용
⑤ ㉠ 스루풋 ㉡ 제조원가 ㉢ 조달비용

해설
㉠ 스루풋(through-put): 판매에 의한 기업의 현금창출(매출액에서 제품생산에 소요된 직접재료비를 차감한 금액)
㉡ 재고투자(investment): 판매를 위하여 취득된 일체의 재화에 투자된 자금
㉢ 운영비용(operating expense): 기업이 재고를 스루풋으로 전환시키기 위하여 소비하는 일체의 지출

정답 | ②

PART 03 물류표준화와 물류공동화

CHAPTER 01 물류표준화

1. 물류표준화의 개념 및 목적

(1) 물류표준화의 개념

물류표준화는 화물유통 장비와 포장의 규격, 구조 등을 통일하고 단순화하는 것이다. 포장, 하역, 보관, 운송, 정보 등 각각의 물류기능 및 물류단계의 물동량 취급단위를 표준 규격화하고 이에 사용되는 기기, 용기, 설비 등을 대상으로 규격, 강도, 재질 등을 표준화하여 이들 간의 호환성과 연계성을 확보하는 유닛로드시스템(ULS)을 구축하는 것을 말한다.

(2) 물류표준화의 목적 기출 28, 17, 14회

① 단순화, 규격화 등을 통해 물류활동의 기준을 부여함으로써 물류효율성 제고
② 기업차원의 미시적 물류뿐만 아니라 국가차원의 거시적 물류효율성 제고
③ 물류의 호환성과 연계성 확보를 통한 물류비 절감
④ 신기술, 신소재, 하역·보관의 기계화·자동화와 수·배송의 합리화
⑤ 글로벌 국제물류 환경변화에 대응하기 위해 국제표준화 연계

2. 표준화 대상 및 표준화 적용 부문

(1) 물류표준화의 대상 기출 29회

① 물류정책기본법상 물류표준화의 대상 「법 제2조 7호」
   물류표준화란 원활한 물류를 위하여 다음의 사항을 물류표준으로 통일하고 단순화하는 것을 말한다.
   - 시설 및 장비의 종류·형상·치수 및 구조
   - 포장의 종류·형상·치수·구조 및 방법
   - 물류용어, 물류회계 및 물류 관련 전자문서 등 물류체계의 효율화에 필요한 사항
② 물류표준화는 물류체계의 연계성 강화 및 효율화를 위해 단위적재시스템인 유닛로드시스템(Unit Load System)을 구축해야 하고 필수적으로 포장, 하역 및 재고설비 등의 표준화가 전제되어야 한다.

(2) 물류 부문의 표준화 기출 24, 19, 16회

① 포장표준화
② 운송용기 및 장비표준화(파렛트, 컨테이너 등)
③ 보관시설 표준화(랙, 창고 기둥간격 등)
④ 물류정보 및 시스템 표준화
⑤ 물류용어 및 물류회계의 표준화

(3) 소프트웨어 부문의 표준화 〔기출〕 26, 16, 14회
① 물류용어 통일
② 거래단위의 표준화 및 전표 표준화(크기, 양식, 기재내용)
③ 표준코드 활용
④ 포장치수의 표준화

(4) 하드웨어 부문의 표준화 〔기출〕 26, 19, 16회
① 파렛트 표준화
② 내수용 컨테이너 규격화
③ 지게차 표준화
④ 트럭적재함 표준화
⑤ 보관시설 표준화(랙, 건물사양 등)
⑥ 기타 물류기기 표준화

CHAPTER 02 물류모듈화

1. 물류모듈화의 개념 〔기출〕 29, 28회
물류모듈화는 물류시스템을 구성하는 각종 요소인 화물의 단위적재 및 이에 대한 하역, 운반기기, 기계트럭, 철도화차, 선박 등의 운송을 위한 장비 및 보관용 기기나 시설 등의 치수와 사양에 관한 기준척도 및 대칭계열을 말한다.

2. 물류모듈화의 내용 〔기출〕 28, 26, 21회
① 물류모듈은 물류시설 및 장비들의 규격이나 치수가 일정한 배수나 분할 관계로 조합되어 있는 집합체로 물류표준화를 위한 기준치수를 의미한다.
② 한국산업표준(KST)에는 우리나라 유닛로드용 파렛트의 표준을 T-11형(1,100×1,100mm), T-12형(1,200×1,000mm)의 2가지 유형으로 규정하고 있다.
③ 유닛로드시스템(ULS)은 파렛트를 기본으로 하는 것이 가장 일반적이다.
④ 유닛로드 치수를 표준화하기 위해 화물자동차와 컨테이너, 파렛트의 정합성이 필요하다.

짚고 넘어가기 국제 표준파렛트 규격(ISO)

정사각형(단위, mm)	직사각형(단위, mm)
• 1,140×1,140 (호주 표준규격) • 1,100×1,100 (아시아·태평양지역 표준규격) • 1,067(42″)×1,067(42″)	• 1,200×800 (유럽 표준규격 R189) • 1,200×1,000 (한국, 독일, 네덜란드 표준규격) • 1,219(48″)×1,016(40″) (미국 표준규격)

3. 계열치수 <small>빈출 29, 26, 25, 24, 21, 16, 15, 13회</small>

(1) 분할계열치수

① 분할계열치수는 NULS(Net Unit Load Size) 1,100mm×1,100mm를 기준으로 T-11형(1,100mm×1,100mm) 파렛트(Pallet)를 $\frac{1}{2}$, $\frac{1}{3}$, $\frac{1}{4}$로 분할하여 박스(Box)를 적재함에 적재하는 방법을 말한다.

> - 220mm×220mm(1단 적재수 5×5, 적재율 100%)
> - 366mm×220mm(1단 적재수 3×5, 적재율 99.8%)
> - 550mm×275mm(1단 적재수 2×4, 적재율 100%)
> - 550mm×366mm(1단 적재수 2×3, 적재율 99.8%)

② 포장단위 치수: 95% 이상 적재효율치수로 69종류의 포장모듈치수를 규정하고 있다.
③ 표준파렛트 T-11형과 T-12형 모두 적용되는 포장모듈치수
　600mm×500mm, 550mm×366mm, 500mm×300mm, 440mm×330mm

(2) 배수계열치수

① PVS(Plan View Size; 1,140mm×1,140mm)를 기준으로 한 치수: 최대허용공차 40mm
② 파렛트 단위 화물 적재 시 주로 사용한다.
③ 적재적량
　• 화물트럭: 8톤 트럭 12매, 11톤 트럭 16매의 파렛트 적재가능
　• 컨테이너: 20ft 컨테이너 10매(2단 20매), 40ft 컨테이너 20매(2단 40매)의 파렛트 적재가능

4. 유닛로드시스템(ULS; Unit Load System) <small>기출 29, 27, 23, 20, 13회</small>

① 유닛로드시스템 또는 단위적재시스템은 화물을 일정 중량이나 크기로 단위화, 규격화시켜 기계를 이용하여 하역·수송하는 화물수송방식을 말한다.
② 도입 선결요건으로는 수송용 적재함 규격의 표준화, 포장단위 치수의 표준화, 운반·하역장비의 표준화, 보관설비의 표준화, 거래단위의 표준화, 파렛트의 표준화 등이 있다.
③ 지역 또는 국가에서 사용되는 표준 파렛트의 종류와 규격은 서로 다르다.
④ ULS를 통해 작업효율의 향상, 운반 활성화, 물류비용 감소 등을 기대할 수 있다.
⑤ 하역과 운송에 따른 화물 손상이 감소하고, 운송 및 보관업무의 효율적 운용이 가능하다.
⑥ ISO 표준파렛트 종류: 1,200×800, 1,140×1,140, 1,100×1,100, 1,200×1,000, 1,219×1,016, 1,067×1,067

5. 파렛트풀시스템(Pallet Pool System) <small>기출 22, 20, 11회</small>

(1) 개념 및 내용

① 파렛트풀시스템은 파렛트의 규격, 강도, 재질 등을 표준화하여 여러 기업들이 파렛트를 공동으로 이용함으로써 물류의 효율성을 높이고 물류비용을 절감하고자 구축된 제도이다.
② 일관 파렛트화의 실현으로 발송지에서 최종 도착지까지 일관운송이 가능하게 된다.
③ 업종 간에 파렛트를 공동으로 이용하여 성수기와 비수기의 파렛트 수요변동에 대응할 수 있다.
④ 공파렛트 회수문제 해소 등 파렛트 관리가 용이하며, 물류비 부담을 감소시킨다.

(2) 유형
① 즉시교환방식: 송화주는 파렛트화된 화물을 운송사에 위탁하는 시점에서 동일한 수의 파렛트를 운송사에서 인수하고, 수화주는 파렛트화된 화물을 인수할 때 동일한 수의 파렛트를 운송사에 인도해주는 방식이다.
② 리스방식: 개별기업에서 각각 파렛트를 보유하지 않고 필요에 따라 리스하는 것으로, 파렛트 풀을 운영하는 기관이 사용자의 거점(depot)에 규격화된 파렛트를 공급해 주는 방식이다.
③ 대차결제방식: 현장에서 즉시 파렛트를 교환하지 않고 일정 시간 이내에 파렛트를 운송사에 반환하는 방식이다.
④ 교환·리스 병용방식: '즉시 교환방식'+'리스·렌탈방식'으로 사용자의 편의성이 좋으나 책임소재가 불명확한 문제가 있다.

CHAPTER 03　물류공동화

1. 물류공동화

(1) **물류공동화의 의의** 기출 19회
① 물류공동화란 동일지역의 동일·유사업종을 중심으로 물류활동에 필요한 인프라를 둘 이상의 파트너와 함께 연계하여 이용함으로써 물류의 효율을 높이고, 비용절감의 공동이익을 추구하는 협력관계를 말한다.
② 물류공동화에는 수·배송 공동화, 보관 공동화, 하역 공동화, 물류가공(포장) 공동화, 정보 공동화 등이 포함된다.

(2) **물류공동화의 목적** 기출 23, 21, 18회
① 대량으로 처리하여 물류비 절감
② 인력 부족에 대한 대응
③ 수·배송 효율의 향상
④ 중복투자의 감소

(3) **물류공동화 추진을 위한 전제조건** 기출 17회
① 자사의 물류시스템과 외부의 물류시스템과의 연계 필요
② 표준물류심벌(GS1 코드), 통일전표, 외부와의 교환이 가능한 파렛트 등 표준용기의 사용
③ 서비스 내용의 명확화 및 표준화
④ 통일된 기준에 근거한 물류비 산정 및 체계화
⑤ 일정지역 내에 물류공동화에 참여하는 복수의 화주가 존재
⑥ VAN, EDI 등 외부의 시스템과 연결되는 방향으로 자사시스템 개방

(4) **물류공동화 추진상의 문제점** 기출 19, 17, 14회
① 화주 입장
　기업비밀 노출에 대한 우려(납입가격, 판매액, 거래조건, 고객명단 등), 물류서비스 차별화의 한계, 서비스 수준의 저하 우려, 비용배분에 대한 분쟁발생 소지, 긴급한 수요의 대처에 취약 등
② 물류기업 입장
　배송순서의 조절이 어려움, 출하시간의 집중화, 상품관리의 어려움(제품의 혼재, 발주방식의 차이, 결품관리) 등

2. 공동수·배송시스템

(1) 공동수·배송시스템의 개념

공동수·배송이란 하나의 차량에 다양한 화주의 화물을 혼재하여 운송함으로써 운송의 대형화(적재율 향상 및 규모의 경제)와 순회배송을 가능하게 하는 운송기법으로 물류효율화의 강조, 다빈도 소량 수·배송과 JIT 수·배송의 필요성 증대, 고객지향적 수·배송서비스가 요구되는 현실에 있어서 중요성이 더욱 커지고 있다.

> **보충학습**
> **혼재(consolidation)** 기출 25, 20회
> 다수의 화주로부터 위탁받은 소규모 화물들을 화차, 트럭, 컨테이너(항공컨테이너 포함) 등의 대규모 취급단위로 만들어 운송하는 것

(2) 공동수·배송 도입배경 기출 27, 25, 20회

① 주문단위의 다빈도 및 소량화
② 운송비, 하역비 등 물류비용의 증가
③ 화물자동차 이용의 비효율성(배송차량의 적재효율 저하)
④ 도시지역 물류시설 설치 제약
⑤ 보관·운송 물류인력 확보 곤란
⑥ 상권확대 및 빈번한 교차수송

(3) 공동수·배송 도입의 기대효과 기출 29, 28, 27, 26, 24, 21, 18, 17회

① 수·배송 효율성 제고를 통한 물류비용 절감
② 교통혼잡 완화 및 차량감소로 인한 환경오염 방지
③ 수·배송업무의 효율화를 통한 교차배송 감소
④ 물류기업의 인력부족에 대처 가능(고용 증가의 필요성 감소)
⑤ 운송대형화로 인한 경제성 및 물류센터의 효율성 향상
⑥ 동일 지역 및 동일 배송선에 대한 중복·교차배송의 문제점 해결
⑦ 운송차량의 영차율 증가, 공차율 감소

(4) 공동수·배송의 장애요인

① 참여업체의 구성
② 참여기업 간의 의견조정문제
③ 긴급한 수요의 대처에 취약
④ 회사의 기밀유지문제

(5) 공동수·배송시스템의 전제조건 기출 27, 26, 19, 17회

① 일정지역 내 영업 및 화물특성의 유사성이 있는 다수의 화주가 존재하여야 한다.
② 대상화물이 공동화에 적합한 품목이어야 한다.
③ 참여 기업 간 공동수·배송에 대한 이해도가 높고 목표가 일치하여야 한다.
④ 공동수·배송에 참여하는 기업 간의 경제성 및 물류서비스 수준의 향상이라는 목적이 일치해야 한다.
⑤ 공동수·배송을 주도(주관)하는 책임기업이 존재해야 한다.
⑥ 공동수·배송에 참여하는 기업 간 배송조건이 유사하고, 물류표준화가 선행되어야 한다.

(6) 공동수·배송의 주체별 장점 기출 29, 23회

화주 측면	화물운송사업자 측면
• 화물의 소량화 및 다빈도 운송에 대응 가능 • 배송의 계획화로 신속, 정확한 배송이 가능 • 공간절약에 의한 유휴시설의 이용이 가능 • 물류인력의 효율적 이용이 가능 • 전표처리, 운임요금 지불업무의 합리화 • 물류비 절감 가능	• 규모의 경제로 인한 화물의 대량화 가능 • 차량의 적재효율 및 운행효율 향상 • 물류시설의 효율적 이용과 작업의 기계화, 자동화 • 전표처리, 운임청구업무의 합리화 도모 • 중복배송 감소 및 교통지체 완화로 집배효율 제고 • 물류비 절감 가능

(7) 공동수·배송의 유형 기출 29, 28, 26, 25, 24회

유형	내용
배송공동형	• 배송은 공동화하고 화물거점시설까지의 운송은 개별화주가 행하는 형태
집배송공동형	• 물류센터에서의 배송뿐만 아니라 화물의 보관 및 집화업무까지 공동화하는 방식으로서 주문처리를 제외한 거의 모든 물류업무에 관해 협력하는 형태 • 집배공동형 중 운송업자공동형은 다수의 운송업자들이 불특정 다수 화주들의 집배송을 공동화하는 것
노선집화공동형	• 노선의 집화망을 공동화하여 화주가 지정한 노선업자에게 화물을 넘기는 형태. 즉, 노선업자가 화물들을 공동 집화하여 각지로 발송하는 것
공동납품대행형	• 착화주의 주도에 의해 공동화하는 것으로 유통가공, 상품내용 검사 등의 작업대행이 이루어지는 형태 • 백화점, 할인점 등에서 공동화하는 유형으로 참가 도매업자가 선정한 운송사업자가 배송거점을 정하여 납품상품을 집화, 분류, 포장 및 레이블을 붙이는 작업 등을 한 후 배달, 납품하는 형태
공동수주·공동배송형	• 운송업자가 협동조합을 설립하여 공동수·배송을 하는 유형

핵심 기출문제

PART 03
물류표준화와 물류공동화

01

물류표준화의 대상 분야에 해당하는 것을 모두 고른 것은?

> ㄱ. 운송 부문 ㄴ. 보관 부문 ㄷ. 하역 부문
> ㄹ. 포장 부문 ㅁ. 정보화 부문

① ㄱ, ㄴ, ㅁ
② ㄴ, ㄷ, ㄹ
③ ㄷ, ㄹ, ㅁ
④ ㄱ, ㄴ, ㄷ, ㄹ
⑤ ㄱ, ㄴ, ㄷ, ㄹ, ㅁ

해설
물류표준화는 포장, 하역, 보관, 운송, 정보 등의 물류기능 및 물동량 취급단위를 표준화·규격화하고 이에 사용되는 시설·장비 등도 규격, 강도, 재질 등을 표준화하여 호환성과 연계성을 확보하는 유닛로드시스템(ULS)을 구축하는 것을 말한다.

정답 | ⑤

02

표준파렛트 T-11과 표준파렛트 T-12에 모두 적용되는 포장모듈치수(파렛트와 정합성을 유지하는 포장규격)로 짝지어진 것은?

① 1,100mm×1,100mm, 1,200mm×1,000mm
② 1,100mm×550mm, 1,200mm×500mm
③ 600mm×500mm, 500mm×300mm
④ 550mm×220mm, 440mm×220mm
⑤ 366mm×366mm, 220mm×220mm

해설
T-11형은 1,100mm×1,100mm이고, T-12형은 1,200mm×1,000mm이므로 모두 적용되는 포장모듈치수는 600mm×500mm, 500mm×300mm이다.

정답 | ③

03

표준 파렛트 T-11형을 ISO 규격의 20피트(feet) 해상컨테이너에 2단으로 적입할 경우, 컨테이너 내에 적입할 수 있는 최대 파렛트 수량은?

① 10개
② 14개
③ 16개
④ 18개
⑤ 20개

해설
20피트 컨테이너의 내부치수 길이: 5,898mm
40피트 컨테이너의 길이: 12,031mm
- 20ft 컨테이너에 1단으로 적입 시 8개, 2단으로 적입 시 20까지 적재 가능
- 40ft 컨테이너에 1단으로 적입 시 16개, 2단으로 적입 시 40개까지 적재 가능

정답 | ⑤

04

많은 기업들이 물류공동화를 추진하고 있는 상황 속에서 물류공동화의 일반적인 장점에 관한 설명으로 옳지 않은 것은?

① 물류비용을 절감할 수 있다.
② 화물의 품질을 높일 수 있다.
③ 수·배송 효율을 향상시킬 수 있다.
④ 물류생산성을 향상시킬 수 있다.
⑤ 안정적인 물류서비스를 제공할 수 있다.

해설
화물의 품질향상과 물류공동화는 관련이 없다.

정답 | ②

05

공동 수·배송의 효과가 아닌 것은?

① 운송차량의 공차율 증가
② 공간의 활용 증대
③ 주문단위 소량화 대응 가능
④ 교통혼잡 완화
⑤ 대기오염, 소음 등 환경문제 개선

해설
공동 수·배송의 도입효과로 운송 시 영차율은 증가하고, 공차율은 감소한다.

정답 | ①

06

다음 중 공동수·배송의 구축을 위한 전제조건이 아닌 것은?

① 물류표준화
② 유사한 배송조건
③ 물류서비스 차별화 유지
④ 적합한 품목의 존재
⑤ 일정구역 내 배송지역 분포

해설
공동 수·배송시스템 구축을 위해서는 서비스의 차별화가 아니라 화물특성, 영업 등의 유사성이 중요하다.

정답 | ③

07

수·배송 공동화의 유형에 관한 설명으로 옳지 않은 것은?

① 배송공동형은 배송만 공동화하는 것을 의미하며, 화물거점시설까지의 공동화는 포함하지 않는다.
② 집배송공동형 중 특정화주공동형은 동일화주가 조합이나 연합회를 만들어 공동화하는 것이다.
③ 집배송공동형 중 운송업자공동형은 다수의 운송업자들이 불특정 다수 화주들의 집배송을 공동화하는 것이다.
④ 노선집화공동형은 노선업자가 화물들을 공동 집화하여 각지로 발송하는 것이다.
⑤ 납품대행형은 화주가 납입선에 대행으로 납품하는 것이다.

해설
납품대행형(공동납품대행형)은 화주의 주도로 공동화하는 것으로 유통가공, 포장, 상품검사, 납품 등의 작업을 대행하는 유형으로 백화점, 할인점 등에서 활용된다.

정답 | ⑤

PART 04 물류정보화(정보시스템)

CHAPTER 01 물류와 정보

1. 정보(Information)의 개념
① 정보: 관찰이나 측정을 통해 수집된 자료를 실제 문제해결에 도움이 될 수 있도록 분석하고 정리한 것
② 물류정보: 원자재의 조달에서부터 상품의 판매, 소비에 이르기까지 물류의 전체 분야(주문처리, 재고관리, 창고관리, 수·배송관리, 판매관리 등)에서 발생하는 정보

2. 물류정보의 특징 기출 27, 25, 20, 14회
① 관리대상 정보의 종류가 많고, 내용이 다양하다.
② 성수기와 비수기의 정보량 차이가 크다.
③ 정보의 발생원, 처리장소, 전달대상 등이 넓게 분산되어 있다. 이에 따라 물류정보통신망도 LAN(근거리 통신망), MAN(광대역 지역통신망), WAN(원거리 통신망) 등 다양하게 구축되어 활용되고 있다.
④ 상품과 정보의 흐름에 동시성이 요구된다.
⑤ 구매, 생산, 영업, 운송활동과의 관련성이 크다.

CHAPTER 02 물류정보시스템의 구성요소

1. 물류정보시스템(LIS; Logistics Information System)

(1) **물류정보시스템의 개념** 기출 28, 25, 22회
① 물류정보시스템은 기업 내 또는 기업과 관계를 맺고 있는 거래처를 연결하는 시스템으로, 물류시스템에 연동되는 물류기기들과 상호작용할 수 있는 지능형 시스템이다.
② 원재료 구입으로부터 완제품 유통에 이르기까지 물류활동의 전체 최적화 및 이와 관련되어 발생하는 사실, 자료를 물류관리의 목적에 알맞게 처리·가공하는 컴퓨터를 기반으로 하는 정보시스템이다.
③ 물류정보시스템은 물류관리의 목표를 달성하기 위해 구축·활용되는 것이므로 물류비를 절감하고 고객서비스를 향상시키는 데 목적이 있다.

(2) **물류정보시스템의 목표** 기출 18, 14, 12회
① 물류합리화를 통해 적정 고객서비스를 최소한의 비용으로 달성할 수 있도록 지원한다.
② 조달, 생산, 유통 등을 포괄적으로 연결하여 전체적인 물자의 흐름을 관리한다.
③ 기업 간 정보의 공유를 바탕으로 유통재고를 최소화한다.
④ 환경변화에 신속히 대응할 수 있도록 기업의 경쟁력을 향상시키는 데 기여한다.
⑤ POS를 통해 획득한 실시간 정보에 기초하여 공급계획을 수립하고 풀(Pull)방식으로 유통망을 지원한다.

2. 물류정보시스템의 장점 기출 21회
① 물동량이 증가하여도 신속한 물류처리가 가능하다.
② 신속한 수주처리와 즉각적인 고객대응으로 판매기능을 강화할 수 있다.
③ 판매와 재고정보가 신속하게 집약되므로 생산과 판매에 대한 조정이 가능하다.
④ 재고의 과부족으로 인해 발생하는 물류비용을 절감할 수 있다.
⑤ 운송정보시스템을 통해 단거리는 물론 장거리 운송 모두를 효율적으로 관리할 수 있다.

3. 물류정보시스템의 구축요건 기출 19회
① 정보의 실시간 입력과 함께 처리결과에 대한 정보를 실시간으로 제공해야 한다.
② 통합물류관리가 이루어지기 위해서는 물류 이외의 다른 시스템과 연계하여 처리하는 프로세스를 갖추어야 한다.
③ 물류정보를 효율적으로 입력하고 관리하기 위해서는 바코드나 RFID 정보 등을 활용하는 물류기기와 연동시킬 필요가 있다.
④ 물류정보시스템 구축은 패키지 솔루션(package solution) 도입보다는 자사의 실정을 고려하여 자체적으로 개발하는 것이 바람직하다.

4. 물류시스템의 구축순서 기출 12회

> 시스템의 목표설정 → 적용범위 설정 → 구축조직 구성 → 업무현상 분석 → 시스템 구축 및 평가

5. 물류정보시스템의 구성요소 기출 23, 22, 16, 15회
물류정보시스템은 주문관리, 재고관리, 창고관리, 수·배송관리, 물류정보 통제시스템의 5가지 시스템으로 구성된다.
① 주문관리 모듈(OMS; Order Management System): EOS, CAO 등을 통해 고객의 주문에 최초로 대응하며 고객이 주문한 제품의 가용성을 파악하고, 고객에 대한 신용조회 등의 기능을 수행
② 재고관리 모듈(Inventory Management System): 주문량에 따라 적정재고를 유지하면서 불필요한 재고를 억제하여 재고유지비용을 절감하는 것
③ 창고관리 모듈(WMS; Warehouse Management System): 최저비용으로 창고의 공간, 작업자, 하역설비 등을 유효하게 활용하여 서비스 수준을 제고시키는 데 목적이 있으며, 입출고정보, 재고이동정보 등을 포함하는 시스템
④ 수·배송관리 모듈(TMS; Transportation Management System): 수·배송관리 기능은 고객의 주문에 대하여 적기 배송체계의 확립과 최적운송계획을 수립, 최근 CVO시스템 도입으로 영차율 향상을 지원하고 있음
⑤ 물류정보관리 모듈: 물류정보를 통제하여 전체 물류활동의 효율성 제고를 지원
cf. 물류란 운송·보관·하역 등과 이에 부가되어 가치를 창출하는 가공·조립·분류·수리·포장·상표부착·판매·정보통신 등을 포함하지만, 생산관리나 마케팅관리 모듈은 물류정보시스템(LIS)과 직접적인 관계는 없다.

CHAPTER 03 물류시스템의 운영기법

1. 주문관리시스템(OMS; Order Management System)

주문관리시스템은 고객의 주문에 최초로 대응하며 고객이 주문한 제품의 가용성을 파악하고, 고객에 대한 신용조회 등의 기능을 수행하는 시스템으로 EOS, CAO 등이 해당한다.

(1) 전자주문시스템(EOS; Electronic Ordering System) 기출▶ 19, 18, 14회

① 전자주문시스템은 편의점이나 SSM, 대형마트 등 체인매장에서 상품이 판매되면 POS데이터가 거래처에서 중앙컴퓨터에 자동적으로 입력된다.
② EOS를 도입한 점포는 한정된 매장 공간에 보다 많은 종류의 상품을 진열할 수 있다.
③ EOS를 도입한 소매점의 경우 상품코드에 의한 정확한 발주가 가능하다.
④ EOS를 위한 발주작업의 표준화 및 매뉴얼화는 신속한 발주체계 확립에 기여할 수 있다.

(2) 자동발주시스템(CAO; Computer Assisted Ordering)

① CAO는 EDI기반 정보시스템으로, 자동화된 주문관리에 의해 수요관리의 효율성을 도모하여 재고수준을 감소시킬 수 있는 주문처리시스템이다.
② 자동발주시스템을 이용하면 단품관리가 쉬워 판매단위를 기본으로 한 수량관리로 판매예측과 판매결과의 차이를 최소화할 수 있다.

2. 판매시점 정보관리시스템(POS System) 기출▶ 29, 27, 25, 23, 22, 20, 18, 17, 14회

(1) 개념

① POS(Point of Sales)는 판매시점에 상품바코드를 통해 발생하는 데이터를 실시간으로 받아들이고 정보를 처리하는 시스템이다.
② 단품별 판매상품에 관련된 모든 정보를 신속·정확하게 자동 수집하여 발주, 매입, 발송, 재고관리 등의 필요한 시점에 정보를 제공하는 시스템이다.

(2) POS의 도입효과 기출▶ 20회

① 계산원의 생산성 향상
② 입력오류의 방지
③ 점포사무작업의 간소화
④ 가격표 부착작업의 감소
⑤ 판매정보를 실시간으로 파악하여 판매, 재고, 고객관리의 효율성 향상

(3) POS의 구성요소 기출▶ 28회

POS는 POS 터미널(POS terminal)과 스토어 컨트롤러(store controller), 호스트 컴퓨터 등으로 구성되어 있고 바코드(barcode)와 자동 판독장치인 바코드 리더기(reader)가 부착된다.

(4) POS의 활용

① 유통업체
  ㉠ 상품의 판매동향 및 ABC분석을 통해 인기/비인기 제품의 분석 가능
  ㉡ 적절한 상품가격 설정 및 매출극대화 전략수립에 활용
  ㉢ 효율적인 상품의 구색 및 진열관리에 이용
  ㉣ 경쟁점포와의 상품 판매동향 비교·분석에 활용이 가능

② 제조업체
- ㉠ 분석된 POS 데이터를 통해 생산계획 및 마케팅 전략의 수립에 이용
- ㉡ 광고 등 판촉효과 분석에 이용이 가능
- ㉢ 신상품 동향의 신속하고 정확한 파악이 가능
- ㉣ 경쟁사 제품의 판매 동향을 비교·분석하는 데 활용 가능

3. 운송관리시스템

(1) 운송관리시스템(TMS; Transportation Management System) 기출 26, 21, 19회

① 운송관리시스템(TMS)은 출하되는 화물의 양과 목적지(수·배송처)의 수 및 배차 가능한 차량을 이용하여 가장 효율적인 배차방법, 운송차량의 선정, 운송비의 계산, 차량별 운송실적 관리 등 화물자동차의 운영 및 관리를 위해 활용되는 물류정보시스템이다.

② 배송주문의 지리적 분포, 교통정보, 차량의 움직임 정보, 가용차량대수 등에 대한 정보를 기반으로 최적차량 운용과 배송루트 선정을 실현하여 배송 리드타임과 운송비를 절감시키는 역할을 한다.

(2) 지능형 교통시스템(ITS; Intelligent Transportation System)

① 지능형 교통시스템은 도로, 차량, 신호시스템 등 기본 교통체계의 구성요소에 전자, 제어, 통신 등 첨단기술을 접목시켜 구성요소들이 상호 유기적으로 작동하도록 하는 차세대 교통체계이다.

② 첨단교통관리시스템(ATMS), 첨단교통정보시스템(ATIS), 첨단화물운송시스템(CVO) 등으로 구성된다.

(3) 첨단화물운송시스템(CVO; Commercial Vehicle Operation System) 기출 28, 26, 24, 20, 19, 17, 15회

① 차주와 화주를 연결하는 시스템으로, 화물차량의 위치, 적재화물의 종류, 운행상태, 노선상황, 화물알선정보 등을 자동적으로 파악하여 화물차량의 운행을 최적화하고 관리를 효율화하기 위한 지능형 교통시스템(ITS) 중 하나다.

② 화물 및 화물차량에 대한 위치를 실시간으로 추적·관리하여 각종 부가정보를 제공하는 역할을 하며 다음의 하위시스템을 갖는다.
- ㉠ FFMS(Freight and Fleet Management System): 화물 및 화물차량관리
- ㉡ HMMS(Hazardous Material Monitoring System): 위험물차량관리

(4) GPS(Global Positioning System) 기출 22, 18, 16, 13회

① 개념

GPS는 화물 또는 차량의 자동식별과 위치추적을 위해 사용하는 방식으로 인공위성과 통신망을 이용한 위치측정시스템이다.

② 기능
- ㉠ 이동체의 위치파악에 적절한 시스템이다.
- ㉡ 운행차량의 관리·통제에도 용이하게 활용될 수 있다.
- ㉢ 이동차량이 목적지까지 최단경로를 찾는 데 효율적으로 이용될 수 있다.
- ㉣ GPS는 인공위성으로 신호를 보낼 수는 없고 인공위성에서 보내는 신호를 받을 수만 있다.

(5) 주파수 공용통신(TRS; Trunked Radio System) 기출 15, 13회

① 개념

TRS는 화물추적을 위한 무선통신시스템으로, 중계국에 할당된 여러 개의 채널을 공동으로 사용하는 무전기 시스템으로 운송수단에 탑재하여 이동 간의 정보를 실시간으로 송·수신할 수 있다.

② 기능

㉠ 무전기가 진화한 기술로서 휴대폰처럼 멀리 떨어진 사람과도 통화할 수 있으면서, 무전기처럼 여러 사람에게 동시에 같은 음성을 전달할 수 있어 화물운전자에게는 필수도구이다.

㉡ 화물운송이 필요한 화주가 화물정보센터에 일을 의뢰하면, 센터는 해당지역에 공차(空車)상태로 있는 복수의 트럭기사에게 일감정보를 알려준다.

(6) 철도운영시스템(KROIS; Korea Railroad Operating Information System) 기출 28, 26, 20회

① KROIS는 1996년부터 운영되어 온 철도운영정보시스템으로 2011년 말 차세대 철도운영정보시스템으로 발전되었다.

② 차량열차, 화물운송, 승무원관리, 운송정보, 차량기계 등의 업무를 모듈화하여 각각의 분야별 업무를 처리하고, 필요한 운영정보를 산출할 수 있는 정보시스템이다.

③ 종합물류정보망 전담사업자의 하나인 KL-Net과 연계되어 EDI로 운용되고 철도공사, 화주, 운송업체, 터미널 등이 서비스 대상이 된다.

④ 차량열차운용시스템, 화물운송시스템, 고객지원시스템, 운송정보시스템 등의 하부시스템으로 구성된다.

(7) 해운항만물류정보시스템(PORT-MIS) 기출 28, 24회

선박의 입출항 관련 업무와 선박의 안전 항행에 관련된 항만운영정보처리시스템으로, 수출입관련 정부기관(해양수산부 등), 물류업체(선사·화주·부두운영회사 등), 정보중개업자(KL-Net)가 참여하여 구축하고 해양수산부와 항만공사가 운영한다.

> **짚고 넘어가기** 국토교통부 국가물류통합정보시스템의 구성
>
> 국토교통부 국가물류통합정보시스템은 지능형교통시스템(ITS), 철도운영정보시스템(XROIS, KROIS), 항만운영정보시스템(PORT-MIS), 항공물류정보시스템(AIRCIS)으로 구성되어 있다.

4. 창고관리시스템(WMS; Warehouse Management System) 기출 19, 16회

(1) 개념

창고관리시스템은 공급망 전체의 원활한 흐름을 지원하기 위해 물류창고를 효율적으로 관리하기 위한 것으로, 제품의 입·출고, 보관, 품질보전, 보관효율, 창고비, 운송지원, 정보처리 등을 지원하는 정보시스템을 말한다.

(2) 목적

① 물류창고의 공간효율의 극대화 및 작업자, 하역설비 등을 유효하게 활용하여 고객서비스 수준을 제고하고 물류비용을 감소시킨다.

② WMS는 '입고 → 피킹 → 출하' 프로세스의 자동화를 통해 운반관리(material handling)를 효율화한다.

(3) 기대효과

증가되는 효과	① 재고의 정확도 ③ 제품처리 능력 ⑤ 고객서비스	② 공간/설비 활용도 ④ 재고회전율 ⑥ 노동/설비 생산성
감소되는 효과	① 재고망실 ③ 제품 피킹시간 ⑤ 서류/전표 작업	② 보관위치 오지정 ④ 직·간접 인건비 ⑥ 설비비용

5. 물류정보통신망

(1) 전자문서교환(EDI; Electronic Data Interchange) 기출 29, 27, 25, 24, 22, 18, 17, 15, 14, 13회

① 개념

전자문서교환(EDI)은 기업 간에 합의된 전자문서표준을 이용하여 데이터나 문서를 서로 교환하는 시스템이다.

② 기대효과

기업 간에 합의된 전자문서표준을 이용하여 서로 데이터나 문서를 교환하는 시스템으로 업무처리 비용 및 인건비 감소 등의 효과가 있다.

구분	기대효과	
직접적 효과	• 시간 절감 및 거래절차의 단축 • 자료의 재입력 방지	• 업무처리의 오류 감소 • 인건비 및 업무처리 비용 감소
간접적 효과	• 재고 감소 • 고객서비스 향상	• 문서관리의 효율성 증대 • 효율적인 인력활용 가능

(2) 부가가치통신망(VAN; Value Added Network) 기출 25, 15, 14회

① 개념

㉠ 부가가치통신망(VAN)은 다자간 또는 제3자 네트워크를 매개로 하여 기업 간 자료를 교환하는 통신망으로, EDI를 수행하기 위한 가장 효율적인 수단이라고 할 수 있다.

㉡ VAN은 통신회선에 정보처리 기능을 결합하여 부가가치를 부여한 서비스 통신망으로, 정보전송 및 정보의 축적·가공·변환처리 등의 부가가치를 부여한 음성 또는 데이터 정보를 제공해 주는 광범위하고 복합적인 서비스의 집합이다.

② 특징

㉠ 통신사업자로부터 고속통신회선을 임대받아 개별고객에게 회선을 할당하고 이용료를 받는다.

㉡ 제한된 사용자만 사용이 가능하며, 정보망 이용료가 높다.

㉢ 저속이지만 아이디, 비밀번호, IP주소 확인 등 상대적으로 보안수준이 높다.

㉣ VAN 도입에 따른 주요 경제적 효과로는 정보전달 경로의 단축화가 있다.

(3) 종합디지털서비스망(ISDN; Integrated Service Digital Network)

ISDN은 디지털 통신망을 이용하여 음성·문자·영상 등의 통신을 종합적으로 사용할 수 있도록 하는 통신서비스로, 기존 전화망에서 한 차원 발전된 차세대 기간통신망을 말한다.

(4) **근거리통신망(LAN; Local Area Network)** 기출 15, 13회

LAN은 근거리통신망으로, 한정된 지역 내에서 고속 전송속도를 갖춘 물리적인 통신채널을 통해 다수의 개별장치들이 통신기능을 할 수 있도록 구성한 시스템이다.

(5) **원거리통신망(WAN; Wide Area Network)**

WAN은 원격지를 통신회선으로 연결한 광역 통신망으로, 해외지사, 공장과 국내의 본사를 연결하는 데 사용되고 있다.

(6) **KT-NET(Korea Trade Network, 한국무역정보통신)** 기출 28, 24회

① 우리나라 최초로 무역자동화시스템을 개통한 무역정보망 기업이다. 수·출입 관련 모든 업무를 EDI방식으로 자동화해 무역업체가 은행, 세관, 선사, 보험사 등 무역 유관기관의 업무를 전국 어디에서나 전산으로 처리할 수 있도록 무역절차를 종합 EDI통신망으로 자동화하였다.
② KT-NET은 무역정보망으로서, 무역정보화를 통한 국가경쟁력 강화를 목적으로 개발되었다.
③ 서비스 내용
  ㉠ 무역자동화 서비스(무역, 통관, 물류부문)
  ㉡ 유통 EDI서비스(수·발주 EDI, 해외 EDI, 유통정보교환)
  ㉢ 시스템 통합서비스(컨설팅, 시스템 개발)
  ㉣ 네트워크 연구 및 개발

(7) **KL-NET(Koera Logistics Network, 한국물류정보통신)** 기출 28, 24회

① KL-NET은 물류정보망으로서, 우리나라 물류업무의 온라인화를 위해 개발된 정보망이다.
② KL-NET은 종합물류정보전산망 전담사업자, PORT-MIS사업, KROIS 연계사업자로서 역할을 위임받아 우리나라 물류업무 전 부문의 자동화·정보화를 담당하고 있다.

6. 기타 4차산업 관련 정보통신기술

(1) **사물인터넷(IoT; Internet of Things)** 기출 24, 21회

① IoT란 사람, 사물, 공간, 데이터 등이 인터넷으로 서로 연결되어 정보가 생성·수집·활용되게 하는 사물인터넷 기술이다.
② 인간과 사물, 서비스의 세 가지로 분산된 환경요소에 대해 인간의 명시적 개입 없이 상호 협력적으로 센싱(sensing), 네트워킹, 정보처리 등 지능적 단계를 형성하는 사물 공간 연결망이다.
③ 최근 사물인터넷(IoT)과 인공지능(AI) 등에 기반을 둔 스마트팩토리에 의한 고객맞춤형 생산은 물류에 있어서 다품종, 소량, 다빈도화를 촉진하고 있다.

(2) **유비쿼터스(Ubiquitous)** 기출 24, 12회

① 유비쿼터스 환경은 언제, 어디서나, 누구나 정보교환이 가능한 모바일 이동통신 정보시스템이다.
② 전제조건
  ㉠ 컨버전스 기술의 일반화, 광대역화, IT기기의 저가화 등 정보기술이 고도화되어야 한다.
  ㉡ RFID Tag, USN(Ubiquitous Sensor Network), Telematics Service, 무선인터넷 및 모바일 서비스가 갖추어져야 하고, 모든 전자기기에 컴퓨팅기능이 가능해야 한다.

> **짚고 넘어가기** USN(Ubiquitous Sensor Network) 기출 24회
>
> USN이란 센서 네트워크를 이용하여 유비쿼터스 환경을 구현하는 기술을 말한다.

(3) 블록체인(Block Chain) 기출 29, 26, 24, 23회

① 개념
  ㉠ 블록체인은 분산원장 또는 공공거래장부라고도 불리며, 다수의 상대방과 거래를 할 때 데이터를 중앙 서버가 아닌 사용자들의 개인 디지털 장비에 분산·저장하여 공동으로 관리하는 분산형 정보기술이다.
  ㉡ 암호화폐로 거래할 때 발생할 수 있는 해킹을 막는 기술에서 출발했다.

② 특징
  ㉠ 비트코인은 블록체인 기술을 이용한 전자화폐로, 블록체인은 비트코인의 거래기록을 저장한 공공거래장부라 할 수 있다.
  ㉡ 이 기술을 물류산업에 적용 시, 화주들이 자신의 화물을 추적, 관리 상황을 실시간으로 점검하며 운송 중 관리 부실로 발생할 수 있는 과실에 대한 실시간 파악과 대처를 지원할 수 있다.
  ㉢ 네트워크상의 참여자가 거래기록을 분산 보관하여 거래의 투명성과 신뢰성을 확보하는 기술로 최근 항만운송, 항공운송, 관세청 수출통관 등의 분야에서 활용이 추진되고 있다.

③ 종류
  ㉠ 프라이빗 블록체인(private blockchain): 미리 정해진 조직이나 개인들만 참여할 수 있는 폐쇄형 블록체인 네트워크
  ㉡ 퍼블릭 블록체인(public blockchain): 누구든지 자유롭게 참여할 수 있는 개방형 블록체인 네트워크
  ㉢ 컨소시엄 블록체인(consortium blockchain): 허가받은 사용자만 접근이 가능한 블록체인 네트워크

(4) CALS(Commerce At Light Speed, 광속상거래) 기출 26, 24, 16회

① 개념
  ㉠ CALS는 제품의 생산으로부터 폐기에 이르는 전 과정(life-cycle) 동안에 발생하는 모든 정보를 실시간으로 디지털 정보기술의 통합을 통해 구현하는 산업 정보화 전략을 말한다.
  ㉡ CALS의 개념은 CALS(Computer Aided Logistics Support)로부터 시작해서 현재는 광속상거래(Commerce At Light Speed)로 발전하였다.

② 구성요소
  ㉠ 조달-EDI(Electronic Data Interchange)
  ㉡ 생산-JIT(Just in Time)
  ㉢ 설계-동시공학(Concurrent Engineering)
  ㉣ 제조-품질공학(Quality Engineering)
  ㉤ 운용-물류(Logistics)

(5) 인공지능(AI) 기출 28회

① 인공지능(AI, Artificial Intelligence)은 컴퓨터 시스템이 인간의 언어나 지능을 모델링해주는 기술을 의미하며, 인간과 유사하게 사고하는 컴퓨터 지능을 일컫는 포괄적 개념이다. 2000년대 알파고(AlphaGo), 왓슨(Watson) 등이 등장하였고 최근에는 오픈 AI에서 개발한 Chat GPT가 이슈화되었다.

② 종류
- ㉠ 생성형 AI: 비정형 딥러닝 모델을 사용하여 사용자 입력을 기반으로 콘텐츠를 생성하는 인공지능의 일종이다. 이용자의 특정 요구에 따라 결과를 능동적으로 생성하는 인공지능 기술을 통칭한다(예: Chat GPT).
- ㉡ 대화형 AI: 사용자가 대화할 수 있는 챗봇 또는 가상 상담원 등의 기술을 의미하며, 대용량 데이터, 머신러닝 및 자연어 처리를 이용하여 인간의 상호작용을 모방할 수 있도록 지원함으로써 음성 및 텍스트 입력을 인식하고 다양한 언어로 해당 의미를 변환하는 기술을 뜻한다.
- ㉢ 딥러닝(Deep Learning): 컴퓨터가 여러 데이터를 이용해 마치 사람처럼 스스로 학습할 수 있도록 인공신경망을 기반으로 구축한 기계 학습기술을 말한다. 딥러닝은 인간의 두뇌가 수많은 데이터 속에서 패턴을 발견한 뒤 사물을 구분하는 정보처리 방식을 모방해 컴퓨터가 사물을 분별하도록 기계를 학습시키는 기술이다.

CHAPTER 04 바코드

1. 개념 및 발전

① 개념 기출 23, 22회
- ㉠ 바코드(Bar code)는 스캐너가 판독할 수 있도록 고안된 굵기가 다른 흑백 막대를 조합시켜 만든 코드로, 주로 제품의 포장지에 인쇄되며 표준형과 비표준형으로 나뉜다.
- ㉡ 바코드는 굵기가 다른 흑색의 바와 공간으로 상품의 정보를 표시하고 광학적으로 판독할 수 있도록 부호화한 것으로, POS시스템의 효과적인 이용을 위한 중요한 구성요소이다.

② 바코드의 발전사 기출 25회
1973년 미국에서 UPC(Universal Product Code) 도입 → 1988년 영국·프랑스·독일·일본이 EAN(European Article Number)코드 도입 → 1988년 한국 EAN 가입(KAN 880코드 부여받음) → 2002년 UPC사용국들이 EAN에 가입 → 2005년 GS1(국제표준코드) 통합, 「GTIN (Global Trade Item Number, 국제거래 단품식별코드)」 적용

③ GS1(국제표준코드)
GS1 시스템은 제품, 운송 단위, 위치, 서비스를 고유하게 식별함으로써 글로벌 다업종 공급사슬을 효율적으로 관리하게 해주는 일체의 표준이다.

2. 바코드의 구조

① Quiet Zone: 바코드의 시작문자의 앞과 멈춤문자의 뒤에 있는 공백부분을 가리키며, 바코드의 시작 및 끝을 명확하게 구현하기 위한 필수요소이다.
② 시작·멈춤문자(Start·Stop character)
- ㉠ 시작문자는 심벌의 맨 앞부분에 기록된 문자로 데이터의 입력 방향과 바코드의 종류를 스캐너에 알려주는 역할을 한다.
- ㉡ 멈춤문자는 바코드의 심벌이 끝났다는 것을 알려준다.

③ Interpretation Line: 바코드가 인식되지 않는 경우 수동으로 입력할 수 있도록 육안으로 식별 가능한 숫자·문자 등이 적혀 있는 바코드의 위/아랫부분을 말한다.
④ 검증코드(Check Digit): 바코드에는 결제 시에 스캔이 잘못되어 엉뚱한 값을 치르지 않도록 방지하는 장치인 체크숫자(check digit)가 있다. 이는 메시지가 정확하게 읽혔는지 검사하는 기능을 한다. 기출 23, 22회

⑤ Bar/Space: 바코드는 가장 간단한 넓고 좁은 바와 스페이스로 구성되어 있으며, 이들 중 가장 좁은 바/스페이스를 'X' 디멘션이라 부른다.

3. 바코드의 장·단점 기출 23, 19, 11회

장점	단점
• 제작이 용이하고 도입비용이 저렴함 • 데이터 입력 간소화 가능 • 인건비와 관리유지비 절감 가능 • 표시가 용이하고 응용범위 광범위함 • 신속한 데이터 수집이 가능	• 정보의 변경과 추가가 불가능 • 쓰기가 불가능 • 바코드가 파손된 경우 잘 읽지 못함 • 제품에 대한 충분한 정보수집에 한계

4. 바코드의 구성 기출 27, 26, 24, 19, 15회

① 우리나라 KAN 코드는 대한상공회의소 유통물류진흥원에서 부여한다.
② KAN 코드의 구성

한국에서 주로 사용하는 한국의 표준코드는 KAN이며 표준형(KAN-13)과 단축형(KAN-8)이 있다. 주로 백화점, 슈퍼마켓, 편의점 등 유통업체에서 최종 소비자에게 판매되는 상품에 사용한다.

㉠ KAN-13 표준형(A) 바코드
- KAN-13 표준형(A): 13자리로 구성되고, 우리나라의 국가식별코드는 880이다. 제품 제조업체 코드는 4자리, 상품품목코드는 5자리, 검증코드(체크디지트) 1자리로 구성된다.
- KAN-13 표준형(B): 제조업체 수 증가에 따라 제조업체 코드를 6자리로 늘렸다.

㉡ 단축형(KAN-8): 국가코드(3) + 제조업체코드(3) + 상품코드(1) + 검증코드(1)
㉢ EAN-13(GS1-13=KAN-13): 표준형 바코드는 13자리로 구성되고, 우리나라의 국가식별코드는 880이다.
㉣ 표준형(KAN-13)은 표준형 A와 B가 있다. 표준형 A는 의류 등 다품목 취급업체에 부여하는 코드이며, 표준형 B는 식품, 화장품, 잡화 등 소스마킹을 요하는 업체에 부여한다.

짚고 넘어가기 상품식별코드(GTIN)

	AI	국가/업체코드 →						← 상품코드							C/D
(GTIN-8)	01	0	0	0	0	0	0	N_1	N_2	N_3	N_4	N_5	N_6	N_7	N_8
(GTIN-12)	01	0	0	N_1	N_2	N_3	N_4	N_5	N_6	N_7	N_8	N_9	N_{10}	N_{11}	N_{12}
(GTIN-13)	01	0	N_1	N_2	N_3	N_4	N_5	N_6	N_7	N_8	N_9	N_{10}	N_{11}	N_{12}	N_{13}
(GTIN-14)	01	N_1	N_2	N_3	N_4	N_5	N_6	N_7	N_8	N_9	N_{10}	N_{11}	N_{12}	N_{13}	N_{14}

5. 통합된 국제바코드 [기출] 22, 19, 15회

GS1 국제표준바코드=GTIN 상품식별코드(번호체계)+EAN/UCC 바코드 형태

(1) GS1 EAN/UPC 계열

① EAN-13(표준형 바코드): KAN-13과 동일, 표준형 상품식별코드(GTIN-13)가 GS1-13 바코드에 입력되며, 소매상품에 가장 일반적으로 사용되는 바코드

② EAN-8(단축형 바코드): KAN-8과 동일, 단축형 상품식별코드(GTIN-8)를 나타낼 때 사용하는 바코드로, EAN-13 적용이 어려운 소형 물품의 식별에 제한적으로 사용됨

짚고 넘어가기 EAN/UPC 심볼로지

▲ 표준형 바코드(EAN-13) 심볼로지   ▲ 단축형 바코드(EAN-8) 심볼로지

(2) ITF-14(표준물류 바코드) [기출] 27회

ITF-14 바코드=GTIN-14(표준물류 식별코드)+ITF-14(바코드 심벌)

① 주로 골판지상자에 직접 바코드를 인쇄하여 사용되는 국제표준물류 바코드로 생산공장, 물류센터 등에서 입·출하 시 동일 상품의 물류 단위를 인식하는 데 사용된다.

② ITF-14는 소매점 계산대를 거치지 않는 상품의 GTIN 바코드에만 사용한다.

▲ ITF-14 심볼로지

(3) EAN-128(GS1-128)

① 총 18자리로 구성되어 있다.
② 상대적으로 바코드 규격이 크기(大)때문에 파렛트, 컨테이너 등 물류단위에 사용한다.
③ 주로 비소매품에 적용한다.

▲ EAN-128(GS1-128) 심볼로지

짚고 넘어가기 출판물 국제표준도서번호(ISBN)의 구성 [기출] 22, 17회

유통분류번호(3) + 국가코드(2) + 발행자번호 및 서명식별(7) + 검증번호(1)

6. 2차원 바코드 [기출] 29, 28, 26, 24, 21회

(1) 개념 및 종류

① 개념: 2차원 코드는 데이터를 구성하는 방법에 따라 크게 매트릭스형 코드(Matrix Bar Code)와 다층형 바코드(Stacked Bar Code)로 구분된다. 매트릭스 코드에는 QR Code, Maxicode, DataMatrix 등이 있고, 다층형 바코드에는 PDF-417, Code 49 등이 있다.

② 2차원 바코드의 종류

Code Name	QR Code	Maxi Code	Data Matrix	PDF-417	Code 49
바코드 모양 (symbol)					

(2) 특징

① 한국어뿐만 아니라 외국어도 코드화가 가능하다.
② 1차원 바코드에 비해 좁은 영역에 많은 데이터를 표현할 수 있다.(1차원 바코드: 최대 30자, 2차원 바코드: 최대 3,000자)

③ 2차원 바코드는 오류 정정기능이 내장되어 있어 코드가 오염된 경우 데이터 복원이 가능하다.
④ 2차원 바코드는 오류 정정 기능이 내장되어 있어 오염이나 손상에 훨씬 강하며, 코드의 일부가 훼손되거나 오염되어도 나머지 데이터를 이용해 정보를 복원할 수 있다.

⑤ 문자, 숫자 등의 텍스트는 물론 그래픽, 사진 등 다양한 데이터를 담을 수 있다.
⑥ QR Code는 일본에서 개발되었으며, QR Code 외의 2차원 바코드는 전부 미국에서 개발되었다.

CHAPTER 05 RFID(무선주파수 인식)

1. RFID(Radio Frequency Identification)의 개념
① RFID란 무선주파수 인식기술로, 물품에 붙이는 전자태그에 생산, 수·배송, 보관, 판매, 소비의 전 과정에 관한 정보를 담고, 자체 안테나를 통하여 리더(Reader)로 하여금 정보를 읽고, 인공위성이나 이동통신망과 연계하여 정보를 활용하는 기술이다.
② RFID는 판독기를 이용하여 태그(Tag)에 기록된 정보를 판독하는 무선주파수 인식기술로, 바코드와는 달리 제품의 원산지 및 중간이동과정 등 다량의 데이터를 저장할 수 있다.

2. RFID의 구성 기출 28, 27, 23, 21, 17회
RFID시스템은 기본적으로 RFID Tag, 각종 형태의 안테나, 성능별 리더, 리더를 지원하는 Local Host, 각종 케이블링 및 네트워크 연결로 구성된다.

(1) Tag
Tag는 데이터가 입력되는 IC 칩과 안테나로 구성된다.
① 능동형(active) Tag: 배터리 전원을 내장하여 자발적으로 원거리 전파를 송신하는 유형이다.
② 수동형(passive) Tag
  ㉠ 판독기(리더)의 동력만으로 칩의 정보를 읽고 통신하는 형태이다.
  ㉡ 전파의 수신만 가능하고 구조가 간단하다.
  ㉢ Tag에 배터리가 부착되어 있지 않아 저렴하며 2~3m 내의 단거리 판독에 효율적이다.
③ 반수동형(semi-passive)
  ㉠ 배터리를 내장하고 있지만, 판독기로부터 신호를 받을 때까지는 작동하지 않아 오랜 시간 동안 사용할 수 있다.
  ㉡ 지속적인 식별이 필요하지 않는 상품에 사용된다.

(2) 안테나
무선주파수를 발사하여 태그로부터 전송된 데이터를 수신하여 리더기에 전달하는 역할을 한다.

(3) 리더기(reader)
주파수 발신 제어 및 태그로부터 수신된 데이터를 해독하며, 용도에 따라 고정형, 이동형 등으로 구분한다.

(4) 호스트
리더로부터 발생하는 대량의 태그자료를 처리하고 분산되어 있는 리더(Reader) 시스템들을 관리하는 기능을 한다.

3. 특징 기출 29, 28, 26, 25, 24, 19, 18회
① 바코드에 비해 가격이 비싸지만 원거리 및 고속 이동 시에도 인식이 가능하다.
② RFID 주파수 대역에 따라 다양한 분야에 응용될 수 있다.
③ RFID의 주파수 대역은 용도에 따라 저주파 대역과 고주파 대역이 있고, 국가별로 사용하는 주파수도 다르다.
④ 반영구적인 사용이 가능하고, 데이터의 신뢰도가 높다.
⑤ 태그의 데이터 변경 및 추가가 가능하다.
⑥ 능동형 및 수동형 여부에 따라 메모리의 양을 다르게 정의할 수 있다.

⑦ 일시에 다량의 복수정보를 빠르게 판독할 수 있다.
⑧ 바코드와 달리 비접촉식 무선시스템으로 일정한 거리에서도 정보인식이 가능하다.
⑨ 읽기(Read)만 가능한 바코드와 달리 읽고 쓰기(Read and Write)가 모두 가능하다.
⑩ RFID는 바코드에 비해 아직 구축비용이 높기 때문에 바코드를 완전히 대체하는 데는 한계가 있다.

> **짚고 넘어가기** RFID 주파수 대열별 특징 기출 23, 20회
> ① 용도면에서 고주파수일수록 중장거리용으로 사용된다.
> ② 제작크기와 관련해 고주파수일수록 RFID 태그를 소형으로 만들 수 있다.
> ③ 저주파수일수록 시스템 구축비용이 저렴하다.
> ④ 저주파수일수록 장애물의 영향을 덜 받는다.
> ⑤ 인식속도 측면에서는 저주파대역보다 고주파대역이 빠르다.
> ⑥ 환경영향과 장애물에 대해서는 고주파대역이 더 많은 영향을 받는다.

4. 도입효과 기출 19회

① 자동차 제조공정에 응용가능하다.
② 창고관리에 적용할 경우 유용하게 활용될 수 있다.
③ 개별 상품에 부착해서 관리하기 위해서는 상품의 가치와 태그의 가격을 살펴봐야 한다.
④ RFID는 원거리에서 Reader로 인식하므로 파렛트(pallet), 컨테이너 등 물류용기에 부착하여 활용할 수 있다.
⑤ 장기적 관점에서 채찍효과(bullwhip effect)를 줄이는 데 기여할 수 있다.

핵심 기출문제

PART 04 물류정보화(정보시스템)

01

물류정보의 특징으로 옳지 않은 것은?

① 관리대상 정보의 종류가 많고, 내용이 다양하다.
② 성수기와 비수기의 정보량 차이가 크다.
③ 정보의 발생원, 처리장소, 전달대상 등이 한 곳에 집중되어 있다.
④ 상품과 정보의 흐름에 동시성이 요구된다.
⑤ 구매, 생산, 영업활동과의 관련성이 크다.

해설
물류정보는 육상, 해상, 항공 및 국·내외에 걸쳐 정보의 발생원천이 다양하고, 처리장소, 전달대상 등이 넓게 분산되어 있으므로 그에 적합한 통신망과 정보시스템을 구축해야 한다.

정답 | ③

02

주문처리시스템의 자동화로 얻을 수 있는 이점이 아닌 것은?

① 인력절감
② 초기 원가의 감소
③ 주문사이클 시간의 감소
④ 안전재고 보유분의 감소
⑤ 주문처리과정의 신속한 대고객통지서비스 향상

해설
주문처리시스템(Order Processing System)을 자동화하려면 초기에는 시설투자비로 인해 초기 원가가 증가한다.

정답 | ②

03

POS 시스템으로부터 얻을 수 있는 정보를 모두 고른 것은?

```
ㄱ. 품목별 판매실적      ㄴ. 제조사별 판매실적
ㄷ. 판매실적 구성비      ㄹ. 품목별 부적합품률
ㅁ. 단품별 판매동향      ㅂ. 기간별 매출액
```

① ㄱ, ㄴ, ㅂ
② ㄱ, ㅁ, ㅂ
③ ㄴ, ㄷ, ㄹ, ㅁ
④ ㄱ, ㄴ, ㄷ, ㄹ, ㅁ
⑤ ㄱ, ㄴ, ㄷ, ㅁ, ㅂ

해설
보기 중 POS 시스템으로부터 얻을 수 있는 정보는 ㄱ. 품목별 판매실적, ㄴ. 제조사별 판매실적, ㄷ. 판매실적 구성비, ㅁ. 단품별 판매순위 및 판매동향, ㅂ. 기간별 매출액 등이 있으며, 추가적으로 신상품 판매실적, 판매촉진 효과 등을 파악할 수 있다.

정답 | ⑤

04

화물 및 화물차량에 대한 위치를 실시간으로 추적·관리하여 각종 부가정보를 제공하는 시스템을 무엇이라고 하는가?

① KROIS
② PORT-MIS
③ CVO
④ TRAXON
⑤ AIRCIS

해설
첨단화물운송 정보서비스(CVO; Commerce Vehicle Operation)는 화물 및 화물차량에 대한 위치를 실시간으로 추적·관리하여 각종 부가정보를 제공함으로써 생산성 향상을 도모하려는 물류정보화 기술이다.

선지분석
① KROIS(Korean National Railroad Operating Information Systems)는 철도운영정보시스템, ② PORT-MIS는 항만운영정보시스템, ④ TRAXON은 항공물류정보시스템, ⑤ AIRCIS(Air Cargo Information System)는 국토교통부의 항공물류정보시스템이다.

정답 | ③

05

다음 설명에 해당하는 정보기술은?

> 표준화된 기업과 기업 간의 거래서식이나 기업과 행정부서 간의 공증서식 등을 서로 합의된 의사전달 양식에 의거하여 컴퓨터 간에 교환하는 전자문서 교환방식

① EDI
② POS
③ SIS
④ EOS
⑤ RFID

해설
전자문서교환(EDI; Electronic Data Interchange)은 종이서류를 대신해서 거래당사자 간 합의된 전자문서표준을 이용하여 컴퓨터를 통해 교환되는 전자문서교환 시스템을 말한다.

선지분석
② POS는 판매시점정보시스템, ③ SIS는 전략정보시스템, ④ EOS는 전자주문시스템, ⑤ RFID는 무선주파수인식시스템을 말한다.

정답 | ①

06

물류정보와 관련된 약어와 그 의미의 연결이 옳지 않은 것은?

① EDI – 전자문서교환
② VAN – 광범위하고 복합적인 부가가치 통신망
③ LAN – 고속 원거리 통신망
④ ISDN – 기존 전화망에서 한 차원 발전된 차세대 기간 통신망
⑤ WAN – 원격지를 통신회선으로 연결한 통신망

해설
LAN(Local Area Network)은 근거리 통신망이다. 하나의 기관이나 비교적 가까운 일정한 거리 안에 설치된 컴퓨터 장비들을 구성원들이 가장 효과적으로 공동 이용할 수 있도록 연결된 고속의 통신망이다.

정답 | ③

07

블록체인(Block Chain)에 관한 설명으로 옳지 않은 것은?

① 분산원장 또는 공공거래장부라고 불리며, 암호화폐로 거래할 때 발생할 수 있는 해킹을 막는 기술에서 출발했다.
② 다수의 상대방과 거래를 할 때 데이터를 개인 사용자들의 디지털 장비에 저장하여 공동으로 관리하는 분산형 정보기술이다.
③ 비트코인은 블록체인 기술을 이용한 전자화폐이다.
④ 퍼블릭 블록체인(Public Block Chain)과 프라이빗 블록체인(Private Block Chain)은 누구나 접근이 가능하다.
⑤ 컨소시엄 블록체인(Consortium Block Chain)은 허가받은 사용자만 접근이 가능하다.

해설
프라이빗 블록체인(Private Block Chain)은 미리 정해진 조직이나 개인들만 참여할 수 있는 폐쇄형 블록체인 네트워크를 말한다.

정답 | ④

08

다음 중 EAN-14(표준물류식별코드)에 관한 설명으로 잘못된 것은?

① 물류식별코드는 1~9로 표시된다.
② 바코드로 표시하기 위한 심벌명칭은 ITF-14이다.
③ 물류식별코드 외에 국가식별코드 3자리, 제조업체코드 4자리, 상품품목코드 5자리, 체크디지트 1자리 등으로 구성된다.
④ 업체 간 거래단위인 물류단위(Logistics Unit)로 주로 골판지박스에 사용된다.
⑤ EAN-13에 비해 제조업체코드의 자리수가 적다.

해설
물류식별코드는 0~9로 표시된다.

관련이론
물류단위(박스) 식별에 활용되는 표준물류 바코드는 EAN-14로 불리며, 14자리 코드(숫자)로 구성된다. EAN-14는 물류식별코드 1자리, 국가식별코드 3자리, 제조업체코드 4자리, 상품품목코드 5자리, 체크디지트 1자리 등으로 구성된다.

정답 | ①

09

표준바코드에 관한 설명으로 옳지 않은 것은?

① EAN/UCC-8은 7자리의 회사 및 제품코드와 1자리의 체크코드로 구성되며 매우 작은 물품의 식별에 사용된다.
② EAN/UCC-13은 공급사슬에서 거래되는 일반 품목에 사용되며 소매점의 POS(Point Of Sales)에서 물품 인식의 기본구조가 된다.
③ EAN/UCC-14는 박스, 파렛트, 컨테이너 등 동일 상품의 물류 단위를 인식하는 데 사용된다.
④ EAN/UCC-128은 제조일자, 유효기간, 뱃치번호 등을 표시할 수 있으며 외부 포장에는 사용할 수 없다.
⑤ ITF-14는 주로 골판지 상자에 사용되는 국제표준 물류바코드로써 생산공장, 물류센터, 유통센터 등의 입·출하시점에 판독된다.

해설
EAN/UCC-128(또는 GS1-128)은 주로 컨테이너, 파렛트, 포장박스 등 물류단위의 외부포장에 사용된다.

정답 | ④

10

RFID 시스템의 장점으로 옳지 않은 것은?

① 금속 및 액체 등에 의한 전파장애가 발생하지 않는다.
② 태그 정보의 변경 및 추가가 용이하다.
③ 태그를 다양한 형태와 크기로 제조할 수 있다.
④ 일시에 다량의 정보를 빠르게 판독할 수 있다.
⑤ 태그에는 온도계, 고도계, 습도계 등 다양한 센서기능을 부가할 수 있다.

해설
RFID는 일시에 다량의 태그(Tag) 판독이 가능하나 금속 및 액체 등에 의한 전파장애가 발생할 수 있는 문제가 있다.

정답 | ①

PART 05 물류비 회계

CHAPTER 01 물류비의 개념 (「기업물류비 산정지침」)

1. 물류비의 개념
재화가 공급자로부터 조달·생산되어 수요자에게 전달되거나 소비자로부터 회수되어 폐기될 때까지 이루어지는 운송·보관·하역 등과 이에 부가되어 가치를 창출하는 가공·조립·분류·수리·포장·상표부착·판매·정보통신 등의 여러 활동을 수행하기 위하여 발생하거나 소비한 경제가치를 말한다.

2. 물류비의 산정 기출 26, 16회

(1) 목적
기업물류비 산정지침은 물류정책기본법 규정에 따라 물류기업 및 화주기업의 물류비 계산을 위한 절차와 방법에 대한 기준을 제공함으로써 개별기업의 물류회계표준화를 도모하고 물류비 산정의 정확성과 관리의 합리성을 제고하는 데 있다.

(2) 내용
① 물류비란 물류활동을 수행하기 위하여 발생하거나 소비한 경제가치를 말한다.
②「물류정책기본법」제26조 및「시행령」제18조의 규정에 따라 물류기업 및 화주기업의 물류비 계산을 위한 절차와 방법에 대한 기준을 제공함으로써 개별기업의 물류회계표준화를 도모하고 물류비 산정의 정확성과 관리의 합리성을 제고하는 데 있다.
③ 이 지침은 원가회계방식에 의하여 별도 원가자료로부터 물류비를 계산하는 일반기준과 재무회계방식에 의하여 회계장부와 재무제표로부터 물류비를 추산하는 간이기준으로 구성한다.
④ 물류비의 과목분류는 물류비의 실태를 파악하기 위하여 영역별, 기능별, 지급형태별, 세목별로 구분하고, 물류비를 관리하기 위해 관리항목별, 조업도별로 분류한다.
⑤ 이 지침에 의한 물류비 계산범위는 국내에서 발생하는 물류비로 제한한다.

3. 물류비 산정의 중요성 기출 12회
① 적정가격의 책정에 필요한 물류비 자료를 제공한다.
② 물류의 기본계획 수립에 필요한 원가정보를 제공한다.
③ 물류비관리는 경영관리자에게 필요한 원가자료를 제공한다.
④ 물류예산의 편성과 통제를 위하여 필요한 원가자료를 제공한다.
⑤ 재무제표 작성 및 관리회계 목적의 원가정보를 제공한다.
⑥ 객관적인 고객정보를 제공하여 타당성이 높고 합리적 경영의사결정을 지원한다.

CHAPTER 02 물류비 분류체계

1. 물류비 분류 및 계산절차 [기출] 29, 25, 15회

(1) 물류비 분류체계

물류비의 실태를 파악하기 위하여 영역별, 기능별, 지급형태별, 세목별로 구분하고, 물류비를 관리하기 위해 관리항목별, 조업도별로 구분한다.(「기업물류비 산정지침」 제7조)

과목	영역별	기능별	지급형태별	세목별	조업도별
비목	• 조달물류비 • 사내물류비 • 판매물류비 • 리버스물류비 (반품, 회수, 폐기)	• 운송비 • 보관비 • 포장비 • 하역비 (유통가공비 포함) • 물류정보·관리비	• 자가물류비 • 위탁물류비 (2PL, 3PL)	• 재료비 • 노무비 • 경비 • 이자비용	• 물류고정비 • 물류변동비

> **짚고 넘어가기** 관리항목별 물류비 [기출] 17회
>
> 관리항목별 구분은 물류비를 보다 상세한 항목으로 세분하여 파악하기 위한 목적으로 각 비목별로 개별기업의 특성에 적합하도록 조직별, 지역별, 고객별, 활동별 등과 같은 관리항목을 정의하여 구분한다.(「기업물류비 산정지침」 제7조5항)

(2) 비목별 물류비 계산절차 [기출] 22, 15회

비목별 계산은 비용항목별로 물류비를 집계하는 것으로, 물류비 인식기준에 의해 물류비를 인식하며 영역별, 기능별, 지급형태별, 세목별, 관리항목별로 산정한다.

> 물류비 계산 욕구의 명확화 → 물류비 자료의 식별과 입수 → 물류비 배부기준의 선정 → 물류비 배부와 집계 → 물류비 계산의 보고

2. 영역별 물류비 [기출] 28, 24, 23, 13회

(1) 순물류비(forwarding logistics cost)

① 조달물류비: 물자의 조달처로부터 운송되어 매입자의 보관창고에 입고, 관리되어 생산공정(또는 공장)에 투입되기 직전까지의 물류활동에 따른 물류비

② 사내물류비: 매입물자의 보관창고에서 완제품 등의 판매를 위한 장소까지의 물류활동에 따른 비용(다만 재료의 생산이나 제품의 제조공정 내에서 발생하는 비용은 생산원가 또는 제조원가에 산입되므로 물류비에서는 제외)

③ 판매물류비: 생산된 완제품 또는 매입한 상품을 판매창고에서 보관하는 활동부터 고객에게 인도될 때까지의 물류비

(2) 역물류비(reverse logistics cost)

역물류비는 회수물류비, 폐기물류비, 반품물류비로 세분화한다.

① 회수물류비: 공용기와 포장자재 등이 회수되어 재사용 가능할 때까지의 물류비

② 폐기물류비: 제품이나 상품, 포장용 또는 수송용 용기나 자재 등을 회수하여 폐기할 때까지의 물류비

③ 반품물류비: 판매한 제품·상품 또는 위탁판매한 제품·상품의 취소, 위탁의 취소 등의 물류활동에 따른 물류비

3. 기능별 물류비 기출 29, 27회

(1) 운송비
물자를 물류거점 간 및 고객에게 이동시키는 활동에 따른 물류비를 말하며, 개별기업의 물류비 계산목적에 따라 다음과 같이 세분화할 수 있다.
① 수송비: 기업의 필요에 따라 물자를 물류거점까지 이동시키는 물류비
② 배송비: 물자를 고객에게 배달시키는 물류비

(2) 보관비
물자를 창고 등의 물류시설에 보관하는 활동에 따른 물류비

(3) 하역비
유통가공 및 운송, 보관, 포장 등의 업무에 수반하여 상·하차, 피킹, 분류 등 물자를 상하좌우로 이동시키는 물류비

(4) 포장비
물자 이동과 보관을 용이하게 하기 위하여 실시하는 상자, 골판지, 파렛트 등의 물류포장(최종소비자를 위한 판매포장은 제외)활동에 따른 물류비

(5) 물류정보·관리비
물류활동 및 물류기능과 관련된 정보처리와 관리에 따른 물류비를 말하며, 개별기업의 물류비 계산목적에 따라 다음과 같이 세분화할 수 있다.
① 물류정보비: 구매, 수송, 생산, 창고운영, 재고관리, 유통망 등 물류 프로세스를 전략적으로 관리하고 효율화하기 위하여 컴퓨터 등의 전자적 수단을 사용하여 지원하는 활동에 따른 물류비
② 물류관리비: 물류활동 및 물류기능의 합리화와 공동화를 위하여 계획, 조정, 통제 등의 물류관리 활동에 따른 물류비

예제

다음은 제품 A와 B를 취급하는 물류업체의 연간 물류비의 비목별 자료이다. 제품 A와 제품 B의 물류비를 구하라.

구분	운송비	보관비	포장비	하역비	합계
금액(만 원)	6,000	1,000	1,000	2,000	10,000
배부 기준	물동량	보관면적	출고물량	입출고물량	–

제품	물동량(km·ton)	보관면적(m²)	입고물량(개)	합계
A	6,000	3,000	400	600
B	4,000	2,000	900	600
합계	10,000	5,000	1,300	1,200

해설

(1) 제품 A의 물류비

- 운송비: 6,000만 원 × $\dfrac{6,000\text{km}\cdot\text{ton}}{10,000\text{km}\cdot\text{ton}}$ = 3,600만 원
- 보관비: 1,000만 원 × $\dfrac{3,000\text{m}^2}{5,000\text{m}^2}$ = 600만 원
- 포장비: 1,000만 원 × $\dfrac{600\text{개}}{1,200\text{개}}$ = 500만 원
- 하역비: 2,000만 원 × $\dfrac{(400+600)\text{개}}{(1,300+1,200)\text{개}}$ = 800만 원

∴ 제품 A의 물류비 = (3,600+600+500+800) = 5,500만 원

(2) 제품 B의 물류비

- 운송비: 6,000만 원 × $\dfrac{4,000\text{km}\cdot\text{ton}}{10,000\text{km}\cdot\text{ton}}$ = 2,400만 원
- 보관비: 1,000만 원 × $\dfrac{2,000\text{m}^2}{5,000\text{m}^2}$ = 400만 원
- 포장비: 1,000만 원 × $\dfrac{600\text{개}}{1,200\text{개}}$ = 500만 원
- 하역비: 2,000만 원 × $\dfrac{(900+600)\text{개}}{(1,300+1,200)\text{개}}$ = 1,200만 원

∴ 제품 B의 물류비 = (2,400+400+500+1,200) = 4,500만 원

정답 | (1) 제품 A의 물류비 = 5,500만 원, (2) 제품 B의 물류비 = 4,500만 원

4. 세목별 물류비 기출 20, 17, 16, 15, 14회

(1) 개념

세목별 분류는 기본적으로 재료비, 노무비, 경비, 이자로 구분한다. 이자는 물류시설에 투자되어 있는 자금에 대한 이자부담분만큼의 기회손실을 말하며, 중요한 비용항목에 해당한다.

(2) 재료비, 노무비, 경비

① 재료비: 포장이나 운송활동과 관련된 재료의 소비에 의해서 발생되는 비용으로 재료비, 연료비 등이 대표적
② 노무비: 물류활동을 수행하기 위해 발생하는 노동력에 대한 비용으로, 운송·보관·포장하역 등의 물류활동과 조달·사내·판매물류 등의 전 영역에서 발생
③ 경비: 경비는 재료비 이외에 물류활동과 관련하여 발생하는 여러 비용으로서, 주로 물류관리의 기능에서 발생하며 관리인 인건비와 감가상각비 등이 대표적

보충학습
감가상각비
물류관련 유형자산의 시간경과에 따른 가치감소분 또는 원가의 배분과정

(3) 이자비용의 유형

① 시설부담이자 기출 16, 15, 14회
시설부담이자는 물류시설에 투자되어 있는 자금에 대한 이자부담분만큼의 기회손실을 말하며, 시설물의 잔존가치에 이자율을 곱하여 산정한다.

보충학습
잔존가치 = 시설물의 취득원가 − 감가상각누계액

② 재고부담이자 기출 20, 14회
㉠ 재고자산이 존재함으로써 발생하는 재고자산의 가치에 대한 이자부담분만큼의 기회손실을 말한다. 재고부담이자는 보관비에만 포함되며, 이때 재고란 자가 및 영업창고에 보관중인 원자재, 부품 및 제품 일체를 의미한다.
㉡ 재고부담이자는 재고의 평균잔액에 이자율을 곱하여 계산한다.

5. 지급형태별 물류비 기출 21, 11회
① 자가물류비(제1자 물류비): 자사의 설비나 인력을 사용하여 물류활동을 수행함으로써 소비된 비용으로, 다시 재료비, 노무비, 경비, 이자의 항목으로 구분
② 위탁물류비(제2자·3자물류비): 물류활동의 일부 또는 전부를 타사에 위탁하여 수행함으로써 소비된 비용으로, 물류자회사 지급분(2자물류)과 물류전문업체 지급분(3자물류)으로 구분

6. 조업도별 물류비
① 물류고정비: 물류활동의 범위 내에서 물류조업도의 증감과 관계없이 발생하거나 소비되는 비용이 일정한 물류비
② 물류변동비: 물류활동의 범위 내에서 물류조업도의 증감에 따라 발생하거나 소비되는 비용이 비례하여 변화되는 물류비

CHAPTER 03 물류비 관리의 절감효과

1. 물류비관리의 목적 기출 21회
① 물류활동을 화폐적 가치로 파악하여 물류의 중요성을 인식한다.
② 기업활동 절차에 연관된 물류 관련 비용을 파악하여 물류관리의 기본 척도로 활용한다.
③ 물류활동에 대한 비용정보를 파악하여 기업 내부의 합리적인 의사결정을 위한 정보를 제공한다.
④ 물류활동의 문제점을 도출하고 개선하여 기업의 물류비 절감 및 생산성 향상을 도모한다.
⑤ 물류예산을 편성하고 통제한다.
⑥ 물류활동의 계획, 관리, 실적 평가에 활용된다.

2. 물류비 절감이 기업에 미치는 영향 기출 28, 24, 23, 22, 20, 18, 14, 13, 12, 11회
기업이 물류비를 10% 절감할 경우, 회사는 그 이상의 매출액 증대를 꾀하는 효과를 갖게 된다. 또한 이익증가분이 투자로 이어질 경우 이자비용, 위험비용 감소 등의 부가적인 가치증진이 더해지므로 물류비 절감은 기업활동에 영향을 미치는 제3의 이익원이 되고 있다.

예제1

아래에서 S기업이 물류비용 5%를 추가로 절감할 경우, S기업은 얼마의 매출액을 증가시키는 것과 동일한 효과를 얻게 되는가?

- S기업 총 매출액: 100억 원
- 매출액 대비 물류비 비중: 10%
- 매출액 대비 이익률: 5%

① 1억 원 ② 1억 1천만 원 ③ 10억 원
④ 11억 원 ⑤ 110억 원

해설
- 물류비용=100억 원×10%=10억 원
- 물류비용(10억 원)을 5%를 추가적으로 줄이면 물류비용 5천만 원을 더 절감하게 된다.
- 추가적인 물류비용 절감액 5천만 원은 이익 5억 원(=매출액 100억 원×5%=5억 원)의 10%에 해당하므로 매출액 10억 원의 증가효과가 있다.

정답 | ③

예제2

아래와 같은 경영실적 사례에서 물류비의 10% 절감은 몇 %의 매출액 증가효과와 동일한가?

- 매출액: 2,000억 원   물류비: 400억 원
- 기타비용: 1,500억 원   순이익: 100억 원

① 20% ② 30% ③ 40%
④ 50% ⑤ 60%

해설 1
- 물류비 절감: 400억 원×10%=40억 원
- 비용이 절감된 금액만큼 순이익은 증가한다.
- 순이익증가율=$\dfrac{\text{순이익 증가분}}{\text{기존 순이익}}\times 100 = \dfrac{40억 원}{100억 원}\times 100 = 40\%$이며, 이는 매출액이 증가한 것과 동일한 효과를 갖는다.

해설 2
(단위: 억 원)
- 물류비 절감 전 순이익=2,000−1,500−400=100
- 물류비 절감 후 순이익=2,000−1,500−400×(1−0.1)=140
- 물류비 절감의 효과: 140−100=40
∴ 40억 원 순이익 증가(순이익률 40%↑)

정답 | ③

예제3

물류비 절감효과에 관한 것이다. (   )에 들어갈 것은?

> A기업은 매출액이 200억 원이고 매출액 대비 이익률은 2%, 물류비는 매출액의 9%이다. A기업이 물류비를 10% 절감한다고 가정할 때, 이 물류비 절감효과와 동일한 이익을 내기 위해서는 매출액을 (   )억 원 증가시켜야 한다.

① 30　　　　　　　　　② 45　　　　　　　　　③ 60
④ 75　　　　　　　　　⑤ 90

해설
- 물류비 = 200억 원 × 0.09 = 18억 원
- 물류비 10% 절감액 = 18억 원 × 0.1 = 1.8억 원(순이익 증가분과 같음)
- 순이익률 = $\frac{순이익}{매출액} \times 100$, 물류비 절감액과 동일한 이익을 내기 위해 증가시켜야 할 매출액을 x라 하면,

  순이익률(2%) = $\frac{순이익}{매출액} \times 100 = \frac{1.8억\ 원}{x} \times 100$

∴ x = 90억 원

정답 | ⑤

예제4

다음과 같은 실적을 가진 A기업의 영업이익을 현재 수준에서 10% 증가시키기 위해 매출액을 유지하면서 물류비를 줄이는 방법 또는 매출액을 증가시켜 달성하는 방법 중에서 한 가지를 선택하여 경영전략을 수립하고자 한다. 이를 위해 필요한 물류비 감소비율과 매출액 증가비율은 각각 얼마인가? (단, 두 가지 방법 모두에서 영업이익은 6%)

> - A기업 매출액: 200억 원
> - A기업 물류비: 매출액의 10%
> - A기업 영업이익: 매출액의 6%

① 6%, 20%　　　　　② 5%, 15%　　　　　③ 6%, 6%
④ 5%, 20%　　　　　⑤ 6%, 10%

해설
매출액 200억 원인 경우 물류비 20억 원, 영업이익 12억 원
영업이익 10%(1.2억)를 증가시키기 위해서는 물류비를 6% 줄여야 한다.
물류비가 동일한 상태에서 영업이익 10%를 증가시키려면 매출액 10%를 증가시켜야 한다.

정답 | ⑤

CHAPTER 04 물류비 계산 및 물류비 편성

1. 일반기준(관리회계방식) 기출 18, 17회

① 일반기준에 의한 물류비 계산은 물류활동의 관리 및 의사결정에 필요한 회계정보를 입수하기 위해 영역별, 기능별, 관리항목별로 구분하여 발생 비용을 집계하는 방식이다.
② 일반기준에 의한 물류비 계산목적은 물류비에 대한 실태파악을 상세하게 하기 위하여 실적물류비를 발생요인별로 계산하는 것이다.
③ 물류비의 인식은 원가계산준칙에서 일반적으로 채택하고 있는 '발생기준'을 준거로 하고, 시설부담이자와 재고부담이자에 대해서는 기회원가의 개념을 적용한다.
④ 물류비를 비목별로 계산한 후, 관리항목별(조직별, 지역별, 고객별, 활동별 등)로 구분하여야 한다.
⑤ 관리항목별 계산은 조직별, 지역별, 고객별, 활동별로 물류비를 집계한다.
⑥ 자가물류비는 자사 설비나 인력을 사용하여 물류활동을 수행함으로써 소비되는 비용으로 재료비, 노무비, 경비 등이 포함된다.

2. 간이기준(재무회계방식) 기출 17회

① 간이기준은 재무회계방식이라고도 하며, 회계장부와 재무제표(주로 포괄손익계산서와 제조원가명세서 등)로부터 간단하게 추산하여 물류비를 계산하는 방식을 말한다.
② 개별기업의 물류비에 대한 실태를 추정할 목적으로 재무회계방식에 의하여 기존의 회계장부와 재무제표로부터 기능별, 지급형태별로 계산함에 있다. 다만, 기업의 실정에 따라 영역별, 조업도별, 관리항목별 등으로 계산할 수 있다.(「기업물류비 산정지침 제11조」)
③ 물류비 관리수준이 낮은 영세업체 또는 중소업체의 물류비 계산에 적합한 방식이다.

3. 일반기준과 간이기준의 비교 기출 23, 18, 17, 16회

방식 구분	일반기준 (관리회계방식)	간이기준 (재무회계방식)
계산방식의 목적·관점	• 효과적으로 목표를 달성하기 위해 물류활동과 관련된 인력, 자금, 시설 등의 계획 및 통제에 유용한 회계정보 제공이 목적 • 기능별·관리항목별의 계획수립·성과평가에 활용	• 개별기업의 물류비에 대한 실태 추정을 목적으로 함 • 재무회계 방식에 의하여 기존의 회계장부와 재무제표로부터 기능별, 지급형태별로 계산
계산방식	• 물류활동의 관리 및 의사결정에 필요한 회계정보를 입수하기 위해 영역별, 기능별, 관리항목별로 구분하여 발생비용을 집계	• 물류비계산방법은 제조원가명세서 및 손익계산서의 계정과목별로 물류비에 해당하는 금액을 추계하여 계산
계산방식의 장점	• 영역별, 기능별, 관리항목별 물류비 계산이 필요한 시기, 장소에 따라 실시 가능 • 물류활동의 개선방안 도출이 용이	• 대략적인 물류비 총액계산에 있어서 별도의 물류비 분류, 계산절차 등이 필요하지 않음 • 전담조직이 없거나 전문지식이 부족해도 계산 가능
계산방식의 단점	• 상세한 물류비의 분류 및 계산이 복잡 • 사무절차의 작업량이 많아 정보시스템 구축이 전제	• 상세한 물류비의 파악이 곤란하고 물류비 절감효과 측정에 한계 • 구체적인 성과평가, 계획수립이 어려움

4. 활동기준 원가계산(ABC기준) 기출 26, 25, 17, 16회

(1) 개념
① ABC(Activity Based Costing)는 기업 내에서 수행되고 있는 활동과 원가대상 간의 인과관계에 근거하여 자원, 활동, 원가대상의 원가와 성과를 측정하는 원가계산기법이다.
② ABC기준은 기존의 재료비, 노무비, 제조간접비 등의 원가귀속방식에서 더 나아가 원가가 발생하게 된 원인을 찾아서 이를 기반으로 원가를 배분하고자 하는 방식이다.
③ 활동기준 원가계산의 기본적 산출물은 제품, 서비스별 원가와 활동원가로서 활동기준 경영관리를 위한 기초정보가 된다.
④ 관리회계 관점에서 물류원가를 정확하게 산출하기 위한 기법이며, 업무를 활동단위로 세분하여 원가를 산출한다.

(2) 기대효과
① 활동별로 원가를 분석하므로 낭비요인이 있는 물류업무영역을 파악할 수 있다.
② 산정원가를 바탕으로 원가유발요인분석과 성과측정을 할 수 있다.
③ 물류서비스별, 활동별, 고객별, 유통경로별, 프로세스별 수익성 분석이 가능하다.
④ 전통적 원가계산방식이 간접비를 제품원가에 정확하게 반영시키지 못함으로써 야기될 수 있는 원가왜곡 문제를 보완할 수 있다.
⑤ 전통적 원가계산방법보다 제품이나 서비스의 실제 비용을 현실적으로 계산할 수 있다.
⑥ 소품종 대량생산보다 다품종 소량생산방식에서 유용성이 더욱 높다.

(3) 구성요소
활동기준 원가계산의 구성요소는 자원(Resource)과 자원동인(Resource driver), 활동(Activity)과 활동동인(Activity driver) 등이 있다.

5. 물류예산 편성절차 기출 11회
① 물류예산관리란 기업 방침에 따라 물류관리자가 담당자의 의견을 수렴하고 과학적으로 물류 예산을 편성, 그 집행에 있어서 관련 비용지출을 조정, 통제하는 과정이다.
② 물류예산 편성절차는 다음의 순서로 이루어진다.
물류환경조건의 파악 → 장기물류계획의 설정 → 물류예산편성 방침의 작성과 제출 → 물류비 예산안의 작성과 제출 → 물류비 예산안의 심의·조정 → 물류비 예산의 확정

6. 물류원가와 채산성 분석 기출 16회

구분	물류원가 계산	물류채산 분석
목적	물류활동의 업적평가	물류활동에 관한 의사결정
대상	물류업무의 전반	특정의 개선안, 대체안
산정방식	항상 일정	상황에 따라 상이
계속성	반복적	임시적
사용원가	실제원가만 대상	특수원가도 대상

CHAPTER 05 기타의 물류회계

1. 재고자산 산정(FIFO/LIFO) 기출 13, 21회

(1) 선입선출법(FIFO; First In First Out)
재고자산 중에서 가장 먼저 취득된 것부터 순차로 판매하는 방법으로 재고자산의 단가를 결정할 때, 먼저 입고된 것부터 차례로 출고되는 것으로 보고 기말재고액을 평가하는 방법이다.

(2) 후입선출법(LIFO; Last In First Out)
선입선출법과 대비되는 방법인 후입선출법으로 기말재고를 평가하는 경우 과소평가되어 당기순이익이 과소계상되는 문제점이 있다.

2. 손익분기점(BEP; Break Even Point) 기출 29, 28, 27, 26, 25, 21회

(1) BEP 분석
손익분기점을 파악하기 위해 비용 및 매출액 수준과 이익 사이의 관계를 분석하는 기법으로, 총수익과 총비용이 일치하게 되는 판매 수량 또는 매출액을 의미한다.

(2) 손익분기점 공식

① BEP 판매량 = $\dfrac{\text{총고정비}}{\text{단위당 판매가격} - \text{단위당 변동비}}$

② 목표이익을 달성하기 위한 판매량 = $\dfrac{\text{총고정비} + \text{목표이익}}{\text{단위당 판매가격} - \text{단위당 변동비}}$

3. 재고위험비용(Inventory Risk Cost) 기출 15회

재고위험비용은 재고재산이 보존과정에서 훼손되거나 노후화됨으로써 제품가치가 저하될 수 있는 다음 유형의 위험을 말한다.
① 불용(Obsolescence): 모델이나 유형의 변화, 신기술 개발로 인해 쓸모가 없어지는 경우
② 손상(Damage): 보관이나 이동 중에 손상되는 경우
③ 절도(Pilferage): 잃어버리거나 도둑맞는 경우
④ 퇴화(Deterioration): 보관장소에서 썩거나 사라지거나 수명이 다한 경우

4. 경제적 주문량(EOQ; Economic Order Quantity) 기출 19, 16, 10회

경제적 주문량은 재고모형의 확정적 모형 중 고정주문량모형에 해당하며, 재고유지비용과 재고주문비용을 더한 연간 재고비용의 최소화를 위한 1회 주문량을 결정하는 데 사용되는 모형이다.
[※ 보관하역론 경제적 주문량 이론 참조]

핵심 기출문제

PART 05 물류비 회계

01

물류비에 관한 설명으로 옳지 않은 것은?

① 물류활동을 실행하기 위해 발생하는 직접 및 간접 비용을 모두 포함한다.
② 영역별로 조달, 생산, 포장, 판매, 회수, 폐기 활동으로 구분된 비용이 포함된다.
③ 현금의 유출입보다 회계기준, 원가계산준칙, 기업물류비산정지침 등을 적용해야 한다.
④ 물류활동이 발생된 기간에 물류비를 배정하도록 한다.
⑤ 물류비의 정확한 파악을 위해서는 재무회계방식보다 관리회계방식을 사용하는 것이 좋다.

해설
포장비는 영역별이 아닌 기능별 물류비에 해당되며, 「기업물류비 산정지침」에서 영역별 물류비는 조달물류비, 사내물류비, 판매물류비, 리버스물류비(회수, 폐기, 반품)로 구분한다.

정답 | ②

02

물류비의 정의와 분류에 관한 설명으로 옳지 않은 것은?

① 원재료 조달, 완제품 생산, 거래처 납품 그리고 반품, 회수, 폐기 등의 제반 물류 활동에 소요되는 모든 경비이다.
② 세목별로 재료비, 노무비, 경비, 이자 등으로 구분된다.
③ 판매물류비는 생산된 완제품 또는 매입상품을 판매창고에 보관하는 활동부터 고객에게 인도할 때까지의 비용을 의미한다.
④ 조달물류비는 자재창고에서 원재료 등을 생산에 투입하는 시점부터 완제품을 창고에 보관하기까지의 물류활동에 따른 비용을 의미한다.
⑤ 물류비를 상세하게 파악하기 위해 개별기업의 특성에 적합하도록 제품, 지역, 고객, 운송수단 등과 같은 관리항목을 정의하여 구분한다.

해설
자재창고에서 원재료 등을 생산에 투입하는 시점부터 완제품을 창고에 보관하기까지의 물류활동에 따른 비용은 사내물류비에 해당한다.

정답 | ④

03

다음은 제품 A와 B를 취급하는 물류업체의 연간 물류비의 비목별 자료이다. 이에 관한 설명으로 옳은 것은?

구분	운송비	보관비	포장비	하역비	합계
금액 (만 원)	6,000	1,000	1,000	2,000	10,000
배부 기준	물동량	보관면적	출고물량	입출고 물량	-

제품	물동량 (km·ton)	보관면적 (m²)	입고물량 (개)	출고물량 (개)
A	6,000	3,000	400	600
B	4,000	2,000	900	600
합계	10,000	5,000	1,300	1,200

① 제품 A의 물류비는 5,000만 원이다.
② 제품 B의 물류비는 4,500만 원이다.
③ 제품 A의 운송비로 6,000만 원이 배부된다.
④ 제품 B의 보관비로 600만 원이 배부된다.
⑤ 제품 A와 B의 하역비는 동일하게 배부된다.

해설
제품 B의 물류비 = 운송비$\left(6{,}000만\ 원 \times \dfrac{4{,}000}{10{,}000} = 2{,}400만\ 원\right)$ + 보관비$\left(1{,}000만\ 원 \times \dfrac{2{,}000}{5{,}000} = 400만\ 원\right)$ + 포장비$\left(1{,}000만\ 원 \times \dfrac{600}{1{,}200} = 500만\ 원\right)$ + 하역비$\left(2{,}000만\ 원 \times \dfrac{900+600}{1{,}300+1{,}200} = 1{,}200만\ 원\right)$ = 4,500만 원

선지분석
① 제품 A의 물류비: 5,500만 원
③ 제품 A의 운송비: 3,600만 원
④ 제품 B의 보관비: 400만 원
⑤ 제품 A와 B의 하역비: 각각 800만 원과 1,200만 원

정답 | ②

04

A기업은 30억 원을 들여 물류창고를 건설하였으며, 그 내용연수는 15년, 감가상각은 정액 상각방식으로 한다. 시중 연이자율 6%를 적용할 때, 다음에 해당하는 물류비는 각각 얼마인가? (단, 투자비용의 시간가치와 잔존가치는 고려하지 않는다.)

> ㄱ. 물류창고 건설 후, 7년 경과한 시점의 물류창고에 대한 연간시설부담이자
> ㄴ. 물류창고 건설 후, 6년 경과한 시점(A)의 재고잔액이 3억 원, 7년 경과한 시점(B)의 재고잔액이 5억 원일 때, A~B 기간의 연간 재고부담이자

① ㄱ: 7,200만 원, ㄴ: 3,600만 원
② ㄱ: 8,400만 원, ㄴ: 1,200만 원
③ ㄱ: 8,400만 원, ㄴ: 2,200만 원
④ ㄱ: 9,600만 원, ㄴ: 1,200만 원
⑤ ㄱ: 9,600만 원, ㄴ: 2,400만 원

해설
ㄱ. 시설부담이자: 감가상각비=30억 원/15년=2억 원
  물류창고의 잔존가치: (30억 원−7년×2억 원)=16억 원
  시설부담이자=16억 원×6%=9,600만 원
ㄴ. 재고부담이자: 평균재고액=$\frac{3억\ 원+5억\ 원}{2}$=4억 원
  재고부담이자=4억 원×6%=2,400만 원

정답 | ⑤

05

다음의 물류비 항목 중 지급형태별 분류에 의한 구분이 아닌 것은?

① 물류정보비
② 자가물류비
③ 위탁물류비
④ 타사지불 조달물류비
⑤ 타사지불 판매물류비

해설
물류정보비는 기능별 분류에 해당한다. 기능별 분류의 비목으로는 운송비, 보관비, 포장비, 하역비, 유통가공비, 물류정보·관리비 등이 있다.

정답 | ①

06

물류비 계산의 일반기준인 관리회계 방식의 특징으로 옳지 않은 것은?

① 물류활동에 투입되는 인력, 자금, 시설 등의 계획 및 통제에 유용한 회계정보의 작성
② 물류비 계산이 필요한 시기, 장소에 따라 가능
③ 물류비 절감효과의 측정이 어려움
④ 물류활동의 개선안과 개선항목의 정확한 파악이 가능
⑤ 상세한 물류비 분류 및 계산을 위한 사무절차와 작업량이 복잡하고 많음

해설
재무회계 방식(간이기준)은 물류비 절감효과의 측정에 한계가 있으나, 관리회계 방식(일반기준)은 물류비의 정확한 인식은 물론 물류비 절감효과의 측정이 용이하다.

정답 | ③

07

물류비에 관한 설명으로 옳지 않은 것은?

① 물류비 산정을 통해 물류의 중요성을 인식한다.
② 물류활동의 계획, 관리 및 실적 평가에 활용된다.
③ 재무회계 방식은 관리회계 방식보다 상세하고 정확하게 물류비를 산정할 수 있다.
④ 경영 관리자에게 필요한 원가자료를 제공한다.
⑤ 물류비 분석을 통하여 물류활동의 문제점을 파악할 수 있다.

해설
관리회계 방식에 의한 일반기준은 영역별, 기능별, 관리항목별로 구분하여 발생 비용을 집계하기 때문에 재무회계 방식에 의한 간이기준에 비해 보다 상세하고 정확하게 물류비를 산정할 수 있다.

정답 | ③

08

다음은 A상사의 입출고 자료이다. 6월 9일에 제품 25개를 출고할 때 선입선출법(FIFO: First In, First Out)으로 계산한 출고금액과 후입선출법(LIFO: Last In, First Out)으로 계산한 출고금액의 차이는? (단, 6월 2일 이전의 재고는 없음)

일자	적요	단가(원)	수량(개)	금액(원)
6월 2일	입고	1,000	10	10,000
6월 5일	입고	1,500	20	30,000
6월 9일	출고	–	25	–

① 1,500원
② 2,000원
③ 2,500원
④ 3,000원
⑤ 3,500원

해설
FIFO에 의한 출고금액=1,000원×10개+1,500원×15개=32,500원
LIFO에 의한 출고금액=1,500원×20개+1,000원×5개=35,000원
∴ 출고금액의 차이=35,000원−32,500원=2,500원

정답 | ③

09

유통가공을 수행하는 A물류기업의 당기 고정비는 1억 원, 개당 판매 가격은 10만 원, 변동비는 가격의 60%이며 목표이익은 1억 원이다. 당기의 손익분기점 판매량(ㄱ)과 목표이익을 달성하기 위한 판매량(ㄴ)은 몇 개인가?

① ㄱ: 1,000개, ㄴ: 3,500개
② ㄱ: 1,500개, ㄴ: 4,000개
③ ㄱ: 2,000개, ㄴ: 5,000개
④ ㄱ: 2,500개, ㄴ: 5,000개
⑤ ㄱ: 2,500개, ㄴ: 6,000개

해설
BEP 판매량 = $\frac{고정비}{개당 판매가격-단위당 변동비}$ = $\frac{1억 원}{10만 원-6만 원}$ = 2,500개

목표이익을 달성하기 위한 판매량 = $\frac{고정비+목표이익}{개당 판매가격-단위당 변동비}$ = $\frac{1억 원+1억 원}{10만 원-6만 원}$ = 5,000개

정답 | ④

10

단위 주문원가는 100원, 연간 수요는 10,000단위, 연간 재고유지비용은 재고 한 단위 가치의 20%, 재고 한 단위의 가치는 200원이라고 할 때, 경제적 주문량 모형(EOQ: Economic Order Quantity model)을 이용한 경제적 주문량에 가장 가까운 것은?

① 210
② 224
③ 264
④ 320
⑤ 360

해설
$EOQ = \sqrt{\frac{2 \times 1회 주문비용(O) \times 연간수요량(D)}{단위당 재고유지비용(C)}}$

∴ $EOQ = \sqrt{\frac{2 \times 100원 \times 10,000단위}{40원}} = \sqrt{50,000} = 224$

정답 | ②

11

A기업은 공급업체로부터 부품을 운송해서 하역하는 데 40만 원, 창고입고를 위한 검수에 10만 원, 생산공정에 투입하여 제조하는 데 30만 원, 완제품 출고검사에 20만 원, 완제품포장에 50만 원, 트럭에 상차하여 고객에게 배송하는 데 30만 원을 지불하였다. A기업의 판매물류비는?

① 50만 원
② 70만 원
③ 80만 원
④ 100만 원
⑤ 180만 원

해설
- 조달물류비: 부품의 운송하역비(40만 원)+창고입고 검수비(10만 원) =50만 원
- 제조원가: 30만 원
- 판매물류비: 완제품 출고검사비(20만 원)+완제품 포장비(50만 원)+ 배송비(30만 원)=100만 원

정답 | ④

PART 06 공급사슬관리(SCM)

CHAPTER 01 공급사슬관리의 기초

1. 공급사슬관리(SCM; Supply Chain Management)

(1) 공급사슬(SC; Supply Chain)

공급사슬 또는 공급망은 원자재 공급자로부터 공장·창고를 거쳐 소비자에게 제품이 전달되기까지의 모든 과정에 있어 물자·정보·지불·서비스 등의 흐름으로, 공급자 ↔ 생산 기업 ↔ 유통기업 ↔ 최종소비자 간 공급활동의 연쇄적 구조를 나타낸다.

(2) 공급사슬관리(SCM)

① 공급사슬관리는 기업 간 제품의 생산자로부터 사용자에 이르는 공급사슬의 정보 통합(integration)과 공유(share)를 통하여 불필요한 시간과 비용을 절감하려는 관리기법을 말한다.
② 원재료·부품공급자에서 생산자, 유통기관, 제품의 최종소비자에 이르기까지의 상호 관련된 가치사슬(Value Chain)을 대상으로 정보의 공유와 업무프로세스의 근본적 변혁을 통하여 공급망 전체의 효율성을 극대화하는 경영활동이다.

> **짚고 넘어가기** M. Porter의 가치사슬(Value Chain)

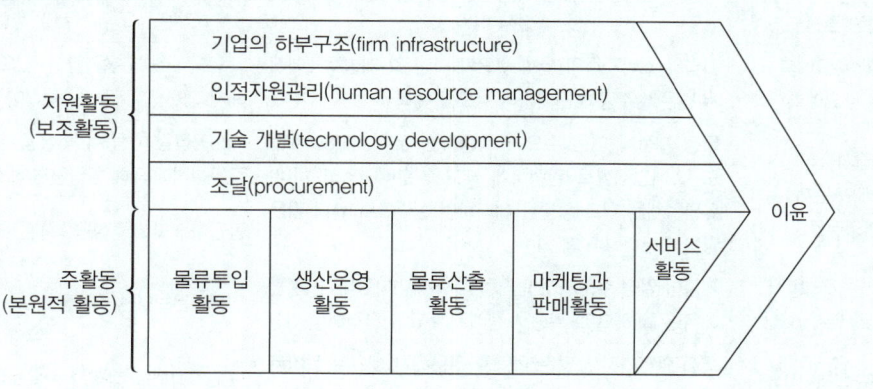

(3) 도입의 필요성 기출 28, 27, 23, 21, 19회

① **부가가치의 발생**: 부가가치의 2/3 이상이 제조과정 외부 공급사슬상에서 발생하고, 리드타임 중에서 제조에 소요되는 기간보다 공급사슬상에서 소요되는 시간이 길기 때문에 공급사슬 전체에 대한 관리가 중요하다.
② **불확실성의 증가**: 원·부자재 공급의 납기 및 품질의 불확실성과 고객수요의 불확실성을 제조업체 내에서 수동적으로 흡수하여, 생산계획을 편성하고 재고를 관리하여 리드타임을 단축하고 재고를 감축하기 위해 SCM이 필수적이다.
③ **고객요구의 다양성**: 최근 수요자(고객)들의 제품 및 서비스에 대한 다양한 요구가 증가하고 있으며, 제품의 수명주기가 단축되고 있다.

④ 채찍효과의 발생: 채찍효과(bullwhip effect)라고 알려져 있는 정보전달의 지연 및 왜곡현상이 전통적인 공급사슬상에 나타나기 때문이다.
⑤ 리드타임의 증가: 생산, 조달 및 구매, 보관 및 물류, 운송, 판매 및 유통 등의 기업활동이 글로벌화됨에 따라 공급사슬상의 조달기간(lead time)이 길어지고 불확실해졌기 때문이다.
⑥ 대량고객화에 대응: 고객의 다양한 요구에 부응하여 다품종 소량 생산해야하는 대량고객화(mass customization)가 보편화되고 있기에 긴밀한 협력을 위한 SCM이 중요하다.
⑦ 통합적 관리의 필요성: 기업 내부의 조직·기능별 관리만으로는 경쟁력 확보 및 부가가치 창출, 고객만족도 개선이 어렵기 때문에 통합적 공급사슬관리가 중요하다.

2. 채찍효과(bullwhip effect) 빈출 29, 27, 26, 25, 24, 23, 22, 20, 19, 18회

(1) 채찍효과의 의의

채찍효과는 공급사슬에서 최종 소비자로부터 멀어질수록 정보가 지연되거나 왜곡되어 수요와 재고의 불안정이 확대되는 현상을 말한다. 이러한 정보의 왜곡현상으로 공급사슬 전체에서 재고가 증가하고, 고객서비스 수준은 떨어지며, 생산능력 계획의 오류, 수송상의 비효율, 생산계획의 난맥 등과 같은 문제가 발생한다.

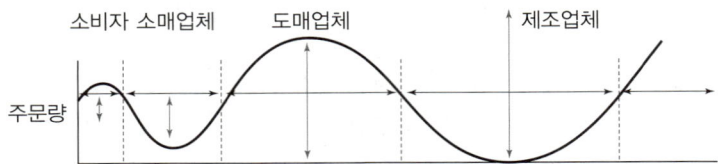

(2) 채찍효과의 원인과 해결방안 기출 27회

발생 원인	발생 이유	해결 방안
다단계 수요예측 (중복 수요예측)	기업이 소비자들의 실제 수요가 아닌 각 개별주체에게서 받은 발주량에 근거하여 수요를 예측	통합적 수요예측을 할 수 있도록 해야 하며, 이를 위해서 정보공유 및 정보통합이 필요
공급사슬상 분배의 문제 (과잉주문)	특정 제품에 대한 수요가 폭증하는 경우, 제조업체는 도·소매업체별로 일정하게 재고를 분배하려고 하나, 유통업체는 재고 품절을 대비하여 실수요보다 더 많은 양을 주문하고자 함	제품공급량 배정 시 각 유통기관들의 과거 판매 또는 주문실적에 의해 공급량을 배정
		공급사슬의 효율성을 통해 리드타임의 단축
일괄주문 처리방식 (Order batching)	제품이 일정 수준까지 판매될 때까지 기다렸다가 한 번에 주문을 하므로, 특정 시점에서 수요가 급격히 증가	일괄주문보다는 실시간(real-time) 주문처리가 필요
불규칙적인 수요와 가격정책	특정 할인기간에 많은 물량을 주문해서 재고로 쌓아두고, 이후 추가주문을 하지 않아 유통경로상 수요의 불규칙과 가격 왜곡현상이 발생	EDLP 정책을 적절히 사용하여 가격의 불확실성 및 변동성의 제거 가능

3. SCM의 특징 및 환경변화

(1) 특징 기출 15회

공급사슬관리(SCM)는 원재료 공급, 생산, 조립, 유통에서 최종 고객에 이르는 과정을 하나의 단위로 보고 물류와 정보의 흐름을 체계적으로 관리하여 전체 흐름을 최적화하는 기법으로 다음과 같은 특징을 갖는다.

① SCM에 있어 관련 기업 간 협력은 수평적 관계를 추구
② 단절 없는 흐름(Seamless Flow)
③ 공급사슬 간 협업(Collaboration)
④ 실시간 정보의 공유(Real-time Information Sharing)
⑤ 동기화(Synchronization)

(2) 공급사슬의 환경변화 기출 25회

① 공급사슬상에 위치한 조직 간의 상호의존성이 증대되고 있다.
② 정보통신기술의 발전은 새로운 시장의 등장과 기업경영방식의 변화를 초래하고 있다.
③ 기업 간의 경쟁 심화에 따라 비용절감과 납기개선의 중요성이 증대되고 있다.
④ 거래의 범위가 전세계로 확대됨에 따라 글로벌 공급사슬관리(SCM)가 중요시되고 있다.
⑤ 고객의 다양한 니즈에 맞추기 위해 생산, 납품 등의 활동을 해야 할 필요성이 증대되고 있다.

CHAPTER 02 공급사슬관리(SCM)의 기법

1. SCM의 구성체계

공급사슬관리의 계층별 구성체계는 SCM을 기초로 산업별로 응용된 기법들과 이를 실제 구현하기 위한 수단들로 아래와 같이 구축된다. 특히, 적용되는 산업별로 그 표현을 달리하는데 섬유·의류부문에서는 QR, 식품·잡화 부문에서는 ECR, 신선식품 부문에서는 EFR, 의약품 부문에서는 EHCR로 표현한다.

1LV	SCM(Supply Chain Management)
2LV	산업별 적용: QR, ECR, EFR, EHCR, CRP, CPFR, VMI, CMI, C/D(Cross Docking), CALS 등
3LV	구현수단: Barcode, POS, RFID, EDI/VAN, XEDI, LAN, WAN, TMS, WMS, OMS(CAO, EOS), ERP 등

2. SCM의 구현기법 빈출 28, 27, 25, 24, 23, 22, 21, 19, 18, 16, 15, 14회

(1) 신속대응(QR; Quick Response) 기출 28, 27, 19, 18, 16, 15회

① QR은 생산 및 유통업자가 전략적으로 협력하여 소비자의 선호 등을 즉시 파악하고, 시장변화에 신속하게 대응함으로써 시장에 적합한 제품을 적시·적소에 적절한 가격으로 제공하는 것을 원칙으로 한다.
② QR을 실행하기 위해서는 EDI, 바코드, POS 등의 유통정보 기술이 요구된다.
③ 제조업자는 주문량에 맞추어 유연생산이 가능하고, 공급자 수를 줄일 수 있으며 높은 자산회전율을 유지할 수 있다. 시스템 측면에서는 낭비를 제거하고, 효율성을 향상시킬 수 있으며, 신속성도 향상된다.
④ 도입효과

- 상품의 품절 방지
- 고객정보의 효율적 활용
- 신속한 물류서비스 실현
- 리드타임 단축으로 재고감소 효과
- 고객 서비스 제공 및 비용절감

(2) 효율적 소비자 대응(ECR; Efficient Consumer Response) 기출▶ 27, 19, 17회

① ECR은 유통업체와 제조업체가 효율적 소비자 대응 활동을 통해 고객에게 보다 저렴한 가격으로 상품을 제공하고 고객만족도를 높이기 위하여, 공급체인을 기존의 푸시(Push)방식에서 풀(Pull)방식으로 변화시키고, POS시스템 도입 등 자동적으로 제품을 충원하는 전략이다.

② 세부적 구현전략

ECR은 매장의 판매정보가 온라인으로 공급자에게 전달되어 현재의 재고상태를 파악할 수 있도록 지원하는 시스템으로 다음의 세부 내용을 포함한다.

㉠ 효율적인 매장(점포)진열관리
㉡ 효율적인 재고(상품)보충
㉢ 효율적인 판매촉진
㉣ 효율적인 신제품 도입(상품개발) 및 소개

(3) 지속적 제품 보충(CRP; Continuous Replenishment Program) 기출▶ 27, 23, 17, 15, 13회

① CRP는 공급업자와 소매업자 간에 POS 정보를 공유하여 별도의 주문 없이 공급업자가 제품을 보충할 수 있는 시스템을 말한다.

② 제조업자로부터 유통업자에 이르는 상품의 이동을 관리하고, 통제하는 데 사용되는 방법이다. 제조업자에게는 효과적인 재고관리를 통해 유통업자에게 적시에 상품을 보급해준다.

③ CRP는 결품비율을 낮춰주고, 상호 협업기능을 강화해 줌으로써 효과적인 공급체인 관계에 도움을 제공하고 있다. 최근에는 제조업체 사이에서도 도입하여 관리하고 있다.

(4) 협업적 계획, 예측 및 보충(CPFR; Collaborative Planning Forecasting&Replenishment) 기출▶ 27, 25, 23, 21, 18회

① CPFR은 유통업체와 공급업체가 함께(collaboration) 비즈니스를 계획(planning)하고 수요를 예측(forecasting)하며, 이에 근거해서 재고를 보충(replenishment)하는 기법이다.

② 수요예측이나 판매계획 정보를 유통업체와 제조업체가 공유하여, 생산-유통 전 과정의 자원 및 시간의 활용을 극대화하는 비즈니스 모델이다.

③ 제조업체와 유통업체가 판매 및 재고 데이터를 이용, 협업을 통해서 수요를 예측하고 제조업체의 생산계획에 반영하며 유통업체의 상품을 자동 보충하는 프로세스이다.

④ CPFR 도입의 선행조건으로 거래당사자 간 협업관계(partnership)를 구축해야 하며, 거래파트너들이 특정시장을 목표로 사업계획을 공동으로 수립하여 관련 정보를 공유한다.

(5) 공급자주도 재고관리(VMI; Vendor Managed Inventory) 기출▶ 29, 28, 27, 24, 19, 17, 15회

① 공급자(제조업체)가 유통업체 재고를 직접 관리하는 공급자주도형 재고관리시스템이다. POS(Point of Sales)의 판매정보가 실시간으로 공급업체에 제공되어 판매, 생산정보의 동기화로 생산계획수립 및 공급의 안정화를 도모하게 된다.

② 경로구성원 중 구매자가 공급자(제조업체)에게 재고주문권을 부여하고, 공급자는 자율적으로 공급 스케줄을 관리한다. 제조업자는 부품공급자와 생산계획을 공유하고, 구매자인 유통업자로부터 판매정보를 제공받는다.

(6) 협력적 재고관리(CMI; Co-Managed Inventory) 기출▶ 14회

CMI는 VMI에서 한 단계 더 보완된 것으로 유통업체와 공급업체 간 협업을 통해 공동으로 재고를 관리하는 것을 말한다. JMI(Jointly Managed Inventory)라고 부르기도 한다.

(7) 크로스도킹(CD; Cross Docking) 기출 28, 26, 23, 22, 19, 17, 14, 13회

① 개념
  ㉠ 크로스도킹은 1980년대 Wal-Mart가 최초로 도입하였다.
  ㉡ 창고나 물류센터에서 수령한 상품을 창고에서 재고로 보관하지 않고 바로 배송할 수 있도록 하는 물류시스템으로 통과형 물류센터라고도 한다.
  ㉢ 제조업자로부터 유통업자에 이르는 상품의 물류체계를 신속하게 유지되도록 하기 위해 EDI, 바코드, 스캐닝 기술을 통하여 자동화된 창고관리 및 재고관리를 지원하여 물류체계를 합리화하는 전략이다.

② 유용성
  ㉠ 크로스도킹이 도입되면 물류센터는 보관거점의 기능에서 탈피할 수 있고, 물류센터에서 제품의 대기시간이 단축되어 고객서비스를 개선할 수 있는 장점이 있다.
  ㉡ 제품이 물류센터에 도착하는 즉시 점포별로 구분하여 출하하는 시스템으로 적재시간과 비용을 절감할 수 있다.
  ㉢ 재고의 효율적 통제를 통한 창고비용 절감, 유통업체의 결품률 감소, 입출고 시간 및 비용 감소 등의 효과를 기대할 수 있다.
  ㉣ EDI, 바코드, RFID 등과 같은 정보기술의 활용을 통해 크로스도킹 시스템은 보다 효과적으로 실현될 수 있다.

(8) 자동발주시스템(CAO; Computer Assisted Ordering) 기출 17회

① 공급체인에서 제조업자의 창고, 유통센터, 소매업자에 이르는 전체 재고를 컴퓨터에 의해 자동주문이 수행되도록 함으로써 효과적인 운반 및 배달계획을 지원하여 물류비용을 감소시켜 준다.
② 재고의 효율적인 관리가 가능하고, 정확한 수요예측이 가능하도록 하는 데 도움을 준다.

(9) 전자주문시스템(EOS; Electronic Ordering System) 기출 18회

① 편의점이나 슈퍼마켓 등 체인사업에서 상품을 판매하면 POS 데이터가 자동적으로 거래처 중앙본부에 있는 컴퓨터에 입력된다.
② 상품의 부족분을 컴퓨터가 거래처에 자동으로 주문하여 항상 신속하고 정확하게 해당 점포에 배달해 주는 시스템을 말한다.
③ e-Procurement: 기업에서 원재료 조달을 위한 파트너 선정, e-카탈로그에 의한 원재료의 물품수량 결정 및 주문, 전자대금 지불을 실시간으로 가능하게 해줌으로써 기업의 시간과 비용을 절약하게 해준다.

CHAPTER 03 SCM 전략

1. 수요의 불확실성에 따른 공급사슬전략

(1) 효율적 공급사슬과 대응적 공급사슬

① 효율적 공급사슬(efficient supply chain) 기출 29, 26, 22회
  ㉠ 효율적 공급사슬은 제조기업 중 제품수명주기가 길어 수요가 안정적이고 예측가능한 경우 비용절감 및 효율적 운영을 위해 취하는 공급사슬기법을 말한다.
  ㉡ 효율적 공급사슬의 특징은 저비용을 위한 재고 최소화, 높은 가동률을 통한 낮은 비용 등이다.

② 대응적(반응적) 공급사슬(responsive supply chain)
　㉠ 공급사슬유형 중 의류와 같이 제품의 수명주기가 짧고 고객의 수요변동성이 큰 경우와 같이 시장수요 변화에 대해 민감하고 유연하게 반응하도록 설계된 공급사슬이다. 혁신적 공급사슬이라고도 한다.
　㉡ 대응적 공급사슬의 주요 목표는 재고품절, 시즌 말 가격할인 등을 최소화하기 위해 예측불가능한 수요에 신속하게 대응하는 것이다.
③ 효율적·대응적 공급사슬의 비교　**기출** 29, 21회

구분	효율적 공급사슬	대응적 공급사슬
주요 목표	최저 가격으로 예측 가능한 수요에 효율적으로 공급	예측 불가능한 수요에 신속하게 대응
제품디자인	비용 최소화를 달성할 수 있는 제품디자인 성과극대화	제품 차별화를 달성하기 위해 모듈(module)디자인 활용
가격전략	저가격, 저마진	고가격, 고마진
재고전략	높은 재고회전율과 재고 최소화	부품 및 완제품 안전재고 유지
생산전략	높은 가동률	유연한 생산능력
공급자전략	비용과 품질	속도, 유연성, 신뢰성, 품질
리드타임초점	비용 증가 없이 리드타임 단축	비용이 증가되더라도 리드타임 단축

(2) **리스크풀링 전략**　**기출** 26, 24, 23회
① 리스크풀링(risk pooling)이란 여러 지역의 수요를 한 곳에서 통합 관리하게 되면 수요의 불확실성이 상대적으로 감소하게 된다는 것을 말한다. 즉, 기업은 분산 운영되던 물류거점을 통합 관리함으로써 적은 양의 재고로도 수요 불확실성에 효과적으로 대응할 수 있게 된다.
② 리스크풀링 효과로 인해 기업은 안전재고(safety stock)가 감소하고 관련 물류비 절감효과도 도모할 수 있게 된다.
③ 리스크풀링 사례

> A사는 경기도 남부와 북부에 각각 하나씩 물류센터를 운영하고 있으며, 각 물류센터의 일일평균수요(d)는 100개, 표준편차 10개인 정규분포를 따른다.(이때 안전재고는 불확실성의 정도를 나타내는 수요의 표준편차에 비례함)
>
> [리스크풀링 효과의 산정]
> ※ 거점별 물류센터를 2개 운영하는 경우
> (일일평균수요량 100개 + 안전재고 10개) × 2 = 220개
>
> ※ 거점별 물류센터를 하나의 통합물류센터로 통합해 활용하는 경우
> 일일평균수요량 200개 + 안전재고 14개* = 214개
> * 표준편차 = $\sqrt{분산}$이므로, 남·북부센터 각각의 표준편차를 하나로 합치면 $\sqrt{10^2 + 10^2} = \sqrt{200}$ = 약 14개
> * 리스크풀링 효과: 220개 − 214개 = 6개
> 즉 A사는 수요를 통합 관리함에 따라 분산 관리했을 때와 비교할 때 안전재고 감소효과가 발생한다.

2. 지연전략(postponement strategy) 기출 29, 26, 23, 18, 19, 13, 12회

(1) 개념
① 지연전략이란 생산 프로세스에서 제품들이 서로 차별화되는 시점을 가능한 한 판매시점에 가깝게 지연시키는 전략으로, 연기 또는 유예전략이라고 한다.
② 제품에 대한 변동성이 큰 경우, 공장에서 제품을 완성하는 대신 시장 가까이로 제품의 완성을 최대한 지연시켜 소비자가 원하는 다양한 수요를 만족시키기 위한 전략이다.
③ 확정주문 접수가 되기 전까지는 전략거점에 모듈화된 반제품 상태로 대기한다. 이후 확정주문이 접수되면 각국별, 고객별 고유상표를 부착하고 완성품으로 최종 조립·생산한다.

(2) 유형
① Page & Cooper의 전략적 지연(1998)
 ㉠ 투기전략: 예측에 의해 표준화된 제품을 생산하고 시장에 가까운 입지에 보관
 ㉡ 제조지연전략: 특정된 제품으로 구체화하지 않고 범용적 사용이 가능한 상태로 유지
 ㉢ 물류지연전략: 생산된 제품을 전략적 위치에 집중하여 재고로 유지
 ㉣ 완전지연전략: 제조와 물류 프로세스를 주문 접수 이후에 진행
② Zhang & Tan의 전략적 지연(2002) 기출 13회
 ㉠ 형태지연: 제품차별화를 지연하기 위해 표준품에 고객이 요구하는 기능을 부가시킴
 ㉡ 시간지연: 제품차별화를 지연하기 위해 프로세스와 제조시점을 재구축
 ㉢ 장소지연: 제품차별화를 지연하기 위해 제조공정의 지리적 위치를 재설계

3. 글로벌 가치사슬전략(Global Value Chain Strategy) 기출 20회
① 글로벌 가치사슬(Global Value Chain)은 제품의 기획, 생산, 조립, 마케팅, 고객서비스 등 제품의 부가가치 창출을 위한 일련의 기업활동이 전 세계적 차원에서 이루어지는 것을 말한다.
② 글로벌 가치사슬의 형성은 가치창출을 위한 일련의 활동을 최적 분배하여 기업의 생산성을 향상시킨다.
③ 개별국가의 법적 규제나 가치사슬상의 리더기업이 적용한 제품·프로세스 기준이 기술무역장벽으로 작용할 수 있다.
④ 발전배경으로는 WTO 체제의 발족, 운송기술의 발전, ICT 기술발전 및 표준확산 등을 들 수 있다.

4. SCM과 정보시스템

(1) 공급사슬계획(SCP; Supply Chain Planning)
① 공급사슬계획(SCP)은 SCM을 구축하고 있는 소프트웨어 구성요소 중 의사결정과 계획수립을 지원하는 것으로 수요예측, 생산계획, 생산일정계획 및 재고보충계획 등이 있다.
② 전략적 계획수립, 수요예측 및 자동재고보충을 위한 CPFR(Collaborative Planning Forecasting & Replenishment), 협력업체와 생산계획을 공유하는 APS(Advanced Production Scheduling), 유통기관 수요배분을 위한 DRP(Demand Resource Planning) 등 업종별 협업지원을 위한 계획수립과 예측에 활용되는 소프트웨어가 해당된다.

(2) **공급사슬실행(SCE; Supply Chain Execution)**
   ① 공급사슬실행(SCE)은 주문처리 및 SCM을 통합적으로 실행·관리하기 위한 OMS, WMS, TMS 등으로 구성되며 공급자선정, 수·배송업체선정, 재고수준 결정, 채널 간 정보공유 등의 의사결정을 담당하게 된다.
   ② 주문처리, 창고관리, 운송관리 등 실제 공급사슬 각 단계별 업무처리 흐름의 자동화 기능을 수행하는 소프트웨어들에 해당한다.

(3) **SCP와 SCE의 구성체계**

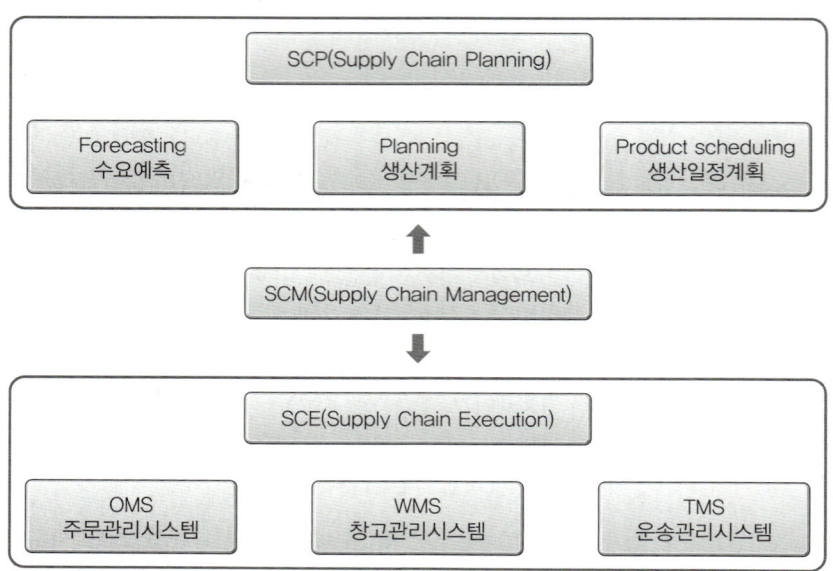

(4) **SCP와 SCE의 주요내용 비교**

SCP(Supply Chain Planning)	SCE(Supply Chain Execution)
• 수요계획(Demand Planning) • 생산계획(Manufacturing) • 재고계획(Inventory Planning) • 재고보충계획(Replenishment Planning) • 스케줄링(Scheduling)	• 주문관리(OMS) • 창고관리(WMS) • 운송관리(TMS) • 공급자 선정 및 배송업체 선정 • 재고 수준 및 채널 간 정보공유 수준

5. 공급자관계관리(SRM)와 고객관계관리(CRM)

(1) **공급자관계관리(SRM)** 기출 22, 21회
   ① SRM(Supplier Relationship Management)은 솔루션의 운영을 통하여 공급자와 구매기업의 비즈니스 프로세스가 통합되어 모든 공급자들과 장기적인 협업관계 형성을 목표로 한다.
   ② 공급자와 사용기업의 정보 및 프로세스 흐름의 가시화 수준을 높일 수 있다.
   ③ 도입기업과 공급자 간 거래 프로세스의 자동화에 기여한다.
   ④ 내부 사용자와 외부 파트너를 위해서 다수의 부서와 프로세스 등을 포괄할 수 있도록 설계된다.
   ⑤ 공급자와 사용기업의 비즈니스 프로세스가 통합되어 당사자 간 장기적인 협업관계 형성을 가능하게 한다.
   ⑥ 고객중심의 대안을 신속히 제공하게 되어 시장변화에 대한 대응력을 향상시킬 수 있다.

(2) 고객관계관리(CRM) 기출 22, 15회

① CRM(Customer Relationship Management)은 기존 우수고객의 유지 및 이탈방지를 통해 장기적인 관계구축을 목적으로 한다.
② CRM은 단계별로 고객관계 형성, 고객관계 유지, 고객관계 강화로 구성된다.
③ 우수고객을 어떻게 파악하고, 획득하며, 유지시켜 고객의 평생가치를 높일 수 있는가에 대한 분석이 필요하다.
④ 고객관련 데이터를 어떻게 획득하고, 축적하며, 분석하고 서비스 할 것인가에 관한 고객전략 수립과 인프라 구축에 대한 이해가 필요하다.
⑤ 동일하지 않은 고객을 분류하여 각기 다른 부분에 속한 고객에게 차별화된 제품과 서비스를 제공하여야 한다.

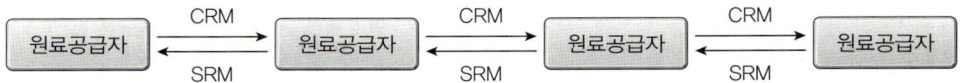

6. SCM의 성과측정

(1) 균형성과표(BSC; Balanced Score Card) 기출 25, 21, 15회

① 개념
  ㉠ 카플런(R. Kaplan)과 노턴(D. Norton)의 균형성과표는 전 조직원이 전략을 공유하고 전략방향에 따라 행동하도록 유도함으로써 회사의 가치창출을 보다 효과적이고 지속적으로 이루기 위한 성과측정 방법이다.
  ㉡ 과거지향적·재무적 관점에 국한되었던 기존 측정 기준에서 고객 관점, 내부 프로세스 관점, 학습과 성장 관점으로 확대하여 전체 성과를 측정하는 기법이다.

② 내용
  ㉠ 균형성과표는 조직의 전략을 성과측정이라는 틀로 바꾸어서 전략을 실행할 수 있도록 도와준다.
  ㉡ 균형성과표는 재무 관점, 고객 관점, 내부 프로세스 관점, 학습과 성장 관점에서 성과지표를 설정한다.
  ㉢ 균형성과표는 성과측정, 전략적 경영관리, 의사소통의 도구로 사용된다.
  ㉣ 균형성과표의 측정지표는 구성원들에게 목표달성을 위한 올바른 방향을 제시해 준다.

(2) 공급사슬운영참조(SCOR; Supply Chain Operations Reference) 기출 17회

① 개념
  SCOR은 공급사슬 프로세스의 모든 범위와 단계를 포괄하는 참조모델로 공급사슬의 회사 내부 기능과 회사 간 공급사슬 파트너 사이의 의사소통을 위한 언어로서, 공통의 공급사슬 경영프로세스를 말한다.

② 기본관리 프로세스의 성과지표
  ㉠ 기본관리 프로세스
    SCOR모델에서는 계획(Plan), 조달(Source), 제조(Make), 배송(Deliver), 반품(Return)의 다섯 가지 기본관리 프로세스를 가지고 있다.

ⓒ SCOR모델의 수준별 평가지표

계획(Plan)	조달원천(Source)
• 수요예측 정확도 • 계획달성률 • 재고회전율 • 계획사이클 타임	• 조달/구매비용 • 리드타임(조달기간) • 원·부자재 품질 • 원·부자재 재고수준
제조(Make)	배송/반품(Deliver&Return)
• 생산원가(효율적 공급사슬) • 제품품질	• 정시 배송률(신뢰성) • 주문 충족률 및 배송시간(신뢰성)
• 생산의 유연성(대응적 공급사슬) • 공급사슬 대응시간(유연성)	• 인도 성과(delivery performance)(신뢰성) • 서비스 달성률(신뢰성)

CHAPTER 04 SCM 관리철학과 e-SCM

1. SCM의 관리철학

(1) 린 공급사슬(Lean Supply Chain = JIT Ⅱ) 기출▶ 19, 17, 15회

① 린 공급사슬이란 생산과정의 프로세스 개선을 통해 낭비 요소를 제거하고, 평준화된 일정계획의 대량생산을 이루어 비용을 줄이고 생산성을 높이는 공급사슬이다.

② 적용대상
  ㉠ 상품 다양성이 상대적으로 낮은 제품
  ㉡ 대량생산을 통해 원가절감이 가능한 편의품에 적합
  ㉢ 상품수요의 변동성이 낮고 안정성이 큰 제품

③ 제거대상인 7가지 낭비유형
Lean 공급사슬 생산시스템의 낭비요소 7가지로는 수요예측 미비에 의한 과잉생산, 대기시간, 운반시간, 불필요한 생산 과정, 불필요한 재고, 불필요한 행동, 불량품의 생산이 있다.

> **짚고 넘어가기** Lean 생산시스템
> 미국의 보스(Bose)사에서 처음 도입한 Lean 생산(JIT-Ⅱ)은 부가가치가 적은 부문에 투입되는 자원의 낭비를 지속적으로 줄이고, 고부가가치를 창출할 수 있는 합리적인 Process를 구축하여 조직성과를 향상시키기 위한 생산시스템을 뜻한다.

(2) 민첩 공급사슬(Agile Supply Chain)

① 민첩 공급사슬은 소규모 인원이 신속하게 제품을 개발하고 지속적으로 업데이트 하는 것으로, 시장수요가 매우 변동적인 상황에 효과적으로 대응하기 위한 생산체계가 수립된 공급사슬이다. 이를 통해 기업은 생산비 절감과 재고 부담의 감소로 경쟁력을 향상시킬 수 있다.

② 적용대상
  ㉠ 상품 다양성이 상대적으로 큰 상품
  ㉡ 제품의 수명주기가 짧고 수요의 변동성이 높은 제품
  ㉢ 제품 및 서비스에 대한 고객들의 요구가 다양한 제품

2. e-SCM

① 인터넷을 기반으로 원자재 공급, 생산, 수·배송, 유통·판매, 고객관리 프로세스 등의 물류 활동 전체를 e-비즈니스 환경에서 통합적으로 관리하는 것을 말한다.
② e-SCM의 효과적 운영을 위해서 ERP, CRM 등의 지원이 필요하다.
③ 도입효과 기출 20, 14회
  ㉠ 공급자와 구매자 간 신속한 의사소통이 가능하여 제품공급 리드타임이 단축된다.
  ㉡ 기업 간 가상적 통합, 전략적 제휴, 장기적 거래 등이 늘어나면서 거래비용이 감소한다.
  ㉢ 가상네트워크를 통해 수평적 사업기회의 확대가 가능하다.
  ㉣ 실시간 재고관리가 가능함에 따라 안전재고를 적정수준에서 유지할 수 있다.
  ㉤ 원자재 공급업체, 생산업체, 물류업체 간에 핵심정보의 피드백이 원활하게 된다.
  ㉥ 인터넷을 통해 고객들이 원하는 맞춤서비스를 제공할 수 있다.
  ㉦ 공급사슬에서 참여기업들의 관계가 수직적 상하관계에서 수평적 협력관계로 변하고 있다.

짚고 넘어가기 e-Procurement(전자구매조달) 기출 29, 25회

e-Procurement는 인터넷을 기반으로 구매 요청·승인·주문·운반·결제 및 인도에 이르는 일련의 프로세스를 전략적으로 관리하는 것으로 다음의 특징을 갖는다.
① 운영비용 절감
② 조달효율성 개선
③ 조달가격 절감
④ 문서처리 비용 감소
⑤ 구매자와 판매자 간 공식적인 관계 구축
  cf. 한계점: 신용정보 및 거래정보의 유출위험 존재함

짚고 넘어가기 물류서비스 신뢰성 향상 방안 기출 23회

① 신속 정확한 수주정보 처리
② 조달 리드타임 단축
③ 제품 가용성 정보 제공
④ 재고관리 정확도 향상

3. 공급사슬 혁신기술(3D 프린팅) 기출 29회

3D 프린팅은 3차원 형상을 구현하기 위한 전자적 정보를 자동화된 출력장치를 통하여 입체화하는 신기술로, 3D 프린팅의 가장 큰 장점 중 하나는 금형 없이 제품을 제작할 수 있다는 것으로 금형 제작 비용이 들지 않는다는 장점이 있다.

핵심 기출문제

PART 06 공급사슬관리(SCM)

01

공급사슬관리(SCM)의 필요성에 관한 설명으로 옳은 것을 모두 고른 것은?

> ㄱ. 글로벌화에 따른 물류의 복잡성과 리드타임(Lead Time) 증가에 대응해야 한다.
> ㄴ. 경쟁력 있는 가치를 제공하여 비용을 절감하고 고객 대응력을 확보해야 한다.
> ㄷ. 기업 간 정보를 공유하고 협력하여 채찍효과를 감소시켜야 한다.
> ㄹ. 제품개발·생산·유통·마케팅 등의 부문별 경쟁력을 외부에 의존하지 않고 내부 역량으로 확보해야 한다.

① ㄱ, ㄴ
② ㄱ, ㄷ
③ ㄴ, ㄹ
④ ㄱ, ㄴ, ㄷ
⑤ ㄴ, ㄷ, ㄹ

해설
ㄹ. 제품개발·생산·유통·마케팅 등의 부문별 경쟁력을 외부 협력업체와 전략적 제휴를 맺고 협업해야 할 필요가 증가함에 따라 공급사슬관리(SCM)가 필요하게 되었다.

정답 | ④

02

채찍효과(Bullwhip Effect)의 원인이 아닌 것은?

① 중복 또는 부정확한 수요예측
② 납품주기 단축과 납품횟수 증대
③ 결품을 우려한 과다 주문
④ 로트(lot)단위 또는 대단위 일괄(batch) 주문
⑤ 가격변동에 의한 선행구입

해설
납품주기(Lead Time) 단축과 납품횟수 증대는 채찍효과(Bullwhip Effect)의 발생원인이 아니라 해결방안에 해당한다. 반면, 채찍효과 경감 방안에는 공급사슬상의 정보의 통합 및 실시간 공유, 실시간 주문처리, 불확실성의 제거, 주문량의 변동폭 감소, 리드타임의 단축 등이 있다.

정답 | ②

03

채찍효과(bullwhip effect)를 해결하기 위한 방안으로 옳지 않은 것은?

① 수요에 관한 정보를 중앙으로 집중시킴으로써 공급사슬 전체의 불확실성을 줄인다.
② EDLP(Everyday Low Price) 전략을 통해 가격의 변동폭을 줄임으로써 수요의 변동을 감소시킨다.
③ 일괄주문처리(order batching)를 지향한다.
④ 공급사슬 내 정보의 공유를 위해 많은 전략적 파트너십에 참여한다.
⑤ EDI(Electronic Data Interchange)를 이용하여 정보 리드타임을 감소시킨다.

해설
일괄주문처리(order batching)가 아니라 실시간 주문처리가 필요하다. 채찍효과로 인한 정보의 왜곡현상에 기인해 공급사슬 전체에서 재고가 증가하고, 고객서비스의 수준은 떨어지며, 생산능력 계획의 오류, 운송상의 비효율, 생산계획의 난맥 등과 같은 문제가 발생한다.

정답 | ③

04

공급사슬관리(SCM)의 효과에 관한 설명으로 옳지 않은 것은?

① 생산자와 공급자 간의 협력을 통하여 경쟁우위를 확보할 수 있다.
② 생산자와 공급자 간의 협력을 통하여 이익 평준화를 실현할 수 있다.
③ 공급사슬 파트너십을 통하여 재고품절 위험을 감소시킬 수 있다.
④ 공급사슬 파트너십을 통하여 물류비용을 절감할 수 있다.
⑤ 공급사슬 파트너십을 통하여 소비자 만족을 극대화할 수 있다.

해설
SCM 구축으로 생산자와 공급자 간의 협력을 통해 물류비가 절감되고 고객서비스가 향상되므로, 이익평준화가 아닌 이익극대화를 실현할 수 있다.

정답 | ②

05

공급사슬관리(Supply Chain Management)를 실현하기 위한 방법으로 가장 거리가 먼 것은?

① 업무절차혁신(Business Process Reengineering)
② 공급자 재고관리(Vendor Managed Inventory)
③ 효율적 고객대응(Efficient Consumer Response)
④ 신속대응(Quick Response)
⑤ 지속적 보충프로그램(Continuous Replenishment Programs)

해설
SCM을 실현하기 위한 방법에는 QR(신속대응), ECR(효율적 소비자대응), CRP(지속적 제품보충), VMI(공급자주도 재고관리), CMI(협업적 재고관리) 등이 대표적이다.

정답 | ①

06

QR(Quick Response)의 구현원칙에 관한 설명으로 옳지 않은 것은?

① 생산 및 포장에서부터 소비자에게 이르기까지 효율적인 제품의 흐름을 추구한다.
② 제조업체와 유통업체 간에 표준상품코드로 데이터 베이스를 구축하고, 고객의 구매성향을 파악, 공유하여 적절히 대응하는 전략이다.
③ 조달, 생산, 판매 등 모든 단계에 걸쳐 시장정보를 공유하여 비용을 줄이고, 시장변화에 신속하게 대처하기 위한 시스템이다.
④ 저가격을 고수하는 할인점, 브랜드 상품을 판매하는 전문점, 통신판매 등을 연계하여 철저한 중앙관리체제를 통해 소매점업계의 경영합리화를 추구하는 전략이다.
⑤ 고객정보의 신속한 파악을 통하여, 필요할 때에 소량을 즉시 보충할 수 있도록 개발된 식품유통분야의 대응시스템이다.

해설
신속대응(QR)은 미국의 의류산업의 공급흐름을 개선하기 위한 산업별 SCM으로 고객에 대하여 적절한(Right) 상품을, 적절한 장소에, 적시에, 적량을, 적절한 가격에 제공하여 고객만족도를 향상시키는 것을 목표로 한다.

정답 | ⑤

07

SCM기법 중 하나인 CPFR(Collaborative Planning Forecasting&Replenishment)을 도입하는 기업들이 가장 먼저 해야 할 일은?

① 주문발주
② 협업관계 개발
③ 판매예측 실시
④ 공동 비즈니스계획 수립
⑤ 주문예측 실시

해설
CPFR 도입의 선행조건으로 거래당사자 간 협업 관계(파트너십)를 구축해야 하며, 거래파트너들은 특정시장을 목표로 사업계획을 공동으로 수립하여 관련 정보를 공유한다.

정답 | ②

08

크로스 도킹(cross-docking)에 관한 설명으로 옳지 않은 것은?

① 미국의 K마트에서 최초로 개발하고 실행하여 성공을 거둔 공급망관리 기법이다.
② 크로스 도킹은 주문한 제품이 물류센터에서 재분류되어서 각각의 점포로 즉시 배송되어야 하는 신선식품의 경우에 보다 적합하다.
③ 크로스 도킹 시스템이 도입되면 물류센터는 보관거점의 기능에서 탈피할 수 있다.
④ EDI, 바코드, RFID 등과 같은 정보기술의 활용을 통해 크로스 도킹 시스템은 보다 효과적으로 실현될 수 있다.
⑤ 크로스 도킹을 통해 물류센터에서 제품이 머무르는 시간을 감소시킬 수 있는 장점이 있다.

해설
Wal-Mart는 1980년대 동종업계 1등 기업인 K마트를 누르기 위해 크로스 도킹 시스템을 도입하였다. 크로스 도킹은 고객들이 원하는 시간에, 원하는 장소에서 제품을 구매할 수 있도록 하면서 가격경쟁에서 이기기 위한 새로운 기술의 시도였다.

정답 | ①

10

유예 또는 차별화 지연(Postponement) 기법에 대한 설명 중 옳지 않은 것으로만 나열된 것은?

> 가. 생산공정의 모든 작업이 유예 가능해야 한다.
> 나. 모듈단위의 제품설계가 필요하다.
> 다. 유예를 위한 특별제조기술이 요구될 수도 있다.
> 라. 제품판매에 변동성이 커야 유리하다.
> 마. 제품의 수명주기가 길어야 유리하다.

① 가, 나   ② 나, 라
③ 가, 마   ④ 다, 라
⑤ 나, 마

해설
가. 생산공정의 모든 공정을 유예함이 아니라 후공정, 최종 공정을 유예하는 특징이다.
마. 제품의 수명주기가 긴 제품의 경우 수주, 규격변경으로 인한 장기, 악성, 불용재고 위험률이 높아 수명주기가 짧아야 유리하다. 지연전략은 재고를 최소화하기 위한 생산전략이다.

관련이론 | 지연전략(Postponement)
지연전략이란 완제품 재고를 최소화하기 위하여 확정주문이 접수되면 각국별, 고객별 고유상표를 부착하고 완성품으로 최종 조립·생산하는 전략이다. 확정주문 접수가 되기까지는 전략거점에 모듈화된 반제품 상태로 대기한다.

정답 | ③

09

다음 중 공급사슬 통합의 효과가 아닌 것은?

① 생산자와 공급자 간의 정보 교환이 원활해진다.
② 생산계획에 대한 조정과 협력이 용이해진다.
③ 공급사슬 전·후방에 걸쳐 수요변동성이 줄어든다.
④ 물류센터 통합으로 인해 리스크풀링(Risk Pooling)이 사라진다.
⑤ 공급사슬 전반에 걸쳐 재고품절 가능성이 작아진다.

해설
물류 최적화를 통한 물류센터 통합으로 인하여 리스크풀링(Risk Pooling) 효과가 발생하게 되는 것이다.

정답 | ④

11

다음 SCM 전략에 관한 설명을 바르게 연결한 것은?

> ㄱ. Delay formation of the final product as long as possible.
> ㄴ. Smaller shipment sizes have disproportionately higher transportation cost.
> ㄷ. Avoid product variety since it adds to inventory.

① ㄱ: Postponement, ㄴ: Consolidation, ㄷ: Standardization
② ㄱ: Postponement, ㄴ: Standardization, ㄷ: Consolidation
③ ㄱ: Standardization, ㄴ: Postponement, ㄷ: Consolidation
④ ㄱ: Standardization, ㄴ: Consolidation, ㄷ: Postponement
⑤ ㄱ: Consolidation, ㄴ: Standardization, ㄷ: Postponement

해설
ㄱ. Postponement(전략적 지연 또는 연기): Delay formation of the final product as long as possible.
ㄴ. Consolidation(혼재): Smaller shipment sizes have disproportionately higher transportation cost.
ㄷ. Standardization(표준화): Avoid product variety since it adds to inventory.

정답 | ①

12

공급사슬의 유연성이나 신속성을 달성하는 방법으로 옳지 않은 것은?

① 비용절감
② 직접주문 방식 도입
③ 전략적 지연
④ 파트너십 구축
⑤ 모듈러 디자인

해설
비용절감은 효율적 공급사슬(efficient supply chain)의 목표에 해당하는 것으로 공급사슬의 유연성이나 신속성과는 관련이 없다.
전략적 지연과 모듈러 디자인은 생산의 유연성을 높이는 대표적인 방법에 해당하며, 직접 주문과 파트너십 구축을 통해서는 신속성을 제고할 수 있다.

정답 | ①

13

공급사슬 시스템전략에 관한 설명으로 ( )안에 들어갈 내용으로 옳은 것은?

> (ㄱ)은 과잉생산, 과잉재고, 보관기간, 운송시간 등 낭비적 요소를 제거해 종래의 공급사슬의 문제점을 해결하는 전략이다.
> (ㄴ)은 고객들이 원하는 바를 파악해 이를 개발한 후 시장에 내놓고 반응을 살피는 것으로, 소규모 인원이 신속하게 제품을 개발하고 지속적으로 이를 업데이트하는 전략이다.

① ㄱ: 린(Lean)생산방식, ㄴ: 예측생산(MTS)방식
② ㄱ: 린(Lean)생산방식, ㄴ: 애자일(Agile)생산방식
③ ㄱ: 지속보충(CRP)방식, ㄴ: 신속대응(QR)방식
④ ㄱ: 지속보충(CRP)방식, ㄴ: 예측생산(MTS)방식
⑤ ㄱ: 신속대응(QR)방식, ㄴ: 애자일(Agile)생산방식

해설
(ㄱ) Lean 생산방식은 생산과정의 프로세스 개선을 통해 낭비 요소를 제거하고, 평준화된 일정계획의 대량생산을 이루어 비용을 줄이고 생산성을 높이는 기법이다.
(ㄴ) Agile 생산방식은 급변하는 시장에 대응하기 위해 변경사항을 유연하고 기민하게 대응할 수 있도록 하는 생산시스템을 말한다.

정답 | ②

PART 07 친환경 녹색물류와 물류포장

CHAPTER 01 녹색물류

1. 녹색물류의 개념

(1) 개념 기출▶ 29, 18, 17회
① 녹색물류(Green Logistics)는 공급망에서 물류활동으로 발생하는 온실가스뿐만 아니라 미세먼지, 폐기물, 물 사용량 등 각종 환경문제를 제로화하고자 하는 물류시스템을 말한다.
② 이러한 녹색물류는 역물류(폐기물류, 회수물류)의 개선, 온실가스 및 미세먼지의 저감을 위한 물류시설 및 장비의 개선 그리고 지속가능 사회발전 측면에서 접근해야 한다.
③ 물류활동을 통하여 발생되는 제품 및 포장재의 감량과 폐기물의 발생을 최소화하는 방법 등을 말한다.
④ 녹색물류는 포장상자, 배출가스 등이 환경에 미치는 영향을 최소화시키고 온실가스 배출량을 감소시키는 방안에 해당한다.
⑤ 녹색물류 활동을 통해 비용절감이 가능하며, 기업의 사회적 이미지가 제고된다.
⑥ 우리나라에서는 폐기물을 다량 발생시키고 있는 생산자에게 폐기물을 감량, 회수하고, 재활용할 의무를 부여하는 생산자책임 재활용제도를 운영하고 있다.

(2) 녹색물류시스템 구축의 문제점
① 환경을 고려한 녹색물류시스템을 도입할 시 투자비용은 기업의 부담으로 작용되어 물류활동의 위축을 가져오는 역효과가 발생하기 때문에 정부의 지원책이 중요하다.
② 고객서비스가 강조될수록 불량품 또는 이월재고품의 반품처리를 위한 독자적인 물류시스템의 구축이 요구되어 비용상승을 유발하므로 비용과 서비스수준 간 상충관계를 고려해야 한다.

(3) 녹색물류와 역물류 기출▶ 27회
① 역물류
녹색물류와 역물류(reverse logistics)가 혼용되어 사용되고 있으나, 역물류는 공급체인망 관리에서 고객에게 완제품을 운송하는 것과 고객으로부터 회수된 폐기물 등을 회수하는 활동으로, 환경과 교통에 대한 영향까지 포괄하기 때문에 녹색물류보다 협의의 개념이다.
② 녹색물류와 역물류의 비교

구분	녹색물류(green logistics)	역물류(reverse logistics)
범위	순물류 및 역물류 전과정	판매물류 → 회수물류 → 폐기물류
목표	자재의 순환시스템 구축을 통한 환경문제 해결	소비 이후의 공급사슬 최적화를 통한 자본과 자원의 절약
중점사항	• 물자의 재활용 촉진 • 친환경 대체재 활용 • 대기오염 및 소음감축	• 이윤극대화 • 물류비절감 • 서비스개선

2. 녹색물류와 ESG경영

녹색물류는 기업의 핵심 관점인 비용, 서비스에 환경(Environment)이라는 사회적 가치를 추가적으로 고려하는 것이다. 기업은 이 3가지를 조정하고 통합시키는 것에 주된 목적을 둔다.

> **짚고 넘어가기** ESG경영의 개념
>
> ※ ESG 경영: 기업의 비재무적 성과측정 기준
> - Environment: 환경(기후변화, 환경오염물질 저감, 친환경 제품개발)
> - Social: 사회(산업안전, 하도급거래, 서비스의 안전성, 공정경쟁)
> - Governance: 지배구조(주주권리, 이사회 구성 및 활동, 감사제도, 배당)
>
> ※ ESG 관련 개념: CSR, 지속가능경영, 공유가치창출, 기업시민의식

3. 녹색물류 추진방향 [기출 24회]

① 물류공동화와 표준화 개선
② 차량의 대형화를 통한 물류대형화로 다빈도 배송 감소
③ 모달시프트(modal shift)를 추진하여 운송분담률을 철도 7.5% → 20%로, 연안해운 19% → 25%로 전환
④ 회수물류 활성화
⑤ 탄소배출 저감장치 확대보급 및 저공해 운송수단 도입
⑥ 포장의 감소 및 경량화 개선

보충학습

모달 시프트(Modal Shift)
- 저탄소 녹색경제 실현을 위해 추진 중인 도로(공로) 중심의 고비용 운송체계에서 철도 및 연안운송 중심으로의 운송수단 전환
- 도로운송은 온실가스 배출량도 많고 교통혼잡, 도로파괴 등을 유발시키기 때문에 이를 철도나 연안해운 운송으로 전환하고자 하는 것

4. 녹색물류의 실현방법 [기출 16, 15회]

① 오존층 파괴 방지
   염화불화탄소(프레온 가스, CFCs) 대체물질을 사용하고, 냉각시스템의 탈루검사를 시행하여 오존층 파괴를 방지한다.
② 대기오염 방지
   디젤연료(경유)를 사용하는 경우 연료첨가물을 사용하고, 저유황분 연료를 사용하는 것은 대기오염을 줄이기 위한 것이다.
③ 소음·진동 방지
   차량의 브레이크 방음장치 설치는 소음·진동을 줄이기 위한 것이다.
④ 온실가스 저감정책
   ㉠ 무허가 비영업차량의 허가제 차량으로 전환
   ㉡ 물류공동화(수·배송공동화)의 확대
   ㉢ 물류거점의 집약화를 통한 물류의 대형화
   ㉣ 탄소배출권 거래제도 도입
   ㉤ 특별대책지역의 통행접근금지

> **짚고 넘어가기** 온실가스 배출 유형 [기출 29, 28, 26, 14회]
>
> 차량, 선박, 항공기 등 이동수단의 연료 연소로 인한 이동 연소 배출, 공정시설의 화학적 생산활동으로 인한 공정 배출, 저장시설, 관의 파손 등에 의한 탈루 배출 등

⑤ 화물운송 이산화탄소 추정배출량 산정 공식

이산화탄소 배출량(kg)
= 연료사용량 × 이산화탄소 배출계수(kg-CO_2/L)
= $\dfrac{주행거리(km)}{연비(km/L)}$ × 이산화탄소 배출계수(kg/L)

CHAPTER 02 친환경 물류시스템

1. 친환경 물류(Environmental Logistics) 기출▶ 18, 17, 16회

(1) 개념
친환경 물류는 녹색물류와 유사하게 사용되나, 본래의 자연의 유지 또는 지속가능발전을 위해 원재료의 탐색에서 최종소비자에 이르는 과정과 사용 및 사용 후 재활용, 재사용, 폐기 등에 이르기까지의 전 과정에서 환경을 보호하며, 환경유해 요소와 행위를 원천적으로 차단하거나 최소화하는 여러 활동이라 할 수 있다.

(2) 친환경 물류시스템
① 친환경적 물류시스템은 물자공급활동의 전과정에서 발생하는 물류비용을 감소시키기 위하여 계획·실시·통제하는 것이다.
② 물류 측면에서는 환경보전을 위해 친환경 포장재 사용, 감량(Reduce), 재사용(Reuse), 재활용(Recycle) 등이 중요시되고 있다.
③ 몬트리올의정서, 교토의정서 등은 온실가스 배출로 인한 지구온난화를 방지하기 위해 오존물질 사용금지 등의 규정 마련이 추진되었다.
④ 제조단계에서 폐기에 이르는 전과정에 대한 책임이 부과되고 있는 「생산자책임 재활용제도(extended producer responsibility)」가 적용되고 있다.
⑤ CO_2 배출량은 운송, 보관, 하역 등 대부분의 물류활동에 해당하는 것으로 연료법, 연비법, 개량 톤-킬로법 등으로 수치화되고 있다

2. 물류정책기본법상 친환경물류 관련 규정

(1) 환경친화적 물류의 촉진 「법 제59조」
① 국토교통부장관·해양수산부장관 또는 시·도지사는 물류활동이 환경친화적으로 추진될 수 있도록 관련 시책을 마련하여야 한다.
② 국토교통부장관·해양수산부장관 또는 시·도지사는 물류기업, 화주기업 또는 「화물자동차 운수사업법」에 따른 개인 운송사업자가 환경친화적 물류활동을 위하여 다음의 활동을 하는 경우에는 행정적·재정적 지원을 할 수 있다.
  ㉠ 환경친화적인 운송수단 또는 포장재료의 사용
  ㉡ 기존 물류시설·장비·운송수단을 환경친화적인 물류시설·장비·운송수단으로 변경
  ㉢ 그 밖에 대통령령으로 정하는 환경친화적 물류활동

(2) 환경친화적 운송수단으로의 전환 촉진 「법 제60조」

① 국토교통부장관·해양수산부장관 또는 시·도지사는 물류기업 및 화주기업에 대하여 환경친화적인 운송수단으로의 전환(Modal shift)을 권고하고 지원할 수 있다.
② 환경친화적 운송수단으로의 전환 지원대상
  ㉠ 화물자동차·철도차량·선박·항공기 등의 배출가스를 저감하거나 배출가스를 저감할 수 있는 운송수단으로 전환하는 경우 및 이를 위한 시설·장비투자를 하는 경우
  ㉡ 환경친화적인 연료를 사용하는 운송수단으로 전환하는 경우 및 이를 위한 시설·장비투자를 하는 경우

(3) 녹색물류협의기구의 설치 「법 제60조의2」

국토교통부, 관계 행정기관, 물류관련협회, 물류관련 전문기관·단체, 물류기업 및 화주기업 등은 환경친화적 물류활동을 촉진하기 위하여 "녹색물류협의기구"를 설치·운영할 수 있다.

(4) 2020 물류분야 온실가스 감축 이행계획 〔기출〕 21회

정부에서는 온실가스 감축효과가 큰 사업들을 평가하여 수립한 온실가스 감축 이행계획에서는 철도, 연안해운 전환수송(modal shift), 3PL 및 공동물류 활성화, Green Port와 녹색물류 전환사업, ITS 구축 등을 물류분야 온실가스 수정 감축 대상으로 제시하였다.

3. 국제 환경협약 및 기준 〔기출〕 28, 20, 18, 17회

① 몬트리올 의정서(오존층 파괴물질에 관한 의정서): CFC(염화불화탄소) 등 오존층 파괴물질의 생산 및 사용을 규제하고 있다. 프레온가스(CFCs)나 할론 등 지구대기권 오존층을 파괴하는 물질에 대한 사용금지 및 규제가 목적이다.
② 바젤협약(Basel Convention): 유해 폐기물의 국가 간 이동을 금지하는 협약이다.
③ 교토의정서(Kyoto Protocol): 지구온난화 규제 및 방지를 위한 국제협약인 기후변화협약의 구체적 이행 방안으로, 선진국의 온실가스 감축 목표치를 규정하였다. 1997년 채택되었고, 2005년 발효되었다.
④ RoHS(Restriction on Hazardous Substances): 유해물질사용 제한지침으로, 납, 크롬, 카드뮴, 수은 등 6개 물질에 대한 사용규제 조항을 담고 있다.
⑤ WEEE(Waste Electric & Electric Equipment): 폐전자제품 처리지침이다.
⑥ EuP(Eco-design Requirement for Energy using Product): 에너지 사용제품의 친환경설계 지침이다.
⑦ ISO 14001(환경경영시스템, Environmental Management System): 기업이 생산하는 제품이나 서비스 및 각종 운영활동을 관리하는 시스템으로, 기업의 모든 조직활동이나 제품·서비스와 관련된 환경영향들을 체계적으로 관리하기 위한 시스템이다.
⑧ REACH(신화학물질관리제도): 우리나라에서는 2015년부터 「화학물질의 등록 및 평가 등에 관한 법률」, 「화학물질관리법」이 제정되어 시행되고 있다.

> **짚고 넘어가기** 파리협정(Paris Agreement, 신기후 변화 협약) (2021~2030)
>
> 2016년 11월 공식 발효된 파리협정(Paris Agreement)은 2021년부터 교토의정서를 대체해 온실가스 배출 등에 관한 국제 약속으로 진행된다. 교토의정서는 1997년 일본 교토에서 열린 기후변화협약 제3차 총회에서 채택됐으며, 중국·인도·한국 등 개발도상국은 의무 대상에서 제외했었다. 파리협정은 교토의정서와 달리 지구 평균기온 목표치를 처음으로 명문화했고, 선진국(37개국) 위주로 부과하던 온실가스 감축의무를 모든 당사국으로 넓혔다. 또한 당사국들이 정한 목표의 이행정도 점검 및 종료시점 없이 지속적인 기후변화 대응 체제를 구축하였다.

CHAPTER 03 물류포장

1. 포장의 개념 및 기능 기출 18, 16, 15, 13, 11회

(1) 개념
① 포장이라 함은 물품의 유통과정에 있어서, 그 물품의 가치 및 상태를 보호하기 위하여 적합한 재료 또는 용기 등을 물품에 부여하는 것을 말한다.
② 포장은 운송, 보관, 하역 등의 물류활동과 상호 유기적으로 연계되는 물류기능으로 물류과정의 시발점이며, 물류비 절감의 주요 수단이 된다.
③ 포장은 설계에 따라 물류의 형태에 많은 영향을 미치는데, 포장의 설계는 포장표준화와 모듈화의 추진에서부터 시작되어야 할 필요가 있다.
④ 물류합리화는 물류의 전 과정을 고려한 포장의 합리화에서 출발해야 하며, 포장설계 시 하역성, 표시성, 작업성, 경제성, 보호성 등을 고려해야 한다.

(2) 기능

공업포장 기능	상업포장 기능	녹색물류 및 유통성
• 내용물의 보호·보전성 • 취급 사용의 편리성	• 상품성, 정보성 • 판매의 촉진성	• 친환경물류 • 유통합리화와 경제성

2. 포장의 유형 분류

(1) 제품 포장 기출 19, 11회
① 낱포장(단위포장): 물품 낱개의 포장을 말하며, 물품의 상품가치를 높이거나 물품 개개를 보호하기 위하여 적합한 재료 및 용기 등으로 물품을 포장하는 방법 및 상태
② 속포장(내부포장): 포장된 화물 내부의 포장을 말하며 물품을 외부의 충격, 수분 등으로부터 보호하기 위하여 적절한 재료 및 용기 등으로 물품을 포장하는 방법 및 포장한 상태
③ 겉포장(외부포장): 화물 외부의 포장을 말하며, 물품을 상자, 나무, 금속 등의 용기를 사용하거나 용기를 사용하지 않고 그대로 묶어서 화물을 표시하는 방법 및 포장한 상태

(2) 기능에 따른 분류 기출 16, 13, 11회
① 공업포장
  ㉠ 수송포장, 물류포장이라고도 하며, 주요 목적은 제품의 보관, 운송 및 판매에 있어 위험요소를 최소화하는 데 있다.
  ㉡ 유통 중인 물품의 파손 위험을 방지할 수 있어야 하므로 물류에서는 공업포장이 중심이 되어야 하며, 물류비용의 절감을 고려해야 한다.
② 상업포장
  ㉠ 소비자포장이라고도 하며, 소비자가 구입하기 쉬운 단위로 상품을 분할하고 상품 내용의 설명 등을 소비자에게 알기 쉽게 표시하는 것이다.
  ㉡ 상품의 품질과 가치 보호가 최우선이며, 소비자와 직접 접촉한다.

(3) 포장재료

① 포장은 경제성을 기본으로 친환경성을 목표로 하여 물품의 성질 및 특징, 판매 및 사용을 포함한 유통의 적합성을 고려한 포장설계가 이루어지므로 포장재료의 선정이 중요한 과제가 된다.

② 골판지 기출 14회

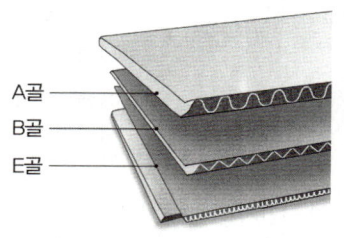

㉠ 골판지란 파도 모양의 골심지의 한쪽 또는 양쪽 면에 라이너를 붙인 것을 말한다.
㉡ 골판지의 종류로는 편면골판지, 양면골판지, 2중·3중 양면골판지가 있다.
㉢ 골판지의 분류는 용도에 따라 단위, 내부, 외부포장용 골판지로 나뉜다.
㉣ 골의 크기: A골＞B골＞E골(C골은 군사용으로 사용됨)

3. 화물취급표시

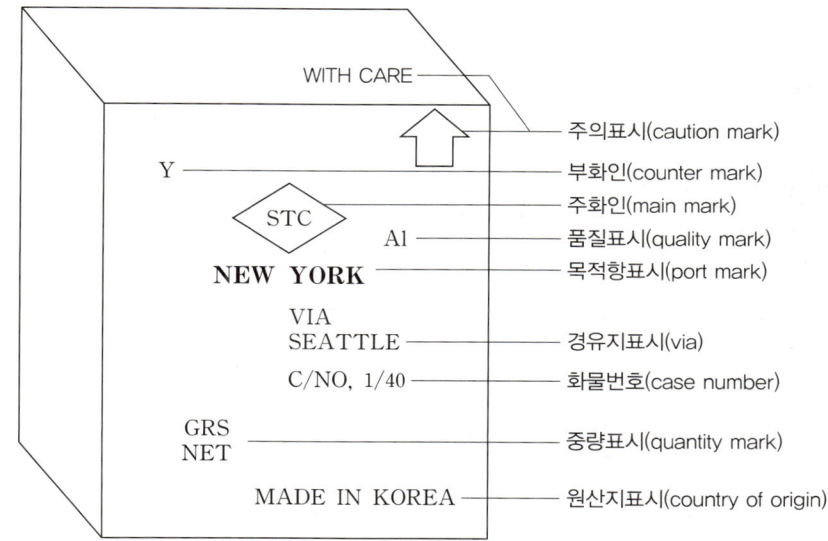

(1) 화인 기출 10회

① 개념

㉠ 화인(shipping mark)은 화물의 포장 외부 면에 특정 기호, 포장번호, 목적항 등을 표시하여 다른 화물과의 식별을 용이하게 한다.
㉡ 목적과 용도에 따라 주화인, 부화인, 품질표시, 목적지표시, 화물번호, 원산지표시, 주의표시 및 중량표시 등으로 나누어진다.

> **짚고 넘어가기** 부화인(Counter Mark)
>
> 임의기재사항으로 주화인(Main Mark)이 다른 화물과 동일한 것에 대비하여 Main Mark의 보조로서 다른 화물과 식별을 용이하게 하기 위한 표시이다.

② 필수기재사항

주화인	특정한 기호(symbol)를 표시하고 그 안에 수하인 상호 등을 약자로 표시한다.
목적항표시	화물이 운송과정에서 잘못 전달되는 것을 방지하기 위한 필수적인 화인으로서 복수항로의 경우 "New York via Seattle" 등으로 표시한다.
화물번호	상업송장(Commercial Invoice), 적화목록(MF; Manifest), 기타 운송서류와 대조하여 식별, 확인하기 위하여 포장 겉면에 표시하는 일련번호를 말한다.
원산지표시	생산국을 외장의 맨 아래에 표시한다. 원산지를 국가명으로 표시하며, 우리나라의 경우 원산지 표시는 "MADE IN KOREA"로 한다.

(2) 취급주의 표시 기출 16, 13회

취급주의 표시는 화물의 유통과정 중 화물의 보호 및 취급자의 안전사고 방지를 위하여 적정 화물취급을 지시하고 이를 쉽게 알아보기 위하여 한국산업표준으로 규정하고 있다.
(포장 용기의 취급 및 적재에 대한 그래픽 심볼 KST ISO-780, 위험물의 취급주의표지 KST-0008)

포장 용기의 취급 및 적재에 대한 그래픽 심볼

번호	호칭	표시	표시내용 및 위치
1	무게 중심 위치 (Centre of gravity)		취급되는 최소 단위 유통용 포장의 무게중심을 표시
2	거는 위치 (Sling here)		유통용 포장 용기를 들어올리기 위한 슬링의 위치
3	깨지기 쉬움, 취급주의 (Fragile, Handle with care)		유통용 포장 용기의 내용물이 깨지기 쉬운 것이기에 취급에 주의해야 함
4	갈고리 금지 (Use no hand hooks)		유통용 포장 용기를 취급 시 갈고리 금지
5	손수레 사용 금지 (Do not use hand truck here)		유통용 포장 용기 처리 시 손수레를 끼워서는 안 됨
6	지게차 취급 금지 (Use no forks)		지게형의 리프팅 장치를 유통용 포장용기에 사용 금지
7	조임쇠 취급 제한 (Do not clamp as indicated)		조임쇠 형태의 리프팅 장치를 유통용 포장용기에 사용 금지
8	조임쇠 취급 표시 (Clamp as indicated)		조임쇠 형태의 리프팅 장치를 이용하여 유통용 포장용기의 양쪽면에 조임쇠가 위치되도록 취급
9	굴림 방지(Do not roll)		유통용 포장용기를 굴리거나 유통용 포장용기가 뒤집어지면 안 됨

10	비 젖음 방지 (Keep away from rain)		유통용 포장용기가 비에 젖지 않게 하며 건조한 환경을 유지
11	직사광선 금지 (Keep away from sunlight)		태양의 직사광선에 유통용 포장용기가 노출되면 안 됨
12	방사선 보호 (Protect from radioactive sources)		전리방사선 투과에 의해 내용물이 변질되거나 사용이 불가능하게 됨
13	위 쌓기 (This way up)		운반 및/또는 적재 시 유통용 포장용기의 올바르게 세울 방향
14	온도 제한 (Temperature limits)		유통용 포장용기는 표시된 온도 범위에서 저장, 운송 또는 취급되어야 함
15	적재 제한 (Stacking limit by mass)	< XX kg	유통용 포장용기를 적재 시 최대 적재 질량
16	적재 단수 제한 (Stacking limit by number)		하부 포장 용기를 적재할 시 운반 포장 용기/물품 중 동일한 것의 최대 수량('n'은 한계 수치)
17	적재 금지 (Do not Stack)		유통용 포장용기의 적재가 허용되지 않으며 유통용 포장용기 위로 적재해서는 안 됨

4. 포장표준화와 합리화

(1) 포장표준화 기출 27, 20, 10, 8회

① 개념

포장표준화는 사용되는 기기, 용기 등을 대상으로 포장의 치수, 강도, 재료, 기법의 4요소를 통일시키는 것을 말한다.

② 목적

포장표준화는 국내외에서 생산유통 및 수출되고 있는 각종 포장용기의 규격을 검사·분석하여 표준화·규격화함으로써 물류의 합리화를 도모하는 데 그 목적이 있다.

③ 포장표준화의 필요성

㉠ 유닛로드시스템(ULS) 채택을 위해서는 포장화물의 파렛트화, 컨테이너화를 위한 포장표준화가 선결조건이다.
㉡ 파렛트와 컨테이너의 규격, 구조, 품질 등을 표준화하여 물류비를 절감할 수 있다.
㉢ 포장의 표준화로 하역의 능률을 향상시켜 유통비용을 절감할 수 있다.
㉣ 포장의 표준화로 포장비, 포장재료비, 포장작업비 등을 절감할 수 있다.

> **보충학습**
> **표준화**
> 물류시스템화를 전제로 단순화, 전문화, 규격화를 통하여 운송, 보관, 하역, 포장 등의 물류기능 및 물동량 취급단위를 표준화·규격화하는 것

(2) 포장합리화 기출 18, 16, 13, 12회

물류관리의 한 분야인 포장합리화는 포장의 시스템화를 통해 합리화 전략이 실시된다.

① 포장의 합리화 방안

㉠ 포장의 간소화/경량화   ㉡ 포장재료의 개선   ㉢ 포장화물의 단위화
㉣ 포장 표준화 및 모듈화   ㉤ 유닛로드시스템(ULS) 추진   ㉥ 포장의 대형화 및 비용절감

② 포장합리화의 원칙

포장의 합리화는 다음 6가지 원칙으로 이루어진다.
  ㉠ 제1원칙(대형화·대량화의 원칙): 포장단위의 대형화와 물류대량화를 통해 비용절감을 모색한다.
  ㉡ 제2원칙(집중화·집약화의 원칙): 전반적인 관리수준을 향상시키고 물류대량화를 추구할 수 있도록 집중화 및 집약화를 도모한다.
  ㉢ 제3원칙(규격화·표준화의 원칙): 포장물류의 규격화 및 표준화를 추구하여 물류활동의 효율화를 추구한다.
  ㉣ 제4원칙(사양변경의 원칙): 포장의 보호성에서 벗어나지 않는 범위에서 사양변경을 통한 비용절감을 도모한다.
  ㉤ 제5원칙(재질변경의 원칙): 재질의 변경을 통하여 비용절감을 도모한다.
  ㉥ 제6원칙(시스템화·단위화의 원칙): 포장의 단위화를 도모하고, 수·배송, 보관, 하역 등 물류를 유기적으로 연계하여 시스템화한다.

5. 포장의 모듈화 기출 20회

(1) 개념

포장의 모듈화는 제품의 규격에 맞추어 포장규격, 파렛트 규격 등을 선택함으로써 유닛로드시스템(ULS; Unit Load System)의 파렛트화와 컨테이너화를 가능하게 하고 하역(material handling)의 기계화 및 자동화, 화물파손 방지, 적재의 신속화 등의 물류합리화에 기여할 수 있다.

(2) 유닛로드시스템(ULS)의 전제조건

포장표준화는 파렛트화, 컨테이너화를 통해 유닛로드시스템(ULS)의 활성화를 위한 선결조건이다. 유닛로드시스템이란 일관운송용 평파렛트(KST-1372)에 의하여 일관파렛트화가 구축되는 것을 말하며, 표준파렛트의 사용은 일관운송용 파렛트에 의한 물류표준화를 의미한다.

(3) 파렛트화(Palletization) 기출 17, 14회

파렛트화는 화물의 규격화에 의한 하역의 능률을 높이기 위해 화물을 일정한 규격의 크기가 되도록 파렛트 위에 정해진 치수로 쌓고 파렛트와 화물을 함께 묶어서 규격화하는 방법을 말하며, 다음과 같은 장점이 있다.
① 하역 및 작업능률 향상
② 화물파손의 감소 및 물품보호 효과
③ 재고조사 편의성 제공
④ 상하차 작업시간 단축으로 트럭의 운행효율 향상

(4) 컨테이너화(Containerization) 기출 17회

여러 형태의 화물을 국제적으로 통일된 규격의 컨테이너를 이용하여 수송하는 것을 의미하며, 다음과 같은 장점이 있다.
① 대량 취급 용이로 물류효율 향상
② 화물흐름의 신속화
③ 물류표준화 및 효율화에 기여
④ 복합 및 연계운송의 활성화

핵심 기출문제

PART 07
친환경 녹색물류와 물류포장

01

친환경 녹색물류에 관한 설명으로 옳지 않은 것은?

① 녹색물류 활동을 통한 비용절감이 가능하며, 기업의 사회적 이미지가 제고된다.
② 조달·생산 → 판매 → 반품·회수·폐기(Reverse)상의 과정에서 발생하는 환경오염을 감소시키기 위한 제반 물류활동을 의미한다.
③ 우리나라에서는 폐기물을 다량 발생시키고 있는 생산자에게 폐기물을 감량 및 회수하고, 재활용할 의무를 부여하는 생산자책임 재활용제도를 운영하고 있다.
④ 기업에서는 비용과 서비스에 상관없이 환경을 고려한 물류시스템을 도입해야 한다.
⑤ 물류활동을 통하여 발생되는 제품 및 포장재의 감량과 폐기물의 발생을 최소화하는 방법 등을 말한다.

해설
새로운 물류시설 및 장비의 추가적인 투자가 동반되므로, 기업에서는 친환경물류에 대한 투자비용과 서비스 수준의 상관관계를 고려한 시스템 도입을 추진해야 한다.

정답 | ④

02

녹색물류 실행과 관련된 내용으로 옳은 것을 모두 고른 것은?

ㄱ. 포장의 개선	ㄴ. 수·배송의 개선
ㄷ. 하역의 개선	ㄹ. 보관의 개선
ㅁ. 물류공동화 운영	ㅂ. 물류표준화 추진

① ㅁ
② ㅁ, ㅂ
③ ㄱ, ㄴ, ㄷ, ㄹ
④ ㄱ, ㄴ, ㄷ, ㄹ, ㅁ
⑤ ㄱ, ㄴ, ㄷ, ㄹ, ㅁ, ㅂ

해설
녹색물류(green logistics)는 물류의 모든 영역과 모든 기능에서 환경오염을 줄이기 위한 노력으로, 물자의 조달 → 생산 → 유통·판매 → 사용·소비 → 회수·폐기 → 재자원화 등 물자공급활동의 전체 공정에서 발생하는 환경오염을 감소시키기 위한 시스템을 말한다.

정답 | ⑤

03

녹색물류(Green Logistics)는 기업의 지속가능 경영에 매우 중요한 요인이 되고 있다. 다음 중 녹색물류를 수행하기 위한 기업의 활동으로 적절하지 않은 것은?

① 과도한 단기납기 및 소량납품의 물류조건을 개선한다.
② 수·배송의 유연성을 높이기 위해서 자차배송 시스템을 적극 활용한다.
③ 수송포장의 합리화를 위해서 화주와 물류기업 간의 협력을 강화한다.
④ 트럭수송 위주에서 철도 등의 대량 화물수송 수단의 활용도를 높인다.
⑤ 제품의 설계단계에서부터 포장표준화, 포장재료의 재활용을 고려한다.

해설
자차배송 시스템을 활용하면 수·배송의 유연성을 높일 수 있어 리드타임 단축이 가능하지만, 공동수·배송이 아닌 자차이용으로 인한 낮은 적재율과 운송빈도의 증가로 환경오염이 심화되고 향후에는 지속가능경영을 저해하는 요인으로 작용할 수 있다.

정답 | ②

04

다음 화주기업의 수송부문 이산화탄소 추정 배출량(kg)은? (단, 이산화탄소 배출량(kg) = 연료사용량(L) × 이산화탄소배출계수(kg-CO_2/L)이다.)

- 총 주행거리 = 30,000(km)
- 평균연비 = 5(km/L)
- 이산화탄소배출계수 = 0.002(kg - CO_2/L)

① 0.01　　　　　② 12
③ 60　　　　　　④ 300
⑤ 6,000

해설
연료사용량=30,000(km)/5(km/L)=6,000(L)
∴ 이산화탄소 추정 배출량(kg)=6,000(L)×0.002(kg-CO_2/L)=12kg

정답 | ②

05

기후변화와 환경오염에 대응하는 녹색물류체계와 관련 있는 제도에 해당하지 않는 것은?

① 저탄소녹색성장기본법
② 온실가스·에너지목표관리제
③ 탄소배출권거래제도
④ 생산자책임재활용제도
⑤ 제조물책임법(PL)

해설
제조물책임법(PL)은 제조물의 결함으로 발생한 손해에 대한 제조업자 등의 손해배상책임을 규정함으로써 피해자 보호를 도모하고 국민생활의 안전을 위해 제정된 법률로 녹색물류와는 관련이 없다.

정답 | ⑤

06

친환경물류에 관한 설명으로 옳지 않은 것은?

① 환경을 중시하는 물류활동을 강조하는 개념이다.
② 최근 정부의 녹색성장정책 기조에 맞는 물류의 발전 전략으로 이해할 수 있다.
③ 물류활동의 모든 과정에서 환경에 대한 부정적 영향을 줄이는 방향으로 물류의사결정이 이루어진다.
④ 이산화탄소의 배출을 고려한 수송수단 선택도 환경물류의 일종이다.
⑤ 폐기물류와는 관련이 있으나 회수물류와는 관련이 없다.

해설
회수물류도 반품, 폐기와 동일하게 환경에 미치는 영향을 최소화시키는 물류활동이다.

정답 | ⑤

07

물류포장에 관한 설명으로 옳은 것은?

① 포장은 수송, 보관, 하역, 정보 등의 각 물류활동 요소와 상호 유기적으로 연계시키는 활동이다.
② 공업포장은 상품의 품질과 가치 보호가 최우선이며, 소비자와 직접 접촉한다.
③ 포장의 기능 중 정량성의 기초는 규격화 또는 단위화를 말하며, 소비자의 구입량과 상관없이 단위화하는 것이다.
④ 물류분야에 있어 포장은 상업포장이 중심이 되어야하며, 보관·하역·이동이 용이한 상태의 포장이 요구된다.
⑤ 공업포장은 최대의 비용으로 좋은 상태의 품질을 유지하며 상품을 운반하기 위한 수단이다.

선지분석
② 공업포장은 제품의 손상을 방지하는 것이 주목적이며, 소비자와 직접 접촉하는 것은 상업포장에 해당한다.
③ 정량성은 소비자의 구입량을 기초로 단위화한다.
④ 물류분야에서는 상업포장보다는 공업포장이 중심이 되어야 한다.
⑤ 공업포장에서는 물류비용의 절감을 고려해야 한다.

정답 | ①

08

다음 중 포장과 관련된 설명으로 잘못된 것은?

① 낱포장이란 파렛트 및 컨테이너 등을 사용하지 않고 포장화물 자체를 결속재료 등을 사용하여 단위화하는 것을 말한다.
② 포장 설계 시 고려해야 할 사항으로는 하역성, 표시성, 작업성, 경제성, 보호성 등이 있다.
③ 포장의 표준화는 하역작업의 능률을 향상시켜 유통의 합리화를 도모하는 것이다.
④ 적정포장이란 상품의 품질보존, 취급상 편리성, 판매촉진 등을 만족시키는 가장 경제적인 포장을 말한다.
⑤ 포장은 내용물을 보호하고 취급을 편리하게 하여 판매를 촉진하는 물류의 시발점이라 할 수 있다.

해설
파렛트 및 컨테이너 등을 사용하지 않고 포장화물 자체를 결속재료 등을 사용하여 단위화하는 것은 겉포장(외포장)이다.

정답 | ①

09

포장에 관한 용어의 설명으로 옳지 않은 것은?

① 단위포장: 상품가치의 향상을 목적으로 한 물품 개개의 포장
② 상업포장: 상품의 마케팅 기능을 강화하기 위한 포장
③ 공업포장: 재료비 및 생산원가의 절감을 주목적으로 하는 포장
④ 내부포장: 수분, 습기, 열, 충격 완화를 목적으로 하는 포장
⑤ 집합포장: 낱개의 포장상품들을 하나의 단위화된 화물로 만드는 포장

해설
공업포장의 주목적은 제품의 품질보호와 보관, 수송 및 판매에 있어 위험요소를 최소화하는 데 있다.

정답 | ③

10

물류포장재의 주재료인 골판지에 관한 설명으로 옳지 않은 것은?

① 골의 높이와 30cm당 골의 개수에 따라 A골, B골, C골 및 E골로 구분되며, 이 중에서 골의 높이가 제일 높고 골의 개수가 적은 것은 E골이다.
② 가공성이 양호하여 대량생산이 가능하며 단기납품, 다품종 소로트에도 대응할 수 있는 유연성이 있다.
③ C골은 제2차 세계대전 중 미국이 군사물자의 효율적 수송을 위한 목적으로 개발한 것이다.
④ 골 모양으로 성형된 골심지의 편면에 라이너 원지 1매를 붙인 것이 편면골판지이다.
⑤ 골 모양으로 성형된 골심지의 양면에 라이너를 붙인 것이 양면골판지이다.

해설
A골은 규격화된 골 중에서는 단위길이당 골의 수가 제일 적고(30cm당 34±2골), 골의 높이가 제일 높다. A골을 사용하여 만든 상자는 비교적 가벼운 내용물을 포장하는 경우에 충격흡수성과 압축강도가 강하다.

정답 | ①

11

한국산업규격의 일반화물 취급표시에 관한 내용으로 바르게 짝지어진 것은?

(ㄱ)	(ㄴ)
10 (쌓는 단수)	⊕

    (ㄱ)   (ㄴ)
① 쌓는 단수제한   무게중심위치
② 위쌓기 제한   무게중심위치
③ 위쌓기 제한   취급주의
④ 쌓는 단수제한   굴림금지
⑤ 위쌓기 제한   쌓는 단수제한

해설
(ㄱ)은 겹쳐 쌓을 수 있는 화물의 총 단수를 나타내는 '쌓는 단수제한'을 의미하며, (ㄴ)은 화물의 '무게중심위치'를 의미한다.

정답 | ①

12

다음 중 포장합리화의 원칙으로 옳지 않은 것은?

① 대량화, 대형화의 원칙   ② 집중화, 집약화의 원칙
③ 규격화, 표준화의 원칙   ④ 일반화, 다양화의 원칙
⑤ 재질변경의 원칙

해설
포장의 일반화, 다양화는 포장합리화의 6대 원칙에 해당하지 않는다.

정답 | ④

13

포장의 모듈화에 관한 다음 설명 중 (　)에 들어갈 내용이 옳게 짝지어진 것은?

> 포장의 모듈화는 제품의 치수에 맞추어 (ㄱ), 파렛트 치수를 선택함으로써 ULS(Unit Load System)의 (ㄴ)나 컨테이너화를 가능하게 하고, 하역작업의 기계화 및 자동화, 화물파손방지, 적재의 신속화 등의 (ㄷ)에 기여할 수 있다.

① ㄱ: 포장치수, ㄴ: 파렛트화, ㄷ: 물류합리화
② ㄱ: 컨테이너화, ㄴ: 파렛트화, ㄷ: 물류합리화
③ ㄱ: 포장치수, ㄴ: 물류합리화, ㄷ: 물류표준화
④ ㄱ: 컨테이너화, ㄴ: 포장치수, ㄷ: 물류표준화
⑤ ㄱ: 컨테이너 치수, ㄴ: 파렛트화, ㄷ: 물류표준화

해설
(ㄱ) 포장의 모듈화는 제품의 규격에 맞추어 포장규격, 파렛트 규격 등을 선택함으로써 ULS(Unit Load System)를 가능케하는 요건이 된다.
(ㄴ) 유닛로드시스템(ULS)의 대표적인 수단이 파렛트와 컨테이너이다.
(ㄷ) 포장의 표준화를 통해 하역(Material Handling)의 기계화 및 자동화, 화물파손 방지, 적재의 신속화 등의 물류합리화에 기여할 수 있다.

정답 | ①

PART 08 물류아웃소싱과 물류보안

CHAPTER 01 물류아웃소싱

1. 물류아웃소싱의 개념 및 장·단점

(1) 개념 기출 18, 17, 12회

① 아웃소싱은 화주와 물류기업 간의 효과적인 관계를 구축함으로써 조직 간소화, 조직 적응력 및 유연성 강화를 도모하는 혁신기법이다.
② 물류아웃소싱은 경영혁신기법 중의 하나로 한정된 자원을 핵심사업 분야에 집중시키고, 나머지 부문(운송, 보관, 포장, 하역 등)은 외부 전문기업에 위탁하여 효율을 극대화하려는 전략이다. 화주기업은 아웃소싱 이전에 자사의 물류비 현황을 정확히 파악하는 것이 중요하다.
③ 물류아웃소싱은 단순히 주문의 수·발주, 재고의 관리 등 물류업무 일부분만을 대행하는 형태가 아니라 물류센터 관리, 물류정보시스템, 수출·입 업무 및 수·배송 등 전 분야에 대하여 화주기업의 업무를 대행하는 것을 의미한다.
④ 화주와 물류업체 간 협상을 통해 계약조건을 확정하므로, 외주물류기능 계약범위 내에서만 화주의 통제가 가능하다.

(2) 장·단점 기출 28, 19, 18회

① 장점

전반적 장점	• 물류비용 절감 및 리드타임의 단축으로 고객서비스 향상 가능 • 유연성 있는 고용형태와 급여체계 실현 가능
화주 측 장점	• 물류설비 등 막대한 자본투자비용 절감 • 핵심역량에 집중할 수 있어 기업경쟁력 제고 가능 • 물류비용이 명확하여 경영전략 수립에 도움
물류기업 측 장점	• 규모의 경제(economies of scale)를 통한 물류 효율의 증대 • 전문성 및 유연성에 의한 고객서비스의 향상

② 단점
㉠ 화주가 필요사항에 대해 구체적으로 직접 지휘, 통제하는 것이 어렵다.(외주 물류기능에 대한 통제력이 낮다.)
㉡ 고객불만에 대한 신속한 대처능력이 저하될 수 있다.
㉢ 기업 핵심정보의 유출가능성이 있으며, 사내에 물류전문지식의 축적이 어려울 수 있다.
㉣ 물류업체의 고객서비스 질(quality)이 기대에 미치지 못할 수 있다.

2. 물류아웃소싱의 구분

(1) 제2자물류(2PL; Second Party Logistics, 물류자회사)

① 제2자물류는 화주기업이 사내의 물류조직을 별도 법인으로 분리하여 자회사로 독립시키는 경우를 말한다.
② 제2자물류(물류자회사)는 모회사의 물류전략을 잘 이해하고 실천할 수 있는 물류자회사를 설립하여 전체적인 비용을 낮추면서 효과적인 서비스 제공이 가능하다는 장점이 있다.

(2) 제3자물류(3PL; Third Party Logistics)

① 제3자물류는 일반적으로 물류아웃소싱(외주물류)과 동일시하지만 구체적으로는 아웃소싱보다 더 포괄적이고 종합적인 서비스를 제공하는 형태이다.

② 「물류정책기본법 제37조」에 따르면 "국토교통부장관은 해양수산부장관 및 산업통상자원부장관과 협의하여 화주기업과 물류기업의 제3자물류 촉진을 위한 시책을 수립·시행하고 지원하여야 한다."라고 하여 제3자물류의 촉진을 지향하고 있다.

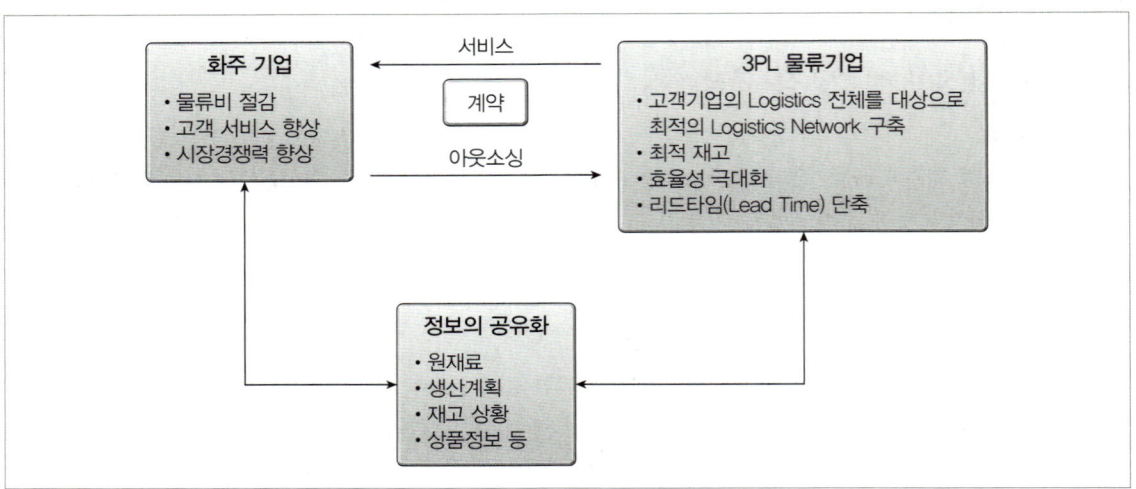

③ 물류아웃소싱과 제3자물류의 관계
  ㉠ 물류아웃소싱은 운영적 측면에서 물류비 절감에 중점을 두고 있으나, 제3자물류는 보다 전략적인 관점에서 서비스 개선을 통한 경쟁우위의 획득, 물류비 절감 및 장기적인 협력관계 구축을 통한 종합서비스 제공을 목표로 한다.
  ㉡ 물류아웃소싱의 서비스 범위가 기능별 물류활동으로 제한적인 반면, 제3자물류는 보다 포괄적이고 넓은 개념의 물류아웃소싱이라 할 수 있다.

짚고 넘어가기 물류아웃소싱과 제3자물류의 비교 기출 27회

비교항목	물류아웃소싱(외주물류)	제3자물류
기간 및 관계	단기·일시적 관계	중·장기 위주의 협력관계
전략 수준	주로 운영수준	운영, 관리, 전략
계약방식	수의계약	경쟁계약
의사결정점	중간관리층	최고경영층
관리형태	분산관리형	통합관리형
화주와 관계	수직적계약	협력관계, 전략적 제휴
서비스 범위	기능별 서비스(운송, 보관, 하역 등)	종합물류서비스

(3) 제4자물류(4PL; Fourth Party Logistics) 빈출 28, 27, 26, 25, 24, 21, 20, 15, 13회

① 개념
- ㉠ 제4자물류(4PL)는 물류의 기본기능과 함께 전자상거래가 발전하면서 3PL기업이 공급체인의 해결책을 제시하고 변화·관리능력 및 전략적 컨설팅을 포함하는 물류영역을 말한다.
- ㉡ 제4자 물류 서비스 제공자는 공급사슬 전체를 관리하고 운영하며, 다양한 기업을 파트너(설비투자)로 참여시킨다.
- ㉢ 참여업체들은 이익분배를 통해 공통의 목표를 설정하고 이를 관리한다(수입공개, 운영비용 및 고정자본감소 효과).

② 조직 형태
- ㉠ 제4자물류(4PL)는 제3자물류(3PL) 기업이 물류컨설팅업체, IT기업체 등과 네트워크를 통해 연계된 것으로 네트워크형 물류조직에 해당한다.
- ㉡ 제4자 물류 서비스 제공자는 아웃소싱과 인소싱의 장점을 통합한 형태로 최대한의 경영성과를 얻기 위한 조직이다.

③ 제4자물류 기업의 유형 기출 21회
- ㉠ 시너지플러스(synergy plus) 유형: 복수의 화주에게 물류서비스를 제공하는 서비스제공업체의 브레인(brain) 역할을 수행
- ㉡ 솔루션통합자(solution integrator) 유형: 복수의 서비스 제공업체(3PL, SI업체, 컨설팅사 등)를 통합하여 화주에게 물류서비스를 제공
- ㉢ 거래파트너(trading partner) 유형: 화주와 서비스 제공자 간 조정·통제 역할을 하고, 공급망 설계 및 계획 서비스를 제공
- ㉣ 산업혁신자(industry innovator) 유형: 복수의 서비스 제공업체를 통합하고 동일 산업군에 대한 통합서비스를 제공하여 시너지효과를 극대화

3. 성공적인 물류 아웃소싱의 조건 기출 12회

① 화주와 물류기업 간 수평적 협력관계로서 지휘, 통제의 종속적 관계를 탈피한 공동사업이라는 인식
② 세부적인 물류목표의 설정
③ 지속적인 의사소통을 위해 표준화된 채널 이용
④ 충분한 시간적 여유를 가지고 아웃소싱업체 선정
⑤ 아웃소싱업체를 단순한 공급업체로만 인식하지 않고 파트너로 인정

4. MRO(기업 소모성 자재) 기출 21, 15회

(1) 개념

① MRO는 Maintenance(유지), Repair(보수), Operation(운영)의 약자로, 공장에서 최적화된 생산을 위해 필요한 소모성 자재 또는 관련 산업을 말한다.
② MRO의 개념은 점차 확대되어 전자상거래를 통해 기업에서 사용하는 원자재를 제외한 모든 간접자재 또는 기업의 구매부문을 대신해 전략적으로 구매하고 관리하는 회사의 의미로도 사용되고 있다.

(2) 중요성
　① 과거에는 MRO에 대한 구매의 중요성과 관리의 필요성이 적었으나, 글로벌 경쟁 속에서 비용절감에 대한 중요성이 강조되면서 관리가 필요한 영역으로 부각되었다.
　② 최근 MRO 자재의 구매에 대해 원가절감이 블루오션으로 인식되어, 전자상거래를 이용하는 MRO 전문기업에 전략적으로 아웃소싱하는 방법이 활용되고 있다.

(3) 전자상거래를 이용한 MRO의 성공요건
　① ERP시스템 등을 통한 통합된 데이터베이스의 구축
　② 시스템의 확장성 및 통합성 확보
　③ 비계획 구매에 대한 효과적인 대응
　④ 신뢰성 제고를 위한 철저한 공급업체의 관리
　⑤ MRO 자재에 대한 토탈 서비스의 제공
　⑥ 구매 대상 품목의 표준화 필요성

CHAPTER 02　물류보안

1. 물류보안의 개념
　① 물류보안(Supply Chain Security): 제품을 생산하는 데 필요한 원자재의 공급, 생산, 보관 및 운송, 그리고 소비자에게 전달되는 물류 전 구간에 걸쳐 완벽한 보안시스템을 구축하는 것을 의미한다.
　② 「물류정책기본법」 제2조 "물류보안"이란 공항·항만과 물류시설에 폭발물, 무기류 등 위해물품을 은닉·반입하는 행위와 물류시설·장비·조직·인력·정보망 및 화물 등에 위해를 가할 목적으로 행하여지는 불법행위를 사전에 방지하기 위한 조치를 말한다.
　③ 물류보안제도는 적용범위에 따라 공급사슬의 특정 구간을 적용대상으로 하고 있는 제도와 공급사슬의 전 구간을 적용대상으로 하고 있는 제도로 나눌 수 있다.

2. 물류보안 프로그램

(1) C-TPAT(Customs-Trade Partnership Against Terrorism) 기출▶ 26, 25, 22, 17, 16회
　① C-TPAT은 반테러 민관협력제도로, 미국 최초의 물류보안제도이다. 2001년 9·11 테러 이후 2002년 미국 세관에 의해 도입되었다.
　② 미국은 C-TPAT에 2003년 해운보안법, 2006년 항만보안법 등을 제정하여 물류보안을 강화하고 있다.
　③ 수입업자와 선사, 운송회사, 관세사 등 공급사슬의 당사자들이 적용대상이다.
　④ 미국 세관이 제시하는 보안기준 충족 시 통관절차 간소화 등의 혜택이 주어진다.

(2) 컨테이너 보안협정(CSI; Container Security Initiative) 기출▶ 25, 17회
　① 미국으로의 수출물량이 많은 외국항만에 미국 세관원을 파견하여 미국 향발 컨테이너화물에 대한 위험도를 사전에 평가하고 주재국 세관직원의 화물검사에 입회한다.(2002년 1월 시행)
　② 미국 세관은 미국 향발 화물 및 항만에 기항하는 모든 수출화물에 대해 선적 24시간 전까지 적하목록 제출을 의무화한다.(24 Hour Advance Manifest Rule, 24시간 전 적하목록 제출제도)

(3) **국제선박 및 항만시설보안규칙**(ISPS Code; International Ship and Port facility Security Code) `기출` 28, 25, 17, 16회
① ISPS Code는 IMO(국제해사기구) 22차 총회에서 해상화물 운반 선박 및 항만시설에 대한 해상테러 가능성에 대비하기 위해 해상보안분야를 강화하고자 국제선박 및 항만시설 보안규칙을 제정하였다.
② 국제무역에서 사용되는 선박 및 항만시설에서의 보안에 대한 위험물 감지방법과 보안사고 예방방법에 대한 가이드라인을 제시한다.

(4) **위험물컨테이너점검제도**(CIP; Container Inspection Program) `기출` 16회
컨테이너에 적재되어 해상으로 운송되는 위험화물에 의한 사고를 예방하고자 수입되는 위험물컨테이너의 적재, 수납, 표찰 등에 관한 국제해상위험물규칙(IMDG Code) 준수 여부를 점검하고 위험물 운송 중 사고를 예방하기 위한 제도이다.

(5) **ISF**(Importer Security Filing) `기출` 27, 17회
미국은 9.11 테러 이후, 화물의 밀수방지 및 보안유지를 위해 자국으로 반입되는 컨테이너 화물에 대해 사전에 미국 세관에 신고하도록 의무화하고 있다. 10+2 Rule이라고도 하며, '수출자로부터 10가지 정보 + 운송사(선사)가 신고할 2가지 정보', 총 12가지 정보를 작성해야 한다.

(6) **컨테이너 안전협약**(ICSC; International Convention for Safe Container)
ICSC는 컨테이너의 구조상 안전요건을 다루는 컨테이너안전협약을 말한다.

(7) **SPA**(SAFE Port Act)
SPA는 CSI, SFI, C-TPAT 등의 법적인 근거를 부여하고 미국 관세국경보호청(CBP)이 미국 외부의 주요 항만에 세관원을 파견하여 위험도가 높은 컨테이너를 사전 검사하는 제도이다.

3. 물류보안 인증제도

(1) **물류보안경영 시스템**(ISO 28000) `기출` 28, 26, 25, 22회
① ISO 기술표준원이 국제적 인증기준을 우리나라의 실정에 맞게 조정한 제도로 제조, 서비스, 보관, 운송 등 공급사슬의 모든 단계의 조직을 인증대상으로 한다.
② 보안경영 시스템을 수립, 실행, 유지, 개선하고, 그 운영실태를 제3자가 인증하며, 인증기관으로부터 ISO 28000 인증을 취득한 항만이나 기업은 국제표준에 적합한 물류보안체계를 갖춘 것으로, 국제적으로 공인받을 수 있다.

> **짚고 넘어가기** ISO 인증시리즈 `기출` 20, 17, 14
> - ISO 9001 : ISO에서 제정한 품질경영시스템에 관한 국제규격
> - ISO 14001 : 국제 환경경영시스템
> - ISO 26000 : CSR(Corporate Social Responsibility, 기업의 사회적 책임)에 대한 국제 표준
> - ISO 27001 : 국제표준 정보보안 인증
> - ISO 28000 : 국제인증 물류보안경영시스템 인증제도
> - ISO 50001 : 에너지 경영 시스템

(2) AEO(Authorized Economic Operator) 기출 26, 24, 20, 15회

① 9·11 테러 이후 미국의 무역안전조치를 세계관세기구(WCO; World Customs Organization) 차원에서 수용하면서 무역안전과 원활화를 조화하고자 도입된 인증제도이다.
② AEO는 9·11테러 이후에 테러방지를 위해 강화된 미국의 무역안전에 대한 조치로서 세관이 정한 물류보안기준을 충족하는 경우 통관 시 절차 간소화 특혜를 주는 제도를 말한다.
③ 우리나라도 물류보안을 강화하기 위하여 2009년 3월부터 종합인증우수업체(AEO) 제도를 시행하고 있다.

CHAPTER 03 최근 물류관련 이슈

1. 글로벌 물류환경 변화 기출 25, 24, 23, 22, 20회

(1) 물류산업의 국제화 및 대형화
물류산업의 글로벌화가 진행되어 국내시장에서도 세계적인 물류기업과의 경쟁이 심화되고 있으며, 물류기업의 대형화·전문화를 통해 물류경쟁력을 제고하고 있다.

(2) 전략적 아웃소싱의 증가
물류비의 절감과 고객서비스 개선의 중요성이 커지고 있는 가운데 핵심분야에 대한 기업 역량 강화, 기업의 유연성 증진 및 물류비용의 절감을 위하여 물류부문을 전략적으로 아웃소싱하는 추세에 있다.

(3) 친환경 녹색물류의 중요성 부각
2016년 발효된 파리협약(신기후 변화 협약)으로 탄소배출에 따른 대기오염 및 물류폐기물에 대한 재활용방안 등 친환경문제가 중시되는 가운데 그린물류에 대한 관심이 높아지고 있다.

(4) 물류보안의 강화
미국에서 발생됐던 9·11테러 이후 글로벌 공급체인 전반에서 물류보안 및 물류정보시스템에 대한 중요성이 증가되고 있다.

(5) 글로벌 공급사슬(GVC; Golbal Value Chain)의 재편
① 과거 글로벌 공급사슬(GVC)에서 핵심 역할을 수행하던 주요국들이 보호무역주의와 자국 내 공급망 강화로 전환하면서 WTO 중심의 다자주의 체제와 글로벌화의 기존 질서가 재편되고 있다.
② 이에 더해 코로나19의 대유행으로 공급망 위기가 장기화됨에 따라 공급망의 효율성보다는 안정성을 중시하는 방향으로 가치사슬이 재구축되고 있다.
③ 공급망의 안정성 강화를 위해 중국 등 특정 국가에 대한 과도한 의존도를 줄이고, 역내 핵심소재·부품·장비 가치사슬상에서 대체할 공급망 마련이 중요하다.

2. 콜드체인 물류 기출 21회

(1) 개념
콜드체인 시스템은 신선도 유지가 필요한 농산물, 수산물, 축산물, 긴급 의료관련 용품 등에 적용하는 것으로 대상 화물의 온도를 관리하는 공급사슬을 의미한다. 최근 농·수산물뿐만 아니라 코로나19 백신 운송, 혈액, 장기 등의 긴급 수요에 대처하기 위한 고부가가치 물류분야로 각광받고 있다.

(2) 콜드체인의 구분
① 콜드체인 시장은 크게 기능에 따라 냉장 운송시장과 냉장 보관시장으로, 품목에 따라 식품 콜드체인과 바이오·의약품 콜드체인으로 구분할 수 있다.
② 식품 콜드체인 관리 목적은 크게 식품 안전, 식품의 맛 유지, 식자재 폐기물 발생 억제 등이다.
③ 농산품 콜드체인은 식품 특성에 따라 농장에서부터 소비자 식탁에 이르기까지 전 과정의 온도 등을 관리하는 것을 의미한다.

3. 4차 산업혁명과 물류기술

(1) 스마트 물류(물류 4.0)
물류분야의 기술력은 과거 운송의 기계화·자동화, 하역기술의 기계화·자동화, 물류시스템의 정보화, 물류의 스마트화 단계로 발전하였다.

(2) 4차 산업혁명과 물류정보화
① 우리나라 관세청은 2018년에 세계 최초로 블록체인 기반 플랫폼을 구축하여 수출 통관업무의 효율성을 높이는 데 성공하였다.
② 인공지능(AI), 사물인터넷(IoT), 물류로봇, 가상현실(AR), 증강현실(VR), 빅데이터 등을 활용한 물류 신기술들이 빠른 속도로 확산되고 있다.
③ 수·배송 기술과 관련해서 드론을 이용한 배송기법과 라스트마일 배송 등이 등장하고 있고, 풀필먼트 물류센터 및 스마트물류센터 등이 도입되고 있다.

> **짚고 넘어가기** 라스트마일 배송(Last mile delivery) 기출 26회
>
> 퍼스트마일(first mile)은 제조기업이 풀필먼트 센터까지 제품을 인도하는 단계를 의미하며, 라스트마일(last mile)은 풀필먼트센터 등에서 최종 고객에게 제품이 인도되는 단계를 뜻한다. 최근 전자상거래 확산으로 신속성 측면에서 라스트 마일이 중요시되고 있으나 이로 인해 물류비는 증가하고 있다.
> - 소비자 측의 라스트마일: 주문품을 인도받는 동시에 배송 서비스의 수준을 경험한다는 점에서 중요성이 있음
> - 공급자 측의 라스트마일: 라스트마일은 전체 물류비의 반 이상(53%)을 차지하고 있으나, 노동집약적인 부분이 커 향후 개선을 통해 비용효율화를 이룩해야 함

PART 08 물류아웃소싱과 물류보안

01
물류 아웃소싱의 장·단점을 설명한 것으로 옳지 않은 것은?

① 제조업체는 물류거점에 대한 자본투입을 최소화하고 전문 물류업체의 인프라를 전략적으로 활용할 수 있다.
② 제조업체는 고객 불만에 대한 신속한 대처가 어렵다.
③ 제조업체는 물류전문지식의 사내 축적이 비교적 용이하다.
④ 제조업체는 기존 사내 물류인력의 실업과 정보의 유출이 발생할 수 있다.
⑤ 물류업체는 규모의 경제를 통한 효율의 증대를 꾀할 수 있다.

해설
물류 아웃소싱(Outsourcing)은 물류활동을 효율화하기 위해 물류기능을 외부의 전문업체에 위탁하는 것이다. 단점으로는 기업 핵심정보의 유출가능성이 있으며 사내에 물류전문지식의 축적이 어렵다는 점을 들 수 있다.

정답 | ③

02
물류자회사를 만들었을 때 모회사에서 본 장점에 관한 설명으로 옳지 않은 것은?

① 모회사에서 추구하는 핵심사업에 역량을 집중할 수 있는 여건 확립
② 물류시설, 인원, 장비 등을 물류자회사 소속으로 분리하여 운영하면 물류관리 책임 및 물류비 관리의 다원화 실현
③ 고임금의 물류관련 종업원을 자회사로 전환시켜 임금 수준을 조절할 수 있는 완충지대 역할을 수행
④ 모회사의 물류전략을 잘 이해하고 실천할 수 있는 물류자회사를 설립하여 전체적인 비용을 낮추면서 효과적인 서비스를 제공
⑤ 외부 물류기업에 의뢰하기 보다는 물류자회사를 설립하여 운영한다면 현금유출 축소 및 물류, 판매관련 정보수집이 신속하고 용이

해설
물류자회사를 설립하여 물류시설, 인원, 장비 등을 물류자회사 소속으로 분리하여 운영하면 물류관리 책임 및 물류비 관리의 명확화를 실현한다.

정답 | ②

03

4PL(Fourth Party Logistics)에 관한 설명으로 옳은 것을 모두 고른 것은?

> ㄱ. 3PL(Third Party Logistics), 물류컨설팅업체, IT업체 등이 결합한 형태이다.
> ㄴ. 이익분배를 통해 공통의 목표를 관리한다.
> ㄷ. 공급사슬 전체의 관리와 운영을 실시한다.
> ㄹ. 대표적인 형태는 매트릭스형 물류조직이다.

① ㄱ, ㄴ
② ㄷ, ㄹ
③ ㄱ, ㄴ, ㄷ
④ ㄱ, ㄷ, ㄹ
⑤ ㄴ, ㄷ, ㄹ

해설
제4자물류는 제3자물류기업이 물류컨설팅업체, IT업체 등과 네트워크를 통해 연계된 것으로 네트워크형 물류조직에 해당한다.

정답 | ③

04

4PL(Fourth Party Logistics)의 특징으로 옳지 않은 것은?

① 다양한 기업이 파트너로 참여하는 혼합조직 형태
② 합작투자 또는 장기제휴
③ 이익분배를 통한 공통의 목표설정
④ 공급체인 전체의 관리와 운영
⑤ 기업이 사내의 물류조직을 별도로 분리하여 전문 물류자회사로 독립시켜 운영

해설
기업이 사내의 물류조직을 별도로 분리하여 전문 물류자회사로 독립시켜 운영하는 형태는 제2자물류(자회사 위탁물류)의 특징이다.

정답 | ⑤

05

물류보안에 대한 아래의 제도를 시행한 국가와 제도의 명칭이 옳게 연결된 것은?

> 세관·국경보호청(CBP: Customs and Border Protection)이 도입한 반테러 민·관 파트너십 제도로서, 이 나라의 수입업자, 선사, 항공사, 터미널 운영사, 포워더, 통관중개인 등을 적용대상으로 하는 제도이다.

① 일본, CSI(Container Security Initiative)
② 영국, AEO(Authorized Economic Operator)
③ 한국, CIP(Container Inspection Program)
④ EU, ISPS code(International Ship and Port Security code)
⑤ 미국, C-TPAT(Customs-Trade Partnership Against Terrorism)

해설
C-TPAT은 미국의 반테러 민관협력제도이다. 9·11 테러 이후 미국의 안보 강화는 곧 해외로부터 수입되는 물품의 규제 강화로 이어지면서 항공화물의 경우 미국도착 4시간 전까지 미국 세관·국경보호청(CBP)에 목록을 전송해야 하며 해상화물의 경우 수출국 항에서 적재 전 컨테이너 개봉검사(CSI)를 실시하고 있다.

정답 | ⑤

06

다음에서 설명하는 것은?

- 국제적인 비정부기구에서 기업 보안관리 표준의 필요성에 부응하여 도입한 물류보안경영의 표준 및 인증제도로 생산자, 운송·보관업자 등을 포함하는 공급사슬 내의 모든 기업을 적용 대상으로 한다.
- 수출입 안전관리 역량을 강화시키기 위해서 기업이 비용을 부담하고 도입하는 민간프로그램으로, 보안관리시스템을 구축하고 인증을 받으면 일정한 보안자격을 갖춘 것으로 인정한다.

① AEO
② C-TPAT
③ ISO 28000
④ ISPS Code
⑤ STP

해설
국제물류보안경영시스템 인증제도는 ISO 28000이다.

정답 | ③

07

다음 설명에 해당하는 물류보안제도는?

- 세관에서 물류기업이 일정 수준 이상의 기준을 충족하면 통관절차 등을 간소화시켜주는 제도이다.
- 세계관세기구(WCO)는 무역의 안전 및 원활화를 조화시키는 표준협력제도로서 도입하였다.
- 상호인정협약(Mutual Recognition Arrangement)을 통해 자국뿐만 아니라 상대방 국가에서도 통관상의 혜택을 받을 수 있다.

① AEO(Authorized Economic Operator)
② CSI(Container Security Initiative)
③ C-TPAT(Customs Trade Partnership Against Terrorism)
④ ISF(Importer Security Filing)
⑤ ISPS(International Ship and Port Facility Security) Code

해설
AEO는 물류기업이 일정 수준 이상의 기준을 충족하면 세계관세기구(WCO)에서 통관절차 등을 간소화해주고 무역의 안전 및 원활화를 조화시키는 표준협력제도이다.

선지분석
② CSI(Container Security Initiative): 컨테이너보안협정
③ C-TPAT(Customs Trade Partnership Against Terrorism): 반테러 민관 협력제도
④ ISF(Importer Security Filing): 선적지에서 출항 24시간 전에 미국 세관에 온라인으로 신고를 하도록 한 24시간 전 적하목록 제출제도
⑤ ISPS(International Ship and Port Facility Security) Code: 각국 정부, 항만관리당국, 선사들에게 보안 관련 조건 명시 및 보안사고 예방에 대한 가이드라인 제시

정답 | ①

08

글로벌 가치사슬(Global Value Chain)에 관한 설명으로 옳지 않은 것은?

① 제품의 기획, 생산, 조립, 마케팅, 고객서비스 등 제품의 가치창출을 위한 일련의 활동이 다수의 국가에서 이루어지는 것을 말한다.
② 글로벌 가치사슬의 형성은 가치창출을 위한 일련의 활동을 최적분배하여 기업의 생산성을 향상시킨다.
③ 개별국가의 법적규제나 가치사슬상의 리더기업이 적용한 제품·프로세스 기준이 기술무역장벽으로 작용할 수 있다.
④ 발전배경에는 WTO체제 발족, 수송기술 발전, ICT 발전 및 표준확산 등을 들 수 있다.
⑤ 글로벌 가치사슬이 심화됨에 따라 다국 간에 걸친 기업 간 분업에서 산업 간 분업으로, 공정 간 분업에서 제품분업으로 진전되고 있다.

해설
국가산업 간 분업에서 기업 간 분업으로, 제품 분업에서 제품 제조를 위한 단계별 공정 간 분업으로 진전되고 있다.

정답 | ⑤

09

물류환경 변화에 관한 설명으로 옳지 않은 것은?

① 노동력 부족, 공해 발생, 교통 문제, 지가 상승 등 사회적 환경변화로 인해 물류비 절감의 중요성이 증가하고 있다.
② 소품종 대량생산에서 다품종 소량생산으로 물류환경이 변화하고 있다.
③ 전자상거래의 확산으로 인해 라스트마일(Last Mile) 물류비가 감소하고 있다.
④ 녹색물류에 대한 관심이 높아짐에 따라 물류활동으로 인한 폐기물의 최소화가 요구된다.
⑤ 기업의 글로벌 전략으로 인해 국제물류의 중요성이 증가하고 있다.

해설
최근 전자상거래 확산으로 신속성 측면에서 라스트마일(last mile)이 중요시되고 있으나 이로 인해 물류비는 증가하고 있다.
라스트마일(last mile)이란 풀필먼트센터 등에서 최종 고객에게 제품이 인도되는 단계를 뜻한다.

정답 | ③

10

A기업은 최근 수송부문의 연비개선을 통해 이산화탄소 배출량을 30kg 감소시켰다. 연비법에 의한 이산화탄소 배출량 산출식 및 관련 자료가 다음과 같을 때, 연비 개선 전의 평균연비(km/L)는? (단, 총 주행거리는 동일하다.)

- 이산화탄소 배출량(kg)
  = 주행거리(km) ÷ 연비(km/L) × 이산화탄소 배출계수(kg/L)
- 총 주행 거리: 180,000km
- 연비개선 후 평균연비: 6.0km/L
- 이산화탄소 배출계수: 0.002kg/L

① 1.0　　② 2.0
③ 3.0　　④ 4.0
⑤ 5.0

해설

이산화탄소 배출량(kg) = $\frac{주행거리(km)}{연비(km/L)}$ × 이산화탄소 배출계수(kg/L)

개선 후 이산화탄소 배출량: $\frac{180,000km}{6km/L}$ × 0.002 = 60kg

개선 전 이산화탄소 배출량: $\frac{180,000km}{x km/L}$ × 0.002 = 90kg

따라서, 연비 개선 전 평균연비(x) = 4.0km/L

SUBJECT

02 화물운송론

PART 01 화물운송의 기초
PART 02 공로운송
PART 03 철도운송
PART 04 해상운송
PART 05 항공운송
PART 06 국제복합운송
PART 07 유닛로드시스템(ULS)
PART 08 수·배송시스템의 합리화

합격 GUIDE

화물운송론은 출제범위가 좁아 가장 기본적인 내용들 위주로 반복 출제되고 있습니다. 따라서 기본이론을 학습한 후 연습문제를 풀어보고, 기출문제를 통해 확인하면 충분히 고득점 할 수 있습니다.
특히 각 운송수단별 운송의 특징과 장·단점, 운임에 관한 규정 등이 중요하며 매 회마다 4~5문제가 출제되는 택배운송약관과 수·배송 시스템의 합리화 파트는 예제와 기출문제를 통해 정리하는 편이 좋습니다.
계산문제가 6~8문제 출제되고 있지만 예제를 통해 한 번씩만 풀어보면 어렵지 않게 해결할 수 있는 수준입니다. 또한 다른 과목과 중복되는 부분이 많으므로 기본적인 내용들을 중심으로 학습할 것을 권합니다.

PART 01 화물운송의 기초

CHAPTER 01 운송의 개념과 기능

1. 운송의 개념과 특징

(1) 운송의 개념 기출▶ 26, 25, 23, 21, 20, 18, 17, 14회

① 운송의 정의

운송(transportation)은 화주의 화물을 운송수단인 화물자동차, 철도, 선박, 항공기, 파이프라인 등을 이용하여 한 장소에서 다른 장소로 이동시키는 물리적 행위를 말한다.

② 운송 관련 용어

㉠ 수송(transportation): 화물을 화물자동차, 철도, 선박, 항공기, 파이프라인 등을 이용하여 한 장소에서 다른 장소로 이동시키는 행위 또는 생산장소(공장)에서 생산된 상품을 물류센터까지 이동시키는 행위(장거리 운송, 물류거점 간의 간선 운송을 의미)

㉡ 배송(delivery): 화물을 물류센터(물류거점)에서 수하인에게 보내는 행위(근거리 운송, 지선 운송을 의미)

㉢ 운반(carrying): 물류센터의 도크에서 보관장소까지 등 물품을 비교적 짧은 거리로 이동시키는 것

㉣ 집화(pick up): 수송될 화물을 여러 발송처로부터 발송지에 있는 물류거점에 모으는 것

㉤ 일관운송(through transit): 물류 효율화를 위하여 포장된 화물을 컨테이너나 파렛트 등을 이용하여 발송지에서 도착지까지 중간에 해체하지 않고 연계하여 수송하는 것

㉥ 복합일관운송(multimodal transportation): 운송단위의 물품을 재포장하지 않고 화물자동차, 철도, 선박, 항공기 등 여러 운송수단을 연결하여 운송하는 것

㉦ 복화운송(street turn, backhaul transportation): 출발지에서 목적지까지 편도운송을 한 후 돌아오는 길에 다른 화주의 화물을 적재하고 돌아오는 것

(2) 운송 및 운송수요의 특징

① 운송의 특징 기출▶ 27, 25, 24, 23, 18회

㉠ 운송의 목표는 다량의 화물을 신속·정확하고, 안전하게 저비용으로 운송함으로써 운송비용의 절감과 고객서비스를 개선하는 것이다.

㉡ 운송은 재화의 생산과 소비에 따른 파생적 수요이다.

㉢ 운송은 공간적 거리의 격차를 해소하여 주는 장소적 효용(place utility)은 물론, 운송 중 물품을 일시적으로 보관하는 시간적 효용(time utility)을 창출한다. 즉 제품을 필요한 시점까지 보관하였다가 수요에 따라 공급하는 과정에서 생산과 소비의 시간적 격차가 조정된다.

㉣ 운송은 장소적·시간적 수급조정을 통해 상품의 가격 조정과 안정화에 기여한다.

㉤ 운송방식에 따라 재화의 흐름을 빠르게 또는 느리게 하여 운송비용, 재고수준, 리드타임 및 고객서비스 수준을 합리적으로 조정할 수 있다.

㉥ 운송은 수요자의 요청에 따라 공급이 이루어지는 즉시재(instantaneous goods)의 성격을 갖는다.

㉦ 운송은 재화의 효용가치를 낮은 곳에서 높은 곳으로 이동시키는 속성을 갖고 있다.

ⓞ 운송의 발달은 국제분업을 촉진하여 국제무역의 발전에도 중요한 역할을 한다.
ⓩ 최근의 운송은 소량, 다품종의 생산에 따라 다빈도 배송의 성격을 갖는다.
ⓧ Modal Shift 등 운송체계의 다변화, 운송업체의 대형화 등을 통해 운송시스템의 합리화가 가능하다.

> **짚고 넘어가기** 운송의 주요 기능 기출 23회
> - 장소조절 기능: 화물을 한 장소에서 다른 장소로 이동시키는 기능
> - 시간조절 기능: 운송 중인 재화가 운송거점과 경로를 거쳐 소비자에 전달되는 동안의 시간조절 기능
> - 일시적 화물보관 기능: 운송 중인 재화를 운송수단에 일시적으로 보관하는 기능
> - 생산계획의 원활한 추진 기능: 생산과 판매의 조정 역할로 생산계획을 원활하게 추진하는 기능
> - 작업효율화 기능: 수주에서 출하까지 작업의 효율화를 도모하는 기능

② 운송수요의 특징 기출 29, 27, 23, 20, 19, 18회
  ㉠ 운송수요는 이질적인 개별수요로 구성되어 있다.
  ㉡ 운송수요는 제품별로 계절적 변동성을 나타내는 경우도 있다.
  ㉢ 운송수요는 운송수단의 대체가능 여부에 따라 증감하게 된다.
  ㉣ 운송수요는 본원적 수요가 아니라 재화에 대한 파생적 수요(derived demand)의 성격을 지닌다. 따라서 재화에 대한 수요가 감소하면 운송수요도 감소한다.
  ㉤ 운송수요는 파생수요이고, 다양한 화물의 종류와 운송수단 간의 결합 및 공동화를 위한 화물의 혼재 등에 의해 계획적이지 못한 경우가 많다.
  ㉥ 운송수요의 서비스 가격(운임)은 탄력성은 비탄력적이다.
  ㉦ 운송수요는 운송수단뿐만 아니라 보관, 포장, 하역 및 정보활동 등과 결합되어야 제대로 충족될 수 있다.
  ⓞ 운임 비중이 클 경우에 운임상승은 운송수요를 감소시킨다.
  ⓩ 운송수단으로 화물을 이동하는 순간에 운송서비스가 창출되기 때문에 생산과 동시에 소비된다.
  ⓧ 운송시기와 목적지에 따라 수요가 합해지고 이에 따라 운송서비스 공급이 가능하다.

(3) 운송수요의 운임탄력성 기출 29, 27, 23, 21, 20, 19회

① 화물운송서비스 수요의 운임탄력성의 의의
  ㉠ 화물운송서비스 수요의 운임탄력성, 즉 운송수요의 운임탄력성은 운임이 변화하는 경우 운송수요의 변화정도를 측정하는 개념이다. 즉 운임이 1%p 변화할 때 운송수요는 몇 %p 변화하는가를 나타낸다.
  ㉡ 운송수요의 운임탄력성 $= \dfrac{\text{운송수요의 변화율\%}}{\text{운임의 변화율\%}}$
  $= \dfrac{\text{운송수요 변화폭} \div \text{원래 운송수요 수준}}{\text{임금 변화폭} \div \text{원래 운임 수준}}$
  ㉢ 운송수요의 운임탄력성 < 1이면 비탄력적(inelastic)이라고 하는데, 이는 운임이 크게 상승해도 운송수요는 조금 감소하는 것을 말한다. 운송수요의 운임탄력성 > 1이면 탄력적(elastic)이라고 한다.

② 운송수요의 운임탄력성 크기에 영향을 미치는 요인
  ㉠ 운송수요의 운임탄력성은 비탄력적인 것이 일반적이다. 즉 운송은 물류의 기능에서 가장 중요한 기능의 하나이므로 운임이 크게 상승해도 운송수요의 감소폭은 적은 편이다.
  ㉡ 기업의 비용에서 차지하는 운임의 비중이 클수록 운임상승은 상품수요를 크게 감소시키고 따라서 운송수요를 크게 감소시킴으로써 운송수요의 운임탄력성은 더욱 커지게(탄력적이게) 된다.
  ㉢ 대체 운송수단이 다양하게 존재하면 특정 운송수단의 운송수요에 대한 운임탄력성은 커지게 된다.

② 판매단가가 높은 상품은 운임부담력이 높기 때문에 운임이 상승하더라도 운송수요가 크게 감소하지 않는다(비탄력적이다).
◎ 운송수요에 대한 운임탄력성은 운임 외에도 운송에 소요되는 원가에 영향을 받는다.
⊕ 대체되는 화물이 다양하게 존재하면 해당 화물에 대한 운송수요는 운임에 대해 탄력적이다.

2. 운송의 3요소와 운송의 기본원칙

(1) 운송의 3요소 빈출 29, 28, 26, 25, 24, 23, 16, 15회

① 운송수단(Mode): 화물운송을 직접 담당하는 화물자동차, 철도화차, 항공기, 선박, 파이프라인 등으로, 운송방식이라고도 한다.
② 운송연결점(Node): 운송연결점 또는 운송거점은 화물운송을 효율적으로 처리하는 데 필요한 보관, 하역, 환적 등의 작업이 이루어지는 장소 또는 시설을 말한다. 운송연결점에는 물류터미널, 철도역, 항만, 공항 등이 있다.
③ 운송경로(Link): 운송경로는 운송수단의 운행에 이용되는 통로로, 운송거점(Node)을 연결하는 도로, 철로, 항공로, 해상항로 등과 같은 경로를 말한다.

(2) 운송의 기본원칙 기출 28, 27, 25, 24, 21, 20, 18, 16회

① 규모의 경제 원칙
  ㉠ 운송의 목표 중 하나인 운송비용을 절감하기 위해서는 운송되는 화물의 단위를 크게 하고, 대형 운송수단을 이용하여 운송해야 한다는 원칙이다.(대형화의 원칙)
  ㉡ 화물의 단위를 대형화하고 대형 운송수단을 이용하면 화물단위당 운송비용이 절감되는 효과를 규모의 경제(economies of scale)라고 한다.
② 거리의 경제 원칙
  경제성 측면에서 화물의 ton·km당 운송비는 운송거리가 길어질수록 감소하므로 장거리 운송이 경제적이라는 것을 거리의 경제(economies of distance)라고 한다.
③ 영차율 극대화의 원칙
  ㉠ 영차(loaded car)는 화물을 적재하고 운행하는 것이다. 따라서 영차율(또는 실차율)은 차량의 총운행거리 중 화물을 적재하고 운행한 거리(영차운행거리)의 비율을 말한다.
  ㉡ 영차율을 극대화하기 위해서는 적정차량 규모 및 최적의 운송경로를 선택하고, 운송정보시스템(TMS, CVO 등)을 활용하여 계획운송, 순회운송, 복화운송 및 공동운송 등의 방법을 활용해야 한다.

$$영차율(\%) = (영차운행거리 \div 총운행거리) \times 100$$

④ 공차율 최소화의 원칙
  공차(empty car)는 화물을 적재하지 않고 빈 차로 운행하는 것이다. 따라서 공차율이란 총운행거리 중 화물을 적재하지 않고 운행한 거리의 비율을 말하며 공차율을 최소화하여 운송의 효율성을 높여야 한다는 원칙이다.

$$공차율(\%) = (공차운행거리 \div 총운행거리) \times 100$$

⑤ 회전율 최대화의 원칙
  회전율은 화물차량이 일정시간 내에 화물을 운송한 횟수의 비율을 나타내는 것으로 이를 극대화해야 한다는 원칙이다. 최단 운송거리 선택, 효율적인 배차간격, 유휴 대기시간의 최소화, 하역시간 단축, 중간환승, 릴레이 운송 등을 통해 회전율을 극대화할 수 있다.

$$회전율(\%) = (총운송량 \div 평균적재량) \times 100$$

⑥ 가동률, 적재율 및 복화율 극대화의 원칙
  ㉠ 가동률은 화물을 일정시간 동안 실제 운행해 온 시간과 목표 운행시간과의 비율을 말하며 가동률을 극대화하여 운송을 합리화해야 한다는 원칙이다.

$$가동률(\%) = (실제가동일 수 \div 목표가동일 수) \times 100$$

  ㉡ 적재율은 운송수단의 적재적량 대비 실제 적재화물운송량을 말하며 적재율을 극대화해야 효율성이 향상된다는 원칙이다.

$$적재율(\%) = (실제 적재량 \div 차량의 적재적량) \times 100$$

  ㉢ 복화율은 편도운송을 한 후 귀로에 복화운송을 어느 정도 수행했는지를 나타내는 지표이다. 복화율 극대화의 원칙은 공차율 최소화의 원칙과 관련이 있다.

$$복화율(\%) = (귀로 시 영차운행횟수 \div 편도운행횟수) \times 100$$

CHAPTER 02 운송의 종류 및 선택기준

1. 운송의 종류

(1) 육상운송

① 육상운송은 지상에 설치된 운송로를 통해 화물을 운송하는 것으로, 화물자동차 운송, 철도운송, 파이프라인 운송, 케이블카 운송(삭도운송) 등이 있다.
② 이 중 화물자동차 운송은 취급품목이 다양하며 운송의 완결성과 탄력성이 큰 특징을 지니고 있다.

(2) 해상운송

① 해상운송은 선박에 화물을 적재하여 해로(Seaway)를 통해 화물을 운송하는 것을 말한다. 원양해운은 물론 국내의 항만을 오가는 연안해운, 운하·강 등을 이용하는 내수면해운도 해상운송에 포함된다.
② 다른 운송에 비해 대량화물의 장거리 운송 시 운임이 가장 저렴하기 때문에 대부분의 수출입화물 운송에서 활용되고 있다.

(3) 항공운송

항공운송은 항공기를 이용하여 화물을 운송하는 것을 말한다. 항공운송 대상화물은 귀금속, 전자정밀제품 등과 같은 고가품과 납기가 급한 긴급화물, 신선도 유지가 생명인 화물(냉동식품, 화훼류) 등이다.

(4) 복합운송

① 복합운송의 의의와 유형 기출 28, 26, 25, 23, 22, 17회
  복합운송(multi modal)은 두 가지 이상의 운송수단(Mode)을 결합하여 화물을 생산자에서 소비자까지 운송하는 것을 말한다.
  ㉠ 피기백(Piggy-back) 시스템: 철도와 화물자동차의 결합으로, 화물자동차를 철도화차에 싣고 운송하는 시스템

- ⓒ 피시백(Fishy-back) 시스템: 선박과 화물자동차의 결합으로, 선박에 화물을 적재한 화물자동차를 싣고 운송하는 시스템
- ⓒ 버디백(Birdy-back) 시스템: 항공운송과 화물자동차 운송을 연계한 운송시스템
- ㉣ Sea-Air Service(Sky-ship): 선박운송과 항공운송을 연계한 운송시스템
- ㉤ Rail-water Service(Train-ship): 열차페리운송으로 철도운송과 해상운송을 결합한 운송시스템

② 국제 복합운송의 성립요건 [기출] 19, 16회
- ㉠ 단일운송계약: 송하인은 복합운송인(MTO)과 전 구간에 걸친 하나의 운송계약을 체결한다.
- ㉡ 단일운임: 전 운송구간에 대해 단일운임이 적용된다.
- ㉢ 단일책임: 전 운송구간에 걸쳐 화주에게 단일책임을 진다.
- ㉣ 복합운송증권의 발행: 화물을 인수한 경우 복합운송증권을 발행한다.
- ㉤ 운송수단의 다양성: 서로 다른 2가지 이상의 운송수단에 의해 운송된다.

주요 운송수단별 특징 [기출] 27, 24, 23, 19회

구분	화물자동차	철도	선박	항공기
화물량	소·중량 화물	대량 화물	대량 화물	소·중량 화물
운송거리	단·중거리	중·장거리	장거리	장거리
운송비용 및 운임탄력성	단거리 운송 시 유리, 탄력적	중거리 운송 시 유리, 비탄력적	장거리 운송 시 유리, 비교적 탄력적	가장 비쌈, 가장 비탄력적
안전성	조금 낮음	높음	낮음	높음
일관운송	용이함	다소 어려움	어려움	어려움
운송속도	빠름	느림	느림	빠름

(5) **운송수단별 장단점** [기출] 29, 28, 27, 26, 24, 23, 21, 18, 17회

① 화물자동차운송의 장·단점

장점	단점
• 문전운송(door to door) 서비스 가능 • 근거리, 소량운송의 경우 유리 • 일관운송 가능(직송 가능) • 배차의 탄력성이 높음 • 하역작업이 비교적 용이	• 장거리 운송에 부적합 • 환경오염 야기 • 교통체증에 취약 • 에너지 효율성이 낮음 • 적재중량의 제한 • 대량화물의 운송에 불리

② 철도운송의 장·단점

장점	단점
• 장거리, 대량운송에 적합 • 중·장거리 운송 시 운임 저렴 • 비교적 전천후 운송수단 • 사고율이 낮아 안전성 측면 우수 • 계획운송 가능(정시성 확보) • 친환경적인 운송수단 • 전국적인 네트워크 보유	• 화차 확보 시에 사전 스케줄 확인이 필요 • 운임의 융통성이 없음(비탄력적) • 문전운송이 어려움(완결성 낮음) • 다른 운송수단과 연계 필요 • 하역작업이 곤란

③ 해상운송의 장·단점

장점	단점
• 대량화물의 장거리 운송에 적합함 • 화물의 용적 및 중량에 제한 적음 • 운임이 저렴함 • 환경성 측면에서 우수함 • 대량 운송 시 전용선에 의한 운송 및 일괄 하역작업 가능	• 운송속도가 느려 운송기간이 김 • 육상운송수단과 연계 필요 • 항만에서의 처리기간 소요 • 기후의 영향을 많이 받음(타 운송수단에 비해 안전성 낮음) • 하역비용이 비쌈

④ 항공운송의 장·단점

장점	단점
• 소·경량의 고가화물에 적합 • 장거리 운송 및 위험물 운송 가능 • 화물의 파손율 낮음 • 운송의 속도가 신속함 • 화물포장이 간단하며 보험료가 저렴	• 운임이 가장 비싸고 경직적임 • 중량과 용적에 제한이 큼 • 기후의 영향을 많이 받음 • 육상운송수단과 연계 필요 • 에너지 소비가 많은 편

⑤ 파이프라인운송의 장·단점

장점	단점
• 상대적인 유지비 저렴(24시간 가동) • 연속으로 대량운송 가능 • 컴퓨터에 의한 자동화 및 제어 가능 • 친환경 운송수단 • 운송속도 정확하고 사고위험 낮음	• 막대한 초기 시설투자비용 • 한 종류의 화물만 운송 가능 • 이용가능 대상화물이 제한적

2. 운송수단의 선택

(1) 운송수단의 선택기준 기출 23, 22, 17회

적합한 운송수단을 선택한다는 것은 고객서비스 수준을 유지하면서 총물류비를 절감할 수 있는 운송수단을 선택하는 것이다. 운송수단 선택 시 고려해야 할 화물의 특성과 운송수단의 특성은 다음과 같다.
① 화물의 특성: 화물의 종류 및 중량, 화물량 및 용적, 운송비용(운임부담력), 화물의 성질, 로트 사이즈(Lot Size), 화물의 가치, 운송거리 및 소요시간, 납기 등
② 운송수단의 특성: 운송수단의 이용 가능성, 안전성, 경제성, 신속성, 편리성, 신뢰성 등

(2) 운송수단의 선택 시 고려사항 기출 28, 26, 20회

① 이용가능성: 운송수단의 대체가능성
② 편리성: 물류네트워크 연계점에서의 연결의 용이성, 운송절차와 송장서류 작성의 간편성, 필요시 운송서류 이용가능성 등
③ 안전성: 클레임 발생 빈도, 사고에 의한 화물손상의 정도, 사고 발생률, 멸실 및 손상 등에 대한 보상의 정확한 이행 정도 등
④ 경제성: 마케팅 측면에서 운송비용과 고객만족도 등
⑤ 신뢰성(또는 확실성): 약정 기일 내 운송 정확성, 공표된 운송 스케줄 내 운송 정확성 등
⑥ 신속성: 운송시간 또는 운송기간의 빠른 정도

(3) 운송수단별 운송비용의 비교
  ① 철도, 선박
    운송속도는 느리지만, 대량화물 운송 시 단위비용이 낮아져 화물자동차나 항공운송보다 유리하다.
  ② 항공기
    운송속도가 빠르고 짧은 리드타임으로 재고유지비용이 감소하지만, 운송비용이 고가이다.

(4) 운송수단의 속도와 소요비용과의 관계 기출 26, 25, 23, 21회
  ① 속도가 빠른 운송수단일수록 운송빈도가 더욱 높아져 운송비가 증가한다.
  ② 속도가 느린 운송수단일수록 운송빈도가 더욱 낮아져 보관비(재고유지비용)가 증가한다.
  ③ 운송비와 보관비(재고유지비용)는 상충관계(trade-off)에 있으므로 두 가지 비용을 고려한 총비용이 최소가 되는 수준(속도)에서 운송수단을 선택해야 한다.

(5) 운송수단별 화주의 선호도
  ① 신속성: 항공기 > 화물자동차 > 철도 > 해운 > 파이프라인
  ② 운송량(시간당): 파이프라인 > 해운 > 철도 > 화물자동차 > 항공기
  ③ 소요비용: 파이프라인 > 해운 > 철도 > 화물자동차 > 항공기

3. 화물자동차와 철도운송의 분기점

(1) 화물자동차와 철도운송의 선택기준 기출 29, 28, 27, 26, 25, 22, 21, 20, 19, 18, 17, 16회
  ① 채트반(Chatban) 공식의 의의
    ㉠ 일반적으로 장거리·대량화물은 철도가 유리하고, 근거리·소량화물은 화물자동차가 경제적이다. 이 경우 채트반(Chatban) 공식을 활용하여 화물자동차와 철도운송 간 효율성이 나누어지는 경제적 분기점을 산정할 수 있다.
    ㉡ 채트반 공식으로 산출된 경계점 거리 이내에서는 화물자동차운송이 철도운송보다 유리하다.
  ② Chatban 공식

$$L = \frac{D}{T-R}$$

  - L = 화물자동차의 경제효용거리의 분기점(한계)
  - D = ton당 추가되는 비용(화차 하역비+철도발착비+배송비+포장비 등)
  - T = 화물자동차 운송의 ton·km당 운송비
  - R = 철도운송의 ton·km당 운송비

③ 채트반 공식의 적용

예제

화물자동차운송과 철도운송 조건이 다음과 같을 때 채트반 공식을 이용한 자동차의 한계 경제효용거리(km)는?

- 화물자동차의 ton·km당 운송비: 900원
- 철도의 ton·km당 운송비: 500원
- 톤당 철도 부대비용(철도발착비+하역비+배송비 등): 50,000원

해설

$$\text{화물 자동차운송의 경제효용거리의 한계} = \frac{\text{톤당 철도 부대비용}}{\text{화물자동차 운송비} - \text{철도 운송비}} = \frac{50{,}000원}{900원 - 500원} = 125km$$

정답 | 125km

(2) 채트반 공식의 특징

① 철도운임은 운송거리에 비례하여 증가하나, 화물자동차운임은 운송거리에 대해 체감적으로 증가한다.
② 철도운임은 지역과 무관하게 운송거리에 비례하나, 화물자동차운임은 지역에 따라 상이하게 형성된다.
③ 철도운임은 화차의 크기에 관계없이 운송거리에 비례하나, 화물자동차운임은 차량의 크기에 따라 운임단가의 차이(대형차량의 경우 운임단가가 낮음)가 발생한다.
④ 철도운임은 운송수요에 관계없이 일정하지만, 화물자동차운임은 운송수요에 따라 크게 변동한다.

4. 운송시장의 환경변화와 대응방안

(1) 운송시장의 환경변화   기출 27, 25, 22, 21, 20, 19, 18, 15, 14회

① 운송화물의 다품종 소량화, 다빈도 배송의 일반화
② 물류보안의 중요성 증대
③ 구매고객에 대한 서비스 수준의 향상
④ 환경규제의 강화
⑤ 정보시스템의 활용증가
⑥ 정보화 사회의 진전
⑦ 글로벌 아웃소싱 시장의 확대
⑧ 전자상거래 증가
⑨ 고객(화주) 요구의 고도화·다양화
⑩ 운송시장의 경쟁 심화
⑪ 운송시장의 전략적 제휴 및 인수합병 적극 추진
⑫ 국제복합운송의 확대(운송시장의 국제화)

(2) 운송시스템의 합리화 방안(화물운송의 효율화 방안) 기출 29, 27, 25, 23, 21, 16, 12회
① 운송체계를 다변화하여 기존에 이용하고 있는 운송수단을 효율성이 높은 다른 운송수단으로 교체
② 경쟁력 제고를 목적으로 자사의 비핵심 업무를 외부에 위탁하는 아웃소싱을 추진
③ 동일지역 또는 동종업종을 대상으로 화주들의 공동 수·배송 유도
④ 대량화물을 고속으로 운송하기 위한 블록 트레인(Block Train) 도입
⑤ 운송수단-물류거점-운송경로를 연계한 물류네트워크를 구축
⑥ 운송사 간 전략적 제휴 및 인수합병을 통하여 전문화·대형화 유도
⑦ 도로 중심의 운송을 철도와 연안운송으로 전환(Modal shift) 추진
⑧ 최단거리 운송루트의 개발 추진 및 복합운송 체계의 구축
⑨ 일관 파렛트화를 위한 국가적인 지원
⑩ 컨테이너 및 파렛트를 이용한 운송의 확대
⑪ 교통정보시스템과 화물추적시스템의 연계 도모
⑫ 철도 및 연안운송을 연계하는 화물운송시스템 구축
⑬ 적재율 증대와 비용감소를 위해 자가용보다는 영업용 화물차량의 사용 확대

(3) 우리나라 운송사업의 실태 기출 27, 21회
① 공로운송업체는 영세한 소형업체가 많다.
② 철도운송에 비해 육상운송이 발달되어 있다.
③ 파렛트 보급 확대로 하역(상차 및 하차 포함)의 효율화가 진전되고 있다.
④ 전체 물류비 중 화물운송비가 가장 높은 비중을 차지하고 있다.
⑤ 복합운송이 발달하였으나 아직까지 컨테이너 연안운송이 활발하지 못한 형편이다.

핵심 기출문제

PART 01 화물운송의 기초

01

운송의 역할에 관한 설명으로 옳은 것은?

① 제품 운송이 없어도 소비자들은 원하는 것을 무엇이든 가까운 소매점에서 구할 수 있다.
② 운송의 발달은 지역 간·국가 간의 경쟁 유발과 함께 재화의 지역 간 이동을 원활하게 하여 제품의 시장가격을 차별화한다.
③ 운송은 물류관리에 영향을 주지 않기 때문에 제품의 수익과 경쟁우위와는 관련이 없다.
④ 저렴한 운송비와 대량운송 기술의 발달은 시장을 확대하고 대량생산과 대량소비를 가능하게 한다.
⑤ 운송의 발달은 분리된 지역의 통합기능을 저해할 수 있다.

선지분석
① 제품 운송이 없으면 소비자가 원하는 무엇이라도 구입할 수 없다.
② 운송의 발달은 재화의 지역 간 이동을 원활하게 하여 제품의 시장가격을 차이가 없게 만든다.
③ 운송은 물류관리의 가장 본질적인 내용의 하나이기 때문에 제품의 수익이나 기업의 경쟁우위에 큰 영향을 미친다.
⑤ 운송의 발달은 분리된 지역의 통합기능을 수행한다.

정답 | ④

02

운송에 관한 설명으로 옳지 않은 것은?

① 경제적 운송을 위한 기본적인 원칙으로는 규모의 경제 원칙과 거리의 경제 원칙이 있다.
② 운송은 공간적 거리의 격차를 해소하여 주는 장소적 효용이 있다.
③ 운송은 수송 중 물품을 일시적으로 보관하는 시간적 효용이 있다.
④ 운송은 재화의 생산과 소비에 따른 파생적 수요이다.
⑤ 운송의 3요소(Mode, Node, Link) 중 Mode는 각 운송점을 연결하여 운송되는 구간 또는 경로를 의미한다.

해설
운송의 3요소(Mode, Node, Link) 중 Mode는 화물자동차, 선박, 항공기 등 운송수단을 의미한다.
도로, 철도 등 운송거점(Node)을 연결하여 운송되는 구간 또는 경로는 운송경로(Link)이다.
운송거점(Node)은 복합물류터미널, 철도역, 항만, 공항, 컨테이너 야드(CY) 등을 말한다.

정답 | ⑤

03

운송에 관한 설명으로 옳지 않은 것은?

① 최적의 운송수단 선택, 정보시스템의 발전, 신규 수송루트의 개발 등으로 운송의 효율성이 향상되었다.
② 운송은 수요자의 요청에 따라 공급이 이루어지는 즉시재(Instantaneous Goods)의 성격을 갖는다.
③ Modal Shift 등 수송체계의 다변화, 운송업체의 대형화 등을 통해 운송시스템의 합리화가 가능하다.
④ 운송수요는 유통 및 생산에 대한 파생수요적 성격을 갖는다.
⑤ 운송의 대형화에 따른 비용 절감으로 최근에는 물류비 중 운송비가 가장 낮은 비중을 차지하고 있다.

해설
물류비 중 가장 큰 비중을 차지하는 것은 운송비이다. 전체 물류비 중 운송비가 차지하는 비중은 약 55~60%이다.

정답 | ⑤

04

운송에 관한 설명으로 옳지 않은 것은?

① 운송서비스는 운송수단과 노동력을 결합시켜 화물을 목적지까지 이동시키는 것이다.
② 운송수요는 화물의 종류, 운송량, 운송거리, 운송시간, 운송비용 등을 기본적인 구성요소로 한다.
③ 운송수요의 탄력성은 운임의 영향을 받기보다는 화물의 대체성 여부에 대부분 영향을 받는다.
④ 운송수단의 선택 시에는 운송물량, 운임, 기후의 영향, 운송의 안전성, 중량, 배차 및 배선 등을 고려해야 한다.
⑤ 부적운송(Unused Capacity)은 차량 전체 운임이 지급되지만, 적재공간이 일부 비어있는 상태로 운송하는 것을 말한다.

해설
운송수요의 탄력성은 다른 어떤 요인보다도 운임의 영향을 크게 받는다. 운송수요의 탄력성이란 운임이 상승할 때 운송수요가 얼마나 감소하는가를 측정하는 개념이다.

정답 | ③

05

운송수요에 관한 설명으로 옳지 않은 것은?

① 운송수요는 이질적 개별수요의 성격을 나타낸다.
② 운송수요는 운송수단의 대체가능 여부에 따라 증감하게 된다.
③ 운송수요는 본원적 수요로서 서비스 가격(운임)의 변동에 대해 매우 탄력적으로 반응한다.
④ 운송수요는 운송수단뿐만 아니라 보관, 창고, 포장, 하역 및 정보활동 등과 결합되어야 제대로 충족될 수 있다.
⑤ 운송수요는 제품별로 계절적 변동성을 나타내는 경우도 있다.

해설
운송수요는 생산 및 유통에 대한 파생적 수요(derived demand)의 성격을 가지고 있으며 서비스 가격(운임)의 변동에 대해 비탄력적으로 반응한다.

정답 | ③

06

운송수단과 그 특징으로 옳게 짝지어진 것은?

> ㄱ. 대량화물 운송에 적합하다.
> ㄴ. 일관운송이 용이하다.
> ㄷ. 원거리 운송에 유리하다.
> ㄹ. 단거리 운송에 유리하다.
> ㅁ. 중량에 제한을 많이 받지 않는다.

① 선박: ㄱ, ㄷ, ㅁ
② 철도: ㄱ, ㄹ, ㅁ
③ 항공기: ㄴ, ㄷ, ㅁ
④ 화물차: ㄴ, ㄹ, ㅁ
⑤ 파이프라인: ㄱ, ㄷ, ㄹ

선지분석
② 철도는 장거리 운송에 적합하다.
③ 항공기는 일관운송이 어렵고, 중량에 제한을 많이 받는다.
④ 화물차는 일관운송이 가능하지만 중량에 제한을 받는다.
⑤ 파이프라인은 원거리 운송에 유용하다.

정답 | ①

07

운송수단의 선택에 관한 설명으로 옳은 것을 모두 고른 것은?

> ㄱ. 화물유통에 대한 제반여건을 확인하고 운송수단별 평가항목의 내용을 검토한다.
> ㄴ. 운송수단의 특성에 따라 최적경로, 배송빈도를 고려하여 운송계획을 수립한다.
> ㄷ. 특화된 운송서비스를 제공하거나 틈새시장을 공략하기 위한 경우라도 일반적인 선택기준을 적용하고 다른 기준을 적용하는 경우는 없다.
> ㄹ. 물류흐름을 최적화하여 물류비를 절감하고 고객만족서비스를 향상시키도록 하는 전략을 활용한다.
> ㅁ. 운송비 부담력은 고려하지 않는다.

① ㄱ, ㄴ ② ㄱ, ㄴ, ㄹ
③ ㄴ, ㄷ, ㄹ ④ ㄱ, ㄷ, ㄹ, ㅁ
⑤ ㄴ, ㄷ, ㄹ, ㅁ

해설
ㄷ. 운송수단을 선택할 때 특화된 운송서비스를 제공하거나 틈새시장을 공략하기 위한 경우라면 일반적인 선택기준이 아니라 그 목적에 맞는 기준을 적용하여 운송수단을 선택해야 한다.
ㅁ. 운송수단을 선택할 때 고려해야 할 가장 중요한 요인 중 하나는 운송비 부담력이다.

정답 | ②

08

운송방식에 관한 설명으로 옳지 않은 것은?

① 항공운송은 긴급서류, 소형화물의 급송에 적합하다.
② 철도운송은 도로운송에 비해 안전도가 높다.
③ 해상운송은 대량의 화물을 저렴하게 운송하는 데 적합하다.
④ 항공운송은 해상운송에 비해서 운송비용이 높다.
⑤ 도로운송은 소규모 자본으로도 누구나 참여할 수 있기 때문에 규모의 경제성이 크다.

해설
도로운송은 1회당 운송량이 다른 운송수단에 비해 가장 적기 때문에 규모의 경제 효과가 가장 적다. 운송수단이 대형화될수록 규모의 경제성은 커지게 된다.

정답 | ⑤

09

운송방식의 선택에 관한 설명으로 옳지 않은 것은?

① 수량이 적은 고가화물의 경우에는 항공운송이 적합하다.
② 장기 운송 시 가치가 하락하는 화물의 경우에는 항공운송이 적합하다.
③ 근거리운송이나 중·소량 화물의 경우에는 도로운송이 적합하다.
④ 대량화물 장거리 운송의 경우에는 해상운송이 적합하다.
⑤ 전천후 운송의 경우에는 도로운송이 적합하다.

해설
악천후에도 운송할 수 있는 전천후 운송은 철도운송이 가장 적합하며, 도로운송은 우천, 도로동결 등으로 인해 악천후에는 불리한 운송수단이다.

정답 | ⑤

10

복합운송의 요건에 관한 설명으로 옳지 않은 것은?

① 단일운송계약: 송하인은 각 구간 운송인과 하청운송계약을 체결한다.
② 단일운임: 전 운송구간에 대해 단일운임이 적용된다.
③ 단일책임: 전 운송구간에 걸쳐 화주에게 단일책임을 진다.
④ 복합운송증권의 발행: 화물을 인수한 경우 복합운송증권을 발행한다.
⑤ 운송수단의 다양성: 서로 다른 2가지 이상의 운송수단에 의해 운송된다.

해설
단일운송계약: 송하인은 복합운송인(MTO)과 전 구간에 걸친 하나의 운송계약을 체결한다.

정답 | ①

11

다음은 A기업의 화물운송 방식이다. 채트반(Chatban) 공식을 이용하여 운송할 때 그 결과에 관한 설명으로 옳지 않은 것은?

- 자동차운송비: 8,000원/ton·km
- 철도운송비: 7,500원/ton·km
- 톤당 철도운송 부대비용(철도 발착비+배송비+화차 하역비 등): 53,000원

① A기업은 80~100km 구간에서 자동차운송이 유리하다.
② A기업은 100~120km 구간에서 철도운송이 유리하다.
③ 100km 지점에서 톤당 철도운송의 부대비용이 50,000원일 때, 자동차운송비와 철도운송비가 동일하다.
④ A기업은 106km 지점에서 자동차운송비와 철도운송비가 동일하다.
⑤ A기업의 자동차운송의 경제적 효용거리는 106km이다.

해설

채트반(Chatban) 공식은 운송거리에 따른 화물자동차 운송과 철도운송의 선택기준으로 활용된다. 채트반 공식으로 산출된 경계점 거리 이내에서는 화물자동차운송이 철도운송보다 유리하다.
화물자동차운송의 경제효용거리의 한계는 아래 식으로 계산할 수 있다.

$$L = \frac{D}{T-R}$$

- L = 화물자동차의 경제효용거리의 분기점(한계)
- D = ton당 철도운송 부대비용(화차 하역비+철도발착비+배송비+포장비 등)
- T = 화물자동차 운송의 ton·km당 운송비
- R = 철도운송의 ton·km당 운송비

위의 식을 이용하면 다음과 같이 계산된다.

$$\frac{53,000원}{8,000원 - 7,500원} = 106km$$

분기점이 106km이므로 해당 구간까지는 자동차운송이 유리하지만, 106km가 넘어가는 구간이라면 철도운송이 유리하다.

정답 | ②

12

정보기술의 발달에 따른 화물운송의 변화에 관한 설명으로 옳지 않은 것은?

① 물류정보 기술의 발달로 재고가 증가되고 있지만 배송물량은 감소하고 있다.
② 주문과 재고의 가시성이 확보되면서 차량배차에 대한 효율성이 증가하여 운송비를 절감할 수 있게 되었다.
③ 다품종 소량 화물이 늘어나면서 정보기술을 활용한 배송체계를 구축하는 사례가 늘어나고 있다.
④ 고객에게 제품도착 예정시간을 알려주고, 사후 배송서비스에 대한 고객만족도를 모니터링하는 경우가 늘어나고 있다.
⑤ 정보통신기기를 활용한 배송정보 조회, 배송완료 통지 등의 부가운송서비스 제공이 늘어나고 있다.

해설

물류정보기술의 발달로 물류의 효율화가 이루어져 재고는 감소하고 배송물량은 증가하고 있다.

정답 | ①

PART 02 공로운송

CHAPTER 01 화물자동차 운송의 기초

1. 화물자동차 운송의 개념 및 특징

(1) 화물자동차 운송의 개념 기출 28회
① 화물자동차 운송은 육상의 공로를 이용하여 고객 요구에 대응하여 화물의 문전운송(Door to Door)을 실현할 수 있고, 운송단위가 소량이며 운송거리가 단·중거리인 화물에 적합한 운송이다.
② 오늘날 글로벌화의 진전에 따른 국제복합운송의 확대와 관련하여, 문전운송을 실현할 수 있는 중요한 연계운송수단이다.

(2) 화물자동차 운송의 특징 기출 28, 25, 20회
① 기동성과 신속한 전달로 문전운송이 가능하여 다른 운송수단에 의한 운송을 완성시켜 주는 역할을 한다.
② 문전운송 서비스와 일관수송이 가능하기 때문에 화물의 수취가 편리하다.
③ 고객이 원하는 시간에 맞추어 운송할 수 있도록 탄력적 배차가 용이하다.
④ 중·단거리 화물운송에 적합하며 화물의 적재중량에 제한을 받는다.
⑤ 타 운송수단에 비해 고정비보다는 변동비(도로통행료, 차량수리비, 윤활유비, 타이어교환비 등)가 높은 편이다.

(3) 화물자동차 운송의 장·단점 기출 28, 22회
① 장점
  ㉠ 문전운송이 가능하다.
  ㉡ 근거리운송에 적합하며 신속한 이용이 가능하다.
  ㉢ 비교적 간단한 포장으로 운송이 가능하며 하역작업이 용이하다.
  ㉣ 신속한 배차가 가능하고 단거리 운송에서 경제성이 높다.
  ㉤ 운송물량의 변동에 유연하게 대처할 수 있다.
  ㉥ 운임적용이 탄력적이다.
  ㉦ 화물의 직송 및 일관운송이 가능하다.
② 단점
  ㉠ 대량화물 운송이 곤란하다.
  ㉡ 장거리 운송 시에는 운임이 높다.
  ㉢ 도로혼잡, 교통사고 등의 교통체증에 취약하다.
  ㉣ 소음, 진동, 배기가스 등의 환경오염의 문제가 있다.
  ㉤ 적재 중량에 한계(제한)가 있다.
  ㉥ 다른 운송수단과 비교할 때 에너지 효율성이 낮다.

(4) 화물자동차 운송이 증가하는 이유 〔기출〕 19회

① 운송의 완결성이 좋다.(문전운송 가능)
② 고객의 요구에 빠른 대응이 가능하다.(리드타임 단축, 납기 조정)
③ 고정자본의 투입규모가 비교적 작아 투자가 용이하다.
④ 대형화물차 이용 시 단거리보다 장거리 운송이 경제적이다.(거리의 경제 원칙)
⑤ 도로망의 지속적 발달과 운송의 신속성, 안전성이 향상되고 있다.
⑥ 다품종 소량생산에 따른 다빈도 운송이 증가하고 있다.
⑦ 소량화물은 철도보다 신속운송이 가능하다.
⑧ 다양한 화물 종류에 대응하여 특수설비를 갖춘 차량 운행이 증가하고 있다.
⑨ 택배 및 특송시장, 전자상거래의 확대로 소량화물을 다빈도로 신속·정확하게 운송할 수 있다.
⑩ 단거리 문전운송으로 화물의 파손율이 낮아진다.

2. 우리나라 화물자동차운송의 문제점 및 효율화 방안

(1) 우리나라 화물자동차운송의 문제점

① 공로운송의 지나치게 높은 운송분담 비중과 도로시설, 물류터미널, 전용휴게소 등의 부족으로 애로가 발생한다.
② 대다수 운송업체가 화주와의 직접거래보다는 운송주선업자나 대형운송업체의 하도급 형태로 운영되는 등 영세하다.
③ 일반적으로 최종 목적지에서의 하역장비가 부족하다.
④ 일반적으로 다단계 불공정거래 구조이다.
⑤ 아직은 차량적재율이 낮고 공차율이 높은 수준이다.
⑥ 차종별 특성을 고려한 운행이 미흡하다.(소형차량의 중·장거리운송)

(2) 우리나라 화물자동차운송의 효율화 방안 〔기출〕 29, 28, 25, 24, 19회

① 운송정보시스템의 구축
② 철도운송, 연안운송, 항공운송 등이 적절한 역할분담을 할 수 있도록 개선
③ 운송업체의 대형화, 경쟁력 강화 등을 통해 경쟁체제의 확립을 위한 기반 조성
④ 비현실적인 규제를 탈피하여 시장경제원리에 입각한 자율경영 기반 조성
⑤ 도로 및 기간시설, 물류터미널, 물류센터 등 물류시설의 확충
⑥ 컨테이너 및 파렛트를 이용한 운송 확대
⑦ 화물자동차운송사업의 지속적인 여건 개선
⑧ 화물자동차운송 관련 법규 및 제도의 개선 및 정책개발
⑨ 화물자동차의 대형화·경량화
⑩ 공동 수·배송체제 구축 및 확대
⑪ 화물의 심야운송 확대
⑫ 지방 간선도로와 우회도로의 사용 확대 등

(3) 차량의 배차 및 차량배차관리자의 역할

① 차량배차의 의의
   화물차량의 회전율을 극대화하기 위해 보유차량을 운송지별 및 화물별로 구분하여 배차하거나 필요시 외부화물차량을 조달·관리하는 활동을 말한다.

② 차량배차관리자의 역할 [기출] 10회
    ㉠ 자동차의 안전적재량 파악
    ㉡ 상·하차 장비 및 작업시간 적정여부 파악
    ㉢ 화물의 규격, 형태, 특징 파악
    ㉣ 통행제한사항 및 회피방법 파악

(4) **화물자동차 운행상의 안전기준과 운행제한기준** [기출] 29, 27, 26회
    ① 화물자동차 운행상의 안전기준(「도로교통법」 시행령 제22조) [기출] 27회
        ㉠ 적재중량: 구조 및 성능에 따르는 적재중량의 110% 이내일 것
        ㉡ 길이: 자동차 길이에 그 길이의 10분의 1을 더한 길이를 넘지 아니할 것
        ㉢ 승차인원: 승차정원 이내일 것
        ㉣ 너비: 자동차의 후사경(백미러)으로 뒤쪽을 확인할 수 있는 범위(후사경의 높이보다 화물을 낮게 적재한 경우에는 그 화물을, 후사경의 높이보다 화물을 높게 적재한 경우에는 뒤쪽을 확인할 수 있는 범위를 말한다)의 너비를 넘지 아니할 것
        ㉤ 높이: 지상으로부터 4.0미터를 넘지 아니할 것
    ② 화물자동차 운행제한 기준(「도로법」 제77조, 「시행령」 제79조) [기출] 26회
        화물자동차 운행제한 기준은 총중량 40톤 초과, 축하중 10톤 초과이다. 기타 운행제한 기준은 길이 16.7m 초과, 폭(너비) 2.5m 초과, 높이 4.0m 초과 등이다.

3. 화물자동차 운송의 분류

(1) **운송형태에 따른 분류** [기출] 27, 23, 20, 17회
    ① 간선운송(haul line): 대량의 화물을 취급하는 물류거점 간의 운송으로, 주로 대형트럭을 이용하여 장거리 운송을 함
    ② 지선운송: 물류거점과 소도시 또는 물류센터에서 소비지까지 운송하는 것
    ③ 노선운송: 정기화물과 같이 미리 정해진 노선 및 운송계획에 따라 운송하는 것
    ④ 집배운송: 하나의 차량으로 여러 화주를 순회하면서 화물을 집화, 배송하는 것
    ⑤ 집화운송: 화주의 공장이나 물류센터에서 화물을 수집하여 항만, 철도역, 공항 등의 물류거점까지 중소형 트럭으로 운송하는 것

(2) **자가운송과 영업운송** [기출] 27, 20, 17회
    ① 자가운송: 화주가 자가용 화물자동차를 이용하여 자신의 화물을 운송하는 것
    ② 영업운송: 운송대가를 받기 위하여 운송사업자가 타인의 화물을 수탁하여 운송하는 것

(3) **트럭단위 운송과 콘솔 운송** [기출] 20회
    ① 트럭단위(Truck Load, TL) 운송: 화물운송을 위탁하는 단위가 트럭단위이거나 또는 대량으로 운송을 위탁하여 운송사업자가 트럭단위로 운송을 배정(배차)하는 경우로, 주로 문전(door to door)운송으로 이루어짐
    ② 콘솔운송(Consolidation Load): 하나의 화물자동차에 여러 화주의 화물을 혼재하여 운송하는 것을 말하며, LTL(Less than Truck Load)운송이라고도 함

4. 화물자동차의 분류 및 유형별 종류

(1) 「자동차관리법」에 의한 화물자동차의 분류 기출 27, 18회

구분	유형	기준
화물자동차	일반형	보통의 화물운송용인 것
	덤프형	적재함을 원동기의 힘으로 기울여 적재물을 중력에 의하여 쉽게 미끄러뜨리는 구조의 화물운송용인 것
	밴형	지붕구조의 덮개가 있는 화물운송용인 것 • 물품적재장치의 바닥면적이 승차장치의 바닥면적보다 넓을 것 • 승차정원이 3명 이하일 것
	특수용도형	특정한 용도를 위하여 특수한 구조로 하거나, 기구를 장치한 것으로서 위 어느 형에도 속하지 아니하는 화물운송용인 것
특수자동차	견인형	피견인차의 견인을 전용으로 하는 구조인 것
	구난형	고장·사고 등으로 운행이 곤란한 자동차를 구난·견인할 수 있는 구조인 것
	특수용도형	위 어느 형에도 속하지 아니하는 특수용도용인 것

(2) 화물자동차 종류에 따른 분류 및 특징

① 일반 화물자동차(General Cargo Truck)
  ㉠ 주변에서 일상적으로 볼 수 있는 화물자동차로서 적재함의 윗부분(top)이 개방되어 있고, 옆면과 뒷면은 적재대 바닥과 힌지(hinge)로 연결하여 개방할 수 있는 구조로 되어 있다.
  ㉡ 장점 및 단점

장점	단점
• 후면, 좌우측면, 윗 방향에서 모두 화물적재가 가능하다.(신속한 상하차) • 밴형과 비교해 적재대에 특별장치가 없어 적재량이 많다.	• 적재대 측면이 낮아 정형화된 화물이 아니면 높이 쌓기 부적절하다.(적재량 제한) • 안전운송을 위해 화물을 결박해야 하고, 우천시에는 덮개를 씌워야 하므로 운행의 신속성을 저해한다.

② 밴형 화물자동차(Van Truck) 기출 29, 27, 18회
  ㉠ 일반적으로 탑차라고 불리는 차량으로, 화물적재대에 지붕구조의 덮개가 있는 화물자동차이다.
  ㉡ 탑의 무게로 인해 동급의 다른 화물차에 비해 적재중량이 감소되므로 중량화물보다는 부피화물을 일반적으로 운송한다.
  ㉢ 장·단점

장점	단점
• 화물 결박이나 덮개를 씌울 필요가 없어 상하차가 신속하다. • 화물 낙하와 같은 사고가 적다.	• 적재함보다 크기가 큰 화물은 운송이 곤란하다. • 상하차가 주로 뒷면에서만 이루어지기 때문에 운행의 신속성이 저해된다.

(3) 트레일러

① 트레일러의 개념과 특징 [기출] 18회

㉠ 트레일러(trailer)는 동력 없이 견인차(tractor)에 연결하여 짐이나 사람을 실어 나르는 차량으로, 적하 중량의 일부가 트랙터에 직접 지지되는 세미(semi) 트레일러와 트레일러 단독으로 적하 중량을 지지하는 트레일러가 있다.

㉡ 견인차량 1대에 여러 대의 피견인 차량의 운영이 가능하여 트랙터의 효율적 이용이 가능하고, 컨테이너, 중량물, 장척물 등의 운송이 가능하다.

㉢ 화물운송용 트레일러는 운송물량이 대규모일수록 효과적이며, 복화물량이 적은 편이다.

② 트레일러의 형상에 따른 유형 [기출] 25, 23, 21회

㉠ 평상식 트레일러(Flat Bed Trailer): 하대의 윗부분이 평면으로 된 트레일러로 일반화물, 철강재 등 운송에 적합

㉡ 저상식 트레일러(Low Bed Trailer): 적재를 용이하게 하기 위하여 높이가 낮은 하대를 가진 트레일러로 기중기, 불도저 등 중장비 운송에 적합

㉢ 중저상식 트레일러(Drop Bed Trailer): 하대의 중앙 부위가 평상식보다 낮게 설계된 트레일러로 중량화물, 핫코일(hot coil) 등의 운송에 주로 이용

㉣ 밴 트레일러(van trailer): 하대부분에 박스형의 차체가 장치된 트레일러로서 일반잡화 및 냉동화물 등의 운반용으로 사용

㉤ 오픈탑 트레일러(open top trailer): 밴형 트레일러의 일종으로 천장이 오픈된 형태이며 주로 고척화물 및 석탄, 철광석 등과 같은 화물에 포장을 덮어 운송하는 경우 이용

③ 트레일러의 종류 [기출] 28, 26, 25, 23, 21, 18, 17회

구분	내용
세미(Semi) 트레일러	• 뒤축에만 타이어가 부착되고, 앞 축은 트랙터에 커플러(연결장치)로 지지하여 운행하는 트레일러 • 평판 트레일러는 강관, 장척물, 핫코일 등을 운송하고, 섀시 트레일러는 컨테이너 전용 트레일러로서 차체 무게를 최대한 줄일 수 있는 구조
풀(Full) 트레일러	• 대량화물 운송 시 사용되며 트레일러와 트랙터가 분리되는 트레일러 • 트랙터 한 대에 트레일러 2~3대를 연결할 수 있어 효율적 • 전축과 후축 모두 타이어가 부착되어 있고 특수연결 장치로 연결됨
폴(Pole) 트레일러	• 전신주, H빔, 구조물, 대형목재, 대형 파이프 등 길이가 긴 장척화물 운송용 트레일러 • 트랙터와 트레일러는 길이를 조절할 수 있는 링크로 연결되어 있음 • 트랙터에 장치된 턴테이블에 폴트레일러를 연결하고, 적재함과 턴테이블이 적재물을 고정시켜 운송함
더블(Double) 트레일러	• 트랙터가 세미 트레일러 2량을 연결하여 운행하는 트레일러(주로 미국과 유럽에서 이용)
스케레탈(Skeletal) 트레일러	• 컨테이너 운송을 위해 제작된 트레일러 • 전후단에 컨테이너 고정장치가 부착되어 있으며 20피트용, 40피트용 등 여러 종류가 있음
오픈탑(open top) 트레일러	• 천장이 개구된 형태이며 주로 석탄 및 철광석 등과 같은 화물에 포장을 덮어 운송하는 트레일러

(4) 전용특장차 [기출] 29, 28, 27, 26, 24, 23, 22, 20, 15회

① 전용특장차의 개념

전용특장차(Specialized Truck)는 차량의 적재함을 특수한 화물의 운송에 적합하도록 구조를 갖추거나 특수한 작업이 가능하도록 기계장치를 부착한 차량을 말한다.

② 전용특장차의 종류

구분	내용
덤프 트럭	• 적재함을 기울여 적재물이 중력에 의해 쏟아져 내릴 수 있도록 한 트럭 • 주로 건설현장에서 흙, 모래, 폐기물 등을 운송하기 위해 사용
레미콘 믹서 트럭	• 레미콘을 전문적으로 운송하기 위한 트럭 • 적재함 위에 회전하는 드럼을 부착하고 드럼 속에 생 콘크리트를 뒤섞으면서 운송하는 차량
액체 운송차 (탱크로리)	• 유류, 액체를 운송하기 위해 탱크형의 적재함을 장착 • 화물별로 안전운송을 위한 특수장치 설치
냉동차	• 냉동이나 냉장이 필요한 화물을 운송하기 위한 차량 • 차량에 냉동장치를 장착하여 온도관리 가능
벌크 트럭 (분립체 운송차량)	• 곡물, 사료, 밀가루, 시멘트 등 살화물(벌크화물)을 운반하는 차량
중량물 운송 트럭 (모듈 트럭)	• 다수의 차량을 연결하여 한 대처럼 운행할 수 있는 차량으로, 중량물 운송 가능

③ 전용특장차의 장단점

장점	단점
• 화물의 포장비 절감 • 신속한 상하차로 하역비 절감, 차량의 회전율 향상 • 악천후에도 상하차가 가능 • 화물운송의 안전도를 높일 수 있음	• 소량화물의 운송에는 비효율적 • 귀로 시 복화화물의 확보가 어려움 • 다른 종류의 화물운송에 부적합 • 차량의 가격이 높은 편

(5) 합리화 차량 기출 29, 28, 27, 26, 22회

① 합리화 차량의 개념
  ㉠ 운송하는 화물의 범용성(generality)을 유지하면서도 적재함에 별도의 상하차를 위한 조력장치를 부착하여 적재함 구조를 개선하고, 하역을 합리화하는 설비기기를 차량 자체에 장착하고 있는 차량이다.
  ㉡ 합리화 차량은 상하차 합리화 차량, 적재함구조 합리화 차량, 적재함개폐 합리화 차량, 시스템 차량으로 분류한다.

② 상하차합리화 차량: 효율적인 화물의 상하차를 위해 차체 구조를 개선하거나 상하차 조력장치를 부착한 차량

구분	내용
리프트게이트 장착 차량	적재함 뒷문에 화물을 싣고 내릴 수 있는 리프트를 부착한 차량으로, 지게차 등 상하차장비가 없어도 용이하게 상하차 가능
크레인 장착 차량	트럭 적재함의 앞쪽이나 뒤쪽에 크레인을 장착하여 자신의 화물을 상하차하거나 다른 차량의 화물 상하차 기능을 하는 차량
세이프 로더 (Safe Loader)	적재함의 앞부분을 들어 올려 뒷부분이 지면에 닿도록 함으로써 차량 등이 직접 적재함에 올라갈 수 있게 하거나, 적재함 앞부분에 윈치를 부착해 화물을 끌어올릴 수 있게 하여 상하차를 용이하게 할 수 있도록 한 트럭

③ 적재함 구조 합리화 차량: 적재함의 구조를 개선하여 화물을 보다 안전하고 효율적으로 적재하거나, 적재함에 올려진 화물을 적재대 내에서 효율적으로 이동시키기 위한 장치를 한 차량

구분	내용
리프트플로어 장치 차량	• 적재함 바닥에 레일형 전동리프트를 장착 후 레일을 튀어나오게 하여 화물을 전후방으로 이동시킬 수 있도록 한 차량
롤러컨베이어 장치 차량	• 적재함 중앙에 롤러 컨베이어를 장착하여 박스화물을 전후방으로 이동시킬 수 있도록 한 차량
롤러베드 장치 차량	• 적재함 바닥 전면에 롤러 또는 볼 베어링을 설치하여 적재함의 모든 부분에서 화물을 이동시킬 수 있도록 한 차량
파렛트레일 장치 차량	• 적재함에 B·퀴가 달린 스케이트가 이동할 수 있는 홈을 설치하고 스케이트 위에 화물을 적재한 후 홈을 통해 앞뒤로 이동시킬 수 있도록 한 차량
파렛트 슬라이더 장치 차량	• 적재함 바닥에 파렛트를 적재하여 적재함의 앞뒤로 이동할 수 있는 슬라이더가 장착된 차량
행거 적재함 차량	• 행거를 적재함에 설치해 의류를 구기지 않고 운송할 수 있도록 한 차량
이동식 칸막이 차량 (컨버터블)	• 하나의 적재함 내에 서로 다른 종류의 화물이 적재 가능하도록 중간에 특수장치로 막을 수 있도록 한 차량 • 주로 냉동화물과 냉장화물 또는 일반화물을 동시에 운송 시 활용
기타	• 화물압착 차량: 주로 청소차량에 활용 • 스테빌라이저 부착 차량: 운송화물이 흔들리거나 붕괴되지 않도록 유동을 방지할 수 있도록 한 차량 • 워크스루 밴: 운전석과 적재함 사이에 출입문을 설치한 차량

④ 적재함 개폐 합리화 차량: 밴형 차량의 단점인 상하차 작업 시 후문만 이용함으로써 작업시간이 많이 소요되는 문제점과 하역 장비의 사용, 물류센터의 설비구조 등의 제약을 받는 문제점을 해결하기 위해 적재함의 개폐방법을 개선한 차량

구분	내용
윙보디 차량	• 적재함의 좌우상부를 새의 날개처럼 들어 올릴 수 있도록 한 차량으로 옆면에서 상하차 작업 가능
셔터도어 차량	• 밴형 차량의 도어를 상하 개폐할 수 있게 합리화시킨 차량으로, 적재함 개폐의 신속성, 작업공간 확보 등의 문제 해결
슬라이딩도어 차량	• 화물자동차 측면의 문을 미닫이 식으로 설치하여 측면 전체의 개폐가 가능하도록 제작된 차량 • 주로 무거운 화물(음료수 등)을 운송하는 중·소형 차량에 적용
컨버터블 적재함 차량	• 밴형 차량의 적재함 덮개 전체 또는 측면이 적재함에 설치된 레일을 따라 앞뒤로 개폐될 수 있도록 제작된 차량

⑤ 시스템 차량: 적재화물을 이적하지 않은 상태에서 다른 차량을 이용하여 계속적인 연결운송이 가능하게 하거나, 차량과 적재함을 분리하여 상하차시간 및 대기시간 등을 단축할 수 있도록 제작된 차량

구분	내용
스왑보디(Swap Body) 차량	• 적재함을 서로 교체해서 이용할 수 있도록 제작된 차량 • 컨테이너형 적재함이 차체와 분리 및 장착이 가능하도록 제작하여 화물의 상하차 시 대기시간이 발생하지 않도록 고안된 차량
암롤(Arm Roll) 트럭	• 적재함을 지면에 내려놓은 후 차체에 설치된 적재함 견인용 암(Arm)과 가이드 장치에 의하여 끌어올리도록 제작된 차량 • 파손 염려가 없는 쓰레기수거 차량, 항만에서의 고철 또는 무연탄 같은 벌크운송에 주로 이용

⑥ 기타 화물운송 장비 및 트럭
  ㉠ 유압식 크레인: 하이드로 크레인(Hydro Crane)이라고도 하며, 중·단거리 이동이 가능한 트럭 위에 탑재시킨 장비이다.
  ㉡ 보닛트럭: 상자형 화물실을 갖추고 있는 원동기부의 덮개가 운전실 앞쪽에 나와 있다.
  ㉢ 픽업트럭: 화물실의 지붕이 없고, 옆판이 운전대와 일체로 되어 있다.
  ㉣ 포크리프트 트럭: 화물 적재장치(포크, 램)와 승강장치를 구비하고 있다.

5. 화물자동차의 제원 기출 23, 22, 19회

(1) 치수제원

치수제원은 화물자동차의 안전 및 화물의 적재능력을 결정하는 것으로 화물자동차의 수평·수직으로 측정한 외관상의 크기와 관련된 제원을 말한다.

① 전장(overall length): 화물자동차의 맨 앞에서부터 맨 끝까지의 길이로, 화물자동차의 중심면과 접지면을 평행하게 측정했을 때 부속물(범퍼, 후미등)을 포함한 최대 길이를 말한다. 전장이 길수록 화물의 적재부피가 증가한다.
② 전고(overall height): 화물자동차의 공차 상태에서 접지면으로부터 가장 높은 곳까지 잰 차량의 높이를 말하며, 지하도 및 교량의 통과 높이에 영향을 준다. 이때, 안테나 등은 포함되지 않는다.
③ 전폭(overall width): 자동차의 문을 닫고 중심에서 직각으로 쟀을 때 가장 큰 폭(양쪽의 백미러는 불포함)으로, 전폭이 길수록 주행의 안전성이 높아진다.
④ 축간거리(wheel space)
  ㉠ 앞바퀴 중심과 뒷바퀴 중심 사이의 거리를 말하며, 축간거리에 따라 적재화물의 하중이 각 바퀴에 전달되는 정도가 달라진다. 거리가 길면 차체의 안전성이 좋고, 짧으면 회전 반경이 작아서 커브를 빠르게 돌 수 있다.
  ㉡ 차축이 3개일 경우에는 앞 차축과 중앙 차축 간의 거리를 제1 축간거리, 중앙 차축과 후 차축 간의 거리를 제2 축간거리라 한다. 제1 축간거리가 길수록 적재함의 길이가 커지거나 적재함 중량이 앞바퀴에 많이 전달된다.
⑤ 차륜거리(wheel tread): 좌우 양 차바퀴의 타이어 중심 간의 거리를 말하는 것으로, 차량의 커브길 주행 시 안전과 관계가 있다.
⑥ 하대치수: 화물을 적재할 수 있는 공간(적재함)의 크기이다. 하대높이는 화물적재의 안정성에 영향을 준다.
⑦ 오버행: 화물자동차 바퀴의 중심축에서부터 앞뒤 범퍼까지의 거리이다. 바퀴에 분산되는 하중의 비율에 영향을 미치며, 커브길 주행 시 안전에 영향을 준다.
⑧ 오프셋(off-set): 적재실의 중심으로부터 후축의 중심선까지의 길이로, 후축이 차체중량 및 적재화물의 중량을 담당하는 정도와 관계가 있다. 오프셋이 상대적으로 크면 클수록 하중이 앞으로 이동한다.

(2) 중량 및 하중제원 기출 29, 28, 24, 23, 21, 18회

화물자동차의 자체 무게 및 적정 운송중량, 인원수 등에 대하여 화물자동차가 감당할 수 있는 능력에 대한 제원이다.
① 공차중량(empty vehicle weight): 화물이나 사람이 실리지 않은 상태에서 연료, 냉각수, 윤활유 등을 가득 채우고 운행에 필요한 기본장비(예비 타이어, 부품, 공구, 휴대 물품 등 제외)를 갖춘 상태의 화물차량의 무게를 말한다.
② 최대적재량(max payload)
  ㉠ 화물자동차의 안전운행을 확보하고, 공해를 방지할 수 있는 범위 내에서 그 자동차에 적재할 수 있는 최대의 양을 말한다.
  ㉡ 최대적재량을 초과해서 화물을 싣는 것은 법으로 금지되어 있으며, 최대적재량은 반드시 후면에 표시하도록 의무화되어 있다.

③ 차량 총중량(GVW; Gross Vehicle Weight)
  ㉠ 차량중량, 화물적재량 및 승차중량을 모두 합한 중량을 말한다.
  ㉡ 자동차 연결 총중량은 화물이 최대 적재된 상태의 트레일러와 트랙터의 무게를 합한 중량을 말한다.
④ 축하중(axle weight): 차륜이 지나는 접지면에 걸리는 각 차축당 하중을 말한다. 최대 축하중(maximum authorized axle weight)은 도로, 교량 등의 구조와 강도를 고려하여 도로를 주행하는 일반 자동차에 정해진 한도를 말한다.
⑤ 승차정원(riding capacity): 운전자를 포함한 승차 가능한 최대 인원수를 말한다.
⑥ 최대접지압력: 화물의 최대 적재상태에서 도로 지면 접지부에 미치는 단위면적당 중량을 말한다.

CHAPTER 02 화물자동차의 운영 및 운영관리

1. 화물자동차 운송시스템

(1) 운송시스템 설계를 위한 기본요건 기출 21, 20회

운송시스템이 고객지향적이고 효율적으로 운영될 수 있도록 설계되고 운영되기 위해서는 고객서비스 측면, 경제적 측면, 안전운송 측면 및 사회적 측면 등 4가지 측면에서 고려한 후 설계하여야 한다.

① 지정된 시간 내에 배송목적지에 배송할 수 있는 화물의 확보
② 수송, 배송 및 배차계획 등을 조직적으로 실시
③ 적절한 유통재고량 유지를 위한 다이어그램 배송 등의 운송계획화 및 전체적인 재고의 회전율, 보충 리드타임, 주문주기 등 재고의 수준 및 운송에 영향을 주는 재고 순환주기 등의 계획화
④ 운송계획을 효율적으로 실시하기 위한 생산·판매의 조정
⑤ 수주에서 출하까지 작업의 표준화 및 효율화
⑥ 최저 주문 단위제 등 주문의 평준화

(2) 화물자동차 운송시스템을 설계하기 위한 사전조사 기출 19, 12회

효율적인 운송시스템을 설계하기 위해서는 화물의 특성, 상·하차장의 여건, 고객의 요구사항, 이용하는 도로의 특성, 기타 운송에 영향을 주는 요소들을 충분히 검토하여야 한다.

① 운송할 화물의 종류와 특성(화물의 부피, 중량 등)
② 운송 빈도 및 운송 로트(Lot) 사이즈
③ 운송지역의 교통여건, 운송경로와 거리
④ 출발지와 도착지의 상·하차장 여건
⑤ 운전원 근로조건과 차량운영비용
⑥ 운송비 부담능력

(3) 화물자동차 운송시스템 전략의 10원칙 기출 29, 28, 18, 17회

① 운송과 재고의 상충관계 원칙
  ㉠ 재고수준을 낮추고 다빈도 배송 시 수·배송 단가는 높아지고 전체적인 운송비도 많이 지출된다. 즉, 수·배송비와 재고관리비(창고비, 관리비, 재고에 대한 이자비용 등)는 상충관계(trade-off)에 있다.
  ㉡ 따라서 운송의 형태는 재고관리비와의 상충관계를 고려하여 총비용을 최소화할 수 있도록 설계해야 한다.
② 자가용 차량과 영업용 차량 조합(mix)의 원칙
  ㉠ 근거리 운송의 경우에는 장거리 운송에 비하여 자가용 차량을 이용하는 것이 상대적으로 유리하다. 그리고 물량의 기복이 심한 경우에 자가용 차량만 이용하면 차량의 운휴사태가 자주 발생하게 된다.
  ㉡ 따라서 자가용 차량을 운영하더라도 영업용 차량과 적절하게 혼합하여 최적의 운송비가 지출될 수 있도록 한다.

③ 단일 원거리 운송의 원칙(거리경제의 원칙)

운송화물을 중간에 환적 없이 동일한 운송수단에 의하여 목적지까지 운송하면 중간환적에 따른 하역비용과 운송시간의 지연에 따른 비용지출 증가를 억제할 수 있다.

④ 수·배송 일원화의 원칙
   ㉠ 수송(transportation)과 배송(delivery)을 연결시켜 물류센터 내에 재고를 보관하지 않는 원칙으로, 크로스도킹(Cross-docking)이라고 한다.
   ㉡ 크로스도킹은 재고비를 줄이면서 일정한 구간을 대형차량으로 운송하여 경제성을 확보하고 배송의 효율성을 높이는 효과가 있다.

⑤ 회전수 향상의 원칙

운송을 담당하는 차량의 운행횟수를 늘릴 수 있는 방법을 강구하고 차량의 효율성을 높이기 위한 원칙이다.

⑥ 상·하차 신속의 원칙

차량의 회전수를 증가시키기 위해서는 차량에 상·하차되는 화물을 신속하게 취급함으로써 차량의 대기시간을 줄여야 한다. 이를 위해 상·하차작업의 계획화와 기계화가 필요하다.

⑦ 배송특성 대응의 원칙

효율적인 배송이 되기 위하여 그 지역의 배송특성에 맞는 차량을 선택해야 한다.

⑧ 리드타임 충족의 원칙

어떤 운송수단이나 방법을 이용하더라도 구매자가 희망하는 배송 리드타임을 충족한다면 경제성(수익성)을 기초로 하여 운송수단을 선택해야 한다는 원칙이다.

⑨ 운송단가 분기점의 원칙

영업용 차량을 이용했을 때의 운송단가와 자가용 차량을 이용했을 때의 운송단가를 비교하여 영업용 단가보다 낮으면 자가용 차량을, 높으면 영업용 차량을 이용한다.

⑩ 횡지 관리의 원칙

운송회사 또는 화물자동차를 직접 운영하는 기업이 자신이 직접 운송하지 않고 다른 운송회사 또는 협력회사를 활용하는 것을 말한다. 주로 오지지역의 수·배송에 이용한다.

(4) 배송시스템 설계 `기출` 19, 16회

① 배송의 효율화 방향
   ㉠ **하드웨어 대책**: 배송차량 및 화물 적재도크의 개선, 하역장소의 정비와 확장, 하역 작업의 기계화와 자동화 및 상하차를 위한 기기의 사용 등으로 수·배송 차량의 상·하차 대기시간을 단축시키고 가급적 동시에 많은 양을 운송할 수 있게 하는 방법이다.
   ㉡ **소프트웨어 대책**: 배송의 계획화, 배송화물의 로트(Lot)화, 배송과 출하선의 집약화, 배송의 공동화 및 직접배송을 통한 배송거리의 단축화 등으로, 운송거리를 단축하거나 더 많은 운송이 가능하도록 하는 운영적인 측면을 말한다.

② 배송경로(route)의 정형화를 어렵게 하는 요인들
   ㉠ 교통흐름의 차이와 변화
   ㉡ 수하처의 배송요청시간 차이
   ㉢ 교통의 통제
   ㉣ 주문의 부정형화
   ㉤ 배송처의 작업장 여건
   ㉥ 불특정 다수에 대한 배송
   ㉦ 주문량의 변화

2. 화물자동차 운송정보시스템

(1) 운송관리시스템의 개념 기출 28, 24, 17, 12, 11회

① 운송관리시스템의 주요내용
  ㉠ 운송관리시스템(TMS; Transportation Management System)은 화물자동차의 화물운송을 효율적으로 관리하기 위한 정보체계로서 배송주문의 지리적 분포, 교통정보, 차량의 움직임 정보, 가용차량대수 등에 대한 정보를 기반으로 최적차량 운용과 배송루트 선정을 실현하여 배송리드타임과 운송비를 절감시키는 역할을 한다.
  ㉡ 화물 운송 시 수반되는 자료와 정보를 수집하여 효율적으로 관리하고, 수주과정에서 입력한 정보를 기초로 비용이 저렴한 수송경로와 수송수단을 제공하는 시스템이다.
  ㉢ 최적의 운송계획 및 차량의 일정을 관리하며 화물추적, 운임계산 자동화 등의 기능을 수행한다.
  ㉣ 고객의 다양한 요구를 수용하면서 수·배송비용, 재고비용 등 총비용을 절감할 수 있다.
  ㉤ 공급배송망 전반에 걸쳐 재고 및 운반비 절감, 대응력 개선, 공급업체와 필요부서 간의 적기 납품을 실현할 수 있다.

② 운송관리시스템의 구성
  TMS는 지능형 교통시스템(ITS), 위성위치추적시스템(GPS), 이동체위치추적시스템(AVLS), 주파수 공용통신(TRS), 운송경로시스템(Routing System), 위치기반서비스(LBS) 등으로 구성된다.

(2) 지능형 교통시스템(ITS; Intelligent Transportation System) 기출 27, 21, 17, 14회

① ITS의 의의
  ㉠ ITS는 도로와 차량, 사람과 화물을 정보네트워크로 연결하여 교통체증의 완화와 교통사고의 감소, 환경문제의 개선 등을 실현할 수 있는 시스템이다.
  ㉡ 물류에서는 ITS를 이용하여 신속한 운송, 실시간 화물추적, 정시운송 확보 등이 가능하다.
  ㉢ ITS는 첨단교통관리시스템(ATMS), 첨단교통정보시스템(ATIS), 첨단차량 및 도로시스템(AVHS), 첨단대중교통시스템(APTS), 첨단화물운송시스템(CVO)으로 구성된다.

② 첨단화물운송시스템(CVO; Commercial Vehicle Operation)
  ㉠ CVO는 컴퓨터를 통해 각 차량의 위치, 운행상태, 차내 상황 등을 관제실에서 파악하고 실시간으로 최적운행을 지시함으로써 물류비용을 절감하고, 통행료 자동징수, 위험물 적재차량관리 등을 통해 물류의 합리화와 안전성 제고의 도모가 가능하다.
  ㉡ CVO의 하위 시스템으로는 화물 및 화물차량관리 시스템(FFMS; Freight and Fleet Management System), 위험물 차량관리 시스템(HMMS; Hazardous Material Management System)이 있다.

③ 적재관리시스템(VMS; Vanning Management System)
  ㉠ VMS는 화물의 물량, 중량, 부피 등에 따라 적절한 화물차에 효율적으로 적재될 수 있도록 차량의 소요 및 배차, 적재위치 등을 지정해주는 시스템이다.
  ㉡ 출하되는 화물의 양(중량 및 부피)에 따라 적정한 크기의 차량선택과 1대의 차량에 몇 개 배송처의 화물을 적재할 것인지를 계산해 내고, 화물의 형상 및 중량에 따라 적재함의 어떤 부분에 화물을 적재해야 가장 효율적인 적재가 될 것인지를 시뮬레이션을 통하여 알려준다.

(3) GPS, AVLS, TRS 등 기출 23, 21, 18, 17, 14회

① GPS(Global Positioning System, 위성위치추적시스템)
  ㉠ 위성위치추적시스템(GPS)은 인공위성과 통신망을 이용하여 지구 어느 곳에서도 실시간 위치파악이 가능하도록 구축된 시스템이다.

ⓒ 미 국방성이 군사용으로 개발한 항법지원시스템으로 물류정보시스템에 응용함으로써 화물추적서비스, 운행하는 운송수단의 관리와 통제에 유용하게 활용될 수 있다.

ⓒ 최소 3개의 위성으로 위치를 파악하고, 위성이 4개 이상이면 대상의 위치한 고도까지 측정이 가능하다.

② GIS-T(GIS for Transportation, 교통지리정보시스템)

교통지리정보시스템 GIS-T는 디지털 지도에 각종 정보를 연결하여 관리하고 분석, 응용하는 시스템의 통칭이다.

③ AVLS(Automatic Vehicle Location System, 차량위치추적시스템)

차량위치추적시스템(AVLS)은 위성으로부터 받은 신호로 이동체의 위치 및 이동상태를 파악하여 차량의 최적 배치 및 파견, 실태파악 및 분석 안내, 통제, 운영할 수 있는 작업들을 지능화한 시스템이다.

④ TRS(Trunked Radio System, 주파수 공용통신)

ⓒ 주파수 공용통신 TRS는 중개국에 할당된 다수의 주파수 채널을 여러 사용자들이 공동으로 사용하는 무선통신 서비스로 운송수단에 탑재하여 이동 간의 정보를 실시간으로 송·수신할 수 있다.

ⓒ TRS가 제공하는 서비스는 GPS와 연계한 화물추적, 음성통화, 공중망 접속통화, 데이터 통신 등이다.

⑤ LBS(Location Based Service, 위치기반서비스)

ⓒ 위치기반서비스 LBS는 휴대폰이나 PDA 같은 이동통신망과 ICT를 종합적으로 활용한 위치정보기반의 시스템 및 서비스를 말한다.

ⓒ LBS는 운전편의 정보, 대중교통정보, 경로탐색 및 설정, 위치추적, 분실 단말기 추적 등에 이용된다.

⑥ Routing System(운송경로시스템)

ⓒ 라우팅시스템이란 화물자동차의 운행경로와 배송처를 최적으로 설정해 주는 정보시스템을 말한다.

ⓒ 택배업체와 배송업체 등에서 운송화물의 양, 운행거리, 운행소요시간, 작업시간, 방문요구시간 등의 제약조건을 고려하여 시뮬레이션기법을 통해 가장 효율적인 운송경로를 산출한다.

3. 화물자동차의 운영관리

(1) 화물자동차 운영효율성지표 기출 20, 11회

① 생산성지표(index of productivity)

생산성지표는 차량 1대가 일정기간 동안 어느 정도의 운송실적을 달성했는가를 나타내는 지표로서, 운송서비스 생산성과 매출 생산성으로 구분한다.

㉠ 운송서비스 생산성

몇 톤(ton)의 화물을 몇 킬로미터(km) 운송하였는가를 의미하며, 일반적으로 ton·km 단위로 표시한다. 따라서 ton·km는 가장 기본적인 운송서비스의 생산성 단위라고 할 수 있다.

구분	내용
ton·km	• 적재화물의 양(ton으로 환산)과 운송거리를 곱하여 산출 • 운송 ton·km = Σ(적재량×영차운송거리)
운행 km	• 화물자동차가 일정 기간(1일 또는 1개월 등) 동안 몇 km 운행했는가에 대한 실적치
영차 km	• 화물자동차가 일정 기간 동안 화물을 적재하고 운행한 거리가 몇 km인지 나타내는 지표 • 적재중량을 정확히 산출하기 어려운 경우 적용
운송량	• 실제 화물자동차에 적재하고 운송한 양 • 주로 ton, CBM(CuBic Meter), 박스, 파렛트 등의 단위로 계산

ⓒ 매출 생산성

화물자동차 운송결과에 따른 매출액을 나타내는 지표로서 운송하는 화물의 단위당 원가, 운송거리, 전체 운송량 등에 의해 결정된다.

구분	내용
매출총액	운송업자가 일정 기간 동안 화물운송을 통해 실현한 총금액으로, 주로 목표대비 실적달성을 관리하기 위해 산출
ton·km당 매출액	매출액을 총 운송 ton·km로 나누어 산출한 지표로, 실질적인 생산단위당 매출액을 알 수 있음
운송단위당 매출액	매출액을 운송한 양(ton)으로 나누어 산출한 지표로서 평균 운송단가기준을 알 수 있음
영차거리당 매출액	매출액을 영차운행거리로 나누어 산출한 지표로, 화물을 적재하고 1km 운행하는 데 얼마의 매출을 올리는가를 알 수 있음
운행거리당 매출액	매출액을 총운행거리로 나누어 산출한 지표(공차운행거리 포함)

② 효율성지표(index of efficiency)

효율성지표는 화물자동차의 운영 및 관리를 얼마나 효율적으로 수행했느냐를 판단하는 지표이다.

㉠ 운영효율성 빈출 29, 28, 26, 25, 24, 22, 21, 20, 16, 15회

차량의 운송 및 운행실적을 평가하는 지표로, 가동률, 회전율, 영차율, 복화율 및 적재율 등이 있다.

구분	내용
가동률	• 일정 기간 동안 화물의 운송을 하거나 운송을 위해 운행한 시간의 목표와 실적치의 비율 • 가동률＝실 운행일수/목표 운행일수 또는 실 총운행시간/목표운행시간
회전율	• 차량이 일정한 시간 내에 화물을 운송한 횟수 • 회전율＝총운송량/평균적재량 또는 총영차거리/평균영차거리
영차율	• 총 운행거리 중 실제 화물을 적재하고 운행한 비율 • 영차율(실차율)＝영차운행거리(적재운행거리)/총운행거리
복화율	• 편도운송을 한 후 귀로에 복화운송을 몇 회 수행했느냐를 나타내는 지표 • 복화율＝귀로 시 영차운행횟수/편도운행횟수
적재율	• 화물자동차의 적재적량 대비 실제 화물을 적재하고 운행한 비율 • 총운행적재율 ＝ $\frac{(총운송량/총운행횟수)}{차량\ 적재적량}$ • 영차운행적재율 ＝ $\frac{(총운송량/적재운행횟수)}{차량\ 적재적량}$ • 적재효율 ＝ Σ 통행당 ton·km/(적재능력×총운행거리)

ⓒ 비용 효율성

사용기준에 비하여 비용이 효율적으로 집행되었는가를 관리하기 위한 지표로, 그 지표들은 다음과 같다.

구분	내용
ton당 운송비	운송화물 ton당(또는 1단위당) 화물운송에 어느 정도의 비용을 사용하고 있는지를 나타내는 지표
ton·km당 운송비	운송서비스 1단위(ton·km)당 어느 정도의 비용을 사용하고 있는가를 알아보는 지표
운행거리당 운송비	일정 기간(1일 또는 1개월) 동안 화물자동차를 운영하는 데 관련 비용을 총 운송거리로 나누어 산출한 지표
운행거리당 고정비	화물차량의 운영비 중 고정비에 해당하는 비용을 운행거리로 나누어 산출하는 지표로, 운행거리가 증가할수록 거리당 고정비 감소
운행거리당 변동비	화물차량의 운영비 중 변동비에 해당하는 비용을 운행거리로 나누어 산출하는 지표로, 운행거리에 비례하여 변동비(연료비, 타이어비, 수리비 등) 증가

(2) 운송효율성의 향상 방법 기출 29, 28, 27, 25, 24, 20, 17회

① 수·배송의 대형화
  ㉠ 회당 운송단위물량을 대형화하여 대형 화물자동차로 운송 시 규모의 경제(economies of scale)가 발생하여 운송단가가 낮아지게 되므로 운송효율성이 향상된다.
  ㉡ 운송단위물량을 대형화하는 방법으로 여러 화주의 화물을 혼재(consolidation)하는 콘솔 운송시스템 등을 활용할 수 있다.

② 회전율의 최대화
  ㉠ 회전율(turnover rate)은 차량이 일정한 시간 내에 화물을 운송한 횟수의 비율을 나타내는 지표이다.
  ㉡ 회전율을 최대화하는 방법으로는 목적지까지 최단거리 코스 운행, 상·하차 장비의 기계화를 통한 상·하차 시간 및 상·하차 대기시간의 단축, 효율적인 배차의 혼합 이용, 다른 운송수단과 연계한 복합운송의 활용, 중간환승시스템의 이용, Meet Point 시스템의 이용 등이 있다.

③ 적재율의 최대화
  ㉠ 적재율은 화물차량의 적재적량 대비 실제 화물을 얼마나 적재하고 운행했는지를 나타내는 지표이다.
  ㉡ 적재율을 최대화하는 방법으로는 운송화물의 특성에 맞는 적정한 차종을 선택하여 운송, 적재방법의 개선, 운송량이 적은 경우 다수의 배송처를 묶어서 차량 1대로 운송(콘솔 운송 활용)하는 방법 등이 있다.

④ 영차율의 최대화
  ㉠ 영차율은 전체 운행거리 중에 실제로 화물을 적재하고 운행한 비율을 나타내는 지표이다.
  ㉡ 영차율을 최대화하는 방법으로는 화물정보시스템의 이용, 업체 간의 네트워크에 의한 운송의 제휴, 릴레이 운송·마거릿형 배송루트 이용·밀크런(Milk run) 운송방식 이용 등이 있다.

> **짚고 넘어가기** 영차율을 최대화하기 위한 운송 방식
> - 릴레이 운송: 1차적으로 운송을 완료한 차량이 출발지로 돌아오는 복화화물이 확보되지 않았을 때, 다른 지역으로 운송될 화물이 있으면 그 화물을 적재하고 다른 지역으로 운송 후, 다시 처음 출발했던 지역으로 운송될 화물을 구하여 돌아오는 방식
> - 마거릿형 배송루트 이용: 배송차량이 물류센터를 출발하며 배송을 시작하여 최종은 물류센터 인근에서 배송업무가 끝나게 설계된 배송루트로서, 공차운행이 거의 발생하지 않는 특징이 있음
> - 밀크런(Milk run) 운송: 트럭 등이 각 공급업체를 순회하면서 화물을 집화하는 방식

⑤ 가동률의 최대화
  ㉠ 가동률은 화물을 일정 기간(1일 또는 1개월) 동안 실제가동시간과 목표시간과의 비율을 나타내는 지표이다.
  ㉡ 가동률을 최대화하는 방법으로는 1차량 기사 2인 동승제도, 예비 운전기사제도 운영, 충분한 운송물량의 확보, 차량의 성능유지 및 관리 및 사고가 발생하지 않도록 안전관리시스템 구축 등을 들 수 있다.

4. 화물자동차 운송운임의 결정요인

화물운임은 운송수단을 이용하여 화물을 목적지까지 이동시킨 것에 대해 운송업자가 받는 금전적인 대가를 말한다.

(1) 화물운임결정이론 기출 24회

① 용역가치설
  ㉠ 수요자가 운송용역에 대한 가치를 인정할 때 운임이 결정된다는 주장이다.
  ㉡ 동일한 운송용역일지라도 수요자의 주관적인 가치판단에 따라 운임이 달라질 수 있다.

② 운임부담력설
　㉠ 운임이 수요자의 운임부담능력에 의해 결정된다는 주장이다.
　㉡ 항공 여객수송에 등급별 차별요금이 적용되듯이 화물에도 저가품과 고가품, 긴급물품 등 수요자의 부담능력에 따라 운임이 결정되는 것을 말한다.

③ 생산비설
　㉠ 운임은 최종적으로 생산비(운송원가)에 근거하여 결정된다는 설이다.
　㉡ 원가설, 운임비용설, 생산가격설이라고도 한다.

④ 일반균형이론
　㉠ 운임은 수급만으로 결정되는 것이 아니라, 다른 상품가격과 관계를 맺고 가격이 결정된다는 이론이다.
　㉡ 운임도 가격의 일종으로 보고 일반상품의 가격과 동일 선상에 두는 견해이다.

(2) 화물운임의 결정요인 빈출 28, 25, 24, 23, 22, 20, 18, 17, 14, 13회

① 운송거리(distance)
　㉠ 운송거리가 길어질수록 총 운송원가는 증가한다. 그러나 운송거리가 길어질수록 ton·km당 운임은 낮아진다.
　㉡ 운송거리는 연료비, 수리비, 타이어비 등 변동비에 영향을 주는 요인이다.

② 운송되는 화물의 크기(volume)
　한 번에 운송되는 화물의 단위(부피, 무게)가 클수록 대형화물차를 이용하게 되므로 단위당 운임은 낮아진다.

③ 밀도(density)
　㉠ 같은 무게의 경우에 부피가 작은 화물이 밀도가 높으므로 운임은 낮아진다.
　㉡ 밀도가 높은 화물은 동일한 용적을 갖는 용기에 많이 적재하여 운송할 수 있다.

④ 적재성(stowability)
　㉠ 적재성은 제품규격이 운송수단의 적재공간 활용에 영향을 미치는 정도를 나타내는 것을 말한다.
　㉡ 적재작업이 어렵고 적재성이 떨어질수록 운임은 높아진다.
　㉢ 물류용기인 컨테이너나 파렛트를 이용하는 이유는 적재성을 높여 운임을 낮추고 효율성을 크게 하기 위함이다.
　㉣ 화물형상의 비정형성은 적재작업을 어렵게 하고 적재공간의 효율성을 떨어지게 한다.

⑤ 취급(handling)
　㉠ 화물의 상·하차 시 다수의 인력을 사용하거나 특수장비 사용 및 화물취급이 어렵거나 시간이 많이 소요되는 경우 운송원가는 높아진다.
　㉡ 운송되는 화물의 취급단위(또는 운송량)가 클수록 운송단위당(톤당) 고정비는 낮아진다.

⑥ 책임(liability)
　화물의 파손, 분실 등 사고발생 가능성이 높아지면 운임도 높아진다.

⑦ 시장요인(market factors)
　화물운송시장에서의 경쟁상황(수요와 공급)이 최종적인 화물운임 결정의 중요 요소이다.

5. 화물운임의 종류 기출 25, 20, 19, 18, 13회

(1) 운송량 기준 운임

① 실 운송량 비례운임: 계약 또는 합의한 운송단위당 운송단가(운임률)를 적용하여 실제 운송량의 운임을 계산하는 방법이다.

② 운송수단의 크기기준 운임
- ㉠ 운송단위당 운송단가를 적용하기로 계약했더라도 실제로는 이용한 운송수단의 크기를 기준으로 운임을 지급하는 형태이다.
- ㉡ 사용된 차량의 운송능력만큼 적재하지 못하더라도 운송능력에 맞추어 운임을 지급하는 형태이며, 화물 비적재 공간(dead space)에 대해서도 운임(부적운임 또는 공적운임, dead freight)을 부과한다.

③ 총 운송량 기준 운임
- ㉠ 일정기간 동안의 기준운송량을 정하고 그 기준량을 초과하여 운송하면 낮은 운임률을, 부족하게 운송하면 높은 운임률을 각각 적용하여 운임을 계산하는 방법이다.
- ㉡ 가능한 한 많은 물량을 유치하기 위한 방법으로, 운송업체들이 인센티브 요율을 적용할 때 이용된다.

(2) 운송거리 기준 운임

① 단일운임(Uniform Rates) 기출 27회
- ㉠ 운송거리와 상관없이 단일요금을 적용하는 운임체계로, 일반적으로 우체국 소포 및 택배업체들이 활용한다.
- ㉡ 운송물량이 다수이고 목적지가 다수일 때 운송업자는 모든 운송화물에 대하여 도착지별로 운임을 정하고서 운송실적에 따라 청구·확인·정산해야 하는 번거로운 관리업무를 단순화한다는 장점이 있다.
- ㉢ 단일운임은 운송거리와 관계없이 화주에게 운송비를 적용하므로 운임차별의 문제를 발생시키는 문제가 있다.

② 비례운임(Proportional Rates)
- ㉠ 운임을 운송거리와 비례하여 변동시키는 운임체계로, 운송거리에 운송물량과 요율을 곱하여 산출하는데 실질적인 운송원가를 무시하고 적용하므로 편리하게 운송운임을 산출할 수 있다.
- ㉡ 장거리 운송화물의 경우에는 화주가 손해를 보며, 근거리 운송화물의 경우에는 운송업자가 손해를 볼 수 있다는 문제점이 있다.

③ 체감운임(Tapering Rates) 기출 13회
- ㉠ 일반적인 운임은 체감원칙이 적용되며, 가장 일반적으로 적용하고 있는 합리적인 방법이다.
- ㉡ 운송수단의 운송원가 중 변동비는 운송거리에 따라 비례적으로 변동하지만 고정비(감가상각비, 보험료, 세금, 터미널 비용 및 인건비 등)는 운송거리가 증가함에 따라 운송단위당 비용이 감소하는 특성을 반영한 운임이다.

④ 지역(구역)운임제(Blanket Rates) 기출 20회
- ㉠ 특정지역으로 운송되는 화물에 대하여는 동일한 운임을 적용하는 것으로, 장거리 구간에 운송되는 재화와 제품의 생산과 소비가 특정지역으로 집중되는 경우에 적용되는 가장 일반적인 운임이라고 할 수 있다.
- ㉡ 화주와 운송업자 간 장기적인 계약하에 운송을 하는 경우보다는 운송수요가 발생할 때마다 운송시장에서 필요한 차량을 선택하여 운임을 결정할 때 주로 이용된다.

(3) 수요기준 운임 기출 28회

화주의 운임부담능력을 토대로 운송인이 내리는 의사결정에 따라 운임수준이 결정되는 운임으로, 이는 운송원가와 상관없이 운임수준을 정하는 것으로서 운임체계를 왜곡시킬 수 있는 방법이다.

(4) 대절운임(렌트)

화주가 일정 기간 또는 일정 구간을 운송인으로부터 운송 장비를 렌트하여 계약조건 안에서 사용하는 방법이다.

(5) 특별서비스 요금 기출 19회

① 운송인이 제공하는 운송에 대한 대가 이외의 각종 시설이나 서비스 제공에 대한 대가를 포함하는 요금이다.

② 목적지 변경, 수하인 변경, 다수의 목적지 경유, 특별한 화물의 보호, 일시적인 보관, 주문처리, 크로스도킹, 콘솔운송(혼재화물운송) 등과 같은 부대서비스를 제공한 대가를 고려한 요금이다.

(6) 화물운임의 분류기준에 의한 화물운임의 종류

① 지급시기에 따른 분류
  ㉠ 선불운임(Freight prepaid): 운송을 의뢰하면서 동시에 운임을 지급하는 경우의 운임
  ㉡ 후불운임(Freight collect): 일정 기간 동안의 운송한 결과를 종합하여 청구 시 운임을 내는 형태의 운임
  ㉢ 착불운임(Arrival rate): 화물이 목적지에 도착하여 화물을 인계하면서 수취인으로부터 운임을 받는 형태의 운임

② 계산방법에 따른 분류
  ㉠ 등급운임(Class rate): 운송수단이나 화물적재실의 등급(화물의 안정성, 화물특성에 따른 서비스 등)에 따라 운임을 달리하는 형태
  ㉡ 거리비례운임(Mileage rate): 운송거리에 비례하여 운임이 증가하는 형태로 ton·km당 고정된 운임을 적용
  ㉢ 거리체감운임(Tapering rate): 운송거리가 증가할수록 ton·km당 운송단가가 감소되는 형태의 운임
  ㉣ 지역운임(Zone rate): 일정한 지역별로 동일한 운임을 적용
  ㉤ 균일운임(Uniform rate): 지역 또는 운송거리에 관계없이 동일한 단위의 운임을 적용

③ 공시 여부에 따른 분류
  ㉠ 인가운임: 정부 또는 운임 인가기관에서 소비자에게 수수할 수 있도록 승인된 운임
  ㉡ 신고운임: 운송업체 또는 관련단체가 정부 또는 인증기관 등에 수요자에게 받을 운임을 정하여 신고하여 수리된 운임
  ㉢ 자유(경쟁)운임(Open rate): 운송서비스 공급자와 수요자가 합의하여 적용하는 운임

④ 부과방법에 따른 분류 **기출** 29, 28, 27, 20, 10회
  ㉠ 종가운임(Ad valorem, valuation rate): 운송되는 화물의 가격(송장가액)에 따라 달라지는 형태의 운임
  ㉡ 최저운임(Minimum rate): 일정한 수준 이하의 운송량을 적재하거나 일정거리 이하의 거리운송 등으로 실 운임이 일정수준 이하로 계산될 때 적용하는 최저수준의 운임
  ㉢ 특별(예외)운임(Special or Exceptional rate): 주로 해상운송에서 적용하는 운임으로서 해운동맹이 비동맹과 경쟁하기 위하여 일정조건을 갖춘 경우 요율을 인하하여 부과하는 운임으로, 특정구간에서 경쟁업체를 퇴출하기 위해 운송원가보다 훨씬 낮은 운임을 적용
  ㉣ 차별운임(Discriminatory rate): 운송거리, 차량의 크기, 서비스의 수준, 운송량 수준, 운송시간 등에 따라 요율을 달리하는 형태의 운임
  ㉤ 품목 무차별 운임(FAK rate; Freight All Kinds rate): 품목에 관계없이 동일하게 적용하는 운임으로, 선사가 LCL(Less than Container Load cargo)화물의 혼재업(consolidation)을 주로 하는 무선박운송인(Non-Vessel Operating Common Carrier; NVOCC) 또는 해상화물 주선업자(ocean freight forwarder)의 화물을 위하여 설정한 운임 **기출** 20회
  ㉥ 품목별 운임(Commodity rate): 운송하는 품목에 따라 요율을 달리하는 운임
  ㉦ 계약운임(Contract rate): 운임을 운송업자와 의뢰자가 별도 운송계약을 체결하고 그 계약서에 기초하여 적용하는 운임
  ㉧ 할증운임(Additional or Surcharge rate): 기본운임 외에 특별서비스를 제공하거나 일정 수준 이상의 운송성과를 올렸을 때 적용할 수 있는 운임
  ㉨ 반송운임(Back freight): 목적지에 도착한 후 인수거부, 인계불능 등에 의하여 반송하고 받는 운임

⑤ 운송 정도에 따른 분류
  ㉠ 비례운임(Pro rate freight): 운송이 이루어진 비율에 따라 운임을 수수하는 형태
  ㉡ 전액운임(Full freight): 서비스의 완성 정도에 관계없이 계약된 운임 전액을 수수하는 형태

6. 화물자동차 운영원가

(1) 운영원가의 필요성
화물운송의 운임은 운송원가를 기초로 계산되며, 운송원가는 고정비와 변동비, 직접원가와 간접원가, 판매 및 일반관리비 등으로 구분하여 운임에 반영한다.

(2) 고정비와 변동비 기출 29, 28, 26, 24, 23, 22, 21회
① 고정비(fixed cost)
  ㉠ 화물자동차 운송의 원가항목에서 고정비는 운송거리나 운송량과는 관계없이 일정하게 지출되는 비용이다. 예를 들면 운송이 없어도 운전기사의 인건비는 매 기간 지출되므로 고정비에 해당한다.
  ㉡ 고정비 성격의 항목은 운전기사 인건비, 통신비, 복리후생비, 차량의 감가상각비, 차량보험료, 세금과 공과금(통신비) 등이다.
② 변동비(variable cost)
  ㉠ 원가항목에서 변동비는 운송거리나 운송량에 비례하여 발생하는 비용이다.
  ㉡ 변동비는 운송거리나 운송물량 등에 따라 증가하는 비용으로 연료비, 윤활유비, 차량수리비, 타이어 교환비용, 도로통행료, 주차비 등이 포함된다.

CHAPTER 03 화물자동차운송을 위한 관련 물류시설

1. 물류시설, 물류단지 등

(1) 물류시설의 개념 기출 16회
물류시설이란 다음의 시설을 말한다.
① 화물의 운송·보관·하역을 위한 시설
② 화물의 운송·보관·하역과 관련된 가공·조립·분류·수리·포장·상표부착·판매·정보통신 등의 활동을 위한 시설
③ 물류의 공동화·자동화 및 정보화를 위한 시설
④ 위의 시설이 모여 있는 물류터미널 및 물류단지

(2) 물류단지 기출 16, 15, 14회
① 물류단지의 개념
  물류단지는 물류단지시설과 지원시설을 집단적으로 설치·육성하기 위하여 「물류시설의 개발 및 운영에 관한 법률」 제22조에 따라 지정·개발하는 일단의 토지 및 시설로서 도시첨단물류단지와 일반물류단지를 말한다.
② 물류단지의 특징
  ㉠ 물류단지는 물류터미널·공동집배송단지·도소매단지·농수산물도매시장 등의 물류시설과 정보·금융·입주자 편의시설 등의 지원시설을 집단적으로 설치하기 위한 일단의 토지(건물)이다.
  ㉡ 유통구조의 개선과 물류비 절감 및 교통량 증가 문제를 해소하기 위해 도입되었다.

ⓒ 물류단지는 환적, 집배송, 보관, 조립·가공, 컨테이너처리, 통관 등 물류기능을 수행하는 것은 물론 판매, 전시, 포장, 기획 등 상류기능도 수행한다.
ⓔ 물류단지의 입지는 항만·공단·대도시 주변 등 물동량이나 물류시설의 이용 수요가 많은 지역을 대상으로 한다.

③ 일반물류단지시설
일반물류단지시설이란 화물의 운송·집화·하역·분류·포장·가공·조립·통관·보관·판매·정보처리 등을 위하여 일반물류단지 안에 설치되는 다음의 시설을 말한다.
㉠ 물류터미널 및 창고
㉡ 「유통산업발전법」의 대규모점포·전문상가단지·공동집배송센터 및 중소유통공동도매물류센터
㉢ 「농수산물유통 및 가격안정에 관한 법률」의 농수산물도매시장·농수산물공판장 및 농수산물종합유통센터
㉣ 「궤도운송법」에 따른 궤도사업을 경영하는 자가 그 사업에 사용하는 화물의 운송·하역 및 보관 시설
㉤ 「축산물위생관리법」의 작업장
㉥ 「화물자동차 운수사업법」의 화물자동차운수사업에 이용되는 차고, 화물취급소, 그 밖에 화물의 처리를 위한 시설
㉦ 「약사법」에 따른 의약품 도매상의 창고 및 영업소시설
㉧ 「관세법」에 따른 보세창고
㉨ 「수산식품산업의 육성 및 지원에 관한 법률」에 따른 수산물가공업시설(냉동·냉장업 시설만 해당)
㉩ 항만시설 중 항만구역에 있는 화물하역시설 및 화물보관·처리 시설, 공항시설 중 공항구역에 있는 화물운송을 위한 시설과 그 부대시설 및 지원시설, 철도사업자가 그 사업에 사용하는 화물운송·하역 및 보관 시설
㉪ 「자동차관리법」에 따른 자동차매매업을 영위하려는 자 또는 자동차매매업자가 공동으로 사용하려는 사업장, 자동차경매장

④ 지원시설
정보처리시설, 금융·보험·의료·교육·연구시설, 물류단지 종사자 및 이용자의 생활과 편의시설 등을 말한다.

(3) **물류센터** 기출 ▶ 14, 12회

① 물류센터는 공급자와 수요자의 중간에 위치하여 수요와 공급을 통합·계획하는 시설로서 유통과정을 단순화하여 물류비를 절감시킬 수 있다.
② 유통업체가 각 업체의 집·배송센터를 대단위 단지에 집단화시킨 시설로서 다품종 소량품을 공급자로부터 집화하여 이를 환적, 분류, 보관, 재포장 등을 수행하는 곳이다.
③ 다품종 대량의 물품을 공급받아 분류, 보관, 유통가공 등을 통해 적기배송을 하기 위한 시설이다.
④ 재고집약을 통해 적정재고를 유지하고 상류와 물류기능을 분리하여 중복·교차수송이 감소하도록 하는 기능을 한다.

2. 물류터미널과 ICD

(1) **물류터미널** 기출 ▶ 20, 16, 15, 14, 13회

① 물류터미널의 개념
㉠ 물류터미널은 화물자동차 운송 시 물류거점 간 또는 지역 간에 대량운송 및 장거리운송의 운송연결점(Node)기능과 상호중계기능, 도시 내 집배송의 연결점 기능이 이루어지는 시설이다.
㉡ 물류터미널은 화물의 집화·하역 및 이와 관련된 분류·포장·보관·가공·조립·통관 등에 필요 기능을 갖춘 시설물이다.

ⓒ 다만, 가공·조립시설은 가공·조립시설의 전체 바닥면적 합계가 물류터미널의 전체 바닥면적 합계의 4분의 1 이하인 것을 말한다.
② 복합물류터미널
㉠ 복합물류터미널은 2종류 이상의 운송수단 간의 연계운송을 할 수 있는 규모 및 시설을 갖춘 물류터미널이다.
㉡ 복합물류터미널사업을 경영하려는 자는 국토교통부령으로 정하는 바에 따라 국토교통부장관에게 등록하여야 한다.
ⓒ 복합물류터미널을 국토교통부장관에게 등록하기 위해서는 부지면적이 3만 3천 제곱미터 이상이어야 하고, 주차장, 화물취급장, 창고 또는 배송센터를 갖추어야 한다.

(2) 내륙컨테이너기지(ICD; Inland Container Depot) 기출 19, 15, 10회

① ICD의 의의와 기능
ICD는 내륙에 설치된 컨테이너 통관기지로서 수출입화물의 통관기능, 컨테이너 보관, 보세장치기능, 철도와의 연계운송 및 하역, 분류, 집하 및 포장, 화물주선, 컨테이너 화물장치장(CFS; Container Freight Station)에서의 작업기능을 수행한다.

② ICD의 특징
㉠ ICD는 내륙에 위치해있기 때문에 항만구역의 컨테이너터미널에서 이루어지는 마셜링(Marshalling) 기능, 선박에의 적하와 양하기능은 수행할 수 없다. 여기서, 마셜링 기능은 컨테이너를 선박에 선적하고 선박으로부터 양하하는 기능을 말한다.
㉡ ICD는 2종류 이상의 운송수단 간 연계운송을 할 수 있는 규모 및 시설을 갖춘 물류시설로서 화물을 대량으로 모아 한꺼번에 운송함으로써 물류비를 절감하기 위해 구축된 대규모 데포(depot)이다.
ⓒ ICD는 항만이나 공항이 아닌 내륙시설로서 철도가 들어와 있고, 수출입화물의 통관기능, 보세장치기능 등의 기능을 수행하고 있다.

③ 내륙 데포(Inland Depot)와 부두컨테이너터미널의 비교
㉠ 내륙 데포는 내륙의 철도역 등에 설치된 중소 규모의 복합물류터미널로 내륙컨테이너기지(ICD)와는 달리 통관기능이 없는 것이 특징이다.
㉡ 부두컨테이너터미널은 항만에 설치된 컨테이너취급 물류터미널로서 수출입화물의 통관기능, 철도 등의 연계운송, 하역, 컨테이너 보관, 분류 및 포장, CFS 등의 기능을 수행한다.

CHAPTER 04 택배운송

1. 택배운송

(1) 택배의 개념 기출 26, 25, 22, 21, 17회

① 택배표준약관의 정의
택배는 고객의 요청에 따라 운송물을 고객(송하인)의 주택, 사무실 또는 기타의 장소에서 수탁하여 고객(수하인)의 주택, 사무실 또는 기타의 장소까지 운송하여 인도하는 것을 말한다. (「택배표준약관」 제2조)

② 택배의 정의
택배서비스(parcel service, delivery service)는 불특정 다수의 화주의 요청에 의해 소형·소량의 화물을 송하인의 문전에서 집화(pick up)하여 택배업체의 일관 책임하에 수하인의 문전까지 신속하게 배달하는 것을 의미한다. 특송 또는 소화물일관운송이라고도 한다.

(2) 택배운송의 등장 배경 기출 25, 21회
① 다품종 소량생산에 따른 다빈도 배송 요구
② 전자상거래의 활성화
③ 물류전문기업의 등장
④ 소비자 니즈의 다양화 및 고급화
⑤ 일관운송시스템에 대한 필요성 대두
⑥ 재화나 정보의 신속한 전달 요구
⑦ 소득의 증가와 편리성 추구

(3) 택배운송의 특징 기출 28, 27, 26, 25, 22, 21, 19, 11회
① 개인화물부터 기업화물까지 불특정다수의 다품종 소형·소량화물을 대상으로 한다. 따라서, 사업구역 내에 적절한 집배를 위한 적정수의 영업소(네트워크)를 설치하고 운영해야 한다.
② 물류기지, 집배차량, 자동분류기 등 대규모 투자가 필요한 사업이며, 매출액에 비해서 많은 노동력이 소요된다. 따라서 택배운송사업은 장치산업, 네트워크, 정보시스템 및 노동집약적인 특징이 있다.
③ 송화주의 문전에서부터 수화주의 문전까지(door-to-door) 운송인은 일관된 책임운송서비스를 제공한다.
④ 개별화물의 컴퓨터에 의한 관리, 화물추적, 집배차량과의 통신 등이 접목되는 사업이다.
⑤ 집하와 배송이 한 업체에 의해 일관하여 제공되는 운송사업이다.
⑥ 택배업은 화물자동차운송사업자라면 누구도 별도의 허가 없이 영업을 할 수 있다. 즉 택배는 하나의 독립된 업종이나 업태로 분류되어 있지 않고 일반화물자동차운송사업에 포함되어 있다.
⑦ 택배영업용 화물차량은 등록제였으나 현재는 허가제이다.
⑧ 택배에는 지하철 택배도 있다. 지하철을 이용하여 직접 소량의 화물을 운송할 수 있다.
⑨ 현금이나 유가증권 등은 취급금지품목으로 수탁을 거절할 수 있다. 그러나 이를 배송할 경우 처벌규정은 마련되어 있지 않다.
⑩ 집배센터의 최우선 과제는 분류 및 배송활동이다.
⑪ 규격화된 포장서비스를 제공하고, 운임은 화물단위(박스별)로 결정된다.
⑫ 중량은 일반적으로 30kg으로 제한한다. 단, 국제택배(쿠리어 서비스)에서는 80kg까지 취급한다.
⑬ 택배물류는 일반적으로 B2C 택배의 형태이지만 반품이나 회수 및 폐기 등 역물류의 경우에는 C2B 택배 형태가 일반적이다.

2. 택배운영시스템 기출 22회

(1) 간선운송시스템
① 간선운송 시스템의 개념
  ㉠ 간선운송(haul line)은 대량의 화물을 취급하는 물류거점(node) 간에 운송하는 것으로서, 주로 대형차량을 이용하여 장거리 운송을 한다.
  ㉡ 즉, 집화한 화물을 물류터미널에 모으고 이를 배달 지역별로 분류하여 배달취급점으로 도착시키는 시스템을 말한다.
② 간선운송시스템의 종류
  Point to Point 시스템, Hub & Spoke 시스템 및 절충형 시스템 등이 있다.

(2) PTP(Point to Point) 시스템 [기출] 28, 17회

① Point to Point 시스템의 개념

어느 하나의 터미널에서 다른 터미널로 운송할 화물을 각각의 터미널로 직접 발송하는 형태의 운송시스템이다. 어느 한 지역으로 발송하는 화물량이 많은 경우에 유리한 시스템이다.

② Point to Point 시스템의 특징

㉠ 여러 영업점을 순회하면서 화물을 운송하는 셔틀운송이 필요한 방식이므로, 운송노선의 수가 많고 분류작업의 인건비가 증가할 수 있음

㉡ 지역별로 대규모의 터미널 설치가 필요하고, 네트워크 구조는 터미널과 영업소로 이루어짐

㉢ 분류작업이 시간별로 다른 지역으로의 발송작업과 자기 지역으로 온 도착작업으로 구분되어 이루어짐

③ Point to Point 시스템의 장·단점

장점	단점
• 성수기 물량 증가 시 대응능력 양호 • 시간별 배송처리에 유리(셔틀운송) • 다수의 집배차량들의 안전한 시설 이용 • 보관시설의 확보	• 투자비의 증가 • 화물 취급단계의 증가로 파손 및 비용증가 우려 • 신속한 집화 필요성으로 인해 집화 영업시간 단축 • 셔틀운송에 따른 운송비 증가 및 분류작업 인건비 증가

(3) Hub & Spoke 시스템 [기출] 29, 28, 27, 22, 17, 13, 12, 11회

① Hub & Spoke 시스템의 개념

㉠ 자전거 바퀴와 유사한 형태의 네트워크로, 소규모의 터미널 또는 집배센터에서 집화한 화물을 대형터미널(Hub)에 집결시켜 배송할 지역별로 분류한 후 이를 배송지 터미널별로 배송하는 운송시스템이다.

㉡ Hub & Spoke 네트워크의 전통적인 운영 방식은 전국의 각 출발지(Spoke)에서 발생하는 물량을 한 곳(Hub)으로 집중시킨다. 이곳에서 일괄적인 분류작업을 거친 물량은 다시 각 목적지(Spoke)로 보내지게 된다.

㉢ 따라서 n개의 노드(Node)가 있는 경우 (n-1)개의 링크(Link)가 발생한다. 여기서 Node의 수는 Hub와 Spoke를 합한 개수이다.

㉣ 대개 Hub에서는 제품의 보관 기능은 없고 제품의 분류(sorting) 기능을 담당한다. 이 시스템은 중복적 물류거점의 존재, 배달탁송구조의 비효율, 재고 저장공간의 부족 및 낮은 수배송 효율을 해결하고자 하는 대안으로서 도입되었다.

㉤ 물류에서 Point-to-Point의 단선적 수송개념만이 존재하던 1960년대, 예일대학의 프레드 스미스 교수가 Hub-and-Spoke 네트워크의 효율성을 제시하였으며, 자신의 주장이 옳다는 것을 1973년 FedEx라는 회사의 설립을 통해 입증하였다.

㉥ 현재는 다수의 항공사와 택배사가 Hub-and-Spoke 네트워크를 기반으로 한 물류시스템을 구축하고 사업을 영위하고 있다.

② Hub & Spoke 시스템의 특징

㉠ 대규모의 분류능력을 갖춘 대형 허브터미널이 필요

㉡ 기본적으로 셔틀운송이 없음

㉢ 터미널 작업인력이 감소됨

㉣ 운송노선이 단순하며 모든 노선이 허브(중심거점) 중심으로 구축됨

㉤ 허브터미널에서의 중계 작업은 입고와 동시에 분류 및 출고작업이 이루어짐

㉥ 운송범위가 협소한 경우에 적용하는 것은 적합하지 않음

㉦ 국제소화물 일관 운송서비스에 적용하는 것에 적합

ⓞ 노선의 수가 적어 운송의 효율성이 높음
ⓧ 집배센터에 배달 물량이 집중되어 상·하차 여건이 갖추어지지 않으면 배송 지연이 발생할 수 있음

③ Hub & Spoke 시스템의 장·단점

장점	단점
• 터미널 설치비가 적게 소요 • 화물 파손율의 감소 • 집하 영업시간의 확대(집하에 시간적 여유 있음) • 상·하차 및 분류작업 인건비 감소 • 운송비가 적게 소요(대형화 운송)	• 물량 증가 시 배달화물 도착시간 지연(성수기 물량처리의 한계점 발생) • 기존의 허브터미널 능력 초과 시 확장 또는 이전 문제 발생 • 원거리지역 배달물량 도착지연 문제 발생 • 근거리 배달물량도 원거리 허브터미널까지 운송

(4) 택배운송장의 개념 및 역할 기출 25, 21, 19, 14회

① 택배운송장의 개념

택배운송장은 택배사업자와 고객(송하인) 간의 택배계약의 성립과 내용을 증명하기 위하여 택배사업자의 청구에 의하여 고객(송하인)이 발행한 문서로, 유가증권은 아니다.

② 택배운송장의 역할(기능)
   ㉠ 송하인과 택배회사 간의 계약서 역할
   ㉡ 택배요금에 대한 영수증 역할
   ㉢ 송하인과 택배회사 간의 화물인수증 역할
   ㉣ 정보처리자료 역할
   ㉤ 물류활동에 대한 화물취급 지시서 역할
   ㉥ 배달에 대한 증빙 역할
   ㉦ 요금청구서 역할
   ㉧ 화물의 피킹 및 패킹(Picking & Packing) 지시서 역할

③ 택배운송장의 중요성 기출 19, 14회
   ㉠ 계약서의 기능 및 화물취급지시서의 역할을 할 수 있다.
   ㉡ 택배회사가 화물을 송하인으로부터 이상 없이 인수하였음을 증명하는 서류이다.
   ㉢ 선불로 요금을 지불한 경우에는 운송장을 영수증으로 사용할 수 있다.
   ㉣ 운송장에 인쇄된 바코드를 스캐닝함으로써 추적 정보를 생성시켜 주는 역할을 하게 된다.
   ㉤ 배송 완료 후, 배송 여부 등에 대한 책임소재를 확인하는 증거서류 역할을 하게 된다.

(5) 국제택배서비스(Courier service) 기출 23, 21, 10회

① 국제택배서비스의 의의
   ㉠ 국제택배서비스는 국가 간 상업서류 및 소형·경량의 화물을 신속하게 문전 배송하는 국제송달서비스이다.
   ㉡ 「물류정책기본법」과 「항공사업법」에서는 "상업서류송달업"이라고 부르고, "타인의 수요에 맞추어 유상으로 수출입 등에 관한 서류와 그에 딸린 견본품을 항공기를 이용하여 송달하는 사업"으로 정의한다.

② 국제택배서비스의 특징
   ㉠ 관세법상 과세가격이 미화 $250 이하인 물품으로서 견품으로 사용될 것으로 인정되는 물품은 관세가 면제된다.
   ㉡ 통상적으로 다루는 물건은 상업서류, 샘플류(견본품), 경량 개인택배화물이다.(우체국 EMS)
   ㉢ 운임수준은 항공화물보다 고가인 경우가 많다.
   ㉣ 운임은 지상·항공·통관·부대비용을 포함한다.
   ㉤ 적용구간은 송하인과 수하인 간의 전체 요금이다.

CHAPTER 05 택배 표준약관

1. 총칙

(1) 약관의 목적

이 약관은 택배사업자와 고객(송하인) 간의 공정한 택배거래를 위하여 그 계약조건을 정함을 목적으로 한다.

(2) 용어의 정의 기출 27, 25, 23, 18, 17, 16, 15회

① '택배'라 함은 고객의 요청에 따라 운송물을 고객(송하인)의 주택, 사무실 또는 기타의 장소에서 수탁하여 고객(수하인)의 주택, 사무실 또는 기타의 장소까지 운송하여 인도하는 것을 말한다.
② '택배사업자'(이하 '사업자'라 한다)라 함은 택배를 영업으로 하며, 상호가 운송장에 기재된 운송사업자를 말한다.
③ '고객'이라 함은 사업자에게 택배를 보내는 송하인과 받는 수하인을 말한다. 다만, 「약관의 규제에 관한 법률」에 따른 '고객'은 '송하인'을 말한다.
④ '송하인'이라 함은 사업자와 택배계약을 체결한 자로 운송장에 '보내는 자'(또는 '보내는 분')로 명시되어 있는 자를 말한다.
⑤ '수하인'이라 함은 운송물을 수령하는 자로 운송장에 '받는 자'(또는 '받는 분')로 명시되어 있는 자를 말한다.
⑥ '운송장'이라 함은 사업자와 고객(송하인) 간의 택배계약의 성립과 내용을 증명하기 위하여 사업자의 청구에 의하여 고객(송하인)이 발행한 문서를 말한다.
⑦ '수탁'이라 함은 사업자가 택배를 수행하기 위하여 고객(송하인)으로부터 운송물을 수령하는 것을 말한다.
⑧ '인도'라 함은 사업자가 고객(수하인)에게 운송장에 기재된 운송물을 넘겨주는 것을 말한다.
⑨ '손해배상한도액'이라 함은 운송물의 멸실, 훼손 또는 연착 시 사업자가 손해를 배상할 수 있는 최고 한도액을 말한다. 다만, '손해배상한도액'은 고객(송하인)이 운송장에 운송물의 가액을 기재하지 아니한 경우에 한하여 적용되며, 사업자는 손해배상한도액을 미리 이 약관의 별표로 제시하고 운송장에 기재한다.

(3) 약관의 명시 및 설명

① 사업자는 이 약관을 사업장에 게시하며, 택배계약(이하 '계약'이라 한다)을 체결하는 때에 고객(송하인, 수하인)의 요구가 있으면 이를 교부한다.
② 사업자는 계약을 체결하는 때에 고객(송하인)에게 다음의 사항을 설명한다.
　㉠ 고객(송하인)이 운송장에 운송물의 가액을 기재하면 사업자의 손해배상 시 그 가액이 손해배상액의 산정기준이 된다는 사항
　㉡ 고객(송하인)이 운송장에 운송물의 가액을 기재하지 아니하면 사업자의 손해배상 시 손해배상한도액 내에서만 손해배상을 한다는 사항
　㉢ 운송물의 기본운임 정보, 품목별 할증운임 정보, 배송지역 특성에 따른 부가운임 정보 및 운송물 가액에 따른 손해배상한도액 정보 등에 대한 사항
③ 사업자가 ① 및 ②의 규정에 위반하여 계약을 체결한 때에는 당해 약관규정을 계약의 내용으로 주장할 수 없다.

(4) 적용법규 등

이 약관에 규정되지 않은 사항에 대하여는 「화물자동차운수사업법」, 「상법」 등의 법규와 공정한 일반관습에 따른다.

2. 운송물의 수탁

(1) 사업자의 의무
① 사업자는 택배를 이용하고자 하는 자에게 다음의 사항을 홈페이지 및 모바일 앱, 콜센터, 전화 등으로 알기 쉽게 제공하여야 한다.
  ㉠ 택배의 접수방법, 취소, 환불, 변경방법
  ㉡ 택배사고 시 배상접수 방법 및 배상기준, 처리절차 등
  ㉢ 송장번호 입력란
  ㉣ 결제방법
  ㉤ 택배이용약관 또는 운송계약서
② 사업자는 고객응대시스템(콜센터, 어플리케이션 등)을 설치, 운영하여야 하며 고객서비스 만족 수준을 제고시키기 위해 노력하여야 한다.
③ 사업자는 업무상 알게 된 고객(송하인, 수하인)의 개인정보를 개인정보보호법 등 관계법령에 따라 관리하여야 하며, 고객(송하인, 수하인)의 동의 없이 택배업무와 관계없는 제3자에게 제공할 수 없다.
④ 위 사항 이외에도 사업자는 대행 업무를 수행함에 있어 선량한 관리자로서의 주의와 의무를 다하여야 한다.

(2) 송하인의 의무
① 고객(송하인)은 수하인의 주소, 전화번호, 성명, 운송물의 품명 및 표준가액 등을 운송장에 정확하게 작성하여야 한다.
② 고객(송하인)은 규정에 따라 화약류, 인화물질, 밀수품, 군수품, 현금, 카드, 어음, 수표, 유가증권, 계약서, 원고, 서류, 동물, 동물사체 등의 운송물을 위탁하지 않아야 한다.

(3) 운송장 기출 28, 27, 25, 24, 22, 21, 18회
① 사업자는 계약을 체결하는 때에 다음 각 호의 사항을 기재한 운송장을 마련하여 고객(송하인)에게 교부한다.
  ㉠ 사업자의 상호, 대표자명, 주소 및 전화번호, 담당자(집화자) 이름, 운송장 번호
  ㉡ 운송물을 수탁한 당해 사업소(사업자의 본·지점, 출장소 등)의 상호, 대표자명, 주소 및 전화번호
  ㉢ 운송물의 중량 및 용적 구분
  ㉣ 운임 기타 운송에 관한 비용 및 지급방법
  ㉤ 손해배상한도액
    고객(송하인)이 운송장에 운송물의 가액을 기재하지 아니하면 사업자가 손해배상을 할 경우 손해배상한도액은 50만 원이 적용되고, 운송물의 가액에 따라 할증요금을 지급하는 경우에는 각 운송가액 구간별 최고가액이 적용됨을 명시해 놓을 것
  ㉥ 문의처 전화번호
  ㉦ 운송물의 인도 예정 장소 및 인도 예정일
  ㉧ 기타 운송에 관하여 필요한 사항(특급배송, 신선식품 배송 등)
② 고객(송하인)은 ①의 규정에 의하여 교부받은 운송장에 다음 각 호의 사항을 기재하고 기명날인 또는 서명하여 이를 다시 사업자에게 교부한다.
  ㉠ 송하인의 주소, 이름(또는 상호) 및 전화번호
  ㉡ 수하인의 주소, 이름(또는 상호) 및 전화번호

ⓒ 운송물의 종류(품명), 수량 및 가액

　　　고객(송하인)이 운송장에 운송물의 가액을 기재하면 사업자가 손해배상을 할 경우 이 가액이 손해배상액 산정의 기준이 된다는 점을 명시해 놓을 것

　　ⓔ 운송물의 인도예정장소 및 인도예정일(특정 일시에 수하인이 사용할 운송물의 경우에는 그 사용목적, 특정 일시 및 인도예정일시를 기재함)

　　ⓜ 운송상의 특별한 주의사항(훼손, 변질, 부패 등 운송물의 특성구분과 기타 필요한 사항을 기재함)

　　ⓗ 운송장의 작성연월일

(4) 운임의 청구와 유치권 기출 29, 28, 22, 21, 20, 18, 12회

① 사업자는 운송물을 수탁할 때 고객(송하인)에게 운임을 청구할 수 있다. 다만, 고객(송하인)과의 합의에 따라 운송물을 인도할 때 운송물을 받는 자(수하인)에게 청구할 수도 있다.

② ①단서의 경우 고객(수하인)이 운임을 지급하지 않는 때에는 사업자는 운송물을 유치할 수 있다.

③ 운송물이 포장 당 50만 원을 초과하거나 운송상 특별한 주의를 요하는 것일 때에는 사업자는 따로 할증요금을 청구할 수 있다.

④ 고객(송하인, 수하인)의 사유로 운송물을 돌려보내거나, 도착지 주소지가 변경되는 경우, 사업자는 따로 추가 요금을 청구할 수 있다.

⑤ 운임 및 할증요금은 미리 이 약관의 별표로 제시하고 운송장에 기재한다.

(5) 포장 기출 28, 26, 17회

① 고객(송하인)은 운송물을 그 성질, 중량, 용적 등에 따라 운송에 적합하도록 포장하여야 한다.

② 사업자는 운송물의 포장이 운송에 적합하지 아니한 때에는 고객(송하인)에게 필요한 포장을 하도록 청구하거나, 고객(송하인)의 승낙을 얻어 운송 중 발생될 수 있는 충격량을 고려하여 포장을 하여야 한다. 다만, 이 과정에서 추가적인 포장비용이 발생할 경우에는 사업자는 고객(송하인)에게 추가 요금을 청구할 수 있다.

③ 사업자는 ②의 규정을 준수하지 아니하여 발생된 사고시 고객(송하인)에게 손해배상을 하여야 한다.

④ 사업자가 운송물을 운반하는 도중 운송물의 포장이 훼손되어 재포장을 한 경우에는 지체 없이 고객(송하인)에게 그 사실을 알려야 한다.

(6) 외부표시 기출 28회

사업자는 운송물을 수탁한 후 그 포장의 외부에 운송물의 종류·수량, 운송상의 특별한 주의사항, 인도 예정일(시) 등의 필요한 사항을 표시한다.

(7) 운송물의 확인

① 사업자는 운송장에 기재된 운송물의 종류와 수량에 관하여 고객(송하인)의 동의를 얻어 그 참여 하에 이를 확인할 수 있다.

② 사업자가 ①의 규정에 의하여 운송물을 확인한 경우에 운송물의 종류와 수량이 고객(송하인)이 운송장에 기재한 것과 같은 때에는 사업자가 그로 인하여 발생한 비용 또는 손해를 부담하며, 다른 때에는 고객(송하인)이 이를 부담한다.

(8) 운송물의 수탁거절 빈출 29, 26, 25, 24, 23, 22, 21, 19, 18회

사업자는 다음 각 호의 경우에 운송물의 수탁을 거절할 수 있다.

① 고객(송하인)이 운송장에 필요한 사항을 기재하지 아니한 경우

② 고객(송하인)이 (5)의 ②의 규정에 의한 청구나 승낙을 거절하여 운송에 적합한 포장이 되지 않은 경우
③ 고객(송하인)이 (7)의 ①의 규정에 의한 확인을 거절하거나 운송물의 종류와 수량이 운송장에 기재된 것과 다른 경우
④ 운송물 1포장의 크기가 가로·세로·높이 세변의 합이 160cm를 초과하거나, 최장변이 100cm를 초과하는 경우
⑤ 운송물 1포장의 무게가 30kg를 초과하는 경우
⑥ 운송물 1포장의 가액이 300만 원을 초과하는 경우
⑦ 운송물의 인도예정일(시)에 따른 운송이 불가능한 경우
⑧ 운송물이 화약류, 인화물질 등 위험한 물건인 경우
⑨ 운송물이 밀수품, 군수품, 부정임산물 등 관계기관으로부터 허가되지 않거나 위법한 물건인 경우
⑩ 운송물이 현금, 카드, 어음, 수표, 유가증권 등 현금화가 가능한 물건인 경우
⑪ 운송물이 재생 불가능한 계약서, 원고, 서류 등인 경우
⑫ 운송물이 살아 있는 동물, 동물사체 등인 경우
⑬ 운송이 법령, 사회질서 기타 선량한 풍속에 반하는 경우
⑭ 운송이 천재, 지변 기타 불가항력적인 사유로 불가능한 경우

3. 운송물의 인도

(1) 공동운송 또는 타 운송수단의 이용

사업자는 고객(송하인)의 이익을 해치지 않는 범위 내에서 수탁한 운송물을 다른 운송사업자와 협정을 체결하여 공동으로 운송하거나 다른 운송사업자의 운송수단을 이용하여 운송할 수 있다.

(2) 운송물의 인도일 기출 ▶ 22, 21, 17, 12회

① 사업자는 다음의 인도예정일까지 운송물을 인도한다.
  ㉠ 운송장에 인도 예정일의 기재가 있는 경우에는 그 기재된 날
  ㉡ 운송장에 인도 예정일의 기재가 없는 경우에는 운송장에 기재된 운송물의 수탁일로부터 인도예정 장소에 따라 다음 일수에 해당하는 날(일반 지역은 수탁일로부터 2일, 도서 및 산간벽지는 수탁일로부터 3일)
② 사업자는 수하인이 특정 일시에 사용할 운송물을 수탁한 경우에는 운송장에 기재된 인도예정일의 특정 시간까지 운송물을 인도한다.
③ 사업자는 고객(수하인)에 인도 후 운송물 배송의 배송완료 일시, 송장번호 등을 고객(송하인)이 확인할 수 있도록 협력하여야 한다.

(3) 수하인 부재 시의 조치

① 사업자는 운송물의 인도 시 고객(수하인)으로부터 인도확인을 받아야 하며, 고객(수하인)의 대리인에게 운송물을 인도하였을 경우에는 고객(수하인)에게 그 사실을 통지한다.
② 사업자는 고객(수하인)의 부재로 인하여 운송물을 인도할 수 없는 경우에는 고객(송하인, 수하인)과 협의하여 반송하거나, 고객(송하인, 수하인)의 요청 시 고객(송하인, 수하인)과 합의된 장소에 보관하게 할 수 있으며, 이 경우 고객(수하인)과 합의된 장소에 보관하는 때에는 고객(수하인)에 인도가 완료된 것으로 한다.

4. 운송물의 처분

(1) 인도할 수 없는 운송물의 처분 빈출 29회

① 사업자는 고객(수하인)을 확인할 수 없거나(수하인 불명), 고객(수하인)이 운송물의 수령을 거절하거나(수령거절) 수령할 수 없는 경우(수령불능)에는, 운송물을 공탁하거나 경매할 수 있다.

② 사업자는 고객(송하인)에게 1개월 이상의 기간을 정하여 그 기간 내에 운송물의 처분에 관한 지시가 없으면 경매한다는 뜻을 명시하여 운송물의 처분과 관련한 지시를 해 줄 것을 통지한다.
다만, 고객(수하인)의 수령거절 또는 수령불능의 경우에는 먼저 고객(수하인)에게 1주일 이상의 기간을 정하여 수령을 요청하고 그 기간 내에도 수령하지 않는 때에 고객(송하인)에게 통지한다.

③ 사업자는 ②의 규정에 의한 통지가 고객(송하인)에게 도달된 것으로 확인되는 경우에는, 그 도달일로부터 정한 기간 내에 지시가 없으면 운송물을 경매할 수 있다. 그러나 통지가 사업자의 과실 없이 고객(송하인)에게 도달된 것으로 확인될 수 없는 경우에는, 통지를 발송한 날로부터 3개월간 운송물을 보관한 후에 경매할 수 있다.

④ 사업자는 운송물이 멸실 또는 훼손될 염려가 있는 경우에는, 고객(송하인, 수하인)의 이익을 위해 고객(송하인, 수하인)에 대한 통지 없이 즉시 경매할 수 있다.

⑤ 사업자가 운송물을 공탁 또는 경매한 때에는 지체 없이 그 사실을 고객(송하인)에게 통지한다.

⑥ ① 내지 ⑤의 규정에 의한 운송물의 공탁·경매·보관, 통지, 고객(송하인)의 지시에 따른 운송물의 처분 등에 소요되는 비용은 고객(송하인)의 부담으로 하며, 사업자는 운임이 지급되지 않은 경우에는 고객(송하인)에게 운임을 청구할 수 있다.

⑦ 사업자는 운송물을 경매한 때에는 그 대금을 운송물의 경매·보관, 통지 등에 소요되는 비용과 운임(운임이 지급되지 않은 경우에 한함)에 충당하고, 부족한 때에는 고객(송하인)에게 그 지급을 청구하며, 남는 때에는 고객(송하인)에게 반환한다. 이 경우 고객(송하인)에게 반환해야 할 잔액을 고객(송하인)이 수령하지 않거나 수령할 수 없는 때에는, 공탁에 과다한 비용이 소요되지 않는 한, 그 금액을 공탁한다. 기출 17회

(2) 고객의 처분청구권

① 고객(송하인)은 사업자에 대하여 운송의 중지, 운송물의 반환 등의 처분을 청구할 수 있다.

② 사업자는 ①의 규정에 의한 고객(송하인)의 청구가 있는 때에는, 공동운송 또는 타 운송수단의 이용 등으로 인해 운송상 현저한 지장이 발생할 우려가 있는 경우를 제외하고는 이에 응한다. 이 경우에 이미 운송한 비율에 따른 운임과 운송물의 처분에 소요되는 비용은 고객(송하인)의 부담으로 한다.

③ ①의 규정에 의한 고객(송하인)의 청구권은 고객(수하인)에게 운송물을 인도한 때에 소멸한다.

5. 운송물의 사고 기출 26, 22, 19, 17회

(1) 사고발생 시의 조치

① 사업자는 운송물의 수탁 후부터 인도 전까지 전부 멸실을 발견한 때에는 지체 없이 그 사실을 고객(송하인)에게 통지한다.

② 사업자는 운송물의 수탁 후부터 인도 전까지 운송물의 일부 멸실이나 현저한 훼손을 발견하거나, 인도 예정일보다 현저하게 연착될 경우에는 지체 없이 그 사실을 고객(송하인)에게 통지하고, 일정 기간을 정하여 운송물의 처분 방법 및 일자 등에 관한 지시를 해 줄 것을 요청한다.

③ 사업자는 ②의 규정에 의한 고객(송하인)의 지시를 기다릴 여유가 없는 경우 또는 사업자가 정한 기간 내에 지시가 없을 경우에는 고객의 이익을 위하여 운송의 중지, 운송물의 반환 기타의 필요한 처분을 할 수 있다. 이 경우 사업자는 지체 없이 그 사실을 고객(송하인)에게 통지한다.

(2) 사고증명서의 발행

사업자는 운송 중에 발생한 운송물의 멸실, 훼손 또는 연착에 대하여 고객(송하인)의 청구가 있으면 그 발생한 날로부터 1년에 한하여 사고증명서를 발행한다.

6. 사업자의 책임 기출 26, 22, 19, 17회

(1) 책임의 시작

운송물의 멸실, 훼손 또는 연착에 관한 사업자의 책임은 운송물을 고객(송하인)으로부터 수탁한 때로부터 시작된다.

(2) 공동운송 또는 타 운송수단 이용 시 책임

사업자가 다른 운송사업자와 협정을 체결하여 공동으로 운송하거나 다른 운송사업자의 운송수단을 이용하여 운송한 운송물이 멸실, 훼손 또는 연착되는 때에는 이에 대한 책임은 사업자가 부담한다.

(3) 손해배상 기출 26, 23, 21, 19, 15회

① 사업자는 자기 또는 운송 위탁을 받은 자, 기타 운송을 위하여 관여된 자가 운송물의 수탁, 인도, 보관 및 운송에 관하여 주의를 태만히 하지 않았음을 증명하지 못하는 한, ② 내지 ④의 규정에 의하여 운송물의 멸실, 훼손 또는 연착으로 인한 손해를 고객(송하인)에게 배상한다.

② 고객(송하인)이 운송장에 운송물의 가액을 기재한 경우에는 사업자의 손해배상은 다음 내용에 의한다.

　㉠ 전부 또는 일부 멸실된 때: 운송장에 기재된 운송물의 가액을 기준으로 산정한 손해액 또는 고객(송하인)이 입증한 운송물의 손해액(영수증 등)

　㉡ 훼손된 때
　　• 수선이 가능한 경우: 실수선 비용(A/S비용)
　　• 수선이 불가능한 경우: ㉠에 준함

　㉢ 연착되고 일부 멸실 및 훼손되지 않은 때
　　• 일반적인 경우: 인도예정일을 초과한 일수에 사업자가 운송장에 기재한 운임액의 50%를 곱한 금액(초과일수 × 운송장 기재 운임액 × 50%). 다만, 운송장 기재 운임액의 200%를 한도로 함
　　• 특정 일시에 사용할 운송물의 경우: 운송장 기재 운임액의 200%

　㉣ 연착되고 일부 멸실 또는 훼손된 때: ㉠ 또는 ㉡에 준함

③ 고객(송하인)이 운송장에 운송물의 가액을 기재하지 않은 경우에는 사업자의 손해배상은 다음 각 호에 의한다. 이 경우 **손해배상한도액은 50만 원으로 하되, 운송물의 가액에 따라 할증요금을 지급하는 경우의 손해배상한도액은 각 운송가액 구간별 운송물의 최고가액으로 한다.**

　㉠ 전부 멸실된 때: 인도예정일의 인도예정장소에서의 운송물 가액을 기준으로 산정한 손해액 또는 고객(송하인)이 입증한 운송물의 손해액(영수증 등)

　㉡ 일부 멸실된 때: 인도일의 인도장소에서의 운송물 가액을 기준으로 산정한 손해액 또는 고객(송하인)이 입증한 운송물의 손해액(영수증 등)

　㉢ 훼손된 때
　　• 수선이 가능한 경우: 실수선 비용(A/S비용)
　　• 수선이 불가능한 경우: ㉡에 준함

　㉣ 연착되고 일부 멸실 및 훼손되지 않은 때: ②의 ㉢을 준용함

　㉤ 연착되고 일부 멸실 또는 훼손된 때: ㉡ 또는 ㉢에 준하되, '인도일'을 '인도예정일'로 함

④ 운송물의 멸실, 훼손 또는 연착이 사업자 또는 운송 위탁을 받은 자, 기타 운송을 위하여 관여된 자의 고의 또는 중대한 과실로 인하여 발생한 때에는, 사업자는 ②와 ③의 규정에도 불구하고 모든 손해를 배상한다.
⑤ ①에 따른 손해에 대하여 사업자가 고객(송하인)으로부터 배상요청을 받은 경우 고객(송하인)이 영수증 등 ② 내지 ④에 따른 손해입증서류를 제출한 날로부터 30일 이내에 사업자가 우선 배상한다. 단, 손해입증서류가 허위인 경우에는 적용되지 아니한다.

(4) 사고발생시의 운임 등의 환급과 청구 기출 22회
① 운송물의 멸실, 현저한 훼손 또는 연착이 천재지변, 전쟁, 내란 기타 불가항력적인 사유 또는 고객(송하인, 수하인)의 책임없는 사유로 인한 것인 때에는, 사업자는 운임을 비롯하여 통지, 합의, 처분 등에 소요되는 비용을 청구하지 못한다. 사업자가 이미 운임이나 비용을 받은 때에는 이를 환급한다.
② 운송물의 멸실, 현저한 훼손 또는 연착이 운송물의 성질이나 하자 또는 고객(송하인, 수하인)의 과실로 인한 것인 때에는, 사업자는 운임 전액을 비롯하여 통지, 협의, 처분 등에 소요되는 비용을 청구할 수 있다.

(5) 사업자의 면책
사업자는 천재지변, 전쟁, 내란 기타 불가항력적인 사유에 의하여 발생한 운송물의 멸실, 훼손 또는 연착에 대해서는 손해배상책임을 지지 아니한다.

(6) 책임의 특별소멸 사유와 시효 기출 26, 22, 21, 15회
① 운송물의 일부 멸실 또는 훼손에 대한 사업자의 손해배상책임은 고객(수하인)이 운송물을 수령한 날로부터 14일 이내에 그 일부 멸실 또는 훼손에 대한 사실을 고객(송하인)이 사업자에게 통지를 발송하지 아니하면 소멸한다.
② 운송물의 일부 멸실, 훼손 또는 연착에 대한 사업자의 손해배상책임은 고객(수하인)이 운송물을 수령한 날로부터 1년이 경과하면 소멸한다. 다만, 운송물이 전부 멸실된 경우에는 그 인도예정일로부터 기산한다.
③ ①과 ②의 규정은 사업자 또는 그 운송 위탁을 받은 자, 기타 운송을 위하여 관여된 자가 이 운송물의 일부 멸실 또는 훼손의 사실을 알면서 이를 숨기고 운송물을 인도한 경우에는 적용되지 아니한다. 이 경우에는 사업자의 손해배상책임은 고객(수하인)이 운송물을 수령한 날로부터 5년간 존속한다.

(7) 분쟁해결
① 이 계약에 명시되지 아니한 사항 또는 계약의 해석에 관하여 다툼이 있는 경우에는 사업자와 고객(송하인)이 합의하여 결정하되, 합의가 이루어지지 아니한 경우에는 관계법령 및 일반 관례에 따른다.
② ①의 규정에도 불구하고 법률상 분쟁이 발생한 경우에는 사업자 또는 고객(송하인)은 소비자기본법에 따른 분쟁조정기구에 분쟁조정을 신청하거나 중재법 등 다른 법률에 따라 운영 중인 중재기관에 중재를 신청할 수 있다.
③ 이 계약과 관련된 모든 분쟁은 민사소송법상의 관할법원을 전속관할로 한다.

핵심 기출문제

PART 02 공로운송

01

도로운송의 특성에 관한 설명으로 옳은 것을 모두 고른 것은?

> ㄱ. 타 운송수단에 비해 포장비가 저렴하고, 화물 손상률이 낮은 편이다.
> ㄴ. 장거리 대량 운송에 적합하다.
> ㄷ. 원하는 시기에 맞는 탄력적 배차가 용이하다.
> ㄹ. 타 운송수단에 비해 고정비보다는 변동비가 높은 편이다.
> ㅁ. 운송의 자기완결성이 부족한 편이다.

① ㄱ, ㄴ
② ㄱ, ㄹ
③ ㄴ, ㄷ
④ ㄷ, ㄹ
⑤ ㄹ, ㅁ

해설
ㄱ. 타 운송수단에 비해 간편한 포장을 하므로 화물 손상률은 높은 편이다.
ㄴ. 도로운송은 단·중거리 소량운송에 적합하다.
ㅁ. 다른 운송수단에 비해 운송의 자기완결성이 높다. 다른 운송수단은 대부분 운송 전후 도로운송(소운송)이 필요하지만 도로운송은 그 자체로 운송이 완결된다.

정답 | ④

02

화물자동차운송의 분류에 관한 설명으로 옳은 것은?

① 자가운송: 운송대가를 받기 위하여 운송업자가 화물자동차를 확보하고, 타인의 화물용역을 수탁받아 행하는 운송
② 트럭단위(Truck Load)운송: 하나의 화물자동차에 다양한 화주의 화물을 함께 적재하여 행하는 운송
③ 집배운송: 화물자동차를 이용하여 여러 화주를 순회하면서 화물을 집하 및 배송하는 운송
④ 영업운송: 주로 대형차량을 이용하여 대량으로 자기화물을 터미널과 터미널 간에 행하는 운송
⑤ 혼재운송: 단일 화주의 화물을 하나의 화물자동차에 적재하여 행하는 운송

선지분석
①은 영업운송, ②는 혼재운송, ④는 자가운송, ⑤는 트럭단위(Truck Load) 운송에 대한 설명이다.

정답 | ③

03

전용특장차 중 분립체(Solid bulk) 운송 차량에 관한 설명으로 옳은 것은?

① 기계 및 자동차 부품을 운송하는 차량이다.
② 냉동식품이나 야채 등 온도관리가 필요한 화물운송에 사용된다.
③ 시멘트, 곡물 등을 자루에 담지 않고 산물(散物)상태로 운반하는 차량이다.
④ 각종 액체를 운송하기 위한 차량으로서 일반적으로 탱크로리라고 부른다.
⑤ 콘크리트를 뒤섞으면서 토목건설 현장 등으로 운송하는 차량이다.

해설
전용특장차 중 분립체(Solid bulk) 운송차량은 시멘트, 곡물 등을 자루에 담지 않고 산물(bulk)상태로 운반하는 차량이다.

선지분석
②는 냉동차, ④는 액체운송차, ⑤는 믹서트럭(레미콘 차량)이다.

정답 | ③

04

운송시스템의 합리화를 위하여 검토해야 할 사항으로 옳지 않은 것은?

① 트럭의 적재율을 향상시킨다.
② 공차율 극소화를 위하여 차량의 배송빈도를 높인다.
③ 최적 운송수단을 선택한다.
④ 최단 운송루트를 개발한다.
⑤ 물류기기를 개선하고 정보시스템을 정비한다.

해설
공차율을 극소화하기 위해서는 차량의 배송빈도를 낮추어야 한다. 배송빈도가 높아지면 적재율이 낮아지고 공차율은 증가한다.

정답 | ②

05

공로 운송의 운영관리지표에 관한 설명으로 옳은 것은?

① 가동률은 일정기간 동안 화물차량을 실제 운행한 시간과 목표운행 시간과의 비율을 의미하는 지표로 목표가동일수를 실제가동일수로 나누어 산출한다.
② 회전율은 화물차량이 일정시간 내에 화물을 운송한 횟수를 말하는 지표로 평균 적재량을 총운송량으로 나누어 산출한다.
③ 영차율은 전체 화물운송거리 중에서 실제로 얼마나 화물을 적재하고 운행했는지를 나타내는 지표로 적재거리를 총운행거리로 나누어 산출한다.
④ 복화율은 편도운송을 한 후 귀로에 복화운송을 어느 정도 수행했느냐를 나타내는 지표로 편도운행횟수를 귀로 시 영차운행횟수로 나누어 산출한다.
⑤ 적재율은 화물자동차의 적재량 대비 실제 얼마나 화물을 적재하고 운행했는지를 나타내는 지표로 총운행적재율은 차량적재정량을 총운송량으로 나누어 산출한다.

선지분석
① 가동률은 실제가동일수를 목표가동일수로 나누어 산출한다.
② 회전율은 총운송량을 평균 적재량으로 나누어 산출한다.
④ 복화율은 귀로 시 영차운행횟수를 편도운행횟수로 나누어 산출한다.
⑤ 총운행적재율은 총운송량을 차량적재정량으로 나누어 산출한다.

정답 | ③

06

화물자동차의 제원에 관한 설명으로 옳은 것은?

① 최대적재량은 실질적으로 적재운행할 수 있는 화물의 총량으로 도로법령상 적재 가능한 축하중 10톤과는 직접관계가 없다.
② 공차중량은 연료, 냉각수, 윤활유 등을 제외한 운행에 필요한 장비를 갖춘 상태의 중량을 말한다.
③ 차량 총중량은 승차정원을 제외한 화물 최대적재량 적재시의 자동차 전체중량이다.
④ 축하중은 차륜이 지나는 접지 면에 걸리는 전체 차축 하중의 합이다.
⑤ 승차정원은 운전자를 제외한 승차 가능한 최대인원수를 말한다.

해설
화물자동차의 최대적재량은 실질적으로 적재운행할 수 있는 화물의 총량을 의미한다.

선지분석
② 공차중량(empty vehicle weight)은 차량을 운행하는 데 필요한 연료, 냉각수, 윤활유 등을 가득 채우고 운행에 필요한 기본장비는 모두 갖추되, 화물과 사람은 싣지 않은 상태의 차량중량을 의미한다.
③ 차량 총중량은 승차정원을 포함한 화물 최대 적재량 적재 시의 자동차 전체중량이다.
④ 축하중은 차륜이 지나는 접지 면에 걸리는 각 차축당 하중이다.
⑤ 승차정원은 운전자를 포함한 승차 가능한 최대인원수를 말한다.

정답 | ①

07

화물자동차운송정보시스템에 관한 설명으로 옳지 않은 것은?

① ITS는 도로와 차량, 사람과 화물을 정보네트워크로 연결하여 교통체증의 완화와 교통사고의 감소, 환경문제의 개선 등을 실현할 수 있는 시스템이다.
② GIS-T는 디지털 지도에 각종 정보를 연결하여 관리하고 이를 분석, 응용하는 시스템의 통칭이다.
③ AVLS는 위성으로부터 받은 신호로 이동체의 위치 및 이동상태를 파악하여 차량의 최적 배치 및 파견, 실태파악 및 분석 안내, 통제, 운영할 수 있는 작업들을 지능화한 시스템이다.
④ TRS는 중계국에 할당된 다수의 주파수 채널을 여러 사용자들이 공유하여 사용하는 무선통신서비스이다.
⑤ VTS는 화물자동차의 최종 배송지에 대한 최적 운송경로를 검색하는 운송경로시스템이다.

해설
VTS(Vessel Traffic Service)는 해상교통 관제서비스이다. 화물자동차의 최종 배송지에 대한 최적 운송경로를 검색하는 운송경로시스템은 라우팅시스템(Routing System)이다.

정답 | ⑤

08

화물자동차의 운송원가 계산은 운송특성에 맞는 합리적 기준을 설정하고 그 기준에 따른 표준원가를 계산하여야 한다. 운송원가 계산에 관한 설명으로 옳지 않은 것은?

① 고정비는 화물자동차의 운송거리 등과 관계없이 일정하게 발생하는 비용을 말한다.
② 변동비용은 운송거리, 영차거리, 운송 및 적재량 등에 따라 변동되는 원가를 말한다.
③ 고정비 대상항목으로는 감가상각비, 세금과 공과금, 인건비 등이 있다.
④ 변동비는 운전기사의 운전기량에 따라 차이가 발생할 수 있다.
⑤ 변동비 대상항목으로는 연료비, 광열수도료, 복리후생비 등이 있다.

해설
변동비 대상항목으로는 연료비, 차량수리비, 도로통행료, 윤활유비, 타이어 교환비 등이 있다. 광열수도료, 복리후생비는 고정비 항목이다.

정답 | ⑤

09

화물의 운임산정 기준에 관한 설명으로 옳지 않은 것은?

① 개수기준은 중량이나 부피보다는 개수를 기준으로 운임을 산정하는 것이다.
② 종가기준은 고가품에 대하여 수량을 기준으로 운임을 산정하는 것이다.
③ 중량기준은 부피에 비해서 시멘트, 철강과 같이 무거운 화물에 적용되는 것이다.
④ 용적기준은 중량에 비해서 양모, 면화, 코르크, 목재 등과 같이 부피가 큰 화물에 적용되는 것이다.
⑤ 특수화물운임기준은 화약과 같은 특수화물에 대하여 추가 또는 할증운임을 적용하는 것이다.

해설
종가운임(Ad Valorem Freight)은 물품가격을 따르는 운임이라는 뜻으로 금, 은, 유가증권, 귀금속, 예술품 등과 같은 고가품에 대해 송장가격을 기준으로 일정률의 운임을 부과한다.

정답 | ②

10

운임의 종류에 관한 내용으로 옳은 것은?

① 공적운임: 운송계약을 운송수단 단위 또는 일정한 용기 단위로 했을 때 실제로 적재능력만큼 운송하지 않았더라도 부담해야 하는 미적재 운송량에 대한 운임
② 무차별운임: 일정 운송량, 운송거리의 하한선 이하로 운송될 경우 일괄 적용되는 운임
③ 혼재운임: 단일화주의 화물을 운송수단의 적재능력만큼 적재 및 운송하고 적용하는 운임
④ 전액운임: 운송거리에 비례하여 운임이 증가하는 형태의 운임
⑤ 거리체감운임: 운송되는 화물의 가격에 따라 운임의 수준이 달라지는 형태의 운임

해설
공적운임(부적운임, dead freight)은 운송수단 단위로 계약한 경우 미적재 운송량에 대한 운임을 말한다. 즉 선적하기로 계약했던 화물량보다 적재량(실선적량)이 부족한 경우 용선인이 부족분에 대해 지불하는 운임이다.

선지분석
②는 최저운임(Minimum Freight), ③은 만재운임이고 이에 비해 혼재운임은 여러 화주의 화물을 혼재하여 하나의 운송단위로 만들어 운송될 때 부과되는 운임, ④는 비례운임, ⑤는 종가운임(Ad Valorem Freight)에 대한 설명이다.

정답 | ①

11

운송효율을 향상시키는 방법으로 옳지 않은 것은?

① 배차를 장·단거리로 분리하고, 분리된 배차를 각각 전담하게 한다.
② 출하단위와 출하처를 일정 이상이 되도록 하여 운송 물량을 대형화한다.
③ 소량으로 운송되는 화물을 대량으로 운송하기 위해 혼재시스템을 구축한다.
④ 상·하차 대기시간을 줄이고, 차량의 도착 예정시간을 미리 통보하여 하역작업을 준비하게 한다.
⑤ 상·하차 시간을 최대한 단축하기 위해 하역의 기계화 및 하역 장비의 전용화를 한다.

해설
장·단거리 혼합배차는 배차를 장·단거리로 묶어, 오전에 단거리 운송을 한 후 오후에 장거리 운송을 하거나 장거리 운송 완료 후 단거리 운송을 하는 것으로, 차량의 회전율을 향상시킬 수 있다.

정답 | ①

12

다음은 A기업의 1년간 화물자동차 운행실적이다. 운행실적을 통해 얻을 수 있는 운영지표 값에 관한 내용으로 옳은 것은?

- 누적 실제 차량 수: 300대
- 실제 가동 차량 수: 270대
- 트럭의 적재 가능 총 중량: 5톤
- 트럭의 평균 적재 중량: 4톤
- 누적 주행거리: 30,000km
- 실제 적재 주행거리: 21,000km

① 복화율은 90%이다.　② 영차율은 90%이다.
③ 적재율은 90%이다.　④ 가동률은 90%이다.
⑤ 공차거리율은 90%이다.

해설
$$가동률 = \frac{실제\ 운행일수}{목표\ 운행일수} = \frac{실제\ 가동차량\ 수}{누적\ 실제\ 차량\ 수} = \frac{270대}{300대} = 90\%$$이다.

선지분석
① 복화율은 편도운송을 한 후 귀로에 복화운송을 어느 정도 수행했느냐를 나타내는 지표로, 계산 식은 다음과 같다.

$$복화율 = \frac{귀로\ 시\ 영차운행횟수}{편도\ 운행횟수}$$

따라서 문제에서 주어진 자료로는 구할 수 없다.

② 영차율(실차율)은 전체 화물운송거리 중에서 실제로 얼마나 화물을 적재하고 운행했는지를 나타내는 지표로,

$$영차율 = \frac{영차\ 운행거리}{총운행거리} = \frac{21{,}000km}{30{,}000km} = 70\%$$이다.

③ $$적재율 = \frac{평균\ 적재중량}{적재정량(적재\ 가능\ 총중량)} = \frac{4톤}{5톤} = 80\%$$이다.

⑤ 공차율은 전체 주행거리 중 화물을 싣지 않고 운행한 거리비율로, 공차거리율(공차율) = 1 − 영차율 = 1 − 0.7 = 0.3(30%)이다.

정답 | ④

13

다음과 같은 특징을 가진 택배운송 시스템은?

- 노선의 수가 적어 운송의 효율성이 높다.
- 집배센터에 배달 물량이 집중되어 상·하차 여건 부족 시 배송 지연이 발생할 수 있다.
- 모든 노선이 중심거점 위주로 구축된다.
- 대규모의 분류능력을 갖춘 터미널이 필요하다.

① Milk Run 시스템
② Point to Point 시스템
③ Hub & Spoke 시스템
④ 절충형 혼합식 네트워크 방식
⑤ 프레이트 라이너 방식

해설
Hub & Spoke 네트워크의 전통적인 운영 방식은 전국의 각 출발지(Spoke)에서 발생하는 물량을 한 곳(Hub)으로 집중시킨다. 이곳에서 일괄적인 분류작업을 거친 물량은 다시 각 목적지(Spoke)로 보내지게 된다. 대개 Hub에서는 제품 보관의 기능은 없고 제품의 분류(Sorting) 기능을 담당한다.
Hub & Spoke 시스템은 중복적 물류거점의 존재, 배송구조의 비효율, 재고 저장공간의 부족 및 낮은 수배송 효율을 해결하고자 하는 대안으로서 도입되었다. 현재는 다수의 항공사와 택배사가 Hub−and−Spoke 네트워크를 기반으로 한 물류시스템을 구축하고 사업을 영위하고 있다.

정답 | ③

14

택배 표준약관(공정거래위원회 표준약관 제10026호)에 따른 용어의 정의로 옳지 않은 것은?

① '운송장'이라 함은 사업자와 고객(송하인) 간의 택배계약의 성립과 내용을 증명하기 위하여 사업자의 청구에 의하여 고객(송하인)이 발행한 문서를 말한다.
② '인도'라 함은 사업자가 고객(송하인)에게 운송장에 기재된 운송물을 넘겨주는 것을 말한다.
③ '수탁'이라 함은 사업자가 택배를 수행하기 위하여 고객(송하인)으로부터 운송물을 수령하는 것을 말한다.
④ '택배사업자'라 함은 택배를 영업으로 하며, 상호가 운송장에 기재된 운송사업자를 말한다.
⑤ '손해배상한도액'이라 함은 운송물의 멸실, 훼손 또는 연착 시에 사업자가 손해를 배상할 수 있는 최고한도액을 말한다.

해설
「택배표준약관 제2조 제8호」 '인도'라 함은 사업자가 수하인에게 운송장에 기재된 운송물을 넘겨주는 것을 말한다.

정답 | ②

15

택배의 특성에 관한 설명으로 옳은 것을 모두 고른 것은?

> ㄱ. 개인화물부터 기업화물까지 불특정다수의 화물을 대상으로 한다.
> ㄴ. 물류기지, 집배차량, 자동분류기 등 대규모 투자가 필요하지 않다.
> ㄷ. 운송인은 일관된 책임운송서비스를 제공한다.
> ㄹ. 개별화물의 전산관리, 화물추적, 집배차량과의 통신 등이 접목되는 사업이다.
> ㅁ. 집하와 배송이 별개로 수행되는 운송사업이다.
> ㅂ. 택배사업은 매출액에 비해서 많은 노동력이 소요되는 사업이다.

① ㄱ, ㄷ, ㄹ
② ㄱ, ㄹ, ㅂ
③ ㄴ, ㄷ, ㅂ
④ ㄱ, ㄷ, ㄹ, ㅂ
⑤ ㄱ, ㄷ, ㄹ, ㅁ, ㅂ

해설
ㄴ. 물류기지, 집배차량, 자동분류기 등 대규모 투자가 필요하다.
ㅁ. 집하와 배송이 동시에 수행되는 운송사업이다.

정답 | ④

16

택배 표준약관(공정거래위원회 표준약관 제10026호)의 운송물 수탁거절 사유를 모두 고른 것은?

> ㄱ. 운송이 법령, 사회질서 기타 선량한 풍속에 반하는 경우
> ㄴ. 운송물 1포장의 가액이 200만 원을 초과하는 경우
> ㄷ. 운송물의 인도예정일(시)에 따른 운송이 가능한 경우
> ㄹ. 운송물이 현금, 카드, 어음, 수표, 유가증권 등 현금화가 가능한 물건인 경우
> ㅁ. 운송물이 재생 불가능한 계약서, 원고, 서류 등인 경우

① ㄱ, ㄴ, ㄹ
② ㄱ, ㄹ, ㅁ
③ ㄴ, ㄷ, ㅁ
④ ㄴ, ㄹ, ㅁ
⑤ ㄷ, ㄹ, ㅁ

해설
ㄴ. 운송물 1포장의 가액이 300만 원을 초과하는 경우, ㄷ. 운송물의 인도예정일(시)에 따른 운송이 불가능한 경우에 사업자는 수탁을 거절할 수 있다.

관련이론 | 운송물의 수탁거절(택배표준약관 제12조)
사업자는 다음의 경우에 운송물의 수탁을 거절할 수 있다.
1. 고객이 운송장에 필요한 사항을 기재하지 아니한 경우
2. 운송에 적합한 포장이 되지 않은 경우
3. 운송물의 종류와 수량이 운송장에 기재된 것과 다른 경우
4. 운송물 1포장의 가액이 300만 원을 초과하는 경우
5. 운송물의 인도예정일(시)에 따른 운송이 불가능한 경우
6. 운송물이 화약류, 인화물질 등 위험한 물건인 경우
7. 운송물이 밀수품, 군수품, 부정임산물 등 위법한 물건인 경우
8. 운송물이 현금, 카드, 어음, 수표, 유가증권 등 현금화가 가능한 물건인 경우
9. 운송물이 재생불가능한 계약서, 원고, 서류 등인 경우
10. 운송물이 살아있는 동물, 동물사체 등인 경우
11. 운송이 법령, 사회질서 기타 선량한 풍속에 반하는 경우
12. 운송이 천재, 지변 기타 불가항력적인 사유로 불가능한 경우

정답 | ②

17

택배표준약관(공정거래위원회 표준약관 제10026호)상 운임의 청구와 유치권에 관한 설명으로 옳지 않은 것은?

① 수하인이 운임을 지급하지 않는 때에는 사업자는 운송물을 유치할 수 있다.
② 운송물이 포장당 50만 원을 초과하거나 운송상 특별한 주의를 요하는 것일 때에는 사업자는 따로 할증요금을 청구할 수 있다.
③ 고객의 사유로 운송물을 돌려보내는 경우, 사업자는 따로 추가요금을 청구할 수 있다.
④ 운임 및 할증요금은 미리 약관의 별표로 제시하고 운송장에 기재한다.
⑤ 사업자는 고객과의 합의가 있더라도 운송물을 인도할 때 수하인에게 운임을 청구하는 것은 불가능하다.

해설
사업자는 운송물을 수탁할 때 고객에게 운임을 청구할 수 있다. 다만, 고객과의 합의에 따라 운송물을 인도할 때 수하인에게 청구할 수도 있다. 이 경우 수하인이 운임을 지급하지 않는 때에는 사업자는 운송물을 유치할 수 있다.

정답 | ⑤

18

택배 표준약관(공정거래위원회 표준약관 제10026호)에 관한 내용으로 옳은 것은?

① 고객이 운송장에 손해배상한도액을 기재하지 않았을 경우 한도액은 50만 원이 적용되고, 운송물의 가액에 따라 할증요금을 지급하는 경우에는 각 운송가액 구간별 평균가액이 적용된다.
② 운송물이 포장당 50만 원을 초과하거나 운송상 특별한 주의를 요하는 것일 때는 따로 할증요금을 청구할 수 있다.
③ 운송장에 인도예정일의 기재가 없는 경우에는 운송장에 기재된 운송물의 수탁일로부터 인도예정 장소에 따라 일반 지역 1일, 도서, 산간벽지 3일로 한다.
④ 운송물의 멸실, 현저한 훼손 또는 연착이 천재지변 기타 불가항력적인 사유 또는 고객의 책임 없는 사유로 인한 것인 때에는 사업자는 운임을 청구하지 못하고 통지·최고·운송물의 처분 등에 소요되는 비용을 청구한다.
⑤ 운송물의 일부 멸실 또는 훼손에 대한 사업자의 손해배상책임은 수하인이 운송물을 수령한 날로부터 21일 이내에 그 일부 멸실 또는 훼손에 대한 사실을 사업자에게 통지를 발송하지 아니하면 소멸한다.

선지분석
① 각 운송가액 구간별 최고가액이 적용된다.
③ 일반 지역은 2일이다.
④ 소요되는 비용을 청구할 수 없다.
⑤ 운송물을 수령한 날로부터 14일 이내이어야 한다.

정답 | ②

19

택배표준약관(공정거래위원회 표준약관 제10026호)의 운송물 사고와 사업자 책임에 관한 내용으로 옳은 것은?

① 사업자는 운송 중에 발생한 운송물의 멸실, 훼손 또는 연착에 대하여 고객(송하인)의 청구가 있으면 그 발생일로부터 6개월에 한하여 사고증명서를 발행한다.
② 사업자는 운송장에 운송물의 인도예정일의 기재가 없는 경우, 도서·산간지역은 운송물의 수탁일로부터 5일에 해당하는 날까지 인도한다.
③ 운송물의 일부 멸실 또는 훼손에 대한 사업자의 손해배상책임은 고객(수하인)이 운송물을 수령한 날로부터 10일 이내에 그 사실을 사업자에게 통지를 발송하지 아니하면 소멸한다.
④ 운송물의 일부 멸실, 훼손 또는 연착에 대한 사업자의 손해배상책임은 고객(수하인)이 운송물을 수령한 날로부터 6개월이 경과하면 소멸한다.
⑤ 사업자가 운송물의 일부 멸실 또는 훼손의 사실을 알면서 이를 숨기고 운송물을 인도한 경우, 사업자의 손해배상책임은 고객(수하인)이 운송물을 수령한 날로부터 5년간 존속한다.

선지분석
① 사업자는 운송 중에 발생한 운송물의 멸실, 훼손 또는 연착에 대하여 고객(송하인)의 청구가 있으면 그 발생한 날로부터 1년에 한하여 사고증명서를 발행한다.
② 사업자는 운송장에 운송물의 인도예정일의 기재가 없는 경우, 도서·산간벽지는 운송물의 수탁일로부터 3일에 해당하는 날까지 인도한다.
③ 운송물의 일부 멸실 또는 훼손에 대한 사업자의 손해배상책임은 고객(수하인)이 운송물을 수령한 날로부터 14일 이내에 그 일부 멸실 또는 훼손에 대한 사실을 고객(송하인)이 사업자에게 통지를 발송하지 아니하면 소멸한다.
④ 운송물의 일부 멸실, 훼손 또는 연착에 대한 사업자의 손해배상책임은 고객(수하인)이 운송물을 수령한 날로부터 1년이 경과하면 소멸한다. 다만, 운송물이 전부 멸실된 경우에는 그 인도예정일로부터 기산한다.

정답 | ⑤

20

택배운송장의 역할에 관한 설명으로 옳지 않은 것은?

① 송하인과 택배회사 간의 계약서 역할
② 택배요금에 대한 영수증 역할
③ 송하인과 택배회사 간의 화물인수증 역할
④ 물류활동에 대한 화물취급지시서 역할
⑤ 택배회사의 사업자등록증 역할

해설
택배운송장은 택배업체와 고객 간의 택배계약의 성립과 내용을 증명하기 위해 택배업체의 청구에 의하여 고객이 발행한 증서이다. 택배운송장은 택배회사의 사업자등록증과 아무 관련이 없으며 유가증권도 아니다.

관련이론 | 택배운송장의 역할(기능)
- 계약서의 기능 및 화물취급지시서의 역할
- 선불로 요금을 지불한 경우에는 운송장을 영수증으로 사용가능
- 택배회사가 화물을 송하인으로부터 이상 없이 인수하였음을 증명하는 서류
- 운송장에 인쇄된 바코드를 스캐닝함으로써 추적정보를 생성시켜 주는 역할
- 배송 완료 후 배송 여부 등에 대한 책임소재를 확인하는 증거서류 역할

정답 | ⑤

03 철도운송

CHAPTER 01 철도운송의 개요

1. 철도운송의 개념 및 유형

(1) 철도운송의 개념
① 철도란 레일 또는 일정한 궤도(Guide Way)에 유도되어 여객 및 화물을 운송하는 차량 및 운전하는 설비를 말한다.
② 철도운송은 송하인의 화물발송지로부터 수하인의 배송지까지 사이에 철도와 기관차(화차)를 이용하여 화물을 운송하는 것을 말한다.

(2) 철도운송의 특징 기출 29, 28, 26, 21, 19, 17, 16, 11회
① 장거리 대량화물의 운송에 유리하다.
② 배기가스나 소음이 적어 안전도가 높고 친환경적인 운송수단이다.
③ 전국적인 네트워크를 가지고 있다.
④ 계획적인 운송이 가능하다.
⑤ 정시성의 특성이 있어 계획운송이 가능하다.
⑥ 화물운임의 비탄력성이 존재한다.
⑦ 단일열차로 육상 최대의 수송능력을 가지고 있다.
⑧ 철도운송은 운송기간 중의 재고유지로 인하여 재고유지비용이 증가할 수 있다.
⑨ 철도운송은 해상운송이나 항공운송 등 타운송수단과 비교할 때 기후에 크게 영향을 받지 않는다.
⑩ 국내의 운송수단별 화물운송 분담률에서 ton·km 기준으로 철도운송은 공로운송 보다 분담률이 낮다.

(3) 철도운송의 장·단점 기출 28, 24, 22회

장점	단점
• 대량화물 및 장거리 운송에 적합	• 서비스의 완결성이 낮음
• 대량화물을 원거리 수송할 경우 화물자동차운송에 비해 운임이 저렴하고 경제적	• 타 운송수단과의 연계가 필요
• 정시성 확보로 계획수송이 가능	• 운임이 비탄력적
• 궤도수송이기 때문에 사고율이 낮고 안전도가 높음	• 하역작업이 곤란
• 기후 상황에 크게 영향을 받지 않음(전천후 운송수단)	• 화차확보 시 사전 스케줄이 필요
• 환경 친화적인 운송수단임	• 기동성이 상대적으로 낮음(적기 배차가 용이치 않음)
• 전국적인 철도 운송망 보유	• 초기 대규모 자본 소요
	• 운송 경로가 제한적이고, 소운송 필요

2. 철도화차와 철도운송의 종류 및 형태

(1) 철도화차 기출▶ 29, 25, 23, 20, 15, 11회

구분	주요내용
유개화차 (Covered Car)	• 지붕이 있는 가장 일반적인 화차로 용적의 제한을 받음 • 비를 맞으면 안 될 화물, 도난과 유실을 방지하여야 할 화물, 불에 타기 쉬운 화물 등을 수송하는 데 사용 • 보통화차, 가축화차, 냉장화차, 통풍화차, 소방화차 등이 있음
무개화차 (Open Top Car)	• 벽체구조가 있고, 지붕은 없는 화차이지만 유개화차와 마찬가지로 용적 제한을 받음 • 표준규격의 컨테이너 적재가 가능하고, 주로 석탄, 고철, 광석 등을 운송 • 하차 시에는 기계를 이용하여 퍼내거나 측면 분출구를 이용
컨테이너화차 (Container Car)	컨테이너를 운송하기에 적합하도록 평면으로 된 철도화차 위에 컨테이너를 고정하여 운송함
벌크화차(Bulk Car)	벌크화물 전용 탱크가 설치된 화차로, 주로 시멘트를 운송하기 위한 설비가 설치된 화차
탱커화차 (Tanker Car)	액체화물(원유 등)의 운송을 위해 일체형으로 설계된 화차
곡물화차(Grain Car)	양곡, 사료 등 비포장 분말화물을 상부 해치를 통하여 적재하고 하부 호퍼를 통하여 하역할 수 있도록 되어 있음
평판화차(Flat Car)	철도화차의 상단이 평면으로 된 화차로서 컨테이너, 기계류, 건설장비, 장척화물 등을 운송하기에 적합하도록 설계된 화차
호퍼화차 (Hopper Car)	• 상·하차 작업의 합리화가 가능한 구조로 된 화차(시멘트, 사료, 석탄, 모래, 자갈 등 운송) • 밑바닥에는 화물을 적하할 때 쏟아붓는 깔때기 모양의 출구가 달려있음
덮개형 개저식화차 (Covered Hopper Car)	• 덮개형 개저식화차(또는 유개 호퍼차)는 천장 부분에 적재용 뚜껑이 부착되어 있고, 밑 부분에 중력양륙 또는 공기양륙 장치가 부착되어 있는 화차 • 석탄, 모래, 자갈 등 벌크화물의 운송에 이용
더블 스택카 (Double Stack Car)	• 컨테이너를 2단으로 적재하여 운송할 수 있는 화차(이단적열차) • 우리나라에서는 시험 운행 중
곤돌라화차 (Gondola Car)	• 지붕이 없고 네 측면이 판자로 둘러싸인 대형 무개화차 • 크레인을 이용하여 상부에서 하역
곡형 평판차	중앙부가 저상구조로 되어 있으며 대형변압기, 군장비 등의 특대형 화물 수송에 적합하도록 제작되어 있는 화차

짚고 넘어가기 | 철도의 궤간(railway track) 기출▶ 20, 18회

구분	채택 국가(넓이)
표준궤	한국(1,435mm), 전세계 60% 국가가 사용
광궤	러시아(1,520mm), 아일랜드(1,600mm), 인도(1,676mm) 등
협궤	이탈리아(950mm), 스코틀랜드(1,372mm) 등

(2) 철도운송의 종류 기출▶ 29, 22, 21, 19, 16회

철도운송은 대량화물용으로 화차취급과 컨테이너취급이 있고, 소량화물용으로 혼재차취급과 화물취급이 있다. 화물취급은 다시 소화물취급과 수화물취급으로 세분하기도 한다.

① 화차취급 운송
  ㉠ 화차를 임대하여 운송하는 일반적인 화물운송방법으로 화차단위로 운송하는 것을 의미한다.
  ㉡ 운임은 대절한 화차를 기준으로 정하여 부과한다.
  ㉢ 일반화물의 장거리, 대량화물 운송에 많이 이용한다.
  ㉣ 출발역과 도착역에서의 직하 및 양하작업은 화주의 책임이다.
  ㉤ 특대화물, 위험물, 귀중품 등의 경우에는 할증제도가 있다.
② 컨테이너취급 운송
  대량운송을 위한 최적운송방법으로 형태·크기·중량이 다른 여러 가지 화물을 컨테이너에 혼재하여 컨테이너 단위로 운송하는 것을 말한다.
③ 혼재차취급 운송
  철도운송업체가 불특정다수의 화주로부터 소량화물의 운송을 위탁받고 이를 행선지별로 화차취급이나 컨테이너단위로 재취합하여 철도의 화차취급이나 컨테이너취급으로 운송하는 것을 말한다.
④ 소화물취급 운송
  소화물취급 운송은 고속여객 열차를 이용하여 소규모 소화물과 상업서류 등을 신속히 배송하는 서비스를 말한다. 이와 유사한 서비스로 KTX 특송서비스가 있다.

3. 철도운송 서비스 형태

(1) 블록 트레인(Block Train) 빈출 27, 26, 25, 23, 22, 17, 15, 14, 12회

① 블록 트레인의 개념
  블록 트레인은 자체 화차와 터미널을 가지고 항구 또는 출발지의 터미널에서 목적지인 내륙터미널 또는 도착지점까지의 선로를 빌려 철도·트럭 복합운송을 제공하는 철도운송시스템이다.
② 블록 트레인의 특징
  ㉠ 스위칭 야드(Switching Yard)를 이용하지 않고 철도화물역 또는 터미널 간을 직행 운영하는 전용열차의 한 형태이다. 화차의 수와 타입이 고정되어 있지 않다.
  ㉡ 운송물량이 충분하고, 조차장이 적은 철도망일 경우 블록 트레인은 매우 효율적인 서비스 형태이다.
  ㉢ 블록 트레인의 운행이 경제적인 타당성을 갖추기 위해서는 열차용량의 60% 이상의 적재 물량이 존재하여야 한다.
  ㉣ 장점은 최초 출발역에서 최종 도착역까지 중간역을 거치지 않고 직송서비스를 제공한다는 것이다.

(2) 셔틀 트레인(Shuttle Train) 기출 29, 27, 22, 17회

① 셔틀 트레인의 개념
  셔틀 트레인(순환 운송)은 철도역 또는 터미널에서의 화차의 조성비용을 줄이기 위해 화차의 수 및 타입 등이 고정되며, 출발지 → 목적지 → 출발지를 연결하는 루프형 구간에서 순환 운송 서비스를 제공하는 방식이다.
② 셔틀 트레인의 특징
  ㉠ 블록 트레인을 보다 더 단순하게 한 열차로서, 화차의 수 및 구성이 고정되어 있어 터미널에서의 화차취급비용을 절감할 수 있다.(블록 트레인에 비해 약 15~20% 절감)
  ㉡ 비교적 짧은 구간에서 유용한 열차서비스의 형태이다.
  ㉢ 셔틀 트레인을 운행하기 위해서는 두 터미널 간의 운송수요가 충분하며 안정적이어야 한다.

(3) Y-셔틀 트레인(Y-Shuttle Train) 기출 27, 22, 17회

① Y-셔틀 트레인은 한 개의 중간역 또는 터미널을 거치는 것 말고는 셔틀 트레인과 같은 형태의 서비스를 제공하는 열차서비스 방식이다.
② 셔틀 트레인과 같이 화차의 수 및 형태가 고정된 열차서비스이다.

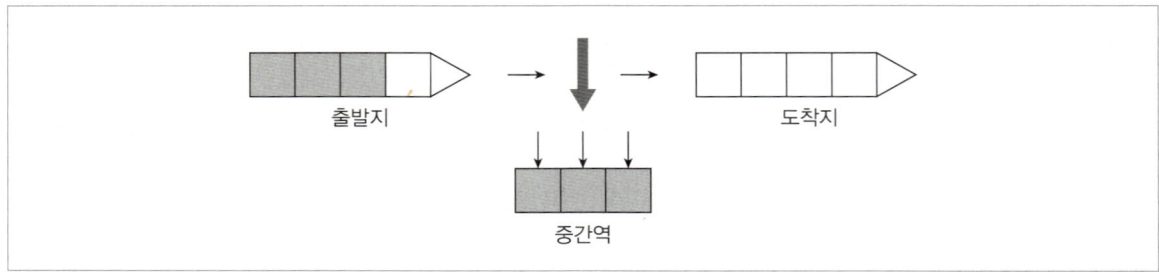

(4) 커플링앤쉐어링 트레인(Coupling & Sharing Train) 기출 27, 22회

① 중·단거리 운송 및 소규모 터미널에서 이용할 수 있는 소형열차(Modular Train) 형태의 열차서비스 방식이다.
② Single-Wagon Train의 대안으로 제기된 열차형태이며, 중간역에서 화차의 취급을 단순화하여 열차의 조성을 신속·정확하게 할 수 있다.

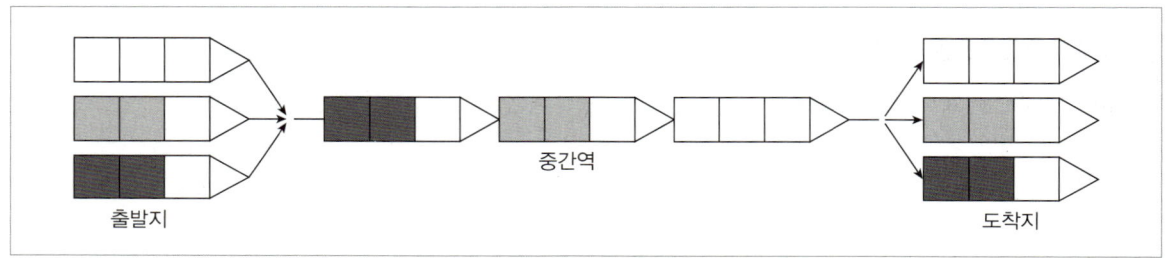

(5) 싱글웨건 트레인(Single-Wagon Train) 기출 28, 27, 25, 22, 17회

① 가장 일반적인 열차서비스의 형태로 복수의 중간역 또는 터미널을 거치면서 운행하는 열차운송서비스 방식이다.
② 모든 종류의 화차 및 화물을 수송하며, 목적지까지 열차운행을 위한 충분한 물량이 확보된 경우에만 운행하므로, 일반적으로 화물의 대기시간이 매우 긴 서비스이다.

(6) 라이너 트레인(Liner Train) 기출 27회

Single-Wagon Train의 일종으로, 장거리 구간에 여러 개의 소규모 터미널이 존재하는 경우에 마치 여객열차와 같이 각 기착터미널에서 화차를 Pick-Up & Delivery하는 서비스 형태이다.

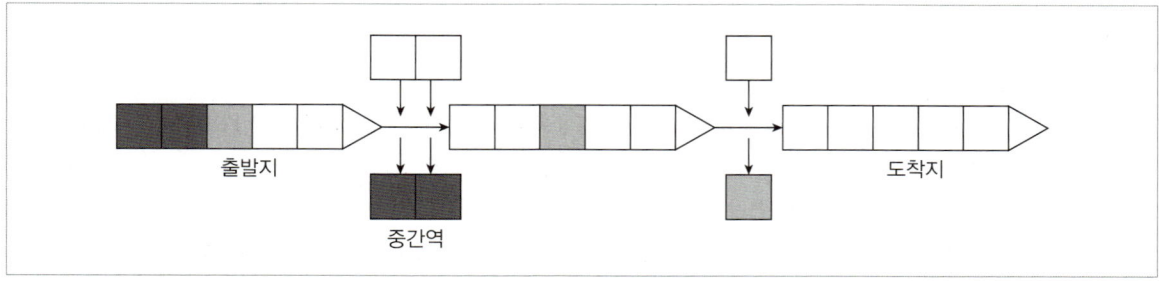

CHAPTER 02 컨테이너 철도운송 및 철도운임

1. 컨테이너 운송을 위한 철도시설 및 철도화차

(1) 컨테이너 철도운송을 위한 철도시설 및 장비

① 컨테이너 야드(CY): 컨테이너의 적입(vanning) 및 적출(devanning) 작업 및 적치를 위해 포장된 평평한 장소를 말한다.

② 탑 핸들러(Top Handler): 대형의 중량물인 컨테이너를 신속하게 하역하기 위한 컨테이너 전용 포크리프트이다.

③ 보세장치장(bonded shed): 특허보세구역의 하나로서 개인이 설치하여 세관장의 허가를 받아 통관하려는 물품을 일시적으로 장치하는 곳이다.

④ CFS 창고: 소량 수출화물의 목적지별 컨테이너화 및 devanning(적출) 등 철도의 컨테이너 운송을 촉진하기 위해 철도역에도 CFS를 설치한다.

⑤ 세관: 수출입화물의 신속한 통관을 위해서 철도역에도 세관이 필요하다.

(2) 컨테이너 운송에 이용되는 화차 기출 28, 25, 23, 20, 11회

Open top car, Flat car, Container car, Double stack car 등

2. 컨테이너 철도하역방식

(1) COFC(Container On Flat Car) 방식 기출 28, 25, 24, 23, 22, 20, 18, 17, 16회

① COFC 방식의 개념 및 특성
  ㉠ 컨테이너를 트레일러로부터 분리하여 컨테이너만을 철도화차에 적재하는 방식이다.
  ㉡ 철도 컨테이너 데포에서 크레인이나 컨테이너 핸들러 등을 이용하여 적재하며, 평판화차나 전용컨테이너화차를 이용하여 운송한다.
  ㉢ 하역작업이 용이하고 화차의 중량이 가벼워 보편화된 철도하역방식으로, 철도운송과 해상운송의 연계가 용이하다. COFC방식은 TOFC방식보다 적재효율이 높아 보편화되었다.

② COFC 방식의 종류
  ㉠ 세로-가로 이동방식: 소량의 컨테이너 처리 시 지게차, 컨테이너 핸들러, 리치스태커 등을 사용하여 상하차 작업을 수행한다.
  ㉡ 매달아 싣는 방식: 대량의 컨테이너 처리 시 일반크레인 또는 트랜스퍼 크레인을 사용하여 상하차 작업을 수행한다.(LO-LO방식 활용)
  ㉢ 플렉시 밴(Flexi-van) 방식: 컨테이너 전용화차에 부착된 턴테이블을 이용하여 컨테이너를 90도 회전시켜 고정시키는 방식이다.

(2) TOFC(Trailer On Flat Car) 방식 기출 25, 23, 22, 19회

① TOFC 방식의 개념 및 특징
  ㉠ 컨테이너를 적재한 트레일러를 철도화차에 상차하거나 철도화차로부터 하차하는 방식이다.
  ㉡ 철도역에서 별도의 하역설비 없이 선로에 설치된 경사로(램프)를 이용하여 컨테이너를 적재한 트레일러를 화차에 적재하거나 하역하는 방식이다.

② TOFC 방식의 종류
　㉠ 피기백(Piggy back) 방식: 화차 위에 화물을 적재한 트레일러나 트럭 등을 적재한 상태로 운송하는 방법이다. 화물의 적재단위가 크고 장거리일수록 편리하게 이용할 수 있으나 화물적재공간이 평판으로 되어 있어 세로 방향의 홈과 피기 패커(Piggy packer) 등의 하역기계가 필요하다는 단점이 있다.
　㉡ 캥거루(Kangaroo) 방식: 트레일러 바퀴와 화차에 접지되는 부분을 경사진 요철형태로 만들어 적재높이가 낮아지도록 하여 운송하는 방식이다. 신속하게 상·하차할 수 있으며 화차 적재높이가 낮아져 안정되게 운송할 수 있다.
　㉢ 프레이트 라이너(Freight Liner) 방식: 엄밀한 의미에서 TOFC 방식은 아니나, 철도의 고속운송과 컨테이너를 결합하고 하역작업시간을 단축함과 동시에 문전에서 문전까지 화물의 철도운송을 가능하게 하는 방식이다. 철도의 일정구간을 정기적으로 고속운행하는 열차를 편성하여 운행하는 철도운송 방식이다.

3. 철도운송의 운임

(1) **철도화물의 운임체계** 빈출 27, 26, 25, 24, 23, 21, 19, 14회

① 일반적인 화물의 운임(화차취급운임)
일반적인 철도운송을 위한 운임은 운임률표에 따라 정해져 있으며, 다음과 같은 체계에 의해 산정된다.
　㉠ 일반화물의 기본운임은 1건마다 중량, 거리, 운임률을 곱하여 계산한다.
　　즉, 일반화물 운임＝운송거리(km)×운임단가(km당 운임율)×화물중량(톤)으로 산정한다.
　㉡ 운임 산출 시 1km 미만의 거리와 1톤 미만의 일반화물은 반올림하여 계산한다.
　㉢ 화물중량이 1량의 최저중량에 미달된 경우에는 별도로 정한 중량을 적용한다.
　㉣ 일반화물의 1건 기본운임이 최저기본운임에 미달할 경우에는 최저기본운임을 기본운임으로 한다. 일반화물의 최저 기본운임은 화차표기 하중톤수 100km에 해당하는 운임으로 한다.
　㉤ 철도화물 운임의 할인종류에는 왕복수송 할인, 탄력할인, 사유화차 할인 등이 있다. 사유화차 할인은 고객이 화차를 제작하여 철도운송에 사용할 경우 투자비 보전을 위해 시행하는 할인으로 할인율은 화차의 제작조건에 따라 다르게 적용된다.
　㉥ 철도화물 운임의 할증종류에는 철도공사 직원이 감시인으로 승차하는 화물 할증, 열차 및 경로 지정화물 할증 등이 있고, 귀중품, 위험물, 특대화물 등이 대상이 된다.

② 컨테이너 화물의 운임
　㉠ 컨테이너 화물운임＝운송거리(km)×컨테이너 종류별 운임률(1km당 운임)로 산정한다.
　㉡ 철도운임과 발착양단의 통운요금으로 구성된다.
　㉢ 냉동 및 냉장컨테이너 등의 사용에는 할증제도가 있고, 해상컨테이너 운송에 이어 철도운송을 하는 경우에는 할인제도가 있다.
　㉣ 컨테이너 화물의 최저기본운임은 규격별 컨테이너의 100km에 해당하는 운임으로 한다.
　㉤ 화물을 넣지 않은 공(empty)컨테이너는 규격별로 적(load)컨테이너 운임단가의 74%를 적용하여 계산한다.

(2) 철도화물의 운임의 종류 및 장단점
① 운임유형의 종류 기출 25, 18회
㉠ 거리비례제: 승객 또는 화물을 운송한 거리에 비례하여 같은 율로 운임을 계산하는 방법이다.
㉡ 거리체감제: 운행구간이 멀어짐에 따라 체감률을 적용하여 원거리수송이 단거리수송보다 유리하게 하는 제도로서 운송거리에 관계없는 고정비용이 많은 경우 및 원거리 간의 지역차를 해소하기 위한 관점에서 합리적인 운임제도이다.
㉢ 구역운임제: 전 운행구간을 몇 개의 구역(Zone)으로 나누어 구역마다 단위운임을 정하여 통과하는 구역 수에 따라 운임을 정하는 제도로서 구역의 규모와 형태의 결정이 중요하다.
② 운임유형별 장·단점

구분	거리비례제	거리체감제	구역운임제
장점	수송거리에 따라 비용을 지불하므로 형평성이 있음	철도의 장점과 부합되는 원거리수송화물에 대해 경쟁력 증대	노선이 많지 않은 경우 실제 노선의 거리에 의하지 않고, 지역 간 거리에 의하므로 형평성이 있음
단점	원거리수송비용이 저렴한 철도의 장점을 살릴 수 없음	운임산정 등 복잡하고 장거리 운임 할인에 따른 운송수입 감소 우려	구역 경계점 인접거리 수송 간에 운임격차 발생으로 형평성 떨어짐
적용	한국 및 독일 철도 운임	일본, 프랑스 철도 운임, 한국 고속·시외버스 운임	한국 지하철, 외국의 화물 운임

4. 우리나라 철도운송의 현황, 문제점 및 개선방안

(1) 우리나라 철도운송의 현황 기출 29, 14회
① 현재 우리나라 철도운송의 분담률은 도로운송에 비해 크게 낮은 상황에 처해 있다.
② 최근 도로체증, 과적단속 강화, 고속철도 개통 이후 주간운행 증가 및 화물열차 운행횟수 증가 등으로 컨테이너 철도운송이 증가하고 있다.
③ 철도에 의한 경부 간 컨테이너 화물운송은 주로 야간에 이루어진다.
④ 시간절감과 수송력 제고를 위해 Block Train을 활용하고 있으나 Double Stack Train은 현재 시험운행 중에 있다.
⑤ 우리나라는 철도노선의 궤간 폭에 따른 "표준궤"를 이용하고 있다.
⑥ 경부 간 컨테이너 철도운송을 위해 의왕과 양산 등에 내륙컨테이너기지(ICD)를 두고 있다.

(2) 우리나라 철도운송의 문제점
① 철도 기반시설의 부족으로 화물열차 운행의 제한
② 탄력적 경영미흡 및 다양한 고객서비스 개발 부족
③ 철도와 연관된 배후도로망과의 연계 부족
④ 운임의 경직성과 운영의 비효율성
⑤ 철도 터미널 기능의 미약
⑥ 운송수단 전환 추진 미흡
⑦ 철도화물 운영 전문 인력 부족

(3) 우리나라 철도운송의 효율화 방안 『기출』 14회

① 철도 기반시설의 확충 및 운송수단 전환의 적극 추진
② 열차의 장대화를 통한 규모의 경제 실현
③ 철도운임체계 개선 및 영업활동의 강화
④ 철도경영의 합리화 및 운송의 현대화 추진
⑤ 연계운송을 통한 효율성 강화
⑥ 일관운송체계의 구축
⑦ 남북철도 연결 및 대륙철도 연계
⑧ 프레이트 라이너(Freight Liner) 및 더블 스택카(Double Stack Car)의 도입

(4) 남북간 분단철도 연결 시 기대효과 『기출』 11회

① 한반도와 유럽 간 새로운 물류 네트워크 구축을 통한 국제물류시스템 개선이 기대됨
② 한국과 유럽 간 해상운송과 철도운송 간 경쟁증대
③ 한반도의 동북아 국제복합운송거점으로서의 발전가능성이 큼
④ 중국횡단철도(TCR) 및 시베리아횡단철도(TSR)와의 연계 가능성이 큼
⑤ 대륙철도와의 연계로 국내 항만의 물동량 증가효과가 기대됨

핵심 기출문제

PART 03 철도운송

01

철도운송의 특징으로 옳지 않은 것은?

① 운송서비스의 완결성을 지니고 있다.
② 계획운행이 가능하다.
③ 장거리 운송과 대량화물의 운송에 적합하다.
④ 안전도가 높고 친환경적인 운송수단이다.
⑤ 전국적인 네트워크를 보유하고 있다.

해설
철도운송은 운송서비스의 앞뒤로 화물자동차운송이 있어야 하기 때문에 운송서비스의 완결성이 미흡하다.

정답 | ①

02

우리나라 철도운송의 특징으로 옳지 않은 것은?

① 도로운송에 비해 전천후적인 운송수단으로 정시성 확보에 유리하다.
② 도로운송에 비해 탄력적인 운임체계를 갖고 있어 다양한 화물 취급에 유리하다.
③ 국내화물운송시장에서 철도운송은 도로운송에 비해 수송분담률이 낮다.
④ 도로의 인프라 투자에 비해 상대적으로 철도에 대한 투자가 미흡하여 관련 기반시설이 부족하다.
⑤ 철도운송은 문전에서 문전까지의 일관운송서비스를 제공할 수 없기 때문에 적재와 하역시 많은 단계를 필요로 한다.

해설
우리나라 철도운송은 거리비례제를 택하고 있어 도로운송에 비해 운임체계가 경직적이다.

정답 | ②

03

다음에서 설명하고 있는 철도운송 서비스 형태는?

- 복수의 중간역 또는 터미널을 거치면서 운행하는 방식
- 운송경로상의 모든 종류의 화차 및 화물을 수송
- 화주가 원하는 시간에 따라 서비스를 제공하는 것이 아니라 열차편성이 가능한 물량이 확보되는 경우에 서비스를 제공
- 이 서비스의 한 종류로 Liner train이 있음

① Block train
② Shuttle train
③ Single-Wagon train
④ Y-Shuttle train
⑤ U-train

해설
화주가 원하는 시간에 따라 서비스를 제공하는 것이 아니라 열차편성이 가능한 물량이 확보되는 경우에 서비스를 제공하는 철도운송 서비스는 Single-Wagon train이다. Single-Wagon train은 여러 개의 중간역 또는 터미널을 거치면서 운행하는 방식으로 가장 일반적인 열차서비스의 형태이다.

선지분석
① Block Train은 철도화물역 또는 터미널 간을 직행 운행하는 전용열차로 화차의 수와 타입이 고정되어 있지 않고, 스위칭 야드(Switching Yard)를 이용하지 않는다.
② Shuttle Train은 철도역이나 터미널에서 화차조성비용을 절감하기 위해 화차의 수 및 형태가 고정되어 있는 서비스 방식이다. 출발지 → 목적지 → 출발지를 연결하는 루프형 구간에서 서비스를 제공하는 방식이다.
④ Y-Shuttle Train은 한 개의 중간터미널을 거치는 것을 제외하고는 셔틀트레인(Shuttle Train)과 같은 형태의 서비스를 제공하는 방식이다.

정답 | ③

04

우리나라 철도화물의 운임체계에 관한 설명으로 옳은 것은?

① 공컨테이너의 운임은 규격별 영(盈, 적재)컨테이너 운임의 74%를 적용한다.
② 컨테이너취급운임은 운송거리, 화물중량 및 컨테이너 종류별 운임률을 반영하며, 1km 미만의 거리는 반올림하여 계산한다.
③ 철도화물의 운임체계는 기본적으로 단일운임제를 채택하고 있다.
④ 철도컨테이너 화물의 최저운임은 컨테이너 규격에 관계없이 80km의 운송거리에 해당하는 운임이다.
⑤ 일반화차취급운임은 운송거리와 종별운임률(운임단가)을 곱해서 산출하며, 특대화물, 위험물 등의 화물에 따라 할증요율을 부과한다.

선지분석
② 컨테이너취급운임은 운송거리(km)×컨테이너 종류별 운임률(1km당 운임)로 계산하며, 운송거리는 철도노선의 최단거리를 적용한다.
③ 철도화물의 운임체계는 화차취급운임, 컨테이너취급운임, 혼재운임 등으로 구분된다.
④ 철도컨테이너 화물의 최저운임은 컨테이너 규격별로 100km의 운송거리에 해당하는 운임이다.
⑤ 일반 화차취급운임은 운송거리(km)×운임률(1km당 운임)×화물중량(ton)으로 산출한다.

정답 | ①

05

컨테이너를 철도로 운송하기 위하여 사용되는 적양방식의 하나로 철도역에 하역설비가 없는 경우, 컨테이너를 적재한 피견인차가 경사로를 통하여 적재 및 양륙되는 방식은?

① COFC(Container On Flat Car)
② TOFC(Trailer On Flat Car)
③ Hub & Spoke System
④ ULD(Unit Load Device)
⑤ RORO(Roll On Roll Off)

해설
문제는 TOFC(Trailer On Flat Car) 방식에 대한 내용이다. 이 방식에는 피기백 방식과 캥거루 방식, 프레이트 라이너 방식이 있다.
TOFC는 화차위에 컨테이너를 적재한 트레일러를 함께 적재하는 방식이다.

정답 | ②

06

철도운송에 관한 설명으로 옳지 않은 것은?

① 우리나라 컨테이너 철도운송 방식은 TOFC 방식 중 Piggy back 방식이다.
② 도로체증을 피할 수 있고, 눈, 비, 바람 등 날씨에 의한 영향을 상대적으로 적게 받음으로 인해 장기적이고 안정적인 수송계획 수립이 가능하다.
③ 화차 및 운송장비 구입비 등과 같은 고정비용은 높지만 윤활유비, 연료비 등과 같은 변동비용은 고정비용에 비해서 상대적으로 낮은 편이다.
④ 2단 적재 컨테이너 무개화차(double-stack container flatcar)는 단수의 평판 컨테이너 화차(flatcar)에 2개의 컨테이너를 동시에 적재하여 수송할 수 있도록 설계되어 결과적으로 각 열차의 수송용량을 두 배로 증가시킬 수 있게 된다.
⑤ 근거리 운송시 상대적으로 높은 운임과 문전에서 문전(door-to-door) 서비스 제공의 어려움이 철도운송의 주요 단점으로 제시되고 있다.

해설
우리나라 컨테이너 철도운송 방식은 COFC 방식으로 주로 리치스태커나 지게차를 이용하여 컨테이너의 상·하차작업을 수행한다.

정답 | ①

07

국내 철도화물 운임체계에 관한 설명으로 옳은 것은?

① 철도화물 운임은 별도의 할인제도를 운영하고 있지 않다.
② 철도화물 운임체계는 일반화물, 특수화물로 구분하여 운영하고 있다.
③ 일반화물 운임은 운송거리(km)×운임단가(운임/km)×화물중량(톤)으로 산정한다.
④ 일반화물의 최저기본운임은 사용화차의 최대 적재중량에 대한 10km에 해당하는 운임이다.
⑤ 1km 미만의 거리와 1톤 미만의 일반화물은 실제 거리와 중량으로 계산한다.

선지분석
① 해상컨테이너를 철도로 운송하는 경우 할인제, 냉동·냉장 컨테이너는 할증제를 적용하고 있다.
② 철도화물 운임체계는 화차취급 운임, 컨테이너취급 운임, 혼재 운임으로 구분하고 있다.
④ 일반화물의 최저기본운임은 사용화차의 최대 적재중량에 대한 100km에 해당하는 운임이다.
⑤ 1km 미만의 거리와 1톤 미만의 일반화물은 반올림하여 계산한다.

정답 | ③

08

철도화물운송 방식에 관한 설명으로 옳은 것은?

① Kangaroo: 철도의 일정구간을 정기적으로 고속운행하는 열차를 편성하여 운송하는 방식이다.
② TOFC: 화차에 컨테이너만을 적재하는 방식이다.
③ Freight Liner: 트레일러 바퀴가 화차에 접지되는 부분을 경사진 요철 형태로 만들어 적재높이가 낮아지도록 하여 운송하는 방식이다.
④ COFC: 화차 위에 컨테이너를 적재한 트레일러를 적재한 채로 운송을 한 후 목적지에 도착하여 트레일러를 견인장비로 견인, 하차한 후 트랙터와 연결하여 운송하는 방식이다.
⑤ Piggy Back: 화차 위에 화물을 적재한 트럭 등을 적재한 상태로 운송하는 방식이다.

선지분석
①은 프레이트 라이너(Freight Liner) 방식, ②는 COFC 방식, ③은 캥거루(Kangaroo) 방식, ④는 TOFC 방식이다.

정답 | ⑤

PART 04 해상운송

CHAPTER 01 해상운송의 개요

1. 해상운송의 의의와 특성

(1) 해상운송의 개념
① 해상운송은 해상에서 선박에 의한 화물 또는 여객의 운송을 말하며, 원양항로에 따라 운송하는 외항해운과 국내소비재를 연안운송경로를 따라 운송하는 내항해운으로 나눌 수 있다.
② 또한 해상운송은 운송의 정기성에 따라 정기선(Liner) 운송과 부정기선(Tramper) 운송으로 나눌 수 있다.

(2) 해상운송의 특징 기출 27, 17회
① 대량화물 또는 중량화물의 장거리 운송을 저렴한 가격으로 할 수 있다.
② 주로 대양을 횡단하는 원거리 운송이므로 운송로가 자유로우며 국제성을 가지고 있다.
③ 해상운송로의 무한정성, 자유성 등의 특징이 있다.
④ 장거리, 대량운송에 따른 낮은 운임부담력으로 인해 국제물류의 중심 역할을 담당한다.
⑤ 직간접적인 관련 산업 발전 및 지역경제 활성화와 국제수지 개선에도 기여한다.

(3) 해상운송의 장단점 기출 27, 17회

장점	단점
• 대량화물의 장거리 운송에 적합 • 운송비가 저렴함 • 대륙 간 운송 가능 • 환경성 측면에서 가장 우수 • ULS 적용이 용이함 • 화물의 용적 및 중량에 제한이 적음 • 운송경로가 자유로움	• 항만시설에 하역기기 등의 설치 필요 • 기후에 민감 • 운송시간의 장기화 • 타 운송수단과 비교하여 높은 위험도 존재 • 운송의 완결성이 낮음 • 육상운송수단과 연계 필요함 • 운송속도가 느림

(4) 해상운송의 환경변화 기출 27회
① 해상운송수요가 크게 증가함에 따라 운송의 효율화를 위해 선박의 대형화 및 고속화 추세가 나타나고 있다.
② 해상운송관련 국제조약이나 규칙 등에 화주 측의 요구가 반영되는 폭이 점차 확대되고 있다.
③ 최근 해운기업들 간에 전략적 제휴(Strategic Alliance)가 증가하고 있지만 해운동맹(Shipping Conference)의 위상은 약화되는 경향을 보이고 있다.(미국 신해운법의 제정 및 개정 영향)
④ 국제복합운송의 보편화로 정기선사들의 서비스영역이 점차 확장되고 있다.
⑤ 과거 공선항해(ballast voyage)율을 낮출 목적으로 겸용선이 개발되었으나 최근에는 신속하고 안전한 해상운송을 위하여 전용선의 건조 비중이 증가하고 있다.
⑥ 최근 자국선 우선주의 현상이 확대되고 있고 편의치적을 방지하기 위해 제2편의치적(또는 제2선적, Secondary Registry) 전략도 도입되고 있다.

⑦ 선박대형화에 따라 기존 운하경로의 제약이 있지만 북극항로와 같은 새로운 대체 경로의 개발도 활발하다.

> **짚고 넘어가기** 해운정책(해운자유주의와 해운보호주의) 기출 22회
> - 해운자유주의 정책에서 화주는 국적선이든 외국적선이든 간에 운송인 선정의 자유를 갖는다. 해운자유화의 의의는 선박에 게양되는 국기에 상관없이 해상운송의 자유 및 공정한 경쟁원칙을 적용하는 데 있다.
> - 해운보호주의는 외부경쟁으로부터 국내 해운산업을 보호하기 위한 정책이다.
> - 카보타지 원칙(Cabotage rule)은 국가 내에서 여객 및 화물을 운송하는 권리를 외국선박에는 주지 않고 자국 선박이 독점하는 국제관례를 의미한다. 우리나라에서는 「선박법 제6조」에서 국내항 간 운송을 한국적 선박으로 제한하고 있다.

(5) **해상운송관련 국제조약** 기출 24, 23, 15, 12회
  ① 헤이그 규칙(Hague Rules, 1924)
    ㉠ 선하증권에 관한 규정통일을 위한 국제협약
    ㉡ 독점성이 강한 해상운송인의 강압적인 면책 회피를 막기 위해 선주, 화주, 은행, 보험사가 모여 운송인의 책임, 권리, 면책을 규정
    ㉢ 선진국 입장 옹호
    ㉣ 해상운송인의 최소한의 의무와 책임을 규정하고 운송인의 과실책임주의를 채택(운송인이 주의의무를 다하지 못해 발생한 손해에 대해서만 책임을 짐)
    ㉤ 운송인의 선박의 감항능력에 대한 주의의무 규정
    ㉥ 운송인은 상업(상사)과실에 대해서는 책임을 부담하나 항해과실 및 화재는 면책
  ② 함부르크 규칙(Hamburg Rules, 1978)
    ㉠ 해상 화물 운송에 관한 유엔 협약으로, 기존 선진 해운국 중심의 헤이그 규칙과 헤이그-비스비 규칙이 운송인에게 유리하고 화주국인 개발도상국에게 불리하다는 주장에 따라 1978년 제정되고, 1992년 발효됨
    ㉡ 주요 내용으로는 선박의 감항능력(내항성) 담보에 관한 주의의무 규정의 삭제, 화재면책의 폐지 및 운송인 책임한도액의 인상, 항해과실 면책조항의 폐지, 면책 카탈로그(Catalogue)의 폐지 및 지연손해에 관한 운송인 책임의 명문화 등

2. 해상운송의 분류

해상운송은 정해진 항로를 운항하는 정기선(Liner)과 화주와 선주 간의 용선계약에 따라 운항하는 부정기선(Tramper)으로 나눈다.

(1) **정기선 운송(Liner)**
  ① 정기선 운송의 개념
    여객 및 화물을 싣고 정해진 항로를 규칙적이며 반복적으로 운항하는 형태의 해상운송이다.
  ② 정기선 운송의 특징 기출 13회
    ㉠ 화물의 크기와 종류에 관계없이 표준화된 계약이 사용되고 있다.
    ㉡ 운송수요가 불특정다수의 개별수요로 이루어지므로 화주가 다수이고 운송대상도 다수이다. 시장과 선복의 수요량이 비교적 안정화되어 있다.
    ㉢ 공표된 운임요율이 적용되며 하역비까지 포함하고 있어 부정기선에 비해 높다.(운임률 미리 공시)
    ㉣ 운송대상 화물은 컨테이너화물 및 단위화(Unit) 화물, 이종화물, 고가화물이다.
    ㉤ 공중 일반운송인 역할을 한다.

ⓗ 대형화된 해운조직(해운동맹이나 대형선사)이 시장을 독과점화하고 있다.
③ 정기선 운송의 기능
ㄱ. 수출입 상품을 적기에 운송할 수 있는 교역의 편의를 제공한다.
ㄴ. 정기선사가 화주에게 제공하는 서비스 중의 하나가 안정적인 운임(Price stability)이며, 운임을 사전에 예측할 수 있다는 것이다.
ㄷ. 국가 간 긴급사태 발생 시 물자운송의 역할을 수행한다.
ㄹ. 국가 간의 운송수단이므로 교역을 촉진하여 당사국 간의 경제발전에 기여한다.
④ 해운동맹(Shipping conference) 기출 27, 14회
ㄱ. 특정항로에 취항하고 있는 2개 이상의 정기선사들이 모여 각자의 기업 독립성은 유지하며 과당경쟁을 상호 간에 피하고 서로의 이익을 증진하기 위해 운임, 적취량과 선박배치 등 조건에 관해 협정한 국제 카르텔이다.
ㄴ. 해운동맹은 정기선의 운임을 높게 유지하기 때문에 동맹탈퇴의 잠재손실이 크게 작용한다. 따라서 동맹유지가 용이하고 이탈이 없는 편이다.
ㄷ. 동맹회원간에는 일반적으로 운임표가 의무적으로 부과되지만 특정화물에 대해서는 자유로운 open rate가 가능하다.
ㄹ. 해운동맹은 국제운임 안정과 양질의 정기선 서비스 공급이라는 혜택을 주었지만, 대규모 선사들이 주축이 되어 독점적으로 시장을 장악하여 왔고, 이에 대한 논란과 규제로 인하여 현재는 많이 쇠퇴하였다.
ㅁ. 장점은 스케줄이 확정되어 있어서 무역거래에 도움, 운임안정으로 인한 생산·판매 기업에 도움, 배선의 합리성으로 인한 원가절감 등이 있다.
ㅂ. 단점은 독점으로 인한 과다이윤, 동맹에 좌우되는 운임률 책정, 기항지 수 제한으로 인한 화주불편 등이 있다.

(2) 부정기선 운송(Tramper)

① 부정기선 운송의 개념
ㄱ. 일정한 항로나 화주를 한정하지 않고 화주가 요구하는 시기와 항로에 따라 화물을 운송하는 것을 말한다.
ㄴ. 벌크화물을 운송할 때 주로 사용되며, 원칙적으로 단일화주의 단일화물을 항해용선 계약(Voyage Charter)으로 전부 용선하여 운송하는 선박을 부정기선이라 한다.
② 부정기선 운송의 특징 기출 28, 13회
ㄱ. 화주의 화물수요에 따라 항로 및 스케줄이 달라진다.(불규칙적 항해)
ㄴ. 선주와 용선자가 협의하여 용선계약서(Charter Party)를 작성한다.
ㄷ. 항로선택이 용이하고 대량의 화물을 주 대상으로 한다.
ㄹ. 운송수요가 시간적·지역적으로 불규칙하고 불안정하여 수시로 항로를 바꾸어야 하기 때문에 전 세계가 활동범위가 된다.
ㅁ. 정기선운송과 같은 해운동맹의 형성이 어렵고 단일시장에서의 자유경쟁이 전개되어 운임과 용선료는 제반요건에 따라 다양하게 변화한다.
ㅂ. 운임은 정해진 운임 요율표(Tariff)가 아닌, 물동량과 선복에 의한 시장가격에 의해 결정된다.

짚고 넘어가기 정기선 운송과 부정기선 운송의 비교 `기출` 19회

구분	정기선 운송	부정기선 운송
형태	불특정 화주의 화물운송	용선계약에 의한 화물운송
운송계약	선하증권(B/L)	용선계약서(C/P)
운임조건	Berth Term(Liner Term)으로 선주부담	FIO, FI, FO Term
운임결정	Tariff Rate(공표운임, 고정운임)	수요공급에 의한 시장운임(경쟁운임, 변동운임)인 Open Rate 또는 Spot Rate
운송인	공중 운송인(Public Carrier)	계약 운송인(Contract Carrier)

③ 부정기선의 용선계약 종류 `기출` 29, 27, 26, 23, 22, 20, 16, 14, 13회

구분	주요내용
항해용선계약 (Voyage Charter)	• 특정 항해구간을 정하여 선박을 대여 또는 차용하는 계약(항로용선계약이라고도 함) • 일정기간을 정하여 용선하는 정기용선계약(time charter)에 상대되는 개념 • 1회의 항해를 단위로 하며 운임은 화물의 용적, 중량 또는 선복을 기준으로 '화물 1톤당 얼마'로 결정됨 • 각각의 항로, 화물에 적합한 표준서식(GENCON)이 정해져 있고, 표준서식을 이용한 경우에도 당사자 간 합의에 의해 계약내용 변경이 가능함 • 선주는 화주에게 운임만을 수용하도록 하고 그 외 항해비 일체를 부담함
선복용선계약 (Lump-Sum Charter)	• 항해용선계약의 변형 • 적하량에 관계없이 일정한 선복을 계약하고 운임도 포괄적으로 약정하는 선복운임을 적용
일대용선계약 (Daily Charter)	• 항해용선계약의 변형 • 화물을 선적한 날부터 양륙할 때까지의 날짜를 하루 단위로 선복을 임대하는 계약
정기용선계약 (Time Charter)	• 모든 장비를 갖추고 선장과 선원이 승선해 있는 선박을 일정기간을 정하고 사용하는 용선계약(기간용선계약) • 자기 화물보다 다른 사람들의 화물을 운송하기 위하여 체결되며, 용선자는 다른 사람으로부터 받은 운임과 용선비의 차액을 얻음
나용선계약 (Bareboat Charter)	• 일종의 선박 임대차 계약으로 용선자가 일시적으로 선주 지위를 취득(선박만 용선하는 계약) • 용선자가 선용품, 연료 등을 선박에 공급하고 선장 및 승무원을 고용 • 용선자가 용선기간 중 운항에 관한 일체의 감독 및 관리권한을 행사

짚고 넘어가기 용선계약 시 묵시적 확약 `기출` 24회

- 묵시적 확약이란 계약서상에는 없으나 화물운송 시 일반적이고 관습적으로 인정되는 내용이다.
- 선주 측에서는 신속한 항행의 이행, 부당한 이로(다른 항로) 불가, 내항성 있는 선박 제공 등이, 화주 측에서는 위험물의 미적재 등이 당연히 운송 상관습상 인정되는 묵시적인 확약사항에 해당한다.

④ 용선계약의 하역비 부담 조건 기출▶ 27, 22, 19, 14, 12, 10회

Berth Term, Liner Term	선적과 양륙비용을 선주가 모두 부담하는 방식(정기선 운송에서 활용)
FIO(Free In & Out)	선적과 양륙비용을 용선자가 부담
FI(Free In)	선적비용은 용선자, 양륙비용은 선주 부담
FO(Free Out)	선적비용은 선주, 양륙비는 용선자 부담
FIOST(Free In, Free Out, Stowed, Trimmed)	선적비용, 양륙비용, 본선 내의 적부비용 및 화물정리비용 등을 모두 용선자가 부담하는 조건
Gross Term Charter	항비, 하역비, 검수비를 모두 선주가 부담
Net Term Charter	항비, 하역비, 검수비를 모두 용선자가 부담

(3) **부정기선의 정박기간** 기출▶ 24회

① 정박기간의 정의

정박기간(lay days)은 용선자가 계약화물의 전부를 완전히 싣거나 내리는 데 걸리는 일수를 선주에게 보증하는 기간을 말한다.

② 정박기간의 주요 내용

㉠ 운임 이외에 추가 지불 없이 선박소유자가 선박을 적·양화에 이용하게 한다. 또한 당사자 간에 합의한 기간 동안은 계속 이용할 수 있다.

㉡ 정박기간을 넘어 하역이 이루어질 때는 기간을 넘은 일수에 대해 용선자가 선주에게 추가요금, 즉 체선료(demurrage money)를 지불해야 한다.

㉢ 보증기간보다 빨리 하역이 끝났을 때는 보수로서 선주가 용선자에게 조출료(dispatch money)를 지불한다.(통상적으로 조출료는 체선료의 1/2)

③ 정박기간 관련 용어들

㉠ N/R(Notice of Readiness): 선박소유자가 용선자에게 통지하는 선적과 양륙의 준비 완료의 통지를 의미한다. 정박기간은 N/R 통지 후 일정기간이 경과되면 개시된다.

㉡ SHEX(Sundays & Holidays Excepted): 일요일과 공휴일을 정박일수에 산입하지 않는 조건이다.

㉢ WWD(Weather Working Days): 기상조건이 양호하여 하역작업이 가능한 날만을 정박기간에 산입하고, 악천후로 하역작업이 불가능한 작업일은 정박기간에 포함하지 않는다.

㉣ CQD(Customary Quick Dispatch): 해당 항만의 관습적 하역방법에 따라 가능한 신속하게 적재 또는 양륙하는 조건을 의미한다.

㉤ RLD(Running Laydays): 우천이나 동맹파업 및 기타 불가항력 등의 원인을 불문하고, 비록 실제로 하역이 불가능한 날이 있었다 하더라도 모두 정박기간에 산입하는 조건이다.

CHAPTER 02 해상화물의 운송계약과 운임, 선하증권

1. 해상화물 운송계약

(1) **해상화물 운송계약의 의의**

해상화물 운송계약은 선박으로 화물운송을 해주는 대가로 화주에게 운임을 지급받기로 약정하는 계약을 말한다. 해상화물 운송계약은 개품운송계약과 용선계약으로 나눈다.

(2) 개품운송계약(Contract of Affreightment)
① 정기선에 의한 운송계약으로 선박회사가 여러 화주의 화물운송계약을 개별적으로 맺는 것을 말한다.
② 운송인은 선박을 채우기 위해 여러 화주로부터 화물을 집화하여 혼재하여야 하는데, 이때 정기선을 이용하는 것이며 사전에 공시된 스케줄, 도착지, 운임 등을 고려하여 각각의 화주들이 조건에 맞는 각각의 개품운송계약을 하게 된다.

(3) 용선계약(Charter Party)
① 화물을 적재할 수 있는 선박의 지정공간인 선복(Freight Space)의 일부 또는 전부를 전세 내어 화물을 운송할 목적으로 선박회사와 용선자 간에 체결하는 계약이다.
② 대량화물을 부정기선으로 운송하는 경우에 용선계약을 체결한다.(원유, 철광석, 곡물, 시멘트 등)
③ 용선계약서인 C/P(Charter Party)를 선주와 화주가 작성한다.

2. 해상운송의 운임제도

(1) 정기선 운임 기출 27, 25, 23, 22, 20회
① 정기선 운임의 의의
  ㉠ 정기선 운임은 해운동맹에 의해 협정이 되고 있어 독점가격으로서의 성격을 가지고, 해운시황의 변동에 영향을 받지 않아 비교적 안정적이다.
  ㉡ 특정항로의 운임률표가 불특정 다수의 화주에게 공표되어 있다.
  ㉢ 해상운임 중 Berth Term(Liner Term)은 정기선의 개품운송에서 적용되는 운임으로, 선적시와 하역시의 하역비 및 위험을 선주(선사)가 부담하는 조건이다.
  ㉣ 기본운임(basic rate)과 할증료(surcharge) 및 기타 추가요금(additional charge) 등으로 구성된다.
② 정기선 운임
  ㉠ 기본운임(Basic Rate): 중량과 용적을 기준으로 하며 둘 중 운임 폭이 큰 쪽을 기본운임으로 정한다.
  ㉡ 최저운임(Minimum Rate): 화물의 용적이나 중량이 이미 설정된 일정기준(운임 톤 단위)에 미달하는 경우 적용되는 운임이다.
  ㉢ 종가운임(Ad valorem): 운송 시 특별한 관리와 주의를 요하고 보상 시에도 문제가 되는 고가품에 대하여 송장가격에 일정률을 부과하는 운임이다. 귀금속 등 고가품의 가격을 기초로 하여 산출된 운임이다.
  ㉣ 특별운임: 수송조건과는 별개로 해운동맹 측이 비동맹선과 적취경쟁을 하게 되면 일정조건하에서 정상요율보다 인하한 특별요율을 적용하는 운임이다.
  ㉤ 선불운임과 착불운임: 선불운임(Freight Prepaid)은 운송을 의뢰하면서 동시에 운임을 지급하는 것이고, 착불운임(Arrival Rate)은 목적지에서 화물을 인계하면서 받는 유형이다.
  ㉥ 차별운임(Discrimination Rate): 화물, 장소, 화주에 따라 차별적으로 부과되는 운임이다.
  ㉦ 무차별운임(Freight All Kinds Rate): 화물의 종류, 화주, 장소에 따라 차별하지 않고 화물의 중량이나 용적을 기준으로 일률적으로 부과하는 운임이다.
  ㉧ 혼재운임: 여러 화주의 화물을 혼재하여 하나의 운송단위로 만들어 운송될 때 부과되는 운임이다.

③ 추가할증료(Surcharge) 기출> 25, 24, 23, 21, 16회

구분	내용
유류할증료 (BAF; Bunker Adjustment Factor)	유류가격의 변동에 따른 선사의 부담을 보전하기 위해 부과되는 할증료
통화할증료 (CAF; Currency Adjustment Factor)	화폐가치 변화에 의한 선사의 부담을 보전하기 위해 부과되는 할증료
혼잡할증료 (Congestion Surcharge)	도착항의 항만의 혼잡으로 인해 예정된 기간 내에 하역을 할 수 없어 체선되는 경우에 적재화물에 대하여 부과하는 할증료
인플레할증료 (IAF; Inflation Adjustment Factor)	인플레이션 물가가 운임인상에 반영이 늦어져서 운항원가의 상승으로 선사의 적정이윤이 유지되지 못할 때 부과하는 할증료
양륙항(양하항) 선택할증료 (Optional Surcharge)	선적 시 양하항을 복수로 선정하고 양하항 도착 전에 최종 양하항을 지정하는 경우 부과하는 할증료
환적할증료 (Transshipment Charge)	선박이 최종 목적항에 직접 기항하지 않아 화물을 환적함으로 인해 추가로 발생하는 비용을 보전하기 위하여 부과하는 할증료
항구변경할증료 (Diversion Charges)	화주가 선적 시에 지정했던 항구를 본선 선적 완료 후 변경할 경우, 양륙항 변경화물에 부과하는 할증료
외항추가할증료 (Outport Surcharge)	선박이 원래 계획된 기항지(base port) 이외의 항구로 운송되는 화물에 부과하는 할증료

④ 해상운임 부대비용 기출> 23, 21, 16, 15회

구분	내용
부두사용료(Wharfage)	화물 적·양화를 위한 부두사용료로서 해양수산부 고시(항만시설 사용료)에 의해 부과되며, 항구마다 다르고 출항하는 화물, 입항하는 화물마다 다름
터미널화물처리비 (THC; Terminal Handling Charge)	수출화물이 터미널에 입고된 순간부터 본선의 선측까지와 수입화물이 본선의 선측에서 터미널 게이트를 통과하기까지의 화물의 이동에 따라 소요되는 비용
CFS 작업료(CFS Charge)	CFS(Container Freight Station)에서 혼재 또는 분류 시 부과하는 비용
지체료(Detention Charge)	화주가 컨테이너 또는 트레일러를 대여받은 경우, 무료사용 허용기간(free time)을 초과하여 반환하지 않았을 때, 선박회사에 지불하는 비용(반납지체료)
도착지 화물인도비	북미수출의 경우, 도착항에서 하역 및 터미널 작업비용을 해상 운임과는 별도로 징수하는 것으로 TEU당 부과
지선운임(피더료)(Feeder Charge)	컨테이너선이 직접 기항하지 않는 지역은 Feeder Service가 이뤄진다. 이때 Main Port 까지의 해상운임 또는 육상운임에 상당하는 부가운임을 말한다.
체화료(Demurrage Charge)	화주가 무료장치기간(free time) 이내에 컨테이너를 CY에서 반출하지 않을 경우에 선사에 지급하는 비용(컨테이너반출지체료 또는 체선료)

(2) **부정기선 운임** 기출> 25, 23, 22, 17, 15회

① 부정기선 운임의 의의

선사와 화주 사이의 자유계약에 의해 결정되는 자유운임을 원칙으로 하며 운송수요와 선복의 공급과 관련하여 크게 변동하는 것이 특징이다.

② 부정기선 운임의 종류

㉠ Spot운임(Spot Rate): 운송계약 직후 아주 짧은 기간 내에 선적이 개시될 수 있는 상태에서 지불되는 운임으로, 선박을 용선하고 지불하는 현물운임

ⓒ 선물운임(Forward Rate): 용선계약으로부터 실제 적재시기까지 오랜 기간이 있는 조건의 운임으로, 선주와 하주는 장래 시황을 예측하여 결정하는 운임
ⓒ 장기계약운임(Long term contract freight): 장기간 반복되는 항해에 의하여 화물의 운송을 계약하는 운임
ⓔ 일대용선운임(Daily Charter Freight): 본선이 지정선적항에서 화물을 적재한 날로부터 기산하여 지정양륙항까지 운송한 후 화물인도 완료시점까지의 1일(24시간)당 용선요율을 정하여 부과하는 운임
ⓜ 연속항해운임(Consecutive Voyage Freight): 반복되는 항해에 의하여 화물을 운송하는 경우에 항해 수에 따라 기간이 약정되어 있는 운임
ⓗ 선복운임(Lump Sum Freight): 선복(ship's space) 또는 항해를 단위로 하여 적용되는 포괄운임으로, 화주(용선자)는 공적운임에 대해서도 전액 부담해야 함
ⓢ 부적운임(Dead Freight): 부적운임 또는 공적운임은 계약보다 화물량이 적거나 또는 선적하지 않아도 사전에 계약한 운임을 지급하는 방식으로, 미적재 화물량에 대해 지불하는 운임
ⓞ 선지급운임(Prepaid Freight): 송하인이 화물을 선적하고 선하증권을 수령할 때에 지급하는 운임으로, 항해가 시작되기 전에 운임을 지급함
ⓩ 후불운임(Freight Collect): 무역조건이 FAS(Free Alongside Ship, 선측인도), FOB(Free On Board, 본선인도) 계약으로 체결되는 경우 적용되는 운임, 즉 수출거래에 있어서 양륙항에서 수입자가 화물을 인수한 후 지급하는 운임

3. 선하증권(B/L)

(1) 선하증권(B/L)의 개념

① 선하증권(B/L; Bill of Lading)은 그 증권에 기재된 화물의 운송에 대하여 화주와 운송인 사이에 계약이 체결되었음을 증명하는 증거서류로서, 화물의 도착지에서 선하증권 소지인이 증권과 상환하여 화물의 반환을 청구할 수 있는 유가증권이다.
② 운송인이 증권에 기재된 화물을 인수하고 또는 선적하였다는 것을 증명하는 서류이다.
③ 선하증권상에 화물의 상태에 관한 별도의 기재사항이 없는 경우 그 운송화물은 외관상 상태가 양호하다는 것으로 간주된다.

(2) 선하증권의 기능 기출▶ 22, 16회

① 선하증권에 기재된 화물을 인수 또는 선적했음을 증명하고, 정당한 소지자에게 인도할 것을 약정하는 유가증권
② 운송계약서는 아니지만 운송인과 송하인 간에 운송계약이 체결되었음을 추정하게 하는 증거증권의 기능
③ 선박에 적재된 물품의 수령증(Receipt of Goods)
④ 물품의 인도청구권

> **짚고 넘어가기** 선하증권 없이 화물을 찾을 경우 기출▶ 25회
>
> 수입지에서 원본 선하증권의 제시 없이 선사로부터 화물을 찾는 데 사용되는 것으로는 Surrendered B/L, L/G(Letter of Guarantee), Sea Waybill 등이 있다.
> - Surrendered B/L: 원본 B/L의 특징 중 하나인 유가증권으로서의 유통성을 상실한 B/L로, 수출자가 화물에 대한 권리를 포기한 B/L을 의미한다. 따라서 수출자는 화물의 소유권이 없다고 간주하게 되며, 수취인에 기재된 사람만이 화물을 찾을 수 있다.
> - 수입화물선취보증서(L/G): 해상운송에서 화물이 선적서류보다 먼저 도착했을 때, 수입업자가 화물을 먼저 받기 위해 은행의 보증을 받아 선박회사에 제출하는 서류이다. 이 경우 수입업자가 수입화물을 받기 위해 신용장 개설은행에 제출하는 보증장은 수입화물 보관증(Trust receipt, T/R)이라고 한다.
> - 해상화물운송장(Sea WayBill): 해상운송인이 화물의 수령을 증명하고 계약조건 이행을 목적으로 송하인에게 발행하는 운송장이다.

(3) FCL화물의 운송절차와 선하증권의 발행 기출 21, 18, 17회

정기선을 이용하여 수출 FCL화물을 해상운송하는 경우 수반되는 문서는 다음의 순서에 따라 작성된다.
① 화주가 운송화물의 명세를 기록한 선적요청서(S/R; Shipping Request)를 선사에 제출
② 선사는 화물인수예약서(B/N; Booking Note)에 화물명세, 소요 컨테이너 수, 운송조건 등을 기록
③ 터미널에서 컨테이너 섀시 등의 기기 인수를 증명하는 기기수령증(E/R; Equipment Receipt) 발행
④ 컨테이너 화물을 선사가 인수했다는 증명인 부두수취증(D/R; Dock Receipt) 발행 후 일등항해사에게 선적을 지시하는 선적지시서(S/O; Shipping Order) 발급
⑤ 본선에 이상 없이 화물이 인도되었음을 증명하는 본선수취증(M/R; Mate's Receipt)을 일등항해사가 발급
⑥ 선사가 M/R과 교환으로 선하증권(B/L; Bill of Lading) 발급
⑦ 선사가 적하목록(Manifest)을 작성하고 양륙지에서 화물을 인도할 것을 지시하는 화물인도지시서(D/O; Delivery Order) 발행

(4) 선하증권의 종류

① 발행시기를 기준으로 한 분류 기출 28회

구분	내용
선적 선하증권 (Shipped B/L)	화물이 선박에 선적되면 발행하는 선하증권
수취 선하증권 (Received B/L)	운송인이 화물을 수령하고 본선 선적 전에 발행하는 선하증권

② 수취인(Consignee)란의 표시방법에 따른 분류 기출 28, 22, 16회

구분	내용
기명식 선하증권 (Straight B/L)	• 선하증권의 수취인란에 수하인의 성명이 기재되어 있는 선하증권으로 화물소유권은 그 사람에게 귀속됨 • 선하증권에 기재된 특정 수하인이 아니면 원칙적으로 화물을 수령할 수 없는 선하증권이므로 화물의 전매나 유통이 자유롭지 못함 • 선하증권에 배서금지 문언이 없으면 배서양도는 가능하지만, 기명된 당사자만이 화물을 인수할 수 있음
무기명식 선하증권 (Blank Endorsement B/L)	• consignee(수하인)란에 특정 권리자를 표시하지 않고, B/L을 소지한 사람이 권리인으로 인정되는 선하증권 • 무기명식 B/L은 교부에 의해 양도, 처분 가능함 • 백지배서식이라고 하며 소지인식과 유사함
지시식 선하증권 (Order B/L)	• 선하증권의 수취인란에 수하인의 성명이 명시되어 있지 않고 "to order of X(X가 지시하는 사람)", "to order of Xbank(X은행이 지시하는 사람)" 등으로 기입된 B/L • 신용장 거래에서는 consignee(수하인)가 은행에 대금을 지급하기 전까지는 물품은 은행 소유이므로 대금지급을 받은 후에 은행 배서를 통해 지시하는 consignee에게 물품을 전달함 • 신용장방식에서 사용
소지인식 선하증권	• 선하증권상에 소지인에게 물품을 인도하도록 기재한 선하증권

③ 화물의 이상 유무를 기준으로 한 분류 기출 28회

구분	내용
무사고 선하증권 (Clean B/L)	• 운송인이 본선 적재 시 화물의 외관 상태에 이상이 없을 때 발행된 B/L • "shipped on board in apparent good order and condition"(외관상 양호한 상태로 선적됨)이라는 문구를 B/L에 기재함
사고부 선하증권 (Foul B/L, Dirty B/L)	• 본선 적재 시 외관상태, 포장, 수량 등에 이상이 있어서 Foul M/R(Mate's Receipt)이 발행되어 그 하자내용이 적힌 B/L • Foul B/L로는 은행에 네고(negotiation, 협상)가 불가하므로 화주는 화물 대체 혹은 재포장할 수 없으며 출항 시간이 임박한 경우에는 L/I(Letter of Indemnity, 파손화물보상장)를 제시하여 Clean B/L을 교부받음

④ 발행주체에 따른 분류 기출 25회

구분	내용
집단 선하증권 (Master B/L)	• 국제물류주선업자가 여러 LCL 화물을 혼재하여 FCL로 만든 화물을 선사에 인도할 때 선사가 국제물류주선업자에게 교부하는 선하증권 • 국제물류주선업자(포워더)는 이를 근거로 화주에게 House B/L을 발행한다. • Groupage B/L은 국제물류주선업자가 여러 LCL 화물을 혼재하여 FCL로 만든 화물을 선사에 인도할 때 선사가 국제물류주선업자에게 교부하는 B/L
혼재화물 선하증권 (House B/L)	• 선사가 발행한 B/L을 근거로 국제물류주선업자(포워더)가 개별 LCL화주에게 발행하는 선하증권 • 이를 구분하는 방법은 B/L 상단 issued by 부분에 선사의 이름과 주소가 있으면 Master B/L이고, 포워더의 이름과 주소가 적혀 있으면 House B/L에 해당

⑤ 용선계약부 선하증권(Charter Party B/L) 기출 16회

㉠ 화주가 대량화물을 운송하기 위해 특정항로 또는 일정기간 동안 부정기선을 용선하는 경우, 화주와 선박회사 사이에 체결된 용선계약(Charter Party)에 의하여 약식(short form)으로 발행되는 선하증권(B/L)을 말한다.

㉡ 제3자에게 양도된 경우 용선계약서의 내용보다 선하증권의 내용을 우선하고, 이면에는 용선계약서의 모든 내용이 편입된다는 문언이 포함되어 있다.

㉢ 신용장통일규칙(UCP 600)은 신용장에서 별도의 약정이 없는 한, 이 선하증권은 수리하지 않는다고 규정하고 있다.

㉣ 정기용선계약서는 국제적으로 공인된 여러 표준양식이 있는데, 일반적으로 널리 사용되는 것은 NYPE 81 또는 NYPE, BALTIME(Uniform Time Charter 1974) 등이다. NYPE는 정기용선계약서이고 선하증권(B/L)은 아니다.

> **짚고 넘어가기** 파손화물보상장(LOI; Letter of Indemnity) 기출 26회
>
> • 해상운송에서 운송인은 화물을 인수할 당시에 포장상태가 불완전하거나 수량이 부족한 사실이 발견되면 사고부 선하증권(Foul B/L or Dirty B/L, 고장부 선하증권)을 발행한다.
> • 사고부 선하증권은 은행에서 매입을 하지 않으므로, 송하인은 운송인에게 일체의 클레임에 대해서 송하인이 책임진다는 서류(LOI)를 제출하고 무사고 선하증권을 수령한다.
> • 즉, 물품운송계약에 있어서 운송화물이 손상되었을 경우 운송인이 사고부 선하증권(Foul B/L or Dirty B/L, 고장부 선하증권)을 발행하지 않고 무사고 선하증권(Clean B/L)을 발행함으로써 부담하게 되는 책임을 송하인(consignor)이 부담하겠다고 하는 송하인의 서면상의 약속 증서이다.

(5) 전자식 선하증권(Electronic B/L)

① 전자식 선하증권의 개념

전통적인 종이 선하증권의 불편함을 개선하기 위해 사용하는 선하증권으로, EDI를 통해 전달한다.

② 볼레로(BOLERO; Bill Of Lading for Electronic Registry Organization) system 기출 10회

㉠ 무역에 필요한 종이문서를 전자문서로 전환하여 안전하게 교환할 수 있도록 하게 한 시스템을 말한다.

㉡ BOLERO는 전자식 선하증권에서 출발하여 SURF(Settlement utility for Managing Risk and Finance, 위험 및 금융관리를 위한 결재 유틸리티)라는 결제방식으로 기능 확대를 추진하고 있다.

(6) 선하증권의 기재사항

① 선하증권의 법정 기재사항과 임의 기재사항 기출 9회

구분	기재사항
법정 기재사항 「상법 제853조」	선박의 명칭·국적 및 톤수 / 송하인이 서면으로 통지한 운송물의 종류, 중량 또는 용적, 포장의 종별, 개수와 기호 / 운송물의 외관상태 / 용선자 또는 송하인의 성명·상호 / 수하인 또는 통지수령인의 성명·상호 / 선적항 및 양륙항 / 운임 / 발행지와 그 발행연월일 / 수통의 선하증권을 발행한 때에는 그 수 / 운송인의 성명 또는 상호 / 운송인의 주된 영업소 소재지
임의 기재사항	항해번호(Voyage No.), 통지처(Notify Party), 운임지불 여부 및 환율, 비고사항(일반약관 및 면책약관의 내용, 화물손상, 과부족) 등

② 선하증권 운송약관상의 운송인 면책약관 기출 26, 10회

㉠ 잠재하자약관(latent defect clause): 잠재된 하자로 인한 손해에 대해서 운송인의 면책사항을 규정한 것으로, 해상운송에서 인정되는 운송인의 면책약관의 하나이다. 각 나라는 운송인에게 선박의 내항능력 담보의 의무를 부과하고 있으나 복잡한 선체·기관·설비에 잠재된 기술적 결함은 신중하게 주의했더라도 출항 전에는 쉽게 발견할 수 없는 사항이다. 따라서 이에 대해서 운송인은 면책된다.

㉡ 과실약관(negligence clause): 과실은 항해과실과 상업과실로 구분하며 상업과실일 경우, 운송인은 면책을 주장하지 못한다.

㉢ 이로약관(deviation clause): 항해 중에 인명, 재산의 구조, 구조와 관련한 상당한 이유로 예정항로 이외의 지역으로 항해한 경우, 발생하는 손실에 대해 운송인은 면책이다.

㉣ 부지약관(unknown clause): 컨테이너 내에 반입된 화물은 화주의 책임 하에 있으며 발생하는 손실에 대해 운송인은 면책이다.

㉤ 고가품약관(valuation clause): 송하인이 화물의 운임을 종가율에 의하지 않고 선적하였을 경우, 운송인은 일정 금액의 한도 내에서 배상책임이 있다.

> **짚고 넘어가기** 히말라야 약관(Himalaya Clause) 기출 10회
>
> 운송인의 사용인, 대리인, 하청운송인이 화주로부터 직접화물의 손상에 대한 청구를 받는 것을 방지하기 위하여 이들이 운송인 발행의 B/L하에서는 운송인과 동일한 면책, 책임제한을 받는다는 취지를 규정한 약관이다.

CHAPTER 03 선박의 이해

1. 선박의 종류 기출 28회

(1) 일반화물선과 컨테이너선

① 일반화물선

일반화물선(General cargo ship)은 화물을 수송하는 선박을 총칭하는 말로서 특수 화물선이나 전용 화물선이 아닌 일반화물을 주로 운송하는 화물선을 말한다.

② 컨테이너선

㉠ 화물을 컨테이너에 넣어 운송하는 선박을 말한다. 컨테이너만 싣는 Full Container Ship과 일반화물과 컨테이너를 같이 싣는 Semi Container Ship이 있다.

㉡ 컨테이너선을 이용하면 하역시간과 비용이 절감되고, 전천후 하역이 가능하며, 문전서비스가 가능하다(도착 후 컨테이너 터미널에서 화주에게 직접 인도하는 것을 의미)는 장점이 있다.

> **짚고 넘어가기** 「선박법」상 선박의 정의 기출 21회
> - 기선: 기관을 사용하여 추진하는 선박[선체 밖에 기관을 붙인 선박으로서 그 기관을 선체로부터 분리할 수 있는 선박 및 기관과 돛을 모두 사용하는 경우로서 주로 기관을 사용하는 선박을 포함한다]과 수면비행선박(표면효과 작용을 이용하여 수면에 근접하여 비행하는 선박을 말한다)
> - 범선: 돛을 사용하여 추진하는 선박(기관과 돛을 모두 사용하는 경우로서 주로 돛을 사용하는 것을 포함한다)
> - 부선: 자력항행능력이 없어 다른 선박에 의하여 끌리거나 밀려서 항행되는 선박
> - 소형선박: 총톤수 20톤 미만인 기선 및 범선, 총톤수 100톤 미만인 부선

(2) 바지선과 바지운반선 기출 28, 20회

① 바지선(부선)

바지선(Barge Ship)은 중량물이나 활대품(넓고 큰 물건)을 용이하게 적재할 수 있는 갑판만 있는 선체로서 바지운반선에 의해 예인되어 이동하는 선박이다.

② 바지운반선

바지운반선(예인선, Barge Carrier Ship, Tug Boat)은 본선에 설치된 크레인으로 화물이 적재된 바지선 자체를 적재 및 예인하는 선박이다. 바지운반선의 예로 LASH선(Lighter Aboard Ship)이 있다.

(3) 하역 방식에 따른 선박의 종류 기출 28, 23, 20, 15회

① LO-LO선(Lift On/Lift Off Vessel)

육상의 갠트리 크레인(Gantry Crane)을 이용하여 컨테이너를 수직으로 들어올리고 내리는 방식으로 적하 및 양하하는 선박이다.

② RO-RO선(Roll On/Roll Off Vessel)

선박의 입구에 설치된 경사판(ramp)을 통해 포크리프트, 트랙터, 트레일러 등에 컨테이너를 올려서 이동시키고 적하 및 양하하는 방식이다.

③ FO-FO선(Float On/Float Off Vessel)

부선(barge선)에 화물을 적재하여 본선에 설치된 크레인으로, 바지선 자체를 적재 및 하역하는 방식이다. FO-FO선의 예로 LASH선이 있다.

(4) 기타 선박 기출 28, 23, 20, 10회

① 유조선(Tanker): 원유, 화공약품, 액화가스 등 액상화물을 선창 내에 직접 산적하여 운송하는 선박을 말한다.
② 살물선(Bulk carrier): 석탄, 철광석, 곡물, 시멘트 등 화물을 포장하지 않은 벌크 상태로 운송하는 선박을 말한다.
③ 전용선(Specific bulk carrier): 특정한 화물을 운송하기 위해 특별한 구조와 설비를 갖춘 선박을 말하며 광석전용선, 자동차전용선, 원목전용선 등이 있다.
④ 겸용선(Combined carrier): 서로 다른 2종류 이상의 화물운반에 이용되는 선박을 말한다. 복합운송을 통해 운송비를 절감하기 위한 목적과 시장수요에 따른 대상화물의 변경에 대처하기 위한 선박이다.
⑤ 페리(Ferry): 여객과 화물을 운송할 수 있도록 고안된 선박으로서 화객선과 차량을 적재할 수 있는 카페리(car ferry) 등이 있다.
⑥ 위그(WIG; Wing In Ground)선: 지면효과(ground effect)를 이용하여 수면 위를 2~5m 높이로 낮게 떠서 운항할 수 있는 선박이다. 시속 100~500km까지 날 수 있고, 항속거리는 약 1,000km 정도이다. 항공기처럼 날지만 연료소모량은 항공기에 비해 50% 미만으로 소요되어 항공기보다 낮은 운임으로 여객이나 화물을 운송할 수 있다.

2. 선박의 제원

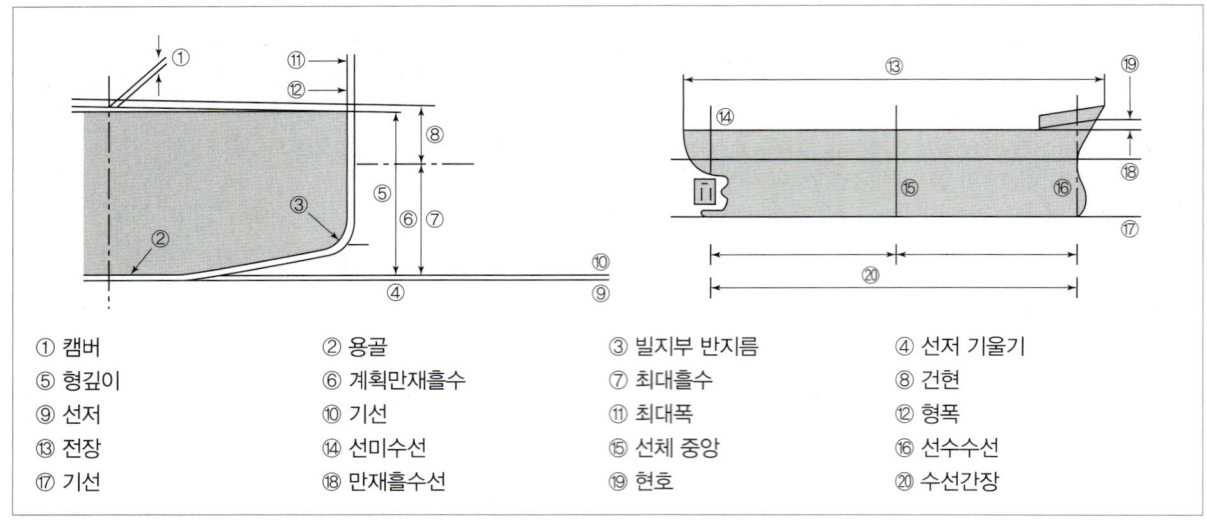

▲ 선박의 제원

(1) 선박의 길이(Length) 기출 17, 16, 14회

① 전장(LOA; Length Over All): 선수의 최전단에서 선미의 최후단까지의 수평거리, 즉 선박의 길이를 말한다.
② 수선간장(LBP; Length Between Perpendiculars): 수선 간 길이라고도 하며 만재흘수선상에서 선수수선(FP)으로부터 선미수선(AP)까지의 수평거리로, 전장(LOA)보다는 짧다. 일반적으로 선박의 길이로 사용한다.

(2) 선박의 폭(Breadth)과 깊이 기출 17, 16, 14회

① 전폭(Bex; Extreme breadth): 선체의 가장 넓은 부분에서 측정한 외판의 외면에서 반대편 외판까지의 수평거리이다.
② 형폭(B; Moulded breadth): 선체의 제일 넓은 부분에서 측정한 프레임의 한쪽 내면에서 반대쪽 내면까지의 수평거리로서 도킹 시 이용되는 폭(선박법상 배의 폭에 해당)을 말한다.
③ 건현(Free Board): 선박에서 물이 닿지 않는 수면상의 현측부분을 말한다. 즉, 선체 중앙 흘수선으로부터 건현 갑판상단까지의 높이를 말한다.

④ 흘수(Load Draft) : 선박이 수중에 잠기는 깊이를 말하며 도선료(Pilotage), 예선료(Towage)의 기준이 된다.

(3) 만재흘수선(LWL ; Load Water Line) 기출 9회

① 만재흘수선의 개념

만재흘수선은 화물을 만재한 상태에서 선박 정중앙부의 수면이 닿는 위치에서 용골(선박의 가장 밑바닥) 상단까지의 수직거리를 의미한다. 최소 건현을 나타내기에 건현표(Free Board Mark)라고 불린다.

② 만재흘수선의 설정목적

선박의 안전을 도모하고, 화물의 과적(Overloading)에서 생기는 해난을 방지하며 선박의 감항성(선박의 종합적인 항해능력)을 확보하기 위하여 설정된 최대한도의 흘수이다.

③ 만재흘수선의 표시

㉠ 만재흘수선은 선박의 종류, 구조, 계절에 따라 지정되며 선박의 중앙 양 현측에 만재흘수선표(Load Line Mark)를 표시한다.

㉡ 만재흘수선은 선박의 부력에 영향이 큰 물의 비중차이를 감안하여 계절, 해역별로 각각 달리 적용된다.

㉢ 국제항해에 취항하는 선박, 길이 24m 이상의 선박 및 여객선, 길이 12m 이상 24m 미만으로 여객 13인 이상을 운송할 수 있는 여객선은 의무적으로 만재흘수선을 표시해야 한다.

㉣ 만재흘수선의 표시

영문 약어	영문 내용	영문 해석
S	Summer load line	하기 만재흘수선
W	Winter load line	동기 만재흘수선
T	Tropical load line	열대 만재흘수선
F	Fresh water line	담수 만재흘수선
TF	Tropical Fresh water load line	열대 담수 만재흘수선
WNA	Winter North Atlantic load line	동기 북대서양 만재흘수선
KG	Korean Government	대한민국정부

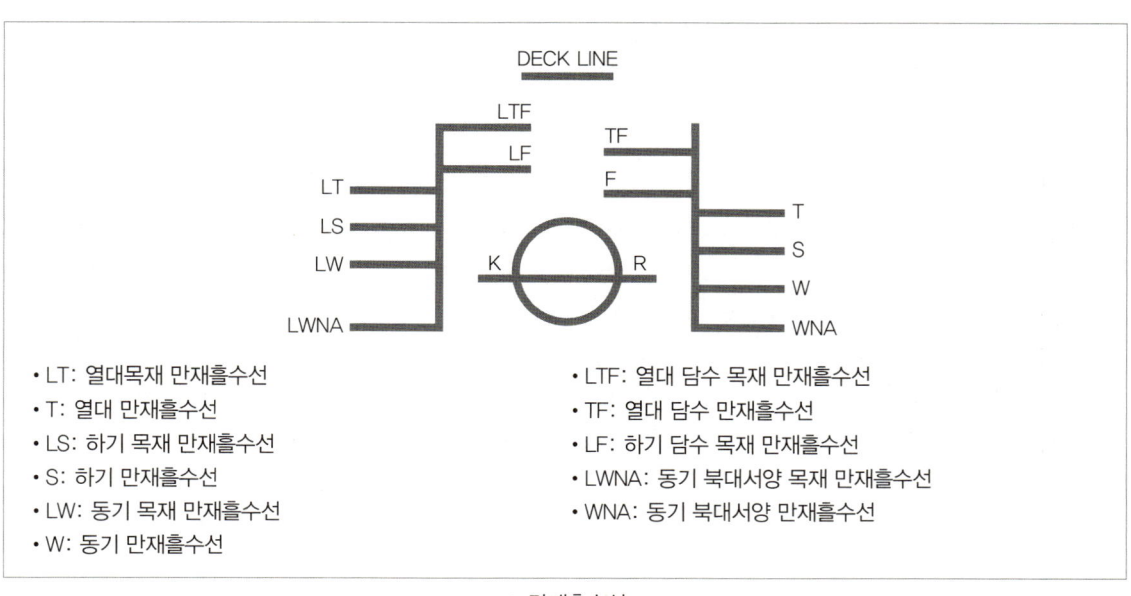

- LT : 열대목재 만재흘수선
- T : 열대 만재흘수선
- LS : 하기 목재 만재흘수선
- S : 하기 만재흘수선
- LW : 동기 목재 만재흘수선
- W : 동기 만재흘수선
- LTF : 열대 담수 목재 만재흘수선
- TF : 열대 담수 만재흘수선
- LF : 하기 담수 목재 만재흘수선
- LWNA : 동기 북대서양 목재 만재흘수선
- WNA : 동기 북대서양 만재흘수선

▲ 만재흘수선

(4) 선박의 톤수 기출 29, 23, 22, 19, 17, 14, 13, 12, 10회

구분	내용
총톤수 (Gross tonnage)	• 선박내부의 총 용적량으로 상갑판 하부의 적량과 상갑판 상부의 밀폐된 장소의 적량을 모두 합한 것이다. • 선박의 안전과 위생 등에 이용되는 장소는 제외된다. • 각국의 해운력과 보유 선복량을 비교할 때 주로 이용한다. • 관세, 등록세, 소득세, 도선료, 각종 검사료, 세금과 수수료의 산출 기준이다.
순톤수 (Net tonnage)	• 화물이나 여객에 제공되는 공간 용적의 크기로 선박의 수익능력을 나타낸다. • 톤세, 항만세, 연안사용료, 등대사용료 등의 산정기준이 된다.
재화용적톤수 (Measurement tonnage)	• 선박이 적재할 수 있는 화물의 최대용적을 표시하는 톤수이다. • 선박의 각 선창의 용적과 특수화물 창고 등 운송영업에 제공될 수 있는 화물적재능력을 나타낸다.
재화중량톤수 (Dead weight tonnage)	• 공선상태로부터 만선이 될 때까지 실을 수 있는 화물, 여객은 물론 연료, 식량, 음료수, 승선인원 및 그 소지품 등이 포함된 중량으로 선박의 상업상의 능력을 나타낸다. 따라서, 선박이 실제 운송할 수 있는 화물 톤수는 재화중량톤수에서 연료, 식량 등의 중량을 빼야 한다. • 선박이 적재할 수 있는 화물의 최대중량을 의미하며 선박의 매매, 용선료 산정, 화물선이나 탱커의 선복량 등의 기준이 되는 선박의 톤수이다. Long Ton(LT)을 주로 사용한다.
배수톤수 (Displacement tonnage)	• 선박의 전 중량을 표시하는 톤수로서 배수용적에 상당하는 물의 중량을 배수톤수라 한다. • 군함의 경우 적화량의 변화가 거의 없으므로 오로지 배수톤에 의하여 그 크기를 표시한다.
경하배수톤수 (Light Displacement tonnage)	• 선박 자체와 기계류, 부속품 등의 무게, 즉 경하 상태에 있는 선박의 무게를 표시하는 톤수이다. • 선박을 해체하여 매각 시 지급하는 선가의 기준이 된다.

(5) 선박의 구성요소와 관련용어 기출 18, 17, 16, 14회

선박은 크게 선체(Hull), 기관(Engine), 기기(Machinery)로 구성되어 있다.

① 선체(Hull): 선박의 주요 부분 및 상부에 있는 구조물을 총칭하며, 인체의 등뼈인 용골과 갈비뼈인 늑골, 선창 내부를 수직으로 분리해주는 격벽 등으로 이루어짐
② 격벽: 수밀과 강도 유지를 위해 선창 내부를 수직으로 분리하는 구조물
③ 닻(Anchor): 선박 정박시 해표면에 내려 선박을 고정시키는 장비
④ 발라스트(Ballast): 공선항해시(화물을 선적하지 않고 운항 시) 감항성이나 흘수유지를 위해 선박의 바닥에 싣는 해수(海水) 등의 짐
⑤ 데릭(Derrick): 선박에 설치된 기중기
⑥ 연돌(Funnel): 연소가스 통풍구(굴뚝)
⑦ 빌지킬(Bilge Keel): 배의 횡동요(Rolling)를 줄이기 위해 선저만곡부(Bilge) 외판에 직각에 가깝도록 선수미 방향으로 길게 붙이는 부착물
⑧ 대빗(Davit): 선박에서 보트나 닻을 달아 올리는 기둥
⑨ 라이닝(Linning): 본선의 이·접안 시 줄잡이 역무를 제공하는 항만운송관련사업
⑩ 트리밍(Trimming) 또는 레벨링(Leveling): 철광석, 석탄, 밀 등을 컨베이어벨트로 선박의 선창 안으로 적재하여 화물이 선창 가운데에만 쌓이는 경우 이 화물을 평평하게 고르는 선창 내 화물고르기 작업

3. 선박의 국적 및 선급제도

(1) 편의치적(Flags of convenience) 기출▶ 27, 26, 18, 10회

① 편의치적의 개념
- ⊙ 전통적인 선박의 국적 취득 요건은 자국민 소유, 자국 건조, 자국민 승선이다. 그러나 선주가 속한 국가의 엄격한 요구 조건과 의무부과를 피하기 위하여 파나마, 온두라스 및 라이베리아 등의 국적을 취득하는 것을 편의치적이라고 한다.
- ⓒ 즉, 세금을 줄이고 값싼 외국인 선원을 승선시키기 위해 선주가 소유하게 된 선박을 자국에 등록하지 않고 조세감면국인 제3국에 등록하는 것을 말한다.
- ⓒ 미국, 일본 등 주로 선진 해운국 선주들이 행하고 있다.

② 편의치적을 선호하는 이유
- ⊙ 금융기관이 선박에 대한 권리행사가 용이하기 때문에 금융시장에서 자금조달이 용이하다.
- ⓒ 선박의 운항 및 안전기준 등의 이행준수 회피에 따르는 비용절감이 가능하다.
- ⓒ 선박운항에 따른 재무상태, 거래내역을 정부에 보고하지 않는 등 선박운항에 따른 정부의 지도·감독회피가 가능하다.
- ② 선원공급원 선택이 용이하고 운항의 융통성이 증가한다.
- ⓜ 등록세와 매년 징수하는 소액의 톤세 외에 선주에 대해 추가적인 소득세를 징수하지 않아 조세부담이 낮다.

③ 제2치적(Secondary Registry)제도 기출▶ 27, 26, 19, 18, 10회

최근 해운규제가 강화되고 편의치적 방지를 위해 자국의 일정지역을 치적으로 정하여 편의치적과 유사한 혜택을 부여하는 제도를 만들었는데 이를 국제선박등록제도 또는 제2치적제도라고 한다. 우리나라는 제주도를 선박등록특구로 지정·운영하고 있다.

(2) 선급제도 기출▶ 10회

① 선급제도의 개념
- ⊙ 선급제도(Classification societies)는 국가마다 서로 다른 법규에 의해 선박이 제조됨에 따라 제조된 선박의 정상적인 항해가능 여부, 즉 감항성의 전문적, 객관적인 판단을 위해 만든 제도이다.
- ⓒ 감항성(Seaworthiness)은 선박이 목적항구까지 소정의 화물을 싣고 항해를 무사히 종료할 수 있는 상태하에 있는 선박의 종합적인 항해능력을 말한다.

② 선급제도의 주요내용
- ⊙ 선체, 기관에 이상이 없고 선장, 선원에 결원이 없으며 연료, 식수 등 항해준비를 갖춘 상태를 감항성이 있다고 판단한다.
- ⓒ 보험회사들이 보험인수 여부 및 보험료 산정을 위해 선박등록부(Green book)를 만든 것을 시작으로 국제선급협회(IACS)로 발전(한국선급협회도 1988년 정회원 가입)되었다.
- ⓒ 특정선급을 얻기 위해 선급규칙에 맞게 건조되어야 하고 선급유지를 위해 검사가 있으며 건조검사, 정기검사, 중간검사, 임시검사, 임시항해검사 등이 있다.

(3) 국적선 불취항증명(웨이버 제도) 기출▶ 10회

국적선 불취항증명(Waiver), 즉 웨이버 제도는 화주가 외국 선박을 이용할 경우 해당지역으로 출항하는 국적선(자국선박)이 없음을 증명하는 제도로 수출입화물 운송에 자국선박을 이용하도록 하는 국적선 보호주의의 한 형태이다. 국적선 불취항증명서(Waiver) 없이는 외국선박에 임의로 선적할 수 없다.

CHAPTER 04 　연안운송과 카페리운송

(1) 연안운송의 개요 기출 29회
① 연안운송 또는 연안해송은 외항화물선과 연계하여 수출입화물의 국내항 간 운송 및 내수용 화물을 국내항 간에 운송하는 것을 말한다.
② 전용선복 부족, 시설 미비 등으로 활성화되지 못했으나 최근 들어 컨테이너 화물의 증가로 컨테이너선을 투입하여 운항을 하고 있고 시멘트선, 정유선, LPG선 등이 대형화되고 있다.

(2) 연안운송의 장단점 기출 29, 11회

장점	단점
• 공로의 혼잡 경감 및 친환경 운송수단으로의 전환(Modal shift) • 중량물, 장척물 등의 운송에 적합 • 대량 화물의 국내 운송에 적합 • 도서지역 생필품의 안정적 공급수단 • 물류비 절감형 운송수단	• 운송의 신속성이 결여됨 • 문전운송(door to door)이 곤란 • 다른 운송수단과의 연계가 필요 • 소량, 다빈도 운송에 부적합

(3) 우리나라 연안운송 활성화 방안 기출 21회
① 선사와 화주 간 지속적인 관계 개선 및 서비스 향상을 통한 진정한 의미의 장기용선계약 체결이 필요하다.
② 연안선사를 위한 실효성 있는 선박금융기법 개발을 통해 연안 선사의 경영합리화 추진이 필요하다.
③ 연안해운은 육상운송수단에 비해 친환경적인 운송수단으로 세제상의 지원이 필요하다.
④ 현행 연안운송사업의 등록기준은 선박 1척 이상이면 누구나 사업참여가 가능하도록 되어 있어 업계의 영세화와 경쟁력 약화를 초래하므로 등록 기준의 강화가 필요하다.(「해운법」 제19조)
⑤ 선박량 과잉을 방지하고 적정 선박량의 유지를 위한 방안이 필요하다.

(4) 카페리운송 기출 17회
① 카페리는 여객과 화물을 함께 운송할 수 있도록 고안된 선박으로, 불특정 다수를 대상으로 사람과 화물을 동시에 운송할 수 있다.
② 생동물, 과일, 생선 등을 산지로부터 신속하게 직송하여 화물을 유통시킨다.
③ 육상의 도로혼잡을 감소시키고 친환경 운송수단으로의 기능을 하여 Modal Shift의 방법이 된다.
④ 카페리운송은 하역비 절감, 화물 안전성의 향상, 신속한 운송, 운행거리 단축 등 경제성이 있다.

01

용선운송계약에 관한 설명으로 옳지 않은 것은?

① 전부용선계약(Whole charter party)은 선복(Ship's space)의 전부를 빌리는 것이다.
② 일부용선계약(Partial charter party)은 선복(Ship's space)의 일부를 빌리는 것이다.
③ 항해용선계약(Voyage charter party)은 특정항구에서 특정항구까지 선복(Ship's space)을 빌리는 것이다.
④ 기간용선계약(Time charter party)은 일정기간을 정하여 선복(Ship's space)을 빌리는 것이다.
⑤ 나용선계약(Bareboat charter party)은 용선자가 특정항구에서 특정항구까지 임차료를 계산하고, 선주로부터 선박 자체만을 임차하는 것이다.

해설
나용선 계약(Bareboat charter or Demise charter)은 용선자가 선박만을 임차하여 장비 및 선원 등 인적·물적 요소, 그리고 운항에 필요한 모든 비용을 부담하며 선박에 대한 실질적인 지배권을 획득하는 계약이다.
용선계약에는 전부용선과 일부용선이 있으며 전부용선에는 기간(정기)용선(Time Charter)과 항해용선계약(Voyage Charter) 및 나용선 계약(Bareboat Charter) 등이 있다.

정답 | ⑤

02

다음 선박에 관한 설명으로 옳은 것은?

① WIG선: 자항능력이 없는 선박으로서 예인선에 의해 예인되는 선박
② LASH선: 화물이 적재된 부선을 본선에 적입 및 운송하는 특수선박
③ LOLO선: 산화물의 운송을 위하여 제작된 선박
④ 산물선(Bulk Carrier): 수면 위를 1~5m 높이로 낮게 떠서 운항할 수 있는 선박
⑤ Barge선: 본선 또는 육상에 설치되어 있는 갠트리 크레인으로 컨테이너를 수직으로 들어 올려 적재, 양륙하는 방식의 선박

선지분석
① 자항능력이 없는 선박으로서 예인선에 의해 예인되는 선박은 바지(Barge)선이다.
③ 산화물의 운송을 위하여 제작된 선박은 벌크선(Bulk Carrier)이다.
④ 수면 위를 1~5m 높이로 낮게 떠서 운항할 수 있는 선박은 위그(WIG; Wing In Ground)선이다.
⑤는 LOLO(Lift on-Lift off)선에 대한 설명으로, 자체적으로 데릭이나 크레인이 설치된 경우도 있다.

정답 | ②

03

정기선운임에 관한 설명으로 옳지 않은 것은?

① 특정항로의 운임률표가 불특정 다수의 화주에게 공표되어 있다.
② Bunker Adjustment Factor는 유류할증료이다.
③ Congestion Surcharge는 도착항의 항만사정이 혼잡하여 선박이 대기할 경우에 내는 할증료이다.
④ Freight All Kinds Rate는 화물의 종류, 중량, 용적에 따라 차등적으로 부과되는 운임이다.
⑤ 정기선 운임은 기본운임(basic rate)과 할증료(surcharge) 및 기타 추가요금(additional charge) 등으로 구성된다.

해설
무차별운임(Freight All Kinds Rate)은 화물의 종류나 내용과는 관계없이 중량과 용적에 따라 동일하게 부과하는 해상 정기선 운임이다.

정답 | ④

04

선박톤수에 관한 설명으로 옳지 않은 것은?

① 순톤수(Net Tonnage): 여객 및 화물의 적재 등 직접적인 상행위에 사용되는 용적이며, 총톤수에서 선박의 운항에 직접적으로 필요한 공간의 용적을 뺀 톤수이다.
② 총톤수(Gross Tonnage): 실제 화물을 실을 수 있는 톤수를 의미하는 것으로서, 순재화중량 또는 운송능력이라고도 한다.
③ 재화중량톤수(Dead Weight Tonnage): 공선상태로부터 만선이 될 때까지 실을 수 있는 화물, 여객, 연료, 식료, 음료수 등의 합계중량으로 상업상의 능력을 나타낸다.
④ 배수톤수(Displacement Tonnage): 선체의 수면 아래에 있는 부분의 용적과 대등한 물의 중량을 나타내는 배수량을 말한다.
⑤ 재화용적톤수(Measurement Tonnage): 선박에 적재할 수 있는 화물의 최대용적을 표시하는 톤수로서 최근에는 이 톤수는 거의 사용되지 않고 있다.

해설
실제 화물을 실을 수 있는 톤수를 의미하는 것으로서, 순재화중량 또는 운송능력이라고도 하는 것은 재화중량톤수(DWT; Dead Weight Tonnage)이다.
총톤수(GRT, G/T; Gross Tonnage)는 선박의 크기를 나타내는 가장 표준적인 적량으로, 선박 내부의 총용적을 $100ft^3$(100 Cubic Feet)를 1톤으로 하여 표시한 것이다. 선박의 항해, 안전, 위생 등에 필요한 장소로서 상갑판 위에 있는 것들은 총적량에서 제외된다.

정답 | ②

05

정기선운임에 관한 설명으로 옳지 않은 것은?

① 하역비는 선주가 부담하는 Berth Term을 원칙으로 한다.
② Diversion Charge는 양륙항변경료를 말한다.
③ CAF는 유류할증료를 말한다.
④ 화물의 용적이나 중량이 일정기준 이하일 경우 최저운임(minimum rate)이 적용된다.
⑤ Freight Collect는 FOB조건의 매매계약에서 사용된다.

해설
CAF(Currency Adjustment Factor)는 통화할증료를 말한다. 유류할증료는 BAF(Bunker Adjustment Factor)라고 한다.

정답 | ③

06

정기선운송의 할증료 및 추가운임에 관한 설명으로 옳지 않은 것은?

① 혼잡할증료(congestion surcharge)는 항구에서 선박 폭주로 대기시간이 장기화될 경우 부과하는 할증료이다.
② 통화할증료(currency adjustment factor)는 화폐가치 변화에 의한 손실 보전을 위해 부과하는 할증료이다.
③ 체화료(demurrage charge)는 무료장치기간(free time) 이내에 화물을 CY에서 반출하지 않을 경우 부과하는 요금이다.
④ 지체료(detention charge)는 비상사태에 대비하여 부과하는 할증료이다.
⑤ 항구변경료(diversion charge)는 선적 시 지정했던 항구를 선적한 후 변경 시 추가로 부과하는 운임이다.

해설
지체료(detention charge)는 화주가 대여해 간 컨테이너를 무료사용기간(free time) 이내에 지정된 선박회사의 CY에 반송하지 않을 경우 선박회사가 화주에게 부과하는 비용이다.

정답 | ④

07
해상용 컨테이너 취급을 위한 장비가 아닌 것은?

① Gantry crane
② Transtainer
③ Straddle carrier
④ Reach stacker
⑤ Dolly

해설
Dolly는 공항에서 화물을 운반하는 데 사용되는 무동력 장비로, 견인차(tractor)에 연결되어 수평 이동한다.

정답 | ⑤

08
수출되는 FCL 화물의 해상운송 업무와 관련하여 필요한 서류들을 업무흐름의 순서대로 나열한 것은?

> ㄱ. 선하증권　ㄴ. 기기수령증　ㄷ. 선적요청서
> ㄹ. 본선수취증　ㅁ. 부두수취증

① ㄴ-ㄷ-ㅁ-ㄹ-ㄱ
② ㄴ-ㄷ-ㄹ-ㄱ-ㅁ
③ ㄷ-ㅁ-ㄴ-ㄱ-ㄹ
④ ㄷ-ㄴ-ㄹ-ㄱ-ㅁ
⑤ ㄷ-ㄴ-ㅁ-ㄹ-ㄱ

해설
수출 FCL 화물의 해상운송업무에 수반되는 문서는 선적요청서(S/R; Shipping Request) → 화물인수예약서(B/N; Booking Note) → 기기수령증(E/R; Equipment Receipt) → 부두수취증(D/R; Dock Receipt) → 선적지시서(S/O; Shipping Order) → 본선수취증(M/R; Mate's Receipt) → 선하증권(B/L; Bill of Lading) → 적하목록(Manifest)의 순으로 작성된다.

정답 | ⑤

09
선주가 속한 국가의 엄격한 요구조건과 의무부과를 피하기 위하여 자국이 아닌 파나마, 온두라스 등과 같은 국가의 선박 국적을 취하는 제도는?

① 톤세제도
② 제2치적제도
③ 편의치적제도
④ 선급제도
⑤ 공인경제운영인제도

해설
편의치적(Flags of convenience)은 선주가 속한 국가의 엄격한 요구조건과 의무부과를 피하기 위하여 파나마, 온두라스 및 라이베리아 등의 국적을 취득하는 것이다.

정답 | ③

10
정기선 운송에 관한 서류와 설명이 옳게 연결된 것은?

> ㄱ. 컨테이너 및 섀시 등에 대한 터미널에서의 기기 인수인도 증명서
> ㄴ. 선적완료 후 선사가 작성하는 적하목록으로 목적지 항별로 작성하여 대리점에 통보
> ㄷ. 화주가 선사에 제출하는 운송의뢰서로서 운송화물의 명세가 기재되며 이것을 기초로 선적지시서, 선적계획, 선하증권 등을 발행
> ㄹ. 본선과 송하인 간에 화물의 수도가 이뤄진 사실을 증명하며, 본선에서의 화물 점유를 나타내는 우선적 증거

① ㄱ: Shipping Request, ㄴ: Dock Receipt
② ㄱ: Shipping Request, ㄷ: Arrival Notice
③ ㄴ: Dock Receipt, ㄷ: Arrival Notice
④ ㄴ: Dock Receipt, ㄹ: Mate's Receipt
⑤ ㄷ: Shipping Request, ㄹ: Mate's Receipt

해설
ㄱ. 기기수도증(E/R; Equipment Receipt)
ㄴ. 적하목록(M/F; Manifest)
ㄷ. 선복요청서(S/R; Shipping Request)
ㄹ. 본선수취증(M/R; Mate Receipt)

정답 | ⑤

11

다음 설명에 해당하는 해상운송 관련서류는?

- 해상운송에서 운송인은 화물을 인수할 당시에 포장상태가 불완전하거나 수량이 부족한 사실이 발견되면 사고부 선하증권(Foul B/L)을 발행한다.
- 사고부 선하증권은 은행에서 매입을 하지 않으므로, 송화인은 운송인에게 일체의 클레임에 대해서 송화인이 책임진다는 서류를 제출하고 무사고 선하증권을 수령한다.

① Letter of Credit
② Letter of Indemnity
③ Commercial Invoice
④ Certificate of Origin
⑤ Packing List

해설
제시된 내용은 파손화물보상장(LOI: Letter Of Indemnity)에 대한 설명이다. 이는 물품운송계약에 있어서 운송화물이 손상되었을 경우 운송인이 사고부 선하증권(Foul B/L or Dirty B/L, 고장부 선하증권)을 발행하지 않고 무사고 선하증권(Clean B/L)을 발행함으로써 부담하게 되는 책임을 송화인(consignor)이 부담하겠다고 하는 송화인의 서면상의 약속 증서이다.

선지분석
① Letter of Credit(L/C, 신용장): 수입업자의 요청에 따라 수입업자가 거래하는 은행에서 수출업자가 발행하는 환어음의 결제를 보증하는 문서이다.
③ Commercial Invoice(CI, 상업송장): 판매자가 매매계약 이행 사실을 기재해 구매자에게 발송하는 문서이다.
④ Certificate of Origin: 원산지증명
⑤ Packing List: 포장명세서

정답 | ②

12

해상운송에서 정기선운송과 부정기선운송에 관한 설명으로 옳은 것은?

① 해상운송계약 체결의 증거로서 정기선운송은 선화증권(Bill of Lading)을, 부정기선운송은 용선계약서(Charter Party)를 사용한다.
② 정기선운송은 벌크화물을 운송하고, 부정기선운송은 컨테이너화물을 운송한다.
③ 정기선운송인은 사적 계약운송인의 역할을, 부정기선운송인은 공공 일반운송인의 역할을 수행한다.
④ 정기선운송 운임은 수요와 공급에 의해 결정되고, 부정기선운송 운임은 공표운임(Tariff)에 의해 결정된다.
⑤ 정기선운송의 하역비 부담조건은 FI, FO FIO 등이 있고, 부정기선은 Berth term에 의해 결정된다.

선지분석
② 정기선운송은 컨테이너화물을 운송하고, 부정기선운송은 벌크화물을 운송한다.
③ 정기선운송인은 공공 일반운송인(Public Carrier)의 역할을, 부정기선운송인은 사적 계약운송인(Contract Carrier)의 역할을 수행한다.
④ 정기선운송 운임은 공표운임(Tariff)에 의해 결정되고, 부정기선운송 운임은 수요와 공급에 의해 결정된다.
⑤ 정기선운송의 하역비 부담조건은 Berth term에 의해 결정되고, 부정기선은 FI, FO, FIO 등이 있다.

관련이론 | 정기선 운송과 부정기선 운송의 비교

구분	정기선 운송	부정기선 운송
형태	불특정 화주의 화물운송	용선계약에 의한 화물운송
운송계약	선하증권(B/L)	용선계약서(C/P)
운임조건 (하역조건)	Berth Term(Liner Term)으로 선주부담	FIO, FI, FO Term
운임결정	Tariff Rate(공표운임, 고정운임)	수요공급에 의한 시장운임 (경쟁운임, 변동운임)인 Open Rate 또는 Spot Rate
운송인	공중 운송인(Public Carrier)	계약 운송인 (Contract Carrier)

정답 | ①

PART 05 항공운송

CHAPTER 01 항공운송의 개요

1. 항공운송의 개념과 특성

(1) 항공운송의 개념
항공운송은 항공기에 여객 및 화물을 탑재하고 공항에서 다른 공항까지 운항하는 현대적 운송시스템이다.

(2) 항공운송의 특성 빈출 26, 24, 23, 22, 21, 20, 19, 14회

구분	항공운송의 기능별 특성
물류 측면	• 운임부담능력이 있고, 중량에 비해 고가인 반도체나 휴대폰과 같은 상품 운송에 많이 이용 • 해상운송과 연계한 해·공 복합 운송체계의 구축 가능 • 항공화물은 비교적 타 운송수단에 비해 계절수요의 탄력성이 작음(비계절성) • 항공화물은 해상운송과 달리 왕복성이 적고 대부분이 편도성임 • 화물의 중량, 부피 및 길이 등에 따라 운송에 제약이 있음 • 항공화물은 대부분이 야간에 집중 운송(야행성)
비용 측면	• 타 운송수단에 비해 운송 소요시간이 짧아 재고유지비용이 감소 • 신속성을 요구하는 화주들에게는 타 운송수단에 비해 높은 운임에도 불구하고 활용 • 다른 운송수단에 비해 운임이 비탄력적 • 고정비의 비중이 높고, 고가의 대규모 장치투자 필요
서비스 측면	• 운송기간이 짧아 신속성과 안전성이 높고 출발과 도착의 정시성과 신뢰성이 높음 • 항공운송사업의 운송서비스는 재고로 저장할 수 없는 특성이 있음

(3) 항공운송의 장단점 기출 26, 24, 23회

장점	단점
• 소·경량의 고가화물 운송에 적합 • 생화, 동물, 긴급 사무서류 등의 급송에 적합 • 장거리 운송 및 위험물 운송 가능 • 리드타임이 짧아 재고유지비용 절감 • 화물의 파손율 낮음 • 운송의 속도가 빠름 • 통관의 간소화 • 최소 경량포장으로 포장비 절감 • 재고 수준의 저하	• 다른 운송수단보다 고가의 운임 • 중량과 용적의 제한이 큼(대량수송 불가능) • 기후의 영향을 크게 받음 • 육상연계운송 필요 • 화물의 수취가 불편하고, 공항에서 문전까지 별도의 집배송이 필요

(4) 항공운송 활용이 유리한 품목 기출 24, 19, 17, 15회
① 중량이나 부피에 비해 고가인 화물
② 안전성과 확실성이 요구되는 물품

③ 긴급한 수요와 납기가 임박한 화물
④ 장기간 운송 시 가치가 상실될 우려가 있는 품목
⑤ 해상 또는 육상운송 등 다른 운송수단의 이용 불가능으로 인해 운송되는 품목
⑥ 경쟁상품에 비해 제품의 시장경쟁력 확보가 필요한 화물

(5) 항공화물운송 증가의 원인
① 국제화물운송의 절대적 증가에 따른 항공운송 수요의 증대
② 급송운송화물의 증가 및 화물의 고부가가치화
③ 적시재고정책의 도입에 따라 필요한 상품의 적시배송(Just-in-Time Delivery) 필요성의 증대
④ 항공기의 대형화로 인하여 적재량의 증가 및 운임 인하
⑤ 화물전용기의 정기운항으로 인해 화물운송의 계획성이 확보됨
⑥ 항공화물터미널의 확충 및 전문성의 제고
⑦ 생산시설의 국제적 이전에 의한 국제 분업의 가속화

(6) 항공운송사고의 유형 기출▶ 13, 10회
항공운송사고는 크게 화물손상(Damage), 분실(Missing), 인도불능(Non-delivery) 및 지연(Delay) 등으로 구분한다.

① 화물손상(DMG, Damage)
운송 도중 발생한 상품의 가치가 저하되거나 상품의 가치를 소멸시킬 수 있는 화물상태의 변화를 말한다. breakage(깨짐), spoiling(부패나 변질), wet(젖음), mortality(동물폐사 및 식물고사) 등이 있다.

② 분실(MSSG, Missing)
탑재, 하역, 창고보관, 화물인수 등의 과정에서 화물을 분실하는 경우를 말한다.

③ 인도불능(Non-delivery)
㉠ 수하인으로부터 수취를 거절당하거나 물품도착 후 14일 이내에 수하인에게 인도될 수 없는 경우를 말한다.
㉡ 지불방법이 달라서 발생하는 인수거절, 요율의 오적용, 주소의 오기 및 불명확, 수하인의 도산·휴업·폐업 등이 주요 원인이다.

④ 지연(Delay)
㉠ Short-shipped(SSPD): 적하목록에는 기재되어 있으나 화물이 항공기에 탑재되지 않은 경우
㉡ Short-landed(STLD): 적하목록에는 기재되어 있으나 화물이 도착되지 않은 경우(화물적재가 적게 된 경우)
㉢ Off-loaded(OFLD): 출발지나 경유지 공항에서 space 부족으로 인해 의도적 또는 실수로 하역한 경우
㉣ Over-carried(OVCD): 적하목록에는 기재되지 않은 화물이 도착된 경우
㉤ Cross-labeled: 실수로 라벨이 바뀌거나 운송장 번호나 목적지 등을 잘못 기재한 경우
㉥ Miss-Connected: 다른 목적지로 화물이 잘못 보내진 사고

2. 항공기, 단위탑재용기와 항공조업장비

(1) 항공기의 종류와 특징 기출▶ 25회
① 항공기의 종류
㉠ 여객기: 여객을 이동시키는 기체이다. 기체의 상층부에는 객실을 배치하고 하층부는 화물(cargo)을 싣는 화물실로 이용한다.
㉡ 화물기: 기체의 대부분의 공간에 화물을 싣도록 설계된 화물전용 항공기이다.

② 항공기의 특징
  ㉠ 항공기는 국제민간항공조약에 의해 등록이 이루어진 국가의 국적을 보유하도록 되어있다.
  ㉡ Convertible Aircraft는 화물실과 여객실을 상호 전용할 수 있도록 제작된 항공기이다.
  ㉢ High Capacity Aircraft는 대형 항공기로, 데크(deck)에 의해 상부실 및 하부실로 구분되며, 하부실은 ULD의 탑재가 가능하다.
  ㉣ 항공기 블랙박스는 비행정보 기록장치와 음성 기록장치를 통칭하는 이름이다.

(2) 항공기의 중량 기출 21회

① 자체중량(empty weight): 기체구조, 엔진, 고정 장비 및 내부 장비 등의 중량으로 자중이라고도 한다.
② 운항중량(operating weight): 운항자중이라고도 하며 승무원, 엔진의 윤활유, 식음료, 서비스용품 등의 중량이다.
③ 유상중량(payload): 유상탑재량 또는 허용탑재량이라고도 하며, 항공기에 탑재한 유상 여객, 화물, 우편물 등의 중량이다.
④ 이륙중량(take-off weight): 항공기가 이륙할 때 총중량으로 최대이륙중량을 초과할 수 없다. 이륙중량은 운항자중과 유상하중 및 탑재연료를 더한 값이다.
⑤ 착륙중량(landing weight): 이륙중량에서 비행 중에 소모된 연료 중량을 뺀 중량이다. 최대착륙중량은 착륙을 허용하는 항공기의 최대 총중량이다.

(3) 항공 단위탑재용기 기출 26, 25, 17, 15회

① 항공 단위탑재용기(ULD; Unit Load Device)의 의의
  항공 단위탑재용기(ULD)는 항공화물운송에 사용되는 컨테이너, 파렛트, 이글루, GOH(Garment on Hanger) 등 항공화물 탑재용구를 말한다.
② 항공 단위탑재용기(ULD)의 특징
  ㉠ 신속한 항공기 탑재 및 하역작업을 가능하게 하여 지상조업시간과 하역시간을 단축할 수 있다.
  ㉡ 초기 투자비용은 많이 들지만 항공화물운송의 안전성을 높일 수 있다. 또한 냉장, 냉동화물 등 특수화물의 운송이 용이하다.
  ㉢ 항공기의 적재 위치별로 내부공간이 다르므로 동일한 항공기 내에서도 적재위치에 따라 다양한 형태를 보인다.
  ㉣ 항공기 기종별로 규격이 표준화되어 있지 않아 ULD의 기종 간 호환성이 낮은 편이다. 항공기 간의 호환여부에 따라 Aircraft ULD와 Non-Aircraft ULD로 구분한다.
  ㉤ 외면표기(markings)는 IATA(국제항공운송협회)의 규정에 의해 ULD Type Code, Maximum Gross Weight, The Actual Tare Weight를 반드시 표기하도록 하고 있다.
③ 항공 단위탑재용기(ULD)의 종류

구분	내용
항공기 파렛트	• 알루미늄 합금으로 만들어진 평판형태의 파렛트 • 평판 파렛트 위에 화물을 적재 후 이글루나 그물을 사용하여 화물을 고정시켜 항공기에 탑재시킴
항공기 컨테이너	• 항공기 화물실 동체 모양에 맞게 제작하여 공간을 최대한 활용하여 화물을 넣을 수 있게 만든 단위탑재용기
이글루(Igloo)	• 항공기 동체 모양에 따라 제작된 항공화물을 덮는 특수 덮개임 • 항공기의 내부 구조에 맞게 모서리를 둥글게 제작하며 파렛트 위를 덮어 사용함
GOH (Garment on Hanger)	• 의류 운송용 특수탑재용기

④ 항공 단위탑재용기(ULD)의 장·단점

장점	단점
• 지상 조업시간, 하역시간 단축으로 가동률 향상 • 하역합리화 실천 • 운송 중 파손이나 도난으로부터 보호 • 특수컨테이너를 사용하여 특수화물 운송가능(냉장 및 냉동화물, 생동물 등)	• ULD 구입을 위한 초기 투자비 소요 • ULD 자체중량만큼 화물탑재량 감소 • 항공기 기종 간의 호환성이 낮음 • 사용된 ULD의 회수 등 관리에 애로점 대두

⑤ 항공화물의 탑재방식 기출 25회
   ㉠ Bulk Loading(산화물 적재방식): 벌크화물(bulk cargo)을 하나하나 화물칸에 쌓는 방식으로, 인력에 의해 직접 화물실에서 작업해야 하므로 기계화하기 어려운 하역방식이다. 좁은 화물실과 한정된 공간에 탑재할 때 효율을 높일 수 있다.
   ㉡ Pallet Loading(파렛트 적재방식): 파렛트를 굴림대 위로 굴려 항공기 내의 정 위치에 고정시키는 방식으로 지상 체류시간을 단축할 수 있는 탑재방식이다.
   ㉢ Container Loading(컨테이너 적재방식): 화물실에 적합한 항공화물 전용 용기를 사용하여 탑재하는 방식이다. 안전성과 하역작업의 기계화 측면에서 가장 효율적이다.

(4) 항공 지상조업장비 기출 25, 24, 21회

구분	내용
Self propelled conveyor	• 컨베이어 벨트가 장치되어 수화물 및 낱개단위 소형화물을 항공기에 탑재하고 내릴 때 사용하는 기기
Dolly	• 적재작업이 완료된 ULD를 터미널에서 항공기까지 견인차에 연결하여 수평이동하는 장비 • 작은 바퀴가 달린 무동력 장비로 Tug car에 연결시켜 이송함
Tug car	• Dolly를 연결하여 이동하는 차량으로 Tractor라고도 함
High lift loader	• ULD를 대형항공기에 탑재 및 내릴 때 사용하는 유압식 장비로서 상하 높이가 조절됨
Transporter	• 적재작업이 완료된 ULD를 터미널에서 항공기까지 수평이동 시 사용하는 장비로 운전이 가능함

3. 항공화물의 수출입 절차 기출 27, 15, 13회

(1) 항공화물의 수출통관 절차
완제품의 장치장 반입 → 화물의 척량검사 → 장치지정 및 승인 → 수출신고 → 수출심사 → 화물검사 → 수출허가 → 운송장 및 화물의 인계 → 통관절차 → 적재 및 탑재작업

(2) 항공화물의 수입절차
수입화물 발송통지서 접수 → 적하목록 세관제출 → 항공기 도착과 화물하역 → 화물분류 및 검토 → 보세구역 물품반입 → 수화주에게 화물도착 통지 → 수입통관 → 화물인수

(3) 수출화물 운송순서
항공화물운송 의뢰, 예약 및 계약 → 화물의 픽업 → 장치장 반입 → 수출통관 → 화물검사 → AWB 발행 → 적재작업 → 항공기 탑재 → 탑재내용 통보

CHAPTER 02 항공화물운송장 및 항공운송 운임

1. 항공화물운송장

(1) 항공화물운송장의 개념 및 기능 기출 23, 22, 17, 16회

① 항공화물운송장(AWB)의 개념
  ㉠ 항공화물운송장(Air Waybill; AWB)은 항공화물운송을 위한 가장 기본적인 서류로서 해상운송의 선하증권(B/L), 항공여객운송에 있어서의 항공권과 같은 기본적인 증권을 말한다.
  ㉡ IATA(국제항공운송협회)에서 제정하여 발행방식과 양식이 국제적으로 표준화되어 있다.

② 항공화물운송장(AWB)의 구분

구분	발행 주체
Master AWB(MAWB)	항공사(Air Carrier)가 발행하는 항공화물운송장
House AWB(HAWB)	혼재업자 또는 포워더가 개별 송하인의 화물에 대해 발행하는 항공화물운송장

③ 항공화물운송장(AWB)의 기능 기출 28, 22, 16회
  ㉠ 운송계약증명서의 기능: 송하인과 항공운송인 간의 운송계약 체결에 대한 운송계약증명서의 기능이 있다.
  ㉡ 화물수취증의 기능: 항공운송인이 송하인으로부터 화물을 수취한 것을 증명한다.
  ㉢ 요금계산서의 기능: 화물과 함께 목적지에 보내 수하인이 운임 및 요금 계산 근거를 제공한다.
  ㉣ 보험계약증서의 기능: 송하인이 AWB에 보험금액 및 보험가액을 기재한 화주보험을 부보한 경우에는 AWB의 원본 No. 3가 보험계약의 증거가 된다.
  ㉤ 세관신고서의 기능: 세관에 대한 수출입 신고자료 또는 통관자료로 사용된다.
  ㉥ 화물운송의 지침서의 기능: 화물 취급, 중계, 배송과 같은 운송 지침의 기능도 수행한다.

④ 항공화물운송장(AWB)과 선하증권(B/L)의 비교 기출 17회

선하증권(B/L; Bill of Lading)은 해상운송계약의 증거서류로서 운송이나 화물을 인수 또는 선적했음을 증명하는 서류이다. 정당한 소지인에게 화물인도를 약속하는 유가증권의 성격이 있다.

항공화물운송장(AWB)	선하증권(B/L)
유가증권이 아닌 단순한 화물수취증	유가증권
항공운송 시 발행	해상운송 시 발행
비유통성(Non-negotiable)	유통성(negotiable)
수취식(운송사가 화물 수취 후 발행)	선적식(본선 적재 후 발행)
송하인이 작성 원칙(실무에서는 운송사가 대리 작성)	운송사가 작성
기명식(수하인란에 실제 수하인 기재)	지시식(무기명식)

⑤ AWB의 원본 구성(3장) 기출 17, 16회

번호	색	용도	기능
원본 1	녹색	운송인용, 발행항공사용	• 송하인이 서명하고, 운송계약서의 기능 • 운임이나 요금 등의 회계처리를 위해 사용
원본 2	적색	수하인용	• 화물과 함께 목적지에 보내져 수하인에게 인도됨
원본 3	청색	송하인용	• 출발지에서 화물을 수취하였다는 수령증 • 운송계약서의 기능

⑥ 항공화물운송장(AWB)의 표준화
  ㉠ IATA(국제항공운송협회)에서 세부적으로 규정하고 회원 항공사가 의무적으로 사용한다.
  ㉡ 운임, 운송조건, 취급방식, 사고처리, 기타 면에서 가능한 표준화, 통일화를 도모한다.
  ㉢ 1929년 바르샤바조약(Warsaw Convention)에 의하여 항공화물운송장(AWB)의 법률상 성격, 운송인의 책임범위, 배상한도, 송하인·수하인·항공사의 권리와 의무 등을 규정하였다.

(2) 항공화물운송대리점과 항공운송주선인 빈출 26, 24, 23, 22, 20, 18, 17, 13회

① 항공화물운송대리점(air cargo agent)
  ㉠ 항공사 또는 총대리점을 대리하여 항공사의 운송약관, 규칙, 운임률표와 일정에 따라 항공화물의 판매, 항공화물운송장(MAWB)의 발행 등의 운송서비스를 판매하는 사업자이다.
  ㉡ 주요 업무는 통관절차 대행, 화주 상대 수출입 규정 등 무역상담, 수출입 항공화물의 유치 및 계약체결, 항공운송 중 화물의 분실·손실 대비 부보업무, 화물의 위치 추적 등, 상업송장 작성 등 운송을 위한 준비 등이다.

② 항공운송주선인(air freight forwarder)
  ㉠ 혼재업자나 포워더로서 타인의 수요에 응하여 유상으로 자기의 명의로써 항공사와 항공기를 이용하여 화물을 혼재운송하는 사업자이다.
  ㉡ 즉, 다수의 화주로부터 화물을 집화하여 화주의 입장에서 항공사와 운송계약을 체결하여 운송을 위탁하는 사업자이다.

③ 항공화물운송대리점과 항공운송주선인의 비교

구분	항공화물운송대리점	항공운송주선인
활동영역	주로 FCL화물 취급, LCL화물은 운송주선업체에 혼재 의뢰	LCL화물 취급
운임률표(Tariff)	항공사 운임률표 사용	자체 운임률표 사용
화주에 대한 책임	항공사 책임	주선업자 책임
운송약관	항공사 약관 사용	자체 약관 사용
수하인	매 건당 화물 수취	Break bulk agent가 화물수취
수입	국제항공운송협회(IATA)의 5% 취급수수료외 기타	IATA의 5% 수수료외에 중량절감에 의한 수령운임과 지불운임과의 차액
항공화물운송장	항공사의 Master AWB(Air Waybill) 발행	자체의 House AWB(Air Waybill) 발행

※ Break bulk agent(혼재화물 인수대리점)는 혼재업자가 각 목적지에 지정한 대리점으로서 혼재화물을 수하인 단위로 분류 또는 해체하는 사업자이다.

2. 항공운송 운임

(1) 항공화물요율의 개념 기출 29, 24, 22, 19, 11회

① 항공운임은 IATA에서 제정한 요율규정, 즉 TACT(The Air Cargo Tariff) 규정을 기초로 하고 있다.
② 실제 중량(actual weight)과 용적을 중량으로 변환한 용적중량(volume weight)을 비교하여 더 큰 중량이 운임산출의 기준 중량이 된다.
③ 요율적용 시점은 항공화물운송장(AWB) 발행일을 기준으로 하며, 가장 낮은 요율을 적용하는 것이 원칙이다.
④ 항공운임은 공항에서 공항까지의 운송구간을 대상으로 하며 부수적으로 발생하는 통관, 보관 및 기타 서비스요금은 별도로 계산한다.

⑤ 항공기의 실제 운항경로는 운임산출 시 적용한 경로와 반드시 일치할 필요는 없다.
⑥ 항공운임은 선불(Prepaid)과 도착지불(Charges Collect)이 있다.
⑦ 항공화물의 요율은 GCR(General Cargo Rates), SCR(Specific Commodity Rates), CCR(Commodity Classification Rates) 등으로 구분할 수 있다.

(2) 일반화물요율(GCR; General Cargo Rate) 빈출 27, 25, 24, 23, 22, 19, 16, 14, 12회

① 개념
GCR은 모든 항공화물 운송요금의 기본이 되며 특정품목할인요율(SCR) 및 품목분류요율(CCR)의 적용을 받지 않는 모든 항공화물운송에 적용되는 요율이다.

② 일반화물요율의 분류
GCR은 최저운임, 기본요율, 중량단계별 할인요율 등으로 분류된다.
㉠ 최저운임(M; Minimum Charge): 한 건의 화물운송에 적용되는 운임 중 가장 적은 운임을 말하며, 중량운임이나 용적운임이 최저운임보다 낮은 경우에 적용한다.
㉡ 기본요율(N; Normal Rate): 모든 화물의 기준이 되는 요율로서 화물 1건당 45kg 미만의 화물에 적용된다.
㉢ 중량단계별 할인요율(Q; Quantity Rate): 항공화물의 요율은 중량이 높아짐에 따라 일정한 단계(45kg, 100kg, 200kg 이상 등)별로 kg당 요율이 낮아지도록 설계되어 있는데 이를 의미한다. 즉, 45kg 이상인 경우 기본요율보다 약 25% 낮게 요율이 설정된다.

(3) 특정품목할인요율(SCR; Specific Commodity Rate) 기출 27, 23, 16회

① 개념
㉠ SCR은 특정운송구간에서 반복적으로 운송되는 특정의 동일품목에 대하여 일반품목보다 낮은 요율을 적용함으로써 항공운송 이용을 촉진하기 위한 요율이다.
㉡ 육상 또는 해상운송으로 이루어지고 있는 화물을 항공운송으로 유치하기 위하여 특별히 특정품목에 대하여 낮게 요율을 설정하여 적용한다.

② 적용
㉠ AWB의 rate class란에 C로 표시한다.
㉡ SCR은 CCR이나 GCR보다 우선 적용하고, CCR이나 GCR을 적용하였을 때 더 낮은 요율이 산출되면 그 낮은 요율을 적용한다.

(4) 품목분류요율(CCR; Commodity Classification Rate, Class Rate) 기출 27, 16, 10회

① 개념
㉠ 특정품목, 특정지역, 특정구간에 대하여 일정한 할인·할증율을 적용하는 것을 말한다. 할인품목은 'R'로 표시되며 할증품목은 'S'로 표시된다.
㉡ CCR은 GCR에 우선하여 적용한다. 즉 SCR – CCR – GCR 순이다.

② Class Rate 적용품목은 다음과 같다.(모든 품목에 적용되는 것이 아니다)
㉠ 할인품목(R): 신문, 잡지, 정기간행물, 책, 카탈로그, 맹인용 잡지 등과 비동반 수하물
㉡ 할증품목(S): 생동물, 귀중화물(AWB상 운송신고가격이 kg당 USD 1,000$ 이상인 품목), 시체 및 유골, 위험물, 자동차

(5) 기타 항공운임 기출▶ 25, 24, 19, 16, 10회

① 종가운임(Valuation Charge)
㉠ 항공화물운송 시 사고가 발생하면 배상을 해야 하는데 일반적으로는 IATA 규정에 의하여 kg당 20$를 기준으로 하여 배상한다. 그러나 고가의 화물인 경우 20$를 초과하는 금액에 대하여 배상받고자 할 경우에는 항공사에 가격을 신고하고 일정율의 추가운임을 지불하게 되는데 이때의 운임을 말한다.
㉡ 화물가격을 신고하지 않은 것을 NVD(No Value Declared), 무신고가격이라고 한다.

② 용적운임(Volume charge)
화물의 용적(부피)에 기초하여 산출한 운임이다. 6,000㎤를 1kg으로 적용한다.

③ 단위탑재용기운임(BUC; Bulk Unitization Charge)
항공사가 송하인 또는 대리점에 컨테이너 또는 파렛트 단위로 판매 시 적용하는 요금으로 IATA에서 규정한 단위탑재용기의 형태에 따라 상이한 운임이 적용된다. 탑재용기의 단위운임은 기본운임과 초과중량요율로 구성된다.

(6) 운임산출중량의 결정 기출▶ 28, 24, 19, 16, 15, 11, 10회

① 실제중량에 의한 방법: 운송화물의 실제 무게를 kg 또는 파운드 단위로 측정하여 운임을 계산하는 방법으로서 일반적으로 0.1단위까지 측정한다.
② 용적중량에 의한 방법: 화물의 가로×세로×높이로 계산하며 직육면체가 아닌 경우에는 최대가로×최대세로×최대높이로 산출하며 부피를 산출한 후 중량으로 환산한다. 중량환산은 $6,000cm^3=1kg(1m^3=166.66kg)$으로 적용한다.
③ 운임결정: 실제중량과 용적중량(부피중량)을 비교하여 더 큰 것을 운임산출중량(chargeable weight)으로 결정한다.

(7) 항공운송의 전세운송(charter) 기출▶ 18회

① 전세운송은 IATA 운임(tariff)에 상관없이 화물, 기종 등에 따라 다양하게 결정된다.
② 전세운송은 항공사에 대해서도 항공기 가동률을 높이는 데 큰 역할을 한다.
③ 전세운송을 위해서는 필요한 조치가 많다는 점과 상대국의 규정을 감안하여 시간적 여유를 두고 항공사와 협의해야 한다.
④ 항공사는 전세운송을 할 때 중간 기착지에 대해서도 해당 국가의 허가를 얻어야 한다.
⑤ 항공운송의 전세운송에서 전세자가 사용하고 남은 공간은 전세자의 동의가 있으면 항공사가 사용할 수 있다.

3. 항공관련 국제조약 및 기구

(1) 항공관련 국제조약 기출▶ 16, 15, 10회

① 바르샤바조약(1929년)
㉠ 바르샤바조약(Warsaw Convention)은 항공운송인의 책임에 관한 통일된 규칙으로 여객과 화물의 책임에 대한 내용이다.
㉡ 운송인이 여객운송 시 승객사망, 부상 등에 대해 배상할 책임 및 화물운송 시 파괴, 멸실, 훼손에 대해 배상해야 하는 책임 등을 기술하였다.

② 헤이그의정서(1955년)
㉠ 바르샤바조약 체결 후 항공기술과 경제발달로 인한 현실적인 개정 필요성에 의해 1955년 바르샤바조약을 개정한 것이 헤이그의정서(Hague Protocol)이다.
㉡ 운송인에 대한 책임한도액을 현실화하여 상향 조정(20,000달러)하였다.

③ 몬트리올협정(1956년)
　㉠ 몬트리올협정(Montreal Agreement)은 미국이 항공운송 사고 시 여객에 대한 운송인의 책임한도액이 적다는 이유로 국제항공운송협회(IATA)를 탈퇴하자, 미국에 취항하는 항공사들의 회의에서 책임한도액 인상을 합의한 협정이다.(소송비용 포함하여 1인당 75,000달러로 인상)
　㉡ 여객운송에 관한 규정만을 두고 있기 때문에 화물운송은 바르샤바조약이 적용된다.
　㉢ 이 협정은 절대책임주의며, 미국을 출발, 도착, 경유하는 국제운송에만 적용된다.
④ 국제조약 간 이의신청 기한 **기출** 15회

구분	바르샤바조약	헤이그의정서
화물손상(Damage)	화물인수일로부터 7일 이내	화물인수일로부터 14일 이내
화물지연(Delay)	처분가능일로부터 14일 이내	처분가능일로부터 21일 이내

⑤ 손해배상 한도액 **기출** 10회
　㉠ 과실손해의 경우 배상한도액은 항공화물운송장(AWB)에 신고가격이 있으면 신고가격까지, 신고가격이 없으면 손해를 입는 화물 1kg당 250포앙카레 프랑(poincare franc)이다.
　㉡ 국제항공화물에 관한 국제항공운송약관은 1929년 조인된 바르샤바조약과 1955년 개정된 헤이그의정서에 따른다.

(2) 항공관련 국제기구 **기출** 28, 16회

① 국제항공운송협회(IATA; International Air Transport Association)
　㉠ 설립: 1945년 4월 쿠바의 아바나에서 국제선 정기항공회사가 설립한 순수한 민간단체로서 캐나다 몬트리올에 본부를 두고 있다.
　㉡ 설립목적: 국제 간의 운임, 운항, 정비, 정산업무 등 상업적·기술적 활동을 수행하는 것을 목적으로 설립하였다.
② 국제민간항공기구(ICAO; International Civil Aviation Organization)
　㉠ 설립: 1947년 시카고조약에 따라 발족된 유엔 전문기관으로 본부는 캐나다 몬트리올에 있다.
　㉡ 설립목적: 국제민간항공의 발전, 항공기 설계 및 운항기술 장려, 공항 및 항공 보안시설의 장려, 항공운송 촉진, 과당경쟁의 방지, 체약국에 대한 공정한 기회부여, 비행의 안전증진 등의 발전을 목적으로 설립되었다.
③ 국제운송주선인협회연맹(FIATA; International Federation of Forwarding Agent Association)
　㉠ 국가별 포워더 협회와 포워더로 구성된 국제민간기구로 스위스 취리히에 본부를 두고 있다.
　㉡ 설립목적: 세계 복합운송업계의 결속 및 복합운송업의 발전, 전 세계 국가 간의 국제적 교역촉진 등을 목적으로 설립되었다.

(3) 국제항공 협약과 협정 **기출** 24회

① 항공협정이란 항공협상의 산출물로서 항공운송협정 또는 항공서비스협정이라고 한다.
② 국제항공에 대한 규제 체계는 양자 간 규제와 다자 간 규제로 나누어진다.
③ 항공협정은 1946년 미국-영국 간에 체결된 버뮤다 협정(Bermuda Agreement 또는 Bermuda I)을 표준으로 한다. 버뮤다 협정은 이후 이자간 항공협정(Bilateral Air Services Agreement)의 모델이 되었다.
④ 상무협정은 항공사 간 체결한 협정으로 공동운항 협정, 수입금 공동배분 협정, 좌석 임대 협정, 보상금 지불 협정 등이 있다.
⑤ 하늘의 자유(Freedom of the Air)는 '시카고 조약'에서 처음으로 명시되어 국제항공 문제를 다루는 기틀이 되었다.

핵심 기출문제

PART 05 항공운송

01

항공화물운송의 특성으로 옳지 않은 것을 모두 고른 것은?

> ㄱ. 항공운송은 해상운송에 비해 신속하다.
> ㄴ. 항공운송은 정시성을 가진다.
> ㄷ. 항공운송은 운항시간의 단축으로 위험 발생률이 낮다.
> ㄹ. 항공화물은 대부분 주간에 집중되는 경향이 있다.
> ㅁ. 항공화물은 여객에 비해 계절에 대한 변동이 크다.

① ㄱ, ㄴ
② ㄱ, ㄷ
③ ㄴ, ㄹ
④ ㄷ, ㅁ
⑤ ㄹ, ㅁ

해설
ㄹ. 항공화물은 야간에 집중되는 경향이 있다.
ㅁ. 항공화물은 여객에 비해 계절에 대한 변동이 거의 없다.

정답 | ⑤

02

항공화물운송대리점(air cargo agent)과 항공운송주선인(air freight forwarder)에 관한 설명으로 옳은 것을 모두 고른 것은?

구분	항공화물운송대리점	항공운송주선인
ㄱ. 활동영역	주로 FCL 화물 취급	LCL 화물 취급
ㄴ. 운임률표(Tariff)	자체 운임률표 사용	항공사 운임률표 사용
ㄷ. 운송약관	항공사 약관 사용	자체약관 사용
ㄹ. 항공화물운송장	House Air Waybill 발행	Master Air Waybill 발행

① ㄱ, ㄴ
② ㄱ, ㄷ
③ ㄴ, ㄹ
④ ㄱ, ㄴ, ㄷ
⑤ ㄴ, ㄷ, ㄹ

해설
항공화물운송대리점(air cargo agent)은 항공사 또는 총대리점을 대리하여 항공사의 운송약관, 규칙, 운임률표와 일정에 따라 항공화물의 판매, 항공화물운송장(Master AWB; Air Waybill)의 발행 등의 운송서비스를 판매하는 사업자이다.
항공운송주선인(air freight forwarder)은 혼재업자나 포워더로서 타인의 수요에 응하여 유상으로 자기의 명의로써 항공사와 항공기를 이용하여 화물을 혼재운송하는 사업자이다.

정답 | ②

03

다음 설명에 해당하는 항공운임은?

> • 동일구간이나 동일상품이 계속적으로 반복하여 운송되는 상품에 대해 적용하는 운임이다.
> • 일정 구간에 반복되어 운송되는 특정 물량에 대하여 항공 이용을 촉진·확대할 목적으로 적용하는 할인운임이다.

① General Cargo Rate
② Commodity Classification Rate
③ Specific Commodity Rate
④ Bulk Unitization Charge
⑤ Disbursement Amount

해설
SCR(Specific Commodity Rates)은 특정 구간에 계속, 반복하여 운송하는 특정 품목에 대하여 일반품목보다 요율을 낮춰 항공운송을 촉진시킨다.

정답 | ③

04

항공화물 운송에 필요한 지상조업장비의 하나로 적재작업이 완료된 항공화물의 단위탑재용기를 터미널에서 항공기까지 견인차에 연결하여 수평 이동하는 장비는?

① 하이 로더(high loader)
② 포크리프트 트럭(forklift truck)
③ 트랜스포터(transporter)
④ 달리(dolly)
⑤ 셀프 프로펠드 컨베이어(self propelled conveyor)

해설
적재작업이 완료된 항공화물의 단위탑재용기를 터미널에서 항공기까지 견인차에 연결하여 수평 이동하는 장비는 달리(돌리, dolly)이다.

정답 | ④

05

항공운송의 운임에 관한 설명으로 옳지 않은 것은?

① 최저운임은 요율표에 "N"으로 표시된다.
② 운임은 선불이거나 도착지 지불이다.
③ 신문, 잡지, 정기간행물은 할인적용품목이다.
④ 실제중량과 용적중량 중 숫자가 큰 중량이 운임산출의 기준 중량이 된다.
⑤ 기본요율은 45kg 미만의 화물에 적용되는 요율로 일반화물요율의 기준이 된다.

해설
최저운임(minimum charge)은 화물의 중량운임이나 부피운임이 최저임금보다 낮은 경우에 적용하며, 요율표에 'M'이라고 표시한다. 요율표에 'N'으로 표시하는 것은 기본 요율(normal charge)이다.

정답 | ①

06

다음에서 설명하고 있는 항공화물 운임 요율의 종류는?

> 항공화물운송의 요금을 산정할 때 기본이 되며, 특정품목 할인요율이나 품목분류요율을 적용받지 않는 모든 항공화물운송에 적용되는 요율이다. 최저운임(M), 기본요율(N), 중량단계별 할인요율(Q) 등으로 분류된다.

① GCR(General Cargo Rate)
② SCR(Specific Commodity Rate)
③ CCR(Commodity Classification Rate)
④ BUC(Bulk Unitization Charge)
⑤ CCF(Charge Collect Fee)

해설
항공화물의 요율은 GCR(General Cargo Rates), SCR(Specific Commodity Rates), CCR(Commodity Classification Rates) 등으로 크게 구분할 수 있다.
GCR, 즉 일반화물요율은 항공화물운송요금 산정의 기본이 되는 요율이다. 품목분류요율과 특정품목할인요율의 적용을 받지 않는 모든 항공화물운송에 적용된다.

선지분석
② 특정품목할인요율(SCR; Specific Commodity Rate)은 특정구간에 특정품목이 계속적으로 반복하여 운송되는 품목들에 대해 일반품목보다 요율을 낮춤으로써 항공운송 이용을 확대, 촉진시키기 위해 적용하는 요율을 말한다.
③ 품목분류요율(CCR; Commodity Classification Rate)은 몇 가지 특정품목에만 적용되고, 특정지역 간 또는 특정지역 내에서만 적용하며, 일반화물요율(GCR)의 백분율에 의한 할증(S) 또는 할인(R)에 의해 결정한다.
④ 단위탑재용기운임(BUC; Bulk Unitization Charge)은 파렛트 또는 컨테이너 단위로 부과되는 운임을 뜻한다.
⑤ 착지불 수수료(CCF; Charges Collect Fee)는 운송장상에 운임과 종가 요금을 수하인이 부담하도록 하는 요금제도를 의미한다.

정답 | ①

07

항공화물운송에 관한 설명으로 옳은 것은?

① 항공화물운송은 여객운송에 비해 일방성(directional imbalance)이 적은 특성을 가지고 있다.
② 전 세계 항공화물 포워더의 이익을 보호하고, 대표하는 단체는 ICAO이다.
③ 항공사가 포워더에게 발행하는 운송장을 HAWB이라 한다.
④ 운임산출 시 근거로 한 운송경로는 실제의 화물운송 경로와 반드시 일치할 필요는 없다.
⑤ 항공화물의 파손 및 손상에 대한 클레임은 화물인수 후 7일 이내에 서면으로 해야 한다.

선지분석
① 일방성 또는 방향적 편중(Directional imbalance)은 수출화물만 많거나 수입화물만 많아서 한쪽으로 편중되는 현상을 의미하는 것으로 항공화물운송에서 크게 나타난다.
② FIATA에 대한 내용이다.
③ 항공사가 발행하는 항공화물운송장은 MAWB이다. HAWB는 포워더가 발행하는 항공화물운송장을 말한다.
⑤ 항공화물의 파손 및 손상에 대한 클레임은 화물을 인수한 날로부터 14일 이내에 서면으로 해야 한다. 지연의 경우는 21일 이내, 분실의 경우는 120일 이내에 서면으로 해야 한다.

정답 | ④

08

항공화물운송주선업자에 관한 설명으로 옳지 않은 것은?

① 화주의 운송대리인이다.
② 전문혼재업자이다.
③ 송하인과 House Air Waybill을 이용하여 운송계약을 체결하는 업자이다.
④ 수출입 통관 및 보험에 관한 화주의 대리인이다.
⑤ CFS(Container Freight Station)업자이다.

해설
항공화물운송주선업자는 전문혼재업자이기는 하지만 그렇다고 해서 CFS(Container Freight Station)업자인 것은 아니다.
항공화물운송주선업자 또는 항공운송주선인(air freight forwarder, consolidator)은 혼재업자나 포워더로서 타인의 수요에 응하여 유상으로 자기의 명의로써 항공사와 항공기를 이용하여 화물을 혼재운송하는 사업자이다. 즉 다수의 화주로부터 화물을 집화하여 화주의 입장에서 항공사와 운송계약을 체결하여 운송을 위탁하는 사업자이다.

정답 | ⑤

09

항공화물운송장에 관한 설명으로 옳지 않은 것은?

① 운송 위탁된 화물을 접수했다는 수령증이다.
② 송하인과의 운송계약 체결에 대한 문서증명으로는 사용할 수 없다.
③ 화물과 함께 목적지로 보내 수하인의 운임 및 요금 계산 근거를 제공한다.
④ 세관에 대한 수출입 신고자료 또는 통관자료로 사용된다.
⑤ 화물 취급, 중계, 배송과 같은 운송 지침의 기능도 수행한다.

해설
항공화물운송장은 송하인과의 운송계약 체결에 대한 문서(운송계약서)로 사용할 수 있다.
항공화물운송장(AWB; Airway bill)은 항공화물 운송을 위한 가장 기본적인 서류로서 해상운송에서의 선하증권(B/L)과 같은 기본적인 증권이다.
AWB는 송하인과 항공사 간에 화물운송 계약체결을 증명하는 서류, 관세에 대한 신고서, 항공회사에 대한 지도서(운송지침), 운임 및 요금의 청구서와 화물의 수령서(화물수취증), 수출입신고서 및 통관자료 등의 기능을 갖고 있다. Air Consignment Note라고도 하며, 해상운송의 선하증권에 해당하는 것이지만 유통성은 없다.

정답 | ②

PART 06 국제복합운송

CHAPTER 01 복합운송의 개요

1. 복합운송의 의의

(1) 복합운송의 개념

복합운송(combined transport, multimodal transport)이란 복합운송인(freight forwarder, MTO)이 복합운송계약에 따라 인수한 화물을 육상·해상·항공 운송수단 중 두 가지 이상의 운송수단을 사용하여 연계운송하는 것을 말한다.

(2) 복합운송의 기본적인 요건 기출 ▶ 19, 16, 12회

① 둘 이상의 서로 다른 운송수단(mode)이나 방식에 의해 운송한다.
② 전체의 운송구간에 대해 단일 요금을 적용한다.
③ 운송인은 전체의 운송구간에 걸쳐 화주에게 단일책임을 진다.
④ 송하인은 단일의 복합운송인(freight forwarder)과 단일운송계약을 체결한다.
⑤ 운송인은 복합운송에 대한 단일복합운송증권을 발행한다.
⑥ 복합운송에서 위험부담의 분기점은 송하인이 물품을 복합운송인에게 인도하는 시점과 복합운송인이 물품을 내륙운송인에게 인도하는 시점이다.

(3) 복합운송의 종류 기출 ▶ 28, 21, 19, 13, 12, 10회

구분	내용
피기백 방식(Piggy back)	철도화차에 화물자동차를 적재하고 운송하는 방식
피시백 방식(Fishy back)	선박에 화물이 적재된 화물자동차를 싣고 운송하는 방식
버디백 방식(Birdy back)	항공기와 화물자동차를 연계하는 일관운송시스템
스카이십 방식(Sky-Ship)	항공운송과 선박운송을 연계하는 방식
트레인 십 방식(Train-Ship)	철도운송과 선박운송을 연계하는 방식
트럭-에어(Truck-Air)	도로운송과 항공운송을 연계하는 방식
씨 앤드 에어(Sea & Air)	해상운송과 항공운송을 연계하는 방식
레일-워터(Rail-Water)	철도운송과 해상운송을 연계하는 방식(열차 페리운송방식)
십-바지(Ship-Barge)	화물이 적재된 바지선을 선박으로 운송하는 방식

> **보충학습**
> **일관운송시스템**
> 물류의 효율화를 목적으로 포장한 화물을 발송지에서 도착지까지 중간에 해체하지 않고 연계하여 운송하는 것으로서, 파렛트와 컨테이너를 이용한 운송이 대표적

(4) 복합운송의 효과

화물의 안전성 제고, 화물운송의 신속성 제고, 규모의 경제로 인한 경제성(운송비의 절감), 운송서류의 간소화, 노동력 부족 해소와 하역설비의 자동화, 세계무역의 확대 촉진 등의 효과를 얻을 수 있다.

2. 복합운송인(Freight Forwarder)

(1) 프레이트 포워더의 개념 `기출` 29, 27, 19, 15회

① 복합운송인(Freight Forwarder)은 타인의 수요에 따라 자기의 명의와 계산으로 타인의 물류시설 및 장비 등을 이용하여 수출입화물의 운송주선이나 운송행위를 업으로 영위하는 자를 말한다.

② 운송에 관한 전문적인 지식을 가지고 자기의 명의와 계산으로 화주와 복합운송계약을 체결하고 화물의 수령부터 인도까지 전 구간에 걸쳐 일관운송서비스를 제공하는 자를 말한다.

③ 프레이트 포워더(Freight Forwarder)라고도 하는 복합운송인은 국제물류주선업자(「물류정책기본법」), 국제운송주선인, 복합운송주선인 등으로도 불리고 있다.

(2) 프레이트 포워더의 업무(기능 또는 역할) `빈출` 29, 28, 27, 26, 24, 23, 22, 20, 18, 17, 16, 15회 등

① 화물의 집화, 분배, 혼재화물 취급업무 등 수행
② 운송 부대서비스인 포장, 통관, 보험부보, 보관업무 등 제공
③ 운송수단의 수배 및 본선과 화물의 인수·인도
④ 운송주체로서 역할 수행
⑤ 화주를 대신하여 적하보험의 수배와 통관대행업무 수행
⑥ 운송관련 서류 작성(선복예약서, 선적허가서, 부두수령증 등) 및 복합운송증권의 발행
⑦ 직접 운송수단을 보유하지 않은 채 화주를 대신하여 화물운송주선
⑧ 운송계약의 체결과 선복의 예약
⑨ 운송에 관한 전문적인 조언

(3) 프레이트 포워더의 유형 `기출` 28, 18, 16, 13, 12회

구분	주요내용
운송인형 프레이트 포워더	• 운송인 자신이 직접 보유한 운송수단을 통해 실제로 운송을 담당하는 실제운송인(actual carrier)형 복합운송인을 말한다. • 선박회사, 항공회사 등이 실제운송인의 역할을 한다. 선박회사의 경우 VOCC(Vessel Operating Common Carrier)라고도 한다.
운송주선인형 프레이트 포워더	• 운송인 자신이 운송수단을 직접 보유하지 않고 다만 계약운송인(contracting operator)으로서 운송책임을 지는 형태이다. • 이러한 유형의 복합운송인으로는 해상운송주선인(ocean freight forwarder), 항공운송주선인(air freight forwarder) 등이 있다.
무선박 운송인 (NVOCC; Non-Vessel Operating Common Carrier)	• 1984년 미국의 신해운법에서 기존의 포워더형 복합운송인을 법적으로 인정하여 규정된 해상운송인(common carrier)이다. • NVOCC는 직접 선박은 소유하지 않으나 화주에 대해서는 운송인으로서 운송계약을 맺으며, 해상운송인(VOCC)에 대해서는 화주의 입장이 된다. • NVOCC는 자기명의로 서명하고 선하증권(B/L)을 발행한다.

(4) 복합운송인의 혼재운송 의의와 유형 `기출` 29, 28, 27, 25회

① 혼재운송의 의의
  ㉠ 혼재운송(consolidation)은 소량 컨테이너화물(LCL)을 컨테이너단위 화물(FCL)로 만들어 운송하는 것을 말한다.
  ㉡ 혼재운송은 소량화물의 선적용이, 비용절감, 물량의 단위화로 취급상 용이 등의 장점이 있다.
  ㉢ 혼재운송에서 운송주선인(복합운송인)은 선박회사가 제공하지 않는 문전운송(Door to Door) 서비스를 제공한다.

② 혼재서비스의 유형
　　㉠ Forwarder's Consolidation: 여러 화주(송화인)의 소량 컨테이너화물(LCL)을 수출지의 CFS에서 혼재하여 FCL 단위화물로 선적 운송하고, 수입지에 도착한 후 CFS에서 컨테이너 화물을 분류하여 다수의 수입자들에게 인도해주는 서비스이다.
　　㉡ Buyer's Consolidation: 한 포워더가 수입업자에게 위탁을 받아 다수의 수출업자로부터 화물을 집화하여 컨테이너에 혼재한 후 이를 그 수입업자에게 운송하는 형태이다.
　　㉢ Shipper's Consolidation: 수출업자는 한 사람이고 수입업자가 다수인 경우 운송되는 방식을 말한다. 즉, 다수의 수입업자가 한 사람의 수출업자로부터 상품을 수입 시 수출업자는 동일한 목적지로 운송되는 여러 화물을 자신이 혼재하여 보내는 형태이다.

3. 국제복합운송의 유형

(1) 랜드브리지 시스템(Land Bridge System)의 개념 기출 16회
① 랜드브리지(Land Bridge)는 주로 대륙의 철도를 가교(브리지)로 하여 해상(sea)-육상(land)-해상(sea)을 잇는 복합운송경로를 말한다.
② 2가지 이상의 운송수단을 연계함으로써 운송시간과 비용을 절감하고, 화주에게 끊임없는 서비스(seamless service) 제공을 목표로 한다.
③ 해상운송이 가지는 대량운송성과 철도운송이 가지는 정확성 및 안전성을 동시에 활용할 수 있다.

(2) 랜드브리지의 종류 기출 28, 26, 16, 15, 10회

① ALB(American Land Bridge, 아메리칸 랜드브리지)
　　㉠ ALB는 동아시아에서 미국 서해안까지 해상운송한 다음, 대륙횡단철도를 이용하여 미국 동부로 운송하고, 이를 다시 해상을 통해 유럽의 목적지까지 운송하는 경로이다.
　　㉡ ALB는 수에즈 운하가 봉쇄될 경우에 이용할 수 있는 운송시스템 중의 하나이다.

② CLB(Canadian Land Bridge, 캐나디언 랜드브리지)
　　ALB와 유사한 형태로 밴쿠버 또는 시애틀까지 해상운송한 이후 캐나다 몬트리올까지 철도를 통하여 운송하고 대서양을 통하여 유럽의 항구까지 운송하는 해륙복합운송경로를 말한다.

③ MLB(Mini Land Bridge, 미니 랜드브리지)
　　동아시아에서 태평양 연안까지 해상운송한 후 미국 대서양 연안 및 멕시코만의 항구까지 철도로 운송하는 복합운송경로를 말한다.

④ Micro Land Bridge(마이크로 랜드브리지)
　　미니 랜드브리지에서 전 미국의 철도 및 도로망을 이용하여 내륙지역의 목적지까지 운송하는 것을 말한다. IPI(Interior Point Intermodal)라고도 하는데 목적지가 미국내륙이라는 점에서 ALB와 차이가 있다.

⑤ RIPI(Reverse Interior Point Intermodal)
　　극동지역에서 파나마 운하를 통해 미국 동부지역으로 해상운송한 후 철도나 트럭으로 미국 내륙지점까지 화물을 운송하는 복합운송경로이다.

⑥ SLB(Siberian Land Bridge, 시베리안 랜드브리지)
　　동아시아와 유럽 사이를 잇는 복합운송경로이다. 동아시아에서 러시아의 나호트카나 보스토치니까지 선박으로 운송한 뒤, 시베리아철도(TSR)로 유럽 또는 서아시아의 목적지로 운송하는 방식이다.

⑦ 횡단철도 시스템
  ㉠ TCR(Trans China Railway): 중국 횡단철도를 이용하는 복합 운송경로
  ㉡ TSR(Trans Siberian Railway): 시베리아 횡단철도를 이용하는 복합 운송경로
  ㉢ TMGR(Trans Mongolia Railway): 몽골 횡단철도를 이용하는 경로
  ㉣ TMR(Trans Manchurian Raiway): 만주 횡단철도를 이용하는 경로

CHAPTER 02 국제복합운송증권

1. 복합운송증권

(1) 복합운송증권의 개념 기출 19회
① 복합운송증권(MTD; Multimodal Transport Document)은 해상·항공·육상에 의한 운송수단 중, 2가지 이상의 다른 운송방식을 이용하고, 화물의 선적지와 도착지가 다른 경우에 이루어지는 복합운송계약을 증명하기 위하여 복합운송인(MTO) 또는 운송주선인(Freight Forwarder)이 발행하는 증권을 말한다.
② 복합운송인이 전 운송구간에 걸쳐 단일운송 책임하에 화물의 멸실, 손상에 대해 손해배상을 해준다는 내용으로 발행한다.
③ 복합운송계약에 의해 복합운송인이 발행하는 운송서류로서 복합운송계약의 내용, 운송조건 및 운송화물의 수령 등을 증명하는 증거서류이다.

(2) 복합운송증권의 요건
① 운송인은 전 운송구간에 걸쳐 화주에게 단일책임을 진다.
② 송하인은 단일의 운송인과 단일운송계약을 체결하는 것이 원칙이다.
③ 운송인은 복합운송에 대한 단일복합운송증권을 발행한다.
④ 전 운송구간에 단일운임을 적용한다.

2. FIATA 복합운송증권 기출 15회

(1) FIATA 복합운송증권의 개념
① FIATA 복합운송증권(FB/L; FIATA Combined Transport Bill of Lading)은 국제상업회의소(ICC)가 제정한 「복합운송증권에 관한 ICC통일규칙」(1973)을 근거로 하여 국제물류협회(FIATA)가 마련하였다.
② 이는 세계 복합운송업계의 결속과 발전, 국제교역의 촉진 등을 목적으로 하여 마련하였다.
③ FIATA B/L(FB/L)은 유가증권으로서 해상선하증권(B/L)과 다르지 않으며 ICC의 신용장통일규칙(UCP 600)의 적용을 받고, 프레이트 포워더가 발행하는 House B/L의 일종이다.

(2) FIATA 복합운송증권의 주요내용

① 프레이트 포워더는 화주의 단독위험으로 화물을 보관할 수 있다.
② 프레이트 포워더가 인도지연으로 인한 손해, 화물의 멸실, 손상 이외의 결과적 멸실 또는 손상에 대해 책임을 져야 할 경우, 프레이트 포워더의 책임한도는 본 FB/L(Forwarder's B/L)에 의거한 복합운송계약 운임의 2배 상당액을 초과하지 않는다.
③ 화물의 손상·멸실 등의 경우, 프레이트 포워더는 무과실을 입증하지 못하는 한 배상책임을 면할 수 없다.
④ 해상운송이나 내수로운송이 포함되지 않은 국제복합운송의 경우, 프레이트 포워더의 책임은 멸실 또는 손상된 화물의 총중량 1kg당 8.33SDR을 초과하지 않는 금액으로 제한된다.
⑤ 프레이트 포워더의 총책임은 화물의 전손에 대한 책임한도로 한다.

(3) 복합운송증권과 선하증권의 비교

구분	복합운송증권	선하증권
증권발행	운송인과 운송주선인 모두 발행 가능	운송인만 발행 가능
운행구간	운송구간에 상관 없음	운송구간이 해상구간에 국한됨
증권의 형태	수취식 형태	선적선하증권 형태
운송서비스	선적항에서 양륙항까지의 화물운송서비스를 포함한 Door to Door 서비스 제공	선적항에서 양륙항까지의 화물운송서비스만 제공
발급증권	송하인이 화물을 컨테이너에 직접 적재하기 때문에 운송인은 컨테이너의 내용물의 상태를 확인할 수 없다(said by shipper's to contain)는 조항이 첨부된 증권 발급	화물 외관의 양호사실을 나타내는 무사고 선하증권(Clean B/L) 발급

핵심 기출문제

PART 06 국제복합운송

01
복합운송의 특성으로 적합하지 않은 것은?
① 운송인은 전 운송구간에 걸쳐 화주에게 단일책임을 진다.
② 송하인은 여러 명의 대리인과 각 구간에서 별도의 운송계약을 체결한다.
③ 운송인은 복합운송에 대한 복합운송증권을 발행한다.
④ 전 운송구간에 단일운임을 적용한다.
⑤ 두 가지 이상의 서로 다른 운송수단이나 방식에 의해 운송된다.

해설
복합운송은 각 구간별 별도의 운송계약을 체결하는 것이 아니라 단일의 운송인과 운송계약을 체결하는 것이 특징이다.

정답 | ②

02
복합운송주선인(Freight Forwarder)에 관한 설명으로 옳지 않은 것은?
① 자기 명의의 복합운송증권을 발행한다.
② 운송 주체로서의 기능과 역할을 수행하며 화물운송을 주선하기도 한다.
③ 자체적으로 운송수단을 보유하고 있는 복합운송주선인을 NVOCC라 한다.
④ 소량의 화물을 집하하여 컨테이너 단위화물로 만드는 혼재작업도 수행한다.
⑤ 수출업자로부터 징수하는 운임과 운송업자에게 지불하는 차액을 이익으로 취득한다.

해설
자체적으로 운송수단(선박)을 보유하지 않고 운송업을 하는 해상운송인을 무선박운송인(NVOCC; Non-Vessel Operating Common Carrier)이라고 한다.

정답 | ③

03
다음 중 화물자동차와 수상운송수단이 결합되는 복합운송 방식은?
① 피기백 방식(Piggy Back System)
② 피시백 방식(Fishy Back System)
③ 버디백 방식(Birdy Back System)
④ 랜드브리지 방식(Land Bridge System)
⑤ 철도-해운 방식(Train-Shipping System)

해설
화물자동차와 수상운송수단이 결합되는 복합운송방식을 피시백(Fishy Back)이라고 한다.

정답 | ②

04
국제물류주선업자의 기능으로 옳은 것을 모두 고른 것은?

> ㄱ. 선박의 감항능력 유지
> ㄴ. 혼재화물 취급업무
> ㄷ. 컨테이너 야드 관리
> ㄹ. 운송계약의 체결과 선복의 예약
> ㅁ. 운송서류 작성

① ㄱ, ㄴ, ㄷ
② ㄱ, ㄷ, ㅁ
③ ㄴ, ㄷ, ㄹ
④ ㄴ, ㄹ, ㅁ
⑤ ㄷ, ㄹ, ㅁ

해설
ㄱ. 선박의 감항능력 유지는 해상운송회사, ㄷ. 컨테이너 야드 관리는 항만운영회사가 담당하는 업무이다.

관련이론 | 국제물류주선업자(Freight Forwarder, 복합운송인)의 업무
운송에 대한 전문적인 조언, 운송관계서류의 작성, 보험업무 대행, 복합운송, 포장 및 창고 보관업무, 본선과 화물의 인수 또는 인도, 통관절차의 수행, 소량화물의 혼재 및 분류, 운송계약의 체결 및 선복의 예약, 운임 및 기타 비용 지불 등

정답 | ④

05

랜드브리지(Land Bridge)에 관한 설명으로 옳지 않은 것은?

① 대륙과 대륙을 연결하는 데 있어서 항공운송이 교량(Bridge)역할을 하는 운송시스템이다.
② 운송시간의 단축 또는 운송비의 절감이 주요 목표이다.
③ SLB는 TSR을 이용하는 운송시스템이다.
④ ALB는 수에즈 운하가 봉쇄될 경우, 이용할 수 있는 운송시스템 중의 하나이다.
⑤ TCR은 중국 연운항을 기점으로 하는 대륙횡단철도이다.

해설

랜드브리지(Land Bridge)는 대륙과 대륙을 연결하는 데 있어서 철도나 도로운송이 교량(Bridge)역할을 하는 운송시스템이다.
국제무역에서 운송비 절감과 운송시간을 단축할 수 있는 중요한 운송수단으로, 세계적으로 시베리안 랜드브리지(SLB; Siberian Land Bridge)와 아메리칸 랜드브리지(ALB; American Land Bridge), 미니 랜드브리지(MLB; Mini Land Bridge), 마이크로 랜드브리지(Micro Land Bridge) 등이 유명하다.
시베리안 랜드브리지(SLB)는 동아시아와 유럽 사이를 잇는 복합운송 경로이다. 동아시아에서 러시아의 나호트카나 보스토치니까지 선박으로 운송한 뒤, 시베리아철도로 유럽 또는 서아시아의 목적지로 운송하는 방식이다.
아메리칸 랜드브리지(ALB)는 동아시아에서 미국 서해안까지 해상운송한 다음, 대륙횡단철도를 이용하여 미국 동부로 운송하고, 이를 다시 해상을 통해 유럽의 목적지까지 운송하는 경로이다.

정답 | ①

06

다음에서 설명하고 있는 대륙횡단 철도서비스 형태는?

> 아시아 극동지역의 화물을 파나마 운하를 경유하여 북미 동부 연안의 항만까지 해상운송을 실시하고, 철도 및 트럭을 이용하여 내륙지역까지 운송한다.

① ALB(American Land Bridge)
② MLB(Mini Land Bridge)
③ IPI(Interior Point Intermodal)
④ RIPI(Reversed Interior Point Intermodal)
⑤ CLB(Canadian Land Bridge)

해설

제시된 내용은 RIPI(Reversed Interior Point Intermodal)에 대한 설명이다. 미국의 내륙지역이 화물운송의 출발 또는 도착지인 점에서는 IPI와 같지만, 운송 중 파나마 운하를 경유하는 점에서 IPI와 차이가 있다.

선지분석

① ALB(America Land Bridge)는 미국대륙횡단철도로 극동의 항구에서 북미 서안까지 해상운송한 후 철도를 이용하여 미대륙을 횡단하고, 북미 동부 또는 남부항에서 대서양을 해상운송으로 횡단하여 유럽지역 항만 또는 내륙까지 일관운송하는 시스템이다. 수에즈 운하가 봉쇄될 경우 기존의 운송방식을 대체할 수 있다. 이와 비슷한 시스템으로 ⑤ CLB(캐나다 랜드 브리지)가 있다.
② MLB(Mini Land Bridge)는 미국서안에서 철도 등의 내륙운송을 거쳐 미국 동안 또는 걸프지역 항만까지 수송하는 해륙복합운송이다.
③ IPI(Interior Point Intermodal)는 극동에서 미국 서안 항구로 운송한 후 미국 내륙까지 철도로 운송하는 방법으로 Micro Land Bridge라고도 한다. 목적지가 미국 내륙이라는 점에서 ALB와 차이가 있다.

정답 | ④

PART 07 유닛로드시스템(ULS)

CHAPTER 01 유닛로드시스템(ULS)의 개요

1. 유닛로드시스템(ULS)의 정의와 기대효과

(1) 유닛로드시스템(ULS)의 정의

① 일반적인 정의

유닛로드 시스템(ULS; Unit Load System)은 '화물을 일정한 중량 또는 체적으로 단위화하고 하역기기 및 운송수단을 이용하여 일관하여 하역·운송하는 단위적재운송시스템'이다.

② 한국산업표준(KS)의 정의
  ㉠ 유닛로드(Unit Load): 수송, 보관, 하역 등의 물류활동을 합리적으로 처리하기 위하여 복수의 물품 또는 포장화물을 기계, 기구에 의한 취급에 적합하도록 하나의 단위로 정리한 화물을 일컫는다. 또한 이 용어는 하나의 대형 물품이 위 목적에 합치하는 경우에도 사용한다.
  ㉡ 유닛로드시스템(Unit Load System): 유닛로드를 도입함으로써 하역을 기계화하고 수송, 보관 등을 일관하여 합리화시키는 시스템이다.

(2) ULS의 장점 및 효과 기출 12회

① ULS의 장점
  ㉠ 화물취급단위에 대한 단순화와 표준화를 통하여 하역 및 운송능력을 향상시킬 수 있다.
  ㉡ 하역을 기계화하고 운송·보관 등을 일관하여 합리화하여 하역시간을 단축할 수 있다.
  ㉢ 화물처리 과정에서 발생할 수 있는 파손이나 실수를 줄일 수 있다.
  ㉣ 자동화 설비 및 장비의 이용이 용이하고, 운송수단의 효율을 높일 수 있다.
  ㉤ 하역인력의 절감 및 포장비의 절감을 통해 물류비용을 줄일 수 있다.

② ULS의 효과
  ㉠ 화물취급단위의 단순화 및 표준화
  ㉡ 운송포장의 간소화 및 화물의 파손 및 오손방지
  ㉢ 운송 및 보관 업무의 효율적인 운용
  ㉣ 기계하역의 용이화, 하역비용 절감 및 하역능력 향상

(3) 유닛로드시스템(ULS) 구축의 전제조건

① 표준화: ULS가 구축되기 위해서는 화물운송용기(파렛트, 컨테이너), 운반 및 하역기기, 운송절차 등의 표준화(standardization)가 전제되어야 한다.
② 시스템화(체계화): 표준화를 통하여 ULS 구축의 요건들이 구비된 경우 이를 체계적으로 시스템화하기 위해서는 운송, 보관, 하역, 포장, 정보통신 등 물류의 5대 기능이 유기적으로 연계되어야 한다.
③ 기계화(생력화): 기계화, 자동화, 무인화를 통해 인력을 절감한다.

2. 일관파렛트화

(1) 일관파렛트화의 개념
일관파렛트화(Palletization)는 화물이동의 출발지점으로부터 최종 도착지점까지 파렛트상에 적재된 상태 그대로 운반, 하역, 운송 및 보관하는 방식을 의미한다.

(2) 일관파렛트화의 효과
① 포장의 간소화로 포장비를 절감할 수 있다.
② 물류현장에서 하역작업의 혼잡을 줄여 작업 능률을 향상할 수 있다.
③ 창고에서 물품의 운반관리를 용이하게 수행할 수 있다.
④ 기계화가 용이하여 하역시간을 단축하고, 운임 및 부대비용을 절감할 수 있다.
⑤ 파렛트에 적합한 운송수단의 사용으로 파손 및 손실을 줄일 수 있다.
⑥ 창고에서의 재고조사가 용이하다.

(3) 일관파렛트화의 선행조건
① 파렛트 치수의 표준화(KS T 2033)
  ㉠ T11형: 1,100mm×1,100mm
  ㉡ T12형: 1,200mm×1,000mm
② 적정 설비 기기의 개량 및 개발
③ 효과적인 파렛트 운용관리에 관련 업체 간 긴밀한 협조
④ 화물의 붕괴 방지책 강구

3. 파렛트풀시스템(PPS; Pallet Pool System)

(1) 파렛트풀시스템의 개념 기출 11회
① 파렛트풀시스템은 파렛트의 규격(치수), 강도, 재질 등을 표준화하고, 파렛트풀 조직을 매개로 하여 여러 물류기업들이 파렛트를 공동으로 이용하는 제도이다.
② PPS는 일관파렛트화의 문제점인 공파렛트의 회수난을 해결하기 위해 도입된 시스템이다.
③ 파렛트풀 조직은 표준화된 파렛트를 다량으로 확보하고 임대파렛트의 납품, 관리, 회수, 수리 등을 담당한다.

(2) 파렛트풀 시스템의 도입 조건과 필요성 기출 16, 11회

도입 조건	도입 필요성
• 표준 파렛트의 다량 보유	• 일관파렛트화의 실현
• 전국적인 파렛트 집배망의 구축	• 계절별(성수기, 비수기 등) 파렛트 수요에 대응
• 공파렛트의 회수 네트워크의 구축	• 표준화의 촉진
• 파렛트의 계절별, 지역별 수요 조정	• 지역 간 파렛트의 수급 조정
• 정부의 지원정책 및 관계 업체 간 긴밀한 협조	• 보관관리의 불필요 및 설비자금의 감소

(3) 파렛트풀 시스템의 유형 〔기출〕 16, 15, 13, 11회

① 즉시교환방식
- ㉠ 개념: 유럽 각국의 국영철도역에서 파렛트 적재 형태로 운송하면 철도역에서 같은 수의 공파렛트를 즉시 교환해 주는 방식
- ㉡ 장점: 즉시 교환에 따른 파렛트 분실 방지, 파렛트 사무관리를 철도역에서 시행함으로써 사무관리가 용이
- ㉢ 단점: 동일 품질의 파렛트 교환이 곤란, 파렛트의 편재 현상 발생, 파렛트의 파손·손상에 대한 책임소재 불명확

② 리스·렌탈방식
- ㉠ 개념: 화주기업이 자사파렛트를 보유하지 않고 파렛트 풀 회사에서 일정규격의 임대파렛트를 필요에 따라 임차하여 사용하는 방식
- ㉡ 장점: 송화주는 공파렛트의 회수에 대해 신경을 쓸 필요가 없음, 파렛트 이용 시 수급 파동의 조정이 용이, 파렛트의 품질이 양호(파렛트 풀 회사가 품질관리)
- ㉢ 단점: 렌탈 회사 데포에서 화주까지 공파렛트 수송 필요, 교환방식보다 인도 및 반환 등 처리 복잡, 화주의 편재에 따른 파렛트 편재

③ 대차결제방식
- ㉠ 개념: 스웨덴의 파렛트 풀 회사에서 교환방식의 단점을 보완해 개발한 방식으로, 현장에서 파렛트를 즉시 교환하지 않고 일정 시간 내에 동일한 수량의 파렛트를 반환하는 방식
- ㉡ 장점: 국철역에서 파렛트를 즉시 교환할 필요가 없음
- ㉢ 단점: 파렛트의 책임소재가 불명확

CHAPTER 02 컨테이너 운송

1. 컨테이너 운송의 개요

(1) 컨테이너 운송의 개념과 장단점

① 컨테이너 운송의 개념
- ㉠ 컨테이너(Container)에 미리 화물을 적입(vanning)하여 운송하는 유닛로드 시스템(Unit Load System)의 일종으로 송하인으로부터 수하인에게 컨테이너로 화물을 운송하는 것을 컨테이너 운송이라고 한다.
- ㉡ 컨테이너를 이용하는 화물운송방식으로의 전환을 컨테이너화(Containerization)라고 한다.

② 컨테이너의 크기 〔기출〕 18회
- ㉠ 20ft, 40ft, 40ft high cubic, 45ft 등 해상운송용 컨테이너를 표준으로 하며, ISO Series 1의 컨테이너 규격은 길이 40ft, 높이 8ft, 폭 8ft, 최대 총중량 30t을 기준으로 한다.
- ㉡ 20ft 컨테이너 1개를 1TEU(Twenty-foot Equivalent Unit)라고 하며, TEU를 컨테이너 물동량 산출 단위로 이용하고, 컨테이너선의 적재능력을 표시하는 기준이 된다.
- ㉢ 한편, 40ft 컨테이너 1개는 1FEU(Forty-foot Equivalent Unit)라고 한다.

③ 컨테이너 운송의 장·단점 기출 20, 13, 11회

장점	단점
• 운송 및 보관과정에서 화물의 안전성 제고 • 환적지점에서의 하역작업 단순화 및 신속성, 효율성 증진 • 서류 취급 작업의 최소화 가능 • 세관 승인하에 국경통과 가능 • 문전운송으로 운송시간의 단축 • 국제 복합운송 및 일관운송으로 비교적 낮은 운임률 • 특수화물의 취급 가능 • 포장비, 창고보관비, 재고비, 인건비 절감	• 컨테이너 터미널, 운반설비 등에 대규모 투자비 소요 • 선박운항관리 및 경영에 있어 전문적인 지식과 기술 필요 • 컨테이너에 적재 가능한 화물의 종류와 크기에 제한이 있음 • 컨테이너 하역시설이 갖추어진 항만에만 입항이 가능 • 왕복항 간 물동량의 불균형으로 컨테이너선의 경우 공컨테이너 회수문제 발생

짚고 넘어가기 컨테이너 화물의 총중량 검증(VGMC; Verified Gross Mass of Container)제도 기출 24회

- 해상에서의 인명안전을 위한 국제협약(SOLAS)에 따라 수출컨테이너의 총중량 검증 및 검증된 정보의 제공을 의무화하면서 도입되었다.
- 총중량 검증은 수출을 위하여 화물이 적재된 개별 컨테이너를 대상으로 한다. 환적컨테이너, 공컨테이너는 VGMC의 적용대상에 해당하지 않는다.
- 화주는 수출하려는 컨테이너의 검증된 총중량 정보를 선장에게 제공하여야 한다.
- 검증된 컨테이너 총중량 정보의 오차는 해당 컨테이너 총중량의 ±5% 이내에서 인정된다.
- 컨테이너 총중량은 컨테이너에 적재되는 화물, 해당 화물을 고정 및 보호하기 위한 장비, 컨테이너 자체 무게 등을 모두 합산한 중량을 의미한다.

(2) 컨테이너 종류 기출 26, 18, 16회

구분	내용
건화물 컨테이너 (Dry Container)	• 일반 건화물 운송 시 가장 많이 사용되는 표준 컨테이너
냉동 컨테이너 (Reefer Container)	• 컨테이너에 냉동기가 부착되어 있어 온도 조절이 가능하며 생선, 육류, 과일 및 약품류 등 운송 가능
플랫폼 컨테이너 (Flat Form Container)	• 컨테이너의 지붕, 기둥, 벽이 없고 바닥과 모서리 쇠만으로 구성된 컨테이너 • 중량물이나 부피가 큰 화물의 측면 및 상부 적재에 적합
플랫랙 컨테이너 (Flat Rack Container)	• 플랫폼 컨테이너에 기둥이 있는 것으로 승용차, 목재, 기계류 등의 중량화물을 운송하는 데 적합 • 포크리프트에 의한 측면작업, 크레인을 통한 상부 하역도 가능
오픈 톱 컨테이너 (Open Top Container)	• 컨테이너 상부가 지붕이 없는 형태로 중량 화물이나 장척화물 운송에 적합 • 화물을 크레인 등으로 상부에서 적재 및 하역 가능
솔리드 벌크 컨테이너 (Solid Bulk Container)	• 컨테이너 상부에 화물을 적재할 수 있는 구멍과 후반부에 화물을 양하할 수 있는 배출구가 있는 컨테이너 • 양곡, 소맥분, 가축사료 등의 운송에 적합
탱크 컨테이너 (Tank Container)	• 유류, 주류, 화학물질 등 액화 화물을 운송하는 데 적합하며 컨테이너 안에 탱크가 들어있는 형태
동물용 컨테이너 (Pen Container)	• 소, 말, 양 등 생동물 수송용 컨테이너(Live stock container)로 통풍이 잘되도록 옆면과 전후양면에 창문이 있고, 옆면 하부에 청소 배수구 등이 있다. • 옆면에 먹이통이 붙어 있는 것도 있으며, 통상 상갑판에 적재된다.
기타 컨테이너	• 가열 컨테이너(Heated Container)　　• 단열 통풍 컨테이너: 정밀기계, 페인트 등 운송 • 자동차용 컨테이너(Car Container)　• 행거 컨테이너(Hanger Container)

2. 컨테이너 화물의 운송

(1) 컨테이너선의 분류

① 선박의 형태에 따른 분류
- ㉠ 컨테이너 전용형(Full-Container Ship): 갑판 및 선창이 컨테이너만을 적재할 수 있도록 설계된 선박이다. 일반적인 컨테이너선은 컨테이너 전용선을 말한다.
- ㉡ 분재형(Semi-Container Ship): 재래선 선창의 일부를 컨테이너 전용으로 변경한 선박으로 갑판이나 중앙에 컨테이너 전용장치를 설치한다.

② 하역방식에 따른 분류 기출 19, 16회
- ㉠ LO-LO(Lift On/Lift Off)방식: 컨테이너 부두 크레인으로 컨테이너를 수직으로 선박에 적재 또는 양륙하는 방식이다.
- ㉡ RO-RO(Roll On/Roll Off)방식: 선미 또는 현측에 경사로(ramp)가 설치되어 있어 이 경사로를 통해서 트랙터 또는 포크리프트 등으로 하역하는 방식이다.
- ㉢ FO-FO(Float On/Float Off)방식: 부선에 컨테이너나 일반화물을 적재하고, 본선에 설치된 크레인에 의해서 하역하는 방식이다.

(2) 컨테이너 화물의 운송형태 기출 25, 23, 21, 16, 14, 13회

선적 및 양륙 시 CY와 CFS 중 어디에서 취급하느냐에 따라 다음과 같이 구분할 수 있다.

① CY → CY(FCL → FCL)
- ㉠ 한 수출업자(송하인)의 공장 또는 창고에서 한 수입업자(수하인)의 창고까지 FCL 화물로 일관운송하는 방식이다.
- ㉡ 수출업자와 수입업자의 직접 거래이므로 단순하고 경제성이 높으며 화물이 섞이지 않고 파손되지 않는 장점이 있다. 컨테이너 운송의 장점을 잘 활용한 Door to Door 운송방식이다.

② CFS → CFS(LCL → LCL)
- ㉠ 다수의 화주로부터 소량화물을 인수하여 선적항의 CFS에서 한 컨테이너에 혼재하여 운송한 후 목적항 CFS에서 화물을 분류하여 다수의 수입업자에게 인도하는 방식이다.
- ㉡ 이 방식은 수출업자(송하인)와 수입업자(수하인) 모두 다수인 경우 사용하는 방식으로 Forwarder's Consolidation(Pier to Pier 운송)이라고 한다.

③ CY → CFS(FCL → LCL)
- ㉠ 단일의 수출업자가 컨테이너에 FCL 화물로 선적하여 운송하고 목적지에 도착하면 다수의 수입업자에게 인도하는 방식이다.
- ㉡ 단일 수출업자가 동일지역에 있는 다수의 수입업자에게 동시에 화물을 운송할 때 주로 이용되는 방식으로 Shipper's Consolidation(Door to Pier 운송) 또는 Consigner's Consolidation이라고 한다.

④ CFS → CY(LCL → FCL)
- ㉠ 한 수입업자의 의뢰에 따라 운송주선업자가 다수의 수출업자로부터 화물을 집화, 혼재하여 FCL 화물로 만들어 목적항까지 운송하는 방식이다.
- ㉡ 한 수입업자가 둘 이상 다수의 수출업자로부터 물품을 수입할 때 주로 이용되는 방식으로 수입업자가 혼재를 주도하므로 Buyer's Consolidation이라고 한다.

(3) FCL 화물과 LCL 화물의 운송흐름

① FCL 수입화물의 운송절차 〔기출〕 8회
  ㉠ 선사는 화주 또는 포워더로부터 운송신청 접수
  ㉡ 운송사업자는 선박회사에 수입관계서류를 제시하고 기기인도지시서(EDO ; Equipment Dispatch Order) 1통을 교부받음.
  ㉢ 컨테이너 터미널에 기기인도지시서 제시
  ㉣ 터미널에서 기기수도증(Equipment Receipt, E/R) 1통을 수취하고, CY에서 반입컨테이너의 인수
  ㉤ 컨테이너를 도착지까지 운송
  ㉥ 컨테이너 터미널에 기기수도증 1통의 인도 및 검사 후 CY에 공컨테이너 인도

② LCL 화물의 수출절차 〔기출〕 12회
  ㉠ 화주로부터 CFS나 내륙 Depot까지 운송주문을 접수
  ㉡ 운송사업자는 화주와의 운송계약에 따라 발송지에서 화물을 적재
  ㉢ 운송사업자는 CFS 또는 내륙 Depot까지 일반트럭이나 트레일러로 운송
  ㉣ 내륙 Depot에 도착한 후, 화물을 행선지별로 분류하여 공컨테이너에 적입
  ㉤ 이후 FCL 화물과 동일한 절차를 수행

> **짚고 넘어가기** FCL 화물과 LCL 화물의 비교
>
> | 구분 | 특징 |
> | --- | --- |
> | FCL(Full Container Load) 화물 | 한 개의 컨테이너에 한 화주의 화물이 가득 적재되는 경우를 말하며, 취급하는 곳은 CY(Container Yard)이다. |
> | LCL(Less than Container Load) 화물 | 한 개의 컨테이너에 둘 이상 화주의 화물이 혼적되는 경우를 말하며, 취급하는 곳은 CFS(Container Freight Station)이다. |

(4) 컨테이너 터미널의 주요 시설 〔기출〕 25, 15, 14회

① 안벽(Quay): 선박이 화물을 선적하고 양하할 때 편리하도록 해저로부터 수직으로 석조 또는 콘크리트재로 만든 벽
② 선석(Berth): 항내에서 선박 1척을 계선(묶어둠) 및 정박시키는 시설을 갖춘 접안장소
③ 에이프런(Apron) 〔기출〕 25, 14회
  ㉠ 야드트럭이 하역작업을 하거나 컨테이너크레인이 주행할 수 있도록 안벽을 따라 일정한 폭으로 포장된 공간
  ㉡ 선박이 접안하는 부두 안벽에 접한 야드의 일부분으로 바다와 가장 가까이 접해 있으며, 갠트리 크레인(Gantry Crane)이 설치되어 컨테이너의 적재와 양륙작업이 이루어지는 장소로, 30~50m 내외의 공간
④ 마샬링 야드(Marshalling Yard) 〔기출〕 14회
  ㉠ 컨테이너선에 선적하거나 양륙하기 위하여 컨테이너를 정렬시켜 놓은 공간(컨테이너 선적 전 대기장소)
  ㉡ 본선 입항 전에 미리 입안된 선내 적치계획에 따라 선적예정 컨테이너를 순서대로 쌓아 두기 위한 곳으로, 컨테이너 터미널 운영에 있어 중심이 되는 중요한 장소
⑤ CY(Container Yard): 컨테이너를 효율적으로 배치, 회수, 보관하기 위하여 운영되는 시설로, 컨테이너를 인수, 인도 및 보관하는 장소

⑥ CFS(Container Freight Station)
　㉠ 컨테이너 화물처리장이라고도 부르며 컨테이너 한 개를 채울 수 없는 LCL 화물 처리를 위한 기본적인 시설
　㉡ LCL 화물을 인수, 인도하고 보관하거나 컨테이너에 적입(Stuffing, Vanning) 또는 적출(Unstuffing, Devanning)작업을 하는 장소
⑦ Maintenance Shop: 컨테이너 터미널의 기기를 점검 및 수리하는 곳

(5) 컨테이너 터미널의 하역 장비 기출▶ 24, 20, 9회

구분	내용
갠트리 크레인 (Gantry crane)	선박에서 컨테이너를 하역하거나 선박에 선적하기 위한 대형 크레인(LO-LO방식)
스트래들 캐리어 (Straddle carrier)	컨테이너를 양 다리 사이에 끼우고 주행하는 운반차량
트랜스테이너 (Transtainer)	컨테이너를 쌓거나 내리는 일 또는 섀시(Chassis)나 트레일러에 싣고 내리는 일을 하는 크레인
리치 스태커 (Reach stacker)	긴 붐(boom)을 이용하여 CY 내에서 컨테이너를 적재 또는 섀시에 컨테이너를 싣거나 내리는 장비
톱 핸들러 (Top handler)	포크리프트에 스프레더를 장착시킨 장비로, CY 내에서 컨테이너를 운반
야드 트랙터 (Yard tractor)	야드 섀시를 연결하여 CY 내 또는 CY와 에이프런 간에 컨테이너를 운반하는 트럭
야드 섀시 (Yard chassis)	야드 트랙터에 견인되어 부두와 CY 간에 컨테이너를 적재 운반하는 장비
윈치 크레인 (Winch crane)	크레인 자체를 회전시키면서 컨테이너 트럭이나 무개화차로부터 컨테이너를 양·적하하는 하역장비

(6) 컨테이너 하역방식 기출▶ 24, 15회

① 섀시 방식(Chassis System)
　㉠ 섀시 방식은 갠트리 크레인을 이용하여 선박에서 컨테이너를 꺼내 직접 섀시에 적재하는 하역방식으로, 신속하고 효율적이다.
　㉡ 섀시의 보관장소가 필요하고 1단만 장치하므로 스트래들 캐리어 방식에 비해 제약이 있다.
② 스트래들캐리어 방식(Straddle Carrier System)
　스트래들캐리어 방식은 섀시 방식과 다르게 컨테이너의 2~3단 적재가 가능하여 효율성이 높고, 한 번에 여러 컨테이너를 운송할 수 있는 장점이 있다.
③ 트랜스테이너 방식(Transtainer System)
　㉠ 트랙터와 섀시를 조합하여 컨테이너를 운송하고, CY에서는 트랜스퍼 크레인을 이용하여 적재·보관하는 방식이다.
　㉡ 4~5단 적재가 가능하며 자동화로 인한 장비가동률과 유지보수비도 저렴한 장점이 있다.

핵심 기출문제

PART 07 유닛로드시스템(ULS)

01

다음 중 유닛로드 시스템의 효과와 거리가 먼 것은?

① 표준화된 단위로 포장, 하역, 수송, 보관되어 물류작업의 표준화가 가능하다.
② 수송장비의 상·하차작업이 신속히 이루어져 하역작업의 대기시간이 단축된다.
③ 물동량을 단위화함으로써 자동화설비나 자동화장비의 이용이 가능하다.
④ 파렛트화, 컨테이너화 등의 단위화로 인력이 절약된다.
⑤ 물동량을 단위화된 크기로 작업이 가능하나 포장자재 비용의 절감이 어렵다.

해설
유닛로드 시스템을 도입하면 물동량을 단위화된 크기로 작업이 가능하고 이는 포장자재 비용의 절감도 가져다준다.

정답 | ⑤

02

유닛로드시스템에 관한 설명으로 옳은 것을 모두 고른 것은?

> ㄱ. 기업의 특정기능을 외부의 전문사업자로 하여금 수행하게 하는 시스템이다.
> ㄴ. 하역 및 운반의 단위적재를 통하여 운송의 합리화를 추구하는 시스템이다.
> ㄷ. 화물을 일정한 표준의 중량과 용적으로 단위화시키는 시스템이다.
> ㄹ. 화물의 현재 위치나 상태 및 화물이 이동한 경로를 파악할 수 있는 시스템이다.

① ㄱ, ㄴ
② ㄱ, ㄷ
③ ㄴ, ㄷ
④ ㄴ, ㄹ
⑤ ㄷ, ㄹ

해설
ㄱ. 기업의 특정기능을 외부의 전문사업자로 하여금 수행하게 하는 시스템은 아웃소싱(outsourcing)이다.
ㄹ. 화물의 현재 위치나 상태 및 화물이 이동한 경로를 파악할 수 있는 시스템은 화물위치추적시스템(GPS)이다.

정답 | ③

03

파렛트 풀 시스템(PPS; Pallet Pool System)에 관한 설명으로 옳지 않은 것은?

① 파렛트 공동 사용을 통해 물류의 효율성을 높일 수 있다.
② 상품 규격과 파렛트 규격의 불일치가 존재할 수 있다.
③ 포장비 절감이나 작업능률 향상의 경제적 효과가 있다.
④ 계절적인 변동이 심한 제품의 경우 PPS 도입 효과가 크다.
⑤ 파렛트 풀 시스템의 운영방식 중 개별 기업이 파렛트를 보유하지 않고 특정회사의 파렛트를 임대하여 사용하는 방식은 교환방식이다.

해설
개별 기업이 파렛트를 보유하지 않고 특정회사의 파렛트를 임대하여 사용하는 방식은 리스-렌탈방식이다.

관련이론 | 파렛트 풀 시스템(PPS; Pallet Pool System)
파렛트 풀 시스템은 파렛트의 규격, 척도 등을 통일하여 상호교환성이 있도록 파렛트를 풀로 사용함으로써 수송의 합리화 및 물류비의 절감에 기여하려는 제도이다. PPS는 파렛티제이션의 문제점인 공파렛트의 회수난을 해결하기 위한 시스템이다.

정답 | ⑤

04

파렛트 풀 시스템 도입의 선행조건 중 맞지 않은 것은?

① 바닥규격이 다양한 파렛트의 대량 보유·대여체제
② 전국적인 파렛트 집배망의 설치
③ 공파렛트의 회수체제 구축
④ 파렛트의 지역적 및 계절적 수요 조정
⑤ 관련업체 간 긴밀한 협조와 정부의 적극적 지원정책

해설
파렛트 풀 시스템이 도입되기 위해서는 파렛트의 규격을 통일하여 상호교환성이 있도록 해야 한다.

정답 | ①

05

내륙컨테이너기지(Inland Container Depot)에 관한 설명으로 옳지 않은 것은?

① 항만과 거의 유사한 장치, 보관, 집화, 분류 등의 기능을 수행한다.
② 주로 항만터미널 및 내륙운송수단과 연계가 편리한 지역에 위치한다.
③ 내륙운송 연계시설과 컨테이너 야드(CY), 컨테이너 화물조작장(CFS)등을 갖추고 있다.
④ 내륙에 위치하고 있어 바다와 접해 있는 항만처럼 통관이나 혼재의 기능은 수행할 수 없다.
⑤ 화물을 모아 한꺼번에 운송함으로써 물류비용을 절감할 수 있다.

해설
내륙컨테이너기지(ICD)는 내륙에 위치하고 있지만 바다와 접해 있는 항만과 마찬가지로 통관이나 혼재의 기능은 수행할 수 있다. 단지 선박에의 적하와 양하기능이 없다는 점에서 차이가 있다.

정답 | ④

06

컨테이너터미널에서 컨테이너를 취급하는 운송장비에 관한 설명으로 옳지 않은 것은?

① 야드 트랙터(Yard Tractor)는 야드 내의 작업용 컨테이너 운반트럭이다.
② 지게차(Fork Lift)는 컨테이너터미널에서 컨테이너선에 양·적하하는 하역장비이다.
③ 윈치 크레인(Winch Crane)은 크레인 자체를 회전시키면서 컨테이너 트럭이나 무개화차로부터 컨테이너를 양·적하하는 하역장비이다.
④ 리치 스태커(Reach Stackers)는 컨테이너 운반용으로 주로 사용되며 컨테이너의 적재 및 위치이동, 교체 등에 사용되는 하역장비이다.
⑤ 섀시(Chassis)는 컨테이너를 탑재하여 운반하는 대차이다.

해설
컨테이너터미널에서 컨테이너를 컨테이너선에 양·적하하는 하역장비로 대표적인 것은 갠트리 크레인(Gantry Crane)이다. 지게차(Fork Lift)는 컨테이너를 트럭에 적재하거나 트럭에서 양하할 때 사용하는 장비이다.

정답 | ②

PART 08 수·배송시스템의 합리화

CHAPTER 01 공동 수·배송시스템

1. 공동 수·배송시스템의 개요

(1) 공동 수·배송의 개념, 목표 및 전제조건 기출 24, 19, 16, 13, 12, 10회

① 공동 수·배송의 의의
  ㉠ 공동 수·배송이란 하나의 차량에 다수 화주의 화물을 혼재(consolidation)하여 운송함으로써 운송의 대형화와 순회배송을 가능하게 하는 운송기법이다.
  ㉡ 소량 다빈도 수·배송과 JIT 수·배송의 필요성 증대, 고객지향적 수·배송서비스의 요구가 커짐에 따라 공동 수·배송의 필요성이 증가하고 있다.

② 공동 수·배송의 목표
  공동 수·배송은 운송의 경제성(규모의 경제)을 확보하고 납품처 및 수하처에 대한 물류서비스를 향상하여 물류비 절감과 고객서비스의 향상을 목표로 한다.

③ 공동 수·배송의 전제조건
  ㉠ 일정지역 내에 공동 수·배송에 참여하는 다수의 업체가 있어야 하고, 각 기업의 배송조건이 비슷해야 한다.
  ㉡ 공동 수·배송에 대한 참여 기업들의 이해가 일치해야 한다.
  ㉢ 대상화물이 공동화에 적합한 품목이어야 하고, 상품의 특성과 보관·하역 특성에 유사성이 있어야 한다.
  ㉣ 공동 수·배송을 주도하고 조정하는 중심업체(간사회사)가 있어야 한다.
  ㉤ 물류표준화가 선행되어야 하고, 상품의 규격이 어느 정도 일정해야 한다.

(2) 공동 수·배송시스템의 유형과 기대효과 기출 24, 18, 17, 16, 10회

① 공동 수·배송시스템의 유형

구분	주요내용
배송 공동형	공장에서 물류거점까지는 화주가 개별적으로 운송하고, 배송만 공동화하는 방식
집화·배송 공동형	화물의 집화와 배송을 공동화하는 방식으로 주문처리 외 거의 모든 물류업무를 공동화하는 방식
공동수주·공동배송형	운송업체들이 협동조합을 만들어 수주와 배송을 공동화는 방식
노선집화 공동형	각 노선사업자가 집화해 온 노선화물의 집화부분을 공동화하는 방식
공동납품 대행형	백화점, 할인점 등이 지정한 운송업체가 배송거점을 중심으로 납품상품을 집화, 분류, 포장 등을 한 후 납품하는 방식

② 공동 수·배송시스템의 장점(기대효과) 기출 24, 19, 16, 15, 14, 12, 10회
  ㉠ 적재율 향상에 의한 운송의 대형화로 경제성 향상
  ㉡ 취급물량 대형화로 물류센터 내의 물류취급을 위한 기기의 자동화 등 현대화 가능
  ㉢ 효율적인 정보시스템 구축 가능
  ㉣ 전 네트워크 간의 효율적인 EDI 구축으로 수발주 업무, 물류회계, 상품의 추적정보 등 제공 가능

ⓜ 동일 지역 및 동일 수하처에 대한 중복방문 제거로 수하처의 상품인수업무 효율화
ⓑ 교통체증의 감소와 환경오염 경감
ⓢ 오지지역까지 적기에 경제적인 배송실시
ⓞ 운영주체에 따라 자가용화물차를 이용한 운송이 가능해짐
ⓩ 효율적인 물류센터관리 정보시스템(WMS)을 활용함으로써 물류센터의 화물처리 품질이 향상됨(정확성, 안전성, 작업의 효율성)
ⓒ 다양한 거래처(납품 및 수하처)에 대한 공동수·배송을 실시함으로써 상품의 계절적 수요 변동에 따른 차량수요 기복을 완화시킬 수 있음
ⓚ 물류센터의 운영효율을 향상시킬 수 있음
ⓣ 물류관리를 위한 제반 경비(인건비 등)에 대한 규모의 경제를 이룰 수 있음

(3) JIT 수·배송시스템

① JIT 수·배송의 의의
  ㉠ JIT(Just In Time, 적시공급시스템)는 일본 도요타자동차의 도요타생산시스템(TPS)에서 제품의 무결점, 부품의 무재고를 실현하기 위해서 제조업체와 부품 공급업체 간의 긴밀한 협조체제를 필요로 하여 도입한 시스템이다.
  ㉡ 화물의 수·배송에 JIT를 적용하여 필요 물품을 적시에 정확히 공급하는 시스템으로 도입되었다.

② JIT 수·배송의 목적
  ㉠ 재고수준의 감축
  ㉡ 고객이 원하는 시간에 물품의 적시 인도
  ㉢ 화물 운송 효율성의 향상

③ JIT 수·배송의 문제점
  ㉠ 공급자의 재고수준이 증가할 우려 있음
  ㉡ 소형 화물자동차를 이용하게 되므로 운송비용이 증가하고, 교통체증과 환경오염의 유발
  ㉢ 상품의 적시 인도를 위한 정밀한 시스템의 운용이 필요하게 되어 이에 따른 비용 증가 가능성

짚고 넘어가기 운송시스템의 종류 기출 ▶ 17, 14, 11회

- 왕복운송시스템
  화물을 운송하고 귀로에 공차로 돌아오는 과정에서 제조업체의 창고나 공장을 경유하여 화물을 싣고 오는 시스템을 말한다.
- 환결운송시스템
  연속적으로 영차 운행을 하여 처음의 출발지점까지 돌아오는 운송시스템을 말한다.
- 1차량 2운전원 승무시스템
  2명의 운전원을 동승시켜 운행하는 제도가 아니라, 출발지와 도착지 양단에 운전원을 한 명씩 배치하여 1차 수송이 완료되면 즉시 도착지에 대기하고 있던 운전원이 차량을 인계받아 귀로운행을 하는 시스템이다. 차량의 가동률을 극대화하는 효과가 있다.
- 릴레이식 운송시스템
  1회의 편도운송거리가 1일 이상 소요되는 운송 또는 일정한 도시들을 순회하며 집화나 배달을 하는 경우의 운송에서는 일정한 시간의 운행 후에 운전원를 교대하여 차량을 계속 운행시킴으로써 차량의 가동시간을 최대화하고 화물의 인도시간을 신속하게 하는 시스템이다.
- 중간환승 운송시스템
  주요 출발지와 도착지의 중간지점에 터미널을 설치하고 양단에서 도착된 차량을 서로 교체 승무하여 귀로하는 운행시스템이다.

2. 수·배송시스템의 설계

(1) 수·배송시스템의 개념
① 수·배송시스템은 화물자동차를 이용하는 공로운송에서 화물의 적재장소에서부터 최종 배송지에 도착하기까지의 일련의 운송절차를 말한다.
② 수·배송을 유기적으로 연결하는 물류시스템을 구축해야 오늘날의 교통체증, 인력 및 장비난, 환경보호 등 열악한 물류환경을 극복하고 총물류비용을 최소화할 수 있게 수·배송시스템을 설계하여야 한다.

(2) 수·배송시스템 설계의 기본 요건 기출 29, 27, 25, 24, 22, 20, 19, 15, 13, 11회
① 화물에 대한 리드타임(lead time)을 고려하여 설계한다.
② 총물류비용이 최소화되도록 수·배송시스템을 설계한다.
③ 운송계획을 효율적으로 실시하기 위한 생산 및 판매의 조정이 필요하다.
④ 적절한 재고량 유지를 위한 다이어그램배송 등을 사용한 체계적인 운송계획을 수립한다.
⑤ 수주에서 출하까지 작업의 표준화 및 효율화를 도모한다.
⑥ 최저 주문단위제를 통한 주문의 평준화를 도모한다.
⑦ 수송, 배송 및 배차계획 등을 조직적으로 실시한다.
⑧ 차량의 적재율과 회전율을 높일 수 있도록 설계한다.
⑨ 편도수송이나 중복수송을 피할 수 있도록 설계한다.
⑩ 배송경로는 상호 교차되지 않도록 설계한다.
⑪ 동일 지역에서의 집화와 배송은 함께 이루어지도록 설계한다.

(3) 수·배송시스템 설계 시 고려사항 기출 28, 22회

구분	내용
경제적 측면	총 물류비용을 최소화하면서 고객서비스 향상을 고려하기 위해서는 낭비 요인을 제거하여 운송효율을 높여주는 수·배송시스템 설계가 필요하다.
고객 서비스 측면	고객의 요구화물을 적시적소에 수·배송할 수 있도록 고려한다.
안전 측면	화물이 발송지를 출발하여 최종 수하인에게 배달되기까지 상하차 작업, 적재방법 및 운송 등이 안전하게 이루어지도록 설계되어야 한다.
사회적 측면	운송 중 매연, 소음, 난폭운전, 과속 등이 최소화될 수 있도록 설계되어야 한다.

(4) 수·배송시스템 설계 시 사전조사와 설계순서 기출 15, 12, 10회
① 수·배송시스템 설계 시 사전조사 내용
　㉠ 운송화물의 종류를 사전에 파악하여 특성에 맞는 운송수단의 선택
　㉡ 운송화물의 크기(부피, 중량)를 파악한 후 이용 차량을 선택
　㉢ 운송빈도 및 운송 로트사이즈(Lot Size)를 파악하여 운송주기 결정
　㉣ 운송경로와 거리를 파악하여 적절한 운송수단 선택
　㉤ 운송지역의 교통여건을 파악하여 적절한 계획 수립
　㉥ 운송비 부담능력에 따른 적합한 운송수단 및 운송방법 선택
② 수·배송시스템의 설계순서
　화물의 특성 파악 → 수·배송시스템의 질적 목표 설정 → 출하부문의 특성 파악 → 수요처별 특성 파악 → 수요처별 운행여건 파악 → 차종 판단 → 배차운영계획 수립 → 귀로운행 계획 수립

(5) 수·배송시스템의 효율화 대책 [기출] 16, 13회

① 하드웨어 대책
  ㉠ 차량 적재함의 개선
  ㉡ 하역장소의 정비 및 확장
  ㉢ 상·하차 작업의 기계화 및 자동화기기 도입
② 소프트웨어 대책
  ㉠ 수·배송의 계획화(루트화, 다이어그램 수송)
  ㉡ 화물의 로트(Lot)화
  ㉢ 공동 수·배송의 도입
  ㉣ 수·배송 거리의 단축화
  ㉤ 정보시스템의 이용

(6) 수·배송계획의 설정방법

① 수·배송계획 수립 시 설정 기준 [기출] 14, 7회
  ㉠ 시간기준: 리드타임(Lead Time), 수주 시작 및 마감시간 설정
  ㉡ 적재량기준: 최저주문단위, 적재량의 표준작성
  ㉢ 루트기준: 배송지역 및 적재효율을 고려한 배송경로 설정
  ㉣ 작업기준: 상·하차방법의 표준과 납품방식 표준 설정
  ㉤ 차량기준: 차량의 구성(운행 대수) 및 주행에 대한 표준 설정
② 배송루트의 크기 결정
  ㉠ 배송루트의 크기: 하나의 운송지시로 운전자가 배송해야 될 배송처의 수와 운행거리 및 시간을 의미
  ㉡ 배송루트의 크기의 결정: 배송종료시간, 돌아오는 시간, 운송가능량을 기준으로 하여 결정

> **짚고 넘어가기** 효율적인 수·배송계획의 입안 시 고려 사항 [기출] 19회
> - 물류채널의 명확화: 물류채널을 이해하고 그 순서도를 명확히 작성하는 것
> - 화물특성의 명확화: 화물에 대한 품명, 외장, 단위당 중량, 용적, 포장형태 등을 명확히 하는 것
> - 수배송 단위의 명확화: 수배송 지역별이나 제품별로 1일당 수배송 단위가 어떻게 되는지를 명확히 하는 것
> - 수배송량의 명확화: 제품별, 지역별로 수배송 수량을 명확히 하는 것
> - 출하량 피크 시점의 명확화: 1일 간의 출하량이나 취급량의 시간적 움직임을 명확히 하는 것

(7) 운행경로와 일정계획의 수립원칙 [기출] 25, 24, 16, 15, 13, 12, 11회

① 배송지역의 범위가 넓을 경우 운행경로는 물류센터(Depot)에서 먼 지역부터 설계한다.
② 근접해 있는 지역의 물량을 모아서 배송한다.
③ 배송경로는 상호 중복 교차되지 않도록 한다.
④ 효율적인 수송경로는 소형차량보다 대형차량을 우선 배차한다.
⑤ 집화(pick up)와 배송은 함께 이루어지도록 한다.
⑥ 배송날짜가 다른 경우에는 경유지를 엄격히 구분한다.
⑦ 루트배송에서 제외된 수요지는 별도의 차량을 이용한다.
⑧ 차량경로상의 운행순서는 눈물방울 형태(sweep법)로 이루어진다.

CHAPTER 02 수·배송 최적화 해법

1. 수·배송문제 해결방법

(1) 북서코너법(North-West Corner Method) 빈출 28, 27, 26, 25, 24, 22, 21, 19, 18, 16, 14회

① 북서코너법은 공급지와 수요지의 위치만을 고려하여 실행가능한 하나의 해를 신속히 구하는 기법이다.
② 운송표상의 각 칸을 할당할 때는 표의 왼쪽 위에 있는 북서쪽의 칸부터 시작하여 가능한 최대의 값을 할당하고, 나머지를 오른쪽 아래의 남동쪽으로 할당하는 방법이다.
③ 북서코너법은 비용 측면을 고려하지 않아 초기해를 개선할 여지가 있고, 이를 디딤돌법(Stepping Stone Method)에 의하여 검증할 수 있다. 디딤돌법은 할당되지 않은 공란을 평가하는 방법의 하나이다.
④ 북서코너법의 사례

예제

화물을 공급지 A, B, C에서 수요지 X, Y, Z까지 운송하려고 할 때 북서코너법에 의한 총운송비용은?(단, 공급지와 수요지 간 비용은 톤당 단위운송비용임)

수요지\공급지	X	Y	Z	공급량
A	4원	6원	5원	20톤
B	7원	4원	12원	17톤
C	12원	8원	6원	10톤
수요량	15톤	20톤	12톤	47톤

해설

수요지\공급지	X	Y	Z	공급량
A	1st 4원 / 15톤	2nd 6원 / 5톤	5원	20톤
B	7원	3rd 4원 / 15톤	4th 12원 / 2톤	17톤
C	12원	8원	5th 6원 / 10톤	10톤
수요량	15톤	20톤	12톤	47톤

북서코너법은 북서쪽의 셀부터 오른쪽 아래로 가능한 최대 값을 할당해 나간다.
북서코너법에 따른 총운송비용 = 4×15톤 + 6×5톤 + 4×15톤 + 12×2톤 + 6×10톤 = 234원

정답 | 234원

(2) 최소비용법(Least-Cost Method) 빈출 29, 28, 27, 26, 25, 24, 23, 22, 17, 16, 14, 12회

① 최소비용법은 초기 운송표상에서 단위당 운송비용이 가장 최소인 칸부터 우선적으로 할당하되, 할당할 때에는 그 칸이 포함된 행의 공급 가능량과 열의 수요량을 고려하여 할당이 가능한 최대량을 배정한다.

② 할당 과정에서 만약 단위당 운송비용이 가장 낮은 칸이 두 개 이상 있을 시에는 임의로 그중의 한 칸을 선택하여 할당한다.

③ 최소비용법의 사례

예제

3개의 수요지와 공급지가 있는 운송문제에서 최소비용법(Least-cost Method)을 적용하여 산출한 최초 가능해의 총운송비용은? (단, 공급지와 수요지 간 비용은 톤당 단위운송비용임)

공급지\수요지	X	Y	Z	공급량
A	10원	15원	5원	500톤
B	20원	10원	25원	1,000톤
C	8원	15원	20원	500톤
수요량	700톤	700톤	600톤	2,000톤

해설

공급지\수요지	X	Y	Z	공급량
A	10원	15원	1st 5원 / 500톤	500톤 / 0톤
B	4th 20원 / 200톤	3rd 10원 / 700톤	5th 25원 / 100톤	1,000톤 / 300톤
C	2nd 8원 / 500톤	15원	20원	500톤 / 0톤
수요량	700톤 / 200톤	700톤 / 0톤	600톤 / 100톤	2,000톤

최소비용법에서는 운송비용이 가장 낮은 곳부터 차례로 할당해 나간다.
1. 먼저 비용이 가장 낮은 경로는 공급지A와 수요지Z의 5원이므로 공급지A의 공급량 500톤 전부를 수요지Z에 할당한다. 공급지A는 할당이 완료되었다.
2. 다음으로 비용이 가장 낮은 곳은 공급지C와 수요지X의 8원이므로 공급지C의 공급량 500톤 전부를 수요지X에 할당한다. 공급지C도 할당이 완료되었다.
3. 남은 것은 공급지B의 1,000톤이다. 비용이 낮은 순서대로 수요지Y에 700톤, 수요지X에 200톤, 수요지Z에 100톤을 할당한다.
4. 최소비용법에 따른 총운송비용=500톤×5원+500톤×8원+700톤×10원+200톤×20원+100톤×25원=20,000원이다.

정답 | 20,000원

(3) **보겔의 추정법(VAM; Vogel's Approximation Method)** 빈출 29, 28, 27, 26, 25, 24, 23, 22, 20, 19, 13회

① 보겔의 추정법의 의의
  ㉠ 보겔의 추정법은 기회비용의 개념을 활용하여 총 운송비용이 최소가 되도록 공급량을 할당하는 기법이다.
  ㉡ 이는 최적해에 상당히 가까운 해를 구할 수 있는 탐색적 기법으로 기본적으로 높은 비용을 발생시키는 수송을 피하자는 개념이다.

② 적용방법
  ㉠ 보겔의 추정법을 적용할 때 가장 먼저 해야 할 것은 기회비용(각 행과 열 별로 가장 낮은 운송비용과 그 다음으로 낮은 운송비용의 차이)을 계산하여 기회비용이 가장 크게 발생하는 곳부터 운송량을 배정하는 것이다.
  ㉡ 배정이 완료된 행이나 열은 제외시키고 다시 기회비용을 구한다. 그리고 남은 열과 행의 기회비용을 비교하여 가장 큰 기회비용이 발생하는 곳의 가장 낮은 단가의 셀에 할당 가능한 최대량을 할당해 나간다.

③ 보겔의 추정법의 사례

예제

3개 산지의 원재료 공급량이 각각 100, 110, 60이고, 4개 공장의 원재료 수요량이 각각 80, 110, 40, 40인 운송계획이 있다. 산지에서 공장까지의 운송비는 운송표 각 칸의 우측하단에 제시되어 있다. 보겔추정법(Vogel's Approximation Method)으로 초기해를 구하면 최소 총 운송비용은?

공급지 \ 수요지	공장 1	공장 2	공장 3	공장 4	공급량
산지 1	9	1	18	11	100
산지 2	12	8	10	19	110
산지 3	2	12	15	20	60
수요량	80	110	40	40	270 / 270

해설

공급지 \ 수요지	공장 1	공장 2	공장 3	공장 4	공급량	기회비용
산지 1		100 (2nd) / 1	18	11	100	8
산지 2	20 (5th) / 12	10 (3rd) / 8	40 (4th) / 10	40 (6th) / 19	110	2
산지 3	60 (1st) / 2	12	15	20	60	10
수요량	80	110	40	40		
기회비용	7	7	5	8		

1. 각 행과 열에서 가장 낮은 수준의 단위운송비용과 두 번째로 낮은 단위운송비용의 차이가 기회비용이다. 기회비용이 가장 큰 곳부터 할당해 나간다.
2. 기회비용을 산출하면 아래와 같이 된다. 표에서 산지 3의 기회비용이 가장 크므로 산지 3의 공급량 60톤을 운송비가 가장 낮은 공장 1에 보낸다.
3. 다음으로는 산지 1의 기회비용이 크므로 공급량 100톤을 운송비가 가장 낮은 공장 2에 보낸다.
4. 남아 있는 산지 2의 공급량 110톤 가운데 공장 2에 10톤, 공장 3에 40톤, 공장 1에 20톤, 공장 4에 40톤을 각각 보내면 총운송비용은
  $(60 \times 2)+(100 \times 1)+(10 \times 8)+(40 \times 10)+(20 \times 12)+(40 \times 19)=1,700$원이다.

정답 | 1,700원

④ 해의 최적 검사와 수정
최초의 기본 가능해가 도출되면 이 해가 최적인지 아닌지를 검사해야 한다. 만일 최적해가 아니면 더 좋은 기본 가능해를 찾고 최적의 해를 찾아내야 한다. 이러한 최적의 해를 찾아내는 방법으로서 디딤돌법(징검다리법)과 수정배분법(MODI)이 있다.

2. 수·배송 네트워크 모형

(1) 수·배송 네트워크 모형의 의의

① 네트워크 모형의 개념
수·배송 네트워크 모형이란 2개 이상의 운송 경로(Link)가 존재하고 이들 경로상에 운송상의 연결점(Node)들이 있으며, 각 운송 구간별로 단위운송비용 또는 단위운송량 등이 제시된 운송문제에서 운송량을 최적으로 배분하기 위한 방법을 의미한다.

② 네트워크 모형의 종류
최단경로법, 최대운송량 계획법(최대유량문제), 최소비용 수송계획법 등이 있다.

(2) 최단경로법 빈출 29, 28, 26, 25, 24, 23, 22, 21, 20, 17, 16, 15, 14회

① 최단경로법의 의의
최단경로법(Short Route Problem)은 각 운송구간별로 운송거리 또는 단위운송비용 등이 제시된 운송망(network)이 주어졌을 때 출발지에서 도착지까지 가장 짧은 경로를 찾거나 최소의 비용이 소요되는 경로를 찾기 위하여 사용하는 기법이다.

② 최단경로법의 사례

> **예제**
>
> 다음 네트워크에서 A에서 G까지 최단거리의 경로를 선택하여 도착할 경우, 총 소요거리는 얼마나 되는가? (단, 각 경로별 숫자는 km임)

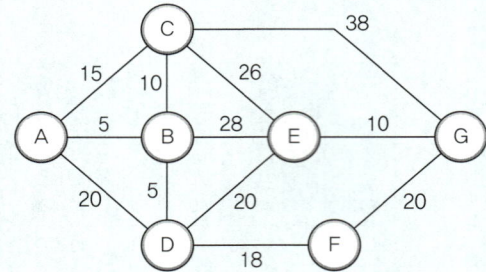

> **해설**
> 1. 수·배송 네트워크 모형에서 최단경로법은 출발지와 도착지 간의 운송망에서 두 운송거점(node) 간의 최단거리 또는 최소비용을 도출하기 위해 사용하는 방법이다.
> 2. 가능한 모든 경로에 대해 거리를 계산한 후 최단거리를 선택하는 방법이다. 그림에서의 최단거리는 A → B → D → E → G로 40km이다.
>
> **정답 | 40km**

(3) 최대수송량 계획법 기출 29, 28, 27, 25, 23, 21, 19, 18, 17, 15, 13, 11회

① 최대수송량 계획법(Maximal Flow Problem)의 의의
 ㉠ 각 운송구간의 운송특성에 의하여 해당구간의 운송량이 일정한 양으로 제한될 경우 출발지에서 목적지까지의 경로에서는 운송능력이 가장 적은 경로의 운송량이 전체 운송구간의 운송량을 제한하게 된다.
 ㉡ 따라서 전체 네트워크에서 목적지에 운송할 수 있는 최대한의 능력은 결국 출발지로부터 목적지로 갈 수 있는 경로의 수와 각 경로의 운송 가능량으로 산출된다.

② 최대수송량 계획법의 사례

> **예제**
>
> 다음의 수·배송 네트워크에서 Node(S)에서 Node(F)까지 보낼 수 있는 최대 유량은? (각 구간의 숫자는 용량을 나타냄)

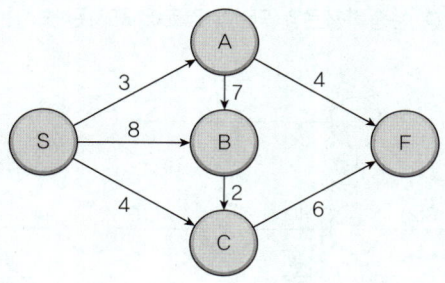

해설
- 1단계: S → A → F의 최대수송량 3
 출발점 S부터 시작하여 도착점 F까지의 연결되는 수송로에 최대로 수송할 수 있는 수송량을 구하고 보내진 수송량은 뺀다. 예를 들어, S → A → F의 경로를 보면 가장 적은 용량이 3이므로 이 경로에서는 최대 3까지만 보낼 수 있다. 그렇게 되면 S → A는 0(3-3)이 되고 A → F는 1(4-3)이 된다. 수송량이 0이 되는 구간은 더 이상 이용할 수 없게 된다. 1단계처럼 거점 간 수송량을 하나씩 지워가면서 계산하다가 더 이상 S로부터 시작해서 F까지 갈 경로가 없으면 계산은 끝이 난다.
- 2단계: S → B → C → F의 최대 수송량 2

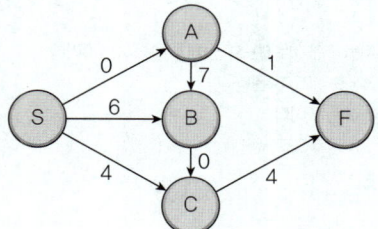

- 3단계: S → C → F의 최대 수송량 4

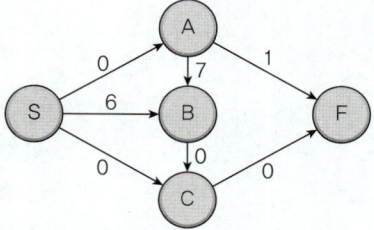

- 따라서 S에서 F까지 보낼 수 있는 최대 유량은 3+2+4=9이다.

정답 | 9

(4) 최소비용 수송계획법 기출 23, 20회

① 최소비용 수송계획법의 의의
  ㉠ 최소비용 수송계획법(Least Cost Flow Problem)은 각 구간별 최대운송가능량과 단위당 수송비용 및 운송방향이 정해진 운송망이 있을 때, 출발지에서 도착지까지 운송 시에 최소운송비용으로 가능한 최대운송량을 파악하는 방법이다.
  ㉡ 운송효율의 극대화를 위해 운송비용의 최소화와 운송량의 최대화를 동시에 달성할 목적으로 운송계획을 수립 시 유용한 방법이다.
② 최소비용 수송계획법의 사례

> **예제**
>
> 서울에서 부산까지 화물운송을 위한 최대 운송가능량 및 운송비가 아래와 같이 주어질 경우, 최소비용 운송계획법에 따른 서울에서 부산까지의 최소 총 운송비용은? (단, 각 경로에 표시된 숫자는 구간별 최대 운송가능량, ( )는 해당 경로의 단위당 운송비임)
>
>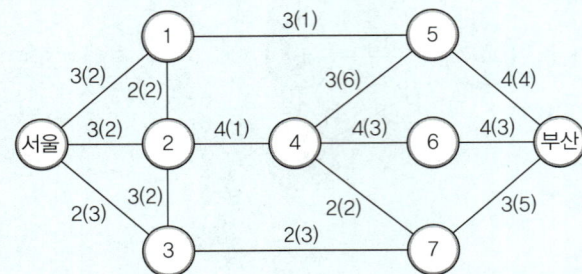
>
> **해설**
> 1. 최소비용 수송계획법과 최대 수송량법을 혼합하여 풀며, ( ) 안의 단위당 운송비가 가장 적은 경로를 먼저 확인해야 한다. 한 번 활용한 경로는 제외한다.
> 2. 여기서는 서울-1-5-부산 경로의 구간별 단위당 운송비 합계가 7로 가장 적다. 이 경로의 최대운송량은 3이므로 운송비용은 3×7=21이 된다.
> 3. 다음으로 단위당 운송비 합계가 적은 경로는 서울-2-4-6-부산이며 운송비는 9이다.
>   이 경로의 최대수송량은 3이므로 운송비용은 3×9= 27이 된다.
> 4. 남아 있는 경로는 서울-3-7-부산이며 운송비는 11이다.
>   이 경로의 최대운송량은 2이므로 운송비용은 2×11=22가 된다.
> 5. 이상 3개 경로의 총 운송비용은 21+27+22=70이다.
>
> 정답 | 70

3. 수·배송 합리화 모형

(1) 수송수요 모형 기출▶ 29, 27, 26, 25, 23, 21, 15회

수송수요 분석모형을 크게 구분하면 다음과 같다.

① 화물발생 모형: 회귀분석법, 원 단위법, 카테고리 분석법, 성장률법
② 화물분포 모형: 중력모형, 성장인자법(평균인자법과 평형인자법으로 분류됨), 엔트로피 극대화 모형 등(성장인자법은 평균인자법, 평형인자법으로 분류됨)
③ 수단분담 모형: 통행교차 모형(전환곡선법, 로짓모형, 프로빗 모형 등)
④ 통행배정 모형
　통행배정 모형은 크게 용량비제약 모형과 용량제약 모형으로 구분한다.
　㉠ 용량비제약 모형: 전량배정법, 다이얼(Dial) 모형
　㉡ 용량제약 모형: 반복배정법, 분할배정법, 수형 망단위 분할배정법, 교통망 평행배정법

(2) 주요 모형의 특징

① 중력모형: 지역 간의 운송량이 경제규모에 비례하고 거리에 반비례한다는 가정에 의한 화물분포모형으로 단일제약 모형, 이중제약모형 등이 있다.
② 회귀모형: 화물의 수송량에 영향을 주는 다양한 변수 간의 상관관계에 대한 회귀식을 도출하여 장래 화물량을 예측하는 모형이다.
③ 카테고리분석법: 범주화한 운송수단을 대상으로 운송구간의 운송비용을 이용하여 구간별 통행량을 산출하는 모형이다.
④ 엔트로피 극대화 모형: 일정한 제약조건 하에서 지역 간 물동량의 공간적 분산 정도가 극대화된다는 가정에 기초한 화물분포모형이다.
⑤ 성장인자모형: 현재의 지역 간 물동량 배분 패턴이 장래에도 그대로 유지된다는 가정하에 지역 간 장래 물동량을 예측하는 방법이다.
⑥ 통행교차모형: 교통량을 교통수단과 교통망에 따라 시간, 비용 등을 고려하여 효율적으로 배분하는 화물분포모형이다.

4. 수·배송 합리화를 위한 배송기법

(1) 계획배송의 종류와 배송방법

① 단일배송 기출▶ 25, 20회
　하나의 배송처에 1대의 차량을 배차하는 방법으로, 주문자가 신속한 배송을 요구할 때 이용하는 방법이지만 차량의 가동률은 낮아지는 문제점이 있다.
② 루트(Route) 배송 기출▶ 25, 22, 20, 17, 15회
　㉠ 일정한 배송경로를 정하여 반복적으로 배송하는 방법으로 비교적 광범위한 지역의 소량화물을 요구하는 다수의 고객을 대상으로 한다. 라우터(Router) 배송이라고도 한다.
　㉡ 판매지역에 대하여 배송 담당자가 차량에 화물을 상·하차하고 화물을 수수함과 동시에 현금수수도 병행한다.
③ 적합배송 기출▶ 20회
　사전에 설정된 경로에 배송할 물량을 기준으로 적합한 크기의 차량을 배차하여 배송하는 방법이다.

④ 밀크런(Milk Run) 배송 기출 18, 11회

우유수집차량이 낙농가를 순회하면서 집유하는 시스템에서 비롯된 운송이다. 지정된 거래처(배송처)를 시간을 정하여 순회하면서 집하 또는 배송을 하거나 여러 거래처의 화물을 한 차량에 적재하고 순차적으로 배달하는 형태의 운송을 말한다.

⑤ 다이어그램(Diagram) 배송 기출 27, 25, 22, 20, 17, 14회
  ㉠ 집배구역 내에서 차량의 효율적 이용을 위하여 배송화물의 양이나 배송처의 거리, 수량, 배송시각, 도로 상황 등을 고려하여 미리 배송경로를 결정하여 배송하는 시스템이다.
  ㉡ 이 방법은 시간과 루트(운송경로)를 기준으로 비교적 배송범위가 좁고 배송빈도가 높을 경우에 적용하는 방법이다. 고객에 대한 도착시간을 정시화하여 순회배송 서비스를 제공할 수 있지만 배송범위가 넓고 배송빈도가 낮은 경우에는 적용할 수 없다.
  ㉢ 일반적으로 배송범위가 30km 이내이거나 배송빈도가 하루 1.5회(30~60km)에서 2회인 경우 적용할 수 있다.

(2) 다이어그램 배송의 종류 기출 27, 25, 22, 20, 17, 14회

① 고정다이어그램 배송

일정지역에 정기적으로 화물을 배송하는 경우, 과거의 사례 및 경험에 의존하여 주된 배송경로와 시각을 정해두고(고정시키고), 적재효율성이 다소 떨어지더라도 고객에 대한 적시 배송을 중시해 배송차량을 고정(fixed)적으로 운영하는 시스템이다.

② 변동다이어그램 배송
  ㉠ 배송처 및 배송물량의 변화가 심할 때, 배송시점에서의 물동량, 가용차량 수, 도로사정 등의 정보를 고려하여 컴퓨터로 가장 경제적인 배송경로를 도출해서 적재 및 운송지시를 내리는 방식을 채용하는 시스템이다.
  ㉡ 변동다이어그램 시스템으로는 스위핑법(Sweeping Method), 외판원문제(TSP)법, 차량스케줄 프로그램(VSP) 기법에서의 Saving법 등이 있다.

(3) VSP(Vehicle Schedule Program)기법에서의 세이빙(Saving)법 기출 29, 27, 24, 22, 13, 11, 10회

① Saving법의 의의
  ㉠ 각각의 배송처를 개별적으로 왕복 운행하는 것보다는 순회배송(밀크런)하여 운송거리나 시간을 단축시키는 수·배송 기법을 말한다.
  ㉡ Saving법의 목적은 모든 방문처를 경유해야 하는 차량수를 최소화하는 동시에 총 수송거리를 최소화하는 것이다.
  ㉢ 차량의 통행시간, 적재능력 등이 제한되는 복잡한 상황에서 차량의 노선 배정 및 일정계획 문제의 해결방안을 구하는 한 방법이다.

② Saving법의 사례

> **예제**
>
> 유통센터에서 납품처 A, B까지의 배송시간은 각각 45분, 55분이며, 납품처 A에서 납품처 B까지의 배송시간은 25분이다. 기존의 방식은 유통센터에서 납품처 A를 갔다 온 후 다시 납품처 B까지 갔다 오는 배송방식을 사용한다. 유통센터에서 납품처 A, B를 순차적으로 경유한 후 유통센터로 돌아오는 세이빙(Saving) 기법에 의한 배송 절약 시간은?
>
> **해설**
> 1. 세이빙(Saving) 기법을 적용하기 전의 배송시간은 (45+55)×2=200분이다.
> 2. 세이빙법을 적용하면 배송시간은 45+25+55=125분이다. 따라서 절약시간=200분-125분=75분, 즉 1시간 15분이다.
>
> **정답** | 1시간 15분

(4) **외판원 문제(Traveling Salesman Problem)법** 기출 25, 22, 12, 10회

① TSP기법은 차량이 지역 배송을 위해 배송센터를 출발하여 되돌아오기까지 소요되는 거리 또는 시간을 최소화하기 위한 기법이다.

② 이 기법은 Karl Thompson(1964)이 제시한 휴리스틱 해법의 예를 통하여 쉽게 이루어질 수 있다. 방문처 수가 많은 경우 계산이 불가능하므로 휴리스틱 기법을 이용한다.

③ 휴리스틱(heuristic) 해법은 깊이 판단하지 않고 신속한 판단과 결정으로 최선으로 최선의 결과를 도출하려는 방법으로 어림셈이라고도 한다.

(5) **스위프(Sweep)법** 기출 25, 11회

① 스위프법 또는 스위핑법(Sweeping Method)은 배송차량의 적재범위 내에서 배송루트가 교차하지 않고 가능한 눈물방울 형태의 배송루트가 설정될 수 있도록 배송거리와 물류센터로부터의 배송위치 각도를 이용하여 최적의 배송루트를 만들어 가는 방법이다.

② 차고지에서 복수의 배송처에 선을 연결한 후 시계방향 또는 반시계 방향으로 돌려가며 순차적으로 배송하는 방법으로서 기법이 매우 단순하다는 이점이 있다.

③ 스위프법의 사례

> **예제**
>
> 다음 그림은 차고지 D와 방문지 위치를 표시하고 있다. 12톤을 적재한 트럭이 각 방문지마다 2톤씩 배달하는 차량 경로계획을 수립하려고 한다. Sweep법의 극좌표 기준점을 차고지 D로 하고 12시 방향에서 시작하여 반시계방향으로 첫 번째 차량경로를 결정하려고 한다. 이때 최초의 방문지는 점 10이다. 그렇다면 첫 번째 차량경로의 마지막 방문지(차고지 제외)는 몇 번인가?

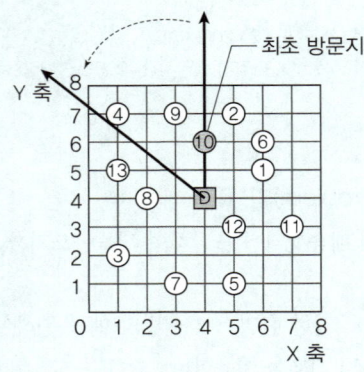

해설
1. 배송차량의 적재범위(12톤) 내에서 배송루트가 교차하지 않고 눈물방울 형태의 배송루트가 설정될 수 있도록 선정한다.
2. 이 문제에서는 출발지 D에서 처음 방문지가 ⑩이고 12시 방향에서 반시계방향으로 차량경로를 설정하는 것이므로, D → ⑩ → ⑨ → ④ → ⑬ → ⑧ → ③의 순서로 배송루트를 만들어 간다(12톤 트럭이 각 방문지마다 2톤씩 배달하는 경로를 계획할 때)
3. 따라서 첫 번째 차량경로의 마지막 방문지는 ③번이 된다.

정답 | ③

핵심 기출문제

PART 08 수·배송시스템의 합리화

01
공동 수·배송시스템의 구축을 위한 전제조건이 아닌 것은?
① 물류표준화
② 유사한 배송 조건
③ 물류서비스 차별화 유지
④ 적합한 품목의 존재
⑤ 일정구역 내에 배송지역 분포

해설
공동 수·배송시스템의 구축을 위해서는 참여기업들의 물류서비스에 있어서 동질성 내지 유사성이 존재해야 한다. 공동 수·배송이 이루어지면 개별기업들의 물류서비스 차별화는 불가능하다.

정답 | ③

02
공동 수·배송에 관한 설명으로 옳은 것은?
① 배송, 화물의 보관 및 집화 업무까지 공동화하는 방식을 공동납품대행형이라 한다.
② 크로스도킹은 하나의 차량에 여러 화주들의 화물을 혼재하는 것이다.
③ 참여기업은 물류비 절감 효과를 기대할 수 있다.
④ 소량 다빈도 화물에 대한 운송요구가 감소함에 따라 그 필요성이 지속적으로 감소 하고 있다.
⑤ 노선집화공동형은 백화점, 할인점 등에서 공동화하는 방식이다.

해설
공동 수·배송의 가장 큰 기대효과는 참여기업이 물류비 절감 효과를 기대할 수 있다는 것이다.

선지분석
①은 집배공동형, ②는 콘솔리데이션(Consolidation)에 대한 설명이다.
④ 소량 다빈도 화물에 대한 운송요구가 증가함에 따라 그 필요성이 지속적으로 증가하고 있다.
⑤ 공동납품대행형은 백화점, 할인점 등에서 공동화하는 방식이다.

정답 | ③

03
수·배송시스템 설계 시 고려 요소에 해당하지 않는 것은?
① 리드타임
② 적재율
③ 차량의 회전율
④ 차량운행 대수
⑤ 안전수요량

해설
수·배송시스템을 설계할 때 고려해야 할 요소는 리드 타임, 차량단위의 적재율, 차량의 회전율, 차량의 운행대수, 수배송의 범위와 경로, 수배송 비율 등이다.

관련이론 | 수·배송시스템 설계 순서
수·배송시스템 설계는 운행하고자 하는 화물의 특성 파악 → 수·배송시스템의 목표설정 → 출하부문의 특성파악 → 수요처별 특성파악 → 투입될 차종판단 및 배차운영계획 → 귀로운행 계획의 순서로 이루어진다.

정답 | ⑤

04

수송수요 모형에 관한 내용으로 옳은 것은?

① 중력모형: 지역 간의 운송량은 경제규모에 비례하고 거리에 반비례한다는 가정에 의한 분석모형
② 통행교차모형: 화물 발생량 및 도착량에 영향을 주는 다양한 변수 간의 상관관계에 대한 복수의 식을 도출하여, 교차하는 화물량을 예측하는 모형
③ 선형로짓모형: 범주화한 운송수단을 대상으로 운송구간의 운송비용을 이용하여 구간별 통행량을 산출하는 모형
④ 회귀모형: 일정 구역에서 화물의 분산정도가 극대화한다는 가정을 바탕으로 분석한 모형
⑤ 성장인자모형: 화물의 이동형태 변화를 기반으로 인구에 따른 화물 발생단위를 산출하고, 이를 통하여 장래의 수송수요를 예측하는 모형

해설
수송수요 모형 중 화물분포 모형의 하나인 중력모형은 물동량은 발생 및 도착지역의 경제활동 패턴의 잠재력에 비례하고, 거리에 따른 통행시간 및 통행비용에 반비례한다는 경험에 바탕에 둔 모형이다.

선지분석
②는 회귀모형, ③은 카테고리 분석법, ④는 엔트로피 극대화모형에 대한 설명이다.
⑤ 성장인자법은 현재의 구역 간 물동량 배분 패턴이 장래에도 그대로 유지된다는 가정 하에 구역 간 장래 물동량을 예측하는 방법이다.

정답 | ①

05

다음 중 화물분포 모형이 아닌 것은?

① 평균인자법
② 프라타법
③ 중력모형
④ 엔트로피 극대화모형
⑤ 로짓모형

해설
로짓모형(logit model)은 수단분담모형 중 통행교차모형(trip-interchange model)에 포함된다. 통행교차모형에는 로짓모형 이외에도 전환곡선법, 프로빗(probit) 모형 등이 있다.

관련이론 | 화물분포 모형
화물분포 모형에는 중력모형(무제약모형, 단일제약모형, 이중제약모형), 성장인자법, 엔트로피 극대화 모형(비선형 최적화모형) 등이 있다. 성장인자법은 평균인자법, 평형인자법(프라타법, 디트로이트법 등)으로 분류된다.

정답 | ⑤

06

공동수배송의 도입 효과로 옳지 않은 것은?

① 운송의 대형화를 통해 적재율의 향상이 가능하다.
② 참여하는 화주의 운임부담을 경감할 수 있다.
③ 교통혼잡 완화와 차량 감소의 효과가 있다.
④ 물류센터나 창고 내 정보시스템의 효율적 사용이 가능하다.
⑤ 동일 지역에서의 중복 교차배송은 감소하나, 공차율은 증가한다.

해설
공동수배송이 도입되면 동일 지역에서의 중복 교차배송이 감소하고 공차율도 감소한다.

관련이론 | 공동수배송
공동수배송은 각 기업이 개별적으로 수배송하기보다는 목적지가 동일하거나 유사한 화물을 공동으로 수배송하여 수배송 비용을 절감하고 고객서비스를 향상시킬 수 있는 시스템이다. 공동수배송이 이루어지면 교차수송이 감소됨으로써 차량 운행효율의 증대, 물류시설 및 인력의 효율적 운영, 교통혼잡의 감소 등을 통해 화주기업은 물론 물류산업의 경쟁력이 강화된다.

정답 | ⑤

07

수·배송 계획을 위한 물동량 할당 또는 배송경로 해법에 관한 내용으로 옳지 않은 것은?

① 북서코너법(North-West Corner Method): 수송계획표의 왼쪽상단인 북서쪽부터 물동량을 할당하며 시간, 거리, 위치를 모두 고려하는 방법
② 최소비용법(Least-Cost Method): 수송계획표에서 단위당 수송비용이 가장 낮은 칸에 우선적으로 할당하는 방법
③ 보겔추정법(Vogel's Approximation Method): 수송계획표에서 최적의 수송경로를 선택하지 못했을 때 발생하는 기회비용을 고려하여 물동량을 할당하는 방법
④ TSP(Travelling Salesman Problem): 차량이 지역배송을 위해 배송센터를 출발하여 되돌아오기까지 소요되는 시간 또는 거리를 최소화하기 위한 방법
⑤ 스위핑법(Sweeping Method): 차고지에서 복수의 배송처에 선을 연결한 후 시계 방향 또는 반시계 방향으로 돌려가며 순차적으로 배송하는 방법

해설
북서코너법(North-West Corner Method)은 수송계획의 왼쪽 윗부분인 북서쪽에서 시작하여 남동쪽 방향으로 물동량을 할당하는 기법으로 위치만을 고려하고 거리와 비용은 고려하지 않는다.

정답 | ①

08

배송방법에 관한 설명으로 옳은 것을 모두 고른 것은?

> ㄱ. 단일배송: 하나의 배송처에 1대의 차량을 배차하는 방법으로 보통 주문자가 신속한 배송을 요구할 때 이용한다.
> ㄴ. 루트(Route)배송: 일정한 배송경로를 반복적으로 배송하는 방법으로 비교적 광범위한 지역의 소량화물을 요구하는 다수의 고객을 대상으로 한다.
> ㄷ. 고정다이어그램(Diagram)배송: 배송할 물량을 기준으로 적합한 크기의 차량을 배차하는 방법으로 배송량이 고정되어 있다.
> ㄹ. 변동다이어그램(Diagram)배송: 배송처 및 배송물량의 변화에 따라 배송처, 방문순서, 방문시간 등이 변동되는 방법으로 배송 관련 기준설정이 중요하다.

① ㄱ, ㄷ
② ㄴ, ㄷ
③ ㄴ, ㄹ
④ ㄱ, ㄴ, ㄹ
⑤ ㄱ, ㄷ, ㄹ

해설
ㄷ. 고정 다이어그램(Diagram)배송은 배송할 물량을 기준으로 적합한 크기의 차량을 배차하는 방법으로 배송지와 배송시간이 고정되어 있다.

정답 | ④

09

수·배송시스템을 합리적으로 설계하기 위한 요건과 분석 기법에 관한 설명으로 옳지 않은 것은?

① 루트배송법은 다수의 소비자에게 소량 배송하기에 적합한 시스템으로 비교적 광범위한 지역을 대상으로 한다.
② TSP(Travelling Salesman Problem)는 차량이 지역 배송을 위해 배송센터를 출발하여 되돌아오기까지 소요되는 시간 또는 거리를 최소화하기 위한 기법이다.
③ 다이어그램 배송(Diagram Delivery)은 집배구역 내에서 차량의 효율적 이용을 위하여 배송화물의 양이나 배송처의 거리, 수량, 배송시각, 도로 상황 등을 고려하여 미리 배송경로를 결정하여 배송하는 시스템이다.
④ 변동 다이어그램은 과거의 통계 또는 경험에 의존하여 주된 배송경로와 시각을 정해 두고 적시배달을 중시하는 배송시스템이다.
⑤ 변동 다이어그램 방식으로 SWEEP, TSP, VSP 등이 있다.

해설
과거 통계 또는 경험에 의존하여 주된 배송경로와 시각을 정해 두고 적시배달을 중시하는 배송시스템은 고정다이어그램 배송이다.

정답 | ④

10

북서코너법(north-west corner method)과 보겔추정법(Vogel's approximation method)을 적용하여 총운송비용을 구할 때 각각의 방식에 따라 산출된 총운송비용의 차이는? (단, 공급지에서 수요지까지의 톤당 운송비는 각 셀의 우측 상단에 제시되어 있음)

(단위: 천 원, 톤)

수요지\공급지	A	B	C	공급량
X	20	7	15	100
Y	42	13	28	150
Z	4	11	17	200
수요량	120	170	160	450

① 1,190,000원
② 1,370,000원
③ 2,560,000원
④ 2,830,000원
⑤ 2,920,000원

해설

1. 북서코너법

수요지\공급지	A	B	C	공급량
X	1st 100 / 20	7	15	100-100=0
Y	2nd 20 / 42	3rd 130 / 13	28	150-20=130-130=0
Z	4	4th 40 / 11	5th 160 / 17	200-40=160-160=0
수요량	120-100=20-20=0	170-130=40-40=0	160-160=0	450

북서코너법은 북서쪽의 셀부터 오른쪽 아래로 가능한 최대값을 할당해 나간다.
북서코너법에 의한 총운송비용
= 100×20+20×42+130×13+40×11+160×17
= 2,000+840+1,690+440+2,720 = 7,690천 원

2. 보겔의 추정법

보겔의 추정법은 기회비용의 개념을 활용하여, 총운송비용이 최소화되도록 물동량을 할당하는 탐색적 기법이다. 각 행과 열에서 가장 낮은 수준의 단위운송비용과 두 번째로 낮은 단위운송비용의 차이가 기회비용이다. 기회비용이 가장 큰 곳부터 할당해 나간다.

㉠ 기회비용이 가장 큰 셀은 A수요지이므로 Z의 200개 중 120개를 A에 할당한다.
㉡ 그 다음으로 기회비용이 큰 셀은 Y공급지이므로 Y의 150개를 운송비가 가장 낮은 B수요지에 할당한다.

수요지 공급지	A	B	C	공급량	기회비용
X	20	7	15	100	15-7=8
Y	42	2nd 13 150	28	150-150=0	28-13=15
Z	1st 4 120	11	17	200-120=80	11-4=7
수요량	120-120 =0	170- 150=20	160	450	
기회비용	20-4=16	11-7=4	17-15=2		

㉢ 기회비용을 다시 계산한다. 기회비용이 가장 큰 셀은 X공급지이다. X공급지의 100개를 운송비가 가장 낮은 B수요지에 할당한다.
㉣ 마지막으로 X공급지와 Z공급지의 남은 수량을 C수요지에 할당한다.

수요지 공급지	A	B	C	공급량	기회비용
X	20	3rd 7 20	4th 15 80	100-20=80	15-7=8
Y	42	2nd 13 150	28	150-150=0	
Z	1st 4 120	11	5th 17 80	200-120=80	17-11=6
수요량	120-120 =0	170-150 =20	160-80= 80-80=0	450	
기회비용		11-7=4	17-15=2		

㉤ 보겔의 추정법에 의한 운송비용의 합계
 =120×4+150×13+20×7+80×15+80×17
 =480+1,950+140+1,200+1,360=5,130천 원
3. 두 방식의 운송비용의 차이=7,690천 원-5,130천 원=2,560천 원

정답 | ③

11

다음 네트워크에서 7지점의 물류 창고를 모두 연결하는 도로를 개설하려 한다. 최소로 필요한 도로 연장은? (단, 각 구간별 숫자는 거리(km)를 나타냄)

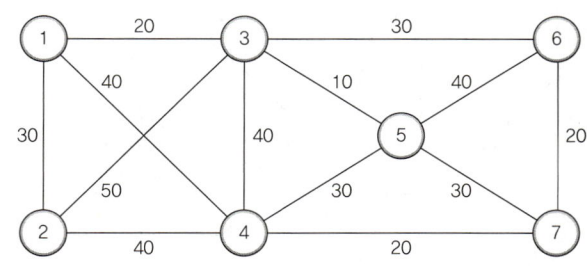

① 120km　② 130km
③ 140km　④ 150km
⑤ 160km

해설
최소로 필요한 도로연장은 구간별 가장 가까운 거리로부터 시작하여 구한다. 2-1-3-5-4-7-6으로 합계 130km이다.

정답 | ②

12

배송센터 L로부터 모든 수요지점 1~6까지의 최단 경로 네트워크를 구성하였을 때, 구성된 네트워크의 전체 거리는? (단, 각 구간별 숫자는 거리(km)를 나타냄)

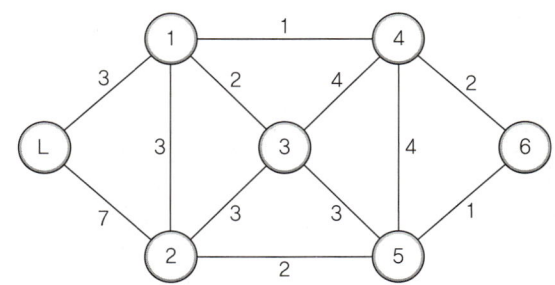

① 11km　② 12km
③ 13km　④ 14km
⑤ 15km

해설
L-1-4-6-5-2-3의 경로가 최단경로이다. 12km이다.

정답 | ②

13

A 플랜트에서 B 지점까지 파이프라인을 통하여 가스를 보내려 한다. 보낼 수 있는 최대 가스량은? (단, 각 구간별 숫자는 파이프라인의 용량을 톤으로 나타냄)

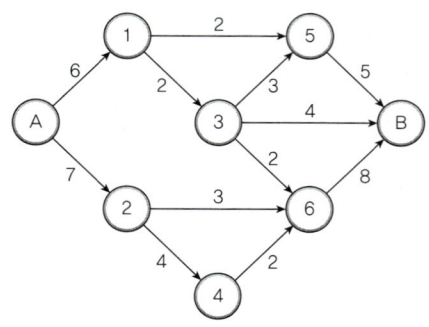

① 9톤 ② 10톤
③ 11톤 ④ 12톤
⑤ 13톤

해설
각 경로의 최대 수송량은 그 경로의 가장 적은 용량에 제한을 받는다. 화살표 방향으로만 가스를 보낼 수 있고, 할당이 끝나면 그 구간은 폐쇄된다.
A-1-5-B=2, A-1-3-B=2, A-2-6-B=3, A-2-4-6-B=2이다.
전체를 합계하면 2+2+3+2=9톤이다.

정답 | ①

14

수송 문제를 해결하기 위하여 최소비용법(least-cost method)을 적용하고자 한다. 아래와 같은 운송 조건하에서 최소비용법을 적용할 때, 첫 번째 운송구간 할당 후, 두 번째로 할당되는 운송구간과 할당량을 순서대로 나열한 것은? (단, 공급지에서 수요지까지의 운송비는 각 셀의 우측 상단에 제시되어 있음)

(단위: 천 원, 톤)

수요지 공급지	1	2	3	공급량
A	4	3	5	20
B	7	6	9	50
C	8	5	10	30
수요량	35	20	45	100

① A-1, 20톤 ② B-1, 35톤
③ B-2, 20톤 ④ C-1, 30톤
⑤ C-2, 20톤

해설
최소비용법은 모든 칸 중 단위운송비용이 가장 낮은 칸을 찾아 그 칸이 포함된 행의 공급가능량과 열의 수요량을 감안하여 할당이 가능한 최대량을 배정한다.
A-2 할당이 끝나면 공급지 A와 수요지 2는 더 이상 할당할 수 없다. 다음으로는 B-1에 35톤 할당하고, B-3에 15톤 할당한다. 마지막으로 C-3에 30톤 할당한다.

수요지 공급지	1	2	3	공급량
A	4	1st 3 20	5	20-20=0
B	2nd 7 35	6	3rd 9 15	50-35=15
C	8	5	4th 10 30	30-30=0
수요량	35-35=0	20-20=0	45-15 =30-30=0	100

정답 | ②

15

A 공장에서 B 물류창고까지 도로망을 이용하여 상품을 운송하려고 한다. 최소비용수송계획법에 의한 A 공장에서 B 물류창고까지의 총운송비용 및 총운송량은? (단, 링크의 첫째 숫자는 도로용량, 둘째 숫자는 톤당 단위운송비용임)

(단위: 톤, 천 원)

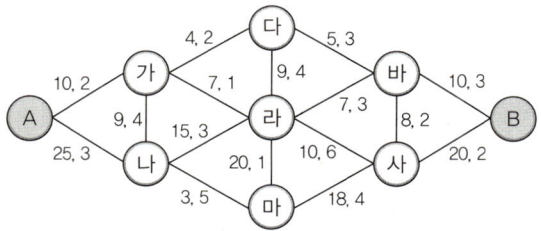

① 330,000원, 26톤
② 330,000원, 27톤
③ 330,000원, 28톤
④ 346,000원, 29톤
⑤ 346,000원, 30톤

해설

최소비용 수송계획법은 운송비용의 최소화(최소비용법)와 운송량의 최대화(최대수송량 계획)를 동시에 도모하여 운송효율을 극대화하는 방법이다.
운송량을 할당할 때 출발지에서 도착지까지 총비용이 가장 적은 경로를 선택하고, 가능한 최대의 운송량을 할당한다.
할당이 끝나면 그 다음 총비용이 가장 적은 경로를 선택하고, 가능한 최대의 운송량을 할당하고, 이를 반복한다.

운송경로	단위당 비용 (①)	최대운송량 (②)	총운송비용 (③=①×②)
A-가-라-바-B	9,000원	7톤	63,000원
A-가-다-바-B	10,000원	3톤	30,000원
A-나-라-마-사-B	13,000원	15톤	195,000원
A-나-가-다-바-사-B	16,000원	1톤	16,000원
A-나-마-사-B	14,000원	3톤	42,000원
총 계	-	29톤	346,000원

정답 | ④

16

B 항공사는 서울-상해 직항 노선에 50명의 초과예약 승객이 발생하였다. 이들 승객 모두가 다른 도시를 경유해서라도 상해에 오늘 도착하기를 원한다. 다음 그림이 경유 항공편의 여유 좌석 수를 표시한 항공로일 때, 다른 도시를 경유하여 상해로 갈 수 있는 최대 승객 수는 몇 명인가?

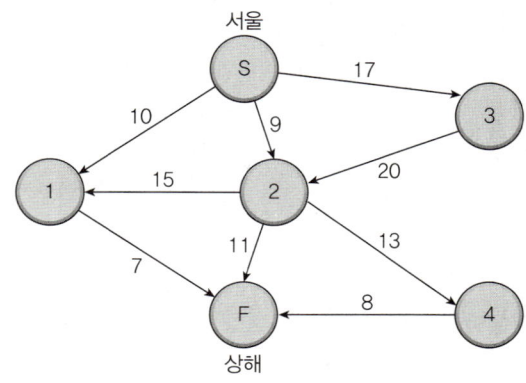

① 23
② 24
③ 25
④ 26
⑤ 27

해설

최대수송량계획에 대한 문제이다. 다른 도시를 경유하는 경우 적은 수의 여유좌석만큼 탑승할 수 있다.

1. 최대 수송량 계획에 의하면 서울에서 상해로 가는 노선 구간 중 가장 적은 여유 좌석 수가 해당 노선구간에서 최대 승객수가 된다.
2. 서울에서 상해까지 갈 수 있는 임의의 항공로를 정하여 최대 승객 수를 구한 후 이 승객 수를 해당 항공로의 각 승객 수에서 빼고 남은 가능한 승객 수를 표시한다.
3. 우선 S → 1 → F 경로에서 최대 승객 수는 7명이고, S → 1 구간의 가능한 승객 수는 3명이지만 이 경로는 더 이용할 수 없다.(화살표 구간만 이용 가능)
   S → 2 → F 경로에서 최대 승객 수는 9명이고, 2 → F 구간의 가능한 승객 수는 2명이다. S → 3 → 2 → F 경로에서 최대 승객 수는 2 → F 구간의 2명이다. 마지막으로 S → 3 → 2 → 4 → F 경로에서 최대 승객 수는 8명이다.
4. 따라서 최대 승객 수=7+9+2+8=26명이다.

정답 | ④

17

차고 및 A, B, C 간의 거리는 다음 표와 같다. 차고에서 출발하여 A, B, C 3개의 수요지를 각각 1대의 차량이 방문하는 경우에 비해, 1대의 차량으로 3개의 수요지를 모두 방문하고 차고지로 되돌아 오는 경우, 수송 거리가 최대 몇 km 감소되는가?

구분	A	B	C
차고	10	13	12
A	–	5	10
B	–	–	7

① 30
② 32
③ 34
④ 36
⑤ 38

해설
1대의 차량으로 3개의 수요지를 모두 방문하고 차고지로 되돌아오는 경우 수송거리=10+5+7+12=34km이다. 각 수요지를 1대의 차량으로 각각 방문하고 돌아오는 경우 수송거리=(10+13+12)×2=70km이다. 따라서 70km−34km=36km이다.

정답 | ④

18

네트워크 문제와 관련된 설명으로 옳지 않은 것은?

① 네트워크는 공간적, 지리적 위치나 시간적 상태를 나타내는 노드(node)와 이를 연결하는 링크(link) 또는 아크(arc)에 의해 표현된다.
② 최단경로 문제는 비용, 거리, 시간의 관점에서 최단 경로를 찾는 문제로서 외판원의 경로선택 문제 등이 이에 해당한다.
③ 최소걸침나무 문제는 네트워크상의 모든 마디를 가장 적은 비용 또는 짧은 시간으로 연결하는 방법을 찾는 문제이다.
④ 최대흐름 문제는 네트워크상의 한 지점에서 다른 지점으로 보낼 수 있는 최대 유량을 찾는 문제이다.
⑤ 네트워크 문제를 해결하는 대표적인 기법은 선형계획법이다.

해설
선형계획법(LP)은 네트워크 문제가 해결된 후 정해진 네트워크상에서 적절한 배분 및 통합문제를 해결할 때 사용된다.
네트워크 문제를 해결하는 대표적인 기법은 최단경로법, 최대수송량법, 최소비용법, 클라크 라이트(Clark-Wright)법 등이 있다.

정답 | ⑤

19

다음은 운행경로 설계방법을 설명한 것이다. 해당되는 방법을 고르시오.

> 배송차량의 적재범위 내에서 배송루트가 교차하지 않고 가능한 눈물방울 형태의 배송루트가 설정될 수 있도록, 배송거리와 물류센터로부터의 배송위치 각도를 이용하여 최적의 배송루트를 만들어간다.

① Sweep 법
② Saving 법
③ Optimizing 법
④ Maximizing 법
⑤ 최초경로 유지법

해설

Sweep 법은 물류센터(배송센터)를 원점으로 각 배송처를 배송거리와 배송위치 각도를 나타내는 좌표로 표시한 후 배송위치 각도가 작은 것부터 번호를 붙여 배송차의 적재량의 제한범위까지 루트를 짜는 방법이다.

정답 | ①

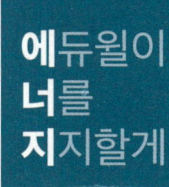

승자의 조건은 타고난 재능이나
높은 지능이 아니다.
승자의 조건은 소질이 아니라 태도다.
태도야 말로 성공의 잣대다.

– 데니스 웨이틀리(Denis Waitley)

SUBJECT

03

국제물류론

PART 01 국제물류 총론
PART 02 국제해상운송
PART 03 국제항공운송
PART 04 국제복합운송 및 국제물류보안

합격 GUIDE

국제물류론에서는 국제물류에 대한 기본이론, 해상운송, 항공운송, 복합운송 및 무역과 관련된 이론과 절차가 출제됩니다. 특히 해상운송과 항공운송, 복합운송 위주로 출제되고 있으며 그 중 운송 방식과 관련된 내용(국제해상운송, 국제항공운송, 컨테이너운송, 국제복합운송 등)이 약 60% 이상 출제됩니다. 따라서 빈번하게 등장하는 운송 방식과 관련된 이론 위주로 전략적으로 학습하면 어렵지 않게 고득점을 달성할 수 있습니다.

국제물류론 과목에서 모든 내용을 다 학습하는 것은 효율적이지 않기 때문에 빈출되는 내용 위주로 학습하고 많은 기출문제를 푸는 것이 좋습니다.

PART 01 국제물류 총론

CHAPTER 01 국제물류의 개요

1. 국제물류의 의의 기출 29, 27, 25, 22회

(1) 국제물류의 개념
① 생산과 소비가 2개국 이상에 걸쳐 이루어질 때 생산과 소비 사이의 시간적, 공간적 차이를 극복하기 위한 유형 및 무형의 재화에 대한 물리적인 국제활동이다.
② 완제품을 생산원료에서부터 시작하여 외국의 소비자에게 가장 효율적으로 이전시키기 위한 관련 활동으로서 운송, 보관, 하역, 포장, 유통가공 등의 활동과 물류에 관계되는 정보활동을 포함한다.

(2) 국제물류의 특성
① 원료조달, 생산가공, 제조판매 등의 활동이 국경을 초월하여 이루어진다.
② 재화의 이동과 관련된 수출입 수속 및 통관절차, 운송방법의 다양화로 인하여 국내물류보다 훨씬 복잡하다.
③ 운송영역이 넓고 대량화물을 운송하기 때문에 환경적인 제약을 많이 받는다.
④ 무역, 적용법규, 국제관습 등과 관련된 서류 및 절차에 대한 전문적인 지식이 필요하다.
⑤ 국제물류의 복잡성으로 인해 화주를 대신하여 집화, 보관, 통관, 서류취급, 운송업자 선정 등의 업무를 수행하는 운송주선인(Freight forwarder)이 존재한다.

구분	국내물류	국제물류
생산지와 소비지	동일 국가 내	다른 국가 간
물류 절차 및 서류	비교적 단순	비교적 복잡
운송방식	단거리 위주의 육상운송 중심	장거리 위주의 복합운송 중심
물류비용	상대적으로 낮음	상대적으로 높음
소요기간	짧은 리드타임	긴 리드타임
재고수준	낮은 수준	높은 수준

2. 국제물류의 기능 기출 27, 24, 23회

(1) 운송기능
① 재화의 공간적 차이를 극복하기 위해서 물리적 위치를 이동하여 장소적 효용을 창출한다.
② 선사, 항공사, 운송주선인 등을 통해 도로, 철도, 해상, 항공, 파이프라인운송 및 복합운송의 형태로 수행한다.
③ 국제물류의 기능 중 가장 큰 비중을 차지하기 때문에 상품특성에 적합한 최적의 운송수단을 선택해야 한다.

(2) 보관기능
① 재화의 공급시기와 수요시기의 불일치를 조절하여 시간적 효용을 창출한다.

② 물동량 대부분이 해상운송으로 이루어지는 국제물류는 운송거리가 멀고 소요기간이 길기 때문에 국내물류보다 높은 재고수준을 유지한다.

(3) 하역기능
① 하역은 화물을 싣고 내리며 옮기는 것으로 운송, 보관, 포장활동 전후에 종속적으로 수행하는 취급작업이다.
② 하역 그 자체로써 효용을 창출하지 않지만, 하역의 합리화가 종합적인 물류합리화에 상당한 영향을 미친다.

(4) 포장기능
① 상품의 품질이나 가치가 손상되지 않게 내용물을 안전하게 보호하며 운송, 보관, 하역이 용이하도록 적당한 단위로 묶어서 물류 전체의 효율성을 제고하는 활동이다.
② 파렛트, 컨테이너 등을 사용하여 육상, 해상, 항공운송을 원활하게 연결하고 환적시간을 단축시킴으로써 신속한 일관운송체계(Unit Load System)를 구축한다.

(5) 정보기능
① 정보시스템을 활용하여 국제물류에 대한 광범위한 정보를 종합적으로 관리함으로써 물류비용을 줄이고 고객서비스를 향상시킨다.
② IoT(Internet of Things), Big data, AI(Artificial Intelligence), Blockchain, Digital twin 등 정보통신기술(ICT)의 발전으로 국내외 물류기업들은 국제물류체계를 플랫폼화 및 고도화하여 복합운송을 최적화한다.

3. 글로벌화와 국제물류시스템 기출 29, 27, 26, 25, 24회

(1) 기업의 글로벌화
① 기업의 글로벌화(Globalization) 또는 국제화는 원료, 부품, 반제품, 최종제품 등의 생산 및 판매와 관련된 기업활동을 전 세계적 차원에서 통합하고 조정하는 것을 의미한다.
② 글로벌 기업은 세계적 시장규모와 생산비 격차를 이용하여 편재되어 있는 자원의 최적 활용에 따른 국제분업을 촉진시키고 세계교역량을 확대시켜서 국제물류의 중요성을 더욱 부각시킨다.

(2) 국제물류관리의 단계별 변화

단계	물류체계	물류거점	설명
1단계	수출입 물류체계	자국	국내 생산, 해외 수출 중심의 물류활동
2단계	현지 물류체계	현지	국가별 현지 자회사 중심의 생산 및 물류활동
3단계	거점 물류체계	지역 거점	Hub & Spoke 기반의 지역물류, 생산거점을 중심으로 지역권역 전체를 담당하는 물류활동
4단계	글로벌 네트워크체계	글로벌 네트워크	SCM을 기반으로 전 경영활동의 글로벌화 실현 및 전문화된 물류관리활동(3PL, 4PL) 증대

(3) 국제물류시스템의 형태
① 고전적 시스템(Classical system)
  ㉠ 생산국 창고에서 해외 자회사 창고로 상품을 대량 수송하여 재고로 유지하다가, 발주요청이 있을 때 해외 자회사 창고에서 고객에게 배송하는 형태이다.
  ㉡ 생산국 창고에서 대량의 상품을 해외 자회사 창고로 저빈도 출하하기 때문에 수송비가 낮다.

ⓒ 해외 자회사 창고가 보관기능을 담당하므로 결품위험은 낮지만 보관비가 높다.
② 통과 시스템(Transit system)
ⓐ 생산국 창고에서 해외 자회사 창고로 상품을 다빈도 출하하고, 해외 자회사 창고에서 상품을 단시간 내에 분류 또는 가공하여 다음 유통단계로 운송하는 형태이다.
ⓑ 생산국 창고에서 고전적 시스템보다 상대적으로 소량의 상품을 해외 자회사 창고로 다빈도 출하하기 때문에 비교적 수송비가 높다.
ⓒ 해외 자회사 창고는 보관기능보다 유통기능이 강한 통과센터로 운영되므로 고전적 시스템보다 보관비가 낮다.
③ 직송 시스템(Direct system)
ⓐ 생산국 창고에서 해외 자회사의 최종 소비자 또는 판매점으로 상품을 직접 운송하는 형태이다.
ⓑ 생산국 창고에 재고를 집중시켜 보유하다가, 발주요청이 있을 때마다 생산국 창고에서 출하하기 때문에 보관비와 운송비가 높다.
ⓒ 해외 자회사는 판매, 유통에 집중하고 물류를 직접 수행하지 않으므로 보관비, 하역비가 발생하지 않는다.
④ 다국적행 창고 시스템(Multi-country warehouse system)
ⓐ 생산국 창고에서 여러 국가의 거점지역에 위치한 중앙창고(허브창고)로 상품을 대량 수송하여 재고로 유지하다가, 발주요청이 있을 때 중앙창고(허브창고)에서 각국의 자회사 창고 또는 고객에게 운송하는 형태이다.
ⓑ 생산국 창고에서 지역물류거점에 해당하는 중앙창고(허브창고)까지 대량의 상품을 저빈도 출하하기 때문에 수송비가 낮다.
ⓒ 중앙창고(허브창고)에서 상품을 인근 국가별 자회사 창고로 신속히 분배하므로 고전적 시스템보다 보관비가 절감되지만, 각 국가로 보낼 상품을 중앙창고에서 보관하므로 통과 시스템보다 보관비가 높다.

4. 국제물류의 환경 변화 빈출 29, 27, 26, 25, 24, 23, 22회

(1) 무역 체제의 동향
① 2차 세계대전 이후 무역질서를 이끌어온 GATT(General Agreement on Tariff and Trade, 관세 및 무역에 관한 일반협정) 체제의 한계를 극복하고 새로운 세계 무역질서를 관장하기 위해 WTO(World Trade Organization, 세계무역기구) 체제가 출범하여 다자간 관세 및 관세 장벽을 축소하고 무역자유화를 추구하게 되었다.
② 회원국 사이에 무역격차가 발생하고 이해관계가 충돌하면서 협정 체결국 양자 간에 관세 혜택을 제공하는 FTA(Free Trade Agreement, 자유무역협정) 체제가 확산되었다.
③ 지리적으로 인접하거나 경제적 의존성을 가지는 여러 국가 간에 지역규모의 RTA(Regional Trade Agreement, 지역무역협정)를 체결하면서 경제블록화가 진행되었다.

> **짚고 넘어가기** 국가 연합 및 협정
> - EU(European Union, 유럽연합): 유럽지역 국가들 간 경제협력체로, 프랑스, 독일 등 27개국 가입(영국 제외)
> - ASEAN(Association of South East Asian Nations, 동남아시아 국가연합): 동남아시아 국가들 간 전반적인 상호협력을 위한 연합체로, 라오스, 말레이시아, 미얀마, 베트남, 브루나이, 싱가포르, 인도네시아, 캄보디아, 태국, 필리핀 가입
> - NAFTA(North America Free Trade Agreement, 북미 자유무역협정): 멕시코, 미국, 캐나다 간 광범위한 자유무역을 추진하기 위해 체결한 다자간 FTA
> - CPTPP(Comprehensive and Progressive Agreement for Trans-Pacific Partnership, 환태평양 경제동반자협정): 일본의 주도로 이루어진 아시아, 태평양 지역경제 통합 목적의 FTA. 뉴질랜드, 말레이시아, 멕시코, 베트남, 브루나이, 싱가포르, 일본, 칠레, 캐나다, 페루, 호주 가입(미국 제외)
> - RCEP(Regional Comprehensive Economic Partnership, 역내포괄적 경제동반자협정): 중국이 주도하여 미국에 대항하고자 추진한 메가 FTA로, 한국, 일본, 중국, 뉴질랜드, 호주, ASEAN(10개국) 가입(인도 제외)

- IPEF(Indo-Pacific Economic Framework, 인도-태평양 경제프레임워크): 미국 주도의 공급망 재편과 중국 견제의 목적으로 창설된 경제공동체로, 한국, 뉴질랜드, 말레이시아, 미국, 베트남, 브루나이, 싱가포르, 인도, 인도네시아, 일본, 태국, 필리핀, 호주 가입(대만 제외)

(2) 국제물류 환경의 동향

① 생산원가를 절감하고 자원 공급의 안정성을 확보하기 위한 글로벌 소싱(Global sourcing)과 생산시설을 해외로 이전하는 오프쇼어링(Off-shoring)이 지속되면서 전 세계에 걸친 공급망을 효율적으로 운영하기 위한 국제물류의 중요성이 부각되고 있다.

② 대규모 물량의 운송이 가능한 선박, 항공기 등 대형 운송수단의 등장으로 하역장비가 대형화되고 항만 및 공항도 대형화, 거점화되고 있다. 특히 대형화된 선박의 안전한 입출항을 위하여 주요 항만 수심을 깊게 만드는 추세이다.

③ 물류비용을 절감하고 수송시간을 단축하기 위해 소수의 거점 항만 및 공항에 기항하여 수송수단의 회전율을 높이고 대규모 물동량을 효율적으로 처리하기 위해 허브 앤 스포크 시스템(Hub & Spoke system)을 구축하고 있다.

> **보충학습**
> - **글로벌 소싱(global sourcing)**: 생산원가를 낮추기 위해 세계 각처에서 원부자재를 조달하는 것
> - **오프쇼어링(off-shoring)**: 보다 저렴한 노동력과 원자재를 확보하기 위해 생산시설을 해외로 이전하는 것

짚고 넘어가기 — 허브 앤 스포크 시스템(Hub & Spoke system)

hub는 바퀴의 중심축을, spoke는 hub를 둘러싸고 있는 바퀴살을 의미한다. 화물을 주요 거점에 해당하는 hub로 집중시켜 hub 주변의 각 목적지에 해당하는 spoke로 화물을 주고받는 방식으로, hub를 중심으로 spoke가 확장되는 형태로서 적은 노선수로 많은 목적지를 연결하여 효율적인 네트워크 구성이 가능하다.

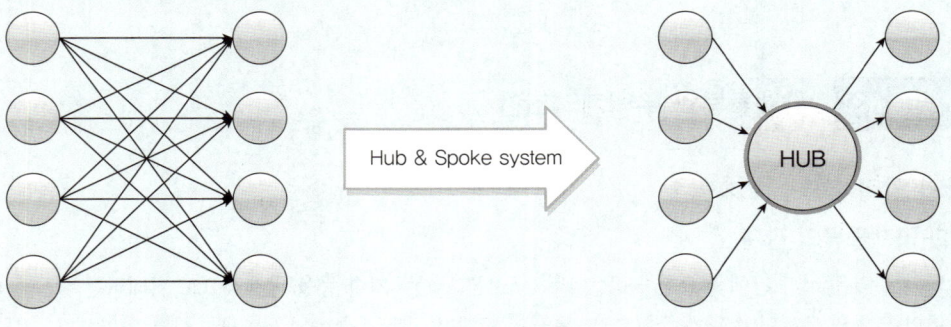

④ 고객들의 다양화, 고도화된 물류서비스 요구수준을 충족시키기 위하여 기업들은 제3자 물류업체에게 물류아웃소싱을 위탁하고 핵심사업분야에 집중하는 경향을 보인다. 또한 물류시장의 경쟁이 심화되면서 국내외 물류기업 간 전략적 제휴 및 인수합병(M&A)이 가속화되고 있다.

⑤ 전 세계적으로 이루어지는 조달, 생산, 판매활동을 효율적으로 관리하기 위해 SCM(Supply Chain Management), JIT(Just in Time), QR(Quick Response), ECR(Efficient Consumer Response), VMI(Vendor Management Inventory) 등 다양한 관리기법이 활용되고 있다. 특히 RFID, GPS, IoT, Big data, AI, Blockchain, Digital twin 등 정보통신기술(ICT)을 적용하여 물류관리시스템의 효율성, 가시성, 추적성을 제고하고 고객서비스 수준을 향상시키고 있다.

⑥ 글로벌 공급망에서 지속 가능한 물류 전환을 추구하는 녹색물류(Green logistics)의 중요성이 부각됨에 따라 탄소배출 관리, 친환경 대체 연료 사용 등 정책이 운영되고 있다. 이와 더불어 적재효율 향상, 공차운행 억제, 역물류 촉진, 친환경 운송수단으로 전환, 물류 공동화시스템 구축 등 노력이 지속되고 있다.

⑦ 기후변화로 빙하가 녹으면서 북극지역의 광물 및 에너지자원의 활용 가능성이 높아짐에 따라 러시아 북동부와 유럽을 연결하는 북극해항로(Northern Sea Route)가 주목을 받고 있다. 북극해항로는 얕은 수심으로 초대형 선박의 운항에 어려움이 있으며, 빙하로 인해 쇄빙선이 필요하므로 운항비용이 높다.

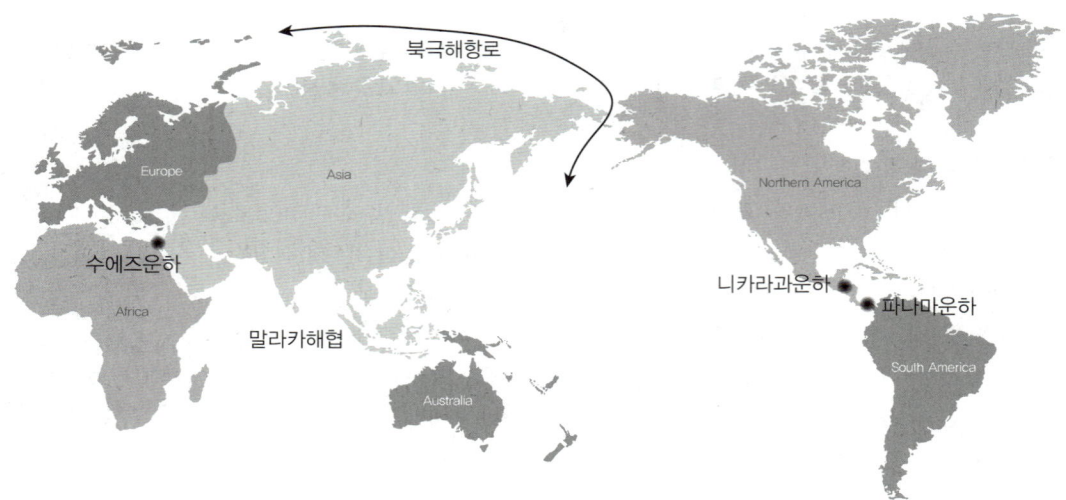

⑧ 9·11 테러 이후 국제적인 공급사슬 전반에 대한 보안 및 안전의 중요성이 강조되면서 공항, 항만과 물류시설에 폭발물, 무기류 등 위해물품을 은닉, 반입하는 행위와 물류에 필요한 시설, 장비, 인력, 조직, 정보망 및 화물 등에 위해를 가할 목적으로 행해지는 불법행위를 사전에 방지하기 위한 물류보안제도가 강화되는 추세이다.

⑨ 세계 경제의 불안정성이 높아짐에 따라 자국의 산업을 보호, 육성하기 위한 보호무역주의가 확산되고 해외에 진출한 국내기업의 생산시설이 국내로 돌아오는 리쇼어링(re-shoring)이 나타나면서 국내 공급사슬관리가 강화되고 해외의존도가 낮아져 글로벌 분업체계가 약화될 우려가 존재한다.

CHAPTER 02 국제물류와 무역계약조건

1. 무역의 의의 기출 29, 26, 24회

(1) 무역과 국제물류의 관계

① 광의의 무역은 국가 간에 필요한 물품, 서비스, 자본, 노동, 기술 등을 국제적으로 거래하는 활동을 의미한다.
② 협의의 무역은 물품의 수출과 수입으로, 물품의 국제적 이동에 수반되는 매매거래를 의미한다.
③ 우리나라 대외무역법 제2조에 따르면 "무역이란 물품 등(물품과 대통령령으로 정하는 용역, 전자적 형태의 무체물)의 수출과 수입"을 의미한다.
④ 무역계약은 수출자가 수입자에게 물품 등을 인도하고 소유권을 이전하며 수입자가 그에 대한 대금지급을 약정하는 법적 구속력을 가지는 국제물품매매계약이다.
⑤ 국제적으로 물품의 매매방식을 통일하기 위하여 국제물품매매계약에 관한 UN협약(CISG; United Nations Convention on Contracts for the International Sale of Goods)을 적용한다. CISG는 비엔나협약(Vienna Convention)이라고도 하며 국제물품매매계약에서의 청약과 승낙, 물품인도의 시기, 당사자의 의무 및 구제 등에 관하여 정하고 있다.
⑥ 국제물류는 국가 간에 체결된 무역계약의 조건에 따라 실제로 물품 등을 국제적으로 이동하는 활동이다.

(2) 무역계약의 성립

① 무역계약 당사자 간의 청약(offer)과 승낙(acceptance) 또는 수입자의 주문(purchase of order)에 대한 수출자의 주문수락(acknowledgement)에 의해 무역계약이 성립한다.

② 청약과 승낙은 피청약자에게 도달하였을 때 효력이 발생한다.
③ 청약에 대한 승낙은 약정된 기간 또는 합리적인 기간 내에 이루어져야 한다.
④ 청약에 대한 동의를 표시하는 피청약자의 진술 또는 기타 행위는 승낙으로 간주하지만, 청약에 대한 침묵 또는 부작위 그 자체는 승낙으로 간주하지 않는다.
⑤ 청약에 대한 부분승낙 또는 기존의 청약조건을 변경한 반대청약은 원청약에 대한 거절로 보고, 새로운 청약으로 간주한다.
⑥ 승낙기간이 경과한 승낙은 청약자가 피청약자에게 유효하다고 구두로 통지하거나 그러한 취지의 통지를 발송하는 경우에 유효한 승낙으로 인정한다.
⑦ 승낙기간의 말일이 승낙자 영업소 소재지의 공휴일 또는 비영업일에 해당하여 승낙의 통지가 약정된 기간의 말일에 청약자에게 도달할 수 없는 경우에는 공휴일 또는 비영업일을 승낙기간의 계산에 산입하지 않고 그 다음 영업일을 기간의 말일로 간주한다.

짚고 넘어가기 무역거래 당사자의 명칭 구분

구분	수출	수입
매매관계	매도인(seller)	매수인(buyer)
무역관계	수출자(exporter)	수입자(importer)
운송관계	송하인(consignor, shipper)	수하인(consignee)

(3) **무역계약의 이행**

매도인의 의무	매수인의 의무
소유권 이전 의무	대금 지급 의무
물품 및 서류 인도 의무	인도 수령 의무
계약 적합 의무	물품 검사 및 부적합(하자)에 대한 통지 의무

2. 무역계약의 기본조건 기출 27, 25, 24, 23회

(1) **개요**
① 무역 관련 거래조건을 구체적으로 약정함으로써 조건해석에 대한 분쟁 및 무역 클레임 예방이 가능하다.
② 무역계약서에 포함되는 기본조건에는 품질조건, 수량조건, 가격조건, 포장조건, 선적조건, 결제조건, 보험조건, 클레임조건 등이 있다.

(2) **품질조건(Terms of quality)**
① 품질결정 방법에 따른 매매의 종류
  ㉠ 견본에 의한 매매(Sales by sample)
    • 제시된 견본에 의해 해당 물품의 품질을 결정하는 방법
    • 물품마다 미세한 차이가 존재하므로 견본과 완전히 일치하는(fully equal to sample) 품질조건보다는 견본과 대체로 비슷한(similar to sample) 품질조건으로 설정

- ⓒ 상표에 의한 매매(Sales by trade mark or brand)
  - 국제적으로 널리 알려진 상표에 의해 물품의 품질을 결정하는 방법
  - 상표나 브랜드에 대한 품질기준이 이미 수립되어 있어서 견본을 제시할 필요가 없음
  - 예 Coca-Cola, Rolex 등
- ⓓ 규격에 의한 매매(Sales by type)
  - 물품의 규격이 국제적으로 통일되어 있거나 수출국의 규격이 정해져 있는 경우에 물품의 품질을 결정하는 방법
  - 예 국제표준화기구의 ISO, 한국의 KS 등
- ⓔ 명세서에 의한 매매(Sales by specification)
  - 견본을 제시하기 어렵거나 상표나 규격을 제시하기 곤란한 경우 명세서, 설계도, 설명서 등에 의해 물품의 품질을 결정하는 방법
  - 예 선박, 의료기기 등
- ⓕ 표준품에 의한 매매(Sales by standard)
  - 수확예정인 농수산물과 같이 매매계약 체결 시 현품이 존재하지 않는 자연산물 등의 경우 표준품을 정하여 물품의 품질을 결정하는 방법
  - 표준품보다 실제 인도된 물품의 품질이 좋으면 값을 더 받고, 품질이 좋지 않으면 값을 차감해주는 방식으로 결제대금을 조정

품질조건	설명
평균중등 품질조건 (FAQ; Fair Average Quality)	• 생산시기에 따라 품질이 다른 곡물, 과일 등과 같은 농산물에서 주로 사용하며, 공인기관이 특정시기의 평균중등품으로 정한 품질을 기준으로 거래하는 방식 • 물품은 선적시점에 선적장소에서 평균중등품의 품질조건을 충족해야 함
판매적격 품질조건 (GMQ; Good Merchantable Quality)	• 목재, 냉동어류 등과 같이 외관상 품질을 단정하기 어렵고 잠재적인 하자 가능성이 높은 물품에서 주로 사용하는 방식 • 양륙항에 도착한 물품의 품질이 판매에 적격한 수준일 것을 요구
보통표준 품질조건 (USQ; Usual Standard Quality)	• 원면(raw cotton), 생사(raw silk) 등에서 주로 사용하며, 공인표준기관이나 공인검사기관이 1등품, 2등품 등으로 구분한 보통품질의 표준품을 품질의 기준으로 정하는 방식 • 물품은 선적항에서 사전에 정해진 표준품의 품질조건을 만족시켜야 함

② 품질결정 시기의 구분
  - ⓐ 일반물품의 품질결정 시기
    - 선적 품질조건(Shipped quality terms): 실제로 인도하는 물품의 품질이 약정한 품질과 일치하는가를 선적 시에 결정하는 방식으로, 운송 중 변질된 부분에 대하여 매도인은 책임을 부담하지 않음
    - 양륙 품질조건(Landed quality terms): 인도물품의 품질을 양륙 시에 결정하는 방식으로, 운송 중 변질된 부분에 대하여 매도인이 책임을 부담
  - ⓑ 곡물의 품질결정 시기
    - TQ(Tale Quale): 곡물의 선적 품질조건으로, 매도인은 약정한 물품의 품질을 선적할 때까지만 책임
    - RT(Rye Terms): 곡물의 양륙 품질조건으로, 러시아 호밀(rye) 거래에서 도착한 물품의 손상된 부분에 대하여 매도인이 변상하는 관례에서 유래된 조건
    - SD(Sea Damaged): 곡물의 조건부 선적 품질조건으로, 원칙적으로는 선적 품질조건이지만 해상운송 중 해수, 담수, 빗물, 증기 등으로 야기되는 유손(damaged by wet)과 관련된 품질손해에 대하여 매도인이 도착 시까지 책임지는 조건

(3) 수량조건(Terms of Quantity)

① 수량의 의미: 중량, 용적(부피), 길이, 개수(낱개 또는 포장단위) 등
② 중량단위의 구분

구분	ton	kg
영국계	L/T(Long Ton)	1,016kg
프랑스계	M/T(Metric Ton)	1,000kg
미국계	S/T(Short Ton)	907kg

③ 수량의 표현방법

수량표현	설명
more or less	계약수량에서 ±5%의 과부족 허용
approximately, about	계약수량에서 ±10%의 과부족 허용

④ 수량결정 시기: 선적 수량조건(선적 시 수량결정), 양륙 수량조건(양륙 시 수량결정)

(4) 가격조건(Terms of price)

① 물품의 가격은 제조원가에 운임, 보험료, 하역비, 창고료, 통관비 등 부대비용과 희망이익을 합산하여 결정한다.
② 매매가격에 영향을 미치는 매도인과 매수인의 비용 및 위험분담에 대하여 국제적으로 Incoterms(International Commercial Terms, International Rules for the Interpretation of Trade Terms, 정형거래조건의 해석에 관한 국제규칙)를 주로 사용한다.

(5) 포장조건(Terms of packing)

① 원거리로 운송되는 국제물류에서는 내용물을 보호하고 하역을 합리화하며 비용을 절감할 수 있도록 물품의 특성에 맞는 적절한 포장이 요구된다.
② 운송인, 수하인 등이 정확하고 편리하게 화물을 취급할 수 있도록 포장외부에 송하인, 수하인, 양륙항, 화물의 개수 및 순서, 화물의 등급 및 규격, 중량, 원산지, 취급상 주의 등을 표시하는 화인(Shipping mark)을 해야 한다. 화인은 화물과의 대조를 위해 선하증권 및 상업송장에도 기재한다.
③ 화인을 표시하지 않음으로써 발생하는 손해에 대해서는 해상보험에서 담보하지 않는다.

(6) 선적조건(Terms of shipment)

① 선적은 물품을 본선으로 적재하는 것뿐만 아니라 항공기, 도로, 철도 등 모든 운송수단을 포함하여 운송인에게 인도(적재)하는 것을 의미
② 선적기간의 표시: 구체적인 날짜, 선적시기를 명시

구분	선적기간 관련 표현
당해일자 포함	to(~까지), until(~까지), till(~까지), from(~부터), between(~사이)
당해일자 불포함	before(~이전), after(~이후)
당해일자 포함 + 전, 후 각각 5일씩 포함 (총11일)	on or about(~경에) 예) Shipment shall be made on or about May 10, 2023. 선적은 2023년 5월 5일부터 5월 15일까지(총11일)의 기간에 이행되어야 한다.

> **짚고 넘어가기** 선적조건 관련 용어

선적조건 용어	설명
분할선적 (Partial shipment)	• 화물을 둘 이상의 단위로 나누어 서로 다른 항로를 이용하거나 서로 다른 운송수단에 선적하는 것 • 신용장에 분할선적을 금지하는 문언이 없을 경우에는 분할선적이 허용되는 것으로 간주
할부선적 (Installment shipment)	• 화물을 정해진 기간에 일정한 수량으로 나누어 주기적으로 선적하는 것 • 할부선적 중 특정 할부부분이 허용된 기간 내에 선적되지 않으면 신용장에 별도의 명시가 없는 한, 그 신용장은 당해 할부부분 및 그 이후의 모든 할부부분에 대하여 효력을 상실
환적 (Transshipment)	• 선적항에서 적재된 화물을 목적지로 가는 도중에 다른 운송수단으로 옮겨 싣는 것 • 신용장에 환적을 금지하는 문언이 없을 경우에는 환적이 허용되는 것으로 간주

(7) **결제조건(Terms of payment)**

① 대금결제 방식: 송금방식, 추심방식, 신용장방식 등
② 대금결제 시기: 선지급, 동시지급, 후지급

(8) **보험조건(Terms of Insurance)**

① 무역과정에서 발생 가능한 위험에 대비하기 위한 것으로 국제물류에서는 주로 운송화물을 대상으로 하는 적하보험에 부보한다.
② 보험계약의 당사자에 해당하는 보험자, 보험계약자, 피보험자는 부보범위, 보험기간, 보험료 등을 고려하여 화물에 가장 적합한 보험조건을 결정한다.

(9) **클레임조건(Terms of dispute)**

① 클레임이란 무역계약의 당사자가 계약조건의 일부 또는 전부를 불이행함으로써 상대방에게 손해가 발생하였을 때 그 이행을 요구하거나 손해배상을 청구하는 것이다.
② 분쟁의 발생을 대비하여 클레임 제기기한, 제기방법, 해결방법 등을 미리 약정하거나 계약서에 중재조항을 포함시키기도 한다.

CHAPTER 03 인코텀즈(Incoterms)

1. Incoterms의 개요 기출 29, 27, 26, 24, 22회

(1) **Incoterms의 의의**

① Incoterms는 International Commercial Terms의 약자로, 정식명칭은 International Rules for the Interpretation of Trade Terms(정형거래조건의 해석에 관한 국제규칙)이다.
② 무역 거래조건의 해석에 관한 불확실성을 제거하고, 그에 따른 분쟁을 예방하기 위하여 국제상업회의소(ICC; International Chamber of Commerce)에서 10년 단위로 인코텀즈(Incoterms)를 개정하고 있으며, 2020년 1월 1일부터 Incoterms 2020이 발효되어 국제적으로 사용되고 있다.
③ 인코텀즈는 물품이 매도인으로부터 매수인에 이르기까지 운송, 보험, 수출입통관 등에 관한 의무, 위험, 비용의 분담에 대하여 다루고 있다.

> **짚고 넘어가기** Incoterms 2020의 매도인과 매수인의 의무

A. The seller's obligations(매도인의 의무)	B. The buyer's obligations(매수인의 의무)
A1. General obligations of the seller(매도인의 일반적 의무)	B1. General obligations of the buyer(매수인의 일반적 의무)
A2. Delivery(인도)	B2. Taking delivery(인도의 수령)
A3. Transfer of risks(위험 이전)	B3. Transfer of risks(위험 이전)
A4. Carriage(운송)	B4. Carriage(운송)
A5. Insurance(보험)	B5. Insurance(보험)
A6. Delivery/transport document(인도/운송서류)	B6. Delivery/transport document(인도/운송서류)
A7. Export/import clearance(수출/수입통관)	B7. Export/import clearance(수출/수입통관)
A8. Checking-packaging-marking(점검, 포장, 화인표시)	B8. Checking-packaging-marking(점검, 포장, 화인표시)
A9. Allocation of costs(비용분담)	B9. Allocation of costs(비용분담)
A10. Notices(통지)	B10. Notices(통지)

④ 인코텀즈에서는 매매계약에 따른 물품의 소유권의 이전, 대금지급의 시기, 계약의 위반과 권리구제수단, 불가항력, 이행가혹, 준거법 등에 대하여 다루지 않는다.

⑤ 임의규범성을 가지는 인코텀즈는 구속력을 가지지 않으며, 무역계약 당사자들의 합의가 우선적용된다. 한편 인코텀즈는 CISG보다 우선하므로 인코텀즈와 CISG 규정이 상충하는 경우 인코텀즈에 의한다.

(2) Incoterms 2020의 구성

○ 무역 거래관행을 반영하여 11개의 거래규칙을 모든 운송방식(수단)에 적용할 수 있는 규칙 7가지와 해상 및 내수로 운송에서만 사용할 수 있는 4가지 규칙으로 구분한다.

운송방식에 따른 인코텀즈 규칙			정형거래조건의 해석
모든 운송방식에 적용되는 규칙 (단일운송, 복합운송) 7가지	EXW	Ex Works	공장 인도
	FCA	Free Carrier	운송인 인도
	CPT	Carriage Paid To	운송비 지급 인도
	CIP	Carriage and Insurance Paid to	운송비·보험료 지급 인도
	DAP	Delivered At Place	도착지 인도
	DPU	Delivered at Place Unloaded	도착지 양하 인도
	DDP	Delivered Duty Paid	관세 지급 인도
해상 및 내수로운송에 적용되는 규칙 4가지	FAS	Free Alongside Ship	선측 인도
	FOB	Free On Board	본선 인도
	CFR	Cost and Freight	운임 포함 인도
	CIF	Cost, Insurance and Freight	운임·보험료 포함 인도

② Incoterms 2010에 있었던 DAT(Delivered At Terminal)를 Incoterms 2020에서 DPU(Delivered At Place Unloaded)로 변경함으로써 매도인은 물품을 도착운송수단으로부터 양하한 후 인도할 것을 명시하였다.

③ Incoterms 2020에서는 매도인에게 CIP의 경우 최대부보의무(A-약관)를, CIF의 경우 최소부보의무(C-약관)를 요구하고 있으며 각 부보수준은 당사자의 합의로 변경 가능하다.

2. Incoterms 2020의 규칙별 주요 내용 빈출 29, 26, 25, 24, 23, 22회

(1) 모든 운송방식에 적용되는 규칙

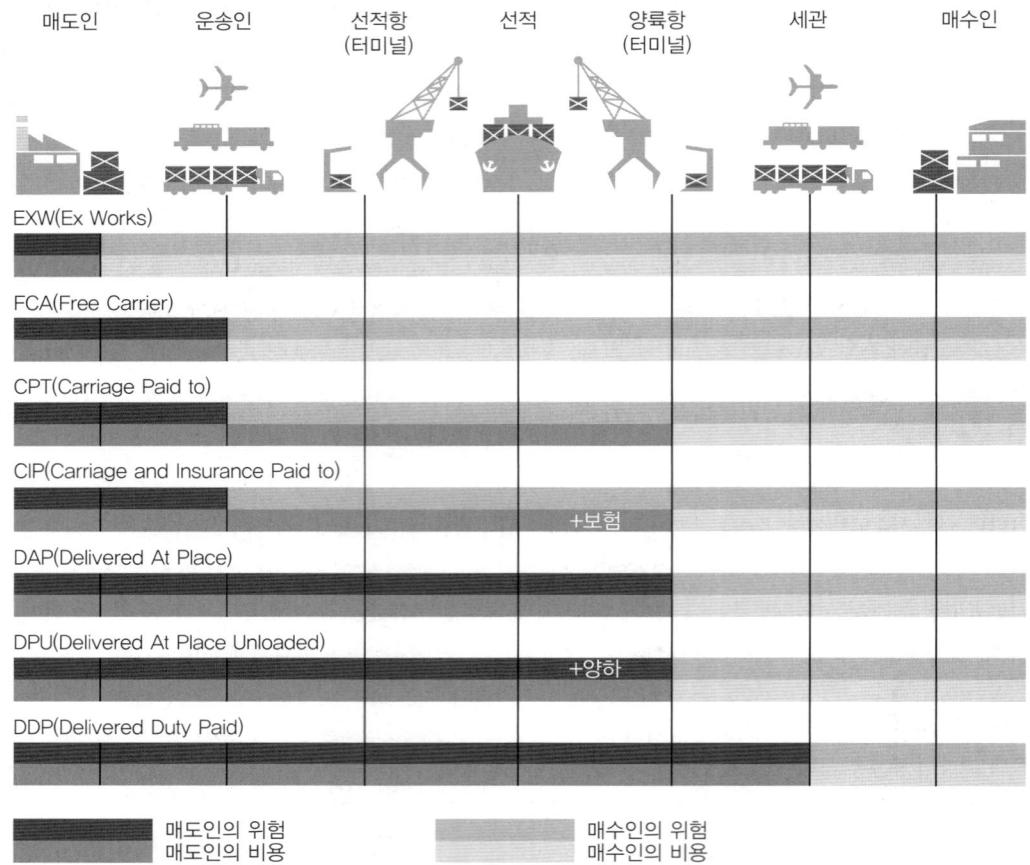

① EXW(Ex Works): 공장 인도

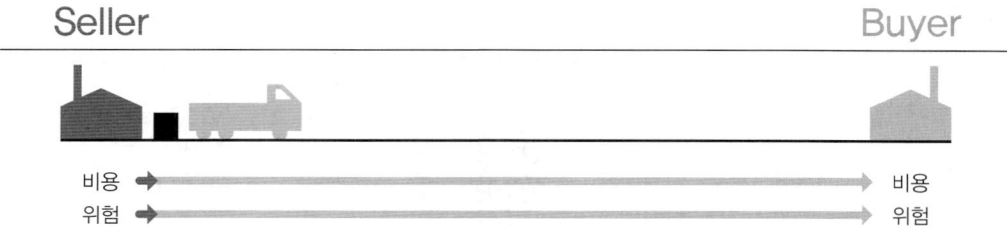

㉠ "Ex Works" means that the seller delivers the goods to the buyer when it places the goods at the disposal of the buyer at a named place (like a factory or warehouse), and that named place may or may not be the seller's premises.
"공장 인도"는 매도인이 물품을 (공장이나 창고와 같은) 지정장소에 매수인의 처분 하에 두는 때 매수인에게 물품을 인도하는 것을 의미한다. 이 때 지정장소는 매도인의 영업구내일 수도 있고 아닐 수도 있다.
㉡ 매수인이 운송계약을 체결하고, 수출통관을 해야하며, 목적지까지 모든 위험과 비용을 부담. 매도인은 물품을 수취용 차량에 적재하지 않아도 되고, 물품의 수출통관이 요구되더라도 수행할 필요가 없다.
㉢ 매도인에게 가장 부담이 적은 조건이지만, 매수인에게 가장 부담이 큰 조건이다.

② FCA(Free Carrier): 운송인 인도

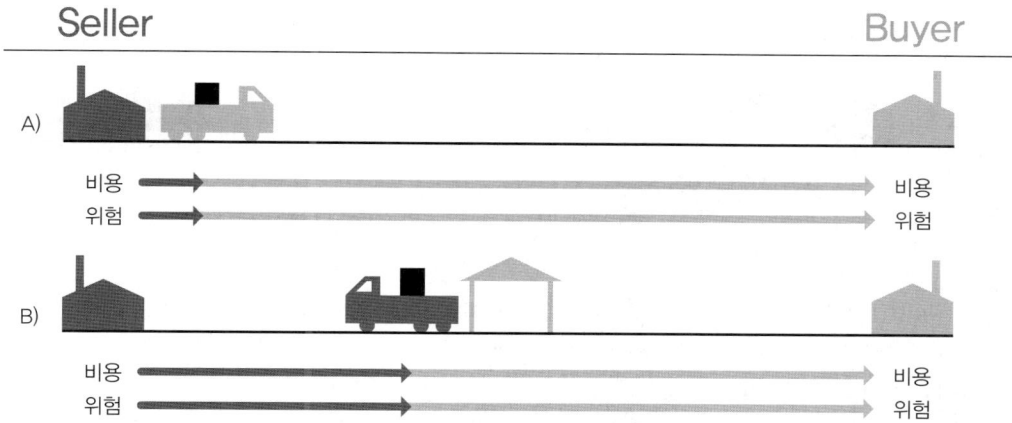

㉠ "Free Carrier" means that the seller delivers the goods to the buyer in one or other of two ways.
First, when the named place is the seller's premises, the goods are delivered when they are loaded on the means of transport arranged by the buyer.
Second, When the named place is another place, the goods are delivered when, having been loaded on the seller's means of transport, they reach the named other place and are ready for unloading from that seller's means of transport and at the disposal of the carrier or of another person nominated by the buyer.
"운송인 인도"는 매도인이 다음의 두 가지 방법 중 어느 하나로 매수인에게 물품을 인도하는 것을 의미한다.
첫째, 지정장소가 매도인의 영업구내인 경우 물품이 매수인이 마련한 운송수단에 적재된 때 물품은 인도된다.
둘째, 지정장소가 그 밖의 장소인 경우 물품이 매도인의 운송수단에 적재되어 지정장소에 도착하고 매도인의 운송수단에 실린 채 양하준비된 상태로 매수인이 지정한 운송인이나 기타의 자의 처분 하에 두는 때 물품은 인도된다.

㉡ 둘 중에 어떠한 장소가 인도장소로 선택되든지, 그 장소는 위험이 매수인에게 이전되는 곳이고 비용이 매수인의 부담으로 되는 시점이 된다.

㉢ 'or procure goods so delivered' – The reference to "procure" here caters for multiple sales down a chain (string sales), particularly, although not exclusively, common in the commodity trades.
'또는 그렇게 인도된 물품을 조달한다'에서 "조달한다"고 규정한 것은 일차산품거래(commodity trades)에만 한정된 것은 아니며, 특히 일차산품거래에서 일반적인 수차에 걸쳐 연속적으로 이루어지는 매매(연속매매)에 대응하기 위함이다. Incoterms 2020에서 매도인은 물품을 선적하거나 또는 선적(그렇게 인도)된 물품을 조달할 수 있다고 규정하고 있으며, 이러한 "조달"에 관한 규정은 EXW를 제외한 전체 규칙에 적용된다.

㉣ 당사자들이 계약에서 합의한 경우, 매수인은 자신의 운송인에게 본선적재표기가 있는 선하증권을 매도인에게 발행하도록 지시해야 한다. 운송인이 매수인의 비용과 위험으로 매도인에게 선하증권을 발행하는 경우 매도인은 바로 그 선하증권을 매수인에게 제공할 의무가 있다.

㉤ 매도인이 물품을 수출통관하고 지정된 장소에서 매수인에 의해 지정된 운송인 또는 기타의 자에게 물품을 인도할 때, 매도인의 위험과 비용의 분기점은 종료된다. 이 때 매도인은 수입을 위하여 또는 제3국의 통과를 위하여 물품을 통관하거나 수입관세를 납부하거나 수입통관절차를 수행할 의무가 없다.

③ CPT(Carriage Paid To): 운송비 지급 인도

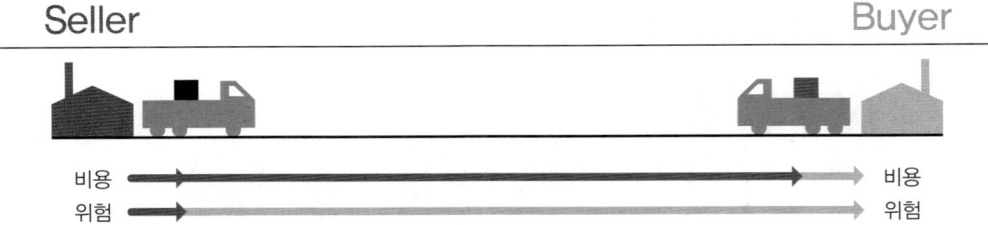

㉠ "Carriage Paid to" means that the seller delivers the good and transfers the risk to the buyer by handing them over to the carrier contracted by the seller or by procuring the goods so delivered. The seller may do so by giving the carrier physical possession of the goods in the manner and at the place appropriate to the means of transport used.

"운송비 지급 인도"는 매도인이 매도인과 계약을 체결한 운송인에게 물품을 교부함으로써 또는 그렇게 인도된 물품을 조달함으로써 매수인에게 물품을 인도하고 위험을 이전하는 것을 의미한다. 매도인은 사용된 운송수단에 적합한 방법으로 그에 적합한 장소에서 운송인에게 물품의 물리적 점유를 이전함으로써 물품을 인도할 수 있다.

㉡ 물품이 이러한 방법으로 매수인에게 인도되면 매도인은 그 물품이 목적지에 양호한 상태로, 명시된 수량 또는 그 전량이 실제로 목적지에 도착할 것을 보장하지 않는다. 그럼에도 불구하고 매도인은 인도지로부터 합의된 목적지까지 물품을 운송하는 계약을 체결해야 한다.

㉢ 매도인이 자신의 운송계약상 지정목적지에서 양하에 관하여 비용이 발생한 경우 매도인은 당사자 간에 달리 합의되지 않는 한, 그러한 비용을 매수인으로부터 별도로 상환받을 권리가 없다.

㉣ 매도인은 수출지에서 자신이 지정한 운송인에게 물품을 인도할 때 위험의 분기점이 종료되지만, 지정목적지까지의 운송비를 부담하고 운송계약을 체결해야 한다. 즉, 위험과 비용의 분기점이 서로 다르다.

㉤ 매도인은 수출통관을 해야 하지만, 수입통관 및 관세 등의 지급의무는 없다.

④ CIP(Carriage and Insurance Paid to): 운송비·보험료 지급 인도

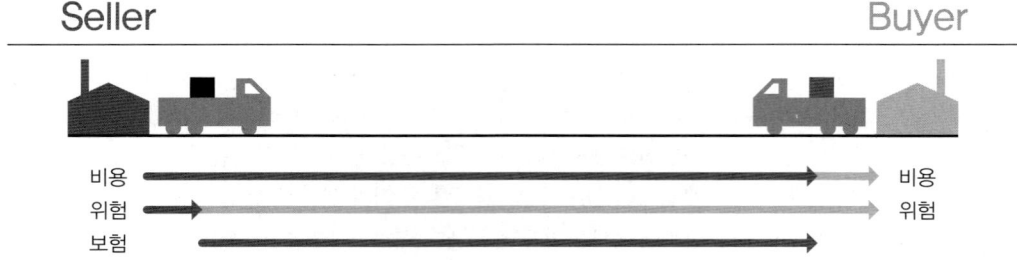

㉠ "운송비·보험료 지급 인도"는 CPT에 매도인의 보험계약 체결의무가 더해진 규칙이므로 보험계약에 관한 내용을 제외하고 CPT와 동일하다.

㉡ The seller must also contract for insurance cover against the buyer's risk of loss of or damage to the goods from the point of delivery to at least the point of destination. This may cause difficulty where the destination country requires insurance cover to be purchased locally: in the case the parties should consider selling and buying under CPT.

매도인은 또한 인도지점부터 적어도 목적지점까지 매수인의 물품의 멸실 또는 훼손 위험에 대하여 보험계약을 체결해야 한다. 이는 목적지 국가가 자국의 보험자에게 부보하도록 요구하는 경우에는 어려움을 야기할 수 있다. 이러한 경우 당사자들은 CPT로 매매하는 것을 고려해야 한다.

ⓒ The buyer should also note that under the CIP Incoterms 2020 rule the seller is required to obtain extensive insurance cover complying with Institute Cargo Clauses (A) or similar clause, rather than with the more limited cover under Institute Cargo Clauses (C). It is, however, still open to the parties to agree on a lower level of cover.

또한 매수인은 Incoterms 2020 CIP 하에서 매도인이 협회적하약관의 C-약관에 의한 제한적인 담보조건이 아니라 협회적하약관의 A-약관이나 그와 유사한 약관에 따른 광범위한 담보조건으로 부보해야 한다는 것을 유의해야 한다. 그러나 당사자들은 여전히 더 낮은 수준의 담보조건으로 부보하는 것을 합의할 수 있다.(통상 송장금액의 110%로 부보)

⑤ DAP(Delivered At Place): 도착지 인도

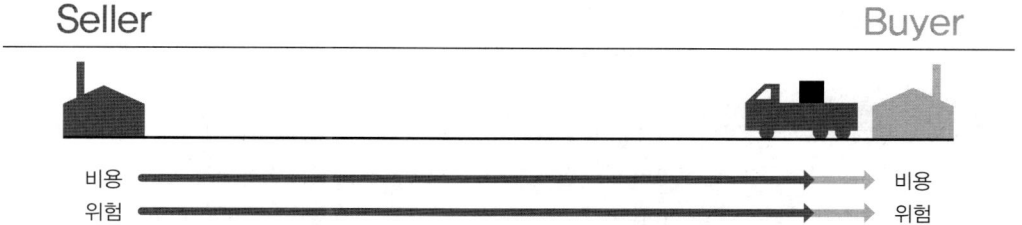

㉠ "Delivered at Place" means that the seller delivers the goods and transfer risk to the buyer when the goods are placed at the disposal of the buyer on the arriving means of transport ready for unloading at the named place of destination or at the agreed point within that place, if any such point is agreed.

"도착지 인도"는 물품이 수입국의 지정목적지에서 또는 지정목적지 내에 어떠한 지점이 합의된 경우에는 그 지점에서 도착운송수단에 실어둔 채 양하준비된 상태로 매수인의 처분 하에 놓인 때, 매도인이 매수인에게 물품을 인도하고 위험을 이전하는 것을 의미한다.

㉡ 매도인은 물품을 수입국의 지정목적지까지 또는 지정목적지 내의 합의된 지점까지 가져가는 데 수반되는 모든 위험을 부담하므로 이 규칙에서는 인도와 목적지의 도착이 같다.

㉢ 매도인은 도착운송수단으로부터 물품을 양하(unloading)할 필요가 없다. 매도인이 자신의 운송계약상 인도장소/목적지에서 양하에 관하여 비용이 발생한 경우 매도인은 당사자 간에 달리 합의되지 않는 한, 그러한 비용을 매수인으로부터 별도로 상환받을 권리가 없다.

㉣ 매도인은 수출통관을 해야하지만, 수입을 위하여 또는 물품의 인도 후 제3국의 통과를 위하여 통관하거나 수입관세를 납부하거나 수입통관절차를 수행할 의무가 없다.

⑥ DPU(Delivered at Place Unloaded): 도착지 양하 인도

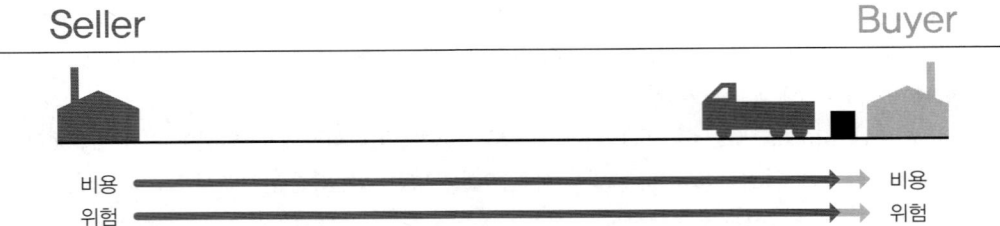

㉠ "도착지 양하 인도"는 매도인이 목적지에서 물품을 양하해야 할 의무가 있는 유일한 인코텀즈 규칙으로, 지정목적지에서 물품을 운송수단으로부터 양하하여 인도한다는 것을 제외하고 DAP와 동일하다.

㉡ "Delivered at Place Unloaded" means that the seller delivers the goods and transfers risk to the buyer when the goods, once unloaded from the arriving means of transport, are placed at the disposal of the buyer at a named place of destination or at the agreed point within that place, if any such point is agreed.
"도착지 양하 인도"는 물품이 수입국의 지정목적지에서 또는 지정목적지 내의 어떠한 지점이 합의된 경우에는 그 지점에서 도착운송수단으로부터 양하된 상태로 매수인의 처분 하에 놓인 때, 매도인이 매수인에게 물품을 인도하고 위험을 이전하는 것을 의미한다.

⑦ DDP(Delivered Duty Paid): 관세 지급 인도

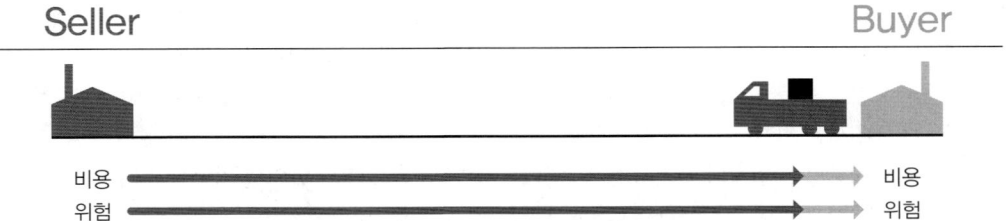

㉠ "Delivered Duty Paid" means that the seller delivers the goods to the buyer when the goods are placed at the disposal of the buyer, cleared for import, on the arriving means of transport, ready for unloading, at the named place of destination or at the agreed point within that place, if any such point is agreed.
"관세 지급 인도"는 물품이 지정목적지에서 또는 지정목적지 내의 어떠한 지점이 합의된 경우에는 그러한 지점에서 수입통관 후 도착운송수단에 실어둔 채 양하준비된 상태로 매수인의 처분 하에 놓인 때, 매도인이 매수인에게 물품을 인도하는 것을 의미한다.

㉡ 매도인은 물품을 수입국의 지정목적지까지 또는 지정목적지 내의 합의된 지점까지 가져가는 데 수반되는 모든 위험을 부담하므로 이 규칙에서는 인도와 목적지의 도착이 같다.

㉢ DDP는 매도인이 수입관세 및 내국세를 부담하고 수입통관을 해야하므로 11가지 인코텀즈 규칙 중 매도인에게 최고 수준의 의무를 부과한다. 이 때 수입국의 지정목적지에서 물품을 운송수단으로부터 양하하지 않은 상태로 매수인의 처분에 두었을 때 매도인의 위험과 비용이 종료된다는 점을 주의해야 한다.

(2) 해상 및 내수로운송에 적용되는 규칙

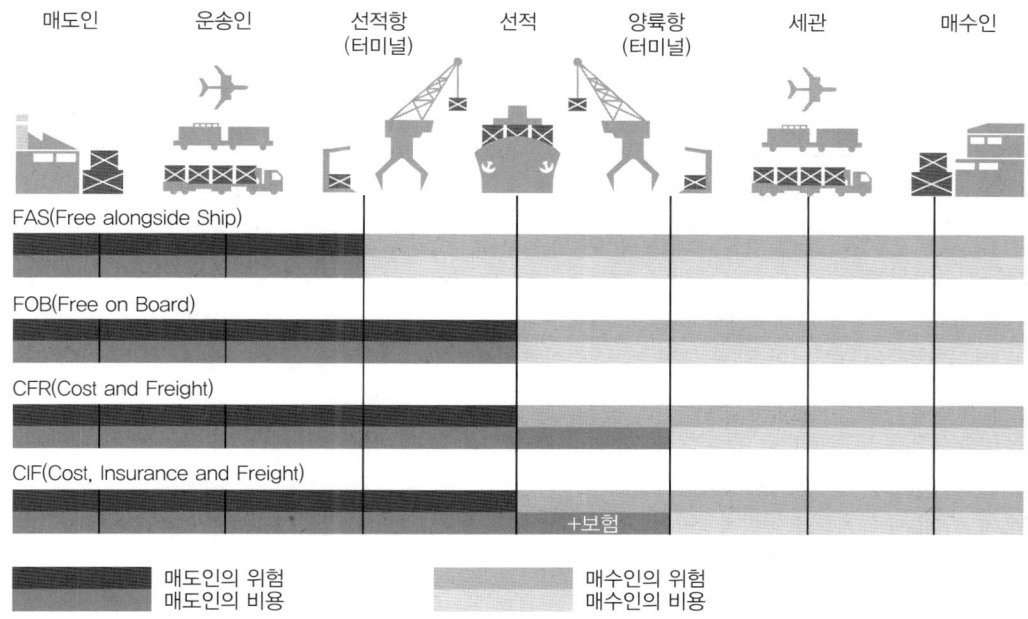

① FAS(Free Alongside Ship): 선측 인도

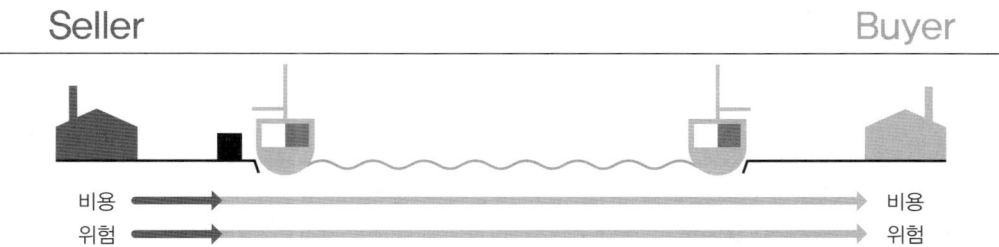

㉠ "Free alongside Ship" means that the seller delivers the goods to the buyer when the goods are placed alongside the ship (e.g. on a quay or a barge) nominated by the buyer at the named port of shipment or when the seller procures goods already so delivered.

"선측 인도"는 지정선적항에서 매수인이 지정한 선박의 선측에(예를 들면 부두 또는 바지선에) 물품이 놓인 때 또는 이미 그렇게 인도된 물품을 조달한 때 매도인이 매수인에게 물품을 인도하는 것을 의미한다.

㉡ 물품의 멸실 또는 훼손의 위험은 지정선적항에서 본선의 선측에 물품이 놓인 때에 매도인의 위험과 비용의 부담은 종료되고, 그 순간부터 향후의 모든 위험과 비용은 매수인이 부담한다.

㉢ 매도인은 수출통관을 해야하지만, 물품의 수입을 위하여 또는 제3국의 통과를 위하여 통관하거나 수입관세를 납부하거나 수입통관절차를 수행할 의무가 없다.

② FOB(Free On Board): 본선 인도

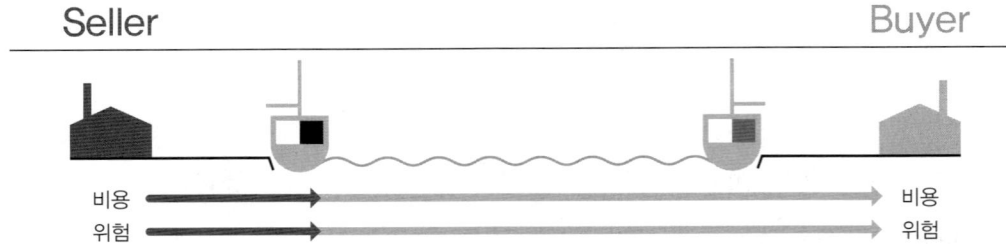

㉠ "Free on Board" means that the seller delivers the goods to the buyer on board the vessel nominated by the buyer at the named port of shipment or procures the goods already so delivered.
"본선 인도"는 매도인이 지정선적항에서 매수인이 지정한 선박에 물품을 적재하거나 또는 이미 그렇게 인도된 물품을 조달하여 매수인에게 인도하는 것을 의미한다.
㉡ 물품의 멸실 또는 훼손의 위험은 물품이 선박에 적재된 때 매수인에게 이전되고, 그 순간부터 매수인은 모든 비용을 부담한다.
㉢ 매도인은 수출통관을 해야하지만, 물품의 수입을 위하여 또는 제3국의 통과를 위하여 통관하거나 수입관세를 납부하거나 수입통관절차를 수행할 의무가 없다.

③ CFR(Cost and Freight): 운임 포함 인도

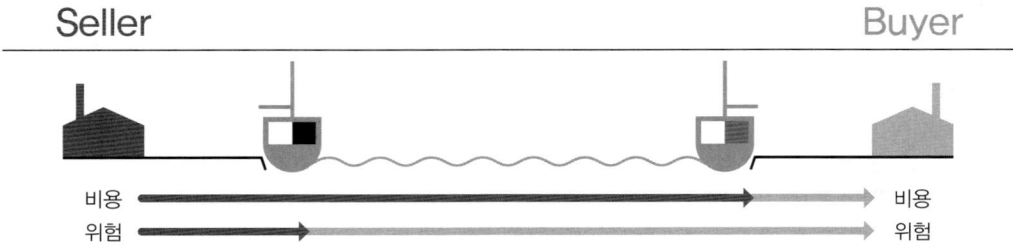

㉠ "Cost and Freight" means that the seller delivers the goods to the buyer on board the vessel or procures the goods already so delivered.
"운임 포함 인도"는 매도인이 물품을 선박에 적재하거나 또는 이미 그렇게 인도된 물품을 조달하여 매수인에게 인도하는 것을 의미한다.
㉡ 물품의 멸실 또는 훼손의 위험은 물품이 선박에 적재된 때 매수인에게 이전되므로, 매도인은 명시된 수량의 물품이 실제로 목적지에 양호한 상태로 도착하는지를 불문하고 또는 실제로 물품이 전혀 도착하지 않더라도 매도인은 물품인도의무를 이행한 것이 된다. 따라서 매수인은 스스로 부보하는 것이 좋다.
㉢ 위험은 물품이 선적항에서 선박에 적재됨으로써 또는 이미 그렇게 인도된 물품을 조달함으로써 매수인에게 인도된 때 매도인으로부터 매수인에게 이전되지만, 매도인은 인도지로부터 합의된 목적지까지 물품을 운송하는 계약을 체결해야 한다. 즉, 위험과 비용의 분기점이 서로 다르다. 이 때 양륙항은 항상 명시해야 하지만, 선적항은 지정하지 않을 수도 있다. 매도인은 합의된 목적지까지의 비용을 부담하기 때문에 매수인은 가급적 정확하게 양륙항 내 목적지점을 지정하는 것이 유리하다.
㉣ 매도인이 자신의 운송계약상 목적항 내의 명시된 지점에서 양하에 관하여 비용이 발생한 경우 매도인은 당사자간에 달리 합의되지 않는 한, 그러한 비용을 매수인으로부터 별도로 상환받을 권리가 없다.
㉤ 매도인은 수출통관을 해야 하지만, 물품의 수입을 위하여 또는 제3국의 통과를 위하여 통관하거나 수입관세를 납부하거나 수입통관절차를 수행할 의무가 없다.

④ CIF(Cost, Insurance and Freight): 운임·보험료 포함 인도

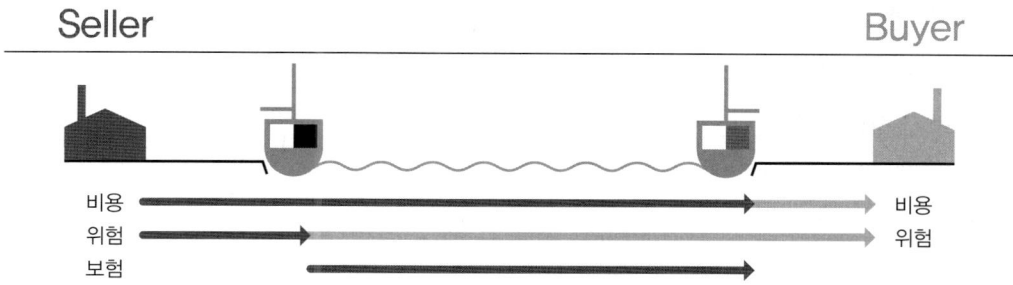

㉠ "운임·보험료 포함 인도"는 CFR에 매도인의 보험계약 체결의무가 더해진 규칙이므로 보험계약에 관한 내용을 제외하고 CFR과 동일하다.

㉡ The seller must also contract for insurance cover against the buyer's risk of loss of or damage to the goods from the port of shipment to at least the port of destination. This may cause difficulty where the destination country requires insurance cover to be purchased locally: in this case the parties should consider selling and buying under CFR.

매도인은 또한 선적항부터 적어도 목적항까지 매수인의 물품의 멸실 또는 훼손 위험에 대하여 보험계약을 체결해야 한다. 이는 목적지 국가가 자국의 보험자에게 부보하도록 요구하는 경우에는 어려움을 야기할 수 있다. 이러한 경우 당사자들은 CFR로 매매하는 것을 고려해야 한다

㉢ The buyer should also note that under the CIF Incoterms 2020 rules the seller is required to obtain limited insurance cover complying within Institute Cargo Clause (C) or similar clause, rather than with the more extensive cover under Institute Cargo Clause (A). It is, however, still open to the parties to agree on a higher level of cover.

또한 매수인은 Incoterms 2020 CIF하에서 매도인이 협회적하약관의 A-약관에 의한 보다 광범위한 담보조건이 아니라 협회적하약관의 C-약관이나 그와 유사한 약관에 따른 제한적인 담보조건으로 부보해야 한다는 것을 유의해야 한다. 그러나 당사자들은 여전히 더 높은 수준의 담보조건으로 부보하는 것을 합의할 수 있다.(통상 송장금액의 110%로 부보)

CHAPTER 04 | 무역대금의 결제방식과 신용장

1. 무역대금의 주요 결제방식 〔기출〕 24, 23회

(1) 송금방식(Remittance)

① 송금방식의 의의
  ㉠ 수입자가 수출자에게 물품 인도에 대한 매매대금을 외화로 송금하여 지불하는 방식이다.
  ㉡ 은행의 전신을 통해 대금을 송금하는 전신환 송금방식(T/T; Telegraphic Transfer)이 주로 사용된다.
  ㉢ 은행을 통해 송금되기는 하지만 물품 및 서류는 은행을 경유하지 않고 수입자에게 직접 전달되어 절차가 간편하고 은행수수료가 저렴하다는 장점이 있지만, 은행이나 제3자가 보증을 하지 않으므로 거래상대방에 대한 신뢰가 없다면 활용하기 어려운 결제조건이다.

② 송금방식의 종류

지급시기	송금방식	설명
선지급	CWO(Cash With Order, 주문시 지급방식)	• 수입자가 매매계약 체결 후 물품이 선적되기 전에 대금을 송금하는 방식
동시지급	COD(Cash on Delivery, 물품인도 지급방식)	• 수출자가 선적한 물품이 목적지에 도착하면, 수입자는 물품의 품질, 수량 등을 검사 후 수출자의 대리인에게 물품대금을 지급하고 물품을 인수하는 방식 • 매수인은 대금을 지급하기 전에 직접 상품을 검사할 수 있다는 장점이 있지만, 매도인은 매수인이 물품에 만족하지 않을 경우 대금을 받지 못할 위험을 감수 • 동일 상품이라도 색상, 순도 등에 따라 가치가 크게 차이나는 보석류, 귀금속 등 고가품에 주로 이용
동시지급	CAD(Cash Against Documents, 서류상환 지급방식)	• 수출자가 물품을 선적하고 수입자 또는 수입자의 대리인에게 선적서류를 제시하면 선적서류와 상환하여 수출대금을 지급받는 방식 • 선적서류를 통해 물품을 판단할 수 있는 품목의 무역거래에서 사용
후지급	O/A(Open Account, 외상거래방식)	• 수출자와 수입자가 무역 거래마다 결제하지 않고 거래내역을 장부에 기록해 두었다가 물품 인도 후 정기적으로 차감액만 정산하는 방식

> **짚고 넘어가기** 선적서류(Shipping documents)
> 물품의 선적과 관련된 서류를 총칭하는 것으로 운송수단에 물품을 선적하기 위해 필요한 서류 및 물품을 선적하였음을 확인하는 증빙서류를 의미한다. 물품의 선적을 근거로 작성하는 서류에는 선하증권(B/L; Bill of Lading), 항공화물운송장(AWB; Air waybill), 복합운송증권(MTD; Multimodal Transport Document), 상업송장(C/I; Commercial Invoice), 포장명세서(Packing list), 보험증권(Insurance policy), 원산지증명서(C/O; Certificate of Origin) 등이 있다.

(2) 추심방식(Collection)

① 추심방식의 의의
  ㉠ 수출자가 물품을 선적한 후, 추심의뢰은행을 통해 수입자에게 대금을 청구하고, 추심은행을 통해 대금을 회수하는 결제방식이다.
  ㉡ 수출자가 추심의뢰은행에 추심을 의뢰할 때 선적서류를 첨부한 화환어음을 발행한다.
  ㉢ 결제방식이 비교적 쉽고 은행수수료가 신용장방식보다 저렴하다는 장점이 있지만, 추심의뢰은행과 추심은행은 수출자, 수입자를 대신하여 수출대금을 추심하거나 송금하는 역할을 할 뿐 대금지급에 대한 책임을 지지 않기 때문에 수출자는 수출물품에 대한 대금을 회수하지 못할 위험성이 존재한다.

> **짚고 넘어가기** 추심은행과 환어음

- 추심의뢰은행(Remitting bank): 수출자를 대신하여 수입자의 거래은행에 환어음과 선적서류를 발송하는 은행
- 추심은행(Collecting bank): 수입자에게 어음과 선적서류를 제시하여 수출대금을 받아주는 은행
- 환어음(Draft, B/E; Bill of Exchange): 돈을 받을 사람이 발행하는 어음으로서, 발행인(Drawer, 주로 수출자)이 지급인(Drawee, 수입자 또는 은행)에게 어음에 기재된 금액을 일정한 날짜까지 수취인(Payee, 주로 은행)에게 지급할 것을 내용으로 기재하여 발행하는 유가증권. 일람불환어음(Sight draft)과 기한부환어음(Usance draft)으로 구분
- 환어음상 지급인(Drawee)의 구분
  - 추심방식에서 환어음상 지급인: 수입자
  - 신용장방식에서 환어음상 지급인: 개설은행(발행은행)

② 추심방식의 종류

지급시기	추심방식	설명
동시지급	D/P(Document against Payment, 지급 인도조건)	• 수입자가 추심은행에 대금을 지급해야 선적서류를 받을 수 있는 방식 • 수출자는 일람불환어음(Sight draft)을 발행하여 거래
후지급	D/A(Document against Acceptance, 인수 인도조건)	• 수입자가 추심은행이 제시하는 인수증의 결제조건에 동의하고 서명날인하면, 추심은행이 선적서류를 먼저 넘겨주고, 어음 만기일에 수입자가 대금을 지급하는 방식 • 수출자는 기한부환어음(Usance draft)을 발행하여 거래

㉠ D/P(Document against Payment, 지급 인도조건)

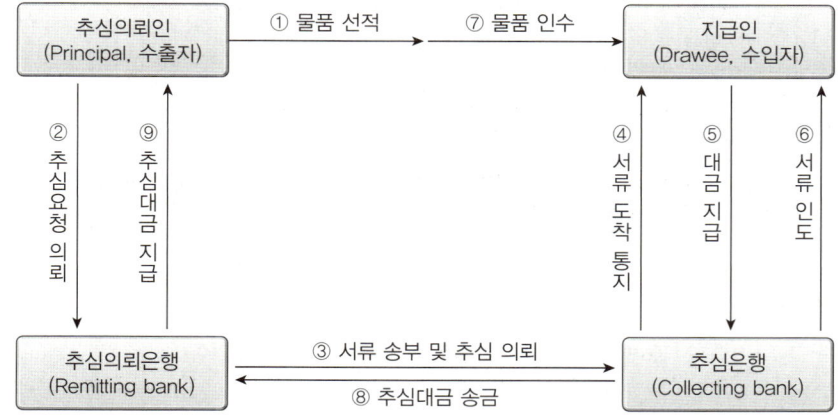

㉡ D/A(Document against Acceptance, 인수 인도조건)

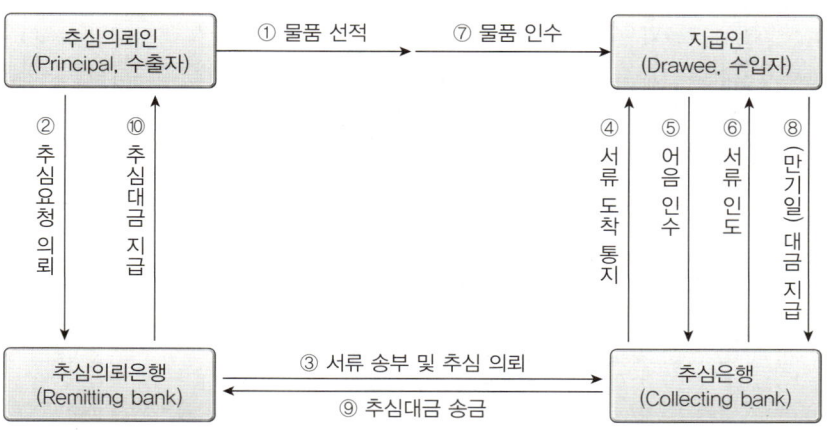

(3) **신용장방식(L/C; Letter of Credit)**

① 신용장방식의 의의

   ㉠ 신용장은 개설은행이 수입자의 신용을 보증하고 수입자를 대신하여 물품대금의 지급을 조건부로 약속하는 증서이다.

   ㉡ 신용장방식은 수출자가 신용장에서 요구하는 조건에 일치하는 서류를 약정된 기간 내에 지정된 은행에 제시하면 신용장 개설은행이 개설의뢰인(수입자)을 대신하여 수익자(수출자)에게 대금을 지급하겠다고 조건부로 지급 확약하는 취소불능(irrevocable)의 결제방식이다.

   ㉢ 신용장에 기재된 조건에 일치하는 서류가 제시되면 은행이 대금을 확실히 지급하겠다고 약속하고 있으므로 무역 당사자 간 신뢰가 형성되지 않아도 대금지급의 안정성이 보장된다. 또한 신용장 기본 당사자들의 동의 없이는 취소가 불가능하기 때문에 수출거래가 확정된다는 장점이 있지만, 절차가 복잡하고 은행수수료가 높다.

짚고 넘어가기 │ 신용장 거래의 당사자

구분	신용장 거래의 당사자	설명
기본 당사자	개설은행 (Issuing bank, 발행은행)	• 발행의뢰인의 요청에 의해 수익자 앞으로 신용장을 개설하는 은행 • 일반적으로 발행의뢰인의 주거래 은행 • 신용장을 개설하는 시점부터 대금지급 이행에 대한 취소불능의 의무를 부담
	수익자 (Beneficiary)	• 개설은행으로부터 신용장을 수령하여 신용장 조건에 따라 이익을 받을 권리가 있는 자 • 대부분 수출자를 의미
	확인은행 (Confirming bank)	• 개설은행의 요청 또는 수권에 따라 신용장의 확인을 위임받은 은행 • 확인은행은 개설은행과 동일한 의무를 수익자에게 부담
기타 당사자	발행의뢰인 (Applicant, 개설의뢰인)	• 자신의 거래은행에 신용장의 발행을 요청하는 수입자
	통지은행 (Advising bank)	• 개설은행으로부터 신용장의 통지사무를 위임받아 수익자에게 개설된 신용장의 내용을 전달하는 은행
	매입은행 (Negotiating bank)	• 개설은행으로부터 어음 및 서류를 매입하도록 수권받은 은행 • 일반적으로 통지은행이 매입은행의 역할 수행

② 신용장 거래의 흐름

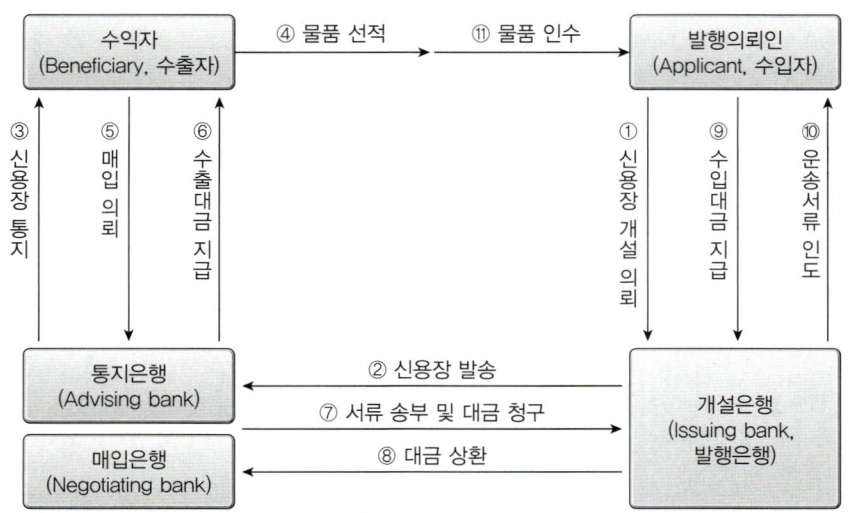

2. 신용장의 종류 기출 24, 23회

(1) 운송서류 제시 여부에 따른 분류

신용장의 종류	설명
화환 신용장 (Documentary L/C)	• 운송서류를 제시할 것을 조건으로 어음을 지급, 인수, 매입할 것을 확약하는 신용장
무화환 신용장 (Clean L/C, Non-documentary L/C)	• 운송서류를 제시하지 않아도 어음을 지급, 인수, 매입할 것을 확약하는 신용장

(2) 취소가능 여부에 따른 분류

신용장의 종류	설명
취소가능 신용장 (Revocable L/C)	• 신용장 개설은행이 수익자에게 미리 통지하지 않고 일방적으로 신용장을 취소하거나 조건을 변경할 수 있는 신용장
취소불능 신용장 (Irrevocable L/C)	• 신용장 기본 당사자 전원(개설은행, 수익자, 확인은행)의 동의 없이는 조건을 변경하거나 취소할 수 없는 신용장. 신용장에 취소가능 여부가 표시되지 않은 경우 취소불능 신용장으로 간주

(3) 양도가능 여부에 따른 분류

신용장의 종류	설명
양도가능 신용장 (Transferable L/C)	• 신용장에 'Transferable'이라고 기재되어 있어 최초의 수익자가 신용장 권리의 전부 또는 일부를 지정된 양도은행을 통해 제2수익자(한 명 또는 다수)에게 양도할 수 있도록 허용하는 신용장 • 양도는 1회에 한하여 가능. 다만, 제2수익자가 다시 최초의 수익자에게 재양도하는 것은 가능 • 양도와 관련된 수수료 등의 비용은 별도의 합의가 없는 한 최초의 수익자에 의해 지급
양도불능 신용장 (Non-transferable L/C)	• 신용장상에 'Transferable'이라는 표기가 없으며 제3자에게 양도할 수 없는 신용장

(4) 대금지급 시기에 따른 분류

신용장의 종류	설명
선대 신용장 (Packing L/C, Red clause L/C, Advance payment L/C, 전대 신용장)	• 수익자가 수출에 필요한 자금을 원활하게 조달할 수 있도록 개설은행이 매입은행으로 하여금 선적 전에 수익자에게 일정 조건으로 신용장 금액을 미리 받을 수 있도록 하는 신용장
일람불 신용장 (Sight L/C)	• 신용장에 의해 발행되는 어음이 지급인에게 제시되면 서류상 하자가 없을 경우 즉시 대금을 지급받을 수 있도록 확약하는 신용장
기한부 신용장 (Usance L/C)	• 신용장에 의해 발행되는 어음이 지급인에게 제시되고 일정기간이 경과한 후 약정한 기간에 대금을 지급받을 수 있도록 확약하는 신용장
할부지급 신용장 (Installment payment L/C)	• 발행의뢰인이 선적서류를 인도받을 때 대금의 일부를 지급하고 잔액은 정해진 시기에 나누어 상환하도록 하는 신용장

(5) 수출입 연계에 따른 분류

신용장의 종류	설명
동시개설 신용장 (Back-to-Back L/C)	• 양국의 수출입균형을 유지하기 위하여 사용되는 신용장으로, 서로 같은 금액의 수출입신용장을 동시에 개설함으로써 효력이 발생하는 신용장
토마스 신용장 (Tomas L/C)	• 구상무역에서 수출자가 같은 금액의 신용장을 개설하여 수입하겠다는 보증서를 첨부한 신용장으로, 수출할 물품은 확정되었지만 그 대가로 수입할 물품이 정해지지 않았을 때 사용하는 신용장
기탁 신용장 (Escrow L/C)	• 두 나라 사이의 무역균형을 위해서 당사자가 수출대금을 기탁계정(escrow account)에 입금시키고, 상대방으로부터 수입하는 물품의 대금결제에만 사용 가능한 신용장

> **보충학습**
> **구상무역(Compensate trade)**
> 무역균형을 유지하기 위하여 일정기간 동안 양국이 수출과 수입을 균등하게 함으로써 수출입 대금을 서로 상계하여 무역차액을 0으로 만들고 결제할 대금이 없도록 하는 무역

(6) 기타 신용장

신용장의 종류	설명
회전 신용장 (Revolving L/C)	• 동일 거래처와 동일 물품을 지속적으로 반복하여 거래할 때, 일정 기간 동안 정해진 한도 내에서 신용장 금액이 자동으로 갱신되어 사용 가능한 신용장
내국 신용장 (Local L/C)	• 수출신용장 등을 근거로 수출이행에 필요한 원자재 또는 완제품을 국내에서 원활히 조달하기 위하여 국내 공급업자, 제조업자를 수혜자로 개설되는 신용장
연지급 신용장 (Deferred L/C)	• 신용장에서 요구하는 서류가 제시되면 약정한 기간에 대금을 지급할 것을 확약하는 신용장으로, 기한부라는 점에서 인수신용장(Acceptance L/C)과 동일하지만 연지급 신용장은 환어음이 발행되지 않는다는 점에서 차이가 있음

3. 신용장 관련 서류심사 기출 25, 24, 23회

(1) 서류심사의 원칙

① 서류심사의 원칙
  ㉠ 독립성의 원칙: 신용장이 일단 개설되면 신용장의 개설근거인 매매계약 또는 기타 계약과는 독립된 거래이므로 매매계약의 내용에 구속되지 않고 별개의 법률관계를 형성
  ㉡ 추상성의 원칙: 은행은 물품이 실제로 매수인에게 도착하였는지 또는 도착된 물품의 수량이나 품질에 문제가 없는지와는 관계 없이, 신용장에서 정한 기일 내에 물품을 인도하였는지를 입증하는 운송서류를 기초로 신용장 조건의 충족 여부를 심사하고 대금지급 여부를 결정
  ㉢ 엄격일치의 원칙: 수익자가 제시한 서류와 신용장 조건과의 일치 여부에 관한 심사는 오로지 서류의 문면상으로 판단함으로써 은행은 신용장 조건에 엄밀히 일치하지 않는 서류를 거절할 수 있는 권리를 가지고 있음

② UCP와 ISBP
  ㉠ UCP(Uniform Customs and Practice for Documentary Credit, 화환신용장 통일관습 및 관행): 신용장 조건의 해석기준을 통일시키기 위해 국제상업회의소(ICC; International Chamber of Commerce)에서 신용장통일규칙을 제정. 수차례 개정되어 현재는 UCP600을 적용

ⓒ eUCP(electronic UCP, 전자신용장통일규칙): 정보통신의 전자신용장제도가 도입됨에 따라 종이문서에 기반을 둔 기존의 신용장통일규칙을 보완할 필요성이 대두되어 전자신용장통일규칙이 제정됨
eUCP는 UCP를 개정하는 것이 아닌 전자신용장의 제시에 대한 내용을 추가한 보칙형태
ⓒ ISBP(International Standard Banking Practices, 국제표준은행관행): UCP를 보완하여 신용장에서 요구하는 서류를 작성하는 수출자에게 서류작성에 대한 지침을 제시하고, 서류를 심사하는 은행에게 서류의 적격 여부를 판단하는 기준을 제공하는 해설서로, 현재는 ISBP745를 적용

③ 신용장 서류심사 관련 기간
㉠ 서류의 제시기간: 서류는 선적일 후 21일을 넘지 않게 개설은행 또는 확인은행에 제시되어야 하고, 어떠한 경우라도 신용장의 유효기간보다 늦지 않아야 함
㉡ 서류의 심사기간: 개설은행 또는 확인은행은 제시일의 다음날로부터 최장 5영업일 안에 심사를 마쳐야 함
㉢ 신용장의 유효기일 또는 제시를 위한 최종일: 불가항력에 언급된 사유 이외의 사유로 서류의 제시를 받아야 하는 은행의 휴업일에 해당하는 경우에는 그 유효기일 또는 제시를 위한 최종일은 최초의 다음 은행영업일까지 연장되나, 선적을 위한 최종일은 연장되지 않음

짚고 넘어가기 당해일자 관련 표현

구분	선적기간 관련 표현
당해일자 포함	to(~까지), until(~까지), till(~까지), from(~부터), between(~사이)
당해일자 불포함	before(~이전), after(~이후)

구분	어음만기일 관련 표현
당해일자 불포함	from(~부터), after(~이후)

④ 신용장 조건 변경 및 선적 관련 조건
㉠ 신용장 기본당사자의 합의에 신용장의 조건을 변경할 때, 조건변경의 부분승낙은 허용되지 않으며 거절로 간주한다.
㉡ 신용장에 분할선적을 금지하는 문언이 없을 경우에는 분할선적이 허용되는 것으로 간주한다.
㉢ 신용장에 환적을 금지하는 문언이 없을 경우에는 환적이 허용되는 것으로 간주한다.
㉣ 신용장에서 환적을 금지하고 있더라도 물품이 선하증권에 기재된 대로 컨테이너에 선적된 경우에는 환적이 허용된다.
㉤ 신용장에서 환적을 금지하고 있더라도 환적이 행해질 수 있다고 표시하고 있는 항공운송서류는 수리된다.

CHAPTER 05 통관

1. 수출통관 및 수입통관 기출 29, 27, 24회

(1) 수출통관
① 수출: 내국물품을 외국으로 반출하는 것
② 수출통관: 수출하고자 하는 물품을 세관에 수출신고를 하고 신고수리를 받아 물품을 우리나라와 외국 사이를 왕래하는 운송수단에 적재하는 제반 과정
③ 수출통관 절차: 수출신고 → 서류심사 → 신고수리 → 적재항으로 운송 → 운송수단에 적재 → 출항
④ 수출신고 가격: 수출의 총신고가격은 FOB기준의 가격으로, 물품이 선박에 적재될 때까지의 가격이 수출실적으로 인정됨
⑤ 수출신고가격을 산정하기 위한 외국통화의 환산율(수출환율)은 주요 외국환은행이 전(前) 주 월요일부터 금요일까지 매일 최초 고시하는 대고객 전신환매입률을 평균하여 결정
⑥ 수출신고가 수리된 물품은 수출신고 수리일로부터 30일 이내에 우리나라와 외국 사이를 왕래하는 운송수단에 적재해야 함. 다만, 1년 이내의 범위 내에서 적재기간의 연장승인을 받을 수 있음

(2) 수입통관
① 수입: 외국물품을 우리나라에 반입하거나 우리나라에서 소비 또는 사용하는 것
② 수입통관: 수입하고자 하는 자가 우리나라에 수입될 물품을 세관장에게 수입신고하고 세관장이 이를 신고수리하여 신고인에게 수입신고필증을 교부하고 수입물품이 반출될 수 있도록 하는 제반 과정
③ 수입통관 절차: 입항 → 보세구역에 물품 반입 → 수입신고 → 세관 심사 → 관세 납부 → 신고수리 → 보세구역에서 물품 반출
④ 수입신고 시기: 출항 전, 입항 전, 입항 후 보세구역 도착 전, 보세구역 도착 후
⑤ 지정장치장 또는 보세창고에 반입한 자는 반입일 또는 장치일로부터 30일 이내에 수입신고를 해야 함
⑥ 수입신고 주체: 관세법상 화주, 관세사법인, 통관취급법인
⑦ 수입신고 가격: 수입의 총신고가격은 CIF기준의 가격
  • 수입관세 납부 시 환율은 주요 외국환은행이 전(前) 주 월요일부터 금요일까지 매일 최초 고시하는 전신환매도율을 평균하여 결정
  • 수입신고가 수리된 물품은 수입신고 수리일로부터 15일 이내에 관세를 납부해야 함

> **짚고 넘어가기** 관세법상 내국물품
> • 우리나라에 있는 물품으로서 외국물품이 아닌 것
> • 우리나라의 선박 등이 공해에서 채집하거나 포획한 수산물 등
> • 국내에 반입되어 수입신고가 수리된 물품
> • 입항 전 수입신고가 수리된 물품

> **짚고 넘어가기** 관세법상 수입으로 보지 아니하는 소비 또는 사용
>
> - 선박용품·항공기용품 또는 차량용품을 운송수단 안에서 그 용도에 따라 소비하거나 사용하는 경우
> - 선박용품·항공기용품 또는 차량용품을 세관장이 정하는 지정보세구역에서 「출입국관리법」에 따라 출국심사를 마치거나 우리나라에 입국하지 아니하고 우리나라를 경유하여 제3국으로 출발하려는 자에게 제공하여 그 용도에 따라 소비하거나 사용하는 경우
> - 여행자가 휴대품을 운송수단 또는 관세통로에서 소비하거나 사용하는 경우
> - 관세법에서 인정하는 바에 따라 소비하거나 사용하는 경우

(3) 관세

① 관세: 관세선을 통과하는 물품에 부과하는 조세
② 우리나라는 수입물품에 대한 관세만 부과
③ 관세의 계산
　㉠ 과세가격: CIF기준 금액(제품가격 + 목적항까지의 비용)
　㉡ 관세

$$관세 = 과세가격 \times 관세율$$

　㉢ 부가가치세

$$부가가치세 = (과세가격 + 관세) \times 10\%$$

예제

상품의 과세가격이 1,000만 원이고, 관세율이 8%일 때, 수입통관 시 납부해야 할 관세 및 부가가치세는? (단, 관세와 부가가치세만 부과된다고 가정한다.)

해설
관세 = 과세가격 × 관세율 = 10,000,000원 × 8% = 800,000원
부가가치세 = (과세가격 + 관세) × 10% = (10,000,000원 + 800,000원) × 10% = 1,080,000원

정답 | 관세: 800,000원 / 부가가치세: 1,080,000원

2. 보세구역과 보세운송 기출▶ 29, 26, 23, 22회

(1) 보세구역

① 보세화물: 우리나라에 도착한 외국물품에 대하여 수입신고 수리되지 않은 상태의 화물
② 보세구역: 보세화물을 장치, 검사, 제조·가공, 전시, 건설, 판매, 운송할 수 있도록 세관장이나 관세청장이 지정 또는 특허한 장소

③ 보세구역의 종류
  ㉠ 지정보세구역: 공익목적으로 운영되는 보세구역으로 국가, 지방자치단체, 항만시설 또는 공항시설을 관리하는 법인에 해당하는 자가 소유하거나 관리하는 토지, 건물 기타 시설을 세관장이 지정

지정보세구역	설명
지정장치장	• 통관을 하려는 물품을 일시 장치하기 위한 장소로서 세관장이 지정 • 장치기간은 6개월의 범위에서 관세청장이 정함 • 다만, 관세청장이 정하는 기준에 따라 세관장은 3개월의 범위에서 그 기간을 연장할 수 있음
세관검사장	• 통관하려는 물품을 검사하기 위한 장소로, 세관장이 지정 • 세관검사장에 반입되는 물품의 채취, 운반 등에 필요한 비용은 화주가 부담

  ㉡ 특허보세구역: 주로 외국물품이나 통관하려는 물품을 장치, 제조·가공, 전시, 건설, 판매하기 위한 목적으로 사인의 신청에 의하여 사인이 소유하거나 관리하는 토지, 건물, 기타 시설에 대하여 세관장이 특허한 보세구역

특허보세구역	설명
보세창고	• 외국물품이나 통관을 하려는 물품을 장치 • 운영인은 미리 세관장에게 신고하고 보세창고에 내국물품을 장치할 수 있음
보세공장	• 외국물품을 원료 또는 재료로 하거나 외국물품과 내국물품을 원료 또는 재료로 하여 제조·가공하거나 이와 비슷한 작업을 할 수 있음 • 세관장의 허가를 받지 않고 내국물품만을 원료로 하거나 재료로 하여 제조·가공하거나 이와 비슷한 작업을 할 수 없음
보세전시장	• 박람회, 전람회, 견본품 전시회 등의 운영을 위하여 외국물품을 장치·전시·사용할 수 있음
보세건설장	• 산업시설의 건설에 사용되는 외국물품인 기계류 설비품이나 공사용 장비를 장치·사용하여 해당 건설공사를 할 수 있음
보세판매장	• 외국으로 반출하거나 외교관 면세규정에 따라 관세의 면제를 받을 수 있는 자가 사용하는 것을 조건으로 외국물품을 판매할 수 있음 • 세관장은 보세판매장에서 판매할 수 있는 물품의 종류, 수량 등을 제한할 수 있음

  ㉢ 종합보세구역: 일정한 지역 전체를 보세구역으로 지정하여 보세창고, 보세공장, 보세전시장, 보세건설장, 보세판매장의 기능 중 둘 이상의 기능을 종합적으로 수행할 수 있도록 관세청장이 지정한 보세구역

(2) 보세운송
외국으로부터 수입하는 화물을 입항지에서 통관하지 않고 세관장에게 신고하거나 승인을 얻어 외국물품 상태 그대로 다른 보세구역으로 운송하는 것이다.

CHAPTER 06 무역 클레임

1. 무역 클레임의 의의 기출 23회

(1) 무역 클레임의 개념
  ① 무역 클레임: 무역계약의 당사자가 계약조건의 일부 또는 전부를 불이행함으로써 상대방에게 손해가 발생하였을 때 그 이행을 요구하거나 손해배상을 청구하는 것
  ② 마켓 클레임: 매매계약 체결 후 수입지의 시황이 급격히 변화하여 당초 계약한 가격으로 물품을 인수할 경우 큰 손해가 예상되어, 매수인이 사소한 결점을 이유로 클레임을 제기하고 가격인하 등을 요구하는 것

(2) 무역 클레임의 발생 및 예방

① 발생 원인: 무역계약에 따른 품질, 수량, 운송, 보험, 결제, 포장에 대한 의무의 불이행 또는 불완전이행으로, 이와 같은 계약위반이 발생한 경우 상대방은 당연히 클레임을 제기할 수 있음
② 클레임 제기: 무역거래 시 발생한 손해에 대한 증빙을 첨부하여 클레임 제기기한 내에 클레임을 제기해야 함. 수입 물품을 인도받은 매수인은 물품의 하자 유무를 검토하고 문제 발생 시 지체 없이 매도인에게 알려야 함
③ 클레임 예방: 계약체결 전 상대방에 대한 신용조사, 계약내용을 명시한 서면계약서 작성, 계약조건의 성실한 이행, 분쟁 발생을 대비하여 클레임 제기기한, 제기방법, 해결방법 등을 미리 약정하거나 계약서에 중재조항을 포함시킴

2. 무역 클레임의 해결방법 기출 29, 27, 25, 24, 22회

(1) 당사자 간 해결

① 청구권의 포기(Waiver of claim): 경미한 클레임에 대해 클레임을 제기한 당사자가 클레임을 포기하고 단순경고 차원에서 앞으로의 주의를 촉구하는 방법
② 타협(Compromise), 화해(Settlement): 매매계약 당사자 간에 직접 교섭하여 청구액이나 구상액에 대해 원만하게 합의하여 해결하는 방법

(2) 제3자 개입에 의한 해결

① 알선(Intercession, Intermediation)
  ㉠ 당사자의 일방 또는 쌍방의 요청에 의해 상공회의소, 상사중재원과 같은 공정한 제3자 기관이 사건에 개입하여 해결안을 제시하고 원만한 타협이 이루어지도록 협조하는 방법이다.
  ㉡ 강제력이 없기 때문에 분쟁당사자가 협력하지 않으면 해결이 어렵다.
② 조정(Conciliation, Mediation)
  ㉠ 양 당사자가 공정한 제3자를 조정인으로 선임하고 조정인이 제시하는 조정안에 대해 쌍방이 자주적으로 합의함으로써 분쟁을 해결하는 방법이다.
  ㉡ 조정안의 수락의무는 없지만, 일단 조정안을 수락하면 그 조정안은 강제력을 가진다.
③ 중재(Arbitration)
  ㉠ 당사자의 합의로 제3자 중재인을 선임하여 분쟁에 대한 판정을 요구하고, 중재판정에 절대복종함으로써 분쟁을 최종적으로 해결하는 방법이다.
  ㉡ 중재판정은 강제성을 가지며, 법원의 확정판결과 동일한 효력을 지니므로 중재판정에 불복하여 소송을 제기할 수 없다.
  ㉢ New York협약(외국중재판정의 승인 및 집행에 관한 UN협약)에 가입한 국가 간에는 중재판정에 대하여 상호 승인 및 집행을 보장한다.
  ㉣ 중재합의는 분쟁 발생 전(사전), 분쟁 발생 후(사후) 모두 가능하며 반드시 서면으로 합의해야 한다.
  ㉤ 중재합의 시 중재지, 중재기관, 준거법 등을 명시해야 한다.
  ㉥ 중재대상 목적물의 처분이나 재산 도피 등을 제한하기 위하여 중재합의의 당사자는 중재절차의 진행 중에 법원에 보전처분 신청이 가능하다.

> **짚고 넘어가기** 중재지 및 중재기관의 판단
>
> All disputes related to this contract shall be finally settled by arbitration in the country of the respondent. (이 계약과 관련하여 발생하는 모든 분쟁은 피신청인 국가에서 중재를 통해 최종 해결되어야 한다.)
> In case the respondent is a Korean enterprise, the arbitration shall be held at the Korean Commercial Arbitration Board. (피신청인이 한국기업일 경우에는 중재를 대한상사중재원에서 진행한다.)
> In case the respondent is a Japanese enterprise, the arbitration shall be held at the Japan Commercial Arbitration Association. (피신청인이 일본기업일 경우에는 중재를 일본상사중재협회에서 진행한다.)

④ 소송(Litigation, Suit)
  ㉠ 국가공권력인 사법재판에 의해 클레임을 강제적으로 해결하는 방법이다.
  ㉡ 외국과의 사법협정이 체결되어 있지 않기 때문에 법원의 판결은 외국에서 승인 및 집행이 보장되지 않는다.

⑤ 중재와 소송의 비교

구분	중재	소송
개시조건	당사자 간의 중재 합의	적법한 관할권 및 소송요건 충족
기간	단기간(단심제)	장기간(3심제)
비용	한 번의 중재비, 변호사 선임 불필요	인지대, 변호사 선임비 등 많은 비용
해결방식	제3자 중재인에 의한 해결(전문 중재인)	공권력에 의한 해결(법관)
공개여부	비공개주의로 비밀유지 가능	공개주의로 비밀유지 어려움
효력	법원의 확정판결과 동일한 효력	구속력, 확정력, 집행력 등

> **짚고 넘어가기** ADR(Alternative Dispute Resolution, 대안적 분쟁해결제도)
>
> 소송 이외의 방법으로 분쟁을 해결하는 대안적 분쟁해결방법이다. 알선, 조정, 중재 등이 있다.

핵심 기출문제

PART 01 국제물류 총론

01

무역분쟁해결 방법에 관한 설명으로 옳지 않은 것은?

① ADR(Alternative Dispute Resolution)에는 타협, 조정, 중재가 있다.
② 중재판정은 당사자간에 있어서 법원의 확정판결과 동일한 효력을 가진다.
③ 소송은 국가기관인 법원의 판결에 의하여 분쟁을 강제적으로 해결하는 방법이다.
④ 뉴욕협약(1958)에 가입한 국가간에는 중재판정의 승인 및 집행이 보장된다.
⑤ 상사중재의 심리절차는 비공개로 진행되므로, 기업의 영업상 비밀이 누설되지 않는다.

해설
ADR(Alternative Dispute Resolution)은 알선, 조정, 중재 등 소송 이외의 방법으로 분쟁을 해결하는 대안적 분쟁해결방법을 의미한다.

정답 | ①

02

관세법상 특허보세구역에 관한 설명으로 옳은 것은?

① 보세전시장에서는 박람회 등의 운영을 위하여 외국물품을 장치·전시하거나 사용할 수 있다.
② 보세창고의 경우 장치기간이 지난 내국물품은 그 기간이 지난 후 30일 내에 반출하면 된다.
③ 보세공장에서는 내국물품은 사용할 수 없고, 외국물품만을 원료 또는 재료로 하여 제품을 제조·가공할 수 있다.
④ 보세건설장 운영인은 보세건설장에서 건설된 시설을 수입신고가 수리되기 전에 가동해도 된다.
⑤ 보세판매장에서 판매하는 물품의 반입, 반출, 인도, 관리에 관한 사항은 산업통상자원부령으로 정한다.

선지분석
② 보세창고의 경우 장치기간이 지난 내국물품은 그 기간이 지난 후 10일 내에 반출해야 한다.
③ 보세공장에서는 내국물품 및 외국물품을 원료 또는 재료로 하여 제품을 제조·가공할 수 있다.
④ 보세건설장 운영인은 보세건설장에서 건설된 시설에 대한 수입신고 수리 이후에 해당 시설을 가동할 수 있다.
⑤ 보세판매장에서 판매하는 물품의 반입, 반출, 인도, 관리에 관한 사항은 관세법 및 관련 고시로 정한다.

정답 | ①

03

국내물류와 구분되는 국제물류의 특성으로 옳지 않은 것은?

① 물류관리에 있어서 복잡성의 증가
② 물류관리와 관련된 거래비용의 감소
③ 리드타임 및 불확실성의 증가
④ 환율변동으로 인한 환위험 노출
⑤ 국가별 유통채널의 상이성

해설
거래비용(Transaction cost)은 개별 경제주체 간에 계약이나 거래를 수행할 때 유발되는 불확실성으로 인하여 수반되는 제반 비용이다. 국제물류는 수출입 수속 및 통관절차, 운송방법의 다양화로 국내물류보다 복잡하고 불확실성이 높으므로 물류관리와 관련된 거래비용이 증가한다.

정답 | ②

04

Incoterms® 2020의 개정 내용에 관한 설명으로 옳지 않은 것은?

① FCA에서 본선적재 선하증권에 관한 옵션 규정을 신설하였다.
② FCA, DAP, DPU 및 DDP에서 매도인 또는 매수인 자신의 운송수단에 의한 운송을 허용하고 있다.
③ CIF규칙은 최대담보조건, CIP규칙은 최소담보조건으로 보험에 부보하도록 개정하였다.
④ 인코텀즈 규칙에 대한 사용지침(Guidance Note)을 설명문(Explanatory Note)으로 변경하여 구체화하였다.
⑤ 운송의무 및 보험비용 조항에 보안관련 요건을 삽입하였다.

해설
Incoterms® 2020은 매도인에게 CIP규칙의 경우 최대담보조건으로, CIF규칙의 경우 최소담보조건으로 부보할 것을 요구하고 있다.

정답 | ③

05

다음 설명에 해당하는 국제물류시스템은?

> ㄱ. 수출국 기업에서 해외의 자회사 창고로 상품을 출하한 후, 발주요청이 있을 때 해당 창고에서 최종 고객에게 배송하는 가장 보편적인 시스템
> ㄴ. 수출국의 공장 또는 배송센터로부터 해외 자회사의 고객 또는 최종 소비자나 판매점으로 상품을 직송하는 형태로, 해외 자회사는 상거래 유통에는 관여하지만 물류에는 직접적으로 관여하지 않는 시스템

① ㄱ: 통과 시스템, ㄴ: 다국적(행) 창고 시스템
② ㄱ: 고전적 시스템, ㄴ: 직송 시스템
③ ㄱ: 통과 시스템, ㄴ: 고전적 시스템
④ ㄱ: 고전적 시스템, ㄴ: 다국적(행) 창고 시스템
⑤ ㄱ: 통과 시스템, ㄴ: 직송 시스템

관련이론 |

고전적 시스템(Classical system)
수출국 기업에서 수입국의 자회사 물류센터(창고)로 상품을 대량 운송하여 재고로 유지하다가, 현지의 발주요청이 있을 때 해당 물류센터에서 고객에게 운송하는 형태

통과 시스템(Transit system)
수출국 기업에서 수입국의 자회사 물류센터(창고)로 상품을 다빈도 운송하여 해당 물류센터에서 분류작업 또는 가공작업을 진행하여 고객에게 운송하는 형태

직송 시스템(Direct system)
수출국 기업에서 수입국 자회사의 고객 또는 현지의 판매점, 최종 소비자에게 상품을 직접 운송하는 형태

다국적(행) 창고 시스템(Multi-country warehouse system)
다수의 국가에 자회사들을 보유한 수출국 기업이 거점지역의 중앙창고(허브창고)로 상품을 대량 운송하여 재고로 유지하다가 인근 자회사의 발주요청이 있을 때 해당 중앙창고에서 수입국 자회사 물류센터(창고) 또는 고객에게 운송하는 형태

정답 | ②

06

무역계약의 주요 조건에 관한 설명으로 옳은 것은?

① D/P(Documents against Payment)는 관련 서류가 첨부된 기한부(Usance) 환어음을 통해 결제하는 방식이다.
② 표준품 매매(Sales by Standard)란 공산품과 같이 생산될 물품의 정확한 견본의 제공이 용이한 물품의 거래에 주로 사용된다.
③ 신용장 방식에 의한 거래에서 벌크 화물(bulk cargo)에 관하여 과부족을 금지하는 문언이 없는 한, 5 %까지의 과부족이 용인된다.
④ CAD(Cash Against Document)는 추심에 관한 통일규칙에 의거하여 환어음을 추심하여 대금을 영수한다.
⑤ FAQ(Fair Average Quality)는 양륙항에서 물품의 품질에 의하여 품질을 결정하는 방법이다.

선지분석

① D/P(Documents against Payment)는 관련 서류가 첨부된 일람불환어음(sight draft)을 통해 결제하는 방식이고, D/A(Documents against Acceptance)는 기한부환어음(usance draft)을 통해 결제하는 방식이다.
② 표준품매매(Sales by Standard)는 수확예정 농수산물, 벌채예정 원목, 채굴예정 광물과 같이 무역계약 체결 시 현품이나 견본을 제공하기 어려운 경우, 특정시점의 표준품을 기준으로 품질조건을 정하는 방식이다.
④ D/P(Documents against Payment) 및 D/A(Documents against Acceptance)는 추심에 관한 통일규칙에 의거하여 환어음을 추심하여 대금을 영수한다.
　CAD(Cash Against Document)는 물품 선적 후 수입자에게 선적서류를 제시하여 수출대금을 지급받는 방식이다.
⑤ FAQ(Fair Average Quality)는 과일, 곡류 등의 선물거래에서 당해 계절 수확물의 평균중등품일 것을 품질조건으로 하는 방식으로, 선적 시 품질을 결정한다.

정답 | ③

07

관세법에서 정의하고 있는 내국물품에 해당하지 않는 것은?

① 외국으로부터 우리나라에 도착한 물품으로 수입신고가 수리되기 전의 것
② 우리나라의 선박 등이 공해에서 채집하거나 포획한 수산물 등
③ 수입신고 수리 전 반출승인을 받아 반출된 물품
④ 우리나라에 있는 물품으로서 외국물품이 아닌 것
⑤ 수입신고 전 즉시반출신고를 하고 반출된 물품

해설

관세법상 내국물품은 아래와 같다.
- 우리나라에 있는 물품으로서 외국물품이 아닌 것
- 우리나라의 선박 등이 공해에서 채집하거나 포획한 수산물 등
- 국내에 반입되어 수입신고가 수리된 물품
- 입항전수입신고가 수리된 물품
- 수입신고 전 즉시반출신고를 하고 반출된 물품
- 수입신고 수리 전 반출승인을 받아 반출된 물품

정답 | ①

08

신용장통일규칙(UCP 600)의 내용에 관한 설명으로 옳은 것은?

① 발행된 신용장에 취소불능(irrevocable)이라고 표시하지 않으면 취소가능 신용장이다.
② 선적 기간을 정하기 위하여 사용하는 "to", "from", "after"란 용어는 언급된 당해일자를 포함한다.
③ 신용장은 이용 가능한 해당 은행과 모든 은행을 이용할 수 있는지 여부를 명시하지 않아도 된다.
④ 신용장은 발행의뢰인을 지급인으로 하는 환어음에 의하여 이용할 수 있도록 발행되어야 한다.
⑤ 지정은행, 필요한 경우의 확인은행 및 발행은행은 서류가 문면상 일치하는 제시를 나타내는지를 결정하기 위해서는 서류만으로 심사하여야 한다.

선지분석
① 신용장은 취소 여부에 대한 아무런 명시가 없더라도 취소불능(irrevocable)이다.
② 선적기간의 결정과 관련하여 'to', 'until', 'till', 'from', 'between'은 언급된 당해일자를 포함하고, 'before', 'after'는 언급된 당해일자를 제외한다.
③ 신용장은 이용 가능한 해당 은행, 모든 은행을 이용할 수 있는지 여부를 명시해야 한다.
④ 신용장은 개설은행(발행은행)을 지급인으로 하는 환어음에 의하여 이용할 수 있도록 발행되어야 한다.

정답 | ⑤

09

Incoterms® 2020 규칙에 관한 설명으로 옳지 않은 것은?

① "도착지인도"(DAP)란 매도인이 물품을 지정목적지까지 또는 지정목적지 내의 합의된 지점에서 도착운송수단에 실어둔 채 매수인 처분 하에 두어야 하는 것을 말한다.
② "선측인도"(FAS)란 매도인이 지정 선적항에서 매수인이 지정한 선박의 선측에 물품이 놓인 때 까지만 물품의 멸실 또는 훼손의 위험 의무를 부담하는 것을 말한다.
③ "운임 보험료 포함인도"(CIF)란 물품이 선박에 적재된 때 물품의 멸실 또는 훼손의 위험이 매도인에서 매수인에게 이전되는 것을 말한다.
④ "공장인도"(EXW)란 매도인이 계약물품을 공장이나 창고 같은 지정장소에서 매수인의 처분상태로 둘 때 인도하는 것을 말한다.
⑤ Incoterms® 2020 규칙은 그 자체로 매매계약이다.

해설
Incoterms® 2020 규칙은 물품이 매도인으로부터 매수인에 이르기까지 운송, 보험, 수출입통관 등에 관한 의무, 위험, 비용의 분담에 대하여 다루고 있다.
그러나 Incoterms® 2020 규칙은 매매계약이 아니므로 물품의 소유권 이전, 대금지급 시기, 계약위반과 권리구제수단, 불가항력, 이행가혹, 준거법 등에 관한 내용을 규정하지 않는다.

정답 | ⑤

10

북극해항로(Northern Sea Route)에 관한 설명으로 옳지 않은 것은?

① 북극해항로를 이용할 경우 수에즈운하를 이용하는 항로에 비해 운항거리와 운항시간을 단축하는 효과가 있다.
② 북극해항로는 캐나다 북부해안을 따라 운항하는 북동항로를 일컫는다.
③ 북극해항로는 얕은 수심으로 인해 초대형 컨테이너선 운항에 어려움이 있다.
④ 북극해항로의 상업적 이용을 위해서는 해당지역의 항만시설 개선과 쇄빙선 이용료의 인하 등이 필요하다.
⑤ 북극해항로는 북극지역의 광물 및 에너지자원 활용차원에서 초기에는 부정기선 위주로 활용될 전망이다.

해설
북극해항로는 러시아 북부해안을 따라 운항하는 항로로서 러시아 북동부와 유럽을 연결하는 해상운송로이다.

정답 | ②

PART 02 국제해상운송

CHAPTER 01 해상운송의 개요

1. 해상운송의 의의 기출 29, 22회

(1) 해상운송의 개념
① 해상에서 선박, 기타 운송수단을 사용하여 여객이나 화물을 장소적, 공간적으로 이전하는 것으로 Shipping, Ocean shipping, Marine transportation 등으로 표현된다.
② 해운부문의 기술발전으로 선박의 대형화 및 고속화가 진행되며, 컨테이너 선박의 대형화에 따라 하역시간을 단축할 수 있는 고생산성의 초대형 크레인(Post Panamax crane)이 도입되고 초대형선의 취항을 위해 항만의 수심이 깊어지고 있다. 또한 항만이 스마트화, 대형화되면서 소수의 대형 기항항만을 중심으로 거점화되는 추세이다.
③ 선사들의 경쟁이 치열해지면서 정기선사들의 전략적 제휴가 확대되고 있으며, 부정기선의 경우 유조선(Tanker), 냉장선(Reefer)과 같이 특정화물을 경제적으로 운송할 수 있는 설비를 갖춘 전용선이 증가하고 있다.

(2) 해상운송의 장·단점

장점	단점
대량화물 운송	별도의 하역장비 필요
장거리 운송	느린 운송속도
저렴한 운송비	기후에 따른 운항일정 변동

2. 항만 기출 29, 27, 25, 23, 22회

(1) 항만의 개념
① 항만(Harbor)은 선박이 안전하게 정박 또는 피난할 수 있는 수역과 이에 접한 육역 및 관련 시설의 총칭이다.
② 항구(Port)는 선박을 출입, 정박, 계류시키고 사람이 선박에 타고 내리거나 화물을 하역, 보관, 처리할 수 있는 물류시설 및 부가가치 창출을 위한 시설이 구비된 장소이다. 해운과 내륙교통을 연결하여 물류, 생산, 국제교역 등의 기능을 수행한다.
③ 부두(Wharf)는 선박이 접안하여 여객을 승·하선시키거나 화물을 하역할 수 있는 장소이다.
④ 컨테이너터미널(Container terminal)은 컨테이너화물을 하역, 이송, 혼재하고 컨테이너 및 관련기기를 장치, 정비, 수리하는 장소이다.

(2) 컨테이너터미널의 구조

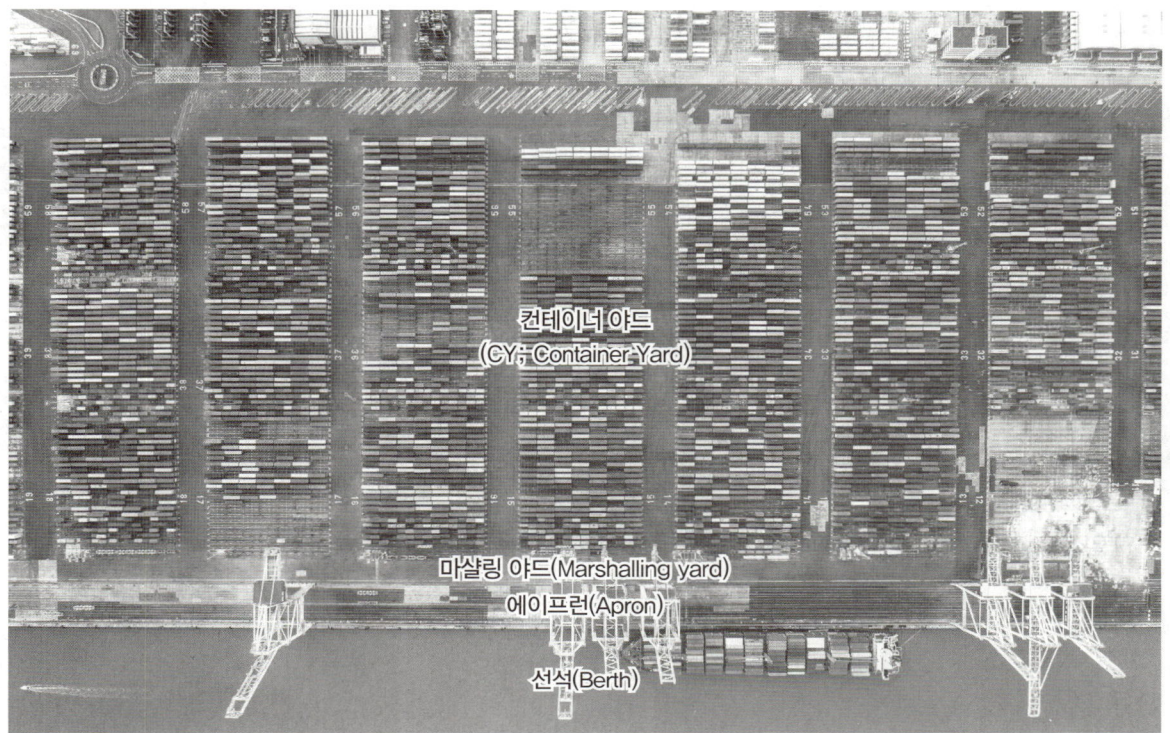

주요 시설	설명
선석(Berth)	• 항만에 선박을 계류할 수 있는 시설을 갖추고 있는 일정 수역 및 접안 장소
에이프런(Apron)	• 부두에서 안벽(Quay wall)을 따라 일정한 폭으로 나란히 뻗어 있는 공간으로, 레일을 따라 움직이는 갠트리크레인(Gantry crane)을 이용하여 컨테이너를 선적 또는 양륙(하역)하는 곳
마샬링 야드 (Marshalling yard)	• 선적 예정인 컨테이너를 적하계획(Stowage plan)에 따라 정렬해두거나 선박으로부터 양륙한 컨테이너를 내려놓는 공간
컨테이너 야드 (CY; Container Yard)	• 협의의 의미: 선적 예정인 FCL(Full Container Load) 화물을 인수하여 마샬링 야드로 옮기기 전까지 컨테이너를 보관하거나 양륙한 FCL 화물을 반출할 때까지 보관하는 야외에 위치한 컨테이너 야적장 • 광의의 의미: 컨테이너터미널 전체
컨테이너화물 조작장 (CFS; Container Freight Station)	• 선적 예정인 LCL(Less than Container Load) 화물들을 혼재(Consolidation)하여 FCL 화물로 만들거나 선박으로부터 양륙한 FCL 혼재화물을 해체하여 화주별 LCL 화물로 분류하는 실내 공간
CY 게이트(CY gate)	• 화물을 인수 또는 인도하는 컨테이너 터미널의 출입구로 선사, 육상운송인, 화주 등의 관리책임이 변경되는 지점

짚고 넘어가기 | 물류관련 용어

- Stowage plan(적하계획, 적부도): 본선에 적재하는 컨테이너의 위치를 표시한 배치도
- FCL(Full Container Load): 한 화주의 화물로 하나의 컨테이너를 가득 채우는 것
- LCL(Less than Container Load): 한 화주의 화물이 하나의 컨테이너를 가득 채우지 못하는 것
- Consolidation(혼재): 다수의 화주로부터 LCL 화물(소량화물)들을 모아서 FCL 화물(대량화물)로 만드는 것

(3) 컨테이너터미널의 하역장비

하역장비	설명
갠트리 크레인 (Gantry crane, Container crane)	에이프런(Apron)에서 레일을 따라 이동하며 컨테이너를 선적하거나 양륙하는 대형 크레인으로, 컨테이너 크레인(Container crane) 또는 지브 크레인(Jib crane)으로도 불림
트랜스퍼 크레인 (Transfer crane, Transtainer)	CY에서 컨테이너를 4~5단으로 적재하거나 반출할 때 사용하는 ∩형태의 하역장비로, 트랜스테이너(Transtainer)로도 불림
스트래들 캐리어 (Straddle carrier)	CY에서 컨테이너를 양 다리 사이에 놓고 상하로 들어올려 운반 및 적재하는 하역기기. 컨테이너를 2~3단 정도로 적재가 가능한 기동성이 좋은 하역장비
리치 스태커 (Reach stacker)	컨테이너 모서리쇠를 잡는 스프레더(Spreader)가 장착되어 있는 긴 붐(Boom)을 이용하여 컨테이너를 적재 및 이동하는 하역장비
지게차 (Fork lift)	포크(Fork)를 이용하여 컨테이너를 옮기거나 트럭에 하역할 때 사용하는 하역기기
탑 핸들러 (Top handler)	지게차의 포크(Fork) 대신 스프레더(Spreader)를 장착하여 컨테이너를 수직으로 적치 및 하역하는 장비
야드 트랙터 (Yard tractor)	CY에서 야드 섀시를 견인하여 컨테이너를 운송하는 트럭
야드 섀시 (Yard chassis)	컨테이너를 탑재하는 차대로서, 야드 트랙터에 연결되어 이동하는 장비

(4) 항만의 계류(정박)시설

계류시설	설명
Quay wall (키월)	해안선에 수평으로 구축된 석재 또는 철재 구조물로서 선박의 접안을 위하여 수직의 벽체 구조물 형태로 만들어진 안벽
Jetty (Pier)	해안선에서 직각 또는 일정한 각도로 돌출한 교량형 구조물로 선박의 접안이 용이하도록 바다에 기둥을 박고 그 위에 상판을 설치한 잔교
Dolphin	해안에서 떨어져 일정 수심이 확보되는 위치에 선박이 정박하여 하역할 수 있도록 일정한 간격으로 축조된 말뚝식 구조물
Mooring buoy (무어링 부이)	대형 유조선 등 선박이 부두에 직접 접안하지 않고 해상에 계류 및 하역을 하도록 선박을 묶어두는 원통형의 부표
Fender	부두에 정박한 선박의 충돌로 인한 충격을 완화하기 위해 안벽의 외측이나 선박에 부착하는 고무, 목재 등으로 만든 완충물
Bitt	선박의 계선밧줄을 고정시키기 위해 안벽에 설치된 석재 또는 철재의 짧은 기둥
Capstan	선박의 입출항 시 계선밧줄을 감아올려 당겨주는 기계장치

> **짚고 넘어가기** 선박관련 용어
> - 정박지(Anchorage): 항내에 닻을 내리고 선박이 머무르는 수역으로 묘박지라고도 함
> - 선회장(Turning basin): 선박이 방향을 바꾸기 위해 회전할 때 필요한 수역. 예선에 의한 회두인 경우에는 대상선박 길이의 2배, 자력으로 회두하는 경우에는 대상선박 길이의 3배를 직경으로 하는 원형 면적이 필요
> - 항로(Access channel): 선박이 운항하기로 예정되어 있는 해상 경로. 바람과 파랑의 방향에 대해 30~60°의 각도를 갖는 것이 좋음

(5) **내륙 컨테이너 기지(ICD; Inland Container Depot)**
① 항만이 아닌 내륙에서 컨테이너 화물에 대해 집화, 보관, 혼재, 분류, 통관 등의 기능을 수행하는 내륙물류기지이다.
② 선박과 철도의 복합연계운송이 효율적으로 이루어질 수 있는 장소에 위치하여 철도로 컨테이너 화물을 항만까지 운송시켜 비용을 절감하고, 교통체증을 감소시키는 효과가 있다.
③ 양산 ICD, 의왕 ICD가 대표적이며, 내륙에 위치하고 있으므로 항만에서 이루어지는 마샬링(정렬) 기능과 본선적재 기능은 수행할 수 없다.

CHAPTER 02 선박

1. 선박의 의의 기출 25회

(1) **선박의 개념**
① 수상에서 상행위, 기타 영리를 목적으로 여객 및 화물을 실어서 운반하는 부양성, 적재성, 이동성을 가진 운송수단이다.
② 국제무역에서의 선박은 상선(商船) 중에 영리를 목적으로 화물을 운송하는 협의의 의미로 파악한다.
③ 「선박법 제1조의2」에서는 "선박이란 수상 또는 수중에서 항행용으로 사용하거나 사용할 수 있는 배 종류를 말한다."고 정의하고 있으며, 「상법 제740조」에서는 "선박이란 상행위나 그 밖의 영리를 목적으로 항해에 사용하는 선박을 말한다."고 규정하고 있다.

(2) **선박의 구조**
① 흘수(Draft)
  ㉠ 물속에 잠겨있는 선체부분의 깊이
  ㉡ 만재흘수선(Full load draft line)은 선박의 안전한 항해를 위해 필요한 예비부력(Reserved buoyancy)을 확보할 수 있는 상태에서 허락된 최대의 흘수로서, 계절과 항해구역에 따라 다르다.
② 건현(Freeboard)
  ㉠ 물에 잠기지 않은 선체부분을 의미하며, 선체의 중앙에서 측정한 만재흘수선에서 상갑판 위까지의 수직거리를 말한다.
  ㉡ 건현의 지정은 만재흘수선을 지정하는 것과 같은 의미를 지니며, 화물의 적재로 인해 선체가 잠기는 깊이를 법적으로 제한하는 것이다.
  ㉢ 선박에 필요한 최소 건현을 지정하여 내항성 확보에 충분한 예비부력을 보유하는 것을 목적으로 하기 때문에 건현이 크면 선박의 안전성이 높다는 것을 의미한다.

보충학습
Reserved buoyancy
선체가 물속에서 부력을 조절하여 안전하게 항해하기 위해 확보해 둔 예비부력

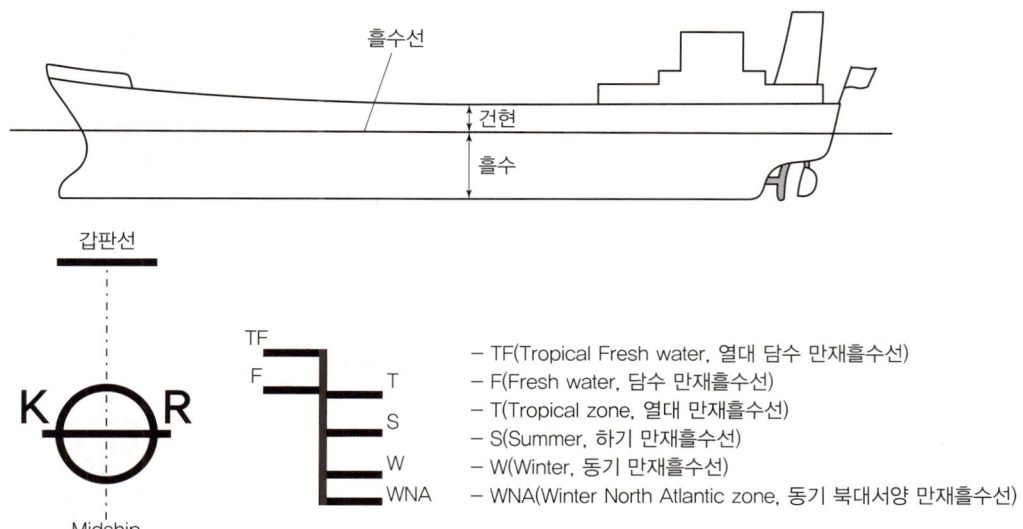

- TF(Tropical Fresh water, 열대 담수 만재흘수선)
- F(Fresh water, 담수 만재흘수선)
- T(Tropical zone, 열대 만재흘수선)
- S(Summer, 하기 만재흘수선)
- W(Winter, 동기 만재흘수선)
- WNA(Winter North Atlantic zone, 동기 북대서양 만재흘수선)

2. 선박의 종류 기출 25회

(1) 일반화물선(General cargo ship)

① 재래선(Conventional ship): 컨테이너화가 어려운 개별포장단위 또는 파렛트 단위의 화물을 꾸러미 형태로 적입하여 운송하는 선박으로, 본선 갑판에 크레인 등 하역 설비를 보유하고 있다.

② 컨테이너선(Container ship): 컨테이너를 전문적으로 적재하여 운송할 수 있도록 설계된 선박으로, 하역효율이 높아 신속한 운송이 가능하고 복합운송 시 환적이 용이하다.

㉠ 하역장비 장착 여부에 따른 분류

종류	설명
기어 컨테이너선 (Geared container ship)	본선 갑판에 컨테이너 하역용 갠트리크레인을 장착하고 있는 컨테이너선
기어리스 컨테이너선 (Gearless container ship)	본선에 컨테이너 하역용 갠트리크레인을 장착하지 않은 컨테이너선으로, 컨테이너터미널 안벽에 설치된 갠트리크레인을 사용하여 하역

㉡ 하역방식에 따른 분류

종류	설명	그림
LO-LO(Lift on/Lift off)선	본선 또는 육상에 설치된 갠트리크레인을 사용하여 컨테이너를 수직으로 들어올려 하역하는 방식의 선박	

RO-RO(Roll on/Roll off)선	경사로(Ramp)를 통해 트랙터, 지게차, 트레일러 등에 화물을 올리고 이동시켜 하역하는 방식의 선박	
FO-FO(Float on/Float off)선	부선(바지선)에 화물을 적재하여 본선에 설치된 크레인으로 화물 또는 부선(바지선) 자체를 하역하는 방식의 선박	

(2) 전용선(Specialized ship)

① 운송되는 화물의 특성을 고려하여 효율적으로 운송할 수 있도록 선박구조를 설계하고 보관시설, 하역장비 등을 갖춘 선박이다.

② 선주와의 계약에 의해 운항되며, 특정한 단일화물만 운송하기 때문에 대량의 화물을 효율적으로 적재할 수 있어서 환경보존 차원에서 전용선화되는 추세에 있으나 복항 시 공선상태로 항해하게 되는 단점이 있다.

③ 예 자동차 전용선(Car carrier), 목재 전용선(Log carrier), 곡물, 광석, 석탄 등과 같이 일정 단위로 포장하지 않고 가루 또는 낱알 상태로 운송하는 살물선(Bulk carrier) 등

(3) 겸용선(Combination carrier)

① 화물운송 수요의 다양화, 운송지역의 다변화에 대응할 수 있도록 한 척의 선박에 서로 다른 2가지 이상의 화물을 적재할 수 있도록 개발된 선박이다.

② 회항 시 집화 가능한 화물을 선적함으로써 공선항해로 인한 비경제성을 완화할 수 있지만, 최근 해양오염 방지를 위해 이중선체가 강제화되면서 점차 사용하지 않는 추세이다.

③ 예 광석/원유 겸용선(Ore/Oil carrier), 광석/벌크/원유 겸용선(Ore/Bulk/Oil carrier), 자동차/벌크 겸용선(Car/Bulk carrier) 등

(4) 유조선(Tanker)

① 원유, 액화가스, 화공약품 등 액화 또는 기화된 화물의 운송에 적합하도록 제작된 선박이다.

② 예 원유 운반선(Crude oil tanker), 액화천연가스 운반선(LNG tanker), 액화프로판가스 운반선(LPG tanker), 화학약품 운반선(Chemical tanker) 등

(5) 특수선(Special cargo ship)

① 중량화물, 부패성화물 등 특수화물의 운송에 적합한 구조를 갖춘 선박이다.

② 예 교량, 플랜트, 건설기자재, 선박블록 등을 적재하여 운송하는 중량물 운반선(Heavy cargo carrier), 육류, 어류, 과일 등을 운송하는 냉동선(Reefer carrier), 부선(Lighter, Barge)에 화물을 적재한 채로 본선에 태워 운송하는 LASH선(Lighter Aboard Ship) 등

3. 선박의 톤수 빈출 27, 26, 25, 24, 23회

대상	기준	톤수의 종류
선박의 크기	용적	총톤수, 순톤수
	중량	배수톤수
적재화물의 양	용적	재화용적톤수
	중량	재화중량톤수

(1) 용적톤수(Measurement Tonnage)

① 개요: 선박의 용적을 톤으로 환산할 때는 $100ft^3$를 1톤으로 하고, 화물의 용적을 톤으로 환산할 때는 $40ft^3$를 1톤으로 한다.

② 총톤수(G/T; Gross Tonnage)
㉠ 선박의 밀폐된 장소 내부의 총용적을 의미하며, 선박의 수용능력을 나타낸다.
㉡ 상갑판 하부 및 상부의 모든 밀폐된 장소에 대한 용적의 합에서 선박의 안전과 위생에 사용되는 공간의 용적을 제외한 합계 용적에 일정한 계수를 곱하여 결정된다.
㉢ 군함을 제외한 모든 선박의 크기를 표시하는 기준이 되므로 관세, 선박의 등록세, 도선료, 계선료 등의 세금 및 수수료의 산출기준이 된다.

③ 순톤수(N/T; Net Tonnage)
㉠ 여객, 화물운송 등 직접 상행위에 사용되는 공간의 용적을 의미한다.
㉡ 총톤수에서 선박의 운항에 이용되는 장소(기관실, 선원실, 해도실, 밸러스트 탱크 등)의 용적을 공제한 톤수에 일정한 계수를 곱하여 산정한다.
㉢ 선주나 용선자의 상행위와 관련된 용적이므로 항세, 톤세, 운하통과료, 등대사용료, 항만시설사용료 등의 부과기준이 된다.

④ 재화용적톤수(M/T; Cargo Capacity Measurement Tonnage)
선창 내에 화물을 적재할 수 있는 공간의 용적을 톤수로 나타낸 것이다.

> **보충학습**
> **밸러스트(Ballast)**
> 공선 상태에서는 흘수가 얕아지고 복원력이 부족해지므로 선박이 적당한 복원성을 유지하고 흘수 등을 조절하여 안전하게 항해할 수 있도록 선박의 하부에 싣는 중량물

(2) 중량톤수(Weight Tonnage)

① 배수톤수(DISPT; Displacement Tonnage)
㉠ 배수량(선박이 수면에서 평형을 유지할 때 선체의 수면 아래 부분이 밀어낸 물의 중량)으로 선박의 중량을 측정하여 톤으로 표시한 것이다.
㉡ 배수량은 화물의 적재상태에 따라 다르므로 보통 선박의 배수톤수를 말할 때 만재상태에서 선체의 중량을 의미한다.
㉢ 상선은 화물적재량에 따라 배수량이 달라지므로 배수톤수를 사용하지 않고, 주로 군함의 크기를 나타낼 때 사용한다.

② 재화중량톤수(DWT; Dead Weight Tonnage)
㉠ 선박이 적재할 수 있는 화물의 최대중량을 톤수로 표시한 것이다.
㉡ 선박의 만재흘수선에 상당하는 배수량(만재 시 배수량)과 경하배수량(공선 시 배수량)의 차이로 계산한다.
㉢ 선박의 최대 적재능력을 나타내기 때문에 선박의 매매, 용선료 등의 산출기준으로 활용된다.

(3) 운하톤수(C/T; Canal Tonnage)
　① 운하통행료를 부과하기 위해 용적을 기준으로 산정하는 톤수를 의미한다.
　② 일반적으로 사용하는 톤수를 적용하지 않고 운하 특유의 톤수측정 규정에 의해 산출하며, 운하통행료는 순톤수를 기준으로 부과한다.
　③ ㉠ 수에즈운하톤수, 파나마운하톤수

(4) 운임톤(R/T; Revenue Ton)
　① 운임을 청구하는 기준이 되는 톤을 의미한다.
　② 중량화물(Weight cargo)은 중량기준으로 운임을 부과하고, 경량화물(Light cargo)은 용적기준으로 운임을 부과한다.
　③ 운임산정 시 중량화물과 용적화물의 기준이 모호할 때는 용적과 중량으로 계산한 운임 중 더 높은 운임을 선사가 부과하는 것을 의미하며, 화물톤(Freight ton)이라고도 한다.

4. 선급제도와 선박의 국적 기출 26, 23회

(1) 선급제도
　① 선박이 정상적인 항해를 할 수 있는 안전한 상태인지 감항성 또는 내항성을 전문적, 객관적으로 판단하기 위하여 만든 제도이다.
　② 선급은 공신력을 가진 전문적 기술단체인 선급협회가 선체상태, 선령, 선박에 장착된 기기의 성능 등을 평가하여 정한 선박의 등급을 의미하며 선박의 용선 및 매매, 해상보험료 등을 산정하는 기준으로 활용된다.
　③ 우리나라에서는 한국선급협회(Korean Register of Shipping)가 선박검사의 국가대행기관으로 지정되어 있다.

> **보충학습**
> **감항성**
> 선박이 통상의 위험을 견디고 안전한 항해를 하기 위해 필요한 인적, 물적 준비를 갖춘 상태

(2) 선박의 국적
　① 편의치적(FOC; Flag of Convenience): 세금부담 경감, 인건비 절약 등을 위해 선주가 소유한 선박을 자국에 등록하지 않고 제3국(파나마, 온두라스, 라이베리아 등)에 치적(국적을 등록)하는 것으로, 이러한 선박을 편의치적선이라고 한다.
　② 제2치적제도(Secondary ship's flag system): 자국 선박의 해외이적을 방지하기 위하여 자국 선주가 소유한 선박을 자국의 특정 지역에 등록한 경우 편의치적선에 준하는 선박 관련 세제혜택 및 선원고용상 특례를 부여하는 제도를 말한다. 우리나라에는 제주선박등록특구가 지정되어 있다.

(3) 국적선 불취항 증명제도(Waiver system)
　① 웨이버 제도(Waiver system)는 자국선 보호 및 외화 유출 방지를 위해 국적선 취항지역에서는 국적선을 이용하도록 하고, 국적선 불취항 증명서(waiver) 없이는 외국선 이용을 금지하는 제도이다.
　② 국적선이 취항하지 않는 항로나 그 화물의 선적시점에 운항 가능한 국적선이 없는 경우에는 이 사실에 관한 국적선 불취항 증명서(waiver)를 받아서 외국 선박을 이용할 수 있도록 제한하는 국적선 보호제도이다.

CHAPTER 03 해상운송의 형태

1. 정기선운송(Liner) 기출 29, 27, 26, 24회

(1) 정기선운송의 의의
① 미리 정해진 운항일정에 따라 특정항로를 규칙적으로 반복운항하면서 사전에 공표된 운임표(Tariff)에 따라 화물의 양과 관계 없이 운송서비스를 제공하는 해상운송방식이다.
② 해상운송인은 불특정 다수의 화주와 표준화된 운송계약약관에 따라 개품운송계약을 체결하고 여러 종류의 소량화물을 운송하므로 공공서비스의 성격을 가진다. 운송계약의 증빙으로 선하증권(B/L; Bill of Lading)을 발급한다.
③ 대형 정기선사들이 안정적인 운임수준으로 고품질의 운송서비스를 제공하고 있지만, 대규모의 자본이 투입되어 진입장벽이 높기 때문에 소수의 대형 선사들이 시장을 과점하고 있다.
④ 주요 대상화물은 하역작업이 용이하도록 파렛트, 컨테이너에 적재되어 단위화된 규격화물이다.

(2) 해운동맹(Shipping conference)
① 특정 항로에 취항하는 2개 이상의 선박회사들이 모여 기업의 독립성은 유지하면서 상호 출혈적인 경쟁을 피하고 이익을 증진하기 위해 운임, 배선, 선적량 등 해상운송 조건에 관하여 협정을 체결한 국제 카르텔이다.
② 해운동맹을 통해 배선이 합리화되어 비용이 절감되고 안정적인 정기운항으로 무역거래가 편리해지는 장점이 있지만, 동맹의 독점성에 따라 초과이윤을 획득하고 공정한 경쟁을 제한하며 기항지를 축소하여 화주의 불편을 야기하는 등의 단점이 존재한다.
③ 동맹선사 간 협정 및 운영방식
  ㉠ 운임협정(Rate agreement): 동맹선사들은 과도한 운임경쟁을 지양하기 위해 협정된 운임표(Tariff)에 따라 정해진 운임률을 준수해야 하는 의무가 부과된다.
  ㉡ 공동계산협정(Pooling agreement): 항해경비 등을 공제한 순운임수입을 공동기금으로 모아두고 일정 기간이 경과한 후 사전에 정한 배분율에 따라 수익운임을 동맹선사들에게 나누어준다.
  ㉢ 항해협정(Sailing agreement): 동맹선사 간 경쟁을 억제하고 동맹 내 질서를 유지하기 위해 특정항로의 배선 선복량을 동맹선사별로 할당하고 적정한 배선수를 설정한다.
  ㉣ 공동운항(Joint service): 동맹선사 간 경쟁을 배제하고 경비를 절감하기 위해 특정항로에 한하여 일시적으로 동맹선사들이 공동경영을 하고 운임수입을 정기적으로 배분한다.
  ㉤ 대항선(Fighting ship) 투입: 동맹선사 항로에 비동맹선이 취항하면 손실을 감수하고 동맹선사의 대항선을 투입하여 비동맹선이 단념하게 하는 방식으로, 이 때 발생한 손실은 동맹선사가 공동으로 부담한다.
④ 해운동맹의 화주 유인수단
  ㉠ 이중운임제(Dual rate system): 동맹선만 이용한다는 계약을 체결한 화주에게 일반운임률보다 낮은 계약운임률을 적용하고, 비계약화주에게 일반운임률을 책정하는 계약운임제도(Contract rate system)이다.
  ㉡ 성실환급제(Fidelity rebate system): 일정 기간 동안 동맹선을 이용한 화주에게 그 기간에 해당하는 운임의 일정비율을 기간 경과 후에 환불해주는 제도이다.
  ㉢ 운임연환급제(Deferred rebate system): 일정 기간 동안 동맹선에 선적한 화주에게 그 기간에 해당하는 운임의 일부를 환불하는 데 있어, 그 기간에 이어서 일정 유보기간에도 계속 동맹선에만 선적할 것을 조건으로 하고 그 유보기간이 경과된 후 환불되는 제도이다.

2. 부정기선운송(Tramper) 기출 29, 26, 25, 24회

(1) 부정기선운송의 의의

① 운항일정이나 항로가 일정하지 않고, 화물의 수요에 따라 화주가 요구하는 시기와 항로에 불규칙적으로 운송서비스를 제공하는 해상운송방식이다.
② 선주(Shipowner)는 특정 소수의 화주(용선자)와 수급상황에 따라 운송조건을 협의하여 용선계약을 체결하고 대량 화물을 수송하므로 사적서비스의 성격을 가진다.
③ 일반적으로 용선중개인(Ship broker)이 선주와 용선자를 연결하여 용선계약이 성사될 수 있도록 중개하고, 선주와 용선자 간에는 항로, 항해기간 등에 따라 계약조건이 다른 용선계약서(C/P; Charter Party)를 작성한다.
④ 부정기선의 운임은 운송의 수요와 선복의 공급에 따라 결정되기 때문에 운임수준은 해운업의 시황에 따라 계절적, 시간적, 지역적으로 상이하다.
⑤ 주요 대상화물은 곡물, 광석, 석탄 등과 같이 대량수송이 필요하지만 화물 자체의 가치가 낮아 운임부담능력이 적은 살화물(Bulk cargo)이다.

> **짚고 넘어가기** BDI(Baltic Dry Index, 발틱운임지수)
> 런던의 발틱해운거래소가 광석, 석탄 등과 같은 원자재와 곡물을 수송하는 벌크선의 시황을 나타내는 해운 운임지수이다. 전 세계 주요항로의 선박유형별 화물운임과 용선료 등을 종합하여 산정하며, 전 세계 교역량을 평가하고 국제 경제 활황을 가늠하는 데 사용하는 중요한 지수이다.

(2) 정기선운송과 부정기선운송의 비교

구분	정기선운송(Liner)	부정기선운송(Tramper)
수요특성	지속적이고 안정적인 수요	불규칙하고 불안정한 수요
운항형태	특정항로를 규칙적으로 반복 운항	항로와 운항시기가 불규칙한 운항
화주	불특정 다수	특정 소수
대상화물	규격화물(공산품 등)	살화물(광물 등)
운송인 성격	공적운송인	사적운송인
운송계약	표준화된 계약(선하증권: Bill of Lading)	자유로운 계약(용선계약서: Charter Party)
운임	사전에 공표된 운임표(Tariff) 적용	운송인과 용선자의 합의에 의해 결정

3. 개품운송계약과 용선계약 빈출 29, 27, 26, 25, 24, 23회

(1) 개품운송계약

① 개개의 물품 운송을 목적으로 하는 해상운송계약으로, 주로 정기선운송에서 이용되는 운송계약의 형태이다.
② 해상운송인(선사)은 불특정 다수의 화주로부터 개개 물품의 운송을 인수하면서 운송의 대가로 사전에 공표된 운임표(Tariff)에 따라 운임을 받고 운송계약 체결의 증거로서 표준화된 운송약관이 일률적으로 반영된 선하증권(B/L; Bill of Lading)을 발행한다.
③ 화주들은 사전에 공시된 항해일정, 선적지, 도착지, 운임 등을 고려하여 조건에 맞는 개품운송계약을 체결하며, 이때 하역비 부담조건은 Berth term(Liner term)을 적용한다.

(2) 용선계약

① 대량의 벌크화물을 운송하기 위해 용선자(Charterer: 선복을 빌리는 사람)가 선주(Shipowner)로부터 선복(Ship's space)의 일부 또는 전부를 빌리고 이에 대한 대가로 용선료를 지급할 것을 약정하는 해상운송계약으로, 부정기선 운송에서 사용되는 운송계약의 형태이다.

② 용선자는 용선중개인(Ship broker)을 통해 화물, 항로, 항해기간 등 조건에 맞는 선주와 계약 자유의 원칙에 따라 운송조건을 협의하여 용선계약서(C/P; Charter Party)를 작성한다.

③ 용선계약은 일반적으로 계약이 특정 항해에 한정되는 항해용선계약, 계약이 일정 기간에 한정되는 기간용선계약(정기용선계약), 일정한 기간 동안 빈 선박을 빌리는 나용선계약으로 구분된다.

(3) 하역비 부담조건

① 선적 및 양륙 시 발생하는 하역비를 선주와 용선자(화주) 중에 누가 부담하는지에 대한 조건이다.

② Berth term(Liner term): 용선자가 화물을 선측까지 인도하면 선주는 화물을 선적하면서부터 발생한 하역비를 부담하는 조건으로, 정기선에서 사용하는 조건이다.

③ FI(Free In) Term: 선적 시 하역비는 용선자가 부담하고, 양륙 시 하역비는 선주가 부담하는 조건이다.

④ FO(Free Out) Term: 선적 시 하역비는 선주가 부담하고, 양륙 시 하역비는 용선자가 부담하는 조건이다.

⑤ FIO(Free In & Out) Term: 선적 및 양륙 시 하역비를 용선자가 부담하는 조건이다.

⑥ FIOST(Free In & Out & Stowage & Trimming) Term: 선적 및 양륙 시 하역비, 적부비, 화물정리비를 용선자가 부담하는 조건이다.

부담조건	In (선적, 적하 시)	Out (양륙, 양하 시)
Berth Term	선주 부담	선주 부담
FI Term	용선자(화주) 부담	선주 부담
FO Term	선주 부담	용선자(화주) 부담
FIO Term	용선자(화주) 부담	용선자(화주) 부담
FIOST Term	용선자(화주) 부담	용선자(화주) 부담

(4) 용선계약의 종류

① 항해용선계약(Voyage charter, Trip charter)

㉠ 선원, 장비 등을 갖추고 항해준비가 되어있는 선박을 선적항(Loading port)에서 양륙항(Discharging port)까지 한 번의 편도 항해를 단위로 용선하는 경우 체결하는 운송계약이다. 용선료는 일반적으로 '톤당 얼마'를 기준으로 정한다.

㉡ 항해용선계약의 변형된 형태

변형된 계약형태	설명
선복용선계약(Lump sum charter)	• 화물의 실제 선적량과 관계 없이 빌리기로 약정한 선복 전체를 기준으로 용선료가 결정되는 방식 • '한 항해당 얼마'로 약정한 운임을 지불
일대용선계약(Daily charter)	• 선적항에서 화물을 적재한 날부터 기산하여 양륙항에서 화물을 인도할 때까지 항해가 이루어진 기간을 기준으로 용선료를 산출하는 방식 • '1일당 얼마'로 운임을 결정

㉢ 용선자가 용선료를 지불하면 선주는 모든 고정비(인건비, 보험료, 감가상각비 등)와 운항비(연료비, 항비, 도선료 등)를 부담한다.

㉣ 항해용선계약서 서식 중 GENCON(General Charter Conditions)이 보편적으로 널리 사용되고 있다.
㉤ 항해용선계약서의 중요 조항

계약서 중요 조항	설명
Not Before Clause	본선이 선적준비완료 예정일 이전에 도착할지라도 용선자는 예정된 날짜까지 본선에 하역할 의무가 없다는 조항
Lien Clause	용선자가 운임, 기타 경비를 지급하지 않는 경우에는 선주가 화물을 유치할 수 있는 권리가 있음을 나타내는 유치권 조항
Cancelling Clause	용선계약에 명시된 날짜에 선적준비가 되지 않으면 선주는 용선자에게 손해배상책임을 부담하고, 용선자는 용선계약을 취소할지 선택권을 가진다고 명시한 계약해제 조항
Exception Clause	전쟁, 동맹파업 등 일정한 위험이나 우발적인 사고로 인하여 손해가 발생한 경우 선주가 책임지지 않는다고 명시한 면책 조항
General Average Clause	공동해손에 관하여 요크-앤트워프 규칙(York-Antwerp Rules)을 적용한다고 규정한 공동해손 조항

짚고 넘어가기 Dead freight(공적운임, 부적운임)

선적하기로 약정했던 화물량보다 실제 선적량이 적어도 그 부족분에 대해 선주에게 지불해야 하는 운임

② 기간용선계약(Time charter, 정기용선계약)
  ㉠ 선원, 장비 등을 갖추고 운항준비가 되어있는 선박을 일정한 기간을 단위로 용선하는 경우 체결하는 운송계약이다.
  ㉡ 용선자는 용선료와 운항비(연료비, 항비, 도선료 등)를 부담한다.
  ㉢ 기간용선계약서 서식 중 NYPE(New York Produce Exchange) Form이 보편적으로 사용된다.
  ㉣ 기간용선계약서의 중요 조항

계약서 중요 조항	설명
Employment Clause	용선자는 제한된 범위 내에서 선박을 원하는대로 사용할 수 있고, 선장은 용선자의 지시에 따라야 함을 명시한 사용 조항
Indemnity Clause	용선자가 선박을 사용함으로 인하여 선주가 손해를 입게되면 보상해주어야 한다는 보상 조항
Off Hire Clause	선체고장, 해난 등 용선자의 책임 없는 사유로 용선기간 중 용선자의 선박이용이 방해된 경우에는 그 기간을 휴항(Off hire)으로 간주하여 용선기간에서 제외하고 용선료의 지급도 중지된다는 휴항 조항

③ 나용선계약(Bare boat charter, Demise charter)
  ㉠ 용선자가 운항에 필요한 선원, 장비 등이 없는 나선박(Bare boat)만을 일정기간 용선하는 경우 체결하는 운송계약이다.
  ㉡ 용선자는 항해에 필요한 인적, 물적요소 전체를 부담하고 용선기간 동안 선박 이용에 대한 권리와 의무를 가진다.
  ㉢ 용선자는 감가상각비를 제외한 모든 고정비와 운항비(연료비, 항비, 도선료 등)를 부담한다.

(5) 정박기간(Layday, Laytime)

① 화주가 계약화물 전량을 선적 또는 양륙하기 위하여 본선을 항만에 정박할 수 있는 기간을 말한다.

② 허용된 정박기간 내에 하역을 완료하지 못하면 초과 정박기간에 대하여 화주가 선주에게 체선료(DEM: Demurrage)를 지불해야 하고, 약정된 정박기간보다 빨리 하역을 마치면 단축된 기간에 대하여 선주가 화주에게 조출료(DES: Despatch money 또는 Dispatch money)를 지급한다.

③ 정박기간의 표시

㉠ CQD(Customary Quick Despatch 또는 Customary Quick Dispatch: 관습적 조기하역): 일정기간을 약정하지 않고 정박 중인 항구의 관습적 하역방법이나 하역능력에 따라 가능한 신속히 하역하도록 약정하는 방식으로, 기간에 대한 기준이 분명하지 않기 때문에 분쟁이 발생할 여지가 있다.

㉡ Running Laydays(연속정박기간): 우천, 동맹파업, 기타 불가항력 등으로 하역을 하지 못한 경우를 포함하여 하역개시일부터 종료일까지 모든 일수를 정박기간에 산입하는 방식이다.

㉢ Working Days(작업일): 자정에서 다음 자정까지 일요일, 공휴일만을 제외하고 달력상 일하는 날을 정박기간으로 정하는 방법이다. 근래에 "working hour"라는 개념이 도입되면서 24시간이 아니라 정상적인 작업시간의 시작시간부터 종료시간까지만 의미하는 추세이다. 예를 들면, 정박 중인 항구의 정상적인 하역작업시간이 9시부터 18시까지 8시간(중식시간 제외)인 경우에는 8시간을 1 working day로 간주한다.

㉣ WWD(Weather Working Days): 기상조건이 양호하여 하역이 가능한 작업일만 정박기간으로 산정하는 청정작업일 조건을 의미한다.

㉤ SHEX(Sundays and Holidays Excepted): 일요일과 공휴일을 정박기간에서 제외하는 방식이다.

㉥ SHEXUU(Sundays and Holidays Excepted Unless Used): 일요일과 공휴일에 작업을 하는 경우에만 정박기간에 산정하는 방식이다.

㉦ SHEXEIU(Sundays and Holidays Excepted Even If Used): 일요일과 공휴일에 작업을 하더라도 정박기간에서 제외하는 방식이다.

④ 정박기간의 시기: 선박이 도착하여 하역준비가 완료되었음을 알리는 하역준비완료통지(N/R; Notice of Readiness)가 전달된 시점을 기준으로 정박기간의 개시시점을 구분한다. 하역준비완료통지를 오전에 한 경우에는 오후 1시부터, 통지를 오후에 한 경우에는 다음날 오전 6시부터 정박기간을 기산하는 것이 일반적이다.

4. 국제 해상운송절차 기출▶ 29, 27, 25, 23, 22회

(1) 컨테이너선

① 수출절차

㉠ 화주(송하인)가 선적요청서(S/R; Shipping Request)를 작성하고 선사에 선복예약을 신청한다.

㉡ 선사는 선적요청서(S/R)를 토대로 화주에게 선복예약서(B/N; Booking Note)를 교부한다. 선사는 예약내용이 집계된 선복예약목록(Booking List)을 본선과 하역업자에게 통지한다.

㉢ 선사의 지시를 받은 트럭회사가 컨테이너터미널의 CY운영자로부터 공컨테이너를 반출하면서 기기수도증(E/R; Equipment Receipt)과 봉인(Seal)을 받아 화주에게 전달한다.

㉣ 공컨테이너에 화물을 적입하고 CLP(Container Load Plan, 컨테이너 내부 적부도)를 작성한다.

㉤ 세관으로부터 수출신고필증을 발급받은 컨테이너를 봉인(Seal)하여 선적항으로 운송한다.

보충학습
- Seal: 컨테이너에 화물을 적입하고 봉하는 금속제 봉인
- CLP(Container Load Plan): 컨테이너에 적입된 화물의 명세를 기재한 컨테이너 내부 적부도
- Stowage Plan: 본선에 적재하는 컨테이너의 위치를 표시한 배치도(적부계획, 적부도)

ⓑ FCL화물이 CY에 반입되면 선사는 부두수취증(D/R; Dock Receipt)을 교부한다.
(LCL화물이 CFS에 반입되면 선사는 D/R을 교부하고 LCL화물을 혼재하여 FCL로 만들어서 CLP를 작성하여 CY에 인도한다.)

ⓢ 선사는 Stowage Plan(적부계획, 적부도)에 따라 컨테이너를 선적하고 화주에게 선하증권(B/L; Bill of Lading)을 발급한다.

> **짚고 넘어가기** 선하증권의 주요 이면약관
>
> - 부지 약관(Unknown clause): 화주(송하인)가 컨테이너에 화물을 적입할 때 선사는 입회하여 확인하지 않았으므로 내용물에 대해서 책임이 없다는 것을 명시한 조항
>   예) Shipper's load & count / Said to contain
> - 이로(離路) 약관(Deviation clause): 항해 중 인명구조, 재산구조, 선박수리, 연료보급과 같은 상당한 이유로 선박이 예정항로를 이탈한 경우, 발생하는 손실에 대해 운송인의 책임이 면제된다는 것을 명시한 조항
> - 과실 공동해손 약관(New Jason clause): 항해과실에 의해 발생한 공동해손을 운송인이 화주에게 분담시킨다는 취지를 명문화한 조항
> - 쌍방과실 충돌 약관(Both to blame collision clause): 선박 충돌사고에서 충돌선 쌍방에 과실이 인정되는 경우, 각 선사는 과실비율에 따라 손해를 부담하고 자기 선박의 적하에 대하여 부담한 손해를 자기 선박의 화주에게 청구할 수 있다는 것을 명시한 조항
> - 갑판적 약관(On deck clause): 위험화물, 중량화물, 장척화물, 동물, 식물 등 화물의 특성에 따라 선창에 적재할 수 없는 갑판적 화물은 해상보험에서 담보하지 않으며, 선주에게도 면책이 인정되는 것을 명시한 조항
> - 히말라야 약관(Himalaya clause): 선하증권에 기재되어 있는 운송인의 사용인, 대리인, 하청운송인 등 이행보조자가 화주로부터 직접 화물의 손상에 대한 배상청구를 받는 것을 방지하기 위하여 운송인과 동일한 책임제한을 받는다는 것을 명시한 조항
> - 지상(至上) 약관(Paramount clause): 선하증권에 기재된 해상운송계약이 선하증권 발행국의 해상물품운송법에 의하여 효력을 갖는지 규정한 조항

> **짚고 넘어가기** 포워더(Forwarder)의 업무
>
> - Buyer's consolidation: 포워더가 다수의 송하인들로부터 화물을 집하하여 한 명의 수하인에게 운송하는 형태
> - Shipper's consolidation: 포워더가 한 명의 송하인으로부터 화물을 집하하여 다수의 수하인에게 운송하는 형태
> - Project cargo service: 분리할 수 없는 대형, 중량, 고가의 화물을 한 장소에서 다른 장소로 이동, 설치해 주는 화물운송서비스
> - Co-loading service: 포워더가 집화한 화물을 FCL 화물로 혼재하기 부족한 경우, 동일 목적지의 LCL화물을 보유하고 있는 다른 포워더들과 공동혼재하여 경제적으로 화물을 운송하는 방식
> - Break bulk service: 광물, 곡물과 같이 크기가 서로 다르고 서로 분리되어 있어서 컨테이너화되지 않는 화물을 벌크선에 의해 운송하는 방식

② 수입절차
ⓐ 입항 전에 선사는 세관에 수입화물 적하목록(Manifest)을 신고한다.
ⓑ 양륙 후 FCL화물은 CY로, LCL화물은 CFS로 인도한다.
ⓒ 수입국의 선사는 운송주선인에게 도착통지(A/N; Arrival Notice)를 하고, 운송주선인은 수입자에게 도착통지(A/N)를 한다.
ⓓ 수입자가 은행에 대금을 결제하고 B/L 원본을 받아 수입통관을 한다.
ⓔ 수입자는 수입통관 후 화물인도지시서(D/O; Delivery Order)를 제시하여 화물을 인도받는다.

보충학습

Delivery Order
선사가 화물보관자인 CY, CFS 운영업체에게 증권의 정당한 소지인에게 화물을 인도할 것을 지시하는 화물인도지시서

> **짚고 넘어가기** 수입화물 관련 용어
>
> - 수입화물선취보증서(L/G; Letter of Guarantee): 해상운송에서 화물이 선적서류보다 먼저 목적항에 도착했을 때, 수하인이 선하증권의 원본 없이 수입화물을 먼저 수취하기 위해 은행의 보증을 받아 선사에 제출하는 서류
> - 수입화물대도(T/R; Trust Receipt): 수입자가 은행에 대금을 지급하지 않은 상태에서 선적서류의 소유권이 은행에 있다는 것을 인정하고 대도(빌려줌)받은 선적서류로 수입화물을 인도받아서 화물을 매각한 대금으로 은행에 어음대금을 결제 또는 차입금을 상환하는 제도

(2) 재래선

① 수출절차

㉠ 화주(송하인)가 선적요청서(S/R: Shipping Request)를 작성하고 선사에 선복예약을 신청한다.

㉡ 선사는 선적요청서(S/R)를 토대로 화주에게 선복예약서(B/N; Booking Note)를 교부한다. 선사는 예약내용이 집계된 선복예약목록(Booking List)을 본선과 하역업자에게 통지한다.

㉢ 화주는 검량회사에 용적·중량증명서의 발행을 의뢰한다.

㉣ 화주는 세관에 수출신고를 하고 수출신고필증을 발급받는다.

㉤ 선사는 선장에게 선적지시서(S/O; Shipping Order)를 교부한다.

㉥ 화물의 선적이 완료되면 본선의 일등항해사(Chief Mate)가 화물수취의 증거로서 화주측에 본선수취증(M/R; Mate's Receipt)을 교부한다.

(화물 선적 시 본선 및 화주측 쌍방의 검수인이 입회하여 화물의 수량이나 포장 등을 확인하고 이상이 있으면 적요란에 고장문언을 기재한 Foul M/R을 발급한다.)

㉦ 화주는 M/R을 선사에 제시하고 선하증권(B/L; Bill of Lading)을 발급받는다.

> **짚고 넘어가기** 파손화물보상장(L/I; Letter of Indemnity)
>
> 고장부 본선수취증(Foul M/R)이 발급되면 고장부 선하증권(Foul B/L, Dirty B/L)이 발급되는데, 이 경우 화물에 하자가 있을 가능성이 존재하므로 은행에서 네고가 어렵다. 이 경우 실제로는 고장부 선하증권을 발급받아야 하지만 무고장선하증권(Clean B/L)으로 발급받기 위해 송하인이 고장문언의 삭제에 대해 책임을 부담하겠다는 것을 기술하고 선사에 제시하는 서류이다.

5. 해상운송운임 빈출 29, 27, 26, 25, 23, 22회

(1) 정기선 운임

① 컨테이너화물의 운임 = 기본운임 + 할증운임 + 부대비용
  ㉠ 기본운임은 용적과 중량으로 계산한 운임 중 더 높은 톤수를 운임의 부과기준이 되는 운임톤(R/T)으로 정하고 기본운임률을 곱하여 산출한다.
  ㉡ 해상운송 화물의 용적 = 가로(m) × 세로(m) × 높이(m) = $1m^3$ = 1CBM = 1Ton

② 기본운임
  ㉠ 부과방법에 따른 분류

운임 종류	설명
종가운임 (Ad valorem freight)	귀금속 등 고가품의 운송에서 화물의 가치를 기초로 부과하는 높은 운임
품목별운임 (Commodity rate)	화물의 유형별로 명시한 품목에 대하여 적용하는 운임
무차별운임 (FAK rate; Freight All Kinds rate)	화물의 품목, 가치를 불문하고 운송거리를 기준으로 일률적으로 책정하는 운임
박스운임 (Box rate)	컨테이너 박스당 부과하는 운임
최저운임 (Minimum rate)	화물의 용적이나 중량이 일정기준(CBM 또는 Ton) 이하일 경우 부과하는 사전에 설정해 놓은 운임

> **짚고 넘어가기** 박스운임의 종류
> - 품목별 박스운임(Commodity box rate): 컨테이너에 적입된 화물의 품목에 따라 컨테이너당 차별적으로 부과하는 박스운임
> - 등급별 박스운임(Class box rate): 화물을 몇 가지 등급으로 구분하고, 컨테이너에 적입된 화물의 등급에 따라 컨테이너당 차별적으로 부과하는 박스운임
> - 품목별 무차별운임(Freight all kinds rate): 컨테이너에 적입된 화물의 품목이나 등급과 관계없이 컨테이너당 동일하게 적용하는 박스운임

  ㉡ 운송구간에 따른 분류

운임 종류	설명
통운임 (Through freight)	출발지에서 목적지까지 2가지 이상의 운송수단을 통해 운송되는 모든 운임을 통틀어 합친 운임
구간운임 (Local freight)	컨테이너선이 기항하는 주요 항구와 기항하지 않는 항구 사이의 구간에서 화물을 운송하는 것에 대해 지급하는 운임
비율운임 (Pro rate freight)	화물을 목적지까지 운송하지 못하고 인도하는 경우 인도한 지점까지 운송의 완성비율에 따라 지급하는 운임
반송운임 (Back freight)	화물이 목적항에 도착하였으나 화물인수를 거절하여 반송하는 경우 부과하는 운임

ⓒ 물량에 따른 분류

운임 종류	설명
기간물량운임 (Time volume rate)	일정 기간 화물의 양에 따라 다른 운임률을 부과하는 운임
우대운송계약운임 (Service contract rate)	선사가 일정 기간 동안 일정량의 화물선적을 계약한 화주에게 운임요율표상의 운임보다 저렴하게 제공하는 운임
이중운임 (Dual rate)	동맹선만 이용한다는 계약을 체결한 화주에게 일반운임률보다 낮은 계약운임률을 적용하고, 비계약화주에게 일반운임률을 책정하는 계약운임제도(Contract rate system)
공적운임 (Dead freight)	선적하기로 약정했던 화물량보다 실제 선적량이 적어도 그 부족분에 대해 지불해야 하는 부적운임

③ 할증료 및 추가운임

운임 종류	설명
중량화물 할증료 (Heavy lift surcharge)	화물의 중량이 일정 기준을 초과하여 특별한 장비 사용 시 발생하는 추가비용을 보전하기 위해 부과하는 할증료
용적/장척화물 할증료 (Bulky/Lengthy surcharge)	화물의 부피나 길이가 일정 한도 이상인 경우 특별한 장비를 사용함에 따라 부과하는 할증료
유류 할증료 (BAF; Bunker Adjustment Factor)	선박의 연료(벙커유)가격의 인상으로 인한 추가비용을 보전하기 위해 부과하는 할증료
통화 할증료 (CAF; Currency Adjustment Factor)	화폐가치 변화에 따른 손실을 보전하기 위해 부과하는 할증료
인플레이션 할증료 (IAF; Inflation Adjustment Factor)	인플레이션(물가상승)으로 운항원가가 상승했지만 운임인상에 반영되는 시기가 늦어져서 선사의 적정이윤이 유지되지 못할 때 부과하는 할증료
저유황사용 할증료 (LSS; Low Sulphur Fuel Surcharge)	국제해사기구(IMO)가 선박 연료 연소로 발생되는 황산화물에 의한 환경오염을 방지하기 위해, 2020년부터 선박 연료유의 황 함유량 기준을 낮추면서 이에 따른 운송인의 추가비용을 보전하기 위해 부과하는 할증료
성수기 할증료 (PSS; Peak Season Surcharge)	성수기 물량증가로 컨테이너 수급 불균형 및 항만 정체 심화로 인한 비용상승 부담을 화주에게 전가하는 할증료
혼잡 할증료 (Congestion surcharge)	항구 혼잡으로 인하여 대기시간이 길어지고 입출항에 상당한 지연이 발생하는 경우 부과하는 할증료
전쟁위험 할증료 (War risk surcharge)	전쟁위험지역이나 전쟁지역의 항구로 운송되는 화물에 부과하는 할증료
환적 할증료 (Transshipment surcharge)	화물을 다른 운송수단으로 옮겨 실을 때 부과하는 할증료
운하 할증료 (Canal surcharge)	운하를 이용하는 경우 운하사용료를 화주에게 전가하는 할증료
외항 추가운임 (Out port arbitrary)	선박이 기항하는 항구가 아닌 다른 항구로 운송되는 화물에 대해 추가로 부과하는 운임
양륙항 선택 할증료 (Optional surcharge)	선적 시 양륙항을 둘 이상으로 지정하고 최초항 도착 전에 양륙항을 선택할 때 부과하는 할증료
양륙항 변경료 (Diversion charge)	선적 시 지정했던 양륙항을 선적 후에 변경할 때 추가로 부과하는 운임

④ 부대비용 및 기타 추가비용

비용 종류	설명
부두사용료 (Wharfage)	선박입출항료, 접안료, 정박료, 계선료, 화물입출항료와 같이 부두의 사용에 대해 부과하는 비용
터미널 화물처리비 (THC; Terminal Handling Charge)	화물이 컨테이너터미널(CY)에 반입된 순간부터 본선의 선측까지 또는 본선의 선측에서 CY 게이트까지 컨테이너 화물을 취급하는 데 부과하는 비용
CFS 작업료 (CFS charge)	CFS 창고에서 LCL 화물(소량화물)을 혼재(적입)하거나 분류할 때 부과하는 비용
서류발급비 (Document fee)	선사가 수출 시 선하증권(B/L)을 발행하거나, 수입 시 화물인도지시서(D/O)를 발급할 때 부과하는 비용
컨테이너 수급 불균형 비용 (CIC; Container Imbalance Charge)	컨테이너가 한 국가(지역)에 과도하게 몰렸을 때 공컨테이너를 확보하기 위해 발생하는 부담을 보전하기 위해 부과하는 비용
컨테이너 청소비용 (Container cleaning charge)	화물의 특성에 따라 적입 전 또는 적입 후 컨테이너의 청소를 요구하는 경우 부과하는 비용
체화료 (Demurrage charge)	CY에 입고된 컨테이너를 무료 장치기간(free time) 내에 반출하지 않을 때 부과하는 비용
지체료 (Detention charge)	대여한 컨테이너 또는 트레일러를 무상 사용기간 내에 반납하지 못한 경우 부과하는 비용

(2) **부정기선 운임**

운임 종류	설명
Spot 운임 (Spot tariff)	해운 시황의 수급상황에 따라 계약 직후 아주 짧은 기간 내에 선적을 개시할 수 있는 경우 적용하는 운임
선복운임 (Lump sum freight, 총괄운임)	화물의 개수, 중량, 용적 기준과 관계없이 용선계약의 항해단위 또는 선복의 크기단위로 적용하는 운임
연속항해운임 (Consecutive voyage freight)	특정항로를 연속적으로 반복하여 항해하는 경우 연속되는 항해의 전부에 대하여 적용하는 운임
장기계약운임 (Long term contract freight)	대량화물의 운송수요를 가진 화주와 장기간의 용선에 대한 정기운송계약을 체결하거나 장기간 연속적인 항해용선계약을 체결하는 경우 적용하는 운임
선물운임 (Forward freight)	용선계약 시점부터 실제 선적시기까지 오랜기간을 남겨두고 장래의 해운 시황을 예측하여 미리 운임률을 합의하여 체결하는 운임으로 투기적 요소가 약간 개입됨

> **짚고 넘어가기** 선불, 후불운임
>
> - 선불운임(Freight prepaid): 운송계약 체결과 동시에 지급하는 운임
> - 후불운임(Freight collect): 운송이 완료된 이후 지급하는 운임

CHAPTER 04 해상운송 관련 서류

1. B/L(Bill of Lading)의 개요 빈출 29, 27, 26, 25, 24, 23, 22회

(1) 선하증권(B/L)의 의의
① 선사가 운송을 위해 화물을 수령 또는 선적하였음을 증명하고, 화물을 지정목적지까지 운송하여 그 증권의 정당한 소지자에게 운송화물을 인도할 것을 약정하는 상환증권이자 유가증권이다.

② B/L의 성질

구분	설명
유가증권	화물의 가치에 상응하는 재산적 가치를 가짐
권리증권	법적으로 물권적 효력과 채권적 효력이 보장됨
요식증권	법정기재사항 등 일정한 형식을 갖추어야 효력을 가짐
문언증권	증권에 기재된 사항에 한하여 권리와 의무 등 법률적 효력이 인정됨
상환증권	화물의 인도는 이 증권과의 상환으로 이루어짐
지시증권	증권상에 지정된 사람 또는 배서(背書)를 통해 양도하여 지시하는 사람이 권리자가 됨

(2) 선하증권(B/L)의 종류

① 발행시기에 따른 분류

구분	설명
수취 선하증권 (Received B/L)	• 선사가 화물을 수취하였음을 나타내는 선하증권 • 선적 전에 발행되기 때문에 선적 여부가 불확실하여 신용장 방식에 의한 거래에서 은행은 이 선하증권을 수리하지 않음
본선적재 선하증권 (On board B/L)	• 수취선하증권이 발행된 이후 실제로 선사가 선적을 완료하고 선적일을 기입하여 적재표기(on board notation)한 선하증권 • 선적선하증권과 동일한 효력을 가지며, 은행에서 수리함
선적 선하증권 (Shipped B/L)	• 화물을 선적하고 선적일을 표기하여 발행하는 선하증권 • 가장 보편적인 방식의 선하증권으로, 은행에서 수리함

② 화물의 이상 유무에 따른 분류

구분	설명
무고장 선하증권 (Clean B/L, 무사고 선하증권)	• 화물을 본선에 적재할 때 화물의 수량이 일치하고 외관상태가 양호하여 적요란(Remark)에 아무런 표기가 없는 선하증권
고장부 선하증권 (Foul B/L, Dirty B/L, 사고부 선하증권)	• 화물의 수량이나 포장상태 등을 확인하고 이상이 있으면 적요란에 고장문언을 기재한 선하증권 • 화물에 하자가 있을 가능성이 존재하므로 은행에서 매입이 어려움 • 화주(송하인)는 화물의 이상내역을 바로잡거나 고장문언의 삭제를 요청하고 화물에 이상이 있으면 화주가 책임을 부담하겠다는 것을 기술한 파손화물보상장(L/I; Letter of Indemnity)을 선사에 제출하여 무고장 선하증권(Clean B/L)을 교부받음

③ 수하인 표시방법에 따른 분류

구분	설명
기명식 선하증권 (Straight B/L)	• 수하인란(Consignee)에 특정인의 이름이 기재되어 있는 선하증권 • 원칙적으로 배서에 의한 양도가 어려워서 선하증권의 유통상 제약을 받으며, 송금방식에서 주로 사용됨 • 양도를 금지하는 문언이 없는 한, 양도가 가능하며 증권의 양도는 반드시 기명된 수하인의 배서에 의해 이루어져야 함
지시식 선하증권 (Order B/L)	• 수하인란(Consignee)에 특정인의 이름을 기재하지 않고, "to order", "to order of A"(A: 지시하는 사람) 등과 같이 기재되어 있는 선하증권 • 배서로 증권상의 권리를 양도할 수 있음

> **보충학습**
>
> **배서(Endorsement)**
> 증권, 어음, 수표를 타인에게 지시 또는 양도하기 위해 그 증서의 이면에 배서인명(양도인명), 배서인서명, 피배서인명(양수인명)을 기재함
> 백지배서(Blank endorsement)는 배서인명(양도인명), 배서인서명만 기재함

④ 발행주체에 따른 분류

구분	설명
Master B/L (Line B/L, Groupage B/L)	• 선사와 포워더의 관계에서 선사는 운송인, 포워더는 화주가 됨 • 선사가 포워더에게 발행하는 선하증권으로, 포워더의 하나의 혼재화물 단위에 대해 1건의 B/L을 발행함
House B/L (FIATA B/L)	• 포워더와 화주의 관계에서는 포워더가 운송인, 화주가 실제화주가 됨 • 포워더가 선사로부터 발급받은 Master B/L을 근거로 소량화물의 선적을 의뢰한 화주에게 개별적으로 발행하는 선하증권

⑤ 유통가능 여부에 따른 분류

구분	설명
유통가능 선하증권 (Negotiable B/L)	• 수하인란에 특정인의 이름이 기재되지 않은 지시식으로 발행되어 양도 가능한 원본 선하증권 • 기명식 선하증권의 경우, 양도를 금지하는 문언이 없는 한 양도가 가능하나, 이 때 증권의 양도는 반드시 기명된 수하인의 배서에 의해 이루어져야 함 • 증권상에 "Negotiable"이라는 표기가 있음
유통불능 선하증권 (Non-negotiable B/L)	• 사본 선하증권 • "Non-negotiable"이라는 표기가 있는 선하증권 • 양도금지 문언이 있는 기명식 선하증권

⑥ 발행구간에 따른 분류

구분	설명
통(과) 선하증권 (Through B/L)	• 단일운송계약에서 2명 이상의 운송인이 관여하여 환적이 일어나는 경우, 최초운송인이 전체 구간에 대해 발행하는 선하증권
구간 선하증권 (Local B/L)	• 단일운송계약에서 2명 이상의 운송인이 관여할 때 본인이 담당한 운송구간에 대해서만 증권을 발행하여 최초운송인에게 주는 선하증권

⑦ 기재사항에 따른 분류

구분	설명
정식 선하증권 (Long form B/L)	• 선하증권 앞면에 필수사항을 기재하고, 뒷면에 선사가 정한 운송약관의 전문이 기재되어 있는 선하증권
약식 선하증권 (Short form B/L)	• 선하증권 앞면에 필수사항을 기재하고, 뒷면에 선사가 정한 운송약관을 생략한 선하증권

⑧ 기타 선하증권

구분	설명
Surrendered B/L	• 송하인이 B/L원본에 배서하여 운송인에게 반환함으로써 B/L원본에 대한 권리를 포기하고, B/L 사본으로 수하인이 물품을 수령할 수 있도록 발행되어 유통성이 소멸된 권리포기 선하증권
Stale B/L	• 신용장에서 명시한 기한을 경과하여 은행에 제시한 선하증권 • B/L 발행일로부터 21일이 지난 뒤 은행에 제시한 시효경과 선하증권
Switch B/L	• 중계무역에서 원수출자를 노출시키지 않기 위해 선적지에서 발행된 선하증권을 근거로 중계무역업자가 수출자를 자신으로 바꾸어 발행하는 선하증권
Third party B/L	• 송하인란에 신용장의 수익자가 아닌 제3자의 명칭을 기재하여 발행하는 제3자 선하증권
Red B/L	• 운송인이 직접 화물에 대한 보험에 가입한 경우 발행되는 보험증권 겸용 선하증권으로, 선하증권에 부보 내용을 적색으로 표시하여 적색 선하증권이라고도 함
Optional B/L	• 화물 선적 시 복수의 양륙항을 기재하고 항해 중 화주가 양륙항을 선택할 수 있도록 발행된 선하증권

(3) 선하증권(B/L)의 기재사항

① 법정 기재사항

㉠ 선박의 명칭, 국적, 톤수

㉡ 화물의 종류, 중량(용적), 포장의 종별, 개수, 기호(화인), 외관상태

㉢ 송하인(용선자) 및 수하인(통지수령인)의 성명, 상호

㉣ 운송인의 성명(상호), 주된 영업소 소재지

㉤ 선적항, 양륙항

㉥ 운임

㉦ 발행지, 발행일, 발행통수

② 임의 기재사항: 거래당사자 간 자유롭게 합의한 내용을 특약으로 기재

(4) 선하증권(B/L)의 수리요건

① 선하증권의 전 통(Full set)은 3통으로, 은행에 full set를 제시해야 한다.
② 선하증권에는 운송인 또는 그의 지정대리인, 선장 또는 그의 지정대리인에 의한 서명이 있어야 한다.
③ 신용장에 명시된 선적항에서 화물이 지정된 선박에 적재되었음을 나타내는 문언과 선적일을 표기한다. 본선적재표시가 있는 경우 본선적재일자를 선적일자로, 본선적재표시가 없는 경우 증권의 발행일을 선적일자로 간주한다.
④ 신용장에서 무고장 본선적재(Clean on board) 선하증권을 요구하는 경우 적요란(Remark)에 아무런 고장문언이 기재되지 않았다면 무고장 본선적재 조건을 충족한 것으로 본다. 이 때 무고장(Clean)이라고 명시할 필요는 없다.
⑤ 선적항, 양륙항을 표기해야 한다. 신용장이 선적항 또는 양륙항을 포괄적인 지리적 범위로 제시하더라도, 선하증권은 신용장에서 언급하는 지리적 범위 내에 있는 구체적인 선적항 또는 양륙항을 기재해야 한다.

⑥ 전체 운송이 동일한 선하증권에 의해 커버되는 경우, 물품이 환적될 수 있다고 표기할 수 있다.
⑦ 선하증권상 용선계약에 따른다는 어떠한 표시도 포함되지 않아야 한다.

> **짚고 넘어가기** 선하증권에 대한 신용장 내용의 예시
>
> [예문]
> Full set of clean on board ocean bills of lading made out to order of HY bank, blank endorsed, marked freight prepaid, notify accountee.
> ① Full set of clean on board ocean bills of lading: 화물에 대한 무고장 선하증권 전 통(3통)
> ② made out to order of HY bank: 선하증권의 수하인란(Consignee)에 "to order of HY bank"라고 기재(지시식)
> ③ blank endorsed: 백지배서(피배서인명을 기재하지 않음)
> ④ marked freight prepaid: 선불운임
> ⑤ notify accountee: 착화통지처(화물의 도착을 알려주는 대상)는 신용장 개설의뢰인(Applicant)

2. 선하증권(B/L)을 대체하는 해상운송서류 기출 27, 25, 22회

(1) L/G(Letter of Guarantee)
① 해상운송에서 화물이 선적서류보다 먼저 목적항에 도착했을 때, 수하인이 선하증권의 원본 없이 수입화물을 먼저 수취하기 위해 은행의 보증을 받아 선사에 제출하는 수입화물선취보증서이다.
② 이후 선하증권 원본을 수령하면 은행에 제시한다.

(2) SWB(Sea Waybill)
① 해상운송계약의 증거가 되고 단순한 화물수령증의 역할을 하는 해상화물운송장이다.
② 기명식으로 발행되어 수하인이 물품을 수령할 때 운송인에게 해상화물운송장을 제시할 필요가 없다.
③ 선하증권과는 다르게 물품청구권이 없으며, 유가증권이 아닌 비유통증권으로 발행되므로 양도를 통한 화물의 전매가 불가능하다.

구분	B/L	SWB
성격	운송화물에 대한 권리증권	단순한 화물수령증
화물수령의 증빙 기능	○	○
운송계약의 증거 기능	○	○
유가증권성	유가증권○, 권리증권○	유가증권×, 권리증권×
담보성	매입은행에서 결제 시 담보 가능	담보 불가
유통성	지시식일 경우 양도 가능, 기명식일 경우 양도를 금지하는 문언이 없으면 양도 가능	기명식으로 발행되어 양도 불가
권리행사자	적법한 소지인	수하인

(3) Surrendered B/L
① 송하인이 선하증권 원본에 배서하여 운송인에게 반환함으로써 선하증권 원본에 대한 권리를 포기하고, 선하증권 사본으로 수하인이 물품을 수령할 수 있도록 발행되어 유통성이 소멸된 권리포기 선하증권이다.
② 선하증권 원본을 제시할 필요가 없다.

(4) Electronic B/L
① 종이로 발행하는 기존 선하증권의 위조, 변조, 분실위험을 개선하기 위해 선하증권을 전자문서의 형태로 발행하여 유통하는 방식의 전자식 선하증권으로, 기존 서면방식의 선하증권과 동일한 효력을 가지고 있다.
② BOLERO(Bill of Lading Electronic Registry Organization, 볼레로)는 선하증권을 포함한 무역서류 전반에 대해 전자문서로 전환하여 안전하게 관련 내용을 등록, 변경, 관리하는 시스템이다.

CHAPTER 05 해상운송과 적하보험

1. 해상적하보험의 개요 기출 29, 27, 23회

(1) 적하보험의 개념
① 적하보험은 화물의 운송 중 일어나는 사고로 화물이 멸실 또는 손상되어 입은 손해를 보상하는 보험이다.
② 해상적하보험은 해상운송에 수반되는 위험이 원인이 되어 화물에 발생한 손해를 보험자(보험회사)가 보상해주고, 피보험자가 그 대가로 보험료를 지불할 것을 약속하는 손해보험이다.

(2) 보험계약의 특성
① 낙성계약: 보험자와 보험계약자 간에 합의만으로 보험계약 성립
② 불요식계약: 보험계약을 성립시킬 때 일정한 방식을 요구하지 않음
③ 유상계약: 보험계약자의 보험료 지급과 보험자의 보험급 지급이 대가관계에 있음
④ 쌍무계약: 보험계약의 조건에 따라 당사자는 서로 보험료 지급의무와 보험금 지급의무를 가짐
⑤ 유한책임계약: 보험자는 보험금액을 한도로 피보험자에게 보험금을 지급

(3) 보험계약 당사자의 주요 의무
① 보험계약의 당사자

계약 당사자	설명
보험자(Insurer, Assurer)	보험료를 받고, 보험기간 중 발생하는 보험사고에 대해 보험금 지급을 약속한 보험회사
보험계약자(Policy holder)	자기 명의로 보험계약을 체결하고 보험료 지급을 약속한 자
피보험자(Insured, Assured)	보험사고가 발생한 경우 보험자로부터 손해를 보상받는 자

② 보험계약 당사자의 주요 의무

주요 의무	설명
보험자(Insurer, Assurer)	• 보험약관(Insurance clause)의 명시 및 중요한 내용의 설명의무 • 보험증권(Insurance policy)의 교부의무 • 보험금(Claim amount) 지급의무
보험계약자(Policy holder) · 피보험자(Insured, Assured)	• 고지의무: 보험계약 체결 시 보험자의 위험 인수와 보험료 산정에 영향을 줄 수 있는 중요사항을 보험자에게 알릴 의무 • 통지의무: 보험계약 기간 중 보험사고가 발생하거나 위험이 현저하게 변경 또는 증가한 경우 보험자에게 알릴 의무 • 손해방지 경감의무: 보험계약 기간 중 손해를 방지하기 위해 상당한 주의를 기울이고, 보험사고 발생 시 손해를 최소한으로 줄이기 위해 조치를 취할 의무 • 보험료(Premium) 지급의무

(4) 보험계약 관련 기본 용어

구분	설명
(피)보험목적물 (Subject-matter insured)	보험계약을 통해 보호되는 대상으로서, 보험의 목적이 됨. 해상보험에서는 화물, 선박, 운임 등이 피보험목적물이 됨
피보험이익 (Insurable interest)	보험사고로 멸실 또는 손상되어 손해가 발생할 우려가 있는 보험의 목적과 피보험자의 경제적 이해관계. 보험계약 체결 시 피보험이익이 존재할 필요는 없지만, 손해발생 시 피보험이익이 반드시 존재해야 함
보험가액 (Insurable value)	피보험이익을 금전적으로 평가한 금액. 보험사고가 발생할 경우 피보험자가 입을 수 있는 손해의 최고한도액
보험금액 (Insured amount)	보험사고로 손해가 발생한 경우 보험자가 보상해주는 최고한도액
보험금 (Claim amount)	보험사고가 발생한 경우 보험증권의 내용에 따라 보험자가 피보험자에게 지급하는 실제 손해보상액
보험료 (Premium)	보험자의 위험부담에 대한 대가로 보험계약자가 보험자에게 지급하는 금전
희망이익 (Expected profit)	무사히 목적지에 도착된 화물을 수입자가 매각하여 취득할 수 있다고 기대하는 이윤으로, 보통 송장(CI; Commercial Invoice)금액의 10%를 적용
보험기간 (Duration of insurance)	보험자의 위험부담 책임이 존속하는 기간으로, 위험기간(Duration of risk)이라고도 함
보험계약기간 (Duration of policy)	보험기간의 개시 여부와 관계 없이 보험계약이 유효하게 존속하는 기간

짚고 넘어가기 보험가액과 보험금액의 관계

구분	설명
전부보험(Full insurance)	보험가액 = 보험금액
일부보험(Under insurance)	보험가액 > 보험금액
초과보험(Over insurance)	보험가액 < 보험금액

(5) 해상위험의 부담방식

① 해상위험의 구분

구분	설명
항해에 기인하는 위험 (Perils of the seas)	• 항해가 원인이 되어 우연히 발생하는 해상고유의 위험 • 악천후로 인한 침수, 침몰, 좌초, 충돌 등의 위험
항해에 부수하여 발생하는 위험 (Perils on the seas)	• 항해를 하지 않아도 해상에서 발생할 수 있는 위험 • 화재, 선장 및 선원의 악행, 강도, 전쟁 등의 위험

② 담보위험의 구분

구분	설명
담보위험(Covered risk)	보험사고로 손해 발생 시 보험자가 보상해주는 위험
면책위험(Excluded risk)	보험사고로 손해가 발생하더라도 보험자가 보상해주지 않는 위험

③ 위험부담의 방식

구분	설명
열거책임주의(Positive system)	보험자가 보험증권에 명시되어 있는 담보위험만 보상해주는 방식
포괄책임주의(Negative system)	보험증권에 명시되어 있는 면책위험을 제외한 모든 위험을 보상해주는 방식

2. 해상손해 빈출 27, 26, 25, 24, 23, 22회

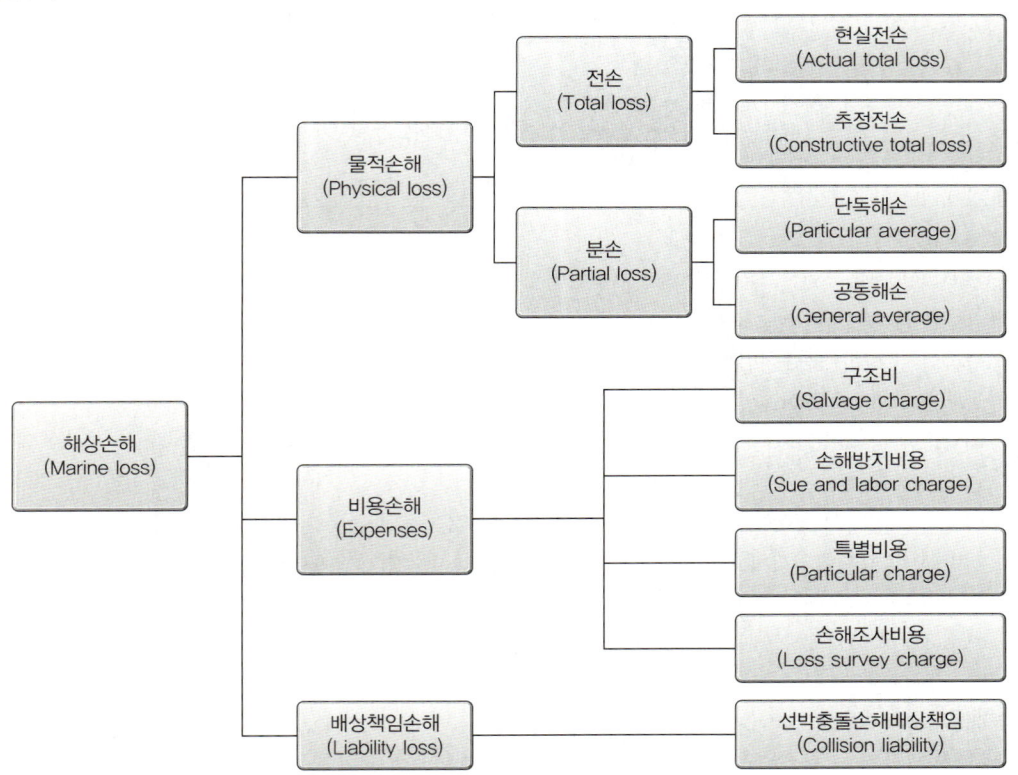

(1) 물적손해(Physical loss)

화물, 선박 등 보험의 목적 그 자체의 멸실 또는 손상에 의한 손해이다.

① 전손(Total loss): 보험사고의 발생으로 피보험이익이 전부 멸실된 상태이다.

㉠ 현실전손(Actual total loss)
- 보험의 목적이 현실적으로 전멸된 경우의 손해로, 피보험목적물이 멸실되거나 존재할 수 없을 만큼 심하게 손상되어 회복할 수 없는 상태이다.
- 선박이 행방불명 되어 상당기간이 경과하거나 보험의 목적의 점유권이 박탈되어 회복할 수 없는 경우 등이 해당한다.

㉡ 추정전손(Constructive total loss)
- 보험의 목적이 현실적으로 전부 멸실한 것은 아니지만 전멸된 것으로 추정되는 경우의 손해이다.
- 피보험자가 위부(Abandonment)의 통지를 하고, 보험자가 승인하면 위부가 성립되어 현실전손과 동일하게 처리된다.
- 피보험목적물이 현실적으로 전멸하지 않았으나 손해의 정도가 심하여 본래의 용도로 사용하기 어려운 경우, 피보험목적물의 수리비용이 그 목적물의 시가보다 큰 경우, 현실전손의 증명이 어려운 경우 등이 해당한다.

| 짚고 넘어가기 | 위부와 대위의 구분 |

구분	설명
위부(Abandonment)	• 피보험자가 전손으로 추정되는 손해에 대해 전손보험금을 청구하기 위해 피보험목적물과 이에 부수되는 모든 권리를 보험자에게 이전하는 것 • 피보험자의 위부통지를 보험자가 수락하면 위부가 성립되어 피보험목적물에 대한 일체의 권리가 보험자에게 이전되고, 피보험자는 현실전손에 준하는 보험금을 청구할 수 있음 • 피보험자가 위부의 통지를 하지 않으면 그 손해는 분손으로 처리됨 • 피보험목적물이 전멸하여 보험자가 회수할 잔존물이 없는 경우에는 현실전손에 해당하므로 피보험자는 위부의 통지를 할 필요가 없음 • 해상보험에서 인정
대위(Subrogation)	• 보험자가 피보험자에게 보험금을 지급한 후, 피보험자가 사고와 관련하여 보유하고 있는 잔존물에 대한 소유권, 제3자에 대한 손해배상청구권(구상권) 등을 보험자가 행사할 수 있도록 관련 권리를 이전하여 승계받는 것 • 해상보험을 포함한 모든 손해보험에서 인정

② 분손(Partial loss): 보험사고의 발생으로 피보험이익이 일부 멸실되거나 손상된 상태이다.

㉠ 단독해손(Particular average)
- 피보험목적물의 부분적인 해상손해(해손)를 입은 피보험자가 단독으로 부담하는 손해이다.

㉡ 공동해손(General average)
- 해상운송 시 공동의 위험을 면하기 위하여 화물, 선박의 일부를 희생시킴으로써 발생하는 손해액에 대해 이해관계자가 공동으로 분담하는 손해이다.
- 화물이나 선박이 공동의 위험에 직면한 경우 피보험목적물의 공동안전을 위하여 선장의 책임으로 화물이나 선박의 일부를 인위적이고 합리적으로 처분하는 경우 이례적으로 발생한 희생손해와 비용손해는 공동해손행위로, 이익을 본 이해관계자들이 공동으로 분담한다.
- 공동해손의 정산 등에 관하여 적용하는 국제규칙은 York-Antwerp Rules(YAR, 요크-앤트워프 규칙)이다.

(2) 비용손해(Expenses)

① 개념: 보험의 목적 그 자체에 손해가 없더라도, 보험사고에 의한 손해의 방지 또는 경감을 위하여 지출한 비용을 의미한다.

② 구조비(Salvage charge): 해상에서 위험에 처한 화물이나 선박을 계약상 의무가 없는 제3자가 자발적으로 구조한 행위에 대해 지급하는 보수이다.

③ 손해방지비용(Sue and labor charge)
㉠ 보험계약자 또는 피보험자는 손해를 방지·경감할 의무가 있다. 피보험목적물에 손해가 발생하거나 손해가 발생할 우려가 있을 때, 보험자가 보상하게 될 손해를 방지 또는 경감하기 위하여 피보험자 또는 그의 사용인이나 대리인이 정당하고 합리적으로 지출하는 비용이다.
㉡ 물적손해에 대한 보상액과 손해방지비용의 합계액이 보험금액을 초과하는 경우에는 보험자는 이를 부담한다.
㉢ 예 해난 시 피난항에서의 가축사료비, 화물의 재포장비 등

④ 특별비용(Particular charge): 피보험자가 자신의 피보험목적물의 안전, 보전을 위하여 지출한 비용으로, 공동해손과 구조비 이외의 것을 의미한다.

⑤ 손해조사비용(Loss survey charge): 손해가 발생한 경우 그 손해의 원인 및 정도를 조사하는 데 소요되는 비용이다.

(3) 배상책임손해(Liability loss)
① 개념: 보험증권상 배상책임에 따라 발생하는 손해이다.
② 충돌배상책임(Collision liability): 피보험선박의 과실로 피보험선박이 다른 선박과 충돌한 경우, 상대 선박의 선주 및 화주에 대해 피보험자가 책임져야 하는 손해를 배상함으로써 부담하는 손해이다.

3. 협회적하약관 빈출 29, 26, 24, 23, 22회

(1) 협회적하약관의 개념(ICC; Institute Cargo Clause)
① 해상적하보험에서 담보범위에 관한 보험조건을 규정하기 위해 사용하는 표준보험약관으로서, 런던보험자협회(ILU; Institute of London Underwriter)가 제정하였다.
② 협회적화약관(ICC)에는 1963년에 제정된 구 협회적하약관(구약관)과 1982년에 제정되고 2009년에 개정된 신 협회적하약관(신약관)이 있다.

(2) 구 협회적하약관
① ICC(A/R: All Risk): 면책위험을 제외한 모든 위험을 담보하는 전위험 담보조건으로, 담보범위가 가장 넓다.
② ICC(W/A: With Average): 전손과 분손(단독해손, 공동해손)을 담보하는 분손 담보조건이다.
③ ICC(FPA: Free from Particular Average): 분손 중 단독해손을 담보하지 않는 분손(단독해손) 부담보조건으로, 담보범위가 가장 좁다.

(3) 신 협회적하약관
① ICC(A): 면책위험을 제외한 모든 위험을 담보하는 조건으로, 구약관 ICC(A/R)과 유사하며 담보범위가 가장 넓다.
② ICC(B): 구약관 ICC(W/A)와 비슷한 조건으로서, ICC(W/A)에서 담보위험이 불명확한 부분을 보완하여 보험자가 보상하는 담보위험을 구체적으로 열거하고 있다.
③ ICC(C): 구약관 ICC(FPA)와 유사한 조건으로, 담보범위가 가장 좁다.
④ 신 협회적하약관의 담보위험 (○: 보험자의 담보 / ×: 보험자의 면책)

조항	담보위험	A	B	C
제1조	화재, 폭발	○	○	○
	본선 또는 부선의 좌초, 교사, 침몰, 전복	○	○	○
	육상운송용구의 전복, 탈선	○	○	○
	본선, 부선, 운송용구의 타 물체와의 충돌, 접촉	○	○	○
	피난항에서의 화물의 양하	○	○	○
	지진, 화산의 분화, 낙뢰	○	○	×
	공동해손의 희생	○	○	○
	투하	○	○	○
	갑판유실	○	○	×
	본선, 부선, 선창, 운송용구, 컨테이너, 보관장소에 해수, 호수, 하천수의 유입	○	○	×
	본선, 부선에 적하 또는 양하 중 수몰, 낙하한 포장단위당 전손	○	○	×
	상기 이외의 보험목적물에서 발생한 일체의 멸실 또는 손상	○	×	×
제2조	공동해손 및 구조료	○	○	○
제3조	쌍방과실충돌	○	○	○

⑤ 신 협회적하약관의 면책위험 (○: 보험자의 담보 / ×: 보험자의 면책)

조항	면책위험	A	B	C
제4조	피보험자의 고의적인 위법행위에 기인하는 멸실, 손상 또는 비용	×	×	×
	보험목적물의 통상의 누손, 중량 또는 용적의 통상적인 감소, 통상의 자연소모	×	×	×
	보험목적물의 포장 또는 준비의 불완전, 부적합으로 인하여 발생한 멸실, 손상 또는 비용	×	×	×
	보험목적물의 고유의 하자, 성질로 인하여 발생한 멸실, 손상 또는 비용	×	×	×
	지연으로 인하여 발생한 멸실, 손상 또는 비용	×	×	×
	선주, 관리자, 용선자, 운항자의 지급불능 또는 금융상 채무불이행으로 인하여 발생한 멸실, 손상 또는 비용	×	×	×
	보험목적물에 대한 어떤 자의 불법행위에 의한 고의적인 손상 또는 파괴	○	×	×
	원자력, 원자핵, 방사성물질을 이용하는 무기 또는 장치의 사용으로 인하여 발생하는 멸실, 손상 또는 비용	×	×	×
제5조	피보험자가 보험목적물이 적재된 때 인지하는 본선, 부선의 불내항, 부적합으로 인하여 발생하는 멸실, 손상 또는 비용	×	×	×
제6조	전쟁위험 (특약으로 부보 가능)	×	×	×
제7조	동맹파업위험 (특약으로 부보 가능)	×	×	×

> **짚고 넘어가기** 그 외의 약관
> - 협회전쟁약관(IWC; Institute War Clause): 전쟁위험을 담보하기 위해 부보하는 특약
> - 협회동맹파업약관(ISC; Institute Strike Clause): 동맹파업위험을 담보하기 위해 부보하는 특약
> - 전쟁/파업, 폭동, 소요약관(W/SRCC; War/Strike, Riot, Civil Commotion): 전쟁위험, 동맹파업위험을 동시에 담보하기 위해 부보하는 특약

(4) **부가위험 및 확장담보**

① 부가위험: 담보범위가 좁은 구약관 ICC(W/A), ICC(FPA)나 신약관 ICC(B), ICC(C)로 보험에 가입한 경우 추가하여 부보할 수 있는 담보위험

부가위험	설명
TPND (Theft, Pilferage and Non-Delivery)	도난, 발하(좀도둑), 불도착으로 인한 손해
JWOB (Jettison and Washing Over Board)	갑판에 적재된 화물의 투하, 유실로 인한 손해
RFWD (Rain and/or Fresh Water Damage)	비, 담수에 의한 손해
COOC (Contact with Oil and/or Other Cargo)	유류, 다른 화물과의 접촉에 의한 손해
ROD (Rust, Oxidation, Discoloration)	금속류의 녹, 산화, 변색으로 인한 손해
S & H (Sweat & Heating Damage)	선창에 응결한 수분, 열에 의한 손상으로 발생하는 손해

Hook & Hole	하역작업용 갈고리에 의한 손해
Leakage and/or Shortage	곡물류, 유류의 누손 및 수량 또는 중량의 부족으로 인한 손해
Denting and/or Bending	기계류, 금속류의 눌림 및 구부러짐으로 인한 손해
Breakage	화물 파손으로 인한 손해
Contamination	유류, 액체화학화물이 해수, 담수 등의 혼합으로 오염되어 품질이 저하됨에 따라 발생하는 손해
Rats & Vermin	쥐, 해충으로 인한 손해

② 확장담보: 해상보험에서 육상운송이 필요할 때 담보구간을 연장하기 위해 추가하는 담보조건
  ㉠ 내륙운송 확장담보조건(ITE; Inland Transit Extension): 송하인이나 수하인의 창고가 내륙에 위치한 경우, 선적항 또는 양륙항으로부터 창고까지 내륙운송 과정에서 발생할 수 있는 위험을 추가하여 확장담보하는 약관
  ㉡ 내륙보관 확장담보조건(ISE; Inland Storage Extension): 본선에서 하역하여 보세구역에 장기간 보관 중인 화물에 대하여 발생할 수 있는 위험을 추가하여 확장담보하는 조건

CHAPTER 06 해상운송 국제조약

1. 헤이그 규칙(Hague Rules) 빈출 29, 27, 26, 25, 23, 22회

(1) 개요
  ① 해상운송에 대한 운송인의 책임과 권리를 규정한 최초의 국제규범으로, 운송인의 의무와 책임은 최소화하고 권리와 면책은 최대화시켰다.
  ② 헤이그 규칙은 1924년에 제정된 '선하증권통일조약'으로서, 체약국에서 발행한 모든 선하증권에 대하여 적용된다. (용선계약에는 적용되지 않지만, 용선계약하에서 작성된 선하증권에는 적용된다.)

(2) 주요내용
  ① 해상운송인의 의무
    ㉠ 감항성 주의의무: 해상운송인은 선박이 통상의 위험을 견디고 안전한 항해를 하기 위해 필요한 선박의 감항성(Seaworthiness)을 유지하기 위하여 상당한 주의를 다할 의무가 있다.
    ㉡ 화물에 대한 주의의무(상업과실): 운송인은 물품의 선적, 운송, 보관, 취급, 양하가 적절하고 주의깊게 이루어지지 않아서 발생한 물품의 손해에 대하여 배상책임을 부담한다.
    ㉢ 선하증권 발행의무: 운송인은 화물을 자기 책임하에 인수한 후, 송하인이 요구하면 헤이그 규칙상 규정한 기재사항을 표시한 선하증권을 교부해야 한다. 선하증권은 화물 인수의 추정적 증거가 되고 운송계약의 증거가 된다.
  ② 해상운송인의 책임제한
    ㉠ 과실책임주의: 운송인이 고의·과실로 주의의무를 다하지 못해 발생한 손해에 대해서만 배상책임을 부담한다.
    ㉡ 항해과실(면책): 항해 또는 선박의 취급에 대한 선장, 선원 등의 항해기술상 과실에 기인한 물품의 손해에 대하여 운송인은 면책된다.
    ㉢ 화재(면책): 화재 시 원인 규명이 어려우므로 원칙적으로 운송인은 면책된다.
    ㉣ 해상고유의 위험(면책): 침몰, 좌초, 충돌, 악천후로 인한 침수 등의 위험에 대해 운송인은 면책된다.
    ㉤ 기타 면책사유: 전쟁, 파업, 폭동, 소요, 해적, 천재지변 등 기타 불가항력으로 인한 위험은 면책된다.
  ③ 책임구간: 운송인의 책임구간은 물품의 선적시점부터 양륙시점까지(Tackle to tackle)이다.

④ 손해배상 한도: 송하인이 선적 전에 화물의 가격을 선하증권에 기재하지 않는 한, 운송인의 배상한도는 포장당 또는 단위당 100파운드로 제한된다.
⑤ 제소기간: 화물 인도일로부터 1년 이내에 소를 제기해야 한다.

2. 헤이그-비스비 규칙(Hague-Visby Rules) 빈출 26, 25, 23, 22회

(1) 개요
① 해상운송의 환경 변화를 반영하기 위해 1968년에 헤이그 규칙의 일부조항을 개정한 '선하증권의 국제협약에 관한 개정 의정서'이다.
② 헤이그-비스비 규칙은 선하증권이 체약국에서 발행된 경우, 운송이 체약국의 항구에서 개시된 경우, 선하증권에 이 조약의 규정 또는 국내법화한 나라의 법률이 운송계약에 적용되는 경우에 효력을 갖는다고 규정함으로써 그 적용범위를 확대하였다.

(2) 주요내용
① 컨테이너 조항 신설: 컨테이너에 적입된 화물의 포장 또는 단위 개수가 선하증권에 기재되어 있으면 그 수량을 책임제한액의 산정기준으로 적용하고, 그렇지 않으면 컨테이너를 하나의 포장으로 본다.
② 사용인에 대한 면책 확대: 운송인의 지휘·감독을 받는 사용인, 대리인, 하청운송인이 화주로부터 화물의 손상에 대해 청구받는 것을 방지하기 위하여 선하증권에 운송인과 동일한 면책, 책임제한을 받는다는 취지를 규정한 히말라야 약관을 적용한다.
③ 손해배상 한도 인상: 송하인이 선적 전에 화물의 가격을 선하증권에 기재하지 않는 한, 운송인의 배상한도는 포장당 또는 단위당 10,000프랑(667SDR)과 kg당 30프랑(2SDR)을 적용한 합계액 중 높은 금액을 적용한다.

> **보충학습**
> SDR(Special Drawing Rights)
> 국제통화기금(IMF)의 가맹국이 국제 수지가 악화되었을 때 담보 없이 외화를 인출할 수 있는 특별인출권으로, 달러화, 유로화, 위안화, 엔화, 파운드화의 환율을 가중평균하여 가치를 결정

3. 함부르크 규칙(Hamburg Rules) 빈출 26, 25, 23, 22회

(1) 개요
① 선진해운국 중심의 헤이그 규칙, 헤이그-비스비 규칙이 화주국인 개발도상국의 이익을 충분히 반영하지 못함에 따라 1978년에 UNCTAD(국제연합무역개발협의회)를 주축으로 화주의 이익을 충분히 반영한 '해상 물품운송에 관한 UN조약'에 합의하였다.
② 함부르크 규칙은 선적항 또는 양륙항이 체약국에 있는 경우, 선하증권이 체약국에서 발행된 경우로 적용범위를 확대하였다.

(2) 주요내용
① 추정과실책임주의: 함부르크 규칙에서는 화물의 멸실, 손상, 인도지연에 대해 운송인의 과실로 추정하고, 입증책임을 운송인에게 부담시켜 본인이 상당한 주의를 다하였음을 입증해야 이에 대해 책임지지 않는다.
② 항해과실(면책) 폐지: 운송인이 항해과실이 없음을 입증해야 책임을 면하므로 운송인의 항해과실 면책이 폐지되었다.
③ 화재(면책) 폐지: 함부르크 규칙에서는 화재에 대한 면책규정을 두지 않고 있다.
④ 책임구간: 운송인의 책임구간은 선적항의 물품 수령시점부터 양륙항의 물품 인도시점까지(Port to port)이다.
⑤ 손해배상 한도: 운송인의 책임한도액은 화물이 멸실, 손상된 경우 포장당 또는 선적단위당 835SDR이나 kg당 2.5SDR 중 높은 금액으로 적용하고, 인도지연의 경우 지연된 화물에 대한 지급운임의 2.5배로 규정하여 배상한도를 상향 조정하였다.

⑥ 제소기간: 화물 인도일로부터 2년 이내에 소를 제기해야 한다.
⑦ 운송인(계약운송인)과 실제운송인 규정: 운송인은 선주이든 용선자이든 자신의 명의로 송하인과 운송계약을 체결하는 계약운송인으로 정의하고, 실제운송인은 계약운송인의 의뢰에 의하여 자기의 운송수단을 사용해 실제로 운송을 담당하는 자로 구분하여 정의하고 있다.

4. 로테르담 규칙(Rotterdam Rules) 빈출 26, 25, 23, 22회

(1) 개요
① 화주의 이익을 충분히 반영한 함부르크 규칙이 선주국 및 선사들의 소극적인 반응으로 널리 사용되지 못함에 따라 CMI(국제해사위원회)와 UNCITRAL(국제상거래법위원회)을 중심으로 선주와 화주의 이익을 대변하는 규칙을 통일하여 '전부 또는 일부 국제해상물품운송계약에 관한 UN협약'을 제정하였다.
② 로테르담 규칙은 해상운송이 포함된 복합운송에도 적용할 수 있으며, 해상운송을 포함한 국제운송에서 선적항 또는 양륙항이 체약국인 경우, 수령지 또는 인도지가 체약국인 경우에 이 규칙을 적용할 수 있다.

(2) 주요내용
① 해상운송인의 의무
  ㉠ 감항성 주의의무: 해상운송인은 선박이 통상의 위험을 견디고 안전한 항해를 하기 위해 필요한 선박의 감항성(Seaworthiness)을 유지하기 위하여 상당한 주의를 다할 의무가 있다.
  ㉡ 화물에 대한 주의의무(상업과실): 운송인은 물품의 선적, 운송, 보관, 취급, 양하가 적절하고 주의깊게 이루어지지 않아서 발생한 물품의 손해에 대하여 배상책임을 부담한다. 다만, 송하인이 물품의 적재, 양하를 송하인 또는 수하인이 하도록 운송인과 합의한 경우 운송인은 그 화물에 대한 적절한 보호의무를 부담하지 않는다.
  ㉢ 화물의 인도의무: 운송인은 지정된 목적지로 물품을 안전하게 운송하고 수하인에게 인도해야 한다.
② 해상운송인의 책임제한
  ㉠ 과실책임주의: 운송인이 고의·과실로 주의의무를 다하지 못해 발생한 손해에 대해서만 배상책임을 부담한다.
  ㉡ 항해과실(면책) 폐지: 로테르담 규칙은 함부르크 규칙처럼 운송인 책임의 일반원칙에 따라 처리한다.
  ㉢ 화재(면책): 해상구간에서 본선에 화재가 발생한 경우에 운송인은 면책된다.
  ㉣ 화물의 인도지연(면책): 인도지연이 면책사항으로 인해 발생하여 운송인의 과실이 아님을 입증하면 운송인은 화물의 인도지연에 대하여 면책된다.
③ 책임구간: 운송인의 책임구간은 송하인으로부터 물품을 수령한 시점부터 수하인에게 물품을 인도하는 시점까지(Door to door)이다.
④ 손해배상 한도: 운송인의 책임한도액은 화물이 멸실, 손상된 경우 포장당 또는 선적단위당 875SDR이나 kg당 3SDR 중 높은 금액으로 적용하고, 인도지연의 경우 지연된 화물에 대한 지급운임의 2.5배로 규정하여 배상한도를 상향 조정하였다. 다만, 이 금액은 포장당 875SDR, kg당 3SDR을 초과하지 못한다.
⑤ 재판관할 및 중재: 로테르담 규칙에서는 재판관할과 중재에 관한 규정을 두고 있다.
⑥ 제소기간: 화물 인도일로부터 2년 이내에 소를 제기해야 한다.

CHAPTER 07 해상운송 관련 국제기구 기출 29, 25, 22회

해사 관련 국제기구	설명
IMO (International Maritime Organization)	정부 간 해사기술의 상호협력, 해사안전 및 해양오염방지 대책의 수립, 해사 관련 협약의 시행 및 권고 등을 위해 설립된 UN 산하 국제해사기구
CMI (Committee Maritime International)	해사 관련 법규, 관행, 관습, 실무의 통일화에 기여할 목적으로 창설된 국제해사법위원회
UNCTAD (United Nations Conference on Trade and Development)	무역을 통한 개발도상국의 경제개발을 지원하기 위해 설립된 UN 산하 전문기구로서, 개발도상국의 무역장애를 제거하여 선진국과 후진국의 무역 불균형을 시정하고 무역을 촉진하는 국제연합무역개발협의회
UNCITRAL (United Nations Commission on International Trade Law)	국제상거래법의 단계적인 조화와 통일을 위해 무역과 거래에 관한 상법을 제정하는 국제상거래법위원회
ESCAP (Economic and Social Commission for Asia and Parific)	아시아, 태평양 지역 국가들의 경제발전과 경제협력을 촉진하기 위해 설립된 아시아태평양경제사회위원회
ISF (International Shipping Federation)	선주의 권익보호와 자문을 위해 창설된 국제해운연맹
IACS (International Association of Classification Societies)	선급 간 협력 및 해상 안전기준에 관한 기술을 연구하기 위해 각국의 선급들이 모여 결성한 국제선급연합회
ICS (International Chamber of Shipping)	선주들의 권익을 보호하고 국제해운의 기술적, 법적 문제에 대해 선주들이 상호협력하여 해운산업을 발전시키기 위한 목적으로 각국의 선주협회들이 설립한 국제해운회의소
BIMCO (Baltic and International Maritime Council)	발틱해와 백해지역 선주들의 권익을 보호하기 위한 목적으로 설립되었으며, 선주들의 공동이익을 증진하고 용선제도를 개선하여 편의를 도모하기 위해 운영되는 국제민간기구 발틱국제해운평의회
SOLAS (International Convention for the Safety of Life at Sea)	해상에서 인명을 안전하게 보호하기 위해 선체, 구명, 무선설비 등에 관한 기준을 정하고 있는 해상인명안전조약
MARPOL (International Convention for the Prevention of Maring Pollution from Ships)	선박의 통상적인 운영상 배출되는 오염물질에 의한 해양오염을 줄이기 위해 IMO에서 채택한 선박에 의한 오염 방지를 위한 국제협약
STCW (International Convention on Standards of Training, Certification and Watchkeeping for Seafarers)	선박의 안전한 운항을 통한 해양사고를 예방하기 위하여 선원의 자질에 대한 국제적인 기준을 정하고 있는 선원의 훈련, 자격증명 및 당직근무의 기준에 관한 국제협약

핵심 기출문제

PART 02 국제해상운송

01

용선선박이 용선계약 상에 명시된 날짜까지 선적준비를 하지 못할 경우 용선자에게 용선계약의 취소여부에 관한 선택권을 부여하는 항해용선계약(Gencon C/P)상 조항은?

① Laytime
② Demurrage
③ Off hire Clause
④ Cancelling Clause
⑤ Deviation Clause

선지분석

① Laytime: 화주가 계약화물 전량을 선적 또는 양륙하기 위하여 본선을 항만에 정박할 수 있는 정박기간
② Demurrage: 허용된 정박기간 내에 하역을 완료하지 못하면 초과정박기간에 대하여 화주가 선주에게 지불하는 체선료
③ Off hire Clause: 선체고장, 해난 등 용선자의 책임 없는 사유로 용선기간 중 용선자의 선박이용이 방해된 경우에는 그 기간을 휴항(Off hire)으로 간주하여 용선기간에서 제외하고 용선료의 지급도 중지된다는 휴항 조항
⑤ Deviation Clause: 항해 중 인명구조, 재산구조, 선박수리, 연료보급과 같은 상당한 이유로 예정항로를 이탈한 경우, 발생하는 손실에 대해 운송인은 면책된다는 이로 조항

정답 | ④

02

해상보험계약의 용어 설명으로 옳지 않은 것은?

① Warranty란 보험계약자(피보험자)가 반드시 지켜야 할 약속을 말한다.
② Duty of disclosure란 피보험자 등이 보험자에게 보험계약 체결에 영향을 줄 수 있는 모든 중요한 사실을 알려 주어야 할 의무를 말한다.
③ Insurable interest란 피보험자가 보험의 목적물에 대하여 가지는 권리 또는 이익으로 피보험자와 보험의 목적과의 경제적 이해관계를 말한다.
④ Duration of insurance란 보험자의 위험부담책임이 시작되는 때로부터 종료될 때까지의 기간을 말한다.
⑤ Insured amount란 피보험위험으로 인하여 발생한 손해를 보험자로부터 보상받는 대가로 보험계약자가 보험자에게 지급하는 수수료를 말한다.

해설

Insured amount는 보험사고로 손해가 발생한 경우 보험자가 보상해주는 최고한도액을 말한다.
Premium은 피보험위험으로 인하여 발생한 손해를 보험자로부터 보상받는 대가로 보험계약자가 보험자에게 지급하는 수수료를 말한다.

정답 | ⑤

03

해상운송과 관련된 용어의 설명으로 옳지 않은 것은?

① 선박은 선박의 외형과 이를 지탱하기 위한 선체와 선박에 추진력을 부여하는 용골로 구분된다.
② 총톤수는 관세, 등록세, 도선료의 부과기준이 된다.
③ 재화중량톤수는 선박이 적재할 수 있는 화물의 최대 중량을 표시하는 단위이다.
④ 선교란 선박의 갑판 위에 설치된 구조물로 선장이 지휘하는 장소를 말한다.
⑤ 발라스트는 공선 항해 시 선박의 감항성을 유지하기 위해 싣는 짐으로 주로 바닷물을 사용한다.

해설
용골은 선저의 선체 중심선을 따라 밑바닥을 이루는 뼈대로서, 인체의 척추와 같이 선체의 세로강도를 맡아 선체가 받는 국부적인 외력이나 마멸로부터 선체를 보호하는 역할을 한다.

정답 | ①

04

해상운송에 관한 설명으로 옳지 않은 것은?

① 개품운송계약은 선하증권에 의해 증빙되는 부합계약의 성질을 지닌다.
② 용선계약의 내용은 상대적으로 협상력이 약한 용선자를 보호하기 위해 Hague-Visby Rules 같은 강행법규에 의해 규율된다.
③ 정기선운송의 경우 부정기선운송에 비해 해운시황에 따른 배선축소나 운항항로에서의 철수 등이 신축적으로 이루어지기 어렵다.
④ 부정기선운송의 운임은 해운시장에서 물동량과 선복량에 따라 변동하므로 정기선 운임에 비해 불안정하다.
⑤ 정기용선계약에서 용선선박은 선박이 안전하게 항해할 수 있도록 일체의 속구를 갖추고 선원을 승선시킨 상태로 용선자에게 인도된다.

해설
용선계약은 선주가 용선자를 위하여 선박의 전부 또는 일부를 빌려주어 선복을 이용할 수 있도록 하는 것을 내용으로 하는 해상운송계약이다. 선주와 용선자의 권리와 의무는 용선계약에 의해 규율된다.

정답 | ②

05

해상운임에 관한 설명으로 옳지 않은 것은?

① Lumpsum freight: 화물의 개수, 중량, 용적 기준과 관계없이 용선계약의 항해단위 또는 선복의 양을 단위로 계산한 운임
② Forward rate: 용선계약 체결 시 화물을 장기간이 지난 후 적재하기로 하는 경우에 미리 합의하는 운임
③ Back freight: 화물이 목적항에 도착하였으나 수하인이 화물의 인수를 거절하거나 목적항의 사정으로 양륙할 수 없어서 화물을 다른 곳으로 운송하거나 반송할 때 적용되는 운임
④ Pro rate freight: 선박이 운송도중 불가항력 또는 기타 원인에 의해 목적항을 변경할 경우에 부과되는 운임
⑤ Optional charge: 선적 시에 화물의 양륙항이 확정되지 않고 화주가 여러 항구 중에서 양륙항을 선택할 권리가 있는 화물에 대해서 부과되는 할증요금

해설
Pro rate freight는 불가항력 등으로 항해를 계속하기 어려워져 화물의 일부만 인도받은 경우, 일부 이행된 항해의 부분 또는 인도된 화물에 대해 지급되는 운임이다.
선박이 운송 도중 불가항력 또는 기타 원인에 의해 목적항을 변경할 경우에 부과되는 운임은 Diversion charge이다.

정답 | ④

06

컨테이너 화물운송에 관한 설명으로 옳지 않은 것은?

① 편리한 화물취급, 신속한 운송 등의 이점이 있다.
② 하역의 기계화로 하역비를 절감할 수 있다.
③ CY(Container Yard)는 컨테이너를 인수, 인도 및 보관하는 장소로 Apron, CFS 등을 포함한다.
④ CY/CY는 컨테이너의 장점을 최대로 살릴 수 있는 운송 형태로 door to door 서비스가 가능하다.
⑤ CY/CFS는 선적지에서 수출업자가 LCL화물로 선적하여 목적지 항만의 CFS에서 화물을 분류하여 수입업자에게 인도한다.

해설
CY/CFS는 선적지에서 수출업자가 FCL화물로 선적하여 목적지 항만의 CFS에서 화물을 분류하여 수입업자에게 인도한다.

정답 | ⑤

07

다음에서 설명하는 컨테이너 종류로 옳은 것은?

> 과일, 채소 등의 선도유지에 적절한 단열구조를 갖춘 컨테이너로, 통상 드라이아이스 등을 냉매로 사용하는 보냉 컨테이너

① Liquid Bulk Container
② Hard Top Container
③ Side Open Container
④ Insulated Container
⑤ Skeleton Container

선지분석
① Liquid Bulk Container: 유류, 화학약품 등 액체화물 운송용 컨테이너
② Hard Top Container: 지붕을 견고한 철재로 제작한 컨테이너
③ Side Open Container: 화물의 부피나 적재조건이 맞지 않는 경우 측벽을 열어서 화물을 하역할 수 있는 컨테이너
④ Insulated Container: 과일, 채소 등의 신선도 유지를 위해 단열구조를 갖춘 보냉 컨테이너
⑤ Skeleton Container: 장척물, 중량물의 운송을 위해 지붕, 벽면을 제거하고 기둥구조를 남겨 전후좌우에서 화물을 하역할 수 있는 컨테이너

정답 | ④

08

항해용선계약(Gencon C/P)상 정박기간과 체선료에 관한 조건이 아래와 같을 때 용선자가 선주에게 지불해야 하는 체선료는?

- 정박기간: 5일
- 하역준비완료통지(Notice or Readiness): 6월 1일 오후
- 체선료: US$ 2,000/일
- 하역완료: 6월 9일 오후(6월 1일에서 9일까지 기상조건은 양호한 상태였음. 6월 6일은 현충일로 휴무일)
- 정박기간 산정조건: WWD SHEX

6월								
월	화	수	목	금	토	일	월	화
1	2	3	4	5	6	7	8	9

① 체선이 발생하지 않아 체선료를 지불하지 않아도 됨
② US$ 2,000
③ US$ 4,000
④ US$ 6,000
⑤ US$ 8,000

해설
문제에서는 하역준비완료통지를 6월 1일 오후에 받았으므로 6월 2일 오전 6시부터 정박기간을 기산한다.
정박기간 산정조건이 WWD SHEX이므로 정박기간에서 6월 6일(공휴일), 7일(일요일)을 제외한다.
문제 사례에서 용선자는 6월 2일, 3일, 4일, 5일, 8일, 9일 총 6일에 걸쳐 하역작업을 완료하였다.
용선자에게 주어진 정박기간은 5일이므로 초과정박일 6월 9일 하루에 대한 체선료가 발생한다.

관련이론
- 정박기간은 용선자가 하역을 위해 본선을 선적항 또는 양륙항에 정박할 수 있는 기간이다.
- 용선자는 약정한 정박기간을 초과함에 따라 발생하는 비용과 손실에 대하여 선주에게 체선료를 지불해야 한다.
- 하역준비완료통지를 오전에 받은 경우 오후 1시부터, 오후에 받은 경우 익일 오전 6시부터 정박기간을 기산한다.
- WWD(Weather Working Days)는 날씨가 하역작업에 가능한 날만을 정박일수로 산정하는 청천하역일 조건이다.
- SHEX(Sunday and Holoday Excepted)는 정박일수 산정 시 일요일과 공휴일을 제외하는 조건이다.

정답 | ②

09

해상운송 관련 국제기구에 관한 설명으로 옳은 것은?

① ISF: 해사법과 해사관행 및 관습의 통일을 위해 설립되었다.
② FIATA: 선주의 이익 증진을 위하여 국제적인 문제에 대해 의견을 교환하고 정책을 수립하기 위해 설립되었다.
③ BIMCO: 국제상거래법의 단계적인 조화와 통일을 목적으로 설립되었다.
④ CMI: 국제해운의 안전성 확보를 위하여 1944년 시카고 조약으로 설립이 합의되었다.
⑤ IMO: 정부 간 해사기술의 상호협력, 해사안전 및 해양오염방지대책 수립 등을 목적으로 설립되었다.

선지분석

① ISF(International Shipping Federation): 선주의 권익보호와 자문을 위해 창설된 국제민간기구
② FIATA(International Federation of Freight Forwarders Associations): 전 세계적인 운송주선인의 연합체로서 운송주선인의 권익보호, 서류통일, 표준거래조건의 개발 등을 목적으로 국가별 포워더협회와 개별 포워더로 구성된 국제민간기구
③ BIMCO(Baltic and International Maritime Council): 발틱해와 백해 지역 선주들의 권익을 보호하기 위한 목적으로 설립되었으며, 선주들의 공동이익을 증진하고 용선제도를 개선하여 편의를 도모하기 위해 운영되는 국제민간기구
④ CMI(Committee Maritime International): 해사 관련 법규, 관행, 관습, 실무의 통일화에 기여할 목적으로 창설된 국제민간기구

정답 | ⑤

10

선적서류보다 물품이 먼저 목적지에 도착하는 경우, 수입화주가 화물을 조기에 인수하기 위해 사용할 수 있는 서류는?

ㄱ. On-board B/L	ㄴ. Order B/L
ㄷ. Sea waybill	ㄹ. Third party B/L
ㅁ. Through B/L	ㅂ. Surrender B/L

① ㄱ, ㄴ
② ㄱ, ㅂ
③ ㄷ, ㄹ
④ ㄷ, ㅂ
⑤ ㄹ, ㅁ

관련이론

On-board B/L(본선적재 선하증권)
운송인이 화물을 인수하고 수취선하증권을 발행한 후, 현실적으로 그 화물을 본선에 적재하고 본선적재표기를 한 선하증권

Order B/L(지시식 선하증권)
수하인란에 특정인을 기재하지 않고, 지시만 기재되어 있는 선하증권

Sea waybill(해상화물운송장)
운송계약의 증거가 되고 화물수령증 역할을 하지만 B/L과는 다르게 물품청구권이 없으며, 유가증권이 아닌 비유통증권으로 발행되는 기명식 선적서류. 물품이 선적서류보다 먼저 목적지에 도착하는 경우, 수하인이 물품을 수령할 때 운송인에게 서류를 제시할 필요가 없음

Third party B/L(제3자 선하증권)
송하인란에 신용장의 수익자가 아닌 제3자의 명칭이 기재되어 있는 선하증권

Through B/L(통과 선하증권)
단일운송계약에서 2명 이상의 운송인이 관여하여 환적이 일어나는 경우, 최초운송인이 전체 구간에 대해 발행하는 선하증권

Surrendered B/L(권리포기 선하증권)
송하인이 B/L원본에 배서하여 운송인에게 반환함으로써 B/L원본에 대한 권리를 포기하고, B/L사본으로 수하인이 물품을 수령할 수 있도록 발행되어 유통성이 소멸된 선하증권

정답 | ④

PART 03 국제항공운송

CHAPTER 01 항공운송의 개요

1. 항공운송의 의의 기출 27, 25, 24회

(1) 항공운송의 개념
① 항공운송은 항공기를 이용하여 여객 및 화물을 공항에서 다른 공항까지 항로를 통해 장소적, 공간적으로 이전하는 것으로 Air transportation이라고 한다.
② 항공화물운송은 승객의 수화물과 우편물을 제외한 항공화물운송장(AWB; Air Waybill)에 의해 운송되는 화물을 운송하는 것으로 1차 세계대전에서 군수품을 수송하면서부터 화물전용기가 사용되기 시작하였다.
③ 고부가가치의 소형 화물 및 긴급성이 요구되는 화물의 증가, 항공화물의 컨테이너화 및 지상 화물조업의 개선으로 인한 항공화물운임의 인하, 항공기의 대형화 및 타 항공사와의 업무제휴에 따른 화물운송서비스 수준의 향상 등으로 인하여 항공운송화물에 대한 수요가 늘어나고 있다.

(2) 항공운송의 특성

장점	단점
빠른 운송속도로 신속성, 정시성, 확실성 확보	중량, 부피 제한으로 대량수송이 어려움
짧은 운송시간으로 화물의 손상률이 낮음	해상운송보다 운송비가 높은 수준
고정 화주가 많아서 계절적 수요의 변동성이 낮음	화물이 대부분 야간에 집중되어 수송되며, 대부분의 화물을 편도로 운송함

2. 공항

(1) 공항의 개념
① 공항(Airport)은 항공기가 이륙 및 착륙할 수 있는 설비를 구비한 일정한 구역이다.
② 항공기의 이착륙 관련 시설, 항공기 운항안전 시설, 여객의 탑승 및 휴게 관련 시설, 화물의 탑재 및 지상조업 관련 시설 등으로 구성되어 있다.
③ 주로 항공기 운항기지, 여객 및 화물의 운송기지의 역할을 수행한다.

(2) 항공화물터미널의 기능
① 항공화물터미널(Air cargo terminal)은 화물의 집하, 분류, 포장, 보관, 하역, 통관, 환적 등에 필요한 기능을 갖춘 장소이다.
② 수출화물의 경우 항공기에 탑재 가능한 ULD(Unit Load Device) 형태로 단위화하여 항공사에 전달하고, 수입화물의 경우 해체(Break down)하여 화주별로 분류, 보관, 통관 등을 하는 곳이다.
③ 항공화물터미널은 항공운송 거점으로서의 기능뿐만 아니라 육상운송 및 해상운송과의 연결지점으로서의 기능을 수행함으로써 복합운송시스템의 운송거점으로 이용되고 있다.

3. 항공기 및 항공화물 운송장비 기출 25, 23회

(1) 항공기의 개념
① 항공기(Aircraft)는 사람이 탑승·조종하여 항공에 사용하는 비행기(Airplane), 비행선(Airship), 활공기(Glider), 회전날개항공기(Helicopter) 및 그 밖에 이와 유사한 비행기구로서 대통령령으로 정하는 것을 말한다.(「지방세법 제6조」)
② 항공기는 탑재·탑승 대상에 따라 화물전용기(Freighter), 여객기(Passenger aircraft), 화물·여객 혼용기(Combination aircraft)로 구분한다.

(2) 항공화물 운송용기(ULD) 및 지상조업장비
① ULD(Unit Load Device) : 항공화물운송에서 적재 및 하역작업의 효율성을 높이고 외부충격으로부터 화물을 보호하기 위해 고안된 항공화물 운송용 단위탑재용기이다.

장점	단점
항공운송 중 화물의 손상 및 분실로부터 보호	항공기 동체 구조에 맞게 제작되어 호환성이 낮음
조업시간 단축 및 화물취급 용이	고가의 투자비용 투입
항공기 공간의 이용률 향상	ULD 자체 중량으로 화물의 탑재량 감소

ULD	설명	그림
컨테이너(Container)	항공기 동체에 맞게 제작되어 화물실 공간을 최대한 활용하여 화물을 넣을 수 있도록 만든 단위탑재용기. 온도에 민감한 화물은 온도조절이 가능한 쿨테이너(Cooltainer)를 사용	
파렛트(Pallet)	금속으로 제작된 평판. 컨테이너 탑재가 어려운 화물을 파렛트 위에 적재한 후 그물(Net)이나 이글루(Igloo)로 고정시켜 항공기에 탑재	
이글루(Igloo)	항공기 동체의 모양에 맞게 윗면의 모서리가 둥근 형태로 만들어져 파렛트 위에 적재된 항공화물을 덮는 특수한 덮개	
특수 ULD	• Horse Stall: 말 수송용 ULD • Cattle Pen: 가축 수송용 ULD • GOH(Garment On Hanger): 의류를 행거에 걸어서 적재하는 ULD • Car transporter: 자동차 2단 적재 수송용 ULD	

② 항공화물 지상조업장비

지상조업장비	설명
Transporter	적재작업이 완료된 ULD를 항공화물터미널에서 항공기까지 수평이동할 때 사용하는 엔진이 장착된 차량
Tug car	뒤에 Dolly를 연결하여 화물을 이동시키는 견인차
Dolly	Transporter와 같은 역할을 수행하지만 자체 동력이 없어서 Tug car에 연결하여 화물을 이동하는 바퀴가 달린 이동식 받침대
Self-propelled conveyor	수화물 및 소형화물을 낱개 단위로 컨베이어 벨트에 올려 항공기에 탑재하거나 하역할 때 사용하는 장비
High (lift) loader	ULD를 항공기 화물실 밑바닥 높이까지 들어올려서 탑재 또는 하기할 때 사용하는 장비
Nose dock	항공기의 앞부분(nose)과 공항터미널, 주기장을 직접 연결시켜 화물의 탑재와 하기를 용이하게 하는 설비
Work station	항공화물터미널에서 화물을 ULD에 적재(Build-up)하거나 해체(Break down)할 때 사용하는 받침대

CHAPTER 02 항공화물운송

1. 항공화물운송 사업의 이해

(1) 항공화물운송 시장의 환경 변화

① 항공화물의 다품종 소량화, 고가운임을 부담할 수 있는 고부가가치의 화물 증대, 계절수요 및 긴급수요 품목 확대 등으로 인하여 항공화물운송 시장이 성장하고 있다.

② 항공화물운송의 물동량은 중량기준으로 약 1% 내외에 불과하지만 화물의 가치기준으로는 약 30%를 차지할 정도로 소형, 경량, 고부가가치의 화물 위주로 운송하는 특징이 있다.

③ 항공사의 물류전략이 모든 국가의 주요 공항을 기항하던 방식에서 특정 지역의 거점공항(Hub port)에만 기항하고, 그 주변지역은 소형항공기를 이용하여 연계운송하는 허브 앤 스포크 시스템(Hub & Spoke system)으로 전환되는 추세에 따라 항공기가 대형화되고 있으며, 주요 거점공항은 많은 물동량을 처리하기 위해 현대화, 자동화되고 있다.

④ 항공산업의 자유화에 따라 항공운송시장의 경쟁이 치열해지면서 항공사들은 경쟁력을 강화하기 위해 항공사 간 제휴를 맺고 있으며, 영업과 운송방식을 단순화시켜 운영하는 저비용항공사(LCC; Low Cost Carrier)들도 항공운송 시장의 변화에 적극적으로 대응하고 있다.

⑤ 무역 및 전자상거래가 활성화되면서 타인의 수요에 맞추어 유상으로 우편법에 따른 수출입 등에 관한 서류와 그에 딸린 견본품을 항공기를 이용하여 송달하는 상업서류송달업이 다양한 서비스를 제공하고 있다. 상업서류송달업이란, 상업서류송달업체(Courier 또는 Integrator)가 자체 운송약관과 운임(Tariff)에 따라 서류, 견본품 등 소형화물을 신속하게 Door to Door로 운송하는 국제특송서비스(International courier service)이다.

(2) 항공화물 포워딩(Air Freight Forwarding)

① 항공화물 포워더업의 개념
  ㉠ 항공화물 포워더업은 항공운송사업자(Air carrier)의 항공기를 이용하여 유상으로 타인의 화물을 자기의 명의로 운송하는 사업이다.
  ㉡ 항공화물포워더(Air freight forwarder)는 사업영역에 따라 단순히 운송계약을 체결하고 항공운송을 대행하는 협의의 항공화물 운송대리점과 항공운송뿐만 아니라 통관, 보관 등의 부수적인 업무까지 책임을 지고 수행하는 광의의 항공운송주선인으로 구분할 수 있다.

② 항공운송대리점(Air cargo agent)
  ㉠ 항공화물 운송계약의 당사자인 항공사를 대신하여 수출입화물을 유치하고 송하인과 항공화물 운송계약을 체결하여 항공사 명의의 항공화물운송장(MAWB; Master Air Waybill)을 발행하며, 항공화물의 운송이 원활하도록 보완하는 기능을 수행하고 일정한 수수료를 수취한다.
  ㉡ 항공사의 판매대리인으로서 항공사의 운송약관과 운임요율(Tariff)에 따라 화물운송계약을 체결하므로 자신의 명의로 독자적인 항공화물운송장(AWB; Air Waybill)을 발행할 수 없고, 자신의 명의로 운송을 이행하지 않는다.

③ 항공운송주선인(Air freight forwarder)
  ㉠ 항공기를 보유하고 있지 않지만 자기의 명의로 송하인(화주)과 자체 운송약관과 운임요율(Tariff)에 따라 운송계약을 체결하고 항공화물운송장(HAWB; House Air Waybill)을 발행하며, 화주에 대해 운송인으로서 운송책임을 부담한다.
  ㉡ 항공운송주선인(포워더)은 여러 화주의 소량화물을 집화, 혼재(Consolidation)하여 하나의 대형화물로 만들고 항공사에 대해 송하인이 되어서 화물의 운송을 위탁한다.

ⓒ 항공화물운임은 화물의 중량이 커질수록 더 낮은 요율을 적용하므로, 포워더가 화주에게 제시한 운임과 혼재를 통해 대형화물로 운송을 위탁함에 따라 항공사가 항공운송주선인에게 제시한 운임의 차액을 통해 수익을 창출한다.

ⓔ 포워더 중 실제 화주로부터 화물을 취합한 포워더들을 대상으로 주로 혼재활동을 하는 자를 혼재업자(Consolidator)라고 한다.

ⓜ 목적지에서 혼재화물을 인수하여 분류하고 각 수하인(수화주)에게 화물을 인도하는 현지의 포워더 또는 혼재업자를 혼재화물 인수대리점(Break bulk agent)이라고 한다.

④ 항공운송대리점과 항공운송주선인의 비교

구분	항공운송대리점(Agent)	항공운송주선인(Forwarder)
운송약관	항공사 약관	자체 약관
운임요율(Tariff)	항공사 Tariff	자체 Tariff
운송서류(AWB)	항공사의 MAWB	포워더의 HAWB
운송책임	항공사 책임	포워더 책임

(3) 항공화물의 운송절차

① 항공화물 수출절차

> 항공운송 계약 → 운송화물의 장치장 반입 및 중량, 용적 확인 → 수출통관 → 화물 검사 → 항공화물운송장(AWB) 접수 및 화물 인계 → 화물 적재 및 탑재 → 탑재내용 통보

② 항공화물 수입절차

> 탑재화물에 대한 발송통지서 접수 및 수하인에게 통보 → 항공기 도착 및 화물 하역 → 서류(항공화물운송장과 적하목록) 검토 및 특수화물 등 분류 → 보세구역 배정 및 보세운송 → 혼재화물 분류작업 및 수하인(수화주)에게 도착 통지 → 수입통관 → 화물 인수

(4) 특수화물 기출 29회

① 특수화물의 개념: 접수, 보관, 탑재 시 특별한 절차에 의해 취급되는 화물이다.

② 특수화물의 유형

ⓐ 중량·대형화물(HEA/BIG; Heavy/Out-sized cargo): 중량화물(Heavy cargo)은 1개의 포장단위당 무게가 150kg을 초과하는 화물이며, 대형화물(Out-sized cargo)은 ULD 사이즈를 초과하는 화물이다.

ⓑ 귀중화물(VAL; Valuable cargo): 운송(세관)신고가격이 kg당 US$ 1,000을 초과하는 화물로서 보석, 화폐, 유가증권 등이 해당된다.

ⓒ 생동물(AVI; Live animals): 건강상태가 양호한 동물이 IATA 생동물규정에 따라 포장이 되어 있고, 수송 전 구간에 대한 예약이 확인된 후에 수송이 가능하다. (AVI는 프랑스어 Animaux Vivants에서 유래함)

ⓓ 부패성화물(PER; Perishables): 부패, 변질되기 쉽거나 운송 중 가치가 손상되기 쉬운 화물로서 냉장식품, 백신, 화훼 등이 해당된다.

ⓜ 유해(HUM; Human remains): 시체, 유골을 의미하며 다른 화물과 혼재가 금지된다.
ⓗ 자동차(Automobile): 고가의 차량이 해당된다.
ⓢ 외교행낭(DIP; Diplomatic pouch): 정부기관, 공관 사이에 주고받는 문서발송가방을 말한다.
ⓞ 항공우편물(Air mail): 서신, 엽서, 소포 등을 의미한다.
ⓩ 위험화물(DG; Dangerous Goods): 화물 자체의 성질로 인하여 항공운송 중 기압, 온도, 진동 등의 상태변화에 따라 인명, 항공기, 화물에 손상을 줄 수 있어서 수송을 제한하고 일반화물과는 별도의 취급을 요구하는 품목이다. 위험화물은 전 운송구간에 대한 예약이 확인된 후에 수송이 가능하며, 송하인은 IATA의 항공 위험물 규정(Dangerous Goods Regulations, DGR)에 따라 AWB(Air Waybill, 항공화물운송장), DGD(Shipper's Declaration for Dangerous Goods, 위험물 화주신고서), Checklist(점검표), NOTOC(Notification to Captain, 기장통보서) 등 관련 서류를 제출해야 한다.

> **짚고 넘어가기** IATA의 항공 위험물 규정(DGR)에 따른 위험물 분류(Class1~Class9)
>
> 폭발성 물질(Class1), 가스(Class2), 인화성 액체(Class3), 인화성 고체(Class4), 산화성 물질 및 유기 과산화물(Class5), 독성 및 전염성 물질(Class6), 방사성 물질(Class7), 부식성 물질(Class8), 기타 위험물질(Class9)

(5) 항공화물운임 기출▶ 29, 27, 26, 22회

① 항공운임요율표(Tariff)의 개념
  ㉠ 국제항공운송협회(IATA; International Air Transport Association)에서 결정된 운임요율은 각 국가의 정부 승인을 받아 전 세계적으로 사용되고 있다.
  ㉡ 항공화물요율은 공항에서 공항까지의 운송만을 위해 설정된 것이며, Tariff의 요율, 요금 및 관련 규정은 운송장 발행 당시 유효한 것을 적용하고, Tariff 및 관련 규정은 통보 없이 변경될 수 있다.
  ㉢ 항공화물운임은 화물의 중량이나 가치를 기준으로 산출한다. 화물의 중량 기준 항공화물요율에는 일반화물요율, 특정품목 할인요율, 품목분류요율이 있으며, 화물의 가치 기준 항공화물요율에는 종가요금이 있다. 별도의 규정이 없는 한 요율과 요금은 가장 낮은 것으로 적용하므로 일반적으로 특정품목 할인요율이나 품목분류요율이 일반화물요율보다 우선 적용된다.

② 항공운임요율의 종류
  ㉠ 일반화물요율(GCR; General Cargo Rate)
    • 특정품목 할인요율, 품목분류요율에 해당하지 않는 화물에 적용하는 가장 기본적인 운임요율이다.

구분	설명
최저운임(M; Minimum charge)	중량운임이나 용적운임이 최저운임보다 낮은 경우 일률적으로 적용하는 가장 적은 운임
기본요율(N; Normal rate)	45kg 미만의 화물에 적용하는 요율
중량단계별 할인요율(Q; Quantity rate)	45kg 이상의 화물에서 중량이 높아짐에 따라 kg당 요율을 낮게 적용하는 운임요율

  ㉡ 특정품목 할인요율(SCR; Specific Commodity Rate)
    • 특정구간에 반복하여 운송되는 품목들에 대해 일반품목보다 낮은 요율을 적용하여 항공운송의 이용을 촉진시키기 위해 적용하는 요율로서, AWB 작성 시 Rate Class란에 "C"로 표기한다.
    • 특정품목 할인요율(SCR)은 일반화물요율(GCR), 품목분류요율(CCR)보다 우선 적용하고, 일반화물요율(GCR)과 품목분류요율(CCR) 중 더 낮게 산출되는 요율을 적용한다.

ⓒ 품목분류요율(CCR; Commodity Classification Rate)
- 품목분류에 따라 일반화물요율에 대해 할증(S; Surcharge) 또는 할인(R; Reduction)되는 요율이다.

할증품목(S)	할인품목(R)
• 금, 화폐, 유가증권, 보석 등 귀중화물	• 비동반 수하물
• 생동물, 자동차	• 신문, 잡지, 정기간행물, 서적, 카타로그, 점자책
• 시체, 유골 등	• 안구, 이식용 각막 등

ⓓ 종가운임(Valuation Charge)
- 일반적으로 항공운송 시 사고가 발생한 경우 항공사의 최대배상한도액은 22SDR/kg이다.
- 보석, 화폐, 유가증권 등 고가품의 운송에 대하여 송하인이 사고 발생 시 항공사로부터 최대배상한도액을 초과하는 금액을 배상받고자 할 때 항공화물운송장(AWB)의 "declared value for carriage"란에 화물의 신고가격을 기재하고 화물의 가치를 기초로 지불하는 운임이다.
- 종가운임을 지불한 종가화물에 항공운송 사고가 발생하면 kg당 22SDR을 초과하는 실손해액을 배상받을 수 있다.
- 화물의 가격이 kg당 22SDR 이하인 경우, 송하인은 운송장에 화물의 가격을 신고하지 않고 N.V.D(No Value Declared)로 표기한다.
- 몬트리올 협약이 적용되는 국제운송에서 운송장에 화물의 신고가격이 없음(N.V.D)으로 기재된 화물에 파손, 분실, 지연, 손상 등 사고가 발생한 경우 항공사의 배상책임은 kg당 22SDR을 초과하지 않는다.

ⓔ 단위탑재용기요금(BUC; Bulk Unitization Charge)
- 항공사가 송하인 또는 대리점에게 컨테이너, 파렛트와 같은 단위탑재용기(ULD) 단위로 스페이스를 판매할 때 적용하는 운임이다.
- ULD 유형(Type)별로 한계중량(Pivot weight)을 정해 놓고 기본운임(Pivot charge)을 부과한다.
- 화물이 한계중량을 초과하는 경우 초과중량에 초과중량요율(Over pivot charge)을 곱한 초과운임을 가산한다.
- BUC=ULD 유형(Type)별 기본운임(Pivot charge)+초과운임(초과중량×초과중량요율)

ⓕ 기타 요금

비용 종류	설명
항공화물 취급수수료 (THC; Terminal Handling Charge)	항공화물이 수출통관 또는 수입통관을 하기 위해 항공사가 운영하는 보세장치장(보세창고)에 반입되었을 때 항공화물대리점 및 혼재업자가 수출입 화물의 취급에 따른 대가로서 화주에게 징수하는 수수료
운송장 작성수수료 (AWB preparation fee)	우리나라를 출발지로 하는 수출화물에 대해 항공사 또는 대리점이 화주를 대신하여 운송장을 작성하는 경우 징수하는 수수료
픽업수수료 (Pick-up service charge)	항공화물대리점 또는 국제물류주선업자(운송주선업자 포함)가 항공운송할 화물을 인수하기 위해 화주가 지정한 장소로부터 화물을 Pick-up해서 오는 경우 발생하는 차량운송비용
위험품 취급수수료 (Dangerous goods handling fee)	위험품으로 명시된 품목에 대해 화물의 포장상태, 관계국의 규정 등 검사에 대한 비용으로 징수하는 취급수수료
보안할증료 (SC; Security Surcharge)	항공화물 보안검색(X-ray) 등에 대하여 부과하는 할증요금
유류할증료 (FSC; Fuel Surcharge)	항공유가 인상에 따라 부과하는 할증요금

착지불수수료 (Charges collect fee)	운송장에 운임과 종가요금을 수하인이 납부하도록 기재된 착지불화물에 대하여 운임과 종가요금을 합한 금액의 일정비율에 해당하는 금액을 징수하는 수수료. 운송료를 후불로 징수함에 따라 발생하는 위험을 방지하고 환차손을 보전하며, 착지불 운송을 억제하기 위한 목적으로 부과
입체지불수수료 (Disbursement fee)	송하인의 요구에 따라 항공사가 항공사, 송하인 또는 대리인이 선불한 비용(입체지불금)을 수하인으로부터 징수해주는 대가로 부과하는 수수료. 입체지불금(항공사가 선불한 비용의 항공화물 화주보험료, 송하인이 선불한 비용, 기타 송하인이 요청한 금액 등)에 일정 요율을 곱하여 산출된 금액을 수하인에게 징수. 운임과 종가요금 이외에 기타요금에 대해서도 착지불로 운송되는 것을 억제하기 위한 목적으로 부과

③ 운임산출중량의 결정방식

운임산출중량(Chargeable weight)은 실제중량에 의한 방법, 용적(부피)중량에 의한 방법, 높은 중량단계에서 낮은 운임을 적용하는 방법 등이 있다. 화물 Tariff에는 kg 또는 lb(파운드)당 요율이 설정되어 있으며, 화물에 적용되는 요율을 산출하기 위하여 우선 운임산출중량을 결정해야 한다.

㉠ 실제중량에 의한 방법
- 화물중량은 대부분 kg으로 0.1 단위까지 정확하게 측정한다.(미국지역에서 출발하는 화물은 lb로 측정)
- 0.5kg 미만의 실제중량은 0.5kg으로 절상하고, 0.5kg 초과 1.0kg 미만의 실제중량은 1.0kg으로 절상하여 운송장(AWB)의 운임산출중량(Chargeable weight)란에 기입한다. 이 때, lb(파운드)는 1lb 단위로 절상한다.

㉡ 용적(부피)중량에 의한 방법
- 용적(cm^3)은 가로(cm)×세로(cm)×높이(cm)로 부피를 구하고 운임산출중량(kg)으로 환산한다. 이때 직육면체 또는 정육면체가 아닌 경우 최대가로(cm)×최대세로(cm)×최대높이(cm)의 방식으로 계산한다.
- 용적중량(부피중량) = $\dfrac{\text{가로(cm)} \times \text{세로(cm)} \times \text{높이(cm)}}{6,000}$

㉢ 고중량 저운임 적용방법
- 운임산출중량은 화물의 실제중량과 용적(부피)중량을 비교하여 더 큰 중량을 기준으로 운임을 산출한다.
- 높은 중량단계의 낮은 요율을 적용하여 운임이 낮아지는 경우 그 운임을 적용한다.

CHAPTER 03 항공화물운송장(Air Waybill)

1. 항공화물운송장(AWB)의 의의 빈출 29, 26, 25, 24, 23회

(1) 항공화물운송장(AWB)의 개념

① 운송인과 송하인 사이에 항공운송계약이 체결되었다는 증거서류로서 운송인이 송하인으로부터 화물을 수령하였다는 것을 나타내는 화물수취증이다. 해상운송에서의 선하증권(B/L)에 해당하지만 유가증권이 아니다.

② AWB 발행 주체에 따라 Master Air Waybill(MAWB)과 House Air Waybill(HAWB)로 구분한다.

구분	설명
Master Air Waybill(MAWB)	항공사가 발행하는 AWB
House Air Waybill(HAWB)	포워더 또는 혼재업자가 발행하는 AWB

(2) 항공화물운송장(AWB)의 성질

① AWB는 단순한 화물수취증의 역할을 하는 항공화물운송장이므로 유가증권, 상환증권이 아니다.
② 운송인이 송하인으로부터 화물을 수취하고 AWB를 발행하므로 수취식이며, 원칙적으로 수하인란에 특정인의 이름을 기재하는 기명식으로 발행한다.
③ AWB과 B/L의 비교

구분	AWB(항공화물운송장)	B/L(선하증권)
법적 성격	단순한 화물수취증(유가증권×, 상환증권×)	유가증권, 상환증권
유통성	비유통성(Non-negotiable)	유통성(Negotiable)
발행방법	기명식(양도 불가)	지시식(무기명식)/기명식(배서에 의한 양도 가능)
발행시기	수취식(화물 수취 시)	선적식(화물 적재 시)
작성자	원칙적으로는 송하인이 작성 (실무에서는 운송인이 대리 작성)	운송인
화물 인수자	수하인	적법한 소지인

2. 항공화물운송장(AWB)의 구성 및 기능 기출 26, 25회

(1) 항공화물운송장(AWB)의 구성

① AWB는 12통(원본 3통 및 부본 9통)으로 구성되어 있지만, 전 통(full set)은 원본 3통을 의미한다.
  ㉠ Original1(for carrier): 항공사용(녹색)
  ㉡ Original2(for consignee): 수하인용(적색)
  ㉢ Original3(for shipper): 송하인용(청색)
② 신용장 거래방식에서 AWB 전 통(full set)을 요구하더라도 수출자는 신용장 매입의뢰(Negotiation) 시 Original3(송하인용 원본)만 제시하면 된다.

(2) 항공화물운송장(AWB)의 기능

① 운송인과 송하인 간에 항공운송계약이 성립하였음을 입증하는 운송계약서이다.
② 운송인이 송하인으로부터 화물을 수령한 것을 증명하는 화물수취증의 성격을 가지고 있다.
③ 수하인이 운임 및 요금을 계산하는 근거자료로 사용하는 요금계산서이다.
④ 송하인이 AWB에 보험금액 및 보험가액을 기재한 화주이익보험(Shipper's Interest Insurance)에 부보한 경우에는 AWB Original3(송하인용 원본)이 보험계약증서가 된다.
⑤ 수출입신고서 및 통관자료 등 세관신고서로 사용된다.
⑥ 송하인이 화물의 운송, 취급, 인도에 관한 내용을 기재하여 화물운송의 지시서로 활용할 수 있다.

3. 항공화물운송장(AWB)의 작성 기출 22회

(1) 일반원칙
① 항공화물운송장(AWB)은 전 세계적으로 IATA(International Air Transport Association, 국제항공운송협회)의 표준양식을 사용하여 동일한 작성방식에 따라 발행하고 있다.
② AWB에는 원칙적으로 숫자는 아라비아 숫자, 문자는 영어, 불어, 스페인어를 사용한다.
③ 작성된 AWB의 내용을 수정하는 경우, 원본 및 사본 전체에 대하여 수정하여야 한다.
④ AWB는 비양도성이기 때문에 'to order' 또는 'to order of the shipper'라는 표현을 사용하지 않는다.

(2) 작성항목
① 송하인(Shipper) 및 수하인(Consignee)의 기재방식
  ㉠ Master AWB: 항공사가 발행하는 AWB이므로 항공사의 화주는 포워더 또는 혼재업자이다. 따라서 Shipper란에는 포워더 또는 혼재업자를, Consignee란에는 현지 인수대리점을 기재한다.
  ㉡ House AWB: 포워더 또는 혼재업자가 발행하는 AWB이므로 포워더 또는 혼재업자의 화주는 실제 화주이다. 따라서 Shipper란에는 실제 수출자를, Consignee란에는 실제 수입자를 기재한다.
② 수량 및 요율의 기재방식
  ㉠ 중량단위: kg은 "K"로, lb(파운드)는 "L"로 표기한다(미국지역에서 출발하는 화물은 lb로 측정).
  ㉡ Gross weight: 화물의 실제무게를 소수점 첫째자리까지 기입한다.
  ㉢ Rate class: 화물요율에 해당하는 코드를 기재한다.
    예 Specific Commodity Rate(특정품목 할인요율): C
  ㉣ Chargeable weight: 운임산출중량은 화물의 실제중량과 용적(부피)중량을 비교하여 더 큰 중량을 기재한다. 0.5kg 미만의 실제중량은 0.5kg으로 절상하고, 0.5kg 초과 1.0kg 미만의 실제중량은 1.0kg으로 절상한다. 이때, lb(파운드)는 1lb 단위로 절상한다.
  ㉤ Rate/Charge: kg당 또는 lb당 적용요율을 기입한다. 이때 최저운임에 해당하는 경우에는 최저운임을 기재한다.
    • 적용일: 요율, 요금, 관련 규정은 AWB 발행 당일 유효한 것을 적용한다.
    • 통화: 출발지 국가에 적용되는 통화코드를 기재한다. 예 한국 KRW, 미국 USD
    • 운임적용구간: 공항에서 공항까지의 운송구간에 해당하는 운임이므로 부수적으로 발생하는 요금은 별도로 산정한다.
  ㉥ Nature and Quantity of Goods(including Dimensions or Volume): 화물의 품목과 용적(부피)중량이 적용되는 화물의 부피를 최대가로(cm)×최대세로(cm)×최대높이(cm) 순으로 기재한다.

4. 항공화물운송장(AWB)과 신용장통일규칙(UCP) 기출 29, 27, 23회

(1) 항공운송서류에 대한 신용장통일규칙(UCP)의 적용

① 항공화물운송장(AWB)은 운송인과 송하인 사이에 항공운송계약을 체결하였음과 운송인이 화물을 수령하였음을 확인하는 증거서류로서, 신용장통일규칙(UCP)이 적용된다.

② AWB는 원칙적으로 송하인이 작성하고 실무상 운송인이 송하인을 대신하여 작성하며, 원본 3통(full set)이 발행된다.
  ㉠ Original1(for carrier): 항공사용(녹색)
  ㉡ Original2(for consignee): 수하인용(적색)
  ㉢ Original3(for shipper): 송하인용(청색)

(2) 항공화물운송장(AWB)의 수리요건

① AWB의 전 통(full set)은 3통으로, 신용장 거래방식에서 은행이 AWB 전 통(full set)을 요구하더라도 수출자는 Original3(송하인용)만 제시하면 된다.

② AWB에는 운송인 또는 그의 지정대리인에 의한 서명이 있어야 한다. 발행일과 발행장소를 기재하고, 월(月)의 표기는 영어로 Full spelling 또는 약자를 사용할 수 있으나 숫자로 표기하면 안 된다. 발행일을 탑재일로 간주하지만 별도로 탑재일자가 표기되어 있는 경우 그 표기일을 탑재일자로 간주한다.

③ 출발공항, 도착공항을 기재할 때, 공항 전체의 이름 대신 IATA의 3-Letter City Code를 사용할 수 있다.
  (예) Incheon: ICN, Los Angeles: LAX

④ 신용장에서 출발공항 또는 목적공항을 포괄적인 지리적 범위로 제시하더라도, AWB는 신용장에서 언급하는 지리적 범위 내에 있는 구체적인 출발공항 또는 도착공항을 기재해야 한다.

⑤ 서류의 이름이 반드시 AWB일 필요는 없으며, 기명식으로 발행한다. 수하인란에 특정인의 이름이 기재되어 있어도 은행에서 수리를 거절할 수 없다.

⑥ 신용장에서 무고장(Clean on board) AWB를 요구하는 경우 적요란(Remark)에 아무런 고장문언이 기재되지 않았다면 그 조건을 충족한 것으로 본다. 이때 반드시 무고장(Clean)이라고 명시할 필요는 없다.

CHAPTER 04 항공운송사고 및 항공적하보험

1. 항공운송화물 사고 기출 29, 26, 22회

(1) 항공운송화물 사고의 개념
운송인의 책임구간에서 화물이 손상되어 상품 가치의 일부 또는 전부가 상실되거나 인도 지연, 화물 분실, 인도 불능 상태가 되어 송하인 또는 수하인에게 손해가 발생한 경우를 의미한다.

(2) 항공운송화물 사고의 유형

사고의 유형		설명
화물 손상(Damage)		• 항공운송 중 화물의 가치가 저하되는 상태의 변화 • Breakage(파손), Spoiling(부패, 변질), Mortality(동물 폐사, 식물 고사), Wet(유손) 등
지연 (Delay)	SSPD(Short-Shipped)	• 적하목록에는 기재되어 있으나 화물이 항공기에 탑재되지 않은 경우
	OFLD(Off-Load)	• 출발지나 경유지에서 탑재공간(space)이 부족하여 화물을 의도적으로 또는 실수로 하역한 경우
	OVCD(Over-Carried)	• 예정된 목적지나 경유지를 지나서 화물이 다른 곳으로 운송된 경우 • 발송준비가 완료되지 않은 상태에서 화물이 발송된 경우 • 적하목록에 기재되지 않은 화물이 도착한 경우
	STLD(Short-Landed)	• 적하목록에는 기재되어 있으나 화물이 도착하지 않은 경우
	Cross-Labelled	• 실수로 화물의 라벨이 바뀌거나 운송장 번호, 목적지 등을 잘못 기재한 경우
MSCN(Miss-Connected)		• 화물이 다른 목적지로 잘못 보내진 경우
분실(Missing)		• 항공사의 책임구간에서 화물이 탑재, 하기, 보관, 인수, 타 항공사로 인계될 때 일부 또는 전부가 분실된 경우
인도 불능(Non-delivery)		• 주소 오류, 지불방법 상이, 수하인의 폐업 등으로 수하인이 화물의 수취를 거절하거나 화물의 도착 이후 14일 이내에 수하인에게 인도할 수 없는 경우 • 1차 출발지에서 정확한 주소를 재확인하여 재송부하고, 7일 간격으로 3차례에 걸쳐 도착통지를 한다. 3차에 걸친 도착통지에도 응답이 없는 경우, 인도 불능으로 취급하여 "Notice of Non-delivery"를 작성하여 출발지에서 운송장을 발행한 항공사 또는 취급대리점으로 화물을 송부한다.

(3) 운송인에 대한 손해배상청구(Claim)
① 화물의 사고유형별 클레임 제기기한 및 제소기한: 클레임의 제기나 의사의 통고는 사고유형에 따른 기한 내(일반적으로 우체국의 소인이 찍힌 날짜 기준)에 서면으로 운송인에게 한다. 기한 내에 이의제기를 하지 않으면 운송인에 대하여 제소를 할 수 없다.

구분	설명
화물의 손상 및 일부 분실	화물 인수일로부터 14일 이내
지연	화물 인수일로부터 21일 이내
인도 불능 및 전부 분실	항공화물운송장 발행일로부터 120일 이내
제소기한	항공기 도착일, 항공기 도착 예정일, 항공기 운송 중지일로부터 2년 이내에 클레임을 제기하지 않으면 운송인에 대한 손해배상 청구권 소멸

② 클레임 제기에 필요한 서류
  ㉠ Claim letter
  ㉡ 항공화물운송장 원본
  ㉢ 상업송장(Commercial invoice), 포장명세서(Packing list), 검정증명서(Survey report)
  ㉣ 손실 계산, 손해배상액이 기재된 손해비용 명세서
  ㉤ 기타 필요 서류
③ 항공운송 시 사고가 발생한 경우 운송인의 최대배상한도액은 화물 1kg당 22SDR(몬트리올 협약 기준)이다. 단, 화물의 가격을 신고하고 화물의 가치를 기초로 종가운임을 지불한 경우에는 22SDR/kg을 초과하는 실손해액을 배상받을 수 있다.

2. 항공적하보험 기출 23회

(1) 항공적하보험의 담보

① 항공으로 운송되는 화물의 위험을 담보하는 보험이다. 항공기 사고가 발생하면 일반적으로 항공기와 탑재된 화물은 전부 파손 또는 멸실되는 전손에 해당하므로 All Risk 약관으로 부보하며, 공동해손 조항은 없다. 전 위험을 담보하는 협회항공적하약관 Institute Air Cargo Clause(All Risk) 또는 Institute Cargo Clause(Air)를 사용한다.
② 항공운송의 경우 보험자가 담보하는 보험기간은 도착공항에서 항공기로부터 하역된 후 30일 이내이다.
  (해상운송의 경우 보험자가 담보하는 보험기간은 목적항에서 하역된 후 60일까지이다.)
③ 항공적하보험은 화물이 항공기에 적재되어 있는 동안 담보되며, 항공기에 적재하기 전이나 항공기에서 양륙된 후 화물이 육상에 있는 동안에는 담보되지 않는다.
④ 전쟁, 동맹파업, 고의 지연, 화물 고유의 성질이나 하자에 기인하여 발생한 화물의 손해는 면책사항이다. 전쟁위험 및 동맹파업에 대한 담보를 받으려면 Institute War Clause(Air Cargo) 및 Institute Strike Clause(Air Cargo) 특약을 추가해야 한다.

(2) 항공적하보험의 부보

① 항공적하보험은 해상보험회사를 통해 계약을 체결하는 협회적하약관(항공)과 항공운송인이 발행하는 항공화물운송장(AWB)을 이용하여 부보하는 항공화물화주보험으로 구분한다.
② 협회적하약관(항공)
  ㉠ 화주가 직접 보험회사와 화물보험계약을 체결하는 것이다.
  ㉡ 항공사고는 손해발생의 순간성, 손해의 대형성, 손해의 거액성, 전손성 등의 특수성을 가지고 있으므로 전위험(All Risk)을 담보하기 위해 런던보험자협회(ILU; Institute of London Underwriters)에서 Institute Cargo Clause(Air)를 제정하였다.
③ 항공화물화주보험
  ㉠ 항공운송인이 화주를 위해 보험자와 미리 체결한 포괄적인 예정보험계약에 대하여 항공화물운송장(AWB)을 이용하여 부보하는 방식으로서, 화주이익보험(SII; Shipper's Interest Insurance) 또는 국제항공운송보험(Air Waybill Cover)이라고도 한다.
  ㉡ 화주가 항공운송인에게 화물을 인도할 때 항공화물운송장에 필요사항을 기재하고 보험료를 지급하면 그 항공화물은 자동으로 부보된다. 이때 항공운송인이 발행한 항공화물운송장으로 보험인수증을 대신한다.

CHAPTER 05　항공운송 국제조약 및 국제기구

1. 항공운송 국제조약 〔빈출〕 29, 27, 26, 25, 24, 23, 22회

(1) 바르샤바 협약(와르소 조약, Warsaw Convention)
① 1929년 폴란드 바르샤바(와르소)에서 체결된 국제항공운송인의 책임과 의무를 규정한 최초의 국제조약이다.
② 여객, 화물, 수화물에 대한 항공운송인(계약운송인)의 책임 등을 규정하고 있다.
③ 과실책임주의를 채택하고 있으며, 항공운송인의 과실로 추정하여 무과실에 대한 입증책임을 항공운송인에게 두고 있다. 즉, 항공운송인 스스로 과실이 없음을 입증하지 못하는 경우 항공운송인의 과실로 추정된다.
④ 항공운송서류가 부존재, 불비, 멸실된 경우 항공운송계약의 존재 또는 효력에 영향을 미치지 않고, 바르샤바 협약의 적용을 받는다.
⑤ 송하인은 항공화물운송장을 작성하여 화물과 함께 운송인에게 교부하고, 운송인은 화물을 인수할 때 이에 서명해야 한다. 운송인은 송하인의 청구에 따라 항공화물운송장을 작성한 경우 반증이 없는 한, 송하인을 대신하여 작성한 것으로 본다.
⑥ 항공화물운송장 제1원본(운송인용)에는 송하인이 서명을, 제2원본(수하인용)에는 송하인 및 수하인이 서명을, 제3원본(송하인용)에는 운송인이 서명을 하고 화물을 인수한 후 송하인에게 교부한다.
⑦ 송하인은 화물에 관하여 항공화물운송장에 기재된 명세 및 신고가 정확하다는 것에 대하여 책임을 진다. 송하인은 화물명세 및 신고의 불비, 부정확, 불완전으로 인하여 운송인 또는 기타의 자가 입은 손해에 대해 책임을 진다.

(2) 헤이그 의정서(Hague Protocol)
① 1955년 바르샤바 협약(와르소 조약)을 개정한 것으로 개정 바르샤바 협약이라고도 한다.
② 과실책임주의를 채택하고 있으며, 운송인에 대한 여객 책임한도액을 상향 조정하였다.

(3) 과달라하라 협약(Guadalajara Convention)
① 1961년 멕시코 과달라하라에서 채택된 바르샤바 협약을 보충하는 협약이다.
② 항공기의 임대차(Charter)가 증가하면서 이에 관한 새로운 조약의 필요성으로 채택하였으며, 계약운송인에게 부여하는 바르샤바 협약 체제의 권리와 의무를 실제운송인에게도 동일하게 부여하였다.

(4) 몬트리올 협정(Montreal Agreement)
① 1966년 IATA가 미국과 교섭하지 않고 미국을 출발, 도착, 경유하는 항공회사들의 회의에서 합의한 협정이다.
② 미국은 1955년 헤이그 의정서의 여객 책임한도액이 너무 적다는 이유로 바르샤바 협약의 탈퇴를 통보하였고, 이에 ICAO(International Civil Aviation Organization, 국제민간항공기구)가 회원국들의 특별회의를 소집하여 미국의 탈퇴를 막기 위해 책임한도액을 인상하려고 했으나 회원국 간의 의견차이로 합의에 실패하였다. 이후 IATA가 미국과 직접 교섭을 하지 않고 미국을 출발, 도착, 경유하는 항공회사들의 회의에서 운송인의 여객 책임한도액을 상향 조정하였다.
③ 몬트리올 협정은 무과실책임주의(사실상 절대책임주의)를 원칙으로 여객운송에 관한 규정만을 두고 있으며, 화물운송에 관한 내용은 바르샤바 협약(와르소 조약)이 그대로 적용된다. 헤이그 의정서와 비교하여 화물, 수화물에 대한 책임한도액에는 차이가 없으나 여객에 대한 책임한도액에는 차이가 있다.
④ 중재에 의한 분쟁해결을 허용하고, 제소기간을 2년으로 정하고 있다.

(5) 과테말라 의정서(Guatemala Protocol)

1971년 여객의 사상에 대한 운송인의 절대책임주의 및 화물 지연에 대한 과실책임주의를 채택하였고, 책임한도액을 정기적으로 자동수정하는 등의 규정이 포함되어 있다.

(6) 몬트리올 추가 의정서(Montreal Protocol)

1972년 표시 통화단위를 프랑에서 IMF의 SDR(통화의 환산단위)로 변경하였다.

(7) 몬트리올 협약(Montreal Convention)

① 바르샤바 협약, 헤이그 의정서, 과달라하라 협약, 과테말라 의정서, 몬트리올 추가 의정서 등을 포함하는 바르샤바 체제를 현대화, 통합화하기 위해 ICAO가 1999년에 몬트리올에서 채택하여 2003년에 발효된 협약이다.
② 바르샤바 협약을 기초로 유지하면서 항공운송인의 손해배상책임을 강화하였다.
③ 화물 및 수화물에 대한 배상책임한도액은 2019년에 22SDR로 상향되었다.
④ 몬트리올 협약에서는 이 협약의 책임한도를 5년마다 재검토할 수 있는 근거규정을 두고 있다.
⑤ 항공기에 의해 유상으로 행하는 승객, 수화물, 화물의 모든 국제운송에 적용된다. 또한 항공운송기업이 항공기에 의해 무상으로 행하는 운송에도 적용된다.

2. 항공운송 국제기구 기출 29, 27, 24, 23, 22회

(1) ICAO(International Civil Aviation Organization)

① 국제민간항공기구는 국제민간항공의 발전, 비행 안전증진, 운항기술 권고, 공항 및 항공 보안시설 장려 등을 목적으로 설립된 정부 간 국제협력기구이다.
② 시카고 조약의 기본원칙인 기회균등을 기반으로 국제항공운송의 안전한 운항 및 건전한 발전을 도모하기 위해 설립된 UN 산하의 항공전문기구이다.

(2) IATA(International Air Transport Association)

① 국제항공운송협회는 국제항공운임, 운항, 정비 등 상업적, 기술적 활동에 대한 절차 및 규정을 심의하고 제정하기 위해 설립된 항공사 중심의 순수 민간단체이다.
② 국제정기항공사를 주축으로 항공화물운송장, 표준항공약관, 항공대리점 표준계약서 등을 정하여 항공운송업계의 바람직한 경쟁을 도모하고자 한다.

(3) FIATA(International Federation of Freight Forwarders Associations)

① 포워더협회 국제연맹은 전 세계적인 운송주선인의 연합체로서 운송주선인의 권익보호, 서류통일, 표준거래조건의 개발 등을 목적으로 국가별 포워더협회와 개별 포워더로 구성된 국제민간기구이다.
② 국제적인 운송주선업의 확장에 따른 제반 문제점을 다루기 위해 설립되었으며, FBL(FIATA Bill of Lading) 등 표준운송서류를 제정하여 전 세계 포워더가 사용하고 있다.

(4) ACI(Airport Council International)

국제공항협회는 전 세계 회원 공항의 안전 및 발전과 공항 간 협력 및 지원을 위해 설립된 비영리단체이다.

(5) FAI(Federation of Air Sports International)

국제항공스포츠연맹은 항공스포츠 대회 개최, 항공활동기록에 대한 기준 수립 등 항공스포츠 발전을 위해 조직된 국제기구이다.

핵심 기출문제

PART 03 국제항공운송

01

항공화물의 품목분류요율(CCR) 중 할증요금 적용품목으로 옳지 않은 것은?

① 금괴
② 화폐
③ 잡지
④ 생동물
⑤ 유가증권

해설
품목분류요율(CCR; Commodity Classification Rate)의 할증적용품목에는 귀중화물, 생동물, 자동차, 시체, 유골 등이 있고, 할인적용품목에는 신문, 잡지, 정기간행물, 비동반 수화물, 이식용 각막, 안구 등이 있다.

정답 | ③

02

항공화물운송에서 단위탑재용기요금(BUC)의 사용제한품목이 아닌 것은?

① 유해
② 귀중화물
③ 위험물품
④ 중량화물
⑤ 살아있는 동물

해설
BUC 사용제한 품목에는 유해, 귀중화물, 위험물, 생동물이 있다.

관련이론 | 단위탑재용기운임(BUC; Bulk Unitization Charge)
단위탑재용기운임(BUC)은 항공사가 항공기용 컨테이너, 파렛트와 같은 단위탑재용기의 유형별 중량을 기준으로 운임을 미리 정해놓고 부과하는 방식이다.

정답 | ④

03

항공화물운송의 특성에 관한 설명으로 옳지 않은 것은?

① 대부분 야간에 운송이 집중된다.
② 신속성을 바탕으로 정시 서비스가 가능하다.
③ 여객에 비해 계절에 따른 운송수요의 탄력성이 크다.
④ 화물추적, 특수화물의 안정성, 보험이나 클레임에 대한 서비스가 우수하다.
⑤ 적하를 위하여 숙련된 지상작업이 필요하다.

해설
항공화물운송은 고정화주가 많아서 여객에 비해 계절에 따른 운송수요의 탄력성이 작다.

정답 | ③

04

항공화물운송의 탑재방식에 관한 설명으로 옳지 않은 것은?

① 컨테이너와 파렛트는 항공화물의 단위탑재에 사용된다.
② 항공화물의 단위탑재 시 고급의류는 컨테이너에 적재하는 것이 적합하다.
③ 여객기에 탑재하는 벨리카고(Belly Cargo)는 파렛트를 활용한 단위탑재만 가능하다.
④ 항공화물의 단위탑재 시 기계부품은 파렛트에 적재하는 것이 적합하다.
⑤ 이글루(Igloo)도 항공화물의 단위탑재 용기이다.

해설
벨리카고(Belly Cargo)는 여객기 하부의 화물실에 여객의 짐을 싣고 남는 공간에 파렛트, 컨테이너 등을 이용하여 탑재하는 화물을 의미한다.

정답 | ③

05

다음에서 설명하는 국제항공기구를 올바르게 나열한 것은?

> ㄱ. 시카고조약에 의거하여 국제항공의 안전성 확보와 항공질서 감시를 위한 관리를 목적으로 설립된 UN 산하 항공전문기구
> ㄴ. 각국의 정기 항공사에 의해 운임, 정비 등 상업적, 기술적인 활동을 목적으로 설립된 국제적 민간항공단체

① ㄱ: IATA, ㄴ: ICAO
② ㄱ: ICAO, ㄴ: IATA
③ ㄱ: IATA, ㄴ: FAI
④ ㄱ: ICAO, ㄴ: FAI
⑤ ㄱ: FAI, ㄴ: IATA

관련이론

IATA(International Air Transport Association)
국제항공운임, 운항, 정비 등 상업적, 기술적 활동에 대한 절차 및 규정을 심의하고 제정하기 위해 설립된 항공사 중심의 순수 민간단체

ICAO(International Civil Aviation Organization)
국제민간항공의 발전, 비행 안전증진, 운항기술 권고, 공항 및 항공 보안시설 장려 등을 목적으로 시카고조약에 기반하여 설립된 정부 간 국제협력기구

FAI(Federation of Air Sports International)
항공스포츠 대회 개최, 항공활동기록에 대한 기준 수립 등 항공스포츠 발전을 위해 조직된 국제항공스포츠연맹

정답 | ②

06

항공운송인의 책임을 규정한 국제조약에 관한 설명으로 옳지 않은 것은?

① 1929년 체결된 Warsaw Convention은 국제항공운송인의 책임과 의무를 규정한 최초의 조약이다.
② 1955년 채택된 Hague Protocol에서는 여객에 대한 운송인의 보상 책임한도액을 인상했다.
③ 1966년 발효된 Montreal Agreement에서는 화물에 대한 운송인의 보상 책임한도액을 인상했다.
④ 1971년 채택된 Guatemala Protocol에서는 운송인의 절대책임이 강조되었다.
⑤ Montreal 추가 의정서에서는 IMF의 SDR이 통화의 환산단위로 도입되었다.

해설
몬트리올 협정(Montreal Agreement)은 여객운송에 대해서만 규정하고 있다. 따라서 화물운송에 대한 보상 책임한도액은 바르샤바 협약(Warsaw Convention)의 화물 책임한도가 그대로 적용된다.

정답 | ③

07

신용장통일규칙(UCP 600) 제23조에 규정된 항공운송서류의 수리요건이 아닌 것은?

① 운송인의 명칭이 표시되고, 운송인 또는 그 대리인에 의하여 서명되어야 한다.
② 물품이 운송을 위하여 인수되었음이 표시되어야 한다.
③ 신용장에 명기된 출발 공항과 목적 공항이 표시되어야 한다.
④ 항공운송서류는 항공화물운송장(AWB)의 명칭과 발행일이 표시되어야 한다.
⑤ 신용장에서 원본 전통이 요구되더라도, 송하인용 원본이 제시되어야 한다.

해설
항공운송서류의 명칭은 반드시 항공화물운송장(AWB)일 필요는 없다. 항공운송서류에는 운송인 또는 그의 지정대리인에 의한 서명이 있어야 하며, 발행일과 발행장소를 기재하여야 한다.

정답 | ④

08

항공화물운송장(AWB)과 선하증권(B/L)에 관한 설명으로 옳지 않은 것은?

① AWB는 유가증권이 아니고 화물수령증 역할을 한다.
② B/L은 일반적으로 지시식으로 발행되며 유통성을 갖는다.
③ AWB는 화주이익보험을 가입한 경우 보험금액 등이 기재되어 보험가입증명서 내지 보험계약증서 역할을 한다.
④ B/L은 일반적으로 본선 선적 후 발행하는 선적식으로 발행된다.
⑤ AWB는 항공사가 작성하고 상환증권의 성격을 갖는다.

해설
선하증권(B/L)은 권리증권이자 상환증권을 성격을 가지며 선사(운송인)가 작성한다.
항공화물운송장(AWB)은 권리증권이 아니고 상환증권의 성격을 갖지 않으며 송하인이 작성한다.

정답 | ⑤

09

항공운송과 관련되는 국제규범으로 옳은 것은?

ㄱ. Rotterdam Rules	ㄴ. Hague Rules
ㄷ. Montreal Agreement	ㄹ. Hamburg Rules
ㅁ. Hague-Visby Rules	ㅂ. Guadalajara Convention

① ㄱ, ㄷ
② ㄴ, ㄷ
③ ㄴ, ㅂ
④ ㄷ, ㅂ
⑤ ㄹ, ㅁ

관련이론

항공운송 관련 국제규범
바르샤바 협약(Warsaw Convention), 헤이그 의정서(Hague Protocol), 과달라하라 협약(Guadalajara Convention), 몬트리올 협정(Montreal Agreement), 몬트리올 협약(Montreal Convention) 등

해상운송 관련 국제규범
헤이그 규칙(Hague Rules), 헤이그-비스비 규칙(Hague-Visby Rules), 함부르크 규칙(Hamburg Rules), 로테르담 규칙(Rotterdam Rules) 등

정답 | ④

10

항공운송화물의 사고유형 중 지연에 관한 설명으로 옳지 않은 것은?

	사고유형	내용
①	Cross Labelled	라벨이 바뀌거나, 운송장번호, 목적지 등을 잘못 기재한 경우
②	OFLD (Off-Load)	출발지나 경유지에서 탑재 공간 부족으로 인하여 의도적이거나, 실수로 화물을 내린 경우
③	OVCD (Over-Carried)	화물이 하기되어야 할 지점을 지나서 내려진 경우
④	SSPD (Short-shipped)	적재화물목록에는 기재되어 있으나, 화물이 탑재되지 않은 경우
⑤	MSCN (Miss-connected)	탑재 및 하기, 화물인수, 타 항공사 인계시에 분실된 경우

해설
MSCN(Miss-Connected)는 화물이 다른 목적지로 잘못 보내진 항공운송화물의 사고유형이다.
Missing은 화물을 항공기에 탑재 및 하기, 인수, 타 항공사로 인계 시 분실된 경우를 의미한다.

정답 | ⑤

PART 04 국제복합운송 및 국제물류보안

CHAPTER 01 국제복합운송

1. 국제복합운송의 의의 빈출 29, 27, 26, 25, 24, 22회

(1) 국제복합운송(Multimodal Transport)의 개념
① 복합운송은 2가지 이상의 상이한 운송수단을 이용하여 화물을 목적지까지 운송하는 것으로서 Multimodal, Intermodal, Combined 등으로 표현된다.
② 국제복합운송은 서로 다른 국가에 존재하는 출발지에서 목적지까지 복합운송의 형태로 운송하는 것을 의미한다.
③ 신속하고 안전하게 운송 및 환적을 하기 위해 규격화된 컨테이너에 화물을 적입하여 화주가 지정한 장소까지 육·해·공 일관운송을 실현함으로써 하역시간 단축, 선박가동률 향상, 보험료 절감 등의 효과를 거둘 수 있다.

(2) 국제복합운송의 요건
① 단일운송인책임(Single carrier's liability): 복합운송계약을 체결한 복합운송인은 어떤 구간에서 어떤 운송수단을 이용하여 운송서비스를 제공하든지 화주에 대해 전 운송구간에 걸쳐 일관된 운송책임을 부담한다.
② 단일운임(Through rate): 복합운송인은 국제복합운송서비스에 대한 운임을 운송구간별로 각각 설정하지 않고 단일화된 운임을 설정하여 화주에게 제시한다.
③ 상이한 운송수단(Different modes of transport): 국제복합운송은 육상, 해상, 항공운송과 같이 서로 다른 2개 이상의 운송수단을 결합하여 한 국가에서 다른 국가의 인도지점까지 운송을 이행해야 한다.
④ 단일증권(MTD; Multimodal Transport Document): 국제복합운송에서는 최초의 복합운송인에게 화물을 인도하는 시점에 모든 위험이 이전되며, 국제복합운송계약의 증거서류로서 복합운송증권(Combined Transport B/L, Multimodal Transport B/L, Intermodal Transport B/L)을 발행한다.

2. 복합운송인의 구분 빈출 29, 27, 26, 25, 24, 23, 22회

(1) 복합운송인(Common Carrier)

구분	설명
실제운송인형 복합운송인 (Actual carrier)	• UNCTAD/ICC 복합운송증권규칙(1992)에서는 실제운송인에 대하여 '운송인은 복합운송인과 동일인 여부에 상관 없이 실제로 운송의 전부 또는 일부를 이행하거나 또는 이행을 인수하는자'로 정의한다. • 해상운송인(선박) 항공운송인(항공기), 공로운송인(트럭), 철도운송인(열차) 등과 같이 자신이 직접 운송수단을 보유하면서 화주와 국제복합운송계약을 체결하고, 다른 운송인과 연계하여 실제로 운송을 이행하는 복합운송인이다.
계약운송인형 복합운송인 (Contractual carrier)	• 선박, 항공기, 트럭, 열차 등의 운송수단을 직접 보유하지는 않으면서 화주에게는 운송인의 입장에서 복합운송계약을 체결하고 운송주체자로서 기능과 책임을 수행하며, 실제운송인에게는 화주의 입장에서 화물의 운송을 위탁하는 복합운송인이다. • 프레이트 포워더형 복합운송인이라고도 하며, 복합운송주선인이 이에 해당한다.

(2) 복합운송주선인(Freight forwarder)

① 운송수단을 보유하지 않으면서 다수의 화주로부터 복합운송계약을 체결하고 화물을 집화하여 혼재, 분류, 포장, 보관, 통관, 적하보험 알선, 운송수단 수배, 조언 등의 업무를 주선하며 운송주체자로서의 기능을 수행한다.
② 화주에게는 계약운송인으로서 복합운송계약의 주체가 되어 복합운송증권을 발행하고 전체 운송구간에 대한 운송책임을 부담하고, 실제운송인에게는 화주의 대리인으로서 운송계약을 체결하고 화물의 운송을 위탁한다.

> **짚고 넘어가기** 무선박운송인(NVOCC)형 복합운송인
>
> 무선박운송인(NVOCC)형 복합운송인은 계약운송인형 복합운송인을 법적으로 실체화시킨 개념이다. 1984년 미국 신해운법에서는 무선박운송인(NVOCC; Non-Vessel Operating Common Carrier)을 '해상운송에 있어서 선박을 직접 보유하지 않으면서 해상운송인(Ocean Common Carrier)에 대하여 화주의 입장이 되고, 화주에 대하여 운송인의 입장에서 운송을 수행하는 계약운송인'으로 규정한다.

3. 복합운송의 책임 기출 29, 27, 26, 25, 24회

(1) 복합운송인의 책임원칙

구분	설명
과실책임 (Liability for negligence)	• 운송인이 고의·과실로 주의의무를 다하지 못해 발생한 손해에 대해서만 배상책임을 부담하는 것으로 운송인의 과실의 입증책임은 화주에게 있음 • 선량한 관리자로서 요구되는 적절한 주의의무를 다하지 못해 손해가 발생한 경우 책임을 부담 • ICC 복합운송증권통일규칙(1975), UN 국제복합운송조약(1980), UNCTAD/ICC 복합운송증권통일규칙(1992)에서 국제복합운송인이 자신의 무과실을 입증하지 못하면 손해배상책임을 면할 수 없는 과실추정의 원칙을 적용
무과실책임 (Liability without negligence)	• 원칙은 고의·과실이 없어도 손해에 대해 책임을 부담하지만 불가항력, 화물 고유의 성질, 통상의 소모 등으로 인한 손해에 대해서는 일부 면책을 인정
절대책임(Absolute liability), 엄격책임(Strict liability)	• 손해의 결과에 대해 운송인이 절대적으로 책임지는 것으로 불가항력 등의 면책을 인정하지 않음

(2) 복합운송의 책임체계

구분	설명
단일책임체계 (Uniform liability system)	• 화주에 대하여 복합운송인이 전 운송구간에 대해 운송수단의 종류를 불문하고, 어느 구간에서 사고가 발생했는지와 관계 없이 전적으로 동일한 내용의 책임을 부담하는 책임체계
이종책임체계 (Network liability system)	• 화주에 대하여 복합운송인이 전 운송구간을 일관하여 책임을 부담하지만 그 책임의 내용은 사고발생구간 고유의 책임체계에 따라 손해를 배상하는 방식 • 손해발생구간이 확인된 경우, 그 구간에 해당하는 국내법이나 국제조약을 적용(해상운송구간에서는 Hague Rules, 항공운송구간에서는 Warsaw Convention, 도로운송구간에서는 CMR 조약 및 해당 국가의 일반화물자동차운송약관, 철도운송구간에서는 CIM 조약에 의해 책임내용을 결정) • 손해발생구간이 확인되지 않은 경우, 일반적으로 운송구간이 가장 긴 해상구간에서 손해가 발생한 것으로 간주하여 Hague Rules를 적용
변형단일책임체계 (Modified uniform liability system)	• 단일책임체계와 이종책임체계를 절충한 책임체계 • 기본적으로 손해발생구간의 확인 여부와 관계 없이 단일책임체계(Uniform liability system)를 적용하지만, 손해발생구간이 확인되고 그 구간에 적용되는 규정(Network liability system)의 책임한도액이 UN 국제복합운송조약의 책임한도액보다 높은 경우에는 그 구간에 적용되는 규정의 책임한도액으로 책임을 부담 • Hamburg Rules(1978), UN 국제복합운송조약(1980), UNCTAD/ICC 복합운송증권통일규칙(1992)에서 채택

> **짚고 넘어가기** 운송 관련 국제조약
>
> 1. CMR(1956): 도로운송 관련 국제조약
>   - Convention Relative au Contract de Transport International de Marchandise Par Route (Convention on the Contract for the International Carriage of Goods by Road)
>   - 유럽지역의 도로화물운송과 관련하여 운송인의 손해배상 등 운송인의 책임을 중심으로 규정한 조약
> 2. CIM(1970): 철도운송 관련 국제조약
>   - Convention International Concernant le Transport des Marchandises par Chemins de fer (International Convention concerning the Carriage of Goods by Rail)
>   - 유럽국가들을 중심으로 철도화물운송을 하는 경우 운송인의 책임, 당사자 간의 법률관계, 재판관할 등에 관하여 규정하고 있는 조약

4. 복합운송장(MTD; Multimodal Transport Document) 빈출 29, 26, 25, 24, 23회

(1) 복합운송장의 개념

① 2가지 이상의 서로 다른 운송수단에 의해 이루어지는 복합운송계약을 증명하기 위하여 복합운송인이 발행하는 운송서류로서 복합운송증권이라고도 한다.

② 복합운송인이 물품의 수령과 계약조건의 이행을 증명하기 위하여 발행하는 운송계약증서이다.

③ 복합운송증권은 본선 적재가 이루어지기 전에 복합운송인이 화물을 인수한 상태에서 발행하므로 선적을 증명하는 것은 아니다.

④ 유통성 복합운송증권의 경우 수하인의 배서를 통해 화물을 처분할 수 있는 운송화물에 대한 권리가 포함된 권리증권이다.

구분	설명
유통성 여부	• 유통성 복합운송증권(Negotiable MTD) → 유가증권 • 비유통성 복합운송장(Non-negotiable MTD) → 비유가증권

⑤ 복합운송증권은 화주에 대하여 단일책임을 부담하며, 발행인의 제한은 없고 운송주선업자도 발행할 수 있다. 국제상업회의소(ICC; International Chamber of Commerce)에서 복합운송증권에 관한 통일규칙(UNCTAD/ICC)을 제정하자 FIATA도 기존의 FIATA B/L을 개정하여 FIATA MT B/L(Multimodal Transport Bill of Lading)을 만들었다.

(2) UNCTAD/ICC 복합운송증권통일규칙(1992)

① 복합운송계약에 적용되는 국제조약이나 국내법 규정은 이 규칙에 우선하여 적용된다.

② ICC의 신용장통일규칙(UCP600) 내용과도 일치하여 전 세계 무역거래에서 널리 사용되고 있으며, FIATA B/L에서도 이 규칙을 채택하고 있다.

③ 단일운송 또는 복합운송과 관계없이 적용 가능하며, 변형단일책임체계를 채택하고 과실책임주의 원칙을 따른다.

④ 운송인은 사용인의 항해과실 및 본선 관리상의 과실, 고의 또는 과실에 의한 화재가 아닌 경우 면책되며, 감항성 결여 시 주의의무를 다하였음을 입증하는 경우 면책된다.

⑤ 화물인도 후 9개월 내에 소송이 제기되지 않으면 운송인은 모든 책임을 면한다.

⑥ 운송인의 고의 또는 무모에 의한 손해, 예상할 수 있는 손해에 대한 작위 및 부작위에 대해서는 책임제한의 혜택이 박탈된다.

⑦ 해상구간에서 화물의 멸실 또는 손상의 손해 발생이 판명된 경우, 운송인의 책임제한액은 해상운송 국제조약에 의거하여 포장당 666.67 SDR 또는 kg당 2 SDR을 적용한 합계액 중 높은 금액이 적용된다. 반면, 해상구간 또는 내수로구간이 없는 경우, 운송인의 손해배상 한도는 kg당 8.33 SDR로 제한된다.

⑧ 수하인이 화물의 인도를 받을 때 화물의 멸실 또는 손상에 대하여 그 개황을 명시하고 복합운송인에게 서면으로 통지하지 않는 한, 화물의 인도는 복합운송인이 화물을 복합운송서류상 기재된대로 인도하였다는 사실에 대한 추정적인 증거가 된다.

⑨ 멸실 또는 손상이 외관상 드러나지 않은 경우, 화물이 수하인에게 인도된 날로부터 제6연속일 이내에 서면에 의한 통지가 없는 한, 복합운송서류상 인도되었다는 추정적인 증거력이 인정된다.

⑩ 화물이 정해진 인도기일로부터 90일 이내에 인도되지 않은 경우에 청구권자는 반증이 없는 한, 그 화물을 멸실된 것으로 취급할 수 있다.

⑪ 복합운송 관련 용어

　㉠ Multimodal Transport Contract: 2가지 이상의 서로 다른 운송방식에 의하여 화물을 운송하기 위한 복합운송계약

　㉡ Multimodal Transport Operator(MTO): 복합운송계약을 체결하고, 운송인으로서 그 계약의 의무를 지는 복합운송인

　㉢ Carrier: 복합운송인과 동일인의 여부와 관계없이 실제로 운송의 전부 또는 일부를 이행하거나 그 이행을 인수하는 운송인

　㉣ Consignor: 복합운송인과 복합운송계약을 체결하는 송하인

　㉤ Consignee: 복합운송인으로부터 화물을 수령할 권리가 있는 수하인

　㉥ Multimodal Transport Document(MTD): 복합운송계약을 증명하는 복합운송서류(복합운송장 또는 복합운송증권)로서, 관련 법규가 허용하는 경우 전자자료교환 통신문으로 갈음할 수 있음

5. 국제복합운송의 형태 빈출 29, 27, 26, 25, 24, 23, 22회

(1) 랜드브릿지 시스템(Land Bridge System)의 개념

① 랜드브릿지 시스템은 대륙과 대륙을 연결하는 경로에서 대륙의 육로운송이 교량(Bridge) 역할을 수행하는 운송시스템으로서, 일반적으로 해륙복합운송과 해공복합운송으로 구분한다.

② 해상운송을 중심으로 일부 육상구간을 다리처럼 이용하여 시간과 비용을 절약시키기 위해 개발한 복합운송방식이다.

(2) 랜드브릿지(Land Bridge)의 주요 경로

① 북미대륙

구분	설명
ALB(America Land Bridge)	극동지역에서 미국 서부지역으로 해상운송한 후 미국 대륙횡단철도를 이용하여 미국 동부지역까지 운송하고, 그곳에서 다시 해상운송으로 유럽까지 운송하는 복합운송방식
MLB(Mini Land Bridge)	극동지역에서 미국 서부지역으로 해상운송한 후 철도를 이용하여 미국 동쪽 해안까지 화물을 운송하는 복합운송방식
IPI(Interior Point Intermodal)	극동지역에서 미국 서부지역으로 해상운송한 후 철도나 트럭으로 미국 내륙지점까지 화물을 운송하는 복합운송방식. Micro Land Bridge라고도 함
RIPI(Reverse Interior Point Intermodal)	극동지역에서 파나마운하를 통해 미국 동부지역으로 해상운송한 후 철도나 트럭으로 미국 내륙지점까지 화물을 운송하는 복합운송방식

구분	설명
CLB(Canada Land Bridge)	극동지역에서 캐나다 서부지역으로 해상운송을 한 뒤에 캐나다 대륙횡단철도를 이용하여 캐나다 동부지역까지 운송하고, 그곳에서 다시 해상운송으로 유럽까지 운송하는 복합운송방식

② 아시아 및 유럽대륙

구분	설명
TSR(Trans Siberian Railway)	극동지역에서 러시아 동쪽항구인 보스토치니항까지 해상운송을 한 후, 시베리아 대륙횡단철도를 이용하여 러시아 서부지역 및 유럽까지 운송하는 Sea & Rail의 시베리아 횡단철도로서 SLB(Siberia Land Bridge)라고도 함
TCR(Trans China Railway)	중국의 동부지역의 연운항에서부터 유럽까지 연결되는 대륙횡단철도
TMR(Trans Manchuria Railway)	만주지역에서부터 유럽까지 연결되는 대륙횡단철도
TMGR(Trans Mongolia Railway)	몽골에서부터 유럽까지 연결되는 대륙횡단철도
TKR(Trans Korea Railway)	남북으로 단절된 철도구간이 복원될 경우 한반도를 하나로 이어주는 한반도 종단철도로서, 부산에서 출발하여 TSR, TCR, TMR, TMGR을 통해 유럽까지 연결될 수 있음
TAR(Trans Asian Railways)	TSR, TCR, TMR, TMGR, TKR 5개 노선으로 구성되어 있는 아시아 육상교통 인프라 계획의 중추적인 철도노선

③ Sea & Air : 해상운송의 경제성과 항공의 신속성을 결합한 복합운송방식

6. 컨테이너 및 복합운송 관련 국제조약 기출 29, 27, 26, 22회

구분	설명
CCC (Customs Convention on Container, 1956)	컨테이너가 관세선을 통과할 때 컨테이너 자체의 수출입에 대한 관세법상 특례를 규정한 컨테이너 통관협약
TIR (Transport International Routiere, 1959)	컨테이너 속에 내장된 화물이 도로운송으로 특정 국가를 통과하여 목적지까지 운송될 때 컨테이너에 봉인되어 도로운송되는 화물에 관한 관세법상 특례를 규정한 협약
ITI (Customs Convention on the International Transit of Goods, 1971)	컨테이너 속에 내장된 화물이 육·해·공 모든 운송수단으로 경유지 국가를 통과하여 목적지까지 운송될 때 컨테이너화물에 관한 관세법상 특례를 규정한 협약
CSC (International Convention for Safe Container, 1972)	컨테이너의 운송 및 취급에 있어서 컨테이너의 구조상 안전요건을 국제적으로 통일하기 위해 채택한 컨테이너 안전협약으로, 기준에 합격한 컨테이너에는 안전승인판을 부착함

CHAPTER 02 물류정보시스템 및 물류보안

1. 물류정보시스템

물류정보시스템	설명
KT-NET	• Korea Trade Network(한국전자무역센터)
KL-NET	• Korea Logistics Network(한국물류정보통신)
SP-IDC	• Shipping & Port Internet Data Center(해운항만물류정보센터)

PORT-MIS	• PORT-Management Information System(항만운영정보시스템)
AIRCIS	• AIR Cargo Information System(항공물류정보시스템)

2. 물류보안제도의 종류 빈출 29, 27, 26, 25, 24, 23, 22회

물류보안제도	설명
IMO(국제해사기구)의 ISPS Code (International Ship and Port Facility Security Code)	• 선박 및 항만시설 보안을 위한 국제규약 • 각 정부는 자국선박, 자국항만에 기항하는 외국선박에 대하여 국제협약이 정한 기준에 따라 선박의 안전기준 등을 점검하는 항만국통제(Port State Control)를 실시하여 ISPS Code 준수 여부를 확인하고 위험선박에 대해 입항금지, 추방 등의 조치 가능
WCO(세계관세기구)의 SAFE Framework	• 세계관세기구에서 채택한 물류보안과 무역간소화에 대한 국제기준 • 세관 당국 사이의 정보교환 네트워크를 구축하여 사전전자화물정보 요구사항 일치 여부 등을 확인 • SAFE Framework를 기반으로 AEO를 도입
AEO (Authorized Economic Operator)	• 각국 세관당국이 종합인증우수업체에 대해 신뢰성과 안전성을 인증해주는 수출입안전관리우수업체 공인제도 • 화주, 선사, 운송인, 창고업자, 관세사 등 물류주체들을 대상으로 적용 • 국가 간 상호인정절차가 있어서 수출 상대국 수입절차 시 통관상 특례를 적용받음
ISO 28000 (International Organization for Standardization 28000)	• 국제표준화기구(ISO; International Organization for Standardization)가 물류보안경영 표준에 대해 인증해주는 민간인증제도 • 생산자, 운송, 보관업자 등 공급사슬 내 기업들이 적용대상
CSI (Container Security Initiative)	• 미국으로 수입되는 컨테이너 화물에 대해 미국 세관 및 수출국 세관 직원이 합동으로 검사를 시행하는 컨테이너 보안 협정
24-Hour Rule	• CSI의 효과적인 수행을 위한 후속조치로서 운송인이 선적 24시간 전에 적하목록을 미국 세관에 제출하도록 정한 규칙
C-TPAT (Customs-Trade Partnership Against Terrorism)	• 미국으로 수출하는 제조업자, 화주, 운송인 등 공급사슬 전반에 걸쳐서 보안을 강화하도록 관세청이 민간기업과의 협정을 통해 시행하는 반테러 민관협력 프로그램
PSI (Proliferation Security Initiative)	• 미국이 테러와의 전쟁을 선포하며 불법무기나 미사일 등 의심스러운 선박이나 항공기 등을 압수 수색할 수 있는 내용이 포함된 대량살상무기확산방지 구상
ISF (Importer Security Filing)	• 미국으로 수입되는 화물에 대하여 수입자에게 10가지, 운송인에게 2가지 신고의무를 부여한 사전신고제도로서 10+2 Rule이라고도 함
Safe Port Act	• CSI, C-TPAT 등을 제도화하고 미국행 컨테이너의 선적 전 스캐닝을 위한 법적 근거가 되는 항만보안법
CIP (Container Inspection Program)	• 컨테이너에 적재되어 해상으로 수입되는 위험화물에 의한 사고를 예방하기 위해 국제해상위험물규칙(IMDG Code)의 준수 여부를 확인하는 위험물 컨테이너 점검제도
APEC(아시아태평양경제협력체)의 STAR (Secure Trade in APEC Region)	• APEC 가맹국 간의 무역거래 시 선박, 항공기, 항만, 공항 등의 보안기준을 강화하기 위한 목적으로 구축된 협력체제

핵심 기출문제

PART 04 국제복합운송 및 국제물류보안

01

국제복합운송에 관한 설명으로 옳지 않은 것은?

① 컨테이너의 등장으로 인해 비약적으로 발전하였다.
② 단일 운송계약과 단일 책임주체라는 특징을 가지고 있다.
③ 두 가지 이상의 상이한 운송수단이 결합하여 운송되는 것을 말한다.
④ UN국제복합운송조약은 복합운송증권의 발행 여부를 송하인의 선택에 따르도록 하고 있다.
⑤ 복합운송증권의 발행방식은 유통식과 비유통식 중에서 선택할 수 있다.

해설

복합운송증권은 2가지 이상의 서로 다른 운송수단에 의해 이루어지는 복합운송계약을 증명하기 위하여 복합운송인이 유통성 또는 비유통성으로 발행하는 운송서류이다. UN 국제복합운송조약에서는 복합운송증권의 유통성 또는 비유통성 발행방식을 송하인의 선택에 따르도록 규정하고 있다.

정답 | ④

02

국제복합운송인에 관한 설명이다. ( )에 들어갈 용어를 올바르게 나열한 것은?

> - (ㄱ)는 자신이 직접 운송수단을 보유하고 복합운송인으로서 역할을 수행하는 운송인
> - (ㄴ)는 해상운송에서 선박을 직접 소유하지 않으면서 해상운송인에 대하여 화주의 입장, 화주에게는 운송인의 입장에서 운송을 수행하는 자

① ㄱ: Actual carrier, ㄴ: NVOCC
② ㄱ: Contracting carrier, ㄴ: NVOCC
③ ㄱ: NVOCC, ㄴ: Ocean freight forwarder
④ ㄱ: Actual carrier, ㄴ: VOCC
⑤ ㄱ: Contracting carrier, ㄴ: VOCC

해설

ㄱ: Actual carrier: 자신이 직접 운송수단을 보유하면서 화주와 국제복합운송계약을 체결하고, 다른 운송인과 연계하여 실제로 운송을 이행하는 실제운송인형 복합운송인

ㄴ: NVOCC(Non-Vessel Operating Common Carrier): 계약운송인형 복합운송인을 미국 신해운법에서 실체화시킨 개념으로, 해상운송에서 선박을 직접 보유하지 않으면서 해상운송인에 대하여 화주의 입장이 되고, 화주에 대하여 운송인의 입장에서 운송을 수행하는 무선박운송인형 복합운송인

선지분석

- Contractual carrier: 선박, 항공기, 트럭, 열차 등의 운송수단을 직접 보유하지는 않으면서 화주에게는 운송인의 입장에서 복합운송계약을 체결하고 운송주체자로서 기능과 책임을 수행하며, 실제운송인에게는 화주의 입장에서 화물의 운송을 위탁하는 계약운송인형 복합운송인
- VOCC(Vessel Operating Common Carrier): 선사, 항공사와 같이 운송수단을 보유하고 실제 운송을 담당하는 실제 운송인
- Ocean freight forwarder: 운송수단을 보유하지 않으면서 다수의 화주로부터 운송계약을 체결하고 화물을 집화하여 혼재, 분류, 포장, 보관, 통관, 적하보험 알선, 운송수단 수배, 조언 등의 업무를 주선하며 운송주체자로서의 기능을 수행하는 해상운송주선인

정답 | ①

03

복합운송인의 책임에 관한 설명으로 옳은 것은?

① 과실책임(liability for negligence)원칙은 선량한 관리자로서 복합운송인의 적절한 주의의무를 전제로 한다.
② 엄격책임(strict liability)원칙은 과실의 유무를 묻지 않고 운송인이 결과를 책임지는 것이지만, 불가항력 등의 면책을 인정한다.
③ 무과실책임(liability without negligence)원칙은 운송인의 면책조항을 전혀 인정하지 않는다.
④ 단일책임체계(uniform liability system)에서 복합운송인이 전 운송구간의 책임을 지지만, 책임의 내용은 발생구간에 적용되는 책임체계에 의해 결정된다.
⑤ 이종책임체계(network liability system)는 UN국제복합운송조약이 채택하고 있는 체계로 단일변형책임체계라고도 한다.

해설
과실책임원칙은 고의·과실로 주의의무를 다하지 못해 발생한 손해에 대해서만 배상하며, 선량한 관리자로서 요구되는 적절한 주의의무를 전제로 한다.

선지분석
② 엄격책임(strict liability)원칙은 과실의 유무를 묻지 않고 운송인이 결과를 책임지는 것으로 불가항력 등의 면책을 인정하지 않는다.
③ 무과실책임(liability without negligence)원칙은 고의·과실이 없어도 손해에 대해 책임지는 것이지만 불가항력, 화물 고유의 성질, 통상의 소모 등으로 인한 손해에 대해서는 일부 면책을 인정한다.
④ 단일책임체계(uniform liability system)에서는 화주에 대하여 복합운송인이 전 운송구간에 대해 운송수단의 종류를 불문하고, 어느 구간에서 사고가 발생했는지와 상관없이 전적으로 동일한 내용의 책임을 부담한다.
⑤ 이종책임체계(network liability system)는 화주에 대하여 복합운송인이 전 운송구간을 일관하여 책임을 부담하지만 그 책임의 내용은 사고발생구간 고유의 책임체계에 따라 손해를 배상한다.

정답 | ①

04

복합운송주선인(Forwarder)에 관한 설명으로 옳지 않은 것은?

① 송하인으로부터 화물을 인수하여 수하인에게 인도할 때까지 화물의 적재, 운송, 보관 등의 업무를 주선한다.
② 우리나라에서 복합운송주선인은 해상화물은 물론 항공화물도 주선할 수 있다.
③ 복합운송주선인 스스로는 운송계약의 주체가 될 수 없으며, 송하인의 주선인으로서 활동한다.
④ 복합운송주선인의 주요 업무는 화물의 집화, 분류, 수배송 및 혼재작업 등이다.
⑤ 복합운송주선인은 화주를 대신하여 보험계약을 체결하기도 한다.

해설
복합운송주선인(Freight Forwarder)은 운송수단을 보유하지 않으면서 다수의 화주로부터 화물을 받아 혼재, 분배, 포장, 보관, 통관, 적하보험 알선, 운송수단 수배 등의 기능을 수행한다. 화주에게는 계약운송인으로서 복합운송계약의 주체가 되어 전체 운송구간에 대한 책임을 부담하고, 실제운송인에게는 화주의 대리인으로서 운송계약을 체결하고 화물의 운송을 위탁한다.

정답 | ③

05

복합운송증권(MTD)에 관한 설명으로 옳지 않은 것은?

① 화물의 손상에 대하여 전체 운송구간에 대한 단일책임형태로 발행된다.
② 복합운송증권은 운송주선인이 발행할 수 없다.
③ 본선 적재 전에 복합운송인이 화물을 수취한 상태에서 발행된다.
④ 복합운송증권의 인도는 화물의 인도와 동일한 성격을 갖는다.
⑤ 지시식으로 발행된 경우 배서·교부로 양도가 가능하다.

해설
복합운송증권(Multimodal Transport Document)은 2가지 이상의 상이한 운송수단에 의한 복합운송을 이행하는 것에 대해 최초운송인이 화주에게 발행하는 서류이다. 운송화물 수령을 증명하는 서류로서, 복합운송의 계약내용 및 운송조건을 기재하여 유통성 또는 비유통성으로 발행 가능하다.
MTD는 발행인에 대한 특별한 제한이 없어서 육상운송인, 해상운송인, 항공운송인, 복합운송주선인에 의해 발행된다. 컨테이너 화물에 대한 복합운송증권은 포워더가 FIATA 표준양식을 사용하여 발행할 수 있다.

정답 | ②

06

다음에서 설명하는 복합운송경로는?

> 극동에서 선적된 화물을 파나마 운하를 경유하여 북미 동안 또는 US걸프만 항구까지 해상운송을 한 후 내륙지역까지 철도나 트럭으로 운송하는 복합운송방식

① Micro Land Bridge
② Overland Common Point
③ Mini Land Bridge
④ Canada Land Bridge
⑤ Reverse Interior Point Intermodal

해설
Reverse Interior Point Intermodal은 극동지역에서 파나마운하를 통해 미국 동부지역으로 해상운송한 후 철도나 트럭으로 미국 내륙지점까지 화물을 운송하는 복합운송방식이다.

선지분석
① Micro Land Bridge: 극동지역에서 미국 서부지역으로 해상운송한 후 철도나 트럭으로 미국 내륙지점까지 화물을 운송하는 복합운송방식으로, Interior Point Intermodal(IPI)이라고도 함
② Overland Common Point: 극동지역에서 미국 서쪽 해안으로 해상운송하여 로키산맥 동쪽지역으로 육상운송하는 복합운송 화물의 해상운임을 할인해주는 지역
③ Mini Land Bridge: 극동지역에서 미국 서부지역으로 해상운송한 후 철도를 이용하여 미국 동쪽 해안까지 화물을 운송하는 복합운송방식
④ Canada Land Bridge: 극동지역에서 캐나다 서부지역으로 해상운송을 한 뒤에 캐나다 대륙횡단철도를 이용하여 캐나다 동부지역까지 운송하고, 그곳에서 다시 해상운송으로 유럽까지 운송하는 복합운송방식

정답 | ⑤

07

해공(Sea & Air)복합운송 서비스의 장점에 관한 설명으로 옳지 않은 것은?

① 화주는 해상운송 기간을 단축하여 경쟁력을 높일 수 있다.
② 전(全)구간 해상운송보다 수송기간이 짧고, 전(全)구간 항공운송보다 운임이 저렴하다.
③ 해상운송에 비해 수송기간이 짧아 재고비용이 절감되며 자본비용도 낮출 수 있다.
④ 항공사가 운송장(Through B/L)을 발행하게 되면 항공사는 함부르크조약으로 책임을 지기 때문에 화주에게 유리하다.
⑤ 생산일정과 수입상의 창고 및 시장 상황에 맞춰 적시(JIT)납품을 결정할 수 있게 되어 기업의 물류관리 측면에서 융통성이 많아지게 된다.

해설

항공사가 운송장(Through B/L)을 발행하게 되면 복합운송인의 책임은 손해발생구간이 확인된 경우, 그 운송구간에 적용되는 국제조약(해상의 경우에는 헤이그 규칙, 항공의 경우에는 바르샤바 협약)이나 국내법에 따라 책임내용을 결정한다.
그러나 손해발생구간이 확인되지 않은 경우, 일반적으로 운송구간이 가장 긴 해상구간에서 손해가 발생한 것으로 간주하여 헤이그 규칙이나 멸실, 훼손된 화물의 중량 kg당 일정액의 책임한도금액을 기본책임으로 적용한다.

정답 | ④

08

컨테이너 운송과 관련된 국제협약이 옳게 연결된 것은?

> ㄱ. 1971년 관세협력위원회에 의하여 채택되었으며, 각종 운송기기에 의한 육·해·공의 모든 운송수단을 대상으로 하고 있다.
> ㄴ. 컨테이너 국제 운송 시 컨테이너 취급, 적재 또는 수송 도중 일어나는 인명의 안전을 확보하기 위하여 컨테이너의 기준을 국제적으로 규정하기 위해 채택되었다.
> ㄷ. 1959년 유럽경제위원회가 도로운송차량에 의한 화물의 국제운송을 용이하게 하기 위한 목적으로 채택하였다.
> ㄹ. 컨테이너 자체가 국경을 통과함에 따라 당사국 간의 관세 및 통관방법등을 협약·시행할 필요성이 있어, 1956년 유럽경제위원회에 의해 채택되었다.

① ㄱ: CCC협약, ㄴ: TIR협약, ㄷ: ITI협약, ㄹ: CSC협약
② ㄱ: TIR협약, ㄴ: CCC협약, ㄷ: CSC협약, ㄹ: ITI협약
③ ㄱ: ITI협약, ㄴ: CSC협약, ㄷ: CCC협약, ㄹ: TIR협약
④ ㄱ: TIR협약, ㄴ: CSC협약, ㄷ: CCC협약, ㄹ: ITI협약
⑤ ㄱ: ITI협약, ㄴ: CSC협약, ㄷ: TIR협약, ㄹ: CCC협약

관련이론

CCC협약(Customs Convention on Container)
컨테이너가 관세선을 통과할 때 컨테이너 자체의 수출입에 대한 관세법상 특례를 규정한 협약

TIR협약(Trailer Interchange Receipt Convention)
컨테이너 속에 내장된 화물이 도로운송으로 특정 국가를 통과하여 목적지까지 운송될 때 컨테이너에 봉인되어 도로운송되는 화물에 관한 관세법상 특례를 규정한 협약

ITI협약(Customs Convention on the International Transit of Goods)
컨테이너 속에 내장된 화물이 육·해·공 모든 운송수단으로 경유지 국가를 통과하여 목적지까지 운송될 때 컨테이너화물에 관한 관세법상 특례를 규정한 협약

CSC협약(International Convention for Safe Containers)
컨테이너의 운송 및 취급에 있어서 컨테이너의 구조상 안전요건을 국제적으로 통일하기 위해 채택한 컨테이너 안전협약으로, 기준에 합격한 컨테이너에는 안전승인판을 부착함

정답 | ⑤

09

국제물류 정보기술에 관한 설명으로 옳지 않은 것은?

① ITS(Intelligent Transport System): 기본 교통체계의 구성요소에 전자, 제어, 통신 등의 첨단기술을 접목시켜 상호 유기적으로 작동하도록 하는 차세대 교통 시스템
② CVO(Commercial Vehicle Operation): 조직간 표준화된 전자문서로 데이터를 교환하고, 업무를 처리하는 시스템
③ WMS(Warehouse Management System): 제품의 입고, 집하, 적재, 출하의 작업과정과 관련 데이터의 자동처리 시스템
④ DPS(Digital Picking System): 랙이나 보관구역에 신호장치가 설치되어 있어, 출고화물의 위치와 수량을 알려주는 시스템
⑤ GPS(Global Positioning System): 화물 또는 차량의 자동식별과 위치추적의 신속·정확한 파악이 가능한 시스템

해설
CVO(Commercial Vehicle Operation)는 화물 및 차량의 위치정보를 실시간으로 파악하여 각종 정보를 제공함으로써 화물차량의 운행을 최적화하고 배차를 효율적으로 관리하는 화물 운송 정보 시스템이다. EDI(Electronic Data Interchange)는 조직간 표준화된 전자문서로 데이터를 효율적으로 교환하고, 업무를 처리하는 시스템이다.

정답 | ②

10

다음 설명에 해당하는 국제물류 보안제도는?

- 해상운송인과 NVOCC(Non-Vessel Operating Common Carrier)로 하여금 미국으로 향하는 컨테이너가 선박에 적재되기 전에 화물에 대한 세부정보를 미국 관세청에 제출하게 함으로써 화물 정보를 분석하여 잠재적 테러 위험을 확인할 수 있음
- CSI(Container Security Initiative) 후속조치의 일환으로 시행됨

① C-TPAT(Customs-Trade Partnership Against Terrorism)
② ISO 28000
③ 10+2 Rule
④ 24-Hour Rule
⑤ Trade Act of 2002 Final Rule

해설
문제에서 설명하는 국제물류 보안제도는 24-Hour Rule로, 선적 24시간 전 적하목록 제출제도이다.

선지분석
① C-TPAT(Customs-Trade Partnership Against Terrorism): 반테러 민관협력 프로그램
② ISO(International Organization for Standardization) 28000: 물류보안경영시스템 인증제도
③ 10+2 rule: 미국으로 수입되는 화물에 대하여 수입자에게 10가지, 운송인에게 2가지 신고의무를 부여한 사전신고제도
⑤ Trade Act of 2002 Final Rule: 2002 무역법 최종규칙

정답 | ④

에듀윌이
너를
지지할게
ENERGY

끝이 좋아야 시작이 빛난다.

– 마리아노 리베라(Mariano Rivera)

여러분의 작은 소리 에듀윌은 크게 듣겠습니다.

본 교재에 대한 여러분의 목소리를 들려주세요.
공부하시면서 어려웠던 점, 궁금한 점,
칭찬하고 싶은 점, 개선할 점, 어떤 것이라도 좋습니다.
에듀윌은 여러분께서 나누어 주신 의견을
통해 끊임없이 발전하고 있습니다.

에듀윌 도서몰 book.eduwill.net
- 부가학습자료 및 정오표: 에듀윌 도서몰 → 도서자료실
- 교재 문의: 에듀윌 도서몰 → 문의하기 → 교재(내용, 출간) / 주문 및 배송

2026 에듀윌 물류관리사 한권끝장

발 행 일	2025년 11월 27일 초판
편 저 자	황사빈, 전표훈, 류하영
펴 낸 이	양형남
개발책임	목진재
개 발	윤세은
펴 낸 곳	(주)에듀윌
I S B N	979-11-360-8018-9
등록번호	제25100-2002-000052호
주 소	08378 서울특별시 구로구 디지털로34길 55 코오롱싸이언스밸리 2차 3층

* 이 책의 무단 인용·전재·복제를 금합니다.

www.eduwill.net
대표전화 1600-6700

꿈을 현실로 만드는
에듀윌

DREAM

공무원 교육
- 선호도 1위, 신뢰도 1위! 브랜드만족도 1위!
- 합격자 수 2,100% 폭등시킨 독한 커리큘럼

자격증 교육
- 9년간 아무도 깨지 못한 기록 합격자 수 1위
- 가장 많은 합격자를 배출한 최고의 합격 시스템

직영학원
- 검증된 합격 프로그램과 강의
- 1:1 밀착 관리 및 컨설팅
- 호텔 수준의 학습 환경

종합출판
- 온라인서점 베스트셀러 1위!
- 출제위원급 전문 교수진이 직접 집필한 합격 교재

어학 교육
- 토익 베스트셀러 1위
- 토익 동영상 강의 무료 제공

콘텐츠 제휴 · B2B 교육
- 고객 맞춤형 위탁 교육 서비스 제공
- 기업, 기관, 대학 등 각 단체에 최적화된 고객 맞춤형 교육 및 제휴 서비스

부동산 아카데미
- 부동산 실무 교육 1위!
- 상위 1% 고소득 창업/취업 비법
- 부동산 실전 재테크 성공 비법

학점은행제
- 99%의 과목이수율
- 17년 연속 교육부 평가 인정 기관 선정

대학 편입
- 편입 교육 1위!
- 최대 200% 환급 상품 서비스

국비무료 교육
- '5년우수훈련기관' 선정
- K-디지털, 산대특 등 특화 훈련과정
- 원격국비교육원 오픈

에듀윌 교육서비스 **AI 교육** AI 프롬프트 연구소/AI CLASS(ChatGPT/AICE/노션 AI/중개업 AI 등) **공무원 교육** 9급공무원/소방공무원/계리직공무원 **자격증 교육** 공인중개사/주택관리사/손해평가사/감정평가사/노무사/전기기사/경비지도사/검정고시/소방설비기사/소방시설관리사/사회복지사1급/대기환경기사/수질환경기사/건축기사/토목기사/직업상담사/청소년상담사/전기기능사/산업안전기사/산업위생관리기사/건설안전기사/위험물산업기사/위험물기능사/설비보전기사/에너지관리기사/유통관리사/물류관리사/행정사/한국사능력검정/한경TESAT/매경TEST/KBS한국어능력시험·실용글쓰기/국제무역사/무역영어 **어학 교육** 토익 교재/토익 동영상 강의 **금융/IT/비즈니스** 전산세무회계/ERP정보관리사/재경관리사/정보처리기사/컴퓨터활용능력/SQLD/ADsP **대학 편입** 편입영어·수학/연고대/의약대/경찰대/논술/면접 **직영학원** 공무원학원/소방학원/공인중개사 학원/주택관리사 학원/전기기사 학원/편입학원 **종합출판** 공무원·자격증 수험교재 및 단행본 **학점은행제** 교육부평가인정기관 원격평생교육원(사회복지사2급/경영학/CPA) **콘텐츠 제휴·B2B 교육** 콘텐츠 제휴/기업 맞춤 자격증 교육/대학취업역량 강화 교육 **부동산 아카데미** 부동산 창업CEO/부동산 경매마스터/부동산 컨설팅 **주택취업센터** 실무 특강/실무 아카데미 **국비무료 교육(국비교육원)** 전기기능사/전기(산업)기사/소방설비(산업)기사/IT(빅데이터/자바프로그램/파이썬)/게임그래픽/3D프린터/실내건축디자인/웹퍼블리셔/그래픽디자인/영상편집(유튜브) 디자인/온라인 쇼핑몰광고 및 제작(쿠팡, 스마트스토어)/전산세무회계/컴퓨터활용능력/ITQ/GTQ/직업상담사

교육문의 1600-6700 www.eduwill.net

- 2022 소비자가 선택한 최고의 브랜드 공무원·자격증 교육 1위 (조선일보) · 2023 대한민국 브랜드만족도 공무원·자격증·취업·학원·편입·부동산 실무 교육 1위 (한경비즈니스)
- 2017/2022 에듀윌 공무원 과정 최종 환급자 수 기준 · 2023년 성인 자격증, 공무원 직영학원 기준 · YES24 공인중개사 부문, 2025 에듀윌 공인중개사 이영방 필살키 부동산학개론 (2025년 10월 월별 베스트) 그 외 다수 · YES24 한국산업인력공단 부문, 2025 에듀윌 산업안전기사 필기 한권끝장 (2025년 10월 월별 베스트) 그 외 다수 · 교보문고 취업/수험서 부문, 2025 에듀윌 공기업 코레일 한국철도공사 실전모의고사 9+2+4회(2025년 2월 1일~2월 28일, 인터넷 월간 베스트) 그 외 다수 · 알라딘 시사/상식 부문, 2025 최신판 에듀윌 취업 공기업 기출 일반상식 (2025년 6월 5주 주별 베스트) 그 외 다수 · YES24 컴퓨터활용능력 부문, 2024 컴퓨터활용능력 1급 필기 초단기끝장(2023년 10월 3~4주 주별 베스트) 그 외 다수 · YES24 신규자격증 부문, 2025 에듀윌 SQL 개발자 SQLD 2주끝장+무료특강(2025년 10월 월별 베스트) 그 외 다수 · YES24 eBook 부문, 2025 에듀윌 취업 SKCT SK그룹 종합역량 통합기본서 (2025년 10월 월별 베스트) 그 외 다수 · YES24 국어 외국어사전영어 토익/TOEIC 기출문제/모의고사 분야 베스트셀러 1위 (에듀윌 토익 READING RC 4주끝장 리딩 종합서, 2022년 4주 주별 베스트) · 에듀윌 토익 교재 입문~실전 인강 무료 제공 (2022년 최신 강좌 기준/109강) · 2024년 종강반 중 모든 평가항목 정상 참여자 기준, 99% (평생교육원 기준) · 2008년~2024년까지 234만 누적수강학점으로 과목 운영 (평생교육원 기준) · 에듀윌 국비교육원 구로센터 고용노동부 지정 "5년우수훈련기관" 선정 (2023~2027)
- KRI 한국기록원 2016, 2017, 2019년 공인중개사 최다 합격자 배출 공식 인증 (2025년 현재까지 업계 최고 기록)

YES24 수험서 자격증 국가자격/전문사무 물류관리사 베스트셀러 1위 (2022년 12월 4주, 2023년 1월 1주~6월 4주, 7월 1주, 5주, 8월 1주~2주, 4주, 10월 1주~3주, 11월 1주, 12월 3주, 2024년 3월 4주~5주, 4월 2주~3주, 5월 4주, 8월 4주, 9월 1주, 3주~5주, 10월 1주~3주, 11월 1주, 12월 5주, 2025년 1월 2주, 3월 5주, 5월 1주, 3주, 8월 4주~5주, 9월 4주, 10월 4주 주별 베스트)
2023, 2022, 2021 대한민국 브랜드만족도 물류관리사 교육 1위(한경비즈니스)
2020, 2019 한국브랜드만족지수 물류관리사 교육 1위(주간동아, G밸리뉴스)

2026 에듀윌 물류관리사
한권끝장 + 무료특강

이론[1교시, 2교시] + 5개년 기출

[최신 5개년 기출+기출해설] 최신 기출 반복 학습으로 단기 합격 완성!
이용경로 교재 내 수록

[CBT 시험 서비스] 언제 어디서든! 최신 5개년 기출 CBT 무료 응시 가능!
혜택경로 교재 내 QR코드

[최신 2개년 기출 해설 무료특강] 최신 출제 경향 분석을 통해 실전 감각 극대화!
혜택경로 에듀윌 도서몰(book.eduwill.net) ▶ 동영상강의실 ▶ '물류관리사' 검색

고객의 꿈, 직원의 꿈, 지역사회의 꿈을 실현한다

펴낸곳 (주)에듀윌 **펴낸이** 양형남 **출판총괄** 김기철 **에듀윌 대표번호** 1600-6700
주소 서울시 구로구 디지털로 34길 55 코오롱싸이언스밸리 2차 3층
© 2025 eduwill. Created with AI assistance.
협의 없는 무단 복제는 법으로 금지되어 있습니다.

에듀윌 도서몰
book.eduwill.net
- 부가학습자료 및 정오표: 에듀윌 도서몰 > 도서자료실
- 교재 문의: 에듀윌 도서몰 > 문의하기 > 교재(내용, 출간) / 주문 및 배송

에듀윌이 너를 지지할게

ENERGY

시작하는 방법은
말을 멈추고
즉시 행동하는 것이다.

– 월트 디즈니(Walt Disney)

에듀윌 물류관리사

이론+기출 한권끝장

이론 2교시

차례 CONTENTS

SUBJECT 04

보관하역론

PART 01	보관 및 창고의 기초개념	8
PART 02	물류시설과 창고관리시스템	16
PART 03	물류시설의 계획 및 운영	28
PART 04	재고관리시스템	48
PART 05	하역의 이해	70
PART 06	하역운반장비	77
PART 07	유닛로드시스템과 포장	91
PART 08	운송수단별 하역방식	102

SUBJECT 05

물류관련법규

PART 01	물류정책기본법	112
PART 02	물류시설의 개발 및 운영에 관한 법률	152
PART 03	화물자동차 운수사업법	195
PART 04	철도사업법	242
PART 05	항만운송사업법	267
PART 06	유통산업발전법	285
PART 07	농수산물 유통 및 가격안정에 관한 법률	316

SUBJECT 04
보관하역론

PART 01 보관 및 창고의 기초개념
PART 02 물류시설과 창고관리시스템
PART 03 물류시설의 계획 및 운영
PART 04 재고관리시스템
PART 05 하역의 이해
PART 06 하역운반장비
PART 07 유닛로드시스템과 포장
PART 08 운송수단별 하역방식

합격 GUIDE

보관하역론 과목은 1~3과목과 중복되는 부분이 많기 때문에 다른 과목을 꼼꼼히 학습하고 오셨다면 크게 어렵지 않을 것으로 판단합니다.
보관하역론은 보관론에서 약 60%, 하역론에서 약 40% 출제되고 있는데, 출제범위가 넓지 않아 이전의 기출문제 내용이 반복출제되고 있습니다. 따라서 전체 이론을 먼저 다진 뒤 좁은 범위의 내용보다는 빈출 이론 중심으로 빠르게 학습하고 기출문제를 반복하여 풀어본다면 좋은 점수를 받을 수 있습니다.
4과목에는 약 8~12문제의 계산문제가 출제됩니다. 계산문제라 하여 어렵다고 생각할 수 있으나 조금만 공부하면 쉽게 풀어낼 수 있는 수준이기 때문에 가벼운 이론 학습 후 관련 기출문제를 반복하여 풀어보도록 합니다.

PART 01 보관 및 창고의 기초개념

CHAPTER 01 보관의 의의

1. 보관의 개념과 필요성

(1) 개념
① 보관(Storage)이란 재화를 물리적으로 보존하고 관리하는 것을 의미한다. 한국산업표준 물류일반(KS T - 0001)에서는 '보관은 물품을 일정한 장소에서 품질, 수량 등의 유지와 같이 적절한 관리하에 일정기간 저장·방치하는 것'으로 정의하고 있다.
② 보관은 물품의 생산과 소비의 시간적 차이를 조정하여 시간적 효용을 창출한다. 한편, 운송활동은 장소적, 거리적 효용을 창출한다.
③ 최근에는 보관의 개념이 저장창고 개념에서 유통창고로, 저장재고는 활성(유동)재고로 그 개념이 변화되고 있다.

> **짚고 넘어가기** 용어의 정의
> - 보관: 제품이나 반제품을 비교적 단기간 놓아두는 경우로, 원재료의 저장에 주로 사용
> - 저장: 원자재나 중간재를 비교적 장기간 놓아두는 경우
> - 창고: 제품의 보관 장소

(2) 필요성(목적)
① 생산과 판매, 수송과 배송의 완충역할
② 재고유지를 통해 수요·공급의 시간적 조정과 균형
③ 대량구매 및 보관을 통해 비용절감 기능
④ 계절적 요인, 시장의 변화 등 불확실한 수요패턴과 변화에 대응 가능

2. 보관의 기능 및 원칙

(1) 보관의 기능 빈출 29, 28, 27, 26, 25, 24, 23, 22, 21, 20회
① 재화의 물리적 보존과 관리 기능
② 조달된 원부자재를 보관을 통해 생산계획에 따라 조정하는 기능
③ 고객서비스 접점의 기능(주문신속대응, 결품방지)
④ 생산과 판매의 조정 및 완충역할(생산과 소비의 시간적 격차를 극복하고 수급조절 가능)
⑤ 수·배송 연결의 원활함을 통해 운송비 절감
⑥ 집산, 분류, 재포장, 검품, 검사의 장소적 기능(유통과 판매를 지원)
⑦ 수요와 공급의 조절(수량, 시간, 가격의 안정화 기능)

⑧ 판매시점 조절기능(마케팅과 연계한 상품의 시장 출시일 조절기능)
⑨ 생산의 평준화와 안정화 지원
⑩ 유통가공을 통해 부가가치 증대 및 고객요구에 신속 응대 가능

(2) 보관의 원칙 빈출 29, 28, 27, 26, 25, 24, 23, 22, 21, 20회

① 통로대면 보관의 원칙

통로를 서로 마주 보게 보관함으로써 창고 내의 흐름을 원활히 하기 위한 기본원칙으로, 창고 내에서 제품의 입고와 출고를 용이하게 하고 효율적으로 보관하기 위해 작업의 접근성을 강조한다. 이는 창고 레이아웃(lay out) 설계의 원칙이기도 하다.

② 높이 쌓기의 원칙(고적의 원칙)

㉠ 제품을 높게 쌓는 것으로서 높이 쌓게 되면 창고의 용적효율, 충전효율, 보관 효율을 높일 수 있다.
㉡ 창고 전체의 유효보관이란 관점에서도 입체효율을 향상시키는 것은 당연하며, 선입선출 등 재고관리상 제약조건이 많은 경우 각각의 용도에 맞는 랙(rack) 등 보관설비의 설치를 고려해야 한다.

③ 선입선출의 원칙

㉠ 선입선출(FIFO; First In First Out)이란 먼저 입고된 물품을 먼저 출고한다는 원칙으로, 일반적으로 물품의 재고회전율(life cycle)이 낮은 경우에 많이 적용된다.
㉡ 이 원칙이 필요한 주요 대상품목은 사양변경이 잦은 제품, 제품수명주기(PLC)가 짧은 제품, 보관 시 파손이나 감모가 발생하기 쉬운 물품 등이다.

④ 회전대응 보관의 원칙

㉠ 보관할 물품의 장소를 물품의 회전정도에 따라 정하는 원칙으로서 입·출하 빈도의 정도에 따라 보관장소를 결정하는 것을 말한다.
㉡ 출입구가 동일한 창고의 경우 입·출고 빈도가 높은 화물은 출입구와 가까운 장소에 보관하고 낮은 경우에는 먼 장소에 보관하는 것이다. ABC 분석에 기초하여 품목을 분류한다.

⑤ 동일성 및 유사성의 원칙

동일품종은 동일장소에 모아서 보관하고, 유사품은 근처 가까운 장소에 모아서 보관해야 한다는 원칙이다. 동일품종을 동일장소에 보관하여 관리하면 관리효율의 향상을 기대할 수 있다.

⑥ 중량특성의 원칙

제품의 중량에 따라 보관장소의 출입구를 기준으로 한 거리와 높낮이를 결정해야 한다는 원칙으로, 제품의 하역작업을 할 때 중량물과 대형물은 하부 및 출구 쪽으로 배치하여 안전사고 및 이동거리를 최소화하는 것이다.

⑦ 형상특성의 원칙

형상, 즉 모양에 따라 보관방법을 변경하며 형상특성에 부응하여 보관한다는 원칙이다. 포장의 모듈화에 대응하는 표준화된 제품은 랙에 보관하고 표준화되지 않은 제품은 형상에 따라 보관장소의 효율 등을 고려하여 보관한다.

⑧ 위치표시의 원칙

㉠ 보관 및 적재된 제품의 랙의 위치와 상황에 맞는 특정한 기호를 사용하여 위치를 표시함으로써 입·출고 작업의 단순화를 통한 업무 효율성을 높일 수 있고, 재고의 파악 및 정리작업을 할 때, 불필요한 작업이나 실수를 줄일 수 있다.
㉡ 이는 명료성의 원칙과 함께 창고의 보관에 관련된 업무 중 로케이션 관리에 필요한 원칙이다.

⑨ 명료성의 원칙

시각에 따라 보관된 제품을 용이하게 식별할 수 있도록 보관하는 원칙이다. 위치표시 확인, 동일성, 유사성의 원칙, 높이 쌓기 원칙 등을 배려하더라도 창고 내 작업원이 시각적으로 보관장소나 보관품 자체를 쉽게 파악할 수 있도록 해야 한다.

⑩ 네트워크 보관의 원칙

㉠ 관련된 상품을 한 장소에 모아 보관하는 원칙으로, 출하 품목의 다양성에 따라 보관상의 곤란을 예상하여 물품 정리가 용이하도록 관련된 상품을 네트워크에 따라 계통적으로 보관하는 방식이다.

㉡ 관련 품목의 연대적 출고를 예상하여 품목을 정리하고, 계통적으로 보관하면 피킹 효율의 향상을 도모할 수 있다.

통로대면의 원칙	물품 입·출고가 용이, 효율적 보관, 작업접근성에 따라 통로면에 보관
높이 쌓기의 원칙	창고용적 효율향상을 위해 물품을 고층적재, 랙(Rack)을 이용
선입선출의 원칙	선입고된 제품이 먼저 나가도록 관리함 사양변경이 많고 제품수명주기가 짧으며 보관 시 파손 등이 많은 제품에 적용
회전대응의 원칙	출입구와 가까운 곳은 출하빈도가 높은 것, 먼 곳은 출하빈도가 낮은 것 배치
동일유사성 원칙	동일품종은 동일장소에 보관, 유사품은 유사품끼리 가까운 곳에 배치
중량특성의 원칙	중량에 따라 중량품은 하층부에 경량품은 상층부에 보관
형상특성의 원칙	형상에 따라 표준품은 랙에 보관하고 비표준품은 형상에 따라 보관
위치표시의 원칙	보관품의 장소와 선반번호 등의 위치를 표시하는 원칙
명료성의 원칙	시각적으로 보관품을 용이하게 식별할 수 있도록 보관
네트워크 원칙	물품정리와 출고가 용이하도록 관련 품목을 정리, 계통적으로 보관

CHAPTER 02 창고의 기초개념

1. 창고의 개념 및 역할

(1) 개념

① 일반적 개념

창고(warehouse)란 물품을 보관하기 위한 장소로 물품의 멸실과 훼손을 방지하기 위한 보관시설 또는 보관장소를 의미한다.

② 법률상 개념

㉠ 「물류시설의 개발 및 운영에 관한 법률」 제2조5의2에 따르면 "물류창고"란 화물의 저장·관리, 집화·배송 및 수급조정 등을 위한 보관시설·보관장소 또는 이와 관련된 하역·분류·포장·상표부착 등에 필요한 기능을 갖춘 시설을 말한다.

㉡ 전체 바닥면적의 합계가 1천제곱미터 이상인 보관시설 또는 전체면적의 합계가 4천500제곱미터 이상인 보관장소와 같은 물류창고를 소유 또는 임차하여 물류창고업을 경영하려는 자는 국토교통부와 해양수산부의 공동부령으로 정하는 바에 따라 국토교통부장관 또는 해양수산부장관에게 등록하여야 한다.

(2) 역할

물류시스템 측면에서 창고의 역할은 보관(storage)을 위한 시설로 물류과정에서 생산과 판매 사이의 유동적이고 일시적인 완충역할 및 Link와 Link를 연결하는 거점(Node)의 역할을 수행한다.

① 혼재(consolidation)기능의 제공
② 제품믹싱(product mixing)기능의 제공
③ 크로스도킹(cross-docking)기능의 제공
④ 생산(production)과 판매상의 완충역할
⑤ 운송지연, 벤더(vendor) 파업 등의 긴급상황에 대한 보호기능의 제공

2. 기능 기출 28, 26, 12회

① 보관 및 저장 기능: 물품을 필요시까지 안전하게 보존 및 관리하는 기능
② 수급조절 기능: 생산과 소비의 시간적 격차를 조정하여 효용을 창출
③ 가격조정 기능: 물류품의 수급조정으로 가격의 안정화 도모
④ 비용절감 기능: 최적의 입지조건으로 수·배송 비용 절감
⑤ 유통가공 기능: 유통단계에서 보존기능 강화와 가공을 통한 부가가치 창출 기능
⑥ 거점으로의 기능: Link와 Link를 연결하는 거점(Node)으로서의 기능
⑦ 신용기관적 기능: 물품을 보관하여 재고를 확보함으로써 품절을 방지하여 신용을 증대
⑧ 매매기관적 기능: 제품의 매매를 통해 금융을 유통시키는 기능

CHAPTER 03 창고의 분류

1. 구조에 따른 분류

구분	내용
재래식 창고	• 일반적 재래식 창고로 창고 내부는 시스템적으로 전혀 연결이 되어 있지 않아 창고의 합리화, 기계화가 필요한 창고
기계식 창고	• 랙, 지게차, 크레인 또는 컨베이어 등에 의해서 시스템적으로 기계화된 창고
자동화 창고	• 정보시스템과 창고의 하역시스템이 온라인으로 일체화 운영되는 창고로, 기계식 창고와의 차이점은 정보시스템과 일체화되어 있는가의 여부로 구분 • 제어방식은 온라인 제어방식과 오프라인 제어방식으로 구분 • 자동화 규모에 따라 자동창고와 간이 자동화 창고로 구분하며, 간이 자동화 창고는 기존 창고에 랙을 설치하여 제한적인 자동화 창고의 효과를 얻을 수 있음

2. 보관형태에 따른 분류 기출 28, 22회

구분	내용
보통창고	일반적인 상온의 제품, 원부자재를 보관하는 창고
저장창고	저장이 중심인 탱크시설로, 주로 곡물(사일로), 분립체, 액체 등의 보관시설
야적창고	담장 등이 설치된 옥외창고로 목재, 컨테이너 등을 야적 보관하는 창고
위험물 창고	소방법, 고압가스 취급법 등에 의해 지정된 위험물을 보관하는 창고
수면창고	수면에서 목재 등의 물품을 보관하는 시설
정온창고	온도와 습도를 일정하게 조정이 가능한 창고(10~20℃)
냉동, 냉장창고	냉각설비를 갖춘 창고(10℃ 이하)로 저온제품의 경우 창고 내 적정온도의 유지, 온도 모니터링 장치, 출고 시 유통기한 관리 및 콜드체인 관리 등을 고려
간이창고	텐트 등에 의한 간이구조로 된 창고

3. 보관기능에 의한 분류 기출 22회

구분	내용
저장창고	• 저장 중심의 재래형 창고
보세창고	• '세금이 보류된 창고'라는 뜻으로, 관세법에 근거를 두고 세관장의 허가를 얻어 수출입 화물을 보관하는 창고(보세장치장, 보세구역, 보세창고 등)
유통창고	• 조립작업, 포장작업, 분류작업 및 유통가공작업 등을 행하는 기능을 가짐 • 회전률이 높은 완제품 소비재를 다루는 창고에 해당함

4. 운영형태에 따른 분류

(1) 종류 기출 29, 28, 27, 26, 22, 15, 14회

구분	내용
자가창고	• 화주가 창고를 직접 소유하고, 자신의 물품을 보관하기 위한 창고 • 수요가 안정적인 경우나 특수한 창고보관기술을 필요로 하는 경우에 유리함
영업창고	• 다른 사람이 위탁한 물품을 보관하고, 그 대가로 보관료를 받는 창고 • 화물인도, 보관, 선적 그리고 보관과 관련된 서비스를 제공
리스창고	• 화주가 창고를 리스(임대)하여 사용하는 창고로, 시장 환경변화에 따라 보관장소를 탄력적으로 옮기는 데 제약이 있음 • 단기적으로 영업용 창고를 이용하는 것과 장기적으로 자가창고를 건설·운영하는 것의 중간적인 선택이라 할 수 있음 • 사용자가 보관공간이나 그와 관련된 제반운영을 직접 통제할 수 있음
공공창고	• 국가 및 지방단체가 공익을 목적으로 건설한 창고 • 공립창고, 관설상옥, 관설보세창고, 공공임대창고 등을 의미

(2) 자가창고와 영업창고의 비교 기출▶ 27, 26, 20, 19, 17, 16, 15, 14회

구분	장점	단점
자가창고	• 물품에 대한 효율적인 관리와 높은 유연성 • 자사에 적합한 최적의 보관 가능 • 충분한 고객서비스 제공 가능 • 창고운영의 노하우 축적 가능 • 기계의 합리화, 생력화 가능 • 건축 시 입지선정의 폭이 넓음	• 초기 투자에 많은 비용 필요 • 창고 규모의 확장에 제약이 따름 • 종업원의 고정적 배치에 의한 인건비 및 관리비의 부담 • 계절변동에 대해 비탄력적
영업창고	• 필요로 하는 보관공간을 언제 어디서든지 이용 가능 • 전문업체에 의한 전문적 관리운영 가능 • 투자비용 지출이 불필요 • 입지선정의 용이성 및 탄력적 이용 가능 • 재고분실, 파손의 보상규정의 확립	• 시설 변경의 비탄력성 • 자사에 적합한 특유의 설비기능 이용 곤란 • 통합물류시스템과의 연계가 약함 • 치밀한 고객서비스가 어려움 • 시간이나 시스템의 탄력성 부족 • 재고품의 관리 소홀

(3) 저장량과 비용 간의 관계 기출▶ 11회

① 비용은 저장량 증가에 비례하여 증가하며, 자가창고와 자동화 창고의 비용은 완만하게 증가하지만 영업창고의 비용은 급격하게 증가한다.
② 단기적 물동량의 증가에 대해서는 영업창고를 활용할 수 있으나, 지속적인 물동량의 증대로 장기간 보관시설 확보가 필요할 때는 자가창고, 자동화창고가 유리하다.
③ 연간 처리량 기준으로 단위당 비용을 비교
  ㉠ 단기: 영업창고 → 임대창고 → 자가창고 → 자동화창고 순으로 유리
  ㉡ 장기: 자동화창고 → 자가창고 → 임대창고 → 영업창고 순으로 유리

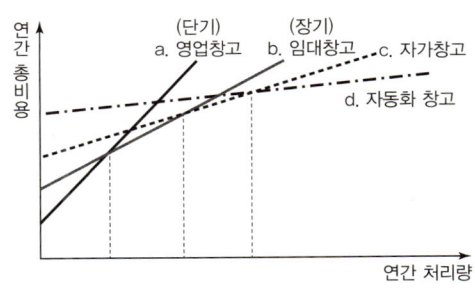

▲ 저장량과 비용 간의 상관관계

핵심 기출문제

PART 01 보관 및 창고의 기초개념

01

보관의 원칙에 관한 설명으로 옳지 않은 것은?

① 선입선출의 원칙이란 먼저 입고한 물품을 먼저 출고하는 것으로 제품수명주기(Product Life Cycle)가 짧은 경우에 많이 적용된다.
② 위치표시의 원칙이란 물품의 보관장소에 특정한 기호를 사용하여 위치를 표시하는 것으로 입출고 작업의 효율성을 높일 수 있다.
③ 회전대응 보관의 원칙이란 입출고 빈도의 정도에 따라 물품의 보관장소를 결정하는 것으로 입출고 빈도가 높은 물품은 출입구로부터 가까운 장소에 보관한다.
④ 중량특성의 원칙이란 물품의 중량에 따라 보관장소의 출입구를 기준으로 한 거리와 높낮이를 결정하는 것이다.
⑤ 형상특성의 원칙이란 표준화된 물품은 형상에 따라 보관하고 표준화되지 않은 물품은 랙(Rack)에 보관하는 것이다.

해설
보관의 원칙 중 형상특성의 원칙은 형상(모양)에 따라 보관방법을 변경하며, 형상특성에 따라 보관한다는 원칙이다. 포장의 모듈화에 대응하는 표준화된 제품은 랙(Rack)에 보관하고 표준화되지 않은 제품은 형상에 따라 보관효율 등을 고려한 장소를 정하여 보관한다.

정답 | ⑤

02

보관의 기능에 관한 설명으로 옳지 않은 것은?

① 재화의 물리적 보존과 관리 기능
② 제품의 거리적, 장소적 효용을 높이는 기능
③ 운송과 배송을 원활하게 하는 기능
④ 생산과 판매와의 조정 또는 완충 기능
⑤ 집산, 분류, 구분, 조합, 검사의 장소적 기능

해설
제품의 거리적·장소적 효용을 높이는 것은 운송의 효용이다. 보관은 물품의 생산과 소비의 시간적 간격을 극복하여 시간적 효용을 창출하는 기능을 한다.

정답 | ②

03

자가창고와 영업창고를 비교하여 설명한 것 중 옳지 않은 것은?

① 영업창고는 자가창고에 비해 입지선정이 용이하다.
② 자가창고는 영업창고에 비해 자사의 특수물품에 적합한 구조와 설비를 갖출 수 있다.
③ 영업창고는 자가창고에 비해 보관 관련 비용에 대한 지출을 명확히 알 수 있는 장점이 있다.
④ 영업창고는 자가창고에 비해 계절적 수요변동에 탄력적으로 대응할 수 있어 비수기에도 효율적인 운영이 가능하다.
⑤ 자가창고는 영업창고에 비해 낮은 고정비를 갖기 때문에 재무유동성이 향상된다.

해설
자가창고는 영업창고에 비해 토지구입 및 설비투자로 인한 높은 고정비를 갖기 때문에 재무유동성이 약화된다.

정답 | ⑤

04

다음은 창고에 관한 설명이다. 해당되는 내용이 올바르게 설명된 것은?

> A: 영업창고는 물류 및 정보시스템의 관점에서 통합물류시스템과의 연결성이 자가창고에 비해 강하다.
> B: 관세법에 근거하여 창고업자가 국세청의 허가를 받아 세관의 감독하에 수입화물을 보관하는 창고를 보세창고라고 한다.
> C: 리스창고는 시장 환경변화에 따라 보관장소를 탄력적으로 옮기는 데 제약요건이 있다.
> D: 자가창고는 계절적 요소에 따라 탄력적으로 이용하는 것이 어려워서 인력, 하역장비에 따르는 고정비 요소를 고려하여야 한다.
> E: 창고의 위치 결정은 화물의 흐름을 고려하여 결정하는데 창고입지의 다섯 가지 요인은 P(Product), Q(Quantity), R(Reliability), S(Service), T(Time)이다.

① C, D, E
② C, D
③ A, D
④ A, C
⑤ B, C

해설
A: 물류 및 정보시스템의 관점에서 통합물류 시스템과의 연결성이 강한 것은 자가창고이다. 자가창고는 기계에 의한 합리화 및 생력화가 가능하고, 수주 및 출하가 일관성있게 이루어질 수 있다.
B: 보세창고는 관세법에 근거해 세관장의 허가를 얻어 수출입 화물을 취급하는 창고이다.
E: 창고입지의 다섯 가지 요인은 P(Product), Q(Quantity), R(Route), S(Service), T(Time)이다.

정답 | ②

05

다음이 설명하는 창고의 기능은?

> ㄱ. 물품 생산과 소비의 시간적 간격을 조정하여 일정량의 화물이 체류하도록 한다.
> ㄴ. 물품의 수급을 조정하여 가격안정을 도모한다.
> ㄷ. 물류활동을 연결시키는 터미널로서의 기능을 수행한다.
> ㄹ. 창고에 물품을 보관하여 재고를 확보함으로써 품절을 방지하여 신용을 증대시키는 역할을 수행한다.

① ㄱ: 가격조정기능, ㄴ: 수급조정기능,
　ㄷ: 연결기능, ㄹ: 매매기관적기능
② ㄱ: 수급조정기능, ㄴ: 가격조정기능,
　ㄷ: 매매기관적기능, ㄹ: 신용기관적 기능
③ ㄱ: 연결기능, ㄴ: 가격조정기능,
　ㄷ: 수급조정기능, ㄹ: 판매전진기지적기능
④ ㄱ: 수급조정기능, ㄴ: 가격조정기능,
　ㄷ: 연결기능, ㄹ: 신용기관적기능
⑤ ㄱ: 연결기능, ㄴ: 판매전진기지적 기능,
　ㄷ: 가격조정기능, ㄹ: 수급조정기능

해설
ㄱ. 생산과 소비의 시간적 간격을 조정하여 일정량의 화물이 체류하도록 하는 것은 수급조정기능이다.
ㄴ. 수급을 조정하여 가격안정을 도모하는 것은 가격조정기능에 해당한다.
ㄷ. 물류활동을 연결시키는 터미널로서의 기능은 연결기능을 말한다.
ㄹ. 재고를 보유하여 신용을 증대시키는 것은 신용기관적 기능이다.

정답 | ④

PART 02 물류시설과 창고관리시스템

CHAPTER 01 물류시설(물류거점)

1. 물류시설의 개념
① 물류시설이란 화물의 운송·보관·하역 등 화물의 유통을 위한 도로, 항만, 철도, 공항, 화물터미널 및 창고들로 물류거점시설을 의미한다. 넓은 의미의 물류시설은 물류터미널과 물류단지를 포함한다.
② 법률에 규정된 물류시설
「물류시설의 개발 및 운영에 관한 법률 제2조1호」에서는 물류시설을 다음과 같이 정의하고 있다.

> ㉠ 화물의 운송·보관·하역을 위한 시설
> ㉡ 화물의 운송·보관·하역과 관련된 가공·조립·분류·수리·포장·상표부착·판매·정보통신 등의 활동을 위한 시설
> ㉢ 물류의 공동화·자동화 및 정보화를 위한 시설
> ㉣ ㉠부터 ㉢까지의 시설이 모여 있는 물류터미널 및 물류단지

③ 물류거점시설의 종류
물류거점시설은 생산과 소비활동을 연결하기 위한 물류의 중간지점 또는 시설을 의미하며 물류단지, 복합물류터미널, 공동집배송센터, 내륙컨테이너기지(ICD; Inland Container Depot), 컨테이너 야드(CY; Container Yard), 컨테이너 화물취급장(CFS; Container Freight Station), 물류센터, 유통센터, 배송센터, 데포(Depot) 등이 포함된다.

2. 물류단지 및 물류단지시설

(1) 물류단지
① 개념
물류단지는 물류단지시설과 지원시설을 집단적으로 설치, 육성하기 위하여 「물류시설의 개발 및 운영에 관한 법률」에 따라 지정, 개발하는 일단(一團)의 토지를 말한다.(「물류시설의 개발 및 운영에 관한 법률 제2조」)
② 기능
물류단지는 물류단지 내 물류센터, 공동집배송센터, 대규모점포 등을 통해 보관기능, 가공·조립·포장기능, 통관기능, 집배송기능, 환적기능 등을 수행한다.

(2) 물류단지시설
물류단지시설이란 일반물류단지시설과 도시첨단물류단지시설을 말하며, 일반물류단지시설은 화물의 운송, 집화, 하역, 분류, 포장, 가공, 조립, 통관, 보관, 판매, 정보처리 등을 위하여 물류단지 안에 설치되는 다음의 시설을 말한다.
① 물류터미널 및 창고
② 대규모점포, 전문상가단지, 공동집배송센터, 중소유통공동도매물류센터
③ 수산물도매시장, 농수산물공판장 및 농수산물종합유통센터
④ 기타 화물의 운송, 하역 및 보관시설

3. 내륙물류시설

(1) 물류센터 기출 28, 27, 25, 21, 19, 18, 14, 12회

① 개념 및 역할
- ㉠ 물류센터는 물적유통의 중심지를 의미하는 것으로, '물류기능과 물류활동의 중심이 되는 시설'이라는 의미로 사용되고 있다.
- ㉡ 물류센터는 수요와 공급의 조절, 유통가공을 통한 부가가치의 증진, 수송비와 생산비의 절충, 마케팅지원 역할 등을 담당한다.
- ㉢ 스마트물류센터는 첨단물류설비, 운영시스템 등을 도입하여 저비용, 고효율, 친환경성 등에서 우수한 성능을 발휘할 수 있는 물류센터이다.

② 종류 기출 29, 27, 25, 21, 19, 18, 17, 14회

보관센터 (SC; Stock Center)	재고품(Stock)의 임시보관거점으로 상품의 배송거점인 동시에 예상 수요에 대한 보관거점으로, 하역, 집하, 유통가공, 조립, 포장, 검품, 출하, 오더피킹, 정보관리 등의 종합물류활동이 이루어지는 물류센터를 말한다.	• 보관기능이 중심 • 스톡 포인트(stock point)라고 함
배송센터 (DC; Delivery Center)	'배송의 중심지'로 물품의 보관기간이 짧고 입출고 빈도가 높다. 소비자 요구다양화, 다빈도배송에 따른 서비스를 수행하는 물류거점을 뜻한다.	• 집배송센터, 집배센터라 함
통과센터 (DP; Depot)	데포는 일시 보관장소로 소비지에 가까운 소규모 집배송 중계 및 배송처를 총칭하며, 소비자에게 최종 배송을 수행한다.	• 크로스도킹(Cross Docking) 기능

> **짚고 넘어가기** 물류센터 관련 용어
> - 스톡 포인트(Stock Point): 대도시, 지방중소도시에 합리적인 배송을 실시할 목적으로 설립된 유통의 중계기지로, 제조업체가 원료나 완성품을 쌓아 두거나 유통업체가 배송 전 단계로 재고품을 비축 또는 다음 단계의 배송센터로 제품을 이전시키기 전에 일시 보관하는 시설 기출 29, 21, 18, 17회
> - 크로스도킹(Cross-Docking): 창고나 물류센터로 입고되는 상품을 보관하지 않고, 곧바로 소매점포에 배송하는 물류시스템으로, 보관 및 피킹(storage & picking)작업 등을 제거함으로써 물류비용을 상당히 절감할 수 있음 기출 21, 19, 16, 14회

(2) ICD(내륙컨테이너기지) 기출 29, 28, 26, 25, 22, 21, 18, 16, 14, 12회

① 개념
- ㉠ 내륙컨테이너기지(ICD; Inland Container Depot)는 주로 항만터미널과 내륙운송수단과의 연계가 편리한 산업지역에 위치한 컨테이너 장치장으로 컨테이너 화물의 통관기능까지 갖춘 시설이다.
- ㉡ ICD는 산업단지와 항만 사이를 연결하여 컨테이너화물의 원활한 유통을 위한 대규모 물류단지로서 복합물류터미널의 역할을 수행한다.

② 기능
ICD는 컨테이너 터미널의 하나로, 내륙통관·장치보관·집화분류·포장·내륙운송, 정보제공 등의 기능을 수행한다.

③ 장점
- ㉠ 항만시설과 비교하여 컨테이너장치 시설용 토지 취득이 용이하고 시설비용이 절감되어 컨테이너장치료가 저렴
- ㉡ 통관검사 후 재포장이 필요한 경우 ICD 자체 포장시설 이용 가능
- ㉢ 내륙연계수송 강화와 하역작업의 기계화를 통한 노동생산성 향상
- ㉣ 항만에서의 통관 혼잡을 피하고 통관의 신속화에 따른 통관비 절감
- ㉤ 화물의 대단위화로 운송의 효율성이 발생

(3) 물류터미널 기출 29, 28, 27, 26, 24, 22, 18, 14회

① 개념
  ㉠ 물류터미널은 화물의 집화, 하역 및 이와 관련된 분류, 포장, 보관, 가공, 조립 또는 통관 등에 필요한 기능을 갖춘 시설물을 말하며, 복합물류터미널과 일반화물터미널로 구분된다.
  ㉡ 복합물류터미널은 두 종류 이상의 운송 수단 간 연계운송을 할 수 있는 규모 및 시설을 갖춘 물류터미널을 말한다.

② 역할(기능)
  ㉠ 화물의 혼재기능을 수행한다.
  ㉡ 환적(transshipment)기능을 구비하여 터미널 기능을 실현한다.
  ㉢ 환적, 혼재, 유통가공, 포장 등을 위한 단기적인 보관·가공 시설역할을 수행한다.
  ㉣ 최종 소비자에 대한 배송 및 개별 기업의 배송센터 기능을 담당한다.
  ㉤ 화물정보센터의 기능을 강화하여 화물 운송 및 재고정보 등을 제공한다.
  ㉥ 창고단지, 유통가공시설, 물류사업자의 업무용 시설 등을 결합하여 종합물류기지 역할을 수행한다.

(4) 공동집배송센터(단지) 기출 29, 23, 22, 19, 13회

① 개념
  공동집배송센터(단지)는 여러 유통사업자 또는 제조업자가 공동으로 사용할 수 있도록 집배송시설 및 부대업무시설이 설치되어 있는 시설(지역)이다.

② 도입의 기대효과
  ㉠ 공동집배송을 통하여 차량 적재율을 높이고 운송거리의 단축을 통하여 물류비의 절감을 기대할 수 있다.
  ㉡ 공동집배송은 작업을 공동으로 수행하므로 화물흐름의 원활화, 인력절감, 공간활용의 극대화를 기대할 수 있다.
  ㉢ 공동집배송센터는 관련법상의 제약과 높은 지가로 개별업체차원에서 개발이 곤란한 경우에 유용하다.
  ㉣ 공동집배송센터로 개발하는 것은 토지효율 및 투자효율을 극대화할 수 있다.

③ 운영효과
  ㉠ 배송물량을 통합하여 계획 배송하므로 차량의 적재 효율을 높일 수 있다.
  ㉡ 공동집배송센터를 사용하는 업체들의 공동참여를 통해 대량구매 및 계획매입이 가능하다.
  ㉢ 보관 수요를 통합 관리함으로써 업체별 보관 공간 및 관리 비용을 절감할 수 있다.
  ㉣ 혼합배송이 가능하여 차량의 공차율 감소효과가 발생한다.(영차율 증가)
  ㉤ 물류 작업의 공동화를 통해 물류비 절감 효과가 있다.

(5) 스마트물류센터

첨단물류시설 및 설비, 운영시스템 등을 도입하여 저비용·고효율·안전성·친환경성 등에서 우수한 성능을 발휘할 수 있는 물류창고로서 제21조의4제1항에 따라 국토교통부장관의 인증을 받은 물류창고를 말한다.

4. 항만물류시설(부두 컨테이너 터미널)

(1) CY와 ODCY

① CY(Container Yard) 기출 28, 27, 24, 23, 17, 14회
  ㉠ '수출입용 컨테이너를 보관 취급하는 장소'를 말하며, CFS(Container Freight Station), Marshalling Yard(부두선적대기장), 에이프런(Apron), 샤시 및 트랙터 장치장까지를 포함한다.

> **보충학습**
> - FCL(Full Container Load) 화물: 컨테이너 1대에 가득 채워진 화물
> - LCL(Less than Container Load) 화물: 컨테이너 1대에 채우기에는 부족한 화물

ⓒ FCL(Full Container Load)화물은 CY에서 대기하며, LCL(Less than Container Load)화물은 CFS에서 혼재작업(consolidation)을 하여 FCL화물로 만들어 CY로 보내진다.
② ODCY(Off-Dock Container Yard) 기출 13회
  ㉠ 부두 밖의 CY로, 컨테이너 터미널과 떨어져 항만의 시내·외곽에 위치하는 외부 컨테이너 터미널을 말한다.
  ㉡ 이를 통해 컨테이너 장치보관 기능을 향상시킬 수 있으나 도심 교통난 가중, 항만통제 기능 약화 등의 문제점도 야기한다.

(2) **CFS(Container Freight Station)** 기출 29, 27, 24, 23, 18, 17, 14, 12회

수출 시 여러 송하인들의 LCL화물을 모아 혼재(consolidation) 작업 후 FCL화물 컨테이너로 만들고, FCL화물로 수입된 컨테이너를 개별 화주별 LCL화물로 분해하여 인도할 준비를 하는 물류시설로, 화물취급장이라고도 한다.

(3) **보세구역** 기출 27, 24, 18회
① 개념
  ㉠ 보세구역(bonded area)이란 '세금이 보류된 구역'으로, 외국 물품을 관세 납부 없이 보관, 제조, 가공, 전시, 판매 등을 할 수 있도록 세관장이 지정하거나 특허한 구역을 말한다.
  ㉡ 보세구역에 물품을 반입, 반출하고자 할 때에는 「관세법 제157조」에 따라 대통령령이 정하는 바에 의하여 세관장에게 신고가 필요하다.
② 구분
  ㉠ 보세구역은 지정보세구역·특허보세구역 및 종합보세구역으로 구분하고, 지정보세구역은 지정장치장 및 세관검사장으로 구분한다.
  ㉡ 특허보세구역은 보세창고, 보세공장, 보세전시장, 보세건설장, 보세판매장으로 구분한다.
  ㉢ 관세법 및 보세창고 특허 및 운영에 관한 고시에 따르면, 특허보세구역에 설치·운영되는 보세창고는 신청인의 신청에 대해 세관장의 특허를 받아 설치된다.

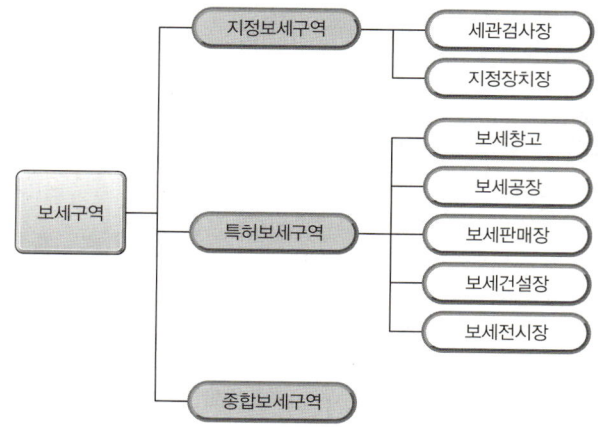

CHAPTER 02 창고관리시스템(WMS; Warehouse Management System)

1. 창고관리시스템의 정의
① 창고관리시스템(WMS)이란 제품의 입하, 입고, 피킹, 출하 및 재고관리 등의 창고 비즈니스 프로세스와 창고 자체의 직접적인 활동을 효율적으로 관리하는 데 사용되는 시스템을 말한다.
② 공간효율의 최대화, 입고 프로세스 자동화 등을 통해 운반관리(Material Handling)를 효율화한다.
③ WMS 구축 시에는 고객맞춤형 서비스(Customization), 기존 물류시스템과의 연계가능성, WMS 구축 시 소요되는 투자비용 및 이후 유지보수비 등을 고려해야 한다.

2. 창고관리 시스템의 등장배경 및 필요성
① 다품종 소량상품화와 다양한 고객의 요구 및 물류 아웃소싱의 확대
② 화주의 요구에 빠른 대응 등으로 물류센터의 대형화
③ 부가가치 기능의 강화추세에 따라 물류센터는 기존의 단순한 보관기능에서 유통중심형 물류센터를 위한 차별화 전략 측면이 강조됨
④ 물류센터를 효과적으로 운영하기 위해 자동화, 정보화, 지능화가 요구됨
⑤ SCM의 등장과 IT의 발달로 창고관리도 시스템화가 요구됨

3. 도입효과 기출 28, 24회
① 단위화 및 규격화된 물품 보관으로 효율적인 재고관리가 가능하다.
② 정확한 입·출고관리, 선입선출의 정확한 실시 등의 업무를 효율적으로 지원한다.
③ 자동화시스템으로 운영되므로 생산성과 효율성을 개선할 수 있다.
④ 효율적 재고관리를 통해 재고량과 재고관련비용을 감소시킨다.
⑤ 재고 투명성을 높여 공급사슬의 효율을 높여준다.
⑥ 수작업으로 수행되는 입출고 업무를 시스템화하여 작업시간과 인력이 절감된다.
⑦ 전사적자원관리시스템(ERP)과 연계하여 정보화의 범위를 확대할 수 있다.
⑧ 고단적재가 가능하여 보관효율성이 극대화되고, 피킹 작업의 효율적 수행이 가능하다.

4. 특징 및 주요기능

(1) 특징 기출 29, 24, 21, 13회
① 소품종 대량생산 품목보다 통제가 쉽지 않은 다품종 소량생산 품목의 창고관리에 WMS의 지원이 더욱 요구된다.
② RFID/Barcode 등과 같은 자동인식 장치, 무선통신, 자동 제어 방식 등의 기술을 활용한다.
③ 재고정확도, 공간·설비활용도, 제품처리능력, 재고회전률, 고객서비스율, 노동·설비 생산성 등이 향상된다.
④ 입하, 피킹, 출하 등의 창고 업무 프로세스를 효율적으로 관리하는 데 사용되는 시스템이다.
⑤ 자동발주 및 주문 진척관리 등 주문관련 기능과 창고 물류장비의 생산성 분석 등에 효과적이다.
⑥ 창고관리시스템은 주문관리시스템(OMS), 운송관리시스템(TMS), 하역시스템(MHS), DPS, DAS 등과 연계하여 그 기능을 극대화할 수 있다.
⑦ 초기 설비투자에 막대한 자금이 소요되므로 신중한 준비와 계획이 필요하다.

> **짚고 넘어가기** 운반관리의 4대 요소
> - Motion: 물품을 필요로 하는 장소로 경제적이고 합리적으로 운반
> - Time: 필요한 장소로 적시 공급
> - Quantity: 정확한 수량, 중량, 용량을 공급
> - Space: 공간의 효율적 활용

(2) 주요기능 [기출] 21, 15, 13회

기능 분류	기능의 내용
재고관련 기능	입고관리, 보관관리, 선입선출관리, 위치(Location) 관리를 통한 재고 내역 및 실물위치 추적용이성
주문관련 기능	피킹(Picking)관리, 자동발주시스템
출고관련 기능	수·배송관리, 배차 스케줄 운영
관리관련 기능	인력관리, 물류센터 지표관리
인터페이스 기능	무선통신, 물류센터의 실시간 정보화

5. 구축단계 [기출] 12회

관련부서와 T/F추진팀 구성 → 요구분석 → 효과분석 → 사양정의 → 대안평가 → 업체선정 → 개발설치 → 운영

6. DPS와 DAS [기출] 27, 23, 21, 17, 13, 12회

(1) 디지털 피킹 시스템(DPS; Digital Picking System)

① 개념
  ㉠ DPS는 물류센터에서 피킹할 물품 및 품목수를 컴퓨터와 디지털 표시기를 통해 작업전표 없이 피킹할 수 있는 시스템이다.
  ㉡ 물품보관셀에 표시기(display)를 설치하고 피킹작업자가 방문하여 표시량만큼을 피킹한다.
  ㉢ DPS는 최근의 다품종 소량 다빈도 피킹 및 분배업무에 필수적인 시스템이다.

② 도입효과
  ㉠ 다품종 소량화물 및 다빈도 피킹화물에 유리하다.
  ㉡ 품목 증가 및 변경에도 정확히 피킹할 수 있다.
  ㉢ 피킹의 신속성과 정확성을 향상시킬 수 있다.
  ㉣ 작업자 교체 시 혼란을 줄일 수 있으며, 갑작스런 물량처리에 대응이 용이하다.
  ㉤ 적량을 적기에 공급할 수 있으므로 고객 요구에 맞추기 용이하다.

③ 종류
  대차식 DPS, 구동컨베이어 DPS, 무구동컨베이어 DPS로 분류되며, 대차식 DPS의 초기 설치비가 가장 적게 소요된다.

(2) 디지털 어소팅 시스템(DAS; Digital Assorting System)
   ① 개념
      ㉠ DAS는 동일한 제품을 피킹한 후 거래처별로 분배하는 형태의 시스템을 말한다. 즉 피킹한 물건을 컴퓨터와 디지털 표시기에 의해 별도의 작업지시서 없이 분류, 분배하는 작업을 말한다.
      ㉡ 디지털 표시기에 표시된 수량만큼 뿌리는(분배하는) 방식이다.
      ㉢ DAS는 물품을 주문별로 분배하는 파종식이며, DPS는 주문별로 피킹하는 채취식으로 볼 수 있다.
   ② 장·단점
      ㉠ 적은 인원으로 빠른 분배작업이 가능하여 물류비용을 절감할 수 있다.
      ㉡ 소품종 대량출하에 더 적합하다.
      ㉢ 보관장소와 주문별 분배장소가 별도로 필요하다는 단점이 있다.
   ③ 종류
      ㉠ 멀티 분배 DAS 방식: 고객별 주문상품을 합포장하기에 적합한 분배시스템이다.
      ㉡ 멀티 다품종분배 DAS 방식: 아이템 수가 많은 의류업 품목과 같이 많은 고객에게 배송 시 분배를 지원하는 방식으로 합포장할 때 적합한 시스템이다. 또한 잔량표시를 통해 박스 수를 줄일 수 있다.
      ㉢ 멀티 릴레이 분배 DAS 방식: 냉장 및 신선식품, 생산형 물류센터의 입고수량을 통로별, 점포별로 분배하는 방식이다.

CHAPTER 03 자동화창고(AS/RS; Automatic Storage and Retrieval System)

1. 자동화창고의 개념
   ① 자동화창고(AS/RS)란 화물의 입·출고, 저장, 검수 및 분류작업 등이 컴퓨터에 의해 자동으로 조작되는 창고를 말한다.
   ② 스태커 크레인(stacker crane)의 제어를 반자동 또는 자동으로 행하는 입체자동창고 및 입체기계화창고를 총칭하며, 최근에는 자동창고의 추세가 고층 랙(Rack)을 이용한 무인입체 자동창고로 발전하고 있다.

2. 자동화창고 도입배경 및 특징
(1) 도입배경 기출 16회
   ① 인력절감의 효과가 기대된다.
   ② 다품종 소량주문의 대응과 배송의 신속화가 요구된다.
   ③ 토지사용의 효율성 증대를 기대할 수 있다.
   ④ 지가 상승으로 인한 고층의 입체 자동화 창고가 필요하다.
   ⑤ 제조부문의 자동화와 균형을 맞출 수 있다.
   ⑥ 저장형 창고에서 유통형 창고로의 창고기능이 변화되고 있다.

(2) 특징 기출 25, 24, 21, 15, 13회
   ① 단위화/규격화된 물품 보관으로 효율적 재고관리 및 선입선출에 의한 입출고관리가 용이하다.
   ② 다품종 소량주문, 다빈도 배송에 대응이 용이하다.
   ③ 생산라인과의 동기성, 적정재고, 작업준비를 위한 부품 공급기능을 갖는다.
   ④ 프리 로케이션을 통해 공간을 절감할 수 있고 시스템의 유연성을 높일 수 있다.
   ⑤ 보관보다는 물품의 흐름에 중점을 두고 설계하여야 한다.

⑥ 고층 적재가 가능하여 단위면적당 보관효율이 좋다.
⑦ 설비투자에 자금이 소요되므로 신중한 준비와 계획이 필요하다.
⑧ 자동창고에서 처리할 물품의 치수와 포장, 중량 등을 고려하여 설계한다.

3. 자동화창고의 장·단점

장점	• 입·출고 작업의 자동화와 생력화에 따라 작업효율 향상, 인력 절감 및 하역비 절감이 이루어진다. • 정확한 입·출고 작업 및 재고관리가 이루어진다. • 창고의 고층화, 입체화를 통해 제품의 보관 효율을 높일 수 있다. • 선입선출의 정확성을 기할 수 있다 • 제품의 안정적인 관리가 가능하다.
단점	• 다양한 규격의 화물을 취급하는 창고에는 적합하지 않다. • 화물의 형태, 종류, 화물량, 창고의 위치에 변화가 발생하는 경우 작업의 유연성이 떨어진다. • 일부 기계의 고장이 발생하면 전체시스템에 영향을 미친다. • 기존 건물에 설치가 용이하지 않다. • 초기 투자비용이 많이 든다.

4. 구성요소 기출 27, 24, 14회

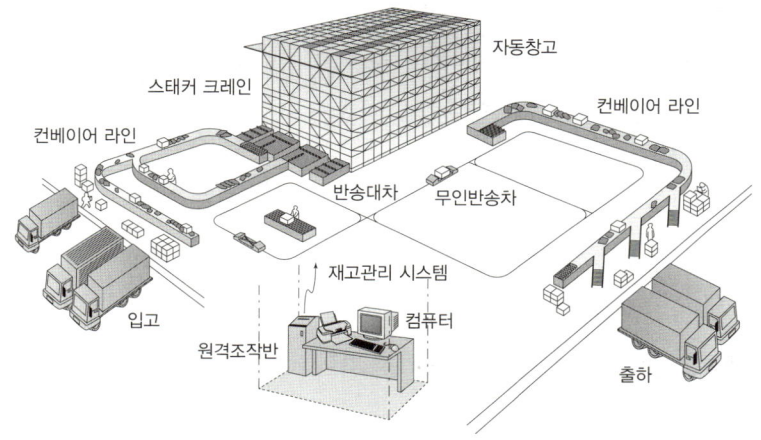

① 랙(rack): 화물을 적재하기 위한 선반 구조물
② 스태커 크레인(stacker crane) 기출 28, 27, 25, 23, 20, 16, 13회
   ㉠ 화물을 랙에 입출고시키는 주행장치와 승강장치, 포크장치로 구성된 창고 입·출고기기
   ㉡ 수동, 반자동, 자동식으로 입·출고작업 수행
   ㉢ 제품의 종류가 많고 회전수가 높은 경우 바람직한 보관하역시스템
③ 트레버서(traverser): 스태커 크레인을 횡으로 이동시키는 장치
④ 셀(cell): 랙 속에 화물이 저장되는 단위공간
⑤ 대기점(home position): 스태커 크레인의 대기 장소
⑥ 컨베이어(conveyor): 화물의 연속이동장치
⑦ 버킷(bucket): 화물의 입출고 및 보관에 사용되는 상자
⑧ 무인반송차(AGV; Automatic Guided Vehicle): 화물을 목적 장소까지 이동시키는 자동주행장치

5. 자동화창고 S/R 장비의 운용방식 기출 28, 25, 24, 21, 20, 15, 13, 12회

(1) 운용방식

구분	특징
단일명령 (single command)	• 스태커 크레인이 입고(저장)나 출고(반출)를 각각 한가지씩 작업하는 시스템 • 입고작업 혹은 출고작업을 별도 지시에 따라 분리 수행
이중명령 (dual command)	• 스태커 크레인이 물품의 입고를 위해 명령을 받아 입고를 마친 다음 출고명령을 받아 해당 파렛트를 싣고 입·출고점으로 돌아오는 방식 • 입고작업과 출고작업을 동시 수행

(2) 자동화창고시스템 관련 계산문제

① S/R 장비의 시간당 화물의 처리 개수

예제

자동화창고시스템에서 단위화물을 처리하는 S/R(Storage/Retrieval) 장비의 단일명령 수행시간은 2분, 이중명령 수행시간은 3.2분이다 단일명령횟수가 이중명령횟수의 2배라면 S/R 장비 1대의 시간당 처리개수는?

해설

1. 단일명령의 경우: 단위화물 처리에 2분 소요됨 ∴ 시간당 30개($=\frac{60분}{2분}$) 처리
2. 이중명령의 경우: 단위화물 처리에 3.2분이 소요되며 왕복 2개를 처리하므로 시간당 37.5개($=\frac{60분}{3.2분}\times 2개$) 처리 가능
3. 단일명령 횟수가 이중명령 횟수의 2배이므로 $30개 \times \frac{2}{3} + 37.5개 \times \frac{1}{3} = 32.5개$

정답 | 32.5개

② S/R 장비의 평균가동률

예제

아래 자동창고시스템의 조건에 의한 자동창고의 평균 가동률은?

- 자동화창고시스템에서 단일명령의 수행시간이 3분
- 입고와 출고를 동시에 수행하는 이중명령의 수행시간이 5분
- 1시간당 평균 입고 및 출고작업이 각각 10건
- 작업의 80%는 이중명령으로 수행

해설

1. 단일명령에 의한 처리기간 = 10건 × 20% × 3분 × 2(입·출고) = 12분
2. 이중명령에 의한 처리기간 = 10건 × 80% × 5분 = 40분
3. 평균 가동률 = $\frac{40분 + 12분}{60분} \times 100 ≒ 86.7\%$

정답 | 86.7%

핵심 기출문제

PART 02 물류시설과 창고관리시스템

01

물류센터에 관한 설명으로 옳지 않은 것은?

① 적정한 수준의 재고를 유지할 수 있다.
② 신속 정확한 배송으로 고객서비스를 향상시킨다.
③ 교차 및 중복수송이 증가한다.
④ 상물 분리에 의한 물류효율화를 실현할 수 있다.
⑤ 유통가공이 가능하다.

해설
물류센터의 장점 중 하나는 교차 및 중복수송이 감소한다는 것이다. 물류센터 특히 배송센터가 구축되어 공동수배송이 이루어지면 교차수송이 감소됨으로써 차량 운행 효율의 증대, 물류시설 및 인력의 효율적 운영, 교통혼잡의 감소 등을 통해 화주기업은 물론 물류산업의 경쟁력이 강화된다.

정답 | ③

02

내륙 컨테이너기지(ICD; Inland Container Depot)에 관한 내용으로 옳은 것을 모두 고른 것은?

ㄱ. 수출입 통관업무, 집하 및 분류 기능을 수행한다.
ㄴ. 마샬링(Marshalling)기능, 본선 선적 및 양화 작업을 수행한다.
ㄷ. 선사, 트럭회사, 관세사, 포장회사, 포워더(Forwarder) 등을 유치하여 운영하므로 내륙 항만이라고 부른다.
ㄹ. 노동력의 안정적 확보와 자동화를 통한 생산성 향상이 필요하다.
ㅁ. 항만 또는 공항이 아닌 내륙시설이라 공적 권한을 가지지 못한다.

① ㄱ, ㄴ, ㄹ
② ㄱ, ㄴ, ㅁ
③ ㄱ, ㄷ, ㄹ
④ ㄴ, ㄷ, ㅁ
⑤ ㄴ, ㄹ, ㅁ

해설
ㄴ. 마샬링(Marshalling)기능, 본선 선적 및 양화 작업은 항만의 CY에서만 이루어진다.
ㅁ. ICD의 경우에도 항만 등과 동일하게 세관 통제하에 통관업무가 이루어진다.

정답 | ③

03

다음의 설명에 해당하는 물류 시설은?

- 화물의 집화·하역 및 이와 관련된 분류·포장·보관·가공·조립 또는 통관 등에 필요한 기능을 갖춘 물류시설물을 의미한다.
- 복수의 운송수단 간 연계를 할 수 있는 규모 및 시설을 갖춘 장소를 의미한다.
- 터미널, 화물혼재, 정보센터, 환적, 유통보관의 기능을 수행한다.

① 물류센터
② CFS(Container Freight Station)
③ 복합물류터미널
④ 공동집배송단지
⑤ 데포(Depot)

해설
복합물류터미널은 2종류 이상의 운송수단 간 연계운송을 할 수 있는 규모 및 시설을 갖춘 물류터미널로, 환적 또는 혼재, 유통가공 등을 위한 단기적인 보관·가공 시설을 뜻한다.

정답 | ③

04

물류단지시설에 관한 설명으로 옳은 것은?

① DP(Depot): 재고품의 보관거점으로 상품의 배송거점인 동시에 예상수요에 대한 보관거점을 의미하며 일명 하치장이라 부른다.
② ICD(Inland Container Depot): 산업단지와 항만 사이를 연결하여 화물의 유통을 원활히 하기 위한 대규모 물류단지이다.
③ CY(Container Yard): LCL(Less than Container Load) 화물을 모아서 FCL(Full Container Load) 화물로 만드는 취급장이다.
④ SP(Stock Point): 수송을 효율적으로 하기 위해 갖추어진 집배중계지 및 배송처에 컨테이너가 CY에 반입되기 전 야적된 상태에서 컨테이너를 적재하는 장소이다.
⑤ CFS(Container Freight Station): 컨테이너 보세장치장, 마샬링 야드 등을 의미한다.

선지분석
① 데포(Depot)는 소비지에 가까운 일시 보관장소라는 개념으로, 수송을 효율적으로 하기 위해 갖추어진 집배중계지 및 배송처에 컨테이너가 CY에 반입되기 전 야적된 상태에서 컨테이너를 적재하는 장소이다.
③ CY(Container Yard)는 컨테이너 터미널 내의 컨테이너 장치장으로 FCL의 인도와 인수가 이루어지고 해상운송인의 책임이 이곳에서 개시 또는 종료된다.
④ SP(Stock Point)는 재고품의 보관거점으로 상품의 배송거점인 동시에 예상수요에 대한 보관거점을 의미하며 일명 하치장이라 부른다.
⑤ CFS(Container Freight Station)는 컨테이너 화물 조작장소이다. LCL 화물을 FCL화물로 만들어 컨테이너에 적입(vanning, stuffing)하거나 적출(devanning, unstuffing) 장치작업을 하는 장소이다.

정답 | ②

05

창고관리시스템(WMS)에 관한 설명으로 옳지 않은 것은?

① WMS의 주문관련 기능은 입고관리, 보관관리, 재고관리, 선입선출관리 등이다.
② 물류단지의 대형화, 중앙집중화, 부가가치기능강화의 추세에 따라 WMS가 유통중심형 물류단지를 위한 차별화 전략의 핵심요인으로 등장했다.
③ WMS를 활용하면 재고정확도, 공간과 설비의 활용도가 높아진다.
④ WMS의 출고관련 기능은 수·배송관리, 배차스케줄 운영 등이다.
⑤ WMS를 활용하면 창고에 관한 업무 프로세스를 전산화·정보화하여 일반적으로 적은 인원으로 쉽고 편리하게 업무를 수행할 수 있다.

해설
WMS의 입고관리, 보관관리, 재고관리, 선입선출관리 등은 보관관련 기능이며 주문관련 기능은 자동발주, 주문진척관리 등을 말한다.

정답 | ①

06

DAS(Digital Assort System)에 관한 설명으로 옳지 않은 것은?

① 물품 보관셀에 표시기(display)를 설치하고 피킹작업자가 방문하여 표시량만큼을 피킹한다.
② 보관장소와 주문별 분배장소가 별도로 필요하다.
③ 소품종 대량출하에 더 적합하다.
④ 고객별 주문 상품을 합포장하기에 적합한 분배시스템이다.
⑤ 주문처별로 분배하는 파종식으로 볼 수 있다.

해설
물품 보관셀에 표시기(display)를 설치하고 피킹작업자가 방문하여 표시량 만큼을 피킹하는 것은 DPS(Digital Picking System)에 대한 설명이다.

정답 | ①

07

자동화창고에 관한 설명으로 옳지 않은 것은?

① 단위화 및 규격화된 물품 보관으로 효율적인 재고관리가 가능하다.
② 물류의 흐름보다는 보관에 중점을 두고 설계해야 한다.
③ 고단적재가 가능하여 단위면적당 보관효율이 좋다.
④ 자동화시스템으로 운영되므로 생산성과 효율성을 개선할 수 있다.
⑤ 설비투자에 자금이 소요되므로 신중한 준비와 계획이 필요하다.

해설
자동화창고는 보관보다는 물류의 흐름에 중점을 두고 설계하여야 한다.

정답 | ②

08

자동화창고의 구성요소에 관한 설명으로 옳지 않은 것은?

① 버킷(Bucket)은 화물의 입출고 및 보관에 사용되는 상자이다.
② 셀(Cell)은 랙 속에 화물이 저장되는 단위공간을 의미한다.
③ 스태커 크레인(Stacker Crane)은 승강장치, 주행장치, 포크장치로 구분된다.
④ 이중명령(Dual Command) 시 스태커 크레인은 입고작업과 출고작업을 동시에 실행한다.
⑤ 트래버서(Traverser)는 화물을 지정된 입출고 지점까지 수직으로 이동시키는 자동주행장치이다.

해설
트래버서(Traverser)는 스태커 크레인을 횡으로 이동시키는 장치이다. 화물을 지정된 입출고 지점까지 수직으로 이동시키는 것은 스태커 크레인이다.

정답 | ⑤

09

아래 자동창고시스템의 조건에 의한 자동창고의 평균가동률은? (단, 소수점 둘째자리에서 반올림하시오.)

- 자동창고시스템에서 단일명령의 수행시간이 3분
- 입고와 출고를 동시에 수행하는 이중명령의 수행시간이 5분
- 1시간당 평균 입고 및 출고작업이 각각 10건
- 작업의 80%는 이중명령으로 수행

① 52.1% ② 65.2%
③ 73.5% ④ 86.7%
⑤ 91.4%

해설
- 이중명령 처리시간: 시간당 10건의 작업 중 80%가 이중명령으로 수행되므로, 10건×0.8×5분=40분
- 단일명령 처리시간: 10건×0.2×3분×2=12분
- 평균가동률 = $\dfrac{40분+12분}{60분} \times 100 = 86.7\%$

정답 | ④

PART 03 물류시설의 계획 및 운영

CHAPTER 01 물류시설(물류센터)의 설계 및 운영

1. 물류센터의 계획 및 운영단계 [기출] 25회

(1) **1단계: 물류거점분석**
   ① 입지분석: 지역분석 → 시장분석 → 법률적·행정적 조건분석
   ② 물류거점의 기능분석: 물류기능을 고려한 적정 유치업종 선정 및 센터의 콘셉트 결정
   ③ 경제적 타당성분석: 건설규모/운영방식 결정 → 건설계획 및 투자자금 분석 → 타당성분석(NPV법, IRR법, 회수기간법 등 적용)

> **짚고 넘어가기** 물류시설의 투자타당성 분석기법 [기출] 26, 19회
>
> 1. 순현재가치(NPV)법
>   ① 순현재가치(NPV; Net Present Value)는 사업의 경제성을 평가하는 척도 중 하나로, 장래 기대현금유입의 현재가치에서 장래 기대현금유출의 현재가치를 뺀 값을 의미한다.
>   ② 독립적인 투자안의 경우: NPV>0이면 투자안을 채택
>   상호배타적인 투자안의 경우: NPV>0인 투자안 중 NPV가 가장 큰 투자안을 채택
> 2. 내부수익률(IRR)법
>   ① 내부수익률(IRR; Internal Rate of Return)은 기대현금유입의 현가와 기대현금유출의 현가의 합계가 동일하게 되는, 즉 NPV를 0으로 만드는 수준의 할인율을 의미한다.
>   ② 산정된 IRR≥요구수익률이면 그 투자를 채택, 높은 내부수익률이 산출되는 대안일수록 수익성이 좋다고 판단할 수 있다.
> 3. 수익성지수(PI)법
>   수익성지수(PI; Profit Index)는 사업기간 중의 현금유입의 현재가치를 현금유출의 현재가치로 나눈 지수로, PI>1인 경우 투자안을 채택한다.
> 4. 비용편익(B/C)비율법
>   비용편익비(B/C; Benefit/Cost ratio)는 편익을 비용으로 나눈 비율을 뜻하며 비용편익비가 클수록 높은 투자타당성을 갖는다.

(2) **2단계: 물류센터 설계**

물류센터 설계단계	기본 설계	• 구조 및 운영 시스템 결정 • 주요 설비 및 기본설비 계획
	상세 설계	• Layout 계획 • 작업, 정보, 운영 시스템 설계
	토목 및 건축 설계	• 토목시설 설계, 건축시설 설계
	장비·설비시공 설계	• 설비시공 설계

(3) 3단계: 시공 및 운영단계

시공 및 운영	자금조달/투자방식	• 자금조달 및 BTO, BOT, BTL 등 민간투자방식 결정
	시공	• 토목·건축 시공, 하역·운반 장비 등 설비시공 • 운영시스템(WMS) 구축 시공
	완공 후 운영관리	• 완공·준공 시운전 보완 • 작업배치, 교육·훈련, 사후관리(A/S)

짚고 넘어가기 민간투자방식 기출 27, 22, 19회

- BTO(Build Transfer Operate): 민간사업자가 도로, 철도, 항만 등의 SOC(Social Overhead Capital; 사회간접자본) 건설(Build) 후, 소유권을 먼저 국가 또는 지방자치단체에 이전(Transfer)하고 일정기간 그 시설물을 운영(Operate)한 수익으로 투자비를 회수하는 방식으로 선 이전 후 운영 방식
- BOT(Build Operate Transfer): 가장 보편적 방식으로 SOC를 건설한 사업시행자가 이를 일정기간 소유해 운영하고, 계약기간 종료 후 국가 등에 넘겨주는 방식으로, 선 운영 후 이전 방식
- BTL(Build Transfer Lease): 민간사업자가 SOC 건설 후, 소유권을 먼저 국가 등에 이전하고 일정기간 국가 등으로부터 임대료를 받아 투자비를 회수하는 투자방식
- BOO(Build Own Operate): 민간사업자가 SOC 건설 후, 소유권을 갖고 직접 운영하는 방식

2. 물류센터 설계 시 고려 요소

(1) 설계 시 고려요소

물류시스템 요소	서비스 수준(리드타임, 주문마감시간, 납품시간, 주문단위)
	마케팅전략 및 유통구조 분석
	거점기능 및 수·배송수단
	재고관리
	거점 수와 물류비 관계

(2) 물류거점의 수와 물류비와의 관계

① 물류센터 증가 시 비용 효과 기출 23, 19, 12회

물류센터의 수 증가 시	재고유지비용 증가
	수·배송비용은 감소
	시설투자비용 및 관리비용 증가
	안전재고의 합 증가(물류센터 통합 시 리스크풀링 효과로 감소)
	총비용은 감소하다가 증가

② 물류센터의 수는 총비용이 최소가 되는 점에서 결정한다.

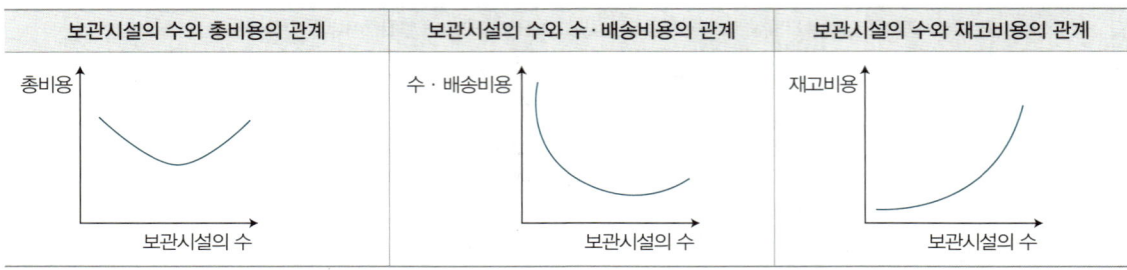

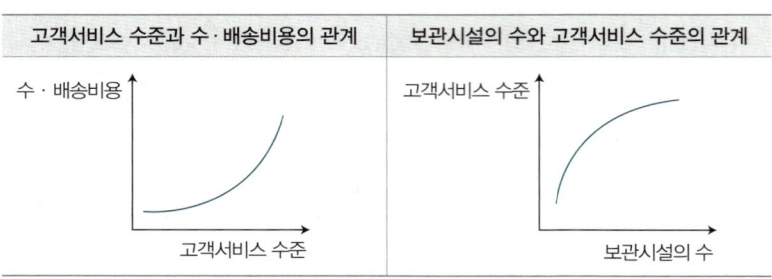

3. 보관시스템(물류센터)의 설계

(1) 설계를 위한 작업순서의 개관

① 보관시스템의 작업, 즉 물류센터에서의 작업은 입하 → 보관 → 오더피킹 → 검품 → 포장 → 출하의 순서에 따라 이루어진다.

② 물류센터의 업무 　기출▶ 26, 21, 19, 17, 16회

입하 (receive)	• '물류센터에 물자가 들어오는 것'으로, 반입된 물자의 수령, 검품·검수, 보관 혹은 해당 물자를 필요로 하는 다른 부문의 기능에 배분하는 것을 의미
예비포장	• 공급처로부터 입하된 물품을 단품단위로 포장하는 것
인입 (격납, putaway)	• '안으로 끌어들인다'는 뜻으로 입하된 물자를 저장 공간에 옮겨두는 행위 • 물자의 취급, 보관할 위치의 확인 그리고 물자의 적치가 포함됨
보관 (storage)	• 주문을 대기하는 동안 물자를 물리적으로 저장해 두는 행위 • 보관방법은 재고품목의 크기, 수량, 제품이나 용기의 취급조건 등에 의해 결정됨
피킹 (picking)	• 보관 중인 물품을 꺼내는 작업으로, 특정 주문을 만족시키기 위하여 보관된 품목을 선별하여 출하를 위한 후속 공정으로 넘기는 작업 • 피킹의 효율화를 위해 피킹의 기계화와 자동화가 중요하며, DPS(Digital Picking System), DAS(Digital Assorting System), 피킹카트 등이 도입됨
포장 (packaging)	• 피킹 업무에 이어지는 선택적 절차로서 편리한 사용을 위하여 개별 품목단위로 혹은 세트단위로 용기에 적입되거나 포장함
분류 (sorting)	• 피킹된 품목을 고객별, 거래처별, 지역별 등으로 구분 분류하는 것으로, 품목에 따라 복잡하고 공수가 많이 소요되므로 기계화와 자동화가 필요함
단위화 및 적하, 출하	• 물류센터 업무의 마지막 단계로 단위화 및 적하, 출하가 진행됨

(2) 물류센터 설계 시 고려사항 기출 29, 28, 27, 26, 25, 21, 20회

① 물류센터 구조 결정 시 고려사항

구조결정 요인	내용
제품(화물)의 특성	제품의 크기, 무게, 가격 등
주문 특성	주문건수, 주문빈도, 주문의 크기, 처리속도, 출하시간 등
관리 특성	재고정책, 고객 서비스 목표, 투자 및 운영비용 등
환경 특성	지리적 위치, 입지제약, 환경제약 등
설비 특성	설비종류, 운영방안, 자동화 수준 등
운영 특성	입고방법, 보관방법, 피킹방법, 배송방법 등

② 물류센터 설계 시 목표재고량, 고객서비스 수준, 입하능력, 경쟁의 정도, 향후 물동량의 증감 등을 고려한다.
③ 물류센터 입지 결정 시 관련 비용의 최소화를 고려한다.
④ 물류센터 동선 패턴에 대한 결정을 위한 레이아웃을 고려한다.

> **짚고 넘어가기** 물류센터(창고) 설계의 기본원칙 기출 24회
> 1. 직진성의 원칙
> 2. 모듈화의 원칙
> 3. 역행교차 회피의 원칙
> 4. 물품 취급 횟수 최소화의 원칙
> 5. 물품이동 간 고저간격 최소화

CHAPTER 02 물류센터의 입지선정

1. 물류센터의 입지선정 5요인 기출 20, 14회

물류센터의 입지를 선정할 때 고려하는 5가지 요인은 P(Product), Q(Quantity), R(Route), S(Service), T(Time)이다.
① P-Q분석: 화물이 어느 정도의 양으로 흐르고 있는가에 대한 물류유형분석기법이다. X축에는 물품의 종류를, Y축에는 수량을 표시하는 파레토 법칙을 이용하여 분석한다.
② R분석: 물량이 어떠한 경로로 흐르고 있는가를 과거에서부터 현재까지의 경향을 파악함으로써 장래계획에 대한 의사를 결정하는 분석기법으로, 연관 차트(Relationship Chart)를 이용하는 것이 효과적이다.
③ S-T분석: 주부문인 제조와 판매 부문을 효율성 있게 가동시키기 위하여 보조 부문이 어떠한 기능을 갖추어야 하는지를 과거와 현재의 실상을 면밀히 분석한 후 결정하는 기법을 의미한다. 기출 25회

2. 입지선정 시 고려사항 기출 25, 23, 12회

① 물류센터의 입지선정을 위해 운송비를 고려한 비용이 최소화되는 위치 선정
② 물류센터의 입지선정을 위해 물동량 분석
③ 물류센터의 입지선정을 위해 시장을 형성하는 고객의 형태 고려
④ 물류센터의 입지선정을 위해서는 향후 자산으로의 가치 상승가능성 고려
⑤ 해당 지역의 세금정책 및 유틸리티(전기, 상하수도, 가스 등) 비용 고려
⑥ 해당 지역의 가용노동인구 및 평균 임금 수준 고려

3. 물류센터 입지선정 기법

(1) 무게중심법 빈출 29, 28, 27, 26, 25, 24, 23, 22, 21, 20회

① 무게중심법(Center of Gravity Method)은 공급지 및 수요지의 위치가 고정되어 있고, 각 공급자로부터 단일의 물류센터로 반입되는 물동량과 그 물류센터로부터 각 수요지로 반출되는 물동량이 정해져 있다고 가정한다.
② 이 방법은 물류센터를 기준으로 고정된 공급지에서 물류센터까지의 운송비와 물류센터에서 각 수요지로의 운송비를 구하여 그 합이 최소가 되는 지점을 구하는 입지결정방법이다.
③ 물류센터로 반입 및 반출되는 각 지점과 물류센터와의 거리에 거리당 운임과 물동량을 곱하면 각 지점과 물류센터 간의 수송비를 산출할 수 있다. 이러한 계산을 모든 지점들에 대하여 적용 후 합산하면 총 운송비가 산출된다.
④ 두 지점 간의 물자이동이 직선거리를 따라 이루어진다면 단일 물류센터의 최적입지는 입지를 나타내는 좌표에 대한 두개의 방정식을 통해서 구할 수 있다.

> **짚고 넘어가기** 무게중심법 계산
>
> $$x\text{좌표} = \frac{\Sigma(\text{각 구역의 개별 } x\text{좌표} \times \text{해당 구역의 가중치})}{\Sigma \text{각 구역의 개별 가중치}}$$
>
> $$y\text{좌표} = \frac{\Sigma(\text{각 구역의 개별 } y\text{좌표} \times \text{해당 구역의 가중치})}{\Sigma \text{각 구역의 개별 가중치}}$$

예제

시장 및 생산공장의 위치와 수요량이 아래 표와 같다. 무게중심법에 따라 산출된 유통센터의 입지 좌표(X, Y)는?

구분	위치 좌표(X, Y) (km)	수요량(톤/월)
시장 1	(50, 10)	100
시장 2	(20, 50)	200
시장 3	(10, 10)	200
생산공장	(100, 150)	500

해설

좌표 $(X, Y) = \frac{(X, Y \text{좌표 수요지별 거리} \times \text{수요지별 수요량 합계}) + (\text{공장거리} \times \text{공장 공급량})}{\text{수요량 총합계(수요지+공장)}}$

$X = \frac{50 \times 100 + 20 \times 200 + 10 \times 200 + 100 \times 500}{100 + 200 + 200 + 500} = 61$

$Y = \frac{10 \times 100 + 50 \times 200 + 10 \times 200 + 150 \times 500}{100 + 200 + 200 + 500} = 88$

∴ 좌표 (X, Y) = (61, 88)

정답 | (61, 88)

(2) 총비용 비교법 방식 기출 29, 28, 21, 18, 15회

대안별로 투자금액과 물류비용, 관리비용을 산출하고 총비용이 최소가 되는 대안을 선택하는 방법이다. 예를 들어 다음 표에서와 같이 A, B, C, D 지역에 대한 총비용을 비교했을 때 총비용이 최소가 되는 C 지역을 물류센터의 위치로 결정하는 방식이다.

구분	A 지역	B 지역	C 지역	D 지역
창고건설비	5,000	4,200	4,200	4,300
하역비	450	550	100	500
수송비	750	800	850	900
재고유지비	260	120	100	165
세금	40	130	50	35
합계	6,400	5,800	5,500	5,900

(3) 톤-킬로법 기출▶ 29, 23회

각 수요처와 배송센터까지의 거리(km)와 운송량(ton)을 평가하여 입지를 선택하는 방법이다.

(4) 브라운-깁슨(Brown & Gibson)법 기출▶ 29, 28, 21, 17, 15회

입지에 영향을 주는 인자들을 필수적 요인, 객관적 요인, 주관적 요인 등을 고려하여 다수의 입지를 결정하는 기법이다.

(5) 손익분기도표(Break Even Chart)법 기출▶ 29, 28, 27, 21, 17, 15회

① 손익분기도표법은 일정한 물동량 즉, 입고량 또는 출고량을 전체로 하여 고정비와 변동비의 합을 비교하는 방법으로, 예측되는 물동량에 따라 총비용이 최소가 되는 대안을 선택하게 된다.

② 손익분기 도표법의 적용

아래 상황에서 물동량이 10만 톤 이하로 예상되는 경우 A 지역이 최적의 입지로 선택되고, 물동량이 10~20만 톤 사이로 예상되는 경우 B 지역이 유리하며, 물동량이 20~30만 톤 사이로 예상되는 경우에는 C 지역이 최적 입지로 선택된다.

■ 총비용 함수

지역	연간 고정비	단위당 변동비	총비용 함수
A 지역	1,000만 원	200만 원	TC(A)=1,000+200Q
B 지역	2,000만 원	100만 원	TC(B)=2,000+100Q
C 지역	3,000만 원	50만 원	TC(C)=3,000+50Q

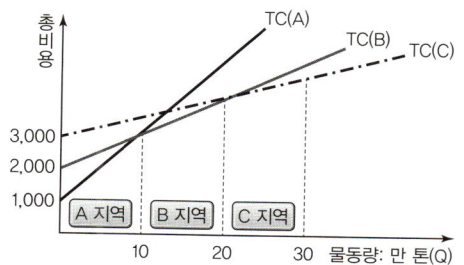

(6) 체크리스트법 기출▶ 29, 18, 15회

체크리스트법은 입지에 관련된 양적 요인과 질적 요인을 동시에 고려하여 중요도에 따라 평가점수가 가장 높은 입지를 선정하는 기법이다.

(7) 요인평정법 [기출] 29회
접근성, 지역환경, 노동력 등의 입지요인별로 가중치를 부여하고 가중치를 고려한 요인별 평가 점수를 통해 입지후보지를 선택하는 방법이다.

CHAPTER 03 보관설계와 배치결정방법

1. 물류센터의 공간 레이아웃(Layout)

(1) 레이아웃의 개념
레이아웃(Layout)은 서비스 내지 생산의 흐름에 맞춰 '건물시설, 기계설비, 통로, 차고, 사무실 등의 위치를 공간적으로 적절히 배치하는 것'으로, 주로 기계설비의 배치가 중심이 된다. 설비배치 본래의 목적은 생산시스템의 유효성이 극대화되도록 기계, 원자재, 작업자 등의 생산요소와 생산설비의 배열을 최적화하는 것이다.

(2) 레이아웃 기본원칙 [기출] 29, 20, 18, 17, 14회
레이아웃 설계의 기본원칙은 물품의 입출고 작업을 용이하게 하고 효율적으로 보관하기 위한 것이다. 이를 위해서는 통로면에 보관하는 것이 창고 내 레이아웃의 기본원칙이며 다음의 5가지 원칙이 제시되고 있다.
① 원칙 Ⅰ (직진성의 원칙): 물품, 통로, 운반기기 및 사람 등의 흐름 방향에 있어 항상 직진성에 중점을 두어야 한다.
② 원칙 Ⅱ (역행교차 회피의 원칙): 화물 및 작업자 등의 역방향 흐름을 최소화해야 한다.
③ 원칙 Ⅲ (취급횟수 최소화의 원칙): 물품의 취급횟수를 줄여야 한다.
④ 원칙 Ⅳ (중력이용의 원칙): 자체 중력을 이용하여 위에서 아래로 움직이도록 하고 무거운 것은 하단에 배치하는 것을 말한다.
⑤ 원칙 Ⅴ (모듈화의 원칙): 공간효율 극대화를 위한 원칙으로 운반기기, 랙(Rack), 통로입구 및 기둥간격의 모듈화와 크기의 관계를 구축한다. 운반기기와 랙, 통로입구 및 기둥간격 등은 그 규격에 있어 정합성이 필요하다.

> **보충학습**
> **모듈(module)화**
> 다양한 규격, 종류, 치수 등을 계열화, 단순화, 통합화, 그룹핑화 하는 것

(3) 레이아웃 설계 시 고려사항
① 작업성과 보관성의 우선과제로 의사결정 필요
② 고회전율 물품은 고정 로케이션, 저회전율 물품은 프리로케이션
③ 랙의 구간은 가능한 크게 확보(작업의 동선효율화)
④ 선입선출 선정 및 규격화
⑤ 랙(Rack)의 해체 및 조립 용이

(4) 레이아웃 방식
① One Way 방식: 보관물품의 레이아웃 흐름방식에서 입고구와 출고구가 달라서 입고되는 물품이 일방통행으로 창고 내를 이동하여 출구에서 반출되는 방식
② U Turn 방식: 입고구와 출고구가 동일하거나 또는 동일한 방향에 있어서 보관물품이 보관 후 입고방향과 반대방향의 흐름으로 출고되는 방식(입출고 사이클 타이밍의 절약은 가능하지만 입출고 및 입출하 시 혼란해질 우려가 있음)

2. 물류센터의 작업 공정과 공정효율

(1) 작업공정

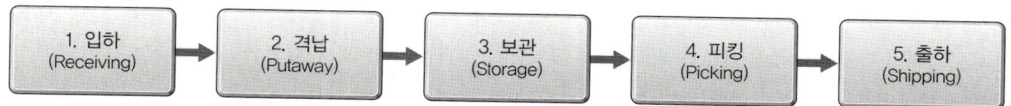

(2) 라인밸런싱(Line Balancing)

① 개념

라인밸런싱은 각 작업공정과 작업자 사이의 작업량을 균등하게 할당해 주어 부분적인 여유시간과 바쁜 시간이 공존되지 않도록 작업시간을 평준화하는 것을 말한다.

② 목적 기출 20회

㉠ 작업공정 내의 재공품 감소
㉡ 가동률 향상 및 리드타임(lead time) 향상
㉢ 애로공정(병목공정) 개선으로 생산성 향상

(3) 공정효율(Balance Efficiency) 기출 20, 19, 17, 14회

① 공정효율: 둘 이상의 공정이 연속적으로 연결되어 사람이나 설비가 작업할 경우 각 공정별 작업량의 균형 및 분배의 효율성을 말한다.

② 공정효율성 = $\dfrac{\text{공정별 사이클타임(전체 공정시간) 합계}}{\text{애로공정 사이클타임(공정시간)} \times \text{공정수}} \times 100$

③ 가동률 = $\dfrac{\text{실제 작업시간}}{\text{총작업시간}} \times 100$

④ 입하작업공수비율 = $\dfrac{\text{입하작업시간}}{\text{총작업시간}} \times 100$

3. 로케이션(Location) 관리

(1) 개념

로케이션이란 '배치된 지역 및 위치에 주소를 부여하는 것'으로 일반적으로 로케이션 방법에는 프리 로케이션(Free Location; 자유 위치), 존 로케이션(Zone Location; 구역 위치), 고정 로케이션(Fixed Location; 고정 위치), 혼합형 로케이션(Free & Fixed Location; 혼합형 위치) 등이 있다.

(2) 로케이션 방법 기출 20, 19, 17, 16, 14회

① Free Location: 품목과 보관하는 랙 상호 간에 특별한 연관관계를 정하지 않는 보관방법으로 저회전율 물품은 주로 프리 로케이션을 적용한다.
② Zone Location: 일정 품목군에 대하여는 일정한 보관 구역(zone)을 설정하지만 그 범위 내에서는 Free Location을 채택하는 절충식 방법이다.
③ Fixed Location: 고정 로케이션은 고정 선반번호 방식으로 선반번호마다 그에 대응하는 품목을 정하여 보관하는 방법이다. 프리 로케이션이나 존 로케이션과는 달리 이 방법은 수작업 방식으로 관리하는 경우가 많으며 고회전율 물품은 고정 로케이션을 적용한다.
④ Free & Fixed Location: 일부는 프리 로케이션으로, 일부는 고정 로케이션으로 운영하는 절충 혼합형 로케이션을 말한다.

(3) 임의위치저장과 지정위치저장 방식 〈빈출〉 28, 26, 25, 24, 23, 22회

① **임의위치저장(Randomized Storage) 방식**: 입·출고 빈도와 무관하게 저장 위치를 임의로 정하는 방식으로, 지정위치저장방식에 비해 편리하고 공간을 집약적으로 활용할 수 있다는 장점이 있으나, 정확도 측면에서는 한계가 있다.

② **지정위치저장(Dedicated Storage) 방식**: 화물의 저장위치를 사전에 지정하는 방식으로서, 임의위치저장 방식에 비해 전체적인 공간이 여유가 있어야 한다.

③ **등급별저장(Class-based storage) 방식**: 동일 등급 내에서의 저장위치는 임의저장방식으로 결정된다.

예제

3개의 제품(A~C)을 취급하는 1개의 창고에서 기간별 사용공간이 다음 표와 같다. (ㄱ) 임의위치저장 방식과 (ㄴ) 지정위치저장 방식으로 각각 산정된 창고의 저장소요공간(m^2)을 산정하시오.

기간	제품별 사용공간(m^2)		
	A	B	C
1주	14	17	20
2주	15	23	35
3주	34	25	17
4주	18	19	20
5주	15	17	21
6주	34	21	34

해설

기간	제품별 사용공간(m^2)			합계(=A+B+C)
	A	B	C	
1주	14	17	20	51
2주	15	23	35	73
3주	34	25	17	76
4주	18	19	20	57
5주	15	17	21	53
6주	34	21	34	89

(ㄱ) 임의위치저장(Randomized Storage) 방식: A+B+C의 합계가 가장 큰 $89m^2$ 선택
(ㄴ) 지정위치저장(Dedicated Storage) 방식: A, B, C 각 제품별 가장 큰 공간을 하나씩 선정해서 합하면 $94m^2$(34+25+35)가 된다.

정답 | (ㄱ) $89m^2$, (ㄴ) $94m^2$

CHAPTER 04 보관시스템 효율성 향상

1. 효율적인 보관시스템 설계방안

하드웨어적 방안	• 창고 내 상부공간 활용: 랙 높이를 높이거나, 적층랙 사용 • 통로가 없는 저장공간: 드라이브 인 랙 및 이동랙 사용 • 입체적 저장: 고층랙 이용
소프트웨어적 방안	• 통로면적 축소: 드라이브 인 랙 등 설치 후 통로면적 조정 • 수납설비 내 불필요한 공간 배제: 부품, 박스, 파렛트 등의 크기를 고려한 설비 • Free Location System 채택

2. 보관품목의 배치(ABC 관리)

A그룹	소수대형매출상품, 발주간격 짧음, 정기발주시스템 적용
B그룹	A, C그룹 사이의 중간상품, 발주점방식으로 정량발주시스템 적용
C그룹	다수소형매출상품, Two Bin System으로 재고관리

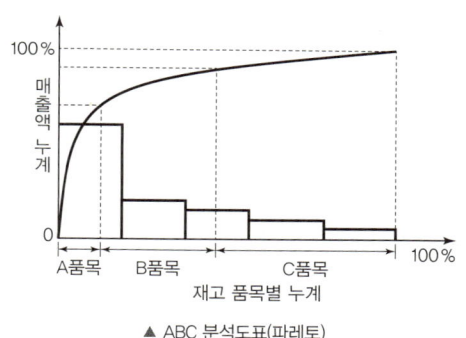

▲ ABC 분석도표(파레토)

3. 보관 용적률 분석

(1) 물류센터의 보관 면적 분석

물류센터에서 발생하는 공통의 과제는 다음과 같다.
① 취급품의 종류가 매우 많다.
② 업무량이 계절/일/월별에 따라 크게 변동한다.
③ 물류시설의 제약조건에 따라 보관 SPACE가 부족하므로, 한정된 스페이스를 효율적으로 사용하려면 보관효율의 구성요소를 파악하여야 한다.

(2) 보관효율의 구성 기출 10, 9회

① 총용적 = (랙용적 + 통로용적 + 높이로스)로 구성되며, 높이로스의 비율이 가장 낮다.
② 사용용적 = 총용적 − 높이로스(LOSS)
③ 랙 용적 = 실질용적 + 랙 공간로스(LOSS)
④ 공간활용 손실률 = $\dfrac{\text{통로용적(면적)} + \text{높이로스}}{\text{총용적(면적)}} \times 100$

보충학습

용적률
건물 전체 연면적을 토지 면적으로 나눈 비율

총용적			
사용용적			높이 로스(Loss)
랙 용적		통로용적	
실질용적	랙 공간로스		

예제

다음과 같은 조건이 주어졌을 때 창고 내 공간활용 손실률(%)은?

파렛트 랙은 50m 길이에 10m 높이로 설치되며, 3.5m의 작업통로와 5m의 주 통로가 필요하다.

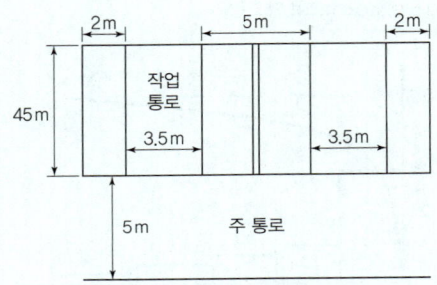

해설
공간활용 손실률을 계산할 때 파렛트 랙의 높이만 제시되고 창고의 높이가 제시되지 않았으므로 높이는 고려할 필요 없이, 바닥면적만으로 계산하면 된다.
- 창고의 전체면적: 길이 50m × 폭 16m(2+3.5+5+3.5+2) = 800m²
- 통로면적: (3.5m+3.5m) × 45m + 16m × 5m = 395m²
∴ 공간활용 손실률(%) = 395m² / 800m² = 49.375%

정답 | 49.375%

CHAPTER 05 보관설비의 관리

1. 격납장 기출 22, 9회

(1) 유형

제1유형	제2유형	제3유형
소품종, 대량품, 선입선출이 크지 않은 경우 적치장 안쪽에서 순서대로 적재해 놓고 출고 시 가까운 곳부터 출고하는 유형에 해당	선입선출이 어느 정도 필요할 경우 2열 또는 3열의 병렬로 정리하여 입출고하는 유형	재고량이 많아질 때 피킹의 순회거리를 짧게 하기 위해 동일품종은 가능한 한 정면에, 폭을 좁게, 깊이는 길게 적치하는 유형으로 빼내기가 어려워지면 플로우 랙을 이용

제4유형	제5유형	제6유형
재고 종류가 많아질 때, 피킹 순회거리를 짧게 하기 위해 동일품목을 폭을 좁게, 깊이는 적게 적치, 제3유형과 동일한 방식이나 이 방식의 특징은 피킹 및 출고작업이 곤란한 경우 플로우 랙을 이용	(피킹장/격납장의 더블빈방식) 3, 4유형에서 물품을 대량으로 쌓아두면 피킹, 순회 거리가 길어지는 문제점 해소를 위해 피킹장과 격납장을 분리해서 2단 적재 하는 방식	피킹용 선반 상단부에 예비 물품을 파렛트에 적재한 후 하단의 선반이 비게 되면 상단의 파렛트를 하단으로 옮기고 다시 상단부에 새 파렛트를 보충하는 유형

(2) 재고의 입출고 계산(재고량) 기출 13, 11회

① 선입선출법(FIFO; First In First Out): 가장 먼저 입고된 것부터 순차로 출고되는 방법으로 먼저 입고된 상품을 먼저 출고시키기 때문에 물가 변동에 관계없이 재고평가가 이루어진다.

② 후입선출법(LIFO; Last In First Out): FIFO와 대비되는 방법으로 나중에 입고된 물품이 먼저 출고된다고 가정하는 재고자산 평가방법을 의미한다.

예제

갑회사의 5월 중 자재에 관한 거래 내역은 다음과 같다. 선입선출(FIFO) 방법으로 5월에 출고한 자재의 재료비를 구하면 얼마인가?

일자	활동내역	개수	단가
5월 2일	매입	50개	$100
5월 10일	매입	50개	$120
5월 15일	출고	60개	
5월 20일	매입	50개	$140
5월 24일	출고	70개	

해설

FIFO를 따를 때, 5월 15일 출고 시 자재비=50×100$+10×120$=6,200$ / 5월 24일 출고 시 자재비=40×120$+30×140$=9,000$
∴ 5월 출고 자재의 재료비=6,200$+9,000$=15,200$

정답 | 15,200$

2. 도크(Dock)

(1) 개념 및 유형
① 컨테이너, 트럭 등의 운송수단에 지게차와 같은 물류장비의 접근을 용이하게 하기 위한 설비로서 화물의 상·하역을 보다 효과적으로 수행하기 설비이다.

② 유형

플러쉬 도크 (Flush Dock)	일반적인 입·출하 형태의 도크로 문 출입구를 중심으로 트럭 후면, 측면에서 상·하차 하역을 할 수 있다.
핑거도크 (Finger Dock)	많은 트레일러들을 일시에 한꺼번에 처리하기 위한 것으로, 이 도크의 양쪽에 트레일러 등을 맞대고 상·하차 할 수 있다.
드라이브인 도크 (Drive in Dock)	문이 개방될 때 트럭이나 트레일러가 공장 및 창고 내부로 들어갈 수 있으며, 문을 닫고 하역을 할 수 있는 점을 제외하고는 플러쉬 도크시설과 같으며 악천후에 유용하다.

(2) 도크(Dock) 관련 계산문제

① 필요한 도크 수 산정 **기출** 23, 16, 15, 13회

$$\text{필요 도크 수} = \frac{\text{연간(월간) 트럭출입대수} \times \text{대당 1일작업시간} \times (1+\text{안전계수})}{\text{연간(월간) 도크단위당 작업시간}}$$

예제

아래와 같은 조건일 때 요구되는 트럭 도크(Dock)의 수는?

- 월간 트럭 출입대수: 2,000대
- 월간 작업일수: 20일 (1일 작업시간: 평균 10시간, 물동량 증가는 고려하지 않음)
- 1일 트럭당 작업시간: 4시간
- 안전계수: 0.2

해설
필요 도크 수 = $\frac{2,000 \times 4 \times (1+0.2)}{20 \times 10}$ = 48개이다.

정답 | 48개

② 필요한 출하도크의 길이 산정 **기출** 17회

예제

다음 작업조건의 물류센터에서 필요한 출하도크의 길이는? (소수점 첫째자리에서 반올림)

1일 평균 출고물동량	7,280박스
트럭 1대당 도크의 점유길이	3.0m
트럭 1대당 유효적재량	280박스
출고회전수(계획출고)	2회전

해설
필요 트럭 수 = $\frac{7,280박스}{280박스}$, 출고회전수가 2회전이므로 $\frac{26대}{2회}$ = 13대
1대당 도크의 점유길이가 3.0m이므로 필요한 출하도크의 길이 = 3.0 × 13대 = 39m

정답 | 39m

3. 랙(Rack)의 관리

(1) 랙(Rack)의 의의

한국산업표준(KS)에서는 랙은 물품을 보관하기 위해 사용하는 기둥과 선반으로 구성된 구조물로 정의하고(KS T 0001), 랙의 종류를 제시하고(KS T 2023) 있다.

랙은 자동창고와 랙 창고의 주요부를 구성하는 설비이다.

(2) 랙의 종류 빈출 29, 28, 27, 26, 25, 24, 23, 22, 21, 20회

랙은 보관하는 물자의 형태, 중량, 작업조건 등에 따라 여러 가지로 구분된다.

랙의 종류	내용	그림
파렛트 랙 (Pallet Rack)	• 파렛트에 쌓아올린 물품의 보관에 이용되는 랙 • 범용성이 있어 화물의 종류가 많아도 유연함 • 선입선출에 유리함 • 용적효율이 낮고, 바닥면적 활용이 비효율적	
드라이브인 랙 (Drive In Rack)	• 지게차가 한쪽 방향에서 2개 이상의 깊이로 된 랙으로 들어가 화물을 보관 및 반출 • 로드빔을 제거하여 지게차가 랙 안으로 진입이 가능, 지게차 통로면적이 절감되어 보관효율이 높음 • 소품종 다량 또는 로트(Lot) 단위로 입출고될 수 있는 화물보관에 최적(계절적 수요제품 및 회전율 낮은 품목에 적합) • 양쪽에 출입구를 두면 드라이브스루 랙이 됨	
적층 랙 (Mezzanine Rack)	• 통로와 선반을 복층식 구조로 겹쳐 쌓은 랙 • 면적효율과 공간 활용성이 좋음 • 입출고 작업과 재고관리가 용이 • 최소의 통로로 최대로 높이 쌓을 수 있어 경제적임	
회전 랙 (Carousel Rack)	• 카르셀은 순환 또는 회전을 의미함 • 회전랙은 피킹 시 피커를 고정하고 랙 자체가 회전하는 형태를 말함 • 수평 또는 수직으로 순환하여 소정의 입출고 장소로 이동이 가능한 랙으로 다품종, 소량, 경량화물에 적합 • 랙이 작업자의 위치로 이동하므로 작업자의 이동을 최소화하는 형태	
슬라이딩 랙 (Sliding Rack)	• 파렛트 화물을 한쪽 방향에서 넣으면 중력에 의해 미끄러져 인출 시에 반대방향에서 화물 반출 가능 • 한쪽에서 입고하고 다른 한쪽에서 출고되는 이상적인 선입선출 방법으로 면적효율이나 용적효율도 양호 • 다품종 소량에 부적합, 랙 설치비용이 많이 듦	
모빌 랙 (Mobile Rack)	• 레일 등을 이용하여 직선적으로 수평 이동되는 랙 통로를 대폭 절약 • 한정된 공간을 최대로 사용 • 다품종·소량·경량 화물의 보관에 적합한 보관형태 • 상면 면적률, 용적률의 효율이 높음	

종류	설명	
캔틸레버 랙 (Cantilever Rack, 암 랙)	• 캔틸레버 랙은 암 랙 또는 외팔걸이 랙이라고도 함 • 장척물 보관에 주로 사용 • 파렛트 단위 화물에는 활용할 수 없음 • 기둥이 없어 공간 낭비가 없고 재고검사 및 관리가 용이함 • 구르기 쉬운 화물의 유실을 방지하기 위해 스토퍼(Stopper) 부착	
플로우 랙 (Flow Rack)	• 보관물이 선반 부분에 부착된 롤러 컨베이어 또는 레일 등에 의해 동력 또는 중력으로 출구 또는 입구를 향하여 이동하는 랙 • 슬라이딩 랙이라고도 하며 적입과 인출이 반대방향에서 수행되는 선입선출 (FIFO)방식에 유용함. • 박스형과 파렛트형이 있음.	
하이 스택 랙 (High stack Rack)	• AS/RS(자동화창고)에서 주로 활용 • 상품을 대량으로 취급하는 경우 건물의 층고에 여유가 있을 때 활용할 수 있는 랙 • 좁은 통로에 높게 적재하므로 바닥면의 효과적인 사용과 공간활용이 좋음	

> **짚고 넘어가기** 평치보관(Block Storage) 기출 24회
>
> 창고 바닥에 화물을 보관하는 방법으로 소품종 다량의 물품 입출고에 적합하며, 특별한 자동화 설비가 필요 없다는 장점을 가지고 있으나, 공간 활용률이 낮아진다는 단점이 있다.

(3) **랙의 적재하중 기준** 기출 22회

　① 중량 랙: 500kg 초과
　② 중간 랙: 150kg 초과 500kg 이하
　③ 경량 랙: 150kg 이하

4. 보관시스템 유형

(1) **개념**

보관작업의 경우도 입하작업과 같이 보관품목(Item)수, 보관수량, 회전수별로 ABC군으로 분류하여 보관시스템을 아래와 같이 구분하여 적용할 수 있다.

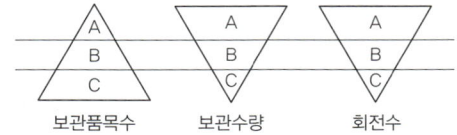

(2) **유형** 기출 28, 25, 20, 16, 15, 12회

　① A-A-A형: 품목수가 적고 보관량과 회전율이 높은 제품으로 맥주, 음료수, 사탕, 시멘트 등 입출고가 빠른 제품이며, 보관설비는 플로우 랙 등을 이용함
　② A-A-C형: 대량 재고를 갖고 있으며 회전수가 적은 제품

③ A-C-A형: 회전수만 높고 보관이 미흡한 유형으로 보관량이 적은 임시출고 – 피킹 – 재출고에 많이 사용
④ A-C-C형: 수량이나 회전수가 적은 제품
⑤ B-B-B형: 품목수, 수량 및 회전수가 모두 보통이라 설비가 간단하고 레이아웃 변경 용이
⑥ C-A-A형: 품목수와 회전수가 많아 관리가 복잡한 형태
⑦ C-A-C형: 재고점수 및 재고량은 많지만 회전수가 적어 고층 랙과 모노레일 스태커 크레인을 이용하는 것이 유리
⑧ C-C-A형: 품목수는 많지만, 보관량이 적고 제품의 이동이 많은 형태로 고층랙시스템을 사용하여 보관이 가능함
⑨ C-C-C형: 재고량, 제품의 이동이 모두 적지만 품목수가 많아 관리가 어려워 파렛트에 직접 쌓는 것이 유리함

CHAPTER 06 오더피킹 시스템(Order Picking System)

1. 오더피킹의 개념
① 오더피킹(order picking)은 보관 중에 있는 창고의 재고에서 거래처로부터 수주받은 물품을 주문별로 모아 피킹(꺼내는 것)하여 출하하는 과정을 의미한다.
② 오더피킹을 넓은 의미로 이해하면 좁은 의미의 개념에 더하여 거래처의 정보에 기초한 서류의 흐름과 물품의 피킹, 정돈, 포장 및 배송지역별로 차에 싣는 것까지 포함하는 것으로 볼 수 있다.
③ 오더피킹에서 가장 중요한 과제는 고객의 주문내역과 일치하도록 상품을 모아서 지정한 납기일 내에 배송해 주는 것이라고 할 수 있다.

2. 오더피킹작업의 자동화 시 고려사항 기출 10회
① 취급화물의 형상 규격 및 중량
② 피킹 규모
③ 적용기기의 성능
④ 투자대비 효과

3. 오더피킹 방법 빈출 28, 26, 25, 23, 22, 21회
① 존(zone) 피킹 방식: 여러 명의 피커(picker)가 각기 자기가 담당하는 선반의 범위를 정해 두고 해당 범위에 속하는 선반의 물품만을 피킹하는 방식
② 릴레이 방식: 여러 명의 피커가 제각기 자기가 분담하는 품종이나 단위공간의 작업 범위를 정해놓고 피킹전표 중에서 자기가 담당하는 종류만을 피킹하고 다음 피커에게 릴레이식으로 넘겨주는 방법
③ 1인 1건 방식: 1인의 작업자가 1건의 주문전표에서 필요한 물품을 피킹하는 방식
④ 싱글 오더 방식: 1건의 주문마다 물품을 피킹해서 모으는 방법으로 1인 1건의 방식이나 릴레이 방식으로도 가능
⑤ 일괄 오더피킹 방식: 여러 건의 주문전표를 모아서 한 번에 피킹하는 방식으로 재분류 작업이 발생함
⑥ 총량 피킹 방식: 일정 기간의 주문전표를 한데 모아서 피킹하는 방식, 한곳에 모은 전표의 물품을 1인이 전부 피킹하는 방법으로, 릴레이식, 그룹식 피킹이 있음

⑦ 사람/피킹 방식(인력에 의한 방식): 피커(picker)가 각 보관 장소를 순회하면서 필요한 물품을 피킹하는 방식으로, 다품종 소량 피킹에 많이 이용되나 물품 파악이 어렵고 시간이 오래 걸림
⑧ 기계/피킹 방식: 물품을 사람에게 오게 하는 방법으로 회전선반, 미니로드시스템을 이용
⑨ 씨뿌리기(파종)방식: 품목별로 일괄 피킹하여 거래처별로 뿌리는 분류방식
⑩ 따내기(거두기)방식: 주문거래처별 순으로 피킹하는 방식
⑪ DPS 방식: Digital Picking System, 따내기방식을 디지털 시스템화한 것
⑫ DAS 방식: Digital Assorting System, 씨뿌리기 방식을 디지털 시스템화한 것

4. 오더피킹의 출고와 설비형태 기출 29, 26, 23, 21회

오더피킹 시스템은 창고에 따라 파렛트 단위, 케이스 단위, 단품(split case) 단위 또는 이들의 복합형태로 이루어지고 있다. 오더피킹은 출고형태에 따라 각각의 형태에 맞는 하역기기(적재기기와 운반기기)를 선정함으로써 시간적 손실을 감축하고 운송비와 하역비를 절감할 수 있다.

출고유형	보관단위	피킹단위	약식기호	형태별 적재기기 및 운반기기
1	파렛트	파렛트	P → P	파렛트 랙, 파렛트 슬라이딩 랙, 드라이브인 랙, 캐로셀 포크리프트, 스태커 크레인, 트랜스 로보시스템 등
2	파렛트	파렛트+케이스	P → P+C	스태커 크레인, 파렛트 피킹포크 등
3	파렛트	케이스	P → C	MH 로봇, 컨베이어, 피킹크레인, 피킹용 포크리프트, 파렛트 슬라이딩 랙과 컨베이어
4	케이스	케이스	C → C	슬라이딩 랙(회전선반), 자동 슬라이딩 랙, 캐로셀 미니 스태커 크레인, 모빌 랙
5	케이스	케이스+단품	C → C+SC	유형 4와 유형 6을 조합한 형태
6	케이스	단품	C → SC	수작업과 기계를 적절히 활용, 손수레 대차
7	단품	단품	SC → SC	다품종 소량 피킹, 자동화가 어려움

핵심 기출문제

PART 03 물류시설의 계획 및 운영

01

물류창고의 수의 증감에 따른 영향에 관한 설명으로 옳지 않은 것은?

① 물류창고의 수가 증가할수록 재고유지 및 관리비용이 증가한다.
② 물류창고의 수가 증가할수록 수송비용은 감소하며 배송비용은 증가한다.
③ 물류창고의 수가 감소할수록 안전재고의 합은 감소한다.
④ 물류창고의 수가 증가할수록 고객접근성은 증가한다.
⑤ 물류창고의 수가 증가할수록 창고고정비는 증가한다.

해설
물류창고의 수가 증가할수록 수송비용은 증가하며 배송비용은 감소한다.

정답 | ②

02

일반적인 물류센터의 작업 공정 순서는?

① 입하 → 피킹 → 검품 → 보관 → 격납 → 포장 → 출하
② 입하 → 피킹 → 보관 → 격납 → 검품 → 포장 → 출하
③ 입하 → 격납 → 보관 → 피킹 → 검품 → 포장 → 출하
④ 입하 → 격납 → 포장 → 보관 → 피킹 → 검품 → 출하
⑤ 입하 → 포장 → 격납 → 보관 → 피킹 → 검품 → 출하

해설
일반적인 물류센터의 작업 공정은 입하 → 격납(인입) → 보관 → 피킹 → 검품 → 포장 → 출하의 순서로 이루어진다.

정답 | ③

03

물류센터 입지 선정 단계에서 우선적으로 고려해야 할 사항이 아닌 것은?

① 지가(地價)
② 운송비
③ 시장 규모
④ 각종 법적 규제 사항
⑤ 제품의 보관 위치 할당

해설
제품의 보관 위치 할당은 입지선정단계가 아니라 물류센터가 건설된 이후 물류센터의 운영단계에서 고려할 요인에 해당한다.

정답 | ⑤

04

물류센터의 입지선정 기법에 관한 설명 중 옳은 것은?

① '톤·킬로법'은 공급지 및 수요지가 고정되어 있고, 각 공급지로부터 단일 배송센터로 반입되는 물량과 배송센터로부터 각 수요지로 반출되는 물동량이 정해져 있을 때 활용하는 기법이다.
② '무게중심법'은 각 수요지에서 배송센터까지의 거리와 각 수요지까지의 운송량에 대해 평가하고 총계가 최소가 되는 입지를 선정하는 기법이다.
③ '브라운·깁슨법'은 물류센터 유지관리비용을 산출하고 총비용이 최소가 되는 대안을 선정하는 기법이다.
④ '총비용비교법'은 입지에 영향을 주는 인자들을 필수적 요인, 객관적 요인, 주관적 요인 등을 고려하여 다수의 입지를 결정하는 기법이다.
⑤ '체크리스트법'은 입지에 관련된 양적 요인과 질적 요인을 동시에 고려하여 중요도에 따라 가장 평가점수가 높은 입지를 선정하는 기법이다.

선지분석
①은 무게중심법, ②는 톤·킬로법, ③은 총비용 비교법, ④는 브라운-깁슨(Brown & Gibson)법에 대한 설명이다.

정답 | ⑤

05

연속된 4개의 화물 분류 작업장별 사이클 타임(Cycle time)이 다음과 같을 때 공정효율(Balance efficiency)은?

작업장	A	B	C	D
사이클 타임	13분	25분	17분	21분

① 65%
② 68%
③ 71%
④ 76%
⑤ 79%

해설

공정효율(%) = $\dfrac{\text{공정별 사이클 타임 합계}}{\text{애로공정 사이클타임} \times \text{공정수}} \times 100$ 이다.

현재 작업시간이 25분으로 가장 긴 B공정이 애로공정이므로,

공정효율 = $\dfrac{76}{25 \times 4} \times 100 = 76\%$ 이다.

정답 | ④

06

보관 설비에 관한 설명으로 옳지 않은 것은?

① 캔틸레버 랙(Cantilever Rack): 긴 철재나 목재의 보관에 효율적인 랙이다.
② 드라이브 인 랙(Drive in Rack): 지게차가 한쪽 방향에서 2개 이상의 깊이로 된 랙으로 들어가 화물을 보관 및 반출할 수 있다.
③ 파렛트 랙(Pallet Rack): 파렛트 화물을 한쪽 방향에서 넣으면 중력에 의해 미끄러져 인출할 때는 반대방향에서 화물을 반출할 수 있다.
④ 적층 랙(Mezzanine Rack): 천장이 높은 창고에서 저장 공간을 복층구조로 설치하여 공간 활용도가 높다.
⑤ 캐러셀(Carousel): 랙 자체를 회전시켜 저장 및 반출하는 장치이다.

해설

파렛트 랙(Pallet Rack)은 화물이 적재된 파렛트 그대로 지게차를 사용하여 보관 랙의 셀(cell)마다 격납시켜 보관할 수 있는 랙을 말한다. 즉, 파렛트에 쌓아올린 물품의 보관에 이용되는 랙이다.
파렛트 화물을 한쪽 방향에서 넣으면 중력에 의해 미끄러져 인출할 때는 반대방향에서 화물을 반출할 수 있는 형태는 슬라이딩 랙에 해당한다.

정답 | ③

07

다음의 보관시스템의 주요 형태를 순서대로 옳게 나열한 것은?

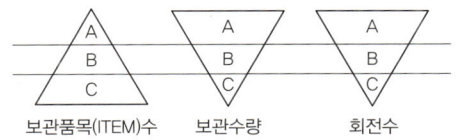

- 보관점(Item) 수와 보관수량이 많고, 회전수가 높으며, 관리가 복잡하여 고층 랙, 모노레일 또는 스태커 크레인의 조합으로 컴퓨터 방식의 운영에 효율적이다.
- 보관점 수는 많으나, 보관량은 적고, 입출고 빈도가 높아 고층 랙을 이용하고, 개별출고방식에서 피킹은 머신(오더피킹)과 수동으로 한다.

① A-C-A, C-A-A
② A-C-A, C-C-A
③ C-A-A, C-C-A
④ C-A-A, C-C-C
⑤ C-A-A, B-B-B

해설
보관점(Item) 수와 보관수량이 많고, 회전수가 높으면 C-A-A, 보관점 수는 많으나, 보관량은 적고, 입출고 빈도가 높으면 C-C-A이다.

정답 | ③

08

오더피킹과 관련된 설명으로 잘못된 것은?

① 오더피킹은 저장 중에 있는 창고 내 화물을 거래처로부터 수주받아 주문별로 모아서 출하하는 것이다.
② 총량피킹 방식이란 일정량에 해당되는 화물의 무게만을 피킹하는 방식이다.
③ 싱글오더피킹은 한건의 주문에 대해 물품을 피킹하는 것이다.
④ 릴레이 방식은 여러 사람의 피커가 각각 자신이 분담하는 종류나 작업범위를 정해 놓고 피킹 전표에서 자기가 맡은 물품만을 피킹하여 릴레이식으로 다음 피커에게 넘겨주는 방식이다.
⑤ 어소트 방식은 집하된 물품을 주문별로 배분하는 방식을 말한다.

해설
총량피킹 방식(total picking)은 몇 시간 동안 또는 하루 동안의 주문전표를 한데 모아 피킹하는 방식이다.

정답 | ②

09

오더피킹의 출고형태 중 파렛트 단위로 보관하다가 파렛트 단위로 출고되는 제1형태(P → P)의 적재방식에 활용되는 장비가 아닌 것은?

① 트랜스 로보 시스템(Trans Robo System)
② 암 랙(Arm Rack)
③ 파렛트 랙(Pallet Rack)
④ 드라이브 인 랙(Drive in Rack)
⑤ 고층 랙(High Rack)

해설
암 랙(Arm Rack) 또는 캔틸레버 랙(Cantilever Rack)은 외팔지주걸이 구조로 기본 프레임에 암(Arm)을 결착하여 화물을 보관하는 랙으로 파이프, 목재 등 장척물 보관에 적합하다. 파렛트 단위 화물에는 활용할 수 없다.

정답 | ②

PART 04 재고관리시스템

CHAPTER 01 재고관리의 기초

1. 재고관리의 의의

(1) 재고의 개념
① 재고(Inventory)란 경제적 가치를 지닌 모든 물품의 흐름이 시간적 관점에서 시스템 내의 어떤 지점에 정체 또는 저장되어 있는 상태를 의미한다.
② 재고를 보유하는 이유는 경제적 발주(제조)기능, 불확실성 대처기능, 생산평준화기능 등 중요한 기능을 담당하기 위해서이다.

(2) 재고관리의 개념
재고관리(Inventory Control)는 창고나 배송센터의 입지결정, 각 유통재고점에서 보유해야 할 재고품목의 결정(재고배정 결정) 등이 포함되며, 좁은 개념의 재고관리는 각 제조 및 물류창고에서 보관하는 각 품목에 관하여 발주시기와 1회 발주량을 결정하는 것이 중요한 과제이다.

2. 재고관리의 목적 및 중요 의사결정 〔기출〕 28회

(1) 목적
① 재고수준의 적정화에 의해 재고투자 및 재고 관련비용의 절감
② 제품의 품절방지(백오더율 감소)와 고객 서비스율 향상
③ 재고관리에 의한 생산 및 판매활동의 안정화 도모
④ 재고관리시스템에 의해 업무 효율화 및 간소화 추진

(2) 재고관리의 중요 의사결정사항
① 1회 주문량을 얼마로 하여야 하는지 경제적 주문량(EOQ) 결정
② 언제 주문하여야 하는지 발주시기 내지 발주점 결정
③ 적정 재고유지 수준과 안전재고(safety stock) 수준의 문제
④ 재고관리의 지연(postponement)전략 여부

> **짚고 넘어가기** **지연전략(Postponement Strategy)**
> 지연전략은 수요의 불확실성에 대처하기 위한 방법 중 하나로 제품의 완성을 뒤로 미루어 물류센터에서 출고 직전에 간단한 조립이나 패키징을 하는 것을 의미한다. 제품의 설계부터 고객에 인도되기까지의 총비용을 최소화시키는 것을 목표로 하는 제품생산 지연방식으로 SCM 개선방식 중 하나이다.

3. 재고관리의 기능 및 장점 기출 27, 25, 23회

기능	장점
• 수급적합기능 • 생산의 계획·평준화기능 • 경제적 발주기능 • 운송합리화 기능 • 불확실성 감소 기능	• 실제 재고량 파악 • 불확실성에 대한 대비 • 상품 공급의 유연한 대응 가능 • 가용 제품 확대를 통한 고객서비스 달성 • 수요와 공급의 변동성 대응

CHAPTER 02 재고관리시스템

1. 재고의 종류 기출 29회

① 수송 중 재고: 물류 흐름을 통해 한 지점에서 다른 지점으로 이동 중인 재고로 시간적인 효용을 창출하기도 한다.
② 안전재고(safety stock) 기출 26, 24회
  ㉠ 안전재고는 갑작스러운 수요 변동 또는 리드타임 및 부품공급 등의 불확실성으로 인해 발생할 수 있는 결품방지를 위해 비축하는 예비적 목적의 완충재고를 말한다.
  ㉡ 안전재고는 품절예방, 납기준수 및 고객서비스 향상을 위해 필요하다.
③ 순환재고: 연속적인 재고보충 시점 간의 평균수요를 충족시키는 데 필요한 재고를 말한다.
④ 투기성 재고: 가격의 변동이 큰 물품을 가격이 쌀 때 재고를 보유하였다가 가격이 올라가면 출하하여 차익을 얻을 목적으로 보유하는 재고를 의미한다.

2. 재고관리 비용

① 주문비용(ordering cost): 발주비용과 동일어로, 자재·부품 구입 시 주문에 수반되어 발생하는 주문관련 서류비용, 통신비, 검사비, 입고비, 통관료, 운송비 등을 말한다.
② 재고유지비용(holding cost): 재고를 보유하고 유지하는 데 수반되는 비용이다. 이자비용, 창고료, 보험료, 감가상각비, 진부화비용, 세금 등을 말한다.
③ 재고부족비용(shortage cost): 재고부족으로 인한 생산중단, 판매기회 상실, 신용하락 등의 손실을 의미한다.
④ 총재고비용(total inventory cost): 재고비용을 전부 합한 것으로, 재고를 주문하여 보유하는 경우, 총재고비용＝주문비용＋재고유지비용＋재고부족비용이다.

> **짚고 넘어가기 준비비용**
>
> 재고준비비용은 재고품을 자체 생산할 때 발생하는 제비용으로 노무비, 자재 공구 교체비, 원료준비 등에 소요되는 비용이다. EPQ(경제적 생산량) 산정 시 고려하는 비용에 해당한다.

3. 재고관리의 효율성을 측정하는 지표 기출▶ 29, 27, 19, 18, 17, 16, 14회

(1) 서비스율

재고관리 시스템은 최적의 재고 보유로 서비스율을 향상시키는 것을 목적으로 한다. 고객서비스율은 고객의 수요를 얼마나 충족시켰는지를 나타내는 지표이다.

$$\text{서비스율} = \frac{\text{납기 내 납품량}}{\text{수주량}} \times 100$$

예 ㈜에듀윌의 제품의 연간 총수요가 5,000개이며, 제품의 연간 평균 품절량이 400개인 경우

$$\text{서비스율} = \frac{5,000 - 400}{5,000} \times 100 = 92\%$$

(2) 백오더율(back order rate)

백오더율은 결품률을 의미한다. 따라서 서비스율 + 백오더율 = 100%이다.

$$\text{백오더율} = \frac{\text{결품량}}{\text{고객요구량}} \times 100$$

(3) 재고회전율(turn-over rate) 기출▶ 27회

① 재고회전율은 재고의 평균회전속도로 회전율이 높으면 품절현상을 초래할 위험이 있다.
② 재고량이 증가하면 재고회전율은 낮아지므로 반비례관계에 있다.
③ 재고회전율과 수요량은 서로 양(+)의 상관관계가 성립한다.

$$\text{재고회전율} = \frac{\text{매출액}}{\text{평균재고액}} = \frac{\text{매출액}}{(\text{기초재고}+\text{기말재고})/2} = \frac{\text{판매량}}{\text{평균재고량}}$$

$$\text{평균재고량} = \frac{\text{EOQ}}{2}$$

예제

어떤 제품의 연간수요는 100,000개, 1회 주문비용은 20,000원, 개당 주문단가는 100원, 개당 연간 재고유지비용은 주문단가의 10%이다. 경제적 주문량(EOQ)을 이용하여 재고보충을 한다면 이 품목의 재고회전율은?

해설

- 경제적 주문량(EOQ) = $\sqrt{\frac{2DS}{H}} = \sqrt{\frac{2 \times 2만\,원 \times 10만개}{10원}} = 2만개$

- 평균재고량 = $\frac{\text{EOQ}}{2}$ = 1만개

∴ 재고회전율 = $\frac{\text{매출액}}{\text{평균재고액}} = \frac{\text{연간 판매량}}{\text{평균 재고량}} = \frac{10만개}{1만개} = 10$

정답 | 10

(4) 재고수준

① 운영재고 수

운영재고는 조달기간(lead time) 중에 필요한 자재의 수요 예측량을 말한다. 운영재고 수준의 결정요소는 가용자금, 보관시설, 재고회전율, 재고의 보충 빈도 등이다.

② 안전재고량 기출 > 24, 23, 18, 15회

㉠ 안전재고는 수요·공급의 변동, 수송 지연 등으로 품절(결품)이 발생하는 경우 계속적인 공급중단 사태를 방지하기 위한 예비목적의 완충재고를 의미한다.

㉡ 수요의 변동 폭이 커지면 수요의 표준편차가 커지므로 안전재고는 증가한다.

㉢ 안전재고 수준을 높이면 재고유지비의 부담이 커지며, 조달기간이 길어지면 안전재고량이 증가하게 된다.

$$안전재고 = 안전계수 \times 수요의\ 표준편차 \times \sqrt{조달기간}$$
(안전계수는 통계적으로 서비스율이 95%(결품률 5%)인 경우 1.645)

③ 적정재고

적정재고는 수요를 가장 경제적으로 충족시킬 수 있는 재고량으로 운영재고 + 안전재고를 의미한다.

예제

A소매점에서의 제품판매에 관한 정보가 아래와 같을 때 가장 합리적인 안전재고 수준은? (단, Z(0.90) = 1.282, Z(0.95) = 1.645이며, 정답은 소수점 둘째자리에서 반올림)

- 연간 수요: 6,000개
- 제품 판매량의 표준편차: 20
- 연간 판매일: 300일
- 연간 최대 허용 품절량: 300개
- 제품 조달기간: 4일

해설

- 안전재고 = 안전계수 × 수요의 표준편차 × $\sqrt{조달기간}$
- 연간 최대 허용 품절량이 300개이므로 품절률(결품률) = 300개/6,000개 = 0.05
- 고객서비스율 = 1 - 품절률 = 0.95이고, 이에 해당하는 안전계수는 1.645
- ∴ 안전재고 = 1.645 × 20개 × $\sqrt{4}$ = 65.8개

정답 | 65.8개

(5) 재고일수와 평균재고

$$재고일수 = \frac{현재\ 재고수량(금액)}{일일평균\ 출하량(금액)}$$

CHAPTER 03 재고관리기법(EOQ)

짚고 넘어가기 재고관리기법 기출 > 28회

- 고정주문량 모형(정량발주): EOQ, EPQ, 투빈시스템, 단일기간 재고모형
- 고정주문기간(정기발주) 모형
- 절충모형: 미니-맥스 시스템(s, S System)
- 기타모형: ABC재고관리, MRP, JIT 등

1. 정량발주법(ordering quantity system)

(1) **정량발주법의 의의**

① 정량발주법의 개념

정량발주법은 재고량이 일정수준(발주점)까지 내려가면 일정량을 주문하여 재고를 보충하는 방법을 말하는 것으로 발주점법이라고도 한다. 주로 대형마트나 백화점에서 사용되는 재고관리기법에 해당한다.

② 정량발주법의 적용

㉠ 로트(lot) 보충의 경우
㉡ 품목이 많고 관리하기 어려운 경우
㉢ 주문과 생산이 그다지 관계가 없는 경우
㉣ 계속적인 정기실사를 요하는 경우

③ 종류: 경제적 주문량 모형, 경제적 생산량 모형, 투빈시스템, 단일기간 재고모형

(2) **재주문점(ROP)의 계산** 기출 ▶ 29, 26, 24, 21, 20, 19, 18, 17, 16, 14, 11회

① ROP(Re-Order Point)법은 재고수준이 어느 일정수준으로 내려갔을 때 발주하는 시스템으로 발주점을 통계학적으로 정할 경우 수요분포는 정규분포에 따른다.

② 정량발주법에서는 재주문점(ROP)과 발주량을 결정하여야 한다.

③ 재주문점(ROP)=조달기간 중의 판매량+안전재고=일일 수요량×리드타임(조달기간)+안전재고

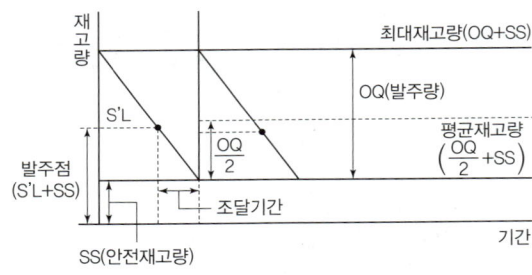

▲ 발주점 그래프

예제

C도매상의 제품판매정보가 아래와 같을 때 최적의 재주문점은?

- 연간수요: 14,000 박스
- 제품 판매량의 표준편차: 20
- 연간 판매일: 350일
- 서비스 수준: 90%, Z(0.90)=1.282
- 제품 조달기간: 9일

해설

- 재주문점(ROP)=일일 평균수요×조달기간+안전재고
- 안전재고=안전계수×수요의 표준편차×$\sqrt{조달기간}$

(1) 일일 평균수요=$\frac{연간\ 수요}{연간\ 판매일}=\frac{14{,}000박스}{350일}=40박스$

(2) 안전재고=$1.282 \times 20 \times \sqrt{9}=76.92≒77$박스

(3) 재주문점=40박스×9일+77박스=437박스

정답 | 437박스

2. 정기발주법(ordering cycle system)

(1) 정기발주법의 개념
① 개념

정기발주법은 발주시점을 매주·매월 일정하게 정해놓고 그때마다 발주량을 결정하고 주문하는 방식으로, 자동발주하는 정량발주법에 대응되는 방식이다.

② 정기발주법의 적용
  ㉠ 동시에 일괄구입에 의한 비용절감이 가능한 품목을 대상으로 함
  ㉡ 시장동향에 대응하여 재고조정이 가능한 품목을 대상으로 함
  ㉢ 계절 또는 유행상품처럼 진부화할 가능성이 큰 제품으로, 조달기간이 장기에 걸치는 품목에도 적용가능
  ㉣ 주기적으로 조달되는 물품의 경우

(2) 특징
정기발주법의 경우에는 조달기간과 발주 사이클 기간의 양자를 생각해야 하기 때문에 정량발주법에 비해 안전재고량이 상대적으로 커야 한다.

(3) 정기발주법과 정량발주법의 비교 기출 28회

항목	정기발주법	정량발주법 기출 29회
재고조사	정기실사	계속실사
안전재고	안전재고가 크므로 수요변화에 대응 가능	안정적 수요에 적합하므로 안전재고는 적음
수요예측	장래 예측정보에 의존	과거의 실적에 의존
발주시기	정기적	부정기적
발주량	매번 변동	매번 고정
표준성	표준보다 전용부품이 좋다	표준인 편이 좋다
조달기간	긴 편	비교적 짧은 편

3. ABC 재고관리법

(1) 개념
① ABC 재고관리법은 제품들을 회전율이나 매출액 등을 기준으로 A그룹, B그룹, C그룹으로 분류하여 관리하는 방식을 의미한다.
② 사용빈도가 높고 고가의 매출상품들은 A그룹으로 분류되고, 사용빈도가 낮고 저가매출상품들은 C그룹으로 분류되며, A그룹과 C그룹의 중간적 성격을 가진 상품들은 B그룹으로 분류된다.
③ 수량 또는 매출액이 많은 품목은 입·출하건수가 많고 회전율 또한 높다는 것을 의미한다.
④ C그룹에 속하는 품목들에 대해서는 정량발주시스템의 변형인 Two Bin System을 적용하는 경우가 많다.

4. Two-bin법

(1) 개념
① 투-빈법(Two-bin Method)은 나사와 같은 부품의 재고관리에 많이 사용하는 재고관리법으로 2개의 상자에 부품을 보관하여 필요시 하나의 상자에서 계속 부품을 꺼내어 사용하다가 처음 상자를 다 사용하고 소진되면 발주를 시켜 바닥난 상자를 채우는 방식이다.
② 조달기간 동안에는 나머지 상자에 남겨져 있는 부품으로 충당한다. 나머지 상자에 남아있는 부품이 바로 안전재고라 생각하면 된다.

(2) 특징
발주점법의 변형인 투-빈법은 주로 저가품에 적용되는데, ABC의 C그룹에 적용되며, 재고수준을 계속 조사할 필요가 없다는 장점이 있다.

5. 주문량의 결정

(1) 경제적 주문량(EOQ) 모형 빈출 29, 26, 25, 23, 22, 21, 20, 19, 18회

① EOQ 모형의 의의
   ㉠ Harris가 제시한 경제적 주문량(EOQ; Economic Order Quantity) 모형은 재고모형의 확정적 모형 중 고정주문량모형에 해당하며, 기본 가정하에서 재고유지비용과 재고주문비용을 더한 연간 재고비용의 최소화를 위한 1회 주문량을 결정하는 데 사용된다.
   ㉡ 또한 EOQ는 연간 재고유지비용과 주문비용이 같아지는 1회 주문량이기도 하며, EOQ모형에서 안전재고는 0이 된다.

② EOQ 모형의 기본가정 기출 29, 28, 26, 23회
   ㉠ 계획기간 중 해당품목의 수요량은 알려져 있으며 항상 일정하다.
   ㉡ 단위구입비용이 주문수량(발주량)에 관계없이 일정하다.
   ㉢ 연간 단위당 재고유지비용은 수량에 관계없이 일정하다.
   ㉣ 1회 주문비용은 수량에 관계없이 일정하다.
   ㉤ 주문량이 일시에 입고된다.
   ㉥ 조달기간(lead time)이 없거나 일정하다.
   ㉦ 재고부족은 허용되지 않는다.

③ EOQ 계산 빈출 29, 27, 26, 25, 24, 23, 22, 21, 20회
   EOQ(경제적 주문량)은 연간총비용(ATC)을 최소화하는 1회 최적주문량(Q)으로 이를 도출하면 다음과 같다.

$$ATC = C_h \times \frac{Q}{2} + O \times \frac{D}{Q}$$

- C_h: 연간 단위당 재고유지비용, O: 1회당 주문비용, D: 연간 수요량, Q: 1회 주문량(EOQ)
- $C_h \times \frac{Q}{2}$: 연간 재고유지비용, $O \times \frac{D}{Q}$: 연간 주문비용

여기서 ATC를 최소화하는 1회 주문량(Q), 즉 EOQ를 도출하면 다음과 같다.
(ATC를 Q에 대해 미분한 뒤 0으로 놓고, Q에 대해 풀면 아래 식이 도출된다.)

$$EOQ = \sqrt{\frac{2 \times D \times O}{C_h}} = \sqrt{\frac{2 \times \text{연간 수요량} \times \text{회당 주문비용(주문비용)}}{\text{단위당 연간 재고유지비용}}}$$

※ 재고유지비용: (제품단가×평균재고량)×제품당 연간 재고유지비용

④ 최적 주문횟수와 주문주기

위에서 계산한 경제적 주문량(EOQ)에 기초하여 최적 주문횟수와 최적 주문주기는 다음과 같이 구할 수 있다.

- 최적 주문횟수 $= \dfrac{D}{EOQ}$ (회)
- 최적 주문주기 $= \dfrac{EOQ}{D}$ (년)
- 평균재고량 $= \dfrac{EOQ}{2}$

⑤ 주문량과 주문비용과의 관계

연간 주문비용은 $O \times \dfrac{D}{EOQ}$ 이며, 1회 주문비용은 고정되어 있으므로, 1회 주문량이 증가하게 되면 최적 주문횟수 $\left(= \dfrac{D}{EOQ}\right)$ 가 감소하게 되고 연간 주문비용도 감소하게 된다. (O: 1회 주문비용, D: 연간 수요량)

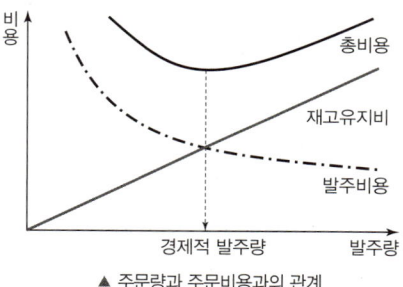

▲ 주문량과 주문비용과의 관계

예제 1

㈜서울의 A부품 연간 수요는 50,000개이고, 1회 발주비가 4,000원, 연간 단위당 재고 유지비가 100원일 때, EOQ(Economic Order Quantity)를 활용한 연간 최적 주문횟수는?

해설

연간 최적 주문횟수 $= \dfrac{\text{연간 수요량}}{EOQ}$ 이다. 따라서 EOQ를 구하면 주문주기가 계산된다.

$EOQ = \sqrt{\dfrac{2 \times \text{연간 수요량} \times \text{1회 주문비용}}{\text{단위당 재고유지비용}}}$ 일 때, $EOQ = \sqrt{\dfrac{2 \times 4,000원 \times 50,000개}{100원}} = 2,000개$ 이다.

∴ 최적 주문횟수 $= \dfrac{50,000개}{2,000개} = 25회$

정답 | 25회

예제 2

A제품의 연간 수요량이 1,000개이고 제품단가는 1,000원이며, 단위재고유지비용은 제품단가의 10%이다. 연간 수요량이 2,000개로 증가하고, 단위재고유지비용이 제품단가의 80%로 증가하면 증가하기 전과 비교할 때 EOQ는 얼마나 변동되는가?

해설

상황변동으로 연간 수요량은 1,000개에서 2,000개로 2배 증가, 단위당 재고유지비는 10%에서 80%로 8배 증가하였다.

나머지 변수는 고정된 상태에서 EOQ 총변동 $= \sqrt{\dfrac{2배 증가}{8배 증가}} = \sqrt{\dfrac{1}{4}} = \dfrac{1}{2}$

∴ EOQ는 50% 감소한다.

정답 | 50% 감소한다.

(2) 경제적 생산량(EPQ) 모형(제조기업 대상) 기출▶ 28, 20, 16, 15, 14회

① 경제적 생산량(EPQ; Economic Production Quantity)의 의의

경제적 생산량은 재고를 공급자로부터 주문하는 것이 아니라 수요량을 고려하여 자체 생산하여 보충하는 경우 비용을 최소로 하는 생산량을 의미한다.

② EPQ 모형의 가정

　㉠ 재고준비비는 생산량의 크기와 관계없이 로트마다 일정하다.
　㉡ 재고유지비는 생산량의 크기에 정비례하여 증가한다.
　㉢ 생산단가는 생산량의 크기와 관계없이 일정하다.
　㉣ 수요량(D)과 생산능력(생산율, P)은 일정하다.(단, 생산능력은 수요량보다 큼)
　㉤ 생산품은 생산기간 중에 순차적으로 생산·입고된다.

③ EPQ 계산

> 경제적 생산량(EPQ) $= \sqrt{\dfrac{2 \times D \times C_o}{C_h} \times \dfrac{P}{P-D}} = EOQ \times \sqrt{\dfrac{P}{P-D}}$
>
> ※ P: 연간 생산량, D: 연간 수요량, C_h: 재고유지비용
>
> ※ 생산능력(P)이 무한대인 경우, EPQ=EOQ

예제 1

㈜현대에서는 A부품을 연간 1,000,000개 납품하고 있다. 이를 위한 회당 생산 준비비용은 200원이고 연간 단위당 재고유지비용은 100원이다. 공장의 생산능력이 무한대라고 가정할 때 경제적 생산량(EPQ)은?

해설

EPQ $= EOQ \times \dfrac{P}{P-D}$, 여기서 생산능력(P)이 무한대이면 $\dfrac{P}{P-D}$가 1이 되어, EPQ=EOQ가 된다.

∴ 주어진 조건에서 EOQ를 구하면,

EOQ $= \sqrt{\dfrac{2 \times 1,000,000 \times 200}{100}} = 2,000$

∴ EPQ=2,000개

정답 | 2,000개

예제 2

생산업체 A공장의 제품생산능력은 수요량의 2배이다. 자동화 라인 도입으로 제품생산능력이 수요량의 4배가 될 경우 경제적 생산량(EPQ: Economic Production Quantity)은 기존 EPQ에 비해 어떻게 변하는가? (단, 나머지 조건은 모두 동일하다고 가정하고, $\sqrt{2}=1.414$, $\sqrt{3}=1.732$이며, 소수점 넷째 자리에서 반올림한다.)

해설

$EPQ = EOQ \times \sqrt{\dfrac{P}{P-D}}$ 이다.

현재 P=2D인 경우 $EPQ = EOQ \times \sqrt{2} = 1.414$이며, 자동화 라인 도입으로 P=4D가 되면 $EPQ = EOQ \times \sqrt{\dfrac{4}{3}} = 1.155$가 된다.

따라서 자동화라인 도입으로 EPQ는 약 $\dfrac{1.155-1.414}{1.414} \times 100 = 18\%$ (감소)

정답 | 18% 감소한다.

CHAPTER 04 수요예측방법

1. 수요예측의 의의

(1) 수요예측의 개념

수요예측(demand forecasting)은 기업의 활동과 관련된 여러 가지 유형의 장·단기 계획을 수립하는 데 필수적인 기초자료를 제공한다. 수요예측은 재고감축 및 품절예방, 원활한 생산계획, 안정적인 구매조달, 원가절감, 고객서비스 개선을 위해 가장 우선적으로 고려되어야 할 중요한 사항이다.

(2) 수요에 영향을 미치는 주요 요인

① 경기변동
② 제품수명주기
③ 광고 및 판매활동, 품질, 경쟁업체의 가격, 고객의 신뢰와 태도 등

2. 예측방법의 유형 [기출] 29, 26, 25, 22, 14, 13회

(1) 예측방법의 분류

① 예측기간에 따른 분류

예측방법	내용
단기예측	보통 6개월 이내의 월별, 주별, 일별 예측을 의미
중기예측	일반적으로 6개월에서 2년 이내의 기간을 대상으로 하는 예측
장기예측	대개 2년 이상의 기간을 대상으로 하는 예측

② 예측기법에 따른 분류

예측기법	내용
정량적 기법 (계량적)	• 수치로 측정된 통계자료에 기초하여 계량적으로 예측 • 인과형 모형(회귀분석)과 시계열 분석(평균법, 지수평활법)으로 구분 • 주로 단기 예측에 많이 이용
정성적 기법 (질적)	• 개인의 주관이나 판단 또는 다수전문가 의견에 따라 수요를 예측하는 방법(델파이법, 유추법, 시장조사법, 패널동의법 등) • 과거의 자료가 충분치 않거나 신뢰할 수 없는 경우에 특히 유용 • 주로 중, 장기 예측에 많이 이용

(2) **정량적 기법** 빈출 29, 28, 27, 26, 25, 24, 23, 22, 21, 20회

정량적 기법은 시계열분석(time series analysis)과 인과형모형(causal forecasting method)으로 나눌 수 있다. 시계열분석법은 미래의 단기수요 예측에 유용하고, 인과형모형은 시간 이외의 특정 요인이 수요와 인과관계를 지닌다고 가정한다.

시계열 분석법	추세분석법	• 시계열을 관통하는 추세선을 구한 다음 그 추세선상에서 미래의 수요를 예측
	이동평균법	• 매기 앞으로 이동하면서 일정기간의 수요를 평균하여 수요를 예측 • 경기변동이나 계절변동을 충분히 알 수 없음 • 단순이동평균법: 이동평균기간이 짧을수록 최근의 수요변화를 많이 반영 • 가중이동평균법: 예측 기간별 가중치를 부여한 예측방법으로 일반적으로 예측대상 기간에 가까울수록 더 큰 가중치를 주어 예측하는 방법
	지수평활법 기출 29회	• 현시점에 가까운 실적치에 가중치를 크게 하고 과거로 갈수록 가중치를 적게 주어 수요를 예측 ※ 당기의 수요예측치=전기 예측치+(전기 실제치−전기 예측치)×평활상수(α) 　　　　　　　　=평활상수(α)×전기 실제치+(1−α)×전기 예측치 • 수요변동이 크거나 성장률이 높은 제품에 대하여는 평활상수값을 크게 조정 • 평활상수값이 클수록 현시점에 가까운 실적치에 큰 비중을 둠
인과 모형	회귀분석법	• 원인과 결과관계를 가지는 두 요소의 과거 변화량에 대한 인과관계를 분석한 방법으로 정량적 수요예측방법에 해당 • 원인변수(독립변수: 인구수)의 변화에 따른 종속변수(결과변수: 물류량)의 변화들 간의 상관관계를 선형의 직선식으로 산정하는 모형 • 상관계수가 ±1에 가까울수록 모형의 신뢰성이 높음
	투입−산출 모형	• 산업의 산출량 혹은 가격변화가 다른 산업에 미치는 영향을 예측하는 데 이용할 수 있는 분석 도구
	기타의 모형	• 계량경제모형(econometric model), 시뮬레이션모형(simulation model) 등

(3) **정성적 기법**

① 델파이법(delphi method)
　㉠ 고대 그리스에서 유래한 델파이법은 예측하고자 하는 대상의 전문가 집단을 선정한 다음 이들에게 여러 차례 설문지를 돌려 의견을 수렴함으로써 예측치를 얻는 대표적인 정성적 방법에 해당한다.
　㉡ 이 방법은 시간과 비용이 많이 드는 단점이 있으나 예측의 특성상 불확실성이 크거나 과거의 자료가 없는 경우에 유용하며 생산능력, 설비계획, 신제품개발, 시장전략 등을 위한 장기예측이나 기술예측에 적합하다.

② 전문가 의견법(panel consensus)
　㉠ 경험과 전문적인 지식을 갖춘 전문가들이 서로의 의견을 자유롭게 교환하여 일치된 예측결과를 얻는 기법으로, 단기간에 저렴한 비용으로 예측결과를 얻을 수 있다.
　㉡ 패널동의법, 경영자 판단법이나 판매원 예측법이 이 범주에 속한다.
③ 시장조사법(market research)
　㉠ 실제시장에 대해 조사하려는 내용을 설문지, 직접 인터뷰, 전화 조사, 시제품 발송 등 여러 가지 방법을 통해 소비자의 의견을 조사함으로써 설정된 가설을 검증하는 기법이다.
　㉡ 시장조사법을 통한 예측은 정성적 기법 중 가장 시간과 비용이 많이 들지만 비교적 정확하다는 장점이 있다.
④ 수명주기 유추법(life-cycle analogy)
　상품의 수명주기 기간별 과거 매출 증감 폭을 기준으로 수요량을 유추하여 예측하는 방법이므로 역사적 유추법(historical analogy)이라고도 한다.

CHAPTER 05　자재관리(분산구매/집중구매)

1. 구매관리

(1) 구매관리의 의의
① 구매관리(purchase management)는 자재의 최적구매를 위해 계획·조정·통제·평가하는 일련의 과정으로, 필요한 자재를 적절한 공급자로부터 적절한 품질(quality)을 확보하여 적절한 시기에 필요한 수량을 최소의 비용으로 입수하기 위한 일련의 관리활동을 말한다.
② 구매관리의 중요성
　종전에는 구매관리를 단순히 사용부문의 요구에 따라 필요량을 적절한 시기에 적정가격으로 구입하는 것으로 이해하였으나, 최근에는 공급사슬(supply chain)의 중요한 부분을 차지하는 동시에, 구매 관련 비용은 금액상으로도 매우 높은 비중을 차지하고 있다.

(2) 구매관리의 전제조건
① 용도에 따라 가장 적정하고 적합한 것을 찾아 구입할 것
② 납기에 늦지 않도록 구입할 것(납기 관리)
③ 일정 재고를 요하는 제품·자재에 대하여 결품이 없도록 조치(적정재고관리)
④ 우량업체 또는 업자로부터 구입할 것(구매 시장조사, 공급자의 선정)
⑤ 적절한 수송수단으로 구입할 것(수송 관리)
⑥ 최저 구매비용으로 구입할 것(구매비용 관리)
⑦ 사용 중 발생된 잔재의 적절한 활용(잔재 관리)

2. 집중구매와 분산구매

(1) 개념
① 집중구매(centralized purchase)는 각 부서에서 필요로 하는 자재의 주문을 한 업체에 집중시켜 대량으로 구매하는 방식을 말한다.
② 분산구매(decentralized purchase)는 각 사업장(또는 부서)마다 필요한 물품을 자율적으로 구매하는 것을 의미한다.

(2) 양자의 비교 기출 28, 26, 25, 24, 21, 19, 17, 16, 14회

구분	적용대상 품목	장점	단점
집중구매	• 전사공통품목 • 표준품목 • 수요가 높은 품목 • 구매량별 가격차가 큰 품목	• 교섭력 증대로 가격과 거래조건 유리 • 절차 복잡한 구매에 유리 • 시장조사, 거래처조사 용이 • 구매효과 측정 용이	• 각 구매부서별 자주성 없고, 수속 복잡함 • 긴급조달 곤란 • 각 공장별 재고상황 파악 곤란 • 조달기간과 운임 증가
분산구매	• 시장성 품목 • 가격차 없는 품목 • 소량, 소액 품목 • 사무소모품 • 수리부속품	• 자주적 구매 가능 • 사업장의 특수요구 반영 용이 • 긴급한 수요의 경우 유리 • 구매수속 신속히 처리	• 본사 방침과 다른 자재를 구입하는 경우가 발생 • 구입경비가 많이 들고 구입단가가 비쌈 • 구입처와 거리가 먼 경우 적절한 자재구입 곤란

CHAPTER 06 MRP와 JIT방식

1. MRP(Material Requirement Planning, 자재소요계획)

(1) MRP의 개념 및 목적

① 개념 및 특징 기출 28, 22, 19, 14회
  ㉠ MRP는 제품의 생산수량 및 일정을 토대로 제품생산에 필요한 원자재, 부품, 조립품 등의 소요량과 소요시기를 역산해서 자재조달계획 수립 및 일정관리를 수행하는 효율적인 재고관리법이다.
  ㉡ 자재관리 및 재고통제기법으로 종속수요품목의 소요량과 소요시기를 결정하기 위한 기법이다.
  ㉢ 이를 통해 최종 제품의 독립적 수요를 추정하고, 이 수요에 따라 각 구성부품들의 종속적 수요(dependent demand)를 필요한 때 필요한 양만큼 보유하려는 것이다.
  ㉣ 상위품목의 생산계획이 변경되면 부품의 수요량과 재고보충시기를 쉽게 갱신할 수 있다.
  ㉤ 주생산일정계획에 따라 부품을 조달하며, 예측오차 및 불확실성에 대비한 안전재고(Safety stock)가 필요하다.
  ㉥ MRP는 제조준비비용과 재고유지비용의 균형이 이루어지도록 로트(lot) 크기를 결정한다.
  ㉦ MRP의 우선순위계획은 착수순서와 실시시기를 정하는 것이다.

② 목적
  적시(right time)에, 적량(right quantity)의 제품을, 적합한 장소(right place)에 물자를 공급함으로써 과잉재고와 재고부족 현상을 해결하여 재고비용을 극소화시키는 데 그 목적이 있다.

③ MRP의 유용성
  MRP시스템은 계획생산에 입각한 '푸쉬(push)방식'을 적용하는 것으로, 조립생산이나 부품생산 시간이 짧고 신뢰가 가능할 때, 확고한 기준일정이 수립되어 있을 경우와 생산·제작 규모의 변화가 없을 때 더욱 유효하다.

(2) **MRP의 구성요소** 기출 19, 18회

① Master Production Schedule(MPS): 주일정계획
② Bill Of Materials(BOM): 자재 명세서
③ Inventory Record File(I/R): 재고 기록철

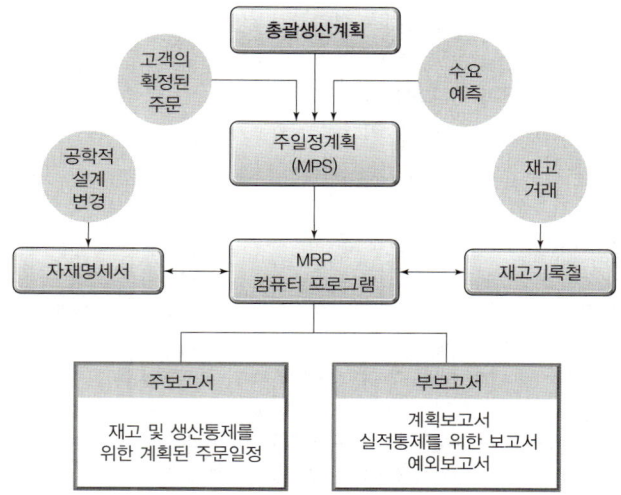

(3) **MRP의 계산순서**

① 총소요량: 자재명세서(BOM)상에서 목표로 하는 최종 제품·부품 등의 기간별 총 소요량으로 주생산계획(MPS)으로부터의 생산일정에 맞추어 결정한다.
② 현재고의 산출: 기초재고량 − 계획된 수주량
③ 순소요량의 결정: 총소요량 − 현 재고 기출 29, 27, 21, 17, 15, 13회
④ 발주량의 결정: 발주량은 대체로 순소요량과 일치하지만 가감할 수 있다.
⑤ 발주일자의 결정: 생산 또는 구매조달기간을 고려하여 발주일자를 결정한다.

예제

자재소요량계획(MRP; Material Requirement Planning)에서 A제품은 3개의 부품 X와 2개의 부품 Y로 구성되어 있으며 순소요량은 50개이다. 부품 X의 가용재고는 45개이고 입고예정량은 없으며, 부품 Y의 가용재고는 50개이고 15개의 입고예정량이 계획되어 있다면 부품 X, Y의 순소요량은?

해설
A의 순소요량이 50개이므로 X는 150개, Y는 100개가 필요하다.
X의 가용재고가 45개이므로 X의 순소요량 = 150 − 45 = 105개이다.
Y의 가용재고는 50 + 15 = 65개이므로 Y의 순소요량은 100 − 65 = 35개이다.

정답 | 부품 X: 105개, 부품 Y: 35개

(4) MRP II

① MRP(Manufacturing Resource Planning) II 시스템(생산자원 계획)은 원자재뿐만 아니라 생산에 필요한 모든 자원을 효율적으로 관리하기 위한 재고통제시스템으로 MRP가 확대된 개념이다.

② MRP II는 재고관리, 생산현장관리, 자재소요관리 등의 생산자원계획과 통제과정에 있는 여러 기능들이 하나의 단일시스템에 통합되어 생산관련 자원투입의 최적화를 추구한다.

(5) ERP(Enterprise Resource Planning, 전사적 자원관리)

기업 내의 설계, 생산, 물류, 재무, 영업, 회계, 인사 등 여러 시스템을 유기적으로 연결하여 정보를 공유하고 자원의 활용을 높이는 기업통합 정보시스템을 말한다.

> **짚고 넘어가기** DRP 시스템 **기출** 15, 13회
>
> 1. 유통자원계획(DRP; Distribution Resource Planning)은 생산완료된 제품을 수요처에 효율적으로 공급하기 위한 시스템으로 주요 산출물은 물류망의 최적 단계수를 결정한다.
> 2. DRP 시스템은 DRP(Distribution Requirement Planning), IP(Inventory Planning), Deployment의 3가지로 구성된다.
> 3. 도입효과
>   - 고객의 수요정보를 예측하여 제품의 재고수준을 낮추는 효과를 가져온다.
>   - 정시 배송을 늘리고 고객의 불만을 감소시켜 고객서비스 향상에 기여한다.

2. JIT(적시재고시스템)

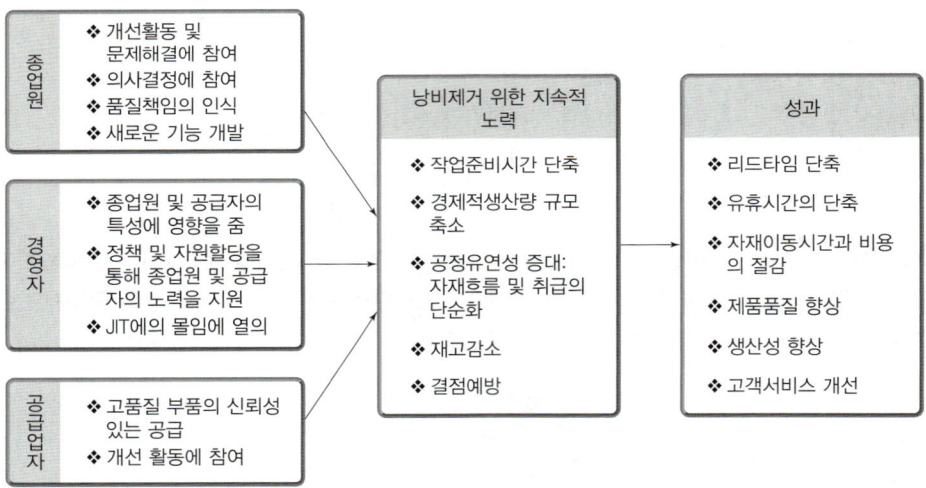

(1) JIT(Just in time)의 개념 **기출** 21, 13회

JIT는 제품생산에 요구되는 부품 등 자재를 필요한 시기에 필요한 수량만큼 조달하여 낭비적 요소를 근본적으로 제거하려는 무재고 생산시스템으로, 1950년대 중반 일본의 도요타(Toyota) 자동차 회사에서 개발되었다.

(2) JIT시스템의 목표
   ① 도입목표 기출 23회
   재고의 감소, 제조준비시간의 단축, 리드타임의 단축, 불량품의 최소화, 자재취급노력의 경감
   ② 7대 낭비의 제거
   도요타 생산방식인 JIT시스템은 본질적으로 7가지 낭비의 제거를 그 목적으로 하며, 이를 위해 JIT생산, 소로트생산, 라인의 자동화, 전사적 품질관리(TQC; Total Quality Contrd) 등의 하위시스템을 구축하였다.

1. 불량의 낭비	2. 재고의 낭비	3. 과잉생산의 낭비	4. 가공의 낭비
5. 동작의 낭비	6. 운반의 낭비	7. 대기시간의 낭비	

(3) JIT시스템의 구성요소
   ① 소로트(lot) 생산과 제조준비시간 단축
      ㉠ 소규모 lot생산: 공급사와의 네트워크 강화를 통한 수시, 즉시 공급체계 마련
      ㉡ 제조준비시간 단축: 작업단순화 방법 강구, 설비의 재설계, 개량, 작업방법의 개선 등
   ② 칸반시스템(Kanban system) 운용
      칸반은 작업에 필요한 부품이나 반제품의 양, 시간, 장소 등을 적어서 전 공정의 작업자에게 생산을 지시하는 카드로, JIT시스템에서 생산지시와 자재의 이동을 가시적으로 통제하기 위해 사용하는 일종의 정보시스템
   ③ 작업자의 다기능화(Multi-functions Player)
      JIT시스템이 원활히 운영되기 위해서는 작업자가 작업과 동시에 품질활동도 담당 가능한 다기능공의 양성이 중요
   ④ 품질관리
      ㉠ 조직의 모든 구성원이 품질에 대하여 책임을 지는 것으로 품질 활동부서만이 아닌 모든 구성원의 품질활동 전개 필요
      ㉡ 안돈시스템(눈으로 보는 관리: 품질문제 발생 시 알려주는 경고등), 카이젠(지속적 개선 활동), 포카요케(실수 방지도구)
   ⑤ 생산의 평준화(Heijunka)
      JIT시스템을 성공적으로 운영하기 위해서는 안정된 주일정계획(MPS)과 생산의 평준화가 이루어져야 한다.
   ⑥ 공급자 네트워크
      공급자와의 관계는 장기적이고 긴밀한 협력관계로서 상호이익을 보장할 수 있는 관계이어야 한다.
   ⑦ 생산자동화(Jidoka)와 표준화

(4) 적시재고시스템(JIT)의 특징 기출 29, 26, 25, 22, 21, 13회
   ① 필요한 부품을 필요시에 공급받아 소비자가 원하는 제품을 적시에 적량을 생산하려는 무재고 생산시스템이다.
   ② 수요변화에 탄력적인 대처가 가능하다.
   ③ Pull system에 의한 생산시간 단축(리드타임 최소화)으로 주로 반복생산에 사용한다.
   ④ 낭비요소의 지속적 개선을 통한 원가절감을 도모하는 전사적 품질관리시스템이다.
   ⑤ 주일정계획이 매일 규칙적이고, 반복생산의 경우에 적합성이 있다.
   ⑥ 단일 또는 소수의 공급자와 장기적인 협력관계를 구축할 필요가 있다.
   ⑦ 소량다빈도 배송으로 운송비가 증가한다.

3. MRP와 JIT의 비교 기출 19, 18, 17, 15, 12회

비교 내용	JIT 시스템	MRP 시스템
관리시스템	요구(주문)에 따라가는 Pull 시스템	계획대로 추진하는 push 시스템
관리목표	낭비 제거(최소의 재고)	계획/통제(필요시 필요량 확보)
생산시스템	생산 사이클 타임 중심	MPS 중심
생산계획	안정된 생산계획 필요	변경이 잦은 MPS 수용 가능
공급자와의 관계	구성원 입장에서의 장기거래	경제적 구매위주의 단기거래
적용분야	반복적 생산	비반복적 생산(주문생산, 로트생산 등)
발주(생산)로트	준비비용 축소에 의한 소로트	경제적 주문량(생산량)
품질관리	100% 양품 추구	약간의 불량은 인정
관리도구	눈으로 보는 관리(칸반시스템)	컴퓨터 처리

CHAPTER 07 SCM과 보관시스템

1. SCM의 개념
① 공급사슬관리(SCM; Supply Chain Management)는 불확실한 시장상황의 변화에 대응하여 원자재 공급자로부터 생산자, 유통업자에 이르는 전 과정에 있어서 물자, 자금, 정보의 흐름을 전체적 관점에서 통합관리하기 위한 물류 경영전략 기법이라고 할 수 있다.
② SCM은 고객서비스 수준을 만족시키면서 전체 시스템의 비용최소화를 위해 제품이 적절한 수량으로, 적절한 장소에, 적시에 생산과 유통이 가능하도록 공급자, 생산자, 보관업자, 유통상들을 효율적으로 통합하기 위해 구축되는 시스템이다.

2. 채찍효과 기출 25, 24, 15, 13, 12회

(1) 개념
채찍효과(bullwhip effect)는 공급사슬에서 최종 소비자로부터 멀어져 상류로 갈수록 정보가 지연되거나 왜곡되어 수요와 재고의 불안정이 확대되는 현상을 말한다.

(2) 발생원인
① 중복적인 수요예측
② 일괄주문(batch order)에 의한 주문량의 변동 폭 증가
③ 결품에 대한 우려로 경쟁적인 주문증대에 의한 가수요
④ 고가 또는 저가정책에 의한 선행 구입
⑤ 긴 리드타임

(3) 해결방안
① 공급사슬 전반에 걸쳐 수요 정보를 집중화하고 공유하여 불확실성 제거
② 안정적인 가격을 유지할 수 있는 상시저가전략(EDLP; Every Day Low Price) 활용
③ 공급사슬 구성원 간 정보의 실시간 공유
④ 주문 리드타임(lead time)과 주문이 처리되는 데 소요되는 정보 리드타임 단축
⑤ 정보가 공유되고 공급사슬상에서 재고가 관리되기 위한 전략적 파트너십 구축

3. 크로스도킹 기출 29, 28, 24, 22, 21, 16, 13회

(1) 개념
① 크로스도킹(cross-docking)은 공급처에서 수령한 물품을 물류센터에서 재고로 보관하지 않고 바로 출하할 수 있도록 하는 물류시스템이다.
② 보관 및 피킹(storage & picking)작업 등을 제거함으로써 상당한 물류비 절감이 가능하며, 물류센터의 회전율 증가, 재고 수준 감소, 리드 타임 감소 등의 효과가 있다.
③ 크로스도킹은 흐름형창고로, 보관보다는 유통기능이 강하므로 물류센터의 재고회전율을 높이는 동시에 리드타임을 감소시키는 효과가 있고, 파렛트 크로스도킹은 일일 화물처리량이 많을 때 적합한 방식에 해당한다.

(2) 효율적 운영
① 크로스도킹은 제품의 수요가 일정하고 안정적이며, 재고품절비용이 낮을 경우 가장 효율적으로 운영될 수 있다.
② 크로스도킹은 제품 입하 시 출하지를 알고 있을 때, 즉 소비자가 재고를 즉시 받을 준비가 되어 있고, 선적장소가 적거나 입하화물이 대량이고 일일처리량이 많을 때 효과적이다.
③ 크로스도킹을 통해 보관, 하역, 수배송, 창고관리 프로세스의 단축과 개선이 가능하다.
④ 크로스도킹을 효율적으로 실현하기 위해서는 사전출하명세서(ASN; Advanced Shipping Notice)와 JIT(Just In Time) 환경이 필요하다.

4. VMI와 CRP 기출 27, 16, 14회

(1) VMI(Vendor Managed Inventory)
① 개념: VMI(공급자주도 재고관리)란 재고를 줄이기 위한 기법의 하나로서 벤더가 POS 매출량에 대응하여 재고를 관리한다는 의미 혹은 '공급자 주도형 재고관리 방식'을 의미한다. 공급자가 물류창고에서 상품을 보충하고 유지하도록 고객과 공급자 사이에서 정보를 교환하는 보충프로그램을 말한다.
② 목적: 공급체인상에서 고객의 요구를 보다 효과적으로 충족시키기 위하여 생산계획 수발주 프로세스를 간소화시키고 인터넷에 의한 수요예측정보에 의하여 적시, 적기에 신속하게 납품에 대응하는 것이다.

(2) CRP(Continuous Replenishment Planning)
CRP(지속적 상품보충)는 소비자로부터 나온 재고 및 판매정보를 기초로 하여 상품보충량을 공급업체가 결정하는 방법으로서 전통적인 상품보충 프로세스를 근본적으로 변화시키는 새로운 시스템이다.

핵심 기출문제

PART 04 재고관리시스템

01

재고관리 및 통제에 관한 설명으로 옳지 않은 것은?

① 정량발주법은 현재의 재고상태를 파악하여 재고량이 재주문점에 도달하면 미리 설정된 일정량을 주문하는 시스템이다.
② ABC 재고관리에서 A품목은 매출액이 매우 적어서 가능한 노력이 적게 드는 관리방법을 택하며, B품목은 매출액이 비교적 적지만 품목이 많으므로 정량발주시스템 적용이 바람직하고, C품목은 매출액이 높은 품목으로 정기발주시스템 이용이 적합하다.
③ 정기발주법은 재고량이 특정수준에 이르도록 적정량을 일정기간마다 재주문하는 방법이다.
④ 안전재고는 수요의 변동, 수요의 지연, 공급의 불확실성 등으로 품절이 발생하여 계속적인 공급중단사태를 방지하기 위한 예비목적의 재고량이다.
⑤ 조달기간(Lead Time)은 발주 후 창고에 주문품목들이 들어오기까지의 기간으로 기간이 짧을수록 재고수준은 낮아진다.

해설
ABC 분석은 재고자산을 ABC의 3등급으로 분류하여 각기 다른 재고관리방법을 적용하는 것이다. A품목은 가장 중요한 품목으로 연간 사용량이 아주 많거나 가격이 비싼 품목이자 연간 매출액도 가장 많은 품목이므로 정기발주법에 의해 발주한다. B품목은 정기 또는 정량발주법을 사용할 수 있다. C품목은 연간 사용량도 가장 적고 사용횟수도 아주 낮기 때문에 정량발주방식의 변형인 Two-Bin법을 사용한다.

정답 | ②

02

재고관리 지표에 관한 설명으로 옳지 않은 것은?

① 서비스율(%) = (납기 내 출하금액 ÷ 수주금액) × 100
② 백오더율(%) = (요구량 ÷ 결품량) × 100
③ 연간 재고회전율(회) = 연간 총매출액 ÷ 연간 평균재고액
④ 원가절감비율(%) = (원가절감액 ÷ 구매예산) × 100
⑤ 재고율(%) = (입고금액 ÷ 출고금액) × 100

해설
백오더율(back order rate)은 결품률을 의미한다.
- 서비스율 + 백오더율 = 100%
- 백오더(back order)율 = (결품량 ÷ 요구량) × 100

정답 | ②

03

수요예측 기법들 중 정량적인 기법이 아닌 것은?

① 지수평활법　　② 이동평균법
③ 회귀분석법　　④ 시계열분석법
⑤ 델파이 기법

해설
정량적 기법으로는 회귀분석법, 지수평활법, 이동평균법, 시뮬레이션 모형, 시계열 분석법 등이 있다. 정성적 기법으로는 델파이법(Delphi method), 시장조사법, 패널동의법, 역사적 유추법 등이 있다.

정답 | ⑤

04

다음은 L사의 연도별 휴대전화 판매량을 나타낸 것이다. 2021년 휴대전화 수요를 예측한 값으로 옳은 것은? (단, 단순이동평균법의 경우 이동기간(n)은 3년 적용, 가중이동평균법의 경우 가중치는 최근 연도로부터 0.5, 0.3, 0.2를 적용, 지수평활법의 경우 평활상수(α)는 0.4를 적용, 모든 예측치는 소수점 둘째자리에서 반올림한다.)

연도	판매량 (만 대)	수요예측치(만 대)		
		단순이동 평균법	가중이동 평균법	지수평활법
2018	36			
2019	34			
2020	37			39
2021		(ㄱ)	(ㄴ)	(ㄷ)

① ㄱ: 32.7, ㄴ: 34.4, ㄷ: 38.2
② ㄱ: 34.9, ㄴ: 34.4, ㄷ: 37.2
③ ㄱ: 35.7, ㄴ: 34.9, ㄷ: 38.2
④ ㄱ: 35.7, ㄴ: 35.9, ㄷ: 36.9
⑤ ㄱ: 35.7, ㄴ: 35.9, ㄷ: 38.2

해설

(ㄱ) 단순이동평균법: $\frac{36+34+37}{3}=35.7$

(ㄴ) 가중이동평균법: $36×0.2+34×0.3+37×0.5=35.9$

(ㄷ) 지수평활법: $39+(37-39)×0.4=38.2$

정답 | ⑤

05

2013년부터 2022년까지 A지역의 인구수와 B제품 보관량이 다음과 같을 때, 인구수 변화에 따른 보관량을 예측하고자 한다. 2023년 A지역 인구수가 6.3천 명으로 예측되었을 때, 단순선형회귀분석법을 통해 2023년 B제품 보관량을 예측한 것은? (단, 2013년부터 2022년까지 인구수와 보관량의 회귀식은 $y=0.9886x-0.8295$이며, 결정계수(R^2)는 0.9557로 매우 높은 설명력을 보인다. 계산한 값은 소수점 둘째자리에서 반올림함)

연도	A지역 인구수(천 명)	B제품 보관량(천 대)
2013	3	2
2014	4	3
2016	4	3
2017	5	4
2018	5	5
2019	5	4
2020	6	5
2021	7	6
2022	8	7
2023(예측)	6.3	?

① 5.1 ② 5.2
③ 5.3 ④ 5.4
⑤ 5.5

해설

회귀분석은 원인변수(독립변수: 인구수)의 변화에 따른 종속변수(결과변수: 보관량)의 변화들 간의 상관관계를 선형의 직선식으로 산정하는 모형이다.

이 문제에서는 2023년 A지역 인구수가 6.3천 명으로 예측되었을 때, 2023년 B제품 보관량을 예측하는 문제이므로 독립변수(x)는 A지역의 인구수가 되며 인구수 변화에 따른 보관량이 종속변수가 된다.

$y=0.9886x-0.8295$에 숫자를 대입하면,

$y=0.9886×6.3-0.8295=5.399$(약 5.4)

정답 | ④

06

다음 중 집중구매 방식의 장점을 모두 고른 것은?

> ㄱ. 구매교섭력을 증대시킨다.
> ㄴ. 본사 방침과 상관없이 각 사업장의 독립적인 구매가 가능하다.
> ㄷ. 구매절차를 표준화하여 구매비용을 절감한다.
> ㄹ. 자재수입 등 절차가 복잡한 구매에서 구매절차를 통일하기가 유리하다.
> ㅁ. 긴급조달이 필요한 자재구매에 유리하다.
> ㅂ. 시장조사 등 구매효과 측정이 용이하다.

① ㄱ, ㄴ, ㄷ
② ㄱ, ㄷ, ㅁ
③ ㄴ, ㄹ, ㅂ
④ ㄱ, ㄷ, ㄹ, ㅂ
⑤ ㄱ, ㄷ, ㄹ, ㅁ, ㅂ

해설
본사 방침과 상관없이 각 사업장의 독립적인 구매가 가능하고, 긴급조달이 필요한 자재구매에 유리한 것은 분산구매이다. 분산구매는 구매절차가 간단하고 비교적 단기간으로 끝나며, 자주적 구매가 가능하고 사업장별 특수한 요구가 반영되는 것이 장점이다.
반면 집중구매는 각 부서에서 필요로 하는 자재의 주문을 한 업체에 집중시켜 대량으로 구매하는 방식을 말한다. 대량구매하므로 가격과 거래조건이 유리하고, 공통자재를 종합 구매하므로 구입단가가 싸며 재고를 줄일 수 있다는 장점이 있다.

정답 | ④

07

다음 자재명세서(BOM; Bill Of Material)를 가지는 제품 X의 소요량이 50개일 때, 부품 H의 소요량은? (단, ( )안의 숫자는 상위품목 한 단위당 필요한 해당 품목의 소요량)

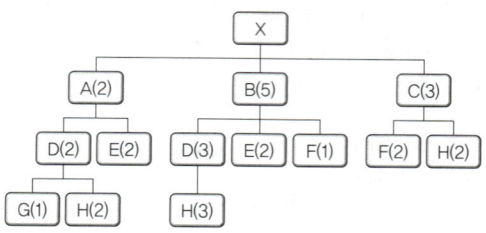

① 1,950개
② 2,450개
③ 2,950개
④ 3,450개
⑤ 3,950개

해설
자재 A를 위한 H 소요량 = 2×D(2)×H(2) = 8
자재 B를 위한 H 소요량 = 5×D(3)×H(3) = 45
자재 C를 위한 H 소요량 = 3×H(2) = 6
∴ X 50개 생산에 필요한 H 소요량 = (8+45+6)×50개
= 59×50 = 2,950개

정답 | ③

08

크로스도킹(Cross Docking)에 관한 설명으로 옳지 않은 것은?

① 물류센터를 화물의 흐름 중심으로 운영할 수 있다.
② 물류센터의 재고관리비용은 낮추면서 재고수준을 증가시킬 수 있다.
③ 배송 리드타임을 줄일 수 있어서 공급사슬 효율성을 높일 수 있다.
④ 기본적으로 즉시 출고될 물량을 입고하여 보관하지 않고 출고하는 방식으로 운영한다.
⑤ 공급업체가 미리 분류·포장하는 기포장방식과 물류센터에서 분류·출고하는 중간처리방식으로 운영한다.

해설
크로스도킹을 도입하면 물류센터의 재고수준이 크게 감소하므로 재고관리비용을 낮출 수 있다.

정답 | ②

09

JIT(Just In Time)에 관한 설명으로 옳지 않은 것은?

① 필요한 시간에, 필요한 장소에, 필요한 양만큼 공급하는 방식이다.
② 공급자는 제조업체의 필요한 자재 소요량을 신속하게 파악할 수 있어야 한다.
③ 공급자와 생산자 간 상호 협력이 미흡할 경우 성과를 기대하기 어렵다.
④ 공급자는 안정적인 장기계약을 통해 제조기업의 한 공정처럼 협력할 수 있어야 한다.
⑤ 수요예측을 기반으로 하는 Push 방식이 효과적이다.

해설
적시공급시스템(JIT)은 부품의 생산과 공급이 사용자의 필요에 의해서 결정되므로 고객 주문에서 시작되는 풀(pull) 방식이다.
JIT(Just In Time) 시스템은 일본 도요타(TOYOTA) 자동차 회사의 생산시스템(TPS)에서 도입된 개념으로, 필요할 때마다 수요에 맞추어 공급할 수 있는 적시생산방식을 의미한다. JIT는 필요한 부품을 필요한 수량만큼 필요한 시기에 생산하여 낭비요소를 제거한다.

정답 | ⑤

10

MRP시스템과 JIT시스템을 비교하여 설명한 것 중 옳지 않은 것은?

① MRP시스템은 Push방식이며, JIT시스템은 Pull방식이다.
② MRP시스템은 자재의 소요 및 조달계획을 수립하여 그 계획에 의한 실행에 중점을 두며, JIT시스템은 불필요한 부품, 재공품, 자재의 재고를 없애도록 설계된 시스템이다.
③ MRP시스템은 칸반(Kanban)에 의해 자재의 제조명령, 구매주문을 가시적으로 통제하며, JIT시스템은 컴퓨터에 의한 정교한 정보처리를 한다.
④ MRP시스템은 품질수준에 약간의 불량을 허용하나, JIT시스템은 무결점 품질을 유지한다.
⑤ MRP시스템은 종속수요 품목의 자재 수급계획에 더 적합하다.

해설
칸반(Kanban)에 의해 자재의 제조명령, 구매주문을 가시적으로 통제하는 것은 JIT시스템이다. MRP시스템은 컴퓨터에 의한 정교한 정보처리를 한다.

정답 | ③

PART 05 하역의 이해

CHAPTER 01 하역의 개요

1. 하역의 개념 기출▶ 28, 27, 26, 25, 24, 22회
① 하역이란 물류과정에서 물자의 싣기와 내리기, 운반, 쌓기, 꺼내기, 분류하기, 정리 등의 작업 및 여기에 부수되는 작업을 말한다.
② 하역은 운송, 보관, 포장 등의 주요 물류활동을 지원 및 연결하는 역할로, 그 자체로서는 시간적 효용과 장소적 효용을 창출하지는 않는다.
③ 하역은 생산에서 소비에 이르는 전 유통과정의 효용창출에 직접적인 영향을 미치므로 하역 합리화는 물류합리화와 관련성이 크다.
④ 하역은 화물 또는 생산품의 저장과 이동을 말하며, 제조와 품질검사 공정은 제외한다.
⑤ 하역은 화물의 상·하차 작업, 운송기관 상호 간의 중계 작업, 창고의 입출고 작업 등 그 범위가 매우 넓다.
⑥ 협의의 하역은 사내하역만을 의미하나, 광의의 의미로는 수출품 및 수입품 선적을 위한 항만하역까지도 포함한다.

2. 하역관련 용어의 정리 빈출▶ 29, 28, 27, 26, 25, 24, 23, 22, 21, 20, 19회

(1) 하역작업의 구성요소

적하(loading & unloading)	운송기기 등에 물건을 싣고(적입, loading) 내리는(적출, unloading) 작업
배닝(vanning)	컨테이너에 화물을 적입(넣는)하는 작업
디배닝(devanning)	컨테이너에서 화물을 적출(꺼내는)하는 작업
적재(stacking)	화물을 창고 등의 보관시설 또는 장소에 정해진 위치와 형태로 쌓는 작업
반출(picking)	보관장소에서 물건을 꺼내는 작업으로 출고피킹, 오더피킹 작업
분류(sorting)	물건을 품종별, 발송처별, 고객별, 지역별 등으로 나누는 작업
정돈(tidying)	출하하는 화물을 운송기관에 바로 실을 수 있도록 준비하는 작업

(2) 하역과 관련된 용어

래싱(lashing)	운송기기에 실려진 화물을 안전을 위하여 움직이지 않도록 줄로 묶는 작업
더니지(dunnage)	운송기기에 실려진 화물이 손상 및 파손되지 않도록 화물의 밑바닥이나 틈 사이에 깔거나 끼우는 물건
쇼링(shoring)	각목이나 판재 등의 지주를 이용하여 화물을 고정시키는 작업
초킹(chocking)	화물 사이나 화물과 컨테이너 벽면 사이를 각재 등의 지주로 수평방향으로 고정시키는 작업

3. 하역의 분류 및 기계화

(1) 하역의 분류

하역의 분류		내용
시설(장소)에 따른 분류	자가용 시설하역	공장, 자가용 창고, 배송센터 등 화물의 출하시설이나 장소
	사업용 물류시설하역	복합(트럭)터미널, 항만, 공항, 역, 보세창고
운송수단에 따른 분류	운송수단	트럭하역, 화차하역, 선박하역, 항공기하역
화물형태에 따른 분류	개별하역	상자 등 포장단위별 명칭의 하역 또는 대형화물 등의 하역
	유닛로드	파렛트, 컨테이너 등 유닛화하기 위해 사용되는 명칭, 집합포장 등의 상태를 나타내는 하역
	비포장 화물하역 (벌크화물)	분립체, 액체 등의 물품을 운송수단, 화물탑재설비, 저장설비에 직접 적재하거나 입출고하는 화물
하역기기에 따른 분류	연속운반방식	컨베이어 등
	일괄운반방식	지게차(포크리프트) 등
	시스템화된 기기	자동분류기(sorter) 등
	차량·시설의 일부	도크레벨러(dock leveler), 돌리(dolly) 등

(2) 하역의 기계화 기출 24회

① 하역은 물류활동 중에서 인력의존도가 가장 높은 분야로, 기계화에 따른 생력화(省力化)와 자동화가 빠르게 진행되고 있다.
② 파렛트화에 의한 하역 기계화는 주로 물류비의 절감을 위하여 도입한다.
③ 하역 기계화 효과를 높이기 위해서는 물동량과 인건비 수준을 고려하여 도입해야 한다.
④ 액체 및 분립체 등 인력으로 하기 힘든 화물인 경우 기계화 필요성은 더욱 증대된다.
⑤ 하역 기계화를 촉진하기 위해서는 하역기기의 개발과 정보시스템을 통합한 하역 자동화시스템 구축이 필요하다.

(3) 하역의 기계화 및 표준화를 위해 고려해야 할 사항 기출 25, 24회

① 환경영향을 고려해야 한다.
② 물류합리화의 관점에서 추진되어야 한다.
③ 안전성을 고려하여 추진되어야 한다.
④ 생산자, 제조업자, 물류업자와 관련 당사자의 상호협력을 고려하여야 한다.

4. 운반관리(MH; Material Handling) 기출 14, 12회

(1) 운반관리의 의의

① 운반관리란 한정된 구내에서 '물자를 취급하고 이동시키는 작업'을 말한다.
② 운반관리의 4요소는 동작, 시간, 수량, 공간이다.
③ 운반관리는 저장과 모든 이동을 포함하는 물(物) 또는 생산품의 이동, 운반을 의미하지만, 제조공정 및 검사공정은 포함하지 않는다.
④ 운반관리의 중점사항은 직선적 흐름, 계속적 흐름, 최소의 투입(시간/노동력), 작업집중화이다.

(2) 운반관리의 4요소

① 동작(motion): 재료, 부품, 제품을 필요로 하는 분야로 보다 경제적이고 합리적으로 운반한다.
② 시간(time): 제조공정이나 기타 필요한 장소에 필요한 것을 적시에(right time) 공급한다.
③ 수량(quantity): 필요량의 변화에 대응하여 정확한 수량, 중량, 용량을 공급한다.
④ 공간(space): 공간, 장소를 계통적이고 효율적으로 이용한다.

CHAPTER 02 하역합리화의 원칙

1. 하역합리화의 기본원칙 빈출 29, 28, 27, 26, 25, 24, 23, 22, 21, 20, 19, 18회

(1) 하역 경제성(economic handling)의 원칙 기출 26, 25, 20, 19, 17, 15회

불필요한 하역작업을 줄이고 가장 경제적인 하역 횟수로 하역이 이루어지도록 하는 원칙으로, 아래의 3가지 하위원칙을 가지고 있다.

하위원칙	내용
운반 순도(purity)의 원칙	필요 이상의 과대포장(overpacking)으로 중량이나 용적을 불필요하게 크게 하여 운임이나 운반비, 하역비가 필요 이상 부담되지 않도록 고려해야 한다.
최소 취급(least handling)의 원칙	생략해도 지장이 없는 하역이나 운반은 줄여서 다시 취급(rehandling)한다. 또한 임시로 놓아두는 행위를 줄이도록 한다.
수평 직선(straight line)의 원칙	운반거리를 직선(최단거리)으로 하여 운반의 혼잡을 초래하는 요인(교차, 지그재그, 왕복 등)을 없앨 수 있다. 또한 하역작업의 톤·킬로(하역작업 대상의 중량×이동거리)를 최소화하여야 한다.

(2) 활성화(live load)의 원칙 기출 28, 27, 24, 23, 22, 21회

운반활성지수를 최대화하는 원칙으로 지표와 접점이 작을수록 활성지수는 높아지며 하역작업의 효율이 증가한다.

> **짚고 넘어가기** 활성지수
>
> 활성지수란 놓여있는 물건을 다음 동작으로 옮기기 쉽게 놓아 둔 상태를 나타내는 지수를 말하는 것으로 다음과 같다.
>
> | 활성지수 | 물건을 놓아 둔 상태 |
> | --- | --- |
> | 0 | 바닥에 낱개의 상태로 놓여 있음 |
> | 1 | 상자 속에 들어 있음 |
> | 2 | 파렛트나 스키드(skid) 위에 놓여 있음 |
> | 3 | 대차 위에 놓여 있음 |
> | 4 | 컨베이어 위에 놓여 있음 |

(3) 이동거리 및 시간최소화(minimize move and time)의 원칙

하역작업의 이동거리를 최소화하여 작업의 효율성을 증가시키는 원칙이다. 물자가 이동하는 수·배송, 보관활동 등에 있어서 기본이 되는 원칙으로 물류비용과 직접 연결된다.

(4) 유닛로드(unit load)의 원칙

유닛로드의 원칙(단위화의 원칙)은 화물을 어떤 특정단위(중량, 부피)로 단위화하는 것을 말한다. 유닛트화(파렛트화, 컨테이너화)함으로써 화물의 손상, 감모, 분실 등을 방지하고 하역작업의 효율화를 촉진할 수 있다.

> **짚고 넘어가기** 표준화(standardization)의 원칙
>
> 하역작업을 표준화하여 하역작업의 효율성을 추구하는 원칙으로 유닛로드 원칙의 전제조건이다.

(5) 기계화(mechanization)의 원칙

인력작업을 기계작업으로 대체하여 생력화하는 원칙으로, 자동화를 통해 하역작업의 효율성과 경제성을 증가시키게 된다.

(6) 중력이용(the gravity)의 원칙

중력의 법칙에 따른 하역작업을 선택해야 하며, 물품을 들고 다니는 경우를 최소화 하여야 한다는 것이다.

(7) 시스템화(systematization)의 원칙

① 개개의 하역활동을 유기체로서의 활동으로 간주하는 원칙이다. 종합적인 관점에서 시스템 전체의 균형을 염두에 두고, 시너지 효과를 올리는 것이 시스템화의 기본원칙이다.
② 파렛트화 또는 컨테이너화를 효과적으로 실시하기 위해서는 파렛트와 컨테이너의 규격, 구조 및 품질 등이 유기적으로 연결되도록 할 필요가 있다는 것을 의미한다.

(8) 인터페이스(interface)의 원칙(호환성 원칙)

인터페이스의 원칙은 하역작업에서 공정 간의 접점이 원활하게 소통하도록 하는 것을 뜻한다.

(9) 취급균형(balanced handling)의 원칙

작업의 흐름은 병목(애로)공정에 의해 좌우되므로 하역작업도 공정능력을 파악하고, 평준화 계획을 수립하여 최대의 효과를 발휘할 수 있도록 이루어져야 한다는 원칙이다.

2. 하역합리화의 보조원칙 기출 25회

구분	원칙	내용
보조원칙	표준화의 원칙	표준적인 하역작업을 통해서 효율성을 추구하는 원칙
	단순화의 원칙	단순화시켜서 효율을 향상시키는 원칙
	흐름유지의 원칙	운반의 흐름이 연속적으로 유지되도록 하는 원칙
	취급균형의 원칙	전체 작업공정에 부하가 걸리지 않도록 균등하게 배분하는 원칙
	수평직선의 원칙	하역작업의 흐름을 직선으로 유지하려는 원칙으로, 운반의 혼잡을 초래하는 요인을 제거하여 하역작업의 톤·킬로를 최소화하여야 한다는 원칙
	탄력성의 원칙	하역설비를 다양한 용도로 탄력적으로 운영할 수 있도록 하는 원칙
	운반속도의 원칙	하역물품의 내용물을 최소화하여 운반속도를 유지하려는 원칙
	최소취급의 원칙	하역작업에서 불필요한 물품의 취급을 최소화하는 원칙

CHAPTER 03 하역시스템

1. 하역시스템의 개념 및 목적

(1) 개념
하역시스템은 하역관련요소를 유기적으로 결합하여 하역작업에 필요한 시간, 노력, 경비 등을 최소화하고 물류기능의 향상을 도모하여 물류비절감 및 물류활동이 신속하고 정확하게 이루어지도록 체계화하는 것을 의미한다.

(2) 목적
하역시스템의 목적은 하역비용의 절감, 노동환경의 개선, 생력화·생자원화 및 범용성과 융통성 제고, 고도의 운전기능과 안전성 향상 등이다.

2. 하역시스템의 설계 및 배치

(1) 보관시스템과 하역시스템의 구성 기출 20, 16, 12회

하역작업의 경우에도 입하작업과 같이 제품의 특성에 따라 보관품목(item)수, 보관수량, 회전수별로 ABC군으로 분류하여 아래표와 같이 하역시스템을 결정해야 한다.

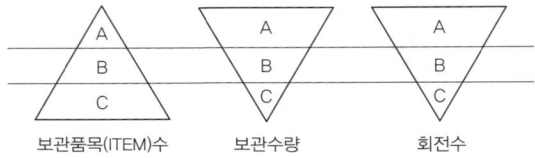

보관제품 특성			보관시스템	하역시스템	비고
품목수	수량	회전수			
소(A)	다(A)	고(A)	플로우 랙, 대차 랙, 파렛트 랙	대차 랙, 스태커 크레인	-
소(A)	다(A)	저(C)	파렛트 랙, 데크형 랙	수동 적재	-
소(A)	소(C)	고(A)	플로우 랙	어큐뮬레이션 컨베이어, 수동피킹(임시 출고), 보관 컨베이어	재출고
소(A)	소(C)	저(C)	파렛트 랙, 플로우 랙	포크리프트	-
중(B)	중(B)	중(B)	일반 랙 고정배치	포크리프트, 이동이 간단한 크레인, 포니 스태커 크레인	-
다(C)	다(A)	고(A)	고층 랙, 자동창고	스태커 크레인(모노레일)	매우 복잡
다(C)	다(A)	저(C)	고층 랙, 자동창고	스태커 크레인(모노레일)	-
다(C)	소(C)	고(A)	고층 랙, 적층 랙	패키지 단위의 오더피킹 머신, 스태커 크레인(수동)	피킹용
다(C)	소(C)	저(C)	파렛트 평치, 경량 랙, 이동 랙	이동식 선반	관리 곤란

(2) 하역시스템의 구축절차
① 1단계는 유닛로드시스템(Unit Load System)을 도입하는 것이다.
② 2단계에서는 조건에 맞는 최적의 출고방식을 결정한다. 피킹(picking)과 소팅(sorting)을 고려한다.
③ 3단계에서는 보관방식을 선택한다. 여기서는 창고규모, 창고의 종류 및 창고 수 등 효율적인 입출고를 고려하여 선택한다.
④ 4단계에서는 입하에서 출하까지의 운반방식을 선택한다. 레이아웃(layout)과 움직임, 환경 등을 고려한다.

핵심 기출문제

PART 05 하역의 이해

01
하역에 관한 설명으로 옳지 않은 것은?

① 운송 및 보관에 수반하여 발생하는 부수작업을 총칭한다.
② 화물에 대한 시간적 효용과 장소적 효용 창출을 지원한다.
③ 물류기술의 발달로 인해 노동집약적인 물류활동이 자동화 및 무인화로 진행되고 있다.
④ 하역은 항만, 공항, 철도역 등 다양한 장소에서 수행되고 있으나 운송과 보관을 연결하는 기능은 갖고 있지 않다.
⑤ 생산에서 소비까지 전 유통과정에서 발생하는 하역작업의 합리화는 물류합리화의 중요한 요소이다.

해설
하역은 원재료의 조달에서부터 생산, 소비에 이르는 물류의 전 영역에서 개입되고, 보관과 운송의 전후의 수반되는 작업이므로 운송과 보관을 연결하는 기능을 한다.

정답 | ④

02
다음이 설명하는 컨테이너 하역작업 용어는?

> 화물을 창고나 야드 등 주어진 시설과 장소에 정해진 형태와 순서로 정돈하여 쌓는 작업이며 하역 효율화에 크게 영향을 준다.

① 래싱(Lashing)
② 배닝(Vanning)
③ 디배닝(Devanning)
④ 스태킹(Stacking)
⑤ 더니징(Dunnaging)

해설
화물을 주어진 시설과 장소에 정해진 형태와 순서로 정돈하여 쌓는 작업은 스태킹(Stacking)이다.

정답 | ④

03
Material Handling 장비의 생력화, 무인화 추세에 따라 다음과 같은 내용이 개선되어야 한다. 다음 중 개선항목으로 옳지 않은 것은?

① Unit Load System 규격에 적합한 하역 및 운반장비를 표준화한다.
② 다품종 소량의 물동량을 처리하기 위한 Sorting 및 Picking의 기계화와 자동화를 도입하여 보급한다.
③ Material Handling의 4요소인 Motion, Time, Quantity, Price를 개선하여야 한다.
④ Mechatronics 기술을 응용하여 인간의 감각과 판단 및 지시 등이 장착된 하역, 운반기계를 연구, 개발한다.
⑤ 환경보전과 사고안전대책의 일환으로 하역, 운반기계를 무인화하여 작업능력을 극대화한다.

해설
운반관리(Material Handling)의 4요소는 Motion(합리적 동작), Time(필요한 시간에 공급), Quantity(정확한 수량), Space(효율적 공간활용)이며, Price(가격)는 아니다.

정답 | ③

04
하역합리화 기본원칙 중 활성화의 원칙에서 활성지수가 '2'인 화물의 상태는? (단, 활성지수는 0~4이다.)

① 컨베이어 위에 놓여 있는 상태
② 상자 속에 집어넣은 상태
③ 개품이 바닥에 놓여 있는 상태
④ 파렛트 및 스키드에 쌓은 상태
⑤ 대차에 실어 놓은 상태

해설
활성지수는 바닥과의 마찰계수를 기준으로 다음과 같이 구분한다.
0: 바닥에 놓여 있는 상태
1: 상자 속에 들어 있는 상태
2: 파렛트 위에 있는 상태
3: 대차 위에 놓여 있는 상태
4: 컨베이어 위에 놓여 있는 상태

정답 | ④

05

다음이 설명하는 하역합리화의 원칙은?

> ㄱ. 화물의 이동 용이성을 지수로 하여 이 지수의 최대화를 지향하는 원칙으로 관련 작업을 조합하여 화물 하역작업의 효율성을 높이는 것을 목적으로 한다.
> ㄴ. 불필요한 하역작업의 생략을 통해 작업능률을 높이고, 화물의 파손 및 분실 등을 최소화하는 것을 목적으로 한다.
> ㄷ. 하역작업 시 화물의 이동거리를 최소화하는 것을 목적으로 한다.

① ㄱ: 시스템화의 원칙, ㄴ: 하역 경제성의 원칙,
  ㄷ: 거리 최소화의 원칙
② ㄱ: 운반 활성화의 원칙, ㄴ: 화물 단위화의 원칙,
  ㄷ: 인터페이스의 원칙
③ ㄱ: 화물 단위화의 원칙, ㄴ: 거리 최소화의 원칙,
  ㄷ: 하역 경제성의 원칙
④ ㄱ: 운반 활성화의 원칙, ㄴ: 하역 경제성의 원칙,
  ㄷ: 거리 최소화의 원칙
⑤ ㄱ: 하역 경제성의 원칙, ㄴ: 운반 활성화의 원칙,
  ㄷ: 거리 최소화의 원칙

해설
하역합리화의 원칙 중 (ㄱ)은 운반 활성화의 원칙, (ㄴ)은 하역 경제성의 원칙, (ㄷ)은 거리 최소화의 원칙에 해당한다.

정답 | ④

06

하역의 '기본원칙'이 아닌 것을 모두 고른 것은?

> ㄱ. 최대 취급의 원칙
> ㄴ. 경제성의 원칙
> ㄷ. 중력이용의 원칙
> ㄹ. 이동거리 및 시간의 최대화 원칙
> ㅁ. 화물 단위화의 원칙

① ㄱ, ㄴ ② ㄱ, ㄹ
③ ㄴ, ㄷ ④ ㄴ, ㅁ
⑤ ㄷ, ㅁ

해설
ㄱ. 최소취급의 원칙: 생략해도 지장이 없는 하역이나 운반은 줄인 뒤 다시 취급하거나 임시로 놓아두는 행위를 줄이도록 한다는 원칙
ㄹ. 이동거리 및 시간의 최소화 원칙: 하역작업의 이동거리를 최소화하여 작업의 효율성을 증가시키는 원칙

정답 | ②

PART 06 하역운반장비

CHAPTER 01 하역운반장비의 필요성 및 선정 시 고려사항

1. 하역운반장비의 필요성

하역운반 작업은 물류기능작업 중에서도 3D업무에 해당하여 하역의 합리화는 기계화, 자동화, 시스템화가 필수적이다.

① 인력에 의한 하역작업의 한계극복
② 안전사고 방지 목적: 노동환경, 사전예방의 필요
③ 일관된 작업: 전·후 공정과 기능 간 연계
④ 효율성과 생산성 향상을 통한 비용절감
⑤ 신속·정확한 고객서비스 향상

2. 선정 시 고려사항

① 화물 특성(형상, 크기, 중량 등)
② 작업 특성(작업량, 계절변동의 유동성, 취급품목의 종류, 운반거리 및 범위)
③ 작업환경 특성(작업장 구조 및 여건)
④ 하역기기 특성(안전성, 신뢰성, 성능, 탄력성, 생에너지성)
⑤ 비용절감 및 수익성(경제성)

CHAPTER 02 파렛트(Pallet)

1. 파렛트의 개요

(1) 개념

① 파렛트(pallet)란 '화물의 깔판 또는 창고 따위 및 지게차용의 화물 깔판', '보관이나 반송함에 있어서 물품을 얹는 받침대'로 정의된다.
② 한국산업표준의 정의: '파렛트는 하역운반기기에 의한 물품의 취급을 편리하게 하기 위한 물품을 싣는 면을 가진 것'으로 정의하고 있다.

(2) 선행조건 및 도입효과 **기출** 20회

선행조건	• 파렛트치수의 표준화 및 적정설비 기기의 개량 및 개발 • 운임 요금체계의 개선 및 비용부담의 명확화	• 화물 무너짐 방지책의 강구 • 파렛트 운용관리시스템의 확립
도입효과	• 인건비 절감과 노동조건 향상 • 하역작업의 단순화로 수송효율 향상	• 하역인원, 하역시간의 단축 • 화물훼손 감소로 상품보호

2. 자사파렛트와 임대파렛트의 비교 기출 20회

구분	자사파렛트	임대파렛트
장점	• 필요로 할 때 편리하게 사용 가능 • 자체 내 파렛트 풀 시스템 도입이 용이 • 자사에서 필요한 규격을 임의로 선택 가능	• 공파렛트의 회수가 불필요 • 성수기, 비수기의 양적 조정이 가능 • 표준 파렛트 도입이 용이 • 경비 절감
단점	• 공파렛트 회수가 곤란하고 비용이 많이 듦 • 성수기와 비수기의 양적 조정이 곤란 • 규격 파렛트의 보급이 곤란	• 긴급을 요할 때 공급이 곤란 • 회사 간 이동 시 회수가 곤란 • 모든 포장단위를 임대 파렛트에 맞추어야 함

3. 파렛트의 적재규격

(1) 국가별 표준파렛트 규격(ISO) 기출 26, 22회

정사각형(단위, mm)	직사각형(단위, mm)
• 1,140×1,140 (호주 표준규격) • 1,100×1,100 (아시아·태평양지역, 한국) • 1,067(42″)×1,067(42″)	• 1,200×800 (유럽 표준규격 R189) • 1,200×1,000 (한국, 독일, 네덜란드 규격) • 1,219(48″)×1,016(40″) (미국 표준규격)

(2) 분할계열치수

① 개념: 분할계열치수는 NULS(Net Unit Load Size: 1,100mm×1,100mm)를 기준으로 T-11형(1,100mm×1,100mm) 파렛트(Pallet)를 $\frac{1}{2}$, $\frac{1}{3}$, $\frac{1}{4}$ 등으로 분할하여 박스(Box)를 적재함에 적재하는 방법을 말한다.

> • 220mm×220mm(1단 적재수 5×5, 적재율 100%)
> • 366mm×220mm(1단 적재수 3×5, 적재율 99.8%)
> • 550mm×275mm(1단 적재수 2×4, 적재율 100%)
> • 550mm×366mm(1단 적재수 2×3, 적재율 99.8%)

② 표준파렛트(T-11형)과 표준파렛트(T-12형) 모두 적용되는 포장모듈치수:
600mm×500mm, 550mm×366mm, 500mm×300mm, 440mm×330mm

(3) 배수계열치수 기출 22, 15회

① PVS(Plan View Size: 1,140mm×1,140mm)를 기준으로 한 치수: 최대허용공차 40mm(NULS에 여유치수 40mm를 기준으로 적립됨)

② 적재적량
   ㉠ 화물트럭: 8톤 트럭 12매, 11톤 트럭 16매
   ㉡ 컨테이너: 20ft 컨테이너 10매(1단), 40ft 컨테이너 20매(1단)의 파렛트 적재가능

4. 파렛트의 적재방법 기출 27, 26, 25, 24, 18, 14회

(1) 파렛트의 적재방법

① 교대 배열 적재(alternative tires row pattern): 동일한 단 내에서는 동일한 방향으로 물품을 나란히 쌓지만 단별로는 방향을 90도로 바꾸거나 교대로 겹쳐쌓는 방식이다. 교호열 적재라고도 한다.

② 벽돌 적재(brick pattern): 동일한 단에서는 물품을 가로 세로로 조합해 쌓으며, 다음 단에서는 방향을 180도로 바꾸어 교대로 겹쳐 쌓는 방식으로, 작업의 효율성은 높지만 무너질 염려가 있어 안정성은 낮다.
③ 핀휠 적재(pinwheel pattern): 중간에 둔 공간을 중심으로 풍차 모양으로 둘러쌓되 단 간에는 교대로 방향을 바꾸어 겹쳐 쌓는 방식으로, T-11형과 같은 정방형 파렛트에만 적용할 수 있다.
④ 스플릿 적재(split pattern): 벽돌 적재의 일종이나 물품 사이에 공간을 두고 쌓는 방식이다.
⑤ 블록 적재(block pattern): 각 단에 쌓아올리는 모양과 방향이 모두 같은 방식(일렬 적재 또는 막대기 적재)으로, 안정성이 낮다.

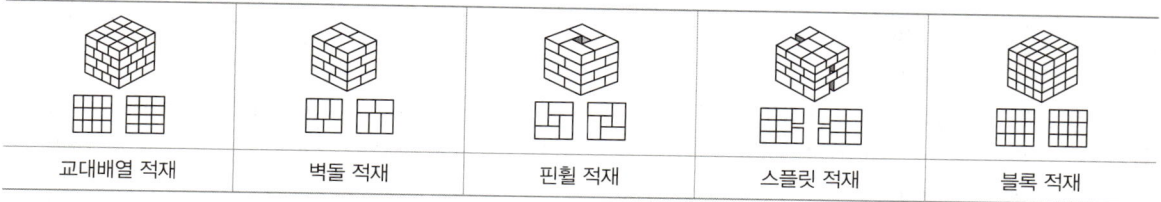

| 교대배열 적재 | 벽돌 적재 | 핀휠 적재 | 스플릿 적재 | 블록 적재 |

(2) **파렛트 바닥면적 적재율(충진율)** 기출▶ 23, 22, 21, 19, 15, 13, 12회

① 바닥면적 적재율(충진율) = $\dfrac{\text{제품 가로규격} \times \text{세로규격} \times \text{바닥 적재수량}}{\text{파렛트 가로규격} \times \text{세로규격}} \times 100$

예제

T11형 표준 규격 파렛트에 가로 700mm, 세로 400mm, 높이 300mm인 제품을 핀휠 방식으로 적재할 경우에 바닥면적 적재율은 약 얼마인가?

해설

적재율 = $\dfrac{700\text{mm} \times 400\text{mm} \times 4개}{1,100\text{mm} \times 1,100\text{mm}}$ = 92.6%

※ 핀휠 적재 시: 제품 4개 들어감(1,210,000/280,000 = 4.32개)

정답 | 92.6%

② **파렛트에 최대 적재가능한 박스 수** 기출▶ 23, 13회

최대 적재가능한 박스 = $\dfrac{\text{파렛트 가로} \times \text{세로}}{\text{박스 가로} \times \text{세로}}$

예제

1100mm × 1100mm 표준파렛트에 가로 300mm, 세로 200mm, 높이 150mm의 박스를 적재하려고 한다. 1단 적재만 가능하다고 할 때, 최대 몇 개의 상자를 적재할 수 있는가?(단, 적재 높이는 150mm를 유지해야 한다.)

해설

최대 적재가능한 상자 = $\dfrac{1,100 \times 1,100}{300 \times 200}$ = $\dfrac{1,210,000}{60,000}$ ≒ 20.17

∴ 최대로 적재 가능한 상자의 수는 20개이다.

정답 | 20개

5. 파렛트의 종류

(1) 사용재료에 따른 분류
파렛트의 사용재료를 기준으로 목재, 플라스틱, 알루미늄 파렛트 등으로 구분한다.

(2) 파렛트 형태에 따른 분류 〔기출〕 29, 28, 27, 20, 19, 18, 12회
① 기둥 파렛트(Post Pallet): 상부구조물이 없는 파렛트와 달리 상부에 기둥이 있는 파렛트로 기둥은 고정식, 조립식, 접철식, 연결 테두리식이 있다.
② 롤 상자형 파렛트(Roll Box Pallet): 받침대 밑면에 바퀴가 달린 롤 파렛트 중 상부구조가 박스인 파렛트로 최근에는 배송용으로 많이 사용한다.
③ 사일로 파렛트(Silo Pallet): 주로 분말체를 담는 데 사용되며 밀폐를 위한 뚜껑을 가지고 하부에 개폐장치가 있다.
④ 시트 파렛트(Sheet Pallet): 1회용 파렛트로 목재나 플라스틱으로 제작되어 가격이 저렴하고 가벼우나 하역을 위하여 Push-Pull 장치를 부착한 포크리프트가 필요하다.
⑤ 스키드 파렛트(Skid Pallet): 포크리프트나 핸드리프트로 하역할 수 있도록 만들어진 단면형 파렛트이다.
⑥ 탱크 파렛트(Tank Pallet): 액체를 담는 데 사용되며 밀폐된 상측면과 뚜껑을 가지고, 하부에 개폐장치가 있는 상자형 파렛트이다.
⑦ 플래튼 파렛트(Platen Pallet): 평판 모양의 파렛트로서 항공기 탑재용으로 이용된다.

(3) 용도에 따른 분류
① Disposable Pallet: 1회 사용을 목적으로 하는 파렛트
② Pool Pallet: PPS(파렛트 풀 시스템)에서 사용하는 파렛트
③ Exchange Pallet: 교환방식에서 사용하기 위한 파렛트
④ Reusable Pallet: 반복사용을 목적으로 하는 파렛트

6. 파렛타이저(Palletizer)

(1) 개념
① 박스, 포대 등을 파렛트에 적재하는 로봇으로, 정확하고 빠른 속도로 파렛트 적재를 할 수 있는 시스템을 말한다.
② 파렛타이저의 표준화 대상으로는 용어 및 기호, 안전장치 호환성, 조작방법 등이 있다.

(2) 종류 〔기출〕 20, 15회
① 로봇식 파렛타이저(Robot Palletizer): 산업용 로봇에 머니플레이터를 장착하여 물품을 적재하는 방식으로 저·고속처리가 가능하고 작동범위가 넓어 1대로 다품종 처리가 가능하다.
② 기계식 파렛타이저: 캐리지, 클램프 또는 푸셔 등의 적재장치를 사용하여 파렛트에 물품을 자동적으로 적재하는 파렛타이저이다.
③ 고상식 파렛타이저: 높은 위치에 적재장치를 구비하고 일정한 적재위치에서 파렛트를 내리면서 물품을 적재하는 파렛타이저이다.
④ 저상식 파렛타이저: 파렛트를 낮은 장소에 놓고 적재장치를 오르내리면서 물품을 적재하는 파렛타이저이다.

CHAPTER 03 컨테이너

1. 컨테이너(Container)의 개념

컨테이너란 20ft, 40ft, 45ft 등 해운용 컨테이너뿐만 아니라 표준규격으로 화물을 적재할 수 있는 용기(device)를 의미한다. 컨테이너를 이용한 화물운송을 컨테이너운송이라 하며 컨테이너를 이용하는 화물운송방식으로의 전환을 컨테이너화(containerization)라고 한다.

2. 컨테이너의 조건(ISO 규격 기준안)

① 화물수송용의 용기로서 내구성과 반복사용에 적합한 강도일 것
② 상품수송을 단일 또는 다수의 수송방식에 의해서 도중에 다시 채우지 않고 용이하게 수송이 가능하도록 특별히 설계되어 있을 것
③ 환적(transshipment)할 경우 쉽게 하역이 가능하도록 장치가 붙어 있을 것
④ 넣고 꺼내는 것이 쉽게 설계되어 있을 것
⑤ 내용적이 $1m^3$ 이상일 것

3. 컨테이너의 규격과 분류

(1) 컨테이너의 규격

① 컨테이너 크기: 20ft, 40ft 해운용 컨테이너를 표준으로 하며, ISO Series 1의 컨테이너 규격은 길이 40ft, 높이 8ft, 폭 8ft, 최대 총중량 30t을 기준으로 한다.
② 20feet 컨테이너(TEU; Twenty-foot Equivalent Unit): TEU는 컨테이너의 물동량 산출을 위한 표준적인 단위이며, 컨테이너 선박의 적재능력을 표시하는 기준이 된다.

(2) 용도에 따른 컨테이너의 분류 기출 18, 16, 14회

종류	영어 표시	내용
일반 컨테이너	Dry cargo	일반 건화물 수송용의 대표적인 표준컨테이너로 온도조절 불필요
플랫랙 컨테이너	Flat rack	목재, 기계류와 같은 중량 화물 운송용으로 지붕과 벽을 제거, 기둥과 버팀대만 두어 전후좌우에서 하역 가능
오픈톱 컨테이너	Open-Top	중량화물이나 장척화물 운송에 적합하도록 천장이 개방된 컨테이너
통기, 환기 컨테이너	Ventilated	통풍을 필요로 하는 수분성 화물, 생피 등을 수송하는 컨테이너
드라이 벌크 컨테이너	Dry bulk	솔리드 벌크라고도 하며, 사료, 곡물, 분립체 등의 벌크화물을 수송하는 컨테이너
가축용 컨테이너	Pen, Live stock	생동물 수송용 컨테이너로 통풍이 잘 되도록 옆면과 전후양면에 창문이 있음
서멀 컨테이너	Thermal	냉동 및 냉장을 필요로 하는 화물 운송을 위한 컨테이너
단열 컨테이너	Insulated	냉각 또는 가열장치를 갖지 않은 컨테이너로 바깥쪽을 모두 단열재로 덮고 통풍장치를 부착
플랫폼 컨테이너	Platform	기둥이나 벽이 없고 모서리 쇠와 바닥만으로 구성된 컨테이너로 중량물이나 부피가 큰 화물을 운송
사이드오픈 컨테이너	Side open	옆면이 개방되는 컨테이너
행거 컨테이너	Hanger	가죽 또는 모피와 같은 의류를 운송하기 위한 컨테이너

4. 컨테이너 이용시 장·단점

장점	단점
• 운송·보관 중 화물 안전성이 높아 보험료 절약 • 환적 시 하역작업 단순화 및 신속성, 효율성을 증진 • 컨테이너가 외부 포장재의 역할을 하므로 포장비 및 창고보관비 절약 • 복합운송 및 일관운송이 가능하며 운송비 절감 • 컨테이너는 운반이 기계화되어 인건비 절약 및 업무의 능률화 가능	• 컨테이너 운반설비가 필요하므로 대규모 시설 장비 자금이 필요 • 컨테이너에 적입 가능한 화물의 크기 및 종류 제한 • 관리 및 경영에 있어 전문적인 지식, 기술이 필요 • 컨테이너에 대한 하역시설이 갖추어지지 않은 항구는 하역작업시간이 연장될 수 있음

CHAPTER 04 지게차(Fork lift truck)

1. 개념 및 특성
① 개념: 지게차, 즉 포크리프트(folk lift)는 대표적인 하역·운반기계로 포크나 램 등 화물을 적재하는 장치 및 이것을 승강(lift)시키는 마스트(mast)를 구비한 하역 자동차로, 올바른 명칭은 포크리프트 트럭이라고 한다.
② 특성: 전륜구동 및 후륜조향(좁은 회전 반경) 방식, 포크(fork)가 2.5m에서 5m 정도 이내에서 상승, 하강 가능하다.

2. 지게차 및 어태치먼트(attachment)의 종류

(1) 지게차 종류 기출▶ 28, 26, 18, 14, 12, 9회

① 카운터 밸런스형(Counter balanced fork lift truck)
  가장 일반적인 형식으로 차체 전면부에 장착포크 등 승강 및 적재 장치를 부착하고, 차체 후면에는 카운터웨이트(무게중심 추)가 설치된 지게차를 말한다.

② 스트래들 포크형(Straddle fork lift truck)
  차체 전방에 뻗어나온 주행이 가능한 아우트리거(양다리로 버티기)에 의하여 안정을 유지하고 또한 포크가 양쪽의 아우트리거 사이에 내려지는 형태이다.

③ 사이드 포크형(Side fork lift truck)
  ㉠ 포크와 이것을 승강시키는 마스트를 차체의 옆쪽에 설치한 형태이다.
  ㉡ 통로가 좁은 창고에서 장척화물을 취급하기에 가장 적합한 지게차이다.

④ 피킹 포크리프트(Picking fork lift truck)
  랙 창고에 사용되며 포크 면의 높이에 운전대를 설치하여 임의의 높이에서 작업자가 작업을 할 수 있고, 좁은 통로에서 사용가능하며 포크가 180도 회전할 수 있다.

⑤ 파렛트 스태킹 트럭(Pallet-stacking truck)
  차체 전방으로 뻗어나온 주행 가능한 아우트리거에 의해 안정을 유지하고 포크가 아우트리거 위로 뻗어있는 형태의 포크리프트를 말한다.

⑥ Reach형
  포크가 양쪽의 아우트리거 사이에 위치하여 포크가 전후방으로 이동함으로써 좁은 장소에서 작업이 가능하다.

⑦ Walkie형
  탑승 설비 없이 운전자가 걸어다니며 작업이 가능하다.

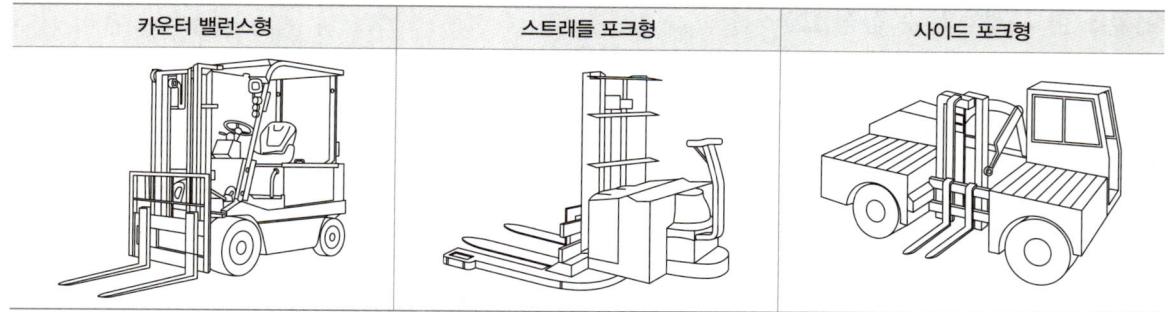

| 카운터 밸런스형 | 스트래들 포크형 | 사이드 포크형 |

(2) 어태치먼트(attachment)의 종류 기출 19, 17, 10회

① 어태치먼트의 의미
  ㉠ 지게차에는 각종 어태치먼트가 준비되어 있다. 어태치먼트란 지게차의 하역장치에 추가 또는 대체하여 통상 이외의 작업에 맞도록 보통 포크와 교환하는 부속장치이다.
  ㉡ 어태치먼트에는 화물의 구멍에 차입 사용하는 램(ram), 크레인 작업을 위한 크레인 암(crane arm), 화물을 회전시키는 회전포크(rotating fork), 포크상의 화물을 밀어내기 위한 푸셔(pusher) 등이 있다.

② 어태치먼트 종류

어태치먼트	용도	그림
램(ram)	화물의 구멍에 삽입하여 사용하는 막대모양의 부속장치로 코일이나 전선 등의 운반·하역에 적합	
포크(fork)	회전포크: 포크를 좌우로 회전시킬 수 있는 부속장치 힌지드포크: 포크를 상하방향으로 기울일 수 있는 부속장치	
로드 스태빌라이저 (road stabilizer)	포크 위의 화물을 누르는 장치	
클램프 (clamp)	화물을 사이에 끼우는 부속장치: 회전클램프, 원통을 끼우는 드럼클램프, 종이상자용 카톤클램프	
푸시풀 (push-pull)/ 버킷(bucket)	백레스트 하부에 있는 장치를 이용해서 화물을 폭이 넓은 포크 위로 끌어들이거나 밀어내는 장치 벌크화물의 하역에 사용하기 위한 부속장치	
스프레더 (spreader)	컨테이너 등을 달아 올리기 위한 부속장치	

짚고 넘어가기 Double Deep Rack

랙의 깊이가 깊어 파렛트를 안쪽에 넣고 또 추가로 파렛트를 넣을 수 있는 랙으로, 푸셔와 같은 어태치먼트가 필요한 랙이다.

3. 필요한 지게차의 수 산정 기출 20, 18, 17, 16, 15회

① 필요한 포크리프트의 수 = $\dfrac{\text{연간 목표 처리량}}{\text{실제 작업량}}$

② 실제작업량 = 정상작업량 × 장비가동률

예제

다음과 같은 작업 조건일 때 물류센터에서 효율적인 하역작업에 필요한 포크리프트의 수는?

- 연간 작업일: 360일
- 장비 가동률: 75%
- 연간 목표 처리량: 486,000톤
- 일일 작업가능시간: 15시간
- 시간당 작업량: 12톤

해설

1. 정상작업량 = 360일 × 15시간 × 12톤 = 64,800톤
2. 실제 작업량 = 64,800 × 0.75 = 48,600톤
3. 필요한 포크리프트의 수 = $\dfrac{\text{연간 목표처리량}}{\text{실제 작업량}} = \dfrac{486{,}000\text{톤}}{48{,}600\text{톤}} = 10\text{대}$

정답 | 10대

CHAPTER 05 크레인(Crane)

1. 크레인의 정의

크레인(Crane)은 윈치, 윈치구동용 동력, 와이어, 활차, 지주, 붐(Boom) 등으로 구성되어 물건을 들어 올리는 기계이며 기중기라고도 부른다. 고정식과 이동식이 있으며, 사용범위에 따라 수상용, 수륙양용, 육상용으로, 형식에 따라 천정주행, 지브, 갠트리, 탑형으로 구분된다.

2. 크레인의 종류 기출 27, 25, 24, 23, 21, 20, 19, 18, 14, 13회

종류	내용	그림
천장 크레인	크레인 본체가 천장을 주행하며 화물을 상하로 들어 올려 수평 이동하는 데 사용	
트랜스퍼 크레인 (트랜스테이너)	컨테이너를 적재하거나 다른 장소로 이송 및 반출하는 데 사용	

갠트리크레인 (컨테이너크레인)	안벽을 따라 설치된 레일 위를 주행하면서 컨테이너를 선박에 적재하거나 하역하는 데 사용되는 장비 레일 위를 주행하는 방식이 일반적이나, 레일 대신 타이어로 주행하는 크레인도 있음	
데릭 (Derrick)	데릭은 삼각뿔 구조물에 의해 상단이 지지된 마스트를 가지며 마스트 또는 붐(Boom) 위 끝에서 화물을 달아 올리는 지브붙이 크레인에 해당	
언로우더 (Unloader)	철광석, 석탄 및 석회석과 같은 벌크(Bulk) 화물을 하역하는 데 사용	
지브크레인 (Jib crane)	선회할 수 있는 붐(boom) 선단에 지브(화물을 매달기 위해 돌출된 것)를 부착한 크레인으로 항만이나 선박에 부착하여 화물을 하역하는 장비	
윈치 크레인 (Winch Crane)	차체를 이동 및 회전시키면서 컨테이너 트럭이나 플랫 카(Flat Car)로부터 컨테이너를 하역하는 장비	

CHAPTER 06 컨베이어(Conveyor)

1. 컨베이어의 개념 기출 18, 13회

① 컨베이어의 정의: 한국산업표준(KS T 2301)에서는 '화물을 연속적으로 운반하는 기계'로 정의하고 있다.
② 컨베이어는 수평운반이 주요 목적이며 대량의 시멘트, 원료, 곡물, 석탄, 액체류 등의 다양한 화물을 연속적으로 운반하는 데 사용된다.

2. 장·단점 기출 21, 13회

(1) 장점
① 원격조정이나 자동제어가 가능하며, 자재검사와 운반이 동시에 수행될 수도 있다.
② 작업장 간에 화물의 임시 저장소로서 역할도 가능하다.
③ 오버헤드(Overhead) 컨베이어의 사용으로 공간활용도를 높일 수 있다.
④ 좁은 장소에서도 가능하며, 경로가 직선이 될 필요는 없다.
⑤ 중력을 이용한 설비로 노면에 관계없이 설치가 가능하다.
⑥ 포장이 안 된 벌크화물, 액체류 등 다양한 형태의 화물을 운반할 수 있다.

(2) 단점
① 속도가 한정되어 있어 하역작업에 시간이 걸리며, 양단에 인원을 필요로 하는 경우가 있다.
② 기동성이 적고 사용 시 탄력적 운영이 곤란하다.
③ 높이 쌓기에 부적합하며 화물형상이 다른 경우 부적당하다.

3. 종류 기출 29, 28, 22, 13, 12회

(1) 컨베이어의 종류

① 벨트 컨베이어(Belt Conveyer)
   수평면 및 경사면에서 반송에 다양하게 사용되고 있고, 경량물부터 중량물까지 목적에 맞게 광범위하게 사용되고 있다.
② 체인 컨베이어(Chain Conveyer)
   ㉠ 트롤리 컨베이어(Trolley Conveyor): 가이드 레일을 따라 입체공간을 자유로 활용해서 반송하는 것이 가능하며, 폐쇄형 천장 트랙에 동일 간격으로 매달려 있는 운반기에 화물을 탑재하여 운반하고 가공, 조립, 포장, 보관 작업 등에 사용된다.
   ㉡ 슬랫 컨베이어(Slat Conveyor): 몇 가닥의 체인에 부착한 짐받이 슬랫을 운반 시에는 수평으로, 돌아올 때는 수직으로 하여 순환시키고, 각 스테이션에 설치한 자동출입 컨베이어와 연동하여 자동으로 반송물을 이동 적재하는 수직 컨베이어이다.
   ㉢ 라인 컨베이어(Line Conveyer): 파렛트에 적재한 단위화물 등 중량물의 안전반송에 적합하다. 설비비는 저렴하지만 고속반송에는 적합하지 않다.

③ 롤러 컨베이어(Roller Conveyer)

롤러 및 휠을 운반 방향으로 병렬시켜 화물을 운반하는 것으로, 반송물의 하중을 이용해 높은 쪽에서 낮은 쪽으로 흐르게 하는 경우에 사용하는 프리 롤러컨베이어와 수평반송에 많이 사용되는 구동식 컨베이어가 있다.

④ 분류 컨베이어

반송물의 형태와 분류속도 및 레이아웃의 분류방법에 따라서 분류방식을 결정하여 사용한다.

⑤ 수직 반송 컨베이어

㉠ 수직 트레이 컨베이어(VT): 몇 가닥의 체인에 부착한 짐받이 트레이 또는 암(arm)을 상하로 움직여서, 각 스테이션에 설치한 자동출입 컨베이어와 연동하여 반송물을 이동·적재하는 컨베이어이다.

㉡ 수직 왕복 컨베이어(VR): 몇 가닥의 체인에 부착한 짐받이 컨베이어를 상하로 움직여서 각 스테이션에 설치한 자동 출입 컨베이어와 연동하여 반송물을 이동·적재하는 수직 컨베이어이다.

⑥ 플로우 컨베이어(Flow Conveyor): 밀폐된 상태로 체인이나 케이블로 이동시키는 특수 컨베이어로 주로 분립체(시멘트, 곡물)를 운반할 때 사용하며 수평, 수직, 경사, 곡선 등으로 운반하는 기기이다.

⑦ 유체 컨베이어: 파이프라인 형태를 지닌 기기로, 액체나 가스와 같은 기체 운반 시 이용한다.

CHAPTER 07 분류기(Sorter)

1. 개념 및 도입배경

(1) 분류시스템의 개념 기출 25회

분류(sorting)란 개개의 인위적 정보를 가진 물품을 그 정보에 따라 구분하여 정해진 장소에 모으는 작업을 말한다. 미국 운반관리협회의 정의에 따르면, "분류란 특정의 목적지로 운반해야 할 제품을 식별·구분하고, 유도하는 행위"를 말한다.

(2) 분류시스템의 도입배경

① 고객의 요구가 다양해짐에 따라 물류활동이 다품종, 소량, 다빈도, 다배송처의 형태를 띠고 있어 분류의 중요성이 높아지고 있다.

② 물류의 속도를 높여 고객의 요구에 즉각 대처하기 위해 필요하며, 다량의 물품을 단시간에 수동으로 분류할 때는 분류의 오류를 감소시키기 위해 도입할 필요가 있다.

2. 분류기의 종류 빈출 29, 28, 27, 26, 25, 24, 23, 22, 21회

종류	내용
다이버터 방식 (Diverter Type)	• 외부에 설치된 안내판(Arm)을 회전시켜 컨베이어에 가이드 벽을 만들어 이동시키는 방식 • 화물 형상에 관계없이 분류가 가능하기 때문에 다양한 종류의 화물을 처리하는 데 사용됨 • 팝업 방식에 비하여 구조가 상대적으로 단순함
팝업방식 (Pop-up Type, 돌출롤러 방식)	• 여러 개의 롤러나 휠 등을 이용하여 물품이 컨베이어의 특정 위치를 지나갈 때 분기장치가 그 물품을 들어올려 방향을 바꾸는 방식 • 컨베이어의 아랫방향에서 벨트, 롤러, 휠, 핀 등의 분기장치가 튀어나와 분류하는 방식으로 화물의 하부면에 충격을 주는 단점이 있음
틸팅 방식 (Tilting Type, 경사트레이 방식)	• 레일을 주행하는 트레이(Tray), 슬라이드(Slide)의 일부 등을 경사지게 하여 화물을 떨어뜨려 분류하는 방식으로, 우체국에서 많이 사용함 • 고속처리가 가능하나 중력에 의한 파손품이 발생할 수 있음
슬라이딩 슈 방식 (Sliding Shoe)	• 반송면에 튀어나온 기구를 넣어 단위화물을 함께 이동시키면서 압출하는 방식 • 충격이 없어 정밀기기, 깨지기 쉬운 물건 등의 분류에 사용됨
크로스벨트 방식 (Cross-belt Type)	• 레일을 주행하는 연속된 캐리어(소형 벨트컨베이어 장착)를 레일과 교차하는 방향에서 구동시켜 분류하는 고속 분류방식 • 통신 판매, 의약품, 화장품에 많이 사용됨
밀어내는 방식 (Pusher Type)	• 암(Arm)을 이용하여 컨베이어가 흐르는 방향에 대해서 직각 방향으로 화물을 밀어내는 방식
슬랫 컨베이어 방식 (Slat Conveyor)	• 컨베이어에서 이동할 수 있는 슬랫으로 밀어서 분류하는 방식 • 충격이 크기 때문에 깨지기 쉬운 물건에는 부적합함
저개식 소팅 컨베이어 방식	• 레일을 주행하는 트레이, 슬라이드 등의 바닥면을 개방하여 물품을 분류하는 방식

CHAPTER 08 기타의 하역운반장비

1. 무인반송차량(AGV; Automatic Guided Vehicle) 기출 28회

무인반송차량은 차체에 수동 또는 자동으로 화물을 적재하고 지시된 장소까지 자동 주행하여 수동 또는 자동으로 이재(移載) 또는 적재하는 무궤도 차량을 말한다.

2. 호이스트(Hoist) 기출 20, 16회

① 호이스트는 화물의 권상, 권하, 횡방향 끌기, 견인 등을 목적으로 사용하는 장치를 총칭하는 권상기이다.
② 체인 레버 호이스트(Chain lever hoist)는 레버의 반복 조작에 의해 화물의 권상 및 권하, 견인 등을 하는 장치이다. 로드체인으로는 링크 체인 또는 롤러 체인이 사용된다.

3. 기타의 하역운반기기 기출 13, 9, 8회

① 도크레벨러(Dock Leveller): 도크 보드를 고정하는 유압장치 또는 저렴한 가격으로 철판을 이용하여 화물차량의 하대높이를 조정하는 장치
② 리프트게이트(Lift Gate): 하역장에 도크가 설치되어 있지 않은 경우에 트럭이 자체적으로 화물을 승강시킬 수 있도록 차체에 부착하여 사용하는 장치

핵심 기출문제

PART 06 하역운반장비

01

다음 중 지게차(Fork Lift Truck)의 종류에 대한 설명으로 옳지 않은 것은?

① 스트래들 리치(Straddle Reach)형은 스트래들 트럭의 아웃리거 길이를 줄이는 대신 리치능력을 제공함으로써 랙에 접근하기 쉽게 만든 장비이다.
② 카운터 밸런스(Counter Balance)형은 포크 등 승강장치를 차체 앞에 설치한 형상으로 내연식과 전동식(축전지식) 두 가지가 있다.
③ 탑 핸들러(Top Handler)형은 카운터 밸런스형의 일종으로 컨테이너 모서리쇠를 잡는 스프레더(Spreader)와 승강 마스트를 갖추고 컨테이너를 하역하는 데 사용하는 대형 지게차이다.
④ 리치포크(Reach Fork)형은 크레인 끝에 스프레더(Spreader)가 장착되어 주로 파렛트를 하역하는 데 사용된다.
⑤ 사이드 포크(Side Fork)형은 차체측면으로 아웃리거를 움직여 차체의 측면방향에서 하역이 가능하도록 한 장비이다.

해설
크레인 끝에 스프레더(Spreader)가 장착되어 주로 파렛트를 하역하는 데 사용되는 것은 리치스태커(Reach Stacker)이다. 리치포크(Reach Fork)형은 마스트 또는 포크가 전후로 이동할 수 있는 포크 리프트이며 프레임을 구성하는 2개의 스트래들 암의 내측에 마스트를 장착하고 마스트와 포크가 앞, 뒤로 이동이 가능한 입승식(서서 운전) 지게차이다.

정답 | ④

02

크레인에 관한 설명으로 옳지 않은 것은?

① 지브 크레인(Jib Crane) – 지브(Jib) 끝에 화물을 매달아 올리는 크레인으로 항만이나 선박에 설치하여 화물 및 해치를 운반하는 데 이용한다.
② 갠트리 크레인(Gantry Crane) – 레일 위를 주행하는 다리를 가진 거어더에 트롤리가 장착된 크레인이다.
③ 언로더(Unloader) – 양륙 전용의 크레인으로써 호퍼, 피더, 컨베이어 등을 장착한 것이다.
④ 데릭(Derrick) – 일정한 간격을 가진 교각형 기둥으로 상부 크레인을 지지하고 기둥의 상하로 컨테이너를 들어 올려 적재한다.
⑤ 스태커 크레인(Stacker Crane) – 랙에 화물을 입출고 시키는 크레인의 일종으로 하부에 주행 레일이 있고, 상부에 가이드레일이 있는 통로 안에서 주행장치로 주행한다.

해설
데릭(Derrick)은 상단이 지지된 마스트를 가지며 마스트 또는 붐(Boom) 위 끝에서 화물을 달아 올리는 지브붙이 크레인이다. 한편 일정한 간격을 가진 교각형 기둥으로 상부 크레인을 지지하고 기둥의 상하로 컨테이너를 들어 올려 적재하는 크레인은 스트래들 캐리어(Straddle Carrier)이다.

정답 | ④

03

다음 컨베이어의 분류 중 나머지 넷과 구별되는 하나는?

① 슬랫 컨베이어(Slat Conveyor)
② 토우 컨베이어(Tow Conveyor)
③ 트롤리 컨베이어(Trolley Conveyor)
④ 에이프런 컨베이어(Apron Conveyor)
⑤ 공기 컨베이어(Pneumatic Conveyor)

해설
- 체인 컨베이어의 종류: 슬랫 컨베이어, 토우 컨베이어, 트롤리 컨베이어, 에이프런 컨베이어 등
- 유체 컨베이어의 종류: 공기 컨베이어, 기체송유관 컨베이어 등

정답 | ⑤

04

다음 중 자동분류장치의 종류에 관한 설명으로 옳은 것을 모두 고른 것은?

ㄱ. 팝업 방식(Pop-up Type): 화물을 컨베이어의 흐르는 방향에 대해서 직각 암(Arm)으로 밀어내는 방식이다.
ㄴ. 슬라이딩 슈 방식(Sliding-Shoe Type): 컨베이어 반송면의 아래방향에서 벨트, 롤러, 휠, 핀 등의 분류장치가 튀어나와 화물을 내보내는 방식이다.
ㄷ. 다이버터 방식(Diverter Type): 레일을 주행하는 연속된 소형 벨트 컨베이어를 레일과 교차하는 방향에서 구동시켜 화물을 내보내는 방식이다.
ㄹ. 틸팅 방식(Tilting Type): 레일을 주행하는 트레이(Tray), 슬라이드(Slide)의 일부 등을 경사지게 하여 화물을 떨어뜨려 분류하는 방식이다.
ㅁ. 밀어내는 방식(Pusher Type): 컨베이어 아래 방향에서 벨트, 롤러, 휠, 핀 등의 분기장치가 튀어나와서 분류하는 방식이다.

① ㄱ, ㄷ
② ㄴ, ㄹ
③ ㄱ, ㄹ, ㅁ
④ ㄴ, ㄷ, ㄹ
⑤ ㄴ, ㄷ, ㄹ, ㅁ

해설
- ㄱ. 팝업 방식: 컨베이어 아래 방향에서 벨트, 롤러, 휠, 핀 등의 분기장치가 튀어나와서 분류하는 방식이다.
- ㄷ. 다이버터 방식: 외부에 설치된 암(Arm)을 회전시켜 반송 경로상에 가이드벽을 만들어 단위화물을 이동시키는 방식이다.
- ㅁ. 밀어내는 방식: 암(Arm)을 이용하여 컨베이어가 흐르는 방향에 대해서 직각 방향으로 화물을 밀어내는 방식이다.

정답 | ②

05

다음은 무엇에 관한 설명인가?

> 하역장에 도크가 설치되어 있지 않은 경우에 트럭이 자체적으로 화물을 승강시킬 수 있도록 차체에 부착하여 사용하는 장치

① 리프트게이트(Lift Gate)
② 도크레벨러(Dock Leveller)
③ 도크보드(Dock Board)
④ 파렛트로더(Pallet Loader)
⑤ 테이블리프터(Table Lifter)

선지분석
② 도크레벨러(Dock Leveller): 도크 보드를 고정하는 유압장치 또는 철판을 이용하여 화물차량의 하대의 높이를 조정하는 장치를 말한다.
③ 도크보드(Dock Board): 화물차와 창고 입구에 하역하기 좋도록 연결하는 하대를 말한다. 수송과 창고에서 장시간 걸려 하역할 것을 단시간에 처리할 수 있게 해준다.
④ 파렛트로더(Pallet Loader): 트럭 또는 컨테이너 하대 위로 파렛타이즈드 화물을 이동시키는 기구로 하대에는 롤러가 붙은 레일이 입구에서 안쪽으로 설치되어 있다.
⑤ 테이블리프터(Table Lifter): 유압장치로 링크(Rink)기를 장치하여 하대(荷台)를 승강시키는 장치를 말한다.

정답 | ①

PART 07 유닛로드시스템과 포장

CHAPTER 01 유닛로드시스템(ULS)

1. 유닛로드시스템의 개념 및 목적

(1) 개념 기출 26, 25, 18, 17회

① 유닛로드(Unit Load): 수송, 보관, 하역 등의 물류활동을 합리적으로 처리하기 위하여 복수의 물품 또는 포장화물을 기계·기구에 의한 취급에 적합하도록 하나의 단위로 정리한 화물을 말한다.
② 유닛로드시스템(Unit Load System)은 하역작업의 혁신을 도모하기 위한 것으로 '화물을 일정한 중량 또는 체적으로 단위화하여 일괄해서 기계를 이용하여 하역, 운송하는 시스템'이다.
③ 유닛로드시스템을 구축하기 위해서는 운송의 표준화, 파렛트 등 운송기기 및 장비의 표준화, 하역의 기계화가 전제가 되어야 한다.

(2) 목적

유닛로드 시스템의 구축은 일관파렛트화(Palletization), 파렛트 풀 시스템(PPS) 구축, 물류공동화를 가능케 하고 고객서비스 향상 및 물류비 절감이라는 물류관리의 목표를 달성할 수 있다.

2. 전제조건 및 고려사항

(1) 전제조건 기출 26회

① 수송장비 적재함규격 표준화
② 포장단위치수 표준화
③ 파렛트 표준화
④ 운반하역장비 표준화
⑤ 창고보관설비 표준화
⑥ 거래단위 표준화

(2) 고려사항 기출 23회

① 적재화물의 형태, 무게
② 적재화물의 적재형태
③ 유닛로드의 운송수단
④ 하역장비의 종류와 특성

3. 유닛로드시스템의 장점 빈출 28, 26, 25, 24, 23, 22회

① 취급단위를 단위화하여 하역효율을 높여 물류비 절감과 고객서비스 향상을 기할수 있다.
② 하역을 기계화하고 운송·보관 등을 일관하여 합리화할 수 있다.
③ 하역시간 단축 및 인건비 절감이 가능하다.
④ 포장의 간소화로 포장비를 절감할 수 있다.
⑤ 화물파손방지 및 운송수단의 회전률 향상이 가능하다.
⑥ 화물을 파렛트나 컨테이너를 이용하여 컨테이너선으로 대량운송할 수 있다.

CHAPTER 02 물류모듈화와 포장

1. 물류모듈화

(1) 물류모듈의 개념 기출 22회

물류모듈(module)이란 물류합리화와 표준화를 위해 기준척도 및 단위구성 요소를 수치적으로 연계시키는 것을 말한다.

(2) 물류모듈화의 개념 및 대상 기출 28회

① 물류모듈화는 물류시스템을 구성하는 각종 요소인 물류시설 및 장비들의 규격이나 치수가 일정한 배수나 분할관계로 집합되어 있는 집합체를 말한다.
② 운송의 모듈화 대상에는 트럭, 화차, 컨테이너 선박 등과 같은 운송 수단들이 해당된다.

> **짚고 넘어가기** 물류모듈화 관련 용어 기출 22, 20회
> - 모듈화의 원칙: 물류동선의 패턴, 복도 및 랙 방향 등의 설계를 통해 작업 및 보관 효율을 높이는 것을 말한다.
> - 형상특성의 원칙: 포장의 모듈화(module)에 대응하는 표준화된 제품은 랙(rack)에 보관하고, 표준화되지 않은 제품은 형상에 따라 보관효율 등을 고려한 장소를 정하여 보관한다.

2. 포장(Packaging)

(1) 포장의 의의

① 포장의 개념 기출 23, 22, 18, 12회
  ㉠ 한국산업표준(KS T 1001): 포장이란 '물품의 유통과정에 있어서, 그 물품의 가치 및 상태를 보호하기 위하여 적합한 재료 또는 용기 등으로 물품을 포장하는 방법 및 포장한 상태'라고 정의하고 있으며, 이는 생산의 마지막 단계이자 물류의 시작단계라 할 수 있다.
  ㉡ 적정포장(KS T 1001) 기출 22, 18회
  한국산업표준에 따르면 적정포장이란 "상품의 품질보존, 취급의 편의성, 판매촉진 및 안전성 등 포장 본래의 기능을 만족시키는 합리적이며 공정한 포장"으로 정의하고 있다.
  즉, 적정포장이란 ⓐ 합리적이면서 공정한 포장을 의미하며, ⓑ 수송포장에서는 유통과정에서의 진동, 충격, 압축, 수분, 온·습도 등에 의해 물품의 가치, 상태의 저하를 가져오지 않는 유통 실태를 적용한 포장을 뜻하고, ⓒ 소비자 포장에서는 과대·과잉 포장, 속임 포장 등을 시정하고 동시에 결함포장을 없애기 위해 보호성, 안전성, 단위, 표시, 용적, 포장비, 폐기물 처리성 등에 대하여도 적절한 포장을 말한다.

② 포장 설계 시 고려사항 기출 28, 16회
  ㉠ 포장은 물류의 한 분야이면서 물류과정의 시발점이며, 물류비용 절감의 주요 수단이 된다.
  ㉡ 포장의 설계 시 고려할 사항에는 하역성, 표시성(정보제공), 작업성(취급편의), 경제성(판매촉진), 보호성 등이 있다.

③ 포장 표준화의 4원칙 기출 14회
  ㉠ 치수의 표준화   ㉡ 강도의 표준화
  ㉢ 기법의 표준화   ㉣ 재료의 표준화

물류합리화는 포장 표준화와 모듈화의 추진에서 시작되는데 포장의 치수에 따라 운송의 적재효율과 보관하역의 효율에 영향을 미쳐 물류비의 증가를 가져오기 때문이다.

(2) 포장의 분류 기출 27, 26, 22, 21, 19, 17, 15, 12회

① 한국산업표준(KS)

포장의 분류	내용
낱포장(단위포장)	물품 개개의 포장을 말하며, 물품의 상품가치를 높이거나 물품 개개를 보호하기 위한 포장
속포장(내부포장)	포장된 화물 내부의 포장을 말하며 물품에 대한 수분, 습기, 광열 및 충격 등을 방지하기 위한 포장
겉포장(외부포장)	화물 외부의 포장을 말하며, 물품을 상자, 포대, 금속 등의 용기에 넣거나 용기를 사용하지 않고 그대로 묶어서 기호 또는 화물을 표시

② 공업포장과 상업포장

포장의 분류	내용
공업포장	물품을 운송, 보관하는 것을 주목적으로 시행하는 포장을 총칭하는 것으로 산업포장, 수송포장 또는 물류포장이라 함
상업포장	상거래 과정에서 상품화 또는 판매단위의 포장으로 소매포장 또는 소비자포장이라고도 하며, 상업포장은 주로 판매촉진 기능을 함

③ 포장기능의 목적에 따른 분류

포장의 분류	내용
방수·방습포장	포장의 외부로부터 물이나 습기가 스며들지 못하게 막는 포장
방청포장	물품에 녹의 발생을 방지하는 포장
완충포장	운송이나 하역 중에 발생되는 충격으로 인한 물품의 파손을 방지하기 위해서 적용되는 포장
진공포장	내용물의 활성을 정지시키기 위해서 포장의 내부를 진공으로 밀봉하는 포장
압축포장	상품을 압축하여 적은 용적이 되게 하는 포장

④ 포장기법에 따른 분류

포장의 분류	내용
진공포장	내용물의 활성화를 정지시키기 위하여 내부를 진공으로 밀봉하는 포장
가스치환포장	진공포장에 대한 개선책으로 밀봉포장 용기에서 공기를 빼고 대신 질소나 이산화탄소 같은 불활성 가스로 치환하여 물품의 변질 등을 방지하려는 포장
레토르트포장	단층 플라스틱 필름이나 금속박재질로 고온에서 가열 살균을 하기 때문에 내열성과 내구성이 요구되는 포장기법
수축포장	상품을 압축하여 적은 용적이 되게 하는 포장

(3) 집합포장방법 기출 29, 26, 20회

① 밴드 결속(banding): 집합포장에서 가장 많이 사용되는 방법으로, 종이, 플라스틱, 나일론 및 금속밴드 등이 사용된다. 밴드의 결속방법에는 수평묶음과 수직묶음이 있으며, 코너의 변형을 막기 위해 코너패드가 보호재로서 사용된다.

② 테이핑(taping): 용기의 표면에 접착테이프 등을 사용하여 집합포장하는 방법으로, 접착테이프 사용 시 용기의 표면이 손상될 수 있으므로 주의하여야 한다.

③ 슬리브(sleeve): 보통 필름으로 슬리브를 만들어 수지 4면을 감싸는 방법이다.

④ 슈링크(shrink) 포장: 수축필름의 열수축력에 의해서 파렛트와 그 위에 적재된 포장화물을 집합포장하는 방법이다.

⑤ 스트레치(stretch) 포장: 스트레치 필름을 사용하여 필름의 접착성을 이용하는 것으로, 주로 슈링크 포장이 필름 한 겹으로 하는 것인 데 비해, 스트레치 필름은 대개 3겹 정도로 한다.

⑥ 틀: 물품의 수평이동을 방지하기 위해 위·아랫부분을 틀로 고정하는 방법으로, 적어도 4개 정도의 밴드를 사용한다.
⑦ 꺾쇠·물림쇠: 주로 칸막이 상자 등에서 상자가 고정되도록 꺾쇠 또는 물림쇠를 박는 방법이다.

(4) 포장합리화의 원칙 기출 29, 25, 15, 12, 9회

① 대량화·대형화의 원칙: 포장화물 단위의 크기를 대량화·대형화함으로써 대량수송이 가능하고, 하역의 기계화를 통해 하역의 효율성이 높아지며, 이를 통해 물류비용을 절감할 수 있다.
② 집중화·집약화의 원칙: 다수의 업체들의 물량을 집중화·집약화함으로써 관리수준을 향상시키고, 대량화의 추진도 가능해진다.
③ 규격화·표준화의 원칙: 규격화·표준화함으로써 포장설계를 간소화하고 과잉포장을 배제하여 포장비의 절감을 가져오며, 포장재료비의 절감, 보관 효율의 향상 및 보관비 절감, 운송 효율의 향상 및 운송비 절감, 하역효율 향상의 효과를 가져온다.
④ 사양변경의 원칙: 완충재의 변경이나 입수 수의 변경 등 사양의 변경을 통해 비용절감을 추구하여야 한다.
⑤ 재질변경의 원칙: 내용품의 보호에 지장이 없는 범위 내에서 재질의 변경을 통하여 비용절감이 가능하다.
⑥ 시스템화의 원칙: 물류활동에 필요한 크레인, 컨테이너, 파렛트, 보관창고 등이 운송, 보관, 하역 등 물류활동에서 유기적으로 연결되도록 시스템화하여야 한다.
⑦ 단위화의 원칙: 포장화물의 단위화를 통해 포장의 합리화를 추구해야 한다.

3. 화인(Case Mark)

(1) 화인의 개념 기출 24회

화인(Case Mark, Shipping Mark)이란 '화물의 외부에 표시를 하는 것'으로 주로 목적지, 발송 개수, 취급상의 문구 등을 표시하며 화물작업의 편리성, 하역작업 시의 물품손상 예방 등을 위해 포장화물의 외장에 확실히 표시하는 것을 말한다.

(2) 화인표시의 종류 기출 29, 27, 25, 24, 23, 21, 20, 18, 16, 15, 14회

① 주표시(main mark): 화인 중 가장 중요한 표시로서 타상품과 식별을 용이하게 하는 기호이다. 외장 면에 다이아몬드형, 마름모형, 타원형, 정방형 등의 표시를 하고 그 안에 수입자(수하인) 상호의 약자를 기입하는 것을 말한다.
② 부표시(counter mark): 주화인만으로 다른 화물과 식별이 어려울 때 생산자 또는 공급자의 약자를 보조적으로 표시하며, 같이 선적된 다른 화물과 식별할 수 있도록 표시한 것이다.
③ 품질표시(quality mark): 내용품의 품질이나 등급 등을 표시하는 것으로, 주표시의 위쪽이나 밑에 기재한다.
④ 목적지표시(destination mark): 내용품이 도착하게 되는 목적지를 표시하는 것으로 반드시 표시해야 한다.
⑤ 수량표시(case mark): 단일 포장이 아닌 두 개 이상의 많은 수량인 경우, 포장에 번호를 붙여 포장 수량 가운데 몇 번째에 해당되는지를 표시한다.
⑥ 취급주의표시(care mark): 화물의 취급, 운송, 적재요령을 나타내는 주의표시로서 일반화물 취급표시와 위험화물 경고표시로 구분된다.
⑦ 원산지표시(origin mark): 정상적인 절차에 의해 선적되는 모든 수출품을 대상으로 관세법에 따라 원산지명을 표시한다.
⑧ 기타: 상품명, 내용품번호, 총중량, 용적, 수입허가번호 등을 표시한다.

(3) 화인표시방법 기출 29, 27, 23, 21, 20, 16, 14회

① 카빙(carving): 금속제품에 사용하는 방법으로 주물을 주입할 때 미리 화인을 해 두어 제품 완성 시 화인이 나타나도록 하는 방법
② 스탬핑(stamping): 화인할 부분을 고무인이나 프레스기 등을 사용하여 찍는 것으로 종이상자, 골판지 상자 등에 적용하는 방법
③ 스텐실(stencil): 기름기가 많은 종이 등에 문자를 파 두었다가 붓이나 스프레이를 사용하여 칠하면 화인이 새겨지는 방법
④ 레이블링(labeling): 종이나 직포 등에 필요한 내용을 미리 인쇄해 두었다가 일정한 장소에 붙이는 방법
⑤ 태그(tag): 종이, 알루미늄, 플라스틱 판 등에 일정한 표시 내용을 기재한 다음 철사나 기타 끈 등으로 적절히 매는 방법
⑥ 스티커(sticker): 일정한 표시내용을 기재한 것을 못으로 박거나 혹은 특정방법에 의해 고정시키는 방법

CHAPTER 03 일관파렛트화

1. 일관파렛트화의 개념

① 일관파렛트화(Palletization)란 화물이동의 출발지점으로부터 최종도착지점까지 파렛트상에 적재된 상태로 화물을 운반, 하역, 수송 및 보관하는 것을 말한다.
② 일관파렛트화는 화물이 송하인으로부터 수하인에게 도착할 때까지 전체 운송과정을 동일한 파렛트를 이용하여 운송하는 것을 의미한다.

2. 일관파렛트화의 경제적 효과 기출 28, 26, 24, 23, 21, 17, 10회

① 작업능률의 향상으로 인력이 절감된다.
② 작업의 표준화, 기계화 촉진으로 하역시간이 절감된다.
③ 제한된 공간을 최대한 이용할 수 있다.
④ 포장의 간소화로 포장비 및 운임 등의 비용이 절감된다.
⑤ 포장의 해체가 없으므로 화물파손을 최소화 한다.

CHAPTER 04 파렛트 풀 시스템

1. 파렛트 풀 시스템(PPS)의 의의

(1) 개념 기출 25회

① 파렛트 풀 시스템(PPS; Pallet Pool System)이란 표준화된 파렛트를 서로 교환할 수 있도록 하여 여러 화주와 물류업자들이 파렛트를 공동으로 이용하는 제도로, 파렛트 회수문제를 해결하기 위해 도입하였다.
② 파렛트를 다량 확보하고 있는 파렛트 풀 조직이 파렛트에 대한 납품, 회수관리, 수리 등을 담당하여 수송의 합리화 및 물류비의 절감에 기여하려는 파렛트 공동이용 제도이다.

(2) 목적 및 전제조건

　① 목적

　　공파렛트의 회수에 걸리는 시간과 비용문제, 분실에 대한 우려, 다량의 파렛트 준비에 따르는 비용문제를 해결하여 비용절감 등 물류합리화를 도모함에 목적이 있다.

　② 전제조건

　　파렛트 풀 시스템(PPS)은 일관파렛트화(palletization)의 문제점인 공파렛트의 회수난을 해결하기 위한 시스템이라고 할 수 있다. 파렛트 풀 시스템이 성공적으로 정착되기 위해서는 파렛트의 표준화가 전제되어야 한다.

(3) 장·단점 [기출] 22회

장점	• 풀 시스템을 활용함으로써 친환경물류시스템 구축에도 도움이 된다. • 물류합리화와 물류비 절감이 가능하다. • 지역적, 계절적 수요에 대응이 가능하다. • 일관파렛트화를 실현하고 파렛트 투자비용을 절감할 수 있다. • 파렛트 수량이 줄어 자본지출이 줄고, 물류의 규격화·표준화가 촉진된다.
단점	• 자사의 필요규격을 임의로 선택하여 도입하기가 어렵다. • 지역 간 이동하는 파렛트 수량에 균형이 맞지 않기 때문에 공파렛트를 재배치해야 하는 문제가 발생한다.

2. 운영 방식 [빈출] 29, 28, 27, 26, 25, 24, 22, 21, 20회

(1) 교환방식 풀 시스템

　① 개념

　　교환방식은 유럽 각국의 국영철도역에서 파렛트 적재 형태로 운송하며, 파렛트를 동시에 교환하여 사용하는 것으로 언제나 교환에 응할 수 있도록 파렛트를 준비해 놓는 방식이다. 발화주(인수)와 착화주(인도)의 파렛트를 철도회사를 통하여 교환하는 방식으로 운영되는 것이다.

　② 교환방식의 장·단점

　　㉠ 파렛트를 동시에 교환하여 사용하므로 파렛트의 분실에 대한 우려, 회수에 따르는 시간과 비용문제 등이 해결된다.

　　㉡ 교환을 위한 파렛트를 준비해야 한다는 것이 단점이다.

　　㉢ 품질이 떨어지는 파렛트를 교환용으로 내놓을 경우 문제가 발생할 수 있다.

　　㉣ 수송기관의 이용이 복잡한 경우나 수송기관의 수가 많을 경우에는 파렛트의 교환이 원활하게 진행될 수 없다.

(2) 리스 · 렌탈방식

① 개념

개별 기업에서 파렛트를 보유하지 않고, 파렛트 풀 회사에서 일정 기간 동안 임차하는 방식으로, 화주 소재지에 가까운 데포(depot)에서 파렛트를 빌린 후 도착지의 이용자는 파렛트를 가까운 데포에 반납하는 방식이다.

② 장·단점

㉠ 파렛트 이용자가 교환을 위한 동질·동수의 파렛트를 준비해 놓을 필요가 없다.

㉡ 파렛트 반환 시 렌탈료의 계산 등 사무처리가 필요하다.

㉢ 화주가 특정지역에 편재되는 경우 특정 데포에 파렛트가 쌓이는 문제가 발생할 수 있다.

㉣ 렌탈회사의 데포에서 화주가 위치한 곳까지 공파렛트 수송이 필요하다.

㉤ 사무처리 문제와 파렛트가 편재되어 쌓여지는 데 대해서는 렌탈회사의 책임이 된다.

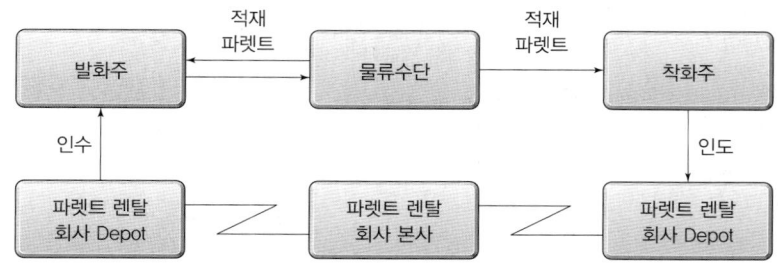

(3) 대차결제방식

즉시교환방식의 단점을 개선하기 위해 고안된 방식으로 현장에서 즉시 파렛트를 교환하지 않고 일정 시간 내(3일)에 동일한 수량의 파렛트를 해당 철도역에 반환하도록 하는 방식이다.

(4) 교환·리스 병용 풀 시스템

① 개념

㉠ 교환·리스 병용방식은 교환방식과 리스·렌탈방식의 단점을 보완한 방식으로, 화주가 A지점으로부터 B지점으로 화물을 운송하는 경우 송하인, 수하인, 운송회사는 각각 가까운 리스회사의 데포(depot)에서 필요한 양의 파렛트를 렌탈한다.

㉡ 송하인은 파렛트에 화물을 적재하여 A지점에서 운송회사의 공파렛트와 교환하고, 운송회사는 이를 B지점까지 운송한 후 수하인이 렌탈한 공파렛트와 교환하여 화물을 인도한다.

㉢ 송하인, 수하인, 운송회사는 빈 파렛트가 회수되는 시점에서 가장 가까운 파렛트 데포에 반환함으로써 대차관계를 정리하게 된다.

② 장·단점

교환·리스 병용방식은 교환방식과 리스·렌탈 방식보다는 편리하나, 운송회사에게 파렛트를 렌탈하여 반환해야 한다는 책임이 추가됨으로써 실질적인 면에서 대여 파렛트와 교환 파렛트의 양자를 관리해야 되기 때문에 운영관리 상의 어려움이 많아 활성화에 실패한 제도이다.

짚고 넘어가기 파렛트 풀 시스템(PPS) 방식 간 비교

구분	즉시교환 방식(유럽방식)	리스·렌탈방식(호주, 한국)	대차결제 방식(스웨덴)	교환·리스병용(영국)
정의	• 유럽 각국의 국영철도에서 송화주가 국철에 파렛트 형태로 운송하면, 국철에서는 이와 동수의 파렛트로 교환하는 방식	• 파렛트 풀(Pallet Pool)회사에서 일정 규격의 파렛트를 필요에 따라 임대해 주는 제도 • 파렛트의 이용자가 교환을 위한 동일한 수량의 파렛트를 준비해 놓을 필요가 없음	• 교환방식의 개선 • 현장에서 즉시 교환하지 않고 일정 시간 내 국철역에서 동수로 반환	즉시교환 + 리스렌탈
장점	• 파렛트의 사무관리를 국철역에서 시행함으로써 사무관리가 용이함 • 파렛트 분실 우려 없음	• 파렛트 이용에 대한 수급파동의 조정 • 파렛트의 품질 유지 • 파렛트의 최소화 운영	• 파렛트를 돌려받지 못하는 상황 방지	
단점	• 동일 사이즈 및 품질의 파렛트 교환의 난이성 • 파렛트 편재문제 발생 • 사용횟수 증가 → 파손 분실에 대한 소재 불분명 • 항시 최소한의 교환 예비용 파렛트 준비의 필요성	• 운영면에서 교환방식보다 인도반환 등 복잡한 전표처리, 사무처리가 복잡함 • 파렛트 편재문제 발생 • 파렛트 풀 회사에서 화주까지 공파렛트 수송이 필요함	• 책임소재를 명확히 해야 함	• 사무관리 복잡 • 실패한 제도

핵심 기출문제

PART 07 유닛로드시스템과 포장

01

유닛로드 시스템(Unit Load System)의 선결과제에 해당하는 것을 모두 고른 것은?

| ㄱ. 운송 표준화 | ㄴ. 장비 표준화 | ㄷ. 생산 자동화 |
| ㄹ. 하역 기계화 | ㅁ. 무인 자동화 | |

① ㄱ, ㄴ, ㄹ
② ㄱ, ㄴ, ㅁ
③ ㄱ, ㄷ, ㅁ
④ ㄴ, ㄷ, ㄹ
⑤ ㄴ, ㄹ, ㅁ

해설
유닛로드 시스템을 구축하기 위해서는 운송의 표준화, 파렛트 등 운송기기 및 장비의 표준화, 하역의 기계화가 전제가 되어야 한다.

정답 | ①

02

유닛로드 시스템(ULS; Unit Load System)의 효과로 옳지 않은 것은?

① 하역의 기계화
② 화물의 파손방지
③ 신속한 적재
④ 운송수단의 회전율 향상
⑤ 경제적 재고량 유지

해설
유닛로드 시스템(ULS)은 하역작업의 혁신을 도모하기 위한 것으로 '화물을 일정한 중량 또는 체적으로 단위화하여 일괄해서 기계를 이용하여 하역, 운송하는 시스템'이다. 따라서 경제적 재고량 유지와는 아무 관련이 없다.

정답 | ⑤

03

포장에 관한 설명으로 옳지 않은 것은?

① 포장의 간소화로 포장비를 절감할 수 있다.
② 포장은 생산의 마지막 단계이며, 물류의 시작단계에 해당된다.
③ 한국산업표준(KS)에 따르면 포장은 낱포장, 속포장, 겉포장으로 분류된다.
④ 상업포장은 상품의 파손을 방지하고, 물류비를 절감하는 데 초점을 두고 있다.
⑤ 반강성포장(Semi-rigid packaging)의 포장재료는 골판지상자, 접음상자, 플라스틱 보틀 등이다.

해설
상품의 파손을 방지하고, 물류비를 절감하는 데 초점을 두는 포장은 공업포장에 해당한다.
상업포장은 상품화 또는 판매단위의 포장을 말한다.

정답 | ④

04

포장기법에 관한 설명으로 옳지 않은 것을 모두 고른 것은?

> ㄱ. 진공포장(Vacuum packaging)은 내용물의 활성화를 정지시키기 위하여 내부를 진공으로 밀봉하는 포장기법이다.
> ㄴ. 중량물포장은 각종 제품을 유통과정의 수분과 습도로부터 지키는 포장기법이다.
> ㄷ. 완충포장은 운송이나 하역 중에 발생되는 충격으로 인한 제품의 파손을 방지하기 위한 포장기법이다.
> ㄹ. 가스치환포장은 상품의 용적을 적게 하여 부피를 줄이는 포장기법이다.

① ㄷ
② ㄱ, ㄴ
③ ㄱ, ㄷ
④ ㄴ, ㄹ
⑤ ㄴ, ㄷ, ㄹ

해설
ㄴ. 각종 제품을 유통과정의 수분과 습도로부터 지키는 포장기법은 방수방습포장이다. 중량물(heavy) 포장은 내용물의 중량이 200kg을 초과하는 물품에 대한 포장이다.
ㄹ. 가스치환포장(MAP; Modified Atmosphere Packaging)은 진공포장에 대한 개선책으로 개발된 방법으로 밀봉포장 용기에서 공기를 빼고 대신 질소나 이산화탄소 같은 불활성 가스로 치환하여 물품의 변질 등을 방지하려는 포장이다.

정답 | ④

05

포장 결속 방법으로 옳지 않은 것은?

① 밴드결속 - 플라스틱, 나일론, 금속 등의 재질로 된 밴드를 사용한다.
② 꺾쇠 물림쇠 - 주로 칸막이 상자 등에서 상자가 고정되도록 사용하는 방법이다.
③ 테이핑 - 용기의 견고성을 유지하기 위해 접착테이프를 사용한다.
④ 대형 골판지 상자 - 작은 부품 등을 꾸러미로 묶지 않고 담을 때 사용한다.
⑤ 슬리브 - 열수축성 플라스틱 필름을 화물에 씌우고 터널을 통과시킬 때 가열하여 필름을 수축시키는 방법이다.

해설
수축필름의 열수축력에 의해서 파렛트와 그 위에 적재된 포장화물을 집합포장하는 방법은 쉬링크(shrink) 포장이다. 한편, 슬리브(sleeve) 포장은 보통 필름으로 슬리브를 만들어 4개 측면을 감싸는 방법이다.

정답 | ⑤

06

다음 그림은 어떤 화물의 화인이다. 이 화인을 보면서 판단할 수 있는 내용으로 옳지 않은 것은?

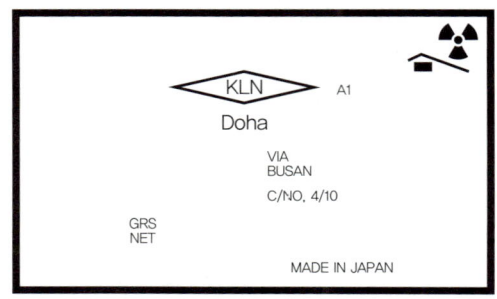

① 화물은 일본에서 생산된 제품이다.
② 부산을 거쳐서 도하(Doha)로 운송되는 화물이다.
③ 상기 화인이 부착되어 있는 화물은 모두 10개이며, 그 중에서 4번째에 해당하는 화물이다.
④ 화물은 방사능을 포함하고 있으므로 취급 시 주의해야 한다.
⑤ 전체 중량이 얼마인지를 알 수 없는 화물이다.

해설
오른쪽 위의 표시는 "방사선 방호"를 의미하는 것으로, 방사원에서 격리 또는 방사선을 방지하는 것을 표시한다.

정답 | ④

07

다음 설명과 일치하는 화물의 취급표시(화인) 방법으로 옳은 것은?

> ㄱ. 기름기가 많은 종이 등에 문자를 파 두었다가 붓이나 스프레이를 사용하여 칠하면 화인이 새겨지는 방법
> ㄴ. 표시 내용을 기재한 판(종이, 알루미늄 등)을 철사나 끈 등으로 매는 방법
> ㄷ. 고무인이나 프레스기 등으로 찍는 방법
> ㄹ. 종이나 직포 등에 필요한 내용을 미리 인쇄해 두었다가 일정한 위치에 붙이는 방법

① ㄱ: 스텐실(Stencil), ㄴ: 태그(Tag), ㄷ: 스탬핑(Stamping), ㄹ: 레이블링(Labeling)
② ㄱ: 스탬핑(Stamping), ㄴ: 카빙(Carving), ㄷ: 태그(Tag), ㄹ: 스티커(Sticker)
③ ㄱ: 스텐실(Stencil), ㄴ: 스티커(Sticker), ㄷ: 스탬핑(Stamping), ㄹ: 카빙(Carving)
④ ㄱ: 스탬핑(Stamping), ㄴ: 태그(Tag), ㄷ: 카빙(Carving), ㄹ: 스텐실(Stencil)
⑤ ㄱ: 스탬핑(Stamping), ㄴ: 태그(Tag), ㄷ: 스텐실(Stencil), ㄹ: 카빙(Carving)

해설
ㄱ. 문자를 파 두었다가 → 스텐실
ㄴ. 끈 등으로 매는 방법 → 태그
ㄷ. 프레스기 등으로 찍는 방법 → 스탬핑
ㄹ. 일정한 위치에 붙이는 방법 → 레이블링

정답 | ①

08

일관파렛트화(Palletization)의 경제적 효과가 아닌 것은?

① 포장의 간소화로 포장비 절감
② 작업 능률의 향상
③ 화물 파손의 감소
④ 운임 및 부대비용 절감
⑤ 제품의 과잉생산 방지

해설
일관파렛트화는 작업능률을 향상시켜 운임, 포장비 등의 절약을 가져오지만 과잉생산 방지는 큰 관련이 없다.

정답 | ⑤

09

파렛트 풀 시스템(Pallet Pool System)의 운영방식 중 교환방식의 장·단점에 관한 설명으로 옳지 않은 것은?

① 파렛트의 즉시 교환사용이 원칙으로 분실과 회수의 어려움이 없다.
② 관계 당사자는 언제나 교환에 응할 수 있는 파렛트를 준비하여야 한다.
③ 보수가 필요하게 된 파렛트나 품질이 나쁜 파렛트를 교환용으로 내놓을 경우가 있다.
④ 대여회사의 데포(Depot)에서 화주까지의 공(Empty) 파렛트 수송이 필요하다.
⑤ 수송기관의 이용이 복잡하거나 수송기관의 수가 많을 경우에는 원활하게 진행할 수 없다.

해설
렌탈회사 데포(depot)에서 화주까지의 공파렛트 수송이 필요한 것은 리스·렌탈 방식으로, 출발지의 이용자가 소재하는 가까운 데포(depot)에서 공급되는 파렛트를 빌려 이용한 후, 도착지의 이용자가 파렛트를 가까운 데포에 반납하는 방식이다.

정답 | ④

PART 08 운송수단별 하역방식

CHAPTER 01 철도 하역방식

1. TOFC 방식

(1) 개념

TOFC(Trailer On Flat Car)는 화물을 적재한 트레일러를 화물과 함께 적재하는 철도하역 방식이다.

(2) 종류

① 피기백(Piggy Back) 방식: 화물적재의 단위가 클수록 편리하며, 피기 패커(Piggy Packer) 등의 하역기계가 필요하다.

② 캥거루(Kangraroo) 방식: 트럭이나 트레일러의 바퀴가 화차 하대 밑으로 낙하되는 형태로, 터널의 높이나 차량높이의 제한이 있게 될 경우 피기백 방식보다 높이가 낮아 유리하다.

③ 프레이트 라이너(Freight Liner) 방식: 영국 국철이 개발한 정기적 급행 컨테이너 열차로 터미널 사이를 고속/고정편성으로 정기적으로 운행하는 컨테이너 운송방식을 말한다.

2. COFC 방식 기출 27회

(1) 개념

COFC(Container On Flat Car) 방식은 화차에 컨테이너만을 적재하는 방식으로 철도 컨테이너 데포에서 크레인이나 컨테이너핸들러를 이용하여 적재하며, 평판화차(Flat Car)나 전용컨테이너화차(Container Car)를 이용하는 방식이다.

(2) 종류

① 세로-가로방식: 탑 핸들러(Top Handler) 또는 리치 스태커(Reach Stacker) 등을 이용하는 방식으로 비교적 취급량이 적은 경우에 유용하다.

② 매달아 싣는 방식: 크레인을 이용하여 대량의 컨테이너를 신속히 처리하는 방식으로 대량의 컨테이너화물을 신속히 처리할 경우에 적합하다.

③ 플렉시 밴(Flexi-van) 방식: 트럭이 화물열차에 대해 직각으로 후진하여 무개화차에 컨테이너를 싣는 방식으로 화차에 회전판이 달려 있어 컨테이너를 90° 회전시켜 고정시킨다.

CHAPTER 02 항공 하역방식

1. 단위탑재 수송용기(ULD) 기출 29회

① ULD(Unit Load Device)란 항공운송에만 사용되는 항공화물용 컨테이너(CAC)와 파렛트 및 이글루를 의미한다.
② ULD는 항공기 간 다양한 기종에 따른 호환성이 낮다는 한계가 있다.

종류	내용	그림
항공형 컨테이너 (CAC; Certified Aircraft Containers)	항공기 화물실 동체 모양에 맞게 제작되어 화물실 공간을 최대로 활용하여 화물을 넣을 수 있게 만든 단위탑재용기	
항공형 파렛트	금속으로 편 평판으로 이 위에 화물을 적재한 후 net(그물)나 이글루를 사용하여 화물을 고정시키고 항공기에 탑재	
이글루 (Igloo)	항공기 동체모양에 따라 만든 항공화물을 덮는 특수한 덮개로 파렛트 위에 덮음	

2. 항공 하역기기의 종류 기출 29, 28, 27회

① 트랜스포터(Transporter): 하역작업이 완료된 단위적재용기(ULD)를 터미널에서 항공기까지 수평이동에 사용하는 장비로서 파렛트를 올려놓은 차량에 엔진을 장착하여 자주식으로 운행되는 차량을 말한다.
② 터그카(Tug Car): Dolly를 연결하여 이동하는 차량을 의미한다. 토잉 카(Towing Car) 또는 트랙터(Tractor)라고도 한다.
③ 돌리(Dolly): 돌리는 이동식 받침대를 의미하는 것으로 트랜스포터와 동일한 역할을 하나 자체 구동력은 없고, 터그카와 연결되어 사용된다. 파렛트를 올려놓고 운반하기 위한 차대로서 사방에 파렛트가 미끄러지지 않도록 스토퍼(stopper)를 부착하고 있다.
④ 셀프 프로펠드 컨베이어(Self-Propelled Conveyor): 수화물 및 소형화물을 소형기의 Belly 또는 대형기의 Compartment에 낱개 단위로 탑재·하역 시에 사용하는 장비(Buik Cargo Loader)이다.
⑤ 하이 로더(High Loader): ULD를 대형기 화물실 밑바닥 높이까지 들어 올려 탑재·하역 시 사용하는 장비로 Lower Deck High loader와 Main Deck High Loader로 구분된다.

CHAPTER 03 항만 하역방식

1. 항만하역의 개념

(1) 개념
항만하역은 "항만에서 화물을 선박에 적·양하하거나 보관, 장치, 운반하는 등 항만에서의 화물유통을 담당하는 사업"을 말하며, 우리나라 「항만운송사업법」 제2조에 이를 규정하고 있다.

(2) 항만하역사업의 종류(「항만운송사업법 제2조」) 기출 26회

① 선박을 이용하여 운송된 화물을 화물주 또는 선박운항업자의 위탁을 받아 항만에서 선박으로부터 인수하거나 화물주에게 인도하는 행위
② 선박을 이용하여 운송될 화물을 화물주 또는 선박운항업자의 위탁을 받아 항만에서 화물주로부터 인수하거나 선박에 인도하는 행위
③ ① 또는 ②의 행위에 선행하거나 후속하여 ④~⑬까지의 행위를 하나로 연결하여 하는 행위
④ 항만에서 화물을 선박에 싣거나 선박으로부터 내리는 일
⑤ 항만에서 선박 또는 부선을 이용하여 화물을 운송하는 행위, 해양수산부령으로 정하는 "지정구간"에서 부선 또는 범선을 이용하여 화물을 운송하는 행위와 항만 또는 지정구간에서 부선 또는 뗏목을 예인선으로 끌고 항해하는 행위
⑥ 항만에서 선박 또는 부선을 이용하여 운송된 화물을 창고 또는 하역장에 들여놓는 행위
⑦ 항만에서 선박 또는 부선을 이용하여 운송될 화물을 하역장에서 내가는 행위
⑧ 항만에서 ⑥ 또는 ⑦에 따른 화물을 하역장에서 싣거나 내리거나 보관하는 행위
⑨ 항만에서 ⑥ 또는 ⑦에 따른 화물을 부선에 싣거나 부선으로부터 내리는 행위
⑩ 항만이나 지정구간에서 목재를 뗏목으로 편성하여 운송하는 행위
⑪ 항만에서 뗏목으로 편성하여 운송된 목재를 수면 목재저장소에 들여놓는 행위나, 선박 또는 부선을 이용하여 운송된 목재를 수면 목재저장소에 들여놓는 행위
⑫ 항만에서 뗏목으로 편성하여 운송될 목재를 수면 목재저장소로부터 내가는 행위나, 선박 또는 부선을 이용하여 운송될 목재를 수면 목재저장소로부터 내가는 행위
⑬ 항만에서 ⑪ 또는 ⑫에 따른 목재를 수면 목재저장소에서 싣거나 내리거나 보관하는 행위

(3) 항만하역시스템

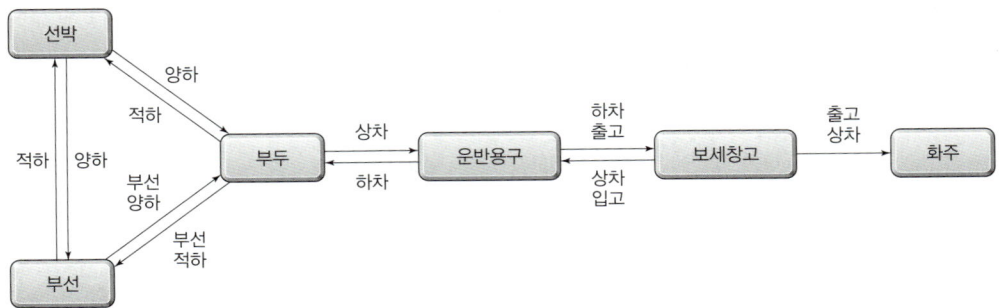

2. 항만 컨테이너터미널

(1) 구조 기출 28, 25, 24, 23회

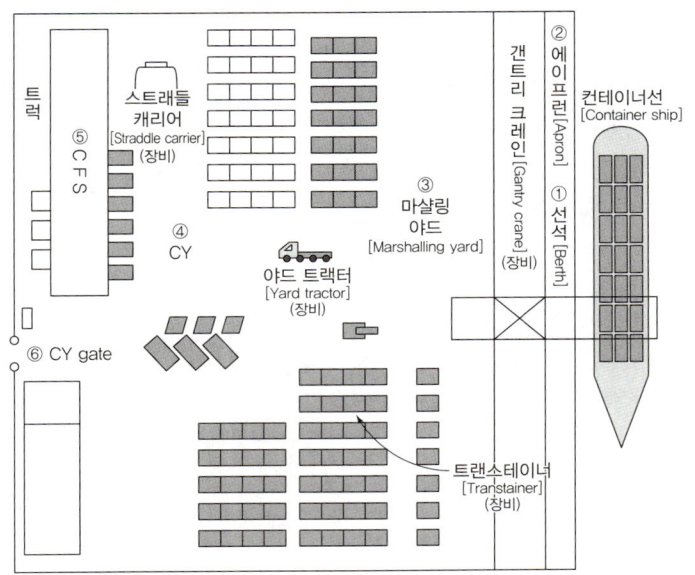

① Berth: 선석(Berth)이란 항구에 컨테이너선이 접안(接岸)해서 컨테이너 용기를 선적 또는 양하하기 위해 설치된 구조물로 바다와 맞닿아 있는 구조물(안벽; Quay wall)을 말한다.

② 에이프런(Apron): 안벽에 접한 야드 부분에 일정한 폭으로 나란히 뻗어 있는 공간으로 컨테이너의 적재와 양륙작업을 위하여 임시로 하치하거나 크레인이 통과주행을 할 수 있도록 레일을 설치한 곳을 말한다.

③ Marshalling Yard: 마샬링 야드란 컨테이너 선적 전 대기장소로, 컨테이너선에 선적하거나 양륙하기 위하여 컨테이너를 정렬시켜 놓은 공간을 말한다.

④ CY(Container Yard): CY는 철도 및 해상운송 등과 관련된 화물처리시설로 컨테이너를 효율적으로 배치, 회수, 보관하기 위하여 운영되는 시설을 말한다. 컨테이너 부두 안에 있는 CY를 On-Dock CY라 하고, On-Dock CY가 혼잡한 경우 컨테이너 터미널과 떨어져 부두·외곽에 위치한 외부 컨테이너터미널인 Off Dock CY(ODCY)를 이용한다.

⑤ CFS(Container Freight Station): CFS란 컨테이너화물처리장으로, LCL 화물 처리를 위한 기본적인 시설이다. CFS에서는 컨테이너 한 개를 채울 수 없는 소량 화물(LCL 화물)을 인수, 인도하고 보관하거나 컨테이너에 적입 또는 적출작업을 한다.

(2) 컨테이너터미널 하역기기 기출 29, 27, 26, 23, 21, 17, 15, 14회

구분	내용
리치 스태커 (Reach Stacker)	장비의 회전 없이 붐에 달린 스프레더만을 회전하여 컨테이너를 이적 또는 하역하는 장비로, 항만 CY에서 주로 공컨테이너의 야적, 차량적재, 단거리 이송에 사용되며, 붐에 스프레더 등을 장착하여 사용한다.
탑 핸들러 (Top Handler)	항만 CY에서 주로 공컨테이너의 야적, 차량적재, 단거리 이송에 사용되며, 마스트에 스프레더 등을 장착하여 사용한다.
트랜스퍼 크레인 (Transfer Crane, 트랜스테이너)	CY에 설치되어 컨테이너를 야드 샤시에서 내려 CY에 장치하거나 장치된 컨테이너를 야드 샤시에 실어주는 장비로, 타이어가 달린 형태를 RTGC(Rubber Tired Gantry Crane), 레일 위를 이동하는 형태를 RMGC(Rail Mounted Gantry Crane)라 칭한다.
컨테이너 크레인 (갠트리 크레인)	안벽을 따라 설치된 레일 위를 주행하면서 컨테이너를 선박에 적재하거나 하역하는 데 사용되는 장비를 말한다.
스트래들 캐리어 (Straddle Carrier)	컨테이너를 양각 사이에 들어 올려 주행하는 특수한 차량을 이용하는 하역기기를 말한다.
야드 트랙터 (Yard Tractor)	부두에 내려진 컨테이너를 터미널로 이동시키거나 컨테이너 터미널에서 대기 중인 수출용 컨테이너를 배가 정박해 있는 부두로 이동시킬 때 사용한다.

3. 컨테이너터미널의 하역방식 기출 25, 20, 12회

(1) 섀시 방식(Chassis System)

① 개념
㉠ 섀시방식은 로드트랙터와 로드섀시를 조합하여 컨테이너를 직접 적하·양하하는 방식이다.
㉡ 육상 및 선상에서 크레인으로 컨테이너선에 직접 상·하차하며 보조 하역기기가 필요 없는 하역방식이다.

② 장·단점
섀시방식은 매우 신속하고 효과적인 하역방식이나, 컨테이너를 1단 밖에 장치할 수 없어 넓은 야드 면적과 많은 수의 섀시와 트레일러가 필요하다는 단점이 있다.

(2) 스트래들 캐리어 방식(Straddle Carrier System)

① 개념
컨테이너를 컨테이너선에서 크레인으로 에이프런에 직접 내리고 스트래들 캐리어로 운반하는 방식이다.

② 장·단점
컨테이너를 2~3단으로 적재할 수 있어 토지의 효율성이 높고 작업량의 탄력성을 가진다. 다만 장비와 컨테이너의 파손율이 높다는 단점이 있다.

(3) 트랜스테이너 방식(Transtainer System)

① 개념
야드섀시에 탑재한 컨테이너를 마샬링 야드로 이동시켜 장치하는 방식으로 일정한 방향으로 이동하므로 전산화에 의한 자동화가 가능한 방식이다.

② 장·단점
우리나라에서 주로 사용하는 방식으로 전산화에 의한 완전 자동화가 가능하지만, 물량이 증대될 때 대기시간이 길어진다는 단점이 있다.

(4) 각 방식 간 비교

구분	야드 면적	자본투자	컨테이너 양륙시간	하역장비 유지비용	자동화 가능성
섀시 방식	대	대	단	소	저
스트래들 캐리어 방식	중	중	중	대	중
트랜스테이너 방식	소	소	장	소	고

(5) **컨테이너 터미널의 적정처리능력(TGS)** 기출▶ 21, 10회

컨테이너 터미널의 적정처리능력은 1TEU를 평면으로 적재할 수 있는 TGS(Twenty-foot Ground Slot)를 산정한 후 전체 소요 TGS 규모를 수용할 수 있는 장치장 면적을 산출한다.

$$\text{소요 TGS} = \frac{\text{연간 처리대상 물동량} \times \text{평균장치일수} \times \text{피크계수} \times \text{분리계수}}{\text{평균장치단수} \times \text{연간영업일수}}$$

> **예제**
>
> 컨테이너 터미널이 연간 100,000TEU의 물동량을 처리하고 있다. 평균 장치일수는 10일, 피크 및 분리계수는 각각 1.5, 평균장치단수는 4단일 경우 소요되는 TGS(Twenty-foot Ground Slot) 수는? (단, 연간영업일수는 365일이다.)
>
> **해설**
>
> $$\text{소요 TGS} = \frac{\text{연간 처리대상 물동량} \times \text{평균장치일수} \times \text{피크계수} \times \text{분리계수}}{\text{평균장치단수} \times \text{연간영업일수}}$$
>
> $$= \frac{10\text{만 TEU} \times 10\text{일} \times 1.5 \times 1.5}{4\text{단} \times 365\text{일}} = \frac{225\text{만 TEU}}{1,460\text{단}} = 1,541$$
>
> **정답 | 1,541**

4. 컨테이너 전용선의 적재방식 기출▶ 22, 19회

① LOLO(Lift on-Lift off): 본선 또는 육상의 갠트리크레인(Gantry crane)을 사용하여 컨테이너를 본선에 수직으로 하역하는 방식
② RORO(Roll on-Roll off): 선미나 선측, 경사판(ramp)을 거쳐 견인차를 이용하여 수평으로 적재 또는 양륙하는 방식
③ FOFO(Float on-Float off): 크레인을 이용하여 컨테이너가 적재된 부선을 하역하는 방식

핵심 기출문제

PART 08 운송수단별 하역방식

01

화차에 컨테이너를 싣는 COFC(Container On Flat Car) 방식에 해당되는 것은?

① 피기 백(Piggy Back) 방식, 캥거루 방식
② 캥거루 방식, 플렉시 밴(Flexi Van)
③ 크레인에 의한 방식, 피기 백 방식
④ 프레이트 라이너(Freight Liner) 방식, 피기 백 방식
⑤ 크레인에 의한 방식, 플렉시 밴

해설
대량의 컨테이너를 신속히 취급할 수 있는 COFC 방식에는 지게차에 의한 방식, 크레인에 의한 방식, 플렉시 밴(Flexi-Van) 등이 있다.

정답 | ⑤

02

항공하역에서 사용되는 장비가 아닌 것은?

① 트랜스포터(Transporter)
② 터그카(Tug car)
③ 돌리(Dolly)
④ 데릭(Derrick)
⑤ 이글루(Igloo)

해설
데릭(Derrick)은 항만하역 크레인으로 항공하역에서 사용되는 장비가 아니다. 데릭은 상단이 지지된 마스트를 가지며 마스트 또는 붐(Boom) 위 끝에서 화물을 달아 올리는 지브붙이 크레인이다.

정답 | ④

03

항만하역기기 중 컨테이너 터미널 하역기기에 해당하지 않는 것은?

① 트랜스퍼 크레인(Transfer Crane)
② 리치스태커(Reach Stacker)
③ 탑 핸들러(Top Handler)
④ 야드 트랙터(Yard Tractor)
⑤ 로딩 암(Loading Arm)

해설
로딩 암(Loading Arm)은 가스·액체화물을 취급하는 이송·공급장비로 컨테이너 터미널에서는 사용하지 않는다.

정답 | ⑤

SUBJECT

05

물류관련법규

PART 01 물류정책기본법
PART 02 물류시설의 개발 및 운영에 관한 법률
PART 03 화물자동차 운수사업법
PART 04 철도사업법
PART 05 항만운송사업법
PART 06 유통산업발전법
PART 07 농수산물 유통 및 가격안정에 관한 법률

합격 GUIDE

물류관련법규는 법률과 시행령, 시행규칙으로 구성되어 있는 가장 방대한 내용의 과목이기에 수험생들이 가장 어려워하곤 합니다. 그렇지만 자주 출제되는 빈출 이론을 중심으로 정리하고 학습한다면 의외로 고득점 할 수 있는 과목이기도 합니다.

법규 과목에는 문제를 출제하는 기본 공식이 있으므로 이를 잘 파악하여 학습하면 쉽게 접근할 수 있습니다. 예를 들면 행위의 주체(주로 국토교통부장관)가 누구인가, 숫자(년, 일, 원, 인) 등의 내용을 잘 확인하여야 합니다. 또한 강행규정(~해야 한다.)과 임의규정(~할 수 있다.)을 구분하고, 사업을 하기 위한 등록·허가·면허·인가·신고사항을 잘 구별하여야 합니다.

위에서 설명한 방법을 토대로 기본 내용을 정리한 후 연습문제를 통해 출제방식을 확인하고, 기출문제를 충분히 풀어보는 방식을 추천드립니다.

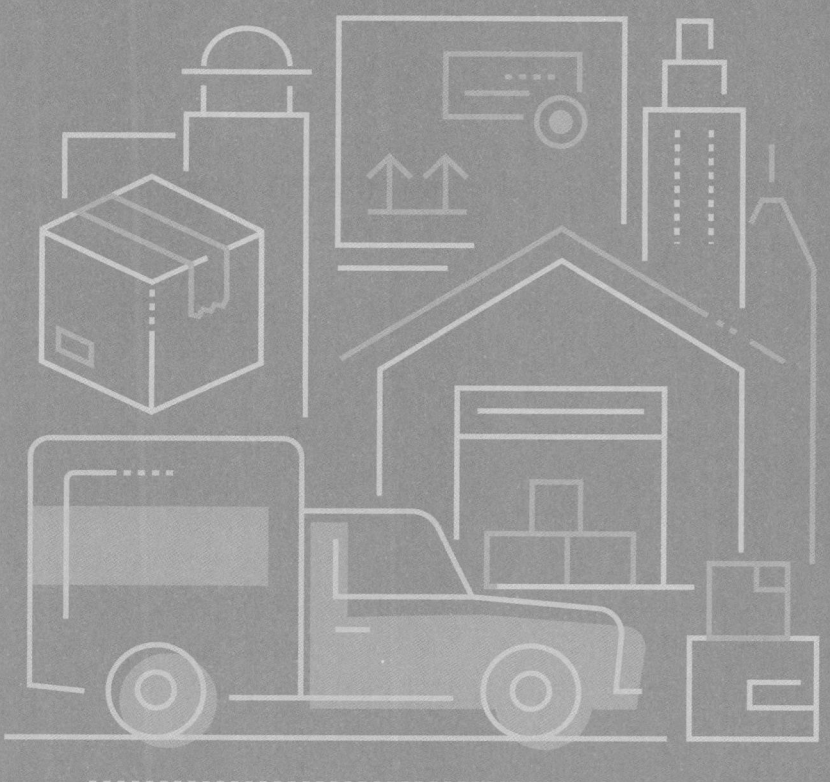

PART 01 물류정책기본법

CHAPTER 01 총칙

1. 법의 목적과 용어의 정의

(1) 법의 목적 기출 14회

이 법은 물류체계의 효율화, 물류산업의 경쟁력 강화 및 물류의 선진화·국제화를 위하여 국내외 물류정책·계획의 수립·시행 및 지원에 관한 기본적인 사항을 정함으로써 국민경제의 발전에 이바지함을 목적으로 한다.

(2) 용어의 정의

① 물류 기출 21, 11, 9회

재화가 공급자로부터 조달·생산되어 수요자에게 전달되거나 소비자로부터 회수되어 폐기될 때까지 이루어지는 운송·보관·하역 등과 이에 부가되어 가치를 창출하는 가공·조립·분류·수리·포장·상표부착·판매·정보통신 등을 말한다.

② 물류체계: 효율적인 물류활동을 위하여 시설·장비·정보·조직 및 인력 등이 서로 유기적으로 기능을 발휘할 수 있도록 연계된 집합체를 말한다.

③ 물류시설 기출 11, 9회
  ㉠ 화물의 운송·보관·하역을 위한 시설
  ㉡ 화물의 운송·보관·하역 등에 부가되는 가공·조립·분류·수리·포장·상표부착·판매·정보통신 등을 위한 시설
  ㉢ 물류의 공동화·자동화 및 정보화를 위한 시설
  ㉣ ㉠~㉢의 시설이 모여 있는 물류터미널 및 물류단지

④ 물류공동화: 물류기업이나 화주기업들이 물류활동의 효율성을 높이기 위하여 물류에 필요한 시설·장비·인력·조직·정보망 등을 공동으로 이용하는 것을 말한다.

⑤ 물류표준화

물류표준화란 원활한 물류를 위하여 다음의 사항을 물류표준으로 통일하고 단순화하는 것을 말한다.
  ㉠ 시설 및 장비의 종류·형상·치수 및 구조
  ㉡ 포장의 종류·형상·치수·구조 및 방법
  ㉢ 물류용어, 물류회계 및 물류 관련 전자문서 등 물류체계의 효율화에 필요한 사항

⑥ 물류사업 기출 29, 25, 23, 19, 18, 16, 15, 13, 12, 10회

물류사업이란 화주의 수요에 따라 유상으로 물류활동을 영위하는 것을 업으로 하는 것으로 다음의 사업을 말한다.
  ㉠ 화물운송업: 자동차·철도차량·선박·항공기 또는 파이프라인 등의 운송수단을 통하여 화물을 운송하는 사업
  ㉡ 물류시설운영업: 물류터미널이나 창고 등의 물류시설을 운영하는 사업
  ㉢ 물류서비스업: 화물운송의 주선, 물류장비의 임대, 물류정보의 처리 또는 물류컨설팅 등의 업무를 하는 사업
  ㉣ 종합물류서비스업: ㉠~㉢까지의 물류사업을 종합적·복합적으로 영위하는 사업

대분류	세분류	세세분류
화물운송업	육상화물운송업	화물자동차운송사업, 화물자동차운송가맹사업, 철도사업
	해상화물운송업	외항정기화물운송사업, 외항부정기화물운송사업, 내항화물운송사업
	항공화물운송업	정기항공운송사업, 부정기항공운송사업, 상업서류송달업
	파이프라인운송업	파이프라인운송업
물류시설운영업	창고업 (공동집배송센터운영업 포함)	일반창고업, 냉장 및 냉동 창고업, 농·수산물 창고업, 위험물품보관업, 그 밖의 창고업
	물류터미널운영업	복합물류터미널, 일반물류터미널, 컨테이너화물조작장(CFS), 컨테이너장치장(CY), 물류단지, 집배송단지 등 물류시설의 운영업
물류서비스업	화물취급업(하역업 포함)	화물의 하역, 포장, 가공, 조립, 상표부착, 프로그램 설치, 품질검사 등 부가적인 물류업
	화물주선업	국제물류주선업, 화물자동차운송주선사업
	물류장비임대업	운송장비임대업, 산업용 기계·장비 임대업, 운반·적치·하역장비 임대업, 포장용기 임대업, 선박대여업
	물류정보처리업	물류정보 데이터베이스 구축, 물류지원 소프트웨어 개발·운영, 물류 관련 전자문서 처리업
	물류컨설팅업	물류 관련 업무프로세스 개선 관련 컨설팅, 자동창고, 물류자동화 설비·정보시스템 등 도입 관련 컨설팅
	해운부대사업	해운대리점업, 해운중개업, 선박관리업
	항만운송관련업	항만용역업, 선용품공급업, 선박연료공급업, 선박수리업, 컨테이너 수리업, 예선업
	항만운송사업	항만하역사업, 검수사업, 감정사업, 검량사업
종합물류서비스업	종합물류서비스업	종합물류서비스업

2. 국가 및 지방자치단체의 책무 등

(1) 국가 및 지방자치단체의 책무 기출 14회

① 국가는 물류활동을 원활히 하고 물류체계의 효율성을 높이기 위하여 국가 전체의 물류와 관련된 정책 및 계획을 수립하고 시행하여야 한다.
② 국가는 물류산업이 건전하고 고르게 발전할 수 있도록 육성하여야 한다.
③ 지방자치단체는 국가의 물류정책 및 계획과 조화를 이루면서 지역적 특성을 고려하여 지역물류에 관한 정책 및 계획을 수립하고 시행하여야 한다.

(2) 물류기업 및 화주의 책무

물류기업 및 화주는 물류사업을 원활히 하고 물류체계의 효율성을 증진시키기 위하여 노력하고, 국가 또는 지방자치단체의 물류정책 및 계획의 수립·시행에 적극 협력하여야 한다.

(3) 다른 법률과의 관계 기출 14회

① 물류에 관한 다른 법률을 제정하거나 개정하는 경우에는 이 법의 목적과 물류정책의 기본이념에 맞도록 하여야 한다.
② 이 법에 규정된 것 외의 물류시설의 개발 및 운영, 물류사업의 관리와 육성 등에 관하여는 따로 법률로 정한다.

CHAPTER 02 물류정책의 종합·조정

1. 물류현황조사와 지역물류현황조사

(1) 물류현황조사 `기출` 27, 25, 19, 18, 17, 15, 12회

① 현황조사의 주체와 조사내용: 국토교통부장관 또는 해양수산부장관은 물류에 관한 정책 또는 계획의 수립·변경을 위하여 필요하다고 판단될 때에는 관계 행정기관의 장과 미리 협의한 후 물동량의 발생현황과 이동경로, 물류시설·장비의 현황과 이용실태, 물류인력과 물류체계의 현황, 물류비, 물류산업과 국제물류의 현황 등에 관하여 조사할 수 있다.

② 중복 방지: 「국가통합교통체계효율화법」에 따른 국가교통조사와 중복되지 아니하도록 하여야 한다.

③ 자료제출 요청: 국토교통부장관 또는 해양수산부장관은 다음의 자에게 물류현황조사에 필요한 자료의 제출을 요청하거나 그 일부에 대하여 직접 조사하도록 요청할 수 있다. 이 경우 협조를 요청받은 자는 특별한 사정이 없으면 요청에 따라야 한다.
  ㉠ 관계 중앙행정기관의 장
  ㉡ 특별시장·광역시장·특별자치시장·도지사 및 특별자치도지사(이하 "시·도지사")
  ㉢ 물류기업 및 이 법에 따라 지원을 받는 기업·단체 등

④ 조사의 대행: 국토교통부장관 또는 해양수산부장관은 물류현황조사를 효율적으로 수행하기 위하여 필요한 경우에는 물류현황조사의 전부 또는 일부를 전문기관으로 하여금 수행하게 할 수 있다.

⑤ 조사의 활용: 국토교통부장관 또는 해양수산부장관은 물류현황조사의 결과에 따라 물류비 등 물류지표를 설정하여 물류정책의 수립 및 평가에 활용할 수 있다.

(2) 물류현황조사지침 `기출` 27, 18회

① 국토교통부장관은 물류현황조사를 요청하는 경우에는 효율적인 물류현황조사를 위하여 조사의 시기, 종류 및 방법 등에 관하여 조사지침을 작성하여 통보할 수 있다.

② 국토교통부장관은 물류현황조사지침을 작성하려는 경우에는 미리 관계 중앙행정기관의 장과 협의하여야 한다.

> **짚고 넘어가기** 물류현황조사를 위한 조사지침에 포함되어야 하는 사항
> 1. 조사의 종류 및 항목
> 2. 조사의 대상·방법 및 절차
> 3. 조사의 체계
> 4. 조사의 시기 및 지역
> 5. 조사결과의 집계·분석 및 관리
> 6. 그 밖에 효율적인 물류현황조사를 위하여 필요한 사항

(3) 지역물류현황조사 등 `기출` 27, 25, 23, 18, 15, 12회

① 조사의 주체와 조사내용, 중복 방지: 시·도지사는 지역물류에 관한 정책 또는 계획의 수립·변경을 위하여 필요한 경우에는 해당 행정구역의 물동량 현황과 이동경로, 물류시설·장비의 현황과 이용실태, 물류산업의 현황 등에 관하여 조사할 수 있다. 이 경우 국가교통조사와 중복되지 아니하도록 하여야 한다.

② 자료제출 요청: 시·도지사는 관할 시·군 및 구의 시장·군수 및 구청장, 물류기업 및 이 법에 따라 지원을 받는 기업·단체 등에게 지역물류현황조사에 필요한 자료를 제출하도록 요청하거나 그 일부에 대하여 직접 조사하도록 요청할 수 있다. 이 경우 협조를 요청받은 자는 특별한 사정이 없는 한 이에 따라야 한다.

③ 조사의 대행: 시·도지사는 지역물류현황조사의 효율적인 수행을 위하여 필요한 경우에는 지역물류현황조사의 전부 또는 일부를 전문기관으로 하여금 수행하게 할 수 있다.

④ 조사지침의 작성, 통보: 시·도지사는 지역물류현황조사를 요청하는 경우에는 효율적인 지역물류현황조사를 위하여 조사의 시기, 종류 및 방법 등에 관하여 해당 특별시·광역시·특별자치시·도 및 특별자치도의 조례로 정하는 바에 따라 조사지침을 작성하여 통보할 수 있다.

(4) 물류개선조치의 요청 기출▶ 12회

① 개선조치 요청의 사유: 국토교통부장관 또는 해양수산부장관은 물류현황조사 등을 통하여 ㉠ 물류수요가 특정 물류시설이나 특정 운송수단에 치우쳐 효율적인 물류체계 운용을 해치거나 ㉡ 관계 중앙행정기관의 장 또는 시·도지사의 물류 관련 정책 또는 계획이 국가물류기본계획에 위배된다고 판단될 때에는 해당 중앙행정기관의 장이나 시·도지사에게 이를 개선하기 위한 조치를 하도록 요청할 수 있다.

② 개선조치 요청의 절차

㉠ 개선조치를 요청하는 경우 국토교통부장관 또는 해양수산부장관은 미리 해당 중앙행정기관의 장 또는 시·도지사와 개선조치에 대하여 협의하여야 한다.

㉡ 개선조치를 요청받은 관계 중앙행정기관의 장이나 해당 시·도지사는 특별한 사유가 없는 한 이를 개선하기 위한 조치를 강구하여야 한다.

㉢ 관계 중앙행정기관의 장이나 시·도지사는 개선조치의 요청에 이의가 있는 경우에는 국가물류정책위원회에 조정을 요청할 수 있다.

2. 국가물류기본계획

(1) 국가물류기본계획의 수립 기출▶ 29, 27, 26, 25, 22, 18, 17, 16, 12, 11회

① 국가물류기본계획의 수립: 국토교통부장관 및 해양수산부장관은 국가물류정책의 기본방향을 설정하는 10년 단위의 국가물류기본계획을 5년마다 공동으로 수립하여야 한다.

② 국가물류기본계획의 내용

> 1. 국내외 물류환경의 변화와 전망
> 2. 국가물류정책의 목표와 전략 및 단계별 추진계획
> 3. 국가물류정보화사업에 관한 사항
> 4. 운송·보관·하역·포장 등 물류기능별 물류정책 및 도로·철도·해운·항공 등 운송수단별 물류정책의 종합·조정에 관한 사항
> 5. 물류시설·장비의 수급·배치 및 투자 우선순위에 관한 사항
> 6. 연계물류체계의 구축과 개선에 관한 사항
> 7. 물류 표준화·공동화 등 물류체계의 효율화에 관한 사항
> 8. 물류보안에 관한 사항
> 9. 물류산업의 경쟁력 강화에 관한 사항
> 10. 물류인력의 양성 및 물류기술의 개발에 관한 사항
> 11. 국제물류의 촉진·지원에 관한 사항
> 12. 환경친화적 물류활동의 촉진·지원에 관한 사항
> 13. 그 밖에 물류체계의 개선을 위하여 필요한 사항

③ 자료제출 요청: 국토교통부장관 및 해양수산부장관은 다음의 자에 대하여 국가물류기본계획의 수립·변경을 위한 관련 기초 자료의 제출을 요청할 수 있다. 이 경우 협조를 요청받은 자는 특별한 사정이 없는 한 이에 따라야 한다.

자료제출 요청 대상
1. 관계 중앙행정기관의 장 2. 시·도지사 3. 물류기업 및 이 법에 따라 지원을 받는 기업·단체 등

④ 국가물류기본계획의 수립절차
  ㉠ 국토교통부장관 및 해양수산부장관은 국가물류기본계획을 수립하거나 대통령령으로 정하는 중요한 사항을 변경하려는 경우에는 관계 중앙행정기관의 장 및 시·도지사와 협의한 후 국가물류정책위원회의 심의를 거쳐야 한다.
  ㉡ 국토교통부장관은 국가물류기본계획을 수립하거나 변경한 때에는 이를 관보에 고시하고, 관계 중앙행정기관의 장 및 시·도지사에게 통보하여야 한다.

> **짚고 넘어가기** 대통령령으로 정하는 중요한 사항 기출 22, 18, 12회
>
> ④의 ㉠에서 "대통령령으로 정하는 중요한 사항"이란 다음의 어느 하나에 해당하는 사항을 말한다.
> 다만, 2부터 4까지의 사항이 국토종합계획, 국가기간교통망계획이나 물류시설개발종합계획 등 국가물류기본계획과 관련된 다른 계획의 변경으로 인한 사항을 반영하는 내용일 경우는 제외한다.
> 1. 국가물류정책의 목표와 주요 추진전략에 관한 사항
> 2. 물류시설·장비의 투자 우선 순위에 관한 사항
> 3. 국제물류의 촉진·지원에 관한 기본적인 사항
> 4. 그 밖에 국가물류정책위원회의 심의가 필요하다고 인정하는 사항

(2) 다른 계획과의 관계 기출 29, 26, 18, 17, 14, 12회

① 다른 계획과 조화: 국가물류기본계획은 「국토기본법」에 따라 수립된 국토종합계획 및 「국가통합교통체계효율화법」에 따라 수립된 국가기간교통망계획과 조화를 이루어야 한다.
② 다른 계획에 우선: 국가물류기본계획은 다른 법령에 따라 수립되는 물류에 관한 계획에 우선하며 그 계획의 기본이 된다.

(3) 연도별시행계획의 수립 기출 24, 18, 17, 12회

① 시행계획의 수립: 국토교통부장관 및 해양수산부장관은 국가물류기본계획을 시행하기 위하여 연도별 시행계획을 매년 공동으로 수립하여야 한다.
② 시행계획의 수립절차: 국토교통부장관 및 해양수산부장관은 국가물류기본계획의 연도별 시행계획을 수립하려는 경우에는 미리 관계 중앙행정기관의 장, 시·도지사와 협의한 후 물류정책분과위원회의 심의를 거쳐야 한다.
③ 계획의 통보 및 협조의무: 국토교통부장관은 수립된 연도별시행계획을 관계 행정기관의 장에게 통보하여야 하며, 관계 행정기관의 장은 연도별시행계획의 원활한 시행을 위하여 적극 협조하여야 한다.
④ 추진실적과 시행계획의 제출: 관계 행정기관의 장은 전년도의 연도별시행계획의 추진실적과 해당 연도의 시행계획을 매년 2월 말까지 국토교통부장관 및 해양수산부장관에게 제출하여야 한다.

3. 지역물류기본계획

(1) 지역물류기본계획의 수립 기출 29, 27, 26, 24, 22, 18회

① 특별시장 및 광역시장은 지역물류정책의 기본방향을 설정하는 10년 단위의 지역물류기본계획을 5년마다 수립하여야 한다.
② 특별자치시장·도지사 및 특별자치도지사는 지역물류체계의 효율화를 위하여 필요한 경우에는 지역물류기본계획을 수립할 수 있다.

(2) 지역물류기본계획의 요건과 포함사항 기출 27, 26, 22, 20, 11회

지역물류기본계획은 국가물류기본계획에 배치되지 아니하여야 하며, 다음의 사항이 포함되어야 한다.

지역물류기본계획의 포함사항	
1. 지역물류환경의 변화와 전망	6. 지역의 물류 공동화 및 정보화 등 물류체계의 효율화에 관한 사항
2. 지역물류정책의 목표·전략 및 단계별 추진계획	7. 지역 물류산업의 경쟁력 강화에 관한 사항
3. 운송·보관·하역·포장 등 물류기능별 지역물류정책 및 도로·철도·해운·항공 등 운송수단별 지역물류정책에 관한 사항	8. 지역 물류인력의 양성 및 물류기술의 개발·보급에 관한 사항
4. 지역의 물류시설·장비의 수급·배치 및 투자 우선순위에 관한 사항	9. 지역차원의 국제물류의 촉진·지원에 관한 사항
	10. 지역의 환경친화적 물류활동의 촉진·지원에 관한 사항
5. 지역의 연계물류체계의 구축 및 개선에 관한 사항	11. 그 밖에 지역물류체계의 개선을 위하여 필요한 사항

(3) 지역물류기본계획의 수립지침의 작성 및 통보

① 국토교통부장관 및 해양수산부장관은 지역물류기본계획의 수립방법 및 기준 등에 관한 지침을 공동으로 작성하여야 한다.
② 국토교통부장관은 지침을 작성한 경우 특별시장 및 광역시장에게 통보하여야 한다.

(4) 지역물류기본계획의 수립절차 기출 22, 13회

① 자료제출 요청

특별시장 및 광역시장은 다음의 자에 대하여 지역물류기본계획의 수립·변경을 위한 관련 기초 자료의 제출을 요청할 수 있다. 이 경우 협조를 요청받은 자는 특별한 사정이 없는 한 이에 따라야 한다.
  ㉠ 인접한 시·도의 시·도지사
  ㉡ 관할 시·군·구의 시장·군수·구청장
  ㉢ 이 법에 따라 해당 시·도의 지원을 받는 기업·단체 등

② 지역물류기본계획의 수립 및 변경절차
  ㉠ 특별시장 및 광역시장이 지역물류기본계획을 수립하거나 대통령령이 정하는 중요한 사항을 변경하려는 경우에는 미리 해당 시·도에 인접한 시·도의 시·도지사와 협의한 후 지역물류정책위원회의 심의를 거쳐야 한다.
  ㉡ 이 경우 특별시장 및 광역시장은 수립하거나 변경한 지역물류기본계획을 국토교통부장관 및 해양수산부장관에게 통보하여야 한다. 기출 22, 9회

> **짚고 넘어가기** 대통령령으로 정하는 중요한 사항
> 1. 지역물류정책의 목표와 주요 추진전략에 관한 사항
> 2. 지역의 물류시설·장비의 투자 우선순위에 관한 사항
> 3. 지역 차원의 국제물류의 촉진·지원에 관한 기본적인 사항
> 4. 그 밖에 지역물류정책위원회의 심의가 필요하다고 인정하는 사항

ⓒ 특별시장 및 광역시장은 지역물류기본계획을 수립하거나 변경한 때에는 이를 공고하고, 인접한 시·도의 시·도지사, 관할 시·군·구의 시장·군수·구청장 및 이 법에 따라 해당 시·도의 지원을 받는 기업 및 단체 등에 이를 통보하여야 한다.

ⓓ 국토교통부장관 또는 해양수산부장관은 통보받은 지역물류기본계획에 대하여 필요한 경우 관계 중앙행정기관의 장과 협의한 후 물류정책분과위원회의 심의를 거쳐 변경을 요구할 수 있다.

(5) **지역물류기본계획의 연도별 시행계획의 수립**
① 지역물류시행계획의 수립: 지역물류기본계획을 수립한 특별시장 및 광역시장은 그 계획을 시행하기 위하여 연도별 시행계획(지역물류시행계획)을 매년 수립하여야 한다.
② 지역물류시행계획의 수립절차: 특별시장 또는 광역시장(지역물류기본계획을 수립하는 도지사 및 특별자치도지사 포함)은 지역물류시행계획을 수립하려는 경우에는 미리 국토교통부장관, 관계 중앙행정기관의 장, 시·도에 인접한 시·도의 시·도지사와 협의한 후 지역물류정책위원회의 심의를 거쳐야 한다.
③ 지역물류시행계획의 통보: 특별시장 또는 광역시장은 지역물류시행계획을 수립한 경우에는 국토교통부장관, 관계 중앙행정기관의 장, 해당 시·도에 인접한 시·도의 시·도지사, 관할 시·군 및 구의 시장·군수 및 구청장에게 이를 통보하여야 한다.

4. 물류정책위원회

(1) **국가물류정책위원회의 설치 및 기능** 기출▶ 29, 28, 26, 24, 20, 9회
① 국가물류정책위원회의 설치: 국가물류정책에 관한 주요 사항을 심의하기 위하여 국토교통부장관 소속으로 국가물류정책위원회를 둔다.
② 국가물류정책위원회의 심의·조정사항

> 1. 국가물류체계의 효율화에 관한 중요 정책 사항
> 2. 물류시설의 종합적인 개발계획의 수립에 관한 사항
> 3. 물류산업의 육성·발전에 관한 중요 정책 사항
> 4. 물류보안에 관한 중요 정책 사항
> 5. 국제물류의 촉진·지원에 관한 중요 정책 사항
> 6. 이 법 또는 다른 법률에서 국가물류정책위원회의 심의를 거치도록 한 사항
> 7. 그 밖에 국가물류체계 및 물류산업에 관한 중요한 사항으로서 위원장이 회의에 부치는 사항

(2) **국가물류정책위원회의 구성 등** 기출▶ 29, 26, 24, 21회
① 국가물류정책위원회는 위원장을 포함한 23명 이내의 위원으로 구성하고, 위원장은 국토교통부장관이 된다.
② 국가물류정책위원회의 사무를 처리하기 위하여 간사 1명을 두되, 간사는 국토교통부 소속 공무원 중에서 위원장이 지명하는 자가 된다.
③ 공무원이 아닌 위원의 임기는 2년으로 하되, 연임할 수 있다.
④ 국가물류정책위원회 회의는 재적위원 과반수의 출석으로 개의하고, 출석위원 과반수의 찬성으로 의결한다.

(3) 분과위원회 기출 29, 28, 26, 24, 21회

① 국가물류정책위원회의 업무를 효율적으로 추진하기 위하여 다음의 분과위원회를 둘 수 있다.
  ㉠ 물류정책분과위원회: 중장기 물류정책의 수립·조정, 물류산업 및 물류기업의 육성·지원, 물류인력의 양성에 관한 사항과 물류시설분과위원회 및 국제물류분과위원회의 소관에 속하지 아니하는 사항
  ㉡ 물류시설분과위원회: 물류의 공동화·표준화·정보화 및 자동화, 물류시설·장비 및 프로그램의 개발에 관한 사항
  ㉢ 국제물류분과위원회: 국제물류협력체계 구축, 국내물류기업의 해외진출, 해외물류기업의 유치 및 환적화물의 유치, 해외물류시설 투자 등 국제물류의 촉진 및 지원에 관한 사항
② 각 분과위원회의 위원장은 해당 분과위원회의 위원 중에서 국토교통부장관(물류정책분과위원회 및 물류시설분과위원회의 경우로 한정) 또는 해양수산부장관(국제물류분과위원회의 경우로 한정)이 지명하는 사람으로 한다.
③ 국가물류정책위원회의 분과위원회가 국가물류정책위원회에서 위임한 사항을 심의·조정한 때에는 분과위원회의 심의·조정을 국가물류정책위원회의 심의·조정으로 본다.
④ 분과위원회의 위원 중 공무원이 아닌 위원의 임기는 2년으로 하되, 연임할 수 있다.

(4) 전문위원회 기출 28회

① 국가물류정책위원회의 업무를 효율적으로 수행하기 위하여 국가물류정책위원회에 녹색물류전문위원회와 생활물류전문위원회를 둘 수 있다.
② 전문위원회는 다음의 구분에 따른 사항을 조사·연구·검토한다.

녹색물류전문위원회	• 환경친화적 물류활동 촉진을 위한 정책의 개발 및 제안에 관한 사항 • 물류기업과 화주기업의 환경친화적 협력체계 구축을 위한 정책과 사업의 개발 및 제안에 관한 사항
생활물류전문위원회	• 「생활물류서비스산업발전법」에 따른 생활물류서비스산업의 발전·육성 및 지원을 위한 정책의 개발 및 제안에 관한 사항 • 「생활물류서비스산업발전법」에 따른 생활물류서비스산업 발전 기본계획의 수립에 관한 사항 • 다른 법령에서 생활물류전문위원회의 검토를 거치도록 한 사항

③ 각 전문위원회는 위원장 1명을 포함하여 15명 이내의 위원으로 구성하고, 각 전문위원회의 위원장은 위원 중에서 국토교통부장관이 지명하는 사람으로 한다.
④ 각 전문위원회의 위원 중 공무원이 아닌 위원의 임기는 2년으로 한다. 각 전문위원회에는 간사 1명을 두며, 간사는 국토교통부 소속 5급 이상 공무원 중에서 국토교통부장관이 지명한다.

(5) 지역물류정책위원회 기출 28회

① 지역물류정책에 관한 주요 사항을 심의하기 위하여 시·도지사 소속으로 지역물류정책위원회를 둔다.
② 지역물류정책위원회는 위원장을 포함한 20명 이내의 위원으로 구성한다.

CHAPTER 03 물류체계의 효율화

1. 물류시설·장비의 확충 등

(1) 물류시설·장비의 확충 기출 28, 24회

① 물류시설 및 장비의 확충 권고, 지원: 국토교통부장관·해양수산부장관 또는 산업통상자원부장관은 효율적인 물류활동을 위하여 필요한 물류시설 및 장비를 확충할 것을 물류기업에 권고할 수 있으며, 이에 필요한 행정적·재정적 지원을 할 수 있다.

② 물류시설 및 장비의 확충을 위한 지원 요청: 국토교통부장관·해양수산부장관 또는 산업통상자원부장관은 물류시설 및 장비를 원활하게 확충하기 위하여 필요하다고 인정되는 경우 관계 행정기관의 장에게 필요한 지원을 요청할 수 있다.

(2) 물류시설 간의 연계와 조화 〔기출〕 15회

국가, 지방자치단체, 물류관련기관 및 물류기업 등이 새로운 물류시설을 건설하거나 기존 물류시설을 정비할 때에는 다음의 사항을 고려하여야 한다.
① 주요 물류거점시설 및 운송수단과의 연계성
② 주변 물류시설과의 기능중복 여부
③ 대통령령으로 정하는 공항·항만 또는 산업단지의 경우 적정한 규모 및 기능을 가진 배후 물류시설 부지의 확보 여부

2. 물류 공동화·자동화

(1) 물류 공동화·자동화 촉진 〔기출〕 29, 28, 27, 26, 24, 22, 18회

① 물류공동화는 물류기업이나 화주기업들이 물류활동의 효율성을 높이기 위하여 물류에 필요한 시설·장비·인력·조직·정보망 등을 공동으로 이용하는 것을 말한다.
② 국토교통부장관·해양수산부장관·산업통상자원부장관 또는 시·도지사는 물류공동화를 추진하는 물류기업이나 화주기업 또는 물류 관련 단체에 대하여 예산의 범위에서 필요한 자금을 지원할 수 있다.
③ 국토교통부장관·해양수산부장관·산업통상자원부장관 또는 시·도지사는 화주기업이 물류공동화를 추진하는 경우에는 물류기업이나 물류 관련 단체와 공동으로 추진하도록 권고할 수 있으며, 권고를 이행하는 경우에 우선적으로 ②의 지원을 할 수 있다.
④ 국토교통부장관·해양수산부장관·산업통상자원부장관 또는 시·도지사는 물류기업이 다음의 어느 하나에 해당하는 경우 우선적으로 ②의 지원을 할 수 있다.
㉠ 클라우드컴퓨팅 등 정보통신기술을 활용하여 물류공동화를 추진하는 경우
㉡ 농수산물 및 식품, 의약품, 그 밖에 첨단전자 부품 등 대통령령으로 정하는 품목의 어느 하나에 해당하는 품목을 그에 적합한 온도를 유지하여 운송[정온(定溫)물류]하기 위하여 물류공동화를 추진하는 경우
㉢ ㉡에서 '첨단전자부품 등 대통령령으로 정하는 품목'이란 다음과 같다.
• 반도체 및 이차전지
• 반도체 및 이차전지 제조에 사용되는 원재료 또는 중간생산물
• 반도체 및 이차전지 제조에 사용되는 원재료 또는 중간생산물을 생산하거나 해당 원재료 또는 중간생산물을 사용하여 반도체 및 이차전지를 생산하는 장치 또는 설비
• 「축산법」에 따른 축산물
• 그 밖에 국토교통부장관·해양수산부장관 또는 산업통상자원부장관이 각각 적합한 온도를 유지하여 운송할 필요가 있다고 인정하여 고시하는 품목

⑤ 국토교통부장관·해양수산부장관·산업통상자원부장관 또는 시·도지사는 물류공동화를 확산하기 위하여 필요한 경우에는 시범지역을 지정하거나 시범사업을 선정하여 운영할 수 있다.
⑥ 국토교통부장관·해양수산부장관 또는 산업통상자원부장관은 물류기업이 물류자동화를 위하여 물류시설 및 장비를 확충하거나 교체하려는 경우에는 필요한 자금을 지원할 수 있다.

(2) **중복지원의 방지** 기출▶ 24, 22회
  ① 국토교통부장관·해양수산부장관 또는 산업통상자원부장관은 (1)의 ②부터 ⑥까지의 조치를 하려는 경우에는 중복을 방지하기 위하여 미리 협의하여야 한다.
  ② 시·도지사는 (1)의 ②부터 ⑤까지의 조치를 하려는 경우에는 중복을 방지하기 위하여 미리 해당 조치와 관련하여 국토교통부장관·해양수산부장관 또는 산업통상자원부장관과 협의하고, 그 내용을 지역물류기본계획과 지역물류시행계획에 반영하여야 한다.

3. 물류표준화

(1) **물류표준 및 물류표준화의 정의**
  ① 물류표준: 「산업표준화법」에 따른 한국산업표준(KS) 중 물류활동과 관련된 것(KST)을 말한다.
  ② 물류표준화: 원활한 물류를 위하여 다음의 사항을 물류표준으로 통일하고 단순화하는 것을 말한다.
    ㉠ 시설 및 장비의 종류·형상·치수 및 구조
    ㉡ 포장의 종류·형상·치수·구조 및 방법
    ㉢ 물류용어, 물류회계 및 물류 관련 전자문서 등 물류체계의 효율화에 필요한 사항

(2) **물류표준의 보급촉진 등** 기출▶ 29, 28, 18, 17, 14, 11, 10회
  ① 국토교통부장관 또는 해양수산부장관은 물류표준화에 관한 업무를 효과적으로 추진하기 위하여 필요하다고 인정하는 경우에는 산업통상자원부장관에게 「산업표준화법」에 따른 한국산업표준의 제정·개정 또는 폐지를 요청할 수 있다.
  ② 국토교통부장관·해양수산부장관 또는 산업통상자원부장관은 물류표준의 보급을 촉진하기 위하여 필요한 경우에는 관계 행정기관, 공공기관, 물류기업, 물류에 관련된 장비의 사용자 및 제조업자에게 물류표준장비를 제조·사용하게 하거나 물류표준에 맞는 규격으로 포장을 하도록 요청하거나 권고할 수 있다.

(3) **물류표준장비의 사용자 등에 대한 우대조치** 기출▶ 20, 18, 10회
  ① 국토교통부장관·해양수산부장관 또는 산업통상자원부장관은 관계 행정기관, 공공기관 및 물류기업 등에게 물류표준장비의 사용자 또는 물류표준에 맞는 규격으로 재화를 포장하는 자에 대하여 운임·하역료·보관료의 할인 및 우선구매 등의 우대조치를 할 것을 요청하거나 권고할 수 있다.
  ② 국토교통부장관·해양수산부장관 또는 산업통상자원부장관은 물류표준장비의 보급 확대를 위하여 물류기업, 물류표준장비의 사용자 또는 물류표준에 맞는 규격으로 재화를 포장하는 자 등에 대하여 소요자금의 융자 등 필요한 재정지원을 할 수 있다.

(4) **물류회계의 표준화** 기출▶ 29, 27, 22, 18, 17, 13회
  ① 국토교통부장관은 해양수산부장관 및 산업통상자원부장관과 협의하여 물류기업 및 화주기업의 물류비 산정기준 및 방법 등을 표준화하기 위하여 대통령령으로 정하는 기준에 따라 「기업물류비 산정지침」을 작성하여 고시하여야 한다.

> **짚고 넘어가기** 「기업물류비 산정지침」에 포함되어야 할 사항 기출▶ 29, 27회
> 1. 물류비 관련 용어 및 개념에 대한 정의
> 2. 영역별·기능별 및 자가·위탁별 물류비의 분류
> 3. 물류비의 계산 기준 및 계산 방법
> 4. 물류비 계산서의 표준 서식

② 국토교통부장관은 물류기업 및 화주기업이 ①의 「기업물류비 산정지침」에 따라 물류비를 관리하도록 권고할 수 있다.
③ 국토교통부장관은 해양수산부장관 및 산업통상자원부장관과 협의하여 ①의 「기업물류비 산정지침」에 따라 물류비를 계산·관리하는 물류기업 및 화주기업에 대하여는 필요한 행정적·재정적 지원을 할 수 있다.

4. 물류정보화

(1) 국가물류정보화사업의 정의
국가물류정보화사업이란 국가, 지방자치단체 및 물류관련기관이 정보통신기술과 정보가공기술을 이용하여 물류관련 정보를 생산·수집·가공·축적·연계·활용하는 물류정보화사업을 말한다.

(2) 물류정보화의 촉진 기출 28, 24, 21, 19, 13, 12회
① 물류정보화 시책의 강구: 국토교통부장관·해양수산부장관·산업통상자원부장관 또는 관세청장은 물류정보화를 통한 물류체계의 효율화를 위하여 필요한 시책을 강구하여야 한다.
② 물류정보화 설비 등 비용 지원: 국토교통부장관·해양수산부장관·산업통상자원부장관 또는 관세청장은 물류정보화를 촉진하기 위하여 필요한 경우에는 예산의 범위에서 물류기업 또는 물류 관련 단체에 대하여 물류정보화에 관련된 설비 또는 프로그램의 개발·운용비용의 일부를 지원할 수 있다.

(3) 물류정보화 시책 기출 23회
① 물류정보화 시책 내용: 국토교통부장관·해양수산부장관·산업통상자원부장관 또는 관세청장은 물류정보화를 통한 물류체계의 효율화 시책을 강구할 때에는 다음의 사항이 포함되도록 하여야 한다.

> 1. 물류정보의 표준에 관한 사항
> 2. 물류분야 정보통신기술의 도입 및 확산에 관한 사항
> 3. 물류정보의 연계 및 공동활용에 관한 사항
> 4. 물류정보의 보안에 관한 사항
> 5. 그 밖에 물류효율의 향상을 위하여 필요한 사항

② 물류정보화 시책의 이행 권고: 국토교통부장관·해양수산부장관·산업통상자원부장관 또는 관세청장은 위 ①의 사항을 추진함에 있어서 필요한 경우에는 그 내용을 고시하거나 물류관련기관 또는 기업 등에게 이행을 권고할 수 있다.

(4) 단위물류정보망
① 단위물류정보망의 정의: 단위물류정보망이란 기능별 또는 지역별로 관련 행정기관, 물류기업 및 그 거래처를 연결하는 일련의 물류정보체계를 말한다.
② 단위물류정보망의 구축 기출 24, 20, 14, 12회
  ㉠ 구축·운영: 관계 행정기관 및 물류관련기관은 소관 물류정보의 수집·분석·가공 및 유통 등을 촉진하기 위하여 필요한 때에는 단위물류정보망을 구축·운영할 수 있다. 이 경우 관계 행정기관은 전담기관을 지정하여 단위물류정보망을 구축·운영할 수 있다.
  ㉡ 비용의 지원: 관계 행정기관이 전담기관을 지정하여 단위물류정보망을 구축·운영하는 경우에는 소요비용의 전부 또는 일부를 예산의 범위에서 지원할 수 있다.

ⓒ 연계체계의 구축
- 단위물류정보망을 구축하는 행정기관 및 물류관련기관은 소관 단위물류정보망과 국가물류통합정보센터 또는 다른 단위물류정보망 간의 연계체계를 구축하여야 한다.
- 단위물류정보망을 구축·운영하는 관계 행정기관의 장은 국가물류통합정보센터 또는 단위물류정보망 간의 연계체계를 구축하기 위하여 필요한 때에는 국토교통부장관과 협의를 거쳐 물류시설분과위원회에 국가물류통합정보센터와의 연계 또는 단위물류정보망 간의 연계체계의 조정을 요청할 수 있다.

ⓓ 전담기관의 지정: 관계 행정기관은 대통령령으로 정하는 공공기관 또는 물류정보의 수집·분석·가공·유통과 관련한 적절한 시설장비와 인력을 갖춘 자 중에서 단위물류정보망 전담기관을 지정한다.

짚고 넘어가기 단위물류정보망 전담기관으로 지정받을 수 있는 공공기관 기출 27, 24회

1. 「인천국제공항공사법」에 따른 인천국제공항공사
2. 「한국공항공사법」에 따른 한국공항공사
3. 「한국도로공사법」에 따른 한국도로공사
4. 「한국철도공사법」에 따른 한국철도공사
5. 「한국토지주택공사법」에 따른 한국토지주택공사
6. 「항만공사법」에 따른 항만공사

짚고 넘어가기 공공기관이 아닌 자로서 단위물류정보망 전담기관으로 지정받을 수 있는 자의 시설장비와 인력 등의 기준 기출 20, 19, 14, 12회

1. 다음의 시설장비를 갖출 것
   - 물류정보 및 이와 관련된 전자문서의 송신·수신·중계 및 보관 시설장비
   - 단위물류정보망을 안전하게 운영하기 위한 보호 시설장비
   - 단위물류정보망의 정보시스템 관리 및 복제·저장 시설장비
   - 단위물류정보망에 보관된 물류정보와 전자문서의 송신·수신의 일자·시각 및 자취 등을 기록·관리하는 시설장비
   - 다른 단위물류정보망 및 국가물류통합정보센터와의 정보연계에 필요한 시설장비
2. 다음의 인력을 보유할 것
   - 「국가기술자격법」에 따른 정보통신기사·정보처리기사 또는 전자계산기조직응용기사 이상의 국가기술자격이나 이와 동등한 자격이 있다고 국토교통부장관이 정하여 고시하는 사람 2명 이상
   - 「국가기술자격법」에 따른 정보통신분야(기술·기능 분야)에서 3년 이상 근무한 경력이 있는 사람 1명 이상
3. 자본금이 2억 원 이상인 「상법」에 따른 주식회사일 것

ⓔ 단위물류정보망 전담기관의 지정취소

전담기관을 지정하여 단위물류정보망을 구축·운영하는 관계 행정기관은 단위물류정보망 전담기관이 다음의 어느 하나에 해당하는 경우에는 그 지정을 취소할 수 있다. 다만, ⓐ에 해당하는 경우에는 지정을 취소하여야 한다.

ⓐ 거짓이나 그 밖의 부정한 방법으로 지정을 받은 경우
ⓑ 지정기준에 미달하게 된 경우

5. 위험물질운송안전관리센터

(1) 위험물질운송안전관리센터의 설치·운영 기출 29, 27회

① 센터의 설치·운영과 대행
  ㉠ 국토교통부장관은 위험물질의 안전한 도로운송을 위하여 위험물질 운송차량을 통합적으로 관리하는 위험물질 운송안전관리센터를 설치·운영한다.
  ㉡ 이 경우 국토교통부장관은 한국교통안전공단에 위험물질운송안전관리센터의 설치·운영을 대행하게 할 수 있다.

> **짚고 넘어가기** 관리대상 위험물질 기출 25회
>
> 1. 「위험물안전관리법」에 따른 위험물
> 2. 「화학물질관리법」에 따른 허가물질, 제한물질, 금지물질 및 유해화학물질
> 3. 「고압가스 안전관리법」에 따른 고압가스
> 4. 「원자력안전법」에 따른 방사성폐기물
> 5. 「폐기물관리법」에 따른 지정폐기물
> 6. 「농약관리법」에 따른 농약과 원제

② 위험물질운송안전관리센터의 업무
  ㉠ 위험물질 운송차량의 소유자 및 운전자 정보, 운행정보, 사고발생 시 대응 정보 등 위험물질운송안전관리센터 운영에 필요한 정보의 수집 및 관리
  ㉡ 단말장치의 장착·운용 및 운송계획정보의 입력 등에 관한 교육
  ㉢ 위험물질운송안전관리센터의 업무 수행을 지원하기 위한 전자정보시스템(위험물질운송안전관리시스템)의 구축·운영
  ㉣ 위험물질 운송차량의 사고 관련 상황 감시 및 사고발생 시 사고 정보 전파
  ㉤ 각 시·도경찰청장이 공고하는 통행 금지 및 제한 구간, 상수원보호구역 등 통행제한 구간, 그 밖에 국토교통부령으로 정하는 통행제한 구간에 진입한 위험물질 운송차량에 대한 통행금지 알림 및 관계 기관 등에 해당 위험물질 운송차량의 통행제한구간 진입 사실 전파
  ㉥ 관계 행정기관과의 위험물질운송안전관리시스템 공동 활용 체계 구축
  ㉦ 그 밖에 위험물질 운송차량의 사고예방 및 사고발생 시 신속한 방재 지원에 필요한 사항
③ 비용 지원: 국토교통부장관은 예산의 범위에서 위험물질운송안전관리센터의 설치 및 운영을 대행하는 데 필요한 예산을 지원할 수 있다.
④ 정보의 공동 활용: 관계 행정기관의 장은 위험물질운송안전관리시스템을 통하여 위험물질운송안전관리센터가 수집·관리하는 정보를 공동으로 활용할 수 있다.

(2) 위험물질 운송차량의 소유자 등의 의무 등 기출 27회

① 이동통신 단말장치의 장착의무: 도로운송 시 위험물질운송안전관리센터의 감시가 필요한 위험물질을 운송하는 위험물질 운송차량 중 최대 적재량이 일정 기준 이상인 차량의 소유자는 위험물질운송 안전관리시스템과 무선통신이 가능하고 위험물질 운송차량의 위치정보의 수집 등이 가능한 이동통신 단말장치를 차량에 장착하여야 한다.
② 이동통신 단말장치의 관리의무: 단말장치를 장착한 위험물질 운송차량의 소유자는 단말장치의 정상적인 작동 여부를 점검·관리하여야 하며, 단말장치 장착차량의 운전자는 위험물질을 운송하는 동안 단말장치의 작동을 유지하여야 한다.

③ 비용 지원: 국토교통부장관은 위험물질 운송차량의 소유자가 단말장치를 장착·운용하는 데 필요한 비용의 전부 또는 일부를 지원할 수 있다.
④ 운송계획 정보입력: 단말장치 장착차량의 소유자는 위험물질을 운송하려는 경우 사전에 해당 차량의 운전자 정보, 운송하는 위험물질의 종류, 출발지 및 목적지 등 운송계획에 관한 정보를 위험물질운송안전관리시스템에 입력하여야 한다.

(3) 단말장치의 장착 및 운행중지 명령
① 단말장치 장착 및 개선명령: 국토교통부장관은 단말장치를 장착하지 아니하거나 단말장치의 장착·기술 기준을 준수하지 아니한 자에게 기간을 정하여 단말장치를 장착하거나 개선할 것을 명할 수 있다.
② 운행중지명령: 국토교통부장관은 ①에 따른 조치명령을 받은 자가 그 명령을 이행하지 아니한 경우 그 위험물질 운송차량의 운행중지를 명할 수 있다.

6. 국가물류통합데이터베이스와 국가물류통합정보센터

(1) 국가물류통합데이터베이스 기출 27회
① 국가물류통합데이터베이스의 구축: 국토교통부장관은 해양수산부장관·산업통상자원부장관 및 관세청장과 협의하여 단위물류정보망으로부터 필요한 정보를 제공받거나 물류현황조사에 따라 수집된 정보를 가공·분석하여 물류관련 자료를 총괄하는 국가물류통합데이터베이스를 구축할 수 있다.
② 자료제공 요청: 국토교통부장관은 국가물류통합데이터베이스의 구축을 위하여 필요한 경우 관계 행정기관, 지방자치단체, 물류관련기관 또는 물류기업 등에 대하여 자료의 제공을 요청할 수 있다.

(2) 국가물류통합정보센터의 설치·운영 기출 28, 27, 19회
① 국가물류통합정보센터의 설치·운영: 국토교통부장관은 국가물류통합데이터베이스를 구축하고 물류정보를 가공·축적·제공하기 위한 통합정보체계를 갖추기 위하여 국가물류통합정보센터(nlic.go.kr)를 설치·운영할 수 있다.
② 운영자의 지정
국토교통부장관은 다음의 어느 하나에 해당하는 자를 국가물류통합정보센터의 운영자로 지정할 수 있다.
㉠ 중앙행정기관
㉡ 대통령령으로 정하는 공공기관(단위물류정보망 전담기관과 동일)
㉢ 정부출연연구기관
㉣ 물류관련협회
㉤ 그 밖에 자본금 2억원 이상, 업무능력 등 대통령령으로 정하는 기준과 자격을 갖춘 「상법」상의 주식회사 기출 19회

> **짚고 넘어가기** 대통령령으로 정하는 기준과 자격
>
> 1. 자본금이 2억 원 이상일 것
> 2. 다음의 시설장비를 갖출 것
>   - 물류정보 및 이와 관련된 전자문서의 송신·수신·중계 및 보관 시설장비
>   - 국가물류통합정보센터를 안전하게 운영하기 위한 보호 시설장비
>   - 국가물류통합정보센터의 정보시스템 관리 및 복제·저장 시설장비
>   - 국가물류통합정보센터에 보관된 물류정보와 전자문서의 송신·수신의 일자·시각 및 자취 등을 기록·관리하는 시설장비
>   - 단위물류정보망 및 외국의 물류정보망과의 정보연계에 필요한 시설장비
> 3. 다음의 인력을 보유할 것
>   - 물류관리사 1명 이상
>   - 「국가기술자격법」에 따른 정보통신기사·정보처리기사 또는 전자계산기조직응용기사 이상의 국가기술자격이나 이와 동등한 자격이 있다고 국토교통부장관이 정하여 고시하는 사람 1명 이상
>   - 「국가기술자격법」에 따른 정보통신분야(기술·기능 분야)에서 3년 이상 근무한 경력이 있는 사람 1명 이상
>   - 물류정보의 처리·보관 및 전송 등을 위한 표준전자문서의 개발 또는 전자문서의 송신·수신 및 중계방식과 관련된 기술 분야에서 3년 이상 근무한 경력이 있는 사람 1명 이상
>   - 국가물류통합정보센터의 시스템을 운영하고, 국가물류통합정보센터가 제공하는 물류정보의 이용자에 대한 상담이 가능한 전문요원 1명 이상

③ 운영자에 대한 지원: 국토교통부장관은 해양수산부장관·산업통상자원부장관 및 관세청장과 협의하여 국가물류통합정보센터의 효율적인 운영을 위하여 국가물류통합정보센터 운영자에게 필요한 지원을 할 수 있다.

(3) 국가물류통합정보센터 운영자의 지정 취소 기출 28회

국토교통부장관은 국가물류통합정보센터운영자가 다음의 어느 하나에 해당하는 경우에는 그 지정을 취소할 수 있다. 다만, ①에 해당하는 경우에는 지정을 취소하여야 한다.
① 거짓이나 그 밖의 부정한 방법으로 지정을 받은 경우
② 대통령령으로 정하는 지정기준에 미달하게 된 경우
③ 국가물류통합정보센터운영자가 국가물류통합데이터베이스의 물류정보를 영리를 목적으로 사용한 경우

7. 전자문서

(1) 전자문서의 이용·개발 기출 22, 17회

① 물류기업, 물류관련기관 및 물류관련단체가 대통령령으로 정하는 물류에 관한 업무를 전자문서로 처리하려는 경우에는 국토교통부령으로 정하는 전자문서를 이용하여야 한다.
② 국토교통부장관은 해양수산부장관 및 산업통상자원부장관과 협의하여 표준전자문서의 개발·보급계획을 수립하여야 한다.

(2) 전자문서 및 물류정보의 보안 기출 29, 28, 22, 20, 17, 12, 11회

① 누구든지 단위물류정보망 또는 전자문서를 위작 또는 변작하거나 위작 또는 변작된 전자문서를 행사하여서는 아니 된다.
② 누구든지 국가물류통합정보센터 또는 단위물류정보망에서 처리·보관 또는 전송되는 물류정보를 훼손하거나 그 비밀을 침해·도용 또는 누설하여서는 아니 된다.

③ 국가물류통합정보센터 운영자 또는 단위물류정보망 전담기관은 전자문서 및 정보처리장치의 파일에 기록되어 있는 물류정보를 대통령령으로 정하는 기간(2년) 동안 보관하여야 한다.

④ 국가물류통합정보센터 운영자 또는 단위물류정보망 전담기관은 전자문서 및 물류정보의 보안에 필요한 보호조치를 강구하여야 한다.

⑤ 누구든지 불법 또는 부당한 방법으로 전자문서 및 물류정보의 보안에 필요한 보호조치를 침해하거나 훼손하여서는 아니 된다.

(3) 전자문서 및 물류정보의 공개 〔기출〕 22, 20, 17, 12, 10회

① 국가물류통합정보센터운영자 또는 단위물류정보망 전담기관은 대통령령으로 정하는 경우를 제외하고는 전자문서 또는 물류정보를 공개하여서는 아니 된다.

② 국가물류통합정보센터운영자 또는 단위물류정보망 전담기관이 전자문서 또는 물류정보를 공개하려는 때에는 미리 대통령령으로 정하는 이해관계인의 동의를 받아야 한다.

> **짚고 넘어가기** 전자문서 또는 물류정보를 공개할 수 있는 경우
>
> "대통령령으로 정하는 경우"란 국가의 안전보장에 위해가 없고 기업의 영업비밀을 침해하지 아니하는 경우로서 다음의 어느 하나에 해당하는 경우를 말한다.
> 1. 관계 중앙행정기관 또는 지방자치단체가 행정목적상의 필요에 따라 신청하는 경우
> 2. 수사기관이 수사목적상의 필요에 따라 신청하는 경우
> 3. 법원의 제출명령에 따른 경우
> 4. 다른 법률에 따라 공개하도록 되어 있는 경우
> 5. 그 밖에 국가물류통합정보센터운영자 또는 단위물류정보망 전담기관의 요청에 따라 국토교통부장관이 공개할 필요가 있다고 인정하는 경우

8. 국가 물류보안 시책의 수립 및 지원 등

(1) 물류보안의 정의

물류보안은 공항·항만과 물류시설에 폭발물, 무기류 등 위해물품을 은닉·반입하는 행위와 물류에 필요한 시설·장비·인력·조직·정보망 및 화물 등에 위해를 가할 목적으로 행하여지는 불법행위를 사전에 방지하기 위한 조치를 말한다.

(2) 국가 물류보안 시책의 수립 및 지원 〔기출〕 23, 19회

① 국토교통부장관은 관계 중앙행정기관의 장과 협의하여 국가 물류보안 수준을 향상시키기 위하여 물류보안 관련 제도 및 물류보안 기술의 표준을 마련하는 등 국가 물류보안 시책을 수립·시행하여야 한다.

② 국토교통부장관은 관계 중앙행정기관의 장과 협의하여 물류기업 또는 화주기업이 다음의 어느 하나에 해당하는 활동을 하는 경우에는 행정적·재정적 지원을 할 수 있다.

행정적·재정적 지원을 할 수 있는 물류보안 활동
• 물류보안 관련 시설·장비의 개발·도입
• 물류보안 관련 제도·표준 등 국가 물류보안 시책의 준수
• 물류보안 관련 교육 및 프로그램의 운영
• 물류보안 관련 시설·장비의 유지·관리
• 물류보안 사고 발생에 따른 사후복구조치
• 그 밖에 국토교통부장관이 정하여 고시하는 활동

(3) 물류보안 관련 국제협력 증진
① 국토교통부장관은 관계 중앙행정기관의 장과 협의하여 물류보안 관련 국제협력의 증진을 위한 시책을 수립·시행하여야 한다.
② 국토교통부장관 및 해양수산부장관은 물류보안 관련 국제협력에 필요한 경비를 예산의 범위에서 지원할 수 있고, 물류보안 표준이 국제적인 기준과 조화를 이루도록 하여야 한다.

CHAPTER 04 물류산업의 경쟁력 강화

1. 물류산업의 육성

(1) 물류산업의 육성 등
① 물류산업의 경쟁력 강화 시책
국토교통부장관 및 해양수산부장관은 화주기업에 대하여 운송·보관·하역 등의 물류서비스를 일관되고 통합된 형태로 제공하는 물류기업을 우선적으로 육성하는 등 물류산업의 경쟁력을 강화하는 시책을 강구하여야 한다.
② 물류기업 육성을 위한 조치
국토교통부장관·해양수산부장관 또는 산업통상자원부장관은 우선적으로 육성할 물류기업의 육성을 위하여 다음의 조치를 할 수 있다.
㉠ 이 법 또는 대통령령으로 정하는 물류 관련 법률에 따라 국가 또는 지방자치단체의 지원을 받는 물류시설에의 우선 입주를 위한 지원
㉡ 물류시설·장비의 확충, 물류 표준화·정보화 등 물류효율화에 필요한 자금의 원활한 조달을 위하여 필요한 지원

(2) 제3자물류의 촉진 기출 17회
① 제3자물류의 정의: 화주가 그와 대통령령으로 정하는 특수관계에 있지 아니한 물류기업에 물류활동의 일부 또는 전부를 위탁하는 것을 말한다.
② 제3자물류 촉진을 위한 시책: 국토교통부장관은 해양수산부장관 및 산업통상자원부장관과 협의하여 화주기업과 물류기업의 제3자물류 촉진을 위한 시책을 수립·시행하고 지원하여야 한다.
③ 제3자물류 촉진을 위한 지원
국토교통부장관은 해양수산부장관 및 산업통상자원부장관과 협의하여 화주기업 또는 물류기업이 다음의 어느 하나에 해당하는 활동을 하는 때에는 행정적·재정적 지원을 할 수 있다.
㉠ 제3자물류를 활용하기 위한 목적으로 화주기업이 물류시설을 매각·처분하거나 물류기업이 물류시설을 인수·확충하려는 경우
㉡ 제3자물류를 활용하기 위한 목적으로 물류컨설팅을 받으려는 경우
㉢ 그 밖에 제3자물류 촉진을 위하여 필요하다고 인정하는 경우

(3) 물류신고센터의 설치 등 기출 25, 23회
① 설치 및 운영
㉠ 국토교통부장관 또는 해양수산부장관은 물류시장의 건전한 거래질서를 조성하기 위하여 물류신고센터를 설치·운영할 수 있다.
㉡ 물류신고센터의 장은 국토교통부 또는 해양수산부의 물류정책을 총괄하는 부서의 장으로서 국토교통부장관 또는 해양수산부장관이 지명하는 사람이 된다.

② 신고대상 분쟁: 누구든지 물류시장의 건전한 거래질서를 해치는 다음의 행위로 분쟁이 발생하는 경우 그 사실을 물류신고센터에 신고할 수 있다.

> 1. 화물의 운송·보관·하역 등에 관하여 체결된 계약을 정당한 사유 없이 이행하지 아니하거나 일방적으로 계약을 변경하는 행위
> 2. 화물의 운송·보관·하역 등의 단가를 인하하기 위하여 고의적으로 재입찰하거나 계약단가 정보를 노출하는 행위
> 3. 화물의 운송·보관·하역 등에 관하여 체결된 계약의 범위를 벗어나 과적·금전 등을 제공하도록 강요하는 행위
> 4. 화물의 운송·보관·하역 등에 관하여 유류비의 급격한 상승 등 비용 증가분을 계약단가에 반영하는 것을 지속적으로 회피하는 행위

③ 물류분쟁 신고의 종결처리

물류신고센터는 다음의 어느 하나에 해당하는 경우 접수된 신고를 종결할 수 있다. 이 경우 종결 사실과 그 사유를 신고자에게 서면 등의 방법으로 통보해야 한다.
㉠ 신고 내용이 명백히 거짓인 경우
㉡ 신고자가 보완요구를 받고도 보완기간에 보완을 하지 않는 경우
㉢ 신고에 대한 처리결과를 통보받은 사항에 대하여 정당한 사유 없이 다시 신고한 경우로서 새로운 증거자료 또는 참고인이 없는 경우
㉣ 신고 내용이 재판에 계류 중이거나 법원의 판결에 의해 확정된 경우
㉤ 신고 내용이 이미 수사나 감사 중에 있는 경우
㉥ 그 밖에 신고 내용을 확인할 수 없는 등 분쟁 처리가 불가능하다고 물류신고센터의 장이 인정하는 경우

④ 물류분쟁 신고의 처리: 물류신고센터는 신고서를 받은 날부터 60일 이내에 신고를 처리하고 그 결과를 신고자에게 통지해야 한다. 이 경우 보완기간은 제외한다.

(4) 보고 및 조사 등 기출 25, 23회

① 조정의 권고
㉠ 국토교통부장관 또는 해양수산부장관은 물류신고센터에 대한 신고의 내용이 타인이나 국가 또는 지역 경제에 피해를 발생시키거나 발생시킬 우려가 있다고 인정하는 때에는 해당 화주기업 또는 물류기업 등 이해관계인에게 서면으로 통지하고 조정을 권고할 수 있다.
㉡ 물류신고센터가 조정을 권고하는 경우에는 "신고의 주요내용, 조정권고 내용, 조정권고에 대한 수락 여부 통보 기한, 향후 신고 처리에 관한 사항"을 명시하여 서면으로 통지해야 한다.

② 신고내용의 통보: 국토교통부장관 또는 해양수산부장관은 신고의 내용이 「독점규제 및 공정거래에 관한 법률」, 「하도급거래 공정화에 관한 법률」, 「대리점거래의 공정화에 관한 법률」 등 다른 법률을 위반하였다고 판단되는 때에는 관계부처에 신고의 내용을 통보하여야 한다.

2. 우수물류기업의 인증

(1) 우수물류기업의 인증 등 기출 29, 28, 26, 22, 17, 15, 14회

① 우수물류기업의 인증
  ㉠ 국토교통부장관 및 해양수산부장관은 물류기업의 육성과 물류산업 발전을 위하여 소관 물류기업을 각각 우수물류기업으로 인증할 수 있다.
  ㉡ 우수물류기업의 인증은 물류사업별로 운영할 수 있으며, 각 사업별 인증의 주체와 대상 등에 필요한 사항은 대통령령으로 정한다.

짚고 넘어가기 사업별 우수물류기업 인증의 주체와 대상

물류사업	인증 대상 물류기업	인증 주체
화물운송업	화물자동차운송기업	국토교통부장관
물류시설운영업	물류창고기업	국토교통부장관 또는 해양수산부장관(항만구역에 있는 창고를 운영하는 기업의 경우만 해당)
물류서비스업	국제물류주선기업	국토교통부장관
물류서비스업	화물정보망기업	국토교통부장관
종합물류서비스업	종합물류서비스기업	국토교통부장관·해양수산부장관 공동

② 인증요건의 유지에 대한 점검
  국토교통부장관 또는 해양수산부장관은 인증우수물류기업이 인증요건을 유지하는지의 여부를 대통령령으로 정하는 바에 따라 점검할 수 있다.
  ㉠ 국토교통부장관 또는 해양수산부장관은 인증우수물류기업이 인증요건을 유지하는지에 대하여 공동부령으로 정하는 바에 따라 3년마다 점검하여야 한다.
  ㉡ 국토교통부장관 또는 해양수산부장관은 인증우수물류기업이 인증요건을 유지하지 못한다고 판단되는 경우에는 공동부령으로 정하는 바에 따라 별도의 점검을 할 수 있으며, 우수물류기업 인증심사대행기관으로 하여금 점검하도록 할 수 있다.
③ 인증의 기준 등: 우수물류기업 선정을 위한 인증의 기준·절차·방법·점검 및 인증표시의 방법 등에 필요한 사항은 국토교통부와 해양수산부의 공동부령으로 정한다.

(2) 인증우수물류기업 인증의 취소 등 기출 29, 28, 27, 26, 20, 16, 14회

① 인증의 취소사유
  국토교통부장관 또는 해양수산부장관은 소관 인증우수물류기업이 다음의 어느 하나에 해당하는 경우에는 그 인증을 취소할 수 있다. 다만, ㉠에 해당하는 때에는 인증을 취소하여야 한다.
  ㉠ 거짓이나 그 밖의 부정한 방법으로 인증을 받은 경우
  ㉡ 물류사업으로 인하여 공정거래위원회로부터 시정조치 또는 과징금 부과 처분을 받은 경우
  ㉢ 점검을 정당한 사유 없이 3회 이상 거부한 경우
  ㉣ 인증기준에 맞지 아니하게 된 경우
  ㉤ 다른 사람에게 자기의 성명 또는 상호를 사용하여 영업을 하게 하거나 인증서를 대여한 때
② 인증서의 반납
  인증우수물류기업은 우수물류기업의 인증이 취소된 경우에는 인증서를 반납하고, 인증마크의 사용을 중지하여야 한다.

(3) 인증심사대행기관 기출 29, 28, 26, 17, 16, 15, 14, 13회

① 인증심사대행기관의 지정과 절차
- ㉠ 국토교통부장관 및 해양수산부장관은 우수물류기업의 인증과 관련하여 우수물류기업 인증심사대행기관을 공동으로 지정하여 인증신청의 접수 및 인증요건에 맞는지에 대한 심사 등의 업무를 하게 할 수 있다.
- ㉡ 심사대행기관은 공공기관, 정부출연연구기관의 어느 하나에 해당하는 기관 중에서 지정하고, 그 사실을 관보에 공고하여야 한다.
- ㉢ 인증심사대행기관의 조직 및 운영 등에 필요한 사항은 공동부령으로 정한다.
- ㉣ 국토교통부장관 및 해양수산부장관은 심사대행기관을 지도·감독하고, 그 운영비의 일부를 지원할 수 있다.

② 인증심사대행기관의 지정취소
국토교통부장관 및 해양수산부장관은 심사대행기관이 다음의 어느 하나에 해당하는 경우에는 공동으로 그 지정을 취소할 수 있다. 다만, ㉠에 해당하는 경우에는 지정을 취소하여야 한다.
- ㉠ 거짓 또는 부정한 방법으로 지정을 받은 경우
- ㉡ 고의 또는 중대한 과실로 인증기준 및 절차를 위반한 경우
- ㉢ 정당한 사유 없이 인증업무를 거부한 경우

③ 우수물류기업 인증의 표시
- ㉠ 국토교통부장관 또는 해양수산부장관은 소관 인증우수물류기업에 대하여 인증서를 교부하고, 인증을 나타내는 표시(인증마크)를 제정하여 인증우수물류기업이 사용하게 할 수 있다.
- ㉡ 인증우수물류기업이 아닌 자는 거짓의 인증마크를 제작·사용하거나 그 밖의 방법으로 인증우수물류기업임을 사칭하여서는 아니 된다.

(4) 인증우수물류기업 및 우수녹색물류실천기업에 대한 지원 기출 26, 22, 17, 16, 12, 11, 10회

① 국가·지방자치단체 또는 공공기관은 인증우수물류기업 또는 우수녹색물류실천기업에 대하여 행정적·재정적 지원을 할 수 있다.
② 국가 또는 지방자치단체는 물류시설을 운영·관리하는 자에 대하여 물류시설 우선입주대상자나 그 밖의 자보다 인증우수물류기업 또는 우수녹색물류실천기업을 우선 입주하게 할 것을 권고할 수 있다.
③ 국가 또는 지방자치단체는 인증우수물류기업이 다음의 사업을 수행하는 경우에는 다른 물류기업에 우선하여 소요자금의 일부를 융자하거나 부지의 확보를 위한 지원 등을 할 수 있다.
- ㉠ 물류시설의 확충
- ㉡ 물류정보화·표준화 또는 공동화
- ㉢ 첨단물류기술의 개발 및 적용
- ㉣ 환경친화적 물류활동
- ㉤ 그 밖에 물류사업을 효율적으로 운영하기 위하여 필요한 사항으로서 공동부령으로 정하는 사항

④ 국가 또는 지방자치단체는 인증우수물류기업이 해외시장을 개척하는 경우에는 ③에 따른 지원 외에 자금과 해외시장 개척에 소요되는 비용을 우선적으로 지원할 수 있다.

3. 국제물류주선업

(1) 국제물류주선업의 정의 기출 21, 11, 9, 8회

국제물류주선업은 타인의 수요에 따라 자기의 명의와 계산으로 타인의 물류시설·장비 등을 이용하여 수출입화물의 물류를 주선하는 사업을 말한다.

(2) 국제물류주선업의 등록 기출 29, 28, 26, 24, 21, 20, 17, 12, 10회

① 등록: 국제물류주선업을 경영하려는 자는 시·도지사에게 등록하여야 한다.

② 변경등록
국제물류주선업을 등록한 자(국제물류주선업자)가 등록한 사항 중 다음의 중요한 사항을 변경하려는 경우에는 변경등록을 하여야 한다.
㉠ 상호
㉡ 성명(법인인 경우에는 임원의 성명) 및 주민등록번호(법인인 경우에는 법인등록번호)
㉢ 주사무소 소재지
㉣ 국적 또는 소속 국가명
㉤ 자본금 또는 자산평가액이 감소되는 경우

③ 등록기준: 국제물류주선업의 등록을 하려는 자는 3억 원 이상의 자본금(법인이 아닌 경우에는 6억 원 이상의 자산평가액)을 보유하고 그 밖에 대통령령으로 정하는 기준을 충족하여야 한다.

> **짚고 넘어가기** 대통령령으로 정하는 기준 기출 26회
>
> 대통령령으로 정하는 기준은 다음의 어느 하나에 해당하는 경우를 제외하고는 1억 원 이상의 보증보험에 가입하여야 하는 것을 말한다.
> 1. 자본금 또는 자산평가액이 10억 원 이상인 경우
> 2. 컨테이너장치장을 소유하고 있는 경우
> 3. 은행으로부터 1억 원 이상의 지급보증을 받은 경우
> 4. 1억 원 이상의 화물배상책임보험에 가입한 경우

④ 등록기준의 신고: 국제물류주선업자는 등록기준에 관한 사항을 3년이 경과할 때마다 신고하여야 한다.

⑤ 등록의 결격사유 기출 29, 25, 23, 15, 11, 10회
다음의 어느 하나에 해당하는 자는 국제물류주선업의 등록을 할 수 없으며, 외국인 또는 외국의 법령에 따라 설립된 법인의 경우에는 해당 국가의 법령에 따라 다음의 어느 하나에 해당하는 경우에도 또한 같다.
㉠ 피성년후견인 또는 피한정후견인
㉡ 이 법, 「화물자동차 운수사업법」, 「항공사업법」, 「항공안전법」, 「공항시설법」 또는 「해운법」을 위반하여 금고 이상의 실형을 선고받고 그 집행이 종료되거나 집행이 면제된 날부터 2년이 지나지 아니한 자
㉢ 이 법, 「화물자동차 운수사업법」, 「항공사업법」, 「항공안전법」, 「공항시설법」 또는 「해운법」을 위반하여 금고 이상의 형의 집행유예를 선고받고 그 유예기간 중에 있는 자
㉣ 이 법, 「화물자동차 운수사업법」, 「항공사업법」, 「항공안전법」, 「공항시설법」 또는 「해운법」을 위반하여 벌금형을 선고받고 2년이 지나지 아니한 자

ⓜ 등록이 취소(피성년후견인 또는 피한정후견인에 해당하여 등록이 취소된 경우는 제외)된 후 2년이 지나지 아니한 자
ⓑ 법인으로서 대표자가 ㉠부터 ㉤까지의 어느 하나에 해당하는 경우
ⓢ 법인으로서 대표자가 아닌 임원 중에 ㉡부터 ㉤까지의 어느 하나에 해당하는 사람이 있는 경우

(3) 국제물류주선업의 승계 및 휴업·폐업 기출 29, 26, 25, 24, 14, 8회

① 권리·의무의 승계와 절차
  ㉠ 국제물류주선업자가 그 사업을 양도하거나 사망한 때 또는 법인이 합병한 때에는 그 양수인·상속인 또는 합병 후 존속하는 법인이나 합병으로 설립되는 법인은 국제물류주선업의 등록에 따른 권리·의무를 승계한다.
  ㉡ 국제물류주선업의 등록에 따른 권리·의무를 승계한 자는 시·도지사에게 신고하여야 한다.
  ㉢ 국제물류주선업의 양도·양수를 신고하려는 자는 신고서를 권리·의무를 승계한 날부터 30일 이내에 시·도지사에게 제출하여야 한다.

② 휴업·폐업 관련 정보의 제공 요청
  ㉠ 시·도지사는 국제물류주선업자의 휴업·폐업 사실을 확인하기 위하여 필요한 경우에는 관할 세무관서의 장에게 휴업·폐업에 관한 과세정보의 제공을 요청할 수 있다.
  ㉡ 이 경우 요청을 받은 세무관서의 장은 정당한 사유가 없으면 그 요청에 따라야 한다.

(4) 등록의 취소 등

① 등록의 취소요건 기출 29, 25, 24, 21, 14, 13회

시·도지사는 국제물류주선업자가 다음의 어느 하나에 해당하는 경우에는 등록을 취소하거나 6개월 이내의 기간을 정하여 사업의 전부 또는 일부의 정지를 명할 수 있다. 다만, ㉠·㉣·㉤에 해당하는 경우에는 등록을 취소하여야 한다.

  ㉠ 거짓이나 그 밖의 부정한 방법으로 등록을 한 경우
  ㉡ 등록기준에 못 미치게 된 경우
  ㉢ 등록기준 신고의무(3년마다)를 위반하여 신고를 하지 아니하거나 거짓으로 신고한 경우
  ㉣ 등록 결격사유의 어느 하나에 해당하게 된 경우. 다만, 그 지위를 승계받은 상속인이 상속일부터 3개월 이내에 그 사업을 다른 사람에게 양도한 경우와 3개월 이내에 해당 임원을 개임한 경우에는 그러하지 아니하다.
  ㉤ 다른 사람에게 자기의 성명 또는 상호를 사용하여 영업을 하게 하거나 등록증을 대여한 경우

② 등록취소의 공고: 시·도지사는 등록을 취소하는 경우에는 그 내용을 공보 또는 인터넷 홈페이지에 20일 이상 공고하여야 한다.

(5) 자금의 지원 기출 19, 8, 7회

국가는 국제물류주선업의 육성을 위하여 필요하다고 인정하는 경우에는 국제물류주선업자에게 그 사업에 필요한 소요자금의 융자 등 필요한 지원을 할 수 있다.

4. 물류인력의 양성

(1) 물류인력의 양성을 위한 사업 기출 17회

국토교통부장관·해양수산부장관 또는 시·도지사는 대통령령으로 정하는 물류분야의 기능인력 및 전문인력을 양성하기 위하여 다음의 사업을 할 수 있다.
① 화주기업 및 물류기업에 종사하는 물류인력의 역량강화를 위한 교육·연수
② 물류체계 효율화 및 국제물류 활성화를 위한 선진기법, 교육프로그램 및 교육교재의 개발·보급
③ 외국 물류대학의 국내유치활동 지원 및 국내대학과 외국대학 간의 물류교육 프로그램의 공동 개발활동 지원
④ 물류시설의 운영과 물류장비의 조작을 담당하는 기능인력의 양성·교육
⑤ 그 밖에 신규 물류인력 양성, 물류관리사 재교육 또는 외국인 물류인력 교육을 위하여 필요한 사업

(2) 물류인력 양성을 위한 지원 등 기출 26, 17회

국토교통부장관·해양수산부장관 또는 시·도지사는 다음의 어느 하나에 해당하는 자가 위 (1)의 사업을 하는 경우에는 예산의 범위에서 사업수행에 필요한 경비의 전부나 일부를 지원할 수 있다.
① 정부출연연구기관
② 대학이나 대학원
③ 그 밖에 국토교통부령 또는 해양수산부령으로 정하는 물류연수기관(물류관련협회 또는 물류관련협회가 설립한 교육·훈련기관, 물류지원센터, 민법에 따라 설립된 물류와 관련된 비영리법인, 대한무역투자진흥공사, 한국해양수산연수원 등)

(3) 사업의 위탁

국토교통부장관·해양수산부장관 또는 시·도지사는 필요한 경우 위 (1)의 ①과 ④의 사업을 전문교육기관에 위탁하여 실시할 수 있다.

5. 물류관리사

(1) 물류관리사 자격시험과 물류관리사의 직무

① 물류관리사 자격시험 기출 26, 21, 13회
  ㉠ 물류관리사가 되려는 자는 국토교통부장관이 실시하는 시험에 합격하여야 한다.
  ㉡ 시험에 응시하여 부정행위를 한 자에 대하여는 그 시험을 무효로 한다.
  ㉢ ㉡에 따른 처분을 받은 자와 자격이 취소된 자는 그 처분을 받은 날 또는 자격이 취소된 날부터 3년간 시험에 응시할 수 없다.
  ㉣ 시험의 시기, 절차, 방법, 시험과목, 출제, 응시자격 및 자격증 발급 등에 필요한 사항은 대통령령으로 정한다.
② 물류관리사의 직무: 물류관리사는 물류활동과 관련하여 전문지식이 필요한 사항에 대하여 계획·조사·연구·진단 및 평가 또는 이에 관한 상담·자문, 그 밖에 물류관리에 필요한 직무를 수행한다.

(2) 물류관리사 자격의 취소와 고용사업자에 대한 우선지원

① 물류관리사 자격의 취소 기출 26, 21, 16회
국토교통부장관은 물류관리사가 다음의 어느 하나에 해당하는 때에는 그 자격을 취소하여야 한다.
  ㉠ 자격을 부정한 방법으로 취득한 때
  ㉡ 다른 사람에게 자기의 성명을 사용하여 영업을 하게 하거나 자격증을 대여한 때
  ㉢ 물류관리사의 성명의 사용이나 물류관리사 자격증 대여를 알선한 때

② 물류관리사 고용사업자에 대한 우선지원 기출 26, 21, 17, 8회
  ㉠ 국토교통부장관 또는 시·도지사는 물류관리사를 고용한 물류관련 사업자에 대하여 다른 사업자보다 우선하여 행정적·재정적 지원을 할 수 있다.
  ㉡ 시·도지사는 ㉠에 따른 지원을 하려는 경우에는 중복을 방지하기 위하여 미리 국토교통부장관과 협의하여야 한다.

6. 물류 관련 단체의 육성

(1) 물류관련협회

① 물류관련협회의 설립 기출 28, 25, 24, 14, 13회
  ㉠ 물류기업, 화주기업, 그 밖에 물류활동과 관련된 자는 물류체계를 효율화하고 업계의 건전한 발전 및 공동이익을 도모하기 위하여 필요할 경우 물류관련협회를 설립할 수 있다.
  ㉡ 물류관련협회를 설립하려는 경우에는 해당 협회의 회원이 될 자격이 있는 기업 100개 이상이 발기인으로 정관을 작성하여 해당 협회의 회원이 될 자격이 있는 기업 200개 이상이 참여한 창립총회의 의결을 거친 후 소관에 따라 국토교통부장관 또는 해양수산부장관의 설립인가를 받아야 한다.
  ㉢ 물류관련협회는 ㉡에 따른 설립인가를 받아 설립등기를 함으로써 성립한다.
  ㉣ 물류관련협회는 법인으로 한다. 물류관련협회에 관하여 이 법에 규정한 것 외에는 「민법」 중 사단법인에 관한 규정을 준용한다.
② 물류관련협회에 대한 지원 기출 24회
  국토교통부장관 및 해양수산부장관은 물류관련협회의 발전을 위하여 필요한 경우에는 물류관련협회를 행정적·재정적으로 지원할 수 있다.

(2) 민·관 합동 물류지원센터 기출 28회

① 물류지원센터의 설치·운영: 국토교통부장관·해양수산부장관·산업통상자원부장관 및 물류관련협회 및 물류관련 전문기관·단체는 공동으로 물류체계 효율화를 통한 국가경쟁력을 강화하고 국제물류사업을 효과적으로 추진하기 위하여 물류지원센터를 설치·운영할 수 있다. 민·관 합동 물류지원센터의 장은 매 연도별로 사업계획을 수립하여야 한다.
② 물류지원센터의 업무
  ㉠ 국내물류기업의 해외진출 및 해외물류기업의 국내투자유치 지원
  ㉡ 물류산업의 육성·발전을 위한 조사·연구
  ㉢ 그 밖에 물류 공동화 및 정보화 지원 등 물류체계 효율화를 위하여 필요한 업무
③ 물류지원센터에 대한 지원 기출 16회
  국토교통부장관·해양수산부장관 또는 산업통상자원부장관은 물류지원센터를 효율적으로 운영하기 위하여 필요한 경우 행정적·재정적인 지원을 할 수 있다.

CHAPTER 05 물류의 선진화 및 국제화

1. 물류 관련 연구개발

(1) 물류 관련 신기술·기법의 연구개발 및 보급 촉진 등

① 물류 관련 연구개발 시책 [기출] 17회

국토교통부장관·해양수산부장관 또는 시·도지사는 첨단화물운송체계·클라우드컴퓨팅·무선주파수인식 및 정온(定溫)물류 등 물류 관련 신기술·기법(물류신기술)의 연구개발 및 이를 통한 첨단 물류시설·장비·운송수단(첨단물류시설등)의 보급·촉진을 위한 시책을 마련하여야 한다.

② 연구개발을 위한 지원 [기출] 16회

국토교통부장관·해양수산부장관 또는 시·도지사는 물류기업이 다음의 활동을 하는 경우에는 이에 필요한 행정적·재정적 지원을 할 수 있다.

㉠ 물류신기술을 연구개발하는 경우
㉡ 기존 물류시설·장비·운송수단을 첨단물류시설 등으로 전환하거나 첨단물류시설 등을 새롭게 도입하는 경우
㉢ 그 밖에 물류신기술 및 첨단물류시설 등의 개발·보급을 위하여 대통령령으로 정하는 사항

③ 우수한 신기술 등에 대한 지원: 국토교통부장관 또는 해양수산부장관은 물류신기술·첨단물류시설들 중 성능 또는 품질이 우수하다고 인정되는 경우 우수한 물류신기술·첨단물류시설 등으로 지정하여 이의 보급·활용에 필요한 행정적·재정적 지원을 할 수 있다.

④ 중복지원의 방지: 시·도지사는 ① 또는 ②의 조치를 하려는 경우에는 중복을 방지하기 위하여 미리 국토교통부장관 및 해양수산부장관과 협의하고, 그 내용을 지역물류기본계획과 지역물류시행계획에 반영하여야 한다.

(2) 물류 관련 연구기관 및 단체의 육성 등

① 연구기관 및 단체의 지도·육성 [기출] 17회

국토교통부장관·해양수산부장관 또는 시·도지사는 물류 관련 기술의 진흥 및 물류신기술의 연구개발을 위하여 관련 연구기관 및 단체를 지도·육성하여야 한다.

② 연구·개발 투자의 장려 등: 국토교통부장관·해양수산부장관 또는 시·도지사는 물류 관련 기술의 진흥 및 물류신기술의 연구개발을 위하여 필요하다고 인정하는 경우에는 공공기관 등으로 하여금 물류기술의 연구·개발에 투자하게 하거나 연구기관 및 단체에 출연하도록 권고할 수 있다.

2. 환경친화적 물류의 촉진

(1) 환경친화적 물류의 촉진 [기출] 28, 26, 21, 18, 16, 13회

① 관련 시책의 마련: 국토교통부장관·해양수산부장관 또는 시·도지사는 물류활동이 환경친화적으로 추진될 수 있도록 관련 시책을 마련하여야 한다.

② 환경친화적 물류활동에 대한 지원

국토교통부장관·해양수산부장관 또는 시·도지사는 물류기업, 화주기업 또는 「화물자동차 운수사업법」에 따른 개인 운송사업자가 환경친화적 물류활동을 위하여 다음의 활동을 하는 경우에는 행정적·재정적 지원을 할 수 있다.

㉠ 환경친화적인 운송수단 또는 포장재료의 사용
㉡ 기존 물류시설·장비·운송수단을 환경친화적인 물류시설·장비·운송수단으로 변경
㉢ 환경친화적인 물류시스템의 도입 및 개발

② 물류활동에 따른 폐기물 감량
⑩ 그 밖에 물류자원을 절약하고 재활용하는 활동으로서 국토교통부장관 및 해양수산부장관이 정하여 고시하는 사항
③ 지원의 중복 방지
시·도지사는 ① 또는 ②의 조치를 하려는 경우에는 중복을 방지하기 위하여 미리 국토교통부장관 및 해양수산부장관과 협의하고, 그 내용을 지역물류기본계획과 지역물류시행계획에 반영하여야 한다.
④ 환경친화적 운송수단으로의 전환 촉진 기출 28, 22, 18회
㉠ 국토교통부장관·해양수산부장관 또는 시·도지사는 물류기업 및 화주기업에 대하여 환경친화적인 운송수단으로의 전환을 권고하고 지원할 수 있다.
㉡ 시·도지사는 ㉠의 조치를 하려는 경우에는 중복을 방지하기 위하여 미리 국토교통부장관 및 해양수산부장관과 협의하고, 그 내용을 지역물류기본계획과 지역물류시행계획에 반영하여야 한다.
⑤ 환경친화적 운송수단으로의 전환 지원대상 기출 25, 22, 20회
㉠ 화물자동차·철도차량·선박·항공기 등의 배출가스를 저감하거나 배출가스를 저감할 수 있는 운송수단으로 전환하는 경우 및 이를 위한 시설·장비투자를 하는 경우
㉡ 환경친화적인 연료를 사용하는 운송수단으로 전환하는 경우 및 이를 위한 시설·장비투자를 하는 경우

3. 우수녹색물류실천기업

(1) 환경친화적 물류활동 우수기업 지정 기출 28회
① 환경친화적 물류활동 우수기업 지정과 점검
㉠ 국토교통부장관은 환경친화적 물류활동을 모범적으로 하는 물류기업과 화주기업을 우수기업으로 지정할 수 있다.
㉡ 국토교통부장관은 지정을 받은 자(우수녹색물류실천기업)가 지정요건을 유지하는지에 대하여 3년 마다 정기적으로 점검하여야 한다.
② 우수녹색물류실천기업 지정증과 지정표시 기출 18회
국토교통부장관은 우수녹색물류실천기업에 지정증을 발급하고, 지정표시를 정하여 우수녹색물류실천기업이 사용하게 할 수 있다.
③ 우수녹색물류실천기업의 지정취소 등
국토교통부장관은 우수녹색물류실천기업이 다음의 어느 하나에 해당하는 경우에는 그 지정을 취소할 수 있다. 다만, ㉠에 해당할 때에는 지정을 취소하여야 한다.
㉠ 거짓이나 그 밖의 부정한 방법으로 지정을 받은 경우
㉡ 지정에 필요한 요건을 충족하지 아니하게 된 경우
㉢ 3년 마다 하는 점검을 정당한 사유 없이 3회 이상 거부한 경우

(2) 우수녹색물류실천기업 지정심사대행기관 기출 28회
① 지정심사대행기관의 지정 및 대행기관의 업무
국토교통부장관은 우수녹색물류실천기업 지정과 관련하여 공공기관, 정부출연연구기관 중에서 우수녹색물류실천기업 지정심사 대행기관을 지정하여 다음의 업무를 하게 할 수 있다.
㉠ 우수녹색물류실천기업 지정신청의 접수
㉡ 우수녹색물류실천기업의 지정기준에 충족하는지에 대한 심사
㉢ 우수녹색물류실천기업에 대한 점검
㉣ 우수녹색물류실천기업에 대한 홍보

② 지정심사대행기관의 지정취소

국토교통부장관은 지정심사대행기관이 다음의 어느 하나에 해당하는 경우에는 그 지정을 취소할 수 있다. 다만, ㉠에 해당하는 경우에는 지정을 취소하여야 한다.

㉠ 거짓 또는 부정한 방법으로 지정을 받은 경우
㉡ 고의 또는 중대한 과실로 지정 기준 및 절차를 위반한 경우
㉢ 정당한 사유 없이 지정업무를 거부한 경우

4. 국제물류의 촉진 및 지원

(1) 국제물류사업의 촉진 및 지원 기출▶ 22, 19, 17회

① 국토교통부장관·해양수산부장관 또는 시·도지사는 국제물류협력체계 구축, 국내 물류기업의 해외진출, 해외 물류기업의 유치 및 환적화물의 유치 등 국제물류 촉진을 위한 시책을 마련하여야 한다.

② 국토교통부장관·해양수산부장관 또는 시·도지사는 대통령령으로 정하는 물류기업 또는 관련 전문기관·단체가 추진하는 다음의 국제물류사업에 대하여 행정적인 지원을 하거나 예산의 범위에서 필요한 경비의 전부나 일부를 지원할 수 있다.

> 1. 물류 관련 정보·기술·인력의 국제교류
> 2. 물류 관련 국제 표준화, 공동조사, 연구 및 기술협력
> 3. 물류 관련 국제학술대회, 국제박람회 등의 개최
> 4. 해외 물류시장의 조사·분석 및 수집정보의 체계적인 배분
> 5. 국가간 물류활동을 촉진하기 위한 지원기구의 설립
> 6. 외국 물류기업의 유치
> 7. 국내 물류기업의 해외 물류기업 인수 및 해외 물류 인프라 구축
> 8. 그 밖에 국제물류사업의 촉진 및 지원을 위하여 필요하다고 인정되는 사항

③ 국토교통부장관 및 해양수산부장관은 범정부차원의 지원이 필요한 국가 간 물류협력체의 구성 또는 정부 간 협정의 체결 등에 관하여는 미리 국가물류정책위원회의 심의를 거쳐야 한다.

④ 국토교통부장관·해양수산부장관 또는 시·도지사는 물류기업 및 국제물류 관련 기관·단체의 국제물류활동을 촉진하기 위하여 필요한 행정적·재정적 지원을 할 수 있다.

⑤ 시·도지사는 ①, ② 또는 ④의 조치를 하려는 경우에는 중복을 방지하기 위하여 미리 국토교통부장관 및 해양수산부장관과 협의하고, 그 내용을 지역물류기본계획과 지역물류시행계획에 반영하여야 한다.

(2) 공동투자유치 활동과 투자유치활동 평가

① 공동투자유치 활동 기출▶ 22, 19, 17, 16회

㉠ 국토교통부장관·해양수산부장관 또는 시·도지사는 물류시설에 외국인투자기업 및 환적화물을 효과적으로 유치하기 위하여 필요한 경우에는 해당 물류시설관리자 또는 국제물류 관련 기관·단체와 공동으로 투자유치 활동을 수행할 수 있다.

㉡ 물류시설관리자와 국제물류 관련 기관·단체는 공동투자 유치활동에 대하여 특별한 사유가 없는 한 적극 협조하여야 한다.

ⓒ 국토교통부장관·해양수산부장관 또는 시·도지사는 효율적인 투자유치를 위하여 필요하다고 인정되는 경우에는 재외공관 등 관계 행정기관 및 「대한무역투자진흥공사법」에 따른 대한무역투자진흥공사 등 관련 기관·단체에 협조를 요청할 수 있다.

ⓔ 시·도지사는 ㉠ 또는 ㉢의 조치를 하려는 경우에는 중복을 방지하기 위하여 미리 국토교통부장관 및 해양수산부장관과 협의하여야 한다.

② 투자유치활동 평가 기출 19, 17, 15회

㉠ 국토교통부장관 및 해양수산부장관은 물류시설관리자의 외국인투자기업 및 환적화물에 대한 적극적인 유치활동을 촉진하기 위하여 필요한 경우에는 해당 물류시설관리자의 투자유치활동에 대한 평가를 할 수 있다.

㉡ 국토교통부장관 및 해양수산부장관은 공항 중 국제공항 및 그 배후지에 위치한 물류시설, 무역항 및 그 배후지에 위치한 물류시설에 대한 소유권 또는 관리·운영권을 인정받은 자에 대하여 투자유치활동에 대한 평가를 할 수 있다.

㉢ 국토교통부장관 및 해양수산부장관은 평가대상기관에 대하여 그 평가결과에 따라 행정적·재정적 지원을 달리 할 수 있다.

CHAPTER 06 보칙 및 벌칙

1. 업무소관의 조정 등

(1) 업무소관의 조정 기출 24회

이 법에 따른 국토교통부장관·해양수산부장관 및 산업통상자원부장관의 업무소관이 중복되는 경우에는 서로 협의하여 업무소관을 조정한다.

(2) 권한의 위임 및 사무의 위탁

① 이 법에 따른 국토교통부장관·해양수산부장관 및 산업통상자원부장관의 권한은 그 일부를 소속 기관의 장 또는 시·도지사에게 위임할 수 있다.

② 이 법에 따른 국토교통부장관·해양수산부장관·산업통상자원부장관 또는 시·도지사의 업무는 그 일부를 관계 기관·단체 또는 법인에 위탁할 수 있다.

(3) 등록증 대여 등의 금지 등 기출 23회

① 등록증 대여 등의 금지

인증우수물류기업·국제물류주선업자 및 우수녹색물류실천기업은 다른 사람에게 자기의 성명 또는 상호를 사용하여 사업을 하게 하거나 그 인증서·등록증 또는 지정증을 대여하여서는 아니된다.

② 물류관리사 자격증 대여 금지 등

㉠ 물류관리사는 다른 사람에게 자기의 성명을 사용하여 사업을 하게 하거나 물류관리사 자격증을 대여하여서는 아니 된다.

㉡ 누구든지 물류관리사로부터 그 성명을 빌려 사업을 하거나 물류관리사 자격증을 대여받아서는 아니 되며, 이를 알선하여서도 아니 된다.

2. 과징금 등

(1) 과징금

① 과징금의 부과사유 `기출` 24, 21, 16회

시·도지사는 국제물류주선업자에게 사업의 정지를 명하여야 하는 경우로서 그 사업의 정지가 해당 사업의 이용자 등에게 심한 불편을 주는 경우에는 그 사업정지 처분을 갈음하여 1천만 원 이하의 과징금을 부과할 수 있다.

② 과징금의 부과 및 납부 `기출` 20회

㉠ 시·도지사는 국제물류주선업자의 사업규모, 사업지역의 특수성, 위반행위의 정도 및 횟수 등을 고려하여 과징금의 금액의 2분의 1의 범위에서 이를 늘리거나 줄일 수 있다. 이 경우 과징금을 늘리더라도 과징금의 총액은 1천만 원을 초과할 수 없다.

㉡ 시·도지사는 위반행위를 한 자에 대하여 과징금을 부과하려는 경우에는 해당 위반행위를 조사·확인한 후 위반사실·이의방법·이의기간 등을 서면으로 명시하여 이를 낼 것을 과징금 부과대상자에게 통지하여야 한다.

㉢ 과징금 부과 통지를 받은 자는 통지를 받은 날부터 20일 이내에 시·도지사가 정하는 수납기관에 과징금을 내야 한다.

㉣ 과징금을 기한 내에 납부하지 아니한 때에는 시·도지사는 「지방행정제재·부과금의 징수 등에 관한 법률」에 따라 징수한다.

(2) 청문 `기출` 26, 24, 21, 16, 13회

국토교통부장관, 해양수산부장관, 시·도지사 및 행정기관은 다음의 어느 하나에 해당하는 취소를 하려면 청문을 하여야 한다.

① 단위물류정보망 전담기관에 대한 지정의 취소
② 국가물류통합정보센터운영자에 대한 지정의 취소
③ 인증우수물류기업에 대한 인증의 취소
④ 심사대행기관 지정의 취소
⑤ 국제물류주선업자에 대한 등록의 취소
⑥ 물류관리사 자격의 취소
⑦ 우수녹색물류실천기업의 지정취소
⑧ 지정심사대행기관의 지정취소

3. 벌칙

(1) 10년 이하의 징역 또는 1억 원 이하의 벌금 `기출` 6회

전자문서를 위작 또는 변작하거나 그 사정을 알면서 위작 또는 변작된 전자문서를 행사한 자는 10년 이하의 징역 또는 1억 원 이하의 벌금에 처한다. 이 경우 미수범은 본죄에 준하여 처벌한다.

(2) 5년 이하의 징역 또는 5천만 원 이하의 벌금 `기출` 24, 10회

국가물류통합정보센터 또는 단위물류정보망에 의하여 처리·보관 또는 전송되는 물류정보를 훼손하거나 그 비밀을 침해·도용 또는 누설한 자는 5년 이하의 징역 또는 5천만 원 이하의 벌금에 처한다.

(3) **3년 이하의 징역 또는 3천만 원 이하의 벌금**

국가물류통합정보센터 또는 단위물류정보망의 보호조치를 침해하거나 훼손한 자는 3년 이하의 징역 또는 3천만 원 이하의 벌금에 처한다.

(4) **1년 이하의 징역 또는 1천만 원 이하의 벌금** 기출 24, 16, 12회

① 취득한 정보를 목적 외의 용도로 사용한 자
② 전자문서 또는 물류정보를 대통령령으로 정하는 기간(2년) 동안 보관하지 아니한 자
③ 국제물류주선업의 등록을 하지 아니하고 국제물류주선업을 경영한 자
④ 물류관리사가 자신의 성명을 사용하여 사업을 하게 하거나 물류관리사 자격증을 대여한 자
⑤ 물류관리사로부터 그 성명을 빌려 사업을 하거나 물류관리사 자격증을 대여받은 자 또는 이를 알선한 자

핵심 기출문제

**PART 01
물류정책기본법**

01

다음은 「물류정책기본법」의 규정 내용이다. (   )에 들어갈 수 있는 것으로 옳지 않은 것은?

> 제2조(정의) ① 이 법에서 사용하는 용어의 정의는 다음과 같다.
> 1. "물류(物流)"란 재화가 공급자로부터 조달·생산되어 수요자에게 전달되거나 소비자로부터 회수되어 폐기될 때까지 이루어지는 운송·보관·하역(荷役) 등과 이에 부가되어 가치를 창출하는 (   ) 등을 말한다.

① 분류   ② 수리
③ 제조   ④ 상표부착
⑤ 정보통신

해설
물류(物流)란 재화가 공급자로부터 조달·생산되어 수요자에게 전달되거나 소비자로부터 회수되어 폐기될 때까지 이루어지는 운송·보관·하역(荷役) 등과 이에 부가되어 가치를 창출하는 가공·조립·분류·수리·포장·상표부착·판매·정보통신 등을 말한다.(「법」제2조)

정답 | ③

02

물류정책기본법령상 용어의 정의에 대한 설명으로 옳지 않은 것은?

① "물류체계"란 효율적인 물류활동을 위하여 시설·장비·정보·조직 및 인력 등이 서로 유기적으로 기능을 발휘할 수 있도록 연계된 집합체를 말한다.
② 물류사업의 "물류서비스업" 중 화물주선업에는 국제물류주선업과 화물자동차운송주선사업이 포함된다.
③ "물류표준화"란 원활한 물류를 위하여 물류용어, 물류회계 및 물류 관련 전자문서 등 물류체계의 효율화에 필요한 사항을 물류표준으로 통일하고 단순화하는 것을 포함한다.
④ "제3자물류"란 화주가 그와 대통령령으로 정하는 특수관계에 있지 아니한 물류기업에 물류활동의 일부 또는 전부를 위탁하는 것을 말한다.
⑤ "물류시설"이란 물류에 필요한 화물의 운송·보관·하역을 위한 시설, 물류의 공동화·자동화 및 정보화를 위한 시설을 말하는 것으로 물류터미널이나 물류단지는 해당하지 않는다.

해설
"물류시설"이란 물류에 필요한 화물의 운송·보관·하역을 위한 시설, 물류의 공동화·자동화 및 정보화를 위한 시설을 말하는 것으로, 이런 시설들이 모여 있는 물류터미널이나 물류단지는 물류시설에 해당한다.

정답 | ⑤

03

물류정책기본법령상 지역물류현황조사에 관한 설명이다. ( )에 들어갈 내용을 바르게 나열한 것은?

- 시·도지사는 지역물류현황조사의 효율적인 수행을 위하여 필요한 경우에는 지역물류현황조사의 (ㄱ)를 전문기관으로 하여금 수행하게 할 수 있다.
- 시·도지사가 지역물류현황조사를 시장·군수·구청장에게 요청하는 경우에는 효율적인 지역물류현황조사를 위하여 조사의 시기, 종류 및 방법 등에 관하여 해당 시·도의 (ㄴ)(으)로 정하는 바에 따라 (ㄷ)을 작성하여 통보할 수 있다.

① ㄱ: 전부, ㄴ: 조례, ㄷ: 조사현황
② ㄱ: 전부 또는 일부, ㄴ: 조례, ㄷ: 조사지침
③ ㄱ: 일부, ㄴ: 규칙, ㄷ: 조사지침
④ ㄱ: 전부 또는 일부, ㄴ: 규칙, ㄷ: 조사현황
⑤ ㄱ: 일부, ㄴ: 조례, ㄷ: 조사내용

해설
시·도지사는 지역물류현황조사의 효율적인 수행을 위하여 필요한 경우에는 지역물류현황조사의 (ㄱ. 전부 또는 일부)를 전문기관으로 하여금 수행하게 할 수 있다.
시·도지사는 지역물류현황조사를 요청하는 경우에는 효율적인 지역물류현황조사를 위하여 조사의 시기, 종류 및 방법 등에 관하여 해당 시·도의 (ㄴ. 조례)로 정하는 바에 따라 (ㄷ. 조사지침)을 작성하여 통보할 수 있다.

정답 | ②

04

물류정책기본법령상 지역물류기본계획과 지역물류시행계획에 관한 설명으로 옳지 못한 것은?

① 특별시장 및 광역시장은 지역물류정책의 기본방향을 설정하는 10년 단위의 지역물류기본계획을 5년마다 수립하여야 한다.
② 특별자치시장·도지사 및 특별자치도지사는 지역물류체계의 효율화를 위하여 필요한 경우에는 지역물류기본계획을 수립하여야 한다.
③ 국토교통부장관 및 해양수산부장관은 지역물류기본계획의 수립방법 및 기준 등에 관한 지침을 공동으로 작성하여야 한다.
④ 특별시장 및 광역시장이 지역물류기본계획을 수립하거나 대통령령이 정하는 중요한 사항을 변경하려는 경우에는 미리 해당 시·도에 인접한 시·도의 시·도지사와 협의한 후 지역물류정책위원회의 심의를 거쳐야 한다.
⑤ 지역물류기본계획을 수립한 특별시장 및 광역시장은 그 계획을 시행하기 위하여 연도별 시행계획을 매년 수립하여야 한다.

해설
특별자치시장·도지사 및 특별자치도지사는 지역물류체계의 효율화를 위하여 필요한 경우에는 지역물류기본계획을 수립할 수 있다.

정답 | ②

05

물류정책기본법령상 물류공동화·자동화 촉진 및 물류표준화에 관한 내용으로 옳지 못한 것은?

① 국토교통부장관·해양수산부장관·산업통상자원부장관 또는 시·도지사는 물류기업이 물류자동화를 위하여 물류시설 및 장비를 확충하거나 교체하려는 경우에는 필요한 자금을 지원할 수 있다.
② 국토교통부장관·해양수산부장관·산업통상자원부장관 또는 시·도지사는 물류공동화를 확산하기 위하여 필요한 경우에는 시범지역을 지정하거나 시범사업을 선정하여 운영할 수 있다.
③ 시·도지사가 물류공동화를 위하여 필요한 자금을 지원하려는 경우에는 중복을 방지하기 위하여 미리 국토교통부장관·해양수산부장관 또는 산업통상자원부장관과 협의하고, 그 내용을 지역물류기본계획과 지역물류시행계획에 반영하여야 한다.
④ 국토교통부장관은 해양수산부장관 및 산업통상자원부장관과 협의하여 물류기업 및 화주기업의 물류비 산정기준 및 방법 등을 표준화하기 위하여 대통령령으로 정하는 기준에 따라 기업물류비 산정지침을 작성하여 고시하여야 한다.
⑤ 국토교통부장관·해양수산부장관·산업통상자원부장관 또는 시·도지사는 물류공동화를 추진하는 물류기업이나 화주기업 또는 물류 관련 단체에 대하여 예산의 범위에서 필요한 자금을 지원할 수 있다.

해설
물류자동화의 행위주체에 시·도지사는 포함되지 않는다.
국토교통부장관·해양수산부장관 또는 산업통상자원부장관은 물류기업이 물류자동화를 위하여 물류시설 및 장비를 확충하거나 교체하려는 경우에는 필요한 자금을 지원할 수 있다.

정답 | ①

06

물류정책기본법령상 물류표준화에 관한 설명으로 옳지 않은 것은?

① 국토교통부장관은 물류표준화에 관한 업무를 효과적으로 추진하기 위하여 필요하다고 인정하는 경우에는 산업통상자원부장관에게 「산업표준화법」에 따른 한국산업표준의 제정·개정 또는 폐지를 요청할 수 있다.
② 국토교통부장관·해양수산부장관 또는 산업통상자원부장관은 공공기관 및 물류기업 등에게 물류표준장비의 사용자에 대하여 우선구매 등의 우대조치를 할 것을 요청하거나 권고할 수 있다.
③ 국토교통부장관은 물류기업 및 화주기업이 기업물류비 산정지침에 따라 물류비를 관리하도록 권고할 수 있다.
④ 물류회계의 표준화를 위한 기업물류비 산정지침에는 물류비 관련 용어 및 개념에 대한 정의가 포함되어야 한다.
⑤ 국토교통부장관은 해양수산부장관 및 시·도지사와 협의하여 기업물류비 산정지침을 작성하여 고시하여야 한다.

해설
국토교통부장관은 해양수산부장관 및 산업통상자원부장관과 협의하여 물류기업 및 화주기업의 물류비 산정기준 및 방법 등을 표준화하기 위하여 기업물류비 산정지침을 작성하여 고시하여야 한다.(「법」 제26조 ①)

정답 | ⑤

07

물류정책기본법령상 외국인투자기업 및 환적화물을 유치하기 위한 공동투자유치 활동 등에 해당하지 않는 것은?

① 물류시설관리자 또는 국제물류 관련 기관·단체와 공동으로 투자유치 활동 수행
② 재외공관 등 관계 행정기관 및 대한무역투자진흥공사법에 따른 대한무역투자진흥공사 등 관련 기관·단체에 대한 협조 요청
③ 평가대상기관에 대하여 평가결과에 관계없이 동일한 행정적·재정적 지원
④ 공항시설법에 따른 공항 중 국제공항 및 그 배후지에 위치한 물류시설에 대한 소유권 또는 관리·운영권을 인정받은 자에 대한 투자유치활동 평가
⑤ 항만법에 따른 무역항 및 그 배후지에 위치한 물류시설에 대한 소유권 또는 관리·운영권을 인정받은 자에 대한 투자유치 활동 평가

해설
국토교통부장관은 평가대상기관에 대하여 그 평가결과에 따라 행정적·재정적 지원을 달리 할 수 있다.

정답 | ③

08

물류정책기본법령상 물류공동화·자동화 촉진을 위한 지원에 관한 설명으로 옳은 것은?

① 시·도지사는 물류공동화를 추진하는 물류 관련 단체에 대하여 예산의 범위에서 필요한 자금을 지원할 수 있다.
② 산업통상자원부장관은 물류기업이 물류공동화를 추진하는 경우 물류 관련 단체와 공동으로 추진하도록 명할 수 있다.
③ 시·도지사는 화주기업이 물류자동화를 위하여 물류시설 및 장비를 확충하려는 경우 필요한 자금을 지원하여야 한다.
④ 국토교통부장관·해양수산부장관·과학기술정보통신부장관은 물류기업이 클라우드컴퓨팅 등 정보통신기술을 활용하여 물류공동화를 추진하는 경우 우선적으로 예산의 범위에서 필요한 지원을 할 수 있다.
⑤ 시·도지사가 물류공동화를 추진하는 물류기업이나 화주기업에 대하여 필요한 자금을 지원하려는 경우 그 내용을 국가물류기본계획에 반영하여야 한다.

해설
국토교통부장관·해양수산부장관·산업통상자원부장관 또는 시·도지사는 물류공동화를 추진하는 물류기업이나 화주기업 또는 물류 관련 단체에 대하여 예산의 범위에서 필요한 자금을 지원할 수 있다.

선지분석
② 국토교통부장관·해양수산부장관·산업통상자원부장관 또는 시·도지사는 화주기업이 물류공동화를 추진하는 경우에는 물류기업이나 물류 관련 단체와 공동으로 추진하도록 권고할 수 있으며, 권고를 이행하는 경우에 우선적으로 예산의 범위에서 필요한 자금을 지원할 수 있다.
③ 국토교통부장관·해양수산부장관 또는 산업통상자원부장관은 물류기업이 물류자동화를 위하여 물류시설 및 장비를 확충하거나 교체하려는 경우에는 필요한 자금을 지원할 수 있다.
④ 국토교통부장관·해양수산부장관·산업통상자원부장관 또는 시·도지사는 물류기업이 클라우드컴퓨팅 등 정보통신기술을 활용하여 물류공동화를 추진하는 경우 우선적으로 예산의 범위에서 필요한 자금을 지원할 수 있다.
⑤ 시·도지사가 지원을 하려는 경우에는 중복을 방지하기 위하여 미리 국토교통부장관·해양수산부장관 또는 산업통상자원부장관과 협의하고, 그 내용을 지역물류기본계획과 지역물류시행계획에 반영하여야 한다.

정답 | ①

09

물류정책기본법령상 국제물류사업의 촉진 및 지원에 관한 조문의 일부이다. ( )에 들어갈 내용을 바르게 나열한 것은?

> - 국토교통부장관·해양수산부장관 또는 시·도지사는 (ㄱ), 국내 물류기업의 해외진출, 해외 물류기업의 유치 및 (ㄴ)의 유치 등 국제물류 촉진을 위한 시책을 마련하여야 한다.
> - 국토교통부장관 및 해양수산부장관은 범정부차원의 지원이 필요한 국가 간 물류협력체의 구성 또는 정부 간 협정의 체결 등에 관하여는 미리 (ㄷ)의 심의를 거쳐야 한다.

① ㄱ: 국제물류협력체계 구축, ㄴ: 국제물류사업,
 ㄷ: 국가물류정책위원회
② ㄱ: 국제물류협력체계 구축, ㄴ: 환적화물,
 ㄷ: 국가물류정책위원회
③ ㄱ: 국제물류협력체계 구축, ㄴ: 환적화물,
 ㄷ: 국무회의
④ ㄱ: 물류 관련 국제표준화, ㄴ: 환적화물,
 ㄷ: 국가물류정책위원회
⑤ ㄱ: 물류 관련 국제표준화, ㄴ: 국제물류사업,
 ㄷ: 국무회의

해설
- 국토교통부장관·해양수산부장관 또는 시·도지사는 (ㄱ. 국제물류협력체계 구축), 국내 물류기업의 해외진출, 해외 물류기업의 유치 및 (ㄴ. 환적화물)의 유치 등 국제물류 촉진을 위한 시책을 마련하여야 한다.(「법」 제61조제1항)
- 국토교통부장관 및 해양수산부장관은 범정부차원의 지원이 필요한 국가 간 물류협력체의 구성 또는 정부 간 협정의 체결 등에 관하여는 미리 (ㄷ. 국가물류정책위원회)의 심의를 거쳐야 한다.(「법」 제61조제3항)

정답 | ②

10

물류정책기본법령상 물류회계의 표준화에 관한 설명으로 옳은 것은?

① 국토교통부장관은 물류기업 및 화주기업의 물류비 산정기준 및 방법 등을 표준화하기 위하여 기업물류비 산정지침을 작성하여 고시하여야 한다.
② 해양수산부장관은 화주기업이 기업물류비 산정지침에 따라 물류비를 관리하도록 하는 의무를 부과할 수 있다.
③ 산업통상자원부장관은 국토교통부장관과 협의하여 기업물류비 산정지침에 따라 물류비를 계산·관리하는 물류기업에 대하여는 필요한 행정적 지원을 하여야 한다.
④ 국토교통부장관은 기업물류비 산정지침에 따라 물류비를 계산·관리하는 화주기업에 대하여 재정적 지원을 할 수는 없다.
⑤ 물류비 관련 용어 및 개념에 대한 정의는 기업물류비 산정지침에 포함되어야 하는 사항이 아니다.

해설
국토교통부장관은 해양수산부장관 및 산업통상자원부장관과 협의하여 물류기업 및 화주기업의 물류비 산정기준 및 방법 등을 표준화하기 위하여 기업물류비 산정지침을 작성하여 고시하여야 한다.

선지분석
② 국토교통부장관은 물류기업 및 화주기업이 기업물류비 산정지침에 따라 물류비를 관리하도록 권고할 수 있다.
③ 국토교통부장관은 해양수산부장관 및 산업통상자원부장관과 협의하여 기업물류비 산정지침에 따라 물류비를 계산·관리하는 물류기업 및 화주기업에 대하여는 필요한 행정적·재정적 지원을 할 수 있다.
④ 물류기업과 화주기업 모두 필요한 행정적·재정적 지원을 할 수 있다.
⑤ 기업물류비 산정지침에는 다음의 사항이 포함되어야 한다.
 1. 물류비 관련 용어 및 개념에 대한 정의
 2. 영역별·기능별 및 자가·위탁별 물류비의 분류
 3. 물류비의 계산 기준 및 계산 방법
 4. 물류비 계산서의 표준 서식

정답 | ①

11

물류정책기본법령상 우수물류기업의 인증에 관한 설명으로 옳지 않은 것은?

① 국토교통부장관 및 해양수산부장관은 소관 물류기업을 각각 우수물류기업으로 인증할 수 있다.
② 우수물류기업 선정을 위한 인증의 기준·절차·방법 등에 필요한 사항은 국토교통부와 해양수산부의 공동부령으로 정한다.
③ 국토교통부장관 또는 해양수산부장관은 인증우수물류기업이 인증요건을 유지하는지의 여부를 대통령령으로 정하는 바에 따라 점검할 수 있다.
④ 인증우수물류기업 인증마크의 도안 및 표시방법은 해양수산부장관의 동의를 얻어 국토교통부장관이 정하여 고시한다.
⑤ 국가·지방자치단체 또는 공공기관은 인증우수물류기업에 대하여 재정적 지원을 할 수 있다.

해설
인증마크의 도안 및 표시방법 등에 관하여 필요한 사항은 국토교통부장관과 해양수산부장관이 공동으로 정하여 고시한다.

정답 | ④

12

물류정책기본법령상 물류정보화를 통한 물류체계의 효율화 시책에 포함되어야 할 사항에 해당하지 않는 것은?

① 물류환경의 변화와 전망에 관한 사항
② 물류정보의 연계 및 공동활용에 관한 사항
③ 물류정보의 표준에 관한 사항
④ 물류정보의 보안에 관한 사항
⑤ 물류분야 정보통신기술의 도입 및 확산에 관한 사항

해설
물류환경의 변화와 전망은 국가물류기본계획과 지역물류기본계획에 포함되어야 하는 사항이다.

관련이론 | 「시행령」 제19조 물류정보화 시책
국토교통부장관·해양수산부장관·산업통상자원부장관 또는 관세청장은 「법」 제27조제1항에 따라 물류정보화를 통한 물류체계의 효율화 시책을 강구할 때에는 다음 각 호의 사항이 포함되도록 하여야 한다.
1. 물류정보의 표준에 관한 사항
2. 물류분야 정보통신기술의 도입 및 확산에 관한 사항
3. 물류정보의 연계 및 공동활용에 관한 사항
4. 물류정보의 보안에 관한 사항
5. 그 밖에 물류효율의 향상을 위하여 필요한 사항

정답 | ①

13

A도지사가 국제물류주선업자 甲에게 물류정책기본법령에 따른 과징금을 부과하는 경우에 관한 설명으로 옳지 않은 것은?

① A도지사는 甲에게 사업의 취소를 명하여야 하는 경우로서 그 사업의 취소가 해당 사업의 이용자 등에게 심한 불편을 주는 경우에는 그 사업취소 처분을 갈음하여 과징금을 부과할 수 있다.
② A도지사는 과징금의 금액을 정함에 있어서 甲의 사업 규모를 고려할 수 있다.
③ A도지사는 과징금의 금액을 정함에 있어서 甲의 위반행위의 정도 및 횟수를 고려할 수 있다.
④ A도지사는 하나의 위반행위에 대하여 사업정지처분과 과징금처분을 함께 부과할 수는 없다.
⑤ 甲에게 부과된 과징금을 기한 내에 납부하지 아니한 때에는 A도지사는 이를 「지방행정제재·부과금의 징수 등에 관한 법률」에 따라 징수한다.

해설
「법」 제67조
A도지사는 甲에게 사업의 정지를 명하여야 하는 경우로서 그 사업의 정지가 해당 사업의 이용자 등에게 심한 불편을 주는 경우에는 그 사업정지 처분을 갈음하여 과징금을 부과할 수 있다.

정답 | ①

14

물류정책기본법령상 물류기업이 환경친화적 물류활동을 위하여 행정적·재정적 지원을 받을 수 있는 활동에 해당하지 않는 것은?

① 환경친화적인 운송수단 또는 포장재료의 사용
② 기존 물류시설·장비·운송수단을 환경친화적인 물류시설·장비·운송수단으로 변경
③ 환경친화적인 물류시스템의 도입 및 개발
④ 물류활동에 따른 폐기물 감량
⑤ 물류자원을 절약하고 재활용하는 활동으로서 환경부장관이 정하여 고시하는 사항

해설
물류자원을 절약하고 재활용하는 활동으로서 국토교통부장관 및 해양수산부장관이 정하여 고시하는 사항이다.

관련이론 | 「법」 제59조
국토교통부장관·해양수산부장관 또는 시·도지사는 물류기업 또는 화주기업이 환경친화적 물류활동을 위하여 다음 각 호의 활동을 하는 경우에는 행정적·재정적 지원을 할 수 있다.
1. 환경친화적인 운송수단 또는 포장재료의 사용
2. 기존 물류시설·장비·운송수단을 환경친화적인 물류시설·장비·운송수단으로 변경
3. 그 밖에 대통령령으로 정하는 환경친화적 물류활동: 환경친화적인 물류시스템의 도입 및 개발, 물류활동에 따른 폐기물 감량, 물류자원을 절약하고 재활용하는 활동으로서 국토교통부장관 및 해양수산부장관이 정하여 고시하는 사항

정답 | ⑤

15

「물류정책기본법」상 물류기업에 대하여 물류정보화에 관련된 프로그램의 개발비용의 일부를 지원할 수 있는 자가 아닌 것은? (단, 권한위임·위탁에 관한 규정은 고려하지 않음)

① 국토교통부장관
② 해양수산부장관
③ 산업통상자원부장관
④ 시·도지사
⑤ 관세청장

해설

「법」 제27조
국토교통부장관·해양수산부장관·산업통상자원부장관 또는 관세청장은 물류정보화를 촉진하기 위하여 필요한 경우에는 예산의 범위에서 물류기업 또는 물류 관련 단체에 대하여 물류정보화에 관련된 설비 또는 프로그램의 개발·운용비용의 일부를 지원할 수 있다.

정답 | ④

16

물류정책기본법령상 국제물류주선업에 관한 설명으로 옳지 않은 것은?

① 국제물류주선업이란 타인의 수요에 따라 타인의 명의와 계산으로 타인의 물류시설·장비 등을 이용하여 수출입화물의 물류를 주선하는 사업을 말한다.
② 국제물류주선업을 경영하려는 자는 국토교통부령으로 정하는 바에 따라 시·도지사에게 등록하여야 한다.
③ 국제물류주선업의 등록을 하려는 법인은 3억 원 이상의 자본금을 보유하고 그 밖에 대통령령으로 정하는 기준을 충족하여야 한다.
④ 법인인 국제물류주선업자가 등록한 사항 중 임원의 성명을 변경하려는 경우에는 국토교통부령으로 정하는 바에 따라 변경등록을 하여야 한다.
⑤ 국제물류주선업자가 다른 사람에게 등록증을 대여한 경우 시·도지사는 그 등록을 취소하여야 한다.

해설

「법」 제2조11호
국제물류주선업이란 타인의 수요에 따라 자기의 명의와 계산으로 타인의 물류시설·장비 등을 이용하여 수출입화물의 물류를 주선하는 사업을 말한다.

정답 | ①

17

물류정책기본법령상 국가물류통합정보센터운영자의 물류정보 공개에 관한 설명으로 옳지 않은 것은?

① 정보처리장치의 파일에 기록되어 있는 물류정보의 보관기간은 1년으로 한다.
② 국가의 안전보장에 위해가 없고 기업의 영업비밀을 침해하지 아니하는 경우, 법원의 제출명령에 따른 경우에는 물류정보를 공개할 수 있다.
③ 국가의 안전보장에 위해가 없고 기업의 영업비밀을 침해하지 아니하는 경우, 다른 법률에 따라 공개하도록 되어 있는 경우에는 물류정보를 공개할 수 있다.
④ 대통령령으로 정하는 경우를 제외하고는 물류정보를 공개하여서는 아니 된다.
⑤ 물류정보를 공개하려고 하는 때에는 미리 대통령령으로 정하는 이해관계인의 동의를 받아야 한다.

해설
국가물류통합정보센터운영자 또는 단위물류정보망 전담기관은 전자문서 및 정보처리장치의 파일에 기록되어 있는 물류정보를 대통령령으로 정하는 기간 동안 보관하여야 한다. 여기서 대통령령으로 정하는 보관기간은 2년이다.
물류정보를 공개할 수 있는 경우는 ②, ③ 이외에도 1. 관계 중앙행정기관 또는 지방자치단체가 행정목적상의 필요에 따라 신청하는 경우, 2. 수사기관이 수사목적상의 필요에 따라 신청하는 경우 등이다. 이 경우에도 국가의 안전보장에 위해가 없고 기업의 영업비밀을 침해하지 아니하는 경우라야 한다.

정답 | ①

18

물류정책기본법령상 국토교통부장관 또는 해양수산부장관이 하는 소관 인증우수물류기업의 인증 취소에 관한 설명으로 옳지 않은 것은?

① 거짓이나 그 밖의 부정한 방법으로 인증을 받은 경우에는 그 인증을 취소할 수 있다.
② 국토교통부장관 또는 해양수산부장관이 실시하는 인증우수물류기업 인증요건의 유지여부 점검을 정당한 사유 없이 3회 이상 거부한 경우에는 그 인증을 취소할 수 있다.
③ 국토교통부와 해양수산부의 공동부령으로 정한 우수물류기업의 인증기준에 맞지 아니하게 된 경우에는 그 인증을 취소할 수 있다.
④ 다른 사람에게 자기의 성명 또는 상호를 사용하여 영업을 하게 한 때에는 그 인증을 취소할 수 있다.
⑤ 인증우수물류기업은 우수물류기업의 인증이 취소된 경우에는 인증마크의 사용을 중지하여야 한다.

해설
「법」 제39조
거짓이나 그 밖의 부정한 방법으로 인증을 받은 경우에는 그 인증을 취소하여야 한다.

정답 | ①

19

물류정책기본법령상 국토교통부장관·해양수산부장관 또는 시·도지사가 물류기업 및 화주기업에 대하여 권고·지원할 수 있는 환경친화적 운송수단으로의 전환 지원 대상에 해당하지 않는 것은?

① 화물자동차·철도차량·선박·항공기 등의 배출가스를 저감하는 경우
② 배출가스를 저감할 수 있는 운송수단으로 전환하는 경우
③ 환경친화적 연료를 사용하는 운송수단으로 전환하는 경우
④ 환경친화적 연료를 사용하는 운송수단으로 전환하기 위한 시설·장비투자를 하는 경우
⑤ 환경친화적 물류보관시스템을 도입하는 경우

해설
국토교통부장관·해양수산부장관 또는 시·도지사는 물류기업 및 화주기업에 대하여 환경친화적인 운송수단으로의 전환을 권고하고 지원할 수 있다. (「법」제60조 ①)
환경친화적 운송수단으로의 전환 지원(시행령 제48조)
1. 화물자동차·철도차량·선박·항공기 등의 배출가스를 저감하거나 배출가스를 저감할 수 있는 운송수단으로 전환하는 경우 및 이를 위한 시설 장비투자를 하는 경우
2. 환경친화적인 연료를 사용하는 운송수단으로 전환하는 경우 및 이를 위한 시설·장비투자를 하는 경우

정답 | ⑤

20

물류정책기본법령상 물류정보화에 관한 내용으로 옳지 못한 것은?

① 국토교통부장관·해양수산부장관·산업통상자원부장관 또는 관세청장은 물류정보화를 촉진하기 위하여 필요한 경우에는 예산의 범위에서 물류기업 또는 물류 관련 단체에 대하여 물류정보화에 관련된 설비 또는 프로그램의 개발·운용비용의 일부를 지원할 수 있다.
② 국토교통부장관은 위험물질의 안전한 도로운송을 위하여 위험물질을 운송하는 차량을 통합적으로 관리하는 위험물질운송안전관리센터를 설치·운영할 수 있다.
③ 국토교통부장관은 해양수산부장관·산업통상자원부장관 및 관세청장과 협의하여 관계 행정기관, 물류관련기관 또는 물류기업 등이 구축한 단위물류정보망으로부터 필요한 정보를 제공받거나 물류현황조사에 따라 수집된 정보를 가공·분석하여 물류 관련 자료를 총괄하는 국가물류통합데이터베이스를 구축할 수 있다.
④ 국토교통부장관은 국가물류통합데이터베이스를 구축하고 물류정보를 가공·축적·제공하기 위한 통합정보체계를 갖추기 위하여 국가물류통합정보센터를 설치·운영할 수 있다.
⑤ 국토교통부장관은 해양수산부장관·산업통상자원부장관 및 관세청장과 협의하여 국가물류통합정보센터의 효율적인 운영을 위하여 국가물류통합정보센터 운영자에게 필요한 지원을 할 수 있다.

해설
국토교통부장관은 위험물질의 안전한 도로운송을 위하여 위험물질을 운송하는 차량을 통합적으로 관리하는 위험물질운송안전관리센터를 설치·운영한다.

정답 | ②

PART 02 물류시설의 개발 및 운영에 관한 법률

CHAPTER 01 총칙

1. 법의 목적과 용어의 정의

(1) 법의 목적 기출 10회

이 법은 물류시설을 합리적으로 배치·운영하고 물류시설 용지를 원활히 공급하여 물류산업의 발전을 촉진함으로써 국가경쟁력을 강화하고 국토의 균형 있는 발전과 국민경제의 발전에 이바지함을 목적으로 한다.

(2) 용어의 정의 빈출 29, 26, 25, 22, 21, 20, 19, 18, 17, 16, 12, 9회

① 물류시설
  ㉠ 화물의 운송·보관·하역을 위한 시설
  ㉡ 화물의 운송·보관·하역과 관련된 가공·조립·분류·수리·포장·상표부착·판매·정보통신 등의 활동을 위한 시설
  ㉢ 물류의 공동화·자동화 및 정보화를 위한 시설
  ㉣ ㉠부터 ㉢까지의 시설이 모여 있는 물류터미널 및 물류단지

② 물류터미널: 화물의 집화·하역 및 이와 관련된 분류·포장·보관·가공·조립 또는 통관 등에 필요한 기능을 갖춘 시설물을 말한다. 다만, 가공·조립 시설은 가공·조립 시설의 전체 바닥면적 합계가 물류터미널의 **전체 바닥면적 합계의 4분의 1 이하**의 것이어야 한다.

③ 물류터미널사업
물류터미널을 경영하는 사업으로서 복합물류터미널사업과 일반물류터미널사업을 말한다. 다만, 다음의 시설물을 경영하는 사업은 제외한다.

물류터미널사업에서 제외되는 것
• 「항만법」의 항만시설 중 항만구역 안에 있는 화물하역시설 및 화물보관·처리 시설
• 「공항시설법」의 공항시설 중 공항구역 안에 있는 화물운송을 위한 시설과 그 부대시설 및 지원시설
• 「철도사업법」에 따른 철도사업자가 그 사업에 사용하는 화물운송·하역 및 보관 시설
• 「유통산업발전법」의 집배송시설 및 공동집배송센터

④ 복합물류터미널사업과 일반물류터미널 사업: 복합물류터미널사업은 두 종류 이상의 운송수단 간의 연계운송을 할 수 있는 규모 및 시설을 갖춘 물류터미널사업을 말한다. 일반물류터미널사업은 물류터미널사업 중 복합물류터미널사업을 제외한 것을 말한다.

⑤ 물류창고: 화물의 저장·관리, 집화·배송 및 수급조정 등을 위한 보관시설(주문 수요를 예측하여 소형·경량 위주의 화물을 미리 보관하고 소비자의 주문에 대응하여 즉시 배송하기 위한 주문배송시설을 포함한다.)·보관장소 또는 이와 관련된 하역·분류·포장·상표부착 등에 필요한 기능을 갖춘 시설을 말한다.

⑥ 물류창고업

화주의 수요에 따라 유상으로 물류창고에 화물을 보관하거나 이와 관련된 하역·분류·포장·상표부착 등을 하는 사업을 말한다. 다만, 다음의 어느 하나에 해당하는 것은 제외한다.

> 1. 주차장에서 자동차의 보관, 자전거 주차장에서 자전거의 보관
> 2. 철도사업자가 여객의 수하물 또는 소화물을 보관하는 것
> 3. 그 밖에 「위험물안전관리법」에 따른 위험물저장소에 보관하는 것 등 국토교통부와 해양수산부의 공동부령으로 정하는 것(위험물 저장소, 고압가스 저장소, 도시가스 저장시설, 석유저장시설, 액화석유가스 저장소, 화약류저장소)

⑦ 스마트물류센터: 첨단물류시설 및 설비, 운영시스템 등을 도입하여 저비용·고효율·안전성·친환경성 등에서 우수한 성능을 발휘할 수 있는 물류창고로서 국토교통부장관의 인증을 받은 물류창고를 말한다.

⑧ 물류단지: 물류단지시설과 지원시설을 집단적으로 설치·육성하기 위하여 지정·개발하는 일단의 토지 및 시설로서 도시첨단물류단지와 일반물류단지를 말한다.

⑨ 도시첨단물류단지: 도시 내 물류를 지원하고 물류·유통산업 및 물류·유통과 관련된 산업의 육성과 개발을 촉진하려는 목적으로 도시첨단물류단지시설과 지원시설을 집단적으로 설치하기 위하여 도시지역에 지정·개발하는 일단의 토지 및 시설을 말한다.

⑩ 일반물류단지시설 빈출 27, 25, 24, 23, 22, 20, 17, 11회

화물의 운송·집화·하역·분류·포장·가공·조립·통관·보관·판매·정보처리 등을 위하여 일반물류단지 안에 설치되는 다음의 시설을 말한다.

일반물류단지시설
• 물류터미널 및 창고
• 「유통산업발전법」의 대규모점포·전문상가단지·공동집배송센터 및 중소유통공동도매물류센터
• 「농수산물유통 및 가격안정에 관한 법률」의 농수산물도매시장·농수산물공판장 및 농수산물종합유통센터
• 「궤도운송법」에 따른 궤도사업을 경영하는 자가 그 사업에 사용하는 화물의 운송·하역 및 보관 시설
• 「축산물위생관리법」의 작업장
• 「농업협동조합법」·「수산업협동조합법」·「산림조합법」·「중소기업협동조합법」 또는 「협동조합 기본법」에 따른 조합 또는 그 중앙회(연합회 포함)가 설치하는 구매사업 또는 판매사업 관련 시설
• 「화물자동차 운수사업법」의 화물자동차운수사업에 이용되는 차고, 화물취급소, 그 밖에 화물의 처리를 위한 시설
• 「약사법」의 의약품 도매상의 창고 및 영업소시설
• 「관세법」에 따른 보세창고
• 수산물가공업시설(냉동·냉장업 시설만 해당)
• 「항만법」의 항만시설 중 항만구역에 있는 화물하역시설 및 화물보관·처리 시설
• 「공항시설법」의 공항시설 중 공항구역에 있는 화물운송을 위한 시설과 그 부대시설 및 지원시설
• 「철도사업법」에 따른 철도사업자가 그 사업에 사용하는 화물운송·하역 및 보관 시설
• 「자동차관리법」에 따른 자동차매매업을 영위하려는 자 또는 자동차매매업자가 공동으로 사용하려는 사업장
• 「자동차관리법」에 따른 자동차경매장
• 위의 시설에 딸린 시설

⑪ 복합용지: 도시첨단물류단지시설, 지원시설, 물류단지개발사업의 시설(⑭의 ⓒ~⑩시설)을 하나의 용지에 전부 또는 일부 설치하기 위한 용지를 말한다.

⑫ 도시첨단물류단지시설

도시 내 물류를 지원하고 물류·유통산업 및 물류·유통과 관련된 산업의 육성과 개발을 목적으로 도시첨단물류단지 안에 설치되는 다음의 시설을 말한다.

도시첨단물류단지시설
• 일반물류단지시설 중에서 도시 내 물류·유통기능 증진을 위한 시설 • 「산업입지 및 개발에 관한 법률」에 따른 공장, 지식산업 관련 시설, 정보통신산업 관련 시설, 교육·연구시설 중 첨단산업과 관련된 시설로서 국토교통부령으로 정하는 물류·유통 관련 시설 • 그 밖에 도시 내 물류·유통기능 증진을 위한 시설로서 대통령령으로 정하는 시설 • 위의 시설에 딸린 시설

⑬ 지원시설 빈출 29, 27, 25, 23, 22, 20, 17회

물류단지시설의 운영을 효율적으로 지원하기 위하여 물류단지 안에 설치되는 다음의 시설을 말한다.

지원시설
1. 대통령령으로 정하는 가공·제조 시설 　• 「농수산물유통 및 가격안정에 관한 법률」에 따른 농수산물산지유통센터(축산물의 도축·가공·보관 등을 하는 축산물 종합처리시설을 포함) 　• 「산업집적활성화 및 공장설립에 관한 법률」에 따른 공장 　• 수산가공품 생산공장 및 수산물가공업시설(냉동·냉장업 시설 및 선상가공업시설은 제외) 　• 「양곡관리법」에 따라 농업협동조합 등이 설치하는 미곡의 건조·보관·가공시설 2. 정보처리시설 3. 금융·보험·의료·교육·연구·업무 시설 4. 물류단지의 종사자 및 이용자의 생활과 편의를 위한 시설 5. 그 밖에 물류단지의 기능 증진을 위한 시설로서 대통령령으로 정하는 시설 　• 「건축법 시행령」에 따른 문화 및 집회시설 　• 입주기업체 및 지원기관에서 발생하는 폐기물의 처리를 위한 시설(재활용시설을 포함) 　• 물류단지의 종사자 및 이용자의 주거를 위한 단독주택, 공동주택 등의 시설 　• 그 밖에 물류단지의 기능 증진을 위한 시설로서 국토교통부령으로 정하는 시설(단독주택·공동주택·숙박시설·운동시설·위락시설 및 근린생활시설)

⑭ 물류단지개발사업

물류단지를 조성하기 위하여 시행하는 다음의 사업으로서 도시첨단물류단지개발사업과 일반물류단지개발사업을 말한다.

㉠ 물류단지시설 및 지원시설의 용지조성사업과 건축사업

㉡ 도로·철도·궤도·항만 또는 공항 시설 등의 건설사업

㉢ 전기·가스·용수 등의 공급시설과 전기통신설비의 건설사업

㉣ 하수도, 폐기물처리시설, 그 밖의 환경오염방지시설 등의 건설사업

㉤ 그 밖에 ㉠부터 ㉣까지의 사업에 딸린 사업

2. 다른 법률과의 관계

① 다른 법률에서 물류터미널 및 물류단지 외의 물류시설의 개발·관리 및 운영 등에 관하여 규정하고 있는 경우에는 그 법률로 정하는 바에 따른다.

② 물류 교통·환경 정비사업과 관련된 사항에 대하여는 다른 법률에 우선하여 이 법을 적용한다.

CHAPTER 02 물류시설개발종합계획의 수립

1. 물류시설개발종합계획의 수립과 절차

(1) 물류시설개발종합계획의 수립 빈출 28, 26, 24, 23, 22, 20, 19, 16, 13, 12, 10회

① 물류시설개발종합계획의 수립

　㉠ 국토교통부장관은 물류시설의 합리적 개발·배치 및 물류체계의 효율화 등을 위하여 물류시설개발종합계획을 5년 단위로 수립하여야 한다.

　㉡ 물류시설개발종합계획은 물류시설을 다음의 기능별 분류에 따라 체계적으로 수립한다.

단위 물류시설	창고 및 집배송센터 등 물류활동을 개별적으로 수행하는 최소 단위의 물류시설
집적(cluster) 물류시설	물류터미널 및 물류단지 등 둘 이상의 단위 물류시설 등이 함께 설치된 물류시설
연계 물류시설	물류시설 상호 간의 화물운송이 원활히 이루어지도록 제공되는 도로·철도 등 교통시설

② 물류시설개발종합계획에 포함되어야 하는 내용

> 1. 물류시설의 장래수요에 관한 사항
> 2. 물류시설의 공급정책 등에 관한 사항
> 3. 물류시설의 지정·개발에 관한 사항
> 4. 물류시설의 지역별·규모별·연도별 배치 및 우선순위에 관한 사항
> 5. 물류시설의 기능개선 및 효율화에 관한 사항
> 6. 물류시설의 공동화·집단화에 관한 사항
> 7. 물류시설의 국내 및 국제 연계수송망 구축에 관한 사항
> 8. 물류시설의 환경보전·관리에 관한 사항
> 9. 도심지에 위치한 물류시설의 정비와 교외 이전에 관한 사항
> 10. 그 밖에 대통령령으로 정하는 사항(용수·에너지·통신시설 등 기반시설에 관한 사항)

(2) 물류시설개발종합계획의 수립절차

① 계획의 수립절차 기출 28, 24, 22, 20, 19, 16, 13, 11회

　㉠ 국토교통부장관은 물류시설개발종합계획을 수립하는 때에는 관계 행정기관의 장으로부터 소관별 계획을 제출받아 이를 기초로 물류시설개발종합계획안을 작성하여 특별시장·광역시장·특별자치시장·도지사 또는 특별자치도지사(시·도지사)의 의견을 듣고 관계 중앙행정기관의 장과 협의한 후 물류시설분과위원회의 심의를 거쳐야 한다.

　㉡ 물류시설개발종합계획 중 대통령령으로 정하는 사항을 변경하려는 때(물류시설별 물류시설용지면적의 100분의 10 이상으로 물류시설의 수요·공급계획을 변경하려는 때)에도 또한 같다.

　㉢ 국토교통부장관은 물류시설개발종합계획을 수립하거나 변경한 때에는 이를 관보에 고시하여야 한다.

　㉣ 관계 중앙행정기관의 장은 필요한 경우 국토교통부장관에게 물류시설개발종합계획을 변경하도록 요청할 수 있다.

② 자료제출 요구

　국토교통부장관은 관계 기관에 물류시설개발종합계획을 수립하거나 변경하는 데에 필요한 자료의 제출을 요구하거나 협조를 요청할 수 있으며, 그 요구나 요청을 받은 관계 기관은 정당한 사유가 없으면 이에 따라야 한다.

③ 물류시설에 대한 조사 `기출 26, 24회`

국토교통부장관은 물류시설개발종합계획을 효율적으로 수립하기 위하여 필요하다고 인정하는 때에는 물류시설에 대하여 조사할 수 있다. 이 경우 물류시설의 조사에 관하여는 「물류정책기본법」의 물류현황조사를 준용한다.

2. 다른 계획과의 관계

(1) **물류시설개발종합계획과 다른 계획과의 관계** `기출 26, 19, 16회`
① 물류시설개발종합계획은 「물류정책기본법」의 국가물류기본계획과 조화를 이루어야 한다.
② 국토교통부장관, 관계 중앙행정기관의 장 또는 시·도지사는 물류시설을 지정·개발하거나 인·허가를 할 때 이 법에 따라 수립된 물류시설개발종합계획과 상충되거나 중복되지 아니하도록 하여야 한다.

(2) **계획의 변경 요청** `기출 26, 21, 20회`
국토교통부장관, 관계 중앙행정기관의 장 또는 시·도지사는 다음의 어느 하나에 해당하는 경우에는 그 계획을 변경하도록 요청할 수 있다. 이 경우 조정이 필요하면 물류시설분과위원회에 조정을 요청할 수 있다.
① 다른 행정기관이 직접 지정·개발하려는 물류시설 개발계획이 물류시설개발종합계획과 상충되거나 중복된다고 인정하는 경우
② 다른 행정기관이 인·허가를 하려는 물류시설 개발계획이 물류시설개발종합계획과 상충되거나 중복된다고 인정하는 경우

CHAPTER 03 물류터미널사업과 물류창고업

1. 복합물류터미널사업의 등록 등

(1) **복합물류터미널사업의 등록** `빈출 27, 26, 25, 24, 23, 22, 21, 15회`
① 복합물류터미널사업을 경영하려는 자는 **국토교통부장관에게 등록하여야 한다.**
② **복합물류터미널사업의 등록을 할 수 있는 자는 다음의 어느 하나에 해당하는 자로 한다.**

> 1. 국가 또는 지방자치단체
> 2. 대통령령으로 정하는 공공기관(한국철도공사, 한국토지주택공사, 한국도로공사, 한국수자원공사, 한국농어촌공사, 항만공사)
> 3. 「지방공기업법」에 따른 지방공사
> 4. 특별법에 따라 설립된 법인
> 5. 「민법」 또는 「상법」에 따라 설립된 법인

③ 복합물류터미널사업의 등록을 한 자(복합물류터미널사업자)가 그 등록한 사항 중 대통령령으로 정하는 사항을 변경하려는 경우에는 변경등록을 하여야 한다.

> **짚고 넘어가기** 대통령령으로 정하는 사항은 다음 각 호 외의 사항을 말한다.
> 1. 복합물류터미널의 부지 면적의 변경(변경 횟수에 불구하고 통산하여 부지 면적의 10분의 1 미만의 변경만 해당)
> 2. 복합물류터미널의 구조 또는 설비의 변경
> 3. 영업소의 명칭 또는 위치의 변경

(2) 등록기준과 등록의 결격사유

① 복합물류터미널사업의 등록기준 [기출] 27, 26, 25, 22, 21, 16, 14, 12, 10회
  ㉠ 복합물류터미널이 해당 지역 운송망의 중심지에 위치하여 다른 교통수단과 쉽게 연계될 것
  ㉡ 부지 면적이 3만3천제곱미터 이상일 것
  ㉢ 주차장, 화물취급장, 창고 또는 배송센터 등의 시설을 갖출 것
  ㉣ 물류시설개발종합계획 및 「물류정책기본법」의 국가물류기본계획상의 물류터미널의 개발 및 정비계획 등에 배치되지 아니할 것

② 등록의 결격사유 [기출] 28, 27, 26, 25, 19, 18, 16회
  다음의 어느 하나에 해당하는 자는 복합물류터미널사업의 등록을 할 수 없다.
  ㉠ 이 법을 위반하여 벌금형 이상(징역형, 금고형, 벌금형)을 선고받은 후 2년이 지나지 아니한 자
  ㉡ 복합물류터미널사업 등록이 취소(법인의 임원이 피성년후견인 또는 파산자에 해당하여 등록이 취소된 경우는 제외)된 후 2년이 지나지 아니한 자
  ㉢ 법인으로서 그 임원(직원은 아님) 중에 이 법을 위반하여 벌금형 이상을 선고받은 후 2년이 지나지 아니한 자, 피성년후견인 또는 파산선고를 받고 복권되지 아니한 자, 이 법을 위반하여 금고 이상의 실형을 선고받고 그 집행이 종료되거나 집행이 면제된 날부터 2년이 지나지 아니한 자, 이 법을 위반하여 금고 이상의 형의 집행유예를 선고받고 그 유예기간 중에 있는 자

2. 복합물류터미널사업의 공사시행

(1) 공사시행의 인가 등 [기출] 26, 24, 23, 19, 17회

① 공사시행의 인가
  ㉠ 복합물류터미널사업자는 건설하려는 물류터미널의 구조 및 설비 등에 관한 공사계획을 수립하여 국토교통부장관의 공사시행인가를 받아야 한다.
  ㉡ 일반물류터미널사업을 경영하려는 자는 물류터미널 건설에 관하여 필요한 경우 시·도지사의 공사시행인가를 받을 수 있다.

② 공사시행의 변경인가
  인가받은 공사계획 중 대통령령으로 정하는 사항을 변경하는 경우와 복합물류터미널사업자가 「산업집적활성화 및 공장설립에 관한 법률」에 따른 제조시설 및 그 부대시설과 「유통산업발전법」에 따른 대규모점포 및 준대규모점포의 매장과 그 매장에 포함되는 용역의 제공장소를 설치하는 경우에는 해당 인가권자의 변경인가를 받아야 한다.

> **짚고 넘어가기** | 변경인가를 받아야 하는 경우(대통령령으로 정하는 사항을 변경하는 경우)
> 1. 공사의 기간을 변경하는 경우
> 2. 물류터미널의 부지 면적을 10분의 1 이상 변경하는 경우
> 3. 물류터미널 안의 건축물의 연면적을 10분의 1 이상 변경하는 경우
> 4. 물류터미널 안의 공공시설 중 도로·철도·광장·녹지나 그 밖에 국토교통부령으로 정하는 시설(주차장, 상수도, 하수도, 유수지, 운하, 부두, 오·폐수시설 및 공동구)을 변경하는 경우

③ 인가 및 변경인가 절차
  ㉠ 국토교통부장관 또는 시·도지사는 공사시행인가 또는 변경인가를 하려는 때에는 관할 특별자치시장·특별자치도지사·시장·군수 또는 구청장의 의견을 듣고, 관계 법령에 적합한지를 미리 소관 행정기관의 장과 협의한다.

ⓒ 협의를 요청받은 소관 행정기관의 장은 협의 요청받은 날부터 20일 이내에 의견을 제출하여야 하며, 그 기간 내에 의견을 제출하지 아니하면 의견이 없는 것으로 본다.

④ 공사시행의 인가기준(구조 및 설비기준) 기출 17, 10회

㉠ 국토교통부장관 또는 시·도지사는 공사계획이 국토교통부령으로 정하는 구조 및 설비기준에 적합한 경우에는 인가를 하여야 한다.

국토교통부령으로 정하는 구조 및 설비기준	
구조의 내구력	• 자동차의 하중(40톤)·지진 그 밖의 진동이나 충격에 대하여 견딜 수 있도록 안전하게 설계할 것
구내차도 및 조차장소	• 구내차도는 자동차가 후진하지 아니하고 출입구를 향하여 운행할 수 있도록 할 것 • 구내차도의 너비는 6.5미터 이상으로 할 것. 다만, 일방통행의 구내차도는 3.5미터 이상으로 할 수 있다. • 구내차도 또는 조차장소 위에 횡단육교 또는 이와 유사한 구조물을 설치하는 경우에는 그 유효높이를 4.5미터 이상으로 할 것 • 구내차도 또는 조차장소의 경사부분의 기울기는 10퍼센트 이내로 할 것 • 조차장소의 형상 및 너비는 해당 복합물류터미널의 규모 및 구조에 적합하게 할 것
자동차의 입구 및 출구	• 자동차의 출입과 안전에 지장이 없는 곳에 위치하도록 할 것
화물취급장	• 일정한 시간대에 적재하여야 할 물동량 중 최대물량을 동시에 적재할 수 있는 충분한 면적으로 할 것 • 화물을 안전하고 용이하게 하역할 수 있도록 할 것 • 전산정보체계를 갖출 것. 다만, 일반물류터미널의 경우에는 그러하지 아니하다. • 화물자동분류설비(Sorting Machine)를 갖출 것. 다만, 일반물류터미널 및 컨테이너전용물류터미널의 경우에는 그러하지 아니하다.
창고 또는 배송센터	• 해당 물류터미널에서 보관 또는 집화·배송하는 물동량을 보관하기에 충분한 면적으로 할 것
주차장	• 승용차용 주차장과 화물자동차용 주차장을 각각 갖출 것

ⓒ 국토교통부장관 또는 시·도지사는 공사시행인가 또는 변경인가를 한 때에는 고시하여야 한다.

(2) **토지등의 수용·사용 및 토지매수 등**

① 토지등의 수용·사용

공사시행인가를 받은 자(물류터미널사업자)가 물류터미널을 건설하는 경우에는 이에 필요한 토지·건축물 또는 토지에 정착한 물건과 이에 관한 소유권 외의 권리, 광업권·어업권·양식업권 및 물의 사용에 관한 권리(이하 "토지등")를 수용하거나 사용할 수 있다.

② 토지등의 수용·사용의 제한

다음에 해당하지 아니하는 자(민간시행자)가 토지등을 수용하거나 사용하려면 사업대상 토지면적의 3분의 2 이상에 해당하는 토지를 소유하고, 토지소유자 총수의 2분의 1 이상에 해당하는 자의 동의를 받아야 한다.

㉠ 국가 또는 지방자치단체
ⓒ 대통령령으로 정하는 공공기관(한국철도공사, 한국토지주택공사, 한국도로공사, 한국수자원공사, 한국농어촌공사, 항만공사)
ⓒ 지방공사, 특별법에 따라 설립된 법인

③ 토지 출입 등 기출 26, 16회

물류터미널사업자는 물류터미널의 건설을 위하여 필요한 때에는 다른 사람의 토지에 출입하거나 이를 일시 사용할 수 있으며, 나무, 토석, 그 밖의 장애물을 변경하거나 제거할 수 있다.

④ 국·공유지의 처분제한 기출 26, 24, 16회
　㉠ 물류터미널을 건설하기 위한 부지 안에 있는 국가 또는 지방자치단체 소유의 토지로서 물류터미널 건설사업에 필요한 토지는 해당 물류터미널 건설사업 목적이 아닌 다른 목적으로 매각하거나 양도할 수 없다.
　㉡ 물류터미널을 건설하기 위한 부지 안에 있는 국가 또는 지방자치단체 소유의 재산은 물류터미널사업자에게 수의계약으로 매각할 수 있다.
　㉢ ㉡에 따라 물류터미널사업자에게 매각하려는 재산 중 관리청이 불분명한 재산은 다른 법령에도 불구하고 기획재정부장관이 이를 관리하거나 처분한다.

3. 복합물류터미널사업의 승계 등

(1) 사업의 승계와 휴업·폐업 기출 27, 26, 24, 23, 22, 12회

① 사업의 승계
　㉠ 복합물류터미널사업자가 그 사업을 양도하거나 법인이 합병한 때에는 그 양수인 또는 합병 후 존속하는 법인이나 합병에 의하여 설립되는 법인은 복합물류터미널사업의 등록에 따른 권리·의무를 승계한다.
　㉡ 복합물류터미널사업의 등록에 따른 권리·의무를 승계한 자는 국토교통부장관에게 신고하여야 한다.
　㉢ 국토교통부장관은 신고를 받은 날부터 10일 이내에 신고수리 여부를 신고인에게 통지하여야 한다.
　㉣ 국토교통부장관이 ㉢에서 정한 기간(10일) 내에 신고수리 여부 또는 민원 처리 관련 법령에 따른 처리기간의 연장을 신고인에게 통지하지 아니하면 그 기간이 끝난 날의 다음 날에 신고를 수리한 것으로 본다.

② 사업의 휴업·폐업
　㉠ 복합물류터미널사업자는 복합물류터미널사업의 전부 또는 일부를 휴업하거나 폐업하려는 때에는 미리 국토교통부장관에게 신고하여야 한다. 이 경우 휴업기간은 6개월을 초과할 수 없다.
　㉡ 복합물류터미널사업자인 법인이 합병 외의 사유로 해산한 경우에는 그 청산인은 지체 없이 그 사실을 국토교통부장관에게 신고하여야 한다.

(2) 등록의 취소, 과징금 기출 24, 23, 20, 18, 16, 15회

① 등록의 취소 등
국토교통부장관은 복합물류터미널사업자가 다음의 어느 하나에 해당하는 때에는 그 등록을 취소하거나 6개월 이내의 기간을 정하여 사업의 정지를 명할 수 있다. 다만, ㉠·㉣·㉥ 또는 ㉧에 해당하는 때에는 등록을 취소하여야 한다.
　㉠ 거짓이나 그 밖의 부정한 방법으로 등록을 한 때
　㉡ 변경등록을 하지 아니하고 등록사항을 변경한 때
　㉢ 등록기준에 맞지 아니하게 된 때. 다만, 3개월 이내에 그 기준을 충족시킨 때에는 그러하지 아니하다.
　㉣ 결격사유의 어느 하나에 해당하게 된 때. 다만, 3개월 이내에 해당 임원을 개임한 경우에는 그러하지 아니하다.
　㉤ 인가 또는 변경인가를 받지 아니하고 공사를 시행하거나 변경한 때
　㉥ 사업의 전부 또는 일부를 휴업한 후 정당한 사유 없이 신고한 휴업기간이 지난 후에도 사업을 재개하지 아니한 때
　㉦ 다른 사람에게 자기의 성명 또는 상호를 사용하여 사업을 하게 하거나 등록증을 대여한 때
　㉧ 이 조에 따른 사업정지명령을 위반하여 그 사업정지기간 중에 영업을 한 때

② 과징금
　㉠ 국토교통부장관은 복합물류터미널사업자에게 사업의 정지를 명하여야 하는 경우로서 그 사업의 정지가 그 사업의 이용자 등에게 심한 불편을 주는 경우에는 그 사업정지처분을 갈음하여 5천만 원 이하의 과징금을 부과할 수 있다.

ⓒ 국토교통부장관은 과징금을 부과하려는 경우에는 해당 위반행위를 조사·확인한 후 위반사실과 이의제기의 방법 및 기간 등을 서면으로 명시하여, 이를 납부할 것을 과징금 부과대상자에게 알려야 한다.
ⓒ 과징금 부과 통지를 받은 자는 그 통지를 받은 날부터 20일 이내에 국토교통부장관이 정하는 수납기관에 과징금을 내야 한다.
ⓔ 국토교통부장관은 과징금의 납부통지를 받은 자가 납부기한까지 과징금을 내지 아니한 경우에는 납부기한이 지난날부터 7일 이내에 독촉장을 보내야 한다. 이 경우 납부기한은 독촉장을 보낸 날부터 10일 이내로 한다.
ⓜ 국토교통부장관은 과징금을 내야 할 자가 납부기한까지 과징금을 내지 아니하면 국세강제징수의 예에 따라 징수한다.

4. 물류터미널사업협회 등

(1) 물류터미널사업협회 [기출] 26, 14, 10회
① 협회의 설립: 복합물류터미널사업자 및 일반물류터미널을 경영하는 자는 물류터미널사업의 건전한 발전과 사업자의 공동이익을 도모하기 위하여 물류터미널사업협회를 설립할 수 있다.
② 설립 절차
  ⓐ 물류터미널사업협회를 설립하려는 경우에는 해당 협회의 회원의 자격이 있는 자 중 5분의 1 이상의 발기인이 정관을 작성하여 해당 협회의 회원 자격이 있는 자의 3분의 1 이상이 출석한 창립총회의 의결을 거친 후 국토교통부장관의 설립인가를 받아야 한다.
  ⓑ 물류터미널사업협회는 설립인가를 받아 설립등기를 함으로써 성립한다.
  ⓒ 물류터미널사업협회는 법인으로 한다. 물류터미널사업협회에 관하여 이 법에서 규정한 것 외에는 「민법」 중 사단법인에 관한 규정을 준용한다.

(2) 물류터미널 개발의 지원 [기출] 26, 22, 18, 16회
① 자금의 융자 등
  국가 또는 지방자치단체는 물류터미널사업자가 다음의 어느 하나에 해당하는 사업을 수행하는 경우에는 소요자금의 일부를 융자하거나 부지의 확보를 위한 지원을 할 수 있다.
  ⓐ 물류터미널의 건설
  ⓑ 물류터미널 위치의 변경
  ⓒ 물류터미널의 규모·구조 및 설비의 확충 또는 개선
② 예산의 지원: 국가 또는 지방자치단체는 물류터미널사업자가 설치한 물류터미널의 원활한 운영에 필요한 도로·철도·용수시설 등 대통령령으로 정하는 기반시설(도로, 철도, 수도시설, 수질오염방지시설)의 설치 또는 개량에 필요한 예산을 지원할 수 있다.
③ 협조 요청: 국토교통부장관은 ①의 사업 또는 ②의 운영을 위하여 필요하다고 인정하는 경우에는 시·도지사에게 부지의 확보 및 도시·군계획시설의 설치 등에 관한 협조를 요청할 수 있다.

(3) 물류터미널의 활성화 지원
① 공사시행 변경인가: 국토교통부장관 또는 시·도지사는 건설·운영 중인 물류터미널의 활성화를 위하여 필요한 경우 물류터미널에 「산업집적활성화 및 공장설립에 관한 법률」에 따른 제조시설 및 그 부대시설과 「유통산업발전법」에 따른 점포등의 설치를 포함하여 공사시행 변경인가를 할 수 있다.

② 공사시행 변경인가 시 준수사항

①에 따라 국토교통부장관 또는 시·도지사가 공사시행 변경인가를 하는 경우 다음의 사항을 준수하여야 한다.
㉠ 제조시설 및 그 부대시설과 점포등의 설치 면적 전체의 합계가 물류터미널 전체 부지면적의 4분의 1 이하일 것
㉡ 주변의 상권 및 산업단지 수요와의 상호관계를 고려하기 위하여 공사시행인가 또는 변경인가를 하는 경우 복합물류터미널사업에 대하여 국토교통부장관은 관계 중앙행정기관의 장과 해당 물류터미널이 소재하는 시·도지사와 협의하고, 일반물류터미널사업에 대하여 시·도지사는 해당 물류터미널이 소재하는 시장·군수·구청장과 협의할 것
㉢ 복합물류터미널사업은 중앙도시계획위원회, 일반물류터미널사업은 지방도시계획위원회의 심의를 받을 것

5. 물류창고업과 스마트물류센터

(1) 물류창고업의 등록 기출 29, 27, 25, 20, 18, 17회

① 물류창고업의 등록

다음의 어느 하나에 해당하는 물류창고를 소유 또는 임차하여 물류창고업을 경영하려는 자는 국토교통부와 해양수산부의 공동부령으로 정하는 바에 따라 국토교통부장관(「항만법」에 따른 항만구역은 제외) 또는 해양수산부장관(「항만법」에 따른 항만구역 중 국가관리무역항 및 국가관리연안항 구역만 해당) 또는 시·도지사(「항만법」에 따른 항만구역 중 지방관리무역항 및 지방관리연안항 구역만 해당)에게 등록하여야 한다.

㉠ 전체 바닥면적의 합계가 1천제곱미터 이상인 보관시설(하나의 필지를 기준으로 해당 물류창고업을 등록하고자 하는 자가 직접 사용하는 바닥면적만을 산정하되, 필지가 서로 연접한 경우에는 연접한 필지를 합산하여 산정한다). 다만, 주문배송시설로서 「건축법」에 따른 제2종 근린생활시설을 설치하는 경우에는 본문의 바닥면적 기준을 적용하지 아니한다.
㉡ 전체면적의 합계가 4천500제곱미터 이상인 보관장소(보관시설이 차지하는 토지면적을 포함하고 하나의 필지를 기준으로 물류창고업을 등록하고자 하는 자가 직접 사용하는 면적만을 산정하되, 필지가 서로 연접한 경우에는 연접한 필지를 합산하여 산정한다).

② 물류창고업의 변경등록

㉠ 물류창고업의 등록을 한 자(물류창고업자)가 그 등록한 사항 중 대통령령으로 정하는 사항을 변경하려는 경우에는 국토교통부와 해양수산부의 공동부령으로 정하는 바에 따라 변경등록의 사유가 발생한 날부터 30일 이내에 변경등록을 하여야 한다.
㉡ 대통령령으로 정하는 사항(변경등록 사항)은 물류창고업자의 성명(법인인 경우에는 그 대표자의 성명) 및 상호, 물류창고의 소재지, 물류창고 면적의 100분의 10 이상의 증감을 말한다.

③ 물류창고업의 등록 기준: 물류창고의 구조, 설비 또는 입지기준 등 물류창고업의 등록 기준에 필요한 사항은 국토교통부와 해양수산부의 공동부령으로 정한다.

④ 준용사항

물류창고를 갖추고 그 전부를 다음 어느 하나의 용도로만 사용하며 해당 법률에 따라 해당 영업의 허가·변경허가를 받거나 등록·변경등록 또는 신고·변경신고를 한 때에는 물류창고업의 등록 또는 변경등록을 한 것으로 본다.

㉠ 「관세법」에 따른 보세창고의 설치·운영
㉡ 「화학물질관리법」에 따른 유해화학물질 보관·저장업
㉢ 「식품위생법」에 따른 식품보존업 중 식품냉동·냉장업, 「축산물 위생관리법」에 따른 축산물보관업 및 「수산식품산업의 육성 및 지원에 관한 법률」에 따른 수산물가공업 중 냉동·냉장업

(2) 스마트물류센터의 인증 [기출] 28, 25회

① 스마트물류센터의 인증
  ㉠ 국토교통부장관은 스마트물류센터의 보급을 촉진하기 위하여 스마트물류센터를 인증할 수 있다. 이 경우 인증의 유효기간은 인증을 받은 날부터 3년으로 한다.
  ㉡ 국토교통부장관은 스마트물류센터의 인증 및 점검업무를 수행하기 위하여 인증기관을 지정할 수 있다.
② 인증서 교부 등: 국토교통부장관은 스마트물류센터의 인증을 신청한 자가 그 인증을 받은 경우 인증서를 교부하고, 인증을 나타내는 표시(인증마크)를 사용하게 할 수 있다.
③ 인증기준의 유지 점검
  국토교통부장관은 스마트물류센터의 인증을 받은 자가 인증기준을 유지하는지 여부를 점검할 수 있다.
  ㉠ 인증기관의 장은 인증한 날을 기준으로 3년마다 정기 점검을 실시해야 한다. 인증기관의 장은 스마트물류센터가 인증기준을 유지하지 못한다고 판단되는 경우에는 수시점검을 실시할 수 있다.
  ㉡ 인증기관의 장은 ㉠에 따른 점검 결과 스마트물류센터가 인증기준을 유지하고 있다고 판단하는 경우에는 인증의 유효기간을 3년의 범위 내에서 연장할 수 있다.
  ㉢ 국토교통부장관은 인증기관을 지도·감독하고, 인증 및 점검업무에 소요되는 비용의 일부를 지원할 수 있다.
  ㉣ 스마트물류센터 인증의 등급은 5등급으로 구분하고, 등급별 세부 인증기준은 국토교통부장관이 정하여 고시한다.

> **짚고 넘어가기** 스마트물류센터의 인증기준
> 1. 입고·보관·분류 등 물류처리 기능영역의 첨단화·자동화 수준이 우수할 것
> 2. 시설의 구조적 성능, 창고관리 시스템 등 기반영역의 효율성·안전성·친환경성 수준이 우수할 것

(3) 스마트물류센터 인증의 취소

① 스마트물류센터 인증의 취소요건 [기출] 28회
  국토교통부장관은 스마트물류센터의 인증을 받은 자가 다음의 어느 하나에 해당하는 경우에는 그 인증을 취소할 수 있다. 다만, ㉠에 해당하는 경우 그 인증을 취소하여야 한다.
  ㉠ 거짓이나 그 밖의 부정한 방법으로 인증을 받은 경우
  ㉡ 인증의 전제나 근거가 되는 중대한 사실이 변경된 경우
  ㉢ 인증기준의 유지여부에 대한 점검을 정당한 사유 없이 3회 이상 거부한 경우
  ㉣ 인증기준에 맞지 아니하게 된 경우
  ㉤ 인증받은 자가 인증서를 반납하는 경우
② 인증서의 반납
  스마트물류센터의 소유자 또는 대표자는 인증이 취소된 경우 인증서를 반납하고, 인증마크의 사용을 중지하여야 한다.

(4) 스마트물류센터에 대한 지원 [기출] 25회

① 국가 등의 지원
  국가 또는 지방자치단체는 스마트물류센터에 대해 다음의 지원을 할 수 있다.
  ㉠ 스마트물류센터 구축에 드는 비용의 일부 보조 또는 융자
  ㉡ 스마트물류센터 인증을 받은 자가 스마트물류센터의 구축 및 운영에 필요한 자금을 마련하기 위해 국내 금융기관에서 대출을 받은 경우 그 금리와 국토교통부장관이 관계 중앙행정기관의 장과 협의하여 정하는 금리와의 차이에 따른 차액의 전부 또는 일부 보전

ⓒ 스마트물류센터 신축 또는 증·개축 시 「국토의 계획 및 이용에 관한 법률」에 따라 특별시·광역시·특별자치시·특별자치도·시 또는 군의 조례로 정하는 용적률 및 높이의 상한 적용
ⓓ 그 밖에 지방자치단체가 보조 또는 융자하는 경우로서 스마트물류센터 활성화에 관하여 해당 지방자치단체의 조례로 정하는 비용
② 보증조건의 우대
「신용보증기금법」에 따라 설립된 신용보증기금 및 「기술보증기금법」에 따라 설립된 기술보증기금은 스마트물류센터의 구축 및 운영에 필요한 자금의 대출 등으로 인한 금전채무의 보증한도, 보증료 등 보증조건을 우대할 수 있다.

6. 물류창고업 등의 지원, 과징금

(1) 재정지원 등 [기출] 29, 20, 18, 12회

① 보조 또는 융자

국가 또는 지방자치단체는 물류창고업자 또는 그 사업자단체가 다음의 어느 하나에 해당하는 사업을 수행하는 경우로서 재정적 지원이 필요하다고 인정하면 자금의 일부를 보조 또는 융자할 수 있다.

㉠ 물류창고의 건설
㉡ 물류창고의 보수·개조 또는 개량
㉢ 물류장비의 투자
㉣ 물류창고 관련 기술의 개발
㉤ 물류창고업의 경영구조 개선에 관한 사항
㉥ 물류창고 시설·장비의 효율적 개선에 관한 사항
㉦ 물류창고업자 및 관련 종사자에 대한 교육·훈련
㉧ 물류창고업의 국제동향에 대한 조사·연구

② 우선 지원: 국가·지방자치단체 또는 공공기관은 스마트물류센터에 대하여 공공기관 등이 운영하는 기금·자금의 우대 조치 등 행정적·재정적으로 우선 지원할 수 있다.

(2) 보조금 등의 사용 등 [기출] 20, 18회

① 보조금 등의 사용제한
㉠ 보조금 또는 융자금 등은 보조 또는 융자받은 목적 외의 용도로 사용하여서는 아니 된다.
㉡ 국토교통부장관·해양수산부장관 또는 지방자치단체의 장은 보조 또는 융자 등을 받은 자가 그 자금을 적정하게 사용하도록 지도·감독하여야 한다.

② 보조금 등의 회수

국토교통부장관·해양수산부장관 또는 지방자치단체의 장은 다음의 어느 하나에 해당하는 경우 물류창고업자 또는 그 사업자단체에 보조금이나 융자금의 반환을 명하여야 하며 이에 따르지 아니하면 국세강제징수의 예 또는 「지방행정제재·부과금의 징수 등에 관한 법률」에 따라 회수할 수 있다.

㉠ 거짓이나 부정한 방법으로 보조금 또는 융자금을 교부받은 경우
㉡ 보조금 또는 융자금을 목적 외의 용도로 사용한 경우

(3) 과징금 [기출] 29회

① 과징금의 부과
㉠ 국토교통부장관, 해양수산부장관 또는 시·도지사는 물류창고업자에게 사업의 정지를 명하여야 하는 경우로서

그 사업의 정지가 그 사업의 이용자 등에게 심한 불편을 주는 경우에는 그 사업정지처분을 갈음하여 1천만 원 이하의 과징금을 부과할 수 있다.
ⓒ 물류창고업자에 대한 과징금의 부과 및 납부 등에 관하여는 복합물류터미널사업자에 대한 과징금 부과 규정을 준용한다.
② 과징금의 징수: 국토교통부장관, 해양수산부장관 또는 시·도지사는 과징금을 내야 할 자가 납부기한까지 과징금을 내지 아니하면 국세강제징수의 예 또는 「지방행정제재·부과금의 징수 등에 관한 법률」에 따라 징수한다.

CHAPTER 04 물류단지의 개발 및 운영

1. 일반물류단지와 도시첨단물류단지의 지정 등

(1) 일반물류단지의 지정

① 일반물류단지의 지정권자 **빈출** 28, 26, 24, 23, 22, 21, 20, 19, 17, 14, 12회

일반물류단지는 다음의 구분에 따른 자가 지정한다.
㉠ 국가정책사업으로 물류단지를 개발하거나 물류단지 개발사업의 대상지역이 2개 이상의 특별시·광역시·특별자치시·도 또는 특별자치도(이하 "시·도")에 걸쳐 있는 경우: 국토교통부장관
ⓒ ㉠ 외의 경우: 시·도지사

② 일반물류단지의 지정절차 **기출** 29, 28, 24, 22, 20, 13, 10회
㉠ 국토교통부장관은 일반물류단지를 지정하려는 때에는 일반물류단지개발계획을 수립하여 관할 시·도지사 및 시장·군수·구청장의 의견을 듣고 관계 중앙행정기관의 장과 협의한 후 물류시설분과위원회의 심의를 거쳐야 한다. 일반물류단지개발계획 중 대통령령으로 정하는 중요 사항을 변경하려는 때에도 또한 같다.
ⓒ 시·도지사는 일반물류단지를 지정하려는 때에는 일반물류단지개발계획을 수립하여 관계 행정기관의 장과 협의한 후 지역물류정책위원회의 심의를 거쳐야 한다. 일반물류단지개발계획 중 대통령령으로 정하는 중요 사항을 변경하려는 때에도 또한 같다.

> **짚고 넘어가기** 대통령령으로 정하는 중요 사항 **기출** 12, 10회
> 1. 일반물류단지지정 면적의 변경(10분의 1 이상의 면적을 변경하는 경우만 해당)
> 2. 일반물류단지시설용지 면적의 변경(10분의 1 이상의 면적을 변경하는 경우만 해당) 또는 일반물류단지시설용지의 용도변경
> 3. 기반시설(구거를 포함)의 부지 면적의 변경(10분의 1 이상의 면적을 변경하는 경우만 해당) 또는 그 시설의 위치 변경
> 4. 일반물류단지개발사업 시행자의 변경

③ 일반물류단지의 지정 요청 **기출** 28, 17, 13회
㉠ 관계 행정기관의 장과 물류단지개발사업의 시행자로 지정받을 수 있는 자는 일반물류단지의 지정이 필요하다고 인정하는 때에는 대상지역을 정하여 국토교통부장관 또는 시·도지사에게 일반물류단지의 지정을 요청할 수 있다.

> **짚고 넘어가기** 물류단지개발사업의 시행자로 지정받을 수 있는 자 중 일반물류단지의 지정을 요청할 수 있는 자
> 1. 대통령령으로 정하는 공공기관(한국토지주택공사, 한국도로공사, 한국수자원공사, 한국농어촌공사, 항만공사)
> 2. 「지방공기업법」에 따른 지방공사
> 3. 특별법에 따라 설립된 법인
> 4. 「민법」 또는 「상법」에 따라 설립된 법인
> 5. 물류단지 예정지역의 토지소유자 또는 그 토지소유자가 물류단지개발을 위하여 설립한 조합

ⓛ 이 경우 중앙행정기관의 장 이외의 자는 일반물류단지개발계획안을 작성하여 제출하여야 한다.
④ 일반물류단지개발계획에 포함사항 기출 23, 22, 20, 14, 12회

일반물류단지개발계획에는 다음의 사항이 포함되어야 한다. 다만, 일반물류단지개발계획을 수립할 때까지 시행자가 확정되지 아니하였거나 세부목록의 작성이 곤란한 경우에는 일반물류단지의 지정 후에 이를 일반물류단지개발계획에 포함시킬 수 있다.

> 1. 일반물류단지의 명칭·위치 및 면적
> 2. 일반물류단지의 지정목적
> 3. 일반물류단지개발사업의 시행자
> 4. 일반물류단지개발사업의 시행기간 및 시행방법
> 5. 토지이용계획 및 주요 기반시설계획
> 6. 주요 유치시설 및 그 설치기준에 관한 사항
> 7. 재원조달계획
> 8. 수용하거나 사용할 토지, 건축물, 그 밖의 물건이나 권리가 있는 경우에는 그 세부목록
> 9. 그 밖에 대통령령으로 정하는 사항

(2) 도시첨단물류단지의 지정 등

① 도시첨단물류단지의 지정 기출 28, 25, 23, 21회

도시첨단물류단지는 국토교통부장관 또는 시·도지사가 다음의 어느 하나에 해당하는 지역에 지정하며, 시·도지사(특별자치도지사는 제외)가 지정하는 경우에는 시장·군수·구청장의 신청을 받아 지정할 수 있다.

㉠ 노후화된 일반물류터미널 부지 및 인근 지역
㉡ 노후화된 유통업무설비 부지 및 인근 지역
㉢ 그 밖에 국토교통부장관이 필요하다고 인정하는 지역

② 지정의 신청: 시장·군수·구청장은 시·도지사에게 도시첨단물류단지의 지정을 신청하려는 경우에는 도시첨단물류단지개발계획안을 작성하여 제출하여야 한다.

③ 지정 절차 및 개발계획: 도시첨단물류단지의 지정 절차 및 개발계획에 관하여는 일반물류단지의 규정을 준용한다. 다만, 도시첨단물류단지개발계획에는 층별·시설별 용도, 바닥면적 등 건축계획 및 복합용지이용계획이 포함되어야 한다.

④ 도시첨단물류단지개발사업의 시행자의 의무

도시첨단물류단지개발사업의 시행자는 대상 부지 토지가액의 100분의 40의 범위에서 다음의 어느 하나에 해당하는 시설 또는 그 운영비용의 일부를 국가나 지방자치단체에 제공하여야 한다. 다만, 「개발이익 환수에 관한 법률」에 따라 개발부담금이 부과·징수되는 경우에는 대상 부지의 토지가액에서 개발부담금에 상당하는 금액은 제외한다.

㉠ 물류산업 창업보육센터 등 해당 도시첨단물류단지를 활용한 일자리 창출을 위한 시설
㉡ 해당 도시첨단물류단지에서 공동으로 사용하는 물류시설
㉢ 해당 도시첨단물류단지의 물류산업 활성화를 위한 연구시설
㉣ 그 밖에 ㉠~㉢까지의 시설에 준하는 시설로서 대통령령으로 정하는 공익시설(공공시설, 공공·문화체육시설, 보건위생시설 중 종합의료시설, 환경기초시설 중 폐기물처리시설, 공공주택 등)

⑤ 도시첨단물류단지개발사업의 시행자가 위 ④에 따라 국가나 지방자치단체에 제공하여야 하는 시설 또는 그 운영비용은 대상 부지 토지가액의 100분의 25의 범위에서 국토교통부장관이 정하여 고시하는 기준에 따라 산정한 금액으로 한다.

⑥ 토지소유자 등의 동의 기출 29, 23, 21회

국토교통부장관 또는 시·도지사는 도시첨단물류단지를 지정하려면 도시첨단물류단지 예정지역 토지면적의 2분의 1 이상에 해당하는 토지소유자의 동의와 토지소유자 총수 및 건축물 소유자 총수 각 2분의 1 이상의 동의를 받아야 한다.

⑦ 지원단지의 조성 등의 특례
  ㉠ 도시첨단물류단지개발사업의 시행자는 도시첨단물류단지 내 또는 도시첨단물류단지 인근지역에 입주기업 종사자 등을 위하여 주거·문화·복지·교육 시설 등을 포함한 지원단지를 조성할 수 있다.
  ㉡ 지원단지의 조성은 도시첨단물류단지개발사업으로 할 수 있다.
  ㉢ 입주기업 종사자 등의 주거마련을 위하여 필요한 경우 지원단지에서 건설·공급되는 주택에 대하여 입주자 모집 요건 등 주택공급의 기준을 따로 정할 수 있다.

⑧ 다른 지구와의 입체개발 기출 26회
  ㉠ 국토교통부장관 또는 시·도지사는 공공주택지구 등 대통령령으로 정하는 지구의 지정권자와 협의하여 도시첨단물류단지와 동일한 부지에 해당 지구를 함께 지정하여 도시첨단물류단지개발사업으로 할 수 있다.
  ㉡ 시행자는 ㉠의 지구 내 사업에 따른 시설과 도시첨단물류단지개발사업에 따른 시설을 일단의 건물로 조성할 수 있다.

(3) 일반물류단지의 지정요건과 물류단지개발지침 빈출 26, 25, 24, 23, 22, 19, 14, 11, 10회

① 일반물류단지의 지정요건: 국토교통부장관 또는 시·도지사는 일반물류단지를 지정할 때에는 일반물류단지개발계획과 물류단지개발지침에 적합한 경우에만 일반물류단지를 지정하여야 한다.

② 물류단지개발지침의 작성
  ㉠ 국토교통부장관은 물류단지의 개발에 관한 기본지침(이하 "물류단지개발지침")을 작성하여 관보에 고시하여야 한다.
  ㉡ 국토교통부장관은 물류단지개발지침을 작성할 때에는 미리 시·도지사의 의견을 듣고 관계 중앙행정기관의 장과 협의한 후 물류시설분과위원회의 심의를 거쳐야 한다. 물류단지개발지침을 변경할 때(아래 ③의 제6호, 토지가격의 안정을 위하여 필요한 사항을 변경할 때는 제외)에도 또한 같다.
  ㉢ 물류단지개발지침은 지역 간의 균형 있는 발전을 위하여 물류단지시설용지의 배분이 적정하게 이루어지도록 작성되어야 한다.

③ 물류단지개발지침의 내용
물류단지개발지침에는 다음의 사항이 포함되어야 한다.

> 1. 물류단지의 계획적·체계적 개발에 관한 사항
> 2. 물류단지의 지정·개발·지원에 관한 사항
> 3. 「환경영향평가법」에 따른 전략환경영향평가, 소규모 환경영향평가 및 환경영향평가 등 환경보전에 관한 사항
> 4. 지역 간의 균형발전을 위하여 고려할 사항
> 5. 국가유산의 보존을 위하여 고려할 사항
> 6. 토지가격의 안정을 위하여 필요한 사항
> 7. 분양가격의 결정에 관한 사항
> 8. 토지·시설 등의 공급에 관한 사항

(4) 물류단지 실수요 검증과 지정의 고시

① 물류단지 실수요 검증 **기출** 27, 26, 25, 22회

　㉠ 물류단지를 지정하는 국토교통부장관 또는 시·도지사(이하 "물류단지지정권자")는 무분별한 물류단지 개발을 방지하고 국토의 효율적 이용을 위하여 물류단지 지정 전에 물류단지 실수요 검증을 실시하여야 한다. 이 경우 물류단지지정권자는 실수요 검증 대상사업에 대하여 관계 행정기관과 협의하여야 한다.

　㉡ 물류단지지정권자는 실수요 검증을 실시하기 위하여 필요한 경우 실수요검증위원회를 구성·운영할 수 있다.

　㉢ 도시첨단물류단지개발사업의 경우에는 실수요 검증을 실수요검증위원회의 자문으로 갈음할 수 있다.

　㉣ 물류단지 실수요 검증의 평가기준 및 평가방법 등에 관하여 필요한 사항은 국토교통부령으로, 실수요검증위원회의 구성 및 운영 등에 필요한 사항은 국토교통부령 또는 해당 시·도의 조례로 각각 정한다.

② 실수요검증위원회의 기능 및 구성

　㉠ 실수요검증위원회는 다음의 사항을 심의·의결한다.

> 1. 입주기업체 등의 입주 수요 등 물류단지 수요의 타당성에 관한 사항
> 2. 지정요청자등의 사업수행능력에 관한 사항
> 3. 주변 물류단지에 미치는 영향에 관한 사항
> 4. 그 밖에 국토교통부장관이 필요하다고 인정하는 사항

　㉡ 실수요검증위원회는 위원장 1명과 부위원장 1명을 포함하여 20명 이상 40명 이하의 위원으로 구성하되, 성별을 고려하여 구성한다. 실수요검증위원회의 위원장 및 부위원장은 공무원이 아닌 위원 중에서 각각 호선(互選)한다.

　㉢ 실수요검증위원회의 위원은 물류, 교통 또는 도시계획 분야에서 5년 이상 연구경력이나 실무경력이 있는 사람 또는 금융 또는 회계 분야에서 5년 이상 연구경력이나 실무경력이 있는 사람 중에서 국토교통부장관이 위촉한다.

　㉣ 위원의 임기는 2년으로 하며, 한 차례만 연임할 수 있다. 다만, 위원의 사임 등으로 인하여 새로 위촉된 위원의 임기는 전임위원 임기의 남은 기간으로 한다.

　㉤ 실수요검증위원회에 위원회의 사무를 처리할 간사 및 서기를 둔다. 이 경우 간사 및 서기는 국토교통부 소속 공무원 중에서 국토교통부장관이 지명한다.

　㉥ 실수요검증위원회의 회의는 분기별로 1회 이상 개최 하되, 국토교통부장관 또는 위원장이 필요하다고 인정되는 경우에는 국토교통부장관 또는 위원장이 수시로 소집할 수 있다.

　㉦ 실수요검증위원회의 회의는 위원의 3분의 2 이상 출석으로 개의하고, 출석위원 과반수의 찬성으로 의결한다.

③ 물류단지지정의 고시 등

　㉠ 물류단지지정권자가 물류단지를 지정하거나 지정내용을 변경한 때에는 대통령령으로 정하는 사항을 관보 또는 시·도의 공보에 고시하고, 관계 서류의 사본을 관할 시장·군수·구청장에게 보내야 한다.

> **짚고 넘어가기** 대통령령으로 정하는 고시사항
>
> 1. 물류단지의 명칭·위치 및 면적
> 2. 물류단지의 지정 목적
> 3. 물류단지개발사업의 시행자
> 4. 물류단지의 개발기간 및 개발방법
> 5. 토지이용계획 및 주요 기반시설계획
> 6. 건축계획 및 복합용지이용계획(도시첨단물류단지를 지정하거나 그 지정내용을 변경하는 경우만 해당)
> 7. 주요 유치업종 및 유치업종배치계획
> 8. 수용 또는 사용의 대상이 되는 토지, 건축물 또는 토지에 정착한 물건과 이에 관한 소유권 외의 권리, 광업권·어업권 및 물의 사용에 관한 권리(이하 "토지등")가 있는 경우에는 그 세목과 소유자 및 관계인의 성명 및 주소
> 9. 물류단지의 개발을 위한 주요시설지원계획
> 10. 종전 토지소유자에 대한 환지계획
> 11. 공유수면매립 기본계획
> 12. 도시·군관리계획
> 13. 지형도면 등
> 14. 관계 도서의 열람방법

　　ⓒ 물류단지로 지정되는 지역에 수용하거나 사용할 토지, 건축물, 그 밖의 물건이나 권리가 있는 경우에는 고시내용에 그 토지등의 세부목록을 포함시켜야 한다.
　　ⓒ 관계 서류를 받은 시장·군수·구청장은 이를 14일 이상 일반인이 열람할 수 있도록 하여야 한다.
　④ 주민 등의 의견청취 `기출` 26, 21, 19, 10회
　　㉠ 물류단지지정권자는 물류단지를 지정하려는 때에는 주민 및 관계 전문가의 의견을 들어야 하고 타당하다고 인정하는 때에는 그 의견을 반영하여야 한다. 다만, 국방상 기밀사항이거나 대통령령으로 정하는 경미한 사항인 경우에는 의견 청취를 생략할 수 있다.
　　㉡ 물류단지지정권자는 물류단지의 지정에 관하여 주민 및 관계 전문가의 의견을 들으려는 경우에는 물류단지개발계획안의 내용을 해당 물류단지의 소재지를 관할하는 시장·군수·구청장에게 보내야 하며, 이를 받은 시장·군수·구청장은 그 주요 내용을 해당 지방에서 발간되는 일간신문, 공보, 인터넷 홈페이지 또는 방송 등을 통하여 공고하고 14일 이상 일반에게 열람하게 해야 한다.
　　㉢ 공고된 물류단지개발계획안의 내용에 대하여 의견이 있는 자는 그 열람기간 내에 해당 시장·군수·구청장에게 의견서를 제출할 수 있다.
　　㉣ 시장·군수·구청장은 제출된 의견에 대한 검토의견을 물류단지지정권자에게 제출하여야 한다.

(5) **행위제한 및 행위허가 대상 등** `기출` 29, 28, 21, 20, 19, 18, 17, 13, 11회
　① 행위제한 등
　　물류단지 안에서 건축물의 건축(가설건축물·대수선·용도변경 포함), 공작물의 설치, 토지의 형질변경, 토석의 채취, 토지분할, 1개월 이상 물건을 쌓아놓는 행위, 죽목의 벌채 및 식재 등 대통령령으로 정하는 행위를 하려는 자는 시장·군수·구청장의 허가를 받아야 한다.
　② 허가받지 않고 할 수 있는 행위
　　다음의 어느 하나에 해당하는 행위는 허가를 받지 아니하고 할 수 있다.

시장·군수·구청장의 허가를 받지 않고 할 수 있는 행위

- 재해복구 또는 재난수습에 필요한 응급조치를 위하여 하는 행위
- 농림수산물의 생산에 직접 이용되는 것으로서 국토교통부령으로 정하는 간이공작물의 설치(비닐하우스, 양잠장, 버섯재배사, 고추 등 건조장, 종묘배양장 등)
- 경작을 위한 토지의 형질변경
- 물류단지의 개발에 지장을 주지 아니하고 자연경관을 손상하지 아니하는 범위에서의 토석의 채취
- 물류단지에 존치하기로 결정된 대지 안에서 물건을 쌓아놓는 행위
- 관상용 죽목의 임시 식재(경작지에서의 임시 식재는 제외)

③ 예외사항: 허가를 받아야 하는 행위로서 물류단지의 지정 및 고시 당시 이미 관계 법령에 따라 행위허가를 받았거나 허가를 받을 필요가 없는 행위에 관하여 그 공사 또는 사업에 착수한 자는 시장·군수·구청장에게 신고한 후 이를 계속 시행할 수 있다.

④ 위반 시 조치: 시장·군수·구청장은 ①을 위반한 자에게 원상회복을 명할 수 있다. 이 경우 명령을 받은 자가 그 의무를 이행하지 아니하면 시장·군수·구청장은 「행정대집행법」에 따라 대집행할 수 있다.

⑤ 준용규정: ①에 따른 허가에 관하여 이 법에서 규정한 것 외에는 「국토의 계획 및 이용에 관한 법률」을 준용한다. ①에 따라 허가를 받은 경우에는 「국토의 계획 및 이용에 관한 법률」에 따라 허가를 받은 것으로 본다.

(6) 물류단지지정의 해제 등 기출 20, 19, 17, 14, 9회

① 물류단지의 지정 해제로 보는 경우: 물류단지로 지정·고시된 날부터 대통령령으로 정하는 기간(5년) 이내에 그 물류단지의 전부 또는 일부에 대하여 물류단지개발실시계획의 승인을 신청하지 아니하면 그 기간이 지난 다음 날 해당 지역에 대한 물류단지의 지정이 해제된 것으로 본다.

② 물류단지지정권자에 의한 해제

물류단지지정권자는 다음의 어느 하나에 해당하는 경우에는 해당 지역에 대한 물류단지 지정의 전부 또는 일부를 해제할 수 있다.

㉠ 물류단지의 전부 또는 일부에 대한 개발 전망이 없게 된 경우

㉡ 개발이 완료된 물류단지가 준공(부분 준공을 포함)된 지 20년 이상 된 것으로서 주변상황과 물류산업여건이 변화되어 물류단지재정비사업을 하더라도 물류단지 기능수행이 어려울 것으로 판단되는 경우

③ 해제의 절차 및 고시

㉠ 물류단지의 지정이 해제된 것으로 보거나 해제된 경우 해당 물류단지지정권자는 그 사실을 관계 중앙행정기관의 장 및 시·도지사에게 통보하고 고시하여야 한다.

㉡ 통보를 받은 시·도지사는 지체 없이 시장·군수·구청장으로 하여금 이를 14일 이상 일반인이 열람할 수 있도록 하여야 한다.

④ 용도지역의 환원

㉠ 물류단지의 지정으로 「국토의 계획 및 이용에 관한 법률」에 따른 용도지역이 변경·결정된 후 해당 물류단지의 지정이 해제된 경우에는 같은 법의 규정에도 불구하고 해당 물류단지에 대한 용도지역은 변경·결정되기 전의 용도지역으로 환원된 것으로 본다.

㉡ 다만, 물류단지의 개발이 완료되어 물류단지의 지정이 해제된 경우에는 변경·결정되기 전의 용도지역으로 환원되지 아니한다.

㉢ 시장·군수·구청장은 용도지역이 환원된 경우에는 즉시 그 사실을 고시하여야 한다.

2. 물류단지개발사업의 시행

(1) 물류단지개발사업의 시행자 기출▶ 23, 20, 19, 18, 17, 9회

① 시행자 지정
  ㉠ 물류단지개발사업을 시행하려는 자는 물류단지지정권자로부터 시행자 지정을 받아야 한다.
  ㉡ 물류단지지정권자는 시행자를 지정할 때에는 사업계획의 타당성 및 재원조달능력과 다른 법률에 따라 수립된 개발계획과의 관계 등을 고려하여야 한다.

② 시행자로 지정받을 수 있는 자
  물류단지개발사업의 시행자로 지정받을 수 있는 자는 다음의 자로 한다.

> 1. 국가 또는 지방자치단체
> 2. 대통령령으로 정하는 공공기관(한국토지주택공사, 한국도로공사, 한국수자원공사, 한국농어촌공사, 항만공사)
> 3. 「지방공기업법」에 따른 지방공사
> 4. 특별법에 따라 설립된 법인
> 5. 「민법」 또는 「상법」에 따라 설립된 법인
> 6. 물류단지 예정지역의 토지소유자 또는 그 토지소유자가 물류단지개발을 위하여 설립한 조합

③ 시행자 지정 신청: 물류단지개발사업의 시행자로 지정받으려는 자는 물류단지지정권자에게 시행자 지정을 신청하여야 한다.

④ 시행자의 재지정: 물류단지지정권자는 물류단지개발사업 시행자 중 민간시행자(「민법」 또는 「상법」에 따라 설립된 법인 또는 물류단지 예정지역의 토지소유자 또는 그 토지소유자가 물류단지개발을 위하여 설립한 조합)가 승인을 받은 물류단지개발실시계획에서 정하여진 기간 내에 물류단지개발사업을 완료하지 아니하면 다른 시행자를 지정하여 그 시행자에게 해당 물류단지개발사업을 시행하게 할 수 있다.

⑤ 물류단지개발사업의 대행 기출▶ 25회
  ②에서 공공시행자는 물류단지개발사업을 효율적으로 시행하기 위하여 필요하다고 인정하는 경우에는 해당 물류단지에 입주하거나 입주하려는 물류시설의 운영자(이하 "입주기업체") 및 지원시설의 운영자(이하 "지원기관")에게 물류단지개발사업의 일부를 대행하게 할 수 있다.

(2) 물류단지개발실시계획의 승인 및 고시 등

① 물류단지개발실시계획의 승인 기출▶ 25, 23, 19, 17, 15, 10회
  ㉠ 시행자는 물류단지개발실시계획을 수립하여 물류단지지정권자의 승인을 받아야 한다. 승인을 받은 사항 중 대통령령으로 정하는 중요 사항을 변경하려는 경우에도 또한 같다.

> **짚고 넘어가기** 대통령령으로 정하는 중요사항이 아닌 사항(지정권자의 승인을 받지 않고 변경할 수 있는 사항)
>
> 대통령령으로 정하는 중요 사항이란 다음 각 호 외의 사항을 말한다.
> 1. 시행자의 주소 변경
> 2. 법인인 시행자의 대표자 변경
> 3. 사업시행지역의 변동이 없는 범위에서의 착오 등에 따른 시행면적의 정정
> 4. 사업시행 면적을 초과하지 아니하는 범위에서 사업을 분할하여 시행하는 경우의 면적 변경
> 5. 사업시행 면적의 100분의 10 범위에서의 면적의 감소
> 6. 사업비의 100분의 10 범위에서의 사업비의 증감
> 7. 「공간정보의 구축 및 관리 등에 관한 법률」 제45조제2호에 따른 지적확정측량의 결과에 따른 부지 면적의 변경

    ⓒ 실시계획에는 개발한 토지·시설 등의 처분에 관한 사항이 포함되어야 한다.
    ⓒ 물류단지지정권자가 실시계획을 승인하거나 승인한 사항을 변경승인할 때에는 관계 법률에 적합한지를 미리 소관 행정기관의 장과 협의하여야 한다.
  ② 실시계획승인의 고시
    ㉠ 물류단지지정권자는 실시계획을 승인하거나 승인한 사항을 변경승인한 때에는 대통령령으로 정하는 사항을 관보 또는 시·도의 공보에 고시하고, 관계 서류의 사본을 관할 시장·군수·구청장에게 보내야 한다.

> **짚고 넘어가기** 실시계획 승인의 고시사항 [기출] 15회
>
> 1. 사업의 명칭
> 2. 시행자의 성명(법인인 경우에는 그 명칭 및 대표자의 성명)
> 3. 사업의 목적 및 개요
> 4. 사업시행지역의 위치 및 면적
> 5. 사업시행기간(착공 및 준공예정일을 포함)
> 6. 도시·군계획시설에 대한 「국토의 계획 및 이용에 관한 법률 시행령」의 사항

    ⓒ 관계 서류의 사본을 받은 시장·군수·구청장은 이를 14일 이상 일반인이 열람할 수 있도록 하여야 한다.
    ⓒ 관계 서류의 사본을 받은 시장·군수·구청장은 실시계획에 도시·군관리계획 결정사항이 포함되어 있으면 「국토의 계획 및 이용에 관한 법률」에 따라 지형도면의 고시 등에 필요한 절차를 취하여야 한다. 이 경우 시행자는 도시·군관리계획에 관한 지형도면의 고시 등에 필요한 서류를 작성하여 시장·군수·구청장에게 제출하여야 한다.

(3) **물류단지개발사업의 위탁시행 등** [기출] 23, 20, 17회
  ① 위탁시행
    ㉠ 시행자는 물류단지개발사업 중 항만, 용수시설, 그 밖에 대통령령으로 정하는 공공시설(도로·상수도·철도·공동구·폐수종말처리시설·폐기물처리시설·집단에너지공급시설·제방·호안·방조제·하굿둑 및 녹지시설)의 건설과 공유수면의 매립에 관한 사항을 국가·지방자치단체 또는 대통령령으로 정하는 공공기관(한국토지주택공사, 한국도로공사, 한국수자원공사, 한국농어촌공사, 항만공사)에 위탁하여 시행할 수 있다.
    ⓒ 물류단지개발사업을 위한 토지매수업무 등의 위탁에 관하여는 물류터미널사업자의 토지매수업무 등의 위탁에 관한 규정을 준용한다. 이 경우 "물류터미널사업자"는 "시행자"로, "물류터미널"은 "물류단지"로 본다.
  ② 신탁개발
    ㉠ 시행자 중 특수법인과 민간시행자는 물류단지지정권자의 승인을 받아 부동산신탁업자와 물류단지 개발을 목적으로 하는 신탁계약을 체결하여 물류단지개발사업을 시행할 수 있다.
    ⓒ 신탁계약을 체결한 부동산신탁업자는 종전의 시행자의 권리·의무를 포괄적으로 승계한다.

3. 물류단지개발에 필요한 토지등의 수용·사용 및 환지 등

(1) **토지등의 수용·사용** [기출] 29, 25, 23, 21, 20, 19, 18, 10회
  ① 토지등의 수용·사용
    ㉠ 시행자(물류단지 예정지역의 토지소유자 또는 그 토지소유자가 물류단지개발을 위하여 설립한 조합은 제외)는 물류단지개발사업에 필요한 토지 등을 수용하거나 사용할 수 있다.

    ⓒ 다만, 「민법」 또는 「상법」에 따라 설립된 법인이 시행자인 경우에는 사업대상 토지면적의 3분의 2 이상을 매입하여야 토지등을 수용하거나 사용할 수 있다.
  ② 수용·사용의 효력: 토지등을 수용하거나 사용하는 경우에 물류단지 지정 고시를 한 때에는 사업인정 및 그 고시를 한 것으로 본다.
  ③ 토지등에 대한 재결: 국토교통부장관이 지정하는 물류단지 안의 토지등에 대한 재결은 중앙토지수용위원회가 관장하고, 시·도지사가 지정하는 물류단지 안의 토지등에 대한 재결은 관할 지방토지수용위원회가 관장한다. 이 경우 재결의 신청은 물류단지개발계획에서 정하는 사업시행기간 내에 할 수 있다.

(2) **토지소유자에 대한 환지** 기출 18, 13, 8회
  ① 토지소유자에 대한 환지: 시행자는 물류단지 안의 토지를 소유하고 있는 자가 물류단지개발계획에서 정한 물류단지시설 또는 대통령령으로 정하는 지원시설을 운영하려는 경우에는 그 토지를 포함하여 물류단지개발사업을 시행할 수 있으며, 해당 사업이 완료된 후 해당 토지소유자에게 환지(換地)하여 줄 수 있다.
  ② 환지 요건: 환지를 받을 수 있는 토지소유자는 물류단지개발계획에서 정한 유치업종에 적합한 물류단지시설을 설치하려는 자로서 물류단지의 지정·고시일 현재 물류단지개발계획에서 정한 최소공급면적 이상의 토지를 소유한 자로 한다.
  ③ 환지신청 기간: 환지신청은 시행자가 해당 물류단지에 관한 보상공고에서 정한 협의기간에 하여야 한다.
  ④ 환지기준: 시행자는 다음의 기준에 따라 환지의 방법 및 절차 등을 물류단지개발계획에서 정하여야 한다.
    ㉠ 환지의 대상이 되는 종전 토지의 가액은 보상공고 시 시행자가 제시한 협의를 위한 보상금액으로 하고, 환지의 가액은 해당 물류단지의 물류단지시설용지의 분양가격을 기준으로 한다.
    ㉡ 환지면적은 종전의 토지면적을 기준으로 하되, 지역 여건 및 물류단지의 수급 상황 등을 고려하여 그 면적을 늘리거나 줄일 수 있다.
    ㉢ 종전의 토지가액과 환지가액과의 차액은 현금으로 정산하여야 한다.

(3) **공공시설 및 토지 등의 귀속** 기출 29, 24, 22, 19, 15, 8회
  ① 공공시행자의 경우
    시행자(공공시행자 넷)가 물류단지개발사업의 시행으로 새로 공공시설을 설치하거나 기존의 공공시설에 대체되는 공공시설을 설치한 경우에는 종래의 공공시설은 시행자에게 무상으로 귀속되고 새로 설치된 공공시설은 그 시설을 관리할 국가 또는 지방자치단체에 무상으로 귀속된다.
  ② 민간시행자의 경우
    시행자(민간시행자 둘)가 물류단지개발사업의 시행으로 새로 설치한 공공시설은 그 시설을 관리할 국가 또는 지방자치단체에 무상으로 귀속되고, 물류단지개발사업의 시행으로 인하여 용도가 폐지되는 국가 또는 지방자치단체 소유의 재산은 새로 설치한 공공시설의 설치비용에 상당하는 범위에서 그 시행자에게 무상으로 양도할 수 있다.
  ③ 실시계획의 승인 요건: 물류단지지정권자는 ① 및 ②에 따른 공공시설의 귀속 및 양도에 관한 사항이 포함된 실시계획을 승인하려는 때에는 미리 그 공공시설을 관리하는 기관(이하 "관리청")의 의견을 들어야 한다. 실시계획을 변경하려는 때에도 또한 같다.
  ④ 관리청에 통지 내용, 준용규정
    ㉠ 시행자는 ① 및 ②에 따라 국가 또는 지방자치단체에 귀속될 공공시설과 시행자에게 귀속되거나 양도될 재산의 종류와 토지의 세부목록을 그 물류단지개발사업의 준공 전에 관리청에 통지하여야 한다.
    ㉡ 해당 공공시설과 재산은 그 사업이 준공되어 시행자에게 준공인가통지를 한 때에 국가 또는 지방자치단체에 귀속되거나 시행자에게 귀속 또는 양도된 것으로 본다.

⑤ 공공시설의 범위: ①부터 ④까지의 공공시설의 범위는 「국토의 계획 및 이용에 관한 법률」에 따른 공공시설 중 도로, 공원, 광장, 주차장(국가 또는 지방자치단체가 설치한 것만 해당), 철도, 하천, 녹지, 운동장(국가 또는 지방자치단체가 설치한 것만 해당), 공공공지, 수도(한국수자원공사가 설치하는 수도의 경우에는 관로만 해당), 하수도, 공동구, 유수지시설, 구거 등을 말한다.

(4) 국·공유지의 처분제한 기출 17, 16회

① 국·공유지의 처분제한: 물류단지 안에 있는 국가 또는 지방자치단체 소유의 토지로서 물류단지 개발에 필요한 토지는 물류단지 개발 목적이 아닌 다른 목적으로 매각하거나 양도할 수 없다.
② 처분제한의 예외
  ㉠ 물류단지 안에 있는 국가 또는 지방자치단체 소유의 재산은 시행자·입주기업체 또는 지원기관에게 수의계약으로 매각할 수 있다. 이 경우 그 재산의 용도폐지 및 매각에 관하여는 물류단지지정권자가 미리 관계 행정기관의 장과 협의하여야 한다.
  ㉡ 협의요청이 있은 때에는 관계 행정기관의 장은 그 요청을 받은 날부터 30일 이내에 용도폐지 및 매각, 그 밖에 필요한 조치를 하여야 한다.
  ㉢ 시행자·입주기업체 또는 지원기관에게 매각하려는 재산 중 관리청이 불분명한 재산은 다른 법령에도 불구하고 기획재정부장관이 이를 관리하거나 처분한다.

4. 물류단지개발사업의 비용 등

(1) 물류단지개발사업의 비용

① 비용부담 기출 19, 11회
  ㉠ 물류단지개발사업에 필요한 비용은 시행자가 부담한다.
  ㉡ 물류단지에 필요한 전기시설·전기통신설비·가스공급시설 또는 지역난방시설은 해당 지역에 전기·전기통신·가스 또는 난방을 공급하는 자가 비용을 부담하여 설치하여야 한다.
  ㉢ 다만, 물류단지개발사업의 시행자·입주기업·지방자치단체 등의 요청에 따라 전기간선시설을 땅 속에 설치하는 경우에는 전기를 공급하는 자와 땅 속에 설치할 것을 요청하는 자가 각각 100분의 50의 비율로 그 설치비용을 부담한다.
② 물류단지개발사업의 지원 빈출 27, 25, 24, 23, 21, 19, 17, 11, 8회
  ㉠ 국가 또는 지방자치단체는 물류단지개발사업에 필요한 비용의 일부를 보조하거나 융자할 수 있다.

> **짚고 넘어가기** 보조하거나 융자할 수 있는 비용
>
> 1. 물류단지의 간선도로의 건설비
> 2. 물류단지의 녹지의 건설비
> 3. 이주대책사업비
> 4. 물류단지시설용지와 지원시설용지의 조성비 및 매입비
> 5. 용수공급시설·하수도 및 공공폐수처리시설의 건설비
> 6. 국가유산 조사비
> 7. 그 밖에 지방자치단체가 보조 또는 융자하는 경우로서 물류단지개발사업에 관하여 해당 지방자치단체의 조례로 정하는 비용(2026. 3. 26 개정 시행)

  ㉡ 국가 또는 지방자치단체는 물류단지의 원활한 개발을 위하여 필요한 도로·철도·항만·용수시설 등 기반시설의 설치를 우선적으로 지원하여야 한다.

> **짚고 넘어가기** 기반시설의 우선적인 설치지원 기출 27회
>
> 1. 도로·철도 및 항만시설
> 2. 용수공급시설 및 통신시설
> 3. 하수도시설 및 폐기물처리시설
> 4. 물류단지 안의 공동구
> 5. 집단에너지공급시설
> 6. 유수지 및 광장

(2) 물류단지개발특별회계

① 물류단지개발특별회계의 설치 기출 26, 23, 20회

시·도지사 또는 시장·군수는 물류단지개발사업을 촉진하기 위하여 지방자치단체에 물류단지개발특별회계를 설치할 수 있다.

② 특별회계의 재원 기출 27회

1. 해당 지방자치단체의 일반회계로부터의 전입금
2. 정부의 보조금
3. 이 법에 따라 부과·징수된 과태료
4. 「개발이익환수에 관한 법률」에 따라 지방자치단체에 귀속되는 개발부담금 중 해당 지방자치단체의 조례로 정하는 비율의 금액
5. 「국토의 계획 및 이용에 관한 법률」에 따른 수익금
6. 「지방세법」에 따라 부과·징수되는 재산세의 징수액 중 대통령령으로 정하는 비율(10%)의 금액
7. 차입금
8. 해당 특별회계자금의 융자회수금·이자수입금 및 그 밖의 수익금

③ 특별회계의 운용

특별회계는 다음의 용도로 사용한다.

1. 물류단지개발사업의 시행자에 대한 공사비의 보조 또는 융자
2. 물류단지개발사업에 따른 도시·군계획시설사업에 관한 보조 또는 융자
3. 지방자치단체가 시행하는 물류단지개발사업에 따른 도시·군계획시설의 설치사업비
4. 물류단지지정, 물류시설의 개발계획수립 및 제도발전을 위한 조사·연구비
5. 차입금의 원리금 상환
6. 특별회계의 조성·운용 및 관리를 위한 경비
7. 지방자치단체가 시행하는 물류단지개발사업의 사업비

④ 물류단지개발특별회계에서 보조할 수 있는 범위
  ㉠ 해당 지방자치단체의 장이 시행하는 물류단지개발사업의 공사비, 물류단지개발사업과 관련된 「국토의 계획 및 이용에 관한 법률」에 따른 도시·군계획시설사업의 공사비 및 사유대지의 보상비
  ㉡ 해당 지방자치단체의 장 외의 자가 시행하는 물류단지개발사업 중 도시·군계획시설의 설치에 필요한 공사비, 물류단지개발사업과 관련된 「국토의 계획 및 이용에 관한 법률」에 따른 도시·군계획시설사업의 공사비, 조사·연구비, 특별회계의 조성·운영 및 관리를 위한 경비 등 사업비의 2분의 1 이하

⑤ 물류단지개발특별회계에서 융자할 수 있는 범위 기출 20회
  ㉠ 물류단지개발사업과 관련된 해당 지방자치단체의 장이 시행하는 「국토의 계획 및 이용에 관한 법률」에 따른 도시·군계획시설사업의 공사비의 2분의 1 이하

ⓒ 물류단지개발사업과 관련된 해당 지방자치단체의 장 외의 자가 시행하는 물류단지개발사업 중 도시·군계획시설의 설치에 필요한 공사비, 물류단지개발사업과 관련된 「국토의 계획 및 이용에 관한 법률」에 따른 도시·군계획시설사업의 공사비 등 사업비의 3분의 1 이하

⑥ 물류단지특별회계의 관리
  ㉠ 국토교통부장관은 필요한 경우에는 지방자치단체의 장에게 특별회계의 운용상황을 보고하게 할 수 있다.
  ㉡ 특별회계의 설치 및 운용·관리에 필요한 사항은 대통령령으로 정하는 기준에 따라 해당 지방자치단체의 조례로 정한다.

(3) 선수금 기출 23, 14, 9회

① 선수금: 시행자는 그가 조성하는 용지를 분양·임대받거나 시설을 이용하려는 자로부터 대금의 전부 또는 일부를 미리 받을 수 있다.

② 선수금을 받기 위한 요건

공공시행자(국가 또는 지방자치단체, 공공기관, 지방공사)	실시계획의 승인을 받을 것
특별법에 따라 설립된 법인, 「민법」 또는 「상법」에 따라 설립된 법인	가. 실시계획 승인을 받을 것 나. 분양하려는 토지에 대한 소유권을 확보하고 해당 토지에 설정된 저당권을 말소하였을 것 다. 분양하려는 토지에 대한 개발사업의 공사 진척률이 100분의 10 이상에 달하였을 것 라. 분양계약을 이행하지 아니하는 경우 선수금의 환불을 담보하기 위하여 보증서 등을 지정권자에게 제출할 것

(4) 시설부담금 기출 26, 23, 17회

① 공공시설의 설치 등
물류단지지정권자는 시행자에게 도로, 공원, 녹지, 그 밖에 대통령령으로 정하는 공공시설을 설치하게 하거나 기존의 공원 및 녹지를 보존하게 할 수 있다.

> **짚고 넘어가기** 대통령령으로 정하는 공공시설
>
> 1. 물류단지의 진입도로 및 간선도로
> 2. 물류단지의 공원 및 녹지(도시·군계획시설로 결정된 공원 및 녹지)
> 3. 용수공급시설·하수도시설·전기통신시설 및 폐기물처리시설
> 4. 「법」제36조(공공시설 및 토지 등의 귀속)에 따라 국가나 지방자치단체에 무상으로 귀속되는 공공시설 등

② 시설부담금의 납부
  ㉠ 시행자는 ①에 따른 공공시설의 설치나 기존의 공원 및 녹지의 보존에 필요한 비용에 충당하기 위하여 그 비용의 범위에서 존치시설의 소유자에게 시설부담금을 납부하게 할 수 있다.
  ㉡ 공공시설의 설치비용은 용지비, 용지부담금, 조성비, 기반시설 설치비, 직접인건비, 이주대책비, 판매비, 일반관리비, 자본비용 및 그 밖의 비용을 합산한 금액으로 한다.
  ㉢ 존치시설의 소유자나 개발 후 토지·시설 등을 분양받는 자가 내야 할 시설부담금은 ㉡에 따른 공공시설의 설치비용을 개발 후 분양하는 총면적으로 나눈 것에 시설부담금을 내야 할 자의 소유부지 면적을 곱한 금액으로 한다.
  ㉣ 다만, 존치시설의 소유자에게 시설부담금을 내게 하려는 경우에는 물류시설분과위원회 또는 지역물류정책위원회의 심의를 거쳐 시설물별로 시설부담금을 감액할 수 있다.

(5) 이주대책 등 기출 26, 19, 10회
① 이주자에 대한 이주대책 수립·시행: 시행자는 물류단지개발사업으로 인하여 생활의 근거를 상실하게 되는 자(이하 "이주자")에 대한 이주대책 등을 수립·시행하여야 한다.
② 이주자 등 우선고용: 입주기업체 및 지원기관은 특별한 사유가 없으면 이주자 또는 인근지역의 주민을 우선적으로 고용하여야 한다.

(6) 물류단지개발사업의 준공인가와 사용허가
① 준공인가 기출 19, 10회
  ㉠ 시행자는 물류단지개발사업의 전부 또는 일부를 완료하면 물류단지지정권자의 준공인가를 받아야 한다.
  ㉡ 시행자가 준공인가를 신청한 경우에 물류단지지정권자는 관계 중앙행정기관, 지방자치단체 또는 대통령령으로 정하는 공공기관, 연구기관, 그 밖의 전문기관의 장에게 준공인가에 필요한 검사를 의뢰할 수 있다. 이 경우 공공시설에 대한 검사는 원칙적으로 그 시설을 관리할 국가 또는 지방자치단체에 의뢰하여야 한다.
  ㉢ 물류단지지정권자는 준공검사를 한 결과 실시계획대로 완료된 경우에는 준공인가를 하고 이를 공고한 후 시행자 및 관리청에 통지하여야 하며, 실시계획대로 완료되지 아니한 경우에는 지체 없이 보완시공 등 필요한 조치를 명하여야 한다.
  ㉣ 시행자가 준공인가를 받은 때에는 실시계획승인으로 의제되는 인·허가등에 따른 해당 사업의 준공에 관한 검사·인가·신고·확인 등을 받은 것으로 본다.
② 사용허가
  ㉠ 준공인가 전에는 물류단지개발사업으로 개발된 토지나 설치된 시설을 사용할 수 없다. 다만, 물류단지지정권자의 사용허가를 받은 경우에는 그러하지 아니하다.
  ㉡ 물류단지지정권자는 사용허가의 신청을 받은 날부터 15일 이내에 허가 여부를 신청인에게 통지하여야 한다.

5. 개발한 토지·시설 등의 처분 및 처분제한
(1) 개발한 토지·시설 등의 처분
시행자는 물류단지개발사업에 따라 개발한 토지·시설 등을 분양 또는 임대할 수 있다. 토지·시설 등의 처분방법·절차·가격기준 등에 관하여 필요한 사항은 대통령령으로 정한다.

(2) 분양가격의 결정 등 기출 17, 14, 13, 12, 10회
① 분양가격의 결정
  ㉠ 시행자가 개발한 토지·시설 등을 물류단지시설용지 또는 도시첨단물류단지시설로 분양하는 경우 그 분양가격은 조성원가에 적정이윤을 합한 금액으로 한다. 다만, 시행자가 필요하다고 인정하는 경우에는 분양가격을 그 이하의 금액으로 할 수 있다.
  ㉡ 시행자는 대규모점포, 전문상가단지 등 판매를 목적으로 사용될 토지·시설 등의 분양가격은 감정평가액을 예정가격으로 하여 실시한 경쟁입찰에 따라 정할 수 있다.
② 조성원가
조성원가는 용지비, 용지부담금, 조성비, 기반시설 설치비, 직접인건비, 이주대책비, 판매비, 일반관리비, 자본비용 및 그 밖의 비용을 합산한 금액으로 한다.

조성원가항목	내역
용지비	용지매입비, 지장물 등 보상비, 조사비, 등기비 및 그 부대비용
용지부담금	토지 등의 취득과 관련하여 부담하는 각종 부담금
조성비	해당 물류단지 조성에 들어간 직접비로서 조성공사비 · 설계비 및 그 부대비용
기반시설 설치비	해당 물류단지 조성에 필요한 기반시설 설치비용
직접인건비	해당 사업을 직접 수행하거나 지원하는 직원의 인건비 및 복리후생비
이주대책비	이주대책의 시행에 따른 비용 및 손실액
판매비	광고선전비 그 밖에 판매에 들어간 비용
일반관리비	인건비, 임차료, 연구개발비, 훈련비, 그 밖에 일반관리에 들어간 비용
자본비용	물류단지개발사업의 시행을 위하여 필요한 사업비의 조달에 들어간 비용으로서 최초 실시계획에서 정하여진 사업기간까지의 비용

③ 적정이윤: 적정이윤은 조성원가에서 자본비용, 개발사업대행비용, 선수금을 각각 제외한 금액의 100분의 5를 초과하지 아니하는 범위에서 해당 물류단지의 입주 수요와 지역 간 균형발전의 촉진 등 지역 여건을 고려하여 시행자가 정한다.

④ 분양가격의 정산
  ㉠ 시행자는 준공인가 전에 물류단지시설용지 또는 도시첨단물류단지시설을 분양한 경우에는 해당 물류단지개발사업을 위하여 투입된 총사업비 및 적정이윤을 기준으로 준공인가 후에 분양가격을 정산할 수 있다.
  ㉡ 선수금을 낸 자에 대하여 정산을 하는 경우에는 선수금 납부일부터 정산일까지의 시중은행의 1년 만기 정기예금 이자율에 해당하는 금액을 정산금에서 빼야 한다.

⑤ 국토교통부장관이 정하는 시설 외의 용도로 공급하는 토지 · 시설 등의 분양가격
  ㉠ 물류단지시설용지 또는 도시첨단물류단지시설로서 국토교통부장관이 정하는 시설 외의 용도로 공급하는 토지 · 시설 등의 분양가격은 감정평가액을 기준으로 결정하되, 시행자가 필요하다고 인정하는 경우에는 그 이하의 금액으로 할 수 있다.
  ㉡ 시행자는 민간건설임대주택 또는 공공건설임대주택의 건설을 위한 용도로 토지를 공급하는 경우 그 분양가격은 조성원가에 적정이윤을 합한 금액으로 한다.

(3) **임대료의 산정기준** 기출 14회

시행자가 물류단지개발사업으로 개발한 토지 · 시설 등을 임대하는 경우 그 임대료의 산정기준은 다음 각 호와 같다. 다만, 시행자가 필요하다고 인정하는 경우에는 그 이하의 금액으로 할 수 있다.

① 임대하려는 토지 · 시설 등의 최초의 임대료: 분양가격에 국토교통부령으로 정하는 임대요율을 곱한 금액
② 임대기간의 만료 등으로 인하여 재계약을 하는 경우의 임대료
  ㉠ 토지만을 임대하는 경우: 개별공시지가에 국토교통부령으로 정하는 임대요율을 곱한 금액
  ㉡ 토지와 시설 등을 함께 임대하거나 시설 등만을 임대하는 경우: 감정평가액에 국토교통부령으로 정하는 임대요율을 곱한 금액
③ 국토교통부령으로 정하는 임대요율
  국토교통부령으로 정하는 임대요율이란 100분의 3을 말한다. 다만, 시행자는 지역 여건 및 해당 물류단지시설용지 등의 분양실적 등을 고려하여 임대요율에 100분의 1을 더하거나 뺀 범위에서 임대요율을 산정할 수 있다.

(4) 토지·시설 등의 공급방법 등

① 공급대상자의 자격제한, 공급조건 부여
  ㉠ 시행자는 물류단지개발사업으로 개발한 토지·시설 등을 물류단지개발계획에서 정한 용도에 따라 분양 또는 임대(이하 "공급")하여야 한다.
  ㉡ 이 경우 시행자는 기반시설의 원활한 설치를 위하여 필요하다고 인정하는 때에는 공급대상자의 자격을 제한하거나 공급조건을 부여할 수 있다.

② 공급방법: 추첨, 경쟁입찰
  ㉠ 위 ①에 따른 토지·시설 등의 공급은 시행자가 미리 정한 가격으로 추첨의 방법에 따른다.
  ㉡ 다만, 대규모점포, 전문상가단지 등 판매를 목적으로 사용될 토지·시설 등은 경쟁입찰의 방법에 따른다.

③ 공급방법: 수의계약 기출 ▶ 26, 21, 17, 15회
  시행자는 다음의 어느 하나에 해당하는 경우에는 수의계약의 방법으로 토지·시설 등을 공급할 수 있다.

> 1. 학교용지·공공청사용지 등 일반에게 분양할 수 없는 공공시설용지를 국가·지방자치단체나 그 밖에 관계 법령에 따라 해당 공공시설을 설치할 수 있는 자에게 공급하는 경우
> 2. 고시한 실시계획에 따라 존치하는 시설물의 유지·관리에 필요한 최소한의 토지를 공급하는 경우
> 3. 협의에 응하여 자신이 소유하는 물류단지의 토지등의 전부를 시행자에게 양도한 자에게 국토교통부령으로 정하는 기준에 따라 토지를 공급하는 경우
> 4. 토지상환채권에 따라 토지를 상환하는 경우
> 5. 토지의 규모 및 형상, 입지조건 등에 비추어 토지의 이용가치가 현저히 낮은 토지로서 인접 토지소유자 등에게 공급하는 것이 불가피하다고 인정되는 경우
> 6. 공공시행자(특별법에 따라 설립된 법인 제외)가 물류산업의 발전을 위하여 물류단지에서 복합적이고 입체적인 개발이 필요하여 선정된 자에게 토지를 공급하는 경우
> 7. 고시된 사항 중 유치업종배치계획에 포함된 기업에 대하여 물류단지지정권자와 협의하여 그 기업이 직접 사용할 물류시설(판매시설은 제외) 용지를 공급하는 경우
> 8. 그 밖에 관계 법령에 따라 수의계약으로 공급할 수 있는 경우

(5) 이행강제금 기출 ▶ 28, 16회

① 물류단지시설 등의 건설공사 착수 등
  입주기업체 또는 지원기관은 시행자와 분양계약을 체결한 날부터 국토교통부령으로 정하는 기간(4년) 안에 그 물류단지시설 또는 지원시설의 건설공사에 착수하거나 토지·시설 등을 처분하여야 한다.

② 이행강제금
  ㉠ 물류단지지정권자는 국토교통부령으로 정하는 기간(4년) 안에 건설공사에 착수하여야 하는 의무를 이행하지 아니한 자에 대하여 의무이행기간이 끝난 날부터 6개월이 경과한 날까지 그 의무를 이행할 것을 명하여야 하며, 그 기한까지 의무를 이행하지 아니하면 해당 토지·시설 등 재산가액(감정평가액)의 100분의 20에 해당하는 금액의 이행강제금을 부과할 수 있다.
  ㉡ 물류단지지정권자는 이행강제금을 부과하기 전에 이행강제금을 부과하고 징수한다는 뜻을 미리 문서로 알려야 한다.
  ㉢ 물류단지지정권자는 이행강제금을 부과하려는 경우에는 이행강제금의 금액, 부과 사유, 납부기한, 수납기관, 이의제기방법 및 이의제기기관 등을 명시한 문서로써 하여야 한다.

ⓔ 물류단지지정권자는 정한 기간이 만료한 다음 날을 기준으로 하여 매년 1회 그 의무가 이행될 때까지 반복하여 이행강제금을 부과하고 징수할 수 있다.
　　ⓜ 물류단지지정권자는 물류단지시설 등의 건설공사 착수 등 의무가 있는 자가 그 의무를 이행한 경우에는 새로운 이행강제금의 부과를 중지하되, 이미 부과된 이행강제금은 징수하여야 한다.

(6) 개발한 토지·시설 등의 처분제한

① 분양받은 토지·시설 등의 처분
　ⓐ 입주기업체 또는 지원기관은 물류단지시설 또는 지원시설의 설치를 완료하기 전에 분양받은 토지·시설 등을 처분하려는 때에는 시행자 또는 관리기관에 양도하여야 한다.
　ⓑ 다만, 시행자나 관리기관이 매수할 수 없는 때에는 시행자나 관리기관이 매수신청을 받아 선정한 다른 입주기업체, 지원기관 또는 한국토지주택공사, 은행업의 인가를 받은 은행, 그 밖에 대통령령으로 정하는 자(신용보증기금, 기술보증기금, 한국자산관리공사, 농협은행, 수협은행, 산림조합중앙, 중소기업중앙, 중소벤처기업진흥공단, 지방공사)에게 양도하여야 한다.

② 토지의 양도가격
　ⓐ 위 ①에 따른 토지의 양도가격은 취득가격에 이자 및 비용을 더한 금액으로 하고, 시설 등의 양도가격은 감정평가액을 고려하여 결정할 수 있다.
　ⓑ 다만, 입주기업체 또는 지원기관의 요청이 있는 경우 토지의 양도가격은 취득가격에 대통령령으로 정하는 이자 및 비용을 더한 금액 이하로 할 수 있다.

6. 물류단지의 재정비 등

(1) 물류단지의 재정비 기출 29, 25, 15회

① 물류단지재정비사업의 요건
　ⓐ 물류단지지정권자는 준공된 날부터 20년이 지나서 물류산업구조의 변화 및 물류시설의 노후화 등으로 물류단지를 재정비할 필요가 있는 경우에는 직접 또는 관계 중앙행정기관의 장이나 시장·군수·구청장의 요청에 따라 물류단지재정비사업을 할 수 있다.
　ⓑ 다만, 준공된 날부터 20년이 지나지 아니한 물류단지에 대하여도 업종의 재배치 등이 필요한 경우에는 물류단지재정비사업을 할 수 있다.

② 재정비사업의 구분
　ⓐ 물류단지재정비사업은 물류단지의 전부 또는 부분 재정비사업으로 구분하여 할 수 있다.
　ⓑ 물류단지의 전부 재정비사업은 토지이용계획 및 주요 기반시설계획의 변경을 수반하는 경우로서 지정된 물류단지 면적의 100분의 50 이상을 재정비하는 사업을 말한다.

③ 재정비사업의 절차
　ⓐ 물류단지지정권자는 물류단지재정비사업을 하려는 경우에는 입주기업체와 관계 지방자치단체의 장의 의견을 듣고 관계 행정기관의 장과 협의하여 물류단지재정비계획을 수립·고시하여야 한다.
　ⓑ 부분 재정비사업인 경우에는 재정비계획 고시를 생략할 수 있고, 재정비계획을 변경할 때에도 또한 같다.

④ 재정비계획에 포함되어야 할 사항

> 1. 물류단지의 명칭·위치 및 면적
> 2. 물류단지재정비사업의 목적
> 3. 물류단지재정비사업의 시행자
> 4. 물류단지재정비사업의 시행방법
> 5. 주요 유치시설 및 그 설치기준에 관한 사항
> 6. 당초 토지이용계획 및 주요 기반시설의 변경 계획
> 7. 재원조달방안
> 8. 그 밖에 대통령령으로 정하는 사항: 물류단지재정비사업의 시행기간, 지원시설의 확충 계획, 입주수요에 대한 조사자료, 물류단지재정비계획에 포함된 토지의 세목과 소유자 및 관계인의 성명 및 주소

⑤ 물류단지재정비사업의 승인
  ㉠ 물류단지재정비사업의 시행자로 지정받은 자는 물류단지재정비시행계획을 수립하여 물류단지지정권자의 승인을 받아야 한다. 승인을 받은 사항을 변경할 때에도 또한 같다.
  ㉡ 물류단지지정권자는 재정비시행계획을 승인하려면 미리 입주업체 및 관계 지방자치단체의 장의 의견을 듣고 관계 행정기관의 장과 협의하여야 한다.
  ㉢ 관계 중앙행정기관의 장 또는 시장·군수·구청장이 물류단지지정권자에게 물류단지재정비사업의 실시를 요청할 때에는 물류단지재정비사업의 기본방향 및 재원조달방안 등을 제출하여야 한다.
  ㉣ 물류단지재정비사업은 물류시설분과위원회 또는 지역물류정책위원회 심의를 거쳐야 한다. 다만, 부분 재정비사업은 물류시설분과위원회 또는 지역물류정책위원회 심의를 거치지 아니할 수 있다.

(2) **지정·승인·인가의 취소 등** 기출 13, 10회

국토교통부장관 또는 시·도지사는 시행자가 다음의 어느 하나에 해당하는 경우에는 이 법에 따른 지정·승인 또는 인가를 취소하거나 공사의 중지, 공작물의 개축, 이전, 그 밖에 필요한 조치를 할 수 있다. 다만, 아래 1부터 5까지의 경우에는 그 지정·승인 또는 인가를 취소하여야 한다.

> 1. 거짓이나 그 밖의 부정한 방법으로 물류단지의 지정을 받은 경우
> 2. 거짓이나 그 밖의 부정한 방법으로 시행자의 지정을 받은 경우
> 3. 거짓이나 그 밖의 부정한 방법으로 실시계획의 승인을 받은 경우
> 4. 거짓이나 그 밖의 부정한 방법으로 준공인가를 받은 경우
> 5. 거짓이나 그 밖의 부정한 방법으로 재정비시행계획의 승인을 받은 경우
> 6. 사정이 변경되어 물류단지개발사업을 계속 시행하는 것이 불가능하게 된 경우

7. 물류단지의 관리

(1) **물류단지의 관리기관** 기출 29, 28, 27, 14, 11, 9회
  ① 물류단지의 관리: 물류단지지정권자는 효율적인 관리를 위하여 대통령령으로 정하는 관리기구 또는 입주기업체가 자율적으로 구성한 협의회(입주기업체협의회)에 물류단지를 관리하도록 하여야 한다.
  ② 물류단지의 관리기구: 대통령령으로 정하는 관리기구란 한국토지주택공사, 한국도로공사, 한국수자원공사, 한국농어촌공사, 항만공사, 지방공사 중 어느 하나에 해당하는 자를 말한다.

③ 입주기업체협의회의 구성 및 운영
  ㉠ 입주기업체협의회는 그 구성 당시에 해당 물류단지 입주기업체의 75퍼센트 이상이 회원으로 가입되어 있어야 한다.
  ㉡ 입주기업체협의회의 일반회원은 입주기업체의 대표자로 하고, 특별회원은 일반회원 외의 자 중에서 정하되 회원자격은 입주기업체협의회의 정관으로 정하는 바에 따른다.
  ㉢ 입주기업체협의회는 매 사업연도 개시일부터 2개월 이내에 정기총회를 개최하여야 하며, 필요한 경우에는 임시총회를 개최할 수 있다.
  ㉣ 입주기업체협의회의 회의는 정관에 다른 규정이 있는 경우를 제외하고는 회원 과반수의 출석과 출석회원 과반수의 찬성으로 의결한다.

(2) 물류단지의 관리지침 기출 11, 9, 7회

① 관리지침의 작성
  ㉠ 국토교통부장관은 물류단지의 관리에 관한 지침(물류단지관리지침)을 작성하여 관보에 고시하여야 한다.
  ㉡ 국토교통부장관은 물류단지관리지침을 작성하려는 때에는 시·도지사의 의견을 듣고 관계 중앙행정기관의 장과 협의한 후 물류시설분과위원회의 심의를 거쳐야 한다.

② 물류단지 관리지침의 내용

> 1. 물류단지관리계획의 수립에 관한 사항
> 2. 물류단지의 유치업종 및 기준에 관한 사항
> 3. 물류단지의 용지 및 시설을 유지·보수·개량하는 등의 물류단지관리업무에 필요한 사항

(3) 물류단지관리계획 기출 15회

① 물류단지관리계획의 수립
물류단지의 관리기관은 물류단지관리계획을 수립하여 물류단지지정권자에게 제출하여야 한다.

② 물류단지관리계획의 포함내용

> 1. 관리할 물류단지의 면적 및 범위에 관한 사항
> 2. 물류단지시설과 지원시설의 설치·운영에 관한 사항
> 3. 그 밖에 물류단지의 관리에 필요한 사항

(4) 공동부담금 기출 11, 10회

① 공동시설의 공동부담금
  ㉠ 관리기관은 물류단지 안의 폐기물처리장, 가로등, 그 밖에 대통령령으로 정하는 공동시설의 설치·유지 및 보수를 위하여 필요하면 입주기업체 및 지원기관으로부터 공동부담금을 받을 수 있다.
  ㉡ 대통령령으로 정하는 공동시설은 단지의 도로, 수질오염방지시설 등이다.

② 공동부담금의 결정 및 징수
  ㉠ 관리기관은 공동시설의 공동부담금을 입주기업체 및 지원기관의 공동시설 사용에 따른 수익의 정도에 따라 징수한다.
  ㉡ 다만, 그 수익의 정도를 산출하기 어려울 때에는 그 비용 전체를 입주기업체 및 지원기관의 용지면적·건축연면적 및 종업원 수에 따라 산출한 부담비율에 따라 징수한다.
  ㉢ 관리기관은 공동부담금을 물류단지의 운영 상황에 따라 매월 또는 매 분기별로 징수할 수 있다.

(5) 조세 등의 감면 및 자금지원
① 조세 등의 감면 [기출] 10회
국가 또는 지방자치단체는 물류단지의 원활한 개발 및 입주기업체의 유치를 위하여 지방세·농지보전부담금·대체산림자원조성비·개발부담금 또는 과밀부담금 등을 감면할 수 있다.
② 자금지원
국가 또는 지방자치단체는 물류단지의 원활한 개발 및 입주기업체의 유치를 위하여 자금지원에 대한 필요한 조치를 할 수 있다.
③ 물류단지 안의 조경 의무 면제
입주기업체에 대해서는 「건축법」에도 불구하고 해당 입주기업체 부지 안의 조경 의무를 면제한다.

CHAPTER 05 물류 교통·환경 정비사업

1. 물류 교통·환경 정비지구의 지정 및 지정해제

(1) 물류 교통·환경 정비지구의 지정 신청 [기출] 29회

① 물류 교통·환경 정비지구의 지정 신청
시장·군수·구청장은 물류시설의 밀집으로 도로 등 기반시설의 정비와 소음·진동·미세먼지 저감 등 생활환경의 개선이 필요한 경우로서 대통령령으로 정하는 요건에 해당하는 경우 시·도지사에게 물류 교통·환경 정비지구의 지정을 신청할 수 있다. 정비지구를 변경하려는 경우에도 또한 같다.

② 물류 교통·환경 정비지구의 지정을 신청할 수 있는 지역의 요건
물류 교통·환경 정비지구의 지정을 신청할 수 있는 지역은 다음의 요건을 모두 충족하는 지역으로 한다.

> 1. 물류시설의 밀집으로 도로의 신설·확장·개량 및 보수 등 기반시설의 정비가 필요하거나 소음·진동 방지, 미세먼지 저감 등 생활환경의 개선이 필요한 지역일 것
> 2. 정비지구로 지정하려는 지역의 면적이 30만 제곱미터 이상일 것
> 3. 물류시설 총부지면적이 정비지구로 지정하려는 지역의 면적의 100분의 30 이상일 것

③ 물류 교통·환경 정비계획을 수립
정비지구의 지정 또는 변경을 신청하려는 시장·군수·구청장은 다음의 사항을 포함한 물류 교통·환경 정비계획을 수립하여 시·도지사에게 제출하여야 한다. 이 경우 정비지구가 둘 이상의 시·군·구의 관할지역에 걸쳐있는 경우에는 관할 시장·군수·구청장이 공동으로 이를 수립·제출한다.

> 1. 위치·면적·정비기간 등 정비계획의 개요
> 2. 정비지구의 현황(인구수, 물류시설의 수와 면적·교통량·물동량 등)
> 3. 도로의 신설·확장·개량 및 보수 등 교통정비계획
> 4. 소음·진동 방지, 대기오염 저감 등 환경정비계획
> 5. 물류 교통·환경 정비사업의 비용분담계획
> 6. 물류시설의 체계적 개발 및 정비 등에 관한 사항
> 7. 정비사업을 통해 예상되는 교통·환경 개선 효과
> 8. 「국토의 계획 및 이용에 관한 법률」에 따른 도시·군관리계획의 수립 또는 변경에 관한 사항

④ 신청 절차
  ㉠ 시장·군수·구청장은 정비지구의 지정 또는 변경을 신청하려는 경우에는 주민설명회를 열고, 그 내용을 14일 이상 주민에게 공람하여 의견을 들어야 하며, 지방의회의 의견을 들은 후 그 의견을 첨부하여 신청하여야 한다.
  ㉡ 이 경우 지방의회는 시장·군수·구청장이 정비지구의 지정 또는 변경 신청서를 통지한 날부터 60일 이내에 의견을 제시하여야 하며, 의견제시 없이 60일이 지난 때에는 이의가 없는 것으로 본다.
  ㉢ 다만, 대통령령으로 정하는 경미한 사항의 변경을 신청하려는 경우에는 주민설명, 주민 공람, 주민의 의견청취 및 지방의회의 의견청취 절차를 거치지 아니할 수 있다.
  ㉣ 대통령령으로 정하는 경미한 사항은 정비지구의 면적 또는 정비사업 비용의 100분의 5 미만의 변경이거나 계산 착오, 오기, 누락 또는 이에 준하는 명백한 오류의 수정을 말한다.

(2) 물류 교통·환경 정비지구의 지정 [기출 29회]

① 정비지구의 지정 절차
  ㉠ 시·도지사는 정비지구의 지정을 신청받은 경우에는 관계 행정기관의 장과 협의하고 물류단지계획심의위원회와 지방도시계획위원회가 공동으로 하는 심의를 거쳐 정비지구를 지정한다. 정비지구의 지정을 변경하려는 경우에도 또한 같다.
  ㉡ ㉠에 따라 협의를 요청받은 관계 행정기관의 장은 특별한 사유가 없으면 그 요청을 받은 날부터 30일 이내에 의견을 제시하여야 한다.
② 정비지구의 지정고시
  ㉠ 시·도지사는 정비지구를 지정하거나 변경할 때에는 그 내용을 지체 없이 해당 지방자치단체의 공보에 고시하여야 한다.
  ㉡ 시·도지사가 정비지구를 지정하거나 변경하였을 때에는 국토교통부장관에게 보고하여야 한다.
③ 공동위원회의 구성
  시·도지사는 물류단지계획심의위원회와 「국토의 계획 및 이용에 관한 법률」에 따른 지방도시계획위원회가 공동으로 정비지구의 지정을 심의하게 하기 위하여 공동위원회를 구성한다. 공동위원회는 다음의 기준에 따라 구성한다.
  ㉠ 위원장을 제외한 공동위원회의 위원은 물류단지계획심의위원회와 지방도시계획위원회의 위원 중에서 시·도지사가 임명하거나 위촉할 것
  ㉡ 공동위원회의 위원 수는 25명 이내로 할 것
  ㉢ 공동위원회의 위원 중 물류단지계획심의위원회 위원이 2분의 1 이상이 되도록 할 것
④ 공동위원회의 위원장: 공동위원회의 위원장은 특별시·광역시·특별자치시의 경우에는 시장이 지정하는 부시장으로 하고, 도·특별자치도의 경우에는 도지사가 지정하는 부지사로 한다.

(3) 물류 교통·환경 정비지구 지정의 해제

① 정비지구 지정의 해제: 시·도지사는 물류 교통·환경 정비사업의 추진 상황으로 보아 정비지구의 지정 목적을 달성하였거나 달성할 수 없다고 인정하는 경우에는 물류단지계획심의위원회와 지방도시계획위원회가 공동으로 하는 심의를 거쳐 정비지구의 지정을 해제할 수 있다.
② 해제 절차
  ㉠ 정비지구의 지정을 해제하려는 시·도지사는 물류단지계획심의위원회와 지방도시계획위원회가 공동으로 하는 심의 전에 주민설명회를 열고, 그 내용을 14일 이상 주민에게 공람하여 의견을 들어야 하며, 지방의회의 의견을 들어야 한다.

ⓒ 이 경우 지방의회는 의견을 요청받은 날부터 60일 이내에 의견을 제시하여야 하며, 의견제시 없이 60일이 지난 때에는 이의가 없는 것으로 본다.
③ 고시 및 보고
　㉠ 시·도지사는 정비지구의 지정을 해제할 때에는 그 내용을 지체 없이 해당 지방자치단체의 공보에 고시하여야 한다.
　ⓒ 시·도지사가 정비지구의 지정을 해제하였을 때에는 국토교통부장관에게 보고하여야 한다.
④ 시장·군수·구청장의 의견 청취: 시·도지사는 정비지구의 지정을 해제하려는 때에는 물류단지계획심의위원회와 지방도시계획위원회가 공동으로 하는 심의 전에 관할 시장·군수·구청장의 의견을 들어야 한다.

2. 물류 교통·환경 정비사업의 지원 기출 29, 25회

국가 또는 시·도지사는 정비지구에서 시장·군수·구청장에게 다음의 사업에 대한 행정적·재정적 지원을 할 수 있다.

> 1. 도로 등 기반시설의 신설·확장·개량 및 보수
> 2. 「화물자동차 운수사업법」에 따른 공영차고지 및 화물자동차 휴게소의 설치
> 3. 「소음·진동관리법」에 따른 방음·방진시설의 설치
> 4. 전기자동차의 충전시설을 설치·정비 또는 개량하는 사업
> 5. 수소연료공급시설을 설치·정비 또는 개량하는 사업

CHAPTER 06　보칙 및 벌칙

1. 청문

국토교통부장관·해양수산부장관 또는 시·도지사는 다음의 어느 하나에 해당하는 경우에는 청문을 실시하여야 한다.

> 1. 복합물류터미널사업 등록의 취소 또는 물류창고업 등록의 취소
> 2. 인증의 취소 또는 지정의 취소　　　　　3. 지정·승인 또는 인가의 취소

2. 벌칙 기출 28, 25, 21, 20회

(1) 1년 이하의 징역 또는 1천만 원 이하의 벌금
① 등록을 하지 아니하고 복합물류터미널사업을 경영한 자
② 공사시행인가 또는 변경인가를 받지 아니하고 공사를 시행한 자
③ 성명 또는 상호를 다른 사람에게 사용하게 하거나 등록증을 대여한 자
④ 등록을 하지 아니하고 물류창고업을 경영한 자
⑤ 행위제한을 위반하여 건축물의 건축 등을 한 자
⑥ 거짓이나 그 밖의 부정한 방법으로 지정 또는 승인을 받은 자
⑦ 개발한 토지·시설 등의 처분제한을 위반하여 토지 또는 시설을 처분한 자(이 경우 그 처분행위로 얻은 이익이 3천만 원 이상인 경우에는 1년 이하의 징역 또는 그 이익에 상당하는 금액 이하의 벌금)

(2) 3천만 원 이하의 벌금
거짓의 인증마크를 제작·사용하거나 스마트물류센터임을 사칭한 자

핵심 기출문제

PART 02 물류시설의 개발 및 운영에 관한 법률

01

물류시설의 개발 및 운영에 관한 법령상 용어의 정의에 관한 설명으로 옳은 것은?

① "물류터미널"이란 화물의 저장·관리, 집화·배송 및 수급조정 등을 위한 보관시설·보관장소 또는 이와 관련된 하역·분류·포장·상표부착 등에 필요한 기능을 갖춘 시설을 말한다.
② 화물의 집화·하역과 관련된 가공·조립시설로 그 시설의 바닥면적 합계가 물류터미널의 전체 바닥면적 합계의 3분의 1인 경우 "물류터미널"에 해당한다.
③ 물류단지시설의 운영을 효율적으로 지원하기 위하여 물류단지 안에 설치되는 시설로 입주기업체 및 지원기관에서 발생하는 폐기물의 재활용시설은 "지원시설"에 해당한다.
④ 세 종류의 운송수단 간 연계운송을 할 수 있는 규모 및 시설을 갖춘 물류터미널사업은 "일반물류터미널사업"에 해당한다.
⑤ 물류단지 안에 설치되는 시설로 「철도사업법」에 따른 철도사업자가 그 사업에 사용하는 화물운송시설은 "일반물류단지시설"에 해당하지 않는다.

해설
입주기업체 및 지원기관에서 발생하는 폐기물의 처리를 위한 시설(재활용시설을 포함한다)은 "지원시설"에 해당한다.

선지분석
① 화물의 저장·관리, 집화·배송 및 수급조정 등을 위한 보관시설·보관장소 또는 이와 관련된 하역·분류·포장·상표부착 등에 필요한 기능을 갖춘 시설은 "물류창고"이다.
② 화물의 집화·하역과 관련된 가공·조립시설로 그 시설의 바닥면적 합계가 물류터미널의 전체 바닥면적 합계의 4분의 1 이하인 경우 "물류터미널"에 해당한다.
④ 세 종류의 운송수단 간 연계운송을 할 수 있는 규모 및 시설을 갖춘 물류터미널사업은 "복합물류터미널사업"에 해당한다.
⑤ 물류단지 안에 설치되는 시설로 「철도사업법」에 따른 철도사업자가 그 사업에 사용하는 화물운송·하역 및 보관시설은 "일반물류단지시설"에 해당한다.

정답 | ③

02

물류시설의 개발 및 운영에 관한 법령상 "지원시설"에 해당하지 않는 것은?

① 금융·보험시설
② 의료시설
③ 물류단지 종사자의 주거를 위한 공동주택
④ 「농업협동조합법」에 따른 조합이 설치하는 구매사업 또는 판매사업 관련 시설
⑤ 입주기업체에서 발생하는 폐기물의 처리를 위한 시설(재활용시설 포함)

해설
「농업협동조합법」에 따른 조합이 설치하는 구매사업 또는 판매사업 관련 시설은 일반물류단지시설에 해당한다.

관련이론 | 물류시설의 개발 및 운영에 관한 법령상 지원시설
1. 대통령령으로 정하는 가공·제조 시설
2. 정보처리시설
3. 금융·보험·의료·교육·연구·업무 시설
4. 물류단지의 종사자 및 이용자의 생활과 편의를 위한 시설
5. 그 밖에 물류단지의 기능 증진을 위한 시설로서 대통령령으로 정하는 시설(문화 및 집회시설, 입주기업체 및 지원기관에서 발생하는 폐기물의 처리를 위한 시설(재활용시설을 포함한다), 물류단지의 종사자 및 이용자의 주거를 위한 단독주택, 공동주택 등의 시설)

정답 | ④

03

물류시설의 개발 및 운영에 관한 법령상 용어에 관한 설명으로 옳지 않은 것은?

① "물류시설"에는 화물의 운송과 관련된 가공·조립·포장·판매 등의 활동을 위한 시설도 포함된다.
② "물류터미널사업"에는 「항만법」 제2조제5호의 항만시설 중 항만구역 안에 있는 화물하역시설 및 화물보관·처리 시설물을 경영하는 사업도 포함된다.
③ 「철도사업법」에 따른 철도사업자가 여객의 수하물 또는 소화물을 보관하는 것은 "물류창고업"에 해당하지 않는다.
④ "복합물류터미널사업"이란 두 종류 이상의 운송수단 간의 연계운송을 할 수 있는 규모 및 시설을 갖춘 물류터미널사업을 말한다.
⑤ "일반물류단지"란 물류단지 중 도시첨단물류단지를 제외한 것을 말한다.

해설
「법」 제2조3호
"물류터미널사업"에는 「항만법」 제2조제5호의 항만시설 중 항만구역 안에 있는 화물하역시설 및 화물보관·처리 시설물을 경영하는 사업은 제외된다.

정답 | ②

04

물류시설의 개발 및 운영에 관한 법령상 화물의 운송·집화·하역·분류·포장·가공·조립·통관·보관·판매·정보처리 등을 위하여 일반물류단지 안에 설치되는 일반물류단지시설에 해당하지 않는 것은?

① 「유통산업발전법」에 따른 공동집배송센터
② 「농수산물유통 및 가격안정에 관한 법률」에 따른 농수산물산지유통센터
③ 「화물자동차 운수사업법」에 따른 화물자동차운수사업에 이용되는 차고
④ 「철도사업법」에 따른 철도사업자가 그 사업에 이용하는 화물운송·하역 및 보관시설
⑤ 「궤도운송법」에 따른 궤도사업을 경영하는 자가 그 사업에 사용하는 화물운송·하역 및 보관 시설

해설
농수산물산지유통센터(축산물의 도축·가공·보관 등을 하는 축산물종합처리시설을 포함한다)는 지원시설에 포함된다.

정답 | ②

05

물류시설의 개발 및 운영에 관한 법령상 물류시설개발종합계획에 관한 설명으로 옳지 않은 것은?

① 용수·에너지·통신시설 등 기반시설에 관한 사항은 물류시설개발종합계획에 포함되어야 한다.
② 국토교통부장관은 물류시설개발종합계획을 수립하거나 변경한 때에는 이를 관보에 고시하여야 한다.
③ 관계 중앙행정기관의 장은 필요한 경우 국토교통부장관에게 물류시설개발종합계획을 변경하도록 요청할 수 있다.
④ 국토교통부장관은 물류시설개발종합계획과 다른 행정기관이 직접 지정·개발하려는 물류시설 개발계획이 상충되거나 중복된다고 인정하는 경우, 물류시설개발종합계획을 변경하여야 한다.
⑤ 물류시설개발종합계획 중 물류시설의 수요·공급계획을 물류시설별 물류시설 용지면적의 100분의 20만큼 변경하는 것은 「물류정책기본법」상 물류시설분과심의위원회의 심의를 거쳐야 하는 사항이다.

해설

「법」 제6조
국토교통부장관은 물류시설개발종합계획과 다른 행정기관이 직접 지정·개발하려는 물류시설 개발계획이 상충되거나 중복된다고 인정하는 경우에는 그 계획을 변경하도록 요청할 수 있다. 이 경우 조정이 필요하면 물류시설분과위원회에 조정을 요청할 수 있다.

정답 | ④

06

물류시설의 개발 및 운영에 관한 법령상 복합물류터미널사업의 등록에 관한 설명으로 옳은 것을 모두 고른 것은?

> ㄱ. 「한국토지주택공사법」에 따른 한국토지주택공사는 복합물류터미널 사업의 등록을 할 수 있다.
> ㄴ. 지방자치단체는 복합물류터미널 사업의 등록을 할 수 없다.
> ㄷ. 복합물류터미널 사업을 등록하기 위해서는 부지면적이 3만3천제곱미터 이상이어야 한다.
> ㄹ. 복합물류터미널 사업을 등록하기 위해서는 '주차장'과 '화물취급장', '창고 또는 배송센터'를 갖추어야 한다.
> ㅁ. 법인의 임원 중에 「물류시설의 개발 및 운영에 관한 법률」을 위반하여 금고 이상의 실형을 선고받고 그 집행이 종료된 날부터 3년이 된 자가 있는 법인은 복합물류터미널 사업의 등록을 할 수 없다.

① ㄱ, ㄴ
② ㄱ, ㄷ, ㄹ
③ ㄱ, ㄷ, ㅁ
④ ㄴ, ㄹ, ㅁ
⑤ ㄷ, ㄹ, ㅁ

해설

ㄱ, ㄴ. 복합물류터미널사업의 등록을 할 수 있는 자는 국가 또는 지방자치단체, 대통령령으로 정하는 공공기관(한국토지주택공사, 한국도로공사, 한국철도공사, 한국수자원공사, 한국농어촌공사, 항만공사), 지방공사, 특별법에 따라 설립된 법인, 「민법」 또는 「상법」에 따라 설립된 법인 등이다.
ㄷ, ㄹ은 등록기준이다.
ㅁ은 결격사유의 하나이다. 법인으로서 그 임원 중에 이 법을 위반하여 금고 이상의 실형을 선고받고 그 집행이 종료되거나 집행이 면제된 날부터 2년이 지나지 아니한 자는 등록을 할 수 없다. 3년이 되었으면 등록할 수 있다.

정답 | ②

07

물류시설의 개발 및 운영에 관한 법령상 복합물류터미널사업에 대한 설명으로 옳지 않은 것은?

① 복합물류터미널사업이란 두 종류 이상의 운송수단 간의 연계운송을 할 수 있는 규모 및 시설을 갖춘 물류터미널사업을 말한다.
② 복합물류터미널사업을 경영하려는 자는 국토교통부령으로 정하는 바에 따라 국토교통부장관의 인가를 받아야 한다.
③ 복합물류터미널사업의 등록에 따른 권리·의무를 승계한 자는 국토교통부령으로 정하는 바에 따라 국토교통부장관에게 신고하여야 한다.
④ 복합물류터미널사업자는 복합물류터미널사업의 전부 또는 일부를 휴업하거나 폐업하려는 때에는 미리 국토교통부장관에게 신고하여야 한다.
⑤ 국토교통부장관은 복합물류터미널사업자가 다른 사람에게 등록증을 대여한 때에는 등록을 취소하여야 한다.

해설
「법」 제7조
복합물류터미널사업을 경영하려는 자는 국토교통부령으로 정하는 바에 따라 국토교통부장관에게 등록하여야 한다.

정답 | ②

08

물류시설의 개발 및 운영에 관한 법령상 물류단지개발사업의 시행자로 지정받을 수 있는 자를 모두 고른 것은?

> ㄱ. 국가 또는 지방자치단체
> ㄴ. 「지방공기업법」에 따른 지방공사
> ㄷ. 특별법에 따라 설립된 법인
> ㄹ. 「민법」 또는 「상법」에 따라 설립된 법인
> ㅁ. 시행에 충분한 자금을 확보한 자연인

① ㄱ
② ㄱ, ㄴ
③ ㄱ, ㄴ, ㄷ
④ ㄱ, ㄴ, ㄷ, ㄹ
⑤ ㄱ, ㄴ, ㄷ, ㄹ, ㅁ

해설
「법」 제27조
물류단지개발사업의 시행자로 지정받을 수 있는 자는 다음 각 호의 자로 한다.
1. 국가 또는 지방자치단체
2. 대통령령으로 정하는 공공기관(한국토지주택공사, 한국도로공사, 한국수자원공사, 한국농어촌공사, 항만공사 등)
3. 「지방공기업법」에 따른 지방공사
4. 특별법에 따라 설립된 법인
5. 「민법」 또는 「상법」에 따라 설립된 법인
6. 물류단지 예정지역의 토지소유자 또는 그 토지소유자가 물류단지개발을 위하여 설립한 조합

정답 | ④

09

물류시설의 개발 및 운영에 관한 법령상 물류창고업에 관한 설명으로 옳은 것은?

① 물류창고의 구조 또는 설비 등 물류창고업의 등록기준에 필요한 사항은 국토교통부장관이 정한다.
② 국토교통부장관 또는 해양수산부장관은 스마트물류센터에 대하여 공공기관 등이 운영하는 기금·자금의 우대 조치 등 대통령령으로 정하는 바에 따라 행정적·재정적으로 우선 지원할 수 있다.
③ 물류창고를 소유 또는 임차하여 물류창고업을 경영하려는 자는 산업통상자원부장관에게 등록하여야 한다.
④ 국가 또는 지방자치단체는 물류창고업자 또는 그 사업자단체에 대하여 물류창고업의 운영상 필요한 운전자금의 전부를 보조 또는 융자할 수 있다.
⑤ 국토교통부장관·해양수산부장관 또는 지방자치단체의 장은 거짓이나 부정한 방법으로 보조금을 교부받은 경우 물류창고업자에게 보조금의 반환을 명하여야 하며 이에 따르지 아니하면 국세 강제징수의 예 또는 「지방행정제재·부과금의 징수 등에 관한 법률」에 따라 회수할 수 있다.

해설
「물류시설의 개발 및 운영에 관한 법률」 제21조의8
국토교통부장관·해양수산부장관 또는 지방자치단체의 장은 거짓이나 부정한 방법으로 보조금 또는 융자금을 교부받은 경우 또는 이를 위반하여 보조금 또는 융자금을 목적 외의 용도로 사용한 경우 물류창고업자 또는 그 사업자단체에 보조금이나 융자금의 반환을 명하여야 하며 이에 따르지 아니하면 국세강제징수의 예 또는 「지방행정제재·부과금의 징수 등에 관한 법률」에 따라 회수할 수 있다.

선지분석
① 물류창고의 구조 또는 설비 등 물류창고업의 등록 기준에 필요한 사항은 국토교통부와 해양수산부의 공동부령으로 정한다.
② 국가·지방자치단체 또는 공공기관은 스마트물류센터에 대하여 공공기관 등이 운영하는 기금·자금의 우대 조치 등 대통령령으로 정하는 바에 따라 행정적·재정적으로 우선 지원할 수 있다.
③ 물류창고를 소유 또는 임차하여 물류창고업을 경영하려는 자는 국토교통부장관 또는 해양수산부장관에게 등록하여야 한다.
④ 국가 또는 지방자치단체는 물류창고업자 또는 그 사업자단체가 재정적 지원이 필요하다고 인정하면 자금의 일부를 보조 또는 융자할 수 있다.

정답 | ⑤

10

물류시설의 개발 및 운영에 관한 법령상 과징금에 대한 설명으로 옳지 않은 것은?

① 국토교통부장관은 복합물류터미널사업자에게 사업의 정지를 명하여야 하는 경우로서 그 사업의 정지가 그 사업의 이용자 등에게 심한 불편을 주는 경우에는 그 사업정지처분을 갈음하여 1천만 원 이하의 과징금을 부과할 수 있다.
② 국토교통부장관은 사업자의 사업 규모, 사업지역의 특수성, 위반행위의 정도 및 횟수, 그 밖의 특별한 사유 등을 고려하여 과징금의 금액의 2분의 1의 범위에서 과징금을 늘리거나 줄일 수 있다.
③ 국토교통부장관은 과징금을 내야 할 자가 납부기한까지 과징금을 내지 아니하면 대통령령으로 정하는 바에 따라 국세강제징수의 예에 따라 징수한다.
④ 국토교통부장관 또는 해양수산부장관은 물류창고업자에게 사업의 정지를 명하여야 하는 경우로서 그 사업의 정지가 그 사업의 이용자 등에게 심한 불편을 주는 경우에는 그 사업정지처분을 갈음하여 1천만 원 이하의 과징금을 부과할 수 있다.
⑤ 과징금 부과의 통지를 받은 자는 이를 받은 날부터 20일 이내에 과징금을 내야 한다.

해설
국토교통부장관은 복합물류터미널사업자가 제17조제1항 각 호(제1호·제4호·제7호 및 제8호는 제외한다)의 어느 하나에 해당하여 사업의 정지를 명하여야 하는 경우로서 그 사업의 정지가 그 사업의 이용자 등에게 심한 불편을 주는 경우에는 그 사업정지처분을 갈음하여 5천만 원 이하의 과징금을 부과할 수 있다.

정답 | ①

11

물류시설의 개발 및 운영에 관한 법령상 물류단지 안에서의 행위의 제한에 관한 설명으로 옳은 것은?

① 물류단지 안에서 건축물의 건축, 공작물의 설치, 토지의 형질변경, 토석의 채취, 토지분할, 물건을 쌓아놓는 행위 등 대통령령으로 정하는 행위를 하려는 자는 국토교통부장관의 허가를 받아야 한다.
② 물류단지의 지정 및 고시 당시 이미 관계 법령에 따라 행위허가를 받았거나 허가를 받을 필요가 없는 행위에 관하여 그 공사 또는 사업에 착수한 자는 대통령령으로 정하는 바에 따라 시장·군수·구청장에게 신고한 후 이를 계속 시행할 수 있다.
③ 물류단지 안에서 건축물의 건축, 공작물의 설치, 토지의 형질변경, 토석의 채취, 토지분할, 물건을 쌓아놓는 행위 등을 법령에 따라 허가받은 경우에 이를 변경하려는 때에는 신고로 이를 대체할 수 있다.
④ 국토교통부장관은 물류단지 안에서 허가를 받지 않고 죽목의 식재를 한 자에게 원상회복을 명할 수 있다.
⑤ 물류단지 안에서 건축물의 건축, 공작물의 설치, 토지의 형질변경, 토석의 채취, 토지분할, 물건을 쌓아놓는 행위 등의 허가에 관하여「물류정책기본법」에 규정된 것 외에는「국가통합교통체계효율화법」을 준용한다.

선지분석
① 물류단지 안에서 건축물의 건축, 공작물의 설치, 토지의 형질변경, 토석의 채취, 토지분할, 물건을 쌓아놓는 행위 등 대통령령으로 정하는 행위를 하려는 자는 시장·군수·구청장의 허가를 받아야 한다.
③ ①의 경우 허가받은 사항을 변경하려는 때에도 시장·군수·구청장의 허가를 받아야 한다.
④ 시장·군수·구청장은 ①을 위반한 자에게 원상회복을 명할 수 있다.
⑤ ①에 따른 허가에 관하여 이 법에 규정한 것 외에는「국토의 계획 및 이용에 관한 법률」을 준용한다.

정답 | ②

12

물류시설의 개발 및 운영에 관한 법령상 물류단지개발사업 시행자의 토지소유자에 대한 환지에 관한 설명으로 옳은 것은?

① 환지를 받을 수 있는 토지소유자는 물류단지개발계획에서 정한 유치업종에 적합한 물류단지시설을 설치하려는 자로서 물류단지의 지정·고시일 현재 물류단지개발계획에서 정한 전체공급면적의 3분의 2 이상의 토지를 소유한 자로 한다.
② 환지의 대상이 되는 종전 토지의 가액은 보상 공고 시 시행자가 제시한 협의를 위한 보상금액으로 하고, 환지의 가액은 해당 물류단지의 물류단지시설용지의 공시지가를 기준으로 한다.
③ 환지면적은 종전의 토지면적을 기준으로 하되, 지역여건 및 물류단지의 수급 상황 등을 고려하여 그 면적을 늘릴 수는 있으나 줄일 수는 없다.
④ 종전의 토지가액과 환지가액과의 차액은 국채로 정산하여야 한다.
⑤ 시행자는 물류단지 안의 토지를 소유하고 있는 자가 물류단지개발계획에서 정한 물류단지시설 또는 대통령령으로 정하는 지원시설을 운영하려는 경우에는 그 토지를 포함하여 물류단지개발사업을 시행할 수 있으며, 해당 사업이 완료된 후 대통령령으로 정하는 바에 따라 해당 토지소유자에게 환지(換地)하여 줄 수 있다.

선지분석
① 전체공급면적의 3분의 2 이상의 토지를 소유한 자 → 최소공급면적 이상의 토지를 소유한 자
② 공시지가 → 분양가격
③ 그 면적을 늘릴 수는 있으나 줄일 수는 없다 → 그 면적을 늘리거나 줄일 수 있다.
④ 종전의 토지가액과 환지가액과의 차액은 현금으로 정산하여야 한다.

정답 | ⑤

13

물류시설의 개발 및 운영에 관한 법령상 물류단지의 지정에 대한 설명으로 옳은 것은?

① 물류단지 개발사업의 대상지역이 2개 이상의 시·도에 걸쳐 있는 경우의 일반물류단지는 국토교통부장관이 지정한다.
② 시·도지사는 일반물류단지를 지정하려는 때에는 일반물류단지개발계획을 수립하여 관계 행정기관의 장과 협의한 후 물류시설분과위원회의 심의를 거쳐야 한다.
③ 국토교통부장관이 노후화된 유통업무설비 부지 및 인근 지역에 도시첨단물류단지를 지정하려면 시·도지사의 신청을 받아야 한다.
④ 국토교통부장관 또는 시·도지사가 일반물류단지를 지정하려면 일반물류단지 예정지역 토지면적의 2분의 1 이상에 해당하는 토지소유자의 동의와 토지소유자의 총수 및 건축물 소유자 총수 각 2분의 1 이상의 동의를 받아야 한다.
⑤ 시·도지사가 일반물류단지개발계획을 수립할 때까지 일반물류단지개발사업의 시행자가 확정되지 아니한 경우에는 일반물류단지를 지정할 수 없다.

해설
국가정책사업으로 물류단지를 개발하거나 물류단지 개발사업의 대상지역이 2개 이상의 시·도에 걸쳐 있는 경우의 일반물류단지는 국토교통부장관이 지정한다. 이외에는 시·도지사가 지정한다.

선지분석
② 시·도지사는 일반물류단지를 지정하려는 때에는 일반물류단지개발계획을 수립하여 관계 행정기관의 장과 협의한 후 지역물류정책위원회의 심의를 거쳐야 한다.
③ 도시첨단물류단지는 국토교통부장관 또는 시·도지사가 다음 각 호의 어느 하나에 해당하는 지역에 지정하며, 시·도지사(특별자치도지사는 제외한다)가 지정하는 경우에는 시장·군수·구청장의 신청을 받아 지정할 수 있다.
  1. 노후화된 일반물류터미널 부지 및 인근 지역
  2. 노후화된 유통업무설비 부지 및 인근 지역
  3. 그 밖에 국토교통부장관이 필요하다고 인정하는 지역
④ 국토교통부장관 또는 시·도지사는 도시첨단물류단지를 지정하려면 도시첨단물류단지 예정지역 토지면적의 2분의 1 이상에 해당하는 토지소유자의 동의와 토지소유자 총수 및 건축물 소유자 총수 각 2분의 1 이상의 동의를 받아야 한다.
⑤ 일반물류단지개발계획을 수립할 때까지 시행자가 확정되지 아니하였거나, 세부목록의 작성이 곤란한 경우에는 일반물류단지의 지정 후에 이를 일반물류단지개발계획에 포함시킬 수 있다.

정답 | ①

14

물류시설의 개발 및 운영에 관한 법령상 시행자가 물류단지개발사업으로 개발한 토지·시설 등을 수의계약 방법으로 공급할 수 없는 것은? (단, 그 밖에 관계법령에 따라 수의계약으로 공급할 수 있는 경우는 제외함)

① 학교용지·공공청사용지 등 일반에게 분양할 수 없는 공공시설용지를 국가, 지방자치단체에 공급하는 경우
② 고시된 물류단지개발실시계획에 따라 존치하는 시설물의 유지·관리에 필요한 최소한의 토지를 공급하는 경우
③ 토지상환채권에 따라 토지를 상환하는 경우
④ 「공익사업을 위한 토지 등의 취득 및 보상에 관한 법률」에 따른 협의에 응하여 자신이 소유하는 물류단지의 토지등의 일부를 시행자에게 양도한 자에게 국토교통부령으로 정하는 기준에 따라 토지를 공급하는 경우
⑤ 토지의 규모 및 형상, 입지조건 등에 비추어 토지의 이용가치가 현저히 낮은 토지로서 인접 토지소유자 등에게 공급하는 것이 불가피하다고 인정되는 경우

해설
「공익사업을 위한 토지 등의 취득 및 보상에 관한 법률」에 따른 협의에 응하여 자신이 소유하는 물류단지의 토지등의 전부를 시행자에게 양도한 자에게 국토교통부령으로 정하는 기준에 따라 토지를 공급하는 경우에 수의계약으로 할 수 있다.

관련이론 | 기타 수의계약으로 할 수 있는 경우
시행자는 다음의 어느 하나에 해당하는 경우에는 수의계약의 방법으로 토지·시설 등을 공급할 수 있다.
㉠ 시행자가 물류산업의 발전을 위하여 물류단지에서 복합적이고 입체적인 개발이 필요하여 국토교통부령으로 정하는 절차와 방법에 따라 선정된 자에게 토지를 공급하는 경우
㉡ 유치업종배치계획에 포함된 기업에 대하여 물류단지지정권자와 협의하여 그 기업이 직접 사용할 물류시설(판매시설은 제외한다) 용지를 공급하는 경우
㉢ 그 밖에 관계 법령에 따라 수의계약으로 공급할 수 있는 경우

정답 | ④

15

「국토의 계획 및 이용에 관한 법률」에 따른 개발행위허가의 대상이 아닌 것으로서, 물류시설의 개발 및 운영에 관한 법령상 물류단지 안에서 시장·군수·구청장의 허가를 받아야 하는 행위는? (단, 재해복구 또는 재난수습에 필요한 응급조치를 위하여 하는 행위는 제외함)

① 경작지에서의 관상용 죽목의 임시 식재
② 경작을 위한 토지의 형질변경
③ 물류단지의 개발에 지장을 주지 아니하고 자연경관을 손상하지 아니하는 범위에서의 토석의 채취
④ 물류단지에 존치하기로 결정된 대지 안에서 물건을 쌓아놓는 행위
⑤ 농림수산물의 생산에 직접 이용되는 것으로서 국토교통부령으로 정하는 간이공작물의 설치

해설
관상용 죽목의 임시 식재는 시장·군수·구청장의 허가를 받지 않고 할 수 있는 행위에 포함된다. 그러나 경작지에서의 임시 식재는 제외한다.

정답 | ①

16

물류시설의 개발 및 운영에 관한 법령상 물류창고업에 관한 설명으로 옳지 않은 것은?

① 국가는 물류창고업자가 물류창고업의 업종전환을 위한 국내동향 조사·연구를 하는 경우 자금의 일부를 보조 또는 융자할 수 있다.
②「관세법」에 따른 보세창고의 설치·운영에 관한 영업의 현황을 관리하는 행정기관은 그 보관업의 허가·변경허가, 등록·변경등록 등으로 그 현황이 변경될 경우에는 국토교통부장관 또는 해양수산부장관에게 통보하여야 한다.
③ 보조금 또는 융자금은 보조 또는 융자받은 목적 외의 용도로 사용하여서는 아니된다.
④ 지방자치단체는 물류창고업자 및 관련 종사자에 대한 교육·훈련 사업을 위하여 필요하다고 인정하면 자금의 일부를 보조 또는 융자할 수 있다.
⑤ 물류창고업자는 등록사항 중 물류창고 면적의 100분의 10을 감소시키려는 경우 물류창고업의 변경등록을 하여야 한다.

해설
물류창고업의 국제동향에 대한 조사·연구를 하는 경우 자금의 일부를 보조 또는 융자할 수 있다. 국내동향에 대한 조사·연구는 보조 또는 융자대상에 해당하지 않는다.

관련이론 |「법」제21조의5
국가 또는 지방자치단체는 물류창고업자 또는 그 사업자단체가 다음 각 호의 어느 하나에 해당하는 사업을 수행하는 경우로서 재정적 지원이 필요하다고 인정하면 자금의 일부를 보조 또는 융자할 수 있다.
1. 물류창고의 건설
2. 물류창고의 보수·개조 또는 개량
3. 물류장비의 투자
4. 물류창고 관련 기술의 개발
5. 물류창고업의 경영구조 개선에 관한 사항
6. 물류창고 시설·장비의 효율적 개선에 관한 사항
7. 물류창고업자 및 관련 종사자에 대한 교육·훈련
8. 물류창고업의 국제동향에 대한 조사·연구

정답 | ①

17

물류시설의 개발 및 운영에 관한 법령상 물류단지 개발 및 운영에 관한 설명으로 옳은 것은?

① 물류단지 개발사업의 대상지역이 2개 이상의 특별시·광역시·특별자치시·도 또는 특별자치도에 걸쳐 있는 경우의 일반물류단지는 해당 지역을 관할하는 시·도지사가 공동으로 지정한다.
② 물류단지지정권자는 물류단지를 지정하려는 때에는 주민 및 관계 전문가의 의견을 들어야 하고 타당하다고 인정하는 때에는 그 의견을 반영하여야 한다. 다만, 국방상 기밀사항이거나 대통령령으로 정하는 경미한 사항인 경우에는 의견 청취를 생략할 수 있다.
③ 물류단지 개발의 효율성을 고려하여 노후화된 일반물류터미널 인근지역에 도시첨단물류단지를 지정해서는 안 된다.
④ 시·도지사는 도시첨단물류단지를 지정하려면 도시첨단물류단지 예정지역 토지면적의 3분의 2 이상에 해당하는 토지소유자의 동의를 받아야 한다.
⑤ 물류단지개발사업 시행자 중 「지방공기업법」에 따른 지방공사가 사업대상 토지 면적의 2분의 1을 매입하면 개발사업에 필요한 토지등을 수용 혹은 사용할 수 있다.

선지분석
① 국가정책사업으로 물류단지를 개발하거나 물류단지 개발사업의 대상지역이 2개 이상의 특별시·광역시·특별자치시·도 또는 특별자치도에 걸쳐 있는 경우 일반물류단지는 국토교통부장관이 지정하고, 그 외의 경우에는 시·도지사가 지정한다.
③ 도시첨단물류단지는 국토교통부장관 또는 시·도지사가 노후화된 일반물류터미널 부지 및 인근 지역이나 노후화된 유통업무설비 부지 및 인근 지역에 지정한다.
④ 시·도지사는 도시첨단물류단지를 지정하려면 도시첨단물류단지 예정지역 토지면적의 2분의 1 이상에 해당하는 토지소유자의 동의를 받아야 한다.
⑤ 지방공사는 공공시행자이므로 사업대상 토지를 매입하지 않아도 수용 혹은 사용할 수 있다. 물류단지개발사업 시행자 중 민법 또는 상법에 따라 설립된 법인은 사업대상 토지 면적의 3분의 2 이상을 매입하여야만 개발사업에 필요한 토지등을 수용 혹은 사용할 수 있다.

정답 | ②

18

물류시설의 개발 및 운영에 관한 법령상 스마트물류센터에 관한 설명으로 옳지 못한 것은?

① 스마트물류센터란 첨단물류시설 및 설비, 운영시스템 등을 도입하여 저비용·고효율·안전성·친환경성 등에서 우수한 성능을 발휘할 수 있는 물류창고로서 국토교통부장관의 인증를 받은 물류창고를 말한다.
② 국토교통부장관은 스마트물류센터의 보급을 촉진하기 위하여 스마트물류센터를 인증할 수 있고, 인증의 유효기간은 인증을 받은 날부터 5년으로 한다.
③ 국토교통부장관은 스마트물류센터의 인증 및 점검업무를 수행하기 위하여 인증기관을 지정할 수 있다.
④ 인증기관의 장은 스마트물류센터가 인증기준을 유지하지 못한다고 판단되는 경우에는 수시점검을 실시할 수 있다.
⑤ 국토교통부장관은 스마트물류센터의 인증을 신청한 자가 그 인증을 받은 경우 국토교통부령으로 정하는 바에 따라 인증서를 교부하고, 인증을 나타내는 표시를 사용하게 할 수 있다.

해설
국토교통부장관은 스마트물류센터의 보급을 촉진하기 위하여 스마트물류센터를 인증할 수 있고, 인증의 유효기간은 인증을 받은 날부터 3년으로 한다.

정답 | ②

19

물류시설의 개발 및 운영에 관한 법령상 물류창고업에 관한 내용으로 옳지 못한 것은?

① 전체 바닥면적의 합계가 1천제곱미터 이상인 보관시설에 해당하는 물류창고를 소유 또는 임차하여 물류창고업을 경영하려는 자는 국토교통부장관 또는 해양수산부장관에게 등록하여야 한다.
② 물류창고업자가 영업소의 소재지를 변경하려는 경우에는 변경등록의 사유가 발생한 날부터 30일 이내에 변경등록을 하여야 한다.
③ 물류창고업의 등록기준은 물류창고의 사용에 대한 정당한 권리를 가지고 있을 것, 물류창고에 화물을 쌓아 놓는 행위가 가능할 것 등이다.
④ 국토교통부장관은 화물을 쌓아놓기 위한 선반 등 물류창고 내 시설에 대하여 내진설계 기준을 정하는 등 지진에 따른 피해를 최소화하기 위하여 필요한 시책을 강구하여야 한다.
⑤ 전체면적의 합계가 4천500제곱미터 이상인 보관장소에 해당하는 물류창고를 소유 또는 임차하여 물류창고업을 경영하려는 자는 국토교통부장관 또는 해양수산부장관에게 등록하여야 한다.

해설
물류창고업자가 물류창고의 소재지를 변경하려는 경우에는 변경등록의 사유가 발생한 날부터 30일 이내에 변경등록을 하여야 한다.

정답 | ②

20

물류시설의 개발 및 운영에 관한 법령상 물류 교통·환경 정비사업에 관한 내용으로 옳지 못한 것은?

① 시장·군수·구청장은 물류시설의 밀집으로 도로 등 기반시설의 정비와 소음·진동·미세먼지 저감 등 생활환경의 개선이 필요한 경우로서 대통령령으로 정하는 요건에 해당하는 경우 시·도지사에게 물류 교통·환경 정비지구의 지정을 신청할 수 있다.
② 시장·군수·구청장은 정비지구의 지정을 신청하려는 경우에는 주민설명회를 열고, 그 내용을 20일 이상 주민에게 공람하여 의견을 들어야 하며, 지방의회의 의견을 들은 후 그 의견을 첨부하여 신청하여야 한다.
③ 시·도지사는 정비지구의 지정을 신청받은 경우에는 관계 행정기관의 장과 협의하고 물류단지계획심의위원회와 「국토의 계획 및 이용에 관한 법률」에 따른 지방도시계획위원회가 공동으로 하는 심의를 거쳐 정비지구를 지정한다.
④ 시·도지사는 정비지구를 지정하거나 변경할 때에는 그 내용을 지체 없이 해당 지방자치단체의 공보에 고시하고, 국토교통부장관에게 보고하여야 한다.
⑤ 시·도지사는 물류 교통·환경 정비사업의 추진 상황으로 보아 정비지구의 지정 목적을 달성하였거나 달성할 수 없다고 인정하는 경우에는 물류단지계획심의위원회와 지방도시계획위원회가 공동으로 하는 심의를 거쳐 정비지구의 지정을 해제할 수 있다.

해설
시장·군수·구청장은 정비지구의 지정을 신청하려는 경우에는 주민설명회를 열고, 그 내용을 14일 이상 주민에게 공람하여 의견을 들어야 하며, 지방의회의 의견을 들은 후 그 의견을 첨부하여 신청하여야 한다.

정답 | ②

PART 03 화물자동차 운수사업법

CHAPTER 01 총칙

1. 법의 목적과 용어의 정의

(1) 법의 목적

이 법은 화물자동차 운수사업을 효율적으로 관리하고 건전하게 육성하여 화물의 원활한 운송을 도모함으로써 공공복리의 증진에 기여함을 목적으로 한다.

(2) 용어의 정의

① 화물자동차
  ㉠ 화물자동차란 「자동차관리법」에 따른 화물자동차 및 특수자동차로서 국토교통부령으로 정하는 자동차(일반형·덤프형·밴형 및 특수용도형 화물자동차와 견인형·구난형 및 특수용도형 특수자동차)를 말한다.
  ㉡ 이 경우 밴형 화물자동차는 아래의 요건을 모두 충족하는 구조이어야 한다.
    • 물품적재장치의 바닥면적이 승차장치의 바닥면적보다 넓을 것
    • 승차 정원이 3명 이하일 것

② 화물자동차 운수사업 〔기출〕 21, 10, 9회
  화물자동차 운수사업이란 화물자동차 운송사업, 화물자동차 운송주선사업 및 화물자동차 운송가맹사업을 말한다.

③ 화물자동차 운송사업
  다른 사람의 요구에 응하여 화물자동차를 사용하여 화물을 유상으로 운송하는 사업을 말한다. 이 경우 화주가 화물자동차에 함께 탈 때의 화물은 중량, 용적, 형상 등이 여객자동차 운송사업용 자동차에 싣기 부적합한 것으로서 그 기준과 대상차량 등은 다음과 같다.
  ㉠ 화물의 기준 〔기출〕 29, 22, 21, 20, 19, 13회
    • 화주 1명당 화물의 중량이 20킬로그램 이상일 것
    • 화주 1명당 화물의 용적이 4만 세제곱센티미터 이상일 것
    • 화물이 불결하거나 악취가 나는 농산물·수산물 또는 축산물, 혐오감을 주는 동물 또는 식물, 기계·기구류 등 공산품, 합판·각목 등 건축기자재, 폭발성·인화성 또는 부식성 물품 중 어느 하나에 해당하는 물품일 것
  ㉡ 대상차량: 밴형 화물자동차

④ 화물자동차 운송주선사업 〔기출〕 21, 13회
  다른 사람의 요구에 응하여 유상으로 화물운송계약을 중개·대리하거나 화물자동차 운송사업 또는 화물자동차 운송가맹사업을 경영하는 자의 화물 운송수단을 이용하여 자기 명의와 계산으로 화물을 운송하는 사업(화물이 이사화물인 경우에는 포장 및 보관 등 부대서비스를 함께 제공하는 사업을 포함)을 말한다.

⑤ 화물자동차 운송가맹사업 〔기출〕 27, 21회
  다른 사람의 요구에 응하여 자기 화물자동차를 사용하여 유상으로 화물을 운송하거나 화물정보망을 통하여 소속 화물자동차 운송가맹점(운송사업자 및 화물자동차 운송사업의 경영의 일부를 위탁받은 사람인 운송가맹점만을 말한다)에 의뢰하여 화물을 운송하게 하는 사업을 말한다.

⑥ 화물자동차 운송가맹사업자, 화물자동차 운송가맹점
　㉠ 화물자동차 운송가맹사업자
　　화물자동차 운송가맹사업의 허가를 받은 자를 말한다.
　㉡ 화물자동차 운송가맹점
　　화물자동차 운송가맹사업자의 운송가맹점으로 가입한 자로서 다음의 어느 하나에 해당하는 자를 말한다.
　　- 운송가맹사업자의 화물정보망을 이용하여 운송 화물을 배정받아 화물을 운송하는 운송사업자
　　- 운송가맹사업자의 화물운송계약을 중개·대리하는 운송주선사업자
　　- 운송가맹사업자의 화물정보망을 이용하여 운송 화물을 배정받아 화물을 운송하는 자로서 화물자동차 운송사업의 경영의 일부를 위탁받은 사람. 다만, 경영의 일부를 위탁한 운송사업자가 화물자동차 운송가맹점으로 가입한 경우는 제외한다.

⑦ 기타 용어
　㉠ 영업소
　　주사무소 외의 장소에서 다음의 어느 하나에 해당하는 사업을 영위하는 곳을 말한다.
　　- 화물자동차 운송사업의 허가를 받은 자 또는 화물자동차 운송가맹사업자가 화물자동차를 배치하여 그 지역의 화물을 운송하는 사업
　　- 화물자동차 운송주선사업의 허가를 받은 자가 화물 운송을 주선하는 사업
　㉡ 운수종사자 **기출** 21회
　　화물자동차의 운전자, 화물의 운송 또는 운송주선에 관한 사무를 취급하는 사무원 및 이를 보조하는 보조원, 그 밖에 화물자동차 운수사업에 종사하는 자를 말한다.
　㉢ 공영차고지 **기출** 28, 27회
　　화물자동차 운수사업에 제공되는 차고지로서 다음의 어느 하나에 해당하는 자가 설치한 것을 말한다.
　　- 특별시장·광역시장·특별자치시장·도지사·특별자치도지사(이하 "시·도지사")
　　- 시장·군수·구청장
　　- 공공기관 중 대통령령으로 정하는 공공기관(인천국제공항공사, 한국공항공사, 한국도로공사, 한국철도공사, 한국토지주택공사, 항만공사)
　　- 「지방공기업법」에 따른 지방공사
　㉣ 화물차주
　　화물을 직접 운송하는 자로서 다음의 어느 하나에 해당하는 자를 말한다.
　　- 개인화물자동차 운송사업의 허가를 받은 자(이하 "개인 운송사업자")
　　- 경영의 일부를 위탁받은 사람(이하 "위·수탁차주")
　㉤ 화물자동차 안전운송원가
　　화물차주에 대한 적정한 운임의 보장을 통하여 과로, 과속, 과적 운행을 방지하는 등 교통안전을 확보하기 위하여 화주, 운송사업자, 운송주선사업자 등이 화물운송의 운임을 산정할 때에 참고할 수 있는 운송원가로서 화물자동차 안전운임위원회의 심의·의결을 거쳐 국토교통부장관이 공표한 원가를 말한다.
　㉥ 화물자동차 안전운임
　　화물차주에 대한 적정한 운임의 보장을 통하여 과로, 과속, 과적 운행을 방지하는 등 교통안전을 확보하기 위하여 필요한 최소한의 운임으로서 화물자동차 안전운송원가에 적정 이윤을 더하여 화물자동차 안전운임위원회의 심의·의결을 거쳐 국토교통부장관이 공표한 운임을 말하며 다음으로 구분한다.
　　- 화물자동차 안전운송운임: 화주가 운송사업자, 운송주선사업자 및 운송가맹사업자(이하 "운수사업자") 또는 화물차주에게 지급하여야 하는 최소한의 운임
　　- 화물자동차 안전위탁운임: 운수사업자가 화물차주에게 지급하여야 하는 최소한의 운임

| CHAPTER 02 | 화물자동차 운송사업 |

1. 화물자동차 운송사업의 허가 및 결격사유

(1) 화물자동차 운송사업의 허가 등 빈출 29, 27, 26, 25, 23, 22, 21, 20, 16, 15, 14회

① 화물자동차 운송사업의 허가

화물자동차 운송사업을 경영하려는 자는 다음의 구분에 따라 국토교통부장관의 허가를 받아야 한다.

㉠ 일반화물자동차 운송사업: 20대 이상의 화물자동차를 사용하여 화물을 운송하는 사업
㉡ 개인화물자동차 운송사업: 화물자동차 1대를 사용하여 화물을 운송하는 사업

② 허가의 예외

화물자동차 운송가맹사업의 허가를 받은 자는 운송사업의 허가를 받지 아니한다.

③ 변경허가

화물자동차 운송사업의 허가를 받은 자(이하 "운송사업자")가 허가사항을 변경하려면 국토교통부장관의 변경허가를 받아야 한다. 다만, 대통령령으로 정하는 경미한 사항을 변경하려면 국토교통부장관에게 신고하여야 한다.

> **짚고 넘어가기** 대통령령으로 정하는 경미한 사항(허가사항 변경신고의 대상) 기출 29, 27, 26, 25, 22, 21, 20, 16, 15, 14, 12회
>
> 1. 상호의 변경
> 2. 대표자의 변경(법인인 경우만 해당)
> 3. 화물취급소의 설치 또는 폐지
> 4. 화물자동차의 대폐차
> 5. 주사무소·영업소 및 화물취급소의 이전. 다만, 주사무소의 경우 관할 관청의 행정구역 내에서의 이전만 해당한다.

④ 신고수리 여부 통지

㉠ 국토교통부장관은 ③의 단서에 따른 변경신고를 받은 날부터 3일 이내에 신고수리 여부를 신고인에게 통지하여야 한다.
㉡ 국토교통부장관이 ㉠에서 정한 기간 내에 신고수리 여부 또는 민원 처리 관련 법령에 따른 처리기간의 연장 여부를 신고인에게 통지하지 아니하면 그 기간이 끝난 날의 다음 날에 신고를 수리한 것으로 본다.

⑤ 허가의 신청방법 및 절차

㉠ 화물자동차 운송사업의 허가를 받으려는 자는 화물자동차 운송사업 허가신청서를 관할관청에 제출하여야 한다.
㉡ 관할관청은 화물자동차 운송사업의 허가신청을 받았을 때에는 서류가 구비되었는지와 공급기준에 맞는지를 심사한 후 화물자동차 운송사업 예비허가증을 발급하여야 한다.
㉢ 관할관청은 화물자동차 운송사업 예비허가증을 발급하였을 때에는 신청일부터 20일 이내에 결격사유의 유무, 화물자동차의 등록 여부, 차고지 설치 여부 등 허가기준에 맞는지 여부, 적재물배상 책임보험 또는 공제의 가입여부, 화물자동차 운전업무에 종사하는 자의 화물운송 종사자격 보유 여부 등을 확인한 후 화물자동차 운송사업 허가증을 발급하여야 한다.
㉣ 관할관청은 화물자동차 운송사업 허가증을 발급하였을 때에는 그 사실을 협회에 통지하고 화물자동차 운송사업 허가대장에 기록하여 관리하여야 한다.

⑥ 허가의 기준 등

화물자동차 운송사업의 허가 또는 증차를 수반하는 변경허가의 기준은 다음과 같다.

> 1. 국토교통부장관이 화물의 운송 수요를 고려하여 업종별로 고시하는 공급기준에 맞을 것. 다만, 다음의 어느 하나에 해당하는 경우는 제외한다. 기출 26회
>   ① 6개월 이내로 기간을 한정하여 허가를 하는 경우
>   ② 임시허가를 신청하는 경우
>   ③ 「환경친화적 자동차의 개발 및 보급 촉진에 관한 법률」에 따른 전기자동차 또는 수소전기자동차로서 국토교통부령으로 정하는 최대 적재량 이하인 화물자동차에 대하여 해당 차량과 그 경영을 다른 사람에게 위탁하지 아니하는 것을 조건으로 변경허가를 신청하는 경우
> 2. 화물자동차의 대수, 차고지 등 운송시설, 그 밖에 국토교통부령으로 정하는 기준에 맞을 것

⑦ 차고지 설치

화물자동차 운송사업의 허가를 받으려는 자는 주사무소 또는 영업소가 있는 특별시·광역시·특별자치시·특별자치도·시·군 또는 같은 도 내에 있는 이에 맞닿은 시·군에 차고지를 설치하여야 한다. 다만, 다음의 어느 하나에 해당하는 경우에는 차고지를 설치하지 않아도 된다.

> 1. 주사무소 또는 영업소가 특별시·광역시에 있는 경우 그 특별시·광역시·특별자치시와 맞닿은 특별시·광역시·특별자치시 또는 도에 있는 공동차고지, 공영차고지, 화물자동차 휴게소, 화물터미널 또는 지방자치단체의 조례로 정한 시설을 차고지로 이용하는 경우 기출 21, 18회
> 2. 주사무소 또는 영업소가 시·군에 있는 경우 그 시·군이 속하는 도에 있는 공동차고지, 공영차고지, 화물자동차 휴게소, 화물터미널 또는 지방자치단체의 조례로 정한 시설을 차고지로 이용하는 경우
> 3. 주사무소 또는 영업소가 시·군에 있는 경우 그 시·군이 속하는 도와 맞닿은 특별시·광역시·특별자치시 또는 도에 있는 공동차고지, 공영차고지, 화물자동차 휴게소, 화물터미널 또는 지방자치단체의 조례로 정한 시설을 차고지로 이용하는 경우

⑧ 운송사업자가 증차를 수반하는 허가사항을 변경할 수 없는 경우
   ㉠ 개선명령을 받고 이를 이행하지 아니한 경우
   ㉡ 감차 조치 명령을 받은 후 1년이 지나지 아니한 경우

⑨ 허가기준 신고 기출 27회

운송사업자는 허가받은 날부터 5년의 범위에서 대통령령으로 정하는 기간(5년)마다 국토교통부령으로 정하는 바에 따라 허가기준에 관한 사항을 국토교통부장관에게 신고하여야 한다.

⑩ 신고 의무의 이행시기

허가기준 신고가 신고서의 기재사항 및 첨부서류에 흠이 없고, 법령 등에 규정된 형식상의 요건을 충족하는 경우에는 신고서가 접수기관에 도달된 때에 신고 의무가 이행된 것으로 본다.

(2) 운송사업의 허가관련 제한 기출 29, 27, 26, 25, 24, 23회

① 영업소의 설치

운송사업자는 주사무소 외의 장소에서 상주하여 영업하려면 국토교통부장관의 허가를 받아 영업소를 설치하여야 한다. 다만, 개인 운송사업자의 경우에는 그러하지 아니하다.

② 임시허가
　㉠ 국토교통부장관은 해지된 위·수탁계약의 위·수탁차주였던 자가 허가취소 또는 감차 조치가 있는 날부터 3개월 내에 허가를 신청하는 경우 6개월 이내로 기간을 한정하여 임시허가를 할 수 있다. 다만, 운송사업자의 허가취소 또는 감차 조치의 사유와 직접 관련이 있는 화물자동차의 위·수탁차주였던 자는 제외한다.
　㉡ 임시허가를 받은 자가 허가 기간 내에 다른 운송사업자와 위·수탁계약을 체결하지 못하고 임시허가 기간이 만료된 경우 3개월 내에 허가를 신청할 수 있다.

③ 조건부·기한부 허가, 변경허가의 제한
　㉠ 국토교통부장관은 화물자동차 운수사업의 질서를 확립하기 위하여 화물자동차 운송사업의 허가 또는 증차를 수반하는 변경허가에 조건 또는 기한을 붙일 수 있다.
　㉡ 국토교통부장관은 운송사업자가 사업정지처분을 받은 경우에는 주사무소를 이전하는 변경허가를 하여서는 아니 된다.

(3) 결격사유 [기출] 26, 24, 9회

다음의 어느 하나에 해당하는 자는 화물자동차 운송사업의 허가를 받을 수 없다. 법인의 경우 그 임원 중 다음의 어느 하나에 해당하는 자가 있는 경우에도 또한 같다.

> 1. 피성년후견인 또는 피한정후견인
> 2. 파산선고를 받고 복권되지 아니한 자
> 3. 이 법을 위반하여 징역 이상의 실형을 선고받고 그 집행이 끝나거나 집행이 면제된 날부터 2년이 지나지 아니한 자
> 4. 이 법을 위반하여 징역 이상의 형의 집행유예를 선고받고 그 유예기간 중에 있는 자
> 5. 허가가 취소된 후 2년이 지나지 아니한 자
> 6. 부정한 방법으로 허가를 받은 경우, 부정한 방법으로 변경허가를 받거나, 변경허가를 받지 아니하고 허가사항을 변경한 경우에 해당하여 허가가 취소된 후 5년이 지나지 아니한 자

2. 운임 및 요금, 안전운임, 운송약관 등

(1) 운임 및 요금 등 [기출] 26, 25, 21, 17, 16, 9회

① 운임 및 요금의 신고: 운송사업자는 운임과 요금을 정하여 미리 국토교통부장관에게 신고하여야 한다. 이를 변경하려는 때에도 또한 같다.

② 운임과 요금을 신고하여야 하는 운송사업자의 범위
　운임 및 요금을 신고하여야 하는 운송사업자 또는 운송가맹사업자는 다음의 어느 하나에 해당하는 운송사업자 또는 운송가맹사업자(화물자동차를 직접 소유한 운송가맹사업자만 해당)를 말한다.
　㉠ 구난형 특수자동차를 사용하여 고장차량·사고차량 등을 운송하는 운송사업자 또는 운송가맹사업자
　㉡ 밴형 화물자동차를 사용하여 화주와 화물을 함께 운송하는 운송사업자 및 운송가맹사업자

③ 신고수리 여부 통지: 국토교통부장관은 ①에 따른 신고 또는 변경신고를 받은 날부터 14일 이내에 신고수리 여부를 신고인에게 통지하여야 한다.

④ 운임 및 요금의 신고절차
　㉠ 운송사업자는 화물자동차 운송사업의 운임 및 요금을 신고하거나 변경신고할 때에는 운송사업 운임 및 요금신고서를 국토교통부장관에게 제출하여야 한다.
　㉡ 운임 및 요금의 신고 또는 변경신고는 연합회로 하여금 대리하게 할 수 있다.

(2) 화물자동차 안전운임위원회의 설치 등

① 화물자동차 안전운임위원회의 설치

다음의 사항을 심의·의결하기 위하여 국토교통부장관 소속으로 화물자동차 안전운임위원회를 둔다.

㉠ 화물자동차 안전운송원가 및 화물자동차 안전운임의 결정 및 조정에 관한 사항
㉡ 화물자동차 안전운송원가 및 화물자동차 안전운임이 적용되는 운송품목 및 차량의 종류 등에 관한 사항
㉢ 화물자동차 안전운임제도의 발전을 위한 연구 및 건의에 관한 사항
㉣ 그 밖에 화물자동차 안전운임에 관한 중요 사항으로서 국토교통부장관이 회의에 부치는 사항

② 화물자동차 안전운임위원회의 구성

㉠ 위원회는 위원장을 포함하여 15명 이내의 범위에서 다음의 위원으로 구성하며, 위원장은 공익을 대표하는 위원 중에서 위원회가 선출한다.
- 화물차주를 대표하는 위원 3명
- 운수사업자를 대표하는 위원 3명
- 화주를 대표하는 위원 3명
- 공익을 대표하는 위원 4명

㉡ 위원은 국토교통부장관이 성별을 고려하여 위촉한다. 위원의 임기는 1년으로 하되, 연임할 수 있다. 다만, 위원의 사임 등으로 새로 위촉된 위원의 임기는 전임 위원의 잔여임기로 한다.
㉢ 위원회의 회의는 위원장을 포함한 재적위원 과반수의 출석으로 개의하고 출석위원 과반수의 찬성으로 의결한다.

③ 화물자동차 안전운임위원회의 특별위원

㉠ 위원회에는 위원회의 위원 외에 관계 행정기관의 공무원으로 구성된 3명 이내의 특별위원을 둘 수 있고, 특별위원은 위원회의 회의에 출석하여 발언할 수 있다.
㉡ 특별위원은 산업통상자원부, 국토교통부 및 해양수산부의 3급 또는 4급 공무원이나 고위공무원단에 속하는 공무원 중에서 국토교통부장관이 위촉하거나 임명한다.

④ 화물자동차 안전운임위원회의 전문위원회

㉠ 화물자동차 안전운송원가 산정 등 위원회 업무에 관한 자문이나 위원회 심의·의결사항에 관한 사전검토 등을 위하여 위원회에 해당 분야 전문가로 구성된 전문위원회를 둔다.
㉡ 이 경우 위원회는 전문위원회에 위원회 사무 중 일부를 위임할 수 있다.
㉢ 전문위원회의 위원장은 전문위원회의 공익위원 중 위원회의 위원장이 지명하는 사람으로 한다.

(3) 화물자동차 안전운송원가 및 화물자동차 안전운임의 심의기준

① 안전운송원가의 심의기준

위원회는 다음의 사항을 고려하여 화물자동차 안전운송원가를 심의·의결한다.

㉠ 인건비, 감가상각비 등 고정비용
㉡ 유류비, 부품비 등 변동비용
㉢ 상·하차 대기료, 운송사업자의 운송서비스 수준 등 평균적인 영업조건을 고려하여 대통령령으로 정하는 사항(운송서비스 제공에 필요한 추가적인 시설 및 장비 사용료, 그 밖에 화물의 안전한 운송에 필수적인 사항으로서 위원회에서 필요하다고 인정하는 사항. 다만, 운송사업자 또는 위·수탁차주가 협회 또는 그 밖의 화물운송 관련 단체에 가입함에 따라 납부하는 비용은 제외)

② 안전운임의 심의기준

위원회는 화물자동차 안전운송원가에 적정 이윤을 더하여 화물자동차 안전운임을 심의·의결한다. 이 경우 적정 이윤의 산정에 필요한 사항은 대통령령으로 정한다.

(4) 화물자동차 안전운송원가 및 화물자동차 안전운임의 공표

① 안전운송원가의 공표
  ㉠ 국토교통부장관은 매년 10월 31일까지 위원회의 심의·의결을 거쳐 대통령령으로 정하는 운송품목에 대하여 다음 연도에 적용할 화물자동차 안전운송원가를 공표하여야 한다.
  ㉡ 대통령령으로 정하는 운송품목은 「자동차관리법」에 따른 피견인자동차의 경우에는 철강재이고, 일반형 화물자동차의 경우에는 해당 화물자동차로 운송할 수 있는 모든 품목이다.
  ㉢ 국토교통부장관은 위원회의 심의·의결을 거친 화물자동차 안전운송원가 및 화물자동차 안전운임을 관보에 고시해야 한다.

② 안전운임의 공표
  국토교통부장관은 매년 10월 31일까지 위원회의 심의·의결을 거쳐 다음의 운송품목에 대하여 다음 연도에 적용할 화물자동차 안전운임을 공표하여야 한다.
  ㉠ 「자동차관리법」에 따른 특수자동차로 운송되는 수출입 컨테이너
  ㉡ 「자동차관리법」에 따른 특수자동차로 운송되는 시멘트

(5) 화물자동차 안전운임의 효력 등

① 화물자동차 안전운임의 효력
  ㉠ 화주는 운수사업자 또는 화물차주에게 화물자동차 안전운송운임 이상의 운임을 지급하여야 하고, 운수사업자는 화물차주에게 화물자동차 안전위탁운임 이상의 운임을 지급하여야 한다.
  ㉡ 화물운송계약 중 화물자동차 안전운임에 미치지 못하는 금액을 운임으로 정한 부분은 무효로 하며, 해당 부분은 화물자동차 안전운임과 동일한 운임을 지급하기로 한 것으로 본다.
  ㉢ 화주와 운수사업자·화물차주는 제1항에 따른 운임 지급과 관련하여 서로 부정한 금품을 주고받아서는 아니 된다.

② 화물자동차 안전운임의 주지 의무
  화물자동차 안전운임의 적용을 받는 화주와 운수사업자는 해당 화물자동차 안전운임을 게시하거나 그 밖에 적당한 방법으로 운수사업자와 화물차주에게 알려야 한다.

③ 화물자동차 안전운임신고센터
  국토교통부장관은 화물자동차 안전운임에 미치지 못하는 운임의 지급에 대한 신고를 위하여 화물자동차 안전운임신고센터를 설치·운영하여야 한다. 안전운임신고센터의 업무는 다음과 같다.

> - 안전운임 위반 신고 접수
> - 위반사실 확인 및 관할 관청에의 통보
> - 신고 처리상황 안내
> - 화물자동차 안전운임제 홍보
> - 화물자동차 안전운임제 정착을 위한 연구 등

④ 운송비용 등 조사
  국토교통부장관은 화물자동차 안전운송원가 및 화물자동차 안전운임의 효율적인 심의를 위하여 화물운송에 소요되는 비용 등을 주기적으로(1년마다) 조사하여야 한다.

(6) 운송약관 기출 29, 25, 22, 21, 17, 16, 15회

① 운송약관의 신고
  ㉠ 운송사업자는 운송약관을 정하여 국토교통부장관에게 신고하여야 한다. 이를 변경하려는 때에도 또한 같다.
  ㉡ 국토교통부장관은 운송약관의 신고 또는 변경신고를 받은 날부터 3일 이내에 신고수리 여부를 신고인에게 통지하여야 한다.
  ㉢ 운송약관의 신고 또는 변경신고는 협회로 하여금 대리하게 할 수 있다.

② 운송약관에 적어야 할 사항

> 1. 사업의 종류
> 2. 운임 및 요금의 수수 또는 환급에 관한 사항
> 3. 화물의 인도·인수·보관 및 취급에 관한 사항
> 4. 운송책임이 시작되는 시기 및 끝나는 시기
> 5. 손해배상 및 면책에 관한 사항
> 6. 그 밖에 화물자동차 운송사업을 경영하는 데에 필요한 사항

③ 표준약관의 사용권장
  ㉠ 국토교통부장관은 협회 또는 연합회가 작성한 것으로서 공정거래위원회의 심사를 거친 화물운송에 관한 표준이 되는 표준약관이 있으면 운송사업자에게 그 사용을 권장할 수 있다.
  ㉡ 운송사업자가 화물자동차 운송사업의 허가를 받는 때에 표준약관의 사용에 동의하면 운송약관을 신고한 것으로 본다.

3. 운송사업자 및 운수종사자

(1) 운송사업자의 책임 기출 29, 27, 25, 20, 17, 16, 13, 10회

① 운송사업자의 책임 근거
  ㉠ 화물의 멸실·훼손 또는 인도의 지연(이하 "적재물사고")으로 발생한 운송사업자의 손해배상 책임에 관하여는 「상법」 제135조(운송인은 자기 또는 운송주선인이나 사용인, 그 밖에 운송을 위하여 사용한 자가 운송물의 수령, 인도, 보관 및 운송에 관하여 주의를 게을리하지 아니하였음을 증명하지 아니하면 운송물의 멸실, 훼손 또는 연착으로 인한 손해를 배상할 책임이 있다)를 준용한다.
  ㉡ 화물이 인도기한이 지난 후 3개월 이내에 인도되지 아니하면 그 화물은 멸실된 것으로 본다.

② 분쟁조정
  ㉠ 국토교통부장관은 손해배상에 관하여 화주가 요청하면 국토교통부령으로 정하는 바에 따라 이에 관한 분쟁을 조정할 수 있다.
  ㉡ 국토교통부장관은 화주가 분쟁조정을 요청하면 지체 없이 그 사실을 확인하고 손해내용을 조사한 후 조정안을 작성하여야 한다.
  ㉢ 당사자 쌍방이 조정안을 수락하면 당사자 간에 조정안과 동일한 합의가 성립된 것으로 본다.
  ㉣ 국토교통부장관은 분쟁조정 업무를 「소비자기본법」에 따른 한국소비자원 또는 등록한 소비자단체에 위탁할 수 있다.

(2) 화물자동차 운수사업의 운전업무 종사자격 등 기출 23, 14, 10회

① 운전업무 종사자격의 요건

화물자동차 운수사업의 운전업무에 종사하려는 자는 ㉠ 및 ㉡의 요건을 갖춘 후 ㉢ 또는 ㉣의 요건을 갖추어야 한다.

㉠ 국토교통부령으로 정하는 연령·운전경력 등 운전업무에 필요한 요건을 갖출 것

㉡ 국토교통부령으로 정하는 운전적성에 대한 정밀검사기준에 맞을 것. 이 경우 운전적성에 대한 정밀검사는 국토교통부장관이 시행한다.

㉢ 화물자동차 운수사업법령, 화물취급요령 등에 관하여 국토교통부장관이 시행하는 시험에 합격하고 정하여진 교육을 받을 것

㉣ 「교통안전법」에 따른 교통안전체험에 관한 연구·교육시설에서 교통안전체험, 화물취급요령 및 화물자동차 운수사업법령 등에 관하여 국토교통부장관이 실시하는 이론 및 실기 교육을 이수할 것

② 운전업무종사자의 의무

㉠ 국토교통부장관은 ①의 요건을 갖춘 자에게 화물자동차 운수사업의 운전업무에 종사할 수 있음을 표시하는 화물운송 종사자격증을 내주어야 한다.

㉡ 화물운송 종사자격증을 받은 사람은 다른 사람에게 그 자격증을 빌려주어서는 아니 된다.

(3) 운송사업자의 준수사항 기출 28, 25, 24, 19, 15회

① 운송사업자는 허가받은 사항의 범위에서 사업을 성실하게 수행하여야 하며, 부당한 운송조건을 제시하거나 정당한 사유 없이 운송계약의 인수를 거부하거나 그 밖에 화물운송 질서를 현저하게 해치는 행위를 하여서는 아니 된다.

② 운송사업자는 화물자동차 운전자의 과로를 방지하고 안전운행을 확보하기 위하여 운전자를 과도하게 승차근무하게 하여서는 아니 된다.

③ 운송사업자는 화물의 기준에 맞지 아니하는 화물을 운송하여서는 아니 된다.

④ 운송사업자는 고장 및 사고차량 등 화물의 운송과 관련하여 자동차관리사업자와 부정한 금품을 주고받아서는 아니 된다.

⑤ 운송사업자는 해당 화물자동차 운송사업에 종사하는 운수종사자가 운수종사자의 준수사항을 성실히 이행하도록 지도·감독하여야 한다.

⑥ 운송사업자는 화물운송의 대가로 받은 운임 및 요금의 전부 또는 일부에 해당하는 금액을 부당하게 화주, 다른 운송사업자 또는 화물자동차 운송주선사업을 경영하는 자에게 되돌려주는 행위를 하여서는 아니 된다.

⑦ 운송사업자는 택시 요금미터기의 장착 등 국토교통부령으로 정하는 택시 유사표시행위를 하여서는 아니 된다.

⑧ 운송사업자는 운임 및 요금과 운송약관을 영업소 또는 화물자동차에 갖추어 두고 이용자가 요구하면 이를 내보여야 한다.

⑨ 위·수탁차주나 개인 운송사업자에게 화물운송을 위탁한 운송사업자는 해당 위·수탁차주나 개인 운송사업자가 요구하면 화물적재요청자와 화물의 종류·중량 및 운임 등 국토교통부령으로 정하는 사항을 적은 화물위탁증을 내주어야 한다.

⑩ 운송사업자는 화물자동차 운송사업을 양도·양수하는 경우에는 양도·양수에 소요되는 비용을 위·수탁차주에게 부담시켜서는 아니 된다.

⑪ 운송사업자는 위·수탁차주가 현물출자한 차량을 위·수탁차주의 동의 없이 타인에게 매도하거나 저당권을 설정하여서는 아니 된다. 다만, 보험료 납부, 차량 할부금 상환 등 위·수탁차주가 이행하여야 하는 차량관리 의무의 해태로 인하여 운송사업자의 채무가 발생하였을 경우에는 위·수탁차주에게 저당권을 설정한다는 사실을 사전에 통지하고 그 채무액을 넘지 아니하는 범위에서 저당권을 설정할 수 있다.

⑫ 운송사업자는 위·수탁계약으로 차량을 현물출자 받은 경우에는 위·수탁차주를 자동차등록원부에 현물출자자로 기재하여야 한다.
⑬ 운송사업자는 위·수탁차주가 다른 운송사업자와 동시에 1년 이상의 운송계약을 체결하는 것을 제한하거나 이를 이유로 불이익을 주어서는 아니 된다.
⑭ 운송사업자는 「도로법」 또는 「도로교통법」에 따른 기준을 위반하는 화물의 운송을 위탁하여서는 아니 된다.
⑮ 운송사업자는 운송가맹사업자의 화물정보망이나 「물류정책기본법」에 따라 인증 받은 화물정보망을 통하여 위탁 받은 물량을 재위탁하는 등 화물운송질서를 문란하게 하는 행위를 하여서는 아니 된다.
⑯ 운송사업자는 적재된 화물이 떨어지지 아니하도록 국토교통부령으로 정하는 기준 및 방법에 따라 덮개·포장·고정장치 등 필요한 조치를 하여야 한다.
⑰ 허가 또는 변경허가를 받은 운송사업자는 허가 또는 변경허가의 조건을 위반하여 다른 사람에게 차량이나 그 경영을 위탁하여서는 아니 된다.
⑱ 운송사업자는 화물자동차의 운전업무에 종사하는 운수종사자가 교육을 받는 데에 필요한 조치를 하여야 하며, 그 교육을 받지 아니한 화물자동차의 운전업무에 종사하는 운수종사자를 화물자동차 운수사업에 종사하게 하여서는 아니 된다.
⑲ 운송사업자는 전기·전자장치(최고속도제한장치에 한정한다)를 무단으로 해체하거나 조작해서는 아니 된다.
⑳ 국토교통부장관은 ①부터 ⑲까지의 준수사항 외에 다음의 사항을 국토교통부령으로 정할 수 있다.
  ㉠ 화물자동차 운송사업의 차고지 이용과 운송시설에 관한 사항
  ㉡ 그 밖에 수송의 안전과 화주의 편의를 도모하기 위하여 운송사업자가 지켜야 할 사항

(4) 운송사업자의 직접운송 의무 등 기출▶ 28, 27, 23, 21, 19, 17회

① 운송사업자의 직접운송의무
  ㉠ 일반화물자동차 운송사업자는 화주와 운송계약을 체결한 화물에 대하여 연간 운송계약화물의 100분의 50 이상을 해당 운송사업자에게 소속된 차량으로 직접 운송하여야 한다.
  ㉡ 다만, 사업기간이 1년 미만인 경우에는 신규허가를 받은 날 또는 휴업 후 사업개시일부터 그 해의 12월 31일까지의 운송계약 화물을 기준으로 한다.
② 운송사업자가 운송주선사업을 동시에 영위하는 경우
  운송사업자가 운송주선사업을 동시에 영위하는 경우에는 연간 운송계약 및 운송주선계약 화물의 100분의 30 이상을 직접 운송하여야 한다.
③ 운송의 위탁금지
  운송사업자는 직접 운송하는 화물 이외의 화물에 대하여 다른 운송사업자나 다른 운송사업자에게 소속된 위·수탁차주 외의 자에게 운송을 위탁하여서는 아니 된다.
④ 직접운송의 인정 여부
  ㉠ 다른 운송사업자나 운송주선사업자로부터 화물운송을 위탁받은 운송사업자와 운송가맹사업자로부터 화물운송을 위탁받은 운송사업자(운송가맹점인 운송사업자만 해당)는 해당 운송사업자에게 소속된 차량으로 직접 화물을 운송하여야 한다.
  ㉡ 다만, 다른 운송사업자나 운송주선사업자로부터 화물운송을 위탁받은 운송사업자가 국토교통부령으로 정하는 차량으로 운송하는 경우에는 이를 직접 운송한 것으로 본다.
⑤ 직접운송의 인정기준
  ㉠ 운송사업자가 운송가맹사업자의 화물정보망이나 「물류정책기본법」에 따라 인증 받은 화물정보망을 이용하여 운송을 위탁하면 직접 운송한 것으로 본다.

ⓒ 직접운송의 인정기준은 위탁운송 화물의 100분의 80에서 100분의 100의 범위에서 국토교통부장관이 정하여 고시하는 기준에 따른다.

(5) 운수종사자의 준수사항 기출 29, 23, 16회

① 운수종사자의 준수사항

화물자동차 운송사업에 종사하는 운수종사자는 다음의 어느 하나에 해당하는 행위를 하여서는 아니 된다.

> 1. 정당한 사유 없이 화물을 중도에서 내리게 하는 행위
> 2. 정당한 사유 없이 화물의 운송을 거부하는 행위
> 3. 부당한 운임 또는 요금을 요구하거나 받는 행위
> 4. 고장 및 사고차량 등 화물의 운송과 관련하여 자동차관리사업자와 부정한 금품을 주고받는 행위
> 5. 일정한 장소에 오랜 시간 정차하여 화주를 호객하는 행위
> 6. 문을 완전히 닫지 아니한 상태에서 자동차를 출발시키거나 운행하는 행위
> 7. 택시 요금미터기의 장착 등 국토교통부령으로 정하는 택시 유사표시행위
> 8. 적재된 화물이 떨어지지 아니하도록 덮개·포장·고정장치 등 필요한 조치를 하지 아니하고 화물자동차를 운행하는 행위
> 9. 전기·전자장치(최고속도제한장치에 한정)를 무단으로 해체하거나 조작하는 행위

② 운행 중인 화물자동차에 대한 조사 등

국토교통부장관은 공공의 안전 유지 및 교통사고의 예방을 위하여 필요하다고 인정되는 경우에는 다음의 사항을 확인하기 위하여 관계 공무원, 자동차안전단속원 또는 운행제한단속원(이하 "관계공무원등")에게 운행 중인 화물자동차를 조사하게 할 수 있다.

ⓘ 덮개·포장·고정장치 등 필요한 조치를 하지 아니하였는지 여부
ⓒ 전기·전자장치(최고속도제한장치에 한정한다)를 무단으로 해체하거나 조작하였는지 여부

4. 개선명령과 업무개시명령

(1) 개선명령 기출 29회

국토교통부장관은 안전운행을 확보하고, 운송 질서를 확립하며, 화주의 편의를 도모하기 위하여 필요하다고 인정되면 운송사업자에게 다음의 사항을 명할 수 있다.

> 1. 운송약관의 변경
> 2. 화물자동차의 구조변경 및 운송시설의 개선
> 3. 화물의 안전운송을 위한 조치
> 4. 적재물배상보험등의 가입과 운송사업자가 의무적으로 가입하여야 하는 보험·공제에 가입
> 5. 위·수탁계약에 따라 운송사업자 명의로 등록된 차량의 자동차등록번호판이 훼손 또는 분실된 경우 위·수탁 차주의 요청을 받은 즉시 등록번호판의 부착 및 봉인을 신청하는 등 운행이 가능하도록 조치
> 6. 위·수탁계약에 따라 운송사업자 명의로 등록된 차량의 노후, 교통사고 등으로 대폐차가 필요한 경우 위·수탁 차주의 요청을 받은 즉시 운송사업자가 대폐차 신고 등 절차를 진행하도록 조치
> 7. 위·수탁계약에 따라 운송사업자 명의로 등록된 차량의 사용본거지를 다른 시·도로 변경하는 경우 즉시 자동차등록번호판의 교체 및 봉인을 신청하는 등 운행이 가능하도록 조치

(2) 업무개시명령 기출 27, 23, 19, 17, 14, 10, 9회

① 업무개시명령의 이유

국토교통부장관은 운송사업자나 운수종사자가 정당한 사유 없이 집단으로 화물운송을 거부하여 화물운송에 커다란 지장을 주어 국가경제에 매우 심각한 위기를 초래하거나 초래할 우려가 있다고 인정할 만한 상당한 이유가 있으면 그 운송사업자 또는 운수종사자에게 업무개시를 명할 수 있다.

② 업무개시명령의 절차
  ㉠ 국토교통부장관은 운송사업자 또는 운수종사자에게 업무개시를 명하려면 국무회의의 심의를 거쳐야 한다.
  ㉡ 국토교통부장관은 업무개시를 명한 때에는 구체적 이유 및 향후 대책을 국회 소관 상임위원회에 보고하여야 한다.

③ 관련 의무 및 처분
  ㉠ 운송사업자 또는 운수종사자는 정당한 사유 없이 업무개시명령을 거부할 수 없다.
  ㉡ 정당한 사유 없이 업무개시명령을 거부하면 3년 이하의 징역 또는 3천만 원 이하의 벌금에 처한다.

5. 화물자동차 운송사업의 양도

(1) 화물자동차 운송사업의 양도와 양수 등 기출 21, 18, 17, 16, 15, 14회.

① 양도·양수: 화물자동차 운송사업을 양도·양수하려는 경우에는 국토교통부령으로 정하는 바에 따라 양수인은 국토교통부장관에게 신고하여야 한다.

② 법인의 합병: 운송사업자인 법인이 서로 합병하려는 경우(운송사업자인 법인이 운송사업자가 아닌 법인을 흡수 합병하는 경우는 제외)에는 국토교통부령으로 정하는 바에 따라 합병으로 존속하거나 신설되는 법인은 국토교통부장관에게 신고하여야 한다.

③ 신고수리 여부 통지: 국토교통부장관은 신고를 받은 날부터 5일 이내에 신고수리 여부를 신고인에게 통지하여야 한다.

④ 양도·양수 및 합병의 제한: 국토교통부장관은 화물자동차의 지역 간 수급균형과 화물운송시장의 안정과 질서유지를 위하여 화물자동차 운송사업의 양도·양수와 합병을 제한할 수 있다.

⑤ 신고의 효력: 지위 승계

양도·양수 및 합병의 신고가 있으면 화물자동차 운송사업을 양수한 자는 화물자동차 운송사업을 양도한 자의 운송사업자로서의 지위를 승계하며, 합병으로 설립되거나 존속되는 법인은 합병으로 소멸되는 법인의 운송사업자로서의 지위를 승계한다.

⑥ 계약을 체결한 것으로 보는 경우

양도·양수 및 합병에 따른 신고가 있으면 화물자동차 운송사업을 양도한 자와 위·수탁계약을 체결한 위·수탁차주는 그 동일한 내용의 위·수탁계약을 화물자동차 운송사업을 양수한 자와 체결한 것으로 본다. 합병으로 소멸되는 법인과 위·수탁계약을 체결한 위·수탁차주는 그 동일한 내용의 위·수탁계약을 합병으로 존속하거나 신설되는 법인과 체결한 것으로 본다.

⑦ 사업을 양도할 수 없는 경우
  ㉠ 임시허가를 받은 자가 허가 기간 내에 다른 운송사업자와 위·수탁계약을 체결하지 못하고 임시허가 기간이 만료된 경우 3개월 내에 허가를 받은 운송사업자
  ㉡ 「환경친화적 자동차의 개발 및 보급 촉진에 관한 법률」에 따른 전기자동차 또는 수소전기자동차로서 국토교통부령으로 정하는 최대 적재량 이하인 화물자동차에 대하여 해당 차량과 그 경영을 다른 사람에게 위탁하지 아니하는 것을 조건으로 변경허가를 받은 운송사업자

(2) 화물자동차 운송사업의 상속 기출 26, 21, 18, 16, 14, 10회

① 사망과 상속: 운송사업자가 사망한 경우 상속인이 그 화물자동차 운송사업을 계속하려면 피상속인이 사망한 후 90일 이내에 국토교통부장관에게 신고하여야 한다.
② 신고수리 여부 통지: 국토교통부장관은 신고를 받은 날부터 5일 이내에 신고수리 여부를 신고인에게 통지하여야 한다.
③ 상속신고의 효력
  ㉠ 상속인이 신고를 하면 피상속인이 사망한 날부터 신고한 날까지 피상속인에 대한 화물자동차 운송사업의 허가는 상속인에 대한 허가로 본다.
  ㉡ 신고한 상속인은 피상속인의 운송사업자로서의 지위를 승계한다.
  ㉢ 상속인의 결격사유에 관하여는 허가의 결격사유를 준용한다. 다만, 상속인이 피상속인의 사망일부터 3개월 이내에 그 화물자동차 운송사업을 다른 사람에게 양도하면 피상속인의 사망일부터 양도일까지 피상속인에 대한 화물자동차 운송사업의 허가는 상속인에 대한 허가로 본다.

(3) 화물자동차 운송사업의 휴업 및 폐업 신고 기출 26, 25, 23, 16, 15회

① 휴업 및 폐업의 신고
  ㉠ 운송사업자가 화물자동차 운송사업의 전부 또는 일부를 휴업하거나 화물자동차 운송사업의 전부를 폐업하려면 미리 국토교통부장관에게 신고하여야 한다.
  ㉡ 화물자동차 운송사업의 휴업 또는 폐업 신고를 하려는 자는 사업 휴업 또는 폐업 신고서를 관할관청에 제출하여야 한다.
  ㉢ 관할관청은 화물자동차 운송사업의 휴업 또는 폐업 신고를 받은 경우 그 사실을 관할 협회에 통지하여야 한다.
② 신고 의무 이행시점: 신고가 신고서의 기재사항 및 첨부서류에 흠이 없고, 법령 등에 규정된 형식상의 요건을 충족하는 경우에는 신고서가 접수기관에 도달된 때에 신고 의무가 이행된 것으로 본다.
③ 휴업 및 폐업의 공지: 운송사업자가 화물자동차 운송사업의 전부 또는 일부를 휴업하거나 화물자동차 운송사업의 전부를 폐업하려면 미리 그 취지를 영업소나 그 밖에 일반 공중이 보기 쉬운 곳에 게시하여야 한다.

(4) 화물자동차 운송사업의 허가취소 등 기출 22, 20, 18, 15, 11회

① 운송사업의 허가취소: 국토교통부장관은 운송사업자가 허가취소 사유의 어느 하나에 해당하면 그 허가를 취소하거나 6개월 이내의 기간을 정하여 그 사업의 전부 또는 일부의 정지를 명령하거나 감차 조치를 명할 수 있다.
② 반드시 취소해야 하는 사유
  ㉠ 부정한 방법으로 화물자동차 운송사업의 허가를 받은 경우
  ㉡ 결격사유의 어느 하나에 해당하게 된 경우. 다만, 법인의 임원 중 결격사유에 해당하는 자가 있는 경우에 3개월 이내에 그 임원을 개임하면 허가를 취소하지 아니한다.
  ㉢ 화물자동차 교통사고와 관련하여 거짓이나 그 밖의 부정한 방법으로 보험금을 청구하여 금고 이상의 형을 선고받고 그 형이 확정된 경우
③ 처분의 가중 또는 경감
국토교통부장관은 공공복리의 침해 정도, 교통사고로 인한 피해의 정도, 위반행위의 내용·횟수 등을 고려하여 시행령의 개별기준에 따른 처분기준을 다음의 구분에 따라 늘리거나 줄일 수 있다.
  ㉠ 사업 전부정지, 사업 일부정지 또는 위반차량 운행정지의 경우에는 처분기준 일수의 2분의 1의 범위에서 그 기간을 늘리거나 줄인다. 다만, 늘리는 경우에도 그 기간은 6개월을 초과할 수 없다.

ⓒ 허가취소를 경감하는 경우에는 2대 이상의 화물자동차에 대한 감차 조치로 한다.
ⓒ 2대 이상의 화물자동차에 대한 감차 조치를 가중하는 경우에는 허가취소로 하고, 경감하는 경우에는 90일 이상의 사업 전부정지 또는 사업 일부정지로 한다.
ⓔ 위반차량 감차 조치를 경감하는 경우에는 90일 이상의 위반차량 운행정지로 한다.

(5) 자동차 사용의 정지

운송사업자는 다음의 어느 하나에 해당하면 해당 화물자동차의 자동차등록증과 자동차등록번호판을 국토교통부장관에게 반납하여야 한다.

> 1. 화물자동차 운송사업의 휴업·폐업신고를 한 경우
> 2. 허가취소 또는 사업정지처분을 받은 경우
> 3. 감차를 목적으로 허가사항을 변경한 경우(감차 조치 명령에 따른 경우 포함)
> 4. 임시허가 기간이 만료된 경우

6. 과징금 부과 및 청문 등

(1) 과징금의 부과 기출 24, 14, 13회

① 과징금 부과 사유: 국토교통부장관은 운송사업자에게 사업정지처분을 하여야 하는 경우로서 그 사업정지처분이 해당 화물자동차 운송사업의 이용자에게 심한 불편을 주거나 그 밖에 공익을 해칠 우려가 있으면 사업정지처분을 갈음하여 **2천만 원 이하의 과징금**을 부과·징수할 수 있다.
② 과징금의 부과방법: 국토교통부장관은 위반행위를 한 자에게 과징금을 부과하려면 그 위반행위의 종류와 해당 과징금의 금액을 명시하여 이를 낼 것을 서면으로 통지(과징금 부과대상자가 원하는 경우에는 전자문서에 의한 통지)하여야 한다.
③ 과징금 납부기한 등
 ㉠ 과징금 납부 통지를 받은 자는 납부통지일부터 **30일 이내**에 과징금을 내야 한다.
 ㉡ 국토교통부장관은 과징금 부과처분을 받은 자가 과징금을 정한 기한에 내지 아니하면 국세 체납처분의 예에 따라 징수한다.
④ 과징금의 용도
징수한 과징금은 다음 외의 용도로는 사용(보조 또는 융자 포함)할 수 없다.

> 1. 화물 터미널의 건설과 확충
> 2. 공동차고지의 건설과 확충
> 3. 경영개선이나 그 밖에 화물에 대한 정보 제공사업 등 화물자동차 운수사업의 발전을 위하여 필요한 사업 (공영차고지의 설치·운영사업, 운수종사자의 교육시설에 대한 비용의 보조사업)
> 4. 신고포상금의 지급

⑤ 과징금 운용계획의 수립 등
 ㉠ **국토교통부장관 또는 관할관청**은 매년 10월 31일까지 다음 해의 과징금운용계획을 수립하여 시행하여야 한다.
 ㉡ **시·도지사**는 전년도의 과징금 부과 실적, 징수 실적 및 사용 실적을 매년 3월 31일까지 국토교통부장관에게 제출하여야 한다.

(2) 청문 등

① 청문

국토교통부장관은 다음의 어느 하나에 해당하는 처분을 하려면 청문을 하여야 한다.

> 1. 화물자동차 운송사업의 허가 취소
> 2. 화물운송 종사자격의 취소
> 3. 화물자동차 운송주선사업의 허가 취소
> 4. 화물자동차 운송가맹사업의 허가 취소

② 화물운송 종사자격의 취소

국토교통부장관은 화물운송 종사자격을 취득한 자가 취소사유의 어느 하나에 해당하면 그 자격을 취소하거나 6개월 이내의 기간을 정하여 그 자격의 효력을 정지시킬 수 있다. 그 자격을 취소하여야 하는 경우(반드시 취소)는 다음과 같다.

> 1. 결격사유의 어느 하나에 해당하게 된 경우
> 2. 거짓이나 그 밖의 부정한 방법으로 화물운송 종사자격을 취득한 경우
> 3. 화물운송 종사자격증을 다른 사람에게 빌려준 경우
> 4. 화물운송 종사자격 정지기간 중에 화물자동차 운수사업의 운전 업무에 종사한 경우
> 5. 화물자동차를 운전할 수 있는 「도로교통법」에 따른 운전면허가 취소된 경우
> 6. 화물자동차 교통사고와 관련하여 거짓이나 그 밖의 부정한 방법으로 보험금을 청구하여 금고 이상의 형을 선고받고 그 형이 확정된 경우
> 7. 「생활물류서비스산업발전법」에 따른 택배서비스사업의 운전업무에 종사할 수 없는 규정에 해당하는 경우

CHAPTER 03 화물자동차 운송주선사업

1. 화물자동차 운송주선사업의 허가 등

(1) 운송주선사업의 허가와 변경신고 기출 29, 28, 27, 26, 22, 17, 16회

① 화물자동차 운송주선사업을 경영하려는 자는 국토교통부장관의 허가를 받아야 한다. 다만, 화물자동차 운송가맹사업의 허가를 받은 자는 허가를 받지 아니한다.

② 화물자동차 운송주선사업의 허가를 받은 자(운송주선사업자)가 허가사항을 변경하려면 국토교통부장관에게 신고하여야 한다.

③ 국토교통부장관은 변경신고를 받은 날부터 5일 이내에 신고수리 여부를 신고인에게 통지하여야 한다.

(2) 운송주선사업의 허가신청 및 허가 절차 기출 28, 23, 22, 19회

① 화물자동차 운송주선사업의 허가를 받으려는 자는 화물자동차 운송주선사업 허가신청서를 관할관청에 제출하여야 한다.

② 관할관청은 화물자동차 운송주선사업의 허가신청을 받았을 때에는 필요한 서류를 갖추었는지와 공급기준에 맞는지를 심사한 후 운송주선사업 예비허가증을 발급하여야 한다.

③ 관할관청은 화물자동차 운송주선사업 예비허가증을 발급하였을 때에는 신청일부터 20일 이내에 결격사유가 있는지, 허가기준에 맞는지와 적재물배상보험등에 가입하였는지를 확인한 후 화물자동차 운송주선사업 허가증을 발급하여야 한다.
④ 관할관청은 화물자동차 운송주선사업 허가증을 발급하였을 때에는 그 사실을 협회에 통지하고 화물자동차 운송주선사업 허가대장에 기록하여 관리하여야 한다.
⑤ 화물자동차 운송주선사업 허가대장은 전자적 처리가 불가능한 특별한 사유가 없으면 전자적 처리가 가능한 방법으로 작성하여 관리하여야 한다.

(3) 화물자동차 운송주선사업의 허가기준
① 국토교통부장관이 화물의 운송주선 수요를 고려하여 고시하는 공급기준에 맞을 것
② 사무실의 면적 등 국토교통부령으로 정하는 기준에 맞을 것(영업에 필요한 면적)

(4) 허가기준에 관한 사항의 신고 [기출] 23회
운송주선사업자는 허가받은 날부터 5년마다 허가기준에 관한 사항을 국토교통부장관에게 신고하여야 한다.

(5) 영업소의 설치 [기출] 29, 28, 19회
운송주선사업자는 주사무소 외의 장소에서 상주하여 영업하려면 국토교통부장관의 허가를 받아 영업소를 설치하여야 한다.

2. 운송주선사업자의 준수사항 등
(1) 운송주선사업자의 준수사항 [기출] 27, 26, 22, 21, 18, 17회
① 운송주선사업자는 자기의 명의로 운송계약을 체결한 화물에 대하여 그 계약금액 중 일부를 제외한 나머지 금액으로 다른 운송주선사업자와 재계약하여 이를 운송하도록 하여서는 아니 된다. 다만, 화물운송을 효율적으로 수행할 수 있도록 위·수탁차주나 개인 운송사업자에게 화물운송을 직접 위탁하기 위하여 다른 운송주선사업자에게 중개 또는 대리를 의뢰하는 때에는 그러하지 아니하다.
② 운송주선사업자는 화주로부터 중개 또는 대리를 의뢰받은 화물에 대하여 다른 운송주선사업자에게 수수료나 그 밖의 대가를 받고 중개 또는 대리를 의뢰하여서는 아니 된다.
③ 운송주선사업자는 신고하는 운송주선약관에 중개·대리서비스의 수수료 부과 기준 등 국토교통부령으로 정하는 사항을 포함하여야 한다.
④ 운송주선사업자는 운송사업자에게 화물의 종류·무게 및 부피 등을 거짓으로 통보하거나 「도로법」 또는 「도로교통법」에 따른 기준을 위반하는 화물의 운송을 주선하여서는 아니 된다.
⑤ 운송주선사업자가 운송가맹사업자에게 화물의 운송을 주선하는 행위는 ① 및 ②에 따른 재계약·중개 또는 대리로 보지 아니한다.
⑥ 운송주선사업자는 자기 명의로 다른 사람에게 화물자동차 운송주선사업을 경영하게 할 수 없다.

(2) 기타 화물운송질서의 확립 및 화주의 편의를 위하여 운송주선사업자가 지켜야 할 사항
① 신고한 운송주선약관을 준수할 것
② 적재물배상보험 등에 가입한 상태에서 운송주선사업을 영위할 것

③ 자가용 화물자동차의 소유자 또는 사용자에게 화물운송을 주선하지 아니할 것
④ 허가증에 기재된 상호만 사용할 것
⑤ 운송주선사업자가 이사화물운송을 주선하는 경우 화물운송을 시작하기 전에 견적서 또는 계약서를 화주에게 발급할 것
⑥ 운송주선사업자가 이사화물 운송을 주선하는 경우에 포장 및 운송 등 이사 과정에서 화물의 멸실, 훼손 또는 연착에 대한 사고확인서를 발급할 것

(3) 국제물류주선업자에 대한 운송주선사업자의 준수사항 등 적용

「물류정책기본법」에 따라 국제물류주선업을 등록한 자가 수출입화물의 국내 운송을 위하여 화물자동차 운송을 주선하는 때에는 운송주선사업자의 준수사항에 관하여 위 (1)을 적용한다.

3. 화물자동차 운송주선사업의 허가취소 등

(1) 허가취소 사유

국토교통부장관은 운송주선사업자가 허가취소 사유의 하나에 해당하면 그 허가를 취소하거나 6개월 이내의 기간을 정하여 그 사업의 정지를 명할 수 있다. 허가를 취소하여야 하는(반드시 취소) 사유는 다음과 같다.

① 화물자동차 운송사업 허가 결격사유의 어느 하나에 해당하게 된 경우. 다만, 법인의 임원 중 결격사유에 해당하는 자가 있는 경우 3개월 이내에 그 임원을 개임한 경우에는 취소하지 아니한다.
② 거짓이나 그 밖의 부정한 방법으로 허가를 받은 경우
③ 사업정지명령을 위반하여 그 사업정지기간 중에 사업을 한 경우

(2) 허가취소 절차 기출 28, 25, 23회

① 관할관청은 허가를 취소할 수 있는 위반행위를 적발하였을 때에는 특별한 사유가 없으면 적발한 날부터 30일 이내에 처분을 하여야 한다.
② 관할관청은 허가취소 또는 사업 정지처분을 하였을 때에는 그 사실을 연합회에 통지하여야 하며, 화물자동차 운송주선사업 허가대장에 기록하여 5년간 보존하여야 한다.

CHAPTER 04 화물자동차 운송가맹사업 및 화물정보망

1. 화물자동차 운송가맹사업의 허가 및 허가취소

(1) 화물자동차 운송가맹사업의 허가 등 기출 27, 23, 21, 15회

① 운송가맹사업의 허가
화물자동차 운송가맹사업을 경영하려는 자는 국토교통부장관에게 허가를 받아야 한다. 운송가맹사업의 허가를 받은 자는 운송사업과 운송주선사업의 허가를 받지 아니한다.

② 운송가맹사업의 변경허가 또는 변경신고
허가를 받은 운송가맹사업자가 허가사항을 변경하려면 국토교통부장관의 변경허가를 받아야 한다. 다만, 대통령령으로 정하는 경미한 사항을 변경하려면 국토교통부장관에게 신고하여야 한다.

> **짚고 넘어가기** 대통령령으로 정하는 경미한 사항(허가사항 변경신고의 대상) 기출 29, 28, 27, 25, 23, 20, 15회
> 1. 대표자의 변경(법인인 경우만 해당)
> 2. 화물취급소의 설치 또는 폐지
> 3. 화물자동차의 대폐차(화물자동차를 직접 소유한 운송가맹사업자만 해당)
> 4. 주사무소·영업소 및 화물취급소의 이전
> 5. 화물자동차 운송가맹계약의 체결 또는 해제·해지

③ 허가기준 기출 16, 14회

화물자동차 운송가맹사업의 허가 또는 증차를 수반하는 변경허가의 기준은 다음과 같다.
㉠ 국토교통부장관이 화물의 운송수요를 고려하여 고시하는 공급기준에 맞을 것
㉡ 화물자동차의 대수(운송가맹점이 보유하는 화물자동차의 대수를 포함), 운송시설, 그 밖에 국토교통부령으로 정하는 기준에 맞을 것

항목	허가기준
허가기준 대수	50대 이상(운송가맹점이 소유하는 화물자동차 대수를 포함하되, 8개 이상의 시·도에 각각 5대 이상 분포되어야 함)
사무실 및 영업소	영업에 필요한 면적
최저보유차고면적	화물자동차 1대당 그 화물자동차의 길이와 너비를 곱한 면적(화물자동차를 직접 소유하는 경우만 해당)
화물자동차 종류	제3조에 따른 화물자동차(화물자동차를 직접 소유하는 경우만 해당)
기타 운송시설	화물정보망을 갖출 것

㉢ 화물정보망은 운송가맹사업자와 운송가맹점이 그 전산망을 통하여 물량배정 여부, 공차 위치 등을 확인할 수 있어야 하며, 운임 지급 등의 결제시스템이 구축되어야 한다.
㉣ 운송사업자가 화물자동차 운송가맹사업 허가를 신청하는 경우 운송사업자의 지위에서 보유하고 있던 화물자동차 운송사업용 화물자동차는 화물자동차 운송가맹사업의 허가기준 대수로 겸용할 수 없다.

④ 영업소의 설치

운송가맹사업자는 주사무소 외의 장소에서 상주하여 영업하려면 국토교통부장관의 허가를 받아 영업소를 설치하여야 한다.

⑤ 허가 또는 신고수리 여부의 통지

국토교통부장관은 허가·변경허가의 신청을 받거나 변경신고를 받은 날부터 20일 이내에 허가 또는 신고수리 여부를 신청인에게 통지하여야 한다.

(2) 운송가맹사업자 및 운송가맹점의 역할 등 기출 25, 19, 16, 10회

① 운송가맹사업자의 역할

운송가맹사업자는 화물자동차 운송가맹사업의 원활한 수행을 위하여 다음의 사항을 성실히 이행하여야 한다.
㉠ 운송가맹사업자의 직접운송물량과 운송가맹점의 운송물량의 공정한 배정
㉡ 효율적인 운송기법의 개발과 보급
㉢ 화물의 원활한 운송을 위한 화물정보망의 설치·운영

② 운송가맹점의 역할

운송가맹점은 화물자동차 운송가맹사업의 원활한 수행을 위하여 다음의 사항을 성실히 이행하여야 한다.
㉠ 운송가맹사업자가 정한 기준에 맞는 운송서비스의 제공(운송사업자 및 위·수탁차주인 운송가맹점만 해당)
㉡ 화물의 원활한 운송을 위한 차량 위치의 통지(운송사업자 및 위·수탁차주인 운송가맹점만 해당)
㉢ 운송가맹사업자에 대한 운송화물의 확보·공급(운송주선사업자인 운송가맹점만 해당)

③ 운송가맹사업자와 운송가맹점 간의 분쟁조정
㉠ 국토교통부장관은 손해배상에 관하여 운송가맹사업자 또는 운송가맹점이 요청하면 국토교통부령으로 정하는 바에 따라 이에 관한 분쟁을 조정할 수 있다.
㉡ 국토교통부장관은 운송가맹사업자 또는 운송가맹점이 분쟁조정을 요청하면 지체 없이 그 사실을 확인하고 손해 내용을 조사한 후 조정안을 작성하여야 한다.
㉢ 당사자 쌍방이 조정안을 수락하면 당사자 간에 조정안과 동일한 합의가 성립된 것으로 본다.

(3) 개선명령 기출 25, 22, 16회

국토교통부장관은 안전운행의 확보, 운송질서의 확립 및 화주의 편의를 도모하기 위하여 필요하다고 인정하면 운송가맹사업자에게 다음의 사항을 명할 수 있다.

> 1. 운송약관의 변경
> 2. 화물자동차의 구조변경 및 운송시설의 개선
> 3. 화물의 안전운송을 위한 조치
> 4. 「가맹사업거래의 공정화에 관한 법률」에 따른 정보공개서의 제공의무 등, 가맹금의 반환, 가맹계약서의 기재사항 등, 가맹계약의 갱신 등의 통지
> 5. 적재물배상보험등과 「자동차손해배상 보장법」에 따라 운송가맹사업자가 의무적으로 가입하여야 하는 보험·공제의 가입

(4) 화물자동차 운송가맹사업의 허가취소 등 기출 28회

국토교통부장관은 운송가맹사업자가 허가취소등 사유의 어느 하나에 해당하면 그 허가를 취소하거나 6개월 이내의 기간을 정하여 그 사업의 전부 또는 일부의 정지를 명하거나 감차 조치를 명할 수 있다. 다만, 다음의 경우에는 그 허가를 취소하여야 한다.
① 결격사유의 어느 하나에 해당하게 된 경우. 다만, 법인의 임원 중 결격사유의 어느 하나에 해당하는 자가 있는 경우 3개월 이내에 그 임원을 개임하면 취소하지 아니한다.
② 거짓이나 그 밖의 부정한 방법으로 허가를 받은 경우

2. 화물정보망의 이용 기출 28, 27, 26, 24, 17회

① 운송사업자가 다른 운송사업자나 다른 운송사업자에게 소속된 위·수탁차주에게 화물운송을 위탁하는 경우에는 운송가맹사업자의 화물정보망이나 「물류정책기본법」에 따라 인증 받은 화물정보망을 이용할 수 있다.
② 운송주선사업자가 운송사업자나 위·수탁차주에게 화물운송을 위탁하는 경우에는 운송가맹사업자의 화물정보망이나 「물류정책기본법」에 따라 인증받은 화물정보망을 이용할 수 있다.

CHAPTER 05 적재물배상보험등의 가입 및 경영합리화

1. 적재물배상보험 등의 가입

(1) 적재물배상보험 등의 의무 가입 [빈출 29, 28, 27, 26, 25, 24, 23, 22, 21, 20, 17, 14, 12, 11회]

① 의무가입 대상자

다음의 어느 하나에 해당하는 자는 손해배상 책임을 이행하기 위하여 대통령령으로 정하는 바에 따라 적재물배상책임보험 또는 공제(이하 "적재물배상보험 등")에 가입하여야 한다.
- ㉠ 최대 적재량이 5톤 이상이거나 총 중량이 10톤 이상인 화물자동차 중 국토교통부령으로 정하는 화물자동차(일반형, 밴형 및 특수용도형 화물자동차와 견인형 특수자동차)를 소유하고 있는 운송사업자
- ㉡ 국토교통부령으로 정하는 화물(이사화물)을 취급하는 운송주선사업자
- ㉢ 운송가맹사업자

② 가입제외 대상
- ㉠ 건축폐기물·쓰레기 등 경제적 가치가 없는 화물을 운송하는 차량으로서 국토교통부장관이 정하여 고시하는 화물자동차
- ㉡ 「대기환경보전법」에 따른 배출가스저감장치를 차체에 부착함에 따라 총 중량이 10톤 이상이 된 화물자동차 중 최대 적재량이 5톤 미만인 화물자동차
- ㉢ 특수용도형 화물자동차 중 「자동차관리법」에 따른 피견인자동차

③ 적재물배상보험 등의 가입범위

적재물배상보험등에 가입하려는 자는 다음의 구분에 따라 사고 건당 2천만 원(운송주선사업자가 이사화물운송만을 주선하는 경우에는 500만 원) 이상의 금액을 지급할 책임을 지는 적재물배상보험 등에 가입하여야 한다.
- ㉠ 운송사업자: 각 화물자동차별로 가입
- ㉡ 운송주선사업자: 각 사업자별로 가입
- ㉢ 운송가맹사업자: 화물자동차를 직접 소유한 자는 각 화물자동차별 및 각 사업자별로, 그 외의 자는 각 사업자별로 가입

(2) 적재물배상보험 등 계약의 체결 의무

① 「보험업법」에 따른 보험회사(적재물배상책임 공제사업을 하는 자 포함)는 적재물배상보험 등에 가입하여야 하는 자(보험 등 의무가입자)가 적재물배상보험 등에 가입하려고 하면 적재물배상보험 등의 계약의 체결을 거부할 수 없다.
② 보험 등 의무가입자가 적재물사고를 일으킬 개연성이 높은 경우 등 국토교통부령으로 정하는 사유에 해당하면 다수의 보험회사 등이 공동으로 책임보험계약 등을 체결할 수 있다.

> **짚고 넘어가기** 다수의 보험회사 등이 공동으로 책임보험계약 등을 체결할 수 있는 경우
> 1. 운송사업자의 화물자동차 운전자가 그 운송사업자의 사업용 화물자동차를 운전하여 과거 2년 동안 다음의 어느 하나에 해당하는 사항을 2회 이상 위반한 경력이 있는 경우
>   - 「도로교통법」에 따른 무면허운전 등의 금지
>   - 「도로교통법」에 따른 술에 취한 상태에서의 운전금지
>   - 「도로교통법」에 따른 사고발생 시 조치의무
> 2. 보험회사가 「보험업법」에 따라 허가를 받거나 신고한 적재물배상보험요율과 책임준비금 산출기준에 따라 손해배상책임을 담보하는 것이 현저히 곤란하다고 판단한 경우

2. 책임보험계약 등의 해제

(1) 책임보험계약 등의 해제 빈출 26, 25, 24, 22, 21, 20, 18, 15회

보험등 의무가입자 및 보험회사 등은 다음의 어느 하나에 해당하는 경우 외에는 책임보험계약 등의 전부 또는 일부를 해제하거나 해지하여서는 아니 된다.

> 1. 화물자동차 운송사업의 허가사항이 변경(감차만을 말한다)된 경우
> 2. 화물자동차 운송사업을 휴업하거나 폐업한 경우
> 3. 화물자동차 운송사업의 허가가 취소되거나 감차 조치 명령을 받은 경우
> 4. 화물자동차 운송주선사업의 허가가 취소된 경우
> 5. 화물자동차 운송가맹사업의 허가사항이 변경(감차만을 말한다)된 경우
> 6. 화물자동차 운송가맹사업의 허가가 취소되거나 감차 조치 명령을 받은 경우
> 7. 적재물배상보험등에 이중으로 가입되어 하나의 책임보험계약 등을 해제하거나 해지하려는 경우
> 8. 보험회사등이 파산 등의 사유로 영업을 계속할 수 없는 경우

(2) 책임보험계약 등의 계약 종료일 통지 등 기출 22, 20, 14회

① 보험회사 등은 자기와 책임보험계약 등을 체결하고 있는 보험 등 의무가입자에게 그 계약종료일 30일 전까지 그 계약이 끝난다는 사실을 알려야 한다.
② 보험회사 등은 자기와 책임보험계약 등을 체결한 보험 등 의무가입자가 그 계약이 끝난 후 새로운 계약을 체결하지 아니하면 그 사실을 지체 없이 국토교통부장관에게 알려야 한다.

3. 경영의 위탁 및 계약의 해지

(1) 경영의 위탁 빈출 29, 27, 26, 25, 24, 21, 20, 19회

① 경영의 위탁: 운송사업자는 화물자동차 운송사업의 효율적인 수행을 위하여 필요하면 다른 사람(운송사업자를 제외한 개인)에게 차량과 그 경영의 일부를 위탁하거나 차량을 현물출자한 사람에게 그 경영의 일부를 위탁할 수 있다.
② 경영위탁의 제한: 국토교통부장관은 화물운송시장의 질서유지 및 운송사업자의 운송서비스 향상을 유도하기 위하여 필요한 경우 경영의 위탁을 제한할 수 있다.
③ 위·수탁계약
  ㉠ 운송사업자와 위·수탁차주는 대등한 입장에서 합의에 따라 공정하게 위·수탁계약을 체결하고, 신의에 따라 성실하게 계약을 이행하여야 한다.
  ㉡ 계약의 당사자는 그 계약을 체결하는 경우 차량소유자·계약기간, 그 밖에 국토교통부령으로 정하는 사항을 계약서에 명시하여야 하며, 서명날인한 계약서를 서로 교부하여 보관하여야 한다.
  ㉢ 이 경우 국토교통부장관은 건전한 거래질서의 확립과 공정한 계약의 정착을 위하여 표준 위·수탁계약서를 고시하여야 하고, 이를 우선적으로 사용하도록 권고할 수 있다.
  ㉣ 위·수탁계약의 기간은 2년 이상으로 하여야 한다.

ⓜ ⓛ에서 국토교통부령으로 정하는 사항은 다음과 같다.

> 1. 계약기간 및 계약갱신
> 2. 차량소유자
> 3. 금전지급(지급금액과 지급시기를 포함한다) 및 채권·채무 관계
> 4. 차량의 대폐차
> 5. 차량의 관리 및 운영
> 6. 교통사고보상 및 사고처리
> 7. 적재물배상보험 등 보험가입
> 8. 운수종사자 교육
> 9. 계약의 해지사유
> 10. 위·수탁계약에 대한 상호통지
> 11. 협회의 계약내용 확인
> 12. 양도·양수에 관한 사항
> 13. 그 밖에 화물자동차 운송사업의 효율적 수행 및 합리적 경영위탁을 위하여 국토교통부장관이 필요하다고 인정하는 사항

④ 화물운송사업분쟁조정협의회의 설치·운영
 ㉠ 시·도지사는 위·수탁계약의 체결·이행으로 발생하는 분쟁의 해결을 지원하기 위하여 대통령령으로 정하는 바에 따라 화물운송사업분쟁조정협의회를 설치·운영할 수 있다.
 ㉡ 협의회는 위원장 1명을 포함하여 5명 이상 10명 이내의 위원으로 구성하며, 위원은 변호사, 화물운수와 관련된 업무를 담당하는 공무원, 물류 관련 분야의 연구기관이나 대학에서 재직 중인 연구원 또는 교수 등의 어느 하나에 해당하는 사람 중에서 시·도지사가 위촉하거나 임명한다.
 ㉢ 협의회는 매월 1회 개최한다. 다만, 시·도지사가 분쟁의 신속한 해결을 위하여 협의회의 개최를 요청하는 경우에는 수시로 개최할 수 있다.
 ㉣ 협의회는 심의 결과 조정안을 작성하여 분쟁당사자에게 권고할 수 있다. 다만, 분쟁의 성격·빈도 및 중요성 등을 고려하여 필요하다고 인정하는 경우에는 분쟁당사자 간의 자율적인 분쟁해결을 권고할 수 있다.

> **짚고 넘어가기** 화물운송사업분쟁조정협의회의 심의·조정 사항 기출▶ 17회
> 1. 운송사업자와 위·수탁차주 간 금전지급에 관한 분쟁
> 2. 운송사업자와 위·수탁차주 간 차량의 소유권에 관한 분쟁
> 3. 운송사업자와 위·수탁차주 간 차량의 대폐차에 관한 분쟁
> 4. 운송사업자와 위·수탁차주 간 화물자동차 운송사업의 양도·양수에 관한 분쟁
> 5. 그 밖에 분쟁의 성격·빈도 및 중요성 등을 고려하여 국토교통부장관이 정하여 고시하는 사항에 관한 분쟁

⑤ 위·수탁계약의 무효사유
 위·수탁계약의 내용이 당사자 일방에게 현저하게 불공정한 경우로서 다음의 어느 하나에 해당하는 경우에는 그 부분에 한정하여 무효로 한다.

> 1. 운송계약의 형태·내용 등 관련된 모든 사정에 비추어 계약체결 당시 예상하기 어려운 내용에 대하여 상대방에게 책임을 떠넘기는 경우
> 2. 계약내용에 대하여 구체적인 정함이 없거나 당사자 간 이견이 있는 경우 계약내용을 일방의 의사에 따라 정함으로써 상대방의 정당한 이익을 침해한 경우
> 3. 계약불이행에 따른 당사자의 손해배상책임을 과도하게 경감하거나 가중하여 정함으로써 상대방의 정당한 이익을 침해한 경우
> 4. 「민법」 및 이 법 등 관계 법령에서 인정하고 있는 상대방의 권리를 상당한 이유 없이 배제하거나 제한하는 경우
> 5. 그 밖에 위·수탁계약의 내용 중 일부가 당사자 일방에게 현저하게 불공정하여 해당 부분을 무효로 할 필요가 있는 경우로서 대통령령으로 정하는 경우

(2) 위·수탁계약의 갱신 등 기출 28, 27, 22, 19회

운송사업자는 위·수탁차주가 위·수탁계약기간 만료 전 150일부터 60일까지 사이에 위·수탁계약의 갱신을 요구하는 때에는 다음의 어느 하나에 해당하는 경우를 제외하고는 이를 거절할 수 없다.

① 최초 위·수탁계약기간을 포함한 전체 위·수탁계약기간이 6년 이하인 경우로서 다음 어느 하나에 해당하는 경우
  ㉠ 위·수탁차주가 거짓이나 그 밖의 부정한 방법으로 위·수탁계약을 체결한 경우
  ㉡ 그 밖에 운송사업자가 위·수탁계약을 갱신하기 어려운 중대한 사유로서 대통령령으로 정하는 사유에 해당하는 경우

② 최초 위·수탁계약기간을 포함한 전체 위·수탁계약기간이 6년을 초과하는 경우로서 다음 어느 하나에 해당하는 경우
  ㉠ 위 ①의 ㉠이나 ㉡ 어느 하나에 해당하는 경우
  ㉡ 위·수탁차주가 운송사업자에게 지급하기로 한 위·수탁계약상의 월지급액을 6회 이상 지급하지 아니한 경우 (위·수탁계약상의 월지급액이 같은 업종의 통상적인 월지급액보다 뚜렷하게 높은 경우는 제외)
  ㉢ 표준 위·수탁계약서에 기재된 계약 조건을 위·수탁차주가 준수하지 아니한 경우
  ㉣ 그 밖에 운송사업자가 운송사업의 경영을 정상적으로 유지하기 어려운 사유로서 대통령령으로 정하는 사유에 해당하는 경우

(3) 갱신 요구의 거절 기출 25, 20회

운송사업자가 갱신 요구를 거절하는 경우에는 그 요구를 받은 날부터 15일 이내에 위·수탁차주에게 거절 사유를 적어 서면으로 통지하여야 한다.

(4) 위·수탁계약 갱신의 의제

① 운송사업자가 갱신 요구에 대한 거절 통지를 하지 아니하거나 위·수탁계약기간 만료 전 150일부터 60일까지 사이에 위·수탁차주에게 계약 조건의 변경에 대한 통지나 위·수탁계약을 갱신하지 아니한다는 사실의 통지를 서면으로 하지 아니한 경우에는 계약 만료 전의 위·수탁계약과 같은 조건으로 다시 위·수탁계약을 체결한 것으로 본다.
② 다만, 위·수탁차주가 계약이 만료되는 날부터 30일 전까지 이의를 제기하거나 운송사업자나 위·수탁차주에게 천재지변이나 그 밖에 대통령령으로 정하는 부득이한 사유가 있는 경우에는 그러하지 아니하다.

(5) 위·수탁계약의 해지 등 기출▶ 25, 24, 23, 20, 19회

① 위·수탁계약의 해지
  ㉠ 운송사업자는 위·수탁계약을 해지하려는 경우에는 위·수탁차주에게 2개월 이상의 유예기간을 두고 계약의 위반 사실을 구체적으로 밝히고 이를 시정하지 아니하면 그 계약을 해지한다는 사실을 서면으로 2회 이상 통지하여야 한다.
  ㉡ 다만, 대통령령으로 정하는 바에 따라 위·수탁계약을 지속하기 어려운 중대한 사유가 있는 경우에는 그러하지 아니하다.
  ㉢ ㉠에 따른 절차를 거치지 아니한 위·수탁계약의 해지는 그 효력이 없다.

② 운송사업자의 허가취소 또는 감차조치의 경우
  운송사업자가 허가취소 또는 감차 조치(위·수탁차주의 화물자동차가 감차 조치의 대상이 된 경우에만 해당)를 받은 경우 해당 운송사업자와 위·수탁차주의 위·수탁계약은 해지된 것으로 본다.

③ 위·수탁계약의 지원
  국토교통부장관 또는 연합회는 해지된 위·수탁계약의 위·수탁차주였던 자가 다른 운송사업자와 위·수탁계약을 체결할 수 있도록 지원하여야 한다. 이 경우 해당 위·수탁차주였던 자와 위·수탁계약을 체결한 운송사업자는 위·수탁계약의 체결을 명목으로 부당한 금전지급을 요구하여서는 아니 된다.

(6) 위·수탁계약의 양도·양수 기출▶ 26회

① 위·수탁차주는 운송사업자의 동의를 받아 위·수탁계약상의 지위를 타인에게 양도할 수 있다. 다만, 다음의 어느 하나의 해당하는 사유가 발생하는 경우에는 운송사업자는 양수인이 화물운송 종사자격을 갖추지 못한 경우 등 대통령령으로 정하는 경우를 제외하고는 위·수탁계약의 양도에 대한 동의를 거절할 수 없다.
  ㉠ 업무상 부상 또는 질병의 발생 등으로 자신이 위탁받은 경영의 일부를 수행할 수 없는 경우
  ㉡ 그 밖에 위·수탁차주에게 부득이한 사유가 발생하는 경우로서 대통령령으로 정하는 경우
② 위·수탁계약상의 지위를 양수한 자는 양도인의 위·수탁계약상 권리와 의무를 승계한다.
③ 위·수탁계약상의 지위를 양도하는 경우 위·수탁차주는 운송사업자에게 양도 사실을 서면으로 통지하여야 한다.
④ 통지가 있은 날부터 1개월 이내에 운송사업자가 양도에 대한 동의를 거절하지 아니하는 경우에는 운송사업자가 양도에 동의한 것으로 본다.

(7) 위·수탁계약의 실태조사 등 기출▶ 29회

① 국토교통부장관 또는 시·도지사는 정기적으로 위·수탁계약서의 작성 여부에 대한 실태조사를 할 수 있다.
② 국토교통부장관 또는 시·도지사는 위·수탁계약의 당사자에게 계약과 관련된 자료를 요청할 수 있다. 이 경우 자료를 요청받은 계약의 당사자는 특별한 사정이 없으면 요청에 따라야 한다.
③ 위·수탁계약서의 작성 여부에 대한 실태조사는 매년 1회 이상 실시하고, 실태조사의 범위는 다음과 같다.

> 1. 위·수탁계약서의 작성 여부에 관한 사항
> 2. 표준 위·수탁계약서의 사용에 관한 사항
> 3. 위·수탁계약 내용의 불공정성에 관한 사항
> 4. 위·수탁계약의 체결 절차·과정에 관한 사항
> 5. 그 밖에 화물운송시장의 질서 확립 및 건전한 발전을 위하여 조사가 필요한 사항

④ 국토교통부장관 또는 시·도지사는 위 ②에 따라 자료를 요청할 때에는 위·수탁계약의 당사자에게 자료의 범위와 내용, 요청 사유 및 제출기한 등을 명시한 문서(전자문서를 포함한다.)로 요청하여야 한다.

(8) 경영지도와 경영자 연수교육

① 운수사업자에 대한 경영지도

㉠ 국토교통부장관 또는 시·도지사는 화물자동차 운수사업의 경영개선 또는 운송서비스의 향상을 위하여 다음의 어느 하나에 해당하는 경우 운수사업자를 지도할 수 있다.
- 운수사업자의 준수사항에 대한 지도가 필요한 경우
- 과로, 과속, 과적 운행의 예방 등 안전한 수송을 위한 지도가 필요한 경우
- 그 밖에 화물자동차의 운송에 따른 안전 확보 및 운송서비스 향상에 필요한 경우

㉡ 국토교통부장관 또는 시·도지사는 재무관리 및 사업관리 등 경영실태가 부실하다고 인정되는 운수사업자에게는 경영개선에 관한 권고를 할 수 있으며, 필요하면 경영개선에 관한 중·장기 또는 연차별 계획 등을 제출하게 할 수 있다.

㉢ 국토교통부장관 또는 시·도지사는 ㉡에 따라 운수사업자가 제출한 경영개선에 관한 계획 등이 불합리하다고 인정되면 변경할 것을 권고할 수 있다.

② 경영자 연수교육

시·도지사는 운수사업자의 경영능력 향상을 위하여 필요하다고 인정하면 경영을 담당하는 임원(개인인 경우에는 운수사업자)에게 경영자 연수교육을 실시할 수 있다.

4. 재정지원 및 보조금

(1) 재정지원

① 국가의 지원 기출 28, 27, 19, 10회

국가는 지방자치단체, 공공기관 중 대통령령으로 정하는 공공기관, 지방공사, 사업자단체 또는 운수사업자가 다음의 어느 하나에 해당하는 사업을 수행하는 경우로서 재정적 지원이 필요하다고 인정되면 소요자금의 일부를 보조하거나 융자할 수 있다.

> 1. 공동차고지 및 공영차고지 건설
> 2. 화물자동차 운수사업의 정보화
> 3. 낡은 차량의 대체
> 4. 연료비가 절감되거나 환경친화적인 화물자동차 등으로의 전환 및 이를 위한 시설·장비의 투자
> 5. 화물자동차 휴게소의 건설
> 6. 화물자동차 운수사업의 서비스 향상을 위한 시설·장비의 확충과 개선
> 7. 화물자동차의 감차
> 8. 그 밖에 긴급한 공익적 목적을 위하여 일시적으로 화물운송에 대체 사용된 차량에 대한 피해의 보상

② 자치단체장의 유가보조금 보조 기출 15회

특별시장·광역시장·특별자치시장·특별자치도지사·시장 또는 군수는 운송사업자, 운송가맹사업자 및 화물자동차 운송사업을 위탁받은 자에게 유류에 부과되는 세액 등의 인상액에 상당하는 금액의 전부 또는 일부를 보조할 수 있다.

③ 자치단체장의 수소구매비용 보조

특별시장·광역시장·특별자치시장·특별자치도지사·시장 또는 군수는 운송사업자등이 수소전기자동차를 운행하기 위하여 수소를 구매하는 경우 그 비용의 전부 또는 일부를 대통령령으로 정하는 바에 따라 보조할 수 있다.

(2) 보조금의 사용 등

① 보조 또는 융자받은 자는 그 자금을 보조 또는 융자받은 목적 외의 용도로 사용하여서는 아니 된다.
② 국토교통부장관·특별시장·광역시장·특별자치시장·특별자치도지사·시장 또는 군수는 제보조 또는 융자를 받은 자가 그 자금을 적정하게 사용하도록 지도·감독하여야 한다.
③ 국토교통부장관·특별시장·광역시장·특별자치시장·특별자치도지사·시장 또는 군수는 거짓이나 부정한 방법으로 보조금이나 융자금을 교부받은 사업자단체 또는 운송사업자 등에게 보조금이나 융자금의 반환을 명하여야 하며, 이에 따르지 아니하면 국세 또는 지방세 체납처분의 예에 따라 회수할 수 있다.

(3) 보조금 등의 지급 정지 등 [기출] 19회

① 보조금의 지급 정지
특별시장·광역시장·특별자치시장·특별자치도지사·시장 또는 군수는 운송사업자등이 다음의 어느 하나에 해당하면 5년의 범위에서 보조금의 지급을 정지하여야 한다.
  ㉠ 석유판매업자, 액화석유가스 충전사업자 또는 수소판매사업자(이하 "주유업자등")로부터 세금계산서를 거짓으로 발급받아 보조금을 지급받은 경우
  ㉡ 주유업자등으로부터 유류 또는 수소의 구매를 가장하거나 실제 구매금액을 초과하여 유류구매카드로 거래를 하거나 이를 대행하게 하여 보조금을 지급받은 경우
  ㉢ 화물자동차 운수사업이 아닌 다른 목적에 사용한 유류분 또는 수소 구매분에 대하여 보조금을 지급받은 경우
  ㉣ 다른 운송사업자 등이 구입한 유류 또는 수소 사용량을 자기가 사용한 것으로 위장하여 보조금을 지급받은 경우
  ㉤ 그 밖에 거짓이나 부정한 방법으로 보조금을 지급받은 경우
  ㉥ 소명서 및 증거자료의 제출요구에 따르지 아니하거나, 같은 항에 따른 검사나 조사를 거부·기피 또는 방해한 경우
② 유류구매카드의 거래기능 정지
  ㉠ 특별시장·광역시장·특별자치시장·특별자치도지사·시장 또는 군수는 주유업자등이 ①의 어느 하나에 해당하는 행위에 가담하였거나 이를 공모한 경우 5년의 범위에서 해당 사업소에 대한 유류구매카드의 거래기능을 정지하여야 한다.
  ㉡ 다만, 주유업자등이 유류구매카드의 거래기능이 정지된 날부터 5년 이내에 다시 ①의 어느 하나에 해당하는 행위에 가담하였거나 이를 공모한 경우에는 유류구매카드의 거래기능을 영구적으로 정지하여야 한다.

5. 공영차고지 및 화물자동차 휴게소
(1) 공영차고지의 설치 [기출] 23회

① 공영차고지를 설치할 수 있는 자는 공영차고지를 설치하여 직접 운영하거나 다음의 어느 하나에 해당하는 자에게 임대(운영의 위탁 포함)할 수 있다.

> 1. 사업자단체
> 2. 운송사업자
> 3. 운송가맹사업자
> 4. 운송사업자로 구성된 협동조합

② ①에 따라 공영차고지를 설치한 자는 공영차고지를 설치하려면 공영차고지의 설치·운영에 관한 계획을 수립하여야 한다.
③ 시·도지사를 제외한 차고지설치자가 설치·운영계획을 수립하는 경우에는 미리 시·도지사의 인가를 받아야 한다.

④ 차고지설치자가 설치·운영계획을 수립·변경하는 경우 공영차고지의 설치·변경이 학생의 통학안전에 미치는 영향에 대하여 특별시·광역시·특별자치시·도·특별자치도의 교육감과 협의하여야 한다.

(2) 화물자동차 휴게소의 확충 기출 26, 20회

① 휴게소 종합계획의 수립: 국토교통부장관은 화물자동차 운전자의 근로 여건을 개선하고 화물의 원활한 운송을 도모하기 위하여 운송경로 및 주요 물류거점에 화물자동차 휴게소를 확충하기 위한 종합계획을 5년 단위로 수립하여야 한다.

② 휴게소 종합계획에 포함되어야 할 사항

> 1. 화물자동차 휴게소의 현황 및 장래수요에 관한 사항
> 2. 화물자동차 휴게소의 계획적 공급에 관한 사항
> 3. 화물자동차 휴게소의 연도별·지역별 배치에 관한 사항
> 4. 화물자동차 휴게소의 기능 개선 및 효율화에 관한 사항
> 5. 국내 주요 물류시설의 현황 및 건설계획에 관한 사항
> 6. 화물자동차의 운행실태에 관한 사항
> 7. 화물자동차 교통량의 연구분석 및 변동예측에 관한 사항

③ 휴게소 종합계획의 수립절차

국토교통부장관은 ㉠ 휴게소 종합계획을 수립하거나 ㉡ 화물자동차 휴게소의 계획적 공급 및 ㉢ 연도별·지역별 배치에 관한 사항을 변경하려는 경우 미리 시·도지사의 의견을 듣고 관계 중앙행정기관의 장과 협의하여야 한다.

④ 자료 제출 및 협력요청

㉠ 국토교통부장관은 사업시행자휴게소 종합계획의 변경을 요청하는 경우에는 해당 사업시행자에게 그 변경에 관련된 자료의 제출이나 그 밖의 필요한 협력을 요청할 수 있다.

㉡ 국토교통부장관은 휴게소 종합계획의 수립이나 변경을 위하여 필요하다고 인정하는 경우에는 물류 관련 기관이나 단체 또는 전문가 등에 대하여 의견 및 자료제출 또는 그 밖의 필요한 협력을 요청할 수 있다.

⑤ 휴게소 종합계획의 고시

국토교통부장관은 휴게소 종합계획을 수립하거나 변경한 때에는 이를 관보에 고시하여야 한다.

⑥ 토지등의 수용 및 사용

다음의 어느 하나에 해당하는 사업을 시행하는 자는 필요한 경우 토지등을 수용 또는 사용할 수 있다.

㉠ 공영차고지의 설치
㉡ 화물자동차 휴게소 건설사업

(3) 화물자동차 휴게소의 건설사업 시행 등 기출 26, 24, 18회

① 화물자동차 휴게소 건설사업을 할 수 있는 자

> 1. 국가 또는 지방자치단체
> 2. 「공공기관의 운영에 관한 법률」에 따른 공공기관 중 대통령령으로 정하는 공공기관: 한국철도공사, 한국토지주택공사, 한국도로공사, 한국수자원공사, 한국농어촌공사, 항만공사, 인천국제공항공사, 한국공항공사, 교통안전공단, 국가철도공단
> 3. 「지방공기업법」에 따른 지방공사
> 4. 대통령령으로 정하는 바에 따라 1~3의 자로부터 지정을 받은 법인

② 건설계획의 수립

①에 따라 화물자동차 휴게소 건설사업을 시행하려는 자(이하 "사업시행자")는 사업의 명칭·목적, 사업을 시행하려는 위치와 면적 등 다음의 사항이 포함된 화물자동차 휴게소 건설에 관한 계획을 수립하여야 한다.

> 1. 사업의 명칭 및 목적
> 2. 사업시행지의 위치와 면적
> 3. 사업 시행시기 및 시행방법
> 4. 사업에 대한 자금조달계획
> 5. 수용 또는 사용할 토지 또는 건물 등에 관한 사항
> 6. 설치 또는 폐지되는 공공시설 등에 관한 사항

③ 화물자동차 휴게소의 건설 대상지역

> 1. 「항만법」에 따른 항만 또는 「산업입지 및 개발에 관한 법률」에 따른 산업단지 등이 위치한 지역으로서 화물자동차의 일일 평균 왕복 교통량이 1만5천대 이상인 지역
> 2. 「항만법」에 따른 국가관리항이 위치한 지역
> 3. 「물류시설의 개발 및 운영에 관한 법률」에 따른 물류단지 중 면적이 50만 제곱미터 이상인 물류단지가 위치한 지역
> 4. 「도로법」에 따른 고속국도, 일반국도, 지방도 또는 국가지원지방도에 인접한 지역으로서 화물자동차의 일일 평균 편도 교통량이 3천5백대 이상인 지역

④ 건설계획의 공고
  ㉠ 사업시행자는 건설계획을 수립한 때에는 이를 공고하고, 관계 서류의 사본을 20일 이상 일반인이 열람할 수 있도록 하여야 한다.
  ㉡ 화물자동차 휴게소 건설사업의 이해관계인은 열람기간에 사업시행자에게 건설계획에 대한 의견서를 제출할 수 있으며, 사업시행자는 제출된 의견이 타당하다고 인정하는 경우에는 이를 건설계획에 반영하여야 한다.

⑤ 건설계획의 승인, 변경승인
  ㉠ 사업시행자는 공고 및 열람을 마친 후 그 건설계획에 대하여 시·도지사의 승인을 받아야 한다. 다만, 사업시행자가 국가, 공공기관 및 국가 또는 공공기관으로부터 지정을 받은 자인 경우에는 국토교통부장관의 승인을 받아야 한다.
  ㉡ 승인을 받은 사업시행자는 승인받은 건설계획 중 사업을 시행하려는 위치와 면적 등 대통령령으로 정하는 사항을 변경하려면 해당 승인권자의 변경승인을 받아야 한다.
  ㉢ 국토교통부장관 또는 시·도지사는 건설계획의 승인 또는 변경승인의 신청을 받은 경우에는 특별한 사유가 없으면 승인 또는 변경승인 신청을 받은 날부터 60일 이내에 승인 또는 변경승인 여부를 결정하여야 하며, 건설계획의 승인 또는 변경승인을 한 경우에는 이를 고시하여야 한다.

> **짚고 넘어가기** 해당 승인권자의 변경승인을 받지 않는 사항 **기출** 18회
>
> 1. 전체 사업시행 면적의 100분의 10 범위에서의 면적의 감소
> 2. 전체 사업비의 100분의 10 범위에서의 사업비의 변경. 다만, 해당 사업비의 변경에 따라 해당 사업에 대한 보조금이 변경되는 경우는 제외한다.
> 3. 전체 사업을 분할하여 시행하는 경우에는 해당 분할사업에서의 면적의 변경. 다만, 전체 사업면적이 변경되지 아니하는 경우만 해당한다.
> 4. 「공간정보의 구축 및 관리 등에 관한 법률」에 따른 지적확정측량의 결과에 따른 부지 면적의 변경
> 5. 그 밖에 계산착오, 오기, 누락 또는 이에 준하는 사유로서 그 변경근거가 분명한 사항의 변경

⑥ 건설계획의 승인 취소

국토교통부장관 또는 시·도지사는 사업시행자가 다음의 어느 하나에 해당하는 경우에는 건설계획의 승인을 취소 또는 변경하거나 그 밖에 필요한 조치를 명할 수 있다. 다만, ㉠에 해당하는 경우에는 건설계획의 승인을 취소하여야 한다.

㉠ 거짓 또는 그 밖의 부정한 방법으로 건설계획의 승인을 받은 경우
㉡ 변경승인을 받지 아니하고 건설계획을 변경하여 사업을 진행한 경우

(4) 휴게소 운영의 위탁 기출 27회

① 휴게소 운영의 위탁: 사업시행자는 화물자동차 휴게소의 운영을 사업자단체 등 대통령령으로 정하는 자에게 위탁할 수 있다.

② 사업자단체 등 대통령령으로 정하는 자(수탁자)

> 1. 연합회 또는 협회
> 2. 공공기관(한국철도공사, 한국토지주택공사, 한국도로공사, 한국수자원공사, 한국농어촌공사, 항만공사, 인천국제공항공사, 한국공항공사, 한국교통안전공단, 국가철도공단) 또는 「지방공기업법」에 따른 지방공기업: 국가 또는 지방자치단체가 위탁하는 경우만 해당
> 3. 「민법」 또는 「상법」에 따라 설립된 법인으로서 그 설립목적이 화물운수와 관련이 있는 법인

③ 수탁자 선정방법 및 위탁기간 등

㉠ 화물자동차 휴게소 운영을 위탁하는 경우에는 제한경쟁의 방식에 따라 수탁자를 정한다. 다만, 국토교통부장관이 화물자동차 휴게소 운영의 효율성 및 안정성 등을 고려하여 필요하다고 인정하는 경우에는 수의계약의 방식에 따라 위탁할 수 있다.
㉡ 화물자동차 휴게소 운영의 위탁기간은 5년으로 하되 국토교통부장관이 정하는 기준 및 절차에 따라 갱신할 수 있다.

(5) 실적 신고 및 관리 등

① 실적 신고 및 관리 기출 27, 24회

운송사업자(개인 운송사업자는 제외), 운송주선사업자 및 운송가맹사업자는 운송 또는 주선 실적을 관리하고 이를 국토교통부장관에게 신고하여야 한다.

② 직접운송 의무 기준

㉠ 직접운송 의무가 있는 운송사업자는 국토교통부령으로 정하는 기준 이상으로 화물을 운송하여야 한다.

ⓛ "국토교통부령으로 정하는 기준"이란 국토교통부장관이 매년 고시하는 연간 시장평균운송매출액(화물자동차 1대당 연간 평균운송매출액)에 소속 화물자동차의 대수를 각각 곱하여 산출한 금액의 합계액의 100분의 20 이상에 해당하는 운송매출액을 말한다.

(6) 화물운송실적관리시스템
① 화물운송실적관리시스템의 구축·운영
  ㉠ 국토교통부장관은 운송 또는 주선 실적 등 화물운송정보를 체계적으로 관리하기 위한 화물운송실적관리시스템을 구축·운영할 수 있다.
  ㉡ 국토교통부장관은 화물운송실적관리시스템을 이용하여 우수물류기업의 인증, 직접운송기준의 준수여부, 연간 시장평균운송매출액의 산정, 직접운송기준의 준수여부 및 화물운수 통계관리 등 국토교통부장관이 정하여 고시하는 업무를 수행하거나 보조할 수 있다.
② 화물운송실적관리시스템 운영의 위탁
  국토교통부장관은 화물운송실적관리시스템의 운영을 ㉠ 정부출연기관으로서 화물운수사업에 관한 연구를 수행하는 기관, ㉡ 한국교통안전공단에 위탁할 수 있으며, 필요한 비용을 지원할 수 있다.

(7) 화물운송서비스평가 등
① 화물운송서비스평가: 국토교통부장관은 화물운송서비스 증진과 이용자의 권익보호를 위하여 운수사업자가 제공하는 화물운송서비스에 대한 평가를 할 수 있다.
② 화물운송서비스에 대한 평가의 기준
  ㉠ 화물운송서비스의 이용자 만족도
  ㉡ 화물운송서비스의 신속성 및 정확성
  ㉢ 화물운송서비스의 안전성
  ㉣ 그 밖에 국토교통부령으로 정하는 사항(화물운송서비스의 신뢰성, 화물운송서비스의 친절성, 화물운송서비스의 대응성, 화물운송서비스 제공을 위한 물리적 환경의 적정성)
③ 평가방법
  ㉠ 화물운송서비스에 대한 평가는 이용자에 대한 설문조사를 포함하여야 한다.
  ㉡ 세부 평가방법 및 절차 등에 필요한 사항은 국토교통부령으로 정한다.
④ 평가결과의 공표: 국토교통부장관은 화물운송서비스의 평가를 한 후 평가 항목별 평가 결과, 서비스 품질 등 세부 사항을 대통령령으로 정하는 바에 따라 공표하여야 한다.

CHAPTER 06 사업자단체

1. 협회

(1) 협회의 설립 및 설립절차 기출 27, 10회
① 협회의 설립
  ㉠ 운수사업자는 화물자동차 운수사업의 건전한 발전과 운수사업자의 공동이익을 도모하기 위하여 국토교통부장관의 인가를 받아 화물자동차 운송사업, 화물자동차 운송주선사업 및 화물자동차 운송가맹사업의 종류별 또는 시·도별로 협회를 설립할 수 있다.
  ㉡ 협회는 법인으로 하고, 주된 사무소의 소재지에서 설립등기를 함으로써 성립한다.

② 협회의 설립절차: 협회를 설립하려면 해당 협회의 회원 자격이 있는 자의 5분의 1 이상이 발기하고, 회원 자격이 있는 자의 3분의 1 이상의 동의를 받아 창립총회에서 정관을 작성한 후 국토교통부장관에게 인가를 신청하여야 한다.

(2) 협회의 사업 기출 27회

> 1. 화물자동차 운수사업의 건전한 발전과 운수사업자의 공동이익을 도모하는 사업
> 2. 화물자동차 운수사업의 진흥 및 발전에 필요한 통계의 작성 및 관리, 외국 자료의 수집·조사 및 연구사업
> 3. 경영자와 운수종사자의 교육훈련
> 4. 화물자동차 운수사업의 경영개선을 위한 지도
> 5. 국가나 지방자치단체로부터 위탁받은 업무

2. 연합회 기출 22회

(1) 연합회의 설립

운송사업자로 구성된 협회, 운송주선사업자로 구성된 협회 및 운송가맹사업자로 구성된 협회는 그 공동목적을 달성하기 위하여 국토교통부령으로 정하는 바에 따라 각각 연합회를 설립할 수 있다.

(2) 연합회의 회원

운송사업자로 구성된 협회, 운송주선사업자로 구성된 협회 및 운송가맹사업자로 구성된 협회는 각각 그 연합회의 회원이 된다.

3. 공제조합

(1) 공제사업 기출 27, 10회

① 공제사업의 허가: 운수사업자가 설립한 협회의 연합회는 대통령령으로 정하는 바에 따라 국토교통부장관의 허가를 받아 운수사업자의 자동차 사고로 인한 손해배상 책임의 보장사업 및 적재물배상 공제사업 등을 할 수 있다.
② 공제사업의 허가신청과 회계
  ㉠ 연합회는 공제사업의 허가를 신청할 때에는 허가신청서에 공제규정, 사업계획서 및 수지계산서 등의 서류를 첨부하여 국토교통부장관에게 제출하여야 한다.
  ㉡ 공제사업에 관한 회계는 다른 사업에 관한 회계와 구분하여 경리하여야 한다.

(2) 공제조합의 설립 기출 28, 24, 22, 20회

① 공제조합의 설립인가
  ㉠ 운수사업자는 상호 간의 협동조직을 통하여 조합원이 자주적인 경제 활동을 영위할 수 있도록 지원하고 조합원의 자동차 사고로 인한 손해배상책임의 보장사업 및 적재물배상 공제사업을 하기 위하여 대통령령으로 정하는 바에 따라 국토교통부장관의 인가를 받아 공제조합을 설립할 수 있다.
  ㉡ 국토교통부장관은 연합회별로 하나의 공제조합만을 인가하여야 한다.
② 공제조합의 설립인가 절차: 공제조합을 설립하려면 공제조합의 조합원 자격이 있는 자의 10분의 1 이상이 발기하고, 조합원 자격이 있는 자 200인 이상의 동의를 받아 창립총회에서 정관을 작성한 후 국토교통부장관에게 인가를 신청하여야 한다.
③ 공제조합의 성립: 공제조합은 법인으로 하고, 주된 사무소의 소재지에 설립등기를 함으로써 성립된다.

④ 공제조합의 회원
  ㉠ 운수사업자는 정관으로 정하는 바에 따라 공제조합에 가입할 수 있다. 공제조합의 조합원은 공제사업에 필요한 분담금을 부담하여야 한다.
  ㉡ 조합원의 자격과 임원에 관한 사항, 그 밖에 공제조합의 운영에 필요한 사항은 정관으로 정한다.

(3) 공제조합의 운영위원회 기출 28, 22회

① 공제조합의 운영위원회의 설치
  ㉠ 공제조합은 공제사업에 관한 사항을 심의·의결하고 그 업무집행을 감독하기 위하여 운영위원회를 둔다.
  ㉡ 운영위원회 위원은 조합원, 운수사업·금융·보험·회계·법률 분야 전문가, 관계 공무원 및 그 밖에 화물자동차 운수사업 관련 이해관계자로 구성하되, 그 수는 25명 이내로 한다. 다만, 연합회가 공제사업을 하는 경우의 운영위원회 위원은 시·도별 협회의 대표 전원을 포함하여 37명 이내로 한다.
  ㉢ 위원의 임기는 2년으로 하고, 위원장과 부위원장 각각 1명을 두되, 위원장 및 부위원장은 위원 중에서 각각 호선한다.
  ㉣ 운영위원회의 회의는 재적위원 과반수의 출석으로 개의하고, 출석위원 과반수의 찬성으로 의결한다.
② 운영위원회 위원의 결격 사유
  ㉠ 미성년자, 피성년후견인 또는 피한정후견인, 파산선고를 받고 복권되지 아니한 사람
  ㉡ 이 법 또는 「보험업법」 등 대통령령으로 정하는 금융 관련 법률을 위반하여 금고 이상의 형의 집행유예를 선고받고 그 유예기간 중에 있는 사람
  ㉢ 이 법 또는 「보험업법」 등 대통령령으로 정하는 금융 관련 법률을 위반하여 벌금 이상의 형을 선고받고 그 집행이 끝나거나 집행이 면제된 날부터 5년이 지나지 아니한 사람
  ㉣ 이 법에 따른 공제조합의 업무와 관련하여 벌금 이상의 형을 선고받고 그 집행이 끝나거나 집행이 면제된 날부터 5년이 지나지 아니한 사람
  ㉤ 징계·해임의 요구 중에 있거나 징계·해임의 처분을 받은 후 3년이 지나지 아니한 사람

4. 공제조합의 사업

(1) 공제조합사업 기출 28, 22, 14, 13회

① 공제조합의 사업

> 1. 조합원의 사업용 자동차의 사고로 생긴 배상 책임 및 적재물배상에 대한 공제 기출 13회
> 2. 조합원이 사업용 자동차를 소유·사용·관리하는 동안 발생한 사고로 그 자동차에 생긴 손해에 대한 공제
> 3. 운수종사자가 조합원의 사업용 자동차를 소유·사용·관리하는 동안에 발생한 사고로 입은 자기 신체의 손해에 대한 공제
> 4. 공제조합에 고용된 자의 업무상 재해로 인한 손실을 보상하기 위한 공제
> 5. 공동이용시설의 설치·운영 및 관리, 그 밖에 조합원의 편의 및 복지 증진을 위한 사업
> 6. 화물자동차 운수사업의 경영 개선을 위한 조사·연구 사업

② 공제규정을 정해 인가를 받아야 하는 사업 기출 22, 14회
  ㉠ 공제조합은 ①의 1~4의 규정에 따른 공제사업을 하려면 공제규정을 정하여 국토교통부장관의 인가를 받아야 한다.
  ㉡ ①의 1~4의 규정에 따른 공제사업에는 「보험업법」을 적용하지 아니한다.

③ 공제규정에 포함할 내용: 공제규정에는 공제사업의 범위, 공제계약의 내용과 분담금, 공제금, 공제금에 충당하기 위한 책임준비금, 지급준비금의 계상 및 적립 등 공제사업의 운영에 필요한 사항이 포함되어야 한다.

④ 책임준비금 및 지급준비금의 적립: 공제조합은 결산기마다 그 사업의 종류에 따라 책임준비금 및 지급준비금을 계상하고 이를 적립하여야 한다.

(2) 공제조합업무의 개선명령과 재무건전성 유지

① 공제조합업무의 개선명령

국토교통부장관은 공제조합의 업무 운영이 적정하지 아니하거나 자산상황이 불량하여 교통사고 피해자 및 공제 가입자 등의 권익을 해칠 우려가 있다고 인정하면 다음의 조치를 명할 수 있다.

1. 업무집행방법의 변경
2. 자산예탁기관의 변경
3. 자산의 장부가격의 변경
4. 불건전한 자산에 대한 적립금의 보유
5. 가치가 없다고 인정되는 자산의 손실 처리

② 재무건전성의 유지

㉠ 공제조합은 공제금 지급능력과 경영의 건전성을 확보하기 위하여 다음의 사항에 관하여 대통령령으로 정하는 재무건전성 기준을 지켜야 한다.

1. 자본의 적정성에 관한 사항
2. 자산의 건전성에 관한 사항
3. 유동성의 확보에 관한 사항

㉡ 국토교통부장관은 공제조합이 ㉠의 기준을 지키지 아니하여 경영의 건전성을 해칠 우려가 있다고 인정하면 대통령령으로 정하는 바에 따라 자본금의 증액을 명하거나 주식 등 위험자산의 소유를 제한하는 조치를 취할 수 있다.

③ 재무건전성 관련 용어 기출 18회

㉠ "지급여력금액"이란 자본금, 대손충당금, 이익잉여금 및 그 밖에 이에 준하는 것으로서 국토교통부장관이 정하는 금액을 합산한 금액에서 영업권, 선급비용 등 국토교통부장관이 정하는 금액을 뺀 금액을 말한다.

㉡ "지급여력기준금액"이란 공제사업을 운영함에 따라 발생하게 되는 위험을 국토교통부장관이 정하는 방법에 따라 금액으로 환산한 것을 말한다.

㉢ "지급여력비율"이란 지급여력금액을 지급여력기준금액으로 나눈 비율을 말한다.

④ 재무건전성 기준 기출 18회

공제조합이 준수하여야 하는 재무건전성 기준은 다음과 같다.

㉠ 지급여력비율은 100분의 100 이상을 유지할 것
㉡ 구상채권 등 보유자산의 건전성을 정기적으로 분류하고 대손충당금을 적립할 것

(3) 분쟁조정의 신청

공제사업을 할 때 공제계약 및 공제금의 지급 등에 관하여 분쟁이 있으면 분쟁 당사자는 「자동차손해배상 보장법」에 따른 자동차손해배상보장위원회에 조정을 신청할 수 있다.

CHAPTER 07 자가용 화물자동차의 사용, 보칙 및 벌칙

1. 자가용 화물자동차의 신고 및 사용

(1) 자가용 화물자동차 사용신고 기출 26, 24, 21, 12회

① 화물자동차 운송사업과 화물자동차 운송가맹사업에 이용되지 아니하고 자가용으로 사용되는 화물자동차로서 대통령령으로 정하는 화물자동차로 사용하려는 자는 시·도지사에게 신고하여야 한다. 신고한 사항을 변경하려는 때에도 또한 같다.

② 대통령령으로 정하는 화물자동차는 국토교통부령으로 정하는 특수자동차, 특수자동차를 제외한 화물자동차로서 최대 적재량이 2.5톤 이상인 화물자동차를 말한다.

③ 시·도지사는 신고 또는 변경신고를 받은 날부터 10일 이내에 신고수리 여부를 신고인에게 통지하여야 한다.

(2) 유상운송 기출 26, 22, 21, 18회

① 유상운송의 금지

자가용 화물자동차의 소유자 또는 사용자는 자가용 화물자동차를 유상(그 자동차의 운행에 필요한 경비를 포함한다)으로 화물운송용으로 제공하거나 임대하여서는 아니 된다. 다만, 국토교통부령으로 정하는 사유에 해당되는 경우로서 시·도지사의 허가를 받으면 화물운송용으로 제공하거나 임대할 수 있다.

② 유상운송의 허가 사유

> 1. 천재지변이나 이에 준하는 비상사태로 인하여 수송력 공급을 긴급히 증가시킬 필요가 있는 경우
> 2. 사업용 화물자동차·철도 등 화물운송수단의 운행이 불가능하여 이를 일시적으로 대체하기 위한 수송력 공급이 긴급히 필요한 경우
> 3. 「농어업경영체 육성 및 지원에 관한 법률」에 따라 설립된 영농조합법인이 그 사업을 위하여 화물자동차를 직접 소유·운영하는 경우

③ 유상운송의 허가조건 등

시·도지사는 영농조합법인에 대하여 자가용 화물자동차의 유상운송을 허가하려는 경우에는 다음 각 호의 조건을 붙여야 한다.

㉠ 자동차의 운행으로 사람이 사망하거나 부상한 경우의 손해배상책임을 보장하는 보험에 계속 가입할 것
㉡ 차량안전점검과 정비를 철저히 하고 각종 교통 관련 법규를 성실히 준수할 것

④ 유상운송의 허가기간

㉠ 영농조합법인이 소유하는 자가용 화물자동차에 대한 유상운송 허가기간은 3년 이내로 하여야 한다.
㉡ 시·도지사는 영농조합법인의 신청에 의하여 유상운송 허가기간의 연장을 허가할 수 있다. 이 경우 영농조합법인은 허가기간 만료일 30일 전까지 시·도지사에게 유상운송 허가기간의 연장을 신청하여야 한다.

(3) 자가용 화물자동차 사용의 제한 또는 금지 기출 26, 24, 22, 21, 20회

시·도지사는 자가용 화물자동차의 소유자 또는 사용자가 다음의 어느 하나에 해당하면 6개월 이내의 기간을 정하여 그 자동차의 사용을 제한하거나 금지할 수 있다.

① 자가용 화물자동차를 사용하여 화물자동차 운송사업을 경영한 경우
② 허가를 받지 아니하고 자가용 화물자동차를 유상으로 운송에 제공하거나 임대한 경우

2. 보칙

(1) 압류금지 기출 15회

위·수탁계약으로 운송사업자에게 현물출자된 차량 및 재정지원에 따라 지급된 금품과 이를 받을 권리는 압류하지 못한다. 다만, 현물출자된 차량에 대한 세금 또는 벌금·과태료 미납 및 저당권의 설정으로 인하여 해당 차량을 압류하는 경우에는 그러하지 아니하다.

(2) 운수종사자의 교육 등 기출 28회

① 화물자동차의 운전업무에 종사하는 운수종사자는 시·도지사가 실시하는 다음의 사항에 관한 교육을 매년 1회 이상 받아야 한다.
  ㉠ 화물자동차 운수사업 관계 법령 및 도로교통 관계 법령
  ㉡ 교통안전에 관한 사항
  ㉢ 화물운수와 관련한 업무수행에 필요한 사항
  ㉣ 그 밖에 화물운수 서비스 증진 등을 위하여 필요한 사항
② 시·도지사는 ①에 따른 교육을 효율적으로 실시하기 위하여 필요하면 그 시·도의 조례로 정하는 바에 따라 운수종사자 연수기관을 직접 설립·운영하거나 이를 지정할 수 있으며, 운수종사자 연수기관의 운영에 필요한 비용을 지원할 수 있다.
③ 운수종사자 연수기관은 교육을 받은 운수종사자의 현황을 시·도지사에게 제출하여야 하고, 시·도지사는 이를 취합하여 매년 국토교통부장관에게 제출하여야 한다.

(3) 화물차주 등의 협조의무 등

① 위원회는 화물자동차 안전운송원가 산정과 관련하여 필요한 경우에는 화물차주, 운수사업자 및 화주에 대하여 자료의 제출이나 의견의 진술 등을 요청할 수 있다. 이 경우 요청을 받은 화물차주 등은 특별한 사정이 없으면 이에 따라야 한다.
② ①에 따라 제출된 자료 등을 열람·검토한 자는 업무상 알게 된 비밀을 누설하여서는 아니 된다.

(4) 권한의 위임 기출 23, 21회

① 국토교통부장관은 이 법에 따른 권한의 일부를 대통령령으로 정하는 바에 따라 시·도지사에게 위임할 수 있다.
② 시·도지사는 국토교통부장관으로부터 위임받은 권한의 일부를 국토교통부장관의 승인을 받아 시장·군수 또는 구청장에게 재위임할 수 있다.
③ 시·도지사는 이 법에 따른 권한의 일부를 시·도의 조례로 정하는 바에 따라 시장·군수 또는 구청장에게 위임할 수 있다.

(5) 권한의 위탁 기출 21, 17회

① 국토교통부장관 또는 시·도지사는 이 법에 따른 권한의 일부를 협회·연합회, 한국교통안전공단, 자동차손해배상진흥원 또는 대통령령으로 정하는 전문기관에 위탁할 수 있다. 이 경우 시·도지사가 업무를 위탁하는 경우에는 미리 국토교통부장관의 승인을 받아야 한다.
② ①에 따라 위탁받은 업무에 종사하는 협회·연합회, 한국교통안전공단, 자동차손해배상진흥원 또는 전문기관의 임원과 직원은 「형법」 규정에 따른 벌칙을 적용할 때에는 공무원으로 본다.

3. 벌칙

(1) 5년 이하의 징역 또는 2천만 원 이하의 벌금에 처하는 경우
① 적재된 화물이 떨어지지 아니하도록 덮개·포장·고정장치 등 필요한 조치를 하지 아니하여 사람을 상해 또는 사망에 이르게 한 운송사업자
② 적재된 화물이 떨어지지 아니하도록 덮개·포장·고정장치 등 필요한 조치를 하지 아니하고 화물자동차를 운행하여 사람을 상해 또는 사망에 이르게 한 운수종사자

(2) 3년 이하의 징역 또는 3천만 원 이하의 벌금에 처하는 경우 기출 14, 10회
① 정당한 사유없이 업무개시 명령을 위반한 자
② 거짓이나 부정한 방법으로 보조금을 교부받은 자
③ 보조금의 지급 정지사유에 해당하는 행위에 가담하였거나 이를 공모한 주유업자등

(3) 2년 이하의 징역 또는 2천만 원 이하의 벌금에 처하는 경우 기출 26, 24, 20, 12, 7회
① 허가를 받지 아니하거나 거짓이나 그 밖의 부정한 방법으로 허가를 받고 화물자동차 운송사업을 경영한 자
② 화주와 운수사업자·화물차주는 운임 지급과 관련하여 서로 부정한 금품을 주고받아서는 아니 되는 규정을 위반하여 서로 부정한 금품을 주고받은 자
③ 자동차관리사업자와 부정한 금품을 주고 받은 운송사업자·운수종사자
④ 개선명령을 이행하지 아니한 자
⑤ 양도금지 규정을 위반하여 사업을 양도한 자
⑥ 허가를 받지 아니하거나 거짓이나 그 밖의 부정한 방법으로 허가를 받고 화물자동차 운송주선사업을 경영한 자
⑦ 명의이용 금지 의무를 위반한 자
⑧ 허가를 받지 아니하거나 거짓이나 그 밖의 부정한 방법으로 허가를 받고 화물자동차 운송가맹사업을 경영한 자
⑨ 화물운송실적관리시스템의 정보를 변경, 삭제하거나 그 밖의 방법으로 이용할 수 없게 한 자 또는 권한 없이 정보를 검색, 복제하거나 그 밖의 방법으로 이용한 자
⑩ 직무와 관련하여 알게 된 화물운송실적관리자료를 다른 사람에게 제공 또는 누설하거나 그 목적 외의 용도로 사용한 자
⑪ 자가용 화물자동차를 유상으로 화물운송용으로 제공하거나 임대한 자

핵심 기출문제

PART 03 화물자동차 운수사업법

01

화물자동차 운수사업법령상 화물자동차 운수사업에 관한 설명으로 옳지 않은 것은?

① 화물자동차 운송사업이란 다른 사람의 요구에 응하여 화물자동차를 사용하여 화물을 유상으로 운송하는 사업을 말한다.
② 운수종사자란 화물자동차의 운전자, 화물의 운송 또는 운송주선에 관한 사무를 취급하는 사무원 및 이를 보조하는 보조원, 그 밖에 화물자동차 운수사업에 종사하는 자를 말한다.
③ 다른 사람의 요구에 응하여 유상으로 화물운송계약을 중개·대리하는 사업은 화물자동차 운송주선사업에 해당한다.
④ 다른 사람의 요구에 응하여 화물자동차 운송가맹사업을 경영하는 자의 화물 운송수단을 이용하여 자기 명의와 계산으로 화물을 운송하는 사업은 화물자동차 운송가맹사업에 해당한다.
⑤ 화물자동차 운수사업이란 화물자동차 운송사업, 화물자동차 운송주선사업 및 화물자동차 운송가맹사업을 말한다.

해설
화물자동차 운송주선사업이란 다른 사람의 요구에 응하여 유상으로 화물운송계약을 중개·대리하거나 화물자동차 운송사업 또는 화물자동차 운송가맹사업을 경영하는 자의 화물 운송수단을 이용하여 자기 명의와 계산으로 화물을 운송하는 사업을 말한다.(「법」제2조)

정답 | ④

02

화물자동차 운수사업법상 화물자동차 운송사업의 허가 등에 관한 설명으로 옳지 않은 것은?

① 화물자동차 운송가맹사업의 허가를 받은 자는 화물자동차 운송사업의 허가를 받지 아니한다.
② 개인 운송사업자가 아닌 운송사업자가 주사무소 외의 장소에서 상주(常住)하여 영업하려면 국토교통부령으로 정하는 바에 따라 국토교통부장관의 허가를 받아 영업소를 설치하여야 한다.
③ 국토교통부장관은 운송사업자의 허가취소 사유와 직접 관련이 있는 화물자동차의 위·수탁차주였던 자에 대하여도 임시허가를 할 수 있다.
④ 국토교통부장관은 화물자동차 운수사업의 질서를 확립하기 위하여 화물자동차 운수사업의 허가를 수반하는 변경허가에 조건 또는 기한을 붙일 수 있다.
⑤ 국토교통부장관은 운송사업자가 사업정지처분을 받은 경우에는 주사무소를 이전하는 변경허가를 하여서는 아니 된다.

해설
국토교통부장관은 위·수탁계약이 해지된 위·수탁계약의 위·수탁차주였던 자가 허가취소 또는 감차 조치가 있는 날로부터 3개월 내에 화물자동차운송사업의 허가를 신청하는 경우 6개월 이내로 기간을 한정하여 임시허가를 할 수 있다. 다만, 운송사업자의 허가취소 또는 감차 조치의 사유와 직접 관련이 있는 화물자동차의 위·수탁차주였던 자는 제외한다.(「법」제3조)

정답 | ③

03

화물자동차 운수사업법령상 화물자동차 운송사업에서 여객자동차 운송사업용 자동차에 싣기 부적합하여 화주가 밴형 화물자동차에 함께 탈 때의 화물의 기준으로 옳은 것을 모두 고른 것은?

> ㄱ. 합판·각목 등 건축기자재
> ㄴ. 혐오감을 주는 동물 또는 식물
> ㄷ. 화주 1명당 화물의 중량이 20킬로그램 이상일 것
> ㄹ. 화주 1명당 화물의 용적이 2만 세제곱센티미터 이상일 것

① ㄱ, ㄴ
② ㄴ, ㄹ
③ ㄷ, ㄹ
④ ㄱ, ㄴ, ㄷ
⑤ ㄱ, ㄷ, ㄹ

해설
「법」제3조의2 화물의 기준 및 대상차량
화물의 기준은 다음의 어느 하나에 해당하는 것으로 한다.
1. 화주 1명당 화물의 중량이 20킬로그램 이상일 것
2. 화주 1명당 화물의 용적이 4만 세제곱센티미터 이상일 것
3. 화물이 다음 각 목의 어느 하나에 해당하는 물품일 것(불결하거나 악취가 나는 농산물·수산물 또는 축산물, 혐오감을 주는 동물 또는 식물, 기계·기구류 등 공산품, 합판·각목 등 건축기자재, 폭발성·인화성 또는 부식성 물품)

정답 | ④

04

화물자동차 운수사업법령상 화물자동차 운송사업의 허가 등에 관한 설명으로 옳은 것은?

① 화물자동차 운송사업에 대한 허가를 받은 자가 상호를 변경하는 경우에는 국토교통부장관의 변경허가를 받아야 한다.
② 화물자동차 운송사업의 허가를 받은 자가 화물자동차 운송가맹사업을 경영하고자 하는 경우 별도로 국토교통부장관의 운송가맹사업 허가를 받을 필요가 없다.
③ 운송사업자는 그의 주사무소가 광역시에 있는 경우 그 광역시와 맞닿은 도에 있는 공동차고지를 차고지로 이용하더라도 그 광역시에 차고지를 설치하여야 한다.
④ 운송사업자가 주사무소를 관할 관청의 행정구역 외로 이전하는 경우에는 국토교통부장관에게 신고하여야 한다.
⑤ 운송사업자가 화물운송 종사자격이 없는 자에게 화물을 운송하게 하였다는 이유로 국토교통부장관으로부터 감차 조치 명령을 받은 후 1년이 지나지 아니한 경우에는 증차를 수반하는 허가사항을 변경할 수 없다.

선지분석
① 상호를 변경하는 경우에는 "대통령령으로 정하는 경미한 사항"에 해당되어 변경허가가 아니라 변경신고 사항에 해당된다.(「시행령」 제2조)
② 화물자동차 운송가맹사업의 허가를 받은 자는 「화물자동차 운수사업법」 제3조제1항에 따른 허가(화물자동차 운송사업의 허가)를 받지 아니한다. 반대의 경우에 해당하는 ②의 규정은 없다. 따라서 운송사업의 허가를 받았어도 운송가맹사업의 허가를 받아야 한다.
③ 운송사업자는 그의 주사무소가 광역시에 있는 경우 그 광역시와 맞닿은 도에 있는 공동차고지를 차고지로 이용하는 경우에는 그 광역시에 차고지를 설치하지 않아도 된다.
④ 주사무소·영업소 및 화물취급소의 이전(다만, 주사무소 이전의 경우에는 관할 관청의 행정구역 내에서의 이전만 해당된다)은 변경신고 사항이다.

정답 | ⑤

05

화물자동차 운수사업법령상 화물자동차 운송사업의 상속, 양도·양수 등에 관한 설명으로 옳은 것은?

① 화물자동차 운송사업을 양도·양수하는 경우 양수인은 국토교통부장관으로부터 허가를 얻어야 한다.
② 운송사업자인 법인이 운송사업자가 아닌 법인을 흡수합병하는 경우 합병으로 존속하는 법인은 국토교통부장관에게 신고하여야 한다.
③ 국토교통부장관은 화물자동차의 지역 간 수급균형과 화물운송시장의 안정과 질서유지를 위하여 국토교통부령으로 정하는 바에 따라 화물자동차 운송사업의 양도·양수와 합병을 제한할 수 있다.
④ 운송사업자가 사망한 경우 상속인이 그 화물자동차 운송사업을 계속하려면 사망한 후 90일 이내에 국토교통부장관으로부터 허가를 얻어야 한다.
⑤ 상속인이 피상속인의 화물자동차 운송사업을 다른 사람에게 양도하기 위해서는 상속인이 국토교통부장관으로부터 허가를 얻어야 한다.

선지분석
①, ④, ⑤는 국토부장관에게 신고해야 하는 사항이다.
② 운송사업자인 법인이 서로 합병하려는 경우(운송사업자인 법인이 운송사업자가 아닌 법인을 흡수 합병하는 경우는 제외한다)에는 국토교통부령으로 정하는 바에 따라 합병으로 존속하거나 신설되는 법인은 국토교통부장관에게 신고하여야 한다.

정답 | ③

06

화물자동차 운수사업법령상 운송사업자의 운임·요금, 운송약관에 관하여 ( )에 들어갈 내용으로 옳은 것은?

- 국토교통부장관은 운송사업자로부터 운임과 요금에 대한 신고 또는 변경신고를 받은 날부터 (ㄱ) 이내에 신고수리 여부를 신고인에게 통지하여야 한다.
- 국토교통부장관은 운송사업자로부터 운송약관에 대한 신고 또는 변경신고를 받은 날부터 (ㄴ) 이내에 신고수리 여부를 신고인에게 통지하여야 한다.
- 국토교통부장관이 공표한 화물자동차 안전운임보다 적은 운임을 지급한 자에게는 (ㄷ) 이하의 과태료를 부과한다.

① ㄱ: 14일, ㄴ: 3일, ㄷ: 1,000만 원
② ㄱ: 21일, ㄴ: 3일, ㄷ: 1,000만 원
③ ㄱ: 14일, ㄴ: 5일, ㄷ: 500만 원
④ ㄱ: 21일, ㄴ: 5일, ㄷ: 500만 원
⑤ ㄱ: 30일, ㄴ: 7일, ㄷ: 1,000만 원

해설
각각 14일(「법」 제5조), 3일(「법」 제6조), 1,000만원(「법」 제70조)이다.

정답 | ①

07

화물자동차 운수사업법령상 운송사업자의 경영의 위·수탁에 관한 설명으로 옳지 않은 것은?

① 운송사업자는 화물자동차 운송사업의 효율적인 수행을 위하여 필요하면 다른 사람(운송사업자를 제외한 개인을 말한다)에게 차량과 그 경영의 일부를 위탁할 수 있다.
② 운송사업자와 위·수탁차주는 대등한 입장에서 합의에 따라 공정하게 위·수탁계약을 체결하여야 한다.
③ 위·수탁계약을 체결하는 경우 위·수탁계약의 기간은 2년 이상으로 하여야 한다.
④ 시·도지사는 위·수탁계약의 체결·이행으로 발생하는 분쟁의 해결을 지원하기 위하여 화물운송사업분쟁조정협의회를 설치·운영할 수 있다.
⑤ 위·수탁계약의 내용이 계약불이행에 따른 당사자의 손해배상책임을 과도하게 가중하여 정함으로써 상대방의 정당한 이익을 침해한 경우에는 그 위·수탁계약은 전부 무효로 한다.

해설
위·수탁계약의 내용이 계약불이행에 따른 당사자의 손해배상책임을 과도하게 가중하여 정함으로써 상대방의 정당한 이익을 침해한 경우에는 그 위·수탁계약은 그 부분에 한정하여 무효로 한다.

관련이론 | 경영의 위탁(「법」 제40조)
위·수탁계약의 내용이 당사자 일방에게 현저하게 불공정한 경우로서 다음의 어느 하나에 해당하는 경우에는 그 부분에 한정하여 무효로 한다.
1. 운송계약의 형태·내용 등 관련된 모든 사정에 비추어 계약체결 당시 예상하기 어려운 내용에 대하여 상대방에게 책임을 떠넘기는 경우
2. 계약내용에 대하여 구체적인 정함이 없거나 당사자 간 이견이 있는 경우 계약내용을 일방의 의사에 따라 정함으로써 상대방의 정당한 이익을 침해한 경우
3. 계약불이행에 따른 당사자의 손해배상책임을 과도하게 경감하거나 가중하여 정함으로써 상대방의 정당한 이익을 침해한 경우
4. 「민법」 및 이 법 등 관계 법령에서 인정하고 있는 상대방의 권리를 상당한 이유 없이 배제하거나 제한하는 경우
5. 그 밖에 위·수탁계약의 내용 중 일부가 당사자 일방에게 현저하게 불공정하여 해당 부분을 무효로 할 필요가 있는 경우로서 대통령령으로 정하는 경우

정답 | ⑤

08

화물자동차 운수사업법령상 운송사업자가 허가사항을 변경하는 경우 변경신고를 하여야 하는 사항을 모두 고른 것은?

> ㄱ. 상호의 변경
> ㄴ. 화물취급소의 폐지
> ㄷ. 법인의 대표자의 변경
> ㄹ. 화물자동차의 대폐차
> ㅁ. 관할 관청의 행정구역 밖으로 주사무소의 이전

① ㄱ, ㄴ, ㅁ
② ㄱ, ㄹ, ㅁ
③ ㄴ, ㄷ, ㄹ
④ ㄱ, ㄴ, ㄷ, ㄹ
⑤ ㄱ, ㄴ, ㄷ, ㄹ, ㅁ

해설
화물자동차 운송사업자가 허가사항을 변경하려면 국토교통부장관의 변경허가를 받아야 한다. 다만, 대통령령으로 정하는 경미한 사항을 변경하려면 국토교통부령으로 정하는 바에 따라 국토교통부장관에게 신고하여야 한다.(「법」 제3조)

관련이론 | 변경신고를 하여야 하는 경미한 사항
1. 상호의 변경
2. 대표자의 변경(법인인 경우만 해당한다)
3. 화물취급소의 설치 또는 폐지
4. 화물자동차의 대폐차
5. 주사무소·영업소 및 화물취급소의 이전. 다만, 주사무소 이전의 경우에는 관할 관청의 행정구역 내에서의 이전만 해당한다.

정답 | ④

09

화물자동차 운수사업법령상 운송사업자의 준수사항에 관한 설명으로 옳지 않은 것은?

① 운송사업자는 화물운송의 대가로 받은 운임 및 요금의 전부 또는 일부에 해당하는 금액을 부당하게 화주, 다른 운송사업자 또는 화물자동차 운송주선사업을 경영하는 자에게 되돌려주는 행위를 하여서는 아니 된다.
② 운송사업자는 위·수탁차주가 현물출자한 차량을 위·수탁차주의 동의 없이 타인에게 매도하거나 저당권을 설정하여서는 아니 된다.
③ 운송사업자는 운임 및 요금과 운송약관을 영업소 또는 화물자동차에 갖추어 두고 이용자가 요구하면 이를 내보여야 한다.
④ 운송사업자는 둘 이상의 화물자동차 운송가맹점에 가입하여서는 아니 된다.
⑤ 운송사업자는 운송가맹사업자의 화물정보망이나 「물류정책기본법」 제38조에 따라 인증 받은 화물정보망을 통하여 위탁 받은 물량을 재위탁하는 행위를 하여서는 아니 된다.

해설
운송사업자는 둘 이상의 화물자동차 운송가맹점으로 가입할 수 없다는 규정이 삭제되었으므로 가입할 수 있다.(「법」 제11조)

정답 | ④

10

화물자동차 운수사업법령상 화물자동차 운송주선사업에 관한 설명으로 옳지 않은 것은?

① 운송주선사업자는 운송주선사업의 허가를 받은 날부터 5년마다 법령상의 허가기준에 관한 사항을 신고하여야 한다.
② 운송주선사업자는 요금을 정하여 미리 신고하여야 한다.
③ 운송주선사업의 허가취소 처분을 하려면 청문을 하여야 한다.
④ 관할관청은 운송주선사업 허가증을 발급하였을 때에는 그 사실을 협회에 통지하여야 한다.
⑤ 관할관청은 운송주선사업의 허가취소 등의 사유에 해당하는 위반행위를 적발하였을 때에는 특별한 사유가 없으면 적발한 날부터 30일 이내에 처분을 하여야 한다.

해설
운송사업자와 운송가맹사업자는 운임과 요금을 정하여 미리 국토교통부장관에게 신고하여야 한다. 그러나 운송주선사업의 경우에는 같은 규정이 적용되지 않는다.

정답 | ②

11

화물자동차 운수사업법령상 운송사업자의 직접운송의무 등에 관한 설명으로 옳지 않은 것은?

① 소유 대수가 20대 이상인 일반화물자동차 운송사업자가 운송주선사업을 동시에 영위하지 않는 경우, 그 운송사업자는 연간 운송계약 화물의 100분의 50 이상을 해당 운송사업자에게 소속된 차량으로 직접 운송하여야 한다.
② 소유 대수가 20대 이상인 일반화물자동차 운송사업자가 운송주선사업을 동시에 영위하는 경우, 그 운송사업자는 연간 운송계약 및 운송주선계약 화물의 100분의 30 이상을 직접 운송하여야 한다.
③ 운송가맹사업자로부터 화물운송을 위탁받은 운송가맹점인 운송사업자는 해당 운송사업자에게 소속되지 않은 차량으로만 화물을 운송하여야 한다.
④ 운송사업자는 직접 운송하는 화물 이외의 화물에 대하여 다른 운송사업자 또는 다른 운송사업자에게 소속된 위·수탁차주 외의 자에게 운송을 위탁하여서는 아니 된다.
⑤ 운송사업자가 국토교통부령으로 정하는 바에 따라 운송가맹사업자의 화물정보망을 이용하여 운송을 위탁하면 직접 운송한 것으로 본다.

해설
운송가맹사업자로부터 화물운송을 위탁받은 운송가맹점인 운송사업자는 해당 운송사업자에게 소속된 차량으로 직접 화물을 운송하여야 한다.

정답 | ③

12

화물자동차 운수사업법령상 화물자동차 운송가맹사업에 관한 설명으로 옳지 않은 것은?

① 화물자동차 운송가맹사업의 허가를 받은 자가 화물자동차 운송사업을 경영하기 위해서는 화물자동차 운송사업의 허가를 받아야 한다.
② 화물자동차 운송가맹사업자가 대통령령으로 정한 경미한 사항의 허가사항을 변경하려면 국토교통부장관에게 신고하여야 한다.
③ 화물자동차를 직접 소유한 운송가맹사업자의 화물자동차의 대폐차는 허가사항 변경신고 대상이다.
④ 화물자동차 운송가맹사업의 허가를 받기 위해서는 운송가맹점이 소유하는 대수를 포함하여 50대 이상의 화물자동차를 보유하여야 한다.
⑤ 화물자동차 운송가맹사업자는 화물의 원활한 운송을 위하여 화물정보망을 설치·운영하여야 한다.

해설
화물자동차 운송가맹사업의 허가를 받은 자가 화물자동차 운송사업을 경영하는 경우에는 화물자동차 운송사업의 허가를 받지 아니한다.(「법」 제3조제2항)

정답 | ①

13

화물자동차 운수사업법령상 국토교통부장관이 수립하는 화물자동차 휴게소 확충 종합계획(이하 '휴게소 종합계획'이라 한다)에 관한 설명으로 옳지 않은 것은?

① 휴게소 종합계획은 5년을 단위로 하여 수립한다.
② 휴게소 종합계획에는 화물자동차 교통량의 연구분석 및 변동예측에 관한 사항이 포함되어야 한다.
③ 국토교통부장관이 화물자동차 휴게소의 기능 개선 및 효율화에 관한 사항을 변경하려는 경우에는 미리 시·도지사의 의견을 듣고 관계 중앙행정기관의 장과 협의하여야 한다.
④ 국토교통부장관이 휴게소 종합계획을 수립하거나 변경한 때에는 이를 관보에 고시하여야 한다.
⑤ 화물자동차 휴게소 건설사업을 시행하려는 자는 필요한 경우 국토교통부장관에게 휴게소 종합계획을 변경하도록 요청할 수 있다.

해설
국토교통부장관은 휴게소 종합계획을 수립하거나 국토교통부령으로 정하는 사항을 변경하려는 경우 미리 시·도지사의 의견을 듣고 관계 중앙행정기관의 장과 협의하여야 한다.(「법」 제46조의2)
국토교통부령으로 정하는 사항은 다음을 말한다.(「시행규칙」 제43조의2)
1. 화물자동차 휴게소의 계획적 공급에 관한 사항
2. 화물자동차 휴게소의 연도별·지역별 배치에 관한 사항

정답 | ③

14

화물자동차 운수사업법령상 적재물배상보험등에 관한 설명으로 옳지 않은 것은?

① 적재물배상보험등에 가입하려는 이사화물운송만을 주선하는 운송주선사업자는 사고 건당 500만 원 이상의 금액을 지급할 책임을 지는 적재물배상보험등에 가입하여야 한다.
② 적재물배상보험등에 가입하려는 운송사업자는 사고 건당 2천만 원 이상의 금액을 지급할 책임을 지는 적재물배상보험등에 가입하여야 한다.
③ 최대 적재량이 5톤 이상인 특수용도형 화물자동차 중 「자동차관리법」에 따른 피견인자동차를 소유하고 있는 운송사업자는 적재물배상보험등에 가입하여야 한다.
④ 총 중량이 10톤 이상인 화물자동차 중 국토교통부령으로 정하는 화물자동차를 직접 소유하고 있는 운송가맹사업자는 각 화물자동차별 및 각 사업자별로 사고 건당 2천만 원 이상의 금액을 지급할 책임을 지는 적재물배상보험등에 가입하여야 한다.
⑤ 보험회사가 「보험업법」에 따라 허가를 받거나 신고한 적재물배상보험요율과 책임준비금 산출기준에 따라 손해배상책임을 담보하는 것이 현저히 곤란하다고 판단한 경우에는 다수의 보험회사등이 공동으로 책임보험계약등을 체결할 수 있다.

해설
적재물배상보험등의 의무 가입(「법」 제35조)
다음 각 호의 어느 하나에 해당하는 자는 제7조제1항에 따른 손해배상책임을 이행하기 위하여 대통령령으로 정하는 바에 따라 적재물배상 책임보험 또는 공제(이하 "적재물배상보험등"이라 한다)에 가입하여야 한다.
1. 최대 적재량이 5톤 이상이거나 총 중량이 10톤 이상인 화물자동차 중 국토교통부령으로 정하는 화물자동차(화물자동차 중 일반형·밴형 및 특수용도형 화물자동차와 견인형 특수자동차)를 소유하고 있는 운송사업자
2. 국토교통부령으로 정하는 화물(이사화물)을 취급하는 운송주선사업자
3. 운송가맹사업자

정답 | ③

15

「화물자동차 운수사업법」상 운송주선사업자에 관한 설명으로 옳은 것을 모두 고른 것은?

> ㄱ. 법인인 운송주선사업자는 자기 명의로 자기의 자회사에게 화물자동차 운송주선사업을 경영하게 할 수 있다.
> ㄴ. 운송가맹점인 운송주선사업자는 자기가 가입한 운송가맹사업자에게 소속되지 않은 운송가맹점에 대하여 화물운송을 주선할 수 있다.
> ㄷ. 운송주선사업자는 화주로부터 중개를 의뢰받은 화물에 대하여 다른 운송주선사업자에게 유상으로 중개를 의뢰할 수 있다.
> ㄹ. 운송주선사업자는 화주로부터 중개를 의뢰받은 화물에 대하여 운송가맹사업자에게 유상으로 화물의 운송을 주선하는 행위를 할 수 있다.

① ㄱ, ㄴ
② ㄱ, ㄷ
③ ㄴ, ㄷ
④ ㄴ, ㄹ
⑤ ㄷ, ㄹ

해설
「법」제26조 운송주선사업자의 준수사항
ㄱ. 운송주선사업자는 자기 명의로 다른 사람에게 화물자동차 운송주선사업을 경영하게 할 수 없다.
ㄷ. 운송주선사업자는 화주로부터 중개 또는 대리를 의뢰받은 화물에 대하여 다른 운송주선사업자에게 수수료나 그 밖의 대가를 받고 중개 또는 대리를 의뢰하여서는 아니 된다.

정답 | ④

16

화물자동차 운수사업법령상 자가용 화물자동차의 사용에 관한 설명으로 옳은 것은?

① 자가용 화물자동차를 국토교통부령으로 정하는 특수자동차로 사용하려는 자는 시·도지사의 허가를 받아야 한다.
② 시·도지사는 자가용 화물자동차의 사용에 관한 허가 신청을 받은 날부터 10일 이내에 허가 여부를 신청인에게 통지하여야 한다.
③ 자가용 화물자동차의 소유자는 천재지변으로 인하여 수송력 공급을 긴급히 증가시킬 필요가 있는 경우에는 시·도지사의 허가를 받지 아니하여도 자가용 화물자동차를 유상으로 화물운송용으로 제공할 수 있다.
④ 자가용 화물자동차의 소유자가 시·도지사의 허가를 받지 아니하고 자가용 화물자동차를 유상으로 임대한 경우, 시·도지사는 12개월 이내의 기간을 정하여 그 자동차의 사용을 제한하여야 한다.
⑤ 시·도지사는 영농조합법인의 신청에 의하여 자가용 화물자동차에 대한 유상운송 허가기간의 연장을 허가할 수 있다.

선지분석
① 자가용 화물자동차를 국토교통부령으로 정하는 특수자동차로 사용하려는 자는 시·도지사에게 신고하여야 한다.
② 관련규정 없음
③ 자가용 화물자동차의 소유자는 천재지변으로 인하여 수송력 공급을 긴급히 증가시킬 필요가 있는 경우에는 시·도지사의 허가를 받으면 자가용 화물자동차를 유상으로 화물운송용으로 제공할 수 있다.
④ 자가용 화물자동차의 소유자가 시·도지사의 허가를 받지 아니하고 자가용 화물자동차를 유상으로 임대한 경우, 시·도지사는 6개월 이내의 기간을 정하여 그 자동차의 사용을 제한할 수 있다.

정답 | ⑤

17

화물자동차 운수사업법령상 적재물배상 책임보험 또는 공제(이하 '적재물배상보험등'이라 한다)의 가입등에 관한 설명으로 옳지 않은 것은?

① 「대기환경보전법」에 따른 배출가스저감장치를 차체에 부착함에 따라 총중량이 10톤 이상이 된 화물자동차 중 최대 적재량이 5톤 미만인 일반형 화물자동차는 적재물배상보험등의 의무 가입 대상차량이 아니다.
② 「보험업법」에 따른 보험회사는 적재물배상보험등에 가입하여야 하는 자가 적재물배상보험등에 가입하려고 하면 예외적인 사유가 있는 경우 외에는 적재물배상보험등의 계약 체결을 거부할 수 없다.
③ 보험등 의무가입자 및 보험회사등은 화물자동차 운송사업을 휴업하거나 폐업하는 등 예외적인 경우를 제외하고 책임보험계약등의 전부 또는 일부를 해제하거나 해지하여서는 아니 된다.
④ 보험등 의무가입자에 해당하는 운송주선사업자가 이사화물운송만을 주선하는 경우에는 각 화물자동차별로 사고 건당 500만 원 이상의 금액을 지급할 책임을 지는 적재물배상보험등에 가입하여야 한다.
⑤ 보험회사등은 자기와 책임보험계약등을 체결한 보험등 의무가입자가 그 계약이 끝난 후 새로운 계약을 체결하지 아니하면 그 사실을 지체 없이 국토교통부장관에게 알려야 한다.

해설
운송주선사업자는 각 사업자별로 가입하여야 한다. 운송주선사업자가 이사화물운송만을 주선하는 경우에도 동일하다.
「법」 제35조에 따라 적재물배상 책임보험 또는 공제에 가입하려는 자는 다음 각 호의 구분에 따라 사고 건당 2천만 원(운송주선사업자가 이사화물운송만을 주선하는 경우에는 500만 원) 이상의 금액을 지급할 책임을 지는 적재물배상보험등에 가입하여야 한다.
1. 운송사업자: 각 화물자동차별로 가입
2. 운송주선사업자: 각 사업자별로 가입
3. 운송가맹사업자: 화물자동차를 직접 소유한 자는 각 화물자동차별 및 각 사업자별로, 그 외의 자는 각 사업자별로 가입

정답 | ④

18

화물자동차 운수사업법령상 화물의 멸실이나 훼손 등으로 발생한 운송사업자의 책임에 관한 설명으로 옳지 않은 것은?

① 화물의 멸실로 발생한 운송사업자의 손해배상 책임을 적용할 때 화물이 인도기한이 지난 후 3개월 이내에 인도되지 아니하면 그 화물은 멸실된 것으로 본다.
② 국토교통부장관은 멸실이나 훼손 등으로 발생한 운송사업자의 손해배상에 관하여 화주가 요청하면 이에 관한 분쟁을 조정할 수 있다.
③ 국토교통부장관은 분쟁조정 업무를 「소비자기본법」에 따른 한국소비자원 또는 같은 법에 따라 등록한 소비자단체에 위탁할 수 있다.
④ 국토교통부장관은 화주가 분쟁조정을 요청하면 1개월 이내의 기간을 정하여 그 사실을 확인하고 손해내용을 조사한 후 조정안을 작성하여야 한다.
⑤ 화주와 운송사업자 쌍방이 조정안을 수락하면 당사자 간에 조정안과 동일한 합의가 성립된 것으로 본다.

해설
국토교통부장관은 화주가 분쟁조정을 요청하면 지체 없이 그 사실을 확인하고 손해내용을 조사한 후 조정안을 작성하여야 한다.(「법」 제7조)

정답 | ④

19

화물자동차 운수사업법상 화물자동차 운송사업의 허가 등에 관한 설명으로 옳지 않은 것은?

① 화물자동차 운송가맹사업의 허가를 받은 자는 화물자동차 운송사업의 허가를 받지 아니한다.
② 개인 운송사업자가 아닌 운송사업자는 주사무소 외의 장소에서 상주(常住)하여 영업하려면 국토교통부령으로 정하는 바에 따라 국토교통부장관의 허가를 받아 영업소를 설치하여야 한다.
③ 국토교통부장관은 운송사업자의 허가취소 사유와 직접 관련이 있는 화물자동차의 위·수탁차주였던 자에 대하여 임시허가를 할 수 있다.
④ 국토교통부장관은 화물자동차 운수사업의 질서를 확립하기 위하여 화물자동차 운송사업의 허가를 수반하는 변경허가에 조건 또는 기한을 붙일 수 있다.
⑤ 국토교통부장관은 운송사업자가 사업정지처분을 받은 경우에는 주사무소를 이전하는 변경허가를 하여서는 아니 된다.

해설
국토교통부장관은 운송사업자의 허가취소 사유와 직접 관련이 있는 화물자동차의 위·수탁차주였던 자에 대하여는 임시허가를 할 수 없다.
국토교통부장관은 해지된 위·수탁계약의 위·수탁차주였던 자가 허가취소 또는 감차 조치가 있는 날로부터 3개월 내에 허가를 신청하는 경우 6개월 이내로 기간을 한정하여 임시허가를 할 수 있다. 다만, 운송사업자의 허가취소 또는 감차 조치의 사유와 직접 관련이 있는 화물자동차의 위·수탁차주였던 자는 제외한다.

정답 | ③

20

화물자동차 운수사업법령상 화물자동차 운송사업의 허가를 반드시 취소해야 하는 사유로 옳은 것은?

① 화물자동차 교통사고와 관련하여 거짓이나 그 밖의 부정한 방법으로 보험금을 청구하여 벌금형을 선고받고 그 형이 확정된 경우
② 법인이 아닌 화물운송사업자가 이 법을 위반하여 징역 이상의 실형을 선고받고 그 집행이 끝나거나 집행이 면제된 날부터 2년이 지나지 아니한 경우
③ 법인의 임원 중 파산선고를 받고 복권되지 아니한 자가 있는 때에 3개월 이내에 그 임원을 개임한 경우
④ 부정한 방법으로 변경허가를 받거나 변경허가를 받지 아니하고 허가사항을 변경한 경우
⑤ 중대한 교통사고 또는 빈번한 교통사고로 1명 이상의 사상자를 발생하게 한 경우

해설
화물자동차 운송사업의 허가를 반드시 취소해야 하는 사유(「법」 제19조)
1. 부정한 방법으로 화물자동차 운송사업의 허가를 받은 경우
2. 결격사유 각 호의 어느 하나에 해당하게 된 경우(다만, 법인의 임원 중 법 제4조 각 호의 어느 하나에 해당하는 자가 있는 경우에 3개월 이내에 그 임원을 개임(改任)하면 허가를 취소하지 아니한다.)
3. 화물자동차 교통사고와 관련하여 거짓이나 그 밖의 부정한 방법으로 보험금을 청구하여 금고 이상의 형을 선고받고 그 형이 확정된 경우 등

정답 | ②

21

「화물자동차 운수사업법」의 위·수탁계약의 갱신 등에 관한 조문의 일부이다. ( )에 들어갈 숫자를 바르게 나열한 것은?

> 운송사업자는 위·수탁차주가 위·수탁계약기간 만료 전 (ㄱ)일부터 (ㄴ)일까지 사이에 위·수탁계약의 갱신을 요구하는 경우에는 대통령령으로 정하는 바에 따라 위·수탁계약을 갱신하기 어려운 중대한 사유가 있는 경우를 제외하고는 이를 거절할 수 없다. 다만, 최초 위·수탁계약의 기간을 포함한 전체 위·수탁계약 기간이 (ㄷ)년을 초과하는 경우에는 그러하지 아니하다.

① ㄱ: 120, ㄴ: 30, ㄷ: 5   ② ㄱ: 120, ㄴ: 60, ㄷ: 6
③ ㄱ: 150, ㄴ: 30, ㄷ: 5   ④ ㄱ: 150, ㄴ: 60, ㄷ: 5
⑤ ㄱ: 150, ㄴ: 60, ㄷ: 6

해설
「법」 제40조의2
운송사업자는 위·수탁차주가 위·수탁계약기간 만료 전 150일부터 60일까지 사이에 위·수탁계약의 갱신을 요구하는 때에는 다음의 어느 하나에 해당하는 경우를 제외하고는 이를 거절할 수 없다.
(1) 최초 위·수탁계약기간을 포함한 전체 위·수탁계약기간이 6년 이하인 경우로서 다음의 어느 하나에 해당하는 경우
- 위·수탁차주가 거짓이나 그 밖의 부정한 방법으로 위·수탁계약을 체결한 경우
- 그 밖에 운송사업자가 위·수탁계약을 갱신하기 어려운 중대한 사유로서 대통령령으로 정하는 사유에 해당하는 경우
(2) 최초 위·수탁계약기간을 포함한 전체 위·수탁계약기간이 6년을 초과하는 경우로서 다음의 어느 하나에 해당하는 경우
- 위의 (1)의 어느 하나에 해당하는 경우
- 위·수탁차주가 운송사업자에게 지급하기로 한 위·수탁계약상의 월지급액(월 2회 이상 지급하는 것으로 계약한 경우에는 해당 월에 지급하기로 한 금액의 합을 말한다)을 6회 이상 지급하지 아니한 경우(위·수탁계약상의 월지급액이 같은 업종의 통상적인 월지급액보다 뚜렷하게 높은 경우는 제외한다)
- 법 제40조제4항 후단에 따른 표준 위·수탁계약서에 기재된 계약 조건을 위·수탁차주가 준수하지 아니한 경우
- 그 밖에 운송사업자가 운송사업의 경영을 정상적으로 유지하기 어려운 사유로서 대통령령으로 정하는 사유에 해당하는 경우

정답 | ⑤

22

화물자동차 운수사업법령상 업무개시 명령에 관한 설명으로 옳지 않은 것은?

① 국토교통부장관은 운송사업자가 정당한 사유 없이 집단으로 화물운송을 거부하여 화물운송에 커다란 지장을 주어 국가경제에 매우 심각한 위기를 초래하거나 초래할 우려가 있다고 인정할 만한 상당한 이유가 있으면 그 운송사업자에게 업무개시 명령을 할 수 있다.
② 국토교통부장관은 운송사업자에게 업무개시를 명하려면 국무회의의 심의를 거쳐야 한다.
③ 국토교통부장관은 업무개시를 명한 때에는 구체적 이유 및 향후 대책을 국회의장에게 보고하여야 한다.
④ 운송사업자는 정당한 사유 없이 업무개시 명령을 거부할 수 없다.
⑤ 국토교통부장관은 운송사업자가 정당한 사유 없이 업무개시 명령을 이행하지 아니하는 경우 그 허가를 취소하거나 6개월 이내의 기간을 정하여 그 사업의 전부 또는 일부의 정지를 명령하거나 감차조치를 명할 수 있다.

해설
국토교통부장관은 업무개시를 명한 때에는 구체적 이유 및 향후 대책을 국회 소관상임위원회에 보고하여야 한다.

정답 | ③

PART 04 철도사업법

CHAPTER 01 총칙

1. 법의 목적
이 법은 철도사업에 관한 질서를 확립하고 효율적인 운영 여건을 조성함으로써 철도사업의 건전한 발전과 철도 이용자의 편의를 도모하여 국민경제의 발전에 이바지함을 목적으로 한다.

2. 용어의 정의

(1) 철도사업과 전용철도
  ① 철도사업: 다른 사람의 수요에 응하여 철도차량을 사용하여 유상으로 여객이나 화물을 운송하는 사업을 말한다.
  ② 전용철도: 다른 사람의 수요에 따른 영업을 목적으로 하지 아니하고 자신의 수요에 따라 특수 목적을 수행하기 위하여 설치하거나 운영하는 철도를 말한다.

(2) 철도사업자와 철도운수종사자 등
  ① 철도사업자: 「한국철도공사법」에 따라 설립된 한국철도공사 및 철도사업 면허를 받은 자를 말한다.
  ② 전용철도운영자: 전용철도 등록을 한 자를 말한다.
  ③ 철도운수종사자: 철도운송과 관련하여 승무(동력차 운전과 열차 내 승무) 및 역무서비스를 제공하는 직원을 말한다.

3. 조약과의 관계
국제철도(대한민국을 포함한 둘 이상의 국가에 걸쳐 운행되는 철도)를 이용한 화물 및 여객 운송에 관하여 대한민국과 외국 간 체결된 조약에 이 법과 다른 규정이 있는 때에는 그 조약의 규정에 따른다.

CHAPTER 02 철도사업의 관리

1. 사업용 철도노선 및 철도차량의 분류

(1) 사업용철도노선의 고시 등
  ① 국토교통부장관은 사업용철도노선의 노선번호, 노선명, 기점, 종점, 중요 경과지(정차역 포함)와 그 밖에 필요한 사항을 지정·고시하여야 한다.
  ② 국토교통부장관은 사업용철도노선을 지정·고시하는 경우 사업용철도노선을 다음의 구분에 따라 분류할 수 있다.
    ㉠ 운행지역과 운행거리에 따른 분류: 간선철도, 지선철도,
    ㉡ 운행속도에 따른 분류: 고속철도노선, 준고속철도노선, 일반철도노선
  ③ 국토교통부장관은 사업용철도노선을 지정한 경우에는 이를 관보에 고시하여야 한다.

(2) 철도차량의 유형 분류

국토교통부장관은 철도 운임 상한의 산정, 철도차량의 효율적인 관리 등을 위하여 철도차량을 운행속도에 따라 다음의 구분에 따른 유형으로 분류할 수 있다.
① 고속철도차량, ② 준고속철도차량, ③ 일반철도차량

2. 철도사업의 면허 및 결격사유

(1) 철도사업의 면허 기출 27, 26, 22, 16, 15회

① 철도사업을 경영하려는 자는 사업용철도노선을 정하여 국토교통부장관의 면허를 받아야 한다. 이 경우 국토교통부장관은 철도의 공공성과 안전을 강화하고 이용자 편의를 증진시키기 위하여 필요한 부담을 붙일 수 있다.
② 철도사업의 면허를 받으려는 자는 사업계획서를 첨부한 면허신청서를 국토교통부장관에게 제출하여야 한다.
③ 철도사업의 면허를 받을 수 있는 자는 법인으로 한다.

(2) 철도사업의 면허기준 기출 27회

- 해당 사업의 시작으로 철도교통의 안전에 지장을 줄 염려가 없을 것
- 해당 사업의 운행계획이 그 운행 구간의 철도 수송 수요와 수송력 공급 및 이용자의 편의에 적합할 것
- 신청자가 해당 사업을 수행할 수 있는 재정적 능력이 있을 것
- 해당 사업에 사용할 철도차량의 대수, 사용연한 및 규격이 국토교통부령으로 정하는 기준에 맞을 것

(3) 결격사유 기출 23, 22, 21, 15회

다음의 어느 하나에 해당하는 법인은 철도사업의 면허를 받을 수 없다.
① 법인의 임원 중 다음의 어느 하나에 해당하는 사람이 있는 법인

- 피성년후견인 또는 피한정후견인
- 파산선고를 받고 복권되지 아니한 사람
- 이 법 또는 대통령령으로 정하는 철도 관계 법령(「철도산업발전 기본법」, 「철도안전법」, 「도시철도법」, 「국가철도공단법」, 「한국철도공사법」)을 위반하여 금고 이상의 실형을 선고받고 그 집행이 끝나거나 면제된 날부터 2년이 지나지 아니한 사람
- 이 법 또는 대통령령으로 정하는 철도 관계 법령을 위반하여 금고 이상의 형의 집행유예를 선고받고 그 유예기간 중에 있는 사람

② 철도사업의 면허가 취소된 후 그 취소일부터 2년이 지나지 아니한 법인. 다만, 피성년후견인 또는 피한정후견인, 파산선고를 받고 복권되지 아니한 사람에 해당하여 철도사업의 면허가 취소된 경우는 제외한다.

(4) 운송 시작의 의무 기출 26, 22, 16회

① 철도사업자는 국토교통부장관이 지정하는 날 또는 기간에 운송을 시작하여야 한다.
② 다만, 천재지변이나 그 밖의 불가피한 사유로 철도사업자가 국토교통부장관이 지정하는 날 또는 기간에 운송을 시작할 수 없는 경우에는 국토교통부장관의 승인을 받아 날짜를 연기하거나 기간을 연장할 수 있다.

3. 철도사업의 운임·요금 및 약관 등

(1) 여객 운임·요금의 신고 등 기출 26, 25, 22, 19, 13, 11회

① 철도사업자는 여객에 대한 운임(여객운송에 대한 직접적인 대가를 말하며, 여객운송과 관련된 설비·용역에 대한 대가는 제외)·요금을 국토교통부장관에게 신고하여야 한다. 이를 변경하려는 경우에도 같다.

② 철도사업자는 사업용철도를 「도시철도법」에 의한 도시철도운영자가 운영하는 도시철도와 연결하여 운행하려는 때에는 여객 운임·요금의 신고 또는 변경신고를 하기 전에 여객 운임·요금 및 그 변경시기에 관하여 미리 당해 도시철도운영자와 협의하여야 한다.

③ 철도사업자는 여객 운임·요금을 정하거나 변경하는 경우에는 원가와 버스 등 다른 교통수단의 여객 운임·요금과의 형평성 등을 고려하여야 한다. 이 경우 여객에 대한 운임은 사업용철도노선의 분류, 철도차량의 유형 등을 고려하여 국토교통부장관이 지정·고시한 상한을 초과하여서는 아니 된다.

④ 국토교통부장관은 여객 운임의 상한을 지정하려면 미리 기획재정부장관과 협의하여야 한다.

⑤ 국토교통부장관은 ①에 따른 신고 또는 변경신고를 받은 날부터 3일 이내에 신고수리 여부를 신고인에게 통지하여야 한다.

⑥ 철도사업자는 신고 또는 변경신고를 한 여객 운임·요금을 그 시행 1주일 이전에 인터넷 홈페이지, 관계 역·영업소 및 사업소 등 일반인이 잘 볼 수 있는 곳에 게시하여야 한다.

(2) 여객 운임·요금의 감면 기출 27, 22, 16, 13회

① 철도사업자는 재해복구를 위한 긴급지원, 여객 유치를 위한 기념행사, 그 밖에 철도사업의 경영상 필요하다고 인정되는 경우에는 일정한 기간과 대상을 정하여 신고한 여객 운임·요금을 감면할 수 있다.

② 철도사업자는 여객 운임·요금을 감면하는 경우에는 그 시행 3일 이전에 감면 사항을 인터넷 홈페이지, 관계 역·영업소 및 사업소 등 일반인이 잘 볼 수 있는 곳에 게시하여야 한다. 다만, 긴급한 경우에는 미리 게시하지 아니할 수 있다.

(3) 여객 운임의 상한지정 등 기출 22, 19회

① 국토교통부장관은 여객운임의 상한을 지정하는 때에는 물가상승률, 원가수준, 다른 교통수단과의 형평성, 사업용철도노선의 분류와 철도차량의 유형 등을 고려하여야 하며, 여객 운임의 상한을 지정한 경우에는 이를 관보에 고시하여야 한다.

② 국토교통부장관은 여객 운임의 상한을 지정하기 위하여 「철도산업발전기본법」에 따른 철도산업위원회 또는 철도나 교통 관련 전문기관 및 전문가의 의견을 들을 수 있다.

③ 국토교통부장관이 여객 운임의 상한을 지정하려는 때에는 철도사업자로 하여금 원가계산 그 밖에 여객 운임의 산출기초를 기재한 서류를 제출하게 할 수 있다.

④ 국토교통부장관은 사업용철도노선과 「도시철도법」에 의한 도시철도가 연결되어 운행되는 구간에 대하여 여객 운임의 상한을 지정하는 경우에는 도시철도 운임의 범위와 조화를 이루도록 하여야 한다.

(4) 부가운임의 징수 기출 29, 27, 19, 13, 11회

① 철도사업자는 열차를 이용하는 여객이 정당한 운임·요금을 지급하지 아니하고 열차를 이용한 경우에는 승차구간에 해당하는 운임 외에 그의 30배의 범위에서 부가운임을 징수할 수 있다.

② 철도사업자는 송하인이 운송장에 적은 화물의 품명·중량·용적 또는 개수에 따라 계산한 운임이 정당한 사유 없이 정상 운임보다 적은 경우에는 송하인에게 그 부족운임 외에 그 부족 운임의 5배의 범위에서 부가운임을 징수할 수 있다.

③ 철도사업자는 부가운임을 징수하려는 경우에는 사전에 부가운임의 징수 대상 행위, 열차의 종류 및 운행구간 등에 따른 부가운임 산정기준을 정하고 철도사업약관에 포함하여 국토교통부장관에게 신고하여야 한다.
④ 국토교통부장관은 신고를 받은 날부터 3일 이내에 신고수리 여부를 신고인에게 통지하여야 한다.

(5) 철도사업약관 기출 25, 22, 19, 18, 16, 11회

① 철도사업자는 철도사업약관을 정하여 국토교통부장관에게 신고하여야 한다. 이를 변경하려는 경우에도 같다.
② 국토교통부장관은 신고 또는 변경신고를 받은 날부터 3일 이내에 신고수리 여부를 신고인에게 통지하여야 한다.

> **짚고 넘어가기** 철도사업약관 기재사항 기출 19, 11회
>
> 1. 철도사업약관의 적용범위
> 2. 여객 운임·요금의 수수 또는 환급에 관한 사항
> 3. 부가운임에 관한 사항
> 4. 운송책임 및 배상에 관한 사항
> 5. 면책에 관한 사항
> 6. 여객의 금지행위에 관한 사항
> 7. 화물의 인도·인수·보관 및 취급에 관한 사항
> 8. 그 밖에 이용자의 보호 등을 위하여 필요한 사항

(6) 사업계획의 변경 빈출 29, 25, 24, 23, 22, 16, 15, 14회

① 철도사업자는 사업계획을 변경하려는 경우에는 국토교통부장관에게 신고하여야 한다. 다만, 대통령령으로 정하는 중요 사항을 변경하려는 경우에는 국토교통부장관의 인가를 받아야 한다.

> **짚고 넘어가기** 대통령령으로 정하는 중요한 사항: 국토교통부장관의 인가사항
>
> 1. 철도이용수요가 적어 수지균형의 확보가 극히 곤란한 벽지 노선으로서 「철도산업발전기본법」에 따라 공익서비스비용의 보상에 관한 계약이 체결된 노선의 철도운송서비스(철도여객운송서비스 또는 철도화물운송서비스)의 종류를 변경하거나 다른 종류의 철도운송서비스를 추가하는 경우
> 2. 운행구간의 변경(여객열차의 경우에 한한다)
> 3. 사업용철도노선별로 여객열차의 정차역을 신설 또는 폐지하거나 10분의 2 이상 변경하는 경우
> 4. 사업용철도노선별로 10분의 1 이상의 운행횟수의 변경(여객열차의 경우에 한한다). 다만, 공휴일·방학기간 등 수송수요와 열차운행계획상의 수송력과 현저한 차이가 있는 경우로서 3월 이내의 기간동안 운행횟수를 변경하는 경우를 제외한다.

② 국토교통부장관은 철도사업자가 다음의 어느 하나에 해당하는 경우에는 사업계획의 변경을 제한할 수 있다.
  ㉠ 국토교통부장관이 지정한 날 또는 기간에 운송을 시작하지 아니한 경우
  ㉡ 노선 운행중지, 운행제한, 감차 등을 수반하는 사업계획 변경명령을 받은 후 1년이 지나지 아니한 경우
  ㉢ 개선명령을 받고 이행하지 아니한 경우
  ㉣ 철도사고의 규모 또는 발생 빈도가 대통령령으로 정하는 기준(사업계획의 변경을 신청한 날이 포함된 연도의 직전 연도의 열차운행거리 100만 킬로미터당 철도사고로 인한 사망자수 또는 철도사고의 발생횟수가 직전연도를 제외한 최근 5년간 평균보다 10분의 2 이상 증가한 경우) 이상인 경우
③ 철도사업자는 사업계획을 변경하려는 때에는 사업계획을 변경하려는 날 1개월 전까지(변경하려는 사항이 인가사항인 경우에는 2개월 전까지) 사업계획변경신고서 또는 사업계획변경인가신청서를 국토교통부장관에게 제출하여야 한다.
④ 국토교통부장관은 ①에 따른 신고를 받은 날부터 3일 이내에 신고수리 여부를 신고인에게 통지하여야 한다.

(7) 공동운수협정 기출 29, 22, 18, 14회

① 철도사업자는 다른 철도사업자와 공동경영에 관한 계약이나 그 밖의 운수에 관한 협정(이하 "공동운수협정")을 체결하거나 변경하려는 경우에는 국토교통부령으로 정하는 바에 따라 국토교통부장관의 인가를 받아야 한다.

② 다만, 국토교통부령으로 정하는 경미한 사항을 변경하려는 경우에는 국토교통부령으로 정하는 바에 따라 국토교통부장관에게 신고하여야 한다. 이 경우 국토교통부장관은 신고를 받은 날부터 3일 이내에 신고수리 여부를 신고인에게 통지하여야 한다.

> **짚고 넘어가기** 국토교통부령으로 정하는 경미한 사항 기출 29회
> - 철도사업자가 여객 운임·요금의 변경신고를 한 경우 이를 반영하기 위한 사항
> - 철도사업자가 사업계획변경을 신고하거나 사업계획변경의 인가를 받은 때에는 이를 반영하기 위한 사항
> - 공동운수협정에 따른 운행구간별 열차 운행횟수의 10분의 1 이내에서의 변경
> - 그 밖에 법에 의하여 신고 또는 인가·허가 등을 받은 사항을 반영하기 위한 사항

③ 국토교통부장관은 공동운수협정을 인가하려면 미리 공정거래위원회와 협의하여야 한다.

④ 국토교통부장관은 공동운수협정에 대한 인가신청 또는 변경인가신청을 받은 경우에는 다음의 사항을 검토한 후 인가 또는 변경인가여부를 결정하여야 한다.

> 1. 공동운수협정의 체결 또는 변경으로 인하여 철도서비스의 질적 저하가 발생하는지의 여부
> 2. 공동운수협정의 체결 또는 변경으로 인하여 철도수송수요와 수송력 공급 및 이용자의 편의에 지장을 초래하는 지의 여부
> 3. 공동운수협정의 체결 또는 변경내용에 선로·역시설·물류시설·차량정비기지 및 차량유치시설 등 운송시설의 공동사용에 관한 내용이 있는 경우에는 당해 운송시설의 공동사용으로 인하여 철도사업의 원활한 운영과 여객의 이용편의에 지장을 초래하는 지의 여부
> 4. 공동운수협정의 체결 또는 변경이 수송력공급의 증가를 목적으로 하는 경우에는 주말·연휴 등 일시적으로 유발되는 수송수요에 효율적으로 대응할 수 있는 지의 여부
> 5. 공동운수협정의 체결 또는 변경에 따른 운임·요금이 적정한 지의 여부
> 6. 공동운수협정을 체결 또는 변경하는 철도사업자 간 수입·비용의 배분이 적정한 지의 여부
> 7. 공동운수협정의 체결 또는 변경으로 인하여 철도안전에 지장을 초래하는 지의 여부

⑤ 철도사업자는 공동운수협정을 체결하거나 인가받은 사항을 변경하고자 하는 때에는 다른 철도사업자와 공동으로 공동운수협정(변경)인가신청서에 필요한 서류를 첨부하여 국토교통부장관에게 제출하여야 한다.

4. 철도사업의 양도, 합병, 휴·폐업

(1) 사업의 양도·양수 등 기출 29, 26, 25, 23, 22, 18, 16회

① 철도사업자는 그 철도사업을 양도·양수하려는 경우에는 국토교통부장관의 인가를 받아야 한다.

② 철도사업자는 다른 철도사업자 또는 철도사업 외의 사업을 경영하는 자와 합병하려는 경우에는 국토교통부장관의 인가를 받아야 한다.

③ 국토교통부장관의 인가를 받은 경우 철도사업을 양수한 자는 철도사업을 양도한 자의 철도사업자로서의 지위를 승계하며, 합병으로 설립되거나 존속하는 법인은 합병으로 소멸되는 법인의 철도사업자로서의 지위를 승계한다.

(2) 사업의 휴업·폐업 [기출] 26, 25, 18, 16, 11회

① 철도사업자가 그 사업의 전부 또는 일부를 휴업 또는 폐업하려는 경우에는 국토교통부장관의 허가를 받아야 한다.
② 다만, 선로 또는 교량의 파괴, 철도시설의 개량, 그 밖의 정당한 사유로 휴업하는 경우에는 국토교통부장관에게 신고하여야 한다.
③ ①에 따른 휴업기간은 6개월을 넘을 수 없다. 다만, ②에 따른 휴업의 경우에는 예외로 한다.(즉, 6개월을 넘을 수 있다)
④ ①에 따라 허가를 받거나 신고한 휴업기간 중이라도 휴업 사유가 소멸된 경우에는 국토교통부장관에게 신고하고 사업을 재개할 수 있다.
⑤ 국토교통부장관은 ②와 ④의 신고를 받은 날부터 60일 이내에 신고수리 여부를 신고인에게 통지하여야 한다.
⑥ 철도사업자는 철도사업의 전부 또는 일부를 휴업 또는 폐업하려는 경우에는 허가를 받은 날부터 7일 이내에 휴업 또는 폐업하는 사업의 내용과 그 기간 등을 인터넷 홈페이지, 관계 역·영업소 및 사업소 등 일반인이 잘 볼 수 있는 곳에 게시하여야 한다.

(3) 면허취소 등 [기출] 26, 23, 19, 18, 16회

국토교통부장관은 철도사업자가 다음의 어느 하나에 해당하는 경우에는 면허를 취소하거나, 6개월 이내의 기간을 정하여 사업의 전부 또는 일부의 정지를 명하거나, 노선 운행중지·운행제한·감차 등을 수반하는 사업계획의 변경을 명할 수 있다. 반드시 취소해야 하는 경우는 다음 2가지이다.
㉠ 거짓이나 그 밖의 부정한 방법으로 철도사업의 면허를 받은 경우
㉡ 철도사업자의 임원 중 결격사유에 해당하게 된 사람이 있는 경우. 다만, 3개월 이내에 그 임원을 바꾸어 임명한 경우에는 예외로 한다.

(4) 과징금 [기출] 25, 24, 23, 17, 13, 12회

① 과징금 처분
  ㉠ 국토교통부장관은 철도사업자에게 사업정지처분을 하여야 하는 경우로서 그 사업정지처분이 그 철도사업자가 제공하는 철도서비스의 이용자에게 심한 불편을 주거나 그 밖에 공익을 해칠 우려가 있을 때에는 그 사업정지처분을 갈음하여 1억 원 이하의 과징금을 부과·징수할 수 있다.
  ㉡ 국토교통부장관은 과징금을 부과하고자 하는 때에는 그 위반행위의 종별과 해당 과징금의 금액 등을 명시하여 이를 납부할 것을 서면으로 통지하여야 한다.
  ㉢ 과징금 납부 통지를 받은 자는 20일 이내에 과징금을 국토교통부장관이 지정한 수납기관에 납부해야 한다.
  ㉣ 국토교통부장관은 과징금 부과처분을 받은 자가 납부기한까지 과징금을 내지 아니하면 국세 체납처분의 예에 따라 징수한다.
② 과징금의 용도
  징수한 과징금은 다음 외의 용도로는 사용할 수 없다.
  ㉠ 철도사업 종사자의 양성·교육훈련이나 그 밖의 자질향상을 위한 시설 및 철도사업 종사자에 대한 지도업무의 수행을 위한 시설의 건설·운영
  ㉡ 철도사업의 경영개선이나 그 밖에 철도사업의 발전을 위하여 필요한 사업
  ㉢ ㉠ 및 ㉡의 목적을 위한 보조 또는 융자
③ 과징금 운용계획: 국토교통부장관은 과징금으로 징수한 금액의 운용계획을 수립하여 시행하여야 한다.

(5) **우편물 등의 운송과 철도차량의 표시** 기출 21, 17, 16, 12회
  ① 철도사업자는 여객 또는 화물 운송에 부수하여 우편물과 신문 등을 운송할 수 있다.
  ② 철도사업자는 철도사업에 사용되는 철도차량에 철도사업자의 명칭과 철도차량 외부에서 철도사업자를 식별할 수 있는 도안 또는 문자를 표시하여야 한다.

5. 철도사업자 및 철도운수종사자의 준수사항 등

(1) **철도사업자의 준수사항** 기출 25, 21, 17, 12회
  ① 철도사업자는 타인에게 자기의 성명 또는 상호를 사용하여 철도사업을 경영하게 하여서는 아니 된다.(명의대여 금지)
  ② 철도사업자는 「철도안전법」에 따른 요건을 갖추지 아니한 사람을 운전업무에 종사하게 하여서는 아니 된다.
  ③ 철도사업자는 사업계획을 성실하게 이행하여야 하며, 부당한 운송 조건을 제시하거나 정당한 사유 없이 운송계약의 체결을 거부하는 등 철도운송 질서를 해치는 행위를 하여서는 아니 된다.
  ④ 철도사업자는 여객 운임표, 여객 요금표, 감면 사항 및 철도사업약관을 인터넷 홈페이지에 게시하고 관계 역·영업소 및 사업소 등에 갖추어 두어야 하며, 이용자가 요구하는 경우에는 제시하여야 한다.
  ⑤ ①부터 ③까지에 따른 준수사항 외에 운송의 안전과 여객 및 화주의 편의를 위하여 철도사업자가 준수하여야 할 사항은 국토교통부령으로 정한다.

> **짚고 넘어가기** 국토교통부령으로 정하는 철도사업자의 준수사항
> 1. 철도사업자는 노약자·장애인 등에 대하여 특별한 편의를 제공해야 한다.
> 2. 철도사업자는 철도차량을 항상 깨끗이 유지해야 한다.
> 3. 철도사업자는 회사명, 철도차량번호 및 불편사항이 발생할 경우의 연락처 등을 적은 표지판을 철도차량 내에 게시해야 한다.
> 4. 철도사업자는 다음 각 목의 사항을 일반 공중이 보기 쉬운 영업소 등의 장소에 게시해야 한다.
>   - 사업자 및 영업소의 명칭
>   - 운행시간표(운행횟수가 빈번한 운행계통의 경우에는 첫차 및 마지막차의 출발시각과 운행 간격)
>   - 정차역 및 목적지별 도착시각
>   - 사업을 휴업하거나 폐업하려는 경우에는 그 내용의 예고
>   - 영업소를 이전하려는 경우에는 그 이전의 예고
> 5. 철도사업자는 위험물을 철도로 운송하려는 경우에는 운송 중의 위험방지 및 인명의 안전에 적합하도록 포장·적재 등의 안전조치를 취한 후 운송해야 한다.
> 6. 철도사업자는 철도운수종사자로 하여금 여객과 화물을 운송할 때에 다음 각 목의 사항을 성실하게 지키도록 하고, 항상 이를 지도·감독해야 한다.
>   - 정비·점검이 불량한 철도차량을 운행하지 않도록 할 것
>   - 관계 공무원, 관계업무종사자 또는 철도특별사법경찰관리 등의 위험방지를 위한 조치에 따르도록 할 것
>   - 철도사고를 일으킨 경우에는 긴급조치 및 신고의 의무를 충실하게 이행하도록 할 것
> 7. 철도사업자는 여객을 운송하는 과정에서 철도사고 또는 장애로 장시간 열차가 정차·지연되는 상황이 발생할 경우 철도운수종사자가 다음 각 목에 따라 성실하게 지키도록 하고, 항상 지도·감독해야 한다.
>   - 원칙적으로 1시간 이상 열차가 정차·지연될 것으로 예상되는 경우 열차 내 승객에게 지체 없이 대피 등 구호조치를 시행하도록 함. 다만, 안전상, 그 밖에 열차운행상 문제점이 발생할 가능성이 있거나 사고발생 지점과 인근 역 등과의 거리가 멀어 단시간 내 구호조치가 어려운 경우는 제외한다.
>   - 열차 내 여객에게 지연사유와 진행상황을 여객이 쉽게 접할 수 있는 안내방송, 영상장치 등을 활용하여 매 20분 간격으로 안내하도록 함
>   - 열차 내 여객의 대기시간이 1시간 이상일 경우 식수 등 적절한 음식물을 제공하도록 함
>   - 열차 지연에 대한 비상계획을 이행할 수 있는 인적·물적 자원을 신속히 투입하도록 함
> 8. 철도사업자는 열차 운행 또는 정차 상황에서 호흡곤란 등에 따른 응급환자가 발생한 경우 응급환자가 119구조대나 의료기관 등의 응급조치를 신속하게 받을 수 있도록 해야 한다.

(2) 사업의 개선명령 기출 16, 12회

국토교통부장관은 원활한 철도운송, 서비스의 개선 및 운송의 안전과 그 밖에 공공복리의 증진을 위하여 필요하다고 인정하는 경우에는 철도사업자에게 다음의 사항을 명할 수 있다.
① 사업계획의 변경
② 철도차량 및 운송 관련 장비·시설의 개선
③ 운임·요금 징수 방식의 개선
④ 철도사업약관의 변경
⑤ 공동운수협정의 체결
⑥ 철도차량 및 철도사고에 관한 손해배상을 위한 보험에의 가입
⑦ 안전운송의 확보 및 서비스의 향상을 위하여 필요한 조치
⑧ 철도운수종사자의 양성 및 자질향상을 위한 교육

(3) 철도운수종사자의 준수사항

철도사업에 종사하는 철도운수종사자는 다음의 어느 하나에 해당하는 행위를 하여서는 아니 된다.
① 정당한 사유 없이 여객 또는 화물의 운송을 거부하거나 여객 또는 화물을 중도에서 내리게 하는 행위
② 부당한 운임 또는 요금을 요구하거나 받는 행위
③ 그 밖에 안전운행과 여객 및 화주의 편의를 위하여 철도운수종사자가 준수하여야 할 사항으로서 국토교통부령으로 정하는 사항을 위반하는 행위

(4) 철도화물 운송에 관한 책임 기출 25, 21회

① 철도사업자의 화물의 멸실·훼손 또는 인도의 지연에 대한 손해배상책임에 관하여는 「상법」 제135조를 준용한다.
② ①을 적용할 때에 화물이 인도 기한을 지난 후 3개월 이내에 인도되지 아니한 경우에는 그 화물은 멸실된 것으로 본다.

CHAPTER 03 민자철도 운영의 감독·관리 등

1. 민자철도의 유지·관리 및 운영

(1) 민자철도의 유지·관리 및 운영에 관한 기준 등

① 국토교통부장관은 고속철도, 광역철도 및 일반철도로서 민간투자사업으로 건설된 민자철도의 관리운영권을 설정받은 자(이하 민자철도사업자)가 해당 민자철도를 안전하고 효율적으로 유지·관리할 수 있도록 민자철도의 유지·관리 및 운영에 관한 기준을 정하여 고시하여야 한다.
② 국토교통부장관은 ①에 따른 민자철도의 유지·관리 및 운영에 관한 기준에 따라 매년 소관 민자철도에 대하여 운영평가를 실시하여야 한다.

> **짚고 넘어가기** 민자철도의 운영평가 방법 등 [기출] 28회
>
> 1. 국토교통부장관은 소관 민자철도의 전년도 1월 1일부터 12월 31일까지의 운영에 대하여 다음의 항목을 포함하여 국토교통부장관이 정하여 고시한 운영평가 기준에 따라 운영평가를 실시해야 한다.
>   - 철도의 안전성
>   - 이용자의 편의성
>   - 민자철도 운영의 효율성
> 2. 국토교통부장관은 운영평가를 실시하려면 매년 3월 31일까지 소관 민자철도에 대한 평가일정, 평가방법 등을 포함한 운영평가계획을 수립한 후 평가를 실시하기 2주 전까지 민자철도사업자에게 통보해야 한다.
> 3. 국토교통부장관은 제1항에 따른 운영평가를 위하여 필요한 경우에는 관계 공무원, 철도 관련 전문가 등으로 민자철도 운영평가단을 구성·운영할 수 있다.
> 4. 국토교통부장관이 민자철도사업자에게 필요한 조치를 명한 경우 해당 민자철도사업자는 30일 이내에 조치계획을 마련하여 국토교통부장관에게 제출해야 한다.

③ 국토교통부장관은 ②에 따른 운영평가 결과에 따라 민자철도에 관한 유지·관리 및 체계 개선 등 필요한 조치를 민자철도사업자에게 명할 수 있다.

④ 민자철도사업자는 ③에 따른 명령을 이행하고 그 결과를 국토교통부장관에게 보고하여야 한다.

(2) 민자철도사업자에 대한 과징금 처분

① 국토교통부장관은 민자철도사업자가 다음의 어느 하나에 해당하는 경우에는 1억 원 이하의 과징금을 부과·징수할 수 있다.
  ㉠ 민자철도의 유지·관리 및 운영에 관한 기준을 준수하지 아니한 경우
  ㉡ 민자철도의 운영평가 결과에 따라 국토교통부장관이 민자철도사업자에게 내린 명령을 이행하지 아니하거나 그 결과를 보고하지 아니한 경우

② 국토교통부장관은 과징금 부과처분을 받은 자가 납부기한까지 과징금을 내지 아니하면 국세강제징수의 예에 따라 징수한다.

③ 징수한 과징금의 용도 등에 관하여는 철도사업자에 대한 과징금의 용도를 준용한다.

(3) 사정변경 등에 따른 실시협약의 변경 요구 등

① 국토교통부장관은 중대한 사정변경 또는 민자철도사업자의 위법한 행위 등 다음의 어느 하나에 해당하는 사유가 발생한 경우 민자철도사업자에게 그 사유를 소명하거나 해소 대책을 수립할 것을 요구할 수 있다.
  ㉠ 민자철도사업자가 실시협약에서 정한 자기자본의 비율을 대통령령으로 정하는 기준 미만으로 변경한 경우 (다만, 주무관청의 승인을 받아 변경한 경우는 제외)
  ㉡ 민자철도사업자가 대통령령으로 정하는 기준을 초과한 이자율로 자금을 차입한 경우
  ㉢ 교통여건이 현저히 변화되는 등 실시협약의 기초가 되는 사실 또는 상황에 중대한 변경이 생긴 경우로서 대통령령으로 정하는 경우

② ①에 따른 요구를 받은 민자철도사업자는 국토교통부장관이 요구한 날부터 30일 이내에 그 사유를 소명하거나 해소 대책을 수립하여야 한다.

③ 국토교통부장관은 다음의 어느 하나에 해당하는 경우 민자철도 관리지원센터의 자문을 거쳐 실시협약의 변경 등을 요구할 수 있다.
  ㉠ 민자철도사업자가 ②에 따른 소명을 하지 아니하거나 그 소명이 충분하지 아니한 경우
  ㉡ 민자철도사업자가 ②에 따른 해소 대책을 수립하지 아니한 경우

ⓒ ②에 따른 해소 대책으로는 ①에 따른 사유를 해소할 수 없거나 해소하기 곤란하다고 판단되는 경우
④ 국토교통부장관은 민자철도사업자가 ③에 따른 요구에 따르지 아니하는 경우 정부지급금, 실시협약에 따른 보조금 및 재정지원금의 전부 또는 일부를 지급하지 아니할 수 있다.

2. 민자철도에 대한 지원

(1) 민자철도사업자에 대한 지원
국토교통부장관은 정책의 변경 또는 법령의 개정 등으로 인하여 민자철도사업자가 부담하여야 하는 비용이 추가로 발생하는 경우 그 비용의 전부 또는 일부를 지원할 수 있다.

(2) 민자철도 관리지원센터의 지정 등
① 국토교통부장관은 민자철도에 대한 감독 업무를 효율적으로 수행하기 위하여 다음의 어느 하나에 해당하는 기관을 민자철도에 대한 전문성을 고려하여 민자철도 관리지원센터로 지정할 수 있다.
  ㉠ 정부출연연구기관
  ㉡ 공공기관
② 관리지원센터는 다음의 업무를 수행한다.
  ㉠ 민자철도의 교통수요 예측, 적정 요금 또는 운임 및 운영비 산출과 관련한 자문 및 지원
  ㉡ 민자철도의 유지·관리 및 운영에 관한 기준과 관련한 자문 및 지원
  ㉢ 민자철도의 운영평가와 관련한 자문 및 지원
  ㉣ 실시협약 변경 등의 요구와 관련한 자문 및 지원
  ㉤ 국토교통부장관이 위탁하는 업무
  ㉥ 그 밖에 이 법에 따른 민자철도에 관한 감독 지원을 위하여 국토교통부령으로 정하는 업무
③ 국토교통부장관은 관리지원센터가 업무를 수행하는 데에 필요한 비용을 예산의 범위에서 지원할 수 있다.
④ 국토교통부장관은 관리지원센터가 다음의 어느 하나에 해당하는 경우에는 지정을 취소할 수 있다. 다만, ㉠에 해당하는 경우에는 지정을 취소하여야 한다.
  ㉠ 거짓이나 그 밖의 부정한 방법으로 지정을 받은 경우
  ㉡ 지정받은 사항을 위반하여 업무를 수행한 경우
⑤ 국토교통부장관은 민자철도와 관련하여 이 법과 「사회기반시설에 대한 민간투자법」에 따른 업무로서 국토교통부령으로 정하는 업무를 관리지원센터에 위탁할 수 있다.

(3) 국회에 대한 보고 등
① 국토교통부장관은 「사회기반시설에 대한 민간투자법」에 따라 국가가 재정을 지원한 민자철도의 건설 및 유지·관리 현황에 관한 보고서를 작성하여 매년 5월 31일까지 국회 소관 상임위원회에 제출하여야 한다.
② 국토교통부장관은 ①에 따른 보고서를 작성하기 위하여 민자철도사업자에게 필요한 자료의 제출을 요구할 수 있다.

CHAPTER 04 철도서비스 향상 등

1. 철도서비스의 품질평가와 우수철도서비스 인증

(1) 철도서비스의 품질평가 등 기출 24, 21, 20, 11회

① 철도서비스의 품질평가

국토교통부장관은 공공복리의 증진과 철도서비스 이용자의 권익보호를 위하여 철도사업자가 제공하는 철도서비스에 대하여 적정한 철도서비스 기준을 정하고, 그에 따라 철도사업자가 제공하는 철도서비스의 품질을 평가하여야 한다.

② 철도서비스의 기준

> 1. 철도의 시설·환경관리 등이 이용자의 편의와 공익적 목적에 부합할 것
> 2. 열차가 정시에 목적지까지 도착하도록 하는 등 철도이용자의 편의를 도모할 수 있도록 할 것
> 3. 예·매표의 이용편리성, 역 시설의 이용편리성, 고객을 상대로 승무 또는 역무서비스를 제공하는 종사원의 친절도, 열차의 쾌적성 등을 제고하여 철도이용자의 만족도를 높일 수 있을 것
> 4. 철도사고와 운행장애를 최소화하는 등 철도에서의 안전이 확보되도록 할 것

③ 평가기간과 절차
  ㉠ 국토교통부장관은 철도사업자에 대하여 2년마다 철도서비스의 품질평가를 실시하여야 한다. 다만, 국토교통부장관이 필요하다고 인정하는 경우에는 수시로 품질평가를 실시할 수 있다.
  ㉡ 국토교통부장관은 품질평가를 실시하고자 하는 때에는 철도서비스 기준의 세부내역, 품질평가의 항목 등이 포함된 철도서비스품질평가실시계획을 수립하여야 한다.

④ 평가 결과의 공표 및 활용
  ㉠ 국토교통부장관은 철도서비스의 품질을 평가한 경우에는 그 평가 결과를 대통령령으로 정하는 바에 따라 신문 등 대중매체를 통하여 공표하여야 한다.
  ㉡ 국토교통부장관은 철도서비스의 품질평가 결과에 따라 사업 개선명령 등 필요한 조치를 할 수 있다.
  ㉢ 국토교통부장관은 철도서비스의 품질평가결과가 우수한 철도사업자 및 그 소속 종사자에게 예산의 범위 안에서 포상 등 지원시책을 시행할 수 있다.

(2) 우수철도서비스 인증

① 우수철도서비스 인증과 인증표시 기출 24, 21, 20, 17회
  ㉠ 국토교통부장관은 공정거래위원회와 협의하여 철도사업자 간 경쟁을 제한하지 아니하는 범위에서 철도서비스의 질적 향상을 촉진하기 위하여 우수철도서비스에 대한 인증을 할 수 있다.
  ㉡ 국토교통부장관은 품질평가결과가 우수한 철도서비스에 대하여 직권으로 또는 철도사업자의 신청에 의하여 우수철도서비스인증을 할 수 있다.
  ㉢ 철도사업자의 신청에 의하여 우수철도서비스인증을 하는 경우에는 그에 소요되는 비용은 당해 철도사업자가 부담한다.
  ㉣ 인증을 받은 철도사업자는 그 인증의 내용을 나타내는 표지(이하 "우수서비스마크")를 철도차량, 역 시설 또는 철도 용품 등에 붙이거나 인증 사실을 홍보할 수 있다.

② 인증기준
　㉠ 당해 철도서비스의 종류와 내용이 철도이용자의 이용편의를 제고하는 것일 것
　㉡ 당해 철도서비스의 종류와 내용이 공익적 목적에 부합될 것
　㉢ 당해 철도서비스로 인하여 철도의 안전확보에 지장을 주지 아니할 것
　㉣ 그 밖에 국토교통부장관이 정하는 인증기준에 적합할 것
③ 평가업무 등의 위탁 및 자료 등의 요청
　㉠ 국토교통부장관은 효율적인 철도 서비스 품질평가 체제를 구축하기 위하여 필요한 경우에는 관계 전문기관 등에 철도서비스 품질에 대한 조사·평가·연구 등의 업무와 우수 철도서비스 인증에 필요한 심사업무를 위탁할 수 있다.
　㉡ 국토교통부장관이나 평가업무 등을 위탁받은 자는 철도서비스의 평가 등을 할 때 철도사업자에게 관련 자료 또는 의견 제출 등을 요구하거나 철도서비스에 대한 실지조사를 할 수 있다.

2. 철도시설의 공동 활용 및 회계 구분

(1) 철도시설의 공동 활용 기출 28, 11회

공공교통을 목적으로 하는 선로 및 다음의 공동 사용시설을 관리하는 자는 철도사업자가 그 시설의 공동 활용에 관한 요청을 하는 경우 협정을 체결하여 이용할 수 있게 하여야 한다.

> 1. 철도역 및 역 시설(물류시설, 환승시설 및 편의시설 등을 포함)
> 2. 철도차량의 정비·검사·점검·보관 등 유지관리를 위한 시설
> 3. 사고의 복구 및 구조·피난을 위한 설비
> 4. 열차의 조성 또는 분리 등을 위한 시설
> 5. 철도 운영에 필요한 정보통신 설비

(2) 회계의 구분 기출 24, 21, 17회

① 철도사업자는 철도사업 외의 사업을 경영하는 경우에는 철도사업에 관한 회계와 철도사업 외의 사업에 관한 회계를 구분하여 경리하여야 한다.
② 철도사업자는 철도운영의 효율화와 회계처리의 투명성을 제고하기 위하여 국토교통부령으로 정하는 바에 따라 철도사업의 종류별·노선별로 회계를 구분하여 경리하여야 한다.

CHAPTER 05　전용철도 및 국유철도시설의 활용·지원

1. 전용철도의 등록

(1) 등록 기출 28, 27, 25, 24, 22, 17회

① 전용철도를 운영하려는 자는 국토교통부령으로 정하는 바에 따라 전용철도의 건설·운전·보안 및 운송에 관한 사항이 포함된 운영계획서를 첨부하여 국토교통부장관에게 등록을 하여야 한다. 다만 대통령령으로 정하는 경미한 변경의 경우에는 예외로 한다.

② 변경등록의 예외사항(대통령령으로 정하는 경미한 변경의 경우) `기출` 28회

> 1. 운행시간을 연장 또는 단축한 경우
> 2. 배차간격 또는 운행횟수를 단축 또는 연장한 경우
> 3. 10분의 1의 범위 안에서 철도차량 대수를 변경한 경우
> 4. 주사무소·철도차량기지를 제외한 운송관련 부대시설을 변경한 경우
> 5. 법인의 임원을 변경한 경우
> 6. 6개월의 범위안에서 전용철도 건설기간을 조정한 경우

③ 국토교통부장관은 등록기준을 적용할 때에 환경오염, 주변 여건 등 지역적 특성을 고려할 필요가 있거나 그 밖에 공익상 필요하다고 인정하는 경우에는 등록을 제한하거나 부담을 붙일 수 있다.

(2) 등록의 결격사유 `기출` 22, 17회

다음의 어느 하나에 해당하는 자는 전용철도를 등록할 수 없다. 법인인 경우 그 임원 중에 다음의 어느 하나에 해당하는 자가 있는 경우에도 같다.
① 철도사업 면허의 결격사유 중 어느 하나에 해당하는 사람
② 이 법에 따라 전용철도의 등록이 취소된 후 그 취소일부터 1년이 지나지 아니한 자

2. 전용철도의 운영

(1) 전용철도 운영의 양도·양수 및 합병 `기출` 29, 23, 22, 19, 18, 17, 12회

① 전용철도의 운영을 양도·양수하려는 자는 국토교통부령으로 정하는 바에 따라 국토교통부장관에게 신고하여야 한다.
② 전용철도의 등록을 한 법인이 합병하려는 경우에는 국토교통부령으로 정하는 바에 따라 국토교통부장관에게 신고하여야 한다.
③ 국토교통부장관은 신고를 받은 날부터 30일 이내에 신고수리 여부를 신고인에게 통지하여야 한다.
④ 신고가 수리된 경우 전용철도의 운영을 양수한 자는 전용철도의 운영을 양도한 자의 전용철도운영자로서의 지위를 승계하며, 합병으로 설립되거나 존속하는 법인은 합병으로 소멸되는 법인의 전용철도운영자로서의 지위를 승계한다.

(2) 전용철도 운영의 상속 `기출` 29, 26, 22, 19, 12회

① 전용철도운영자가 사망한 경우 상속인이 그 전용철도의 운영을 계속하려는 경우에는 피상속인이 사망한 날부터 3개월 이내에 국토교통부장관에게 신고하여야 한다.
② 국토교통부장관은 신고를 받은 날부터 10일 이내에 신고수리 여부를 신고인에게 통지하여야 한다.
③ 신고가 수리된 경우 상속인은 피상속인의 전용철도운영자로서의 지위를 승계하며, 피상속인이 사망한 날부터 신고가 수리된 날까지의 기간 동안은 피상속인의 전용철도 등록은 상속인의 등록으로 본다.
④ 상속인이 피상속인이 사망한 날부터 3개월 이내에 그 전용철도의 운영을 다른 사람에게 양도한 경우 피상속인의 사망일부터 양도일까지의 기간에 있어서 피상속인의 전용철도 등록은 상속인의 등록으로 본다.

(3) 전용철도 운영의 휴업·폐업 기출 29, 26, 25, 19, 12회

전용철도운영자가 그 운영의 전부 또는 일부를 휴업 또는 폐업한 경우에는 1개월 이내에 국토교통부장관에게 신고하여야 한다.

(4) 전용철도 운영의 개선명령 기출 19, 12회

국토교통부장관은 전용철도 운영의 건전한 발전을 위하여 필요하다고 인정하는 경우에는 전용철도운영자에게 다음의 사항을 명할 수 있다.
① 사업장의 이전
② 시설 또는 운영의 개선

(5) 등록의 취소·정지 기출 20, 12회

국토교통부장관은 전용철도운영자가 다음의 어느 하나에 해당하는 경우에는 그 등록을 취소하거나 1년 이내의 기간을 정하여 그 운영의 전부 또는 일부의 정지를 명할 수 있다. 다만, ①에 해당하는 경우에는 등록을 취소하여야 한다.
① 거짓이나 그 밖의 부정한 방법으로 등록을 한 경우
② 등록기준에 미달하거나 부담을 이행하지 아니한 경우
③ 휴업신고나 폐업신고를 하지 아니하고 3개월 이상 전용철도를 운영하지 아니한 경우

3. 국유철도시설의 점용허가

(1) 점용허가 기출 27, 26회

① 국토교통부장관은 국가가 소유·관리하는 철도시설에 건물이나 그 밖의 시설물을 설치하려는 자에게 시설물의 종류 및 기간 등을 정하여 점용허가를 할 수 있다.
② 점용허가는 철도사업자와 철도사업자가 출자·보조 또는 출연한 사업을 경영하는 자에게만 하며, 시설물의 종류와 경영하려는 사업이 철도사업에 지장을 주지 아니하여야 한다.

(2) 점용허가의 취소 기출 28회

국토교통부장관은 점용허가를 받은 자가 다음의 어느 하나에 해당하면 그 점용허가를 취소할 수 있다.

> 1. 점용허가 목적과 다른 목적으로 철도시설을 점용한 경우
> 2. 시설물의 종류와 경영하는 사업이 철도사업에 지장을 주게 된 경우
> 3. 점용허가를 받은 날부터 1년 이내에 해당 점용허가의 목적이 된 공사에 착수하지 아니한 경우. 다만, 정당한 사유가 있는 경우에는 1년의 범위에서 공사의 착수기간을 연장할 수 있다.
> 4. 점용료를 납부하지 아니하는 경우
> 5. 점용허가를 받은 자가 스스로 점용허가의 취소를 신청하는 경우

(3) **점용허가기간** 기출 26, 13, 11회

① 국토교통부장관은 국가가 소유·관리하는 철도시설에 대한 점용허가를 하고자 하는 때에는 다음의 기간을 초과하여서는 아니된다.(다만, 건물 그 밖의 시설물을 설치하는 경우 그 공사에 소요되는 기간은 이를 산입하지 아니한다)

> ㉠ 철골조·철근콘크리트조·석조 또는 이와 유사한 견고한 건물의 축조를 목적으로 하는 경우에는 50년
> ㉡ 위 ㉠ 외의 건물의 축조를 목적으로 하는 경우에는 15년
> ㉢ 건물 외의 공작물의 축조를 목적으로 하는 경우에는 5년

(4) **시설물 설치의 대행**

국토교통부장관은 점용허가를 받은 자가 설치하려는 시설물의 전부 또는 일부가 철도시설 관리에 관계되는 경우에는 점용허가를 받은 자의 부담으로 그의 위탁을 받아 시설물을 직접 설치하거나 국가철도공단으로 하여금 설치하게 할 수 있다.

4. 국유철도시설의 점용료

(1) **점용료** 기출 27, 26, 22, 20회

① 점용료의 부과와 납부
  ㉠ 국토교통부장관은 점용허가를 받은 자에게 점용료를 부과한다.
  ㉡ 점용료는 점용허가를 할 철도시설의 가액과 점용허가를 받아 행하는 사업의 매출액을 기준으로 하여 산출하되, 구체적인 점용료 산정기준에 대하여는 국토교통부장관이 정한다.
  ㉢ 철도시설의 가액은 감정평가액으로 산출하되, 당해 철도시설의 가액은 산출 후 3년 이내에 한하여 적용한다.
  ㉣ 점용료는 매년 1월말까지 당해연도 해당분을 선납하여야 한다. 다만, 국토교통부장관은 부득이한 사유로 선납이 곤란하다고 인정하는 경우에는 그 납부기한을 따로 정할 수 있다.
  ㉤ 국토교통부장관은 점용허가를 받은 자가 점용료를 내지 아니하면 국세 체납처분의 예에 따라 징수한다.

② 점용료의 감면
  점용허가를 받은 자가 다음에 해당하는 경우에는 점용료를 감면할 수 있다.

> 1. 국가에 무상으로 양도하거나 제공하기 위한 시설물을 설치하기 위하여 점용허가를 받은 경우
> 2. 국가에 무상으로 양도하거나 제공하기 위한 시설물을 설치하기 위한 경우로서 공사기간 중에 점용허가를 받거나 임시 시설물을 설치하기 위하여 점용허가를 받은 경우
> 3. 「공공주택 특별법」에 따른 공공주택을 건설하기 위하여 점용허가를 받은 경우
> 4. 재해, 그 밖의 특별한 사정으로 본래의 철도 점용 목적을 달성할 수 없는 경우
> 5. 국민경제에 중대한 영향을 미치는 공익사업으로서 대통령령으로 정하는 사업을 위하여 점용허가를 받은 경우

③ 점용료 징수업무의 위탁
  국토교통부장관이 철도시설의 건설 및 관리 등에 관한 업무의 일부를 국가철도공단으로 하여금 대행하게 한 경우 점용료 징수에 관한 업무를 위탁할 수 있다.

④ 변상금의 징수

국토교통부장관은 점용허가를 받지 아니하고 철도시설을 점용한 자에 대하여 점용료의 100분의 120에 해당하는 금액을 변상금으로 징수할 수 있다.

(2) 권리와 의무의 이전 기출 29, 27, 23, 22회

① 점용허가로 인하여 발생한 권리와 의무를 이전하려는 경우에는 대통령령으로 정하는 바에 따라 국토교통부장관의 인가를 받아야 한다.

② 인가를 받고자 하는 때에는 국토교통부령이 정하는 신청서에 이전계약서 사본, 이전가격의 명세서를 첨부하여 권리와 의무를 이전하고자 하는 날 3월 전까지 국토교통부장관에게 제출하여야 한다.

(3) 원상회복의무 기출 27, 26, 22회

① 점용허가를 받은 자는 점용허가기간이 만료되거나 점용허가가 취소된 경우에는 점용허가된 철도 재산을 원상으로 회복하여야 한다. 다만, 국토교통부장관은 원상으로 회복할 수 없거나 원상회복이 부적당하다고 인정하는 경우에는 원상회복의무를 면제할 수 있다.

② 국토교통부장관은 점용허가를 받은 자가 원상회복을 하지 아니하는 경우에는 「행정대집행법」에 따라 시설물을 철거하거나 그 밖에 필요한 조치를 할 수 있다.

③ 국토교통부장관은 원상회복의무를 면제하는 경우에는 해당 철도 재산에 설치된 시설물 등의 무상 국가귀속을 조건으로 할 수 있다.

④ 철도시설의 점용허가를 받은 자는 점용허가기간이 만료되거나 점용을 폐지한 날부터 3월 이내에 점용허가받은 철도시설을 원상으로 회복하여야 한다. 다만, 국토교통부장관은 불가피하다고 인정하는 경우에는 원상회복 기간을 연장할 수 있다.

CHAPTER 06 벌칙

1. 벌칙

(1) 2년 이하의 징역 또는 2천만 원 이하의 벌금에 처하는 경우

① 면허를 받지 아니하고 철도사업을 경영한 자
② 거짓이나 그 밖의 부정한 방법으로 철도사업의 면허를 받은 자
③ 사업정지처분기간 중에 철도사업을 경영한 자
④ 사업계획의 변경명령을 위반한 자
⑤ 타인에게 자기의 성명 또는 상호를 대여하여 철도사업을 경영하게 한 자
⑥ 철도사업자의 공동 활용에 관한 요청을 정당한 사유 없이 거부한 자

(2) 1년 이하의 징역 또는 1천만 원 이하의 벌금에 처하는 경우

① 등록을 하지 아니하고 전용철도를 운영한 자
② 거짓이나 그 밖의 부정한 방법으로 전용철도의 등록을 한 자

핵심 기출문제

PART 04 철도사업법

01

철도사업법령상 철도사업의 관리에 관한 다음의 설명으로 옳지 않은 것은?

① 철도사업을 경영하려는 자는 지정·고시된 사업용철도 노선을 정하여 국토교통부장관의 면허를 받아야 한다.
② 철도사업의 면허를 받으려는 자는 철도사업의 운영계획서를 첨부한 면허신청서를 국토교통부장관에게 제출하여야 한다.
③ 철도사업의 면허를 받을 수 있는 자는 법인으로 한다.
④ 철도사업의 면허기준에는 신청자가 해당 사업을 수행할 수 있는 재정적 능력이 있을 것도 포함된다.
⑤ 철도사업자는 여객열차의 운행구간을 변경하는 사업계획을 변경하려는 경우에는 국토교통부장관의 인가를 받아야 한다.

해설
철도사업의 면허를 받으려는 자는 국토교통부령으로 정하는 바에 따라 사업계획서를 첨부한 면허신청서를 국토교통부장관에게 제출하여야 한다.

정답 | ②

02

철도사업법령상 철도사업에 관한 설명으로 옳지 않은 것은?

① 철도사업자는 다른 철도사업자와 공동경영에 관한 계약이나 그 밖의 운수에 관한 협정을 체결하거나 변경하려는 경우에는 국토교통부장관의 인가를 받아야 한다.
② 철도사업자가 여객열차의 운행구간을 변경하려는 경우에는 국토교통부장관의 인가를 받아야 한다.
③ 철도사업자가 다른 철도사업자와 합병하려는 경우에는 국토교통부장관의 인가를 받아야 한다.
④ 철도사업자가 그 사업의 일부를 폐업하려는 경우에는 국토교통부장관의 허가를 받아야 한다.
⑤ 철도사업자가 철도사업약관을 변경하려는 경우에는 국토 교통부장관의 인가를 받아야 한다.

해설
철도사업자는 철도사업약관을 정하여 국토교통부장관에게 신고하여야 한다. 이를 변경하고자 하는 때에도 또한 같다.(「법」제11조)

정답 | ⑤

03

철도사업법령상 철도사업의 관리에 관한 설명으로 옳지 않은 것은?

① 철도사업의 면허가 취소된 후 그 취소일부터 2년이 지나지 아니한 법인은 철도사업의 면허를 받을 수 없다.
② 철도사업자는 여객유치를 위한 기념행사의 경우에는 여객운임·요금을 감면할 수 없다.
③ 국토교통부장관은 여객 운임의 상한을 지정하려면 미리 기획재정부장관과 협의하여야 한다.
④ 철도사업자는 국토교통부장관이 지정하는 날 또는 기간에 운송을 시작하여야 하지만, 천재지변으로 운송을 시작할 수 없는 경우에는 국토교통부장관의 승인을 받아 날짜를 연기하거나 기간을 연장할 수 있다.
⑤ 국토교통부장관이 철도사업의 면허를 발급하는 경우에는 철도의 공공성과 안전을 강화하고 이용자 편의를 증진시키기 위하여 필요한 부담을 붙일 수 있다.

해설
철도사업자는 재해복구를 위한 긴급지원, 여객 유치를 위한 기념행사, 그 밖에 철도사업의 경영상 필요하다고 인정되는 경우에는 일정한 기간과 대상을 정하여 여객 운임·요금을 감면할 수 있다. (「법」 제9조의2)

정답 | ②

04

철도사업법령상 국토교통부장관이 철도사업자의 면허를 반드시 취소하여야 하는 경우는?

① 철도사업자가 면허받은 사항을 정당한 사유 없이 시행하지 아니한 경우
② 철도사업의 면허기준에 미달하게 되었음에도 불구하고 철도사업자가 3개월 이내에 그 기준을 충족시키지 못한 경우
③ 철도사업자가 고의 또는 중대한 과실에 의한 1회 철도사고로 사망자 10명 이상이 발생하게 된 경우
④ 철도사업자가 사업 경영의 불확실 또는 자산상태의 현저한 불량이나 그 밖의 사유로 사업을 계속하는 것이 적합하지 아니할 경우
⑤ 철도사업자의 임원 중 결격사유에 해당하게 된 사람이 있음에도 3개월 이내에 그 임원을 바꾸어 임명하지 못한 경우

해설
「법」 제16조
거짓이나 그 밖의 부정한 방법으로 철도사업의 면허를 받은 경우 또는 철도사업자의 임원 중 결격사유에 해당하게 된 사람이 있음에도 3개월 이내에 그 임원을 바꾸어 임명하지 못한 경우에는 면허를 취소하여야 한다.
이외의 경우에는 면허를 취소하거나, 6개월 이내의 기간을 정하여 사업의 전부 또는 일부의 정지를 명하거나, 노선 운행중지·운행제한·감차 등을 수반하는 사업계획의 변경을 명할 수 있다.

정답 | ⑤

05

철도사업법령상 국토교통부장관의 인가를 받아야 하는 경우가 아닌 것은?

① 전용철도의 등록을 한 법인이 합병하려는 경우
② 철도사업자가 사업계획 중 여객열차의 운행구간을 변경하려는 경우
③ 철도사업자가 공동운수협정에 따른 운행구간별 열차 운행횟수의 5분의 1을 변경하려는 경우
④ 철도사업자가 그 철도사업을 양도·양수하려는 경우
⑤ 국가가 소유·관리하는 철도시설에 건물을 설치하기 위해 국토교통부장관으로부터 점용허가를 받은 자가 그 점용허가로 인하여 발생한 권리와 의무를 이전하려는 경우

해설
전용철도 운영의 등록을 한 법인이 합병하려는 경우에는 국토교통부장관에게 신고하여야 한다.

정답 | ①

06

철도사업법령상 국유철도시설의 점용허가에 관한 설명으로 옳은 것은?

① 국유철도시설의 점용허가로 인하여 발생한 권리와 의무를 이전하려는 경우에는 한국철도공사 사장의 허가를 받아야 한다.
② 국유철도시설의 점용허가를 받은 자의 점용이 폐지된 경우 예외 없이 원상회복의무가 면제된다.
③ 점용료는 매년 1월말까지 당해연도 해당분을 선납하여야 하나 국토교통부장관이 부득이한 사유로 선납이 곤란하다고 인정하는 경우에는 그 납부기한을 따로 정할 수 있다.
④ 점용허가를 받은 자가 점용허가의 기간만료에 따른 원상회복을 하지 아니하는 경우에는 「민사집행법」에 따라 시설물을 철거할 수 있다.
⑤ 점용허가를 받은 철도 재산에 대한 원상회복의무가 면제되는 경우에도 시설물 등을 무상으로 국가에 귀속시킬 수 없다.

선지분석
① 국토교통부장관의 인가, ② 점용허가를 받은 자는 점용허가기간이 만료되거나 점용을 폐지한 때에는 점용허가된 철도 재산을 원상으로 회복하여야 한다. 다만, 국토교통부장관은 원상으로 회복할 수 없거나 원상회복이 부적당하다고 인정하는 경우에는 원상회복의무를 면제할 수 있다.(「법」 제46조)
④ 「민사집행법」이 아니라 「행정대집행법」이다.
⑤ 국토교통부장관은 제1항 단서에 따라 원상회복의무를 면제하는 경우에는 해당 철도 재산에 설치된 시설물 등의 무상 국가귀속을 조건으로 할 수 있다.

정답 | ③

07

철도사업법령상 점용허가를 받은 자가 납부해야 할 점용료에 관한 설명으로 옳지 않은 것은?

① 국토교통부장관은 대통령령으로 정하는 바에 따라 점용허가를 받은 자에게 점용료를 부과한다.
② 국토교통부장관은 점용허가를 받지 아니하고 철도시설을 점용한 자에 대하여 점용료의 100분의 120에 해당하는 금액을 변상금으로 징수할 수 있다.
③ 점용료는 점용허가를 할 철도시설의 가액과 점용허가를 받아 행하는 사업의 매출액을 기준으로 하여 산출하되, 구체적인 점용료 산정기준에 대하여는 국토교통부장관이 정한다.
④ 국토교통부장관은 점용허가를 받은 자가 국가에 무상으로 양도하거나 제공하기 위한 시설물을 설치하기 위하여 점용허가를 받은 경우에는 점용료를 면제할 수 있다.
⑤ 점용료는 매년 1월말까지 당해연도 해당분을 선납하되, 국토교통부장관이 부득이한 사유로 선납이 곤란하다고 인정하는 경우에는 그 납부기한을 따로 정할 수 있다.

해설
국토교통부장관은 점용허가를 받은 자가 국가에 무상으로 양도하거나 제공하기 위한 시설물을 설치하기 위하여 점용허가를 받은 경우에는 점용료를 감면할 수 있다.

정답 | ④

08

철도사업법령상 운임·요금 및 철도사업약관에 대한 설명으로 옳지 않은 것은?

① 철도사업자는 여객에 대한 운임·요금을 국토교통부장관에게 신고하여야 한다.
② 철도사업자는 여객 운임·요금을 정하거나 변경하는 경우에는 원가와 버스 등 다른 교통수단의 여객 운임·요금과의 형평성 등을 고려하여야 한다.
③ 철도사업자가 정하는 여객에 대한 운임은 사업용철도노선의 분류, 철도차량의 유형 등을 고려하여 기획재정부장관이 지정·고시한 상한을 초과하여서는 아니 된다.
④ 철도사업자는 재해복구를 위한 긴급지원, 여객 유치를 위한 기념행사의 경우에는 일정한 기간과 대상을 정하여 신고한 여객 운임·요금을 감면할 수 있다.
⑤ 철도사업자는 철도사업약관을 정하여 국토교통부장관에게 신고하여야 하고, 국토교통부장관은 신고를 받은 날부터 3일 이내에 신고수리 여부를 신고인에게 통지하여야 한다.

해설
철도사업자가 정하는 여객에 대한 운임은 사업용철도노선의 분류, 철도차량의 유형 등을 고려하여 국토교통부장관이 지정·고시한 상한을 초과하여서는 아니 된다.

정답 | ③

09

「철도사업법」상 철도사업의 면허취득에 관한 결격사유가 있는 법인으로 옳지 않은 것은?

① 임원 중에 피한정후견인이 있는 법인
② 임원 중에 「철도사업법」을 위반하여 금고 이상의 실형을 선고받고 그 집행이 끝나거나 면제된 날부터 2년이 지나지 아니한 사람이 있는 법인
③ 임원 중에 파산선고를 받고 복권되지 아니한 사람이 있는 법인
④ 임원 중에 「철도사업법」을 위반하여 금고 이상의 형의 집행유예를 선고받고 그 유예 기간 중에 있는 사람이 있는 법인
⑤ 「철도사업법」에 따라 철도사업의 면허가 취소된 후 그 취소일부터 2년이 지난 법인

해설
「철도사업법」에 따라 철도사업의 면허가 취소된 후 그 취소일부터 2년이 지나지 아니한 법인은 결격사유이다. 2년이 지났으면 결격사유에 해당하지 않는다.

정답 | ⑤

10

「철도사업법」상 철도사업자의 준수사항으로 옳지 않은 것은?

① 철도사업자는 「철도안전법」 제21조에 따른 요건을 갖추지 아니한 사람을 운전업무에 종사하게 하여서는 아니 된다.
② 철도사업자는 여객 또는 화물 운송에 부수하여 우편물과 신문 등을 운송하여서는 아니 된다.
③ 철도사업자는 사업계획을 성실하게 이행하여야 한다.
④ 철도사업자는 여객 운임표, 여객 요금표, 감면 사항 및 철도사업약관을 인터넷 홈페이지에 게시하고 관계 역·영업소 및 사업소 등에 갖추어 두어야 하며, 이용자가 요구하는 경우에는 제시하여야 한다.
⑤ 철도사업자는 부당한 운송 조건을 제시하거나 정당한 사유 없이 운송계약의 체결을 거부하는 등 철도운송 질서를 해치는 행위를 하여서는 아니 된다.

해설
「법」 제19조에 따르면, 철도사업자는 여객 또는 화물 운송에 부수하여 우편물과 신문 등을 운송할 수 있다. 그리고 이 내용은 준수사항에는 해당하지 않는다.

정답 | ②

11

철도사업법령상 전용철도에 관한 설명으로 옳은 것은?

① 전용철도운영자가 그 운영의 일부를 폐업한 경우에는 3개월 이내에 국토교통부장관에게 신고하여야 한다.
② 전용철도의 운영을 양도·양수하려는 자는 국토교통부령으로 정하는 바에 따라 양도·양수한 날부터 3개월 이내에 국토교통부장관의 허가를 받아야 한다.
③ 국토교통부장관은 전용철도 운영의 건전한 발전을 위하여 필요하다고 인정하는 경우에는 전용철도운영자에게 사업장의 이전, 시설 및 운영의 개선을 권고하여야 한다.
④ 전용철도운영자가 사망한 경우 상속인이 그 전용철도의 운영을 계속하려는 경우에는 피상속인이 사망한 날부터 3개월 이내에 국토교통부장관에게 신고하여야 한다.
⑤ 전용철도를 운영하려는 자는 국토교통부령으로 정하는 바에 따라 전용철도의 건설·운전·보안 및 운송에 관한 사항이 포함된 운영계획서를 첨부하여 국토교통부장관의 허가를 받아야 한다.

선지분석

① 전용철도운영자가 그 운영의 일부를 폐업한 경우에는 1개월 이내에 국토교통부장관에게 신고하여야 한다.(「법」제38조)
② 전용철도의 운영을 양도·양수하려는 자는 국토교통부령으로 정하는 바에 따라 국토교통부장관에게 신고하여야 한다.(「법」제36조)
③ 국토교통부장관은 전용철도 운영의 건전한 발전을 위하여 필요하다고 인정하는 경우에는 전용철도운영자에게 사업장의 이전, 시설 및 운영의 개선을 명할 수 있다.(「법」제39조)
⑤ 전용철도를 운영하려는 자는 국토교통부령으로 정하는 바에 따라 전용철도의 건설·운전·보안 및 운송에 관한 사항이 포함된 운영계획서를 첨부하여 국토교통부장관에게 등록을 하여야 한다.(「법」제34조)

정답 | ④

12

「철도사업법」상 철도사업자의 '철도화물 운송에 관한 책임'에 대한 설명으로 옳지 않은 것은?

① 철도사업자의 화물의 멸실·훼손 또는 인도의 지연에 대한 손해배상책임에 관하여는 「상법」 제135조를 준용한다.
② 철도사업자가 화물의 인도에 관한 주의를 게을리하여 화물이 멸실된 경우에 철도사업자는 그에 대한 손해를 배상할 책임이 있다.
③ 철도사업자가 화물의 수령에 관한 주의를 게을리하여 화물이 훼손된 경우에 철도사업자는 그에 대한 손해를 배상할 책임이 있다.
④ 철도사업자의 사용인이 화물의 보관에 관한 주의를 게을리하여 화물이 훼손된 경우에 철도사업자는 그에 대한 손해를 배상할 책임이 없다.
⑤ 철도사업자의 손해배상책임에 관한 규정을 적용할 때에 화물이 인도 기한을 지난 후 3개월 이내에 인도되지 아니한 경우에는 그 화물은 멸실된 것으로 본다.

해설

철도사업자는 자기 또는 운송주선인이나 사용인, 그 밖에 운송을 위하여 사용한 자가 운송물의 수령, 인도, 보관 및 운송에 관하여 주의를 게을리하지 아니하였음을 증명하지 아니하면 운송물의 멸실, 훼손 또는 연착으로 인한 손해를 배상할 책임이 있다. (「상법」제135조)

정답 | ④

13

「철도사업법」상 철도서비스 향상 등에 관한 설명으로 옳지 않은 것은?

① 국토교통부장관은 공정거래위원회와 협의하여 철도사업자 간 경쟁을 제한하지 아니하는 범위에서 철도서비스의 질적 향상을 촉진하기 위하여 우수 철도서비스에 대한 인증을 할 수 있다.
② 철도사업자는 철도사업 외의 사업을 경영하는 경우에는 철도사업에 관한 회계와 철도사업 외의 사업에 관한 회계를 구분하여 경리하여야 한다.
③ 국토교통부장관으로부터 우수 철도서비스에 대한 인증을 받은 자가 아니면 우수서비스마크 또는 이와 유사한 표지를 철도차량, 역 시설 또는 철도 용품 등에 붙이거나 인증 사실을 홍보하여서는 아니 된다.
④ 국토교통부장관은 「철도사업법」에 따른 철도서비스의 품질을 평가하였더라도 그 평가 결과를 신문 등 대중매체를 통하여 공표해야 하는 것은 아니다.
⑤ 국토교통부장관은 공공복리의 증진과 철도서비스 이용자의 권익보호를 위하여 철도사업자가 제공하는 철도서비스에 대하여 적정한 철도서비스 기준을 정하고, 그에 따라 철도사업자가 제공하는 철도서비스의 품질을 평가하여야 한다.

해설
국토교통부장관은 「철도사업법」에 따른 철도서비스의 품질을 평가하였더라도 그 평가 결과를 신문 등 대중매체를 통하여 공표하여야 한다. (「법」 제27조)

정답 | ④

14

철도사업법령상 다른 사람의 수요에 따른 영업을 목적으로 하지 아니하고 자신의 수요에 따라 특수 목적을 수행하기 위하여 설치하거나 운영하는 전용철도의 등록 취소·정지에 관한 설명으로 (   ) 안에 들어갈 내용을 바르게 나열한 것은?

> 국토교통부장관은 등록을 한 전용철도운영자가 휴업신고나 폐업신고를 하지 아니하고 (ㄱ) 이상 전용철도를 운영하지 아니한 경우에는 그 등록을 취소하거나 (ㄴ) 이내의 기간을 정하여 그 운영의 전부 또는 일부의 정지를 명할 수 있다.

① ㄱ: 7일, ㄴ: 30일
② ㄱ: 14일, ㄴ: 60일
③ ㄱ: 30일, ㄴ: 3개월
④ ㄱ: 60일, ㄴ: 6개월
⑤ ㄱ: 3개월, ㄴ: 1년

해설
국토교통부장관은 전용철도운영자가 다음 각 호의 어느 하나에 해당하는 경우에는 그 등록을 취소하거나 1년 이내의 기간을 정하여 그 운영의 전부 또는 일부의 정지를 명할 수 있다. 다만, 제1호에 해당하는 경우에는 등록을 취소하여야 한다.
1. 거짓이나 그 밖의 부정한 방법으로 「법」 제34조에 따른 등록을 한 경우
2. 「법」 제34조제2항에 따른 등록기준에 미달하거나 같은 조 제3항에 따른 부담을 이행하지 아니한 경우
3. 휴업신고나 폐업신고를 하지 아니하고 3개월 이상 전용철도를 운영하지 아니한 경우

정답 | ⑤

15

철도사업법령상 점용허가를 받은 자가 납부해야 할 점용료에 관한 설명으로 옳지 않은 것은?

① 국토교통부장관은 대통령령으로 정하는 바에 따라 점용허가를 받은 자에게 점용료를 부과한다.
② 점용허가를 할 철도시설의 가액은 「국유재산법 시행령」을 준용하여 산출하되, 당해 철도시설의 가액은 산출 후 1년 이내에 한하여 적용한다.
③ 점용료는 점용허가를 할 철도시설의 가액과 점용허가를 받아 행하는 사업의 매출액을 기준으로 하여 산출하되, 구체적인 점용료 산정기준에 대하여는 국토교통부장관이 정한다.
④ 국토교통부장관은 점용허가를 받은 자가 점용료를 내지 아니하면 국세 체납처분의 예에 따라 징수한다.
⑤ 점용료는 매년 1월말까지 당해연도 해당분을 선납하되, 국토교통부장관이 부득이한 사유로 선납이 곤란하다고 인정하는 경우에는 그 납부기한을 따로 정할 수 있다.

해설
점용허가를 할 철도시설의 가액은 「국유재산법 시행령」을 준용하여 산출하되, 당해 철도시설의 가액은 산출 후 3년 이내에 한하여 적용한다. (「시행령」 제14조)

정답 | ②

16

철도사업법령상 철도서비스의 품질평가 및 우수철도서비스 인증절차에 관한 설명으로 옳지 않은 것은?

① 국토교통부장관은 공공복리의 증진과 철도서비스 이용자의 권익보호를 위하여 철도사업자가 제공하는 철도서비스에 대하여 적정한 철도서비스 기준을 정하고, 그에 따라 철도사업자가 제공하는 철도서비스의 품질을 평가하여야 한다.
② 국토교통부장관은 철도사업자에 대하여 3년마다 철도서비스의 품질평가를 실시하여야 하나, 국토교통부장관이 필요하다고 인정하는 경우에는 수시로 품질평가를 실시할 수 있다.
③ 국토교통부장관은 품질평가를 하고자 하는 경우 품질평가를 개시하는 날 2주 전까지 철도사업자에게 품질평가실시계획, 품질평가의 기간 등을 통보하여야 한다.
④ 국토교통부장관은 품질평가를 실시하고자 하는 때에는 철도서비스 기준의 세부내역, 품질평가의 항목 등이 포함된 철도서비스품질평가실시계획을 수립하여야 한다.
⑤ 국토교통부장관은 품질평가결과가 우수한 철도서비스에 대하여 직권으로 또는 철도사업자의 신청에 의하여 우수철도서비스에 대한 인증을 할 수 있다.

해설
국토교통부장관은 철도사업자에 대하여 2년마다 철도서비스의 품질평가를 실시하여야 한다. 다만, 국토교통부장관이 필요하다고 인정하는 경우에는 수시로 품질평가를 실시할 수 있다.

정답 | ②

17

철도사업법령상 전용철도에 관한 설명으로 옳은 것은?

① 전용철도를 운영하려는 자는 전용철도의 건설·운전·보안 및 운송에 관한 사항이 포함된 운영계획서를 첨부하여 국토교통부장관의 면허를 받아야 한다.
② 전용철도의 운영을 양수하려는 자는 국토교통부령이 정하는 바에 따라 국토교통부장관의 인가를 받아야 한다.
③ 전용철도운영자가 그 운영의 전부 또는 일부를 휴업한 경우에는 1개월 이내에 국토교통부장관에게 신고하여야 한다.
④ 전용철도운영자가 사망한 경우 상속인이 그 전용철도의 운영을 계속하려는 경우에는 피상속인이 사망한 날부터 2개월 이내에 국토교통부장관에게 등록하여야 한다.
⑤ 이 법에 따라 전용철도 등록이 취소된 자는 취소일부터 6개월 이내에 전용철도를 등록할 수 있다.

선지분석
① 전용철도는 등록사항이다.
② 인가가 아닌 신고를 하여야 한다.
④ 2개월 이내가 아닌 3개월 이내이다.
⑤ 취소일부터 1년 이내에는 전용철도의 등록을 할 수 없다.

정답 | ③

18

철도사업법령상 공동운수협정에 관한 설명으로 옳은 것은?

① 철도사업자가 공동운수협정을 체결하고자 하는 경우에는 국토교통부장관의 인가를 받아야 한다.
② 철도사업자는 공동운수협정을 체결하려는 경우에는 미리 공정거래위원회와의 협의를 거쳐야 한다.
③ 공동운수협정을 체결하고자 하는 철도사업자들은 개별적으로 필요한 서류를 국토교통부장관에게 제출하여야 한다.
④ 공동운수협정에 따른 운행구간별 열차운행횟수의 10분의 1 이내에서의 변경은 국토교통부장관의 인가를 받아야 한다.
⑤ 철도사업자로부터 인가신청을 받은 국토교통부장관이 인가여부를 결정하기 위해서 철도사업자 간 수입·비용의 배분이 적정한 지를 검토할 필요는 없다.

선지분석
② 국토교통부장관은 공동운수협정을 인가하고자 할 경우에는 미리 공정거래위원회와 협의하여야 한다.(「법」 제13조제2항)
③ 공동운수협정을 체결하고자 하는 철도사업자들은 다른 철도사업자와 공동으로 필요한 서류를 국토교통부장관에게 제출하여야 한다.(「시행규칙」 제9조제1항)
④ 공동운수협정에 따른 운행구간별 열차운행횟수의 10분의 1 이내에서의 변경은 '국토교통부령이 정하는 경미한 사항'으로 국토교통부장관에게 이를 신고하여야 한다.(「시행규칙」 제9조제3항)
⑤ 철도사업자로부터 인가신청을 받은 국토교통부장관이 인가여부를 결정하기 위해서 검토해야 할 사항에는 '철도사업자 간 수입·비용의 배분이 적정한 지의 여부'도 포함된다.(「시행규칙」 제9조제2항)

정답 | ①

PART 05 항만운송사업법

CHAPTER 01 총칙

1. 법의 목적 및 용어의 정의

(1) 법의 목적

이 법은 항만운송에 관한 질서를 확립하고, 항만운송사업의 건전한 발전을 도모하여 공공의 복리를 증진함을 목적으로 한다.

(2) 용어의 정의

① 항만운송 기출 29, 26, 25, 24, 21, 19, 18, 12, 11, 10회 등

이 법에서 "항만운송"이란 타인의 수요에 응하여 하는 행위로서 다음의 어느 하나에 해당하는 것을 말한다.

> 1. 선박을 이용하여 운송된 화물을 화물주 또는 선박운항업자의 위탁을 받아 항만에서 선박으로부터 인수하거나 화물주에게 인도하는 행위
> 2. 선박을 이용하여 운송될 화물을 화물주 또는 선박운항업자의 위탁을 받아 항만에서 화물주로부터 인수하거나 선박에 인도하는 행위
> 3. 1 또는 2의 행위에 선행하거나 후속하여 4부터 13까지의 행위를 하나로 연결하여 하는 행위
> 4. 항만에서 화물을 선박에 싣거나 선박으로부터 내리는 일
> 5. 항만에서 선박 또는 부선을 이용하여 화물을 운송하는 행위, 해양수산부령으로 정하는 항만과 항만 외의 장소와의 사이(지정구간)에서 부선 또는 범선을 이용하여 화물을 운송하는 행위와 항만 또는 지정구간에서 부선 또는 뗏목을 예인선으로 끌고 항해하는 행위.
>   다만, 다음의 어느 하나에 해당하는 운송은 제외한다.
>   - 「해운법」에 따른 해상화물운송사업자가 하는 운송
>   - 「해운법」에 따른 해상여객운송사업자가 여객선을 이용하여 하는 여객운송에 수반되는 화물 운송
>   - 선박에서 사용하는 물품을 공급하기 위한 운송
>   - 선박에서 발생하는 분뇨 및 폐기물의 운송
>   - 탱커선 또는 어획물운반선에 의한 운송
> 6. 항만에서 선박 또는 부선을 이용하여 운송된 화물을 창고 또는 하역장에 들여놓는 행위
> 7. 항만에서 선박 또는 부선을 이용하여 운송될 화물을 하역장에서 내가는 행위
> 8. 항만에서 화물을 하역장에서 싣거나 내리거나 보관하는 행위
> 9. 항만에서 화물을 부선에 싣거나 부선으로부터 내리는 행위
> 10. 항만이나 지정구간에서 목재를 뗏목으로 편성하여 운송하는 행위
> 11. 항만에서 뗏목으로 편성하여 운송된 목재를 수면 목재저장소에 들여놓는 행위나, 선박 또는 부선을 이용하여 운송된 목재를 수면 목재저장소에 들여놓는 행위

12. 항만에서 뗏목으로 편성하여 운송될 목재를 수면 목재저장소로부터 내가는 행위나, 선박 또는 부선을 이용하여 운송될 목재를 수면 목재저장소로부터 내가는 행위
13. 항만에서 목재를 수면 목재저장소에서 싣거나 내리거나 보관하는 행위
14. 선적화물을 싣거나 내릴 때 그 화물의 개수를 계산하거나 그 화물의 인도·인수를 증명하는 일[이하 "검수"]
15. 선적화물 및 선박에 관련된 증명·조사·감정을 하는 일[이하 "감정"]
16. 선적화물을 싣거나 내릴 때 그 화물의 용적 또는 중량을 계산하거나 증명하는 일[이하 "검량"]

② 항만 기출 12, 11회

"항만"이란 다음의 어느 하나에 해당하는 것을 말한다.
㉠ 「항만법」에 따른 항만 중 해양수산부령으로 지정하는 항만(항만시설을 포함)

- 1급지 : 부산항, 인천항, 울산항, 포항항, 광양항
- 2급지 : 여수항, 마산항, 동해·묵호항, 군산항, 평택·당진항
- 3급지 : 1·2급지를 제외한 항만

㉡ 「항만법」에 따른 항만 외의 항만으로서 해양수산부령으로 수역을 정하여 지정하는 항만(항만시설을 포함): 전라남도 노화도항

③ 부두운영회사 기출 29회

항만하역사업 및 그 부대사업을 수행하기 위하여 항만시설운영자 또는 항만공사(이하 "항만시설운영자등")와 부두운영계약을 체결하고, 항만시설 및 그 항만시설의 운영에 필요한 장비·부대시설 등을 일괄적으로 임차하여 사용하는 자를 말한다. 다만, 다음의 어느 하나에 해당하는 자는 제외한다.
㉠ 항만공사와 임대차계약을 체결하고, 해양수산부장관이 컨테이너 부두로 정하여 고시한 항만시설을 임차하여 사용하는 자
㉡ 그 밖에 특정 화물에 대하여 전용 사용되는 등 해양수산부장관이 부두운영회사가 운영하기에 적합하지 아니하다고 인정하여 고시한 항만시설을 임차하여 사용하는 자

④ 관리청

항만운송사업·항만운송관련사업 및 항만종합서비스업의 등록, 신고 및 관리 등에 관한 행정업무를 수행하는 다음의 구분에 따른 행정관청을 말한다.
㉠ 「항만법」에 따른 국가관리무역항 및 국가관리연안항: 해양수산부장관
㉡ 「항만법」에 따른 지방관리무역항 및 지방관리연안항: 특별시장·광역시장·도지사 또는 특별자치도지사(이하 "시·도지사")

⑤ 항만종합서비스업

항만용역업(이안 및 접안을 보조하기 위하여 줄잡이 역무를 제공하는 행위 및 화물 고정 행위 포함)과 검수사업·감정사업 및 검량사업 중 1개 이상의 사업을 포함하는 내용의 사업을 말한다.

2. 사업의 종류

(1) 항만운송사업 기출 29, 26, 17, 9회

① 영리를 목적으로 하는지 여부에 관계없이 항만운송을 하는 사업을 말한다.
② 항만운송사업의 종류
㉠ 항만하역사업   ㉡ 검수사업   ㉢ 감정사업   ㉣ 검량사업

(2) 항만운송관련사업 기출 29회

항만에서 선박에 물품이나 역무를 제공하는 항만용역업·선용품공급업·선박연료공급업·선박수리업 및 컨테이너수리업을 말하며, 업종별 사업의 내용은 대통령령으로 정한다.

① 항만용역업 기출 27, 22, 19, 18, 17, 16, 11, 9회 등
  ㉠ 통선으로 본선과 육지 사이에서 사람이나 문서 등을 운송하는 행위
  ㉡ 본선을 경비하는 행위나 본선의 이안 및 접안을 보조하기 위하여 줄잡이 역무를 제공하는 행위
  ㉢ 선박의 청소[유창 청소는 제외], 오물 제거, 소독, 폐기물의 수집·운반, 화물 고정, 칠 등을 하는 행위
  ㉣ 선박에서 사용하는 맑은 물을 공급하는 행위
② 선용품공급업: 선박(건조 중인 선박 및 해양구조물 등을 포함)에 음료, 식품, 소모품, 밧줄, 수리용 예비부품 및 부속품, 집기, 그 밖에 이와 유사한 선용품을 공급하는 사업
③ 선박연료공급업: 선박용 연료를 공급하는 사업
④ 선박수리업: 선체, 기관 등 선박시설 및 설비를 수리, 교체 또는 도색하는 사업
⑤ 컨테이너수리업: 컨테이너를 수리하는 사업

CHAPTER 02 항만운송사업

1. 항만운송사업의 등록

(1) **사업의 등록** 기출 25, 23, 19, 18, 17, 13회
  ① 항만운송사업을 하려는 자는 사업의 종류별로 관리청에 등록하여야 한다. 항만하역사업과 검수사업은 항만별로 등록한다. (항만하역사업과 검수사업은 사업의 종류별 + 항만별 등록)
  ② 항만하역사업의 등록은 이용자별·취급화물별 또는 항만시설별로 등록하는 한정하역사업과 그 외의 일반하역사업으로 구분하여 행한다.

(2) **등록의 신청** 기출 23, 17회
  ① 항만운송사업의 등록을 신청하려는 자는 해양수산부령으로 정하는 바에 따라 사업계획을 첨부한 등록신청서를 관리청에 제출하여야 한다.

사업계획에 포함되어야 할 사항	
항만하역사업	검수·감정·검량사업
1. 사업의 개요 2. 사업소의 수, 명칭 및 위치 3. 사업개시 예정일 4. 종사자의 수 5. 사업에 제공될 시설 및 장비 6. 수행하려는 사업의 구체적인 내용 7. 연간 취급화물량의 추정치	1. 사업의 개요 2. 사업소의 수, 명칭 및 위치 3. 각 사업소별 검수사, 감정사 또는 검량사의 수 4. 각 사업소별 검수사등 대기소의 위치 및 면적 5. 연간 취급화물량의 추정치(검수사업과 검량사업만 해당) 6. 연간 취급 건수 추정치(감정사업만 해당)

② 관리청은 등록신청을 받으면 사업계획과 등록기준을 검토한 후 등록요건을 모두 갖추었다고 인정하는 경우에는 해양수산부령으로 정하는 바에 따라 등록증을 발급하여야 한다.

(3) 등록기준 기출 25, 12, 11, 10회

등록에 필요한 시설·자본금·노동력 등에 관한 기준은 대통령령으로 정한다. 다만, 관리청은 한정하역사업에 대하여는 이용자·취급화물 또는 항만시설의 특성을 고려하여 그 등록기준을 완화할 수 있다.

① 관리청은 물동량 감소, 항만 조건 등의 특수한 사정이 있다고 인정되는 3급지 항만에 대해서는 항만별로 그 사정이 존속하는 기간 동안 해당 등록기준에서 정한 시설기준을 2분의 1의 범위에서 완화할 수 있다.
② 사업자가 개인인 경우에는 자본금을 갈음하여 재산평가액을 적용한다.
③ 해당 업종에 필요한 시설은 해당 항만하역사업자가 소유하거나 소유권 취득을 조건으로 임차한 시설과 해당 항만하역사업자가 1년 이상 전용하여 사용할 수 있는 시설 중 어느 하나에 해당하는 것이어야 한다.

짚고 넘어가기 항만하역사업의 등록기준

구분	일반하역사업			한정하역사업
	1급지	2급지	3급지	
시설평가액	10억 원 이상	5억 원 이상	1억 원 이상	일반하역사업의 등록기준을 적용하되, 관리청은 이용자, 취급화물 또는 항만시설의 특성을 고려하여 그 등록기준을 완화할 수 있다.
자본금	2억 원 이상	1억 원 이상	5천만 원 이상	

(4) 검수사등의 자격 및 등록

① 검수사등의 등록 기출 22회

㉠ 검수사·감정사 또는 검량사가 되려는 자는 해양수산부장관이 실시하는 자격시험에 합격한 후 해양수산부장관에게 등록하여야 한다.
㉡ 검수사등 자격시험의 시행일을 기준으로 결격사유에 해당하는 사람은 검수사등 자격시험에 응시할 수 없다.
㉢ 해양수산부장관은 검수사등의 자격시험에서 부정행위를 한 응시자에 대하여 그 시험을 정지 또는 무효로 하고, 그 시험을 정지하거나 무효로 한 날부터 3년간 같은 종류의 자격시험 응시자격을 정지한다.

② 검수사등의 결격사유 기출 27, 26, 22, 21회

다음의 어느 하나에 해당하는 사람은 검수사등의 자격을 취득할 수 없다.

> 1. 미성년자
> 2. 피성년후견인 또는 피한정후견인
> 3. 이 법 또는 「관세법」에 따른 죄를 범하여 금고 이상의 형의 선고를 받고 그 집행이 끝나거나 집행이 면제된 날부터 3년이 지나지 아니한 사람
> 4. 이 법 또는 「관세법」에 따른 죄를 범하여 금고 이상의 형의 집행유예를 선고받고 그 유예기간 중에 있는 사람
> 5. 검수사등의 자격이 취소된 날부터 2년이 지나지 아니한 사람

③ 자격증 대여 등의 금지
  ㉠ 검수사등은 다른 사람에게 자기의 성명을 사용하여 검수사등의 업무를 하게 하거나 자기의 검수사등의 자격증을 양도 또는 대여하여서는 아니 된다.
  ㉡ 누구든지 다른 사람의 검수사등의 자격증을 양수하거나 대여받아 사용하여서는 아니 되고, 자격증의 양도·양수 또는 대여를 알선해서는 아니 된다.
④ 자격의 취소 등
  해양수산부장관은 다음의 어느 하나에 해당하는 경우에는 검수사등의 자격을 취소하여야 한다.
  ㉠ 거짓이나 그 밖의 부정한 방법으로 검수사등의 자격을 취득한 경우
  ㉡ 다른 사람에게 자기의 성명을 사용하여 검수사등의 업무를 하게 하거나 검수사등의 자격증을 다른 사람에게 양도 또는 대여한 경우
⑤ 등록의 말소
  해양수산부장관은 ㉠ 검수사등이 업무를 폐지한 경우와 ㉡ 사망한 경우에 해당하면 그 등록을 말소하여야 한다.

2. 운임 및 요금, 권리·의무의 승계, 등록 취소 등

(1) 운임 및 요금

① 운임 및 요금의 인가 및 신고 [기출] 23, 19, 17, 13회
  ㉠ 항만하역사업의 등록을 한 자는 해양수산부령으로 정하는 바에 따라 운임과 요금을 정하여 관리청의 인가를 받아야 한다. 이를 변경할 때에도 또한 같다.
  ㉡ 해양수산부령으로 정하는 항만시설에서 하역하는 화물 또는 해양수산부령으로 정하는 품목(컨테이너 전용 부두에서 취급하는 컨테이너 화물)에 해당하는 화물에 대하여는 해양수산부령으로 정하는 바에 따라 그 운임과 요금을 정하여 관리청에 신고하여야 한다. 이를 변경할 때에도 또한 같다.
  ㉢ 검수사업·감정사업 또는 검량사업의 등록을 한 자는 해양수산부령으로 정하는 바에 따라 요금을 정하여 관리청에 미리 신고하여야 한다. 이를 변경할 때에도 또한 같다.
  ㉣ 관리청은 ㉡에 따른 신고를 받은 경우 신고를 받은 날부터 30일 이내에, ㉢에 따른 신고를 받은 경우 신고를 받은 날부터 14일 이내에 신고수리 여부를 신고인에게 통지하여야 한다.
② 표준운임 및 요금의 산출 및 산정
  ㉠ 관리청은 ①의 운임 및 요금 인가에 필요한 경우 표준운임 산출 및 표준요금의 산정을 위하여 선박운항업자, 부두운영회사 등 이해관계자들이 참여하는 협의체를 구성·운영할 수 있다.
  ㉡ 관리청은 ①에 따라 신고된 운임 및 요금에 대하여 항만운송사업의 건전한 발전과 공공복리의 증진을 위하여 필요하다고 인정할 때에는 이 운임 및 요금의 변경 또는 조정에 필요한 조치를 명할 수 있다.

(2) 권리·의무의 승계 기출 25, 19, 14, 12회

① 사망, 양도, 합병한 경우 권리·의무의 승계

다음의 어느 하나에 해당하는 자는 항만운송사업자의 등록에 따른 권리·의무를 승계한다.

> 1. 항만운송사업자가 사망한 경우 그 상속인
> 2. 항만운송사업자가 그 사업을 양도한 경우 그 양수인
> 3. 법인인 항만운송사업자가 합병한 경우 합병 후 존속하는 법인이나 합병으로 설립되는 법인

② 항만운송사업의 시설·장비 전부를 인수한 자의 권리·의무의 승계

다음의 어느 하나에 해당하는 절차에 따라 항만운송사업의 시설·장비 전부를 인수한 자는 종전의 항만운송사업자의 권리·의무를 승계한다.

> 1. 「민사집행법」에 따른 경매
> 2. 「채무자 회생 및 파산에 관한 법률」에 따른 환가(換價)
> 3. 「국세징수법」, 「관세법」 또는 「지방세징수법」에 따른 압류재산의 매각

(3) 사업의 정지 및 등록의 취소 기출 26, 15, 14, 13회

관리청은 항만운송사업자가 다음의 어느 하나에 해당하면 그 등록을 취소하거나 6개월 이내의 기간을 정하여 그 항만운송사업의 정지를 명할 수 있다. 다만, 5 또는 6에 해당하는 경우에는 그 등록을 취소하여야 한다.

> 1. 정당한 사유 없이 운임 및 요금을 인가·신고된 운임 및 요금과 다르게 받은 경우
> 2. 등록기준에 미달하게 된 경우
> 3. 항만운송사업자 또는 그 대표자가 「관세법」에 규정된 죄 중 어느 하나의 죄를 범하여 공소가 제기되거나 통고처분을 받은 경우
> 4. 사업 수행 실적이 1년 이상 없는 경우
> 5. 부정한 방법으로 사업을 등록한 경우
> 6. 사업정지명령을 위반하여 그 정지기간에 사업을 계속한 경우

(4) 항만종합서비스업의 등록 등

① 항만종합서비스업을 하려는 자는 대통령령으로 정하는 자본금, 노동력 등에 관한 기준을 갖추어 관리청에 등록하여야 한다.
② ①에 따라 항만종합서비스업의 등록을 신청하려는 자는 사업계획을 첨부한 등록신청서를 관리청에 제출하여야 한다.
③ 항만종합서비스업의 등록을 한 자(이하 항만종합서비스업자)는 항만종합서비스업의 각각의 사업의 등록을 한 자로 본다.
④ 항만종합서비스업자의 권리·의무의 승계, 사업의 정지 및 등록의 취소 등에 대하여는 항만운송사업의 관련규정을 준용한다.

CHAPTER 03 항만운송관련사업

1. 사업의 등록, 등록의 취소 등

(1) 사업의 등록 등

① 항만운송관련사업의 등록 및 신고 기출▶ 25, 22, 15, 10회

㉠ 항만운송관련사업을 하려는 자는 항만별·업종별로 관리청에 등록하여야 한다. 다만, 선용품공급업을 하려는 자는 해양수산부장관에게 신고하여야 한다.

㉡ 항만운송관련사업의 등록을 하려는 자는 해양수산부령으로 정하는 바에 따라 등록신청서에 사용하려는 장비의 목록이 포함된 사업계획서 등을 첨부하여 관리청에 제출하여야 한다.

㉢ 항만운송관련사업 중 선박연료공급업을 등록한 자는 사용하려는 장비를 추가하거나 그 밖에 사업계획 중 해양수산부령으로 정하는 사항을 변경하려는 경우 해양수산부령으로 정하는 바에 따라 관리청에 사업계획 변경신고를 하여야 한다.

㉣ 관리청은 ㉠의 단서에 따른 신고를 받은 경우 신고를 받은 날부터 6일 이내에, ㉢에 따른 신고를 받은 경우 신고를 받은 날부터 5일 이내에 신고수리 여부를 신고인에게 통지하여야 한다.

② 영업구역의 제한

선박수리업과 선용품공급업의 영업구역은 이 법에서 정한 항만의 항만시설로 하고, 「해운법」에 따라 내항 화물운송사업 등록을 한 선박연료공급선(운항구간의 제한을 받지 아니하는 선박에 한정)은 영업구역의 제한을 받지 아니한다.

(2) 권리·의무의 승계, 등록의 취소

① 권리·의무의 승계 기출▶ 14회

다음의 어느 하나에 해당하는 자는 항만운송관련사업자의 등록 또는 신고에 따른 권리·의무를 승계한다.

> 1. 항만운송관련사업자가 사망한 경우 그 상속인
> 2. 항만운송관련사업자가 그 사업을 양도한 경우 그 양수인
> 3. 법인인 항만운송관련사업자가 합병한 경우 합병 후 존속하는 법인이나 합병으로 설립되는 법인

② 등록의 취소 등 기출▶ 22, 18, 17회

관리청은 항만운송관련사업자가 다음의 어느 하나에 해당하면 그 등록을 취소하거나 6개월 이내의 기간을 정하여 그 사업의 전부 또는 일부의 정지를 명할 수 있다. 다만, 4 또는 6에 해당하는 경우에는 그 등록을 취소하여야 한다.

> 1. 항만운송사업자 또는 그 대표자가 「관세법」에 규정된 죄 중 어느 하나의 죄를 범하여 공소가 제기되거나 통고처분을 받은 경우
> 2. 선박연료공급업을 등록한 자가 변경신고를 하지 아니하고 장비를 추가하거나 그 밖에 사업계획 중 해양수산부령으로 정하는 사항을 변경한 경우
> 3. 사업의 등록 또는 신고의 기준에 미달하게 된 경우
> 4. 부정한 방법으로 사업의 등록 또는 신고를 한 경우
> 5. 사업 수행 실적이 1년 이상 없는 경우
> 6. 사업정지명령을 위반하여 그 정지기간에 사업을 계속한 경우

CHAPTER 04 부두운영회사의 운영 등

1. 부두운영

(1) 부두운영계약의 체결 기출 29, 27회

① 항만시설운영자등은 항만 운영의 효율성 및 항만운송사업의 생산성 향상을 위하여 필요한 경우에는 해양수산부령으로 정하는 기준에 적합한 자를 선정하여 부두운영계약을 체결할 수 있다.

② 부두운영계약에는 다음의 사항이 포함되어야 한다.

> 1. 부두운영회사가 부두운영계약으로 임차·사용하려는 항만시설 및 그 밖의 장비·부대시설 등의 범위
> 2. 부두운영회사가 부두운영계약 기간 동안 항만시설등의 임차·사용을 통하여 달성하려는 화물유치·투자 계획과 해당 화물유치·투자 계획을 이행하지 못하는 경우에 부두운영회사가 부담하여야 하는 위약금에 관한 사항
> 3. 해양수산부령으로 정하는 기준에 따른 항만시설등의 임대료에 관한 사항
> 4. 계약기간
> 5. 그 밖에 부두운영회사의 항만시설등의 사용 및 운영 등과 관련하여 해양수산부령으로 정하는 사항

③ 부두운영회사의 선정기준

해양수산부령으로 정하는 부두운영회사의 선정기준은 다음과 같다.

> 1. 임대료 및 그 밖에 부두운영회사가 항만시설운영자 또는 항만공사(이하 "항만시설운영자등")에 내야 하는 비용의 지급 능력
> 2. 화물의 유치 능력 및 부두운영계약으로 임차·사용하려는 항만시설 및 그 밖의 장비·부대시설 등(이하 "항만시설등")에 대한 투자 능력
> 3. 재무구조의 건전성

(2) 부두운영계약의 갱신 기출 29회

① 부두운영회사가 계약기간을 연장하려는 경우에는 그 계약기간이 만료되기 6개월 전까지 항만시설운영자등에게 부두운영계약의 갱신을 신청하여야 한다.
② 항만시설운영자 등은 부두운영회사로부터 부두운영계약의 갱신 신청을 받은 경우에는 부두운영회사의 선정기준에 적합한지 여부 및 다음의 사항을 검토하여야 한다.
  ㉠ 임대료의 연체 여부
  ㉡ 법 제26조의6제2항제2호에 따른 화물유치 또는 투자 계획의 이행 여부
  ㉢ 부두운영회사의 항만시설 등의 분할 운영 여부 등 금지행위 위반 여부
  ㉣ 그 밖의 부두운영계약의 이행 여부
③ 항만시설운영자 등은 위 ②에 따른 검토 결과 부두운영계약을 갱신하려는 경우에는 갱신 계약기간이 시작되기 7일 전까지 해당 부두운영회사와 갱신계약을 체결하여야 한다.
④ 항만시설운영자 등은 갱신계약을 체결하기 전에 갱신계약을 체결하려는 자가 부두운영회사의 선정기준에 적합한지 여부 등에 대하여 해양수산부장관과 미리 협의할 수 있다.

(3) 화물유치 계획 등의 미이행에 따른 위약금 부과 [기출] 29, 27회

① 항만시설운영자등은 화물유치 또는 투자 계획을 이행하지 못한 부두운영회사에 대하여 위약금을 부과할 수 있다.
② 다만, 부두운영회사가 화물유치 또는 투자 계획을 이행하지 못하는 데 귀책사유가 없는 경우에는 위약금을 부과하지 아니한다.

(4) 부두운영회사 운영성과의 평가 [기출] 29회

① 해양수산부장관은 항만 운영의 효율성을 높이기 위하여 매년 부두운영회사의 운영성과에 대하여 평가를 실시할 수 있다.
② 항만시설운영자등은 평가 결과에 따라 부두운영회사에 대하여 항만시설등의 임대료를 감면하거나 그 밖에 필요한 조치를 할 수 있다.

(5) 부두운영계약의 해지 [기출] 23회

① 항만시설운영자등은 다음의 어느 하나에 해당하는 사유가 있으면 부두운영계약을 해지할 수 있다.

> 1. 항만재개발사업의 시행 등 공공의 목적을 위하여 항만시설등을 부두운영회사에 계속 임대하기 어려운 경우
> 2. 부두운영회사가 항만시설등의 임대료를 3개월 이상 연체한 경우
> 3. 항만시설등이 멸실되거나 그 밖에 해양수산부령으로 정하는 사유로 부두운영계약을 계속 유지할 수 없는 경우

② 항만시설운영자등은 부두운영계약을 해지하려면 서면으로 그 뜻을 부두운영회사에 통지하여야 한다.

(6) 부두운영회사의 항만시설 사용 [기출] 29, 27회

이 법에서 정한 것 외에 부두운영회사의 항만시설 사용에 대해서는 「항만법」 또는 「항만공사법」에 따른다.

CHAPTER 05 보칙 및 벌칙

1. 미등록 항만에서의 일시적 영업행위 및 교육훈련

(1) 미등록 항만에서의 일시적 영업행위 [기출] 16, 14, 8회

① 항만운송사업자 또는 항만운송관련사업자는 대통령령으로 정하는 부득이한 사유로 등록을 하지 아니한 항만에서 일시적으로 영업행위를 하려는 경우에는 미리 관리청에 신고하여야 한다.

> **짚고 넘어가기** 대통령령으로 정하는 부득이한 사유
> 1. 같은 사업을 하는 사업자가 해당 항만에 없거나 행정처분 등으로 일시적으로 사업을 할 수 없게 된 경우
> 2. 사업의 성질상 해당 항만의 사업자가 그 사업을 할 수 없는 경우

② 관리청은 ①에 따른 신고를 받은 날부터 3일 이내에 신고수리 여부를 신고인에게 통지하여야 한다.
③ 항만운송사업자 또는 항만운송관련사업자가 등록하지 아니한 항만에서 일시적 영업행위의 신고를 할 때에는 영업기간 등을 구체적으로 밝힌 서면으로 하여야 한다.
④ 항만운송사업자 또는 항만운송관련사업자는 영업개시 3일 전까지 일시적 영업행위 신고서에 사업계획서를 첨부하여 지방해양수산청장 또는 시·도지사에게 제출하여야 한다.

⑤ 등록을 하지 아니한 항만에서 일시적으로 영업행위를 하기 위하여 신고한 항만운송사업자 또는 항만운송관련사업자는 그 신고한 내용에 맞게 영업행위를 하여야 한다.

(2) 항만운송 종사자 등에 대한 교육훈련 및 교육훈련기관

① 항만운송 종사자 등에 대한 교육훈련 기출 24회
  ㉠ 항만운송사업 또는 항만운송관련사업에 종사하는 사람 중 해양수산부령으로 정하는 안전사고가 발생할 우려가 높은 작업(항만하역사업, 줄잡이 항만용역업, 화물 고정 항만용역업)에 종사하는 사람은 해양수산부장관이 실시하는 교육훈련을 받아야 한다.
  ㉡ 해양수산부장관은 교육훈련을 받지 아니한 사람에 대하여 항만운송사업 또는 항만운송관련사업 중 해양수산부령으로 정하는 작업에 종사하는 것을 제한하여야 한다. 다만, 해양수산부령으로 정하는 정당한 사유로 교육훈련을 받지 못한 경우에는 그러하지 아니하다.

② 교육훈련기관의 설립 기출 28회
  ㉠ 항만운송사업자 또는 항만운송관련사업자에게 고용되거나 역무를 제공하는 자에 대하여 항만운송·항만안전 등에 관한 교육훈련을 하기 위하여 교육훈련기관을 설립할 수 있다.
  ㉡ 교육훈련기관은 해양수산부장관의 설립인가를 받아 그 주된 사무소의 소재지에서 설립등기를 함으로써 성립한다.
  ㉢ 교육훈련기관은 법인으로 한다. 교육훈련기관에 관하여 이 법에 규정된 것을 제외하고는 「민법」 중 사단법인에 관한 규정을 준용한다.
  ㉣ 교육훈련기관의 운영에 필요한 경비는 항만운송사업자, 항만운송관련사업자 및 해당 교육훈련을 받는 자가 부담한다.
  ㉤ 교육훈련기관은 다음 해의 사업계획 및 예산안을 매년 11월 30일까지 해양수산부장관에게 제출하여야 한다.
  ㉥ 교육훈련기관은 매 사업연도의 세입·세출결산서를 다음 해 3월 31일까지 해양수산부장관에게 제출하여야 한다.

(3) 표준계약서의 보급 등

해양수산부장관은 항만운송사업·항만운송관련사업 및 항만종합서비스업의 공정한 거래질서 확립을 위하여 표준계약서를 작성·보급하고, 그 사용을 권장할 수 있다.

(4) 과징금 기출 22, 20회

① 관리청은 항만운송사업자 또는 항만운송관련사업자에게 사업정지처분을 하여야 하는 경우로서 그 사업의 정지가 그 사업의 이용자 등에게 심한 불편을 주거나 공익을 해칠 우려가 있는 경우에는 사업정지처분을 갈음하여 500만원 이하의 과징금을 부과할 수 있다.
② 관리청은 과징금을 부과하려는 경우에는 위반행위의 종류와 과징금의 금액 등을 구체적으로 밝혀 이를 낼 것을 서면으로 통지해야 하고, 통지를 받은 자는 통지를 받은 날부터 20일 이내에 과징금을 내야 한다.
③ 관리청은 과징금을 내야 할 자가 납부기한까지 과징금을 내지 아니하면 국세 체납처분의 예 또는 「지방행정제재·부과금의 징수 등에 관한 법률」에 따라 징수한다.

2. 항만인력 수급관리협의회 및 항만운송 분쟁협의회 등

(1) 항만인력 수급관리협의회

① 항만운송사업자 또는 항만운송관련사업자가 구성한 단체(항만운송사업자 단체), 항만운송사업자 또는 항만운송관련사업자에게 고용되거나 역무를 제공하는 자가 구성한 단체(항만운송근로자 단체) 및 그 밖에 대통령령으로 정하는 자는 항만별로 항만인력 수급관리협의회를 구성·운영할 수 있다.

② 항만인력 수급관리협의회는 위원장 1명을 포함하여 7명의 위원으로 구성하되, 수급관리협의회의 위원장은 위원 중에서 호선한다.
③ 수급관리협의회의 회의는 재적위원 3분의 2 이상의 출석으로 개의하고, 출석위원 3분의 2 이상의 찬성으로 의결한다.
④ 수급관리협의회는 다음의 사항을 심의·의결한다.

> 1. 항만운송사업에 필요한 적정한 근로자의 수 산정에 관한 사항
> 2. 항만운송사업에 종사하는 인력의 채용기준 및 교육훈련 등 인사관리에 관한 사항
> 3. 그 밖에 수급관리협의회의 위원장이 항만운송사업에 종사하는 인력의 원활한 수급 및 효율적인 관리 등에 필요하다고 인정하여 회의에 부치는 사항

(2) 항만운송 분쟁협의회 등 기출 28, 26, 24회

① 항만운송사업자 단체, 항만운송근로자 단체 및 그 밖에 대통령령으로 정하는 자는 항만운송과 관련된 분쟁의 해소 등에 필요한 사항을 협의하기 위하여 항만별로 항만운송 분쟁협의회를 구성·운영할 수 있다.
② ①에서 대통령령으로 정하는 자란 항만운송사업의 분쟁 관련 업무를 담당하는 공무원 중에서 해당 항만을 관할하는 지방해양수산청장 또는 시·도지사가 지명하는 사람을 말한다.
③ 항만운송사업자 단체와 항만운송근로자 단체는 항만운송과 관련된 분쟁이 발생한 경우 항만운송 분쟁협의회를 통하여 분쟁이 원만하게 해결되고, 분쟁기간 동안 항만운송이 원활하게 이루어질 수 있도록 노력하여야 한다.
④ 항만운송 분쟁협의회는 위원장 1명을 포함하여 7명의 위원으로 구성하되, 분쟁협의회의 위원장은 위원 중에서 호선한다.
⑤ 분쟁협의회의 회의는 재적위원 3분의 2 이상의 출석으로 개의하고, 출석위원 3분의 2 이상의 찬성으로 의결한다.
⑥ 분쟁협의회는 ㉠ 항만운송과 관련된 노사 간 분쟁의 해소에 관한 사항, ㉡ 그 밖에 분쟁협의회의 위원장이 항만운송과 관련된 분쟁의 예방 등에 필요하다고 인정하여 회의에 부치는 사항을 심의·의결한다.

(3) 항만운송사업 등에 대한 지원

국가 및 지방자치단체는 항만운송사업·항만운송관련사업 및 항만종합서비스업의 육성을 위하여 항만운송사업자·항만운송관련사업자 및 항만종합서비스업자에게 필요한 지원을 할 수 있다.

(4) 권한 등의 위임·위탁

① 이 법에 따른 해양수산부장관의 권한은 대통령령으로 정하는 바에 따라 그 일부를 그 소속 기관의 장 또는 시·도지사에게 위임할 수 있다.
② 이 법에 따른 해양수산부장관의 업무는 대통령령으로 정하는 바에 따라 그 일부를 다음의 어느 하나에 해당하는 단체나 법인에 위탁할 수 있다.

> 1. 항만운송사업자 단체
> 2. 검수사업등의 건전한 발전을 목적으로 설립된 법인
> 3. 자격검정 등을 목적으로 설립된 법인
> 4. 교육훈련기관

3. 청문 및 벌칙

(1) 청문 기출 22, 21회

관리청은 다음의 어느 하나에 해당하는 처분을 하려면 청문을 하여야 한다.

> 1. 검수사등의 자격의 취소
> 2. 항만운송사업자의 등록의 취소
> 3. 항만운송관련사업자의 등록의 취소

(2) 벌칙 기출 28회

다음의 어느 하나에 해당하는 자는 1년 이하의 징역 또는 1천만 원 이하의 벌금에 처한다.

> 1. 등록을 하지 아니하고 항만운송사업을 한 자
> 2. 다른 사람에게 자기의 성명을 사용하여 검수사등의 업무를 하게 하거나 검수사등의 자격증을 양도·대여한 사람, 다른 사람의 검수사등의 자격증을 양수·대여받은 사람 또는 다른 사람의 검수사등의 자격증의 양도·양수 또는 대여를 알선한 사람
> 3. 등록 또는 신고를 하지 아니하고 항만운송관련사업을 한 자

핵심 기출문제

PART 05 항만운송사업법

01

항만운송사업법령상 용어에 관한 설명으로 옳지 않은 것은?

① "항만운송사업"이란 영리를 목적으로 하는지 여부에 관계없이 항만에서 선박에 물품이나 역무를 제공하는 항만용역업·선용품공급업·선박연료공급업·선박수리업 및 컨테이너수리업을 말한다.
② 항만에서 선박 또는 부선을 이용하여 운송될 화물을 하역장에서 내가는 행위는 "항만운송"에 해당한다.
③ "검수"란 선적화물을 싣거나 내릴 때 그 화물의 개수를 계산하거나 그 화물의 인도·인수를 증명하는 일을 말한다.
④ "감정"이란 선적화물 및 선박(부선을 포함한다)에 관련된 증명·조사·감정을 하는 일을 말한다.
⑤ 항만공사와 임대차계약을 체결하고, 해양수산부장관이 컨테이너 부두로 정하여 고시한 항만시설을 임차하여 사용하는 자는 "부두운영회사"에서 제외한다.

해설
항만운송사업이란 영리를 목적으로 하는지 여부에 관계없이 항만운송을 하는 사업을 말한다. 항만에서 선박에 물품이나 역무를 제공하는 항만용역업·선용품공급업·선박연료공급업·선박수리업 및 컨테이너수리업은 항만운송관련사업이다.

정답 | ①

02

항만운송사업법령상의 "항만운송"에 해당하지 않는 것은?

① 선박에서 발생하는 폐기물의 운송
② 항만에서 목재를 뗏목으로 편성하여 운송하는 행위
③ 선적화물을 내릴 때 그 화물의 중량을 계산하는 일
④ 선적화물에 관련된 조사를 하는 일
⑤ 선적화물을 내릴 때 그 화물의 인수를 증명하는 일

해설
선박에서 발생하는 폐기물의 운송은 항만운송에서 제외된다.(「시행규칙」제2조)

정답 | ①

03

항만운송사업법령상 항만운송관련사업의 종류 중 항만용역업의 내용에 해당되지 않는 것은?

① 선박의 폐기물의 수집·운반을 하는 행위
② 선박의 유창 청소를 하는 행위
③ 선박에서 사용하는 맑은 물을 공급하는 행위
④ 선박의 오물 제거를 하는 행위
⑤ 본선의 이안 및 접안을 보조하기 위하여 줄잡이 역무를 제공하는 행위

해설
선박의 유창 청소를 하는 행위는 항만용역업에서 제외되는 행위이다.

정답 | ②

04

항만운송사업법령상 항만운송관련사업에 관한 설명으로 옳지 않은 것은?

① 통선으로 본선과 육지 간의 연락을 중계하는 행위를 하는 사업은 항만용역업에 속한다.
② 선박에 음료, 식품, 소모품, 밧줄, 수리용 예비부분품 및 부속품, 집기, 그 밖에 이와 유사한 선용품을 공급하는 사업은 선용품공급업이다.
③ 본선을 경비하는 행위를 하는 사업은 항만용역업에 속한다.
④ 컨테이너를 수리하는 사업은 컨테이너수리업이다.
⑤ 선박에서 사용하는 맑은 물을 공급하는 행위를 하는 사업은 선용품공급업이다.

해설
「시행령」제2조
선박에서 사용하는 맑은 물을 공급하는 행위는 항만용역업으로 분류된다.
선용품공급업은 선박(건조 중인 선박 및 해양구조물 등을 포함)에 음료, 식품, 소모품, 밧줄, 수리용 예비부분품 및 부속품, 집기, 그 밖에 이와 유사한 선용품을 공급하는 사업을 말한다.
항만운송관련사업은 항만용역업, 선용품공급업, 선박연료공급업, 선박수리업, 컨테이너수리업으로 구분한다.

정답 | ⑤

05

항만운송사업법령상 항만운송사업에 관한 설명으로 옳은 것은?

① 선적화물을 싣거나 내릴 때 그 화물의 용적 또는 중량을 계산하거나 증명하는 일을 하는 사업은 검수사업이다.
② 선적화물을 싣거나 내릴 때 그 화물의 개수를 계산하거나 그 화물의 인도·인수를 증명하는 일을 하는 사업은 검량사업이다.
③ 항만하역사업과 검수사업, 감정사업 및 검량사업 모두를 영위하려는 자는 사업을 통합하여 항만운송사업으로 관리청에 등록할 수 있다.
④ 항만하역사업과 검수사업은 항만별로 등록한다.
⑤ 감정사업과 검량사업은 취급화물별로 관리청에 등록한다.

선지분석
① 선적화물을 싣거나 내릴 때 그 화물의 용적 또는 중량을 계산하거나 증명하는 일은 검량사업이다.(「법」제2조)
② 선적화물을 싣거나 내릴 때 그 화물의 개수를 계산하거나 그 화물의 인도·인수를 증명하는 일은 검수사업이다.(「법」제2조)
③ 항만운송사업을 하려는 자는 사업의 종류별로 관리청에 등록하여야 한다.(「법」제4조)
⑤ 항만운송사업(항만하역사업, 검수사업, 감정사업, 검량사업)을 하려는 자는 사업의 종류별로 관리청에 등록하여야 한다.(「법」제4조)

정답 | ④

06

「항만운송사업법」상 검수사 등에 관한 조문의 일부이다. ( )에 들어갈 것을 바르게 나열한 것은?

> • 제7조의2(부정행위자에 대한 제재) ① 해양수산부장관은 제7조제1항에 따른 검수사 등의 자격시험에서 부정행위를 한 응시자에 대하여 그 시험을 정지 또는 무효로 하고, 그 시험을 정지하거나 무효로 한 날부터 (ㄱ)간 같은 종류의 자격시험 응시자격을 정지한다.
> • 제8조(결격사유) 다음 각 호의 어느 하나에 해당하는 사람은 검수사 등의 자격을 취득할 수 없다.
> 5. 검수사 등의 자격이 취소된 날부터 (ㄴ)이 지나지 아니한 사람

① ㄱ: 2년, ㄴ: 2년
② ㄱ: 2년, ㄴ: 3년
③ ㄱ: 3년, ㄴ: 2년
④ ㄱ: 3년, ㄴ: 3년
⑤ ㄱ: 5년, ㄴ: 3년

해설
ㄱ: 시험을 정지하거나 무효로 한 날부터 3년간 같은 종류의 자격시험 응시자격을 정지한다.
ㄴ: 검수사 등의 자격이 취소된 날부터 2년이 지나지 아니한 사람은 검수사등의 자격을 취득할 수 없다.

정답 | ③

07

항만운송사업법령상 항만운송사업의 운임 및 요금에 관한 설명으로 옳지 않은 것은?

① 검량사업의 등록을 한 자는 해양수산부령으로 정하는 바에 따라 요금을 정하여 관리청에 미리 신고하여야 한다.
② 항만하역사업의 등록을 한 자는 해양수산부령으로 정하는 항만시설에서 하역하는 화물에 대하여 해양수산부령으로 정하는 바에 따라 그 운임과 요금을 정하여 신고하여야 한다.
③ 항만하역사업의 등록을 한 자는 해양수산부령으로 정하는 항만시설에서 해양수산부령으로 정하는 품목에 해당하는 화물에 대하여 신고한 운임과 요금을 변경할 때에는 변경신고를 하여야 한다.
④ 관리청은 해양수산부령으로 정하는 품목에 해당하는 화물에 대하여 항만하역사업을 등록한 자로부터 운임 및 요금의 신고를 받은 경우 신고를 받은 날부터 30일 이내에 신고수리 여부를 신고인에게 통지하여야 한다.
⑤ 관리청이 운임 및 요금의 신고인에게 신고수리 여부 통지기간 내에 신고수리 여부를 통지하지 아니하면 그 기간이 끝난 날에 신고를 수리한 것으로 본다.

해설
관리청이 운임 및 요금의 신고인에게 신고수리 여부 통지기간 내에 신고수리 여부를 통지하지 아니하면 그 기간이 끝난 날의 다음 날에 신고를 수리한 것으로 본다.(「법」 제10조)

정답 | ⑤

08

항만운송사업법령상 항만운송관련사업에 관한 설명으로 옳은 것은?

① 선용품공급업을 하려는 자는 해양수산부장관에게 등록하여야 한다.
② 선체, 기관 등 선박시설 및 설비를 수리, 교체 또는 도색하는 사업은 항만운송관련사업에 속한다.
③ 항만용역업의 등록을 신청하려는 자는 부두시설 등 항만시설을 사용하는 경우에는 해당 항만시설의 사용허가서 사본을 제출하여야 한다.
④ 관리청은 항만운송관련사업의 등록을 취소하는 경우 500만원 이하의 과징금을 병과할 수 있다.
⑤ 항만운송관련사업자가 사업정지명령을 위반하여 그 정지기간에 사업을 계속한 경우에는 청문을 실시하지 않고 항만운송관련사업의 등록을 취소하여야 한다.

해설
②는 선박수리업으로 항만운송관련사업에 해당한다.

선지분석
① 선용품공급업만 해양수산부장관에게 신고하고, 다른 사업은 관리청에 등록하여야 한다.
③은 선박수리업 및 컨테이너수리업만 해당된다.
④ 과징금은 사업정지에 갈음하여 부과하는 것이므로 등록을 취소할 때 병과할 수 없다.
⑤ 취소하는 경우에는 반드시 청문을 하여야 한다.

정답 | ②

09

「항만운송사업법」상 검수사 등의 자격취득에 관한 결격사유가 있는 사람으로 옳지 않은 것은?

① 미성년자
② 「관세법」에 따른 죄를 범하여 금고 이상의 형의 선고를 받고 그 집행이 끝나거나 면제된 날부터 3년이 지나지 아니한 사람
③ 「항만운송사업법」에 따른 죄를 범하여 금고 이상의 형의 집행유예를 선고받고 그 유예기간 중에 있는 사람
④ 파산선고를 받은 사람
⑤ 검수사 등의 자격이 취소된 날부터 2년이 지나지 아니한 사람

해설
파산선고를 받은 사람은 결격사유에 해당하지 않고, 피성년후견인 또는 피한정후견인이 결격사유에 해당한다.(「법」제8조)

정답 | ④

10

항만운송사업법령상 청문을 하여야 하는 경우로 옳은 것은?

① 항만운송사업자가 사업정지명령을 위반하여 그 정지기간에 사업을 계속한 것을 이유로 관리청이 항만운송사업의 등록을 취소하는 경우
② 검수사 등이 사망하여 그 등록을 말소하는 경우
③ 과태료를 부과하는 경우
④ 항만운송관련사업자가 대통령령으로 정하는 부득이한 사유로 등록을 하지 아니한 항만에서 일시적으로 영업행위를 하려고 신고한 것에 대하여 그 신고확인증을 발급하는 경우
⑤ 검수사 등의 자격증을 발급하는 경우

해설
청문은 "취소"하는 경우에 하여야 한다. 이외에도 검수사 등의 자격 취소, 항만운송사업자의 등록의 취소, 항만운송관련사업자에 대한 등록을 취소하는 경우 청문을 하여야 한다.

정답 | ①

11

항만운송사업법령상 관리청이 사업정지처분에 갈음하여 부과할 수 있는 과징금에 관한 설명으로 옳지 않은 것은? (단, 권한위임에 관한 규정은 고려하지 않음)

① 관리청은 항만운송사업자 또는 항만운송관련사업자에게 사업정지처분을 하여야 하는 경우로서 그 사업의 정지가 그 사업의 이용자 등에게 심한 불편을 주거나 공익을 해칠 우려가 있는 경우에는 사업정지처분을 갈음하여 500만 원 이하의 과징금을 부과할 수 있다.
② 관리청은 과징금을 내야 할 자가 납부기한까지 과징금을 내지 아니하면 국세 체납처분의 예 또는 또는 「지방행정제재·부과금의 징수 등에 관한 법률」에 따라 징수한다.
③ 관리청은 과징금을 부과하려는 경우에는 위반행위의 종류와 과징금의 금액 등을 구체적으로 밝혀 이를 낼 것을 서면으로 통지하여야 한다.
④ 과징금 납부 통지를 받은 자는 통지를 받은 날부터 30일 이내에 과징금을 관리청이 정하는 수납기관에 내야 한다.
⑤ 과징금을 받은 수납기관은 과징금을 수납했을 때에는 지체 없이 그 사실을 관리청에 통보해야 한다.

해설
과징금 납부 통지를 받은 자는 통지를 받은 날부터 20일 이내에 과징금을 관리청이 정하는 수납기관에 내야 한다.

정답 | ④

12

항만운송사업법령상 항만운송관련사업에 관한 설명으로 ( ) 안에 들어갈 내용을 바르게 나열한 것은? (단, 권한 위임에 관한 규정은 고려하지 않음)

> 항만운송관련사업 중 항만용역업·선박연료공급업·컨테이너수리업을 하려는 자는 항만별·업종별로 해양수산부령으로 정하는 바에 따라 (ㄱ)에(게) (ㄴ)하여야 하며, 선용품공급업을 하려는 자는 해양수산부령으로 정하는 바에 따라 (ㄷ)에(게) (ㄹ)하여야 한다.

① ㄱ: 해양수산부장관, ㄴ: 등록, ㄷ: 해양수산부장관, ㄹ: 신고
② ㄱ: 해양수산부장관, ㄴ: 신고, ㄷ: 관리청, ㄹ: 등록
③ ㄱ: 관리청, ㄴ: 등록, ㄷ: 해양수산부장관, ㄹ: 신고
④ ㄱ: 지방해양항만청장, ㄴ: 신고, ㄷ: 지방해양항만청장, ㄹ: 등록
⑤ ㄱ: 관리청, ㄴ: 신고, ㄷ: 관리청, ㄹ: 등록

해설
항만운송관련사업을 하려는 자는 항만별·업종별로 해양수산부령으로 정하는 바에 따라 관리청에 등록하여야 한다. 다만, 선용품공급업을 하려는 자는 해양수산부령으로 정하는 바에 따라 해양수산부장관에게 신고하여야 한다. (「법」 제26조의3)

정답 | ③

13

항만운송사업법령상 부두운영회사의 운영 등에 관한 내용으로 옳지 않은 것은?

① 항만시설운영자 등은 항만 운영의 효율성 및 항만운송사업의 생산성 향상을 위하여 필요한 경우에는 해양수산부령으로 정하는 기준에 적합한 자를 선정하여 부두운영계약을 체결할 수 있다.
② 부두운영계약에는 부두운영회사가 부두운영계약으로 임차·사용하려는 항만시설 등의 범위와 임대료에 관한 사항, 계약기간이 포함되어야 한다.
③ 항만시설운영자 등은 화물유치 또는 투자 계획을 이행하지 못한 부두운영회사에 대하여 위약금을 부과할 수 있다.
④ 항만시설운영자 등은 부두운영회사가 항만시설 등의 임대료를 3개월 이상 연체한 경우에는 부두운영계약을 해지할 수 있다.
⑤ 해양수산부장관은 항만 운영의 효율성을 높이기 위하여 매년 부두운영회사의 운영성과에 대하여 평가를 실시할 수 있고, 평가결과에 따라 부두운영회사에 대하여 항만시설 등의 임대료를 감면할 수 있다.

해설
해양수산부장관은 항만 운영의 효율성을 높이기 위하여 매년 부두운영회사의 운영성과에 대하여 평가를 실시할 수 있다.
이 경우 평가 결과에 따라 부두운영회사에 대하여 항만시설 등의 임대료를 감면하거나 그 밖에 필요한 조치를 할 수 있는 것은 항만시설 운영자 등이다.

정답 | ⑤

14

항만운송사업법령상 관리청이 항만운송관련사업자에 대하여 등록을 취소하여야 하는 경우를 모두 고른 것은?

> ㄱ. 항만운송관련사업을 하려는 자의 등록 및 신고에 필요한 자본금, 시설, 장비 등에 관한 기준에 미달하게 된 경우
> ㄴ. 부정한 방법으로 사업의 등록 또는 신고를 한 경우
> ㄷ. 사업 수행 실적이 1년 이상 없는 경우
> ㄹ. 사업정지명령을 위반하여 그 정지기간에 사업을 계속한 경우

① ㄱ, ㄴ
② ㄱ, ㄷ
③ ㄴ, ㄷ
④ ㄴ, ㄹ
⑤ ㄷ, ㄹ

해설
관리청은 항만운송관련사업자가 ㄱ과 ㄷ에 해당하면 그 등록을 취소하거나 6개월 이내의 기간을 정하여 그 사업의 전부 또는 일부의 정지를 명할 수 있다. 단 ㄴ과 ㄹ에 해당하는 경우에는 그 등록을 취소하여야 한다.

정답 | ④

15

항만운송사업법령상 항만운송관련사업자의 미등록 항만에서의 일시적 영업에 관한 설명으로 옳은 것은?

① 항만운송관련사업자가 관련 법령에서 정하는 부득이한 사유로 미등록 항만에서 일시적 영업행위의 신고를 할 때에는 영업기간 등을 서면 또는 구두로 밝혀야 한다.
② 미등록 항만에서 일시적으로 영업행위를 하기 위하여 신고한 항만운송관련사업자는 등록된 항만에서 기존 수행하는 영업행위 전부를 할 수 있다.
③ 항만운송사업자 또는 항만운송관련사업자는 대통령령으로 정하는 부득이한 사유로 등록을 하지 아니한 항만에서 일시적으로 영업행위를 하려는 경우에는 미리 관리청에 신고하여야 한다.
④ 관리청은 ③에 따른 신고를 받은 날부터 7일 이내에 신고수리 여부를 신고인에게 통지하여야 한다.
⑤ 미등록 항만에서의 일시적 영업은 타 항만에서 등록하여 영업행위를 하는 자는 할 수 없다.

선지분석
① 항만운송관련사업자가 관련 법령에서 정하는 부득이한 사유로 미등록 항만에서 일시적 영업행위의 신고를 할 때에는 영업기간 등을 구체적으로 밝힌 서면으로 하여야 한다.(「시행령」 제14조)
② 미등록 항만에서 일시적으로 영업행위를 하기 위하여 신고한 항만운송관련사업자는 등록된 항만에서 그 신고한 내용에 맞게 영업행위를 하여야 한다.(「시행령」 제14조)
④ 관리청은 ③에 따른 신고를 받은 날부터 3일 이내에 신고수리 여부를 신고인에게 통지하여야 한다.
⑤ 미등록 항만에서의 일시적 영업은 타 항만에서 등록하여 영업행위를 하는 자가 할 수 있다.

정답 | ③

PART 06 유통산업발전법

CHAPTER 01 총칙

1. 법의 목적 및 용어의 정의

(1) 법의 목적

이 법은 유통산업의 효율적인 진흥과 균형 있는 발전을 꾀하고, 건전한 상거래질서를 세움으로써 소비자를 보호하고 국민경제의 발전에 이바지함을 목적으로 한다.

(2) 용어의 정의

① 유통산업 〔기출〕 23회

농산물·임산물·축산물·수산물(가공물 및 조리물 포함) 및 공산품의 도매·소매 및 이를 경영하기 위한 보관·배송·포장과 이와 관련된 정보·용역의 제공 등을 목적으로 하는 산업을 말한다.

② 매장 〔기출〕 23, 16회

㉠ 상품의 판매와 이를 지원하는 용역의 제공에 직접 사용되는 장소를 말한다. 이 경우 매장에 포함되는 용역의 제공 장소의 범위는 대통령령으로 정한다.

㉡ 매장에 포함되는 용역의 제공장소는 제1종 및 제2종 근린생활시설, 문화 및 집회시설, 운동시설 및 일반업무시설(오피스텔은 제외)을 말한다.

③ 대규모점포 〔기출〕 23, 16, 14, 11회

㉠ 다음의 요건을 모두 갖춘 매장을 보유한 점포의 집단으로서 「별표」에 규정된 것을 말한다.

> 1. 하나 또는 대통령령으로 정하는 둘 이상의 연접되어 있는 건물 안에 하나 또는 여러 개로 나누어 설치되는 매장일 것
> 2. 상시 운영되는 매장일 것
> 3. 매장면적의 합계가 3천제곱미터 이상일 것

㉡ 대규모점포의 종류

종류	정의
대형마트	용역의 제공장소를 제외한 매장면적의 합계가 3천제곱미터 이상인 점포의 집단으로서 식품·가전 및 생활용품을 중심으로 점원의 도움 없이 소비자에게 소매하는 점포의 집단
전문점	용역의 제공장소를 제외한 매장면적의 합계가 3천제곱미터 이상인 점포의 집단으로서 의류·가전 또는 가정용품 등 특정 품목에 특화한 점포의 집단
백화점	용역의 제공장소를 제외한 매장면적의 합계가 3천제곱미터 이상인 점포의 집단으로서 다양한 상품을 구매할 수 있도록 현대적 판매시설과 소비자 편익시설이 설치된 점포로서 직영의 비율이 30퍼센트 이상인 점포의 집단
쇼핑센터	용역의 제공장소를 제외한 매장면적의 합계가 3천제곱미터 이상인 점포의 집단으로서 다수의 대규모점포 또는 소매점포와 각종 편의시설이 일체적으로 설치된 점포로서 직영 또는 임대의 형태로 운영되는 점포의 집단

복합쇼핑몰	용역의 제공장소를 제외한 매장면적의 합계가 3천제곱미터 이상인 점포의 집단으로서 쇼핑, 오락 및 업무 기능 등이 한 곳에 집적되고, 문화·관광 시설로서의 역할을 하며, 1개의 업체가 개발·관리 및 운영하는 점포의 집단
그 밖의 대규모점포	위 규정에 해당하지 아니하는 점포의 집단으로서 다음의 어느 하나에 해당하는 것 • 용역의 제공장소를 제외한 매장면적의 합계가 3천제곱미터 이상인 점포의 집단 • 용역의 제공장소를 포함하여 매장면적의 합계가 3천제곱미터 이상인 점포의 집단으로서 용역의 제공장소를 제외한 매장면적의 합계가 전체 매장면적의 100분의 50 이상을 차지하는 점포의 집단. 다만, 시장·군수 또는 구청장이 지역경제의 활성화를 위하여 필요하다고 인정하는 경우에는 매장면적의 100분의 10의 범위에서 용역의 제공장소를 제외한 매장의 면적 비율을 조정할 수 있다.

④ 준대규모점포

다음의 어느 하나에 해당하는 점포로서 대통령령으로 정하는 것을 말한다.

> 1. 대규모점포를 경영하는 회사 또는 그 계열회사(「독점규제 및 공정거래에 관한 법률」에 따른 계열회사)가 직영하는 점포
> 2. 「독점규제 및 공정거래에 관한 법률」에 따른 상호출자제한기업집단의 계열회사가 직영하는 점포
> 3. 위의 회사 또는 계열회사가 직영점형 체인사업 및 프랜차이즈형 체인사업의 형태로 운영하는 점포

⑤ 임시시장 기출 26, 25, 23, 15회
　㉠ 다수의 수요자와 공급자가 일정한 기간 동안 상품을 매매하거나 용역을 제공하는 일정한 장소를 말한다.
　㉡ 임시시장의 개설방법·시설기준과 그 밖에 임시시장의 운영·관리에 관한 사항은 특별자치시·시·군·구의 조례로 정한다.
　㉢ 지방자치단체의 장은 임시시장의 활성화를 위하여 임시시장을 체계적으로 육성·지원하여야 한다.

⑥ 체인사업 기출 25, 23, 16, 11, 10회

같은 업종의 여러 소매점포를 직영(자기가 소유하거나 임차한 매장에서 자기의 책임과 계산하에 직접 매장을 운영하는 것)하거나 같은 업종의 여러 소매점포에 대하여 계속적으로 경영을 지도하고 상품·원재료 또는 용역을 공급하는 다음의 어느 하나에 해당하는 사업을 말한다.

종류	정의
직영점형	체인본부가 주로 소매점포를 직영하되, 가맹계약을 체결한 일부 소매점포(가맹점)에 대하여 상품의 공급 및 경영지도를 계속하는 형태의 체인사업
프랜차이즈형	독자적인 상품 또는 판매·경영 기법을 개발한 체인본부가 상호·판매방법·매장운영 및 광고방법 등을 결정하고, 가맹점으로 하여금 그 결정과 지도에 따라 운영하도록 하는 형태의 체인사업
임의가맹점형	체인본부의 계속적인 경영지도 및 체인본부와 가맹점 간의 협업에 의하여 가맹점의 취급품목·영업방식 등의 표준화사업과 공동구매·공동판매·공동시설활용 등 공동사업을 수행하는 형태의 체인사업
조합형	같은 업종의 소매점들이 중소기업협동조합, 협동조합, 협동조합연합, 사회적협동조합 또는 사회적협동조합연합회를 설립하여 공동구매·공동판매·공동시설활용 등 사업을 수행하는 형태의 체인사업

⑦ 상점가: 일정 범위의 가로 또는 지하도에 대통령령으로 정하는 수 이상의 도매점포·소매점포 또는 용역점포가 밀집하여 있는 지구를 말한다. 기출 27, 16회

⑧ 전문상가단지: 같은 업종을 경영하는 여러 도매업자 또는 소매업자가 일정 지역에 점포 및 부대시설 등을 집단으로 설치하여 만든 상가단지를 말한다. 기출 27, 23회

⑨ 무점포판매: 상시 운영되는 매장을 가진 점포를 두지 아니하고 상품을 판매하는 것으로서 산업통상자원부령으로 정하는 것을 말한다. 기출 27, 23, 16, 9회

무점포판매의 유형	
• 방문판매 및 가정내 진열판매	• 인터넷 멀티미디어 방송(IPTV)을 통한 상거래
• 다단계판매	• 인터넷쇼핑몰 또는 사이버몰 등 전자상거래
• 전화권유판매	• 온라인 오픈마켓 등 전자상거래중개
• 카탈로그판매	• 이동통신기기를 이용한 판매
• 텔레비전홈쇼핑	• 자동판매기를 통한 판매

⑩ 유통표준코드: 상품·상품포장·포장용기 또는 운반용기의 표면에 표준화된 체계에 따라 표기된 숫자와 바코드 등으로서 산업통상자원부령으로 정하는 것을 말한다.

⑪ 유통표준전자문서: 「전자문서 및 전자거래 기본법」에 따른 전자문서 중 유통부문에 관하여 표준화되어 있는 것으로서 산업통상자원부령으로 정하는 것을 말한다.

⑫ 판매시점 정보관리시스템: 상품을 판매할 때 활용하는 시스템으로서 광학적 자동판독방식에 따라 상품의 판매·매입 또는 배송 등에 관한 정보가 수록된 것을 말한다.

⑬ 물류설비: 화물의 수송·포장·하역·운반과 이를 관리하는 물류정보처리활동에 사용되는 물품·기계·장치 등의 설비를 말한다. 기출 27회

⑭ 도매배송서비스: 집배송시설을 이용하여 자기의 계산으로 매입한 상품을 도매하거나 위탁받은 상품을 「화물자동차 운수사업법」에 따른 허가를 받은 자가 수수료를 받고 도매점포 또는 소매점포에 공급하는 것을 말한다.

⑮ 집배송시설: 상품의 주문처리·재고관리·수송·보관·하역·포장·가공 등 집하 및 배송에 관한 활동과 이를 유기적으로 조정하거나 지원하는 정보처리활동에 사용되는 기계·장치 등의 일련의 시설을 말한다.

⑯ 공동집배송센터: 여러 유통사업자 또는 제조업자가 공동으로 사용할 수 있도록 집배송시설 및 부대업무시설이 설치되어 있는 지역 및 시설물을 말한다. 기출 27회

2. 유통산업시책의 기본방향 및 법의 적용 배제

(1) 유통산업시책의 기본방향 기출 11회

정부는 이 법의 목적을 달성하기 위하여 다음의 시책을 마련하여야 한다.

> 1. 유통구조의 선진화 및 유통기능의 효율화 촉진
> 2. 유통산업에서의 소비자 편익의 증진
> 3. 유통산업의 지역별 균형발전의 도모
> 4. 유통산업의 종류별 균형발전의 도모
> 5. 중소유통기업의 구조개선 및 경쟁력 강화
> 6. 유통산업의 국제경쟁력 제고
> 7. 유통산업에서의 건전한 상거래질서의 확립 및 공정한 경쟁여건의 조성
> 8. 그 밖에 유통산업의 발전을 촉진하기 위하여 필요한 사항

(2) **적용 배제** 기출 27, 23, 19회

다음의 시장·사업장 및 매장에 대하여는 이 법을 적용하지 아니한다.

> 1. 「농수산물 유통 및 가격안정에 관한 법률」에 따른 농수산물도매시장·농수산물공판장·민영농수산물도매시장 및 농수산물종합유통센터
> 2. 「축산법」에 따른 가축시장

CHAPTER 02 유통산업발전계획 등

1. 유통산업발전 기본계획 및 시행계획

(1) **유통산업발전 기본계획**

① 기본계획의 수립·시행

산업통상자원부장관은 유통산업의 발전을 위하여 5년마다 유통산업발전기본계획을 관계 중앙행정기관의 장과 협의를 거쳐 세우고 시행하여야 한다.

② 기본계획에 포함되어야 할 사항

> 1. 유통산업 발전의 기본방향
> 2. 유통산업의 국내외 여건 변화 전망
> 3. 유통산업의 현황 및 평가
> 4. 유통산업의 지역별·종류별 발전 방안
> 5. 산업별·지역별 유통기능의 효율화·고도화 방안
> 6. 유통전문인력·부지 및 시설 등의 수급 변화에 대한 전망
> 7. 중소유통기업의 구조개선 및 경쟁력 강화 방안
> 8. 대규모점포와 중소유통기업 및 중소제조업체 사이의 건전한 상거래질서의 유지 방안
> 9. 그 밖에 유통산업의 규제완화 및 제도개선 등 유통산업의 발전을 촉진하기 위하여 필요한 사항

③ 필요자료의 요청

㉠ 산업통상자원부장관은 기본계획을 세우기 위하여 필요하다고 인정하는 경우에는 관계 중앙행정기관의 장에게 기본계획의 수립을 위하여 필요한 자료를 해당 기본계획 개시연도의 전년도 10월 말일까지 제출하여 줄 것을 요청할 수 있다.

㉡ 이 경우 자료를 요청받은 관계 중앙행정기관의 장은 특별한 사정이 없으면 요청에 따라야 한다.

④ 계획의 고지 기출 21회

산업통상자원부장관은 기본계획을 특별시장·광역시장·특별자치시장·도지사·특별자치도지사(이하 "시·도지사") 에게 알려야 한다.

(2) 유통산업발전 시행계획 〔기출〕 25, 21, 15회

① 시행계획의 수립·시행
  ㉠ 산업통상자원부장관은 기본계획에 따라 매년 유통산업발전시행계획을 관계 중앙행정기관의 장과 협의를 거쳐 세워야 한다.
  ㉡ 산업통상자원부장관은 시행계획을 시·도지사에게 알려야 한다.

② 필요자료의 요청
  ㉠ 산업통상자원부장관은 시행계획을 세우기 위하여 필요하다고 인정하는 경우에는 관계 중앙행정기관의 장에게 다음의 사항이 포함된 자료를 매년 3월 말일까지 제출하여 줄 것을 요청할 수 있다.

  > 1. 유통산업발전시책의 기본방향
  > 2. 사업주체 및 내용
  > 3. 필요한 자금과 그 조달방안
  > 4. 사업의 시행방법
  > 5. 그 밖에 시행계획의 수립에 필요한 사항

  ㉡ 이 경우 자료를 요청받은 관계 중앙행정기관의 장은 특별한 사정이 없으면 요청에 따라야 한다.

③ 집행실적의 제출
  ㉠ 산업통상자원부장관 및 관계 중앙행정기관의 장은 시행계획 중 소관 사항을 시행하고 이에 필요한 재원을 확보하기 위하여 노력하여야 한다.
  ㉡ 관계 중앙행정기관의 장은 시행계획의 집행실적을 다음 연도 2월 말일까지 산업통상자원부장관에게 제출하여야 한다.

(3) 지방자치단체의 사업시행 〔기출〕 25, 21, 20회

① 지역별 시행계획의 수립·시행
  시·도지사는 기본계획 및 시행계획에 따라 다음의 사항을 포함하는 지역별 시행계획을 세우고 시행하여야 한다. 이 경우 시·도지사(특별자치시장은 제외)는 미리 시장·군수·구청장의 의견을 들어야 한다.

  > 1. 지역유통산업 발전의 기본방향
  > 2. 지역유통산업의 여건 변화 전망
  > 3. 지역유통산업의 현황 및 평가
  > 4. 지역유통산업의 종류별 발전 방안
  > 5. 지역유통기능의 효율화·고도화 방안
  > 6. 유통전문인력·부지 및 시설 등의 수급 방안
  > 7. 지역중소유통기업의 구조개선 및 경쟁력 강화 방안
  > 8. 그 밖에 지역유통산업의 규제완화 및 제도개선 등 지역유통산업의 발전을 촉진하기 위하여 필요한 사항

② 시행계획의 시행에 필요한 조치의 요청
  관계 중앙행정기관의 장은 유통산업의 발전을 위하여 필요하다고 인정하는 경우에는 시·도지사 또는 시장·군수·구청장에게 시행계획의 시행에 필요한 조치를 할 것을 요청할 수 있다.

2. 유통산업의 실태조사 등

(1) 유통산업의 실태조사 [기출] 16, 14회

① **실태조사의 실시**: 산업통상자원부장관은 기본계획 및 시행계획 등을 효율적으로 수립·추진하기 위하여 유통산업에 대한 실태조사를 할 수 있다.

② **자료제출 요청**: 산업통상자원부장관은 유통산업의 실태조사를 위하여 필요하다고 인정하는 경우에는 관계 중앙행정기관의 장, 지방자치단체의 장, 공공기관의 장, 유통사업자 및 관련 단체 등에 필요한 자료를 요청할 수 있다.

③ 실태조사를 위한 범위

> 1. 대규모점포, 무점포판매 및 도·소매점포의 현황, 영업환경, 물품구매, 영업실태 및 사업체 특성 등에 관한 사항
> 2. 지역별·업태별 유통기능효율화를 위한 물류표준화·정보화 및 물류공동화에 관한 사항
> 3. 그 밖에 산업통상자원부장관이 유통산업발전 정책수립을 위하여 실태조사가 필요하다고 인정하는 사항

④ 실태조사의 주기

> 1. 정기조사: 유통산업에 관한 계획 및 정책수립과 집행에 활용하기 위하여 3년마다 실시하는 조사
> 2. 수시조사: 산업통상자원부장관이 기본계획 및 시행계획 등의 효율적인 수립을 위하여 필요하다고 인정하는 경우 특정 업태 및 부문 등을 대상으로 실시하는 조사

(2) 유통업상생발전협의회 [기출] 29, 28, 24, 22, 21, 18, 14회

① 협의회의 설치

  ㉠ 대규모점포 및 준대규모점포(이하 "대규모점포 등")와 지역중소유통기업의 균형발전을 협의하기 위하여 특별자치시장·시장·군수·구청장 소속으로 유통업상생발전협의회를 둔다.
  ㉡ 협의회의 구성 및 운영 등에 필요한 사항은 산업통상자원부령으로 정한다.

② 협의회의 구성

  ㉠ 유통업상생발전협의회는 성별 및 분야별 대표성 등을 고려하여 회장 1명을 포함한 11명 이내의 위원으로 구성한다.
  ㉡ 회장은 부시장·부군수·부구청장이 되고, 위원은 특별자치시장·시장·군수·구청장이 임명하거나 위촉하는 다음의 자가 된다.

> 1. 해당 지역에 대규모점포 등을 개설하였거나 개설하려는 대형유통기업의 대표 3명
> 2. 해당 지역의 전통시장, 슈퍼마켓, 상가 등 중소유통기업의 대표 3명
> 3. 해당 지역의 소비자단체의 대표 또는 주민단체의 대표, 해당 지역의 유통산업분야에 관한 학식과 경험이 풍부한 자, 그 밖에 대·중소유통 협력업체·납품업체·농어업인 등 이해관계자의 어느 하나에 해당하는 자
> 4. 해당 특별자치시·시·군·구의 유통업무를 담당하는 과장급 공무원

  ㉢ 위원의 임기는 2년으로 한다.

③ 협의회의 운영 등

  ㉠ 협의회의 회의는 재적위원 3분의 2 이상의 출석으로 개의하고, 출석위원 3분의 2 이상의 찬성으로 의결한다.
  ㉡ 회장은 회의를 소집하려는 경우에는 회의 개최일 5일 전까지 회의의 날짜·시간·장소 및 심의 안건을 각 위원에게 통지하여야 한다. 다만, 긴급한 경우나 부득이한 사유가 있는 경우에는 그러하지 아니하다.
  ㉢ 협의회의 사무를 처리하기 위하여 간사 1명을 두되, 간사는 유통업무를 담당하는 공무원으로 한다.
  ㉣ 협의회는 분기별로 1회 이상 개최하는 것을 원칙으로 하되, 회장은 필요에 따라 그 개최 주기를 달리할 수 있다.

④ 협의회의 의견 제시

협의회는 대형유통기업과 지역중소유통기업의 균형발전을 촉진하기 위하여 다음의 사항에 대해 특별자치시장·시장·군수·구청장에게 의견을 제시할 수 있다.

> 1. 대형유통기업과 지역중소유통기업 간의 상생협력촉진을 위한 지역별 시책의 수립에 관한 사항
> 2. 상권영향평가서 및 지역협력계획서 검토에 관한 사항
> 3. 대규모점포등에 대한 영업시간의 제한 등에 관한 사항
> 4. 전통상업보존구역의 지정 등에 관한 사항
> 5. 그 밖에 대·중소유통기업 간의 상생협력촉진, 공동조사연구, 지역유통산업발전, 전통시장 또는 전통상점가 보존을 위한 협력 및 지원에 관한 사항

CHAPTER 03 대규모점포

1. 대규모점포 등의 개설등록

(1) 대규모점포 등의 개설등록 및 변경등록 기출 29, 26, 23, 22, 19, 16, 12, 11회

① 대규모점포 등의 개설등록

㉠ 대규모점포를 개설하거나 전통상업보존구역에 준대규모점포를 개설하려는 자는 영업을 시작하기 전에 산업통상자원부령으로 정하는 바에 따라 상권영향평가서 및 지역협력계획서를 첨부하여 특별자치시장·시장·군수·구청장에게 등록하여야 한다. 등록한 내용을 변경하려는 경우에도 또한 같다.

㉡ 대규모점포 및 준대규모점포(이하 "대규모점포등")의 개설등록을 하려는 자는 대규모점포등개설등록신청서에 다음의 서류를 첨부하여 특별자치시장·시장·군수 또는 구청장에게 제출하여야 한다.

> 1. 사업계획서[사업의 개요, 건축물의 위치도 및 구조, 사업의 규모(대지면적·건축물면적·매장면적·점포 수 및 종사자수 등에 관한 사항을 포함), 시설의 명세 및 점포의 배치도(분양·직영 및 임대계획에 관한 사항을 포함), 업종의 구성, 운영·관리계획, 재무구조 포함]
> 2. 상권영향평가서(요약문, 사업의 개요, 상권영향분석의 범위, 상권의 특성, 기존 사업자 현황 분석, 상권영향기술서 포함) 기출 29회
> 3. 지역협력계획서(지역 상권 및 경제를 활성화하거나 전통시장 및 중소상인과 상생협력을 강화하는 등의 지역협력을 위한 사업계획서)
> 4. 대지 또는 건축물의 소유권 또는 그 사용에 관한 권리를 증명하는 서류

② 상권영향평가서 등의 보완 요청: 특별자치시장·시장·군수·구청장은 제출받은 상권영향평가서 및 지역협력계획서가 미진하다고 판단하는 경우에는 제출받은 날부터 30일 내에 그 사유를 명시하여 보완을 요청할 수 있다.

③ 등록의 제한 및 조건 등: 특별자치시장·시장·군수·구청장은 개설등록 또는 변경등록(점포의 소재지를 변경하거나 매장면적이 개설등록 당시의 매장면적보다 10분의 1이상 증가하는 경우로 한정)을 하려는 대규모점포 등의 위치가 전통상업보존구역에 있을 때에는 등록을 제한하거나 조건을 붙일 수 있다.

④ 인접지역에 통보: 특별자치시장·시장·군수·구청장은 개설등록 또는 변경등록하려는 점포의 소재지로부터 산업통상자원부령으로 정하는 거리 이내의 범위 일부가 인접 특별자치시·시·군·구에 속하여 있는 경우 인접지역의 특별자치시장·시장·군수·구청장에게 개설등록 또는 변경등록을 신청 받은 사실을 통보하여야 한다.

⑤ 통보에 대한 의견제시: 위 ④에 따라 신청 사실을 통보받은 인접지역의 특별자치시장·시장·군수·구청장은 신청 사실을 통보받은 날로부터 20일 이내에 개설등록 또는 변경등록에 대한 의견을 제시할 수 있다.

⑥ 협의회 의견 청취 및 조사: 특별자치시장·시장·군수·구청장은 제출받은 상권영향평가서 및 지역협력계획서를 검토하는 경우 협의회의 의견을 청취하여야 하며, 필요한 때에는 대통령령으로 정하는 전문기관에 이에 대한 조사를 하게 할 수 있다.

(2) 지역협력계획서의 내용 및 이행실적 평가·점검

① 지역협력계획서에는 지역 중소유통기업과의 상생협력, 지역 고용 활성화 등의 사항을 포함할 수 있다.

② 특별자치시장·시장·군수·구청장은 지역협력계획서의 이행실적을 점검하고, 이행실적이 미흡하다고 판단되는 경우에는 개선을 권고할 수 있다.

(3) 대규모점포 등의 개설계획 예고 기출 27, 19회

대규모점포를 개설하려는 자는 영업을 개시하기 60일 전까지, 준대규모점포를 개설하려는 자는 영업을 시작하기 30일 전까지 산업통상자원부령으로 정하는 바에 따라 개설 지역 및 시기 등을 포함한 개설계획을 예고하여야 한다.

(4) 등록의 결격사유 기출 27, 24, 16, 13, 12, 10회

다음의 어느 하나에 해당하는 자는 대규모점포 등의 등록을 할 수 없다.

> 1. 피성년후견인 또는 미성년자
> 2. 파산선고를 받고 복권되지 아니한 자
> 3. 이 법을 위반하여 징역의 실형을 선고받고 그 집행이 끝나거나(집행이 끝난 것으로 보는 경우를 포함한다.) 집행이 면제된 날부터 1년이 지나지 아니한 사람
> 4. 이 법을 위반하여 징역형의 집행유예선고를 받고 그 유예기간 중에 있는 사람
> 5. 등록이 취소(1 또는 2에 해당하여 등록이 취소된 경우는 제외)된 후 1년이 지나지 아니한 자
> 6. 대표자가 위 어느 하나에 해당하는 법인

(5) 등록의 취소

① 등록의 취소요건 기출 22, 20, 19, 15, 14, 13, 12, 10회

특별자치시장·시장·군수·구청장은 대규모점포 등 개설자가 다음의 어느 하나에 해당하는 경우에는 그 등록을 취소하여야 한다.

> 1. 대규모점포 등 개설자가 정당한 사유 없이 1년 이내에 영업을 시작하지 아니한 경우. 이 경우 대규모점포 등의 건축에 정상적으로 소요되는 기간은 산입하지 아니한다.
> 2. 대규모점포 등의 영업을 정당한 사유 없이 1년 이상 계속하여 휴업한 경우
> 3. 등록결격사유의 어느 하나에 해당하게 된 경우
> 4. 대규모점포 등의 등록제한이나 조건부 등록에 따른 조건을 이행하지 아니한 경우

② 등록취소의 예외

다음의 어느 하나에 해당하는 경우에는 등록의 결격사유에 해당하게 된 날 또는 상속을 개시한 날부터 6개월이 지난 날까지는 등록취소 규정을 적용하지 아니한다.

> 1. 법인의 대표자가 결격사유에 해당하게 된 경우
> 2. 대규모점포등개설자의 지위를 승계한 상속인이 결격사유의 어느 하나에 해당하는 경우

2. 대규모점포 등 개설자의 업무, 관리비 및 영업시간 제한

(1) 대규모점포 등 개설자의 업무 기출 26회

① 대규모점포 등 개설자의 업무

> 1. 상거래질서의 확립
> 2. 소비자의 안전유지와 소비자 및 인근 지역주민의 피해·불만의 신속한 처리
> 3. 그 밖에 대규모점포등을 유지·관리하기 위하여 필요한 업무

② 대규모점포 등 개설자의 업무를 수행하는 자

㉠ 매장이 분양된 대규모점포 및 등록 준대규모점포에서는 다음의 어느 하나에 해당하는 자(이하 "대규모점포등관리자")가 개설자의 업무를 수행한다.

> 1. 매장면적의 2분의 1 이상을 직영하는 자가 있는 경우에는 그 직영하는 자
> 2. 매장면적의 2분의 1 이상을 직영하는 자가 없는 경우에는 다음의 어느 하나에 해당하는 자
> - 해당 대규모점포 또는 등록 준대규모점포에 입점하여 영업을 하는 상인(입점상인) 3분의 2 이상이 동의(동의를 얻은 입점상인이 운영하는 매장면적의 합은 전체 매장면적의 2분의 1 이상이어야 한다)하여 설립한 「민법」 또는 「상법」에 따른 법인
> - 입점상인 3분의 2 이상이 동의하여 설립한 협동조합 또는 사업협동조합
> - 입점상인 3분의 2 이상이 동의하여 조직한 자치관리단체. 이 경우 6개월 이내에 법인·협동조합 또는 사업조합의 자격을 갖추어야 한다.
> - 위 어느 하나에 해당하는 자가 없는 경우에는 입점상인 2분의 1 이상이 동의하여 지정하는 자. 이 경우 6개월 이내에 법인·협동조합 또는 사업조합을 설립하여야 한다.

㉡ 대규모점포 등 관리자는 특별자치시장·시장·군수·구청장에게 신고를 하여야 한다. 신고한 사항을 변경하려는 경우에도 또한 같다.

(2) 대규모점포 등에 대한 영업시간의 제한 등 기출 27, 23, 20, 16회

① 영업시간 제한 및 의무휴업 명령

㉠ 특별자치시장·시장·군수·구청장은 건전한 유통질서 확립, 근로자의 건강권 및 대규모점포 등과 중소유통업의 상생발전을 위하여 필요하다고 인정하는 경우 대형마트와 준대규모점포에 대하여 영업시간 제한을 명하거나 의무휴업일을 지정하여 의무휴업을 명할 수 있다.

㉡ 다만, 연간 총매출액 중 농수산물의 매출액 비중이 55퍼센트 이상인 대규모점포등으로서 해당 지방자치단체의 조례로 정하는 대규모점포 등에 대하여는 그러하지 아니하다.

② 영업시간 제한

특별자치시장·시장·군수·구청장은 오전 0시부터 오전 10시까지의 범위에서 영업시간을 제한할 수 있다.

③ 의무휴업일 지정

㉠ 특별자치시장·시장·군수·구청장은 **매월 이틀**을 의무휴업일로 지정하여야 한다. 이 경우 의무휴업일은 공휴일 중에서 지정하되, 이해당사자와 합의를 거쳐 공휴일이 아닌 날을 의무휴업일로 지정할 수 있다.

㉡ 영업시간 제한 및 의무휴업일 지정에 필요한 사항은 해당 지방자치단체의 조례로 정한다.

(3) 대규모점포 등의 관리비 등

① 대규모점포 등의 관리비

㉠ 대규모점포 등 관리자는 대규모점포 등을 유지·관리하기 위한 관리비를 입점상인에게 청구·수령하고 그 금원을 관리할 수 있다.

㉡ 대규모점포 등 관리자는 관리비, 사용료 등의 내역(항목별 산출내역을 말하며, 매장별 부과내역은 제외)을 해당 대규모점포 등의 인터넷 홈페이지에 공개하여야 한다.

② 대규모점포 등의 계약체결

㉠ 대규모점포 등 관리자가 대규모점포 등의 유지·관리를 위하여 위탁관리, 공사 또는 용역 등을 위한 계약을 체결하는 경우 공개경쟁입찰방식으로 계약을 체결하여야 한다.

㉡ 산업통상자원부장관이 정하여 고시하는 금액 이하의 계약을 체결하는 경우, 긴급하게 계약을 체결할 필요성이 있는 경우, 그 밖에 공개경쟁입찰 방식에 따른 계약체결이 적절하지 아니하다고 판단하여 산업통상자원부장관이 정하여 고시하는 경우에는 공개경쟁입찰방식으로 계약을 체결하지 아니할 수 있다.

(4) 회계서류의 작성·보관 및 회계감사

① 회계서류의 작성·보관

㉠ 대규모점포 등 관리자는 관리비, 사용료 등의 금전을 입점상인에게 청구·수령하거나 그 금원을 관리하는 행위 등 모든 거래행위에 관하여 장부를 월별로 작성하여 그 증빙서류와 함께 해당 회계연도 종료일부터 5년간 보관하여야 한다.

㉡ 대규모점포 등 관리자가 매장면적의 2분의 1 이상을 직영하는 자인 경우에는 대규모점포 등 관리자의 고유재산과 분리하여 회계처리를 하여야 한다.

② 대규모점포 등 관리자의 회계감사 기출▶ 26회

㉠ 대규모점포 등 관리자는 감사인의 회계감사를 매년 1회 이상 받아야 한다. 다만 입점상인의 3분의 2 이상이 서면으로 회계감사를 받지 아니하는 데 동의한 연도에는 회계감사를 받지 아니할 수 있다.

㉡ 대규모점포 등 관리자는 회계감사결과를 제출받은 날부터 1개월 이내에 대규모점포 등의 인터넷 홈페이지에 그 결과를 공개하여야 한다.

(5) 관리규정 기출 27, 25회

① 관리규정의 제정
  ㉠ 대규모점포 등 관리자는 대규모점포 등의 관리 또는 사용에 관하여 입점상인의 3분의 2 이상의 동의를 얻어 관리규정을 제정하여야 하며 관리규정에 따라 대규모점포 등을 관리하여야 한다.
  ㉡ 관리규정을 제정하려는 대규모점포 등 관리자는 관리자로 신고를 한 날부터 3개월 이내에 표준관리규정을 참조하여 관리규정을 제정하여야 한다.
② 표준관리규정의 보급: 시·도지사는 이 법을 적용받는 대규모점포 등의 효율적이고 공정한 관리를 위하여 대통령령으로 정하는 바에 따라 표준관리규정을 마련하여 보급하여야 한다.

(6) 대규모점포 등 개설자의 지위승계 및 휴·폐업 신고 기출 27, 20, 19, 16, 13회

① 대규모점포 등 개설자의 지위승계
다음의 어느 하나에 해당하는 자는 종전의 대규모점포 등 개설자의 지위를 승계한다.

> 1. 대규모점포 등 개설자가 사망한 경우 그 상속인
> 2. 대규모점포 등 개설자가 대규모점포 등을 양도한 경우 그 양수인
> 3. 법인인 대규모점포 등 개설자가 다른 법인과 합병한 경우 합병 후 존속하는 법인이나 합병으로 설립되는 법인

② 대규모점포 등의 휴업·폐업 신고: 대규모점포 등 개설자가 대규모점포 등을 휴업하거나 폐업하려는 경우에는 산업통상자원부령으로 정하는 바에 따라 특별자치시장·시장·군수·구청장에게 신고를 하여야 한다.

3. 전통상업보존구역의 지정 등

(1) 전통상업보존구역의 지정 기출 16, 15회

① 특별자치시장·시장·군수·구청장은 지역 유통산업의 전통과 역사를 보존하기 위하여 전통시장이나 중소벤처기업부장관이 정하는 전통상점가(이하 "전통시장등")의 경계로부터 1킬로미터 이내의 범위에서 해당 지방자치단체의 조례로 정하는 지역을 전통상업보존구역으로 지정할 수 있다.
② 전통상업보존구역을 지정하려는 특별자치시장·시장·군수·구청장은 관할구역 전통시장 등의 경계로부터 1킬로미터 이내의 범위 일부가 인접 특별자치시·시·군·구에 속해 있는 경우에는 인접지역의 특별자치시장·시장·군수·구청장에게 해당 지역을 전통상업보존구역으로 지정할 것을 요청할 수 있다.
③ 전통상업보존구역의 지정요청을 받은 인접지역의 특별자치시장·시장·군수·구청장은 요청한 특별자치시장·시장·군수·구청장과 협의하여 해당 지역을 전통상업보존구역으로 지정하여야 한다.
④ 전통상업보존구역의 범위, 지정 절차 및 지정 취소 등에 관하여 필요한 사항은 해당 지방자치단체의 조례로 정한다.

(2) 영업정지 기출 20회

특별자치시장·시장·군수·구청장은 다음의 어느 하나에 해당하는 경우에는 1개월 이내의 기간을 정하여 영업의 정지를 명할 수 있다.
① 영업시간 제한 명령을 1년 이내에 3회 이상 위반하여 영업제한시간에 영업을 한 자 또는 의무휴업일 지정 명령을 1년 이내에 3회 이상 위반하여 의무휴업일에 영업을 한 자. 이 경우 두 가지 명령 위반의 횟수는 합산한다.
② 영업정지 명령을 위반하여 영업정지기간 중 영업을 한 자

CHAPTER 04 유통산업의 경쟁력 강화

1. 유통산업경쟁력 강화 등

(1) 분야별 발전시책

① 분야별 발전시책의 수립·시행

산업통상자원부장관은 유통산업의 경쟁력을 강화하기 위하여 체인사업·무점포판매업의 발전시책, 그 밖에 유통산업의 분야별 경쟁력 강화를 위하여 필요한 시책을 수립·시행할 수 있다.

② 분야별 발전시책에 포함되어야 할 사항

> 1. 국내외 사업현황
> 2. 산업별·유형별 발전전략에 관한 사항
> 3. 유통산업에 대한 인식의 제고에 관한 사항
> 4. 전문인력의 양성에 관한 사항
> 5. 관련 정보의 원활한 유통에 관한 사항
> 6. 그 밖에 유통산업의 분야별 발전 또는 경쟁력 강화를 위하여 필요한 사항

③ 재래시장 활성화 시책 기출 24회

정부는 재래시장의 활성화에 필요한 시책을 수립·시행하여야 하고, 정부 또는 지방자치단체의 장은 이에 필요한 행정적·재정적 지원을 할 수 있다.

④ 중소유통기업의 구조개선 및 경쟁력 강화에 필요한 시책

정부 또는 지방자치단체의 장은 다음의 사항이 포함된 중소유통기업의 구조개선 및 경쟁력 강화에 필요한 시책을 수립·시행할 수 있고, 이에 필요한 행정적·재정적 지원을 할 수 있다.

> 1. 중소유통기업의 창업을 지원하기 위한 사항
> 2. 중소유통기업에 대한 자금·경영·정보·기술·인력의 지원에 관한 사항
> 3. 선진유통기법의 도입·보급 등을 위한 중소유통기업자의 교육·연수의 지원에 관한 사항
> 4. 중소유통공동도매물류센터의 설립·운영 등 중소유통기업의 공동협력사업 지원에 관한 사항
> 5. 그 밖에 중소유통기업의 구조개선을 촉진하기 위하여 필요하다고 인정되는 사항으로서 대통령령으로 정하는 사항

(2) 체인사업자의 경영개선사항 등

① 체인사업자의 경영개선 사항의 추진 기출 27회

체인사업자는 직영하거나 체인에 가입되어 있는 점포(체인점포)의 경영을 개선하기 위하여 다음의 사항을 추진하여야 한다.

> 1. 체인점포의 시설 현대화
> 2. 체인점포에 대한 원재료·상품 또는 용역 등의 원활한 공급
> 3. 체인점포에 대한 점포관리·품질관리·판매촉진 등 경영활동 및 영업활동에 관한 지도
> 4. 체인점포 종사자에 대한 유통교육·훈련의 실시
> 5. 체인사업자와 체인점포 간의 유통정보시스템의 구축
> 6. 집배송시설의 설치 및 공동물류사업의 추진
> 7. 공동브랜드 또는 자기부착상표의 개발·보급
> 8. 유통관리사의 고용 촉진
> 9. 그 밖에 중소벤처기업부장관이 체인사업의 경영개선을 위하여 필요하다고 인정하는 사항

② 체인사업의 경영개선을 위한 지원

산업통상자원부장관·중소벤처기업부장관 또는 지방자치단체의 장은 체인사업자 또는 체인사업자단체가 ①의 사업을 추진하는 경우에는 예산의 범위에서 필요한 자금 등을 지원할 수 있다.

(3) 중소유통공동도매물류센터에 대한 지원 등 빈출 27, 26, 25, 24, 22, 21, 16, 13회

① 중소유통공동도매물류센터에 대한 지원

산업통상자원부장관, 중소벤처기업부장관 또는 지방자치단체의 장은 중소기업자 중 대통령령으로 정하는 소매업자 50인 또는 도매업자 10인 이상의 자(중소유통기업자단체)가 공동으로 중소유통기업의 경쟁력 향상을 위하여 다음의 사업을 하는 물류센터(중소유통공동도매물류센터)를 건립하거나 운영하는 경우에는 필요한 행정적·재정적 지원을 할 수 있다.

> 1. 상품의 보관·배송·포장 등 공동물류사업
> 2. 상품의 전시
> 3. 유통·물류정보시스템을 이용한 정보의 수집·가공·제공
> 4. 중소유통공동도매물류센터를 이용하는 중소유통기업의 서비스능력 향상을 위한 교육 및 연수
> 5. 그 밖에 중소유통공동도매물류센터 운영의 고도화를 위하여 산업통상자원부장관이 필요하다고 인정하여 공정거래위원회와 협의를 거친 사업

② 중소유통공동도매물류센터의 운영의 위탁

지방자치단체의 장은 중소유통공동도매물류센터를 건립하여 중소유통기업자단체 또는 중소유통공동도매물류센터를 운영하기 위하여 지방자치단체와 중소유통기업자단체가 출자하여 설립한 법인에 그 운영을 위탁할 수 있다.

③ 시설 및 장비의 이용료 징수

지방자치단체가 중소유통공동도매물류센터를 건립하여 운영을 위탁하는 경우에는 운영주체와 협의하여 해당 중소유통공동도매물류센터의 매출액의 1천분의 5 이내에서 시설 및 장비의 이용료를 징수하여 시설물 및 장비의 유지·관리 등에 드는 비용에 충당할 수 있다.

④ 중소유통공동도매물류센터의 건립 등에 필요한 사항의 고시

중소유통공동도매물류센터의 건립, 운영 및 관리 등에 필요한 사항은 중소벤처기업부장관이 정하여 고시한다.

2. 상점가진흥조합 및 전문상가단지 등

(1) 상점가진흥조합 기출▶ 29, 27, 26, 25, 22, 20, 17, 16, 13, 9회

① 상점가진흥조합의 결성
  ㉠ 상점가에서 도매업·소매업·용역업이나 그 밖의 영업을 하는 자는 해당 상점가의 진흥을 위하여 상점가진흥조합을 결성할 수 있다.
  ㉡ 상점가진흥조합의 조합원이 될 수 있는 자는 ㉠의 자로서 중소기업자에 해당하는 자로 한다.
  ㉢ 상점가진흥조합은 조합원의 자격이 있는 자의 3분의 2 이상의 동의를 받아 결성한다. 다만, 조합원의 자격이 있는 자 중 같은 업종을 경영하는 자가 2분의 1 이상인 경우에는 그 같은 업종을 경영하는 자의 5분의 3 이상의 동의를 받아 결성할 수 있다.
  ㉣ 상점가진흥조합은 협동조합 또는 사업조합으로 설립한다.
  ㉤ 상점가진흥조합의 구역은 다른 상점가진흥조합의 구역과 중복되어서는 아니 된다.

② 상점가진흥조합에 대한 지원
지방자치단체의 장은 상점가진흥조합이 다음의 사업을 하는 경우에는 예산의 범위에서 필요한 자금을 지원할 수 있다.

> 1. 점포시설의 표준화 및 현대화
> 2. 상품의 매매·보관·수송·검사 등을 위한 공동시설의 설치
> 3. 주차장·휴게소 등 공공시설의 설치
> 4. 조합원의 판매촉진을 위한 공동사업
> 5. 가격표시 등 상거래질서의 확립
> 6. 조합원과 그 종사자의 자질향상을 위한 연수사업 및 정보제공
> 7. 그 밖에 지방자치단체의 장이 상점가 진흥을 위하여 필요하다고 인정하는 사업

(2) 전문상가단지 건립의 지원 등

① 전문상가단지 건립의 지원 기출▶ 24, 15, 10회
산업통상자원부장관, 관계 중앙행정기관의 장 또는 지방자치단체의 장은 다음의 어느 하나에 해당하는 자가 전문상가단지를 세우려는 경우에는 필요한 행정적·재정적 지원을 할 수 있다.

> 1. 도매업자 또는 소매업자로 구성되는 협동조합·사업협동조합·협동조합연합회 또는 중소기업중앙회로서 5천제곱미터 이상의 부지를 확보하고 있고, 단지 내에 입주하는 조합원이 50인 이상인 기준에 해당하는 자
> 2. 1에 해당하는 자와 신탁계약을 체결한 신탁업자로서 자본금 또는 연간 매출액이 100억 원 이상인 자

② 전문상가단지 조성사업계획의 제출
①에 따른 지원을 받으려는 자는 전문상가단지 조성사업계획을 작성하여 산업통상자원부장관, 관계 중앙행정기관의 장 또는 지방자치단체의 장에게 제출하여야 한다.

CHAPTER 05 유통산업발전기반의 조성

1. 유통정보화시책 등

(1) 유통정보화시책의 수립·시행 등 기출 17, 12, 9회

① 유통정보화시책의 수립·시행

산업통상자원부장관은 유통정보화의 촉진 및 유통부문의 전자거래기반을 넓히기 위하여 다음의 사항이 포함된 유통정보화시책을 세우고 시행하여야 한다.

> 1. 유통표준코드의 보급
> 2. 유통표준전자문서의 보급
> 3. 판매시점 정보관리시스템의 보급
> 4. 점포관리의 효율화를 위한 재고관리시스템·매장관리시스템 등의 보급
> 5. 상품의 전자적 거래를 위한 전자장터 등의 시스템의 구축 및 보급
> 6. 다수의 유통·물류기업 간 기업정보시스템의 연동을 위한 시스템의 구축 및 보급
> 7. 유통·물류의 효율적 관리를 위한 무선주파수 인식시스템의 적용 및 실용화 촉진
> 8. 유통정보 또는 유통정보시스템의 표준화 촉진
> 9. 그 밖에 유통정보화를 촉진하기 위하여 필요하다고 인정되는 사항

② 시책수립에 필요한 자료의 요청

산업통상자원부장관은 유통정보화에 관한 시책을 세우기 위하여 필요하다고 인정하는 경우에는 과학기술정보통신부장관에게 유통정보화서비스를 제공하는 전기통신사업자에 관한 자료를 요청할 수 있다.

③ 자금의 지원

산업통상자원부장관은 유통사업자·제조업자 또는 유통 관련 단체가 ①의 사업을 추진하는 경우에는 예산의 범위에서 필요한 자금을 지원할 수 있다.

(2) 유통표준전자문서 및 유통정보의 보안 등 기출 15, 9회

① 위작 또는 변작 금지

누구든지 유통표준전자문서를 위작 또는 변작하거나 위작 또는 변작된 전자문서를 사용하거나 유통시켜서는 아니 된다.

② 유통정보의 공개 금지

유통정보화서비스를 제공하는 자는 유통표준전자문서 또는 컴퓨터 등 정보처리조직의 파일에 기록된 유통정보를 공개하여서는 아니 된다. 다만, 국가의 안전보장에 위해가 없고 타인의 비밀을 침해할 우려가 없는 정보로서 대통령령으로 정하는 것은 그러하지 아니하다.

유통정보를 공개할 수 있는 경우
1. 관계행정기관의 장, 특별시장·광역시장·도지사 또는 특별자치도지사가 행정목적상 필요에 의하여 신청하는 정보 2. 수사기관이 수사목적상 필요에 의하여 신청하는 정보 3. 법원이 제출을 명하는 정보

③ 유통표준전자문서의 보관

유통정보화서비스를 제공하는 자는 유통표준전자문서를 3년 동안 보관하여야 한다.

2. 유통전문인력의 양성 및 유통산업의 국제화

(1) 유통전문인력의 양성

① 유통전문인력의 양성을 위한 사업

산업통상자원부장관 또는 중소벤처기업부장관은 유통전문인력을 양성하기 위하여 다음의 사업을 할 수 있다.

> 1. 유통산업에 종사하는 사람의 자질 향상을 위한 교육·연수
> 2. 유통산업에 종사하려는 사람의 취업·재취업 또는 창업의 촉진을 위한 교육·연수
> 3. 선진유통기법의 개발·보급
> 4. 그 밖에 유통전문인력을 양성하기 위하여 필요하다고 인정되는 사업

② 유통전문인력의 양성을 위한 지원

산업통상자원부장관 또는 중소벤처기업부장관은 정부출연연구기관, 대학 또는 대학원, 유통연수기관이 ①의 사업을 하는 경우에는 예산의 범위에서 그 사업에 필요한 경비의 전부 또는 일부를 지원할 수 있다.

③ 유통연수기관 기출 26, 16회.

②의 유통연수기관이란 ㉠ 대한상공회의소, ㉡ 한국생산성본부, ㉢ 유통인력 양성을 위한 대통령령으로 정하는 시설·인력 및 연수 실적의 기준에 적합한 법인으로서 산업통상자원부장관이 지정하는 기관을 말한다.

(2) 유통관리사

① 유통관리사의 직무

> 1. 유통경영·관리 기법의 향상
> 2. 유통경영·관리와 관련한 계획·조사·연구
> 3. 유통경영·관리와 관련한 진단·평가
> 4. 유통경영·관리와 관련한 상담·자문
> 5. 그 밖에 유통경영·관리에 필요한 사항

② 유통관리사 자격의 취득 및 지원

㉠ 유통관리사가 되려는 사람은 산업통상자원부장관이 실시하는 유통관리사 자격시험에 합격하여야 한다.

㉡ 산업통상자원부장관 또는 지방자치단체의 장은 유통관리사를 고용한 유통사업자 및 유통사업자단체에 대하여 다른 유통사업자 및 사업자단체에 우선하여 자금 등을 지원할 수 있다.

㉢ 산업통상자원부장관은 거짓이나 그 밖의 부정한 방법으로 유통관리사의 자격을 취득한 사람에 대하여 그 자격을 취소하여야 한다.

㉣ 산업통상자원부장관은 다른 사람에게 유통관리사의 명의를 사용하게 하거나 자격증을 빌려준 사람에 대하여 대통령령으로 정하는 바에 따라 6개월 이내의 기간을 정하여 자격을 정지할 수 있다.

㉤ 유통관리사의 자격이 취소된 사람은 취소일부터 3년간 유통관리사 자격시험에 응시할 수 없다.

(3) 유통산업의 국제화 촉진 기출 12회

산업통상자원부장관은 유통사업자 또는 유통사업자단체가 다음의 사업을 추진하는 경우에는 예산의 범위에서 필요한 경비의 전부 또는 일부를 지원할 수 있다.

> 1. 유통 관련 정보·기술·인력의 국제교류
> 2. 유통 관련 국제 표준화·공동조사·연구·기술 협력
> 3. 유통 관련 국제학술대회·국제박람회 등의 개최
> 4. 해외유통시장의 조사·분석 및 수집정보의 체계적인 유통
> 5. 해외유통시장에 공동으로 진출하기 위한 공동구매·공동판매망의 구축 등 공동협력사업
> 6. 그 밖에 유통산업의 국제화를 위하여 필요하다고 인정되는 사업

CHAPTER 06 유통기능의 효율화

1. 유통기능 효율화 시책 및 공동집배송센터 지정 등

(1) 유통기능 효율화 시책

① 유통기능 효율화 시책의 마련 기출 20, 9회

산업통상자원부장관은 유통기능을 효율화하기 위하여 다음의 사항에 관한 시책을 마련하여야 한다.

> 1. 물류표준화의 촉진
> 2. 물류정보화 기반의 확충
> 3. 물류공동화의 촉진
> 4. 물류기능의 외부 위탁 촉진
> 5. 물류기술·기법의 고도화 및 선진화
> 6. 집배송시설 및 공동집배송센터의 확충 및 효율적 배치
> 7. 그 밖에 유통기능의 효율화를 촉진하기 위하여 필요하다고 인정되는 사항

② 물류기술·기법의 고도화 및 선진화를 위한 사업

산업통상자원부장관은 ①의 5에 따른 물류기술·기법의 고도화 및 선진화를 위하여 다음의 사업을 할 수 있다.

> 1. 국내외 물류기술 수준의 조사
> 2. 물류기술·기법의 연구개발 및 개발된 물류기술·기법의 활용
> 3. 물류에 관한 기술협력·기술지도 및 기술이전
> 4. 그 밖에 물류기술·기법의 개발 및 그 수준의 향상을 위하여 필요하다고 인정되는 사업

③ 유통기능의 효율화를 위한 지원

산업통상자원부장관은 유통사업자·제조업자·물류사업자 또는 관련 단체가 ① 및 ② 각 호의 사업을 하는 경우에는 예산의 범위에서 필요한 자금을 지원할 수 있다.

(2) 공동집배송센터의 지정 등

① 공동집배송센터의 지정 및 지정요건 기출 29, 27, 26, 25, 21, 18, 16, 10회

㉠ 산업통상자원부장관은 물류공동화를 촉진하기 위하여 필요한 경우에는 시·도지사의 추천을 받아 부지 면적, 시설 면적 및 유통시설로의 접근성 등 산업통상자원부령으로 정하는 다음의 요건에 해당하는 지역 및 시설물을 공동집배송센터로 지정할 수 있다.

> 1. 부지면적이 3만제곱미터 이상(상업지역 또는 공업지역의 경우에는 2만제곱미터 이상)이고, 집배송시설 면적이 1만제곱미터 이상일 것
> 2. 도시내 유통시설로의 접근성이 우수하여 집배송기능이 효율적으로 이루어질 수 있는 지역 및 시설물

㉡ 공동집배송센터의 지정을 받으려는 자는 공동집배송센터의 조성·운영에 관한 사업계획을 첨부하여 시·도지사에게 공동집배송센터 지정 추천을 신청하여야 한다.

② 공동집배송센터의 변경지정 기출 27, 26, 21회

㉠ 지정받은 공동집배송센터를 조성·운영하려는 자(이하 "공동집배송센터사업자")는 지정받은 사항 중 산업통상자원부령으로 정하는 중요 사항(공동집배송센터의 배치계획 및 주요 시설, 공동집배송센터사업자)을 변경하려면 산업통상자원부장관의 변경지정을 받아야 한다.

㉡ 산업통상자원부장관은 공동집배송센터를 지정하거나 변경지정하려면 미리 관계 중앙행정기관의 장과 협의하여야 한다.

③ 공동집배송센터의 지정고시

산업통상자원부장관은 공동집배송센터를 지정하였을 때에는 다음의 내용을 포함하여 고시하여야 한다.

> 1. 공동집배송센터의 명칭·위치 및 면적
> 2. 공동집배송센터사업자(법인 또는 조합에 한한다)의 명칭 및 대표자의 성명
> 3. 사업시행기간(착공 및 준공예정일을 포함)
> 4. 센터의 배치계획 및 주요시설의 설치계획

④ 공동집배송센터의 시설기준 및 운영기준

공동집배송센터사업자는 산업통상자원부령으로 정하는 시설기준 및 운영기준에 따라 공동집배송센터를 설치하고 운영하여야 한다.

> 1. 주요시설: 다음에 해당하는 집배송시설을 갖추어야 하며, 그 연면적이 공동집배송센터 전체 연면적의 100분의 50 이상이 되도록 하여야 한다. 기출 22, 10회
>   - 보관·하역시설
>   - 분류·포장 및 가공시설
>   - 수송·배송시설
>   - 정보 및 주문처리시설: 전자주문시스템(EOS), 전자문서교환(EDI), 판매시점관리시스템(POS) 등 집배송시설 이용 상품의 흐름 및 거래업체간 상품의 주문, 수주·발주 활동을 자동적으로 파악·처리할 수 있는 정보화 시설
> 2. 부대시설: 집배송시설의 기능을 원활히 하기 위한 다음에 해당하는 시설이 우선적으로 설치·운영되도록 노력하여야 한다.
>   - 소매점 및 휴게음식점, 일반음식점, 휴게음식점, 금융업소, 사무소, 부동산중개업소, 결혼상담소 등 소개업소, 출판사, 제조업소, 수리점, 세탁소 또는 이와 유사한 것

- 전시장, 도매시장, 소매시장, 상점
- 일반업무시설, 그 밖의 후생복리시설

3. 운영기준: 공동집배송센터사업자의 업무 기출 14회
- 공동집배송센터 내 공공시설·지원시설 및 공동시설의 설치·운영
- 공동집배송센터 내 잔여 용지의 개발
- 용지의 매각·분양·임대 및 관리
- 입주업체 및 지원업체를 위한 시설물의 설치와 매각·임대
- 공동집배송센터 내 용지 및 시설의 설치·이용·유지·보수 또는 개량 등에 따른 입주업체 및 지원업체로부터의 비용 징수
- 입주업체 및 지원업체를 위한 용수·전기·가스 및 유류의 공급
- 공동집배송센터 내 시설의 경비 및 오염 방지
- 그 밖에 입주 및 지원업체간 협력 등 공동집배송센터의 효율적 관리를 위하여 필요한 사항

⑤ 공동집배송센터의 지원 기출 21, 20회
㉠ 산업통상자원부장관은 공동집배송센터의 조성에 필요한 자금 등을 지원할 수 있다.
㉡ 산업통상자원부장관은 공동집배송센터의 조성을 위하여 필요하다고 인정하는 경우에는 부지의 확보, 도시·군계획의 변경 또는 도시·군계획시설의 설치 등에 관하여 시·도지사에게 협조를 요청할 수 있다.

(3) **공동집배송센터의 신탁개발 등** 기출 28, 27, 26, 25, 22, 21, 20, 19, 16, 15, 10회
① 공동집배송센터의 신탁개발
㉠ 공동집배송센터사업자는 「자본시장과 금융투자업에 관한 법률」에 따른 신탁업자와 신탁계약을 체결하여 공동집배송센터를 신탁개발할 수 있다.
㉡ 신탁계약을 체결한 신탁업자는 공동집배송센터사업자의 지위를 승계한다. 이 경우 공동집배송센터사업자는 계약체결일부터 14일 이내에 신탁계약서 사본을 산업통상자원부장관에게 제출하여야 한다.
② 시정명령 및 지정취소
㉠ 산업통상자원부장관은 공동집배송센터의 지정요건 및 시설·운영기준에 미달하는 경우에는 공동집배송센터사업자에 대하여 시정명령을 할 수 있다.
㉡ 산업통상자원부장관은 다음의 어느 하나에 해당하는 경우에는 공동집배송센터의 지정을 취소할 수 있다. 다만, 1에 해당하는 경우에는 그 지정을 취소하여야 한다.

1. 거짓이나 그 밖의 부정한 방법으로 공동집배송센터의 지정을 받은 경우
2. 공동집배송센터의 지정을 받은 날부터 정당한 사유 없이 3년 이내에 시공을 하지 아니하는 경우
3. 시정명령을 이행하지 아니하는 경우
4. 공동집배송센터사업자의 파산 등 대통령령으로 정하는 사유로 정상적인 사업추진이 곤란하다고 인정되는 경우: 공동집배송센터사업자가 파산한 경우, 공동집배송센터사업자인 법인이나 조합 등이 해산된 경우, 공동집배송센터의 시공후 공사가 6월 이상 중단된 경우, 공동집배송센터의 지정을 받은 날부터 5년 이내에 준공되지 아니한 경우

2. 공동집배송센터 개발촉진지구

(1) 공동집배송센터 개발촉진지구의 지정 기출 26, 25, 16, 11, 10회

① 공동집배송센터 개발촉진지구의 지정 절차
  ㉠ 시·도지사는 집배송시설의 집단적 설치를 촉진하고 집배송시설의 효율적 배치를 위하여 공동집배송센터 개발촉진지구의 지정을 산업통상자원부장관에게 요청할 수 있다.
  ㉡ 산업통상자원부장관은 시·도지사가 요청한 지역이 산업통상자원부령으로 정하는 요건에 적합하다고 판단하는 경우에는 촉진지구로 지정하고, 그 내용을 산업통상자원부령으로 정하는 바에 따라 고시하여야 한다.
  ㉢ 산업통상자원부장관은 촉진지구를 지정하려면 미리 관계 중앙행정기관의 장과 협의하여야 한다.

② 개발촉진지구의 지정요건

> 1. 부지의 면적이 10만제곱미터 이상일 것
> 2. 외국인투자지역, 자유무역지역, 경제자유구역, 물류단지, 국가산업단지나 일반산업단지 및 도시첨단산업단지, 공항 및 배후지, 항만 및 배후지의 어느 하나에 해당하는 지역일 것
> 3. 집배송시설 또는 공동집배송센터가 2 이상 설치되어 있을 것

③ 촉진지구에 대한 지원
  ㉠ 산업통상자원부장관 또는 시·도지사는 촉진지구의 개발을 활성화하기 위하여 촉진지구에 설치되거나 촉진지구로 이전하는 집배송시설에 대하여 자금이나 그 밖에 필요한 사항을 지원할 수 있다.
  ㉡ 산업통상자원부장관은 촉진지구의 집배송시설에 대하여는 시·도지사의 추천이 없더라도 공동집배송센터로 지정할 수 있다.

(2) 국유재산·공유재산의 매각 등

① 수의계약으로 매각할 수 있는 경우
  국가 또는 지방자치단체는 대규모점포의 개설과 중소유통공동도매물류센터의 건립을 위하여 필요한 경우로서 대통령령으로 정하는 경우(대규모점포를 개설하거나 중소유통공동도매물류센터를 건립하려는 예정부지에 있는 일반재산을 매각하려는 경우)에는 국유재산·공유재산을 수의계약으로 매각할 수 있다.

② 업무의 위탁
  대규모점포를 개설하려는 자 또는 중소유통공동도매물류센터를 건립하려는 자는 도로의 개설에 관한 업무를 대통령령으로 정하는 바에 따라 국가기관 또는 지방자치단체에 위탁하여 시행할 수 있다.

③ 위탁수수료 지급 기출 14회
  대규모점포를 개설하려는 자 또는 중소유통공동도매물류센터를 건립하려는 자가 ②에 따라 도로의 개설에 관한 업무를 국가기관 또는 지방자치단체에 위탁하여 시행하는 경우에는 산업통상자원부령으로 정하는 요율의 위탁수수료를 지급하여야 한다.

CHAPTER 07 상거래질서의 확립 등

1. 유통분쟁조정위원회와 유통분쟁의 조정

(1) 유통분쟁조정위원회 기출 29, 24, 20, 10회

① 유통분쟁조정위원회의 설치

유통에 관한 다음의 분쟁을 조정하기 위하여 특별시·광역시·특별자치시·도·특별자치도(이하 "시·도") 및 시·군·구에 각각 유통분쟁조정위원회를 둘 수 있다.

> 1. 등록된 대규모점포등과 인근 지역의 도매업자·소매업자 사이의 영업활동에 관한 분쟁. 다만, 「독점규제 및 공정거래에 관한 법률」을 적용받는 사항은 제외한다.
> 2. 등록된 대규모점포등과 중소제조업체 사이의 영업활동에 관한 사항. 다만, 「독점규제 및 공정거래에 관한 법률」을 적용받는 사항은 제외한다.
> 3. 등록된 대규모점포등과 인근 지역의 주민 사이의 생활환경에 관한 분쟁: 대규모점포등의 개설로 인한 ㉠ 인근지역의 교통 혼잡, ㉡ 인근지역의 소음, 진동 및 악취, ㉢ 인근지역의 대기오염, 토양오염, 수질오염 및 해양오염, ㉣ 인근지역 주민의 생활 불편
> 4. 대규모점포등개설자의 업무 수행과 관련한 분쟁

② 위원회의 구성
  ㉠ 위원회는 위원장 1명을 포함하여 11명 이상 15명 이하의 위원으로 구성한다.
  ㉡ 위원회의 위원장은 위원 중에서 호선하고, 공무원이 아닌 위원의 임기는 2년으로 한다.

(2) 분쟁의 조정 기출 28회

① 분쟁의 조정 절차 기출 24, 21, 20, 15, 14회
  ㉠ 대규모점포등과 관련된 분쟁의 조정을 원하는 자는 특별자치시·시·군·구의 위원회에 분쟁의 조정을 신청할 수 있다.
  ㉡ 위원회는 유통분쟁 조정신청을 받은 경우 신청일부터 3일 이내에 신청인외의 관련 당사자에게 분쟁의 조정신청에 관한 사실과 그 내용을 통보하여야 한다.
  ㉢ 분쟁의 조정신청을 받은 위원회는 신청을 받은 날부터 60일 이내에 이를 심사하여 조정안을 작성하여야 한다. 다만, 부득이한 사정이 있는 경우에는 위원회의 의결로 그 기간을 연장할 수 있다.
  ㉣ 시(특별자치시는 제외)·군·구의 위원회의 조정안에 불복하는 자는 조정안을 제시받은 날부터 15일 이내에 시·도의 위원회에 조정을 신청할 수 있다.
  ㉤ 조정신청을 받은 시·도의 위원회는 그 신청 내용을 시·군·구의 위원회 및 신청인 외의 당사자에게 통지하고, 조정신청을 받은 날부터 30일 이내에 이를 심사하여 조정안을 작성하여야 한다. 다만, 부득이한 사정이 있는 경우에는 위원회의 의결로 그 기간을 연장할 수 있다.
  ㉥ 위원회는 조정이 성립되거나 조정의 거부 또는 중지가 있는 경우에는 그 내용을 지체없이 당사자 및 시장·군수 또는 구청장에게 통보하여야 한다.

② 자료 요청 등
  ㉠ 위원회는 분쟁조정을 위하여 필요한 자료를 제공하여 줄 것을 당사자 또는 참고인에게 요청할 수 있다. 이 경우 해당 당사자는 정당한 사유가 없으면 요청에 따라야 한다.
  ㉡ 위원회는 필요하다고 인정하는 경우에는 당사자 또는 참고인으로 하여금 위원회에 출석하게 하여 그 의견을 들을 수 있다.

(3) **조정의 효력 등** 기출 28, 24, 21, 20, 15회

① 조정의 효력
  ㉠ 위원회는 조정안을 작성하였을 때에는 지체 없이 조정안을 각 당사자에게 제시하여야 한다. 조정안을 제시받은 당사자는 그 제시를 받은 날부터 15일 이내에 그 수락 여부를 위원회에 통보하여야 한다.
  ㉡ 당사자가 조정안을 수락하였을 때에는 위원회는 즉시 조정서를 작성하여야 하며, 위원장 및 각 당사자는 조정서에 기명날인하거나 서명하여야 한다.
  ㉢ 당사자가 조정안을 수락하고 조정서에 기명날인하거나 서명하였을 때에는 당사자 간에 조정서와 동일한 내용의 합의가 성립된 것으로 본다.

② 조정의 거부 및 중지
  ㉠ 위원회는 분쟁의 성질상 위원회에서 조정함이 적합하지 아니하다고 인정하거나 부정한 목적으로 신청되었다고 인정하는 경우에는 조정을 거부할 수 있다. 이 경우 조정거부의 사유 등을 당사자에게 통보하여야 한다.
  ㉡ 위원회는 신청된 조정사건에 대한 처리절차의 진행 중에 한쪽 당사자가 소를 제기한 때에는 그 조정의 처리를 중지하고 그 사실을 당사자에게 통보하여야 한다.

③ 조정의 통합 및 조정비용의 분담
  ㉠ 위원회는 동일한 시기에 동일한 사안에 대하여 다수의 분쟁조정이 신청된 경우에는 그 다수의 분쟁조정신청을 통합하여 조정할 수 있다.
  ㉡ 유통분쟁의 조정을 위한 연구용역이 필요한 경우로서 당사자가 그 용역의뢰에 합의한 경우 그에 필요한 비용은 당사자가 같은 비율로 부담한다. 다만, 당사자간 비용분담에 대하여 다른 약정이 있는 경우에는 그 약정에 따른다.

2. **비영리법인에 대한 권고** 기출 24회

① 지방자치단체의 장은 「민법」이나 그 밖의 법률에 따라 설립된 비영리법인이 판매사업을 할 때 그 법인의 목적사업의 범위를 벗어남으로써 인근지역의 도매업자 또는 소매업자의 이익을 현저히 해치고 있다고 인정하는 경우에는 해당 법인에 대하여 목적사업의 범위를 벗어난 판매사업을 중단하도록 권고할 수 있다.
② 지방자치단체의 장은 ①에 해당하는 비영리법인에 대하여 판매사업에 관한 현황 등의 자료를 제공하여 줄 것을 요청할 수 있다.

CHAPTER 08 보칙 및 벌칙

1. **보칙**

(1) **청문** 기출 17, 13, 9회

산업통상자원부장관, 중소벤처기업부장관 또는 특별자치시장·시장·군수·구청장은 다음의 어느 하나에 해당하는 처분을 하려면 청문을 하여야 한다.

> 1. 대규모점포 등 개설등록의 취소
> 2. 지정유통연수기관의 취소
> 3. 유통관리사 자격의 취소
> 4. 공동집배송센터 지정의 취소

(2) 통보 등 [기출] 15회

① 시·도지사 또는 시장·군수·구청장은 다음의 사항을 산업통상자원부장관에게 통보하여야 한다.

> 1. 지역별 유통산업발전시행계획 및 추진 실적
> 2. 대규모점포등 개설등록·취소 및 대규모점포 등 개설자의 업무를 수행하는 자의 신고현황
> 3. 유통분쟁의 조정 실적
> 4. 비영리법인에 대한 권고 실적

② 산업통상자원부장관, 중소벤처기업부장관 또는 지방자치단체의 장은 이 법에 따른 자금 등의 지원을 위하여 특히 필요하다고 인정하는 경우에는 다음에 해당하는 자에 대하여 사업실적 등 산업통상자원부령으로 정하는 사항을 보고하게 할 수 있다.

> 1. 중소유통공동도매물류센터운영자 또는 공동집배송센터사업시행자
> 2. 유통사업자단체
> 3. 유통연수기관

(3) 권한 또는 업무의 위임·위탁 [기출] 13회

① 이 법에 따른 산업통상자원부장관의 권한은 대통령령으로 정하는 바에 따라 그 일부를 국가기술표준원장에게 위임할 수 있다.
② 이 법에 따른 산업통상자원부장관 또는 중소벤처기업부장관의 권한은 대통령령으로 정하는 바에 따라 그 일부를 시·도지사에게 위임할 수 있다.
③ 이 법에 따른 산업통상자원부장관의 권한은 대통령령으로 정하는 바에 따라 그 일부를 중소벤처기업부장관에게 위탁할 수 있다.
④ 산업통상자원부장관은 유통관리사 자격시험의 실시에 관한 업무를 대통령령으로 정하는 바에 따라 대한상공회의소에 위탁할 수 있다.
⑤ 산업통상자원부장관은 유통산업의 실태조사에 관한 업무를 「통계법」에 따른 통계작성지정기관에 위탁할 수 있다.

2. 벌칙 [기출] 26, 22, 14, 12, 10회

(1) 10년 이하의 징역 또는 1억 원 이하의 벌금

유통표준전자문서를 위작 또는 변작하거나 위작 또는 변작된 전자문서를 사용하거나 유통시킨 자

(2) 1년 이하의 징역 또는 3천만 원 이하의 벌금

① 등록을 하지 아니하고 대규모점포 등을 개설하거나 거짓이나 그 밖의 부정한 방법으로 대규모점포 등의 개설등록을 한 자
② 신고를 하지 아니하고 대규모점포 등 개설자의 업무를 수행하거나 거짓이나 그 밖의 부정한 방법으로 대규모점포 등 개설자의 업무수행신고를 한 자

(3) 1년 이하의 징역 또는 1천만 원 이하의 벌금

유통표준전자문서를 보관하지 아니한 자

(4) 1천만 원 이하의 벌금

유통표준전자문서 또는 컴퓨터 등 정보처리조직의 파일에 기록된 유통정보를 공개한 자

핵심 기출문제

PART 06 유통산업발전법

01

유통산업발전법령상 용어의 정의에 대한 다음의 설명 중 옳은 것은?

① "매장"이란 상품의 판매와 이를 지원하는 용역의 제공에 직접 사용되는 장소를 말하며, 매장에 포함되는 용역의 제공장소는 제1종 및 제2종 근린생활시설, 일반업무시설, 오피스텔 등을 말한다.
② "임시시장"의 개설방법·시설기준과 그 밖에 임시시장의 운영·관리에 관한 사항은 산업통상자원부령으로 정한다.
③ "상점가"란 3천제곱미터 이내의 가로 또는 지하도에 50개 이상의 도매점포·소매점포 또는 용역점포가 밀집하여 있는 지구를 말한다.
④ "조합형 체인사업"은 체인본부의 계속적인 경영지도 및 체인본부와 가맹점 간의 협업에 의하여 가맹점의 취급품목·영업방식 등의 표준화사업과 공동구매·공동판매·공동시설활용 등 공동사업을 수행하는 형태의 체인사업을 말한다.
⑤ "도매배송서비스"란 집배송시설을 이용하여 자기의 계산으로 매입한 상품을 도매하거나 위탁받은 상품을 「화물자동차 운수사업법」에 따른 허가를 받은 자가 수수료를 받고 도매점포 또는 소매점포에 공급하는 것을 말한다.

선지분석
① 대통령령으로 정하는 매장에 포함되는 용역의 제공장소는 제1종 및 제2종 근린생활시설, 문화 및 집회시설, 운동시설 및 오피스텔을 제외한 일반업무시설 등이다.
② 임시시장의 개설방법·시설기준과 그 밖에 임시시장의 운영·관리에 관한 사항은 특별자치시·시·군·구의 조례로 정한다.
③ 상점가란 2천제곱미터 이내의 가로 또는 지하도에 30개 이상의 도매점포·소매점포 또는 용역점포가 밀집하여 있는 지구를 말한다.
④ 체인본부의 계속적인 경영지도 및 체인본부와 가맹점 간의 협업에 의하여 가맹점의 취급품목·영업방식 등의 표준화사업과 공동구매·공동판매·공동시설활용 등 공동사업을 수행하는 형태의 체인사업은 임의가맹점형 체인사업이다.

정답 | ⑤

02

유통산업발전법령상 대규모점포의 종류와 설명 중 옳게 짝지어진 것은?

① 대형마트: 쇼핑, 오락 및 업무 기능 등이 한 곳에 집적되고, 문화·관광 시설로서의 역할을 하며, 1개의 업체가 개발·관리 및 운영하는 점포의 집단
② 쇼핑센터: 식품·가전 및 생활용품을 중심으로 점원의 도움 없이 소비자에게 소매하는 점포의 집단
③ 전문점: 의류·가전 또는 가정용품 등 특정 품목에 특화한 점포의 집단
④ 백화점: 다수의 대규모점포 또는 소매점포와 각종 편의시설이 일체적으로 설치된 점포로서 직영 또는 임대의 형태로 운영되는 점포의 집단
⑤ 복합쇼핑몰: 다양한 상품을 구매할 수 있도록 현대적 판매시설과 소비자 편익시설이 설치된 점포로서 직영의 비율이 30퍼센트 이상인 점포의 집단

선지분석
①은 복합쇼핑몰, ②는 대형마트, ④는 쇼핑센터, ⑤는 백화점에 대한 정의이다.

정답 | ③

03

유통산업발전법령상 유통산업발전기본계획 및 유통산업발전시행계획에 관한 설명으로 옳은 것은? (단, 권한위임·위탁에 관한 규정은 고려하지 않음)

① 산업통상자원부장관은 유통산업발전기본계획을 시·도지사와 시장·군수·구청장에게 알려야 한다.
② 산업통상자원부장관은 유통산업발전기본계획에 따라 5년마다 유통산업발전시행계획을 세워야 한다.
③ 산업통상자원부장관은 유통산업발전시행계획을 세울 때 관계 중앙행정기관의 장과 협의를 거칠 필요가 없다.
④ 시장·군수·구청장은 유통산업발전기본계획 및 유통산업발전시행계획에 따라 지역별 유통산업발전시행계획을 세우고 시행하여야 한다.
⑤ 관계 중앙행정기관의 장은 유통산업발전시행계획의 집행실적을 다음 연도 2월 말일까지 산업통상자원부장관에게 제출하여야 한다.

선지분석
「시행령 제6조」
① 산업통상자원부장관은 유통산업발전기본계획을 시·도지사에게 알려야 한다. 시장·군수·구청장은 대상이 아니다.
② 산업통상자원부장관은 유통산업발전기본계획에 따라 매년 유통산업발전시행계획을 세워야 한다.
③ 산업통상자원부장관은 유통산업발전시행계획을 세울 때 관계 중앙행정기관의 장과 협의를 거쳐야 한다.
④ 시·도지사는 유통산업발전기본계획 및 유통산업발전시행계획에 따라 지역별 유통산업발전시행계획을 세우고 시행하여야 한다.

정답 | ⑤

04

유통산업발전법령상 시·도지사가 유통산업발전 기본계획 및 시행계획에 따라 수립·시행하는 지역별 시행계획에 포함되어야 할 사항이 아닌 것은?

① 지역유통산업 발전의 기본방향
② 지역유통산업의 종류별 발전 방안
③ 지역유통기능의 효율화·고도화 방안
④ 유통전문인력·부지 및 시설 등의 수급 방안
⑤ 대규모점포와 지역 중소유통기업 및 중소제조업체 사이의 건전한 상거래질서의 유지 방안

해설
대규모점포와 지역 중소유통기업 및 중소제조업체 사이의 건전한 상거래질서의 유지 방안은 기본계획에 포함되어야 할 사항이다.(「법」제5조)

정답 | ⑤

05

유통산업발전법령상 유통업상생발전협의회에 관한 설명으로 옳은 것은?

① 유통업상생발전협의회의 구성 및 운영 등에 필요한 사항은 해당 지방자치단체의 조례로 정한다.
② 유통업상생발전협의회 회장은 특별자치시장·시장·군수·구청장이 된다.
③ 유통업상생발전협의회 위원은 특별자치시장·시장·군수·구청장이 임명하거나 위촉한다.
④ 유통업상생발전협의회의 회의는 재적위원 2분의 1 이상의 출석으로 개의하고, 출석위원 2분의 1 이상의 찬성으로 의결한다.
⑤ 특별자치시장·시장·군수·구청장은 유통업상생발전협의회 위원이 금고 이상의 형을 선고받은 경우에는 해당 위원을 해촉하여야 한다.

선지분석
① 유통업상생발전협의회의 구성 및 운영 등에 필요한 사항은 산업통상자원부령으로 정한다.
② 유통업상생발전협의회 회장은 부시장·부군수·부구청장이 된다.
④ 유통업상생발전협의회의 회의는 재적위원 3분의 2 이상의 출석으로 개의하고, 출석위원 3분의 2 이상의 찬성으로 의결한다.
⑤ 특별자치시장·시장·군수·구청장은 유통업상생발전협의회 위원이 금고 이상의 형을 선고받은 경우에는 해당 위원을 해촉할 수 있다.

정답 | ③

06

유통산업발전법령상 정부가 마련하여야 하는 유통산업시책의 기본방향으로 볼 수 없는 것은?

① 유통산업의 업태별·업종별 균형발전의 도모
② 유통구조의 선진화 및 유통기능의 효율화 촉진
③ 유통산업에서의 소비자 편익의 증진
④ 유통산업의 국제경쟁력 제고
⑤ 유통산업에서의 건전한 상거래질서의 확립 및 공정한 경쟁여건의 조성

해설
정부가 마련하여야 하는 유통산업시책의 기본방향에는 유통산업의 지역별·종류별 균형발전의 도모가 포함된다.

정답 | ①

07

유통산업발전법령상 대규모점포등의 개설등록에 관한 설명으로 옳지 않은 것은?

① 대규모점포를 개설하려는 자는 영업을 시작하기 전에 산업통상자원부령으로 정하는 바에 따라 상권영향평가서 및 지역협력계획서를 첨부하여 특별자치시장·시장·군수·구청장에게 등록하여야 한다.
② 특별자치시장·시장·군수·구청장은 개설등록을 하려는 대규모점포등의 위치가 전통상업보존구역에 있을 때에는 등록을 제한하거나 조건을 붙일 수 있다.
③ 특별자치시장·시장·군수·구청장은 개설등록하려는 점포의 소재지로부터 산업통상자원부령으로 정하는 거리 이내의 범위 일부가 인접 특별자치시·시·군·구에 속하여 있는 경우 인접지역의 특별자치시장·시장·군수·구청장에게 개설 등록을 신청 받은 사실을 통보하여야 한다.
④ 대규모점포 등 개설등록신청서를 제출받은 특별자치시장·시장·군수 또는 구청장은 별도의 서류확인절차 없이 그 신청에 따라 등록하여야 한다.
⑤ 특별자치시장·시장·군수 또는 구청장은 대규모점포등의 개설등록을 한 때에는 그 신청인에게 대규모점포 등 개설등록증을 교부하여야 한다.

해설
대규모점포 등 개설등록신청서를 제출받은 특별자치시장·시장·군수 또는 구청장은 행정정보의 공동이용을 통하여 제출한 서류를 확인하여야 한다.(「시행규칙」 제5조)

정답 | ④

08

유통산업발전법령상 유통업상생발전협의회(이하 "협의회"라 함)에 관한 설명으로 옳지 않은 것은?

① 협의회는 회장 1명을 포함한 11명 이내의 위원으로 구성한다.
② 해당 지역의 소비자단체의 대표 또는 주민단체의 대표는 협의회의 위원이 될 수 있다.
③ 협의회 위원의 임기는 2년으로 한다.
④ 협의회의 회의는 재적위원 3분의 2 이상의 출석으로 개의하고, 출석위원 과반수의 찬성으로 의결한다.
⑤ 협의회는 분기별로 1회 이상 개최하는 것을 원칙으로 한다.

해설
협의회의 회의는 재적위원 3분의 2 이상의 출석으로 개의하고, 출석위원 3분의 2의 찬성으로 의결한다.

정답 | ④

09

유통산업발전법령상 특별자치시장·시장·군수·구청장이 대규모점포 등의 개설등록을 한 자에 대하여 그 등록을 취소하여야 하는 경우로 볼 수 없는 것은?

① 대규모점포 등의 위치가 전통상업보존구역에 있어 등록에 붙인 조건을 이행하지 아니한 경우
② 대규모점포 등 개설자의 지위를 승계한 상속인이 등록의 결격사유에 어느 하나에 해당하는 경우 상속을 개시한 날부터 3개월이 지난 경우
③ 대규모점포 등 개설자가 정당한 사유 없이 1년 이내에 영업을 시작하지 아니한 경우
④ 대규모점포 등의 영업을 정당한 사유 없이 1년 이상 계속하여 휴업한 경우
⑤ 등록의 결격사유에 해당하는 경우

해설
대규모점포 등 개설자의 지위를 승계한 상속인이 등록의 결격사유 어느 하나에 해당하는 경우 상속을 개시한 날부터 6개월이 지난 날까지는 개설등록을 취소하지 아니한다. (등록취소유예기간 6개월)

정답 | ②

10

유통산업발전법상 대규모점포 등에 관한 설명으로 옳지 않은 것은?

① 전통상업보존구역에 준대규모점포를 개설하려는 자는 영업을 시작하기 전에 산업통상자원부령으로 정하는 바에 따라 상권영향평가서 및 지역협력계획서를 첨부하여 특별자치시장·시장·군수·구청장에게 등록하여야 한다.
② 특별자치시장·시장·군수·구청장은 대규모점포를 개설하려는 자가 제출한 상권영향평가서 및 지역협력계획서가 미진하다고 판단하는 경우 제출받은 날부터 20일 이내에 그 사유를 명시하여 보완을 요청할 수 있다.
③ 대규모점포를 개설하려는 자는 영업을 개시하기 60일 전까지 개설 지역 및 시기 등을 포함한 개설계획을 예고하여야 한다.
④ 특별자치시장·시장·군수·구청장은 대규모점포 등의 개설등록을 한 자가 대규모점포 등의 영업을 정당한 사유 없이 1년 이상 계속하여 휴업한 경우에는 그 등록을 취소하여야 한다.
⑤ 특별자치시장·시장·군수·구청장은 연간 총매출액 중 「농수산물 유통 및 가격안정에 관한 법률」에 따른 농수산물의 매출액 비중이 55퍼센트 이상인 대규모점포 등으로서 해당 지방자치단체의 조례로 정하는 대규모점포 등에 대하여는 영업시간 제한을 명할 수 없다.

해설
특별자치시장·시장·군수·구청장은 대규모점포를 개설하려는 자가 제출한 상권영향평가서 및 지역협력계획서가 미진하다고 판단하는 경우 제출받은 날부터 30일 이내에 그 사유를 명시하여 보완을 요청할 수 있다.

정답 | ②

11

유통산업발전법상 대규모점포 등에 대한 영업시간의 제한 등에 관한 설명으로 옳은 것은?

① 특별자치시장·시장·군수·구청장은 건전한 유통질서 확립, 근로자의 건강권 및 대규모점포 등과 중소유통업의 상생발전을 위하여 필요하다고 인정하는 경우 대형마트와 준대규모점포에 대하여 영업시간제한 또는 의무휴업을 명하여야 한다.
② 연간 총매출액 중 「농수산물 유통 및 가격안정에 관한 법률」에 따른 농수산물의 매출액 비중이 50퍼센트 이상인 대규모점포 등으로서 해당 지방자치단체의 조례로 정하는 대규모점포 등에 대하여는 영업시간제한 또는 의무휴업을 명할 수 없다.
③ 특별자치시장·시장·군수·구청장은 영업시간을 제한할 경우 오전 0시부터 오전 11시까지의 범위에서 제한할 수 있다.
④ 특별자치시장·시장·군수·구청장은 의무휴업일을 지정할 경우 매월 이틀을 지정하여야 한다.
⑤ 특별자치시장·시장·군수·구청장은 의무휴업일을 지정할 경우 공휴일 중에서 지정하여야 하고, 이해당사자와 합의를 거치더라도 공휴일이 아닌 날을 의무휴업일로 지정할 수는 없다.

선지분석
① 명하여야 한다 → 명할 수 있다
② 50퍼센트 이상 → 55퍼센트 이상
③ 오전 0시부터 오전 11시까지 → 오전 0시부터 오전 10시까지
⑤ 이해당사자와 합의를 거쳐 공휴일이 아닌 날을 의무휴업일로 지정할 수 있다.

정답 | ④

12

유통산업발전법령상 공동집배송센터의 지정에 관한 설명으로 옳지 않은 것은? (단, 권한위임·위탁에 관한 규정은 고려하지 않음)

① 공동집배송센터의 지정을 받으려는 자는 산업통상자원부령으로 정하는 바에 따라 공동집배송센터의 조성·운영에 관한 사업계획을 첨부하여 시·도지사에게 공동집배송센터 지정 추천을 신청하여야 한다.
② 지정받은 공동집배송센터를 조성·운영하려는 자가 지정받은 사항 중 산업통상자원부령으로 정하는 중요 사항을 변경하려는 경우에는 공동집배송변경지정신청서를 시·도지사에게 제출하여야 한다.
③ 산업통상자원부장관은 공동집배송센터의 조성을 위하여 필요하다고 인정하는 경우에는 부지의 확보, 도시·군계획의 변경 또는 도시·군계획시설의 설치 등에 관하여 시·도지사에게 협조를 요청할 수 있다.
④ 산업통상자원부장관은 공동집배송센터를 지정하였을 때에는 산업통상자원부령으로 정하는 바에 따라 고시하여야 한다.
⑤ 산업통상자원부장관은 거짓이나 그 밖의 부정한 방법으로 공동집배송센터의 지정을 받은 경우에는 공동집배송센터의 지정을 취소하여야 한다.

해설
지정받은 공동집배송센터를 조성·운영하려는 자가 지정받은 사항 중 산업통상자원부령으로 정하는 중요 사항을 변경하려는 경우에는 산업통상자원부장관의 변경지정을 받아야 한다. 공동집배송변경지정신청서를 산업통상자원부장관에게 제출하여야 한다.

정답 | ②

13
유통산업발전법령상 산업통상자원부장관이 공동집배송센터의 지정을 취소하여야 하는 경우에 해당하는 것은?

① 거짓이나 그 밖의 부정한 방법으로 공동집배송센터의 지정을 받은 경우
② 공동집배송센터의 지정을 받은 날부터 5년 이내에 준공되지 아니하여 정상적인 사업추진이 곤란하다고 인정되는 경우
③ 공동집배송센터의 지정을 받은 날부터 정당한 사유 없이 3년 이내에 시공을 하지 아니하는 경우
④ 공동집배송센터의 지정요건 및 시설·운영 기준에 미달하여 산업통상자원부장관이 공동집배송센터사업자에 대하여 시정명령을 하였으나 이를 이행하지 아니하는 경우
⑤ 공동집배송센터사업자가 파산하여 정상적인 사업추진이 곤란하다고 인정되는 경우

해설
①은 공동집배송센터의 지정을 취소하여야 하는 경우이다. 나머지는 공동집배송센터의 지정을 취소할 수 있는 경우이다.(「법」제33조)

정답 | ①

14
유통산업발전법령상 분쟁 조정에 관한 설명으로 옳지 않은 것은?

① 유통분쟁조정위원회는 유통분쟁조정신청을 받은 경우 신청일부터 3일 이내에 신청인 외의 관련 당사자에게 분쟁의 조정신청에 관한 사실과 그 내용을 통보하여야 한다.
② 유통분쟁조정위원회가 작성한 조정안을 제시받은 당사자 및 이해관계인은 그 제시를 받은 날로부터 30일 이내에 그 수락 여부를 유통분쟁조정위원회에 통보하여야 한다.
③ 유통분쟁조정위원회의 위원 중 해당 지방자치단체의 장이 위촉한 소비자단체의 대표의 임기는 2년으로 한다.
④ 유통분쟁조정위원회는 분쟁의 성질상 위원회에서 조정함이 적합하지 아니하다고 인정하는 경우에는 조정을 거부할 수 있다.
⑤ 유통분쟁조정위원회는 동일한 시기에 동일한 사안에 대하여 다수의 분쟁조정이 신청된 경우에는 그 다수의 분쟁조정신청을 통합하여 조정할 수 있다.

해설
유통분쟁조정위원회가 작성한 조정안을 제시받은 당사자는 그 제시를 받은 날로부터 15일 이내에 그 수락 여부를 유통분쟁조정위원회에 통보하여야 한다.

정답 | ②

15

「유통산업발전법」상 중소유통공동도매물류센터에 대한 지원에 관한 설명으로 ( ) 안에 들어갈 수 있는 것을 바르게 나열한 것은? (단, 권한위임에 관한 규정은 고려하지 않음)

> (ㄱ)은 「중소기업기본법」 제2조에 따른 중소기업자 중 대통령령으로 정하는 (ㄴ)이 공동으로 중소유통기업의 경쟁력 향상을 위하여 상품의 보관·배송·포장 등 공동물류사업 등을 하는 물류센터를 건립하거나 운영하는 경우에는 필요한 행정적·재정적 지원을 할 수 있다.

① ㄱ: 기획재정부장관, ㄴ: 소매업자 30인
② ㄱ: 산업통상자원부장관, ㄴ: 소매업자 40인
③ ㄱ: 지방자치단체의 장, ㄴ: 소매업자 50인
④ ㄱ: 중소벤처기업부장관, ㄴ: 도매업자 5인
⑤ ㄱ: 기획재정부장관, ㄴ: 도매업자 10인

해설
산업통상자원부장관, 중소벤처기업부장관 또는 지방자치단체의 장은 「중소기업기본법」 제2조에 따른 중소기업자 중 대통령령으로 정하는 소매업자 50인 또는 도매업자 10인 이상의 자가 공동으로 중소유통기업의 경쟁력 향상을 위하여 다음의 사업을 하는 물류센터를 건립하거나 운영하는 경우에는 필요한 행정적·재정적 지원을 할 수 있다.
- 상품의 보관·배송·포장 등 공동물류사업
- 상품의 전시
- 유통·물류정보시스템을 이용한 정보의 수집·가공·제공
- 중소유통공동도매물류센터를 이용하는 중소유통기업의 서비스능력 향상을 위한 교육 및 연수
- 그 밖에 중소유통공동도매물류센터 운영의 고도화를 위하여 산업통상부장관이 필요하다고 인정하여 공정거래위원회와 협의를 거친 사업

정답 | ③

16

유통산업발전법령상 공동집배송센터에 관한 설명으로 옳지 않은 것은?

① 산업통상자원부장관은 물류공동화를 촉진하기 위하여, 지정한 공동집배송센터의 조성에 필요한 자금 등을 지원할 수 있다.
② 산업통상자원부장관은 유통기능을 효율화하기 위하여 공동집배송센터의 확충 및 효율적 배치에 관한 시책을 마련하여야 한다.
③ 산업통상자원부장관은 공동집배송센터를 지정하거나 변경지정하려면 미리 관계중앙행정기관의 장과 협의하여야 한다.
④ 공동집배송센터의 지정을 받으려는 자는 공동집배송센터의 조성·운영에 관한 사업계획을 첨부하여 산업통상자원부장관에게 센터 지정을 신청하여야 한다.
⑤ 공동집배송센터사업자가 공동집배송센터를 신탁개발하는 경우 계약체결일부터 14일 이내에 신탁계약서 사본을 산업통상자원부장관에게 제출하여야 한다.

해설
공동집배송센터의 지정을 받으려는 자는 공동집배송센터의 조성·운영에 관한 사업계획을 첨부하여 시·도지사에게 센터 지정을 신청하여야 한다.(「법」 제29조)

정답 | ④

17

유통산업발전법령상 상점가의 진흥을 위하여 결성하는 상점가진흥조합에 관한 설명으로 옳은 것은?

① 도·소매업을 영위하는 자에 한하여 상점가진흥조합을 결성할 수 있다.
② 상점가진흥조합의 조합원은 「중소기업기본법」 제2조의 규정에 의한 중소기업자가 전체의 5분의 4 이상 되어야 한다.
③ 상점가진흥조합의 구역은 다른 상점가진흥조합의 구역과 중복되어서는 아니 된다.
④ 상점가진흥조합은 조합원의 자격이 있는 자 중 같은 업종을 경영하는 자가 3분의 1인 경우에는 그 같은 업종을 경영하는 자의 5분의 3 이상의 동의를 받아 결성할 수 있다.
⑤ 상점가진흥조합은 산업통상부장관의 설립인가를 받아 그 주된 사무소의 소재지에서 설립등기를 함으로써 성립한다.

해설
상점가진흥조합의 구역은 다른 상점가진흥조합의 구역과 중복되어서는 아니 된다.(「법」 제18조)

선지분석
① 상점가에서 도매업·소매업·용역업이나 그 밖의 영업을 하는 자는 해당 상점가의 진흥을 위하여 상점가진흥조합을 결성할 수 있다.
② 상점가진흥조합의 조합원이 될 수 있는 자는 제1항의 자로서 중소기업자에 해당하는 자로 한다.
④ 상점가진흥조합은 조합원의 자격이 있는 자 중 같은 업종을 경영하는 자가 2분의 1인 경우에는 그 같은 업종을 경영하는 자의 5분의 3 이상의 동의를 받아 결성할 수 있다.
⑤ 상점가진흥조합은 협동조합 또는 사업조합으로 설립된다.

정답 | ③

18

유통산업발전법령상 등록된 대규모점포 등과 중소제조업체 사이의 영업활동에 관한 유통분쟁조정에 관한 설명으로 옳은 것은?

① 당사자가 조정안을 수락하면 재판상 화해가 성립된 것으로 본다.
② 대규모점포 등과 관련된 「독점규제 및 공정거래에 관한 법률」을 적용받는 사항의 조정을 원하는 자는 특별자치시·시·군·구의 유통분쟁조정위원회에 분쟁의 조정을 신청할 수 있다.
③ 당사자가 조정안을 수락하였을 때에는 유통분쟁조정위원회는 즉시 조정서를 작성하여야 하며, 위원장 및 각 위원이 조정서에 기명날인 또는 서명함으로써 효력이 발생한다.
④ 특별자치시·시·군·구의 유통분쟁조정위원회는 조정신청을 받은 날부터 60일 이내에 이를 심사하여 조정안을 작성하여야 하나, 부득이한 사정이 있는 경우에는 위원회의 의결로 그 기간을 연장할 수 있다.
⑤ 시·군·구의 유통분쟁조정위원회의 조정안에 불복하는 자는 조정안을 제시받은 날부터 30일 이내에 특별시·광역시·특별자치시·도·특별자치도의 위원회에 조정을 신청할 수 있다.

선지분석
① 당사자가 제3항에 따라 조정안을 수락하고 조정서에 기명날인하거나 서명하였을 때에는 당사자 간에 조정서와 동일한 내용의 합의가 성립된 것으로 본다.(「법」 제39조)
② 「독점규제 및 공정거래에 관한 법률」을 적용받는 사항은 유통분쟁조정위원회의 조정사항이 아니다.(「법」 제36조)
③ 당사자가 조정안을 수락하였을 때에는 위원회는 즉시 조정서를 작성하여야 하며, 위원장 및 각 당사자는 조정서에 기명날인하거나 서명하여야 한다.(「법」 제39조)
⑤ 조정안을 제시받은 날부터 15일 이내에 시·도의 위원회에 조정을 신청할 수 있다.(「법」 제37조)

정답 | ④

PART 07 농수산물 유통 및 가격안정에 관한 법률

CHAPTER 01 총칙

1. 법의 목적과 용어의 정의

(1) 법의 목적

이 법은 농수산물의 유통을 원활하게 하고 적정한 가격을 유지하게 함으로써 생산자와 소비자의 이익을 보호하고 국민생활의 안정에 이바지함을 목적으로 한다.

(2) 용어의 정의

① 농수산물도매시장: 특별시·광역시·특별자치시·특별자치도 또는 시가 양곡류·청과류·화훼류·조수육류·어류·조개류·갑각류·해조류 및 임산물 등 대통령령으로 정하는 품목의 전부 또는 일부를 도매하게 하기 위하여 관할구역에 개설하는 시장을 말한다.

② 중앙도매시장, 지방도매시장
  ㉠ 중앙도매시장: 특별시·광역시·특별자치시 또는 특별자치도가 개설한 농수산물도매시장 중 해당 관할구역 및 그 인접지역에서 도매의 중심이 되는 농수산물도매시장으로서 농림축산식품부령 또는 해양수산부령으로 정하는 것을 말한다.
  ㉡ 지방도매시장: 중앙도매시장 외의 농수산물도매시장을 말한다.

③ 농수산물공판장: 농림수협등, 생산자 관련 단체, 공익법인(한국농수산식품유통공사)이 농수산물을 도매하기 위하여 시·도지사의 승인을 받아 개설·운영하는 사업장을 말한다.

④ 민영농수산물도매시장 〔기출〕 20회
  국가, 지방자치단체 및 농수산물공판장을 개설할 수 있는 자 외의 자(이하 "민간인 등")가 농수산물을 도매하기 위하여 시·도지사의 허가를 받아 특별시·광역시·특별자치시·특별자치도 또는 시 지역에 개설하는 시장을 말한다.

⑤ 도매시장법인: 농수산물도매시장의 개설자로부터 지정을 받고 농수산물을 위탁받아 상장하여 도매하거나 이를 매수하여 도매하는 법인(도매시장법인의 지정을 받은 것으로 보는 공공출자법인 포함)을 말한다.

⑥ 시장도매인: 농수산물도매시장 또는 민영농수산물도매시장의 개설자로부터 지정을 받고 농수산물을 매수 또는 위탁받아 도매하거나 매매를 중개하는 영업을 하는 법인을 말한다.

⑦ 중도매인: 농수산물도매시장·농수산물공판장 또는 민영농수산물도매시장의 개설자의 허가 또는 지정을 받아 ㉠ 상장된 농수산물을 매수하여 도매하거나 매매를 중개하는 영업, ㉡ 개설자로부터 허가를 받은 비상장 농수산물을 매수 또는 위탁받아 도매하거나 매매를 중개하는 영업을 하는 자를 말한다.

⑧ 매매참가인: 농수산물도매시장·농수산물공판장 또는 민영농수산물도매시장의 개설자에게 신고를 하고, 상장된 농수산물을 직접 매수하는 자로서, 중도매인이 아닌 가공업자·소매업자·수출업자 및 소비자단체 등 농수산물의 수요자를 말한다.

⑨ 산지유통인: 농수산물도매시장·농수산물공판장 또는 민영농수산물도매시장의 개설자에게 등록하고, 농수산물을 수집하여 출하하는 영업을 하는 자(법인 포함)를 말한다.

⑩ 농수산물종합유통센터: 국가 또는 지방자치단체가 설치하거나 국가 또는 지방자치단체의 지원을 받아 설치된 것으로서, 농수산물의 출하 경로를 다원화하고 물류비용을 절감하기 위하여 농수산물의 수집·포장·가공·보관·수송·판매 및 그 정보처리 등 농수산물의 물류활동에 필요한 시설과 이와 관련된 업무시설을 갖춘 사업장을 말한다.
⑪ 경매사: 도매시장법인의 임명을 받거나 농수산물공판장·민영농수산물도매시장 개설자의 임명을 받아, 상장된 농수산물의 가격 평가 및 경락자 결정 등의 업무를 수행하는 자를 말한다.

2. 다른 법률의 적용 배제

이 법에 따른 농수산물도매시장, 농수산물공판장, 민영농수산물도매시장 및 농수산물종합유통센터에 대하여는 「유통산업발전법」의 규정을 적용하지 아니한다.

CHAPTER 02 농수산물의 생산조정 및 출하조절

1. 주산지의 지정

(1) 주산지의 지정 및 해제 등 기출 19, 18회

① 시·도지사는 농수산물의 경쟁력 제고 또는 수급을 조절하기 위하여 생산 및 출하를 촉진 또는 조절할 필요가 있다고 인정할 때에는 주요 농수산물의 생산지역이나 생산수면(이하 "주산지")을 지정하고 그 주산지에서 주요 농수산물을 생산하는 자에 대하여 생산자금의 융자 및 기술지도 등 필요한 지원을 할 수 있다.
  ㉠ 주산지의 지정은 읍·면·동 또는 시·군·구 단위로 한다.
  ㉡ 시·도지사는 주산지를 지정하였을 때에는 이를 고시하고 농림축산식품부장관 또는 해양수산부장관에게 통지하여야 한다.
② 주산지는 다음의 요건을 갖춘 지역 또는 수면 중에서 구역을 정하여 지정한다.
  ㉠ 주요 농수산물의 재배면적 또는 양식면적이 농림축산식품부장관 또는 해양수산부장관이 고시하는 면적 이상일 것
  ㉡ 주요 농수산물의 출하량이 농림축산식품부장관 또는 해양수산부장관이 고시하는 수량 이상일 것
③ 시·도지사는 지정된 주산지가 지정요건에 적합하지 아니하게 되었을 때에는 그 지정을 변경하거나 해제할 수 있다.

(2) 주산지협의체의 구성 등

① 지정된 주산지의 시·도지사는 주산지의 지정목적 달성 및 주요 농수산물 경영체 육성을 위하여 생산자 등으로 구성된 주산지협의체를 설치할 수 있다.
② 협의체는 주산지 간 정보 교환 및 농수산물 수급조절 과정에의 참여 등을 위하여 공동으로 품목별 중앙주산지협의회를 구성·운영할 수 있다.

2. 농림업관측과 농수산물 유통 종합정보시스템

(1) 농림업관측과 국제곡물관측

① 농림축산식품부장관은 농산물의 수급안정을 위하여 가격의 등락 폭이 큰 주요 농산물에 대하여 매년 기상정보, 생산면적, 작황, 재고물량, 소비동향, 해외시장 정보 등을 조사하여 이를 분석하는 농림업관측을 실시하고 그 결과를 공표하여야 한다.

② 농림축산식품부장관은 주요 곡물의 수급안정을 위하여 주요 곡물에 대한 상시 관측체계의 구축과 국제 곡물수급모형의 개발을 통하여 매년 주요 곡물 생산 및 수출 국가들의 작황 및 수급 상황 등을 조사·분석하는 국제곡물관측을 별도로 실시하고 그 결과를 공표하여야 한다.

③ 농림축산식품부장관은 농림업관측업무 또는 국제곡물관측업무를 효율적으로 실시하기 위하여 농림업 관련 연구기관 또는 단체를 농림업관측 전담기관으로 지정(농업관측 전담기관은 한국농촌경제연구원)하고, 그 운영에 필요한 경비를 충당하기 위하여 예산의 범위에서 출연금 또는 보조금을 지급할 수 있다. **기출 18회**

(2) 농수산물 유통 관련 통계작성
농림축산식품부장관 또는 해양수산부장관은 농수산물의 수급안정을 위하여 가격의 등락 폭이 큰 주요 농수산물의 유통에 관한 통계를 작성·관리하고 공표하되, 필요한 경우 통계청장과 협의할 수 있다.

(3) 종합정보시스템의 구축·운영
① 농림축산식품부장관 및 해양수산부장관은 농수산물의 원활한 수급과 적정한 가격 유지를 위하여 농수산물유통 종합정보시스템을 구축하여 운영할 수 있다.

② 농림축산식품부장관 및 해양수산부장관은 농수산물유통 종합정보시스템의 구축·운영을 대통령령으로 정하는 전문기관에 위탁(농산물은 한국농수산식품유통공사, 수산물은 한국해양수산개발원)할 수 있다.

3. 계약생산과 가격 예시

(1) 계약생산
① 농림축산식품부장관은 주요 농산물의 원활한 수급과 적정한 가격 유지를 위하여 농림수협등이나 대통령령으로 정하는 생산자 관련 단체(생산자단체) 또는 농산물 수요자와 생산자 간에 계약생산 또는 계약출하를 하도록 장려할 수 있다.

② 농림축산식품부장관은 생산계약 또는 출하계약을 체결하는 생산자단체 또는 농산물 수요자에 대하여 농산물가격안정기금으로 계약금의 대출 등 필요한 지원을 할 수 있다.

(2) 가격 예시 **기출 22, 19, 18회**
① 농림축산식품부장관 또는 해양수산부장관은 농림축산식품부령 또는 해양수산부령으로 정하는 주요 농수산물의 수급조절과 가격안정을 위하여 필요하다고 인정할 때에는 해당 농산물의 파종기 또는 수산물의 종자입식 시기 이전에 생산자를 보호하기 위한 하한가격(예시가격)을 예시할 수 있다.

② 농림축산식품부장관 또는 해양수산부장관은 예시가격을 결정할 때에는 해당 농산물의 농림업관측, 주요 곡물의 국제곡물관측 또는 수산업관측 결과, 예상 경영비, 지역별 예상 생산량 및 예상 수급상황 등을 고려하여야 한다.

③ 농림축산식품부장관 또는 해양수산부장관은 예시가격을 결정할 때에는 미리 기획재정부장관과 협의하여야 한다.

④ 농림축산식품부장관 또는 해양수산부장관은 가격을 예시한 경우에는 예시가격을 지지하기 위하여 다음의 사항 등을 연계하여 적절한 시책을 추진하여야 한다.

> 1. 농림업관측·국제곡물관측 또는 수산업관측의 지속적 실시
> 2. 계약생산 또는 계약출하의 장려
> 3. 수매 및 처분
> 4. 유통협약 및 유통조절명령
> 5. 비축사업

(3) 과잉생산 시의 생산자 보호
① 농산물의 수매

농림축산식품부장관은 채소류 등 저장성이 없는 농산물의 가격안정을 위하여 필요하다고 인정할 때에는 그 생산자 또는 생산자단체로부터 농산물가격안정기금으로 해당 농산물을 수매할 수 있다. 다만, 가격안정을 위하여 특히 필요하다고 인정할 때에는 도매시장 또는 공판장에서 해당 농산물을 수매할 수 있다.

② 수매한 농산물의 처분
㉠ 수매한 농산물은 판매 또는 수출하거나 사회복지단체에 기증하거나 그 밖에 필요한 처분을 할 수 있다.
㉡ 농림축산식품부장관은 수매 및 처분에 관한 업무를 농림협중앙회 또는 한국농수산식품유통공사에 위탁할 수 있다.

(4) 몰수농산물등의 이관 [기출 22회]
① 농림축산식품부장관은 국내 농산물 시장의 수급안정 및 거래질서 확립을 위하여 「관세법」 및 「검찰청법」에 따라 몰수되거나 국고에 귀속된 농산물(이하 몰수농산물등)을 이관받을 수 있다.
② 농림축산식품부장관은 이관받은 몰수농산물등을 매각·공매·기부 또는 소각하거나 그 밖의 방법으로 처분할 수 있다.
③ 농림축산식품부장관은 몰수농산물등의 처분업무를 농업협동조합중앙회 또는 한국농수산식품유통공사 중에서 지정하여 대행하게 할 수 있다.

4. 유통협약, 유통조절명령, 비축사업 등
(1) 유통협약 및 유통조절명령
① 유통협약의 체결

주요 농수산물의 생산자, 산지유통인, 저장업자, 도매업자·소매업자 및 소비자 등(이하 "생산자등")의 대표는 해당 농수산물의 자율적인 수급조절과 품질향상을 위하여 생산조정 또는 출하조절을 위한 협약(이하 "유통협약")을 체결할 수 있다.

② 유통조절명령 [기출 21회]
㉠ 농림축산식품부장관 또는 해양수산부장관은 부패하거나 변질되기 쉬운 농수산물에 대하여 현저한 수급 불안정을 해소하기 위하여 특히 필요하다고 인정되고, 생산자 등 또는 생산자단체가 요청할 때에는 공정거래위원회와 협의를 거쳐 일정 기간 동안 일정 지역의 해당 농수산물의 생산자 등에게 생산조정 또는 출하조절을 하도록 하는 유통조절명령(이하 "유통명령")을 할 수 있다.
㉡ 유통명령에는 유통명령을 하는 이유, 대상 품목, 대상자, 유통조절방법 등 대통령령으로 정하는 사항이 포함되어야 한다.

> **짚고 넘어가기** 유통조절명령에 포함사항
> 1. 유통조절명령의 이유(수급·가격·소득의 분석 자료를 포함한다)
> 2. 대상 품목, 기간, 지역, 대상자
> 3. 생산조정 또는 출하조절의 방안
> 4. 명령이행 확인의 방법 및 명령 위반자에 대한 제재조치
> 5. 사후관리와 그 밖에 농림축산식품부장관 또는 해양수산부장관이 유통조절에 관하여 필요하다고 인정하는 사항

ⓒ 생산자 등 또는 생산자단체가 유통명령을 요청하려는 경우에는 요청서를 작성하여 이해관계인·유통전문가의 의견수렴 절차를 거치고 해당 농수산물의 생산자등의 대표나 해당 생산자단체의 재적회원 **3분의 2 이상의 찬성**을 받아야 한다.

ⓓ 유통명령을 하기 위한 기준과 구체적 절차, 유통명령을 요청할 수 있는 생산자 등의 조직과 구성 및 운영방법 등에 관하여 필요한 사항은 농림축산식품부령 또는 해양수산부령으로 정한다.

③ 유통명령의 집행 기출 21, 19회

ⓐ 농림축산식품부장관 또는 해양수산부장관은 유통명령이 이행될 수 있도록 유통명령의 내용에 관한 홍보, 유통명령 위반자에 대한 제재 등 필요한 조치를 하여야 한다.

ⓑ 농림축산식품부장관 또는 해양수산부장관은 필요하다고 인정하는 경우에는 지방자치단체의 장, 해당 농수산물의 생산자등의 조직 또는 생산자단체로 하여금 유통명령 집행업무의 일부를 수행하게 할 수 있다.

ⓒ 농림축산식품부장관 또는 해양수산부장관은 유통협약 또는 유통명령을 이행한 생산자등이 그 유통협약이나 유통명령을 이행함에 따라 발생하는 손실에 대하여는 농산물가격안정기금 또는 수산발전기금으로 그 손실을 보전하게 할 수 있다.

ⓓ 농림축산식품부장관 또는 해양수산부장관은 유통명령 집행업무의 일부를 수행하는 생산자 등의 조직이나 생산자단체에 필요한 지원을 할 수 있다.

(2) 비축사업 등

① 비축사업 등의 내용

ⓐ 농림축산식품부장관은 농산물(쌀과 보리는 제외)의 수급조절과 가격안정을 위하여 필요하다고 인정할 때에는 농산물가격안정기금으로 농산물을 비축하거나 농산물의 출하를 약정하는 생산자에게 그 대금의 일부를 미리 지급하여 출하를 조절할 수 있다.

ⓑ 비축용 농산물은 생산자 및 생산자단체로부터 수매하여야 한다. 다만, 가격안정을 위하여 특히 필요하다고 인정할 때에는 도매시장 또는 공판장에서 수매하거나 수입할 수 있다.

ⓒ 농림축산식품부장관은 비축용 농산물을 수입하는 경우 국제가격의 급격한 변동에 대비하여야 할 필요가 있다고 인정할 때에는 선물거래(先物去來)를 할 수 있다.

ⓓ 농림축산식품부장관은 비축사업을 농림협중앙회 또는 한국농수산식품유통공사에 위탁할 수 있다.

② 비축사업 등의 위탁

ⓐ 농림축산식품부장관은 다음의 농산물의 비축사업 또는 출하조절사업(이하 "비축사업등")을 농업협동조합중앙회·농협경제지주회사·산림조합중앙회 또는 한국농수산식품유통공사에 위탁하여 실시한다.

1. 비축용 농산물의 수매·수입·포장·수송·보관 및 판매
2. 비축용 농산물을 확보하기 위한 재배·양식·선매 계약의 체결
3. 농산물의 출하약정 및 선급금의 지급
4. 비축사업에 따른 사업의 정산

ⓑ 농림축산식품부장관은 농산물의 비축사업 등을 위탁할 때에는 다음의 사항을 정하여 위탁하여야 한다.

1. 대상농산물의 품목 및 수량
2. 대상농산물의 품질·규격 및 가격
3. 대상농산물의 안전성 확인 방법
4. 대상농산물의 판매방법·수매 또는 수입시기 등 사업실시에 필요한 사항

③ 과잉생산 시의 생산자 보호 등 사업의 손실처리
농림축산식품부장관은 수매와 비축사업의 시행에 따라 생기는 감모, 가격 하락, 판매·수출·기증과 그 밖의 처분으로 인한 원가 손실 및 수송·포장·방제 등 사업실시에 필요한 관리비를 대통령령으로 정하는 바에 따라 그 사업의 비용으로 처리한다. 기출 22회

(3) 농산물의 수입 추천 및 수입이익금의 징수 등

① 농산물의 수입 추천
  ㉠ 「세계무역기구 설립을 위한 마라케쉬협정」에 따른 대한민국 양허표상의 시장접근물량에 적용되는 양허세율로 수입하는 농산물 중 다른 법률에서 달리 정하지 아니한 농산물을 수입하려는 자는 농림축산식품부장관의 추천을 받아야 한다.
  ㉡ 농림축산식품부장관은 농산물의 수입에 대한 추천업무를 농림축산식품부장관이 지정하는 비영리법인으로 하여금 대행하게 할 수 있다. 이 경우 품목별 추천물량 및 추천기준과 그 밖에 필요한 사항은 농림축산식품부장관이 정한다.
  ㉢ 농산물을 수입하려는 자는 사용용도와 그 밖에 농림축산식품부령으로 정하는 사항을 적어 수입 추천신청을 하여야 한다.
  ㉣ 농림축산식품부장관은 필요하다고 인정할 때에는 추천 대상 농산물 중 농림축산식품부령으로 정하는 품목의 농산물을 비축용 농산물로 수입하거나 생산자단체를 지정하여 수입하여 판매하게 할 수 있다.

② 수입이익금의 징수 등 기출 22회
  ㉠ 농림축산식품부장관은 추천을 받아 농산물을 수입하는 자 중 농림축산식품부령으로 정하는 품목의 농산물을 수입하는 자에 대하여 농림축산식품부령으로 정하는 바에 따라 국내가격과 수입가격 간의 차액의 범위에서 수입이익금을 부과·징수할 수 있다.
  ㉡ 수입이익금은 농림축산식품부령으로 정하는 바에 따라 농산물가격안정기금에 납입하여야 한다.
  ㉢ 수입이익금을 정하여진 기한까지 내지 아니하면 국세 체납처분의 예에 따라 징수할 수 있다.

CHAPTER 03 농수산물도매시장

1. 농수산물도매시장의 개설

(1) 도매시장의 개설 등 기출 29, 26, 25, 23, 14, 12, 10회

① 도매시장의 개설
  ㉠ 도매시장은 대통령령으로 정하는 바에 따라 부류별로 또는 둘 이상의 부류를 종합하여 중앙도매시장의 경우에는 특별시·광역시·특별자치시 또는 특별자치도가 개설하고, 지방도매시장의 경우에는 특별시·광역시·특별자치시·특별자치도 또는 시가 개설한다.
  ㉡ 다만, 시가 지방도매시장을 개설하려면 도지사의 허가를 받아야 한다. 시가 지방도매시장의 개설허가를 받으려면 농림축산식품부령 또는 해양수산부령으로 정하는 바에 따라 지방도매시장 개설허가 신청서에 업무규정과 운영관리계획서를 첨부하여 도지사에게 제출하여야 한다.
  ㉢ 특별시·광역시·특별자치시 또는 특별자치도가 도매시장을 개설하려면 미리 업무규정과 운영관리계획서를 작성하여야 하며, 중앙도매시장의 업무규정은 농림축산식품부장관 또는 해양수산부장관의 승인을 받아야 한다.

ⓔ 중앙도매시장의 개설자가 업무규정을 변경하는 때에는 농림축산식품부장관 또는 해양수산부장관의 승인을 받아야 하며, 지방도매시장의 개설자(시가 개설자인 경우만 해당)가 업무규정을 변경하는 때에는 도지사의 승인을 받아야 한다.

② 도매시장의 폐쇄

시가 지방도매시장을 폐쇄하려면 그 3개월 전에 도지사의 허가를 받아야 한다. 다만, 특별시·광역시·특별자치시 및 특별자치도가 도매시장을 폐쇄하는 경우에는 그 3개월 전에 이를 공고하여야 한다.

(2) 개설구역 기출 29회

① 도매시장의 개설구역

도매시장의 개설구역은 도매시장이 개설되는 특별시·광역시·특별자치시·특별자치도 또는 시의 관할구역으로 한다.

② 인접지역의 편입 기출 19회

㉠ 농림축산식품부장관 또는 해양수산부장관은 해당 지역에서의 농수산물의 원활한 유통을 위하여 필요하다고 인정할 때에는 도매시장의 개설구역에 인접한 일정 구역을 그 도매시장의 개설구역으로 편입하게 할 수 있다.

㉡ 다만, 시가 개설하는 지방도매시장의 개설구역에 인접한 구역으로서 그 지방도매시장이 속한 도의 일정 구역에 대하여는 해당 도지사가 그 지방도매시장의 개설구역으로 편입하게 할 수 있다.

(3) 도매시장의 허가기준 등

① 도매시장의 허가기준

도지사는 허가신청의 내용이 다음의 요건을 갖춘 경우에는 이를 허가한다.

> 1. 도매시장을 개설하려는 장소가 농수산물 거래의 중심지로서 적절한 위치에 있을 것
> 2. 도매시장·공판장 및 민영도매시장이 보유하여야 하는 시설기준에 적합한 시설을 갖추고 있을 것
> 3. 운영관리계획서의 내용이 충실하고 그 실현이 확실하다고 인정되는 것일 것

② 조건부 개설허가 기출 14회

도지사는 ①의 시설이 갖추어지지 아니한 경우에는 일정한 기간 내에 해당 시설을 갖출 것을 조건으로 개설허가를 할 수 있다.

③ 특별시·광역시·특별자치시 또는 특별자치도가 도매시장을 개설하려면 제1항 각 호의 요건을 모두 갖추어 개설하여야 한다.

(4) 도매시장 개설자의 의무

① 도매시장 개설자는 거래 관계자의 편익과 소비자 보호를 위하여 다음의 사항을 이행하여야 한다. 기출 26, 17회

> 1. 도매시장 시설의 정비·개선과 합리적인 관리
> 2. 경쟁 촉진과 공정한 거래질서의 확립 및 환경 개선
> 3. 상품성 향상을 위한 규격화, 포장 개선 및 선도 유지의 촉진

② 도매시장 개설자는 ①의 사항을 효과적으로 이행하기 위하여 이에 대한 투자계획 및 거래제도 개선방안 등을 포함한 대책을 수립·시행하여야 한다.

(5) 도매시장의 관리

① 관리사무소 설치 또는 시장관리자 지정

도매시장 개설자는 소속 공무원으로 구성된 도매시장 관리사무소를 두거나 「지방공기업법」에 따른 지방공사(이하 "관리공사"), 공공출자법인 또는 한국농수산식품유통공사 중에서 시장관리자를 지정할 수 있다.

② 관리업무의 수행 기출 19회

도매시장 개설자는 관리사무소 또는 시장관리자로 하여금 시설물관리, 거래질서 유지, 유통 종사자에 대한 지도·감독 등에 관한 업무 범위를 정하여 해당 도매시장 또는 그 개설구역에 있는 도매시장의 관리업무를 수행하게 할 수 있다.

2. 농수산물도매시장의 운영

(1) 도매시장의 운영 등 기출 29, 27, 23, 15회

① 도매시장의 운영자

㉠ 도매시장 개설자는 도매시장에 그 시설규모·거래액 등을 고려하여 적정 수의 도매시장법인·시장도매인 또는 중도매인을 두어 이를 운영하게 하여야 한다.

㉡ 다만, 중앙도매시장의 개설자는 농림축산식품부령 또는 해양수산부령으로 정하는 부류(청과부류와 수산부류)에 대하여는 도매시장법인을 두어야 한다.

(2) 도매시장법인의 지정 등 기출 27, 26, 23, 19, 14, 11회

① 도매시장법인의 지정

㉠ 도매시장법인은 도매시장 개설자가 부류별로 지정하되, 중앙도매시장에 두는 도매시장법인의 경우에는 농림축산식품부장관 또는 해양수산부장관과 협의하여 지정한다.

㉡ 이 경우 5년 이상 10년 이하의 범위에서 지정 유효기간을 설정할 수 있다.

② 경업금지 규정: 도매시장법인의 주주 및 임직원은 해당 도매시장법인의 업무와 경합되는 도매업 또는 중도매업을 하여서는 아니 된다.

③ 도매시장법인의 요건

도매시장법인이 될 수 있는 자는 다음의 요건을 갖춘 법인이어야 한다.

> 1. 해당 부류의 도매업무를 효과적으로 수행할 수 있는 지식과 도매시장 또는 공판장 업무에 2년 이상 종사한 경험이 있는 업무집행 담당 임원이 2명 이상 있을 것
> 2. 임원 중 이 법을 위반하여 금고 이상의 실형을 선고받고 그 형의 집행이 끝나거나 집행이 면제된 후 2년이 지나지 아니한 사람이 없을 것
> 3. 임원 중 파산선고를 받고 복권되지 아니한 사람이나 피성년후견인 또는 피한정후견인이 없을 것
> 4. 임원 중 도매시장법인의 지정취소처분의 원인이 되는 사항에 관련된 사람이 없을 것
> 5. 거래규모, 순자산액 비율 및 거래보증금 등 도매시장 개설자가 업무규정으로 정하는 일정 요건을 갖출 것

④ 도매시장법인의 인수·합병

㉠ 도매시장법인이 다른 도매시장법인을 인수하거나 합병하는 경우에는 해당 도매시장 개설자의 승인을 받아야 한다.

㉡ 합병을 승인하는 경우 합병을 하는 도매시장법인은 합병이 되는 도매시장법인의 지위를 승계한다.

⑤ 공공출자법인
  ㉠ 도매시장 개설자는 도매시장을 효율적으로 관리·운영하기 위하여 필요하다고 인정하는 경우에는 도매시장법인을 갈음하여 그 업무를 수행하게 할 공공출자법인을 설립할 수 있다.
  ㉡ 공공출자법인에 대한 출자는 다음의 어느 하나에 해당하는 자로 한정한다. 이 경우 1에 해당하는 자에 의한 출자액의 합계가 총출자액의 100분의 50을 초과하여야 한다.

> 1. 지방자치단체, 관리공사, 농림수협 등
> 2. 해당 도매시장 또는 그 도매시장으로 이전되는 시장에서 농수산물을 거래하는 상인과 그 상인단체, 도매시장법인
> 3. 그 밖에 도매시장 개설자가 도매시장의 관리·운영을 위하여 특히 필요하다고 인정하는 자

  ㉢ 공공출자법인에 관하여 이 법에서 규정한 사항을 제외하고는 「상법」의 주식회사에 관한 규정을 적용한다.
  ㉣ 공공출자법인은 「상법」에 따른 설립등기를 한 날에 도매시장법인의 지정을 받은 것으로 본다.

(3) 중도매업의 허가 기출 28, 24회

① 중도매업의 허가
  ㉠ 중도매인의 업무를 하려는 자는 부류별로 해당 도매시장 개설자의 허가를 받아야 한다.
  ㉡ 도매시장 개설자는 결격사유에 해당하는 경우와 이 법 또는 다른 법령에 따른 제한에 위반되는 경우에 해당하는 경우를 제외하고는 허가 및 갱신허가를 하여야 한다.

② 중도매업 허가의 결격사유

> 1. 파산선고를 받고 복권되지 아니한 사람이나 피성년후견인
> 2. 이 법을 위반하여 금고 이상의 실형을 선고받고 그 형의 집행이 끝나거나 면제되지 아니한 사람
> 3. 중도매업의 허가가 취소(파산자 및 피성년후견인에 해당하여 취소된 경우는 제외)된 날부터 2년이 지나지 아니한 자
> 4. 도매시장법인의 주주 및 임직원으로서 해당 도매시장법인의 업무와 경합되는 중도매업을 하려는 자
> 5. 임원 중에 1부터 4까지의 어느 하나에 해당하는 사람이 있는 법인
> 6. 최저거래금액 및 거래대금의 지급보증을 위한 보증금 등 도매시장 개설자가 업무규정으로 정한 허가조건을 갖추지 못한 자

③ 중도매인의 금지행위
  ㉠ 다른 중도매인 또는 매매참가인의 거래 참가를 방해하는 행위를 하거나 집단적으로 농수산물의 경매 또는 입찰에 불참하는 행위
  ㉡ 다른 사람에게 자기의 성명이나 상호를 사용하여 중도매업을 하게 하거나 그 허가증을 빌려 주는 행위

④ 허가 유효기간의 설정, 갱신허가
  ㉠ 도매시장 개설자는 중도매업의 허가를 하는 경우 5년 이상 10년 이하의 범위에서 허가 유효기간을 설정할 수 있다.
  ㉡ 다만, 법인이 아닌 중도매인은 3년 이상 10년 이하의 범위에서 허가 유효기간을 설정할 수 있다.
  ㉢ 허가 유효기간이 만료된 후 계속하여 중도매업을 하려는 자는 갱신허가를 받아야 한다.

⑤ 중도매인의 업무 범위 등의 특례
  허가를 받은 중도매인은 도매시장에 설치된 공판장(도매시장공판장)에서도 그 업무를 할 수 있다.

(4) 매매참가인의 신고

매매참가인의 업무를 하려는 자는 농림축산식품부령 또는 해양수산부령으로 정하는 바에 따라 도매시장·공판장 또는 민영도매시장의 개설자에게 매매참가인으로 신고하여야 한다.

(5) 경매사의 임면 기출 24회

① 경매사의 배치: 도매시장법인은 도매시장에서의 공정하고 신속한 거래를 위하여 2인 이상의 경매사를 두어야 한다.

② 경매사의 임명과 결격사유

경매사는 경매사 자격시험에 합격한 사람으로서 다음의 어느 하나에 해당하지 아니한 사람 중에서 임명하여야 한다.

> 1. 피성년후견인 또는 피한정후견인
> 2. 이 법 또는 「형법」 제129조부터 제132조까지의 죄 중 어느 하나에 해당하는 죄를 범하여 금고 이상의 실형을 선고받고 그 형의 집행이 끝나거나 집행이 면제된 후 2년이 지나지 아니한 사람
> 3. 이 법 또는 「형법」 제129조부터 제132조까지의 죄 중 어느 하나에 해당하는 죄를 범하여 금고 이상의 형의 집행유예를 선고받거나 선고유예를 받고 그 유예기간 중에 있는 사람
> 4. 해당 도매시장의 시장도매인, 중도매인, 산지유통인 또는 그 임직원
> 5. 면직된 후 2년이 지나지 아니한 사람
> 6. 업무정지기간 중에 있는 사람

③ 경매사의 면직: 도매시장법인은 경매사가 ②의 1부터 4까지의 어느 하나에 해당하는 경우에 그 경매사를 면직해야 한다.

④ 경매사의 임면 신고 및 공시

도매시장법인이 경매사를 임면하였을 때에는 임면한 날부터 30일 이내에 그 내용을 도매시장 개설자에게 신고하여야 하며, 도매시장 개설자는 인터넷 홈페이지에 그 내용을 게시하여야 한다.

⑤ 경매사의 업무

> 1. 도매시장법인이 상장한 농수산물에 대한 경매 우선순위의 결정
> 2. 도매시장법인이 상장한 농수산물에 대한 가격평가
> 3. 도매시장법인이 상장한 농수산물에 대한 경락자의 결정
> 4. 도매시장법인이 상장한 농수산물의 정가매매·수의매매에 대한 협상 및 중개

(6) 산지유통인의 등록 등

① 산지유통인의 등록 및 등록예외

농수산물을 수집하여 도매시장에 출하하려는 자는 부류별로 도매시장 개설자에게 등록하여야 한다. 다만, 다음의 어느 하나에 해당하는 경우에는 그러하지 아니하다.

> 1. 생산자단체가 구성원의 생산물을 출하하는 경우
> 2. 도매시장법인이 매수한 농수산물을 상장하는 경우
> 3. 중도매인이 비상장 농수산물을 매매하는 경우
> 4. 시장도매인이 매매하는 경우
> 5. 종합유통센터·수출업자 등이 남은 농수산물을 도매시장에 상장하는 경우
> 6. 도매시장법인이 다른 도매시장법인 또는 시장도매인으로부터 매수하여 판매하는 경우
> 7. 시장도매인이 도매시장법인으로부터 매수하여 판매하는 경우

② 산지유통인에 대한 규제 및 지원 기출 16, 11회
  ㉠ 도매시장법인, 중도매인 및 이들의 주주 또는 임직원은 해당 도매시장에서 산지유통인의 업무를 하여서는 아니 된다.
  ㉡ 도매시장 개설자는 이 법 또는 다른 법령에 따른 제한에 위반되는 경우를 제외하고는 ①에 따라 등록을 하여주어야 한다.
  ㉢ 산지유통인은 등록된 도매시장에서 농수산물의 출하업무 외의 판매·매수 또는 중개업무를 하여서는 아니 된다.
  ㉣ 도매시장 개설자는 ①에 따라 등록을 하여야 하는 자가 등록을 하지 아니하고 산지유통인의 업무를 하는 경우에는 도매시장에의 출입을 금지·제한하거나 그 밖에 필요한 조치를 할 수 있다.
  ㉤ 국가나 지방자치단체는 산지유통인의 공정한 거래를 촉진하기 위하여 필요한 지원을 할 수 있다.

(7) 출하자 신고
① 출하자 신고
  도매시장에 농수산물을 출하하려는 생산자 및 생산자단체 등은 농수산물의 거래질서 확립과 수급안정을 위하여 해당 도매시장의 개설자에게 신고하여야 한다.
② 출하자에 대한 우대조치
  도매시장 개설자, 도매시장법인 또는 시장도매인은 신고한 출하자가 출하 예약을 하고 농수산물을 출하하는 경우에는 위탁수수료의 인하 및 경매의 우선 실시 등 우대조치를 할 수 있다.

3. 도매시장의 매매 등

(1) 수탁판매의 원칙
① 수탁판매의 원칙과 예외 기출 16회
  ㉠ 도매시장에서 도매시장법인이 하는 도매는 출하자로부터 위탁을 받아 하여야 한다.
  ㉡ 다만, 농림축산식품부령 또는 해양수산부령으로 정하는 특별한 사유가 있는 경우에는 매수하여 도매할 수 있다.

도매시장법인이 매수하여 도매할 수 있는 경우
• 농림축산식품부장관 또는 해양수산부장관의 수매에 응하기 위하여 필요한 경우
• 다른 도매시장법인 또는 시장도매인으로부터 매수하여 도매하는 경우
• 해당 도매시장에서 주로 취급하지 아니하는 농수산물의 품목을 갖추기 위하여 대상 품목과 기간을 정하여 도매시장 개설자의 승인을 받아 다른 도매시장으로부터 이를 매수하는 경우
• 물품의 특성상 외형을 변형하는 등 가공하여 도매하여야 하는 경우로서 도매시장 개설자가 업무규정으로 정하는 경우
• 도매시장법인이 겸영사업에 필요한 농수산물을 매수하는 경우
• 수탁판매의 방법으로는 적정한 거래물량의 확보가 어려운 경우로서 농림축산식품부장관 또는 해양수산부장관이 고시하는 범위에서 중도매인 또는 매매참가인의 요청으로 그 중도매인 또는 매매참가인에게 정가·수의매매로 도매하기 위하여 필요한 물량을 매수하는 경우

② 중도매인의 거래제한
  ㉠ 중도매인은 도매시장법인이 상장한 농수산물 외의 농수산물은 거래할 수 없다. 다만, 도매시장법인이 상장하기에 적합하지 아니한 농수산물과 그 밖에 이에 준하는 농수산물로서 그 품목과 기간을 정하여 도매시장 개설자로부터 허가를 받은 농수산물의 경우에는 그러하지 아니하다.
  ㉡ 중도매인이 ㉠의 단서에 해당하는 물품을 농수산물 전자거래소에서 거래하는 경우에는 그 물품을 도매시장으로 반입하지 아니할 수 있다.

(2) 매매방법

① 매매방법의 유형
  ㉠ 도매시장법인은 도매시장에서 농수산물을 경매·입찰·정가매매 또는 수의매매의 방법으로 매매하여야 한다.
  ㉡ 다만, 출하자가 매매방법을 지정하여 요청하는 경우 등 농림축산식품부령 또는 해양수산부령으로 매매방법을 정한 경우에는 그에 따라 매매할 수 있다.

② 농림축산식품부령 또는 해양수산부령으로 정한 매매방법

> 1. 경매 또는 입찰
>   - 출하자가 경매 또는 입찰로 매매방법을 지정하여 요청한 경우
>   - 시장관리운영위원회의 심의를 거쳐 매매방법을 경매 또는 입찰로 정한 경우
>   - 해당 농수산물의 입하량이 일시적으로 현저하게 증가하여 정상적인 거래가 어려운 경우 등 정가매매 또는 수의매매의 방법에 의하는 것이 극히 곤란한 경우
> 2. 정가매매 또는 수의매매
>   - 출하자가 정가매매·수의매매로 매매방법을 지정하여 요청한 경우
>   - 시장관리운영위원회의 심의를 거쳐 매매방법을 정가매매 또는 수의매매로 정한 경우
>   - 전자거래 방식으로 매매하는 경우
>   - 다른 도매시장법인 또는 공판장에서 이미 가격이 결정되어 바로 입하된 물품을 매매하는 경우로서 당해 물품을 반출한 도매시장법인 또는 공판장의 개설자가 가격·반출지·반출물량 및 반출차량 등을 확인한 경우
>   - 해양수산부장관이 거래방법·물품의 반출 및 확인절차 등을 정한 산지의 거래시설에서 미리 가격이 결정되어 입하된 수산물을 매매하는 경우
>   - 경매 또는 입찰이 종료된 후 입하된 경우
>   - 경매 또는 입찰을 실시하였으나 매매되지 아니한 경우
>   - 도매시장 개설자의 허가를 받아 중도매인 또는 매매참가인외의 자에게 판매하는 경우
>   - 천재·지변 그 밖의 불가피한 사유로 인하여 경매 또는 입찰의 방법에 의하는 것이 극히 곤란한 경우

③ 경매 또는 입찰의 방법
  ㉠ 도매시장법인은 도매시장에 상장한 농수산물을 수탁된 순위에 따라 경매 또는 입찰의 방법으로 판매하는 경우에는 최고가격 제시자에게 판매하여야 한다. 다만, 출하자가 서면으로 거래 성립 최저가격을 제시한 경우에는 그 가격 미만으로 판매하여서는 아니 된다.
  ㉡ 도매시장 개설자는 효율적인 유통을 위하여 필요한 경우에는 농림축산식품부령 또는 해양수산부령으로 정하는 바에 따라 대량 입하품, 표준규격품, 예약 출하품 등을 우선적으로 판매하게 할 수 있다.
  ㉢ 경매 또는 입찰의 방법은 전자식을 원칙으로 하되 필요한 경우 거수수지식, 기록식, 서면입찰식 등의 방법으로 할 수 있다.

④ 거래의 특례
  도매시장 개설자는 입하량이 현저히 많아 정상적인 거래가 어려운 경우 등 농림축산식품부령 또는 해양수산부령으로 정하는 특별한 사유가 있는 경우에는 그 사유가 발생한 날에 한정하여 도매시장법인의 경우에는 중도매인·매매참가인 외의 자에게, 시장도매인의 경우에는 도매시장법인·중도매인에게 판매할 수 있도록 할 수 있다.

4. 도매시장법인의 영업제한 등

(1) 도매시장법인의 영업제한

① 도매시장법인의 영업제한

도매시장법인은 도매시장 외의 장소에서 농수산물의 판매업무를 하지 못한다.

② 거래물품을 반입하지 아니할 수 있는 경우

도매시장법인은 다음의 어느 하나에 해당하는 경우에는 해당 거래물품을 도매시장으로 반입하지 아니할 수 있다.

㉠ 도매시장 개설자의 사전승인을 받아 전자거래 방식으로 하는 경우(온라인에서 경매 방식으로 거래하는 경우를 포함)

㉡ 일정 기준 이상의 시설에 보관·저장 중인 거래 대상 농수산물의 견본을 도매시장에 반입하여 거래하는 것에 대하여 도매시장 개설자가 승인한 경우

③ 도매시장법인의 겸영금지와 예외 기출 9회

도매시장법인은 농수산물 판매업무 외의 사업을 겸영하지 못한다. 다만, 농수산물의 선별·포장·가공·제빙·보관·후숙·저장·수출입 등의 사업은 겸영할 수 있다.

④ 도매시장법인 등의 공시 기출 13회

도매시장법인 또는 시장도매인은 출하자와 소비자의 권익보호를 위하여 거래물량, 가격정보 및 재무상황 등을 공시하여야 한다.

(2) 시장도매인의 지정 등 기출 23, 16회

① 시장도매인의 지정

㉠ 시장도매인은 도매시장 개설자가 부류별로 지정한다.

㉡ 이 경우 5년 이상 10년 이하의 범위에서 지정 유효기간을 설정할 수 있다.

② 시장도매인의 요건

시장도매인이 될 수 있는 자는 다음의 요건을 갖춘 법인이어야 한다.

> 1. 임원 중 이 법을 위반하여 금고 이상의 실형을 선고받고 그 형의 집행이 끝나거나 집행이 면제된 후 2년이 지나지 아니한 사람이 없을 것
> 2. 임원 중 해당 도매시장에서 시장도매인의 업무와 경합되는 도매업 또는 중도매업을 하는 사람이 없을 것
> 3. 임원 중 파산선고를 받고 복권되지 아니한 사람이나 피성년후견인 또는 피한정후견인이 없을 것
> 4. 임원 중 시장도매인의 지정취소처분의 원인이 되는 사항에 관련된 사람이 없을 것
> 5. 거래규모, 순자산액 비율 및 거래보증금 등 도매시장 개설자가 업무규정으로 정하는 일정 요건을 갖출 것

③ 시장도매인의 영업

㉠ 시장도매인은 도매시장에서 농수산물을 매수 또는 위탁받아 도매하거나 매매를 중개할 수 있다. 다만, 도매시장 개설자는 거래질서의 유지를 위하여 필요하다고 인정하는 경우 등 농림축산식품부령 또는 해양수산부령으로 정하는 경우에는 품목과 기간을 정하여 시장도매인이 농수산물을 위탁받아 도매하는 것을 제한 또는 금지할 수 있다.

㉡ 시장도매인은 해당 도매시장의 도매시장법인·중도매인에게 농수산물을 판매하지 못한다.

(3) 수탁의 거부금지 등

도매시장법인 또는 시장도매인은 그 업무를 수행할 때에 다음의 어느 하나에 해당하는 경우를 제외하고는 입하된 농수산물의 수탁을 거부·기피하거나 위탁받은 농수산물의 판매를 거부·기피하거나, 거래 관계인에게 부당한 차별대우를 하여서는 아니 된다.

1. 유통명령을 위반하여 출하하는 경우
2. 출하자 신고를 하지 아니하고 출하하는 경우
3. 안전성 검사 결과 그 기준에 미달되는 경우
4. 도매시장 개설자가 업무규정으로 정하는 최소출하량의 기준에 미달되는 경우
5. 그 밖에 환경 개선 및 규격출하 촉진 등을 위하여 대통령령으로 정하는 경우

(4) 출하 농수산물의 안전성 검사

① 안전성 검사 의무: 도매시장 개설자는 해당 도매시장에 반입되는 농수산물에 대하여 유해물질의 잔류허용기준 등의 초과 여부에 관한 안전성 검사를 하여야 한다.

② 출하 제한: 도매시장 개설자는 안전성 검사 결과 그 기준에 못 미치는 농수산물을 출하하는 자에 대하여 1년 이내의 범위에서 해당 농수산물과 같은 품목의 농수산물을 해당 도매시장에 출하하는 것을 제한할 수 있다.

(5) 매매 농수산물의 인수 등

① 매매 성립 즉시 인수: 도매시장법인 또는 시장도매인으로부터 농수산물을 매수한 자는 매매가 성립한 즉시 그 농수산물을 인수하여야 한다.

② 인수를 거부한 경우 조치

㉠ 도매시장법인 또는 시장도매인은 매수인이 정당한 사유 없이 매수한 농수산물의 인수를 거부하거나 게을리하였을 때에는 그 매수인의 부담으로 해당 농수산물을 일정 기간 보관하거나, 그 이행을 최고하지 아니하고 그 매매를 해제하여 다시 매매할 수 있다.

㉡ 이 경우 차손금이 생겼을 때에는 당초의 매수인이 부담한다.

5. 하역과 대금결제 등

(1) 하역업무

① 하역의 효율화 조치

도매시장 개설자는 도매시장에서 하는 하역업무의 효율화를 위하여 하역체제의 개선 및 하역의 기계화 촉진에 노력하여야 하며, 하역비의 절감으로 출하자의 이익을 보호하기 위하여 필요한 시책을 수립·시행하여야 한다.

② 표준하역비의 부담

도매시장 개설자가 업무규정으로 정하는 규격출하품에 대한 표준하역비(도매시장 안에서 규격출하품을 판매하기 위하여 필수적으로 드는 하역비)는 도매시장법인 또는 시장도매인이 부담한다.

(2) 출하자에 대한 대금결제

① 매매대금의 전부 즉시 결제

도매시장법인 또는 시장도매인은 매수하거나 위탁받은 농수산물이 매매되었을 때에는 그 대금의 전부를 출하자에게 즉시 결제하여야 한다. 다만, 대금의 지급방법에 관하여 도매시장법인 또는 시장도매인과 출하자 사이에 특약이 있는 경우에는 그 특약에 따른다.

② 정산 조직에 의한 결제

㉠ 도매시장법인 또는 시장도매인은 출하자에게 대금을 결제하는 경우에는 표준송품장(전자문서 형태의 것 포함)과 판매원표를 확인하여 작성한 표준정산서를 출하자와 정산 조직에 각각 발급하고, 정산 조직에 대금결제를 의뢰하여 정산 조직에서 출하자에게 대금을 지급하는 방법으로 하여야 한다.

ⓒ 다만, 도매시장 개설자가 농림축산식품부령 또는 해양수산부령으로 정하는 바에 따라 인정하는 도매시장법인의 경우에는 출하자에게 대금을 직접 결제할 수 있다.

CHAPTER 04 농수산물공판장 및 민영농수산물도매시장 등

1. 공판장과 민영도매시장의 개설

(1) 공판장의 개설 기출 29, 28, 25회

① 공판장의 개설과 개설절차
  ㉠ 농림수협 등, 생산자단체 또는 공익법인이 공판장을 개설하려면 시·도지사의 승인을 받아야 한다.
  ㉡ 농림수협 등, 생산자단체 또는 공익법인이 공판장의 개설승인을 받으려면 공판장 개설승인 신청서에 업무규정과 운영관리계획서 등 승인에 필요한 서류를 첨부하여 시·도지사에게 제출하여야 한다.

② 승인 제외사항
시·도지사는 공판장의 개설신청이 다음의 어느 하나에 해당하는 경우를 제외하고는 승인을 하여야 한다.

> 1. 공판장을 개설하려는 장소가 교통체증을 유발할 수 있는 위치에 있는 경우
> 2. 공판장의 시설이 기준에 적합하지 아니한 경우
> 3. 운영관리계획서의 내용이 실현 가능하지 아니한 경우
> 4. 그 밖에 이 법 또는 다른 법령에 따른 제한에 위반되는 경우

③ 공판장의 거래 관계자
  ㉠ 공판장에는 중도매인, 매매참가인, 산지유통인 및 경매사를 둘 수 있다.
  ㉡ 공판장의 중도매인은 공판장의 개설자가 지정한다.
  ㉢ 농수산물을 수집하여 공판장에 출하하려는 자는 공판장의 개설자에게 산지유통인으로 등록하여야 한다.
  ㉣ 공판장의 경매사는 공판장의 개설자가 임면한다.
  ㉤ 도매시장공판장은 농림수협등의 유통자회사(流通子會社)로 하여금 운영하게 할 수 있다.

(2) 민영도매시장의 개설과 운영 기출 27, 20회

① 민영도매시장의 개설 및 개설절차
  ㉠ 민간인 등이 특별시·광역시·특별자치시·특별자치도 또는 시 지역에 민영도매시장을 개설하려면 시·도지사의 허가를 받아야 한다.
  ㉡ 민간인 등이 민영도매시장의 개설허가를 받으려면 민영도매시장 개설허가 신청서에 업무규정과 운영관리계획서를 첨부하여 시·도지사에게 제출하여야 한다.

② 민영도매시장의 허가제한
시·도지사는 다음의 어느 하나에 해당하는 경우를 제외하고는 허가하여야 한다.

> 1. 민영도매시장을 개설하려는 장소가 교통체증을 유발할 수 있는 위치에 있는 경우
> 2. 민영도매시장의 시설이 기준에 적합하지 아니한 경우
> 3. 운영관리계획서의 내용이 실현 가능하지 아니한 경우
> 4. 그 밖에 이 법 또는 다른 법령에 따른 제한에 위반되는 경우

③ 민영도매시장의 운영 등
  ㉠ 민영도매시장의 개설자는 중도매인, 매매참가인, 산지유통인 및 경매사를 두어 직접 운영하거나 시장도매인을 두어 이를 운영하게 할 수 있다.
  ㉡ 민영도매시장의 중도매인은 민영도매시장의 개설자가 지정한다.
  ㉢ 농수산물을 수집하여 민영도매시장에 출하하려는 자는 민영도매시장의 개설자에게 산지유통인으로 등록하여야 한다.
  ㉣ 민영도매시장의 경매사는 민영도매시장의 개설자가 임면한다.
  ㉤ 민영도매시장의 시장도매인은 민영도매시장의 개설자가 지정한다.

2. 산지판매제도, 농수산물집하장 등

(1) 산지판매제도의 확립
① 농림수협등 또는 공익법인은 생산지에서 출하되는 주요 품목의 농수산물에 대하여 산지경매제를 실시하거나 계통출하를 확대하는 등 생산자 보호를 위한 판매대책 및 선별·포장·저장 시설의 확충 등 산지 유통대책을 수립·시행하여야 한다.
② 농림수협등 또는 공익법인은 경매 또는 입찰의 방법으로 창고경매, 포전경매 또는 선상경매 등을 할 수 있다.

(2) 농수산물집하장의 설치·운영 기출 22, 18회
① 농수산물집하장 설치·운영
생산자단체 또는 공익법인은 농수산물을 대량 소비지에 직접 출하할 수 있는 유통체제를 확립하기 위하여 필요한 경우에는 농수산물집하장을 설치·운영할 수 있다.
② 국가와 지방자치단체의 협조
국가와 지방자치단체는 농수산물집하장의 효과적인 운영과 생산자의 출하편의를 도모할 수 있도록 그 입지 선정과 도로망의 개설에 협조하여야 한다.
③ 집하장을 공판장으로 운영
생산자단체 또는 공익법인은 운영하고 있는 농수산물집하장 중 공판장의 시설기준을 갖춘 집하장을 시·도지사의 승인을 받아 공판장으로 운영할 수 있다.

(3) 농수산물산지유통센터의 설치·운영 등
① 농수산물산지유통센터의 설치·운영
국가나 지방자치단체는 농수산물의 선별·포장·규격출하·가공·판매 등을 촉진하기 위하여 농수산물산지유통센터를 설치하여 운영하거나 이를 설치하려는 자에게 부지 확보 또는 시설물 설치 등에 필요한 지원을 할 수 있다.
② 농수산물산지유통센터의 위탁 운영
국가나 지방자치단체는 농수산물산지유통센터의 운영을 생산자단체 또는 전문유통업체에 위탁할 수 있다.
③ 농수산물 유통시설의 편의제공
국가나 지방자치단체는 그가 설치한 농수산물 유통시설에 대하여 생산자단체, 농업협동조합중앙, 산림조합중앙, 수산업협동조합중앙회 또는 공익법인으로부터 이용 요청을 받으면 해당 시설의 이용, 면적 배정 등에서 우선적으로 편의를 제공하여야 한다.

(4) 포전매매의 계약

① 서면에 의한 포전매매의 계약 [기출] 14회
  ㉠ 농림축산식품부장관이 정하는 채소류 등 저장성이 없는 농산물의 포전매매(생산자가 수확하기 이전의 경작상태에서 면적단위 또는 수량단위로 매매하는 것)의 계약은 서면에 의한 방식으로 하여야 한다.
  ㉡ 농산물의 포전매매의 계약은 특약이 없으면 매수인이 그 농산물을 계약서에 적힌 반출 약정일부터 10일 이내에 반출하지 아니한 경우에는 그 기간이 지난 날에 계약이 해제된 것으로 본다.
  ㉢ 다만, 매수인이 반출 약정일이 지나기 전에 반출 지연 사유와 반출 예정일을 서면으로 통지한 경우에는 그러하지 아니하다.

② 표준계약서의 보급
  ㉠ 농림축산식품부장관은 포전매매의 계약에 필요한 표준계약서를 정하여 보급하고 그 사용을 권장할 수 있으며, 계약당사자는 표준계약서에 준하여 계약하여야 한다.
  ㉡ 농림축산식품부장관과 지방자치단체의 장은 생산자 및 소비자의 보호나 농산물의 가격 및 수급의 안정을 위하여 특히 필요하다고 인정할 때에는 대상 품목, 대상 지역 및 신고기간 등을 정하여 계약 당사자에게 포전매매 계약의 내용을 신고하도록 할 수 있다.

CHAPTER 05 농산물가격안정기금

1. 농산물가격안정기금의 설치와 운용

(1) 기금의 설치와 기금의 조성 [기출] 26회

① 기금의 설치
  정부는 농산물(축산물 및 임산물)의 원활한 수급과 가격안정을 도모하고 유통구조의 개선을 촉진하기 위한 재원을 확보하기 위하여 농산물가격안정기금을 설치한다.

② 기금의 조성
  ㉠ 기금은 정부의 출연금, 기금 운용에 따른 수익금, 법률규정에 따라 납입되는 금액 및 다른 기금으로부터의 출연금으로 조성한다.
  ㉡ 농림축산식품부장관은 기금의 운영에 필요하다고 인정할 때에는 기금의 부담으로 한국은행 또는 다른 기금으로부터 자금을 차입할 수 있다.

③ 기금의 운용·관리
  ㉠ 기금은 국가회계원칙에 따라 농림축산식품부장관이 운용·관리한다.
  ㉡ 기금의 운용·관리에 관한 농림축산식품부장관의 업무는 대통령령으로 정하는 바에 따라 그 일부를 국립종자원장과 한국농수산식품유통공사의 장에게 위임 또는 위탁할 수 있다.

(2) 기금의 용도와 지출 〔기출〕 26, 20회

① 기금의 용도

기금은 다음의 사업을 위하여 필요한 경우에 융자 또는 대출할 수 있다.

> 1. 농산물의 가격조절과 생산·출하의 장려 또는 조절
> 2. 농산물의 수출 촉진
> 3. 농산물의 보관·관리 및 가공
> 4. 도매시장, 공판장, 민영도매시장 및 경매식 집하장의 출하촉진·거래대금정산·운영 및 시설설치
> 5. 농산물의 상품성 향상
> 6. 그 밖에 농림축산식품부장관이 농산물의 유통구조 개선, 가격안정 및 종자산업의 진흥을 위하여 필요하다고 인정하는 사업

② 기금의 지출

기금은 다음의 사업을 위하여 지출한다.

> 1. 농수산자조금에 대한 출연 및 지원
> 2. 과잉생산 시 생산자보호, 몰수농산물의 이관, 비축사업 및 종자사업 및 그 사업의 관리
> 3. 유통명령 이행자에 대한 지원
> 4. 기금이 관리하는 유통시설의 설치·취득 및 운영
> 5. 도매시장 시설현대화 사업 지원
> 6. 그 밖에 대통령령으로 정하는 농산물의 유통구조 개선 및 가격안정과 종자산업의 진흥을 위하여 필요한 사업

③ 기금의 융자를 받을 수 있는 자

㉠ 기금의 융자를 받을 수 있는 자는 농업협동조합중앙회(농협경제지주회사 및 그 자회사 포함), 산림조합중앙회 및 한국농수산식품유통공사로 한다.

㉡ 기금의 대출을 받을 수 있는 자는 농림축산식품부장관이 사업을 효율적으로 시행할 수 있다고 인정하는 자로 한다.

㉢ 기금을 융자받거나 대출받은 자는 융자 또는 대출을 할 때에 지정한 목적 외의 목적에 그 융자금 또는 대출금을 사용할 수 없다.

CHAPTER 06 농수산물 유통기구의 정비 등

1. 정비의 기본방침 및 지역별 정비계획 등

(1) 정비 기본방침 등 〔기출〕 17, 15회

① 농수산물 유통기구 정비기본방침의 수립, 고시

농림축산식품부장관 또는 해양수산부장관은 농수산물의 원활한 수급과 유통질서를 확립하기 위하여 필요한 경우에는 다음의 사항을 포함한 농수산물 유통기구 정비기본방침을 수립하여 고시할 수 있다.

> 1. 시설기준에 미달하거나 거래물량에 비하여 시설이 부족하다고 인정되는 도매시장·공판장 및 민영도매시장의 시설 정비에 관한 사항
> 2. 도매시장·공판장 및 민영도매시장 시설의 바꿈 및 이전에 관한 사항
> 3. 중도매인 및 경매사의 가격조작 방지에 관한 사항
> 4. 생산자와 소비자 보호를 위한 유통기구의 봉사 경쟁체제의 확립과 유통 경로의 단축에 관한 사항
> 5. 운영 실적이 부진하거나 휴업 중인 도매시장의 정비 및 도매시장법인이나 시장도매인의 교체에 관한 사항
> 6. 소매상의 시설 개선에 관한 사항

② 지역별 정비계획

시·도지사는 기본방침이 고시되었을 때에는 그 기본방침에 따라 지역별 정비계획을 수립하고 농림축산식품부장관 또는 해양수산부장관의 승인을 받아 그 계획을 시행하여야 한다.

(2) 유사 도매시장의 정비 [기출] 15회

① 유사 도매시장구역을 지정 및 정비계획의 수립

시·도지사는 농수산물의 공정거래질서 확립을 위하여 필요한 경우에는 농수산물도매시장과 유사한 형태의 시장을 정비하기 위하여 유사 도매시장구역을 지정하고, 그 구역의 농수산물도매업자의 거래방법 개선, 시설 개선, 이전대책 등에 관한 정비계획을 수립·시행할 수 있다.

② 시장의 개설·정비 명령

㉠ 농림축산식품부장관 또는 해양수산부장관은 기본방침을 효과적으로 수행하기 위하여 필요하다고 인정할 때에는 도매시장·공판장 및 민영도매시장의 개설자에 대하여 도매시장·공판장 및 민영도매시장의 통합·이전 또는 폐쇄를 명할 수 있다.

㉡ 정부는 ㉠에 따른 명령으로 인하여 발생한 도매시장·공판장 및 민영도매시장의 개설자 또는 도매시장법인의 손실에 관하여는 대통령령으로 정하는 바에 따라 정당한 보상을 하여야 한다.

③ 도매시장법인의 대행

도매시장 개설자는 도매시장법인이 판매업무를 할 수 없게 되었다고 인정되는 경우에는 기간을 정하여 그 업무를 대행하거나 관리공사, 다른 도매시장법인 또는 도매시장공판장의 개설자로 하여금 대행하게 할 수 있다.

④ 유통시설의 개선

농림축산식품부장관 또는 해양수산부장관은 농수산물의 원활한 유통을 위하여 도매시장·공판장 및 민영도매시장의 개설자나 도매시장법인에 대하여 농수산물의 판매·수송·보관·저장 시설의 개선 및 정비를 명할 수 있다.

⑤ 농수산물 소매유통의 개선

㉠ 농림축산식품부장관, 해양수산부장관 또는 지방자치단체의 장은 생산자와 소비자를 보호하고 상거래질서를 확립하기 위한 농수산물 소매단계의 합리적 유통 개선에 대한 시책을 수립·시행할 수 있다.

㉡ 농림축산식품부장관 또는 해양수산부장관은 ㉠의 시책을 달성하기 위하여 농수산물의 중도매업·소매업, 생산자와 소비자의 직거래사업, 생산자단체 및 대통령령으로 정하는 단체가 운영하는 농수산물직판장, 소매시설의 현대화 등을 농림축산식품부령 또는 해양수산부령으로 정하는 바에 따라 지원·육성한다.

㉢ 농림축산식품부장관, 해양수산부장관 또는 지방자치단체의 장은 ㉡에 따른 농수산물소매업자 등이 농수산물의 유통 개선과 공동이익의 증진 등을 위하여 협동조합을 설립하는 경우에는 도매시장 또는 공판장의 이용편의 등을 지원할 수 있다.

(3) (농수산물)종합유통센터의 설치

① 종합유통센터의 설치, 운영의 위탁, 지원
  ㉠ 국가나 지방자치단체는 종합유통센터를 설치하여 생산자단체 또는 전문유통업체에 그 운영을 위탁할 수 있다. 이 경우 위탁자는 5년 이상의 기간을 두어 위탁기간을 설정할 수 있다.
  ㉡ 국가나 지방자치단체는 종합유통센터를 설치하려는 자에게 부지 확보 또는 시설물 설치 등에 필요한 지원을 할 수 있다.

② 종합유통센터 운영자 등에 대한 권고 및 조치
  ㉠ 농림축산식품부장관, 해양수산부장관 또는 지방자치단체의 장은 종합유통센터가 효율적으로 그 기능을 수행할 수 있도록 종합유통센터를 운영하는 자 또는 이를 이용하는 자에게 그 운영방법 및 출하 농어가에 대한 서비스의 개선 또는 이용방법의 준수 등 필요한 권고를 할 수 있다.
  ㉡ 농림축산식품부장관, 해양수산부장관 또는 지방자치단체의 장은 종합유통센터를 운영하는 자 및 지원을 받아 종합유통센터를 운영하는 자가 ㉠의 권고를 이행하지 아니하는 경우에는 일정한 기간을 정하여 운영방법 및 출하 농어가에 대한 서비스의 개선 등 필요한 조치를 할 것을 명할 수 있다.

③ 종합유통센터 건설사업계획서를 제출
국가 또는 지방자치단체의 지원을 받아 종합유통센터를 설치하려는 자는 지원을 받으려는 농림축산식품부장관, 해양수산부장관 또는 지방자치단체의 장에게 다음의 사항이 포함된 종합유통센터 건설사업계획서를 제출하여야 한다.

> 1. 신청지역의 농수산물 유통시설 현황, 종합유통센터의 건설 필요성 및 기대효과
> 2. 운영자 선정계획, 세부적인 운영방법과 물량처리계획이 포함된 운영계획서 및 운영수지분석
> 3. 부지·시설 및 물류장비의 확보와 운영에 필요한 자금 조달계획
> 4. 그 밖에 농림축산식품부장관, 해양수산부장관 또는 지방자치단체의 장이 종합유통센터 건설의 타당성 검토를 위하여 필요하다고 판단하여 정하는 사항

④ 종합유통센터의 시설기준 기출 23, 12, 9회
  ㉠ 부지와 건물: 부지 2만제곱미터 이상, 건물 1만제곱미터 이상
  ㉡ 필수시설: 농수산물 처리를 위한 집하·배송시설, 포장·가공시설, 저온저장고, 사무실·전산실, 농산물품질관리실, 거래처주재원실 및 출하주대기실, 오수·폐수시설, 주차시설
  ㉢ 편의시설: 직판장, 수출지원실, 휴게실, 식당, 금융회사 등의 점포, 그 밖에 이용자의 편의를 위하여 필요한 시설

⑤ 유통자회사의 설립
  ㉠ 농림수협 등은 농수산물 유통의 효율화를 도모하기 위하여 필요한 경우에는 종합유통센터·도매시장공판장을 운영하거나 그 밖의 유통사업을 수행하는 별도의 법인(이하 "유통자회사")을 설립·운영할 수 있다. 유통자회사는 「상법」상의 회사이어야 한다.
  ㉡ 국가나 지방자치단체는 유통자회사의 원활한 운영을 위하여 필요한 지원을 할 수 있다.

2. 농수산물 전자거래의 촉진과 유통정보화의 촉진

(1) 농수산물 전자거래의 촉진 등

① 농수산물 전자거래에 관한 업무
농림축산식품부장관 또는 해양수산부장관은 농수산물 전자거래를 촉진하기 위하여 한국농수산식품유통공사 및 농수산물 거래와 관련된 업무경험 및 전문성을 갖춘 기관으로서 대통령령으로 정하는 기관에 다음의 업무를 수행하게 할 수 있다.

> 1. 농수산물 전자거래소(농수산물 전자거래장치와 그에 수반되는 물류센터 등의 부대시설을 포함)의 설치 및 운영·관리
> 2. 농수산물 전자거래 참여 판매자 및 구매자의 등록·심사 및 관리
> 3. 농수산물 전자거래 분쟁조정위원회에 대한 운영 지원
> 4. 대금결제 지원을 위한 정산소의 운영·관리
> 5. 농수산물 전자거래에 관한 유통정보 서비스 제공
> 6. 그 밖에 농수산물 전자거래에 필요한 업무

② 농수산물 전자거래 활성화를 위한 지원

농림축산식품부장관 또는 해양수산부장관은 농수산물 전자거래를 활성화하기 위하여 예산의 범위에서 필요한 지원을 할 수 있다.

③ 농수산물 전자거래의 품목, 거래수수료 및 결제방법 등

㉠ 농수산물 전자거래의 거래품목은 이 법에 규정된 농수산물로 한다.

㉡ 거래수수료는 농수산물 전자거래소를 이용하는 판매자(사용료 및 판매수수료)와 구매자(사용료)로부터 징수하는 금전으로 한다.

㉢ 거래수수료는 거래액의 1천분의 30을 초과할 수 없다.

㉣ 농수산물 전자거래소를 통하여 거래계약이 체결된 경우에는 한국농수산식품유통공사가 구매자를 대신하여 그 거래대금을 판매자에게 직접 결제할 수 있다. 이 경우 한국농수산식품유통공사는 구매자로부터 보증금, 담보 등 필요한 채권확보수단을 미리 마련하여야 한다.

㉤ 위에 규정한 사항 외에 농수산물전자거래에 관하여 필요한 사항은 한국농수산식품유통공사의 장이 농림축산식품부장관 또는 해양수산부장관의 승인을 받아 정한다.

(2) 농수산물 전자거래 분쟁조정위원회

① 농수산물 전자거래 분쟁조정위원회의 설치

㉠ 농수산물 전자거래에 관한 분쟁을 조정하기 위하여 한국농수산식품유통공사와 관련기관에 농수산물 전자거래 분쟁조정위원회를 둔다.

㉡ 분쟁조정위원회는 위원장 1명을 포함하여 9명 이내의 위원으로 구성하고, 위원은 농림축산식품부장관 또는 해양수산부장관이 임명하거나 위촉하며, 위원장은 위원 중에서 호선한다.

② 분쟁의 조정

㉠ 농수산물전자거래와 관련한 분쟁의 조정을 받으려는 자는 분쟁조정위원회에 분쟁의 조정을 신청할 수 있다.

㉡ 분쟁조정위원회는 분쟁조정 신청을 받은 날부터 20일 이내에 조정안을 작성하여 분쟁 당사자에게 이를 권고하여야 한다. 다만, 부득이한 사정으로 그 기한을 연장하려는 경우에는 그 사유와 기한을 명시하고 분쟁 당사자에게 통보하여야 한다.

㉢ 분쟁조정위원회는 권고를 하기 전에 분쟁 당사자 간의 합의를 권고할 수 있다.

㉣ 분쟁 당사자가 조정안에 동의하면 분쟁조정위원회는 조정서를 작성하여야 하며, 분쟁 당사자로 하여금 이에 기명·날인하도록 한다.

(3) 유통 정보화의 촉진

① 농수산물 유통 정보화를 위한 지원: 농림축산식품부장관 또는 해양수산부장관은 유통 정보의 원활한 수집·처리 및 전파를 통하여 농수산물의 유통효율 향상에 이바지할 수 있도록 농수산물 유통 정보화와 관련한 사업을 지원하여야 한다.

② 정보기반의 정비, 교육 및 홍보의 지원: 농림축산식품부장관 또는 해양수산부장관은 정보화사업을 추진하기 위하여 정보기반의 정비, 정보화를 위한 교육 및 홍보사업을 직접 수행하거나 이에 필요한 지원을 할 수 있다.
③ 유통구조 개선 등을 위한 지원: 정부는 농수산물 유통구조 개선과 유통기구의 육성을 위하여 도매시장·공판장 및 민영도매시장의 개설자에 대하여 예산의 범위에서 융자하거나 보조금을 지급할 수 있다.

(4) 교육훈련 등

① 교육훈련의 대상
농림축산식품부장관 또는 해양수산부장관은 농수산물의 유통 개선을 촉진하기 위하여 경매사, 중도매인 등 농림축산식품부령 또는 해양수산부령으로 정하는 다음의 유통 종사자에 대하여 교육훈련을 실시할 수 있다.

> 1. 도매시장법인, 공공출자법인, 공판장(도매시장공판장을 포함) 및 시장도매인의 임직원
> 2. 경매사
> 3. 중도매인(법인 포함)
> 4. 산지유통인
> 5. 종합유통센터를 운영하는 자의 임직원
> 6. 농수산물의 출하조직을 구성·운영하고 있는 농어업인
> 7. 농수산물의 저장·가공업에 종사하는 자

② 경매사에 대한 교육훈련: 도매시장법인 또는 공판장의 개설자가 임명한 경매사는 농림축산식품부장관 또는 해양수산부장관이 실시하는 교육훈련을 2년마다 이수하여야 한다.

(5) 실태조사 등

① 농림축산식품부장관 또는 해양수산부장관은 도매시장을 효율적으로 운영·관리하기 위하여 필요하다고 인정할 때에는 농림축산식품부령 또는 해양수산부령으로 정하는 법인 등으로 하여금 도매시장에 대한 실태조사를 하게 하거나 운영·관리의 지도를 하게 할 수 있다.
② 도매시장 개설자는 도매시장의 경매에서 낙찰되지 아니하거나 판매원표가 정정되는 현황에 대하여 분기별로 실태조사를 실시하고 농림축산식품부장관 또는 해양수산부장관에게 보고하여야 한다.
③ ②의 실태조사 운영 및 실태조사 결과에 따른 도매시장법인, 시장도매인, 중도매인 등에 대한 개선사항은 도매시장 개설자가 업무규정으로 정한다.

(6) 평가의 실시

① 도매시장의 운영·관리 및 경영관리에 관한 평가
농림축산식품부장관 또는 해양수산부장관은 도매시장 개설자의 의견을 수렴하여 도매시장의 거래제도 및 물류체계 개선 등 운영·관리와 도매시장법인·도매시장공판장·시장도매인의 거래 실적, 재무 건전성 등 경영관리에 관한 평가를 실시하여야 한다.
② 중도매인의 경영관리에 관한 평가
도매시장 개설자는 중도매인의 거래 실적, 재무 건전성 등 경영관리에 관한 평가를 실시할 수 있다.
③ 평가결과에 따른 조치
도매시장 개설자는 ① 및 ②에 따른 평가 결과와 시설규모, 거래액 등을 고려하여 도매시장법인, 시장도매인, 도매시장공판장의 개설자, 중도매인에 대하여 시설 사용면적의 조정, 차등 지원 등의 조치를 할 수 있다.

④ 평가결과에 따른 명령 및 권고

농림축산식품부장관 또는 해양수산부장관은 ①에 따른 평가 결과에 따라 도매시장 개설자에게 다음의 명령이나 권고를 할 수 있다.

> 1. 부진한 사항에 대한 시정 명령
> 2. 부진한 도매시장의 관리를 관리공사 또는 한국농수산식품유통공사에 위탁 권고
> 3. 도매시장법인, 시장도매인 또는 도매시장공판장에 대한 시설 사용면적의 조정, 차등 지원 등의 조치 명령

(7) 시장관리운영위원회

① 시장관리운영위원회의 설치

도매시장의 효율적인 운영·관리를 위하여 도매시장 개설자 소속으로 시장관리운영위원회를 둔다.

② 위원회의 심의사항

> 1. 도매시장의 거래제도 및 거래방법의 선택에 관한 사항
> 2. 수수료, 시장 사용료, 하역비 등 각종 비용의 결정에 관한 사항
> 3. 도매시장 출하품의 안전성 향상 및 규격화의 촉진에 관한 사항
> 4. 도매시장의 거래질서 확립에 관한 사항
> 5. 정가매매·수의매매 등 거래 농수산물의 매매방법 운용기준에 관한 사항
> 6. 최소출하량 기준의 결정에 관한 사항

(8) 도매시장거래 분쟁조정위원회

① 도매시장거래 분쟁조정위원회의 설치

도매시장 내 농수산물의 거래 당사자 간의 분쟁에 관한 사항을 조정하기 위하여 도매시장 개설자 소속으로 도매시장거래 분쟁조정위원회를 두어야 한다.

② 조정위원회는 당사자의 한쪽 또는 양쪽의 신청에 의하여 다음의 분쟁을 심의·조정한다.

> 1. 낙찰자 결정에 관한 분쟁
> 2. 낙찰가격에 관한 분쟁
> 3. 거래대금의 지급에 관한 분쟁
> 4. 그 밖에 도매시장 개설자가 특히 필요하다고 인정하는 분쟁

③ 중앙도매시장 개설자 소속 조정위원회 위원 중 3분의 1 이상은 농림축산식품부장관 또는 해양수산부장관이 추천하는 위원이어야 한다.

④ 조정위원회는 분쟁에 대한 심의·조정 전 책임 소재의 판단, 손실지원의 수준 권고·제시 등을 위하여 분쟁조정관을 둘 수 있다.

⑤ 도매시장 개설자는 조정위원회(분쟁조정관을 포함한다)의 차년도 운영계획, 전년도 개최실적, 전년도 분쟁 조정 사항 등을 농림축산식품부장관 또는 해양수산부장관에게 매년 보고하여야 한다.

⑥ 조정위원회의 구성·운영 및 ④에 따른 분쟁조정관의 임명·위촉자격·운영에 필요한 사항은 대통령령으로 정한다.

CHAPTER 07 보칙 및 벌칙

1. 보고, 검사, 명령 등

(1) 보고

① 재산 및 업무집행 상황 보고

농림축산식품부장관, 해양수산부장관 또는 시·도지사는 도매시장·공판장 및 민영도매시장의 개설자로 하여금 그 재산 및 업무집행 상황을 보고하게 할 수 있으며, 농수산물의 가격 및 수급 안정을 위하여 특히 필요하다고 인정할 때에는 도매시장법인·시장도매인 또는 도매시장공판장의 개설자로 하여금 그 재산 및 업무집행 상황을 보고하게 할 수 있다.

② 기장사항, 거래명세 및 업무집행 상황의 보고

도매시장·공판장 및 민영도매시장의 개설자는 도매시장법인 등으로 하여금 기장사항, 거래명세 등을 보고하게 할 수 있으며, 농수산물의 가격 및 수급 안정을 위하여 특히 필요하다고 인정할 때에는 중도매인 또는 산지유통인으로 하여금 업무집행 상황을 보고하게 할 수 있다.

(2) 검사

① 장부 및 재산상태 검사

농림축산식품부장관, 해양수산부장관, 도지사 또는 도매시장 개설자는 농림축산식품부령 또는 해양수산부령으로 정하는 바에 따라 소속 공무원으로 하여금 도매시장·공판장·민영도매시장·도매시장법인·시장도매인 및 중도매인의 업무와 이에 관련된 장부 및 재산상태를 검사하게 할 수 있다.

② 장부의 검사

도매시장 개설자는 필요하다고 인정하는 경우에는 시장관리자의 소속 직원으로 하여금 도매시장법인, 시장도매인, 도매시장공판장의 개설자 및 중도매인이 갖추어 두고 있는 장부를 검사하게 할 수 있다.

(3) 명령

① 업무규정의 변경 등의 명령

농림축산식품부장관, 해양수산부장관 또는 시·도지사는 도매시장·공판장 및 민영도매시장의 적정한 운영을 위하여 필요하다고 인정할 때에는 도매시장·공판장 및 민영도매시장의 개설자에 대하여 업무규정의 변경, 업무처리의 개선, 그 밖에 필요한 조치를 명할 수 있다.

② 업무처리의 개선 등 명령

농림축산식품부장관, 해양수산부장관 또는 도매시장 개설자는 도매시장법인·시장도매인 및 도매시장공판장의 개설자에 대하여 업무처리의 개선 및 시장질서 유지를 위하여 필요한 조치를 명할 수 있다.

2. 과징금

(1) 과징금의 부과
농림축산식품부장관, 해양수산부장관, 시·도지사 또는 도매시장 개설자는 도매시장법인 등 또는 중도매인에게 업무정지를 명하려는 경우, 그 업무의 정지가 해당 업무의 이용자 등에게 심한 불편을 주거나 공익을 해칠 우려가 있을 때에는 업무의 정지를 갈음하여 도매시장법인 등에는 1억 원 이하, 중도매인에게는 1천만 원 이하의 과징금을 부과할 수 있다.

(2) 독촉장의 발부
농림축산식품부장관, 해양수산부장관, 시·도지사 또는 도매시장 개설자는 과징금을 내야 할 자가 납부기한까지 내지 아니하면 납부기한이 지난 후 15일 이내에 10일 이상 15일 이내의 납부기한을 정하여 독촉장을 발부하여야 한다.

(3) 과징금 체납에 대한 조치
농림축산식품부장관, 해양수산부장관, 시·도지사 또는 도매시장 개설자는 과징금의 독촉을 받은 자가 그 납부기한까지 과징금을 내지 아니하면 과징금 부과처분을 취소하고 업무정지처분을 하거나 국세 체납처분의 예 또는 「지방행정제재·부과금의 징수 등에 관한 법률」에 따라 과징금을 징수한다.

핵심 기출문제

PART 07 농수산물 유통 및 가격안정에 관한 법률

01

농수산물 유통 및 가격안정에 관한 법령상 용어에 관한 설명으로 옳지 않은 것은?

① "도매시장법인"이란 농수산물도매시장의 개설자로부터 지정을 받고 농수산물을 위탁받아 상장하여 도매하거나 이를 매수하여 도매하는 법인을 말한다.
② "시장도매인"이란 농수산물도매시장 또는 민영농수산물도매시장의 개설자로부터 지정을 받고 농수산물을 매수 또는 위탁받아 도매하거나 매매를 중개하는 영업을 하는 법인을 말한다.
③ "중도매인"이란 농수산물공판장 개설자의 허가를 받고 농수산물공판장에 상장된 농수산물을 매수하여 도매하거나 매매를 중개하는 영업을 하는 자를 말한다.
④ "매매참가인"이란 농수산물도매시장·농수산물공판장 또는 민영농수산물도매시장의 개설자에게 신고를 하고, 상장된 농수산물을 직접 매수하는 자로서 중도매인이 아닌 농수산물의 수요자를 말한다.
⑤ "산지유통인"이란 농수산물도매시장·농수산물공판장 또는 민영농수산물도매시장의 개설자에게 등록하고, 농수산물을 수집하여 출하하는 영업을 하는 자를 말한다.

해설
중도매인이란 농수산물도매시장·농수산물공판장 또는 민영농수산물도매시장의 개설자의 허가 또는 지정을 받고, 상장된 농수산물을 매수하여 도매하거나 매매를 중개하는 영업을 하는 자, 허가를 받은 비상장 농수산물을 매수 또는 위탁받아 도매하거나 매매를 중개하는 영업을 하는 자를 말한다.
중도매인은 도매시장 개설자로부터는 허가를 받아야 하며, 농수산물공판장이나 민영농수산물도매시장의 개설자로부터는 지정을 받아야 한다.

정답 | ③

02

농수산물 유통 및 가격안정에 관한 법령상「유통산업발전법」의 규정이 적용되지 않는 시장 또는 사업장이 아닌 것은?

① 중앙도매시장
② 농수산물공판장
③ 민영농수산물도매시장
④ 농수산물산지유통센터
⑤ 농수산물종합유통센터

해설
이 법에 의한 농수산물도매시장, 농수산물공판장, 민영농수산물도매시장 및 농수산물종합유통센터에 대하여는 「유통산업발전법」의 규정을 적용하지 아니한다.(「법」제3조)

정답 | ④

03

농수산물 유통 및 가격안정에 관한 법령상 농수산물집하장의 설치·운영에 관한 설명으로 옳지 않은 것은?

① 생산자단체는 농수산물을 대량 소비지에 직접 출하할 수 있는 유통체제를 확립하기 위하여 필요한 경우에는 농수산물집하장을 설치·운영할 수 있다.
② 국가와 지방자치단체는 농수산물집하장의 효과적인 운영과 생산자의 출하편의를 도모할 수 있도록 그 입지 선정과 도로망의 개설에 협조하여야 한다.
③ 생산자단체가 운영하고 있는 농수산물집하장 중 공판장의 시설기준을 갖춘 집하장을 공판장으로 운영하고자 하는 경우 시·도지사에게 등록하여야 한다.
④ 생산자관련단체가 농수산물집하장을 설치·운영하려는 경우에는 농수산물의 출하 및 판매를 위하여 필요한 적정 시설을 갖추어야 한다.
⑤ 농업협동조합중앙회·산림조합중앙회·수산업협동조합중앙회의 장은 농수산물집하장의 설치와 운영에 필요한 기준을 정하여야 한다.

해설
시·도지사에게 등록하여야 한다 → 시·도지사의 승인을 받아야 한다. (「법」제50조)

정답 | ③

04

농수산물 유통 및 가격안정에 관한 법령상 농수산물의 생산조정 및 출하조절에 관한 설명으로 옳지 않은 것은?

① 주산지는 시·도지사가 지정한다.
② 농림축산식품부장관 또는 해양수산부장관은 예시가격을 결정할 때에는 해당 농산물의 농림업관측, 주요 곡물의 국제곡물관측 또는 수산물의 수산업관측 결과, 예상 경영비, 지역별 예상 생산량 및 예상 수급상황 등을 고려하여야 한다.
③ 농림축산식품부장관은 한국농촌경제연구원을 농림업관측 전담기관으로 지정한다.
④ 농림축산식품부장관 또는 해양수산부장관은 비축용 농수산물을 도매시장 및 공판장에서 수매하여야 한다.
⑤ 농림축산식품부장관 또는 해양수산부장관은 비축용 농수산물을 수입하는 경우 국제가격의 급격한 변동에 대비하여야 할 필요가 있다고 인정할 때에는 선물거래를 할 수 있다.

해설
비축용 농수산물은 생산자 및 생산자단체로부터 수매하여야 한다. 다만, 가격안정을 위하여 특히 필요하다고 인정할 때에는 도매시장 또는 공판장에서 수매하거나 수입할 수 있다.(「법」 제13조)

정답 | ④

05

농수산물 유통 및 가격안정에 관한 법령상 농수산물의 생산조정 및 출하조절에 관한 설명으로 옳지 않은 것은?

① 농림축산식품부장관은 쌀과 보리를 제외한 농산물의 수급조절과 가격안정을 위하여 필요하다고 인정할 때에는 농산물가격안정기금으로 농산물을 비축할 수 있다.
② 수입이익금을 정하여진 기한까지 내지 아니하면 국세 체납처분의 예에 따라 징수할 수 있다.
③ 기획재정부장관은 주요 농수산물의 수급조절과 가격안정을 위하여 필요하다고 인정할 때에는 해당 농산물의 파종기 이전에 예시가격을 결정할 수 있고, 이 경우 미리 농림축산식품부장관과 협의하여야 한다.
④ 농림축산식품부장관은 국내 농산물 시장의 수급안정 및 거래질서 확립을 위하여 「관세법」에 따라 몰수되거나 국고에 귀속된 농산물을 이관받을 수 있다.
⑤ 비축사업등의 실시과정에서 발생한 농산물의 감모(減耗)에 대해서는 농림축산식품부장관이 정하는 한도에서 비용으로 처리한다.

해설
농림축산식품부장관 또는 해양수산부장관은 주요 농수산물의 수급조절과 가격안정을 위하여 필요하다고 인정할 때에는 해당 농산물의 파종기 또는 수산물의 종자입식 시기 이전에 생산자를 보호하기 위한 하한가격(예시가격)을 예시할 수 있다. 농림축산식품부장관 또는 해양수산부장관은 예시가격을 결정할 때에는 미리 기획재정부장관과 협의하여야 한다.(「법」 제8조)

정답 | ③

06

농수산물 유통 및 가격안정에 관한 법령상 농수산물도매시장에 대한 설명으로 옳지 않은 것은?

① 시(市)가 지방도매시장을 개설하려면 도지사의 허가를 받아야 한다.
② 중앙도매시장의 개설자는 청과부류와 수산부류에 대하여는 도매시장법인을 두어야 한다.
③ 도매시장 개설자는 법인이 아닌 자를 시장도매인으로 지정할 수 없다.
④ 중앙도매시장에 두는 도매시장법인은 농림축산식품부장관 또는 해양수산부장관이 도매시장 개설자와 협의하여 지정한다.
⑤ 시장도매인은 해당 도매시장의 도매시장법인·중도매인에게 농수산물을 판매하지 못한다.

해설
도매시장법인은 도매시장 개설자가 부류별로 지정하되, 중앙도매시장에 두는 도매시장법인의 경우에는 농림축산식품부장관 또는 해양수산부장관과 협의하여 지정한다.(「법」 제17조)

정답 | ④

07

농수산물 유통 및 가격안정에 관한 법령상 유통조절명령에 관한 설명으로 옳은 것은?

① 농림축산식품부장관 또는 해양수산부장관은 시·도지사와 협의를 거쳐 일정 기간 동안 일정 지역의 해당 농수산물의 생산자 등에게 생산조정 또는 출하조절을 하도록 하는 유통조절명령을 할 수 있다.
② 생산자 등 또는 생산자단체가 이해관계인·유통전문가의 의견수렴 절차를 거치지 않고 유통명령을 요청하려는 경우에는 해당 농수산물의 생산자 등의 대표나 해당 생산자단체의 재적회원 2분의 1 이상의 찬성을 받아야 한다.
③ 유통조절명령에는 유통조절명령의 이유, 대상 품목, 기간 등은 포함되나, 유통조절명령 위반자에 대한 제재조치는 포함되지 않는다.
④ 농림축산식품부장관 또는 해양수산부장관은 유통조절명령 요청자가 유통조절명령을 요청하는 경우에는 유통조절명령 요청서를 관보, 공보, 전국을 보급지역으로 하는 일간신문 중 하나 이상에 공고하여야 한다.
⑤ 농림축산식품부장관 또는 해양수산부장관은 필요하다고 인정하는 경우에는 지방자치단체의 장으로 하여금 유통조절명령 집행업무의 일부를 수행하게 할 수 있다.

선지분석
① 농림축산식품부장관 또는 해양수산부장관은 공정거래위원회와 협의를 거쳐 일정 기간 동안 일정 지역의 해당 농수산물의 생산자등에게 생산조정 또는 출하조절을 하도록 하는 유통조절명령을 할 수 있다.
② 생산자 등 또는 생산자단체가 이해관계인·유통전문가의 의견수렴 절차를 거치고 유통명령을 요청하려는 경우에는 해당 농수산물의 생산자등의 대표나 해당 생산자단체의 재적회원 3분의 2 이상의 찬성을 받아야 한다.
③ 유통조절명령에는 유통조절명령의 이유, 대상 품목, 기간 등이 포함되며, 유통조절명령 위반자에 대한 제재조치도 포함된다.

정답 | ⑤

08

농수산물 유통 및 가격안정에 관한 법령상 농림축산식품부장관이 농산물의 비축사업 또는 출하조절사업을 위탁할 수 있는 자를 모두 고른 것은?

```
ㄱ. 농업협동조합중앙회     ㄴ. 산림조합중앙회
ㄷ. 축산업협동조합중앙회   ㄹ. 영농조합법인
ㅁ. 한국농수산식품유통공사
```

① ㄱ, ㄴ, ㄷ
② ㄱ, ㄴ, ㅁ
③ ㄱ, ㄹ, ㅁ
④ ㄴ, ㄷ, ㄹ
⑤ ㄷ, ㄹ, ㅁ

해설
농림축산식품부장관은 「법」 제13조제4항에 따라 다음 각 호의 농산물의 비축사업 또는 출하조절사업을 농업협동조합중앙회·농협경제지주회사·산림조합중앙회 또는 한국농수산식품유통공사에 위탁하여 실시한다.(「시행령」 제12조)

정답 | ②

09

농수산물 유통 및 가격안정에 관한 법령상 민영도매시장에 관한 설명으로 옳지 않은 것은?

① 민간인 등이 특별시·광역시·특별자치시·특별자치도 또는 시 지역에 민영도매시장을 개설하려면 시·도지사의 허가를 받아야 한다.
② 민영도매시장에서 매매참가인의 업무를 하려는 자는 민영도매시장의 개설자에게 매매참가인으로 신고하여야 한다.
③ 민영도매시장을 개설하려는 장소가 교통체증을 유발할 수 있는 위치에 있는 경우 시·도지사는 허가하지 않을 수 있다.
④ 「농수산물 유통 및 가격안정에 관한 법률」에 따른 민영도매시장에 대하여는 「유통산업발전법」의 규정을 적용하지 아니한다.
⑤ 민영도매시장의 시장도매인은 농수산물을 매수 또는 위탁받아 도매하거나 매매를 중개하는 영업을 하는 법인으로 농림축산식품부장관 또는 해양수산부장관이 지정한다.

해설
민영도매시장의 시장도매인은 민영도매시장의 개설자가 지정한다.(「법」 제47조)

정답 | ⑤

10

농수산물 유통 및 가격안정에 관한 법령상 농산물(축산물 및 임산물을 포함)의 원활한 수급과 가격안정을 도모하고 유통구조의 개선을 촉진하기 위하여 설치한 농산물가격안정기금에서 지출할 수 있는 대상사업에 해당하지 않는 것은?

① 식량작물과 축산물의 유통구조 개선을 위한 생산자의 공동이용시설에 대한 지원
② 종자산업의 진흥과 관련된 우수 종자의 품종육성·개발, 우수 유전자원의 수집 및 조사·연구
③ 농산물의 가공·포장 및 저장기술의 개발, 브랜드 육성, 저온유통, 유통정보화 및 물류 표준화의 촉진
④ 농산물의 유통구조 개선 및 가격안정사업과 관련된 조사·연구·홍보·지도·교육훈련 및 해외시장개척
⑤ 농산물 가격안정을 위한 안전성 강화와 관련된 조사·연구·홍보·지도·교육훈련 및 검사·분석시설 지원

해설
식량작물과 축산물의 유통구조 개선이 아닌, 식량작물과 축산물을 제외한 농산물의 유통구조 개선을 위한 생산자의 공동이용시설에 대한 지원이다.(「시행령」 제23조)

정답 | ①

11

농수산물 유통 및 가격안정에 관한 법령상 농수산물의 생산조정 및 출하조절에 관한 설명으로 옳지 않은 것은?

① 주산지의 지정은 시·도 단위로 한다.
② 시·도지사는 지정된 주산지가 지정요건에 적합하지 아니하게 되었을 때에는 그 지정을 변경하거나 해제할 수 있다.
③ 농림축산식품부장관 또는 해양수산부장관은 예시가격(豫示價格)을 결정할 때에는 미리 기획재정부장관과 협의하여야 한다.
④ 농림축산식품부장관은 몰수농산물등의 처분업무를 농업협동조합중앙회 또는 한국농수산식품유통공사 중에서 지정하여 대행하게 할 수 있다.
⑤ 농림축산식품부장관 또는 해양수산부장관은 유통명령이 이행될 수 있도록 유통명령의 내용에 관한 홍보, 유통명령 위반자에 대한 제재 등 필요한 조치를 하여야 한다.

해설
주요 농수산물의 생산지역이나 생산수면(이하 "주산지")의 지정은 읍·면·동 또는 시·군·구 단위로 한다.(「시행령」 제4조)

정답 | ①

12

농수산물 유통 및 가격안정에 관한 법령상 농수산물도매시장(이하 '도매시장')에 관한 설명으로 옳은 것은?

① 산지유통인으로 등록한 자는 등록된 도매시장에서 농수산물의 출하업무 외에 중개업무를 병행할 수 있다.
② 도매시장에서 도매시장법인이 하는 도매는 법령이 정한 특별한 사유가 없는 한 출하자로부터 매수하여 도매하여야 한다.
③ 중도매인은 도매시장법인이 상장한 농수산물은 거래할 수 없다.
④ 시장도매인은 도매시장에서 농수산물을 매수 또는 위탁받아 도매할 수 있으나, 매매를 중개하는 것은 금지된다.
⑤ 시장도매인은 해당 도매시장의 도매시장법인·중도매인에게 농수산물을 판매하지 못한다.

선지분석
① 산지유통인은 등록된 도매시장에서 농수산물의 출하업무 외의 판매·매수 또는 중개업무를 하여서는 아니된다.(「법」제29조)
② 도매시장에서 도매시장법인이 행하는 도매는 출하자로부터 위탁을 받아 이를 행하여야 한다. 다만, 농림수산식품부령이 정하는 특별한 사유가 있는 경우에는 매수하여 도매할 수 있다.(「법」제31조)
③ 중도매인은 도매시장법인이 상장한 농수산물외의 농수산물의 거래를 할 수 없다.(「법」제31조)
④ 시장도매인은 도매시장에서 농수산물을 매수 또는 위탁받아 도매하거나 매매를 중개할 수 있다.(「법」37조)

정답 | ⑤

13

농수산물유통 및 가격안정에 관한 법령상 농수산물 도매시장의 개설 등에 관한 설명으로 옳지 않은 것은?

① 중앙도매시장의 경우는 특별시·광역시 또는 특별자치도가 개설하고 지방도매시장의 경우는 특별시·광역시·특별자치도 또는 시가 개설한다.
② 특별시·광역시·특별자치도 또는 시가 도매시장을 개설하려는 경우에는 미리 농림수산식품부장관의 허가를 받아야 한다.
③ 중앙도매시장에는 부류마다 도매시장개설자가 부류별로 지정한 도매시장법인을 두어야 한다.
④ 도매시장의 명칭에는 그 도매시장을 개설한 지방자치단체의 명칭이 포함되어야 한다.
⑤ 중앙도매시장을 폐쇄하고자 하는 때에는 그 3월 전에 개설허가권자의 허가를 받아야 한다.

해설
특별시·광역시 또는 특별자치도가 중앙도매시장을 개설하고자 하는 때에는 미리 농림수산식품부장관의 허가를 받아야 하며, 시가 지방도매시장을 개설하고자 하는 때에는 미리 도지사의 허가를 받아야 한다.(「법」제17조)

정답 | ②

에듀윌이
너를
지지할게
ENERGY

삶의 순간순간이
아름다운 마무리이며
새로운 시작이어야 한다.

– 법정 스님

여러분의 작은 소리
에듀윌은 크게 듣겠습니다.

본 교재에 대한 여러분의 목소리를 들려주세요.
공부하시면서 어려웠던 점, 궁금한 점,
칭찬하고 싶은 점, 개선할 점, 어떤 것이라도 좋습니다.

에듀윌은 여러분께서 나누어 주신 의견을
통해 끊임없이 발전하고 있습니다.

에듀윌 도서몰 book.eduwill.net
- 부가학습자료 및 정오표: 에듀윌 도서몰 → 도서자료실
- 교재 문의: 에듀윌 도서몰 → 문의하기 → 교재(내용, 출간) / 주문 및 배송

꿈을 현실로 만드는
에듀윌

DREAM

공무원 교육
- 선호도 1위, 신뢰도 1위! 브랜드만족도 1위!
- 합격자 수 2,100% 폭등시킨 독한 커리큘럼

자격증 교육
- 9년간 아무도 깨지 못한 기록 합격자 수 1위
- 가장 많은 합격자를 배출한 최고의 합격 시스템

직영학원
- 검증된 합격 프로그램과 강의
- 1:1 밀착 관리 및 컨설팅
- 호텔 수준의 학습 환경

종합출판
- 온라인서점 베스트셀러 1위!
- 출제위원급 전문 교수진이 직접 집필한 합격 교재

어학 교육
- 토익 베스트셀러 1위
- 토익 동영상 강의 무료 제공

콘텐츠 제휴·B2B 교육
- 고객 맞춤형 위탁 교육 서비스 제공
- 기업, 기관, 대학 등 각 단체에 최적화된 고객 맞춤형 교육 및 제휴 서비스

부동산 아카데미
- 부동산 실무 교육 1위!
- 상위 1% 고소득 창업/취업 비법
- 부동산 실전 재테크 성공 비법

학점은행제
- 99%의 과목이수율
- 17년 연속 교육부 평가 인정 기관 선정

대학 편입
- 편입 교육 1위!
- 최대 200% 환급 상품 서비스

국비무료 교육
- '5년우수훈련기관' 선정
- K-디지털, 산대특 등 특화 훈련과정
- 원격국비교육원 오픈

에듀윌 교육서비스 **AI 교육** AI 프롬프트 연구소/AI CLASS(ChatGPT/AICE/노션 AI/중개업 AI 등) **공무원 교육** 9급공무원/소방공무원/계리직공무원 **자격증 교육** 공인중개사/주택관리사/손해평가사/감정평가사/노무사/전기기사/경비지도사/검정고시/소방설비기사/소방시설관리사/사회복지사1급/대기환경기사/수질환경기사/건축기사/토목기사/직업상담사/청소년상담사/전기기능사/산업안전기사/산업위생관리기사/건설안전기사/위험물산업기사/위험물기능사/설비보전기사/에너지관리기사/유통관리사/물류관리사/행정사/한국사능력검정/한경TESAT/매경TEST/KBS한국어능력시험·실용글쓰기/국제무역사/무역영어 **어학 교육** 토익 교재/토익 동영상 강의 **금융/IT/비즈니스** 전산세무회계/ERP정보관리사/재경관리사/정보처리기사/컴퓨터활용능력/SQLD/ADsP **대학 편입** 편입영어·수학/연고대/의약대/경찰대/논술/면접 **직영학원** 공무원학원/소방학원/공인중개사 학원/주택관리사 학원/전기기사 학원/편입학원 **종합출판** 공무원·자격증 수험교재 및 단행본 **학점은행제** 교육부평가인정기관 원격평생교육원(사회복지사2급/경영학/CPA) **콘텐츠 제휴 B2B 교육** 교육 콘텐츠 제휴/기업 맞춤 자격증 교육/대학취업역량 강화 교육 **부동산 아카데미** 부동산 창업CEO/부동산 경매마스터/부동산 컨설팅 **주택취업센터** 실무 특강/실무 아카데미 **국비무료 교육(국비교육원)** 전기기능사/전기(산업)기사/소방설비(산업)기사/IT(빅데이터/자바프로그램/파이썬)/게임그래픽/3D프린터/실내건축디자인/웹퍼블리셔/그래픽디자인/영상편집(유튜브) 디자인/온라인 쇼핑몰광고 및 제작(쿠팡, 스마트스토어)/전산세무회계/컴퓨터활용능력/ITQ/GTQ/직업상담사

교육문의 **1600-6700** www.eduwill.net

· 2022 소비자가 선택한 최고의 브랜드 공무원·자격증 교육 1위 (조선일보) · 2023 대한민국 브랜드만족도 공무원·자격증·취업·학원·편입·부동산 실무 교육 1위 (한경비즈니스) · 2017/2022 에듀윌 공무원 과정 최종 환급자 수 기준 · 2023년 성인 자격증, 공무원 직영학원 기준 · YES24 공인중개사 부문, 2025 에듀윌 공인중개사 이영방 필살키 부동산학개론 (2025년 10월 월별 베스트) 그 외 다수 · YES24 한국산업인력공단 부문, 2025 에듀윌 산업안전기사 필기 한권끝장 (2025년 10월 월별 베스트) 그 외 다수 · 교보문고 취업/수험서 부문, 2025 에듀윌 공기업 코레일 한국철도공사 실전모의고사 9+2+4회(2025년 2월 1일~2월 28일 인터넷 월간 베스트) 그 외 다수 · 알라딘 시사/상식 부문, 2025 최신판 에듀윌 취업 공기업 기출 일반상식 (2025년 6월 5주 주별 베스트) 그 외 다수 · YES24 컴퓨터활용능력 부문, 2024 컴퓨터활용능력 1급 필기 초단기끝장(2023년 10월 3~4주 주별 베스트) 그 외 다수 · YES24 신규자격증 부문, 2025 에듀윌 SQL 개발자 SQLD 2주끝장+무료특강(2025년 10월 월별 베스트) 그 외 다수 · YES24 eBook 부문, 2025 에듀윌 취업 SKCT SK그룹 종합역량 통합 기본서 (2025년 10월 월별 베스트) 그 외 다수 · YES24 국어 외국어사전영어 토익/TOEIC 기출문제/모의고사 분야 베스트셀러 1위 (에듀윌 토익 READING RC 4주끝장 리딩 종합서, 2022년 9월 4주 주별 베스트) · 에듀윌 토익 교재 입문~실전 인강 무료 제공 (2022년 최신 강좌 기준/109강) · 2024년 종강반 중 모든 평가항목 정상 참여자 기준, 99% (평생교육원 기준) · 2008년~2024년까지 234만 명 누적수강학점으로 과목 운영 (평생교육원 기준) · 에듀윌 국비교육원 구로센터 고용노동부 지정 "5년우수훈련기관" 선정 (2023~2027) · KRI 한국기록원 2016, 2017, 2019년 공인중개사 최다 합격자 배출 공식 인증 (2025년 현재까지 업계 최고 기록)

YES24 수험서 자격증 국가자격/전문사무 물류관리사 베스트셀러 1위 (2022년 12월 4주, 2023년 1월 1주~6월 4주, 7월 1주, 5주, 8월 1주~2주, 4주, 10월 1주~3주, 11월 1주, 12월 3주, 2024년 3월 4주~5주, 4월 2주~3주, 5월 4주, 8월 4주, 9월 1주, 3주~5주, 10월 1주~3주, 11월 1주, 12월 5주, 2025년 1월 2주, 3월 5주, 5월 1주, 3주, 8월 4주~5주, 9월 4주, 10월 4주 주별 베스트)
2023, 2022, 2021 대한민국 브랜드만족도 물류관리사 교육 1위(한경비즈니스)
2020, 2019 한국브랜드만족지수 물류관리사 교육 1위(주간동아, G밸리뉴스)

2026 에듀윌 물류관리사
한권끝장 + 무료특강

이론[1교시, 2교시] + 5개년 기출

[최신 5개년 기출+기출해설] 최신 기출 반복 학습으로 단기 합격 완성!
`이용경로` 교재 내 수록

[CBT 시험 서비스] 언제 어디서든! 최신 5개년 기출 CBT 무료 응시 가능!
`혜택경로` 교재 내 QR코드

[최신 2개년 기출 해설 무료특강] 최신 출제 경향 분석을 통해 실전 감각 극대화!
`혜택경로` 에듀윌 도서몰(book.eduwill.net) ▶ 동영상강의실 ▶ '물류관리사' 검색

고객의 꿈, 직원의 꿈, 지역사회의 꿈을 실현한다

펴낸곳 (주)에듀윌 **펴낸이** 양형남 **출판총괄** 김기철 **에듀윌 대표번호** 1600-6700
주소 서울시 구로구 디지털로 34길 55 코오롱싸이언스밸리 2차 3층
ⓒ 2025 eduwill. Created with AI assistance.
협의 없는 무단 복제는 법으로 금지되어 있습니다.

에듀윌 도서몰
book.eduwill.net
- 부가학습자료 및 정오표: 에듀윌 도서몰 > 도서자료실
- 교재 문의: 에듀윌 도서몰 > 문의하기 > 교재(내용, 출간) / 주문 및 배송

에듀윌 물류관리사
한권끝장 + 무료특강
이론[1교시, 2교시] + 5개년 기출

❸권 | 5개년 기출

61주 베스트셀러 1위!
이론부터 기출까지, 단 한권으로 완벽 끝장!

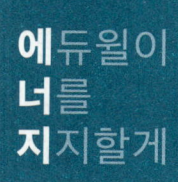

세상을 움직이려면
먼저 나 자신을 움직여야 한다.

– 소크라테스(Socrates)

에듀윌 물류관리사

이론+기출 한권끝장

5개년 기출

차례 CONTENTS

2025년 29회 기출문제

1교시	8
2교시	46

2024년 28회 기출문제

1교시	76
2교시	112

2023년 27회 기출문제

1교시	142
2교시	180

2022년 26회 기출문제

1교시 208
2교시 246

2021년 25회 기출문제

1교시 276
2교시 312

물류관리사
제29회 기출문제

2025년 7월 26일 시행

1교시 물류관리론
화물운송론
국제물류론

2교시 보관하역론
물류관련법규

2025년 29회 1교시

>> 2025년 7월 26일 시행

물류관리론

001
역물류에 관한 설명으로 옳지 않은 것은?
① 사용이 완료된 일회용 소모성 자재는 회수물류의 대상이다.
② 역물류에는 폐기물류, 반품물류, 회수물류 등이 포함된다.
③ 역물류는 순물류와 반대 방향으로 이동하는 물류흐름이다.
④ 온라인 쇼핑의 증가로 인하여 반품물류의 중요성이 증가하고 있다.
⑤ 회수물류에는 파렛트, 컨테이너 등 물류용기의 재활용을 위한 회수가 포함된다.

해설
회수물류는 상품의 판매물류에 부수적으로 발생하는 파렛트, 컨테이너 등과 같은 반복 사용이 가능한 용기(device)를 회수하는 물류활동으로, 소모성 자재는 대상에 해당하지 않는다.

002
유통활동을 상적유통과 물적유통으로 구분할 때 물적유통에 해당하는 것을 모두 고른 것은?

ㄱ. 보관활동	ㄴ. 상거래활동
ㄷ. 금융조성활동	ㄹ. 화물수송활동
ㅁ. 유통가공활동	

① ㄱ, ㄴ, ㄷ
② ㄱ, ㄷ, ㅁ
③ ㄱ, ㄹ, ㅁ
④ ㄴ, ㄷ, ㄹ
⑤ ㄷ, ㄹ, ㅁ

해설
상적유통은 상거래를 통해 소유권이전과 관련 되는 활동이고, 물류적유통은 상적유통의 선후에서 이뤄지는 운송, 보관, 하역, 포장, 정보, 유통가공 등의 물적흐름과 관련된 활동이다. 따라서 (ㄱ) 보관활동, (ㄹ) 화물수송활동, (ㅁ) 유통가공활동이 이에 해당한다.

003
물류의 개념에 관한 설명으로 옳지 않은 것은?
① 시대의 흐름에 따라서 물류의 범위는 물적유통, 로지스틱스(Logistics), SCM으로 확대되었다.
② 물적유통은 주로 수송, 보관, 하역, 포장 등의 부문별 효율화를 추구하였다.
③ 로지스틱스(Logistics)는 조달, 생산, 판매 등 기업 내 물류효율화를 목표로 한다.
④ SCM은 공급자, 제조업자, 도소매점, 고객 등 공급사슬 전반의 효율화를 목적으로 한다.
⑤ 물류는 통합적 물류관리의 개념에서 출발하여 물류영역 전반의 최적화를 거쳐 최종적으로 개별 기업의 물류생산성 제고의 차원으로 발전하였다.

해설
물류는 개별 기업의 물류생산성 제고 개념에서 출발하여 물류영역 전반의 최적화를 거쳐 최종적으로 통합적 물류관리, 나아가 최근에는 공급사슬망관리(SCM) 차원으로 발전하였다.

004
물류환경 변화에 관한 설명으로 옳지 않은 것은?
① 온라인쇼핑의 확대로 택배시장이 확대되고 있다.
② 소비자 니즈(needs)의 다양화·고도화로 유통의 소량·다빈도화가 초래되었다.
③ 하역의 로봇화, 화물의 단위적재 등을 도입하여 물류의 신속화 및 자동화를 추구하고 있다.
④ 물류서비스 향상, 비용절감을 위하여 물류 아웃소싱과 3PL이 활성화되고 있다.
⑤ 물류의 중요성이 증가하여 상물일치의 개념이 확대되고 있다.

해설
물류의 중요성이 증가하면서 전문화와 분업화를 통한 물류효율성을 높이는 상물분리의 개념이 확대되고 있다.

005

물류관리의 중요성에 관한 설명으로 옳지 않은 것은?

① 공급사슬 전체의 경쟁력 강화를 위하여 물류관리의 중요성이 대두되고 있다.
② 생산부문 원가절감의 한계로 인하여 물류관리의 중요성이 부각되고 있다.
③ 소비자 니즈(needs)의 다양화로 소품종 대량생산이 증가하여 물류관리의 중요성이 증가하고 있다.
④ 온라인쇼핑의 증가로 배송의 중요성이 부각되어 물류관리의 중요성이 증가하였다.
⑤ 글로벌화로 인한 물동량의 증가로 물류관리의 중요성이 증가하였다.

해설
소비자 니즈(needs)의 다양화 및 전자상거래의 폭발적 증가로 다품종 소량생산, 다빈도배송이 증가하여 물류관리의 중요성이 증가하고 있다.

006

물류관리에 관한 설명으로 옳지 않은 것은?

① 기업의 물류관리는 구매, 생산, 마케팅 등과 밀접한 관계가 있다.
② 물류관리를 위한 계획은 전략계획, 전술계획, 운영계획으로 나누어 단계적으로 수립한다.
③ 원자재 및 부품의 조달, 구매상품의 보관, 완제품 유통도 물류관리의 대상이다.
④ 물류비용 절감을 통한 이익창출은 제3의 이익원으로 인식되고 있다.
⑤ 물류는 마케팅믹스의 4P 중 제품(product)과 가장 밀접한 관계가 있다.

해설
물류는 마케팅믹스의 4P(Product, Price, Place, Promotion) 중 Place(유통관리)와 가장 밀접한 관계가 있으며, 이는 4가지 요소 중 가장 비탄력적인 특징을 지니고 있다.

007

주문정보를 창고나 발송부서에 전달한 후부터 주문받은 제품의 발송을 준비하는데 걸리는 시간은?

① 주문전달시간(Order Transmittal Time)
② 주문처리시간(Order Processing Time)
③ 주문확정시간(Order Confirmation Time)
④ 주문조립시간(Order Assembly Time)
⑤ 재고가용성(Stock Availability)

관련개념 | 주문주기시간 구성요소
- 주문전달시간(order transmittal time): 주문접수 후 관련부서와 주문을 주고받는 데 사용되는 방법(이메일, 우 편)별로 소요되는 시간
- 주문처리시간(order processing time): 적재서류의 준비, 재고기록의 갱신, 신용장의 처리작업, 주문확인, 주문 정보를 생산, 판매, 회계부서 등에 전달하는 데 소요되는 시간
- 주문조립시간(order assembly time): 주문을 받아서 주문정보를 창고나 발송 관련 부서에 전달한 후부터 주문 받은 제품을 발송 준비하는 데 걸리는 시간
- 재고가용성(stock availability) 확보 시간: 창고에 보유하고 있는 재고가 없을 때 생산자의 재고로부터 보충하는 데 소요되는 시간
- 인도시간(delivery time): 주문품을 재고지점에서 고객에게 전달하는 데 걸리는 시간으로, 창고에 재고가 있는 경우에는 공장을 거치지 않고 곧바로 고객에게 전달하는 데 걸리는 시간

008

물류서비스에 관한 설명으로 옳지 않은 것은?

① 물류 EDI(Electronic Data Interchange)를 도입하면 주문처리, 물품추적, 반품 등의 영역에서 고객 만족도가 향상된다.
② 물류 리드타임이 짧아지면 고객서비스 수준이 향상된다.
③ 재고수준이 높아지면 고객서비스 수준이 향상된다.
④ 물류거점의 수가 증가하면 고객서비스 수준이 향상된다.
⑤ 고객서비스 수준이 높아지면 물류비가 절감되고 매출액은 증가한다.

해설
일반적으로 고객서비스 수준이 높아지면 물류비가 증가하고 이에 따라 매출액은 감소한다. 따라서 물류의 전문화, 대형화를 통해 이러한 trade-off 관계를 잘 조화시켜야만 물류의 합리화를 달성할 수 있다.

정답 | 001. ① 002. ③ 003. ⑤ 004. ⑤ 005. ③
006. ⑤ 007. ④ 008. ⑤

009

다음의 물류전략이 필요한 제품수명주기는?

- 물류거점의 수나 재고수준을 결정하기 위한 정보가 많지 않으므로 물류관리자의 판단에 따른 물류계획이 필요
- 규모의 경제 달성을 위한 물류활동이 필요하고 비용과 서비스 간의 상충관계를 본격적으로 고려해야 하는 시기

① 도입기
② 성장기
③ 성숙기
④ 쇠퇴기
⑤ 퇴출기

해설
제시된 내용은 물류의 수명주기(PLC)는 성장기에 해당하며, 관련된 수명주기별 특징은 다음과 같다.

구분	도입기	성장기	성숙기	쇠퇴기
마케팅 목표	제품의 인지도 제고	시장점유율 극대화, 소비자의 구전이 중요	시장점유율 방어 및 이윤극대화	철수를 위한 회수 또는 회생
물류 활동	소수 혁신층 확보, 제품가용성 제한	물류비와 서비스 간 상충관계 고려, 규모의 경제 실현	차별화된 물류 서비스 제공, 다수의 거점 필요	위험 최소화 전략
매출액	낮음	급격한 성장	최대 매출액 체감적으로 증가	감소

010

다음 설명에 해당하는 물류조직의 유형은?

- 각 사업단위의 성과를 극대화하기 위한 조직이다.
- 독립채산제로 운영되며, 물류 전문 인재를 양성하기 용이하다.
- 전사적 관점에서 통합성이 결여될 수 있다.

① 사업부형 물류조직
② 라인·스태프형 물류조직
③ 직능형 물류조직
④ 그리드형 물류조직
⑤ 매트릭스형 물류조직

해설
현대적인 조직구조인 사업부제 물류조직(divisional organization)은 기업의 경영 규모가 커짐에 따라 등장한 조직구조로, 제품별·지역별로 사업부를 분화하여 각 사업부별로 독립된 경영을 한다. 부문별, 제품별로 제조 및 판매에 따르는 책임 및 권한을 사업부에 부여하여 경영상의 독립성을 인정(독립채산제)해 줌으로써 책임소재를 명확히 할 수 있다는 장점이 있으나, 전사적 관점에서 통합성 결여, 전체 최적화가 아닌 준최적화의 문제가 지적된다.

011

3자물류(3PL: Third Party Logistics)에 관한 설명으로 옳지 않은 것은?

① 화주와 물류업체 간의 전략적, 장기적 협력관계를 추구한다.
② 3자물류 업체는 운송과 보관을 포함한 물류 프로세스의 대부분을 수행한다.
③ 자가물류 방식에 비해 화주의 정보 유출 우려가 적다.
④ 3자물류에 IT, 컨설팅 등이 결합된 통합서비스는 4자물류로 정의된다.
⑤ 화주 입장에서는 내부의 물류 전문가 육성 및 사내 전문지식 축적이 어려울 수 있다.

해설
제3자물류는 물류전문기업을 통해 물류활동을 외주하는 것으로써, 자가물류 방식에 비해 제3자물류 업체에 대한 통제력이 낮고, 화주의 정보 유출 우려가 크다는 단점이 있다.

012

6시그마를 추진하는 DMAIC 각 단계에 관한 설명으로 옳지 않은 것은?

① Do는 새로운 품질 개선 아이디어를 환류(Feedback)하는 단계이다.
② Measure는 프로세스의 현재 상태를 파악하는 단계이다.
③ Analyze는 품질을 저하시키는 근본 원인을 발견하는 단계이다.
④ Improve는 품질 개선 활동을 실행하고 그 결과를 수치화하는 단계이다.
⑤ Control은 개선 결과를 문서화하고 개선된 프로세스가 지속적으로 유지되도록 통제하는 단계이다.

해설
식스시그마 DMAIC에서 D는 Define(정의)의 약자로, 고객들의 요구사항과 품질의 중요영향요인(Critical To Quality), 즉, 고객만족을 위해 개선해야 할 중요 부분을 인지하고 이를 근거로 개선작업을 수행할 프로세스를 선정하는 단계에 해당한다.

013

제약이론(TOC)에 관한 설명으로 옳지 않은 것은?

① 골드랫(E.M. Goldratt)이 제안하였다.
② 제약을 찾아 집중적으로 개선하는 경영이론이다.
③ 개선 대상에는 자원, 부서, 인식, 환경 등 제약이 되는 모든 것이 포함된다.
④ 산출회계(Throughput Accounting)는 통계적 기법을 활용한 품질 개선 도구이다.
⑤ 재고는 판매를 위하여 재화에 투자된 자금으로 정의된다.

해설
통계적 기법을 활용한 품질 개선 도구는 생산품질관리와 관련되는 개념이다. 산출회계(Through-put Accounting)는 제약이론의 3요소 중 하나로, 이는 판매에 의한 기업의 현금창출(매출액에서 제품생산에 소요된 직접재료비를 차감한 금액)이라 한다.

014

제품 A의 개당 판매 가격은 10만 원이고, 당기 고정비가 2억 원, 변동비는 가격의 75%이다. 당기 손익분기점에 해당하는 제품 A의 판매량(개)은?

① 6,000　　② 7,000
③ 8,000　　④ 9,000
⑤ 10,000

해설

$$손익분기점\ 판매량 = \frac{총고정비}{단위당\ 가격 - 단위당\ 변동비}$$

$$= \frac{200,000,000}{100,000 - 100,000 \times 0.75} = 8,000개$$

정답 | 009. ② 　 010. ① 　 011. ③ 　 012. ① 　 013. ④
　　　　014. ③

015

다음 표는 제품 A와 제품 B를 취급하는 물류업체의 연간 비목별 물류비와 기능별 물류지표에 관한 자료이다. 이에 관한 설명으로 옳은 것은? (단, 자료에서 제시한 것 외의 사항은 고려하지 않는다.)

[연간 비목별 물류비]

구분 \ 비목	운송비	보관비	포장비	하역비	합계
금액 (만 원)	6,000	2,000	2,000	3,000	13,000
배부 기준	물동량	보관면적	출고물량	입출고물량	–

[기능별 물류지표]

제품 \ 물류지표	물동량 (km·ton)	보관면적 (m²)	입고물량 (개)	출고물량 (개)
A	8,000	3,000	900	600
B	4,000	2,000	400	600
합계	12,000	5,000	1,300	1,200

① 제품 A의 운송비로 3,000만 원이 배부된다.
② 제품 B의 물류비는 4,000만 원이다.
③ 제품 B의 보관비로 1,000만 원이 배부된다.
④ 제품 A에 배부된 포장비와 제품 B에 배부된 포장비는 같다.
⑤ 제품 A에 배부된 하역비는 제품 B에 배부된 하역비의 2배이다.

선지분석

① A 운송비: $6,000 \times \dfrac{8,000}{8,000+4,000} = 4,000$만 원

② B 물류비(운송비+보관비+포장비+하역비):

$6,000 \times \dfrac{4,000}{4,000+8,000} + 2,000 \times \dfrac{2,000}{2,000+3,000}$
$+ 2,000 \times \dfrac{600}{600+600} + 3,000 \times \dfrac{400+600}{1,200+1,300}$
$= 5,000$만 원

③ B 보관비: $2,000 \times \dfrac{2,000}{2,000+3,000} = 800$만 원

④ 포장비는 출고물량을 기준하며, A, B 모두 600개씩이므로
$2,000 \times \dfrac{600}{600+600} = 1,000$만 원이 된다.

⑤ A 하역비: $3,000 \times \dfrac{(900+600)}{(900+600)+(400+600)} = 1,800$만 원

B 하역비: $3,000 \times \dfrac{(400+600)}{(900+600)+(400+600)} = 1,200$만 원

016

물류비 분류체계에서 세목별 비목에 해당하는 것은?

① 노무비　　② 포장비
③ 하역비　　④ 보관비
⑤ 물류정보·관리비

해설

포장비, 하역비, 보관비, 물류정보·관리비는 기능별 물류비에 해당하며, ①의 노무비만 물류비 분류체계상 세목별 비목에 해당한다. 이밖에 재료비, 경비, 이자비용 등이 세목별 비용으로 구분된다.

017

A기업의 작년 매출액은 400억 원, 물류비는 매출액의 20%, 영업이익은 20억 원이었다. 올해 물류비를 매출액의 15%로 절감한다면, 올해 매출액 대비 영업이익의 비율(%)은? (단, 매출액과 다른 비용 및 조건은 작년과 동일한 것으로 가정한다.)

① 5　　② 10
③ 15　　④ 20
⑤ 25

해설

• 매출액 − 물류비용 − 기타비용 = 영업이익
따라서 기타비용은 매출액에서 물류비용과 영업이익을 차감해서 역산하여 산정한다.
• 작년 영업이익 = 매출액 − 물류비용 − 기타비용
　　　　　　 = 400억 원 − (400억 원×20%) − 300억 원 = 20억 원
• 올해 영업이익 = 매출액 − 물류비용 − 기타비용
　　　　　　 = 400억 원 − (400억 원×15%) − 300억 원 = 40억 원
• 올해의 매출액 대비 영업이익 비율
$= \dfrac{\text{영업 이익}}{\text{매출액}} \times 100 = \dfrac{40\text{억 원}}{400\text{억 원}} \times 100 = 10\%$

018

수직적 유통경로시스템(VMS: Vertical Marketing System)에 관한 설명으로 옳지 않은 것은?

① 유통경로상의 한 주체에서 계획된 프로그램에 의해 경로구성원들을 전문적으로 관리·통제하는 시스템이다.
② 기업형 VMS는 한 경로구성원이 다른 경로구성원들을 법적으로 소유·관리하는 시스템이다.
③ 경로구성원에 대한 통제력은 관리형 VMS가 기업형 VMS보다 더 강하다.
④ 계약형 VMS의 대표적인 형태에는 프랜차이즈 시스템이 있다.
⑤ 계약형 VMS는 경로구성원들이 각자가 수행해야 할 유통기능들을 계약에 의해 합의함으로써 공식적 경로관계를 형성하는 시스템이다.

해설
경로구성원에 대한 통제력은 기업형 VMS > 계약형 VMS > 관리형 VMS의 순으로 유통경로에 대한 지배력 또는 통제력의 강도가 정해진다.

019

구매관리에서 장기적 협력관계를 유지할 수 있는 공급업체의 특징이 아닌 것은?

① 건전한 재무상태
② 유연한 공급 능력
③ 안정적인 노사관계
④ 정보시스템의 높은 상호운용성
⑤ 품질의 높은 변동성

해설
구매관리에서 벤더와 구매자 간 장기적 협력관계를 유지하기 위해서는 품질의 높은 변동성(variability)이 아니라 높은 품질의 안정성이 담보되어야 한다.

020

e-조달의 장점이 아닌 것은?

① 구매업무 처리시간이 절감된다.
② 프로세스 자동화로 구매비용이 절감된다.
③ 문서처리 비용이 절감된다.
④ 신용정보 및 거래정보의 유출 위험이 없다.
⑤ 실시간 정보로 재고와 예산을 관리할 수 있다.

해설
e-조달(procurement)은 전자조달시스템을 이용하여 조달업무를 처리하는 것으로, 프로세스 자동화로 구매비용 및 구매처리시간이 절감되는 장점이 있다. 그러나 인터넷을 통해 홈페이지에 가입하여 진행되므로 정보시스템상의 오류 및 신용정보 및 거래정보의 유출 위험을 피할 수 없다는 단점이 있다.

021

다음 설명에 해당하는 소매상 유형은?

- 대형화, 다점포화된 할인형 전문점을 의미한다.
- 특정 계열 상품에 대해 풍부한 구색을 갖추고 있다.
- 중간 정도의 제품 구색을 갖춘 전통적 소매점이 쇠퇴하고 소매업이 양극화되면서 주목받고 있다.

① 카테고리 킬러(Category Killer)
② 팩토리 아웃렛(Factory Outlet)
③ 백화점(Department Store)
④ 수퍼센터(Super Center)
⑤ 하이퍼마켓(Hypermarket)

해설
카테고리 킬러(category killer)는 특정 제품계열에 대해 깊이 있는 상품구색으로 전문점과 유사하지만 대량판매, 다점포화, 셀프서비스 방식을 통해 저렴한 가격으로 판매하는 소매점이다. 예시로 가전 전문매장 하이마트, 세계최대 완구 전문점 Toysrus 등이 있다.

정답 | 015. ④ 016. ① 017. ② 018. ③ 019. ⑤ 020. ④ 021. ①

022

다음 중 도매기관 유형에 해당하는 것을 모두 고른 것은?

> ㄱ. 상인 도매기관(merchant wholesaler)
> ㄴ. 대리 도매기관(agent wholesaler)
> ㄷ. 제조업자 도매기관(manufacturer wholesaler)
> ㄹ. 라스트마일 도매기관(last-mile wholesaler)
> ㅁ. 옴니채널 도매기관(omni-channel wholesaler)

① ㄱ, ㄴ
② ㄱ, ㄴ, ㄷ
③ ㄱ, ㄹ, ㅁ
④ ㄴ, ㄷ, ㄹ
⑤ ㄷ, ㄹ, ㅁ

해설
도매상(기관)은 제품을 구입하여 소매상 및 기타 상인 그리고 산업체 및 기관 사용자에게 재판매하는 상인(기관)으로, 크게 제조업자 도매상, 상인도매상, 대리인(agent), 브로커(broker) 등으로 구분된다.

023

2차원 바코드에 관한 설명으로 옳지 않은 것은?

① 1차원 바코드에 비해 대량의 데이터를 표현할 수 있다.
② 1차원 바코드보다 훼손이나 오염 시 오류를 쉽게 정정할 수 있다.
③ 데이터를 구성하는 방법에 따라 다층형과 매트릭스형으로 나눌 수 있다.
④ 2차원 바코드의 하나인 QR 코드는 미국의 UPS사가 개발하였다.
⑤ 텍스트는 물론 그래픽, 사진 등 다양한 정보도 저장할 수 있다.

해설
QR 코드는 일본의 덴소사에서 개발되었으며, QR 코드 외의 2차원 바코드는 전부 미국에서 개발되었다.

024

전사적 자원관리(ERP)에 관한 설명으로 옳지 않은 것은?

① 생산, 판매, 구매, 인사, 재무, 물류 등 기업업무 전반을 통합 관리하는 정보 시스템이다.
② 공급사슬 계획 및 실행 시스템을 위해 필요한 정보를 제공한다.
③ 기업 활동에 소요되는 인적, 물적 자원을 효율적으로 관리하는 역할을 수행한다.
④ 성공적인 도입을 위해서는 업무의 표준화가 중요하다.
⑤ 1970년대 생산현장 관리를 위해 개발된 MES (Manufacturing Execution System)에서 유래하였다.

해설
ERP(Enterprise Resource Planning)는 전사적으로 기업자원을 관리하겠다는 것으로 기업 운영에 필요한 모든 핵심 업무(생산, 판매, 구매, 인사, 재무, 물류 등) 프로세스를 ERP를 사용해서 효율적으로 관리하고자 하는 것이다. 이는 MRP(Material Requirement Planning)와 ICT 시스템과 결합하여 ERP 발전의 계기가 되었다.

025

물류정보기술에 관한 설명으로 옳지 않은 것은?

① POS는 상품의 판매 시점에 발생하는 정보를 저장한다.
② EDI는 거래업체 간 상호 합의된 전자문서표준을 이용하여 컴퓨터 간 구조화된 데이터를 전송하는 기술이다.
③ RFID는 데이터의 변경 및 추가가 가능하나 여러 개의 태그를 동시에 판독하는 것은 불가능하다.
④ GPS는 인공위성과의 무선교신을 이용하여 차량, 선박 등의 위치를 파악하는 시스템이다.
⑤ Block Chain은 공급사슬관리의 가시성과 투명성을 향상시킬 수 있다.

해설
RFID는 데이터의 변경 및 추가가 가능하며, 여러 개의 태그를 동시에 판독하는 것도 가능하다. 설치된 안테나(portal)를 이용해 수십에서 수백 개의 태그를 동시에 판독하여 신속한 재고 조사가 가능하다.

026

다음에서 설명하는 공급사슬관리 전략은?

> 의류제조업체인 베네통(Benetton)사는 고객 수요에 유연하게 대응하면서 재고를 최소화하기 위한 전략으로 원사를 염색한 후 직조하던 제조공정을 직조 후 염색하는 공정으로 개선하였다.

① Postponement
② Cross Docking
③ Quick Response
④ Collaborative Forecasting
⑤ Continuous Replenishment

해설

지연전략(postponement strategy)은 생산 프로세스에서 제품들이 서로 차별화되는 시점을 가능한 한 판매시점에 가깝게 지연시키는 전략으로, 연기 또는 유예전략이라도 한다. 특히 제품에 대한 변동성이 큰 경우, 공장에서 제품을 완성하는 대신 시장 가까이로 제품의 완성을 최대한 지연시켜 고객이 원하는 다양한 수요를 만족시키기 위한 전략이다.

027

공급사슬을 혁신하기 위한 신기술인 3D 프린팅에 관한 설명으로 옳지 않은 것은?

① 레이저와 파우더를 이용하여 신속하게 형상을 제작하는 쾌속조형(Rapid Prototyping)에서 유래하였다.
② 다품종 소량생산에 유리하다.
③ 재고수준을 낮출 수 있다.
④ 고가의 금형제작 비용이 발생한다.
⑤ 시제품 제작시간을 단축시킬 수 있다.

해설

3D 프린팅은 3차원 형상을 구현하기 위한 전자적 정보를 자동화된 출력장치를 통하여 입체화하는 신기술이다. 3D 프린팅의 가장 큰 장점 중 하나는 금형 없이 제품을 제작할 수 있다는 것으로 금형 제작 비용이 들지 않는다.

028

수요업체가 정보공유시스템을 활용하여 자신의 재고 보충 책임을 공급업체에게 이전함으로써 재고관리의 효율성을 높이는 방식은?

① Material Requirements Planning
② Computer Aided Manufacturing
③ Distribution Resource Planning
④ Enterprise Resource Planning
⑤ Vendor Managed Inventory

선지분석

① Material Requirements Planning(MRP): 자재소요계획, 제품 생산에 필요한 원자재, 부품, 자재 등을 적시에 적정량 확보하기 위한 계획 시스템을 말한다.
② Computer Aided Manufacturing(CAM): 컴퓨터지원·제조, 컴퓨터 소프트웨어를 이용해 제조공정을 계획, 관리, 제어하는 기술을 말한다.
③ Distribution Resource Planning(DRP): 유통자원계획, 고객과 가장 가까운 곳에서 수요데이터를 얻고, 수요를 예측하여 이를 생산계획 수립에 빠르게 반영하며, 완제품 출고 이후 소매점 또는 도매점에 이르는 유통망 상의 재고를 줄이는 정보시스템을 말한다.
④ Enterprise Resource Planning(ERP): 전사적자원관리, 기업 운영에 필요한 모든 핵심 업무(생산, 판매, 구매, 인사, 재무, 물류 등) 프로세스를 ERP를 사용해서 효율적으로 관리하는 소프트웨어 또는 시스템을 말한다.
⑤ Vendor Managed Inventory(VMI): 수요업체가 정보공유시스템을 활용하여 자신의 재고 보충 책임을 공급업체에게 이전함으로써 재고관리의 효율성을 높이는 방식은 공급자재고관리(VMI)를 의미한다.

정답 | 022. ② 023. ④ 024. ⑤ 025. ③ 026. ①
027. ④ 028. ⑤

029

효율적 공급사슬에 관한 설명으로 옳은 것을 모두 고른 것은?

> ㄱ. 리드타임 단축보다는 비용을 절감하는 데 중점을 둔다.
> ㄴ. 공급사슬 전반의 재고를 최소화하는 것이 중요하다.
> ㄷ. 공급자 선정과정에서 비용보다는 공급의 유연성을 우선적으로 고려한다.
> ㄹ. 모듈화를 통한 제품 다양성 확보에 초점을 둔다.

① ㄱ, ㄴ
② ㄷ, ㄹ
③ ㄱ, ㄴ, ㄷ
④ ㄴ, ㄷ, ㄹ
⑤ ㄱ, ㄴ, ㄷ, ㄹ

해설
효율적 공급사슬은 제조기업 중 제품수명주기가 길어 수요가 안정적이고 예측 가능한 경우 비용 절감 및 효율적 운영을 위해 취하는 공급사슬기법을 말한다.
ㄷ, ㄹ은 반응적 공급사슬의 특징에 해당한다.

관련개념 | 효율적·대응적 공급사슬의 비교

구분	효율적 공급사슬	대응적 공급사슬
주요 목표	최저 가격으로 예측 가능한 수요에 효율적으로 공급	예측 불가능한 수요에 신속하게 대응
제품디자인	비용 최소화를 달성할 수 있는 제품디자인 성과극대화	제품 차별화를 달성하기 위해 모듈(module)디자인 활용
가격전략	저가격, 저마진	고가격, 고마진
재고전략	높은 재고회전율과 재고 최소화	부품 및 완제품 안전재고 유지
생산전략	높은 가동률	유연한 생산능력
공급자전략	비용과 품질	속도, 유연성, 신뢰성, 품질
리드타임 초점	비용 증가 없이 리드타임 단축	비용이 증가되더라도 리드타임 단축

030

채찍효과(Bullwhip Effect)에 관한 설명으로 옳지 않은 것은?

① 공급사슬 하류의 수요변동이 상류로 갈수록 증폭되는 현상이다.
② 구매자의 사전구매(Forward Buying)로 인해 발생할 수 있다.
③ 규모의 경제를 고려한 일괄(batch)주문으로 인해 발생할 수 있다.
④ 참여기업들의 개별적 수요 예측을 통해 완화할 수 있다.
⑤ 상시저가전략을 이용해 완화할 수 있다.

해설
채찍효과(Bullwhip Effect)는 공급사슬에서 최종 소비자로부터 멀어질수록 정보가 지연되거나 왜곡되어 수요와 재고의 불안정이 확대되는 현상으로, 참여기업들의 개별적 수요예측은 채찍효과를 더욱 가중시키는 요인에 해당한다.

031

물류 합리화에 관한 설명으로 옳지 않은 것은?

① 제조원가 절감을 통한 이익 증대가 어려워짐에 따라 물류 효율성 제고 필요성이 증가하였다.
② 제조업체가 핵심역량인 제조에 집중하기 위해서는 자가물류의 확대가 필요하다.
③ 물류 합리화 추진 시 내부 기능 간 또는 기업 간 상충관계(trade-off)가 발생할 수 있다.
④ 물류 합리화는 환경 분석, 목표 설정, 전략 수립의 단계로 추진한다.
⑤ 지능형 자동화 기계를 물류 업무에 도입하는 것은 생지능형(省知能形) 합리화이다.

해설
물류의 합리화 측면에서 제조업체가 핵심역량인 제조에 집중하기 위해서는 제3자물류의 확대가 중요하다.

032

단위적재시스템(ULS: Unit Load System)에 관한 설명으로 옳지 않은 것은?

① 화물을 일정하게 단위화하고 하역, 수송, 보관 등을 기계화, 합리화하는 시스템이다.
② ULS 도입을 위해서는 물류 거래단위가 표준화되어야 한다.
③ 서비스 수준을 높이기 위해 고객이 지정한 규격의 파렛트를 구비하여 활용한다.
④ ULS 도입에 의해 포장비용을 절감하고 적재 효율을 높일 수 있다.
⑤ 단위 화물(Unit Load)이 생성된 후 해당 상품의 운반과 하역을 실시한다.

해설
물류비용절감 및 서비스 수준을 개선시키기 위해서는 고객이 지정한 규격의 파렛트 활용이 아니라 표준화된 파렛트(T-11형, T-12형)를 사용하여야 한다.

033

물류 모듈에 관한 설명으로 옳은 것은?

① Unit Load의 최대허용치수(Maximum Plan View Size)는 1,100mm×1,100mm이다.
② 상품성을 높이기 위해서 상품의 포장 치수를 물류 모듈과 독립적으로 결정하는 것이 바람직하다.
③ 적재함 폭이 2,340mm인 8톤 트럭에는 일관수송용 T-1 표준파렛트 16매가 적재된다.
④ 물류 모듈은 물류 시설이나 장비의 규격에 관한 기준척도와 대칭계열로서, 배수나 분할관계로 정의한다.
⑤ 한국산업표준(KS)으로 제정된 수송포장계열치수는 1,140mm를 정수로 나눈 배수모듈 시스템이다.

선지분석
① Unit Load의 최대허용치수(Maximum Plan View Size)는 1,100mm×1,100mm에 최대허용공차인 40mm를 고려한 1,140mm×1,140mm이다.
② 물류모듈은 물류의 표준화를 통해 비용절감 및 서비스 개선을 위한 것으로 상품의 포장 치수를 물류 모듈과 독립적으로 결정하는 것이 바람직하지 않다.
③ 적재함 폭이 2,340mm인 8톤 트럭에는 일관수송용 T-1 표준파렛트 12매가 적재된다.
⑤ 한국산업표준(KS)으로 제정된 수송포장계열치수는 1,100mm를 $\frac{1}{2}, \frac{1}{3}, \frac{1}{4}$로 분할한 배수 모듈 시스템이다.

034

물류공동화의 장점으로 옳은 것을 모두 고른 것은?

ㄱ. 규모의 경제 효과로 화주의 단위당 물류비 절감
ㄴ. 화주 측면에서의 고객에 대한 서비스 수준 향상
ㄷ. 운수업자의 물류정보시스템 구축 촉진
ㄹ. 운수업자의 자율적인 배송 스케줄 조정이 용이함

① ㄱ, ㄴ
② ㄱ, ㄷ
③ ㄴ, ㄷ
④ ㄱ, ㄷ, ㄹ
⑤ ㄱ, ㄴ, ㄷ, ㄹ

해설
ㄴ. 물류공동화는 화주 측면에서 비용절감은 가능하지만 고객에 대한 물류서비스 수준은 대기시간 발생, 물류기업에 대한 통제력 저하 등으로 낮아질 수 있다.
ㄹ. 운수업자 측면에서 공동화 수행은 자율적인 배송 스케줄 조정을 어렵게 한다.

정답 | 029. ①   030. ④   031. ②   032. ③   033. ④
034. ②

035

불특정 다수의 화주를 대상으로 복수의 운송사업자가 지역을 분담하여 집화 및 배송을 수행하는 공동수배송 시스템 유형은?

① 특정 화주 공동형
② 운송사업자 공동형
③ 개별입고 공동배송
④ 공동집하 개별배송
⑤ 개별입고 개별수송

해설
집배송공동형은 물류센터에서의 배송뿐만 아니라 화물의 보관 및 집화업무까지 공동화하는 방식으로서 주문처리를 제외한 거의 모든 물류업무에 관해 협력하는 형태이다.
집배공동형 중 '운수업자공동형'은 다수의 운송업자들이 불특정 다수의 화주들을 대상으로 집배송을 공동화하는 것을 말한다.

관련개념 | 공동 수배송 운영방식

집배송 공동형	특정화주 공동형	복수의 화주가 주도하여 조합이나 연합회 등의 형태로 집화와 배송을 공동화하는 형태
	운송사업자 공동형	복수의 운송업자가 주도하여 복수 화주의 집화와 배송을 공동화하는 형태
배송 공동형		복수의 운송업자가 복수 화주의 화물을 공동으로 배송하는 형태. 운송사업자공동형은 집화와 배송을 공동화하는 데 반해, 배송공동형은 물류 거점까지 집화를 공동으로 하지는 않음
납품 대행형		백화점 또는 할인점 등이 지정한 운송업자가 납품업체를 대신하여 여러 업체에 납품하는 형태
공동수주 · 공동배송형		운송업자가 조합을 구성하고 수주와 배송을 공동으로 하는 형태
노선집하 공동형		특정 노선의 집화를 공동화하여 화주가 지정된 노선의 운송업자에게 화물을 맡기면 노선 운송업자가 배송하는 방식

036

공동수배송에 관한 설명으로 옳지 않은 것은?

① 차별화된 배송 서비스를 경쟁전략으로 설정한 기업은 공동수배송 참여를 기피할 수 있다.
② 전자상거래 확대에 따른 다빈도 · 소량 수배송 증가로 공동수배송의 필요성이 커졌다.
③ 공동수배송은 교통혼잡을 완화하고 물가 상승을 억제하는데 기여한다.
④ 긴급 수요에 대한 대응 능력이 저하되어 공동수배송 참여를 기피하는 경우도 있다.
⑤ 동일 지역 내에 공동물류센터가 없으면 공동수배송을 실시할 수 없다.

해설
공동 수배송의 전제조건은 공동물류센터의 존재가 아니라, 일정 지역 내 영업 및 화물특성의 유사성이 있는 다수의 화주가 존재하는지, 공동 수 · 배송을 주도(주관)하는 책임기업이 존재하는지, 공동화 대상 품목이 적합한지 등이다.

037

다음 설명에 해당하는 물류보안 제도는?

> 컨테이너에 적재되어 해상으로 운송되는 위험 화물에 의한 사고를 예방하기 위하여 수입되는 위험물 컨테이너에 대한 국제해상 위험물 규칙(IMDG Code) 준수여부를 점검하는 제도

① AEO(Authorized Economic Operator)
② CIP(Container Inspection Program)
③ CSI(Container Security Initiative)
④ ISPS(International Ship & Port Facility Security)
⑤ ISO 9000

선지분석
① AEO(Authorized Economic Operator): 9 · 11테러 이후에 테러 방지를 위해 강화된 미국의 무역 안전에 대한 조치로서 세관이 정한 물류보안기준을 충족하는 경우 통관 시 절차 간소화 특혜를 주는 제도이다.
③ CSI(Container Security Initiative): 컨테이너 보안협정으로, 미국으로의 수출물량이 많은 외국 항만에 미국 세관원을 파견하여 컨테이너화물에 대한 위험도를 사전에 평가하고 주재국 세관 직원의 화물 검사를 진행하는 제도이다.
④ ISPS(International Ship & Port Facility Security): 국제선박 및 항만시설보안규칙, 해상화물 운반 선박 및 항만시설에 대한 해상테러 가능성에 대비하기 위해 해상보안분야를 강화하고자 제정한 국제선박 및 항만시설 보안규칙을 말한다.
⑤ ISO 9000: ISO에서 제정한 품질경영시스템에 관한 국제규격이다.

038

물류 활동과 환경의 관계에 관한 설명으로 옳지 않은 것은?

① 기후변화의 영향으로 물류 분야에서는 자원재생형 녹색물류가 중요해지고 있다.
② 수배송 공동화 등 공동 물류활동의 확산은 환경오염을 촉진한다.
③ 운송에 의한 온실가스 저감대책 수립 및 실행은 녹색물류활동에 해당한다.
④ 녹색물류는 순물류(Forward Logistics)와 역물류(Reverse Logistics)를 포괄한다.
⑤ 녹색물류인증은 기업의 환경부하 저감사업 실적을 평가하여 인증하는 제도이다.

해설
수배송 공동화 등 공동 물류활동의 확산은 중복·교차배송의 문제점을 해결하고, 영차율 증가 및 공차율 감소를 통해 환경오염을 감소시킨다.

039

창고관리 시스템에서 고객의 발주 내역에 따라 출고할 품목의 종류와 수량을 표시함으로써 창고 작업자가 신속, 정확하게 집품하여 납품을 준비하도록 지원하는 반자동화 시스템은?

① AGV(Automatic Guided Vehicle)
② ASRS(Automated Storage & Retrieval System)
③ DAS(Digital Assorting System)
④ DPS(Digital Picking System)
⑤ ERP(Enterprise Resource Planning)

해설
DPS(Digital Picking System)는 창고관리 시스템에서 고객의 발주 내역에 따라 출고할 품목의 종류와 수량을 표시함으로써 창고 작업자가 신속, 정확하게 피킹하여 납품을 준비하도록 지원하는 반자동화 시스템이다.

선지분석
① AGV(Automatic Guided Vehicle)는 무인반송차를 의미한다.
② AS/RS(Automated Storage & Retrieval System)는 자동보관 및 반출이 가능한 자동화창고장치를 뜻한다.

040

A국가는 이산화탄소 배출량(kg)에 비례해서 환경부담금을 부과하고 있다. K사는 환경부담금을 절감하기 위해 기존 차량 매각 후 친환경 차량 도입을 검토하고 있다. 연비법에 의한 이산화탄소 배출량 및 환경부담금 산출 관련 자료가 다음과 같을 때, 친환경 차량 도입이 경제적으로 불리하지 않다는 판단을 내리기 위한 최소 주행거리(km)는? (단, 제시된 조건 이외의 사항은 고려하지 않음)

- 이산화탄소 배출량(kg)=주행거리(km)÷연비(km/L)×이산화탄소 배출계수(kg/L)
- 이산화탄소 배출계수: 0.002kg/L
- 환경부담금 산출계수: 50만 원/kg
- 기존 차량 연비: 5km/L
- 친환경 차량 연비: 10km/L
- 친환경 차량 도입 비용: 1,500만 원

① 50,000
② 100,000
③ 150,000
④ 200,000
⑤ 250,000

해설
$$\left[\frac{주행거리(x)}{5km}\times 0.002(kg/L)\right]\times 50만\ 원/kg$$
$$=\left[\frac{주행거리(x)}{10km}\times 0.002(kg/L)\right]\times 50만\ 원/kg+1,500만\ 원$$
주행거리(x)에 대해 방정식을 풀면, 주행거리(x)는 150,000km가 된다.

정답 | 035. ② 036. ⑤ 037. ② 038. ② 039. ④ 040. ③

화물운송론

041
화물자동차 운수사업법상 화물자동차 운수사업에 관한 내용으로 옳지 않은 것은?

① 화물자동차 운수사업은 화물자동차 운송사업, 화물자동차 운송주선사업, 화물자동차 운송가맹사업으로 구분된다.
② 화물자동차 운수사업을 경영하려는 자는 국토교통부장관의 허가를 받아야 한다.
③ 화물자동차 운수사업은 일반화물자동차 운송사업과 개인화물자동차 운송사업으로 구분한다.
④ 개인화물자동차 운송사업은 화물자동차 1대를 사용하여 화물을 운송하는 사업으로서 대통령령으로 정하는 사업이다.
⑤ 제3자물류 활성화를 위해 운송주선사업자는 자기 명의로 다른 사람에게 화물자동차 운송주선사업을 경영하게 할 수 있다.

해설
운송주선사업자는 자기 명의로 다른 사람에게 화물자동차 운송주선사업을 경영하게 할 수 없다. (「화물자동차운수사업법」 제25조)

042
지붕구조의 덮개가 있는 화물 자동차에 해당하는 것은?

① 리치 스태커
② 스트래들 캐리어
③ 하이로더
④ 밴형 화물자동차
⑤ 포크리프트

해설
지붕구조의 덮개가 있는 화물자동차는 밴형 화물자동차이다. 밴형 화물자동차는 일반화물자동차의 화물 적재 공간에 박스형의 덮개를 고정적으로 설치한 차량이다.
「자동차관리법」에서는 밴형 일반화물자동차를 '지붕구조의 덮개가 있는 화물운송용인 것'으로 정의한다. (「자동차관리법 시행규칙」 제2조 별표1)

043
화물운송의 효율화 방안으로 옳지 않은 것은?

① 공동수배송 체계를 구축한다.
② 컨테이너 및 파렛트를 이용한 운송을 확대한다.
③ 교통정보시스템과 화물추적시스템의 연계를 도모한다.
④ 철도 및 연안운송 연계를 통해 화물운송시스템을 구축한다.
⑤ 적재율 증대와 비용감소를 위해 영업용보다는 자가용 화물차량을 사용한다.

해설
적재율 증대와 비용감소를 위해서는 자가용보다는 영업용 화물차량을 사용하는 것이 바람직하다. 영업용 화물차량을 사용해야 수배송 공동화가 가능하고 이를 통해 운송비를 절감할 수 있다.

044
화물차량의 중량에 관한 설명으로 옳은 것은?

① 최대적재량이 3톤 이상이거나 총 중량이 10톤 이상인 화물자동차는 적재물배상 보험에 가입하여야 한다.
② 차량 총중량은 차량중량과 화물적재량의 합에서 승차중량을 제외한 것이다.
③ 도로법령에 따르면 화물자동차의 총중량이 40톤을 초과할 경우에는 운행이 제한될 수 있다.
④ 2차축 차량의 축 화물중량은 공차 시 전축 중량과 영차 시 화중을 합산한 중량이다.
⑤ 공차 중량은 화물을 적재하지 않고 연료, 냉각수, 윤활유 등을 채우지 않은 상태의 화물차량 중량을 말한다.

선지분석
① 최대 적재량이 5톤 이상이거나 총 중량이 10톤 이상인 화물자동차를 소유하고 있는 운송사업자는 적재물배상책임보험에 가입하여야 한다.
② 차량의 총중량은 차량중량, 화물적재량 및 승차중량을 모두 합한 중량을 말한다.
③ 축하중(軸荷重)이 10톤을 초과하거나 총중량이 40톤을 초과하는 차량은 운행을 제한할 수 있다. (「도로법 시행령」 79조)
④ 2차축 차량의 축 화물중량은 영차 시 전축 중량과 공차 시 화중을 합산한 중량이다.
⑤ 공차중량(empty vehicle weight)은 차량을 운행하는데 필요한 연료, 냉각수, 윤활유 등을 가득 채우고 운행에 필요한 기본장비를 모두 갖추고 화물과 사람은 싣지 않은 상태에서의 차량중량을 의미한다.

045

화물운송서비스 수요의 운임탄력성에 관한 설명으로 옳지 않은 것은?

① 대체 운송수단이 다양하게 존재하면 특정 운송수단의 수요에 대한 운임탄력성이 크다.
② 운임탄력성이 낮은 경우 운임이 변화하면 운송수요가 크게 변화한다.
③ 판매단가가 높은 상품은 운임부담력이 높기 때문에 운임이 상승하더라도 운송수요가 크게 감소하지 않는다.
④ 화물운송서비스의 수요에 대한 운임탄력성은 운임 외에도 운송에 소요되는 원가에도 영향을 받는다.
⑤ 대체되는 화물이 다양하게 존재하면 해당 화물에 대한 운송수요는 운임에 대해 탄력적이다.

해설
운송수요의 운임탄력성은 운임이 변화할 때 운송수요의 변화 정도를 측정하는 개념이다.

운송수요의 운임탄력성 = $\frac{운송수요의\ 변화율(\%)}{운임의\ 변화율(\%)}$

따라서 운임탄력성이 낮다면 운임이 크게 변화해도 운송수요는 적게 변화한다.

046

화물운송시스템의 3대 구성요소에서 운송경로에 관한 설명으로 옳은 것은?

① 운송수단의 운행에 이용되는 통로로서 공로, 철도, 해상항로, 항공로 등이 있다.
② Mode라고 하며 복합운송의 역할이 중요시되고 있다.
③ 철도역, 배송센터, 물류터미널 등이 이에 해당된다.
④ 운송을 직접 담당하는 수단으로 자동차, 선박, 항공기, 철도 차량 등이 있다.
⑤ 운송을 위한 상품을 처리 및 보관하는 장소 또는 시설을 의미한다.

해설
운송의 3요소는 Mode(운송수단), Link(운송경로), Node(운송상 연결점)이다. 운송경로(Link)는 운송수단의 운행에 이용되는 통로로서 공로, 철도, 해상항로, 항공로 등이 있다.
Mode는 화물자동차, 선박, 항공기 등의 운송수단을 의미한다. Node는 복합물류터미널, 철도역, 항만, 공항, 컨테이너 야드(CY) 등의 운송상 연결점(또는 운송거점)을 말한다.

047

다음과 같은 조건에서 운송수요의 운임탄력성 값은?

- 운송수요 변화량: 5
- 운임 변화량: 1
- 운송수요 수준: 10
- 운임 수준: 4

① 0.25　　② 0.5
③ 1.25　　④ 2
⑤ 4

해설
운송수요의 탄력성 = $\frac{운송수요의\ 변화율(\%)}{운임의\ 변화율(\%)}$

$= \frac{\frac{운송수요\ 변화량}{운송수요\ 수준}}{\frac{운임\ 변화량}{운임\ 수준}} = \frac{50\%}{25\%} = 2$이다.

048

운송서비스의 특징에 관한 설명으로 옳지 않은 것은?

① 상품이 생산된 장소와 소비되는 장소의 불일치를 조정하는 장소적 효용을 제공한다.
② 운송서비스는 상품의 일시적인 보관 기능을 제공하여 시간적 효용을 창출한다.
③ 운송서비스 수요는 상품 수요와 독립적으로 결정되는 특성을 가지고 있다.
④ 운송영역의 범위에 따라 국내운송과 국제운송으로 구분된다.
⑤ 운송의 발달로 인해 상품의 지역 간 이동을 유발하여 지역 간 상품 가격의 차이를 감소시키는 역할을 한다.

해설
운송서비스 수요는 유통 및 생산에 대한 파생수요(또는 유발수요)적 성격을 갖는다. 상품 수요가 있어야 거래가 이루어지고 이에 따라 운송수요가 발생한다.

| 정답 | 041. ⑤ | 042. ④ | 043. ⑤ | 044. ③ | 045. ② |
| | 046. ① | 047. ④ | 048. ③ | | |

049

운송수단의 특징에 관한 설명으로 옳지 않은 것은?

① 철도운송은 공로운송보다 대량화물 운송에 유리하다.
② 공로운송은 타 운송수단에 비해 단거리 운송에 유리하다.
③ 항공운송은 장거리 및 대용량·고중량 운송에 유리하다.
④ 해상화물은 화물의 크기나 무게에 대한 영향을 적게 받아 대용량 화물운송에 유리하다.
⑤ 파이프라인 운송은 초기 시설비가 많이 들지만 유지비용은 저렴하다.

해설
장거리 및 대용량·고중량 운송에 유리한 것은 해상운송이다. 항공운송은 해상운송이나 철도운송에 비해 용량·중량의 영향을 많이 받는다.

050

화물자동차의 구조에 의한 분류에서 전용특장차에 해당하는 차량을 모두 고른 것은?

ㄱ. 냉동차	ㄴ. 액체 수송차(탱크로리)
ㄷ. 리프트게이트부착차량	ㄹ. 시스템 차량
ㅁ. 믹서트럭	

① ㄱ, ㄴ, ㄷ
② ㄱ, ㄴ, ㅁ
③ ㄱ, ㄷ, ㄹ
④ ㄴ, ㄹ, ㅁ
⑤ ㄷ, ㄹ, ㅁ

해설
전용특장차는 자체의 동력을 이용하여, 장착된 기계장치를 직접 가동시켜 화물하역 및 운반할 수 있다. 대표적인 예로 덤프트럭, 분립체 운송차(벌크차), 냉동차, 액체 운송차(탱크로리), 믹서트럭(레미콘 차량) 등이 있다.
ㄷ. 리프트게이트부착차량은 합리화특장차에 해당한다.

051

철도운송에 관한 설명으로 옳지 않은 것은?

① 철도화물운송형태에는 화차취급운송과 컨테이너취급운송 등이 있다.
② 철도운송은 타교통수단과 비교할 때 기후에 크게 영향을 받지 않는다.
③ 전세열차란 고객이 특정 열차를 전용으로 사용하는 열차를 말한다.
④ 철도운송은 교통체증에 따른 영향이 적고 계획적으로 운행할 수 있다.
⑤ 국내의 수송수단별 화물수송 분담률에서 ton·km 기준으로 철도운송이 공로운송보다 분담률이 높다.

해설
국내의 운송수단별 화물운송 분담률에서 ton·km 기준으로 공로운송이 철도운송보다 분담률이 높다. 따라서 최근 운송수단의 전환, 즉 모달시프트(Modal Shift)가 추진되고 있다.

052

다음과 같은 화물자동차 운송과 철도 운송 조건에서 채트반(Chatban) 공식을 이용한 두 수송수단 간 경제효용거리 분기점은?

- 철도 운송비: 2,000원/ton·km
- 화물자동차 운송비: 4,000원/ton·km
- 톤당 철도 부대비용(철도 발착비, 하역비 등): 500,000원/ton

① 150km   ② 200km
③ 225km   ④ 250km
⑤ 275km

해설
채트반(Chatban) 공식은 화물자동차 운송(공로 운송)과 철도 운송의 경제성 경계점을 구할 때 이용된다.
공로 운송의 경제효용거리의 한계
$= \dfrac{\text{추가비용/ton}}{\text{공로 운송의 운송비/ton·km} - \text{철도 운송의 운송비/ton·km}}$
$= \dfrac{500{,}000원}{(4{,}000원 - 2{,}000원)} = 250\text{km}$이다.
따라서 250km 이내에서는 공로 운송이 유리하고, 250km를 초과하면 철도 운송이 유리하다.

053

화물자동차운송시스템 전략으로 사용되는 원칙이 아닌 것은?

① 운송과 재고의 Trade-off 원칙
② 단일 원거리 운송의 원칙
③ 회전수 감소의 원칙
④ 수배송 일원화의 원칙
⑤ 상하차 신속의 원칙

해설
화물자동차 운송시스템의 효율화를 위해서는 회전율 최대화 원칙이 필요하다. 회전율은 차량이 일정한 시간 내에 화물을 운송한 횟수의 비율을 나타내므로 최대화해야 효율적인 운송이 이루어진다.

054

화물자동차 운송운임의 항목별 원가에서 고정비에 해당하는 것을 모두 고른 것은?

ㄱ. 감가상각비	ㄴ. 지급이자
ㄷ. 유류비	ㄹ. 타이어비
ㅁ. 시간외 수당	

① ㄱ, ㄴ
② ㄱ, ㅁ
③ ㄴ, ㄷ
④ ㄷ, ㄹ
⑤ ㄹ, ㅁ

해설
화물자동차 운송에서 원가항목 중 고정비는 운송거리와 관계없이 일정한 비용을 말한다. 고정비 성격의 항목은 운전기사 인건비, 통신비, 복리후생비, 차량의 감가상각비, 차량보험료, 세금과 공과금(통신비) 지급이자 등이다.
변동비는 운송거리나 운송물량 등에 따라 증가하는 비용으로 연료비, 수리비, 도로통행료, 주차비 등이 포함된다.

055

다음은 A기업의 1년간 화물자동차 운행실적이다. 운행실적을 통해 얻을 수 있는 운영지표의 값에 관한 설명으로 옳은 것은?

- 총 주행거리: 80,000km
- 실제 적재 주행 거리: 72,000km
- 실제 가동 차량 수: 300대
- 누적 실제 차량 수: 360대
- 트럭의 적재 가능 총중량: 10톤
- 트럭의 평균 적재 중량: 8.2톤

① 가동률은 80%이다.
② 영차율은 90%이다.
③ 적재율은 85%이다.
④ 복화율은 75%이다.
⑤ 공차거리율은 20%이다.

선지분석

① 가동률 = $\frac{\text{실제 운행일수}}{\text{목표 운행일수}} = \frac{\text{실제 가동차량 수}}{\text{누적 실제 차량 수}} = \frac{300대}{360대} = 83\%$ 이다.

② 영차율(실차율)은 전체 화물운송거리 중에서 실제로 얼마나 화물을 적재하고 운행했는지를 나타내는 지표이다.

영차율 = $\frac{\text{실제 적재 운행거리}}{\text{총주행거리}} = \frac{72,000km}{80,000km} = 90\%$ 이다.

③ 적재율 = $\frac{\text{총 운송량}}{\text{차량 적재정량}} = \frac{\text{평균 적재중량}}{\text{적재 가능 총중량}} = \frac{8.2톤}{10톤} = 2\%$ 이다.

④ 복화율은 편도운송을 한 후 귀로에 복화운송을 어느 정도 수행했느냐를 나타내는 지표이다.

복화율 = $\frac{\text{귀로 시 영차운행횟수}}{\text{편도 운행횟수}}$ 이다. 문제에서 주어진 자료로는 구할 수 없다.

⑤ 공차율은 전체 주행거리 중 화물을 싣지 않고 운행한 거리비율이다.
공차거리율(공차율) = 1 − 영차율 = 1 − 0.9 = 0.1(10%)이다.

정답 | 049. ③ 050. ② 051. ⑤ 052. ④ 053. ③
054. ① 055. ②

056

철도화물운송용 화물차량에 관한 설명으로 옳지 않은 것은?

① 호퍼화차는 포대화물, 종이류 등을 수송하기 위한 차량으로 양측에 슬라이딩 도어를 구비하여 화물의 적하가 용이하도록 되어 있다.
② 곡물화차는 양곡, 사료 등 비포장 분말화물을 상부 해치를 통하여 적재하고 하부 호퍼를 통하여 하역할 수 있도록 되어 있다.
③ 무개화차는 지붕이 없는 화차로 석탄, 자갈 등 손상 염려가 없는 화물 수송에 이용된다.
④ 컨테이너 화차는 상면 위에 컨테이너를 적재할 수 있으며 고정 장치가 부착되어 있다.
⑤ 곡형평면화차는 특대형 화물 수송용 차량으로 중앙부 저상구조로 대형 변압기, 군장비 등을 적재한다.

해설

Covered hopper car, 즉 덮개형 개저식화차(또는 유개 호퍼차)는 천장 부분에 적재용 뚜껑이 부착되어 있고, 밑 부분에 중력양륙 또는 공기양륙 장치가 부착되어 있는 화차를 말한다. Covered hopper car는 석탄, 모래, 자갈 등 벌크화물의 운송에 이용된다.
포대화물(시멘트, 비료 등), 종이류 등을 수송하기 위한 차량으로 양측에 슬라이딩 도어를 구비하여 화물의 적하가 용이하도록 되어 있는 차량은 유개화차이다.

057

철도화물 운임체계에 관한 설명으로 옳지 않은 것은?

① 철도화물의 운임체계는 일반화물과 컨테이너 화물로 구분된다.
② 화물운임의 할인종류에는 왕복수송 할인, 탄력할인 등이 있다.
③ 컨테이너화물의 최저기본운임은 규격별, 영·공별 컨테이너의 100km에 해당하는 운임이다.
④ 사유화차 할인은 고객이 화차를 제작하여 철도운송에 사용할 경우 투자비 보전을 위해 시행하는 할인으로 할인율은 화차제작 조건에 관계없이 동일하게 적용된다.
⑤ 화물운임의 할증종류에는 철도공사 직원이 감시인으로 승차하는 화물 할증, 열차 및 경로 지정화물 할증 등이 있다.

해설

사유화차는 고객이 자기비용으로 제작한 차량을 말하며, 제작비 보전의 방안으로 운임할인을 받고 있다. 사유화차 할인율은 화차제작 조건에 따라 다르게 적용된다. 예를 들면 유조차나 무개차는 25%, 컨테이너화차는 16~22% 등이고, 최저운임에도 할인율을 적용한다.

058

다음에서 설명하고 있는 철도운송 서비스 형태는?

> - 비교적 짧은 구간에서 유용한 열차서비스의 형태임
> - 철도역 또는 터미널에서 화차조성비용을 줄이기 위해 화차의 수와 타입이 고정됨
> - 출발지 → 목적지 → 출발지를 연결하는 루프형 구간에서 서비스를 제공하는 열차 형태임

① Shuttle Train ② Block Train
③ Single Wagon Train ④ Liner Train
⑤ Coupling & Sharing Train

해설

비교적 짧은 구간에서 유용한 열차서비스의 형태로 철도역 또는 터미널에서 화차조성비용을 줄이기 위해 화차의 수와 타입이 고정된 철도운송 서비스는 Shuttle Train이다.

관련이론 | 셔틀 트레인(Shuttle Train)

Shuttle Train은 철도역 또는 터미널에서 화차조성비용을 줄이기 위해 화차의 수와 타입이 고정되며 출발지 → 목적지 → 출발지를 연결하는 루프형 서비스를 제공하는 열차서비스 형태이다.

059

화물자동차 운수사업법령상 화물자동차 운송가맹사업의 허가기준에 관한 내용으로 옳지 않은 것은?

① 화물자동차의 종류는 화물자동차 운수사업법 시행규칙 제3조에 따른 화물자동차(화물자동차를 직접 소유하는 경우만 해당한다.)를 말한다.
② 그 밖의 운송시설로 화물정보망을 갖추어야 한다.
③ 사무실 및 영업소는 영업에 필요한 면적을 보유하여야 한다.
④ 최저보유차고면적은 화물자동차 1대당 그 화물자동차의 길이와 너비를 곱한 면적(화물자동차를 직접 소유하는 경우만 해당한다.)이다.
⑤ 허가기준 대수는 50대 이상이며 운송사업자가 화물자동차 운송가맹사업 허가를 신청하는 경우 운송사업자의 지위에서 보유하고 있던 화물자동차 운송사업용 화물자동차는 화물자동차 운송가맹사업의 허가기준 대수로 겸용할 수 있다.

해설
화물자동차 운송가맹사업 허가기준 대수는 50대 이상이며 운송사업자가 화물자동차 운송가맹사업 허가를 신청하는 경우 운송사업자의 지위에서 보유하고 있던 화물자동차 운송사업용 화물자동차는 화물자동차 운송가맹사업의 허가기준 대수로 겸용할 수 없다. (「화물자동차운수사업법 시행규칙」 제41조의7 별표5, 비고)

060

다음 수송표에서 최소비용법과 보겔추정법을 적용하여 총 운송비용을 구할 때 각각의 방식에 따라 산출된 총 운송비용의 차이는? (단, 공급지에서 수요지까지의 톤당 운송비는 각 셀의 우측상단에 표시되어 있음)

(단위: 천 원)

수요지 공급지	D1	D2	D3	D4	공급량(톤)
S1	16	18	3	9	300
S2	8	14	7	12	120
S3	6	11	15	13	180
수요량(톤)	130	200	150	120	600

① 30,000원
② 60,000원
③ 120,000원
④ 180,000원
⑤ 240,000원

해설

1. 최소비용법
   각 셀의 우측 하단에 표시되어 있는 단위당 운송비(톤당 운송비)가 가장 낮은 곳부터 순서대로 할당해 나가는 방법이다.

수요지 공급지	D1	D2	D3	D4	공급량(톤)
S1		6th 30 16	1st 150 18	3rd 120 3	300 → 150 → 30 9
S2		5th 120 8	14	7	12	120
S3	2nd 130 6	4th 50 11	15	13	180 → 50
수요량(톤)	130 → 0	200	150 → 0	120 → 0	600

(1) 톤당 운송비가 가장 낮은 S1의 300톤 중 150톤을 D3에 할당한다. 다음으로 톤당 운송비가 가장 낮은 S3의 150톤을 D1에 할당하고 S1의 120톤을 D4에 할당한다.
(2) D3, D1, D4는 할당이 완료되었으므로 각 공급지의 남은 공급량을 D2에 할당한다.

정답 | 056. ① 057. ④ 058. ① 059. ⑤ 060. ③

(3) 최소비용법에 의한 총운송비용
= (150×3)+(130×6)+(120×9)+(50×11)+(120×14)
+(30×18)
= 450+780+1,180+550+1,680+540=5,180천 원이다.

2. 보겔추정법(Vogel's Approximation Method)
기회비용의 개념을 활용하여, 총운송비용이 최소화되도록 운송량을 할당하는 탐색적 기업이다. 각 행과 열에서 가장 낮은 수준의 톤당 운송비와 두 번째로 낮은 톤당 운송비의 차이가 기회비용이다. 기회비용이 가장 큰 곳부터 할당해 나간다.

공급지\수요지	D1	D2	D3	D4	공급량 (톤)	기회비용
S1		6th 30 / 18	1st 150 / 3	2nd 120 / 9	300 → 150 → 30	6 → 7 → 4
	16					
S2	3rd 120 / 8	14	7	12	120 → 0	1 → 4 → 6
S3	4th 10 / 6	5th 170 / 11	15	13	180 → 170	5
수요량 (톤)	130 → 10	200	150 → 0	120 → 0	600	
기회비용	2 → 10	3	4 → 0	3 → 0		

(1) 기회비용이 가장 큰 공급지 S1을 톤당 운송비가 가장 낮은 D3에 150톤 할당한다.
(2) D3는 할당이 끝났으므로 기회비용을 다시 구한다. 새로 구한 기회비용이 가장 큰 S1을 톤당 운송비가 가장 적은 D4에 120톤 할당한다.
(3) D3와 D4는 할당이 완료되었으므로 기회비용을 다시 구한다. 기회비용이 가장 큰 S2를 톤당 운송비가 가장 낮은 D1에 120톤 할당한다.
(4) 다음으로 기회비용이 가장 큰 S3를 톤당 운송비가 가장 낮은 D1에 10톤 할당한다.
(5) 수요지 D2만 남았으므로 S3와 S1 공급지의 남은 공급량을 톤당 운송비가 가장 낮은 순서대로 할당한다.
(6) 보겔의 추정법에 의한 총운송비용
= (150×3)+(120×9)+(120×8)+(10×6)+(170×11)
+(30×18)
= 450+1,180+960+60+1,870+540=5,060천 원이다.

3. 두 방법의 운송비에 의한 차이
= 5,180천 원－5,060천 원=120,000원이다.

061

3개의 공급지와 4개의 수요지에 대한 수송모형에서 공급지에서 수요지 간의 1단위 수송비용이 다음과 같을 때 총 운송비용의 최소값을 구하기 위한 제약조건식으로 옳은 것은? (단, X_{ij}에서 X는 물량, i는 공급지, j는 수요지를 나타냄)

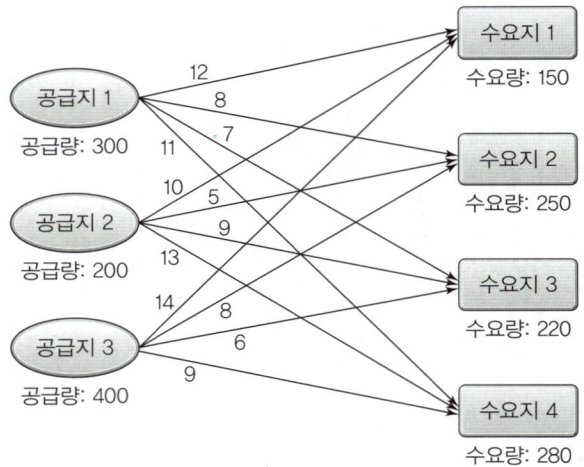

① $X_{12}+X_{22}+X_{32}=150$
② $X_{13}+X_{23}+X_{33}=300$
③ $X_{11}+X_{22}+X_{33}=600$
④ $X_{21}+X_{22}+X_{23}+X_{24}=200$
⑤ $X_{11}+X_{22}+X_{33}+X_{44}=900$

해설
공급지 2의 공급량 200을 4개의 수요지로 운송하므로 제약조건식은 $X_{21}+X_{22}+X_{23}+X_{24}=200$이다.
이외에도 제약조건식은 $X_{11}+X_{12}+X_{13}+X_{14}=300$, $X_{31}+X_{32}+X_{33}+X_{34}=400$ 등을 들 수 있다.

062

국제물류주선업의 기능에 해당하는 것으로 모두 고른 것은?

> ㄱ. 화물의 집화·분배·혼재 서비스 제공
> ㄴ. 운송계약의 체결
> ㄷ. 운송수단, 화물의 포장형태 등 각종 국제 운송에 관한 조언
> ㄹ. 선하증권 등 운송서류 작성
> ㅁ. 선박의 감항능력 유지
> ㅂ. 컨테이너 야드 보안관리

① ㄱ, ㄴ, ㄷ, ㄹ
② ㄱ, ㄴ, ㄹ, ㅂ
③ ㄱ, ㄷ, ㅁ, ㅂ
④ ㄴ, ㄷ, ㄹ, ㅁ
⑤ ㄷ, ㄹ, ㅁ, ㅂ

해설
국제물류주선업자(Freight Forwarder)는 운송에 대한 전문적인 조언, 운송관계서류의 작성, 보험업무 대행, 복합운송, 포장 및 창고 보관업무, 본선과 화물의 인수 또는 인도, 통관절차의 수행, 소량화물의 혼재 및 분류, 운송계약의 체결 및 선복의 예약, 운임 및 기타 비용 지불 등을 수행한다.
ㅁ. 선박의 감항능력을 유지하는 것은 선사(해운회사), ㅂ. 컨테이너 야드 보안관리는 컨테이너터미널 사업자의 기능이다.

063

운송주선인에 관한 설명으로 옳지 않은 것은?

① 화물의 집화·분배 서비스 등을 제공한다.
② 수출입화물의 통관절차를 대행한다.
③ 화주를 대신하여 운송인과 운송계약을 체결한다.
④ 복합운송에서 전체 운송 구간의 운송책임을 부담한다.
⑤ 혼재운송을 하지 않고 단일 화주의 FCL 화물만을 취급하기 때문에 LCL 화물은 취급하지 않는다.

해설
운송주선인(Freight Forwarder)은 단일 화주의 FCL 화물보다는 LCL 화물을 주로 취급한다. 즉 불특정다수 화주의 LCL 화물을 혼재하여 FCL 화물로 만든 후 목적지까지 운송한다.

관련이론 | 운송주선인, 국제물류주선업자(Freight Forwarder, 복합운송인)의 업무
운송에 대한 전문적인 조언, 운송관계서류의 작성, 보험업무 대행, 복합운송, 포장 및 창고 보관업무, 본선과 화물의 인수 또는 인도, 통관절차의 수행, 소량화물의 혼재 및 분류, 운송계약의 체결 및 선복의 예약, 운임 및 기타 비용 지불

064

다음 ( )에 들어갈 Consolidation Service를 바르게 나열한 것은?

> (ㄱ)은 다수의 송화인(수출자)으로부터 화물을 혼재하여 한 사람의 수화인(수입자)에게 운송하는 형태이다.
> (ㄴ)은 다수의 송화인(수출자)으로부터 화물을 혼재하여 다수의 수화인(수입자)에게 운송하는 형태이다.

① ㄱ: Buyer's Consolidation,
　ㄴ: Shipper's Consolidation
② ㄱ: Shipper's Consolidation,
　ㄴ: Forwarder's Consolidation
③ ㄱ: Forwarder's Consolidation,
　ㄴ: Shipper's Consolidation
④ ㄱ: Buyer's Consolidation,
　ㄴ: Forwarder's Consolidation
⑤ ㄱ: Shipper's Consolidation,
　ㄴ: Buyer's Consolidation

해설
(ㄱ)은 수화인(수입자)이 한 사람이므로 Buyer's Consolidation이고, (ㄴ)은 송화인(수출자)과 수화인(수입자) 모두 다수이므로 복합운송인의 혼재가 필요하므로 Forwarder's Consolidation이다.
Forwarder's Consolidation은 여러 화주(송화인)의 소량 컨테이너 화물(LCL)을 수출지의 CFS에서 혼재하여 FCL 단위화물로 선적 운송하고, 수입지에 도착한 후 CFS에서 컨테이너 화물을 분류하여 다수의 수입자들에게 인도해주는 서비스이다.
한편 Shipper's consolidation은 수출업자는 한 사람이고 수입업자가 다수인 경우 운송되는 방식을 말한다. 즉, 다수의 수입업자가 한 사람의 수출업자로부터 상품 수입 시 수출업자는 동일한 목적지로 운송되는 여러 화물을 자신이 혼재하여 보내는 형태이다.

정답 | 061. ④　062. ①　063. ⑤　064. ④

065

다음 S에서 출발하여 F에 도착하는 운송네트워크의 최단경로 거리(km)는? (단, 경로별 숫자는 km임)

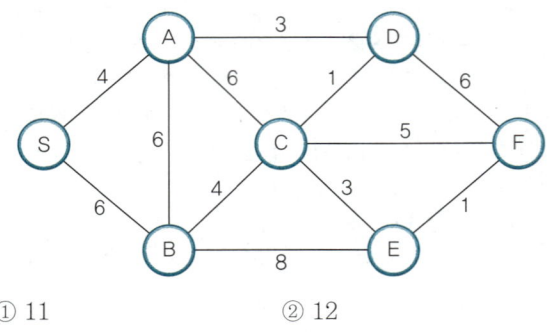

① 11
② 12
③ 13
④ 14
⑤ 15

해설
가능한 경로를 전부 검토한 후 최단경로 거리를 구해야 한다. 최단경로는 S-A-D-C-E-F이고 최단경로=4+3+1+3+1=12km이다.

066

각 지점 간 거리를 나타내는 거리행렬이 다음과 같을 때, 물류센터에서 3개의 수요처까지 개별 왕복운송하는 방법에서 순회운송하는 방법으로 변경할 경우 감소되는 운송거리(km)는?

(단위: 천 원)

구분	물류센터	수요처1(S1)	수요처2(S2)	수요처3(S3)
물류센터	–	7	8	5
수요처1(S1)	7	–	2	6
수요처2(S2)	8	2	–	3
수요처3(S4)	5	6	3	–

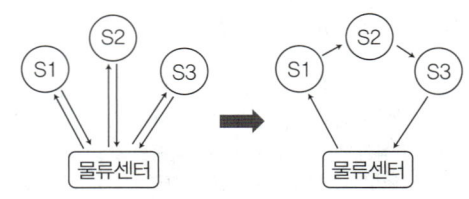

① 3
② 8
③ 14
④ 19
⑤ 23

해설
개별 왕복운송하는 경우 운송거리=(7+8+5)×2=40km이다.
순회운송하는 경우 운송거리=7+2+3+5=17km이다.
∴ 감소되는 운송거리=40km-17km=23km이다.

067

수배송시스템을 설계할 때 고려할 사항으로 옳지 않은 것은?

① 화물차의 적재율을 높일 수 있도록 설계한다.
② 중복수송, 편도수송이 많이 일어나도록 설계하여 수송비용을 최소화한다.
③ 동일지역에서 집화와 배송을 동시에 수행할 수 있게 설계하여 효율성을 높인다.
④ 배송경로는 가능한 상호 교차되지 않도록 설계한다.
⑤ 차량 운행 대수, 수배송비용 등을 고려하여 설계한다.

해설
수송시스템을 설계할 때는 중복·교차수송이나 편도수송이 일어나지 않도록 설계하여 수송비용을 최소화해야 한다.

068

출발지에서 도착지까지 유류를 운송하는 파이프라인에서 c → b 구간의 폐쇄를 고려하고 있다. 각각의 파이프라인 (ㄱ), (ㄴ)에서 운송 가능한 최대 유량은? (단, 링크의 숫자는 인접한 노드 간의 용량을 나타내며, 화살표 방향으로만 이동 가능함)

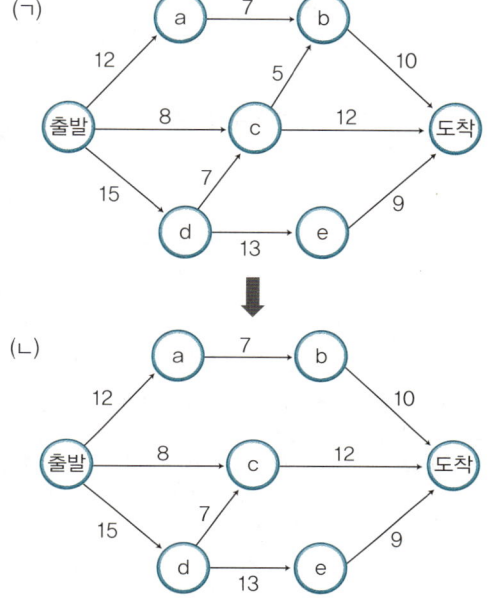

① ㄱ: 28, ㄴ: 27
② ㄱ: 28, ㄴ: 28
③ ㄱ: 30, ㄴ: 24
④ ㄱ: 30, ㄴ: 27
⑤ ㄱ: 30, ㄴ: 28

해설
파이프라인 (ㄱ)에서는 SabF 7, SbcF 3, ScbF 5, ScF 7, SdeF 8이므로 7+3+5+7+8=30이다. 파이프라인 (ㄴ)에서는 SabF 7, ScF 8, SdcF 4, SdeF 9이므로 7+8+4+9=28이다.

069

허브 앤 스포크(Hub & Spoke) 시스템에 관한 내용으로 옳은 것을 모두 고른 것은?

> ㄱ. 모든 노선이 허브를 중심으로 구축된다.
> ㄴ. 대규모 분류능력을 갖춘 허브터미널이 필요하다.
> ㄷ. 운송노선이 다양하고 복잡해지기 때문에 전체 운송비용이 증가한다.
> ㄹ. 규모의 경제를 이루어 운송망 전체의 효율성이 높아진다.
> ㅁ. 셔틀노선의 증편이 용이하여 영업소 확대에 유리하다.

① ㄱ, ㄴ, ㄹ
② ㄱ, ㄴ, ㅁ
③ ㄱ, ㄷ, ㄹ
④ ㄴ, ㄷ, ㅁ
⑤ ㄷ, ㄹ, ㅁ

해설
허브 앤 스포크(Hub & Spoke) 시스템은 모든 노선이 허브를 중심으로 구축되므로 대규모 분류능력을 갖춘 허브터미널이 필요하다. 허브터미널에서 대량의 화물을 취급하므로 규모의 경제 효과가 있다.
ㄷ과 ㄹ은 Point to Point 시스템에 대한 설명이다. Point to Point 시스템은 어느 하나의 지역에서 집화한 화물을 그 지역의 터미널로 집결시킨 후 배달할 지역별로 구분하여 배달담당 터미널로 발송하는 택배운송시스템을 말한다.

정답 | 065. ② 066. ⑤ 067. ② 068. ⑤ 069. ①

070

수송수요모형에 관한 설명으로 옳은 것은?

① 성장인자모형은 확률이론을 기반으로 단기적 효과를 확인하기에 용이한 수단 분담모형이다.
② 회귀모형은 일정구역에서 화물의 공간적 분산 정도가 극대화한다는 가정에 기초한 비집계자료활용모형이다.
③ 통행교차모형은 화물 발생량 및 도착량에 영향을 주는 다양한 변수 간의 상관관계에 대한 식을 도출하여 교차하는 화물량을 예측하는 화물분포모형이다.
④ 중력모형은 지역 간의 운송량이 경제규모에 비례하고 거리에 반비례한다는 가정에 의한 모형이다.
⑤ 스위프(Sweep)모형은 물동량 배분패턴이 장래에도 일정하게 유지된다는 가정하에 지역 간의 물동량을 예측하는 화물분포모형이다.

해설
중력모형은 지역 간의 운송량이 경제규모에 비례하고 거리에 반비례한다는 가정에 기초한 화물분포모형으로 단일제약모형, 이중제약모형 등이 있다.

선지분석
①은 통행교차모형, ②는 엔트로피 극대화모형, ③은 회귀모형, ⑤는 성장인지모형에 대한 설명이다.

071

선박의 톤수에 관한 설명으로 옳은 것을 모두 고른 것은?

> ㄱ. 선박의 톤은 선박의 중량과 용적 단위로 나타낸다.
> ㄴ. 선박의 용적을 톤으로 표시하는 용적톤수에는 총톤수, 순톤수가 있다.
> ㄷ. 순톤수는 총톤수에서 기관실, 선원실 등 선박의 운항과 관련된 장소의 용적을 제외한 것이다.
> ㄹ. 배수톤수는 선박이 적재할 수 있는 화물의 최대허용중량을 의미한다.
> ㅁ. 재화중량톤수는 선체의 수면 아래 부분의 용적에 상당하는 물의 중량을 의미한다.

① ㄱ, ㄴ, ㄷ　　② ㄱ, ㄴ, ㅁ
③ ㄱ, ㄹ, ㅁ　　④ ㄴ, ㄷ, ㄹ
⑤ ㄷ, ㄹ, ㅁ

선지분석
ㄹ. 배수톤수(Displacement Tonnage)는 선체의 수면 아래에 있는 부분의 용적과 대등한 물의 중량을 나타내는 배수량을 말한다.
ㅁ. 재화중량톤수(Dead Weight Tonnage)는 공선상태로부터 만선이 될 때까지 실을 수 있는 화물, 여객, 연료, 식료, 음료수 등의 합계 중량으로 상업상의 능력을 나타낸다.

072

연안해상운송에 관한 설명으로 옳지 않은 것은?

① 해수면을 통해 화물을 선박으로 수송하는 것이다.
② 소량 다빈도 운송으로 문전수송(Door-to-Door)에 적합하다.
③ 도서지역 생필품의 안정적 공급 수단이 된다.
④ 철도 및 도로 운송의 대체수단으로 국내 항만을 오가는 운송이다.
⑤ 도로운송의 혼잡을 경감할 수 있는 친환경 운송수단의 특성이 있다.

해설
연안해상운송은 수출입화물이나 내수용 화물을 선박을 선박을 이용하여 국내항 간 운송하는 것이다. 따라서 대량화물의 국내운송에 적합하고, 중량물 등의 운송에 적합하다.

073
항공화물 운임산출의 일반적인 기준에 관한 내용으로 옳은 것은?

① 항공운임은 ICAO의 기준에 따르며 요금, 요율 및 그와 관련된 규정은 운송장 발행 이후 일주일의 기한을 두어 소급 적용한다.
② 화물요율의 설정은 공항에서 공항까지이며 부수적인 서비스 요금은 별도로 계산하지 않는다.
③ 화물의 요율은 출발지 국가의 현지 통화로 설정하며, 출발지로부터 목적지까지 한 방향으로 적용한다.
④ 모든 화물의 요율은 출발지 국가와 상관없이 kg당 요율로 설정한다.
⑤ 운임 산출 시 근거가 되었던 경로는 화물의 실제 운송 경로와 반드시 일치하여야 한다.

선지분석
① 항공운임은 국제항공운송협회(IATA)에서 제정한 요율규정(TACT)을 따른다.
② 부수적인 서비스 요금은 별도로 계산한다.
④ 미국지역에서 출발하는 화물은 lb(파운드)로 측정한다.
⑤ 화물의 실제 운송경로와 반드시 일치할 필요는 없다.

074
다음에서 설명하고 있는 해운동맹의 운영방법에 해당하는 것은?

> 각 동맹선사들이 일정기간 벌어들인 운임을 사전에 정한 배분율에 따라 배분하는 방법으로, 보통 일정기간 내에 얻은 운임수입에서 소정의 비용을 공제한 금액의 전부 또는 일부를 계산하여 각사에 나누어 준다.

① 공동계산협정(Pooling Agreement)
② 대항선(Fighting Ship) 운영
③ 계약운임제(Contract Rate System)
④ 성실환급제(Fidelity Rebate System)
⑤ 이연환급제(Deferred Rebate System)

해설
각 동맹선사들이 일정기간 내에 얻은 운임수입에서 소정의 비용을 공제한 금액의 전부 또는 일부를 계산하여 각 동맹선사에 나누어 주는 방법은 공동계산협정(Pooling Agreement)이다.

075
화물의 가치가 높은 화물의 경우, 중량이나 용적이 아닌 가격을 기준으로 산정하는 항공화물 운임에 해당하는 것은?

① 단위탑재용기운임
② 종가운임
③ 무차별운임
④ 중량운임
⑤ 추가운임

선지분석
항공화물 운임 중 종가운임(Ad Valorem Freight, Valuation Charge)은 화물중량이 아닌 화물가격(송장가액)에 따라 운임의 수준이 달라지는 운임을 말한다. 금·은 등 귀금속, 유가증권, 예술품 등과 같은 고가품에 대해 송장가격을 기준으로 적용한다.

076
택배 표준약관(공정거래위원회 표준약관 제10026호)에서 운임의 청구와 유치권에 관한 내용으로 옳지 않은 것은?

① 사업자는 고객(송화인)과의 합의에 따라 운송물을 인도할 때 운송물을 받는 자(수화인)에게 운임을 청구할 수 있다.
② 고객(송화인, 수화인)의 사유로 운송물을 돌려보내거나 도착지 주소지가 변경되는 경우에 사업자는 따로 추가 요금을 청구할 수 없다.
③ 사업자가 고객(송화인)과의 합의에 따라 운송물을 인도할 때, 운송물을 받는 자(수화인)가 운임을 지급하지 않는 경우에 사업자는 운송물을 유치할 수 있다.
④ 운송물이 포장 당 50만 원을 초과하거나 운송상 특별한 주의를 요하는 것일 때에는 사업자는 따로 할증요금을 청구할 수 있다.
⑤ 사업자는 운송물을 수탁할 때, 고객(송화인)에게 운임을 청구할 수 있다.

해설
고객(송화인, 수화인)의 사유로 운송물을 돌려보내거나 도착지 주소지가 변경되는 경우에 사업자는 따로 추가 요금을 청구할 수 있다. (「택배 표준약관」 제6조 운임의 청구와 유치권)

정답 | 070. ④ 071. ① 072. ② 073. ③ 074. ①
       075. ② 076. ②

077

다음은 택배 표준약관(공정거래위원회 표준약관 제10026호)에서 인도할 수 없는 운송물의 처분에 관한 내용이다. ( )에 들어갈 내용으로 옳은 것은?

> 사업자는 고객(송화인)에게 (ㄱ) 이상의 기간을 정하여 그 기간 내에 운송물의 처분에 관한 지시가 없으면 경매한다는 뜻을 명시하여 운송물의 처분과 관련한 지시를 해 줄 것을 통지합니다. 다만, 고객(수화인)의 수령거절 또는 수령불능의 경우에는 먼저 고객(수화인)에게 (ㄴ) 이상의 기간을 정하여 수령을 요청하고 그 기간 내에도 수령하지 않는 때에 고객(송화인)에게 통지합니다.

① ㄱ: 1주일, ㄴ: 1주일
② ㄱ: 1주일, ㄴ: 2주일
③ ㄱ: 2주일, ㄴ: 3주일
④ ㄱ: 3주일, ㄴ: 1주일
⑤ ㄱ: 1개월, ㄴ: 1주일

해설
「택배 표준약관」제14조 "인도할 수 없는 운송물의 처분"에 관한 규정이다. 1개월, 1주일 이상의 기간이다.

078

다음에서 설명하고 있는 용선운송계약의 형태는?

> • 용선자(선박임차인)가 계약기간을 일정기간으로 정하여 기간에 따라 임차료를 계산하고 선박소유자로부터 선박 자체만을 임차하여 선장, 선원, 항비, 수선비 및 보험료 등 모두를 용선자가 부담하는 경우를 말한다.
> • 용선자는 선장과 선원에 대한 지휘 감독권이 있으며, 이들의 과실로 인해 발생한 책임을 모두 부담한다.

① 항해용선계약(Voyage Charter)
② 선복용선계약(Lump-sum Charter)
③ 나용선계약(Bareboat Charter)
④ 정기용선계약(Time Charter)
⑤ 일대용선계약(Daily Charter)

해설
제시된 용선운송계약의 형태는 나용선계약(Bareboat Charter)이다. 나용선계약은 선박소유자로부터 선박 자체만을 임차하여 선장, 선원, 항비, 수선비 및 보험료 등 모두를 용선자가 부담하는 형태이다.
용선계약에는 전부용선과 일부용선이 있으며 전부용선에는 기간(정기)용선계약(Time Charter)과 항해용선계약(Voyage Charter) 및 나용선계약(Bareboat Charter) 등이 있다.

관련이론 | **부정기선 용선계약 비교**

구분	항해용선계약	정기(기간)용선계약	나용선계약
선장 고용책임	선주가 선장 임명 및 지휘·감독	선주가 선장 임명 및 지휘·감독	임차인이 선장 임명 및 지휘·감독
책임한계	용선자는 선복이용, 선주는 운송행위	용선자는 선복 이용, 선주는 운송행위	임차인이 선박을 일정기간 사용 및 운송행위
운임 결정기준	선복으로 결정	기간에 의하여 결정	임차료는 기간을 기초로 결정
감항담보	용선자는 재용선에 대하여 감항담보 책임이 없음	용선자는 재용선에 대하여 감항담보 책임이 없음	임차인은 화주 또는 용선자에 대하여 감항담보 책임이 있음
용선자의 비용부담	비용부담 없음	연료비 등 변동비 부담	운항에 필요한 모든 비용 부담

079

택배 표준약관(공정거래위원회 표준약관 제10026호)에서 정하고 있는 운송물의 수탁거절에 해당하는 것을 모두 고른 것은?

> ㄱ. 1포장의 가액이 300만 원을 초과하는 경우
> ㄴ. 화약류, 인화물질 등 위험한 물건인 경우
> ㄷ. 재생 불가능한 계약서, 원고, 서류 등인 경우
> ㄹ. 살아 있는 동물, 동물사체 등인 경우
> ㅁ. 현금, 카드, 어음, 수표, 유가증권 등 현금화가 가능한 물건인 경우

① ㅁ
② ㄴ, ㄹ
③ ㄱ, ㄷ, ㅁ
④ ㄱ, ㄴ, ㄷ, ㄹ
⑤ ㄱ, ㄴ, ㄷ, ㄹ, ㅁ

해설
제시된 경우 모두 운송물의 수탁을 거절할 수 있는 사유에 해당한다.

관련이론 | **운송물의 수탁거절**(「택배 표준약관」 제10조)
- 고객이 운송장에 필요한 사항을 기재하지 아니한 경우
- 운송에 적합한 포장이 되지 않은 경우
- 운송물의 종류와 수량이 운송장에 기재된 것과 다른 경우
- 운송물 1포장의 가액이 300만 원을 초과하는 경우
- 운송물의 인도예정일(시)에 따른 운송이 불가능한 경우
- 운송물이 화약류, 인화물질 등 위험한 물건인 경우
- 운송물이 밀수품, 군수품, 부정임산물 등 위법한 물건인 경우
- 운송물이 현금, 카드, 어음, 수표, 유가증권 등 현금화가 가능한 물건인 경우
- 운송물이 재생불가능한 계약서, 원고, 서류 등인 경우
- 운송물이 살아있는 동물, 동물사체 등인 경우
- 운송이 법령, 사회질서 기타 선량한 풍속에 반하는 경우
- 운송이 천재, 지변 기타 불가항력적인 사유로 불가능한 경우

080

생활물류서비스산업발전법상 택배서비스 운송 위탁계약의 해지에 관한 내용이다. ( )에 들어갈 내용으로 옳은 것은?

> 택배서비스 사업자는 택배서비스 종사자와의 택배서비스 운송 위탁계약을 해지하려는 경우에는 택배서비스 종사자에게 (ㄱ)일 이상의 유예기간을 두고 계약의 위반 사실을 구체적으로 밝히고 이를 시정하지 아니하면 그 계약을 해지한다는 사실을 서면으로 (ㄴ)회 이상 통지하여야 한다. 다만, 대통령령으로 정하는 바에 따라 계약을 지속하기 어려운 중대한 사유가 있는 경우에는 그러하지 아니하다.

① ㄱ: 30, ㄴ: 1
② ㄱ: 30, ㄴ: 2
③ ㄱ: 60, ㄴ: 1
④ ㄱ: 60, ㄴ: 2
⑤ ㄱ: 90, ㄴ: 1

해설
택배서비스 사업자는 택배서비스 종사자와의 택배서비스 운송 위탁계약을 해지하려는 경우에는 택배서비스종사자에게 60일 이상의 유예기간을 두고 계약의 위반 사실을 구체적으로 밝히고 이를 시정하지 아니하면 그 계약을 해지한다는 사실을 서면으로 2회 이상 통지하여야 한다. (「생활물류서비스산업발전법」 제11조)

정답 | 077. ⑤ 078. ③ 079. ⑤ 080. ④

국제물류론

081
최근 국제물류환경의 변화에 관한 설명으로 옳지 않은 것은?

① 녹색물류의 중요성 증대
② 물류기업 간의 전략적 제휴 및 인수합병 증가
③ 물류기업에 대한 시장진입 규제강화
④ 글로벌 공급망 관리와 통합물류서비스 강화
⑤ 물류 위험관리와 물류보안 강화

해설
국경 간 전자상거래(Cross-border E-commerce, CBEC)의 지속적인 성장으로 소비자 중심의 B2C(Business to Customer) 거래가 확대되면서 물류기업에 대한 시장진입의 기회가 증가하는 추세이다.

082
국내물류와 비교한 국제물류의 특징으로 옳지 않은 것은?

① 선화증권, 항공화물운송장, 상업송장, 수출신고서 등 다양한 서류가 존재한다.
② 화물운송주선인, 통관업자 등 여러 중개인이 존재한다.
③ 주문절차와 주문처리가 복잡하다.
④ 화물운송 과정에 수출입 통관을 거치게 된다.
⑤ 해상 또는 항공운송으로 이루어지므로 운송관리가 비교적 용이하다.

해설
국내물류는 단거리 위주의 육상운송을 중심으로 운영된다. 반면, 통관절차가 수반되는 국제물류는 중장거리 위주의 복합운송을 중심으로 운영되기 때문에 운송관리가 상대적으로 복잡하다.

083
다음 국제물류시스템의 유형 중 다국행 창고시스템(multi-country warehouse system)에 관한 설명으로 옳은 것은?

① 해외 자회사 창고는 보관기능보다는 유통기능 및 통과센터로서의 기능이 강하다.
② 상품이 생산국에서 해외 거점창고로 운송된 후 각국의 자회사 창고나 고객에게 수송된다.
③ 생산국의 창고에서 재고를 집중시켜 운영하므로 해외 자회사에서 보관비가 절감된다.
④ 해외 자회사는 상거래 유통에는 관여하지만 물류에는 직접적으로 관여하지 않는다.
⑤ 다빈도 출하가 이루어져 출하비, 운송비, 통관비 등이 증가할 수 있다.

선지분석
① 통과 시스템(Transit system)에서 해외 자회사 창고는 보관기능보다 유통기능이 강한 통과센터로 운영된다.
③ 고전적 시스템(Classical system)과 통과 시스템(Transit system)은 생산국의 창고에 재고를 집중시켜 보유한다는 점에서 유사하다. 그러나 고전적 시스템은 생산국 창고에서 해외 자회사 창고로 대량의 상품을 저빈도로 출하하는 반면, 통과 시스템은 생산국 창고에서 해외 자회사 창고로 상대적으로 소량의 상품을 다빈도로 출하한다는 점에서 차이가 있다.
④ 직송 시스템(Direct system)에서 해외 자회사는 판매, 유통에 집중하고 물류를 직접 수행하지 않는다.
⑤ 직송 시스템(Direct system)은 상품을 생산국 창고에서 해외 자회사의 최종 소비자 또는 판매점으로 직접 운송하므로 다빈도 출하가 이루어져 출하비, 운송비, 통관비 등이 증가할 수 있다.

084

국제물류서비스의 단계별 발전과정을 옳게 나열한 것은?

> ㄱ. 현지국 물류체계: 국가별 현지 자회사를 중심으로 물류, 생산활동을 수행하는 단계
> ㄴ. 수출입 물류체계: 수출입을 중심으로 이루어지는 일련의 물류활동을 관리하는 단계
> ㄷ. 글로벌 공급망 네트워크 체계: 공급망 기반 글로벌 네트워크 구축으로 조달, 생산, 물류, 판매 등 전 경영체계의 글로벌화 실현
> ㄹ. 거점 물류체계: 지역물류, 생산거점을 중심으로 지역 경제권 전체를 담당하는 물류 체계

① ㄱ → ㄴ → ㄷ → ㄹ
② ㄱ → ㄹ → ㄷ → ㄴ
③ ㄴ → ㄱ → ㄹ → ㄷ
④ ㄴ → ㄷ → ㄱ → ㄹ
⑤ ㄹ → ㄱ → ㄴ → ㄷ

해설
국제물류서비스는 자국 중심의 수출입 물류체계에서, 현지 중심의 현지 물류체계, 지역 권역 전체를 담당하는 거점 물류체계, SCM 기반 글로벌 네트워크를 구축하여 운영하는 글로벌 공급망 네트워크 체계로 발전하는 과정을 거친다.

085

항공화물의 사고 유형에 관한 내용 중 옳은 것을 모두 고른 것은?

> ㄱ. STLD(Short-Landed): 적하목록에는 기재되어 있으나 도착지 공항에 화물이 도착하지 않은 경우
> ㄴ. SSPD(Short-Shipped): 수화인으로부터 화물이 수취 거절당하거나 수입통관 문제로 수화인에게 인도가 불가능한 경우
> ㄷ. MSLB(Miss-Labelled): 실제 적하목록에 기재된 항공화물운송장 번호와 다른 라벨이 붙어있는 경우
> ㄹ. OVCD(Over-Carried): 출발지나 경유지에서 항공기의 안전 확보 또는 업무 착오로 화물을 내린 경우

① ㄱ, ㄴ
② ㄱ, ㄷ
③ ㄴ, ㄹ
④ ㄱ, ㄴ, ㄹ
⑤ ㄴ, ㄷ, ㄹ

해설
SSPD(Short-Shipped)는 적하목록에는 기재되어 있으나 화물이 항공기에 탑재되지 않은 항공운송화물의 사고 유형이다.
OVCD(Over-Carried)는 화물이 하기되어야 할 예정 목적지나 경유지를 지나서 내려진 경우를 의미한다.

086

IATA(International Air Transport Association)에 관한 설명으로 옳지 않은 것은?

① 정부 간 국제협력기구로서 UN 산하의 전문기관이다.
② 항공권의 약관을 포함한 항공권의 규격 및 발권절차 등의 통일을 도모한다.
③ 항공사 간 과당경쟁을 방지하기 위해 운임협정 및 서비스 내용을 다룬다.
④ 항공운송장의 표준서식 및 약관을 제정하고 있다.
⑤ 각국 항공사들의 대표가 참석하며, ICAO의 협력기구이다.

해설
시카고조약을 기반으로 국제항공운송의 안전성 확보와 항공 질서 관리를 목적으로 정부 간에 협력하여 설립된 UN 산하 항공 전문기구는 ICAO(International Civil Aviation Organization)이다.

정답 | 081. ③　082. ⑤　083. ②　084. ③　085. ②
　　　　086. ①

087

항공화물운송장 작성에 관한 내용으로 옳지 않은 것은?

① Declared Value for Carriage란은 송화인의 운송신고가격을 기재하며, 무가격 신고는 NCV라고 기재한다.
② Amount of Insurance란은 화주가 보험에 가입하는 경우 보험금액을 기재한다.
③ Chargeable Weight란은 화물의 실제중량과 부피중량 중 높은 쪽의 중량을 기재하며, 최저운임이 적용될 경우 기재할 필요가 없다.
④ Declared Value for Customs란은 세관통관 목적을 위해 송화인의 세관신고가격을 기재한다.
⑤ Currency란은 AWB 발행국의 화폐단위 코드를 기재한다.

해설
송하인은 항공화물운송장의 "Declared Value for Carriage"란에 항공운송을 위해 항공사에 신고하는 화물의 가격을 기재하고, 항공화물운송장에 화물의 가격을 신고하지 않는 경우에는 N.V.D(No Value Declared)로 표기한다.

088

인천-뉴욕 구간의 전자제품 2,500kg을 Type 2H 컨테이너에 탑재하였을 경우, 다음 조건에서 팔레트-컨테이너 운임(Bulk Unitization Charge)은 얼마인가?

- Pivot Weight: 2,400kg
- Pivot Charge: US$ 9,000
- Over Pivot Charge: US$ 4.00/kg

① US$ 9,000　　② US$ 9,100
③ US$ 9,200　　④ US$ 9,300
⑤ US$ 9,400

해설
단위탑재용기요금(Bulk Unitization Charge, BUC)은 항공화물 운송용 컨테이너, 파렛트와 같은 단위탑재용기(Unit Load Device, ULD) 유형(Type)별로 한계중량(Pivot weight)을 정해 놓고 기본운임(Pivot charge)을 부과한다. 화물이 한계중량을 초과하는 경우에는 초과중량에 초과중량요율(Over Pivot Charge)을 곱한 초과운임을 가산한다. 따라서 인천-뉴욕 구간의 전자제품 2,500kg에 대한 단위탑재용기요금(BUC)은 기본운임(US$ 9,000)에 초과운임(초과중량 100kg×초과중량요율 US$ 4.00/kg)을 합산한 금액이다.

089

항공운송에서 위험화물(Dangerous Goods)에 관한 설명으로 옳지 않은 것은?

① 위험화물은 항공운송 중 발생하는 기압, 온도의 변화, 기체의 흔들림 등으로 항공기, 인명, 인접화물 등에 피해를 줄 우려가 있는 화물을 의미한다.
② IATA의 위험물 취급규정(DGR)에 수송 여부 및 제한 사항이 규정되어 있다.
③ IATA DGR의 위험품목은 9개 부류(9 class)로 구분하고 송화인의 책임을 규정하고 있다.
④ 화주신고서(Shipper's Declaration for Dangerous Goods)에 대한 작성 및 서명은 항공사가 한다.
⑤ 송화인은 IATA DGR에 명시된 절차에 따라 분류, 인식, 포장, 마킹, 라벨링 작업을 하고, 서류를 작성하여야 한다.

해설
위험물 화주신고서(Shipper's Declaration for Dangerous Goods)는 원칙적으로 화주에 의해 작성되고 서명되어야 한다. 일정한 요건이 충족된 경우에는 포워더가 화주를 대신하여 위험물 화주신고서를 작성하거나 서명할 수 있지만, 이때 제공되는 정보에 대한 전반적인 책임은 화주가 부담한다.

090

다음 설명에 해당하는 컨테이너 화물운송과 관련된 국제협약은?

> 유럽경제위원회에서 채택한 국제협약으로 체약국은 도로 주행차량에 의해 운송되는 봉인된 컨테이너 내의 화물에 대해서는 경유지 세관에서의 수입세나 수출세의 납부 및 공탁을 면제하고 원칙적으로 경유지 세관에서의 세관검사가 면제되는 것을 규정함

① CCC(Customs Convention on Container, 1956)
② TIR(Transport International Routiere, 1959)
③ CSC(International Convention for Safe Containers, 1972)
④ CMR(Convention Relative au Contract de Transport International de Marchandises par Route, 1956)
⑤ ITI(Customs Convention on the International Transit of Goods, 1971)

선지분석

① CCC(Customs Convention on Container, 1956): 컨테이너가 관세선을 통과할 때 컨테이너 자체의 수출입에 대한 관세법상 특례를 규정한 협약
③ CSC(International Convention for Safe Container, 1972): 컨테이너의 운송 및 취급에 있어서 컨테이너의 구조상 안전요건을 국제적으로 통일하기 위해 채택한 컨테이너 안전협약
④ CMR(Convention on the Contract for the International Carriage of Goods by Road, 1956): 유럽지역의 도로화물운송과 관련하여 운송인의 손해배상 등 운송인의 책임을 중심으로 규정한 국제조약
⑤ ITI(Customs Convention on the International Transit of Goods, 1971): 컨테이너 속에 내장된 화물이 육·해·공 모든 운송수단으로 경유지 국가를 통과하여 목적지까지 운송될 때 컨테이너화물에 관한 관세법상 특례를 규정한 협약

091

국제복합운송인에 관한 설명으로 옳지 않은 것은?

① 실제운송인형 복합운송인은 직접 운송수단을 보유하고 복합운송인의 역할과 책임을 수행한다.
② 계약운송인형 복합운송인은 운송수단을 보유하지 않고 운송주체자로서의 역할과 책임을 수행한다.
③ NVOCC는 미국의 신해운법에서 포워더형 복합운송인을 법제화시킨 개념이다.
④ NVOCC는 자체 Tariff를 가질 수 있으나 자기 명의로 B/L을 발행할 수 없다.
⑤ NVOCC는 화주와 운송인 사이에서 화주에게는 운송인의 입장이 되고, 운송인에게는 화주의 입장이 된다.

해설
NVOCC(Non-Vessel Operating Common Carrier)는 선박을 직접 보유하지 않으면서 해상운송인(Ocean Common Carrier)에 대하여 화주의 입장이 되고, 화주에 대하여 계약운송인의 입장에서 자체 Tariff를 가지고 운송계약의 주체가 되어 자기 명의로 B/L을 발행하고 운송구간에 대한 책임을 부담하는 무선박운송인이다.

092

복합운송증권의 법적 성질에 관한 설명으로 옳지 않은 것은?

① 상환증권: 증권과 상환으로 물품의 인도를 청구할 수 있다.
② 요식증권: 법률에 의해 일정한 화물 및 운송에 대한 기재사항이 요구되는 증권이다.
③ 지시증권: 증권이 지시식으로 발행된 경우 배서에 의해 양도가 가능하다.
④ 요인증권: 선적 화물의 수령을 전제로 증권이 발행된다.
⑤ 문언증권: 증권에 기재가 없는 사항에 대해서 책임을 부담한다.

해설
문언증권은 증권에 기재된 문언에 따라 권리와 의무의 내용이 결정된다.

정답 | 087. ① 088. ⑤ 089. ④ 090. ② 091. ④ 092. ⑤

093

국제복합운송에 관한 설명으로 옳지 않은 것은?

① 복합운송의 기본 요건으로 단일 운송책임, 단일 운송계약, 단일 운임, 이종의 복수 운송수단, 복합운송증권 발행 등이 있다.
② 북미 및 시베리아 횡단철도와 해상운송을 연계하는 복합운송경로의 개척에 힘입어 해륙복합운송이 발달하였다.
③ 컨테이너 복합운송은 재래식 운송방식에 비해 하역비, 포장비, 보관비 등에서 경제적 효과가 있다.
④ 복합운송인은 FCL화물을 집화·분류·혼재한 후 Master B/L을 발행한다.
⑤ 화물 트럭이나 트레일러를 철도 화차에 적재하여 운송하는 방식을 Piggy-Back 방식이라고 한다.

해설
복합운송인은 House B/L의 성질을 가지는 Forwarder's B/L을 발행한다.

094

다음 책임한도에 해당하는 복합운송인 책임 체계와 국제조약이 바르게 연결된 것은?

- 1포장당 666.67 SDR 또는 1kg당 2 SDR 중에서 높은 금액 적용
- 해상구간이 없는 경우, 1kg당 8.33 SDR 적용

① 단일책임체계 - UN 국제물품복합운송조약(1980)
② 이종책임체계 - 함부르크규칙(1978)
③ 이종책임체계 - UNCTAD/ICC 복합운송증권통일규칙(1992)
④ 변형단일책임체계 - UN 국제물품복합운송조약(1980)
⑤ 변형단일책임체계 - UNCTAD/ICC 복합운송증권통일규칙(1992)

해설
UNCTAD/ICC 복합운송증권통일규칙(1992)은 변형단일책임체계를 채택하고, 복합운송인의 책임제한액을 규정하고 있다. 해상구간에서 화물의 멸실 또는 손상의 손해 발생이 판명된 경우 운송인의 책임제한액은 해상운송 국제조약에 의거하여 포장당 666.67 SDR 또는 kg당 2 SDR을 적용한 합계액 중 높은 금액이 적용된다. 반면, 해상구간 또는 내수로구간이 없는 경우 운송인의 손해배상 한도는 kg당 8.33 SDR로 제한된다.

095

다음에서 설명하는 복합운송경로는?

극동지역에서 북미 서해안까지 해상운송을 통해 화물을 운송한 후 북미 지역 내에서 공통운임이 부과되는 로키산맥 동부지역까지만 철도운송으로 화물을 운송하는 형태

① American Land Bridge
② Overland Common Point
③ Mini Land Bridge
④ Canadian Land Bridge
⑤ Reverse Interior Point Intermodal

선지분석
① American Land Bridge: 극동지역에서 미국 서부지역으로 해상운송한 후 미국 대륙횡단철도를 이용하여 미국 동부지역까지 운송하고, 그곳에서 다시 해상운송으로 유럽까지 운송하는 복합운송경로
③ Mini Land Bridge: 극동지역에서 미국 서부지역으로 해상운송한 후 철도를 이용하여 미국 동쪽 해안까지 화물을 운송하는 복합운송경로
④ Canada Land Bridge: 극동지역에서 캐나다 서부지역으로 해상운송한 후 캐나다 대륙횡단철도를 이용하여 캐나다 동부지역까지 운송하고, 그곳에서 다시 해상운송으로 유럽까지 운송하는 복합운송경로
⑤ Reverse Interior Point Intermodal: 극동지역에서 파나마운하를 통해 미국 동부지역으로 해상운송한 후 철도나 트럭으로 미국 내륙지점까지 화물을 운송하는 복합운송경로

096

컨테이너 화물의 운송형태에 관한 설명으로 옳지 않은 것은?

① CY/CY는 수출지 CY에서 수입지 CY까지 FCL형태로 운송된다.
② CY/CY는 컨테이너 장점을 최대로 살릴 수 있는 방식으로 Door to Door 서비스가 가능하다.
③ CFS/CFS는 LCL화물을 수출지 CFS에서 혼재하여 FCL화물로 만들어 수입지 CFS까지 운송된다.
④ CFS/CY는 단일 수입상이 다수의 수출상으로부터 물품을 수입할 때 이용된다.
⑤ CY/CFS는 실무에서 가장 많이 이용되는 방식이다.

해설
CY/CFS(FCL/LCL)는 수출지 CY에서 수입지 CFS까지 운송하는 방식으로, 한 명의 송하인과 다수의 수하인으로 구성되어 있다. CY/CY는 대량화물을 취급하는 단일화주에게 효율적이며 실무에서 가장 많이 이용되는 방식이다. 반면, CFS/CFS는 소량화물을 취급하는 다수화주에 적합한 방식이다.

097
정기선 할증운임에 관한 설명으로 옳지 않은 것은?

① "Terminal Handling Charge"는 장척화물이나 벌크화물에 대해 부과되는 운임이다.
② "Heavy Cargo Surcharge"는 초과 중량에 따라 기본운임에 가산하여 부과된다.
③ "Congestion Surcharge"는 양륙항의 체선이 심해 장기간의 정박이 요구되어 선사에 손해가 발생할 때 부과된다.
④ "Bunker Adjustment Factor"는 선박의 연료인 벙커유 가격 인상에 따른 손실을 보전하기 위해 부과된다.
⑤ "Currency Adjustment Factor"는 환율변동에 따른 환차손을 보전하기 위해 부과된다.

해설
Terminal Handling Charge는 화물이 컨테이너터미널(CY)에 반입된 순간부터 본선의 선측까지 또는 본선의 선측에서 CY 게이트까지 컨테이너 화물을 취급하는 데 부과하는 터미널 화물처리비를 의미한다.

098
다음 설명에 해당하는 부정기선 운임은?

> 용선자가 계약한 화물량보다 적은 화물량을 선적하였을 때 선적하지 않은 화물량에 대하여 선주에게 지급하는 운임

① Lump Sum Freight
② Pro Rate Freight
③ Dead Freight
④ Advance Freight
⑤ Back Freight

선지분석
① Lump Sum Freight: 선복운임(총괄운임)
② Pro Rate Freight: 비율운임
④ Advance Freight: 선불운임
⑤ Back Freight: 반송운임

099
해상운송관련 국제협약이 아닌 것은?

① Rotterdam Rules
② Hamburg Rules
③ Hague Protocol
④ Hague Visby Rules
⑤ UNCTAD Liner Code

해설
해상운송과 관련된 국제협약에는 Hague Rules, Hague Visby Rules, Hamburg Rules, Rotterdam Rules, UNCTAD Liner Code 등이 있다. 한편, Hague Protocol은 항공운송과 관련된 국제협약이다.

100
국제해상운송의 특징을 모두 고른 것은?

> ㄱ. 대량화물의 장거리 수송
> ㄴ. 저렴한 운송비용
> ㄷ. 문전수송
> ㄹ. 자유로운 운송로
> ㅁ. 전천후 운송수단

① ㄱ, ㄴ, ㄷ
② ㄱ, ㄴ, ㄹ
③ ㄴ, ㄷ, ㄹ
④ ㄴ, ㄷ, ㅁ
⑤ ㄷ, ㄹ, ㅁ

해설
문전운송은 화물자동차운송의 특징이며, 기후에 크게 영향을 받지 않는 전천후 운송수단은 철도운송의 특징이다.

정답 | 093. ④ 094. ⑤ 095. ② 096. ⑤ 097. ①
      098. ③ 099. ③ 100. ②

101

용선자가 선적항과 양하항에서의 하역비용을 모두 부담하는 하역비 운임조건은?

① Berth Term
② Free In
③ Free Out
④ Free In and Out
⑤ Liner Term

관련이론 | 하역비 부담조건

	In (적하 시)	Out (양하 시)
Berth term (Liner term)	선주 부담	선주 부담
FI Term	용선자(화주) 부담	선주 부담
FO Term	선주 부담	용선자(화주) 부담
FIO Term	용선자(화주) 부담	용선자(화주) 부담
FIOST Term	용선자(화주) 부담	용선자(화주) 부담

102

개품운송계약에 관한 설명으로 옳지 않은 것은?

① 주로 단위화된 화물을 운송할 때 사용하는 방식이다.
② 고정된 운항일정과 항로가 없어 항로의 선택이 자유롭다.
③ 불특정 다수의 화주로부터 화물을 집화하여 혼재운송한다.
④ 일반적으로 컨테이너 해운에서 사용되는 운송계약형태이다.
⑤ 별도의 운송계약서는 작성하지 아니하고 선하증권을 발급한다.

해설
개품운송계약은 주로 특정 항로를 정해진 항해일정에 따라 규칙적으로 반복 운항하는 정기선운송에서 이용되는 계약 형태이다.

103

국제해사관련기구와 역할이 옳지 않은 것은?

① IMO(International Maritime Organization) – 해사안전 및 해양오염방지
② ICS(International Chamber of Shipping) – 선주들의 권익보호와 상호협력
③ CMI(Committee Maritime International) – 해사산업 근로자의 권익보호
④ P&I(Protection & Indemnity) Club – 선박 사고에 대한 선주책임 상호보험
⑤ BIMCO(Baltic and International Maritime Council) – 해운정보 제공 및 자료발간

해설
CMI(Committee Maritime International)는 해사 관련 법규, 관행, 관습, 실무의 통일화에 기여할 목적으로 창설된 국제해사법위원회이다.

104

정기선운송과 부정기선운송의 비교로 옳지 않은 것은?

구분	정기선운송	부정기선운송
(ㄱ) 선박	컨테이너선	벌크운반선
(ㄴ) 조직	대형조직	소형조직
(ㄷ) 운임	Freight Rate	Tariff
(ㄹ) 화물	소량화물	대량화물
(ㅁ) 운송계약	B/L	Charter Party

① ㄱ
② ㄴ
③ ㄷ
④ ㄹ
⑤ ㅁ

해설
정기선운송은 사전에 공표된 운임(Tariff)이 적용되는 반면, 부정기선운송의 운임은 운송인과 용선자의 합의에 의해 결정된다.

105

용선계약에 관한 설명으로 옳지 않은 것은?

① "Contract of Affreightment"는 계약조항 및 조건에 있어서 1항차 항해용선계약 내용의 대부분을 그대로 유지하는 계약이다.
② "Gross Term Charter"는 선주가 하역비와 항비 일체를 부담하는 계약이다.
③ "Bareboat Charter"는 선박 자체만을 용선하고 용선자가 선장 이하 선원을 고용하는 계약이다.
④ "Time Charter"는 일정기간 동안 용선자가 선주로부터 선박운항권을 양도받고 그에 대한 급부로서 용선료를 지불하는 계약이다.
⑤ "Voyage Charter"는 특정 항구에서 다른 항구까지 화물운송을 위한 용선자와 선주 간에 체결되는 계약이다.

해설
COA(Contract of Affreightment)는 선주와 용선자(화주)가 선박에 상관없이 일정 기간 동안 정해진 양의 화물을 운송하기로 약속하는 장기화물운송계약이다.

106

공항·항만의 환경변화에 관한 설명으로 옳지 않은 것은?

① 운송수단의 대형화로 인해 지점-지점(point to point) 전략이 확대되고 있다.
② 권역 내 중심 공항·항만으로 발전하기 위해 터미널을 대형화하는 추세이다.
③ 환적, 화물분류, 통관, 유통가공 등의 부가가치 물류활동이 이루어지는 장소로 변하고 있다.
④ 항공기와 선박의 대형화로 인해 공항·항만 간 경쟁이 치열해지고 있다.
⑤ 공항·항만들은 경쟁력 확보를 위해 정기선사 또는 항공사와 글로벌 제휴를 확대하고 있다.

해설
대형 운송수단의 등장으로 항만 및 공항이 대형화, 거점화되고 있으며 대규모 물동량을 효율적으로 처리하기 위해 허브 앤 스포크 시스템(Hub & Spoke system) 전략이 확대되고 있다.

107

항공화물운송장에 관한 설명으로 옳은 것은?

① House AWB는 항공사가 혼재화물에 대하여 발행하는 항공화물운송장이다.
② 원본 3통, 부본 6통으로 발행하는 것이 원칙이며, 추가 부본을 발행할 수 없다.
③ Master AWB는 항공화물 운송주선업자가 혼재화물을 구성하는 개별 화주에게 발행하는 운송장이다.
④ 항공화물운송장은 항공사나 항공사의 위임을 받은 대리점이 작성한다.
⑤ 항공화물운송장은 기명식으로 발행되기 때문에 기재되어 있는 수화인이 아니면 화물을 인수할 수 없다.

해설
항공화물운송장(AWB)은 원칙적으로 송하인이 작성하고, 실무상 송하인의 청구에 따라 운송인이 송하인을 대신하여 항공화물운송장을 작성할 수 있다. 항공화물운송장은 일반적으로 원본 3통과 부본 9통으로 구성되어 있으며, 필요한 경우 추가 부본을 발행할 수 있다. 항공화물운송장은 발행 주체에 따라 항공사가 포워더 또는 혼재업자에게 발행하는 Master AWB과 포워더 또는 혼재업자가 개별 화주에게 발행하는 House AWB로 구분한다.

108

국제물류 보안에 관한 설명으로 옳지 않은 것은?

① CSI는 위험성이 높은 미국행 컨테이너 화물을 선별하여 선적 전에 검사하는 컨테이너 보안 협정이다.
② AEO는 WTO에서 무역안전과 원활화에 관한 국제규범의 일환으로 고안한 제도이다.
③ ISO 28000은 물류보안 인증제도이며 보안심사의 내용은 보안경영방침, 보안위험평가 및 기획·실행·운영, 점검 및 시정조치, 경영검토 등이다.
④ 24-Hour Rule은 미국으로 수출하는 적하목록을 적재 24시간 전에 미국 관세청에 신고하도록 한 규정이다.
⑤ C-TPAT 프로그램에 참여하여 인증을 받은 업체에게는 세관검사 축소 등 통관상의 혜택이 주어진다.

해설
AEO는 WCO(세계관세기구)의 SAFE Framework를 기반으로 도입된 수출입안전관리우수업체 공인제도이다.

정답	101. ④	102. ②	103. ③	104. ③	105. ①
	106. ①	107. ⑤	108. ②		

109
다음 중 선하증권의 임의 기재사항을 모두 고른 것은?

| ㄱ. 선박명 | ㄴ. 면책조항 |
| ㄷ. 송화인 | ㄹ. 선하증권 번호 |

① ㄱ, ㄴ
② ㄱ, ㄷ
③ ㄴ, ㄷ
④ ㄴ, ㄹ
⑤ ㄷ, ㄹ

해설
선박명, 송하인(화주)은 선하증권의 법정 기재사항에 해당한다. 임의 기재사항은 법정 기재사항 외에 거래당사자 간 자유롭게 합의한 내용을 필요에 따라 추가적으로 기재하는 것이다.

110
복합운송증권의 발행에 관한 설명으로 옳지 않은 것은?

① 유통성으로 발행된 경우에는 배서·교부함으로써 양도가 가능하다.
② 본선 적재 전에 화물을 수취·인수한 상태에서 발행된다.
③ FIATA B/L이 널리 사용되고 있고 대부분 비유통성으로 발행된다.
④ 비유통성으로 발행된 경우에는 지명된 수화인을 증권에 기재하여야 한다.
⑤ UCP 600에 의하면, 은행은 상품의 발송, 수취 또는 선적이 명시되어 있고 복합 운송인 또는 그 대리인이 발행한 운송서류를 수리할 수 있다.

해설
선하증권 형식의 복합운송증권 FIATA B/L은 포워더가 발행하는 House B/L의 일종으로, 신용장통일규칙에서 담보성을 확보한 이후 대부분 유통성으로 발행하여 전 세계 포워더가 널리 사용하고 있다.

111
내륙컨테이너기지(ICD)의 기능으로 옳지 않은 것은?

① 본선 선적 및 양하기능
② 적입 및 적출기능
③ 장치보관기능
④ 집화분류기능
⑤ 통관기능

해설
내륙컨테이너기지(ICD)는 항만이 아닌 내륙에서 컨테이너 화물에 대해 집화, 보관, 혼재, 분류, 통관 등의 기능을 수행하지만, 항만에서 이루어지는 본선 적재 작업과 마셜링 기능은 수행할 수 없다.

112
관세법상 "수입으로 보지 아니하는 소비 또는 사용"에 해당하지 않는 것은?

① 선용품·기용품 또는 차량용품을 운송수단 안에서 그 용도에 따라 소비 또는 사용하는 경우
② 선용품·기용품 또는 차량용품을 관세청장이 정하는 지정보세구역에서 출입국관리법에 따라 출국심사를 마친 자에게 제공하여 그 용도에 따라 소비 또는 사용하는 경우
③ 선용품·기용품 또는 차량용품을 관세청장이 정하는 지정보세구역에서 「출입국 관리법」에 따라 우리나라에 입국하지 아니하고 우리나라를 경유하여 제3국으로 출발하려는 자에게 제공하여 그 용도에 따라 소비 또는 사용하는 경우
④ 여행자가 휴대품을 운송수단 또는 관세통로에서 소비 또는 사용하는 경우
⑤ 「관세법」에 의하여 매각된 물품을 그 용도에 따라 소비 또는 사용하는 경우

해설
「관세법」상 외국물품의 소비나 사용이 다음 어느 하나에 해당하는 경우에는 수입으로 보지 않는다.
- 선박용품·항공기용품 또는 차량용품을 운송수단 안에서 그 용도에 따라 소비하거나 사용하는 경우
- 선박용품·항공기용품 또는 차량용품을 세관장이 정하는 지정보세구역에서 「출입국관리법」에 따라 출국심사를 마치거나 우리나라에 입국하지 아니하고 우리나라를 경유하여 제3국으로 출발하려는 자에게 제공하여 그 용도에 따라 소비하거나 사용하는 경우
- 여행자가 휴대품을 운송수단 또는 관세통로에서 소비하거나 사용하는 경우
- 「관세법」에서 인정하는 바에 따라 소비하거나 사용하는 경우

113
신협회적하약관 ICC(C) 조건에서 보험자가 담보하지 않는 위험은?

① 선박·부선의 좌초·교사·침몰·전복
② 육상운송용구의 전복·탈선
③ 지진·화산의 분화·낙뢰
④ 공동해손희생
⑤ 피난항에서 화물의 양륙

해설
ICC(C)조건에서는 지진, 화산의 분화, 낙뢰, 갑판유실, 본선·부선·선창·운송용구·컨테이너·보관장소에 해수·호수·하천수의 유입, 본선·부선에 적하 또는 양하 중 수몰·낙하한 포장단위당 전손, 그 외 보험목적물에서 발생한 일체의 멸실 또는 손상이 담보되지 않는다.

114
상사중재의 절차로 옳은 것은?

ㄱ. 중재비용을 선납한다.
ㄴ. 선정된 중재인은 당사자들의 주장과 증거에 입각하여 양 당사자를 심문하고 판정한다.
ㄷ. 분쟁의 당사자들은 중재계약에 따라 중재기관에 중재신청을 한다.
ㄹ. 중재기관은 신청인과 피신청인에게 각각 등록통지를 한다.
ㅁ. 중재기관은 먼저 조정의 절차를 거치며, 실패 시에는 중재장소를 합의하고 중재인을 선정한다.

① ㄱ → ㄷ → ㄴ → ㄹ → ㅁ
② ㄱ → ㄷ → ㄹ → ㅁ → ㄴ
③ ㄷ → ㄱ → ㄹ → ㄴ → ㅁ
④ ㄷ → ㄱ → ㄹ → ㅁ → ㄴ
⑤ ㄷ → ㄹ → ㄱ → ㅁ → ㄴ

해설
상사중재는 중재신청서 제출, 중재비용 예납, 중재기관의 중재신청서 접수 및 등록 통지, 조정 실패 시 중재판정부 구성, 중재심리, 중재판정 순서로 절차가 진행된다.

115
청약(offer)에 대한 승낙(acceptance)의 설명으로 옳지 않은 것은?

① 승낙의 내용은 청약의 내용과 일치하여야 한다.
② 승낙은 절대적이고 무조건적이어야 한다.
③ 승낙은 유효기간 내에 행해져야 한다.
④ 승낙은 특정의 청약에 대하여 행해져야 한다.
⑤ 승낙은 문서로만 행해져야 한다.

해설
승낙은 청약에 대한 동의를 서면으로 발송하거나 그러한 취지의 진술 또는 행위로 행할 수 있다.

116
보세운송에 관한 설명으로 옳지 않은 것은?

① 외국물품의 보세운송 목적지는 개항, 보세구역, 보세구역 외 장치장, 세관관서 등으로 지정되어 있다.
② 보세운송을 하려는 자는 관세청장이 정하는 바에 따라 세관장에게 보세운송의 신고를 하여야 한다.
③ 보세운송을 신고 또는 승인 신청할 수 있는 자는 화주, 보세운송업자, 관세사 등이다.
④ 보세운송 중에는 세관의 감시·단속을 일시 벗어나게 되므로 운송통로와 운송기간을 제한하지 않고 있다.
⑤ 수출신고가 수리된 물품은 관세청장이 따로 정하는 것을 제외하고는 보세운송절차를 생략한다.

해설
보세운송은 관세청장이 정하는 기간 내에 끝내야 한다. 세관장은 보세운송물품의 감시·단속을 위하여 필요하다고 인정될 때에는 관세청장이 정하는 바에 따라 운송통로를 제한할 수 있다.

정답	109. ④	110. ③	111. ①	112. ⑤	113. ③
	114. ④	115. ⑤	116. ④		

117

Incoterms® 2020에 관한 설명으로 옳은 것은?

① 2그룹 11개의 거래규칙으로 구성되어 있다.
② 매도인의 의무사항 A1-A10을 먼저 나열한 후 매수인의 의무사항 B1-B10을 열거하고 있다.
③ EXW 규칙은 매도인이 자신의 영업장 또는 합의된 장소에서 매수인이 지정한 운송인이나 제3자의 처분하에 놓인 때에 인도하는 것을 의미한다.
④ DPU 규칙은 지정목적지에서, 물품을 도착한 운송수단에서 양하준비된 상태로 매수인의 처분하에 놓인 때 인도되는 것을 의미한다.
⑤ FOB 규칙은 지정선적항에서 매수인이 지정한 선박의 선측에 물품이 놓인 때 인도되는 것을 의미한다.

선지분석
② Incoterms® 2020 규칙은 수평적 체제(Horizontal format)를 도입하여 매도인과 매수인의 의무사항을 A1/B1, A2/B2, ···, A10/B10 순서로 대칭되도록 배열하여 규정하고 있다.
③ EXW 규칙은 매도인이 물품을 자신의 영업장 또는 합의된 지정장소에 매수인의 처분에 두는 때 매수인에게 물품을 인도하는 것을 의미한다.
④ DPU 규칙은 지정목적지에서 물품을 도착운송수단에서 양하된 상태로 매수인의 처분하에 놓인 때 인도되는 것을 의미한다.
⑤ FOB 규칙은 매도인이 지정선적항에서 매수인이 지정한 선박에 물품을 적재하거나 또는 이미 그렇게 인도된 물품을 조달하여 매수인에게 인도하는 것을 의미한다.

118

해상보험의 용어에 관한 설명 중 옳지 않은 것은?

① 보험료(Insurance Premium)는 보험자의 위험부담에 대해 보험계약자가 지급하는 보수를 말한다.
② 피보험자(Insured)는 피보험이익의 주체로서 보험사고의 발생으로 인하여 손해를 입은 경우 보상받을 권리를 갖는자를 말한다.
③ 피보험이익(Insurable Interest)은 보험의 목적이 멸실 또는 손상됨으로써 경제적 손해를 입게 되는 피보험자와 그 보험의 목적 사이에 존재하는 이해관계를 말한다.
④ 보험가액(Insurable Value)은 피보험이익의 평가액으로서 피보험이익에 대하여 발생할 수 있는 경제적 손해의 최고한도액을 말한다.
⑤ 보험금(Claim Amount)은 실제로 보험에 가입한 금액을 말하며 보험자가 보험 계약상 부담하는 손해배상책임의 최고한도액을 말한다.

해설
보험금(Claim Amount)은 보험사고가 발생한 경우 보험증권의 내용에 따라 보험자가 피보험자에게 지급하는 실제 손해보상액이다.

119

㈜신라상사가 중국의 ㈜난징상사와 수입계약을 체결하였다. 다음과 같은 조건일 때, 매수인인 ㈜신라상사가 지불해야 하는 수입가격은?

- 계약조건: CIF Busan Incoterms® 2020
- 출발항: 중국 상하이항(Shanghai Port)
- 도착항: 한국 부산항(Busan Port)
- 비용내역
  - FOB Shanghai Incoterms® 2020: US$ 10,000
  - 난징공장에서 상하이항까지 내륙운송비: US$ 70
  - 상하이항에서 부산항까지 해상운임: US$ 500
  - 상하이항에서 부산항까지 해상보험료: US$ 100
  - 부산항 수입통관비: US$ 20
  - 부산항에서 양산 ICD 보세운송료: US$ 100

① US$ 10,570
② US$ 10,600
③ US$ 10,670
④ US$ 10,690
⑤ US$ 10,790

해설

CIF Busan 조건에서 매수인 ㈜신라상사의 수입가격은 상하이항에서 지정된 선박에 물품을 적재할 때까지 발생한 비용 FOB Shanghai(US$ 10,000)에 상하이항에서 부산항까지 해상운임(US$ 500)과 해상보험료(US$ 100)를 합산한 금액이다.

120

Incoterms® 2020의 주요 개정 내용을 모두 고른 것은?

> ㄱ. FCA, DAP, DPU, DDP 규칙에서 매수인 또는 매도인 자신의 운송수단 사용 허용
> ㄴ. FCA 규칙에서 본선적재 표기가 있는 선하증권 발행 신설
> ㄷ. 수평적 체제(Horizontal Format)를 도입한 당사자 의정
> ㄹ. DAF 규칙에서 DPU 규칙으로 명칭 변경
> ㅁ. CIF 규칙은 최대담보조건으로 부보하고, CIP 규칙은 최소담보조건으로 부보

① ㄱ, ㄴ, ㄷ
② ㄱ, ㄴ, ㄹ
③ ㄱ, ㄷ, ㅁ
④ ㄴ, ㄷ, ㄹ
⑤ ㄴ, ㄹ, ㅁ

선지분석

ㄹ. DAT(Delivered At Terminal) 규칙에서 DPU(Delivered At Place Unloaded) 규칙으로 명칭 변경
ㅁ. CIF 규칙은 최소담보조건(협회적하약관 C)으로 부보하고, CIP 규칙은 최대담보조건(협회적하약관 A)으로 부보

정답 | 117. ① 118. ⑤ 119. ② 120. ①

보관하역론

01
보관의 원칙에 관한 설명으로 옳지 않은 것은?

① 중량특성의 원칙: 중량에 따라 보관장소를 하층부와 상층부로 나누어 보관한다.
② 회전대응의 원칙: 입·출하 빈도가 높은 물품은 출입구 가까이에 보관한다.
③ 동일성·유사성의 원칙: 동일 품종은 동일 장소에 보관하며, 유사품은 인접 장소에 보관한다.
④ 통로대면의 원칙: 작업의 효율성을 위하여 보관물품의 장소와 선반 번호 위치를 표시하여 보관한다.
⑤ 선입선출의 원칙: 먼저 입고한 것을 먼저 출고한다.

해설
작업의 효율성을 위하여 보관물품의 장소와 선반 번호 위치를 표시하여 보관한다는 것은 위치표시의 원칙에 해당하며, 통로대면의 원칙은 화물 입·출고의 용이성, 효율적 보관, 작업의 접근성에 따라 통로면에 보관하는 것이 효율적이라는 원칙이다.

02
물류센터 설계 시 고려되는 요인의 예로 옳지 않은 것을 모두 고른 것은?

ㄱ. 운영 요인: 지리적 위치, 입지 제약, 인구 등
ㄴ. 제품 요인: 크기, 무게, 가격 등
ㄷ. 주문 요인: 주문 건수, 주문빈도, 주문의 크기 등
ㄹ. 환경 요인: 입고 방법, 보관 방법, 피킹 방법 등
ㅁ. 설비 요인: 자동화 수준, 설비 종류 등

① ㄱ, ㄴ
② ㄱ, ㄹ
③ ㄴ, ㅁ
④ ㄷ, ㄹ
⑤ ㄷ, ㅁ

해설
ㄱ. 운영 요인: 입고 방법, 보관 방법, 피킹 방법 등
ㄹ. 환경 요인: 지리적 위치, 입지 제약, 인구 등

03
복합물류터미널에 관한 설명으로 옳은 것을 모두 고른 것은?

ㄱ. 창고단지, 유통가공시설, 물류사업자의 업무용 시설 등을 결합하여 종합물류기지 역할을 한다.
ㄴ. 복수의 운송수단 간 연계를 할 수 있는 규모와 시설을 갖춘 장소이다.
ㄷ. 화물자동차 및 철도화차의 공차율이 증가하는 역효과가 상존한다.
ㄹ. 운송수단 간의 연계시설, 화물취급장, 창고시설 및 관련 편의시설 등이 있다.
ㅁ. 환적기능보다는 보관기능 위주로 운영되며 보안상 물류정보의 기능은 포함하지 않는다.

① ㄱ, ㄴ, ㄷ
② ㄱ, ㄴ, ㄹ
③ ㄱ, ㄷ, ㅁ
④ ㄴ, ㄹ, ㅁ
⑤ ㄷ, ㄹ, ㅁ

해설
ㄷ. 복합물류터미널을 통해 화물자동차와 철도화차 간의 환적이 증가하여 영차율이 높이진 효과가 발생한다.
ㅁ. 복합물류터미널은 보관기능보다는 환적기능 위주로 운영되며, 보안상 물류정보의 기능도 포함된다.

04
보관의 기능이 아닌 것은?

① 고객 서비스의 접점 기능
② 재화의 물리적 보존과 관리 기능
③ 제품에 대한 시간적 효용 창출 기능
④ 물품의 수급 조정 기능
⑤ 제품의 판매촉진을 위한 장소적 효용 창출 기능

해설
제품의 판매촉진을 위한 '장소적 효용' 창출 기능은 보관의 기능이 아닌 운송기능에 해당한다.

05

물류시설에 관한 설명으로 옳은 것을 모두 고른 것은?

> ㄱ. 공동집배송센터: 여러 유통사업자 또는 제조업자가 공동으로 사용할 수 있도록 집배송시설 및 부대업무시설을 갖춘 시설
> ㄴ. 물류터미널: 화물의 집하·하역 및 이와 관련된 분류·포장·보관·가공·조립 등에 필요한 기능을 갖춘 시설
> ㄷ. 스마트물류센터: 수출입컨테이너를 취급하는 컨테이너 내륙 통관기지로서 항만터미널과 유사한 기능을 수행하는 물류거점 시설
> ㄹ. 스톡 포인트(Stock Point): 대도시, 지방 중소도시에 효율적인 배송을 실시할 목적으로 설립된 유통의 중계시설

① ㄱ, ㄴ, ㄷ
② ㄱ, ㄴ, ㄹ
③ ㄱ, ㄷ, ㄹ
④ ㄴ, ㄷ, ㄹ
⑤ ㄱ, ㄴ, ㄷ, ㄹ

해설
ㄷ. 스마트물류센터는 첨단물류시설 및 설비, 운영시스템 등을 도입하여 저비용·고효율·안전성·친환경성 등에서 우수한 성능을 발휘할 수 있는 물류창고로서 제21조의4제1항에 따라 국토교통부장관의 인증을 받은 물류창고를 말한다.
한편, 수출입컨테이너를 취급하는 컨테이너 내륙 통관기지로서 항만터미널과 유사한 기능을 수행하는 물류거점 시설은 내륙컨테이너기지(ICD)에 해당한다.

06

다음이 설명하는 컨테이너터미널의 시설은?

> 컨테이너 1개에 미달하는 소량화물(Less than Container Load)의 수출을 위하여 특정 장소나 시설에 화물을 집적하였다가 목적지별로 화물을 선별하여 컨테이너에 적입하거나 분리작업을 할 수 있는 시설

① Container Yard
② Control Center
③ Marshalling Yard
④ Apron
⑤ Container Freight Station

해설
컨테이너 1개에 미달하는 소량화물(LCL; Less than Container Load)의 수출을 위하여 특정 장소나 시설에 화물을 집적하였다가 목적지별로 화물을 선별하여 컨테이너에 적입한 후 FCL로 만들거나 분리작업을 할 수 있는 시설은 CFS(화물조작장)을 말한다.

07

보세구역에 관한 설명으로 옳지 않은 것은?

① 보세공장: 가공무역의 활성화 및 관세행정 편의를 위해 설치된 장소
② 지정장치장: 통관을 위한 물품을 일시 장치하기 위한 장소
③ 세관검사장: 통관을 위한 물품을 반입하여 세관검사를 받도록 한 장소
④ 특허보세구역: 일반 개인이 신청을 하면 지방자치단체장이 특허해 주는 보세구역
⑤ 종합보세구역: 동일 장소에서 기존 특허보세구역의 기능을 복합적으로 수행하는 장소

해설
특허보세구역은 일반개인(기업)의 신청에 의해 세관장이 심사 후 특허(特許)해 주는 보세구역을 말하며, 그 종류는 보세창고, 보세공장, 보세판매장, 보세건설장, 보세전시장 등이 있다.

정답 | 01. ④ 02. ② 03. ② 04. ⑤ 05. ②
       06. ⑤ 07. ④

08

A회사의 공급지와 수요지 1, 2, 3의 위치를 나타낸 것이다. 수요지 1, 2, 3의 수요량은 각각 100대/월, 200대/월, 200대/월이다. 무게중심법을 이용한 신규물류센터의 최적 입지좌표(X, Y)는?

구분	X좌표	Y좌표
수요지 1	30	20
수요지 2	10	50
수요지 3	20	40
공급지	40	70

① X: 29, Y: 55
② X: 31, Y: 55
③ X: 31, Y: 61
④ X: 55, Y: 29
⑤ X: 61, Y: 31

해설

$$X=\frac{30\times100+10\times200+20\times200+40\times500}{100+200+200+500}=29$$

$$Y=\frac{20\times100+50\times200+40\times200+70\times500}{100+200+200+500}=55$$

선지분석
① 톤-킬로법: 각 수요처와 배송센터까지의 거리와 운송량을 평가하여 입지를 선택하는 방법이다.
③ 총비용비교법: 입지거점 대안별로 예상비용을 산출하고, 총비용이 최소가 되는 대안을 선택하는 방법이다.
④ 요소분석법: 고려하고 있는 입지요인(접근성, 지역환경, 노동력 등)에 주관적으로 가중치를 설정하여 각 요인을 평가하는 방법이다.
⑤ 손익분기 도표법: 예상 물동량에 대한 고정비와 변동비를 산출하고 그 합을 비교하여 물동량에 따른 총비용이 최소가 되는 대안을 선택하는 방법이다.

09

물류거점 입지선정 방법에 관한 설명으로 옳은 것은?

① 톤-킬로법: 입지거점 대안별로 예상비용을 산출하고, 총비용이 최소가 되는 대안을 선택하는 방법
② 브라운 & 깁슨법: 입지에 영향을 주는 요인을 필수적 요인, 객관적 요인, 주관적 요인으로 구분하여 평가하는 방법
③ 총비용 비교법: 고려하고 있는 입지요인(접근성, 지역환경, 노동력 등)에 주관적으로 가중치를 설정하여 각 요인을 평가하는 방법
④ 요소분석법: 예상 물동량에 대한 고정비와 변동비를 산출하고 그 합을 비교하여 물동량에 따른 총비용이 최소가 되는 대안을 선택하는 방법
⑤ 손익분기 도표법: 각 수요처와 배송센터까지의 거리와 운송량을 평가하여 입지를 선택하는 방법

10

창고설계의 기본원칙에 관한 설명으로 옳지 않은 것은?

① 직진성의 원칙: 물품, 통로, 운반기기, 사람 등의 흐름 방향을 직진성에 중점을 두고 설계
② 모듈화의 원칙: 화물형태, 운반기기, 랙, 통로입구, 기둥간격 등을 모듈화되도록 설계
③ 물품취급 횟수 최소화의 원칙: 화물의 취급과 운반을 집합화, 공동화하여 물품 취급 횟수를 감소하도록 설계
④ 물품이동 간 고저간격의 축소 원칙: 물품 흐름과정에서 높낮이 차의 크기와 횟수를 감소하도록 설계
⑤ 역행교차 회피의 원칙: 물품, 운반기기, 사람의 흐름 배치는 서로 교차하거나 역주행이 가능하도록 설계

해설
역행교차 회피의 원칙은 물품, 운반기기, 사람의 흐름 배치는 서로 교차하거나 역주행이 없도록 설계하는 원칙이다.

11

크로스 도킹(Cross Docking)에 관한 설명으로 옳은 것을 모두 고른 것은?

> ㄱ. 파렛트 크로스 도킹은 기계설비와 정보기술의 적용이 필요하다.
> ㄴ. 효율적인 운영을 위해 공급처와 수요처의 정보공유가 필요하다.
> ㄷ. 일일 처리량이 적을 때 적합한 방식은 파렛트 크로스 도킹이다.
> ㄹ. 유통업체에서 발생할 수 있는 불필요한 재고를 줄일 수 있다.
> ㅁ. 물류센터의 재고회전율과 리드타임을 감소시키는 효과가 있다.

① ㄱ, ㄴ, ㄹ
② ㄱ, ㄴ, ㅁ
③ ㄱ, ㄷ, ㄹ
④ ㄴ, ㄷ, ㅁ
⑤ ㄷ, ㄹ, ㅁ

해설
ㄷ. 파렛트 크로스 도킹은 일일 화물처리량이 많을 때 적합한 방식이다.
ㅁ. 크로스도킹은 흐름형창고로 보관보다는 유통기능이 강하므로 물류센터의 재고회전율을 높이는 동시에 리드타임을 감소시키는 효과가 있다.

12

창고에 관한 설명으로 옳지 않은 것은?

① 임대창고: 시장환경에 따라 보관장소를 탄력적으로 운영하기 어렵다.
② 자가창고: 취급하는 물품의 특성에 따라 최적의 창고 설계가 가능하다.
③ 자동화창고: 입하에서 출하까지 자동화되고, 유닛로드로 처리되는 창고이다.
④ 보세창고: 관세법에 근거하여 수출입화물을 취급하는 창고이다.
⑤ 영업창고: 비용지출이 명확하고 초기 창고 건설 및 설비투자 비용이 발생한다.

해설
비용지출이 명확하고 초기 창고 건설 및 설비투자 비용이 발생하는 것은 자가창고에 해당한다. 화주 측면에서 영업창고를 이용하는 경우 초기 투자비용을 최소화할 수 있어 핵심역량에 투자 여력이 발생한다는 장점이 있다.

13

다음의 자동분류장치의 설명과 종류의 연결로 옳은 것은?

> ㄱ. 컨베이어 반송면에 벨트, 롤러, 휠 등의 분류장치를 두어 단위화물과 함께 이동하면서 압출하는 방식
> ㄴ. 레일을 이용한 트레이(Tray), 슬라이드(Slide)의 일부 등을 경사지게 하여 화물을 떨어뜨려 분류하는 방식

> A. 팝업 방식(Pop-up Type)
> B. 슬라이딩 슈 방식(Sliding-shoe Type)
> C. 다이버터 방식(Diverter Type)
> D. 틸팅 방식(Tilting Type)

① ㄱ - A, ㄴ - B
② ㄱ - A, ㄴ - C
③ ㄱ - B, ㄴ - C
④ ㄱ - B, ㄴ - D
⑤ ㄱ - C, ㄴ - D

해설
ㄱ. 슬라이딩 슈 방식(Sliding-shoe Type): 컨베이어 반송면에 벨트, 롤러, 휠 등의 분류장치를 두어 단위화물과 함께 이동하면서 압출하는 방식. 충격이 없어 정밀기기, 깨지기 쉬운 물건 등의 분류에 사용된다.
ㄴ. 틸팅방식(Tilting Type): 레일을 이용한 트레이(Tray), 슬라이드(Slide)의 일부 등을 경사지게 하여 화물을 떨어뜨려 분류하는 방식이다.
A. 팝업 방식(Pop-up Type): 컨베이어의 아랫 방향에서 벨트, 롤러, 휠, 핀 등의 분기장치가 튀어나와 분류하는 방식으로, 화물의 하부면에 충격을 주는 단점이 있다.
C. 다이버터 방식(Diverter Type): 외부에 설치된 안내판(Arm)을 회전시켜 컨베이어에 가이드벽을 만들어 이동시키는 방식으로 화물 형상에 관계없이 분류가 가능하기 때문에 다양한 종류의 화물을 처리하는 데 사용된다.

정답 | 08. ① 09. ② 10. ⑤ 11. ① 12. ⑤ 13. ④

14

창고관리시스템(Warehouse Management System)의 특성으로 옳지 않은 것은?

① 입고관리, 위치관리, 재고관리, 출고관리 등의 기능을 수행한다.
② 전사적 자원관리시스템과 상호 연계하여 자동화의 범위를 확대하고 정보의 가용성을 높인다.
③ 피킹관리, 주문진척관리 및 자동발주시스템과 같은 주문관련 기능을 수행한다.
④ 물류센터 시설운영의 효율적인 관리와 공간 및 설비의 활용도가 향상된다.
⑤ 기존의 독립된 구매관리시스템, 생산관리시스템, 인사관리시스템 및 영업관리시스템을 통합하여 관리한다.

해설
기존의 독립된 구매관리시스템, 생산관리시스템, 인사관리시스템 및 영업관리 시스템을 통합하여 관리하는 것은 창고관리시스템(WMS) 보다는 전사적 자원관리(ERP)에 해당한다.

15

랙(Rack)에 관한 설명으로 옳은 것은 모두 몇 개인가?

- 플로우 랙(Flow Rack): 적입과 인출이 반대방향에서 이루어지는 선입선출이 효율적인 랙이다.
- 캔틸레버 랙(Cantilever Rack): 긴 철재나 목재의 보관에 효율적인 랙이다.
- 드라이브스루 랙(Drive-through Rack): 천정이 높은 창고의 공간 활용도를 높이기 위한 복층구조의 랙이다.
- 적층 랙(Mazzanine Rack): 지게차가 랙의 한 방향으로 진입해서 반대 방향으로 퇴출할 수 있는 랙이다.
- 모빌 랙(Mobile Rack): 필요한 통로만을 열어 사용하고 불필요한 통로를 최대한 제거하기 때문에 면적 효율이 높다.

① 1개 ② 2개
③ 3개 ④ 4개
⑤ 5개

해설
- 드라이브스루 랙(Drive-through Rack): 지게차가 랙의 한 방향으로 진입해서 반대 방향으로 퇴출할 수 있는 랙이다.
- 적층 랙(Mazzanine Rack): 천정이 높은 창고의 공간활용도를 높이기 위한 복층구조의 랙이다.

16

자재소요계획(MRP; Material Requirement Planning)에 관한 설명으로 옳은 것을 모두 고른 것은?

ㄱ. 원자재, 반제품 등 모든 자재의 소요량을 산정하여 조달계획을 수립한다.
ㄴ. 기업 내 모든 인적, 물적 자원을 통합관리하여 기업의 경쟁력을 강화하기 위한 목적으로 사용한다.
ㄷ. MRP를 실행하기 위해서는 필요 부품과 수량이 정해진 자재명세서와 재고정보가 필요하다.
ㄹ. 낭비적 요인을 제거하고, 직장 개선풍토를 위해 정리, 정돈, 청소, 청결, 습관화를 추진한다.
ㅁ. 주생산일정(Master Production Schedule)을 기초로 하여 계획한다.

① ㄱ, ㄴ, ㄷ   ② ㄱ, ㄴ, ㄹ
③ ㄱ, ㄷ, ㅁ   ④ ㄴ, ㄹ, ㅁ
⑤ ㄷ, ㄹ, ㅁ

해설
ㄴ. 전사적 자원관리(ERP): 기업 내 모든 인적, 물적 자원을 통합관리하여 기업의 경쟁력을 강화하기 위한 목적으로 사용한다.
ㄹ. 적시재고시스템(JIT): 낭비적 요인을 제거하고, 직장 개선풍토를 위해 정리, 정돈, 청소, 청결, 습관화를 추진한다.

17

경제적 주문량(Economic Order Quantity) 모형의 전제조건으로 옳은 것을 모두 고른 것은?

> ㄱ. 재고유지에 소요되는 비용은 평균재고량에 반비례한다.
> ㄴ. 조달기간과 리드타임은 모두 일정하다.
> ㄷ. 주문량이 다량일 경우에는 할인율을 적용한다.
> ㄹ. 재고부족은 허용되지 않고 주문량은 일시에 입고되어야 한다.
> ㅁ. 1회 주문당 비용은 주문량에 비례하여 증가한다.

① ㄱ, ㄷ
② ㄱ, ㅁ
③ ㄴ, ㄷ
④ ㄴ, ㄹ
⑤ ㄹ, ㅁ

해설

총재고비용 $= C_h \times \dfrac{Q}{2} + O_c \times \dfrac{D}{Q}$

$=$ 재고유지비용 $\times$ 평균재고량 $+$ 1회 주문비용 $\times \dfrac{\text{연간 수요량}}{\text{주문량}}$

ㄱ. 재고유지에 소요되는 비용은 평균재고량에 비례한다.
ㄷ. 주문량이 다량일 경우에는 할인율을 적용하지 않는다.
ㅁ. 1회 주문당 비용은 주문량에 반비례한다.

18

재고관리에 관한 설명으로 옳지 않은 것은?

① 주기재고(Cycle Inventory)는 연간 주문횟수를 줄여서 주문비용을 절감하기 위한 활동에서 발생한다.
② 안전재고(Safety Stock)는 재고유지비의 부담을 가중시키므로 적정수준으로 관리해야 한다.
③ 서비스율은 수주량에 대한 납기 내 납품량의 비율을 나타낸다.
④ 백오더(Back Order)율은 수주량에 대한 납기 내 결품량의 비율로 나타낸다.
⑤ 정기발주법은 연속적으로 재고수준을 점검하므로 연속점검시스템(Continuous Review System)이라 한다.

해설

정량발주법은 부정기적으로 같은 양의 제품을 주문해야 하므로 연속적으로 재고수준을 점검하는 연속점검시스템(Continuous Review System)을 활용한다.

19

수요예측에 관한 설명으로 옳지 않은 것은?

① 시계열분석법은 기존 제품과 관련된 과거의 자료를 분석하여 신제품의 미래수요를 정성적으로 예측하는 방법이다.
② 가중이동평균법은 각 실적치에 동일한 가중치를 부여하지 않고, 과거의 실적치에 더 낮은 가중치를 부여한다.
③ 지수평활법은 관찰된 실제수요와 이전 예측치에 상대적인 가중치를 두어 새로운 예측치를 구한다.
④ 시장조사법은 설문지, 현장인터뷰 등을 통해 소비자들로부터 자료를 수집·분석하여 가설을 검증하는 방법이다.
⑤ 전문가조사법을 활용할 경우, 타협이나 절충에 의해 예측 정확도가 낮을 수 있다.

해설

정량적 기법에는 인과모형과 시계열기법이 있다. 시계열분석법은 기존 제품과 관련된 과거의 자료를 분석하여 신제품의 미래 수요예측하는 대표적인 정량기법으로, 지수활법, 이동평균법, 추세분석법 등이 있다.

정답 | 14. ⑤ 15. ③ 16. ③ 17. ④ 18. ⑤
19. ①

20

JIT(Just In Time) 시스템에 관한 설명으로 옳지 않은 것을 모두 고른 것은?

> ㄱ. 다품종 소량생산과 소량다빈도 배송에 따라 운송비가 절감된다.
> ㄴ. 로트(Lot) 크기를 줄이고 제조준비시간을 단축시킬 수 있다.
> ㄷ. 자재를 거점창고에 통합하여 보관하므로 재고비용 절감 뿐만아니라 자재 취급, 이동 및 검사가 용이하다.
> ㄹ. 낭비적 요인을 제거함으로써 효과적인 Push 시스템을 구현할 수 있다.
> ㅁ. 필요한 시기와 양만큼의 자재를 조달할 수 있어서 수요변화에 유연한 대처가 가능하다.

① ㄱ, ㄴ, ㅁ
② ㄱ, ㄷ, ㄹ
③ ㄱ, ㄷ, ㅁ
④ ㄴ, ㄷ, ㄹ
⑤ ㄴ, ㄹ, ㅁ

해설
ㄱ. 고객주문에 따라 생산관리가 진행되는 Pull 시스템으로, 다품종 소량생산과 소량다빈도 배송이 필요하므로 운송비가 증가된다.
ㄷ. JIT(적시재고시스템)은 무재고를 기본이념으로 하는 생산관리시스템으로, 자재를 거점창고에 통합하여 보관하는 것과는 거리가 멀다.
ㄹ. 낭비적 요인을 제거함으로써 효과적인 Pull 시스템을 구현할 수 있다.

21

재고관리에 관한 설명과 용어의 연결로 옳은 것은?

> ㄱ. 공급사슬 상에서 상호 전략적인 제휴를 통해 생산자(공급자)가 납품 대상업체(주문자)의 재고량을 유지, 관리하는 방식을 말한다.
> ㄴ. 제조부 내에서 실시하는 공정관리의 대상이 되는 가공중의 자재를 의미하며, 통상 생산현장에 놓여 있다.
> ㄷ. 계절적으로 수요의 증가를 예상하거나, 계획적으로 공장가동 중단을 대비해 사전에 준비하는 재고를 의미한다.

A. 공급자관리재고(VMI)
B. 운송중재고(Pipeline Stock)
C. 완충재고(Buffer Stock)
D. 재공품(Work In Process)
E. 예비재고(Anticipation Stock)
F. 로트사이즈 재고(Lot-size Stock)

① ㄱ - A, ㄴ - B, ㄷ - C
② ㄱ - A, ㄴ - D, ㄷ - E
③ ㄱ - C, ㄴ - E, ㄷ - F
④ ㄱ - E, ㄴ - B, ㄷ - D
⑤ ㄱ - F, ㄴ - D, ㄷ - E

해설
ㄱ. VMI(공급자 재고관리 시스템): 공급사슬 상에서 상호 전략적인 제휴를 통해 생산자(공급자)가 납품 대상업체(주문자)의 재고량을 유지, 관리하는 방식을 말한다.
ㄴ. WIP(재공품): 제조부 내에서 실시하는 공정관리의 대상이 되는 가공 중의 자재를 의미하며, 통상 생산현장에 놓여 있다.
ㄷ. 예비재고: 계절적으로 수요의 증가를 예상하거나, 계획적으로 공장가동 중단을 대비해 사전에 준비하는 재고를 의미한다.

22

K기업이 판매하는 B제품의 지난해 총매출액은 300억 원, 순이익률은 5%, 연간 재고유지비용은 6억 원, 연간 평균 재고액은 60억 원이었다. 이 기업의 지난해 재고회전율은?

① 4　　　　　② 5
③ 6　　　　　④ 7
⑤ 8

해설

재고회전율 = $\dfrac{\text{총매출액}}{\text{연평균재고액}}$ = $\dfrac{300억\ 원}{60억\ 원}$ = 5회

관련이론 | 재고회전율(turn-over rate)

재고회전율 = $\dfrac{\text{총매출액}}{\text{연평균재고액}}$ = $\dfrac{\text{매출액}}{(\text{기초재고}+\text{기말재고})/2}$
　　　　= $\dfrac{\text{판매량}}{\text{평균재고량}}$

23

K기업은 A제품의 안전재고를 300개에서 400개로 늘리면서 새로운 재주문점을 고려하고 있다. A제품의 1일 평균수요량은 200개, 주문 리드타임은 3일이었다. 이때 새롭게 설정된 재주문점(개)은?

① 700　　　　② 800
③ 900　　　　④ 1,000
⑤ 1,100

해설

재주문점(ROP) = 1일 평균수요량 × 조달기간(리드타임) + 안전재고
　　　　　　= 200개 × 3일 + 400개 = 1,000개

24

A제품을 취급하는 K물류센터의 정보가 아래와 같을 때, 이 물류센터의 연간 재고유지비용(원)은? (단, 재고 보충은 없으며, 수요는 일정하다.)

- 제품의 연간 평균재고: 1,000개
- 제품단가: 3,000원
- 제품당 연간 재고유지비용: 제품단가의 4%

① 120,000　　　② 140,000
③ 160,000　　　④ 180,000
⑤ 200,000

해설

연간 재고유지비용 = 연평균재고 × 제품단위당 재고유지비용
　　　　　　　　= 1,000개 × (3,000원 × 0.04) = 120,000원

25

K기업의 A제품의 연간 수요량이 1,200개, 1회 주문 비용이 60,000원, 연간 단위당 재고유지비용이 900원일 때, 경제적 주문량(EOQ)은?

① 250　　　　② 300
③ 350　　　　④ 400
⑤ 450

해설

경제적 주문량(EPQ) = $\sqrt{\dfrac{2 \times \text{연간 수요량} \times \text{1회당 주문비용}}{\text{1개당 연간 재고유지비용}}}$
　　　　　　　　= $\sqrt{\dfrac{2 \times 1{,}200개 \times 60{,}000원}{900원}}$ = 400개

정답	20. ②	21. ②	22. ②	23. ④	24. ①
25. ④					

26

다음은 K기업의 A제품의 자재소요계획(Material Requirement Planning)에 관한 정보이다. 부품 X와 Y의 순 소요량은?

- A제품의 총 소요량: 60개
- 부품 X 예정 입고량: 20개, 가용재고: 10개
- 부품 Y 예정 입고량: 30개, 가용재고: 없음
- A제품은 3개의 X부품과 4개의 Y부품으로 구성

① X: 150, Y: 210
② X: 160, Y: 210
③ X: 180, Y: 240
④ X: 210, Y: 150
⑤ X: 240, Y: 180

해설
순소요량의 결정: 총 소요량－현 재고
∴ X 순소요량=60×3－(20+10)=150개
  Y 순소요량=60×4－(30+0)=210개

27

K기업은 제품 판매량을 예측하기 위하여 지수평활법을 사용하고 있다. 6월 제품 판매량은 94,000개로 예측하였으나 실제 판매량은 98,000개이었고, 7월 실제 판매량은 92,000개이었다. 8월의 제품 판매량 예측치(개)는? (단, 평활상수(α)는 0.3을 사용한다.)

① 93,880   ② 94,000
③ 94,240   ④ 95,200
⑤ 96,160

해설
7월 예측치＝전기예측치＋(전기실제치－전기예측치)×α
         ＝94,000＋(98,000－94,000)×0.3＝95,200
8월 예측치＝전기예측치＋(전기실제치－전기예측치)×α
         ＝95,200＋(92,000－95,200)×0.3＝94,240

28

하역 원칙에 관한 설명으로 옳은 것은?

① 경제성 원칙: 하역작업의 횟수를 증가시켜 비용을 최대화한다.
② 운반활성화 원칙: 운반활성화 지수를 최소화한다.
③ 화물 단위화의 원칙: 다품종 소량운송을 위해 화물을 개별화하여 하역한다.
④ 거리(시간) 최소화 원칙: 하역작업을 수행하는 과정에서 발생하는 화물의 이동거리(시간)를 최소화한다.
⑤ 화물유동화 원칙: 화물의 손상, 분실 등을 최소화하기 위하여 하역공정을 멈추고 불량 검사를 한다.

선지분석
① 경제성 원칙: 하역작업의 횟수를 감소시켜 비용을 최소화한다.
② 운반활성화 원칙: 운반활성화 지수를 최대화한다.
③ 화물 단위화의 원칙: 유닛로드(unit load)의 원칙이라고도 하며, 화물을 단위화하여 하역한다.
⑤ 화물유동화 원칙: 하역의 기본원칙에 해당하지 않는다.

29

사내하역에서 하역기기 선정 시 고려기준이 아닌 것은?

① 취급화물의 중량과 종류
② 하역기기의 안전성
③ 건물구조와 시설배치
④ 하역기기의 경제성
⑤ 취급화물의 원산지와 목적지

해설
사내하역은 사내물류에 해당하는 것으로, 제조 공장이나 창고 내에서 자재와 제품의 이동을 관리하는 과정에 해당한다. 따라서 ⑤ 취급화물의 원산지와 목적지는 국제물류와 관련성이 큰 것으로 사내하역과는 거리가 멀다.

30

다음 용어에 관한 설명으로 옳은 것은?

① 디배닝(Devanning): 컨테이너에 화물을 싣는 작업
② 피킹(Picking): 화물을 유형별, 고객별, 도착지별로 분류하는 작업
③ 스태킹(Stacking): 화물 손상을 방지하기 위해 화물의 밑바닥이나 틈 사이에 물건을 깔거나 끼우는 작업
④ 래싱(Lashing): 운송수단에 적재된 화물이 움직이지 않도록 화물을 고정시키는 작업
⑤ 분류(Sorting): 출하하는 화물을 수송기기에 바로 실을 수 있도록 정돈하는 작업

선지분석

① 디배닝(Devanning): 컨테이너에 화물을 꺼내는 적출 작업
② 피킹(Picking): 보관장소에서 물건을 꺼내는 작업, 즉 주문품을 랙으로부터 반출하는 작업
③ 스태킹(Stacking): 화물을 창고 등의 보관시설 또는 장소에 정해진 위치와 형태로 쌓는 작업
⑤ 분류(Sorting): 화물을 유형별, 고객별, 도착지별로 분류하는 작업

31

오더피킹의 출고형태 중 케이스 단위로 입고 및 보관하다 케이스 단위로 출고되는 제4형태(C → C)의 적재방식에 활용되는 장비가 아닌 것은?

① 암 랙(Arm Rack)
② 자동 슬라이딩 랙(Automatic Sliding Rack)
③ 슬라이딩 랙(Sliding Rack)
④ 캐로셀 랙(Carrousel Rack)
⑤ 모빌 랙(Mobile Rack)

해설

암 랙(Arm Rack) 또는 캔틸레버 랙(Cantilever Rack)은 외팔지주걸이 구조로 기본 프레임에 암(Arm)을 결착하여 화물을 보관하는 랙으로 파이프, 목재 등 장척물 보관에 적합하다. 파렛트 단위 화물에는 활용할 수 없다.

유형	보관 단위	피킹 단위	약식 기호	효과적인 하역기기
1형태	파렛트	파렛트	P-P	포크리프트, 스태커 크레인, 모빌 랙, 파렛트 슬라이딩 랙, 드라이브인 랙, 고층 랙, 트랜스 로보시스템
2형태	파렛트	파렛트 + 케이스	P-P +C	스태커 크레인, 파렛트 피킹포크
3형태	파렛트	케이스	P-C	MH 로봇, 컨베이어 피킹크레인, 피킹 포크리프트
4형태	케이스	케이스	C-C	슬라이딩 랙, 회전(캐러셀) 랙, 이동랙

정답 | 26. ①　27. ③　28. ④　29. ⑤　30. ④
31. ①

32

다음이 설명하는 파렛트 풀(pool) 시스템은?

> • 운영 파렛트의 개수를 최소화할 수 있는 장점이 있다.
> • 파렛트의 품질유지나 보수가 용이하며, 수급파동에 탄력적으로 대응할 수 있다.
> • 개별기업이 파렛트를 보유하지 않고 파렛트 풀 회사에서 일정기간 동안 임대하여 사용하는 시스템이다.

① 교환방식
② 리스·렌탈방식
③ 교환·리스병용방식
④ 대차결제방식
⑤ 임차결제병용방식

해설
리스·렌탈방식은 개별 기업에서 파렛트를 보유하지 않고, 파렛트 풀 회사에서 일정 기간 동안 임차하는 방식으로, 화주 소재지에 가까운 데포(Depot)에서 파렛트를 빌린 후 도착지의 이용자는 파렛트를 가까운 데포(Depot)에 반납하는 방식으로 운영 파렛트 수가 최소화되는 방식이다.

관련이론 | 리스·렌탈방식의 장단점
- 파렛트 이용자가 교환을 위한 동질·동수의 파렛트를 준비해 놓을 필요가 없다.
- 파렛트 반환 시 렌탈료의 계산 등 사무처리가 필요하다.
- 화주가 특정 지역에 편재되는 경우 특정 데포에 파렛트가 쌓이는 문제가 발생할 수 있다.
- 렌탈회사의 데포에서 화주가 위치한 곳까지 공파렛트 수송이 필요하다.
- 사무처리 문제와 파렛트가 편재되어 쌓여지는 데 대해서는 렌탈회사의 책임이 된다.

33

롤 상자형 파렛트(Roll Box Pallet)에 관한 설명으로 옳은 것은?

① 1회용 파렛트로 Push-Pull 장치를 부착한 지게차로 취급된다.
② 주로 액체화물 취급 시 사용되고 밀폐용 커버를 가지며 상부 또는 하부에 개폐장치가 있다.
③ 주로 분말화물 취급 시 사용되고 밀폐용 커버를 가지며 하부에 개폐장치가 있다.
④ 상부구조는 박스인 파렛트로, 받침대 밑면에는 바퀴가 달려 있으며 최근에는 배송용으로도 많이 사용된다.
⑤ 핸드 리프트로 하역할 수 있도록 만들어진 단면형 및 양면형 파렛트이다.

선지분석
① 시트 파렛트: 1회용 파렛트로 Push-Pull 장치를 부착한 지게차로 취급된다.
② 탱크 파렛트: 주로 액체화물 취급 시 사용되고 밀폐용 커버를 가지며 상부 또는 하부에 개폐장치가 있다.
③ 사일로 파렛트: 주로 분말화물 취급 시 사용되고 밀폐용 커버를 가지며 하부에 개폐장치가 있다.
⑤ 스키드 파렛트: 핸드 리프트로 하역할 수 있도록 만들어진 단면형 및 양면형 파렛트이다.

34

자동분류(Sorting)방식 중 동작에 의한 분류방식을 모두 고른 것은?

> ㄱ. 밀어내는 방식 ㄴ. 바코드 방식
> ㄷ. 다이버트 방식 ㄹ. 이송 방식

① ㄱ, ㄴ
② ㄴ, ㄷ
③ ㄱ, ㄷ, ㄹ
④ ㄴ, ㄷ, ㄹ
⑤ ㄱ, ㄴ, ㄷ, ㄹ

해설
다이버터, 푸시, 이송방식 등 동작에 의한 분류방식과 달리 바코드 방식은 자동식별장치방식에 해당한다. 이는 물품에 바코드라벨을 부착하고 바코드스캐너를 사용하여 행선지를 판별하고 그에 따라 분류하는 방법에 해당한다.

35

항공하역 장비에 해당하는 것을 모두 고른 것은?

> ㄱ. 돌리(Dolly)
> ㄴ. 로딩 암(Loading Arm)
> ㄷ. 스트래들 캐리어(Straddle Carrier)
> ㄹ. 탑 핸들러(Top Handler)
> ㅁ. 트랜스포터(Transporter)
> ㅂ. 터그 카(Tug Car)

① ㄱ, ㄴ, ㄹ
② ㄱ, ㄷ, ㅁ
③ ㄱ, ㅁ, ㅂ
④ ㄴ, ㄷ, ㄹ
⑤ ㄴ, ㅁ, ㅂ

해설
ㄱ. 돌리(Dolly), ㅁ. 트랜스포터(Transporter), ㅂ. 터그 카(Tug Car)는 대표적인 항공하역 장비에 해당한다.
한편, 로딩 암(Loading Arm)과 스트래들 캐리어(Straddle Carrier)는 항만에서 하역작업에 활용되는 장비이며, 탑 핸들러(Top Handler)는 육상에서 트럭이나 철도화차에 컨테이너를 상·하역하거나 항만에서 컨테이너를 이동시킬 때 사용된다.

36

다음이 설명하는 하역장비는?

> • 철도터미널에서 화차의 컨테이너 상·하차 작업에 사용
> • 스프레더가 장착되어 컨테이너의 운반, 적재 등에 주로 사용
> • 긴 붐(boom)을 이용하여 풀 컨테이너(full container)의 CY 내 이동에 주로 사용

① Over Head Bridge Crane
② Rail-Mounted Gantry Crane
③ Reach Stacker
④ Rubber-Tired Gantry Crane
⑤ Yard Tractor

관련이론 | 리치 스태커(Reach Stacker)
장비의 회전 없이 붐에 달린 스프레더만을 회전하여 컨테이너를 이적 또는 하역하는 장비로, 항만 CY에서 주로 컨테이너의 야적, 차량적재, 단거리 이송에 사용되며, 마스트에 스프레더 등을 장착하여 사용한다.

37

항공화물의 탑재와 하기에 사용되는 단위탑재용기(Unit Load Device)에 관한 설명으로 옳지 않은 것은?

① 지상조업시간의 단축에 따른 항공기 가동률을 증가시킬 수 있다.
② 항공기의 모든 기종에 호환사용이 가능하여 사용회전률을 증가시킬 수 있다.
③ 악천후, 도난, 파손으로부터 화물을 보호할 수 있다.
④ 형태에 따라 파렛트류, 컨테이너류 등으로 구분할 수 있다.
⑤ 항공기의 안전을 위하여 국제항공운송협회(IATA)의 검증을 거쳐 제작된 단위탑재 용기도 있다.

해설
항공화물의 탑재와 하기에 사용되는 항공용 파렛트·컨테이너·이글루와 같은 단위탑재용기(Unit Load Device)는 항공기의 기종에 따라 그 크기, 형상, 곡률 등이 상이하므로 호환사용이 어렵다는 특징이 있다.

정답 | 32. ② 33. ④ 34. ③ 35. ③ 36. ③ 37. ②

38

화인에 관한 설명으로 옳지 않은 것은?

① 부화인(Counter Mark): 대조번호 화인으로서 생산자 또는 공급자의 약호를 붙여야 하는 경우에 표기한다.
② 취급주의 화인(Care Mark): 화물의 취급, 운송, 적재 요령을 나타내는 주의 표시를 의미한다.
③ 레이블링(Labeling) 방법: 종이, 알루미늄 등의 판에 표시내용을 기재한 다음 철사나 끈 등으로 적절히 매는 방법이다.
④ 주화인(Main Mark): 수입업자 화인으로 수입업자의 전체 주소, 성명을 문자로 기입하지 않고, 일반적으로 도형 속에 머리글자를 표기한다.
⑤ 스텐실(Stencil) 방법: 기름기가 많은 종이나 셀룰로이드 판 등의 시트에 문자를 파 두었다가 붓, 스프레이를 사용하여 칠하는 방법이다.

해설
종이, 알루미늄 등의 판에 표시내용을 기재한 다음 철사나 끈 등으로 적절히 매는 방법은 태그(Tag)에 해당한다. 레이블링(Labeling)은 종이나 직포 등에 필요한 내용을 미리 인쇄해 두었다가 일정한 장소에 붙이는 방법을 말한다.

39

화물 포장과 관련된 원칙으로 옳지 않은 것은?

① 대량화·대형화의 원칙: 포장의 대형화 및 대량화를 통해 물류비를 절감한다.
② 집중화·집약화의 원칙: 물량을 집중 및 집약시켜 물류비를 절감한다.
③ 심미성 우선의 원칙: 과잉포장 배제를 통해 심미성을 화물보호보다 우선한다.
④ 사양변경의 원칙: 사양변경을 통해 물류비를 절감한다.
⑤ 재질변경의 원칙: 내용품의 보호에 지장이 없는 범위 내에서 재질을 변경한다.

해설
과잉포장을 배제하여 포장비의 절감을 가져오는 포장합리화 원칙은 규격화·표준화의 원칙에 해당하며, 심미성과 관련된 포장합리화 원칙은 없다.

40

집합포장방법에 관한 설명으로 옳지 않은 것은?

① 쉬링크(Shrink)는 위/아래의 틀로 고정하는 방법으로 적어도 4개 정도의 밴드를 사용한다.
② 밴드결속은 종이, 플라스틱 및 금속밴드를 이용하며, 코너패드를 보호재로 사용하여 수평 또는 수직으로 묶는다.
③ 슬리브(Sleeve)는 필름의 열 수축력에 의해서 파렛트와 그 위의 적재된 포장화물을 집합하는 방법이다.
④ 스트레치(Stretch)는 생선, 청과물 등의 포장에 스트레치 필름의 접착성을 이용하는 방법이다.
⑤ 꺽쇠·물림쇠는 칸막이 상자 등에서 상자가 고정되도록 사용하는 방법이다.

해설
쉬링크(shrink) 포장은 집합포장방법 중 위/아래의 틀로 고정하는 방법으로 적어도 4개 정도의 밴드를 사용하는 것은 '틀'에 해당하며, 수축필름의 열수축력에 의해서 파렛트와 그 위에 적재된 포장화물을 집합포장하는 방법을 말한다.
① 밴드결속에 대한 내용이며, 쉬링크는 열수축필름을 사용한다.
③ 쉬링크 포장에 대한 내용이며, 슬리브(Sleeve)는 필름으로 슬리브 소매 모양을 만들어 수지 4면을 감싸는 방법이다.

물류관련법규

41

물류정책기본법령상 물류사업의 범위에 관한 대분류·세분류·세세분류의 연결이 옳지 않은 것은?

① 종합물류서비스업 – 종합물류서비스업 – 종합물류서비스업
② 화물운송업 – 항공화물운송업 – 상업서류송달업
③ 물류시설운영업 – 창고업 – 위험물품보관업
④ 물류서비스업 – 해운부대사업 – 선박관리업
⑤ 화물운송업 – 항만운송관련업 – 운반·적치·하역장비 임대업

해설
화물운송업은 세분류에서 육상화물운송업, 해상화물운송업, 항공화물운송업 및 파이프라인운송업으로 분류한다.
⑤ 항만운송관련업은 물류서비스업의 세분류 중 하나이고, 운반·적치·하역장비 임대업은 물류서비스업의 세분류인 물류장비임대업의 세세분류에 해당한다.

관련이론 | 물류사업의 범위(시행령 제3조, 별표1)

대분류	세분류	세세분류
화물 운송업	육상화물운송업	화물자동차운송사업, 화물자동차운송가맹사업, 철도사업
	해상화물운송업	외항정기·부정기화물운송사업, 내항화물운송사업
	항공화물운송업	정기항공운송사업, 부정기항공운송사업, 상업서류송달업
	파이프라인운송업	파이프라인운송업
물류시설 운영업	창고업 (공동집배송센터 운영업 포함)	일반창고업, 냉장 및 냉동 창고업, 농·수산물 창고업, 위험물품보관업, 그 밖의 창고업
	물류터미널운영업	복합물류터미널, 일반물류터미널, 컨테이너화물조작장(CFS), 컨테이너장치장(CY), 물류단지, 집배송단지 등 물류시설의 운영업
물류 서비스업	화물취급업 (하역업 포함)	화물의 하역, 포장, 가공, 조립, 상표부착, 프로그램 설치, 품질검사 등 부가적인 물류업
	화물주선업	국제물류주선업, 화물자동차운송주선사업
	물류장비임대업	운송장비임대업, 산업용 기계·장비 임대업, 운반·적치·하역장비 임대업, 포장용기임대업, 선박대여업
	물류정보처리업	물류정보 데이터베이스 구축, 물류지원 소프트웨어 개발·운영, 물류 관련 전자문서 처리업
	물류컨설팅업	물류 관련 업무프로세스 개선 관련 컨설팅, 자동창고, 물류자동화 설비 도입 관련 컨설팅, 물류정보시스템 도입 관련 컨설팅
	해운부대사업	해운대리점업, 해운중개업, 선박관리업
	항만운송관련업	항만용역업, 선용품공급업, 선박연료공급업, 선박수리업, 컨테이너 수리업, 예선업
	항만운송사업	항만하역사업, 검수사업, 감정사업, 검량사업
종합물류 서비스업	종합물류서비스업	종합물류서비스업

42

물류정책기본법상 물류계획의 수립·시행에 관한 설명으로 옳지 않은 것은?

① 특별자치시장·도지사 및 특별자치도지사는 지역물류체계의 효율화를 위하여 필요한 경우에는 지역물류기본계획을 수립할 수 있다.
② 특별시장 및 광역시장은 지역물류정책의 기본방향을 설정하는 10년 단위의 지역 물류기본계획을 5년마다 수립하여야 한다.
③ 국가물류기본계획에는 물류보안에 관한 사항이 포함되어야 한다.
④ 국가물류기본계획은 「국토기본법」에 따라 수립된 국토종합계획 및 「국가통합교통체계효율화법」에 따라 수립된 국가기간교통망계획에 우선한다.
⑤ 국토교통부장관 및 해양수산부장관은 국가물류정책의 기본방향을 설정하는 10년 단위의 국가물류기본계획을 5년마다 공동으로 수립하여야 한다.

해설
국가물류기본계획은 「국토기본법」에 따라 수립된 국토종합계획 및 「국가통합교통체계효율화법」에 따라 수립된 국가기간교통망계획과 조화를 이루어야 한다.

정답 | 38. ③　　39. ③　　40. ①, ③　　41. ⑤　　42. ④

43

물류정책기본법령상 국가물류정책위원회에 관한 설명으로 옳지 않은 것은?

① 국가물류정책위원회의 위원장은 국토교통부장관이 된다.
② 국가물류정책위원회는 위원장을 제외한 20명 이내의 위원으로 구성하고, 위원은 연임할 수 없다.
③ 국가물류정책위원회는 국가물류체계의 효율화에 관한 중요 정책 사항을 심의·조정한다.
④ 국가물류정책위원회의 회의는 재적위원 과반수의 출석으로 개의하고, 출석위원 과반수의 찬성으로 의결한다.
⑤ 국가물류정책에 관한 주요 사항을 심의하기 위하여 국토교통부장관 소속으로 국가물류정책위원회를 둔다.

해설
국가물류정책위원회는 위원장을 포함한 23명 이내의 위원으로 구성하고, 공무원이 아닌 위원의 임기는 2년으로 하되, 연임할 수 있다.

44

물류정책기본법령상 우수물류기업의 인증에 관한 설명으로 옳지 않은 것은?

① 화물정보망기업에 대한 우수물류기업 인증의 주체는 국토교통부장관·해양수산부 장관 공동이다.
② 국토교통부장관 및 해양수산부장관은 우수물류기업 인증심사 대행기관이 정당한 사유 없이 인증업무를 거부한 경우에는 공동으로 그 지정을 취소할 수 있다.
③ 국토교통부장관 및 해양수산부장관은 「공공기관의 운영에 관한 법률」에 따른 공공기관을 우수물류기업 인증심사 대행기관으로 공동으로 지정하여 인증신청의 접수 업무를 하게 할 수 있다.
④ 국토교통부장관 및 해양수산부장관은 물류기업의 육성과 물류산업 발전을 위하여 소관 물류기업을 각각 우수물류기업으로 인증할 수 있다.
⑤ 국토교통부장관 또는 해양수산부장관은 소관 인증우수물류기업이 물류사업으로 인하여 공정거래위원회로부터 시정조치를 받은 경우에는 그 인증을 취소할 수 있다.

해설
물류서비스업의 인증 대상 물류기업인 화물정보망기업에 대한 우수물류기업 인증의 주체는 국토교통부장관이다.
국토교통부장관·해양수산부장관이 공동으로 인증하는 물류기업은 종합물류서비스기업 하나이다.

45

물류정책기본법령상 국제물류주선업에 관한 설명으로 옳은 것은?

① 국제물류주선업을 경영하려는 자는 국토교통부장관의 허가를 받아야 한다.
② 국제물류주선업자가 그 사업을 양도하거나 사망한 때에는 그 양수인·상속인은 국제물류주선업의 등록에 따른 권리·의무를 승계하지 아니한다.
③ 「공항시설법」 또는 「해운법」을 위반하여 벌금형을 선고받고 2년이 지나지 아니한 자는 국제물류주선업의 등록을 할 수 없다.
④ 국제물류주선업자가 등록한 사항 중 자본금이 감소되는 경우에는 변경등록을 하지 않아도 된다.
⑤ 국토교통부장관은 국제물류주선업자가 거짓이나 그 밖의 부정한 방법으로 허가를 받은 경우에는 허가를 취소할 수 있다.

선지분석
① 국제물류주선업을 경영하려는 자는 시·도지사에게 등록하여야 한다.
② 국제물류주선업자가 그 사업을 양도하거나 사망한 때에는 그 양수인·상속인은 국제물류주선업의 등록에 따른 권리·의무를 승계한다.
③ 국제물류주선업의 등록의 결격사유의 하나로 국제물류주선업의 등록을 할 수 없는 사유의 하나이다.
④ 국제물류주선업자가 등록한 사항 중 자본금 또는 자산평가액의 감소는 변경등록 사유에 해당한다.
⑤ 국토교통부장관은 국제물류주선업자가 거짓이나 그 밖의 부정한 방법으로 등록을 한 경우에는 등록을 취소하여야 한다.

46

물류정책기본법령상 과태료 부과의 개별기준에 관한 내용이다. ( )에 들어갈 숫자를 바르게 나열한 것은? (단, 과태료의 가중 및 감경은 고려하지 않음)

위반행위	과태료 금액		
	1차 위반	2차 위반	3차 이상 위반
물류정책기본법 제39조(인증우수물류기업 인증의 취소 등) 제2항을 위반하여 인증마크를 계속 사용한 경우	(ㄱ)만 원	(ㄴ)만 원	(ㄷ)만 원

① ㄱ: 50, ㄴ: 100, ㄷ: 150
② ㄱ: 50, ㄴ: 100, ㄷ: 200
③ ㄱ: 100, ㄴ: 150, ㄷ: 200
④ ㄱ: 100, ㄴ: 150, ㄷ: 300
⑤ ㄱ: 100, ㄴ: 200, ㄷ: 300

해설
인증우수물류기업 인증의 취소 등에 관한 사항을 위반하여 인증마크를 계속 사용한 경우 과태료는 1차 위반의 경우 50만 원, 2차 위반의 경우는 100만 원, 3차 이상 위반의 경우는 200만 원이다. (시행령 제55조 별표 4, 법 제73조 200만 원 이하의 과태료 부과대상 규정)

47

물류정책기본법령상 물류체계의 효율화에 관한 설명으로 옳지 않은 것은?

① 국토교통부장관은 물류기업 및 화주기업이 기업물류비 산정지침에 따라 물류비를 관리하도록 권고할 수 있다.
② 국토교통부장관 또는 해양수산부장관은 물류표준화에 관한 업무를 효과적으로 추진하기 위하여 필요하다고 인정하는 경우에는 산업통상자원부장관에게 「산업표준화법」에 따른 한국산업표준의 제정·개정 또는 폐지를 요청할 수 있다.
③ 국토교통부장관·해양수산부장관·산업통상자원부장관 또는 관세청장은 물류공동화를 확산하기 위하여 필요한 경우에는 시범사업을 선정하여 운영할 수 있다.
④ 「민법」 제32조에 따라 설립된 물류와 관련된 비영리법인이 기존 물류시설을 정비할 때에는 주변 물류시설과의 기능중복 여부를 고려하여야 한다.
⑤ 기업물류비 산정지침에는 물류비 계산서의 표준 서식이 포함되어야 한다.

해설
국토교통부장관·해양수산부장관·산업통상자원부장관 또는 시·도지사는 물류공동화를 확산하기 위하여 필요한 경우에는 시범지역을 지정하거나 시범사업을 선정하여 운영할 수 있다.

48

물류정책기본법령상 물류정보화에 관한 설명으로 옳은 것을 모두 고른 것은?

> ㄱ. 도로운송 시 위험물질운송안전관리센터의 감시가 필요한 「화학물질관리법」 제2조제7호에 따른 유해화학물질을 운송하는 차량의 최대 적재량 기준은 10,000리터 이상이다.
> ㄴ. 국가물류통합정보센터운영자 또는 단위물류정보망 전담기관은 전자문서 및 정보처리장치의 파일에 기록되어 있는 물류정보를 2년 동안 보관하여야 한다.
> ㄷ. 국토교통부장관은 위험물질운송안전관리센터의 설치·운영을 「한국도로공사법」에 따른 한국도로공사가 대행하게 한다.

① ㄴ
② ㄱ, ㄴ
③ ㄱ, ㄷ
④ ㄴ, ㄷ
⑤ ㄱ, ㄴ, ㄷ

해설
도로운송 시 위험물질운송안전관리센터의 감시가 필요한 유해화학물질을 운송하는 차량의 최대 적재량 기준은 5,000kg(킬로그램) 이상이다. 국토교통부장관은 위험물질운송안전관리센터의 설치·운영을 한국교통안전공단에 대행시킬 수 있다.

정답 | 43. ② 44. ① 45. ③ 46. ② 47. ③ 48. ①

49

물류시설의 개발 및 운영에 관한 법률상 용어의 정의에 관한 설명으로 옳지 않은 것은?

① 물류의 공동화·자동화 및 정보화를 위한 시설은 "물류시설"에 해당한다.
② 「유통산업발전법」에 따른 집배송시설을 경영하는 사업은 "물류터미널사업"에서 제외된다.
③ 「철도사업법」에 따른 철도사업자가 여객의 수하물 또는 소화물을 보관하는 것은 "물류창고업"에서 제외된다.
④ "도시첨단물류단지"란 도시 내 물류를 지원하기 위하여 지정·개발하는 일단의 토지 및 시설로서 스마트물류단지와 일반물류단지로 구분된다.
⑤ 물류단지시설의 운영을 효율적으로 지원하기 위하여 물류단지 안에 설치되는 물류단지 종사자 및 이용자의 생활과 편의를 위한 시설은 "지원시설"에 해당한다.

해설
"도시첨단물류단지"란 도시 내 물류를 지원하고 물류·유통산업 및 물류·유통과 관련된 산업의 육성과 개발을 촉진하려는 목적으로 도시첨단물류단지시설과 지원시설을 집단적으로 설치하기 위하여 「국토의 계획 및 이용에 관한 법률」에 따른 도시지역에 지정·개발하는 일단의 토지 및 시설을 말한다.
물류단지는 도시첨단물류단지와 일반물류단지로 구분하지만, 스마트물류단지는 없다.

50

물류시설의 개발 및 운영에 관한 법령상 물류창고업에 관한 설명으로 옳지 않은 것은?

① 물류창고 면적의 100분의 10 이상의 증감이 있는 경우 물류창고업자는 그 사유가 발생한 날부터 30일 이내에 변경등록을 하여야 한다.
② 보관장소 전체면적의 합계가 2,500m²(제곱미터) 이상인 물류창고를 소유 또는 임차하여 물류창고업을 경영하려는 자는 물류창고업의 등록을 하여야 한다.
③ 물류창고업자의 사업자단체가 수행하는 물류창고업자 및 관련 종사자에 대한 교육·훈련 사업은 국가 또는 지방자치단체의 재정적 지원 대상이 될 수 있다.
④ 물류창고업의 등록 및 변경등록 신청을 하려는 자는 국토교통부령으로 정하는 바에 따라 수수료를 내야 한다.
⑤ 물류창고업 등록을 취소하여야 하는 경우로서 그 등록의 취소로써 그 사업의 이용자 등에게 심한 불편을 주는 경우에도 그 등록취소처분을 갈음하여 과징금을 부과할 수 없다.

해설
전체면적의 합계가 4,500m²(제곱미터) 이상인 보관장소나 전체 바닥면적의 합계가 1,000m²(제곱미터) 이상인 보관시설에 해당하는 물류창고를 소유 또는 임차하여 물류창고업을 경영하려는 자는 국토교통부장관 또는 해양수산부장관 또는 시·도지사에게 물류창고업의 등록을 하여야 한다.

51

물류시설의 개발 및 운영에 관한 법률상 도시첨단물류단지의 지정을 위한 토지소유자 등의 동의에 관한 조문의 일부이다. ( )에 들어갈 내용은?

> 국토교통부장관 또는 시·도지사는 도시첨단물류단지를 지정하려면 도시첨단물류단지 예정지역 토지면적의 (ㄱ) 이상에 해당하는 토지소유자의 동의와 토지소유자 총수(그 지상권자를 포함하며, 1필지의 토지를 여러 명이 공유하는 경우 그 여러 명은 1인으로 본다.) 및 건축물 소유자 총수(집합건물의 경우 각 구분소유자 각자를 1인의 소유자로 본다.) 각 (ㄴ) 이상의 동의를 받아야 한다.

① ㄱ: 2분의 1, ㄴ: 2분의 1
② ㄱ: 2분의 1, ㄴ: 3분의 2
③ ㄱ: 3분의 2, ㄴ: 2분의 1
④ ㄱ: 3분의 2, ㄴ: 4분의 3
⑤ ㄱ: 4분의 3, ㄴ: 4분의 3

해설
국토교통부장관 또는 시·도지사는 도시첨단물류단지를 지정하려면 도시첨단물류단지 예정지역 토지면적의 2분의 1 이상에 해당하는 토지소유자의 동의와 토지소유자 총수 및 건축물 소유자 총수 각 2분의 1 이상의 동의를 받아야 한다.

52

물류시설의 개발 및 운영에 관한 법률상 물류단지의 개발 및 운영에 관한 설명으로 옳은 것은?

① 시·도지사가 일반물류단지를 지정할 때에는 시장·군수·구청장의 신청이 있어야 한다.
② 물류단지개발사업의 시행자가 물류단지 예정지역의 토지소유자가 설립한 조합인 경우 시행자는 물류단지개발사업에 필요한 토지 등을 수용하거나 사용할 수 없다.
③ 「지방공기업법」에 따른 지방공사가 물류단지개발사업의 시행으로 기존의 공공시설에 대체되는 공공시설을 설치한 경우에는 종래의 공공시설은 그 시설을 관리할 지방자치단체에 무상으로 귀속된다.
④ 물류단지지정권자가 물류단지재정비사업을 하려는 경우에는 입주업체 2분의 1 이상의 동의가 있어야 한다.
⑤ 물류단지개발실시계획의 승인을 한 물류단지지정권자는 시행자가 사정이 변경되어 물류단지개발사업을 계속 시행하는 것이 불가능하게 된 경우 그 승인을 취소하여야 한다.

해설
물류단지 예정지역의 토지소유자 또는 그 토지소유자가 물류단지개발을 위하여 설립한 조합을 제외한 물류단지개발사업의 시행자는 물류단지개발사업에 필요한 토지 등을 수용하거나 사용할 수 있다.
다만 「민법」 또는 「상법」에 따라 설립된 법인이 시행자인 경우에는 사업대상 토지면적의 3분의 2 이상을 매입하여야 토지 등을 수용하거나 사용할 수 있다.

정답 | 49. ④ 50. ② 51. ① 52. ②

53

물류시설의 개발 및 운영에 관한 법령상 물류단지 안에서 시장·군수·구청장의 허가를 받지 아니하고 할 수 있는 행위는? (단, 국토의 계획 및 이용에 관한 법률은 고려하지 않고, 재해복구 또는 재난수습에 필요한 응급조치를 위하여 하는 행위는 제외함)

① 토지분할
② 죽목의 벌채
③ 「건축법」에 따른 가설건축물의 건축
④ 「건축법」에 따른 건축물의 용도변경
⑤ 물류단지에 존치하기로 결정된 대지 안에서 물건을 쌓아놓는 행위

해설
물류단지 안에서 건축물의 건축, 공작물의 설치, 토지의 형질변경, 토석의 채취, 토지분할, 이동이 쉽지 아니한 물건을 1개월 이상 물건을 쌓아놓는 행위, 죽목의 벌채 및 식재 등 대통령령으로 정하는 행위를 하려는 자는 시장·군수·구청장의 허가를 받아야 한다.
⑤ 물류단지에 존치하기로 결정된 대지 안에서 물건을 쌓아놓는 행위를 포함한 6가지 행위는 시장·군수·구청장의 허가를 받지 아니하고 할 수 있다.

54

물류시설의 개발 및 운영에 관한 법령상 물류단지의 관리기구에 해당하지 않는 자는?

① 「한국토지주택공사법」에 따른 한국토지주택공사
② 「한국철도공사법」에 따른 한국철도공사
③ 「한국도로공사법」에 따른 한국도로공사
④ 「항만공사법」에 따른 항만공사
⑤ 「지방공기업법」에 따른 지방공사

해설
대통령령으로 정하는 물류단지의 관리기구에 한국철도공사는 포함되지 않는다. 제시된 것 이외에도 한국수자원공사와 한국농어촌공사가 포함된다.

55

물류시설의 개발 및 운영에 관한 법률상 과태료 부과대상은?

① 공사시행인가를 받지 아니하고 공사를 시행한 복합물류터미널사업자
② 등록증을 대여한 물류창고업자
③ 부정한 방법으로 물류단지개발사업의 시행자로 지정을 받은 자
④ 시·도지사가 소속 공무원에게 물류단지의 관리에 관한 관리기관의 업무를 검사하게 한 경우 그 검사를 방해·거부한 자
⑤ 물류단지시설의 설치를 완료하기 전에 분양받은 토지 또는 시설을 시행자 또는 관리기관에 양도하지 아니하고 처분한 입주기업체

해설
④의 행위를 한 자에 대하여는 300만 원 이하의 과태료를 부과한다.
①~③은 1년 이하의 징역 또는 1천만 원 이하의 벌금에 처하는 경우이다.
⑤는 벌칙이나 과태료 부과 대상이 아니다.

56

물류시설의 개발 및 운영에 관한 법령상 물류 교통·환경 정비지구(이하 '정비지구'라 함)에 관한 설명으로 옳은 것은?

① 정비지구의 지정을 신청하려면 해당 지역의 면적이 50만 제곱미터 이상이어야 한다.
② 정비지구가 둘 이상의 시·군·구의 관할지역에 걸쳐있는 경우에는 시·도지사가 물류 교통·환경 정비계획을 수립한다.
③ 정비지구 면적의 100분의 10 미만의 변경을 신청하는 경우에는 주민의 의견청취 절차를 거치지 아니할 수 있다.
④ 정비지구를 지정하려면 지역물류정책위원회와 「국토의 계획 및 이용에 관한 법률」에 따른 지방도시계획위원회가 공동으로 하는 심의를 거쳐야 한다.
⑤ 국가는 시·도지사가 지정한 정비지구에서 시장·군수·구청장에게 「화물자동차 운수사업법」에 따른 공영차고지 및 화물자동차 휴게소의 설치 사업에 대하여 행정적·재정적 지원을 할 수 있다.

해설
국가 또는 시·도지사는 지정된 정비지구에서 시장·군수·구청장에게 공영차고지 및 화물자동차 휴게소의 설치, 방음·방진시설의 설치 등의 사업에 대한 행정적·재정적 지원을 할 수 있다.
① 정비지구의 지정을 신청하려면 해당 지역의 면적이 30만 제곱미터 이상이어야 한다.
② 정비지구가 둘 이상의 시·군·구의 관할지역에 걸쳐 있는 경우에는 관할 시장·군수·구청장이 공동으로 물류 교통·환경 정비계획을 수립한다.
③ 정비지구 면적의 100분의 5 미만의 변경을 신청하는 경우에는 주민의 의견청취 절차를 거치지 아니할 수 있다.
④ 정비지구를 지정하려면 물류단지계획심의위원회와 지방도시계획위원회가 공동으로 하는 심의를 거쳐야 한다.

57
화물자동차 운수사업법령상 화물자동차 운송사업에서 여객자동차 운송사업용 자동차에 싣기 부적합한 것으로서 화주가 밴형 화물자동차에 함께 탈 때 실을 수 있는 화물의 기준으로 옳지 않은 것은?

① 화주 1명당 화물의 중량이 10킬로그램 이상일 것
② 화주 1명당 화물의 용적이 4만 세제곱센티미터 이상일 것
③ 화물이 기계·기구류 등 공산품에 해당하는 물품일 것
④ 화물이 합판·각목 등 건축기자재에 해당하는 물품일 것
⑤ 화물이 혐오감을 주는 식물에 해당하는 물품일 것

해설
화주가 밴형 화물자동차에 탈 때 함께 실을 수 있는 화물의 기준은 ㉠ 화주 1명당 화물의 중량이 20킬로그램 이상일 것, ㉡ 화주 1명당 화물의 용적이 4만 세제곱센티미터 이상일 것, ㉢ 화물이 다음 각 목의 어느 하나에 해당하는 물품일 것(불결하거나 악취가 나는 농산물·수산물 또는 축산물, 혐오감을 주는 동물 또는 식물, 기계·기구류 등 공산품, 합판·각목 등 건축기자재, 폭발성·인화성 또는 부식성 물품) 등이다.

58
화물자동차 운수사업법령상 화물자동차 운송사업의 허가 등에 관한 설명으로 옳은 것은?

① 운송사업자가 화물자동차의 대폐차에 관한 사항을 변경하려면 국토교통부장관의 변경허가를 받아야 한다.
② 개인 운송사업자는 주사무소 외의 장소에서 상주하여 영업하려면 국토교통부장관의 허가를 받아 영업소를 설치하여야 한다.
③ 임시허가를 받은 자가 허가 기간 내에 다른 운송사업자와 위·수탁계약을 체결하지 못하고 임시허가 기간이 만료된 경우 3개월 내에 화물자동차 운송사업허가를 신청할 수 있다.
④ 화물자동차 운송사업의 증차를 수반하는 변경허가에는 조건 또는 기한을 붙일 수 없다.
⑤ 국토교통부장관은 운송사업자가 사업정지처분을 받은 경우에도 주사무소를 이전하는 변경허가를 할 수 있다.

선지분석
① 화물자동차의 대폐차에 관한 사항은 경미한 사항이므로 변경신고 사항이다.
② 영업소 설치는 개인 운송사업자에게는 해당되지 않는다.
④ 증차를 수반하는 변경허가에는 조건 또는 기한을 붙일 수 있다.
⑤ 운송사업자가 사업정지처분을 받은 경우에는 주사무소를 이전하는 변경허가를 하여서는 아니된다.

정답	53. ⑤	54. ②	55. ④	56. ⑤	57. ①
	58. ③				

59

화물자동차 운수사업법령상 운송사업자의 운송약관에 관한 설명으로 옳지 않은 것은?

① 운송약관 변경신고가 있는 경우 그 변경신고를 받은 날부터 3일 이내에 신고수리 여부가 신고인에게 통지되어야 한다.
② 운송사업자는 운송약관을 영업소 또는 화물자동차에 갖추어 두고 이용자가 요구하면 이를 내보여야 한다.
③ 운송약관에는 운송책임이 시작되는 시기 및 끝나는 시기를 적어야 한다.
④ 공정거래위원회는 화물운송에 관한 표준이 되는 약관을 작성하여 운송사업자에게 그 사용을 권장할 수 있다.
⑤ 운송약관의 신고는 「화물자동차 운수사업법」에 따라 설립된 협회로 하여금 대리하게 할 수 있다.

해설
국토교통부장관은 협회 또는 연합회가 작성한 것으로서 「약관의 규제에 관한 법률」에 따라 공정거래위원회의 심사를 거친 화물운송에 관한 표준이 되는 약관(표준약관)이 있으면 운송사업자에게 그 사용을 권장할 수 있다.

60

화물자동차 운수사업법상 화물자동차 운송사업의 허가를 받을 수 없는 자가 아닌 것은?

① 임원 중 「화물자동차 운수사업법」을 위반하여 징역 이상의 형의 집행유예를 선고받고 그 유예 기간 중에 있는 자가 있는 법인
② 임원 중 파산선고를 받고 복권되지 아니한 자가 있는 법인
③ 부정한 방법으로 화물자동차 운송사업의 허가를 받아 허가가 취소된 후 3년이 지난 자
④ 부정한 방법으로 화물자동차 운송사업의 변경허가를 받아 변경허가가 취소된 후 3년이 지난 자
⑤ 빈번한 교통사고로 1명 이상의 사상자를 발생하게 하여 화물자동차 운송사업의 허가가 취소된 후 3년이 지난 자

해설
빈번한 교통사고로 1명 이상의 사상자를 발생하게 한 경우는 허가를 취소하거나 6개월 이내의 기간을 정하여 그 사업의 전부 또는 일부의 정지를 명령하거나 감차 조치를 명할 수 있는 경우이다. 결격사유와는 관련이 없다.

61

화물자동차 운수사업법상 화물자동차 운송주선사업에 관한 설명으로 옳은 것은?

① 화물의 멸실·훼손 또는 인도의 지연으로 발생한 운송주선사업자의 손해배상 책임에 관하여는 「상법」 제135조(손해배상책임)를 준용한다.
② 화물자동차 운송가맹사업의 허가를 받은 자는 화물자동차 운송주선사업의 허가를 받아야 화물자동차 운송주선사업을 경영할 수 있다.
③ 운송주선사업자는 주사무소 외의 장소에서 상주하여 영업하려면 미리 국토교통부장관에게 신고하여야 한다.
④ 운송주선사업자는 필요한 경우 자기 명의로 다른 사람에게 화물자동차 운송주선사업을 경영하게 할 수 있다.
⑤ 운송주선사업자는 화주로부터 중개를 의뢰받은 화물에 대하여 운송가맹사업자에게 수수료를 받고 화물의 운송을 주선하는 행위를 할 수 없다.

선지분석
② 화물자동차 운송가맹사업의 허가를 받은 자는 화물자동차 운송주선사업의 허가를 받지 아니한다.
③ 운송주선사업자는 주사무소 외의 장소에서 상주하여 영업하려면 국토교통부장관의 허가를 받아 영업소를 설치하여야 한다.
④ 운송주선사업자는 자기 명의로 다른 사람에게 화물자동차 운송주선사업을 경영하게 할 수 없다.
⑤ 운송주선사업자는 화주로부터 중개를 의뢰받은 화물에 대하여 운송가맹사업자에게 수수료를 받고 화물의 운송을 주선하는 행위를 할 수 있다(다른 운송주선사업자에게는 아니 된다).

62

화물자동차 운수사업법령상 운송가맹사업자의 허가사항 변경신고의 대상을 모두 고른 것은?

> ㄱ. 상호의 변경
> ㄴ. 화물취급소의 설치 및 폐지
> ㄷ. 주사무소의 이전
> ㄹ. 화물자동차 운송가맹계약의 해지

① ㄱ, ㄹ
② ㄴ, ㄷ
③ ㄱ, ㄴ, ㄷ
④ ㄴ, ㄷ, ㄹ
⑤ ㄱ, ㄴ, ㄷ, ㄹ

해설
운송가맹사업자의 상호의 변경은 대통령령으로 정하는 경미한 사항에 해당하지 않으므로 변경허가 대상이 된다.

63

화물자동차 운수사업법상 운송사업자에게 할 수 있는 개선명령 사항에 해당하지 않는 것은?

① 화물자동차의 구조변경
② 운송시설의 개선
③ 화물의 안전운송을 위한 조치
④ 「자동차손해배상 보장법」에 따라 운송사업자가 의무적으로 가입하여야 하는 보험·공제에 가입
⑤ 「가맹사업거래의 공정화에 관한 법률」에 따른 정보공개서 제공의무의 통지

해설
정보공개서 제공의무의 통지는 개선명령에 해당되지 않는다. 운송사업자에게 할 수 있는 개선명령에는 제시된 내용 이외에 운송약관의 변경, 적재물배상보험 등의 가입 등이 포함된다.

64

화물자동차 운수사업법령상 적재물배상보험등에 관한 설명으로 옳지 않은 것은?

① 운송사업자는 각 사업자별로 사고 건당 2천만 원 이상의 금액을 지급할 책임을 지는 적재물배상보험 등에 가입하여야 한다.
② 운송가맹사업자는 적재물배상보험 등에 가입하여야 한다.
③ 이사화물을 취급하는 운송주선사업자는 적재물배상보험 등에 가입하여야 한다.
④ 책임보험계약 등의 계약 종료사실 통지에는 계약기간이 종료된 후 적재물배상보험 등에 가입하지 아니하는 경우에는 500만 원 이하의 과태료가 부과된다는 사실에 관한 안내가 포함되어야 한다.
⑤ 보험회사 등은 자기와 책임보험계약 등을 체결한 보험 등 의무가입자가 그 계약이 끝난 후 새로운 계약을 체결하지 아니하면 그 사실을 지체 없이 국토교통부장관에게 알려야 한다.

해설
운송사업자는 각 화물자동차별로 사고 건당 2천만 원 이상의 금액을 지급할 책임을 지는 적재물배상보험 등에 가입하여야 한다.
운송주선사업자는 각 사업자별로 가입하여야 한다. 운송가맹사업자는 화물자동차를 소유한 자는 각 화물자동차별 및 각 사업자별로, 그 외의 자는 각 사업자별로 가입하여야 한다.

정답 | 59. ④ 60. ⑤ 61. ① 62. ④ 63. ⑤
64. ①

65

화물자동차 운수사업법령상 경영의 위탁에 관한 설명으로 옳은 것은?

① 운송사업자는 화물자동차 운송사업의 효율적인 수행을 위하여 필요하면 다른사람에게 경영의 전부를 위탁할 수 있다.
② 화물자동차 운송사업의 허가권자는 경영의 위탁을 제한할 수 없다.
③ 위·수탁계약을 체결하는 경우 운수종사자 교육에 관한 사항을 계약서에 명시하여야 한다.
④ 위·수탁계약의 기간은 3년 이상으로 하여야 한다.
⑤ 시장·군수·구청장은 위·수탁계약서의 작성 여부에 대한 실태조사를 매년 2회 이상 실시한다.

해설
위·수탁계약을 체결하는 경우 계약서에는 계약기간 및 계약갱신, 차량소유자, 금전지급 및 채권·채무 관계, 차량의 대폐차, 차량의 관리 및 운영, 교통사고보상 및 사고처리, 적재물배상보험 등 보험가입, 운수종사자 교육, 계약의 해지사유, 위·수탁계약에 대한 상호통지, 양도·양수에 관한 사항 등이 명시되어야 한다. (시행규칙 제41조의16)

선지분석
① 운송사업자는 화물자동차 운송사업의 효율적인 수행을 위하여 필요하면 다른 사람에게 차량과 그 경영의 일부를 위탁하거나 차량을 현물출자한 사람에게 그 경영의 일부를 위탁할 수 있다.
② 국토교통부장관은 화물운송시장의 질서유지 및 운송사업자의 운송서비스 향상을 유도하기 위하여 필요한 경우 경영의 위탁을 제한할 수 있다.
④ 위·수탁계약의 기간은 2년 이상으로 하여야 한다.
⑤ 국토교통부장관 또는 시·도지사는 위·수탁계약서의 작성 여부에 대한 실태조사를 매년 1회 이상 할 수 있다.

66

화물자동차 운수사업법령상 화물자동차 운송사업에 종사하는 운수종사자의 준수사항이 아닌 것은?

① 고장 및 사고차량 등 화물의 운송과 관련하여 자동차관리사업자와 부정한 금품을 주고받는 행위를 하여서는 아니 된다.
② 적재된 화물이 떨어지지 아니하도록 국토교통부령으로 정하는 기준 및 방법에 따라 덮개·포장·고정장치 등 필요한 조치를 하지 아니하고 화물자동차를 운행하는 행위를 하여서는 아니 된다.
③ 택시 요금미터기의 장착 등 국토교통부령으로 정하는 택시 유사표시행위를 하여서는 아니 된다.
④ 「자동차관리법」에 따른 승인을 받지 않고 튜닝된 화물자동차를 운행하는 행위를 하여서는 아니 된다.
⑤ 일정한 장소에 오랜 시간 정차하여 화주를 호객하는 행위를 하여서는 아니 된다.

해설
④는 운수종사자의 준수사항 규정에 없는 내용이다.

67

유통산업발전법령상 유통업상생발전협의회(이하 '협의회'라 함)에 관한 설명으로 옳은 것은?

① 협의회 위원의 임기는 1년으로 한다.
② 성별 및 분야별 대표성 등을 고려하여 회장 1명을 포함한 10명 이내의 위원으로 구성한다.
③ 회장은 해당 지역의 시장·군수·구청장이 된다.
④ 협의회는 매월 1회 이상 개최하는 것을 원칙으로 하되, 회장은 필요에 따라 그 개최 주기를 달리할 수 있다.
⑤ 해당 지역의 주민단체의 대표는 협의회 위원으로 위촉될 수 있다.

해설
대형유통기업의 대표, 중소유통기업의 대표, 해당 지역의 소비자단체의 대표 또는 주민단체의 대표, 해당 지역의 유통산업분야에 관한 학식과 경험이 풍부한 자, 그 밖에 대·중소유통 협력업체·납품업체·농어업인 등 이해관계자 및 해당 특별자치시·시·군·구의 유통업무를 담당하는 과장급 공무원 등이 협의회 회원으로 위촉될 수 있다.

선지분석
① 위원의 임기는 2년이다.
② 회장 1명을 포함한 11명 이내의 위원으로 구성한다.
③ 회장은 해당 지역의 부시장·부군수·부구청장이 된다.
④ 협의회는 분기별 1회 이상 개최하는 것을 원칙으로 한다.

68

유통산업발전법령상 공동집배송센터의 지정요건에 관한 설명이다. ( )에 들어갈 숫자를 바르게 나열한 것은?

> • 부지면적이 (ㄱ)만 제곱미터 이상(「국토의 계획 및 이용에 관한 법률」 제36조에 따른 상업지역 또는 공업지역의 경우에는 (ㄴ)만 제곱미터 이상)이고, 집배송시설 면적이 (ㄷ)만 제곱미터 이상일 것
> • 도시 내 유통시설로의 접근성이 우수하여 집배송기능이 효율적으로 이루어질 수 있는 지역 및 시설물

① ㄱ: 2, ㄴ: 1, ㄷ: 1
② ㄱ: 3, ㄴ: 2, ㄷ: 1
③ ㄱ: 3, ㄴ: 2, ㄷ: 2
④ ㄱ: 5, ㄴ: 3, ㄷ: 2
⑤ ㄱ: 5, ㄴ: 3, ㄷ: 3

해설
공동집배송센터의 지정요건은 부지면적이 3만 제곱미터(㎡) 이상(상업지역 또는 공업지역의 경우에는 2만 제곱미터(㎡) 이상)이고, 집배송시설면적이 1만 제곱미터(㎡) 이상일 것 등이다.

69

유통산업발전법령상 유통분쟁조정위원회의 분쟁조정 대상이 아닌 것은?

① 등록된 대규모점포 등과 중소제조업체 사이의 「독점규제 및 공정거래에 관한 법률」을 적용받는 영업활동에 관한 분쟁
② 대규모점포 등 개설자의 인근 지역주민 피해·불만의 신속한 처리와 관련한 분쟁
③ 등록된 대규모점포 등과 인근 지역의 주민 사이의 대규모점포 등의 개설로 인한 인근 지역의 대기오염, 토양오염, 수질오염 및 해양오염에 관한 분쟁
④ 대규모점포 등 개설자의 상거래질서 확립 업무 수행과 관련한 분쟁
⑤ 대규모점포 등 개설자의 소비자 안전유지와 관련한 분쟁

해설
유통분쟁조정위원회 분쟁조정 대상의 하나는 등록된 대규모점포 등과 인근 지역의 도매업자·소매업자 사이의 영업활동에 관한 분쟁. 다만, 「독점규제 및 공정거래에 관한 법률」을 적용받는 사항은 제외한다.

70

유통산업발전법령상 대규모점포 등 개설등록신청서에 첨부하여야 하는 상권영향평가서에 포함되는 사항이 아닌 것은?

① 상권영향분석의 범위
② 상권의 특성
③ 재무구조
④ 요약문
⑤ 기존 사업자 현황 분석

해설
상권영향평가서에 포함되어야 하는 내용은 요약문, 사업의 개요, 상권영향분석의 범위, 상권의 특성, 기존 사업자 현황 분석, 상권영향기술서 등이다. 재무구조는 사업계획서에 포함되어야 하는 내용이다.

| 정답 | 65. ③ | 66. ④ | 67. ⑤ | 68. ② | 69. ① |
| | 70. ③ | | | | |

71

유통산업발전법상 상점가진흥조합에 관한 설명으로 옳은 것은?

① 「중소기업기본법」에 따른 중소기업자는 조합원이 될 수 없다.
② 상점가진흥조합은 협동조합으로 설립하여야 하고 사업조합의 형식으로는 설립할 수 없다.
③ 조합원의 자격이 있는 자 중 같은 업종을 경영하는 자가 2분의 1 이상인 경우에는 그 같은 업종을 경영하는 자의 5분의 3 이상의 동의를 받아 결성할 수 있다.
④ 다른 상점가진흥조합의 구역과 중복되어 구역을 지정할 수 있다.
⑤ 상점가진흥조합의 주차장·휴게소 등 공공시설 설치사업은 지방자치단체의 장이 필요한 자금을 지원할 수 있는 사업에 해당하지 않는다.

해설
상점가진흥조합은 조합원의 자격이 있는 자의 3분의 2 이상의 동의를 받아 결성한다. 다만, 조합원의 자격이 있는 자 중 같은 업종을 경영하는 자가 2분의 1 이상인 경우에는 그 같은 업종을 경영하는 자의 5분의 3 이상의 동의를 받아 결성할 수 있다.

선지분석
① 상점가진흥조합의 조합원이 될 수 있는 자는 「중소기업기본법」에 따른 중소기업자에 해당하는 자로 한다.
② 상점가진흥조합은 협동조합 또는 사업조합으로 설립한다.
④ 상점가진흥조합의 구역은 다른 상점가진흥조합의 구역과 중복되어서는 아니 된다.
⑤ 지원할 수 있는 사업에 해당된다.

72

항만운송사업법령상 항만운송관련사업에 해당하지 않는 것은?

① 항만용역업
② 선용품공급업
③ 선박연료공급업
④ 컨테이너수리업
⑤ 선적화물검수업

해설
영리를 목적으로 하는지 여부에 관계없이 항만운송을 하는 사업은 "항만운송사업"이다. 항만운송사업에는 항만하역사업, 검수사업, 감정사업 및 검량사업이 해당된다.

73

항만운송사업법령상 부두운영회사에 관한 설명으로 옳은 것은?

① 항만시설운영자 등은 부두운영회사의 운영성과 평가 결과에 따라 부두운영회사에 대하여 항만시설 등의 임대료를 감면할 수는 없다.
② 항만시설 등의 임대료를 2개월 이상 연체한 경우 항만시설운영자 등은 부두운영 계약을 해지하고, 위약금을 부과한다.
③ 부두운영회사가 부두운영계약의 계약기간을 연장하려는 경우 그 계약기간이 만료되기 3개월 전까지 항만시설운영자 등에게 부두운영계약의 갱신을 신청하여야 한다.
④ 항만시설운영자 등은 화물유치 또는 투자 계획을 이행하지 못한 부두운영회사에 대하여 그 귀책사유를 불문하고 위약금을 부과할 수 있다.
⑤ 「항만공사법」에 따른 항만공사와 임대차계약을 체결하고, 해양수산부장관이 컨테이너 부두로 정하여 고시한 항만시설을 임차하여 사용하는 자는 부두운영회사에 해당하지 않는다.

해설
"부두운영회사"란 항만하역사업 및 그 부대사업을 수행하기 위하여 항만시설운영자 등과 부두운영계약을 체결하고, 항만시설 및 그 항만시설의 운영에 필요한 장비·부대시설 등을 일괄적으로 임차하여 사용하는 자를 말한다. 다만, 「항만공사법」에 따른 항만공사와 임대차계약을 체결하고, 해양수산부장관이 컨테이너 부두로 정하여 고시한 항만시설을 임차하여 사용하는 자는 부두운영회사에 해당하지 않는다.

선지분석
① 임대료를 감면할 수 있다.
② 임대료를 3개월 이상 연체한 경우이다.
③ 6개월 전까지이다.
④ 귀책사유가 없는 경우에는 위약금을 부과하지 아니한다.

74
항만운송사업법령상 타인의 수요에 응하여 하는 행위로서 항만운송에 해당하지 않는 것은?

① 선박을 이용하여 운송될 화물을 화물주 또는 선박운항업자의 위탁을 받아 항만에서 화물주로부터 인수하거나 선박에 인도하는 행위
② 항만에서 선박 또는 부선(艀船)을 이용하여 선박에서 사용하는 물품을 공급하기 위하여 운송하는 행위
③ 항만에서 선박 또는 부선을 이용하여 운송될 화물을 하역장에서 내가는 행위
④ 항만에서 목재를 뗏목으로 편성하여 운송하는 행위
⑤ 항만에서 뗏목으로 편성하여 운송된 목재를 수면 목재 저장소에 들여놓는 행위

해설
항만에서 선박 또는 부선(艀船)을 이용하여 화물을 운송하는 행위는 항만운송에 해당한다. 다만 선박에서 사용하는 물품을 공급하기 위한 운송, 선박에서 발생하는 분뇨 및 폐기물의 운송, 탱커선 또는 어획물 운반선에 의한 운송은 항만운송에서 제외한다.

75
철도사업법상 부가 운임의 징수에 관한 내용이다. ( )에 들어갈 숫자를 바르게 나열한 것은?

- 철도사업자는 열차를 이용하는 여객이 정당한 운임·요금을 지급하지 아니하고 열차를 이용한 경우에는 승차 구간에 해당하는 운임 외에 그의 (ㄱ)배의 범위에서 부가 운임을 징수할 수 있다.
- 철도사업자는 송하인(送荷人)이 운송장에 적은 화물의 품명·중량·용적 또는 개수에 따라 계산한 운임이 정당한 사유 없이 정상 운임보다 적은 경우에는 송하인에게 그 부족 운임 외에 그 부족 운임의 (ㄴ)배의 범위에서 부가 운임을 징수할 수 있다.

① ㄱ: 20, ㄴ: 5
② ㄱ: 20, ㄴ: 10
③ ㄱ: 30, ㄴ: 5
④ ㄱ: 30, ㄴ: 10
⑤ ㄱ: 30, ㄴ: 15

해설
부가 운임은 여객의 운임·요금의 경우에는 30배의 범위, 화물의 운임인 경우에는 5배의 범위에서 징수할 수 있다.

76
철도사업법령상 철도사업의 관리에 관한 설명으로 옳지 않은 것은?

① 철도사업자가 인가받은 공동운수협정에 따른 운행구간별 열차 운행횟수를 10분의 1 이내에서 변경하려는 경우에는 국토교통부장관의 변경인가를 받아야 한다.
② 국토교통부장관은 공동운수협정을 인가하려면 미리 공정거래위원회와 협의하여야 한다.
③ 철도사업자는 다른 철도사업자 또는 철도사업 외의 사업을 경영하는 자와 합병하려는 경우에는 국토교통부장관의 인가를 받아야 한다.
④ 철도사업자가 사업계획 중 여객열차의 운행구간을 변경하려는 경우에는 국토교통부장관의 인가를 받아야 한다.
⑤ 철도사업자가 선로 또는 교량의 파괴로 휴업하려는 경우에는 국토교통부장관에게 신고하여야 하고, 그 휴업 기간은 6개월을 넘을 수 있다.

해설
철도사업자는 공동운수협정을 체결하거나 변경하려는 경우에는 국토교통부장관의 인가를 받아야 한다. 다만, 공동운수협정에 따른 운행구간별 열차 운행횟수의 10분의 1 이내에서의 변경 등 국토교통부령으로 정하는 경미한 사항을 변경하려는 경우에는 국토교통부령으로 정하는 바에 따라 국토교통부장관에게 신고하여야 한다.

정답 | 71. ③ 72. ⑤ 73. ⑤ 74. ② 75. ③ 76. ①

77

철도사업법상 신고하여야 하는 경우를 모두 고른 것은?

> ㄱ. 전용철도의 운영을 양도·양수하려는 경우
> ㄴ. 전용철도운영자가 그 운영의 일부를 휴업한 경우
> ㄷ. 전용철도운영자가 그 운영의 전부를 폐업한 경우
> ㄹ. 사망한 전용철도운영자의 상속인이 그 전용철도의 운영을 계속하려는 경우
> ㅁ. 국유철도시설의 점용허가로 인하여 발생한 권리와 의무를 이전하려는 경우

① ㄱ, ㄷ
② ㄴ, ㅁ
③ ㄷ, ㄹ, ㅁ
④ ㄱ, ㄴ, ㄷ, ㄹ
⑤ ㄱ, ㄴ, ㄷ, ㄹ, ㅁ

해설
ㅁ. 국유철도시설의 점용허가로 인하여 발생한 권리와 의무를 이전하려는 경우에는 국토교통부장관의 인가를 받아야 한다. 전용철도를 운영하려면 국토교통부장관에게 등록하고, 양도·양수 및 합병, 상속의 경우 신고하여야 한다. 휴업·폐업한 경우 1개월 이내에 국토교통부장관에게 신고하여야 한다.

78

철도사업법상 점용허가를 받지 아니하고 국유철도시설을 점용한 자에 대하여 국토교통부장관이 징수할 수 있는 것은?

① 과태료
② 점용료
③ 변상금
④ 과징금
⑤ 이행강제금

해설
국토교통부장관은 점용허가를 받지 아니하고 철도시설을 점용한 자에 대하여 점용료의 100분의 120에 해당하는 금액을 변상금으로 징수할 수 있다.

79

농수산물 유통 및 가격안정에 관한 법령상 농수산물도매시장에 관한 설명으로 옳지 않은 것은?

① 시가 지방도매시장을 개설하려면 도지사의 허가를 받아야 한다.
② 도매시장법인이 다른 도매시장법인을 인수하거나 합병하는 경우에는 해당 도매시장 개설자의 승인을 받아야 한다.
③ 중앙도매시장의 개설자는 양곡부류와 수산부류에 대하여는 도매시장법인을 두어야 한다.
④ 시가 개설하는 지방도매시장의 개설구역에 인접한 구역으로서 그 지방도매시장이 속한 도의 일정 구역에 대하여는 해당 도지사가 그 지방도매시장의 개설구역으로 편입하게 할 수 있다.
⑤ 지방도매시장의 개설자인 시가 업무규정을 변경하는 때에는 도지사의 승인을 받아야 한다.

해설
도매시장 개설자는 도매시장에 그 시설규모·거래액 등을 고려하여 적정 수의 도매시장법인·시장도매인 또는 중도매인을 두어 이를 운영하게 하여야 한다. 다만, 중앙도매시장의 개설자는 청과부류와 수산부류에 대하여는 도매시장법인을 두어야 한다. (「법 제22조」)

80

농수산물 유통 및 가격안정에 관한 법률상 농수산물공판장(이하 '공판장'이라 함)에 관한 설명으로 옳지 않은 것은?

① 공익법인이 공판장을 개설하려면 시·도지사의 승인을 받아야 한다.
② 공판장을 개설하려는 장소가 교통체증을 유발할 수 있는 위치에 있는 경우는 공판장 개설승인 제한사유이다.
③ 공판장의 중도매인은 공판장의 개설자가 지정한다.
④ 공판장에는 중도매인, 매매참가인, 산지유통인 및 경매사를 둘 수 있다.
⑤ 농림수협등의 유통자회사(流通子會社)는 도매시장공판장을 운영할 수 없다.

해설
도매시장공판장은 농림수협 등의 유통자회사(流通子會社)로 하여금 운영하게 할 수 있다(「법 제70조」). 중도매인은 개설자가 지정하고, 매매참가인은 신고하며, 산지유통인은 개설자에게 등록하여야 한다. 경매사는 개설자가 임면한다.

정답 | 77. ④   78. ③   79. ③   80. ⑤

에듀윌이
너를
지지할게
ENERGY

쉬워 보이는 일도 해보면 어렵다.
못할 것 같은 일도 시작해 놓으면 이루어진다.

– 채근담(菜根譚)

물류관리사
제 28 회
기출문제

2024년 8월 3일 시행

1교시 물류관리론
화물운송론
국제물류론

2교시 보관하역론
물류관련법규

2024년 28회 1교시

>> 2024년 8월 3일 시행

물류관리론

001
물류에 관한 설명으로 옳지 않은 것은?
① 물적유통(Physical Distribution)은 판매영역 중심의 물자 흐름을 의미한다.
② 로지스틱스(Logistics)는 병참이라는 군사용어에서 유래되었으며, 조달·생산·판매·회수물류 등을 포함하는 총체적인 개념이다.
③ 3S 1L 원칙은 신속성(Speedy), 안정성(Safely), 확실성(Surely), 경제성(Low)을 고려한 물류의 기본 원칙이다.
④ 7R 원칙은 적절한 상품(Commodity), 품질(Quality), 수량(Quantity), 시간(Time), 장소(Place), 보안(Security), 가격(Price)이다.
⑤ 공급사슬관리(SCM)는 고객, 공급업체, 제조업체 및 유통업체로 이루어진 네트워크에서의 재화, 정보 및 자금 흐름을 다룬다.

해설
7R 원칙은 적절한 상품(Commodity), 품질(Quality), 수량(Quantity), 시간(Time), 장소(Place), 인상(Impression), 가격(Price)이다.

002
물류환경의 변화에 관한 설명으로 옳지 않은 것은?
① 전자상거래와 홈쇼핑의 성장으로 택배시장이 확대되고 있다.
② 글로벌 물류시장 선도를 위해 국가 차원의 종합물류기업 육성정책이 시행되고 있다.
③ 소비자 중심 물류로의 전환으로 인하여 소품종 대량생산의 중요성이 증가하고 있다.
④ 고객 수요 충족을 위해 수요예측 등 종합적 물류계획의 수립과 관리의 중요성이 높아지고 있다.
⑤ 물류서비스의 수준향상과 원가절감을 위해 아웃소싱과 3PL이 활용되고 있다.

해설
최근 물류환경은 소비자 중심 물류로의 전환으로 인하여 다품종 소량생산, 다빈도 배송의 중요성이 증가하고 있다.

003
물류의 기능에 관한 설명으로 옳지 않은 것은?
① 포장활동은 제품의 취급을 용이하게 하고 상품가치를 제고시키는 역할을 한다.
② 하역활동은 운송과 보관을 위해 제품을 싣거나 내리는 행위를 말한다.
③ 물류정보는 전자적 수단을 활용하여 물류활동을 효율화 시킨다.
④ 유통가공활동은 유통과정에 있어서 고객의 요구에 부합하기 위해 행해지는 단순 가공, 재포장, 조립, 절단 등의 물류활동이다.
⑤ 보관활동은 물자를 수요가 낮은 국가에서 높은 국가로 이동시켜 물자의 효용가치를 증대시키기 위한 물류활동이다.

해설
물자의 효용가치가 낮은 곳에서 높은 곳으로 이동시켜 물자의 효용가치를 증대시키기 위한 물류활동은 운송(transportation)이다.

004

물류관리 원칙에 관한 설명으로 옳은 것은?

① 신뢰성의 원칙: 필요한 물량을 원하는 시기와 장소에 공급하여 사용할 수 있도록 보장하는 원칙
② 균형성의 원칙: 불필요한 유통과정을 제거하여 물자지원체계를 단순화하고 간소화하는 원칙
③ 단순성의 원칙: 생산, 유통, 소비에 필요한 물자의 수요와 공급 및 조달과 분배의 균형성을 유지하는 원칙
④ 적시성의 원칙: 최소한의 자원으로 최대한의 물자공급 효과를 추구하여 물류관리 비용을 최소화하는 원칙
⑤ 경제성의 원칙: 저장시설 보호 및 도난, 망실, 화재, 파손 등으로부터 화물을 보호하는 원칙

선지분석
② 균형성의 원칙: 생산, 유통, 소비에 필요한 물자를 수요와 공급의 균형, 조달과 분배의 균형을 유지하며 공급
③ 단순성의 원칙: 불필요한 유통과정을 제거하여 물자지원체계를 단순화하고 간소화하는 원칙
④ 적시성의 원칙: 필요한 수량을 필요한 시기에 공급함으로써, 고객만족도를 높이고 재고비용을 최소화함
⑤ 경제성의 원칙: 최소한의 자원으로 최대한의 물자공급 효과를 추구하여 물류관리 비용을 최소화하는 원칙

005

A기업의 매출액은 3,000억 원, 경상이익이 60억 원, 물류비는 200억 원일 때, 물류비를 5% 절감하여 얻을 수 있는 경상이익의 추가액과 동일한 효과를 얻기 위하여 달성해야 할 추가 매출액은?

① 100억 원 ② 200억 원
③ 300억 원 ④ 400억 원
⑤ 500억 원

해설
물류비 절감액: 200억 원 × 5% = 10억 원
비용이 절감된 만큼 이익과 이익률은 증가하며, 이는 매출액이 증가한 효과와 동일하게 된다.

이익증가율 = $\frac{\text{이익증가분}}{\text{기존이익}} \times 100 = \frac{10억 원}{60억 원} \times 100 ≒ 16.7\%$

따라서, 매출액 증가분 = 3,000억 원 × 16.7% ≒ 500억 원

006

물류 측면의 고객서비스에 관한 설명으로 옳지 않은 것은?

① 물류서비스에 대한 고객의 만족도는 기대(Expectation) 수준과 성과(Performance) 수준의 차이로 설명된다.
② 제품 가용성(Availability) 정보제공은 물류서비스 신뢰성에 영향을 주지 않는다.
③ 물류서비스와 물류비용 사이에는 상충(Trade-off) 관계가 존재한다.
④ 서비스 품질은 고객과 서비스 제공자 간의 상호 작용에 의해서 결정된다.
⑤ 고객서비스의 수준이 결정되지 않았다면 수익과 비용을 동시에 고려하여 최적의 서비스수준을 결정해야 한다.

해설
고객에게 제품 가용성(Availability)에 대한 정보제공이 투명하게 되는 경우 물류서비스 신뢰성은 높아진다.

007

기업물류의 영역별 분류에 관한 설명으로 옳지 않은 것은?

① 조달물류는 기업이 제품생산을 위해 필요한 원자재를 확보하기 위한 물류이다.
② 사내물류는 완제품의 판매로 출하되어 고객에게 인도될 때까지의 물류활동이다.
③ 생산물류는 자재 또는 부품이 생산 공정에 투입된 이후 생산이 완료될 때까지의 물류이다.
④ 역물류는 반품물류, 폐기물류, 회수물류를 포함하는 물류이다.
⑤ 회수물류는 판매물류를 지원하는 파렛트, 컨테이너 등의 회수에 따른 물류이다.

해설
완제품의 판매로 출하되어 고객에게 인도될 때까지의 물류활동은 판매물류에 해당한다.

정답 | 001. ④ 002. ③ 003. ⑤ 004. ① 005. ⑤
       006. ② 007. ②

008

물류와 마케팅에 관한 설명으로 옳지 않은 것은?

① 마케팅 믹스(4'P)는 제품, 가격, 유통, 촉진으로 구성된다.
② 마케팅 믹스(4'P) 중 유통은 물류와 관련성이 높은 요인이다.
③ 탁월한 고객서비스를 제공하는 마케팅은 고객만족을 증대시킨다.
④ 고객만족을 위해 물류서비스 수준을 높이면 물류비는 절감된다.
⑤ 효과적인 물류관리를 위해서는 기능별 개별 물류비 절감보다 총물류비를 줄이는 것이 중요하다.

해설
물류서비스 수준과 물류비는 상충관계(trade-off)에 있으므로, 고객만족을 위해 물류서비스 수준을 높이기 위해서는 물류비용은 증가하게 된다.

009

J. F. Robeson과 W. C. Copacino는 물류계획을 전략적, 구조적, 기능적, 실행적 수준으로 구분하였다. 다음 중 구조적 수준에 해당하는 것을 모두 고른 것은?

ㄱ. 창고설계 및 운영	ㄴ. 설비 및 장치
ㄷ. 유통경로설계	ㄹ. 수송관리
ㅁ. 네트워크 전략	ㅂ. 고객 서비스

① ㄱ, ㅂ
② ㄴ, ㄹ
③ ㄷ, ㅁ
④ ㄱ, ㄴ, ㄷ
⑤ ㄷ, ㄹ, ㅁ, ㅂ

해설
- 전략적 수준: 고객 서비스
- 구조적 수준(관리적 수준): 유통경로설계, 네트워크 전략
- 기능적 수준: 운송관리, 창고설계 및 운영
- 실행적 수준: 설비 및 장치

010

4PL(Fourth Party Logistics)에 관한 설명으로 옳지 않은 것은?

① 3PL(Third Party Logistics), 물류컨설팅업체, IT업체 등이 결합한 형태이다.
② 이익분배를 통하여 공급사슬 구성원 공통의 목표를 관리한다.
③ 공급사슬 전체의 관리와 운영을 대상으로 한다.
④ 수입증대, 운영비용 감소, 운전자본 확대, 고정자본 확대를 목적으로 한다.
⑤ 기존 물류업체의 한계를 극복하고 지속적인 개선효과 창출을 목적으로 한다.

해설
제4자물류는 3PL(Third Party Logistics), 물류컨설팅업체, IT업체 등이 결합한 형태로 수입증대, 운영비용 감소 등의 기대효과가 장점이다. 그러나 아웃소싱이 이루어지므로 화주기업은 고정자본 확대가 아니라 감소가 발생하게 된다.

011

다음 ( )에 들어갈 용어를 옳게 나열한 것은?

> (ㄱ)은 물류관리 업무를 각 공장 및 영업부서, 운송부서, 총무부서 등에서 개별적으로 운영하는 조직이다. (ㄴ)은 물류관리 업무를 전문화하여 독립된 회사로 분사(分社)시킨 조직이다.

① ㄱ: 집중형, ㄴ: 분산형
② ㄱ: 분산형, ㄴ: 자회사형
③ ㄱ: 분산형, ㄴ: 집중형
④ ㄱ: 집중형, ㄴ: 자회사형
⑤ ㄱ: 자회사형, ㄴ: 분산형

해설
- 분산형: 물류 전담 조직 없음. 물류 조직이 별도로 있지 않고, 영업이나 생산 등 다른 부서의 하위기능으로 존재한다.
- 집중형: 물류 전담 조직 있음. 물류 통합 관리를 위해 물류관리와 운영을 총괄하는 하나의 물류 조직을 둔다.
- 자회사형: 물류 아웃소싱 효과와 함께 전문화된 물류관리를 위해 모기업이 출자하고 모기업의 물류업무를 수행하는 물류자회사를 둔다.

012

제조기업의 물류 아웃소싱의 장·단점에 관한 설명으로 옳지 않은 것은?

① 제조업체는 고객 불만에 대한 신속한 대처가 어렵다.
② 제조업체는 물류 정보의 유출이 발생할 수 있다.
③ 제조업체는 내부 전문가 상실 및 사내 전문지식을 축적하기 어렵다.
④ 물류업체는 규모의 경제를 통한 효율의 증대를 기대할 수 있다.
⑤ 제조업체는 물류거점에 대한 자본투입을 최대화하고 전문 물류업체의 인프라를 전략적으로 활용할 수 있다.

해설
물류 아웃소싱을 통해 제조업체(화주기업)는 물류거점에 대한 자본투입을 최소화하고 전문 물류업체의 인프라를 전략적으로 활용하여 핵심역량에 집중할 수 있다는 장점이 있다.

013

서비스품질모형(SERVQUAL)의 5가지 차원에 해당하지 않는 것은?

① 신뢰성(Reliability)
② 대응성(Responsiveness)
③ 무형성(Intangibility)
④ 확신성(Assurance)
⑤ 공감성(Empathy)

해설
PZB의 서비스품질모형(SERVQUAL)은 RATER(Reliability, Assurance, Tangibility(유형성), Empathy, Responsiveness) 모형이라고도 한다.

014

공급사슬관리(SCM)의 도입 배경과 필요성에 관한 설명으로 옳지 않은 것은?

① 기업 간 경쟁심화로 비용절감과 납기준수가 중요해지고 있다.
② 공급사슬 상류로 갈수록 수요정보가 증폭되어 왜곡되는 현상이 나타난다.
③ 공급사슬 계획과 운영을 지원하는 IT 솔루션이 개발되고 있다.
④ 글로벌화로 인해 부품공급의 리드타임이 짧아지고 있다.
⑤ 고객 요구가 다양해지고 제품의 수명주기가 단축되고 있다.

해설
공급망의 글로벌화로 인해 부품공급의 리드타임이 길어지고 있다. 이를 개선하기 위해 SCM이 필수적인 물류관리 시스템으로 도입되고 있다.

015

제약이론(TOC)에서 다음 설명에 해당하는 개념은?

- 가장 속도가 늦은 사람을 선두에 세우는 행군대열에서 유추
- 대열의 선두와 가장 속도가 늦은 사람을 연결
- 원자재와 부품에 대한 재고 보충이 공급업체로 전달되도록 정보 교환

① Analysis
② Drum
③ Improve
④ Rope
⑤ Throughput

해설
공정속도가 느린 애로공정을 선두에 세우고 다른 공정들을 로프(Rope)로 묶어 간격(공정 간 밸런스)을 유지한 다음(Buffer), 선두가 드럼을 치며 전체 공정 간 대열의 속도를 조절하는 방법(Drum)에서 유래했다.
- Drum: 제약요인 그 자체로, 전체 프로세스의 속도를 결정한다.
- Buffer: 생산과 판매를 중단 없이 지속하기 위한 재고수준이다. 제약공정 전에 두는 안전재고 등의 Buffer를 Constraint Buffer라고 하며, 고객 배송일을 위해 판매에 두는 Buffer를 Customer Buffer라고 한다.
- Rope: 대열의 선두와 가장 속도가 늦은 사람을 연결하는 개념으로, 생산과 판매에서 재고가 소진되어 보충되는 속도를 나타낸다.

정답 | 008. ④ 009. ③ 010. ④ 011. ② 012. ⑤
013. ③ 014. ④ 015. ④

016

6시그마 기법에 관한 설명으로 옳지 않은 것은?

① 미국 기업 모토로라에서 처음으로 도입하였다.
② 대표적인 추진 방법론은 DMAIC이다.
③ 2시그마 수준은 3시그마 수준보다 불량률이 크다.
④ 시그마(σ)는 통계학의 표준편차를 의미한다.
⑤ 6시그마 수준은 불량률 4.3PPM을 의미한다.

해설
6시그마는 모토로라의 엔지니어 빌 스미스(Bill Smith)가 1985년 제창한 기법으로 100만 개 중 3.4개의 불량만을 인정한다는 통계적 품질관리 기법이다. 이는 불량률 3.4PPM을 의미한다.

017

A기업은 공급업체로부터 부품을 운송해서 하역하는 데 40만 원, 창고입고를 위한 검수에 10만 원, 생산공정에 투입하여 제조하는 데 30만 원, 완제품 출고검사에 20만 원, 완제품포장에 50만 원, 트럭에 상차하여 고객에게 배송하는 데 30만 원을 지불하였다. A기업의 판매물류비는?

① 50만 원 ② 70만 원
③ 80만 원 ④ 100만 원
⑤ 180만 원

해설
- 조달물류비: 부품의 운송하역비(40만 원)+창고입고 검수비(10만 원) =50만 원
- 제조원가: 30만 원
- 판매물류비: 완제품 출고검사비(20만 원)+완제품 포장비(50만 원)+배송비(30만 원)=100만 원

018

투자수익률(ROI: Return On Investment)에 관한 설명으로 옳은 것은?

① 매출액순이익률과 총자본회전율의 곱으로 표현할 수 있다.
② 매출액순이익률과 손익분기점의 곱으로 표현할 수 있다.
③ 재고회전율과 총자본회전율의 곱으로 표현할 수 있다.
④ 재고회전율과 손익분기점의 곱으로 표현할 수 있다.
⑤ 손익분기점과 총자본회전율의 곱으로 표현할 수 있다.

해설
투자수익률(ROI)은 투자액 대비 이익이 얼마나 발생하는지 여부를 나타내는 지수로 미국 듀퐁사에 의해 개발된 투자 관련 지표이며, 매출액순이익률과 회전율의 곱으로 표현할 수 있다.

$$투자수익률=\frac{순이익}{투자액}=\frac{순이익}{매출액}\times\frac{매출액}{투자액}=매출액순이익률\times회전률$$

019

A기업의 물류성과지표가 다음과 같을 때 현금전환주기(Cash-to-Cash Cycle)는?

- 재고기간(Days of Inventory): 3개월
- 매출채권 회수기간(Days of accounts receivable): 2개월
- 매입채무 지급기간(Days of accounts payable): 3개월

① 2개월 ② 3개월
③ 4개월 ④ 6개월
⑤ 8개월

해설
현금전환주기(CCC: Cash-to-Cash Cycle): 원자재 구매대금을 지급한 시점부터 원자재로 제품을 생산해서 매출하고 판매대금을 회수하는 시점까지의 기간

CCC=매출채권 회수기간+재고회전기간-매입채무 지급기간
　　=2개월+3개월-3개월=2개월

020

예비창업자 A씨의 사업계획서를 분석한 결과 연간 2천만 원의 고정비가 발생하였고, 제품 1개당 판매가격은 1만 원, 제품 1개당 변동비용은 판매가격의 80%일 때 손익분기점이 되는 제품 판매량은?

① 2,000개
② 5,000개
③ 10,000개
④ 15,000개
⑤ 20,000개

해설

$$\text{손익분기점 판매량} = \frac{\text{총고정비}}{\text{단위당가격} - \text{단위당변동비}}$$

$$= \frac{20,000,000}{10,000 - 10,000 \times 0.8} = 10,000개$$

021

수직적 유통경로(VMS: Vertical Marketing System)에 관한 설명으로 옳지 않은 것은?

① 기업형 VMS의 수직적 통합의 정도는 관리형 VMS보다 높다.
② 계약형 VMS의 수직적 통합의 정도는 관리형 VMS보다 높다.
③ 기업형 VMS의 대표적 유형은 프랜차이즈 시스템이다.
④ 전통적 유통경로에 비하여 전후방적 통합의 정도가 높다.
⑤ 전통적 유통경로에서 발생하던 경로구성원들 각각의 이익극대화 추구 현상이 줄어들 수 있다.

해설
계약형 VMS의 대표적 유형이 프랜차이즈 시스템이다.

022

자재관리에 관한 설명으로 옳지 않은 것은?

① MRP는 MRP-II로 확장되었다.
② JIT는 최소의 재고유지를 통한 낭비제거를 목표로 하는 적시생산시스템이다.
③ JIT는 칸반(Kanban) 시스템이라고도 불린다.
④ 자재소요계획 시스템은 MRP로부터 ERP로 발전되었다.
⑤ JIT-II는 일본 도요타 자동차가 개발한 시스템이다.

해설
도요타자동차에서 개발한 JIT의 후속편으로 등장한 JIT-II는 1986년 미국 오디오 부품업체 ㈜보스사에 의해 개발된 이후 IBM, AT&T, 인텔 등에 의해 잇따라 도입된 바 있다.

023

도매상과 소매상에 관한 설명으로 옳지 않은 것은?

① Broker는 구매자와 판매자간 거래의 중개가 주된 기능이므로 제품에 대한 소유권은 가지지 않는다.
② Rack Jobber는 완전서비스 도매상(Full-service wholesaler)에 속한다.
③ Factory Outlet은 상설할인매장으로서 제조업체의 잉여상품, 단절상품 또는 재고상품을 주로 취급한다.
④ Category Killer는 특정 상품군을 전문적으로 취급하고 저렴한 가격으로 판매하는 소매업이다.
⑤ Supermarket은 식료품, 일용품 등을 주로 취급하며 셀프서비스를 특징으로 하는 소매업이다.

해설
완전서비스 도매상(Full-service wholesaler)에는 일반상품 도매상, 전문품 도매상, 한정상품 도매상 등이 있다. 선반진열 도매상(rack jobber)은 한정서비스 도매상에 해당한다.

정답	016. ⑤	017. ④	018. ①	019. ①	020. ③
	021. ③	022. ⑤	023. ②		

024

2차원 바코드에 해당하는 것은?

① PDF-417
② EAN-8
③ EAN-13
④ ITF-14
⑤ GS1-128

해설
② EAN-8, ③ EAN-13, ④ ITF-14, ⑤ GS1-128은 1차원 바코드에 해당한다. 반면, PDF-417, QR코드, 맥시코드 등은 2차원 바코드에 해당한다.

025

RFID에 관한 설명으로 옳지 않은 것은?

① 무선주파수 식별기법으로서 Radio Frequency Identification 기술을 말한다.
② 바코드와 스캐닝 기술 기반으로 구축된다.
③ 태그에 접촉하지 않아도 인식이 가능하다.
④ 태그에 데이터 추가 또는 변경이 가능하다.
⑤ 주파수 대역에 따라 태그 인식 거리 및 인식 속도의 차이가 발생한다.

해설
바코드와 스캐닝 기술을 기반으로 구축되는 시스템은 POS에 해당하며, RFID는 판독기를 이용하여 태그(Tag)에 직접 접촉하지 않고도 태그에 기록된 정보를 판독하는 무선주파수인식기술을 말한다.

026

다음 설명에 해당하는 물류정보시스템은?

> 물류센터의 랙이나 보관장소에 전자표시기를 설치하여 출고할 물품의 보관구역과 출고수량을 작업자에게 알려주고 출고가 완료되면 신호가 꺼져 작업이 완료되었음을 자동으로 알려주는 시스템

① CALS
② TMS
③ SIS
④ OMS
⑤ DPS

해설
DPS(Digital Picking System)는 물류센터의 랙이나 보관 구역에 점등장치를 달아서 피킹할 화물이 보관된 지역과 피킹할 수량을 알려주는 시스템으로, 작업자가 지정된 구역에서 지정된 피킹을 완료하면 점등장치를 꺼서 피킹 완료 여부를 알려주는 작동방식을 지닌다.

027

물류정보망에 관한 설명으로 옳은 것은?

① KT-NET은 물류거점 간의 원활한 정보 및 물류 EDI 서비스를 제공한다.
② KROIS는 철도운영정보시스템이다.
③ PORT-MIS는 항만 및 공항에 관한 정보를 제공하며 국토교통부에서 관리하는 정보망이다.
④ CVO는 Common Vehicle Operations의 약어이다.
⑤ KL-NET은 우리나라 최초의 무역정보망으로서 무역자동화 서비스를 제공한다.

선지분석
① KT-NET은 1989년 정부의 종합무역자동화 기본계획 수립에 따라 한국무역협회가 100% 출자하여 설립한 '무역정보화' 서비스 기업이자 '무역정보화시스템'을 말한다.
③ Port-MIS는 항만법 제26조, 항만법 시행령 제33조를 기반으로 구축되고 운영되는 시스템으로, 해양수산부가 주관한다.
④ CVO(Commercial Vehicle Operation): 첨단물운송시스템으로 구차구화시스템이라고 한다.
⑤ KL-NET은 1994년 물류정보화를 통한 국가경쟁력 강화를 목적으로 물류 관련 기관과 기업들이 공동 출자하여 설립한 물류 IT 전문 기업을 말한다. 우리나라 최초의 무역정보망으로서 무역자동화 서비스를 제공하는 것은 KT-NET에 해당한다.

028
물류정보시스템에 관한 설명으로 옳지 않은 것은?

① 영어식 약어 표현으로는 LIS라고 한다.
② 물류정보의 수집·저장·가공·유통을 가능하게 하는 컴퓨터 하드웨어와 소프트웨어, 업무프로세스, 사용자 등의 집합체이다.
③ 개별 물류활동들의 통합을 통한 전체 최적화보다는 특정한 물류활동의 최적화를 위하여 구축한다.
④ 처리해야 할 정보가 많을수록 수작업에 비하여 물류관리의 효율성과 정확성이 증대되는 효과가 있다.
⑤ 물류서비스 향상 및 물류비 절감을 목적으로 구축한다.

해설
물류정보시스템은 특정한 물류활동의 최적화보다는 물류활동들의 통합을 통한 전체 최적화를 위하여 구축된다.

029
다음 설명에 해당하는 기업 간 협업 유형을 바르게 연결한 것은?

> ㄱ. 의류업계 공급사슬의 정보 공유로부터 시작하였다.
> ㄴ. 제품 판매정보를 실시간으로 제공하여 별도의 주문 없이 제품이 지속적으로 보충되는 시스템이다.
> ㄷ. 부품 공급자가 제조업자의 생산 계획을 공유하여 제조업자의 재고를 관리한다.

① ㄱ: QR, ㄴ: BPR, ㄷ: VMI
② ㄱ: QR, ㄴ: CRP, ㄷ: VMI
③ ㄱ: ECR, ㄴ: CRP, ㄷ: VMI
④ ㄱ: ECR, ㄴ: BPR, ㄷ: CPFR
⑤ ㄱ: QR, ㄴ: BPR, ㄷ: CPFR

해설
ㄱ. SCM은 산업별로 다양한 특성과 니즈에 적합한 형태로 발전되어 왔으며, 그중 QR은 의류부문에서 시작되었다.
ㄴ. CRP(Continuous Replenishment Programs)는 유통업체의 실제 판매 데이터를 토대로 제조업체에서 상품을 지속적으로 공급하는 방식이다.
ㄷ. VMI(Vendor Managed Inventory)는 공급자가 유통매장의 재고를 주도적으로 관리하는 것이다.

030
다음에서 설명하는 공급사슬관리(SCM) 기법은?

> 식자재 유통업체 A사는 물류센터에 공급업체와 소매업체 차량이 약속한 시간에 도착하고, 지체 없이 공급업체의 식자재를 소매업체 차량으로 이동하도록 하여 물류센터의 보관작업이 불필요한 시스템을 도입하였다.

① Cross Docking   ② Delayed Differentiation
③ Outsourcing   ④ Postponement
⑤ Risk Pooling

해설
크로스도킹은 제조업체에서 고객에게 또는 하나의 운송수단에서 다른 운송수단으로 창고 보관 과정 없이 바로 실물을 인도하는 개념으로 사전 스케쥴링, JIT수·배송을 요한다.

031
물류표준화의 목적에 해당하지 않는 것은?

① 단위 화물체계의 보급
② 물류기기와의 연계성 향상
③ 물류비의 절감
④ 납품주기 단축과 납품횟수 증대
⑤ 물류활동의 효율화

해설
물류표준화는 물류 활동의 각 단계에서 사용되는 기기, 용기, 설비 등을 규격화하여 상호 간 호환성과 연계성을 확보하는 것으로 물류의 공동화, 유닛로드시스템 구현을 통해 물류활동의 효율화 및 물류비 절감을 위한 전제조건에 해당한다. 그러나 물류표준화의 목적이 납품주기 단축과 납품횟수 증대를 위한 것은 아니다.

정답 | 024. ① 025. ② 026. ⑤ 027. ② 028. ③
       029. ② 030. ① 031. ④

032

다음 설명에 해당하는 물류 용어는?

> 하역, 보관, 운송 등의 합리화를 위해 제품에 최적화된 포장 치수를 선택함으로써 포장의 단위화를 가능하게 하고, 하역 작업의 기계화 및 자동화, 화물파손방지 등의 물류합리화에 기여할 수 있다.

① 이송장비의 표준화
② 파렛트 표준화
③ 파렛트 풀 시스템
④ 컨테이너 표준화
⑤ 포장의 모듈화

해설
물류모듈화가 단위화물 체계를 구성하기 위해 포장의 치수를 단위화물의 배수 또는 분할로 관리하는 기법이라면, 포장모듈화는 포장 치수 표준화 및 단위화를 통해 화물, 파렛트, 컨테이너, 운송수단 등을 가장 효율적이고 경제적으로 설계하고 운영하는 활동을 말한다.

033

물류표준화에 관한 설명으로 옳지 않은 것은?

① T-11형 파렛트는 11톤 트럭에 최대 12매가 적재되도록 물류모듈 배수관계가 정립되어 있다.
② T-11형 파렛트에 1,100mm(길이)×275mm(폭) 포장박스를 1단에 4개 적재할 때 적재효율은 100%이다.
③ 물류모듈은 물류시설 및 장비들의 규격이나 치수가 일정한 배수나 분할 관계로 조합되어 있는 집합체로 물류표준화를 위한 기준치수를 의미한다.
④ 대표적인 Unit Load 치수에는 NULS(Net Unit Load Size)와 PVS(Plan View Size)가 있다.
⑤ 하역·운송·보관 등을 일관화하고 합리화할 수 있다.

해설
표준 파렛트 T11(1,100mm×1,100mm)의 윙바디 11톤 트럭 적재수량: 윙바디 트럭 적재함 양쪽으로 8 파렛트씩 총 16개 적재 가능

관련이론 | 표준 파렛트 T11(1,100mm×1,100mm)의 ISO 표준컨테이너 적재 수량
- 20피트 컨테이너에 1단 적재하면 10개를 적재 가능
- 20피트 컨테이너에 2단 적재하면 20개를 적재 가능
- 40피트 컨테이너에 1단 적재하면 20개를 적재 가능
- 45피트 컨테이너에 1단 적재하면 22개까지 적재 가능

034

수·배송 공동화의 효과에 관한 설명으로 옳지 않은 것은?

① 화물의 규격, 포장, 파렛트 규격 등의 물류표준화가 선행될 때 효과가 높다.
② 공동 수·배송에 참여하는 기업들은 개별적인 차원보다 공동의 목표를 가져야 효과가 높다.
③ 일정 지역 내에 공동 수·배송에 참여하는 복수의 화주가 존재해야 효과가 높다.
④ 공동 수·배송을 주도할 수 있는 중심업체가 있어야 효과가 높다.
⑤ 화물형태가 일정하지 않은 비규격품, 목재, 골재, 위험물 등은 공동배송에 효과가 높다.

해설
화물형태가 일정하지 않은 비규격품, 목재, 골재, 위험물 등은 표준화의 정도가 낮으므로 공동수·배송의 효과가 낮다.

035

물류공동화의 장단점에 관한 설명으로 옳지 않은 것은?

① 새로운 공동배송센터, 정보시스템 등의 투자에 따른 위험부담이 존재한다.
② 공동배송센터의 경우 입고에서 출고까지 일관물류시스템의 최적화가 가능하다.
③ 참여기업의 기밀유지 문제가 발생할 가능성이 낮아진다.
④ 참여 기업 간 포장, 전표, 용기 등의 표준화가 용이하지 않을 경우 효율이 저하될 수 있다.
⑤ 참여 기업 간 이해 조정, 의사소통, 의사결정 지연 등의 문제점이 존재한다.

해설
물류공동화는 여러 화주 기업들의 화물을 공동으로 운송, 보관, 하역하는 것으로 참여기업들 간의 기밀유출 문제가 발생할 수 있다는 단점이 지적된다.

036

다음 설명에 해당하는 공동 수·배송 운영방식은?

- 화주가 협동조합 및 연합회를 조직하여 공동화하는 형태가 있다.
- 운송업자가 공동화하여 불특정 다수의 화물에 대하여 공동화하는 형태가 있다.
- 물류센터에서의 배송뿐만 아니라 화물의 보관 및 집하업무까지 공동화하는 것이다.

① 집배송공동형　　② 배송공동형
③ 노선집하공동형　　④ 공동수주·공동배송형
⑤ 납품대행형

해설
공동 수·배송 운영방식

집배송 공동형	특정화주 공동형	복수의 화주가 주도하여 조합이나 연합회 등의 형태로 집화와 배송을 공동화하는 형태
	운송사업자 공동형	복수의 운송업자가 주도하여 복수 화주의 집화와 배송을 공동화하는 형태
배송 공동형		복수의 운송업자가 복수 화주의 화물을 공동으로 배송하는 형태. 운송사업자공동형은 집화와 배송을 공동화하는 데 반해, 배송공동형은 물류 거점까지 집화를 공동으로 하지는 않음
납품 대행형		백화점 또는 할인점 등이 지정한 운송업자가 납품업체를 대신하여 여러 업체에 납품하는 형태
공동수주· 공동배송형		운송업자가 조합을 구성하고 수주와 배송을 공동으로 하는 형태
노선집하 공동형		특정 노선의 집화를 공동화하여 화주가 지정된 노선의 운송업자에게 화물을 맡기면 노선 운송업자가 배송하는 방식

037

다음 물류관련 보안제도에 관한 설명으로 옳은 것을 모두 고른 것은?

ㄱ. ISPS는 해상화물 운송선박 및 항만시설에 대한 해상테러 가능성을 대비하기 위해 국제해사기구(IMO)가 제정한 제도이다.
ㄴ. SPA(SAFE Port Act)는 CSI, SFI, C-TPAT 등의 법적인 근거를 부여하고 미국 관세국경보호청(CBP)이 미국 외부의 주요 항만에 세관원을 파견하여 위험도가 높은 컨테이너를 사전 검사하는 제도이다.
ㄷ. ISO 28000은 보안관리 시스템을 구축하고 인증을 받으면 일정한 보안자격을 갖춘 것으로 인정하는 국제인증제도이다.

① ㄱ　　② ㄷ
③ ㄱ, ㄴ　　④ ㄴ, ㄷ
⑤ ㄱ, ㄴ, ㄷ

선지분석
ㄱ : ISPS Code(International Ship & Port Facility Security Code, 국제선박 및 항만시설 보안에 관한 규칙): 해상화물 운송 선박과 항만시설에 대한 테러 가능성에 대비하기 위해 2001년 11월 IMO 22차 총회에서 제정하고 2004년 7월 1일부로 발효하였다.
ㄴ : SPA(SAFE Port Act): CSI, SFI, C-TPAT 등의 법적인 근거를 부여하고 미국 관세국경보호청(CBP)이 미국 외부의 주요 항만에 세관원을 파견하여 위험도가 높은 컨테이너를 사전 검사하는 제도이다.
ㄷ : ISO 28000(공급망 보안관리시스템): 민간기구인 ISO(국제표준화기구) 주도의 물류 인증제도로, 공급망의 보안에 관한 신뢰성을 확보할 수 있는 공인된 제도 도입의 필요성에 따라 2007년 제정되었으며, 우리나라는 한국기술표준원을 통해 2008년 도입되었다.

정답 | 032. ⑤　033. ①　034. ⑤　035. ③　036. ①
037. ⑤

038

A기업은 최근 수송부문의 연비개선을 통해 이산화탄소 배출량을 30kg 감소시켰다. 연비법에 의한 이산화탄소 배출량 산출식 및 관련 자료가 다음과 같을 때, 연비 개선 전의 평균연비(km/L)는? (단, 총 주행거리는 동일하다.)

- 이산화탄소 배출량(kg)
  = 주행거리(km) ÷ 연비(km/L) × 이산화탄소 배출계수(kg/L)
- 총 주행 거리: 180,000km
- 연비개선 후 평균연비: 6.0km/L
- 이산화탄소 배출계수: 0.002kg/L

① 1.0　　② 2.0
③ 3.0　　④ 4.0
⑤ 5.0

해설

이산화탄소 배출량(kg) = $\frac{주행거리(km)}{연비(km/L)}$ × 이산화탄소 배출계수(kg/L)

개선 후 이산화탄소 배출량: $\frac{180,000km}{6km/L}$ × 0.002 = 60kg

개선 전 이산화탄소 배출량: $\frac{180,000km}{x km/L}$ × 0.002 = 90kg

따라서, 개선 전 평균연비(x) = 4.0km/L

039

친환경 물류에 관한 설명으로 옳지 않은 것은?

① ISO 9000 시리즈는 환경경영을 기본방침으로 한다.
② 생산자책임재활용(EPR)은 효율적인 자원이용과 폐기물발생을 줄이고 재활용을 촉진하는 환경보전에 기여하는 방안이다.
③ 1997년 교토의정서에서 6대 온실가스를 이산화탄소(CO_2), 메테인(메탄: CH_4), 아산화질소(N_2O), 수소불화탄소(HFCs), 과불화탄소(PFCs), 육불화황(SF_6)으로 정의하였다.
④ 우리나라는 2050년 탄소중립을 선언하였고 2030년까지 국가온실가스 감축목표를 2018년 대비 40%로 감축하도록 노력하고 있다.
⑤ 국내 육상운송부문에서 이산화탄소의 절감 대책으로 친환경 운송수단으로 전환되고 있다.

해설
ISO 9000 시리즈는 품질경영시스템으로, 기업 또는 조직의 품질관리체계가 국제표준기구(ISO)에서 요구하는 규격에 적합하게 구축되어 있음을 객관적으로 증명한다. 환경경영은 ISO 14000 시리즈에 해당한다.

040

스마트물류에 관한 설명으로 옳지 않은 것은?

① 스마트물류의 특징은 초연결성, 초지능화, 공유경제로 설명할 수 있다.
② 블록체인은 공급사슬 전체와 반품 등의 물류과정을 효과적으로 처리할 수 있도록 추적 및 관리할 수 있는 기술이다.
③ 사물인터넷(IoT)은 논리적인 문제해결뿐만 아니라 자연어처리, 시각적 및 인지적 인식 등의 물류정보처리를 위한 의사결정 기술이다.
④ 빅데이터는 공급사슬시스템이 생성하는 데이터를 효과적으로 수집, 저장, 처리, 분석, 시각화하는 기술이다.
⑤ 클라우드 서비스는 물류 IT 인프라를 임대하는 IaaS, PaaS, SaaS 등으로 구분할 수 있다.

해설
논리적인 문제해결뿐만 아니라 자연어처리, 시각적 및 인지적 인식 등의 물류정보처리를 위한 의사결정 기술을 활용하는 것은 인공지능(AI) 기술에 해당한다.

화물운송론

041
운송수단에 관한 내용으로 옳지 않은 것은?

① 화물자동차는 필요시 즉시배차가 가능하다.
② 화물자동차에 비해 철도는 단거리 운송에 유리하다.
③ 선박은 기후의 영향을 많이 받는다.
④ 항공기는 중량 및 용적에 제한이 있다.
⑤ 파이프라인은 연속대량 운송이 가능하다.

해설
운송수단(mode)의 특징을 비교하면, 일반적으로 화물자동차는 단거리 운송에 유리하고, 장거리 운송에는 철도운송이 유리하다.

042
화물자동차의 운송 효율화 방안에 관한 내용으로 옳지 않은 것은?

① 화물자동차의 수리 및 정비 등을 통한 가동성 향상
② 신규 화주와의 계약으로 화물자동차의 적재율 향상
③ 새로운 운송방법 도입으로 화물자동차의 공차율 극대화
④ 대형차량을 이용한 운송단위의 대형화
⑤ 대기시간 단축, 상하차시간 단축 등을 통한 운송시간 단축

해설
화물자동차의 운송을 효율화하기 위해서는 새로운 운송방법의 도입을 통해 공차율은 최소화하고 영차율은 극대화해야 한다.

관련개념
공차율(empty transfer rate)은 전체 운행거리 중 화물을 적재하지 않고 빈차로 운행한 거리의 비율을 나타내는 것으로, 공차율이 낮을수록 운행효율성이 높은 것으로 평가한다.
반면, 영차율(또는 실차율)은 전체 운행거리 중 화물을 적재하고 운행한 거리의 비율을 나타내는 지표이다. 영차율이 높을수록 운행효율성이 높은 것으로 평가한다.

043
다음은 운송수단 결정 시 고려해야 할 사항이다. 이에 해당하는 요건은?

- 지정기일 내 인도가 가능한가?
- 정시운행이 가능한가?

① 편리성
② 확실성
③ 신속성
④ 안전성
⑤ 경제성

해설
제시된 내용은 운송수단(mode)을 선택할 때 고려해야 할 사항 중 확실성에 대한 내용이다.
일반적으로 운송수단의 선택 시 대안별 평가요소로는 편리성, 확실성, 신속성, 안전성, 경제성, 신뢰성 등 6가지를 고려한다.

044
운송주선인(Freight Forwarder)의 역할 및 기능에 관한 내용으로 옳지 않은 것은?

① 특정화주를 대신하여 화물인도지시서(D/O)를 작성하여 선사에 제출
② 특정화주를 대신하여 통관수속 진행
③ 운송수단, 화물의 포장형태 및 목적지의 각종 운송규칙, 운송서류 작성에 관한 조언
④ 화물의 집화·분배·혼재 서비스 제공
⑤ 특정화주의 대리인으로서 자기명의로 운송계약 체결

해설
화물인도지시서(D/O, Delivery Order)는 선박회사 또는 그 대리인이 선장에 대하여 해당 화물의 인도를 지시하는 증서이다. 선하증권(B/L)의 소지인은 선박이 도착하는 항만에서 운송인 또는 그 대리인에게 선하증권을 제시하고 화물의 인도를 청구하면 대리점에서는 화물인도지시서(D/O)를 발행하게 된다.

관련개념 | 운송주선인, 국제물류주선업자(Freight Forwarder, 복합운송인)의 업무
- 운송에 대한 전문적인 조언
- 운송관계서류의 작성
- 보험업무 대행
- 복합운송, 포장 및 창고 보관업무
- 본선과 화물의 인수 또는 인도, 통관절차의 수행
- 소량화물의 혼재 및 분류
- 운송계약의 체결 및 선복의 예약, 운임 및 기타 비용 지불

정답 | 038. ④ 039. ① 040. ③ 041. ② 042. ③
043. ② 044. ①

045

다음 ( )에 들어갈 화물운송의 3대 구성요소로 옳은 것은?

(ㄱ): 화물자동차, 화물열차, 선박, 항공기
(ㄴ): 물류센터, 제조공장, 화물터미널, 항만, 공항
(ㄷ): 공로, 철도, 해상항로, 항공로

① ㄱ: Node, ㄴ: Mode, ㄷ: Route
② ㄱ: Mode, ㄴ: Spoke, ㄷ: Network
③ ㄱ: Mode, ㄴ: Node, ㄷ: Link
④ ㄱ: Carrier, ㄴ: Node, ㄷ: Link
⑤ ㄱ: Carrier, ㄴ: Node, ㄷ: Line

해설
운송의 3요소는 Mode(운송수단), Link(운송경로), Node(운송상 연결점)이다.
운송의 3요소 중 Mode는 화물자동차, 선박, 항공기 등의 운송수단을 의미한다. Link는 도로, 철도 등 운송경로이고, Node는 복합물류터미널, 철도역, 항만, 공항, 컨테이너 야드(CY) 등의 운송상 연결점(또는 운송거점)을 말한다.

046

복합운송의 유형으로 옳지 않은 것은?

① Piggy Back System: 철도운송+화물자동차운송
② Birdy Back System: 항공운송+화물자동차운송
③ Fishy Back System: 해상운송+파이프라인운송
④ Train & Ship System: 철도운송+해상운송
⑤ Sea & Air System: 해상운송+항공운송

해설
피시백 시스템(Fishy Back System)은 화물자동차와 수상운송수단, 즉 선박이 결합되는 복합운송방식을 말한다. 화물자동차와 철도가 결합되는 방식은 피기백 시스템(Piggy Back System)이라고 한다.

047

다음에서 설명하는 혼재서비스(Consolidation Service)는?

다수의 송하인으로부터 운송 의뢰를 받은 LCL(Less than Container Load) 화물을 상대국의 자기 파트너 또는 대리점을 통하여 다수의 수하인에게 운송해 주는 형태이며, 주 수입원은 혼재에서 발생하는 운임차액이다.

① Buyer's Consolidation
② Forwarder's Consolidation
③ Shipper's Consolidation
④ Seller's Consolidation
⑤ Consigner's Consolidation

해설
Forwarder's Consolidation은 여러 화주(송하인)의 소량 컨테이너 화물(LCL)을 수출지의 CFS에서 혼재하여 FCL 단위화물로 선적 운송하고, 수입지에 도착한 후 CFS에서 컨테이너 화물을 분류하여 다수의 수입자들에게 인도해주는 서비스이다.

관련개념 | 혼재서비스의 유형
㉠ Buyer's consolidation: 한 포워더가 수입업자에게 위탁을 받아 다수의 수출업자로부터 화물을 집화하여 컨테이너에 혼재한 후 이를 그 수입업자에게 운송하는 형태
㉡ Shipper's consolidation: 수출업자는 한 사람이고 수입업자가 다수인 경우 운송되는 방식을 말한다. 즉, 다수의 수입업자가 한 사람의 수출업자로부터 상품을 수입 시 수출업자는 동일한 목적지로 운송되는 여러 화물을 자신이 혼재하여 보내는 형태

048

선하증권(Bill of Lading: B/L)의 종류에 관한 설명으로 옳지 않은 것은?

① 선적 선하증권(Shipped B/L): 화물이 선하증권에 명시된 본선에 선적되어 있음을 표시한 것으로 On Board B/L 이라고 한다.
② 무사고 선하증권(Clean B/L): 본선수취증의 비고란에 선적화물의 결함에 대한 기재사항이 없을 때 발행된다.
③ 기명식 선하증권(Straight B/L): 선하증권의 수하인란에 수하인의 성명이 기입된 선하증권이다.
④ 스테일 선하증권(Stale B/L): 선하증권이 발행된 후 은행 측에서 용인하는 허용기간 내에 제시되지 못한 선하증권이다.
⑤ 적색 선하증권(Red B/L): 2가지 이상의 운송수단이 결합되어 국제복합운송이 발생하였음을 증명하는 선하증권이다.

해설
2가지 이상의 운송수단이 결합되어 국제복합운송이 발생하였음을 증명하는 선하증권은 복합운송증권(Multimodal Transport B/L, Combined Transport B/L)이다.

관련개념 | 적색 선하증권(Red B/L)
적색 선하증권(Red B/L)은 선하증권의 기능과 보험증권의 기능을 결합한 것으로, 전체가 적색으로 인쇄되어 있기 때문에 붙은 명칭이다. 이 경우 선박회사는 자기가 발행하는 적색 선하증권에 대하여 일괄보험을 부보한다.

049

다음에서 설명하는 철도하역방식은?

- 컨테이너 자체만 철도화차에 상차하거나 하차하는 방식이다.
- 하역작업이 용이하고 화차중량이 가벼워 보편화된 하역방식이다.
- 화차에 컨테이너를 상·하차하기 위하여 별도의 장비가 필요하다.

① COFC
② Kangaroo
③ Piggy Back
④ RORO
⑤ TOFC

해설
COFC(Container On Flat Car) 방식은 화차에 컨테이너만을 적재하는 방식을 말한다. 철도 컨테이너 데포에서 크레인이나 탑핸들러를 이용하여 적재하며, 세로-가로방식(비교적 취급량이 적은 경우), 매달아 싣는 방식(대량의 컨테이너를 신속히 처리하고자 할 경우), 플렉시 밴(Flexi-Van)방식 등이 있다.

050

다음에서 설명하는 전용열차 서비스 형태는?

- 복수의 중간역 또는 터미널을 거치면서 운행하는 열차서비스로 운송경로상의 화차 및 화물을 운송
- 화주가 원하는 시간에 서비스를 제공하는 것이 아니라 열차편성이 가능한 물량이 확보된 경우에만 서비스를 제공

① Block Train
② Coupling & Sharing Train
③ Shuttle Train
④ Y-Shuttle Train
⑤ Single-Wagon Train

해설
복수의 중간역 또는 터미널을 거치면서 운행하는 방식으로 목적지까지 열차운행을 위한 충분한 물량이 확보된 경우에만 운행하는 서비스 형태는 Single-Wagon Train이다.

정답 | 045. ③　046. ③　047. ②　048. ⑤　049. ①
050. ⑤

051

해상운송 중 부정기선 시장의 특징에 관한 설명으로 옳지 않은 것은?

① 항로별 운임요율표가 불특정 다수의 화주에게 제공된다.
② 화주가 요구하는 시기와 항로에 선복을 제공하여 화물을 운송한다.
③ 부정기선의 주요 대상 화물은 원자재, 연료, 곡물 등이다.
④ 운송계약의 형태에는 나용선, 항해용선, 정기용선이 있다.
⑤ 화물의 특성 또는 형태에 따라 특수 전용선이 도입되고 있다.

해설
특정항로의 운임률표가 불특정 다수의 화주에게 공표되어 있는 것은 정기선 시장의 특징이다.

052

항공물류와 관련된 용어의 설명으로 옳지 않은 것은?

① Clearing House: 통관이 완료된 수출입화물이 일시 대기하는 보관 장소
② Cabotage: 외국 항공기에 대해서 자국내의 일정 지점 간의 운행을 금지하는 것
③ Belly Cargo: 대형 비행기의 동체하부 화물실에 적재하는 화물
④ Pivot Weight: 각각의 ULD에 대해 마련되어 있는 정액한계중량
⑤ Apron: 공항에서 여객의 탑승 및 하기, 화물의 탑재 및 하역, 정비, 보급 등을 위하여 항공기가 대기하는 장소

해설
Clearing House는 IATA 가맹 항공사 간 운임정산을 목적으로 운영하는 기구이다. 통관이 완료된 수출입 화물이 일시 대기하는 보관장소는 Warehouse라고 한다.

053

항공화물운송장(AWB)에 관한 설명으로 옳지 않은 것은?

① 송하인과 항공사의 운송계약 체결을 증명하는 운송서류로 유가증권이 아닌 단순한 화물운송장의 기능만을 수행한다.
② 화물의 접수를 증명하는 영수증에 불과하며 유통이 불가능하다.
③ 수하인은 무기명식이 원칙이며, 항공기에 화물 탑재가 완료된 이후에 발행된다.
④ 통관시 항공운임, 보험료의 증명자료로서 세관신고서의 기능을 가진다.
⑤ 항공사가 발행하는 Master AWB과 혼재업자가 개별화주에게 발행하는 House AWB로 구분하여 사용한다.

해설
수하인은 기명식이 원칙이며, 항공기에 화물 탑재가 완료된 이후에 발행된다.

054

다음에서 설명하는 복합운송 서비스 형태는?

> 아시아 극동지역의 화물을 북미서부연안의 항만까지 해상운송을 실시하고, 철도 및 트럭을 이용하여 북미내륙지역까지 복합운송하는 서비스

① ALB(American Land Bridge)
② CLB(Canadian Land Bridge)
③ MLB(Mini Land Bridge)
④ IPI(Interior Point Intermodal)
⑤ RIPI(Reversed Interior Point Intermodal)

해설
랜드브리지 중 북미내륙지역까지 복합운송하는 서비스는 IPI(Interior Point Intermodal) 또는 micro land bridge이다.

055

다음에서 설명하는 항공화물운임 산정 기준은?

> 실제화물의 중량 기준으로 운임을 산출하는 동시에 실제화물의 부피 기준으로도 운임을 산출하여, 각각 산출된 운임을 비교한 후 운송인에게 유리한 운임을 적용

① Chargeable Weight
② Gross Weight
③ Net Weight
④ Revenue Weight
⑤ Volume Weight

해설
실제중량과 용적중량을 산출한 후, 각각 산출된 운임을 비교한 후 운송인에게 유리한 운임을 적용하는 산정 기준은 Chargeable Weight, 즉, 운임산출중량이다.

056

선박에 관한 내용으로 옳지 않은 것은?

① Barge Ship: 예인선(Tug Boat)에 의해 예인되는 무동력 선박
② Lighter Aboard Ship: Float-On Float-Off 방식에 특화된 선박
③ Full Container Ship: 선박 건조 시 갑판과 선창에 컨테이너를 적재하도록 설계된 선박
④ Lift-On Lift-Off Ship: 본선의 선수 또는 선미에서 트랙터 등에 의해 적·양하가 이루어지는 선박
⑤ Combination Ship: 공선항해를 감소시키기 위해 한 척의 선박에 2~3종의 화물을 겸용할 수 있는 선박

해설
본선의 선수 또는 선미에서 트랙터 등에 의해 적·양하가 이루어지는 선박은 Roll-On Roll-Off Ship이다.
Lift-On Lift-Off Ship은 본선 또는 육상에 설치되어 있는 갠트리 크레인으로 컨테이너를 수직으로 들어 올려 적재, 양륙하는 방식의 선박이다.

057

철도운송에 관한 내용으로 옳지 않은 것은?

① 초기 구축비용 등 고정비용이 많이 든다.
② km당 운임은 단거리일수록 비싸며, 장거리일수록 저렴해진다.
③ 공로운송보다 먼저 대량화물을 운송하였다.
④ 공로운송에 비해 기상의 영향을 받지 않는다.
⑤ 화차의 소재관리가 편리하여 열차편성을 신속히 할 수 있다.

해설
철도운송은 화차의 소재관리가 어렵기 때문에 기동성이 낮아 열차편성에 어려움이 있고 배차가 용이하지 못한 것이 단점으로 지적된다.

정답 | 051. ① 052. ① 053. ③ 054. ④ 055. ①
056. ④ 057. ⑤

058

다음의 목적과 기능을 수행하는 국제항공기구는?

- 국제민간항공운송에 종사하는 민간항공사들이 협력하여, 안전하고 경제적인 항공운송업의 발전과 항공교역의 육성 및 관련 운송상의 문제해결
- 표준운송약관, 항공화물운송장, 판매대리점과의 표준계약에 관한 표준방식을 설정하고, 항공운송에 관한 여객운임과 화물요율을 협의하여 결정

① 국제민간항공기구(ICAO)
② 국제항공운송협회(IATA)
③ 국제운송주선인협회연합회(FIATA)
④ 국제항공화물협회(TIACA)
⑤ 국제항공운송기구(IATO)

해설
국제항공운송협회(IATA: International Air Transport Association)에 대한 내용이다. IATA는 항공운수산업의 권익 대변과 정책 및 규제 개선, 승객 편의 증대, 항공사 안전운항 지원 등을 수행하기 위해 1945년 쿠바에서 설립된 국제협력기구이다. 항공업계의 유엔총회라고 불릴 정도로 권위를 가지고 있으며, 본부는 캐나다 몬트리올과 스위스 제네바에 있다.

선지분석
① 국제민간항공기구(ICAO)는 국제민간항공협약(시카고협약)에 기초하여, 국제민간항공의 평화적이고 건전한 발전을 도모하기 위하여 1947년 4월에 발족된 국제연합(UN) 전문기구다.
③ FIATA(International Federation of Freight Forwarder Association), 즉 국제운송주선인협회연합회는 복합운송을 취급하는 운송중개인협회의 국제연맹으로 전세계적인 운송주선인 연합체이다. 전 세계 복합 운송업의 결속과 발전, 교역 촉진 등을 목적으로 1926년 설립되었으며 본부는 스위스 제네바에 위치한다.

059

수·배송시스템 설계 시 고려대상이 아닌 것은?

① 수·배송 비율
② 차량운행 대수
③ 차량의 적재율
④ 선하증권
⑤ 리드타임

해설
선하증권(B/L)은 화주와 해상운송인 간에 체결 된 운송계약의 증빙서류, 즉 운송인이 증권 상에 기재된 화물을 수령 또는 선적하였다는 증빙서류이다. 따라서 공로운송에서 수·배송시스템을 설계할 때 선하증권은 고려대상이 아니다.

060

허브 앤 스포크(Hub & Spoke) 시스템에 관한 내용으로 옳지 않은 것은?

① 복잡한 운송노선으로 인해 전체 운송비용 증가
② 집하한 화물을 하나의 대형터미널로 집결시킨 후 배송지를 구분·분류하는 간선 운송 시스템
③ 규모의 경제를 이루어 운송망 전체의 효율성 제고
④ 허브터미널은 대규모 분류능력이 필요
⑤ 근거리 물량은 허브 경유로 인해 직송서비스 대비 운송거리와 운송시간 증가

해설
보기 ①은 Point to Point 시스템에 대한 설명이다.

관련이론 | Point to Point 시스템
Point to Point 시스템은 어느 하나의 지역에서 집하한 화물을 그 지역의 터미널로 집결시킨 후 배달할 지역별로 구분하여 배달담당 터미널로 발송하는 택배운송시스템을 말한다.

061

공동 수·배송의 장점이 아닌 것은?

① 동일지역 및 동일수하처에 대한 중복교차배송의 배제
② 물류관리 제반 경비에 대한 규모의 경제
③ 적재율 향상
④ 물동량의 계절적 수요변동에 따른 차량운영의 탄력성 확보
⑤ 기업의 영업기밀 유지가 용이

해설
공동 수·배송의 경우 참여기업의 기밀보안 유지가 어려운 것이 단점으로 지적된다.

062

다음 조건에서 채트반공식을 이용한 화물자동차운송과 철도운송의 경제효용거리 분기점은?

- 화물자동차운송비: 10,000원/ton·km
- 철도운송비: 5,000원/ton·km
- 톤당 철도운송 부대비용: 500,000원/ton(철도역 상하차 비용 등)

① 50km
② 75km
③ 100km
④ 125km
⑤ 250km

해설
화물자동차와 철도 간 경제적 효용거리의 분기점은 채트반공식을 이용해 구할 수 있다.

채트반(Chatban)공식

$$= \frac{\text{철도운송 부대비용}}{\text{화물자동차운송비} - \text{철도운송비}} = \text{경제효용거리의 한계}$$

화물자동차 운송의 경제효용거리의 한계

$$= \frac{500{,}000\text{원/ton}}{10{,}000\text{원/ton·km} - 5{,}000\text{원/ton·km}} = 100\text{km}$$

채트반공식으로 산출된 경계점 거리 이내에서는 화물자동차 운송이 철도운송보다 유리하다.

063

다음 A기업의 1년간 화물자동차 운행실적을 이용한 실차율은?

- 표준 영업일수: 300일
- 실제가동 영업일수: 240일
- 비영업일수: 60일
- 총 주행거리: 70,000km
- 실제 적재 주행거리: 63,000km
- 트럭의 적재 가능 총중량: 10톤
- 트럭의 평균 적재중량: 8.5톤

① 20%
② 25%
③ 80%
④ 85%
⑤ 90%

해설
실차율(영차율)은 전체 화물운송거리 중에서 실제로 얼마나 화물을 적재하고 운행했는지를 나타내는 지표이다.

실차율 = 영차율 = $\frac{\text{영차운행거리}}{\text{총 주행거리}} \times 100 = \frac{63{,}000\text{km}}{70{,}000\text{km}} \times 100 = 90\%$이다.

064

다음 네트워크에서 출발지 S로부터 도착지 F까지 최단경로의 거리는? (단, 경로별 숫자는 km임)

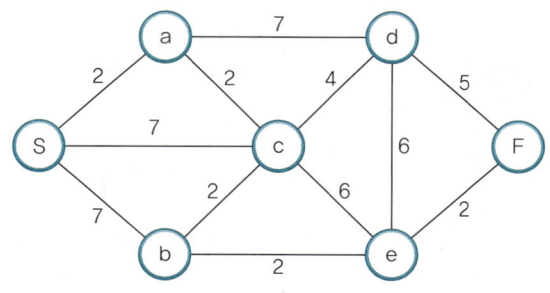

① 10
② 11
③ 12
④ 13
⑤ 14

해설
최단거리는 S → a → c → b → e → F이다.
최단경로 거리 = 2+2+2+2+2 = 10km이다.

정답 | 058. ② 059. ④ 060. ① 061. ⑤ 062. ③
063. ⑤ 064. ①

065

다음 수송표에서 북서코너법과 보겔추정법을 적용한 총 운송비용에 관한 내용으로 옳은 것은? (단, 공급지에서 수요지까지의 톤당 운송비는 각 칸의 우측 상단에 제시되어 있음)

(단위: 천 원)

수요지 공급지	D1	D2	D3	공급량(톤)
S1	15	13	10	400
S2	8	9	13	200
S3	4	7	12	300
수요량(톤)	400	300	200	900

① 북서코너법에 의해 산출된 총 운송비용은 6,300,000원이다.
② 보겔추정법에 의해 산출된 총 운송비용은 10,300,000원이다.
③ 보겔추정법에 의해 산출된 총 운송비용과 북서코너법에 의해 산출된 총 운송비용의 차이는 3,400,000원이다.
④ 북서코너법을 적용할 경우, S2–D2 셀(Cell)에 운송량이 할당되지 않는다.
⑤ 보겔추정법을 적용할 경우, S2–D2 셀(Cell)에 운송량이 할당되지 않는다.

해설

1. 북서코너법(North–West Corner Method)은 수송표 좌측상단부터 우측 하단방향으로 차례대로 수요량과 공급량을 고려하여 수송량을 할당해 나가는 방법이다.

수요지 공급지	D1	D2	D3	공급량(톤)
S1	15 1st 400	13	10	400
S2	8	9 2nd 200	13	200
S3	4	7 3rd 100	12 4th 200	300
수요량(톤)	400	300	200	900

북서코너법에 의해 산출된 총운송비용
$= (400 \times 15 + 200 \times 9 + 100 \times 7 + 200 \times 12) \times 10^3$
$= 10,900,000$원이다.

2. 보겔추정법(Vogel's Approximation Method)은 최선의 수송경로를 선택하지 못했을 때 추가 발생되는 기회비용을 고려한 방법이다.
보겔의 추정법은 기회비용의 개념을 활용하여, 총운송비용이 최소화되도록 물동량을 할당하는 탐색적 기업이다. 각 행과 열에서 가장 낮은 수준의 단위운송비용과 두 번째로 낮은 단위운송비용의 차이가 기회비용이다. 기회비용이 가장 큰 곳부터 할당해 나간다.

수요지 공급지	D1	D2	D3	공급량(톤)	기회비용
S1	15	13 5th 200	10 4th 200	400 → 200	400
S2	8 2nd 100	9 3rd 100	13	200 → 100	200
S3	4 1st 300	7	12	300 → 0	300
수요량(톤)	400 → 100	300 → 0	200	900	
수요량(톤)	4 → 7	2 → 4	2 → 3		

(1) 기회비용이 4로 가장 큰 D1에 대해 톤당 운송비가 가장 적은 S3의 300을 할당한다. S3는 할당이 완료되었고 D1의 수요량은 100이 되었다.
(2) 기회비용을 다시 구하여 할당하면 기회비용이 7로 가장 큰 D1에 톤당 운송비가 가장 적은 S2의 100을 할당한다. D1은 할당 완료되었다.
(3) 다음으로 기회비용이 4로 가장 큰 D2에 톤당 운송비가 가장 적은 S2의 100을 할당한다. 마지막으로 S1의 400을 D3와 D2에 200씩 할당한다.
(4) 총운송비용 $= (300 \times 4 + 100 \times 8 + 100 \times 9 + 200 \times 10 + 200 \times 13) \times 10^3$
$= 7,500,000$원이다.

066

다음 그림에서 노드 간(c → b)의 용량이 3으로 새로 생성된다고 가정할 때, S에서 F까지의 최대 유량의 증가분은? (단, 링크의 숫자는 인접한 노드 간의 용량을 나타내며, 화살표 방향으로만 이동 가능함)

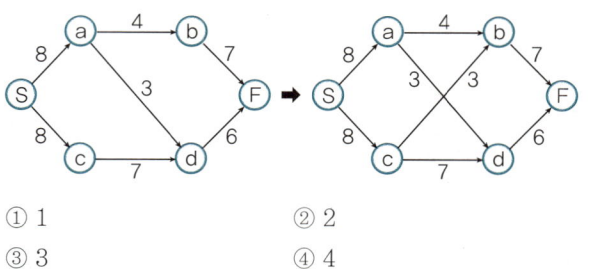

① 1
② 2
③ 3
④ 4
⑤ 5

해설
가능한 경로마다 최대 유량을 구한 후 이를 합계하여 최대 유량을 구해야 한다.
최초의 최대 유량은 S→a→b→F에서 4, S→a→d→F에서 3, S→c→d→F에서 6으로 합계 13이다. c→b 용량이 새로 생성된 후 최대 유량은 S→c→b→F에서 3이 추가되어 16으로 증가하여 증가분은 3이다.

067

A사는 B항공사를 통해 서울에서 파리까지 화물을 항공운송하고자 한다. B항공사는 다음과 같은 요율 체계를 가지고 있으며, 중량과 용적중량 중 높은 중량을 요율로 적용하고 있다. A사의 중량 30kg, 최대길이(L)=40cm, 최대폭(W)=50cm, 최대높이(H)=60cm인 화물에 적용되는 운임은? (단, 용적중량은 1kg=6,000cm³를 적용하여 계산함)

지역	최저요율	kg당 일반요율	45kg 이상 kg당 중량요율
파리	100,000원	9,000원	8,000원

① 180,000원
② 270,000원
③ 280,000원
④ 360,000원
⑤ 370,000원

해설
항공운임은 실제중량과 용적중량(부피중량)을 산출한 후, 둘 중에서 큰 것을 운임산출중량으로 한다.
항공운임에서 부피를 운임부과 중량으로 산출하는 기준은 1kg=6,000cm³이다.
용적중량 = $\frac{40cm \times 50cm \times 60cm}{6,000cm^3/kg}$ = 20kg이다. 실제중량 30kg 보다 용적중량이 작기 때문에 실제중량이 운임산출 중량이 된다.
따라서, 이 화물에 적용되는 운임 = 30kg × 9,000원 = 270,000원이다.

정답 | 065. ③ 066. ③ 067. ②

068

다음 수송표에서 최소비용법을 적용한 총 운송비용에 관한 내용으로 옳은 것은? (단, 공급지에서 수요지까지의 톤당 운송비는 각 칸의 우측 상단에 제시되어 있음)

(단위: 천 원)

수요지\공급지	D1	D2	D3	공급량(톤)
S1	14	12	9	500
S2	14	10	7	200
S3	10	13	15	300
수요량(톤)	400	300	300	1,000

① S1-D1 셀(Cell)에 운송량이 100톤 할당된다.
② S2-D2 셀(Cell)에 운송량이 100톤 할당된다.
③ S3-D3 셀(Cell)에 운송량이 200톤 할당된다.
④ 총 운송비용은 10,500,000원보다 크다.
⑤ 총 운송비용은 10,000,000원보다 작다.

해설
최소비용법은 운송비용이 가장 낮은 곳부터 순서대로 할당해 나간다.

수요지\공급지	D1	D2	D3	공급량(톤)
S1	5th 100 / 14	4th 300 / 12	2nd 100 / 9	500 → 400
S2	14	10	1st 200 / 7	200 → 0
S3	3rd 300 / 10	13	15	300 → 0
수요량(톤)	400 →100	300	300 → 100 → 0	1,000

1. S2에서 D3에 200을 할당한다.
2. S1에서 D3에 100을 할당한다. S2와 D3는 할당이 완료되었다.
3. S3에서 D1에 300을 할당한다. S3는 할당이 완료되었다.
4. S1의 400을 D2와 D1에 300, 100을 할당하면 할당이 끝났다.
총운송비용=(200×7+100×9+300×10+300×12+100×14)×10³
=10,300,000원이다.

069

택배 표준약관(공정거래위원회 표준약관 제10026호)의 운송장에서 사업자가 고객(송화인)에게 교부해야 하는 사항이 아닌 것은?

① 사업자의 상호, 대표자명, 주소 및 전화번호, 담당자(집화자) 이름
② 운송물의 중량 및 용적 구분
③ 손해배상한도액
④ 운임 기타 운송에 관한 비용 및 지급방법
⑤ 운송물의 원산지(제조지)

해설
사업자가 고객(송화인)에게 교부해야 하는 사항
• 사업자의 상호, 대표자명, 주소 및 전화번호, 담당자(집화자) 이름, 운송장 번호
• 운송물을 수탁한 당해 사업소(사업자의 본·지점, 출장소 등)의 상호, 대표자명, 주소 및 전화번호
• 운송물의 중량 및 용적 구분
• 운임 기타 운송에 관한 비용 및 지급방법
• 손해배상한도액   • 문의처 전화번호
• 운송물의 인도 예정 장소 및 인도 예정일
• 기타 운송에 관하여 필요한 사항(특급배송, 신선식품 배송 등)

070

화물자동차 운영관리지표에 관한 설명으로 옳지 않은 것은?

① 가동률은 특정 기간동안 화물운송을 위해 운행한 일수의 비율로 산출하는 지표이다.
② 복화율은 편도운송을 한 후 복귀 시 화물운송을 얼마나 수행했는지를 나타내는 지표이다.
③ 적재율은 차량의 적재정량 대비 실제 화물을 얼마나 적재하고 운행했는지를 나타내는 지표이다.
④ 공차율은 화물자동차의 총 운송매출 중에서 무료로 얼마나 운송했는지를 나타내는 지표이다.
⑤ 회전율은 특정 기간 내에 화물을 운송한 횟수로 산출하는 지표이다.

해설
공차율(empty transfer rate)은 총운행거리 중 화물을 적재하지 않고 빈차로 운행한 거리의 비율을 나타내는 것으로, 공차율이 낮을수록 운행효율성이 높은 것으로 평가한다.

관련개념 | 영차율
영차율(실차율)은 전체 운행거리 중 화물을 적재하고 운행한 거리의 비율을 나타내는 지표이다. 영차율이 높을수록 운행효율성이 높은 것으로 평가한다.

071
특장차에 관한 내용으로 옳지 않은 것은?

① 합리화특장차는 적재 및 하역작업의 합리화를 위해 특수기기를 장착한다.
② 액체운송차는 콘크리트를 섞으면서 건설현장 등으로 운송하는 차량이다.
③ 전용특장차는 자체의 동력을 이용하여, 장착된 기계장치를 직접 가동시켜 화물하역 및 운반할 수 있다.
④ 분립체운송차는 시멘트, 곡물 등 분립체를 자루에 담지 않고 운반하기 위해 설계되어 있다.
⑤ 덤프트럭은 적재함 높이를 경사지게 하여 적재물을 하역한다.

해설
콘크리트를 섞으면서 건설현장 등으로 운송하는 차량은 레미콘 믹서트럭이다. 반면, 액체운송차는 각종 액체를 운송하기 위한 차량으로서 일반적으로 탱크로리(Tank Truck)라고 부른다.

072
다음에서 설명하는 운송시스템은?

- 하나의 터미널에서 다른 터미널로 운송할 화물을 각각의 터미널로 직접 발송하는 형태의 운송시스템
- 여러 영업점을 순회하면서 화물을 운송하는 셔틀운송이 필요한 방식
- 운송노선의 수가 많고 분류작업의 인건비가 증가할 수 있는 방식
- 터미널 수가 많기 때문에 성수기의 물량 증가에 대한 대처가 양호한 방식

① Hub & Spoke System
② Point to Point System
③ Tracking System
④ Cross-Docking System
⑤ Unit Load System

해설
하나의 터미널에서 다른 터미널로 운송할 화물을 각각의 터미널로 직접 발송하는 형태의 운송시스템은 Point to Point System이다. 즉, Point to Point System은 어느 하나의 지역에서 집화한 화물을 그 지역의 터미널로 집결시킨 후 배달할 지역별로 구분하여 배달담당 터미널로 발송하는 택배운송시스템을 말한다.

073
화물운송의 비용 및 운임에 관한 내용으로 옳지 않은 것은?

① 종가운임은 화물중량이 아닌 화물가격(송장가액)에 따라 운임의 수준이 달라지는 운임을 말한다.
② 양모, 면화 등 중량에 비해 부피가 큰 용적화물은 수량 기준으로 운임을 산정해야 한다.
③ 운송수단의 선정 시 운송비용은 중요한 기준이 된다.
④ 연료비, 수리비, 타이어비는 화물자동차운송 비용 중 변동비에 해당한다.
⑤ 수요자(화주)가 인지하는 서비스 가치에 기초하여 운임을 책정할 수 있다.

해설
양모, 면화 등 중량에 비해 부피가 큰 용적화물(Measurement Cargo)은 부피, 즉, 용적을 기준으로 운임을 산정해야 한다. 이 경우 운임을 용적운임(Volume Charge)이라고 한다.

074
택배 표준약관(공정거래위원회 표준약관 제10026호)에 관한 내용으로 옳지 않은 것은?

① 고객(송화인)은 운송물을 성질, 중량, 용량에 따라 운송에 적합하도록 포장하여야 한다.
② 사업자는 운송물의 포장이 운송에 적합하지 아니한 때, 고객(송화인)의 승낙을 얻어 운송 중 발생될 수 있는 충격량을 고려하여 포장을 하여야 한다.
③ 사업자는 운송물을 수탁한 후 포장의 외부에 운송물의 종류와 수량, 인도예정일(시), 운송상의 특별한 주의사항을 표시한다.
④ 사업자가 운반하는 도중에 운송물의 포장이 훼손되어 재포장을 한 경우, 운송물을 인도한 후 고객(송화인)에게 그 사실을 알려야 한다.
⑤ 운송물이 포장 당 50만 원을 초과하거나 운송상 특별한 주의를 요하는 것일 때는 사업자는 별도 할증요금을 청구할 수 있다.

해설
사업자는 운송물 운반 도중 운송물의 포장이 훼손된 때에는 재포장을 할 수 있으며, 이때 지체없이 고객에게 그 사실을 통지해야 한다.

정답 | 068. ① 069. ⑤ 070. ④ 071. ② 072. ②
073. ② 074. ④

075

화물자동차의 운송능력에 관한 내용으로 옳은 것은?

① 최대적재중량은 화물자동차 자체중량과 최대 승차중량을 합한 중량을 말한다.
② 자동차연결 총중량은 공차상태에서 트랙터와 트레일러까지 합산된 중량을 말한다.
③ 화물자동차의 운송능력은 공차중량에 자동차의 평균 용적을 곱하여 계산한다.
④ 최대접지압력은 공차상태에서 도로 지면 접지부에 미치는 압력의 정도를 말한다.
⑤ 공차중량은 화물을 적재하지 않고 연료, 냉각수, 윤활유 등을 가득 채운 상태의 중량을 말한다.

선지분석
① 최대적재중량은 화물자동차의 허용 최대 적재상태의 중량을 말한다.
② 자동차연결 총중량은 화물이 최대 적재된 상태에서 트랙터와 트레일러까지 합산된 중량을 말한다.
③ 화물자동차의 운송능력은 최대 적재중량에 자동차의 평균 속도를 곱하여 계산한다.
④ 최대접지압력은 화물의 최대 적재상태에서 도로 지면 접지부에 미치는 단위면적당 중량을 말한다.

076

택배서비스에 관한 내용으로 옳지 않은 것은?

① 택배사업은 집하, 운송 및 중계 작업에 많은 인력이 소요된다.
② 신속하고 정확한 화물운송을 위해서는 정보시스템의 구축이 필요하다.
③ 소품종 대량생산 체제로 전환되면서 운송단위가 대량화되고 있다.
④ 차량, 터미널, 분류기기 등의 장비와 시설에 대한 대규모 투자가 필요하다.
⑤ 사업구역 내에 적절한 집배를 위한 적정수의 영업소(네트워크)를 설치하고 운영해야 한다.

해설
택배서비스와 관련하여 최근 다품종 소량생산 체제로 전환되면서 운송단위가 소량화, 다빈도화되고 있다.

077

다음에서 설명하는 화물운송관련 시스템은?

- 화물운송 시 수반되는 자료와 정보를 신속하게 수집하여 효율적으로 관리하는 시스템
- 수주과정에서 입력한 정보를 기초로 비용이 가장 적은 운송경로와 운송수단을 제공하는 시스템

① Cold Chain System
② Geographic Information System
③ Vanning Management System
④ Transportation Management System
⑤ Intelligent Transportation System

해설
화물운송 시 수반되는 자료와 정보를 신속하게 수집하여 효율적으로 관리하는 시스템은 운송관리시스템(TMS: Transportation Management System)이다.

관련개념 | Intelligent Transportation System
Intelligent Transportation System은 지능형교통시스템으로 TMS의 하위 시스템이다.

078

다음은 트레일러 트럭(Trailer truck)에 관한 내용이다. ( )에 들어갈 내용으로 옳은 것은?

(ㄱ) 트레일러 트럭: 트랙터에 턴테이블을 설치하고 트레일러를 연결한 후, 대형파이프 등 장척물의 수송에 사용한다.
(ㄴ) 트레일러 트럭: 트랙터와 트레일러가 적재하중을 분담하는 트레일러를 말한다.
(ㄷ) 트레일러 트럭: 트랙터와 트레일러가 완전히 분리되어 있고, 트랙터 자체도 바디(Body)를 가지고 있다.

① ㄱ: 폴(Pole), ㄴ: 더블(Double), ㄷ: 세미(Semi)
② ㄱ: 풀(Full), ㄴ: 폴(Pole), ㄷ: 스켈레탈(Skeletal)
③ ㄱ: 풀(Full), ㄴ: 세미(Semi), ㄷ: 더블(Double)
④ ㄱ: 폴(Pole), ㄴ: 세미(Semi), ㄷ: 풀(Full)
⑤ ㄱ: 세미(Semi), ㄴ: 스켈레탈(Skeletal), ㄷ: 풀(Full)

해설
ㄱ은 폴(Pole) 트레일러 트럭, ㄴ은 세미(Semi) 트레일러 트럭, ㄷ은 풀(Full) 트레일러 트럭에 대한 설명이다.

079

화물자동차운송의 특징에 관한 설명으로 옳은 것은?

① 운송단위가 작아서 장거리 대량화물 운송에 적합하다.
② 철도운송에 비해 사고율이 낮고 안전도가 높다.
③ 다른 운송수단과 연계하지 않고도 일관운송 서비스를 제공할 수 있다.
④ 운송화물의 중량에 제한이 없다.
⑤ 철도운송에 비해 정시성이 높다.

해설
화물자동차운송은 소량화물의 단거리 운송에 적합하고, 철도운송에 비해 사고율은 높고 안전도 낮은 편이다. 화물자동차운송은 운송화물에 중량제한이 있고, 교통체증이 자주 발생하므로 철도운송에 비해 정시성은 낮다.

080

복합운송인의 한 형태인 무선박운송인(NVOCC)에 관한 설명으로 옳지 않은 것은?

① 1984년 미국의 신해운법에 의해 법적 지위를 인정받았다.
② 화물운송을 위해 선박을 직접 보유하지 않는다.
③ 선박운송인(VOCC)에 대해 화주의 입장에서 계약을 체결한다.
④ 화주에 대해 선박운송인(VOCC)의 입장에서 계약을 체결한다.
⑤ 화주에게 NVOCC 자기명의로 B/L을 발행할 수 없다.

해설
자체적으로 운송수단(선박)을 보유하지 않고 운송업을 하는 해상운송인을 무선박운송인(Non-Vessel Operating Common Carrier, NVOCC)이라고 한다.
NVOCC는 VOCC에 대해서는 화주의 입장이 되고, 화주에 대해서는 운송인의 기능을 수행하므로 화주에게 NVOCC 자기명의로 B/L을 발행할 수 있다.

국제물류론

081

국제물류관리에 관한 설명으로 옳지 않은 것은?

① 국제물류활동에 따른 리드타임의 증가는 재고량 감소에 영향을 미친다.
② 운송거리, 수출입절차, 통관절차 등의 영향으로 국내물류에 비해 리드타임이 길다.
③ 조달, 생산, 판매 등 물류활동이 국경을 초월하여 이루어지기 때문에 국내물류에 비해 제도적·환경적 제약을 많이 받는다.
④ 국가 간 상이한 상관습, 제도, 유통채널 등 국가별 차이를 고려해야 한다.
⑤ 9.11테러 이후 국경 간 물자의 이동에 있어서 물류보안 제도의 중요성이 높아지고 있다.

해설
국제물류는 국내물류보다 운송거리가 길고 운송과정에서 통관 등 각종 수출입 절차가 수반되므로 리드타임이 길어져 재고수준이 높다.

082

국제운송시스템의 운영에 관한 설명으로 옳지 않은 것은?

① 운송수단을 선정할 때는 적합한 서비스 수준을 유지하면서 총비용을 최소화 할 수 있도록 운송비뿐만 아니라 재고비용, 보관비용, 리드타임, 운송화물의 특성 등을 고려해야 한다.
② 항공운송을 이용하는 경우 해상운송에 비해 재고비용이나 보관비용을 절감할 수 있다.
③ 소량화물의 경우 혼재운송이나 공동 수배송을 통해 적재효율을 높일 수 있다.
④ 해상운송을 이용하는 경우 대량운송을 통해 단위당 운송비를 절감할 수 있다.
⑤ 컨테이너를 이용한 단위화물은 개품화물(break bulk cargo)에 비해 하역기간이 늘어날 수 있다.

해설
컨테이너를 이용한 단위화물은 하역작업의 단순화, 기계화를 통해 신속하고 편리한 화물취급을 가능하게 하므로 개품화물(break bulk cargo)에 비해 하역기간이 단축될 수 있다.

정답 | 075. ⑤ 076. ③ 077. ④ 078. ④ 079. ③
      080. ⑤ 081. ① 082. ⑤

083

다음 설명에 해당하는 국제물류시스템은?

> 국제물류기업들은 선박 및 항공기의 대형화에 따라 소수의 대규모 거점항만 및 공항으로 기항지를 줄이고 물동량이 많지 않은 소규모 거점은 피더서비스를 통해 연결하여 운송빈도를 줄이고 운송단위를 늘려 물류비를 절감하고 있다.

① ERP
② POS
③ VMI
④ QR
⑤ Hub & Spoke

해설
Hub & Spoke에서 Hub는 바퀴의 중심축을, Spoke는 Hub를 둘러싸고 있는 바퀴살을 의미한다. 화물을 주요 거점에 해당하는 Hub로 집중시켜 Hub 주변의 각 목적지에 해당하는 Spoke로 화물을 주고받는 방식이다. Hub를 중심으로 Spoke가 확장되는 형태로서 적은 노선수로 많은 목적지를 연결하여 효율적인 네트워크 구성이 가능하다.

선지분석
① ERP(Enterprise Resource Planning): 전사적 자원관리
② POS(Point of Sales): 판매시점 정보관리
③ VMI(Vendor Managed Inventory): 공급자 재고관리
④ QR(Quick Response): 신속대응시스템
⑤ Hub & Spoke: 허브 앤 스포크

084

국내물류와 구분되는 국제물류의 특성으로 옳지 않은 것은?

① 물류관리에 있어서 복잡성의 증가
② 물류관리와 관련된 거래비용의 감소
③ 리드타임 및 불확실성의 증가
④ 환율변동으로 인한 환위험 노출
⑤ 국가별 유통채널의 상이성

해설
거래비용(Transaction cost)은 개별 경제주체 간에 계약이나 거래를 수행할 때 유발되는 불확실성으로 인하여 수반되는 제반 비용이다. 국제물류는 수출입 수속 및 통관절차, 운송방법의 다양화로 국내물류보다 복잡하고 불확실성이 높으므로 물류관리와 관련된 거래비용이 증가한다.

085

용선선박이 용선계약 상에 명시된 날짜까지 선적준비를 하지 못할 경우 용선자에게 용선계약의 취소여부에 관한 선택권을 부여하는 항해용선계약(Gencon C/P)상 조항은?

① Laytime
② Demurrage
③ Off hire Clause
④ Cancelling Clause
⑤ Deviation Clause

선지분석
① Laytime: 화주가 계약화물 전량을 선적 또는 양륙하기 위하여 본선을 항만에 정박할 수 있는 정박기간
② Demurrage: 허용된 정박기간 내에 하역을 완료하지 못하면 초과 정박기간에 대하여 화주가 선주에게 지불하는 체선료
③ Off hire Clause: 선체고장, 해난 등 용선자의 책임 없는 사유로 용선기간 중 용선자의 선박이용이 방해된 경우에는 그 기간을 휴항(Off hire)으로 간주하여 용선기간에서 제외하고 용선료의 지급도 중지된다는 휴항 조항
⑤ Deviation Clause: 항해 중 인명구조, 재산구조, 선박수리, 연료보급과 같은 상당한 이유로 예정항로를 이탈한 경우, 발생하는 손실에 대해 운송인은 면책된다는 이로 조항

086

편의치적(Flag of Convenience)에 관한 설명으로 옳은 것은?

① 선박 및 항만설비에 영향을 미치는 보안위협을 탐지하고 제거하기 위한 제도이다.
② 항만국이 자국 항구에 기항하는 외국국적 선박을 대상으로 국제협약 상의 기준에 따른 점검 및 통제권한을 행사할 수 있도록 하는 제도이다.
③ 세금부담 경감, 인건비 절감 등을 위해 소유 선박을 자국이 아닌 국적부여조건이 엄격하지 않은 외국에 등록하는 제도이다.
④ 자국선 보호 및 외화유출방지를 위해 국적선취항지역은 국적선을 이용하도록 하고 국적선불취항증명서(waiver) 없이는 외국선 이용을 금지하는 제도이다.
⑤ 외국의 선박을 나용선한 뒤 용선기간이 종료되고 용선료를 모두 납부하면 자국의 국적선으로 등록하게 하는 제도이다.

해설
편의치적(FOC: Flag of Convenience)은 세금부담 경감, 인건비 절약 등을 위해 선주가 소유한 선박을 자국에 등록하지 않고 세금, 운항, 관리 등에 대한 편의를 제공해주는 제3국에 등록하는 것이다.

087

선급제도(Ship's Classification)에 관한 설명으로 옳지 않은 것은?

① 선박의 감항성(seaworthiness)에 관한 객관적·전문적 판단을 위해 생긴 제도이다.
② 로이드 선급(Lloyd's register)은 보험자들이 보험인수 여부 및 보험료 산정을 위해 만든 선박등록부이다.
③ 한국선급협회는 국제선급협회의 정회원으로 가입되어 있다.
④ 선박이 특정 선급을 얻기 위해서는 선급검사관(surveyor)의 엄격한 감독 하에 동 선급규칙에 맞춰 건조되어야 한다.
⑤ 한국선급협회는 영국 적하보험 선급약관에 등재되어 있다.

해설
로이드 선급협회(Lloyd's register)는 국제적 안전 규정에 부응하는 선박의 건조 규칙을 정하고, 세계 주요 항구에 감독관을 파견하여 선박의 등급을 판정하고 선박등록부를 발행하는 단체이다. 전세계 상선의 약 25%가 로이드 선급협회의 규정에 따라 선박의 건조와 수리에 대한 검사를 받고 있다.

088

국제물류시스템 중 통과시스템의 특징으로 옳은 것은?

① 혼재·대량수송을 통해 운송비용을 절감할 수 있다.
② 해외 자회사 창고는 보관기능보다 집하, 분류, 배송기능에 중점을 둔다.
③ 상품이 생산국에서 해외 중앙창고로 출하된 후 각국 자회사 창고 혹은 고객에게 수송된다.
④ 해외 자회사는 상거래 유통에는 관여하지만 물류에는 직접적으로 관여하지 않는다.
⑤ 수출입 통관수속을 고객이 직접 해야 하기 때문에 그만큼 고객 부담이 높아진다.

해설
통과 시스템(Transit system)은 생산국 창고에서 재고를 보유하다가 다빈도 출하를 통해 해외 자회사로 상품을 운송하고, 해외 자회사 창고는 도착한 상품을 단시간에 분류 또는 가공하여 다음 유통단계로 운송하는 형태이다. 해외 자회사 창고는 보관기능보다 집하, 분류, 배송에 중점을 두고 유통기능이 강한 통과센터로 운영된다.

089

다음 설명에 해당하는 비용은?

> 컨테이너 화물이 CY에 반입되는 순간부터 본선 선측까지 또는 반대로 본선 선측에서부터 CY까지 화물의 이동에 따르는 비용

① Freight All Kinds
② Terminal Handling Charge
③ Commodity Classification Rate
④ Commodity Box Rate
⑤ Detention Charge

선지분석
① Freight All Kinds: 화물의 품목이나 가치와는 관계 없이 운송거리를 기준으로 일률적으로 책정되는 무차별운임
③ Commodity Classification Rate: 화물의 품목 분류에 따라 일반화물요율에 대해 할증 또는 할인되는 품목분류요율
④ Commodity Box Rate: 컨테이너에 적입된 화물의 품목에 따라 컨테이너당 차별적으로 부과하는 품목별 박스운임
⑤ Detention Charge: 대여한 컨테이너를 무상사용기간 내에 반납하지 못하는 경우에 부과하는 지체료

정답 | 083. ⑤ 084. ② 085. ④ 086. ③ 087. ②
       088. ② 089. ②

090

정기선 운송과 관련된 것을 모두 고른 것은?

| ㄱ. tariff | ㄴ. charter party |
| ㄷ. shipping conference | ㄹ. tramp |

① ㄱ, ㄴ
② ㄱ, ㄷ
③ ㄴ, ㄷ
④ ㄴ, ㄹ
⑤ ㄷ, ㄹ

해설

정기선 운송은 미리 정해진 운항일정에 따라 특정항로를 규칙적으로 반복운항하면서 사전에 공표된 운임표(tariff)에 따라 화물의 양과 관계없이 운송서비스를 제공하는 해상운송방식이다. 대형 정기선사들이 안정적인 운임수준으로 고품질의 운송서비스를 제공하고 있지만, 대규모의 자본이 투입되어 진입장벽이 높기 때문에 소수의 대형 선사들이 시장을 과점하고 있다. 정기선사들은 기업의 독립성은 유지하면서 상호 출혈 경쟁을 피하고 이익을 증진하기 위해 운임, 배선 등에 관하여 협정을 체결하는 해운동맹을 결성한다.

선지분석

ㄱ. tariff : 운임표
ㄴ. charter party : 용선계약서
ㄷ. shipping conference : 해운동맹
ㄹ. tramp(또는 tramper) : 부정기선

091

항공운송화물의 사고유형 중 지연에 관한 설명으로 옳지 않은 것은?

	사고유형	내용
①	Cross Labelled	라벨이 바뀌거나, 운송장번호, 목적지 등을 잘못 기재한 경우
②	OFLD (Off-Load)	출발지나 경유지에서 탑재 공간 부족으로 인하여 의도적이거나, 실수로 화물을 내린 경우
③	OVCD (Over-Carried)	화물이 하기되어야 할 지점을 지나서 내려진 경우
④	SSPD (Short-shipped)	적재화물목록에는 기재되어 있으나, 화물이 탑재되지 않은 경우
⑤	MSCN (Miss-connected)	탑재 및 하기, 화물인수, 타 항공사 인계시에 분실된 경우

해설

MSCN(Miss-Connected)는 화물이 다른 목적지로 잘못 보내진 항공운송화물의 사고유형이다.
Missing은 화물을 항공기에 탑재 및 하기, 인수, 타 항공사로 인계 시 분실된 경우를 의미한다.

092

운송인의 책임한도에 관한 설명으로 옳지 않은 것은?

	국제협약·법령	손해배상 한도
①	Hague Rules (1924)	포장당 또는 선적단위당 100파운드 또는 동일한 금액의 타국통화
②	Hague-Visby Rules(1968)	포장당 또는 선적단위당 666.67SDR 또는 kg당 2SDR 중 높은 금액
③	Hamburg Rules(1978)	포장당 또는 선적단위당 835SDR 또는 kg당 2.5SDR 중 높은 금액
④	Rotterdam Rules(2008)	포장당 또는 선적단위당 875SDR 또는 kg당 4SDR 중 높은 금액
⑤	우리나라 상법 (2020)	포장당 또는 선적단위당 666.67SDR 또는 kg당 2SDR 중 높은 금액

해설

Rotterdam Rules(2008)은 운송인의 책임한도를 화물이 멸실, 손상된 경우 포장당 또는 선적단위당 875SDR이나 kg당 3SDR 중 높은 금액으로 적용하고, 인도지연의 경우 지연된 화물에 대한 지급운임의 2.5배로 규정하고 있다.

093

정박기간에 관한 설명으로 옳지 않은 것은?

① WWD는 하역이 가능한 기상조건의 작업일만을 정박기간에 포함한다.
② WWDSHEX는 일요일과 공휴일에 작업을 하면 정박기간에서 제외한다.
③ WWDSHEXUU는 일요일과 공휴일에 작업을 하면 정박기간에 포함한다.
④ CQD는 항구의 관습적 하역방법이나 하역능력 등에 따라 가능한 한 빨리 하역하도록 약정하는 것으로, 일요일과 공휴일에 작업을 하면 모두 정박기간에서 제외한다.
⑤ Running Laydays는 하역이 시작된 날로부터 종료시까지를 정박기간으로 산정하며, 특약이 없는 한 일요일과 공휴일에 작업을 하면 모두 정박기간에 포함한다.

해설

CQD(Customary Quick Dispatch)는 정박 중인 항구의 관습적 하역방법이나 하역능력에 따라 가능한 한 신속히 하역하도록 약정하는 관습적 조기하역 방식이다. 불가항력에 의한 하역 불능 시 정박기간에서 제외하고, 일요일이나 공휴일의 정박기간 포함 여부는 용선계약 당사자가 결정한다.

094

다음 설명에 해당하는 공항터미널에서 사용되는 조업장비는?

> ㄱ. 주기장과 항공기와 터미널을 직접 연결시켜 탑재와 하역을 용이하게 한다.
> ㄴ. 파렛트 트레일러를 연결하여 이동하는 차량이다.

① ㄱ: Nose Dock, ㄴ: Self-Propelled Conveyor
② ㄱ: High Loader, ㄴ: Self-Propelled Conveyor
③ ㄱ: Nose Dock, ㄴ: Tug Car
④ ㄱ: High Loader, ㄴ: Tug Car
⑤ ㄱ: Work Station, ㄴ: Self-Propelled Conveyor

선지분석
- Nose Dock: 항공기의 앞부분(nose)과 공항터미널, 주기장을 직접 연결시켜 화물의 탑재와 하기를 용이하게 하는 설비
- Self-Propelled Conveyor: 수화물 및 소형화물을 낱개 단위로 컨베이어 벨트에 올려 항공기에 탑재하거나 하역할 때 사용하는 장비
- High Loader: ULD를 항공기 화물실 밑바닥 높이까지 들어올려서 탑재 또는 하기할 때 사용하는 장비
- Tug Car: 뒤에 Dolly를 연결하여 화물을 이동시키는 견인차
- Work Station: 항공화물터미널에서 화물을 ULD에 적재하거나 해체할 때 사용하는 받침대

095

다음 설명에 해당하는 항해용선계약서 이면약관은?

> 선박이 도착예정일보다 늦게 도착하거나 빨리 도착하는 경우에 부선료나 하역대기료 등 화주에게 손실이 발생하게 되며, 본선이 선적준비완료 예정일 이전에 도착하여도 하역을 하지 않는다는 조항

① General Average Clause
② Not Before Clause
③ Lien Clause
④ Cancelling Clause
⑤ Off Hire Clause

선지분석
① General Average Clause: 공동해손 조항
③ Lien Clause: 유치권 조항
④ Cancelling Clause: 계약해제 조항
⑤ Off Hire Clause: 휴항 조항

096

항공화물운송장의 작성방법에 관한 설명으로 옳지 않은 것은?

① Currency란은 AWB 발행국 화폐단위 Code를 기입하며 Currency란에 나타난 모든 금액은 AWB에 표시되는 화폐단위와 일치한다.
② Declared Value for Carriage란은 항공사의 운송신고가격을 기입한다.
③ Amount of Insurance란은 화주가 보험에 부보하는 보험금액을 기입하며, 보험에 부보치 않을 때에는 공백으로 둔다.
④ Consignment Details and Rating란은 화물요금과 관련된 세부사항을 기입한다.
⑤ Chargeable Weight란은 화물의 실제중량과 부피중량 중 높은 쪽의 중량을 기입한다.

해설
Declared Value for Carriage란은 화주의 운송신고가격을 기입한다.

097

다음 설명에 해당하는 항공화물 부대운임은?

> 송하인 또는 그 대리인이 선지급한 비용으로 수하인이 부담하는 육상운송료, 보관료, 통관수수료 등을 말하며, 운송인은 송하인의 요구에 따라 AWB를 통해 수하인에게 징수한다.

① Disbursement fee
② Dangerous goods handling fee
③ Charges collect fee
④ Handling charge
⑤ Pick up service charge

선지분석
① Disbursement fee: 입체지불수수료
② Dangerous goods handling fee: 위험품 취급수수료
③ Charges collect fee: 착지불수수료
④ Handling charge: 항공화물 취급수수료
⑤ Pick up service charge: 화물 픽업수수료

정답 | 090. ② 091. ⑤ 092. ④ 093. ④ 094. ③
095. ② 096. ② 097. ①

098

복합운송증권(FIATA FBL)의 이면약관 내용으로 옳은 것은?

① 운송주선인의 책임: 인도일 경과 후 연속일수 60일 이내에 인도되지 않을 경우 손해배상 청구자는 물품이 멸실된 것으로 간주한다.
② 물품의 명세: 증권표면에 기재된 모든 사항에 대한 정확성은 운송주선인이 책임을 진다.
③ 불법행위에 대한 적용: 계약이행과 관련하여 운송주선인을 상대로 한 불법행위를 포함한 모든 손해배상청구에 적용한다.
④ 운송주선인의 책임: 운송주선인의 이행보조자를 상대로 제기된 경우에는 이 약관이 적용되지 않는다.
⑤ 제소기한: 수하인은 물품이 멸실된 것으로 간주할 수 있는 권리를 가지게 된 날로부터 3개월 이내에 소송을 제기하지 아니하고 다른 방법에 의해 명확히 합의되지 않는 한 운송주선인은 모든 책임으로부터 면제된다.

선지분석
① 운송주선인의 책임: 인도일 경과 후 연속일수 90일 이내에 인도되지 않을 경우 손해배상 청구자는 물품이 멸실된 것으로 간주한다.
② 물품의 명세: 증권표면에 기재된 모든 사항에 대한 정확성은 화주가 책임을 진다.
④ 운송주선인의 책임: 운송주선인의 이행보조자를 상대로 제기된 경우에는 이 약관을 적용한다.
⑤ 제소기한: 수하인은 물품이 멸실된 것으로 간주할 수 있는 권리를 가지게 된 날로부터 9개월 이내에 소송을 제기하지 아니하고 다른 방법에 의해 명확히 합의되지 않는 한 운송주선인은 모든 책임으로부터 면제된다.

099

항공운송 관련 국제규범으로 옳은 것을 모두 고른 것은?

ㄱ. Guatemala Protocol   ㄴ. CIM
ㄷ. CMR   ㄹ. Montreal Agreement

① ㄱ, ㄴ
② ㄱ, ㄷ
③ ㄱ, ㄹ
④ ㄴ, ㄷ
⑤ ㄴ, ㄹ

해설
항공운송과 관련되는 국제규범으로는 바르샤바 협약(Warsaw Convention), 헤이그 의정서(Hague Protocol), 과달라하라 협약(Guadalajara Convention), 몬트리올 협정(Montreal Agreement), 과테말라 의정서(Guatemala Protocol), 몬트리올 협약(Montreal Convention) 등이 있다.

선지분석
ㄴ. CIM: 철도운송 관련 국제규범
ㄷ. CMR: 도로운송 관련 국제규범

100

UN국제물품복합운송조약(1980)에 관한 설명으로 옳지 않은 것은?

① 복합운송인의 책임체계는 절충식 책임체계를 따르고 있다.
② 복합운송인의 책임기간은 화물을 인수한 때부터 인도할 때까지로 한다.
③ 적용화물(Goods)이란 송하인에 의해 공급된 경우에는 컨테이너, 파렛트 또는 유사한 운송용구와 포장용구를 포함하지 않는다.
④ 송하인은 위험물에 관하여 적절한 방법으로 위험성이 있다는 표식(mark)을 하거나 꼬리표(label)를 붙여야 한다.
⑤ 법적 절차 또는 중재 절차가 2년 내에 제기되지 않으면 어떠한 소송도 무효가 된다.

해설
적용화물(goods)이란 송하인에 의해 공급된 경우에는 컨테이너, 파렛트 또는 유사한 운송용구나 포장용구를 포함한다.

101

다음 설명에 해당하는 컨테이너는?

> 정장의류 및 실크 · 밍크 등의 고급의류를 옷걸이에 걸어 구겨지지 않게 운송하여 다림질(ironing)을 하지 않고 진열 · 판매할 수 있다.

① Solid Bulk Container
② Liquid Bulk Container
③ Open Top Container
④ Insulated Container
⑤ Garment Container

선지분석
① Solid Bulk Container: 곡물, 사료 등 운송용 컨테이너
② Liquid Bulk Container: 유류, 화학약품 등 액체화물 운송용 컨테이너
③ Open Top Container: 지붕이 개방되어 장척화물 운송 시 이용 가능한 컨테이너
④ Insulated Container: 과일, 채소 등의 신선도 유지를 위해 단열구조를 갖춘 보냉 컨테이너

102

해공(Sea & Air)복합운송 서비스의 장점에 관한 설명으로 옳지 않은 것은?

① 화주는 해상운송 기간을 단축하여 경쟁력을 높일 수 있다.
② 전(全)구간 해상운송보다 수송기간이 짧고, 전(全)구간 항공운송보다 운임이 저렴하다.
③ 해상운송에 비해 수송기간이 짧아 재고비용이 절감되며 자본비용도 낮출 수 있다.
④ 항공사가 운송장(Through B/L)을 발행하게 되면 항공사는 함부르크조약으로 책임을 지기 때문에 화주에게 유리하다.
⑤ 생산일정과 수입상의 창고 및 시장 상황에 맞춰 적시(JIT)납품을 결정할 수 있게 되어 기업의 물류관리 측면에서 융통성이 많아지게 된다.

해설
항공사가 운송장(Through B/L)을 발행하게 되면 복합운송인의 책임은 손해발생구간이 확인된 경우, 그 운송구간에 적용되는 국제조약(해상의 경우에는 헤이그 규칙, 항공의 경우에는 바르샤바 협약)이나 국내법에 따라 책임내용을 결정한다.
그러나 손해발생구간이 확인되지 않은 경우, 일반적으로 운송구간이 가장 긴 해상구간에서 손해가 발생한 것으로 간주하여 헤이그 규칙이나 멸실, 훼손된 화물의 중량 kg당 일정액의 책임한도금액을 기본책임으로 적용한다.

103

컨테이너 운송의 특성에 관한 설명으로 옳지 않은 것은?

① 컨테이너의 유휴 등 고가 설비의 효율적 활용이 쉽지 않다.
② 컨테이너의 용량이 커서 소량화물의 경우 혼재를 해야 하는 불편이 있다.
③ 모든 화물을 컨테이너화 할 수 없는 단점을 가지고 있다.
④ 신속하고 안전한 화물의 환적이 가능하며, 하역의 기계화로 시간과 비용을 절감할 수 있다.
⑤ 컨테이너화에는 선사직원 및 항만노무자의 교육 · 훈련 등에 있어 장기간의 노력과 투자가 필요하지 않다.

해설
컨테이너화에는 거액의 자본이 필요하며, 선사 직원 및 항만 노무자의 교육 · 훈련, 관련 제도 개선, 기존 설비의 교체 등에 장기간의 노력과 투자가 필요하다.

정답	098. ③	099. ③	100. ③	101. ⑤	102. ④
	103. ⑤				

104

항공화물운송장 기능과 내용으로 옳은 것을 모두 고른 것은?

	기능	내용
ㄱ	화물수령증	항공사가 송하인으로부터 화물을 수령했음을 입증하는 성격을 가지고 있다.
ㄴ	요금계산서	화물과 함께 목적지에 보내어져 수하인이 운임과 요금을 계산하는 근거 자료로 사용된다.
ㄷ	세관신고서	통관 시 수출입신고서 및 통관 자료로 사용된다.

① ㄱ
② ㄱ, ㄴ
③ ㄱ, ㄷ
④ ㄴ, ㄷ
⑤ ㄱ, ㄴ, ㄷ

해설
항공화물운송장은 항송운송에서 운송계약서, 화물수령증, 요금계산서, 세관신고서, 보험계약증서 등의 기능을 수행한다.

105

항만시설에 관한 설명으로 옳지 않은 것은?

① 묘박지(Anchorage)는 선박이 닻을 내리고 접안을 위해 대기하는 수역을 말한다.
② 계선주(Bitt)는 선박의 계선밧줄을 고정하기 위하여 안벽에 설치된 석재 또는 강철재의 짧은 기둥을 말한다.
③ 선회장(Turning Basin)은 자선선회(自船船回)의 경우 본선 길이의 2배를 직경으로 하는 원이며, 예선(曳船)이 있을 경우에는 본선 길이의 3배를 직경으로 하는 원으로 한다.
④ 펜더(Fender)는 선박의 접안 시 또는 접안 중에 선박이 접촉하더라도 선박이 파손되지 않도록 안벽의 외측에 부착시켜 두는 고무재이다.
⑤ 항로(Access Channel)는 바람과 파랑의 방향에 대해 30°~60°의 각도를 갖는 것이 좋으며 조류방향과 작은 각도를 이루어야 한다.

해설
선회장(Turning Basin)은 선박이 항행을 위해 방향을 바꾸거나 회전할 때 필요한 수역이다. 일반적으로 자력에 의한 회두(回頭)의 경우 선박길이의 3배, 예인선에 의한 회두(回頭)의 경우 선박길이의 2배를 직경으로 하는 원형 면적을 필요로 한다.

106

다음 설명에 해당하는 부정기선 운임은?

> 화물의 개수·중량·용적을 기준으로 하는 경우와 화물의 양(量)과 관계없이 항해(trip)·선복(ship's space)을 단위로 운임을 계산하는 경우, 항해·선복 단위의 용선계약 시 지불하는 운임

① Lump Sum Freight
② Option Surcharge
③ Dead Freight
④ Congestion Surcharge
⑤ Long Term Contract Freight

선지분석
① Lump Sum Freight: 선복운임(총괄운임)
② Option Surcharge: 양륙항 선택 할증료
③ Dead Freight: 공적운임
④ Congestion Surcharge: 혼잡 할증료
⑤ Long Term Contract Freight: 장기계약운임

107

우리나라 상법 상 선하증권 법정기재사항을 모두 고른 것은?

ㄱ. 선박의 명칭, 국적 및 톤수
ㄴ. 운임지불지 및 환율
ㄷ. 선하증권번호
ㄹ. 본선항해번호
ㅁ. 용선자 또는 송하인의 성명·상호
ㅂ. 수하인 또는 통지수령인의 성명·상호

① ㄱ, ㄴ, ㄷ
② ㄱ, ㄷ, ㄹ
③ ㄱ, ㅁ, ㅂ
④ ㄴ, ㄹ, ㅂ
⑤ ㄴ, ㅁ, ㅂ

해설
상법상 선하증권의 법정 기재사항은 아래와 같다.
1. 선박의 명칭·국적 및 톤수
2. 송하인이 서면으로 통지한 운송물의 종류, 중량 또는 용적, 포장의 종별, 개수와 기호
3. 운송물의 외관상태
4. 용선자 또는 송하인의 성명·상호
5. 수하인 또는 통지수령인의 성명·상호
6. 선적항
7. 양륙항
8. 운임
9. 발행지와 그 발행연월일
10. 수통의 선하증권을 발행한 때에는 그 수
11. 운송인의 성명 또는 상호
12. 운송인의 주된 영업소 소재지

108

다음 설명에 해당하는 국제물류 정보기술은?

사전·사후 배송 라우팅을 통한 자동배차 등의 효율적인 배송계획을 수립하여 배송차량의 실시간 위치관제 및 배송상태의 확인이 가능하게 함으로써 대리점과 고객에게 화물위치 추적 및 도착 예정시간, 화물정보 검색 등의 다양한 기능을 제공하여 고객의 니즈(needs)에 부응하고자 만들어진 시스템

① CVO
② ECR
③ WMS
④ RFID
⑤ SCM

선지분석
① CVO(Commercial Vehicle Operation System): 첨단화물운송시스템
② ECR(Efficient Consumer Response): 효율적 소비자 대응
③ WMS(Warehouse Management System): 창고관리시스템
④ RFID(Radio Frequency Identification): 무선주파수 인식
⑤ SCM(Supply Chain Management): 공급사슬관리

109

복합운송증권(FIATA FBL)의 약관 중 다음 내용이 포함되는 약관은?

포워더는 화주에게 고지하지 않고 화물을 갑판적 또는 선창 적할 수 있으며, 화물의 취급, 적부, 보관 및 운송에 따른 수단, 경로 및 절차를 자유로이 선택 또는 대체할 수 있는 재량권(liberty)을 갖는다.

① Delivery
② Paramount Clause
③ Negotiability and title to the goods
④ Method and Route of Transportation
⑤ Liability of Servants and Other Persons

선지분석
① Delivery: 인도
② Paramount Clause: 지상(至上) 약관
③ Negotiability and title to the goods: 유통성 및 화물에 대한 권리
④ Method and Route of Transportation: 운송방법 및 경로
⑤ Liability of Servants and Other Persons: 사용인 및 기타인의 책임

정답 | 104. ⑤ 105. ③ 106. ① 107. ③ 108. ①
109. ④

110

다음 설명에 해당하는 국제물류 보안제도는?

> 해상뿐만 아니라 항공, 철도, 트럭 등의 운송수단을 통해 미국으로 수입되는 화물에 대한 정보를 미국 관세청(세관)에 제출하게 하는 규정으로, 이 규정을 통하여 항공, 철도, 트럭운송을 통한 화물에 대한 사전정보도 확보할 수 있게 되었다.

① CSI
② 24-Hour Rule
③ Trade Act of 2002 Final Rule
④ ISPS Code
⑤ C-TPAT

해설
Trade act of 2002 final rule은 해상, 항공, 철도, 트럭 등 모든 운송수단에 대하여 미국에 도착하기 전에 수입화물 정보를 전자 데이터 교환 시스템을 통해 미국 관세청(CBP: Customs and Border Protection)에 제출할 것을 요구하고 있다.

선지분석
① CSI(Container Security Initiative): 컨테이너 보안 협정
② 24-Hour Rule: 선적 24시간 전 적하목록 제출제도
③ Trade Act of 2002 Final Rule: 2002 무역법 최종규칙
④ ISPS Code(International Ship and Port Facility Security Code): 선박 및 항만시설 보안을 위한 국제규약
⑤ C-TPAT(Customs-Trade Partnership Against Terrorism): 반테러 민관협력 프로그램

111

Marine Insurance Act(1906)에 규정된 용어의 설명이다. ( )에 들어갈 용어로 옳은 것은?

> ( ) is a policy which describes the insurance in general terms, and leaves the name of the ship or ships and other particulars to be defined by subsequent declaration. The subsequent declaration or declarations may be made by indorsement on the policy, or in other customary manner.

① A valued policy
② A floating policy
③ A fixed policy
④ An open policy
⑤ An unvalued policy

해설
( )는 총괄적 문언으로 보험계약을 기술하고, 선박의 명칭과 기타 자세한 사항은 추후 확정통지에 의해 확정되도록 하는 보험증권이다. 추후 확정통지는 보험증권상 배서에 의해 또는 기타 관습적인 방법으로 할 수 있다.

선지분석
① A valued policy: 기평가 보험증권
② A floating policy: 선명미정 보험증권
③ A fixed policy: 확정 보험증권
④ An open policy: 포괄예정 보험증권
⑤ An unvalued policy: 미평가 보험증권

112

Incoterms® 2020 규칙에 관한 설명으로 옳지 않은 것은?

① "도착지인도"(DAP)란 매도인이 물품을 지정목적지까지 또는 지정목적지 내의 합의된 지점에서 도착운송수단에 실어둔 채 매수인 처분 하에 두어야 하는 것을 말한다.
② "선측인도"(FAS)란 매도인이 지정 선적항에서 매수인이 지정한 선박의 선측에 물품이 놓인 때 까지만 물품의 멸실 또는 훼손의 위험 의무를 부담하는 것을 말한다.
③ "운임 보험료 포함인도"(CIF)란 물품이 선박에 적재된 때 물품의 멸실 또는 훼손의 위험이 매도인에서 매수인에게 이전되는 것을 말한다.
④ "공장인도"(EXW)란 매도인이 계약물품을 공장이나 창고 같은 지정장소에서 매수인의 처분상태로 둘 때 인도하는 것을 말한다.
⑤ Incoterms® 2020 규칙은 그 자체로 매매계약이다.

해설
Incoterms® 2020 규칙은 물품이 매도인으로부터 매수인에 이르기까지 운송, 보험, 수출입통관 등에 관한 의무, 위험, 비용의 분담에 대하여 다루고 있다.
그러나 Incoterms® 2020 규칙은 매매계약이 아니므로 물품의 소유권 이전, 대금지급 시기, 계약위반과 권리구제수단, 불가항력, 이행가혹, 준거법 등에 관한 내용을 규정하지 않는다.

113

국제물품매매계약에 관한 UN 협약(CISG, 1980)에서 매도인의 계약위반에 대한 매수인의 구제방법이 아닌 것은?

① 의무의 이행 청구 ② 대체물의 인도 청구
③ 하자보완 청구   ④ 손해배상 청구
⑤ 권한쟁의 심판 청구

해설
국제물품매매계약에 관한 UN 협약(CISG, 1980)에서는 계약위반 시 일반적인 구제방법으로서 이행 청구, 이행정지 청구, 손해배상 청구, 이자 청구, 계약해제 청구를 인정하고, 물품 부적합에 대한 구제수단으로서 대체물 인도 청구, 하자보완 청구, 대금감액 청구를 인정하고 있다.

114

Incoterms® 2020 규칙 상 해상운송이나 내수로운송의 경우에만 사용되어야 하는 거래조건으로 옳은 것은?

① FAS, FOB, CFR, CIF   ② FOB, CIF, CPT, DPU
③ FAS, FOB, CPT, CIP   ④ CFR, CIF, CPT, CIP
⑤ FOB, DAP, DPU, DDP

해설
Incoterms® 2020 규칙에서 해상 및 내수로운송의 경우에만 사용할 수 있는 거래조건은 FAS, FOB, CFR, CIF이다.

115

무역구제제도(Trade Remedy)에 관한 설명으로 옳지 않은 것은?

① 긴급관세(세이프가드)제도는 수출국의 공정한 수출행위에 의한 수입이지만 특정물품의 수입이 급격히 증가하여 국내산업에 심각한 피해를 받거나 받을 우려가 있을 때 조사를 실시하여 긴급관세를 인하한다.
② 상계관세제도는 수출국 정부로부터 보조금을 받아 수출경쟁력이 높아진 물품이 수입되어 국내산업이 실질적인 피해를 받거나 받을 우려가 있을 때 조사를 실시하여 보조금 범위 내에서 상계관세를 부과한다.
③ 반덤핑관세제도는 외국물품이 정상가격 이하로 덤핑수입되어 국내산업이 실질적인 피해를 받거나 받을 우려가 있을 때 조사를 실시하여 정상가격과 덤핑가격의 차액범위 내에서 반덤핑 관세를 부과한다.
④ 긴급관세(세이프가드)를 부과하는 경우에는 이해당사국과 긴급관세부과의 부정적 효과에 대한 적절한 무역보상방법에 관하여 협의할 수 있다.
⑤ 무역구제제도는 공정한 경쟁을 확보하고 국내산업을 보호하는 제도이다.

해설
긴급관세(세이프가드)제도는 수출국의 공정한 수출행위에 의한 수입이지만 특정물품의 수입이 급격히 증가하여 국내산업에 심각한 피해를 받거나 받을 우려가 있을 때 조사를 실시하여 국내외 가격차에 상당하는 비율의 범위 안에서 관세를 추가하여 할증부과한다.

정답	110. ③	111. ②	112. ⑤	113. ⑤	114. ①
	115. ①				

116

Incoterms® 2020 규칙의 적용범위에 해당하는 것은?

① 매매계약 위반에 대한 구제수단
② 소유권 이전
③ 국제분쟁과 중재방법, 장소 또는 준거법
④ 매도인과 매수인의 의무, 비용 및 위험
⑤ 매매대금 지급의 시기, 장소 및 방법

해설
Incoterms® 2020 규칙은 정형거래조건의 해석에 관한 국제규칙으로서 물품이 매도인으로부터 매수인에 이르기까지 운송, 보험, 수출입통관 등에 관한 의무, 위험, 비용의 분담에 대하여 다루고 있다.

117

Institute Cargo Clause(C)(2009)에서 담보하는 위험이 아닌 것은?

① 화재·폭발
② 본선·부선의 좌초·교사·침몰·전복
③ 육상운송용구의 전복·탈선
④ 포장이나 준비의 불충분 또는 부적합으로 인한 손해
⑤ 피난항에서 화물의 양하

해설
화재·폭발, 본선·부선의 좌초·교사·침몰·전복, 육상운송용구의 전복·탈선, 피난항에서 화물의 양하는 ICC(A), ICC(B), ICC(C)가 담보하는 위험이다.
포장이나 준비의 불충분 또는 부적합으로 인한 손해는 ICC(A), ICC(B), ICC(C)가 담보하지 않는 면책위험이다.

118

Incoterms® 2020 규칙의 내용이다. ( )에 들어갈 용어로 옳은 것은?

> (ㄱ) means that the seller delivers the goods and transfers the risk to the buyer by handing them over to the carrier contracted by the seller or by procuring the goods so delivered.
> (ㄴ) may do so by giving the carrier physical possession of the goods in the manner and at the place appropriate to the means of transport used.

① ㄱ: CPT, ㄴ: The buyer
② ㄱ: DDP, ㄴ: The seller
③ ㄱ: CPT, ㄴ: The seller
④ ㄱ: DDP, ㄴ: The buyer
⑤ ㄱ: FOB, ㄴ: The buyer

해설
(ㄱ)는 매도인이 매도인과 계약을 체결한 운송인에게 물품을 교부함으로써 또는 그렇게 인도된 물품을 조달함으로써 매수인에게 물품을 인도하고 위험을 이전하는 것을 의미한다.
(ㄴ)은 사용된 운송수단에 적합한 방법으로 그에 적합한 장소에서 운송인에게 물품의 물리적 점유를 이전함으로써 물품을 인도할 수 있다.

119

다음 ( )에 들어갈 용어로 옳은 것은?

> ( )란 세계관세기구의 수출입 공급망 안전관리 기준 또는 이와 동등한 기준을 준수하여 자국 세관으로부터 인증을 받은 국제수출입공급망의 개별당사자를 의미한다.

① Authorized Supplier
② Authorized Economic Operator
③ Authorized Consignor
④ Authorized Manufacturer
⑤ Authorized Consignee

해설
AEO는 화주, 선사, 운송인, 창고업자, 관세사 등 수출입과 관련된 물류주체 중 각국 세관당국에 의해 무역 신뢰성과 안전성을 공인받은 종합인증우수업체이다. AEO는 물류보안과 무역간소화를 조화시키기 위해 세계관세기구(WCO) 마련한 개념으로, 국가간 교역에서 AEO 적용 대상으로 선정된 업체는 물품검사 면제, 통관절차 축소 등 혜택을 받게 된다.

120

관세법에서 정의하고 있는 내국물품에 해당하지 않는 것은?

① 외국으로부터 우리나라에 도착한 물품으로 수입신고가 수리되기 전의 것
② 우리나라의 선박 등이 공해에서 채집하거나 포획한 수산물 등
③ 수입신고수리 전 반출승인을 받아 반출된 물품
④ 우리나라에 있는 물품으로서 외국물품이 아닌 것
⑤ 수입신고전 즉시반출신고를 하고 반출된 물품

해설
관세법상 내국물품은 아래와 같다.
- 우리나라에 있는 물품으로서 외국물품이 아닌 것
- 우리나라의 선박 등이 공해에서 채집하거나 포획한 수산물 등
- 국내에 반입되어 수입신고가 수리된 물품
- 입항전수입신고가 수리된 물품
- 수입신고 전 즉시반출신고를 하고 반출된 물품
- 수입신고 수리 전 반출승인을 받아 반출된 물품

정답 | 116. ④ 117. ④ 118. ③ 119. ② 120. ①

2024년 28회 2교시

2024년 8월 3일 시행

보관하역론

01

보관의 원칙에 관한 설명으로 옳지 않은 것은?

① 네트워크 보관의 원칙: 입출고 빈도에 따라 보관할 물품의 위치를 달리하는 원칙으로 빈도가 높은 물품은 출입구 가까운 위치에 보관한다.
② 중량특성 보관의 원칙: 물품의 중량에 따라 보관 위치를 결정하는 원칙으로 중량이 무거울수록 하층부에 보관한다.
③ 위치표시 보관의 원칙: 보관된 물품의 장소와 선반 번호의 위치를 표시하여 작업효율성을 높이는 원칙으로 입출고 시 불필요한 작업이나 실수를 줄일 수 있다.
④ 유사성 보관의 원칙: 유사품은 가까운 장소에 모아서 보관하는 원칙으로 관리효율 향상을 기대할 수 있다.
⑤ 통로대면 보관의 원칙: 입출고 용이성 및 보관의 효율성을 위해 물품을 가능한 통로에 접하여 보관하는 것으로 화물의 원활한 흐름과 활성화를 위한 원칙이다.

해설
입·출고 빈도에 따라 보관할 물품의 위치를 달리하는 원칙으로 빈도가 높은 물품은 출입구 가까운 위치에 보관한다는 것은 회전대응 보관의 원칙이다.

02

보관품목수, 보관수량, 회전율에 따른 보관유형을 올바르게 표시한 것은?

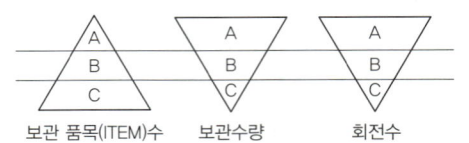

- ㄱ: 보관품목수는 매우 적지만 보관수량이 매우 많고 회전율이 매우 높은 특징을 갖는다.
- ㄴ: 보관품목수와 보관수량이 매우 많고, 회전율이 매우 높으며, 관리가 복잡하여 자동화 방식이 적합하다.

① ㄱ: A-A-A, ㄴ: C-C-A
② ㄱ: A-A-A, ㄴ: C-A-A
③ ㄱ: A-C-C, ㄴ: C-C-A
④ ㄱ: C-A-A, ㄴ: A-C-C
⑤ ㄱ: C-A-A, ㄴ: A-C-A

해설
보관작업의 경우도 입하작업과 같이 보관품목(Item)수, 보관수량, 회전수별로 ABC군으로 분류하여 보관시스템을 아래와 같이 구분하여 적용할 수 있다.
- A-A-A형: Item 수가 적고 보관량과 회전율이 높은 제품으로 맥주, 음료수, 사탕, 시멘트 등 입출고가 빠른 제품으로 보관설비는 플로우 랙 등을 이용함
- C-A-A형: 보관품목 수 및 보관 수량이 많고 회전수가 많아 관리가 복잡한 형태

03

복합물류터미널에 관한 설명으로 옳지 않은 것은?

① 두 종류 이상의 운송수단을 연계할 수 있는 규모 및 시설을 갖춘 화물터미널이다.
② 보관기능 위주로 운영되는 물류시설로 환적물량은 취급하지 않는다.
③ 조립·가공 등의 기능을 수행하기 위한 유통가공 시설을 보유할 수 있다.
④ 배송센터 기능과 더불어 화물정보센터의 기능도 수행한다.
⑤ 화물의 집화·하역 및 이와 관련된 분류·포장 등에 필요한 기능을 갖춘 물류시설이다.

해설
복합물류터미널은 화물의 집화, 하역 및 이와 관련된 분류, 포장, 보관, 가공, 조립 또는 통관 등에 필요한 기능을 갖춘 시설물로, 화물의 환적(transhipment)을 취급하는 물류시설에 해당한다.

04

물류시설의 설명으로 옳은 것은?

① 스마트물류센터: 첨단물류설비, 운영시스템 등을 도입하여 저비용, 고효율, 친환경성 등에서 우수한 성능을 발휘할 수 있는 물류창고
② 농수산물종합유통센터: 농수산물의 출하경로를 다원화하고 물류비용을 절감하기 위한 물류시설로 농수산물의 수집, 포장, 가공, 보관, 수송, 판매기능과 함께 통관기능도 수행
③ ICD(Inland Container Depot): 장치보관, 집화분류, 통관 기능과 함께 마샬링(marshalling), 본선 선적 및 양하 기능도 수행
④ CY(Container Yard): 컨테이너에 LCL(Less than Container Load)화물을 넣고 꺼내는 작업을 하는 시설과 장소
⑤ 도시첨단물류단지: 수출입 통관업무, 집하, 분류 기능을 수행하며, 트럭회사, 포워더(forwarder) 등을 유치하여 운영하므로 내륙 항만이라고도 부름

선지분석
② 농수산물종합유통센터는 통관기능을 수행하지 않는다.
③ ICD(Inland Container Depot)은 마샬링(marshalling) 기능, 본선 선적 및 양하 기능을 수행하지 않는다.
④ 컨테이너에 LCL(Less than Container Load) 화물을 넣고 꺼내는 작업을 하는 시설과 장소는 CFS(화물취급장)에 해당한다.
⑤ 수출입 통관업무, 집하, 분류 기능을 수행하며, 트럭회사, 포워더(forwarder) 등을 유치하여 운영하므로 내륙 항만이라고도 부르는 것은 ICD(Inland Container Depot)이다.

정답 | 01. ① 02. ② 03. ② 04. ①

05

물류센터 운영에 관한 설명으로 옳지 않은 것은?

① 상품의 리드타임 단축을 통해 고객 만족도를 높일 수 있다.
② 각각의 공장에서 소비지까지 제품을 개별 수송하므로 손상, 분실, 오배송이 감소한다.
③ 적절한 재고량을 유지하면서 고객니즈에 부합하는 서비스를 제공한다.
④ 물류센터 수가 증가하면 총 안전재고량과 납기준수율이 모두 증가한다.
⑤ 물류센터 운영 전에 비해 상대적으로 공차율이 감소한다.

해설
각각의 공장에서 소비지까지 제품을 개별 수송하므로 손상, 분실, 오배송이 증가하였고 이를 개선하기 위해 물류센터를 통한 물류의 공동 수·배송이 증가하게 되었다.

06

컨테이너 터미널의 시설에 관한 설명으로 옳지 않은 것은?

① 마샬링 야드(marshalling yard)는 컨테이너선에 선적하거나 양하하기 위해 컨테이너를 임시 보관하는 공간으로 대부분 에이프런에 인접해 있다.
② 게이트(gate)는 컨테이너 터미널의 화물 출입통로이다.
③ 메인트넌스 숍(maintenance shop)은 컨테이너 자체의 검사, 보수, 사용 전후의 청소 등을 수행한다.
④ ILS(Instrument Landing System)은 선박이 안전하게 접안할 수 있도록 유도하는 시설로 평소에는 항만 하역장비를 보관하기도 한다.
⑤ 위생검사소는 부패성 화물, 음식물과 같이 위생에 위험이 초래될 가능성이 있는 화물에 대한 검사를 위해 설치한다.

해설
ILS(Instrument Landing System)는 항만이 아니라 공항 부근의 지상시설로부터 지향성 유도전파를 발사해 시야가 나쁠 때에서도 안전하게 활주로까지 유도하는 계기 착륙시스템을 말한다.

07

물류거점 입지선정 방법에 관한 설명으로 옳지 않은 것은?

① 요인평정법(가중점수법)은 접근성, 지역환경, 노동력 등의 입지요인별로 가중치를 부여하고 가중치를 고려한 요인별 평가점수를 통해 입지후보지를 선택하는 방법이다.
② 브라운&깁슨법은 입지에 영향을 주는 요인을 필수적 요인, 객관적 요인, 주관적 요인으로 구분하여 평가하는 방법이다.
③ 총비용 비교법은 입지거점 대안별로 예상비용을 산출하고, 총비용이 최소가 되는 대안을 선택하는 방법이다.
④ 손익분기 도표법은 예상 물동량에 대한 고정비와 변동비를 산출하고 그 합을 비교하여 물동량에 따른 총비용이 최소가 되는 대안을 선택하는 방법이다.
⑤ 톤-킬로법은 물동량의 무게와 거리를 고려한 방법으로 입지 제약, 환경 제약 등의 주관적 요인을 반영할 수 있는 방법이다.

해설
물동량의 무게와 거리를 고려한 방법으로 입지 제약, 환경 제약 등의 주관적 요인을 반영할 수 있는 방법은 요인평정법 또는 브라운&깁슨법에 해당한다. 한편 톤-킬로법은 각 수요지에서 배송센터까지의 거리와 각 수요지까지의 운송량에 대해 평가하고 총계가 최소가 되는 입지를 선정하는 기법이다.

08

물류센터 규모 및 내부 설계 시 고려해야 할 사항으로 옳지 않은 것은?

① 입출고, 피킹, 보관, 배송 등에 관한 운영 특성을 고려한다.
② 자동화 수준, 설비 종류 등 설비 특성을 고려한다.
③ 화물보험 가입 용이성, 신용장 개설 편의성 등 보험·금융 회사 접근 특성을 고려한다.
④ 주문건수, 주문빈도, 주문크기 등의 주문 특성을 고려한다.
⑤ 화물의 크기, 무게, 가격 등 화물 특성을 고려한다.

해설

물류센터의 규모 및 내부설계 시 고려할 사항은 다음과 같으며, 화물보험 가입 용이성, 신용장 개설 편의성 등 보험·금융 회사 접근 특성은 이에 해당하지 않는다.

구조 결정 요인	내용
제품(화물) 특성	제품의 크기, 무게, 가격 등
주문 특성	주문건수, 주문빈도, 주문의 크기, 처리속도, 출하시간 등
관리 특성	재고정책, 고객 서비스 목표, 투자 및 운영비용 등
환경 특성	지리적 위치, 입지제약, 환경제약 등
설비 특성	설비종류, 운영방안, 자동화 수준 등
운영 특성	입·출고방법, 보관방법, 피킹방법, 배송방법 등

09

다음은 각 수요지의 수요량과 위치좌표를 나타낸 것이다. 무게중심법에 의한 신규 배송센터의 최적의 입지좌표는? (단, 배송센터로의 공급은 고려하지 않음)

구분	X좌표	Y좌표	수요량(톤/월)
수요지 1	20	40	200
수요지 2	60	20	100
수요지 3	80	50	200
수요지 4	120	100	500

① X: 52, Y: 40
② X: 72, Y: 52
③ X: 80, Y: 72
④ X: 86, Y: 70
⑤ X: 92, Y: 86

해설

$$X = \frac{20 \times 200 + 60 \times 100 + 80 \times 200 + 120 \times 500}{200 + 100 + 200 + 500} = 86$$

$$Y = \frac{40 \times 200 + 20 \times 100 + 50 \times 200 + 100 \times 500}{200 + 100 + 200 + 500} = 70$$

10

자동창고시스템(AS/RS)에서 단위화물을 처리하는 S/R(Storage/Retrieval)장비의 단일명령(single command) 수행시간(cycle time)은 3분, 이중명령(dual command) 수행시간은 5분이다. 이 AS/RS 에서 1시간 동안 처리해야 할 저장(storage)과 반출(retrieval) 지시가 각각 10건씩 발생하며, 그 중에서 이중명령으로 60%가 우선 수행되고 나머지는 단일명령으로 수행된다고 할 때, S/R 장비의 평균가동률은?

① 84%
② 86%
③ 88%
④ 90%
⑤ 92%

해설

단일명령은 입고와 출고가 각각 분리해서 수행되는 자동화창고 시스템이며, 이중명령은 입고와 출고가 동시에 수행되는 시스템을 뜻한다.
1. 단일명령에 의한 처리시간: 10건×(3분+3분)×40%=24분
2. 이중명령에 의한 처리시간: 10건×5분×60%=30분
3. 평균가동률 = $\frac{(24분+30분)}{60분} \times 100 = 90\%$

정답 | 05. ② 06. ④ 07. ⑤ 08. ③ 09. ④ 10. ④

11
창고의 저장위치 할당 방법에 관한 설명으로 옳지 않은 것은?

① 임의저장(randomized storage)방식은 저장위치를 임의로 결정한다.
② 지정위치저장(dedicated storage)방식은 품목별 입출고 빈도수를 고려하여 저장위치를 지정한다.
③ 지정위치저장(dedicated storage)방식의 저장공간이 임의저장 방식의 저장 공간보다 크거나 같다.
④ 등급별 저장(class-based storage)방식은 보관품목의 단위당 경제적 가치를 기준으로 등급을 설정한다.
⑤ 등급별 저장(class-based storage)방식에서 동일 등급 내에서의 저장위치는 임의저장방식으로 결정된다.

해설
등급별 저장(class-based storage)방식은 물품의 입출고 빈도를 기준으로 저장위치를 등급(Class)으로 나누고 등급별로 저장위치를 결정한다.

12
적층랙(mezzanine rack)에 관한 설명으로 옳은 것은?

① 천장이 높은 단층창고 등에서 창고의 화물적재 높이와 천장 사이 공간을 활용하는데 효과적이다.
② 직선으로 수평 이동하는 랙이며, 도서관 등에서 통로면적을 절약하는 데 효과적이다.
③ 선입선출의 목적으로 격납 부분에 롤러, 휠 등을 장착하여 반입과 반출이 반대방향에서 이루어진다.
④ 랙 자체가 수평 또는 수직방향으로 회전하여 저장 위치가 지정된 입출고장소로 이동 가능한 랙이며, 가벼운 다품종 소량품에 많이 적용된다.
⑤ 파이프, 목재 등의 장척물 보관에 적합하도록 랙 구조물에 암(arm)이 설치되어 있다.

선지분석
② 모빌랙: 레일 등을 이용하여 직선으로 수평 이동하는 랙이며, 도서관 등에서 통로면적을 절약하는데 효과적이다.
③ 슬라이딩랙: 선입선출의 목적으로 격납 부분에 롤러, 휠 등을 장착하여 반입과 반출이 반대 방향에서 이루어진다.
④ 회전랙(카르셀랙): 랙 자체가 수평 또는 수직방향으로 회전하여 저장 위치가 지정된 입·출고 장소로이동 가능한 랙이며, 가벼운 다품종 소량품에 많이 적용된다.
⑤ 캔틸레버랙: 파이프, 목재 등의 장척물 보관에 적합하도록 랙 구조물에 암(arm)이 설치되어 있다.

13
기존 물류센터에서 크로스도킹(cross docking)을 도입할 때, 이에 관한 설명으로 옳지 않은 것은?

① 기계설비 보강과 정보기술도입 등 추가 투자가 필요할 수 있다.
② 물류센터의 재고 회전율이 감소한다.
③ 물류센터의 재고수준이 감소한다.
④ 장기적으로 물류센터의 물리적 저장 공간을 줄일 수 있다.
⑤ 입고되는 품목의 출하지가 알려져 있는 경우에 더 효과적이다.

해설
크로스도킹(Cross docking)은 공급처에서 수령한 물품을 물류센터에서 재고로 보관하지 않고 바로 출하할 수 있도록 하는 물류시스템으로, 보관 및 피킹(storage & picking)작업 등을 제거함으로써 상당한 물류비 절감이 가능하며, 물류센터의 회전율 증가, 재고수준 감소, 리드타임 감소 등의 효과가 있다.

14
창고에 관한 설명으로 옳지 않은 것은?

① 야적창고: 물품을 노지에 보관하는 창고
② 수면창고: 하천이나 해수면을 이용하여 물품을 보관하는 창고
③ 리스창고: 자기의 화물을 보관하기 위해 설치한 창고
④ 위험물창고: 고압가스 및 유독성 물질 등을 보관하는 창고
⑤ 영업창고: 타인의 화물을 보관하는 창고

해설
자기의 화물을 보관하기 위해 설치한 창고는 자가창고이며, 리스창고(임대창고)는 영업창고 이외의 창고업체가 소유하고 있는 창고를 임대료를 받고 임대한 창고를 말한다. 장기적으로 자가창고 건설 전 이용단계에 해당하며, 임대차계약 조건에 따라 임차인의 직접 통제가 가능한 부분이 있다.

15

창고의 기능으로 옳은 것은 모두 몇 개 인가?

> • 품질 특성이나 영업 전략에 따른 보관 가능
> • 품절을 예방하는 기능
> • 포장, 라벨 부착, 검품 등의 기능
> • 운송기능과의 연계 기능

① 0개
② 1개
③ 2개
④ 3개
⑤ 4개

해설
창고의 기능은 다음과 같다.
- 보관 및 저장 기능: 물품을 필요시까지 안전하게 보존 및 관리하는 기능
- 수급조절 기능: 생산과 소비의 시간적 격차를 조정하여 품절방지 및 효용창출
- 가격조정 기능: 물류품의 수급조정으로 가격의 안정화 도모
- 비용절감 기능: 최적의 입지조건으로 수·배송 비용 절감
- 유통가공 기능: 유통단계에서 가공, 조립, 분류, 수리, 포장 등의 유통가공 기능
- 거점 기능: 운송기능과 연계하여 Link와 Link를 연결하는 거점(node)으로서의 기능
- 신용기관적 기능: 물품을 보관하여 재고를 확보함으로써 품절을 방지하여 신용을 증대
- 매매기관적 기능: 제품의 매매를 통해 금융을 유통시키는 기능

16

창고관리시스템(WMS: Warehouse Management System)에 관한 설명으로 옳지 않은 것은?

① 화물파손에 대한 위험성이 높아진다.
② 운송수단과의 연계가 쉬워진다.
③ 피킹, 출하의 효율성이 높아진다.
④ 입하, 검품 등이 용이해진다.
⑤ 창고 내의 화물 로케이션관리가 용이해진다.

해설
창고관리시스템(WMS)은 화물의 입하, 입고, 피킹, 출하 및 재고관리 등의 창고 비즈니스 프로세스와 창고 자체의 직접적인 활동을 효율적으로 관리하기 때문에 화물파손에 대한 위험성이 낮아진다.

17

오더 피킹에 관한 설명으로 옳지 않은 것은?

① 1인 1건 피킹: 피커(picker)가 1건의 주문전표에서 요구되는 물품을 모두 피킹하는 방법
② 총량 오더 피킹: 1건의 주문마다 물품을 피킹해서 모으는 방법
③ 일괄 오더 피킹: 여러 건의 주문전표를 한데 모아 한꺼번에 피킹하는 방법
④ 존(zone) 피킹: 자기가 분담하는 선반의 작업범위를 정해 두고, 주문전표에서 자기가 맡은 종류의 물품만을 피킹하는 방법
⑤ 릴레이(relay) 피킹: 주문전표에서 해당 피커가 담당하는 품목만을 피킹하고, 다음 피커에게 넘겨주는 방법

해설
총량 오더 피킹 방식은 일정 기간의 주문전표를 한군데 모아서 피킹하는 방식이다.
1건의 주문마다 물품을 피킹해서 모으는 방식은 싱글 오더 피킹이다.

정답 | 11. ④ 12. ① 13. ② 14. ③ 15. ⑤
　　　 16. ① 17. ②

18

시계열 분석법에 관한 설명으로 옳지 않은 것은?

① 시계열 분석법에는 이동평균법, 가중이동평균법, 지수평활법 등이 있다.
② 수준(level)은 추세, 계절적, 순환적, 무작위적 요인을 제외한 평균적 수요량을 의미한다.
③ 추세(trend)는 수요가 계속적으로 증가하거나 감소하는 경향을 말한다.
④ 계절적(seasonal) 요인은 수요의 변화가 규칙적으로 반복하는 현상을 말한다.
⑤ 순환적(cyclical) 요인은 단기간에 발생하는 불규칙한 수요변화이다.

해설
순환적 요인에 따른 변동은 계절변동과 유사하지만, 계절이나 월이 아닌 일정 주기에 따라 상향과 하향을 반복하는 규칙적인 변화이다.

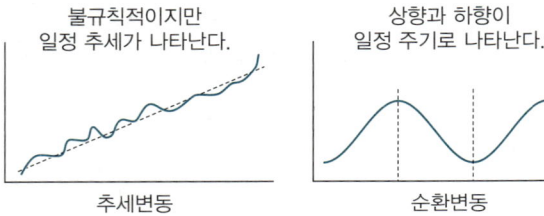

19

MRP(Material Requirements Planning)에 관한 설명으로 옳지 않은 것은?

① MRP는 주생산계획을 기초로 완제품 생산에 필요한 자재 및 구성부품의 종류, 수량, 시기 등을 계획한다.
② MRP 시스템은 주생산계획, 자재명세서와 재고기록파일을 이용한다.
③ MRP는 재고수준의 최대화를 목표로 한다.
④ MRP는 소요자재를 언제 발주할 것인지를 알려준다.
⑤ MRP를 확장하여 사업계획과 각 부문별 계획을 연결시키는 계획을 제조자원계획(manufacturing resource planning)이라고 부른다.

해설
MRP(자재소요계획)는 적시에(right time), 적량(right quantity)의 제품을, 적합한 장소(right place)에 물자를 공급함으로써 과잉재고와 부족재고 현상을 해결하여 재고비용을 극소화시키는 데 그 목적이 있다.

20

6월의 판매 예측량은 110,000개이고, 실제 판매량은 100,000개이다. 지수평활법을 이용한 7월의 판매 예측량(개)은? (단, 평활상수(α)는 0.2를 사용한다.)

① 105,000 ② 106,000
③ 107,000 ④ 108,000
⑤ 109,000

해설
7월의 판매예측량=110,000+(100,000-110,000)×0.2=108,000개

21

집중구매방식과 분산구매방식의 비교 설명으로 옳지 않은 것은?

① 집중구매방식은 대량구매가 가능하며, 가격과 거래조건이 유리하다.
② 집중구매방식은 구입 절차를 표준화하기 쉽다.
③ 집중구매방식은 공통자재의 표준화, 단순화가 가능하다.
④ 분산구매방식은 구매요청 사업장의 특수한 요구가 반영되기 쉽다.
⑤ 분산구매방식은 긴급수요에 대처하기 불리하다.

해설
긴급수요에 대처하기 어려운 단점은 분산구매방식이 아니라 한 곳의 공급처에서 집중구매하는 방식에 해당한다. 집중구매방식은 대량구매 거래할인이 가능하고, 구입절차의 표준화 등이 가능하다는 장점이 있다.

22

A제품의 재고관리 환경이 EPQ(Economic Production Quantity) 가정과 일치하며, A의 연간 수요량이 2,700톤, 하루 생산량이 12톤, 일일 소비량이 9톤이다. A제품의 생산가동 준비비용(setup cost)은 1회당 400,000원이고, 톤당 연간 재고유지비용이 13,500원이라고 할 때, 경제적생산량(EPQ)은?

① 400톤
② 500톤
③ 600톤
④ 700톤
⑤ 800톤

해설

$$EPQ(경제적\ 생산량) = \sqrt{\frac{2 \times D \times O_c}{C_h} \times \frac{p}{p-d}}$$

D: 연간 수요량, O_c: 생산준비비용(set-up cost), C_h: 재고유지비용, p: 일일생산량, d: 일일수요량

$$EPQ = \sqrt{\frac{2 \times 2,700 \times 400,000}{13,500} \times \frac{12}{12-9}} = 800톤$$

23

재고관리의 목표가 아닌 것은?

① 서비스율 증대
② 백오더(back order)율 증대
③ 재고회전율 증대
④ 재고품의 손상율 감소
⑤ 보관비용 감소

해설

백오더율(back order rate)은 제품공급을 수행하지 못하는 결품률을 의미한다. 따라서 재고관리의 목표는 서비스율의 증대와 적정재고를 보유함으로써 백오더율을 감소시키는 것이다.

24

재고관리시스템에 관한 설명으로 옳지 않은 것은?

① 정량발주시스템: 연속적으로 재고수준을 검토하므로 연속점검시스템(continuous review system)이라고도 한다.
② 정량발주시스템: 주문량이 일정하므로 Q시스템이라고도 한다.
③ 정기발주시스템: 재고수준 파악과 발주를 정기적으로 하고, 재고가 목표수준에 도달하도록 발주량을 정한다.
④ 정기발주시스템: 통상 정량발주시스템에 비하여 적은 안전재고량을 갖는다.
⑤ 기준재고시스템: 일명 s – S재고시스템이라고 하며 보유재고량이 s보다 적어지면 최대재고량인 S에 도달하도록 발주량을 정한다.

해설

정기발주시스템(P시스템)은 통상 정량발주시스템에 비하여 많은 양의 안전재고량을 갖는 것이 일반적이다.

관련이론 | 정기발주법과 정량발주법의 비교

항목	정기발주법	정량발주법
안전재고	수요변화에 대응하기 위해 많은 양의 안전재고 필요	안정적 수요에 적합하므로 안전재고는 적음
수요예측	특히 필요하다.	과거의 실적이 수요의 기준이 된다.
발주시기	일정	부정기적
발주량	매번 변동	매번 고정
품목수	적을수록 좋다.	많아도 된다.
표준성	표준보다 전용부품이 좋다.	표준이 좋다.
조달기간	불명확하다.	비교적 짧은 편이 낫다.

정답 | 18. ⑤ 19. ③ 20. ④ 21. ⑤ 22. ⑤
23. ② 24. ④

25

경제적주문량(EOQ) 모형의 전제조건(가정)이 아닌 것은?

① 주문비용과 단가는 주문량에 관계없이 일정하다.
② 재고유지비용은 주문량에 반비례한다.
③ 단일 품목이며, 주문량은 한번에 입고된다.
④ 리드타임(lead time)은 일정하다.
⑤ 재고부족은 허용되지 않는다.

해설
Harris가 제시한 경제적 주문량(EOQ) 모형에 '재고유지비용은 주문량에 반비례한다'는 가정은 없다.

관련이론 | EOQ 모형의 기본가정
- 계획기간 중 해당품목의 수요량은 알려져 있으며 항상 일정하다.
- 단위구입비용이 주문수량(발주량)에 관계없이 일정하다.
- 연간 단위당 재고유지비용은 수량에 관계없이 일정하다.
- 1회 주문비용은 수량에 관계없이 일정하다.
- 주문량이 일시에 입고된다.
- 조달기간(lead time)이 없거나 일정하다.
- 재고부족은 허용되지 않는다.

26

하역에 관한 설명으로 옳은 것은?

① 물류센터 내에서 물품의 짧은 거리 이동은 하역의 범위에 포함되지 않는다.
② 하역은 운송수단에 실려 있는 물품을 꺼내는 일만을 의미하며, 정돈이나 분류는 하역의 범위에 포함되지 않는다.
③ 배송 속도가 중요한 전자상거래 시대에 하역의 중요성이 더욱 부각되고 있다.
④ 하역작업의 생산성을 향상시키기 위해 인력 하역 비중이 늘어나는 추세이다.
⑤ 하역작업의 혁신을 위해 물류센터 장비의 기계화와 무인화를 늦게 도입해야 한다.

선지분석
① 물류센터 내에서 물품의 짧은 거리 이동은 하역의 범위에 포함된다.
② 하역은 운송수단에 실려 있는 물품을 꺼내는 일뿐만 아니라 정돈이나 분류도 하역의 범위에 포함된다.
④ 하역작업의 기계화를 통해 인력 하역 비중이 감소하는 추세이다.
⑤ 하역작업의 혁신을 위해 물류센터 장비의 기계화와 무인화를 빨리 도입해야 한다.

27

<보기>의 화물 상태 별 운반활성지수를 모두 합한 것은?

- 물류센터에 입고된 화물을 컨베이어벨트 위에 놓아두었다.
- 물류센터에 입고된 화물을 바닥에 놓아두었다.
- 물류센터에 입고된 화물을 대차에 실어두었다.
- 물류센터에 입고된 여러 화물을 한 개의 상자로 재포장하였다.

① 4 ② 5
③ 6 ④ 7
⑤ 8

해설
활성지수

활성지수	물건을 놓아 둔 상태
0	바닥에 낱개의 상태로 놓여 있음
1	상자 속에 들어 있음
2	파렛트나 스키드(skid) 위에 놓여 있음
3	대차 위에 놓여 있음
4	컨베이어 위에 놓여 있음

- 물류센터에 입고된 화물을 컨베이어벨트 위에 놓아두었다. → 4
- 물류센터에 입고된 화물을 바닥에 놓아두었다. → 0
- 물류센터에 입고된 화물을 대차에 실어두었다. → 3
- 물류센터에 입고된 여러 화물을 한 개의 상자로 재포장하였다. → 1

28

하역의 원칙이 아닌 것은?

① 경제성 원칙
② 이동거리 최소화 원칙
③ 동일성 원칙
④ 단위화 원칙
⑤ 운반 활성화 원칙

해설
하역합리화의 기본원칙

원칙	설명
하역 경제성 (economic handling)의 원칙	불필요한 하역작업을 줄이고 가장 경제적인 하역 횟수로 하역이 이루어지도록 하는 원칙
운반활성화(live load)의 원칙	운반활성지수를 최대화하는 원칙으로 지표와 접점이 작을수록 활성지수는 높아지며 하역작업의 효율이 증가함
이동거리 및 시간최소화의 원칙	하역작업의 이동거리를 최소화하여 작업의 효율성을 증가시키는 원칙
유닛로드(=단위화의 원칙)의 원칙	유닛로드의 원칙은 화물을 어떤 특정단위(중량, 부피)로 단위화하는 것
기계화의 원칙	인력작업을 기계작업으로 대체하여 생력화하는 원칙으로, 자동화를 통해 하역작업의 효율성과 경제성을 증가시킴
중력이용의 원칙	중력의 법칙에 따른 하역작업을 선택해야 하며, 물품을 들고 다니는 경우를 최소화 하여야 한다는 것
시스템화 (systematization)의 원칙	개개의 하역활동을 유기체로서의 활동으로 간주하는 원칙
인터페이스의 원칙 (=호환성 원칙)	하역작업에서 공정 간의 접점이 원활하게 소통하도록 하는 것을 뜻함
취급균형의 원칙	작업의 흐름은 병목(애로)공정에 의해 좌우되므로 하역작업도 공정능력을 파악하고, 평준화 계획을 수립하여 최대의 효과를 발휘할 수 있도록 이루어져야 한다는 원칙

29

하역의 구성 요소를 모두 고른 것은?

ㄱ. 쌓기	ㄴ. 내리기	ㄷ. 반출
ㄹ. 꺼내기	ㅁ. 운반	ㅂ. 통관

① ㄱ, ㄴ, ㄷ
② ㄴ, ㄷ, ㅂ
③ ㄱ, ㄹ, ㅁ, ㅂ
④ ㄷ, ㄹ, ㅁ, ㅂ
⑤ ㄱ, ㄴ, ㄷ, ㄹ, ㅁ

해설
하역작업의 구성요소에는 넣기(loading, vanning), 내리기(unloading, devanning), 꺼내기(picking), 쌓기(stacking), 운반(moving), 기타 반입, 반출 등이 있으며, 통관은 화물의 출입국을 위한 절차에 해당한다.

30

하역에 활용되는 장비에 관한 설명으로 옳지 않은 것은?

① AGV(Automated Guided Vehicle)는 화물의 이동을 위해 지정된 장소까지 자동주행할 수 있는 장비이다.
② 사이드 포크형 지게차는 차체의 측면에 포크와 마스트가 장착된 지게차이다.
③ 카운터 밸런스형 지게차는 포크와 마스트를 전방에 장착하고 후방에 웨이트를 설치한 지게차이다.
④ 트롤리 컨베이어는 로울러 또는 휠을 배열하여 화물을 운반하는 컨베이어이다.
⑤ 벨트 컨베이어는 연속적으로 움직이는 벨트를 사용하여 화물을 운반하는 컨베이어이다.

해설
로울러 또는 휠을 배열하여 화물을 운반하는 컨베이어는 롤러 컨베이어(Roller Conveyor)에 해당한다. 한편, 트롤리 컨베이어(Trolley Conveyor)는 가이드 레일에 따라 입체공간을 자유로 활용해서 반송하는 것이 가능하며, 폐쇄형 천장 트랙에 동일 간격으로 매달려 있는 운반기에 화물을 탑재하여 운반하고 가공, 조립, 포장, 보관 작업 등에 사용된다.

정답 | 25. ②   26. ③   27. ⑤   28. ③   29. ⑤
30. ④

31

다음 설명에 모두 해당하는 장비는?

> - 화물을 보관하는 선반(rack)과 선반 사이의 통로(aisle)에서 수직과 수평으로 동시에 움직일 수 있는 장비
> - 컴퓨터를 활용하여 화물을 저장(storage), 반출(retrieval)하는 장비

① 스태커 크레인(stacker crane)
② 데릭(derrick)
③ 도크 레벨러(dock leveller)
④ 리프트 게이트(lift gate)
⑤ 야드 갠트리 크레인(yard gantry crane)

해설
화물을 보관하는 선반(rack)과 선반 사이의 통로(aisle)에서 수직과 수평으로 동시에 움직일 수 있는 장비로 컴퓨터를 활용하여 화물을 저장(storage), 반출(retrieval)하는 장비는 자동화창고의 구성요소인 스태커 크레인이다.

32

파렛트에 관한 설명으로 옳지 않은 것은?

① 롤(roll) 파렛트는 바닥면에 바퀴가 장착되어 밀어서 움직일 수 있다.
② 항공 파렛트는 화물을 탑재 후 항공기의 화물적재공간을 고려하여 망(net)이나 띠(strap)로 묶을 수 있다.
③ 파렛트는 운송, 보관, 하역 등의 효율을 증대시키는데 적합하다.
④ 시트(sheet) 파렛트는 푸시풀(push-pull) 장치를 부착한 장비에 의해 하역되는 시트 모양의 파렛트이다.
⑤ 사일로(silo) 파렛트는 액체를 담는 용도로 사용되며 밀폐를 위한 뚜껑이 있다.

해설
사일로 파렛트(Silo Pallet)는 주로 분말체를 담는 데 사용되며 밀폐를 위한 뚜껑을 가지고 하부에 개폐장치가 있다.
액체를 담는 용도로 사용되며 밀폐를 위한 뚜껑이 있는 것은 탱크파렛트에 해당한다.

33

유닛로드시스템(ULS)에 관한 설명으로 옳지 않은 것은?

① 유닛로드시스템으로 운송의 편의성이 떨어졌고, 트럭 회전율 또한 감소하였다.
② 유닛로드시스템으로 하역의 기계화가 촉진되고 보관효율이 향상되었다.
③ 유닛로드시스템으로 재고파악이 용이해졌다.
④ 유닛로드시스템이란 컨테이너나 파렛트 1개분으로 화물을 단위화하여 이 단위를 유지하는 것을 말한다.
⑤ 빈 파렛트나 빈 컨테이너 회수가 원활하지 못하면 운송 및 하역 작업이 지연될 수 있다.

해설
유닛로드시스템은 단위적재화하여 운송 및 하역의 효율성을 높이는 시스템으로, 이를 통해 운송의 편의성이 높아졌고, 트럭 회전율 또한 크게 증가하였다.

34

물류모듈화를 위해 파렛트화 된 화물과 정합성을 고려할 필요가 없는 것은?

① 랙(rack)
② 해상용 갠트리 크레인(gantry crane)
③ 파렛트 트럭
④ 컨테이너(container)
⑤ 운반승강기

해설
한국산업표준 KST0001에 따르면 "물류모듈"이란 '물류표준화와 합리화를 위해 물류시스템의 각종 요소의 치수를 수치상으로 관련시키기 위한 기준 척도'라고 정의하고 있다. 즉, 물류모듈화는 물류기기와 시설, 장비의 규격이나 치수를 배수 또는 분할 관계로 만들어 물류표준화를 지원하는 활동으로 랙(rack), 파렛트, 컨테이너 및 이를 운반하는 트럭적재함, 지게차, 승강기 등의 표준화를 위한 활동을 뜻한다.

35

다음 설명에 모두 해당하는 파렛트 풀(pool) 시스템은?

> - 송하인이 화물을 파렛트에 적재한 후 이를 운송회사에 운송 위탁하고, 운송회사는 같은 수량의 빈 파렛트를 송하인에게 지급한다.
> - 운송회사는 위탁받은 화물을 파렛트 상태로 수하인에게 운송한다. 수하인은 파렛트 상태로 화물을 수령하고, 같은 수량의 빈 파렛트를 운송회사에 지급한다.
> - 이 방식을 이용한 송하인, 수하인, 운송회사는 동일한 규격의 파렛트를 미리 보유하고 있어야 한다.
> - 이 방식은 같은 수의 파렛트를 동시에 교환해야 하기 때문에 파렛트의 규격 통일이 선행되어야 한다.

① 교환방식
② 리스·렌탈방식
③ 교환·리스병용방식
④ 대차결제방식
⑤ 교환·대차결제병용방식

해설
(즉시)교환방식은 유럽에서 개발된 파렛트 풀 시스템으로 화주가 파렛트에 적재된 화물을 받으면, 운송업자를 통해 같은 수의 파렛트를 돌려보내는 방식이다. 운송사는 파렛트에 적재된 화물과 같은 수의 파렛트를 인수하고 나서 화물을 인도한다. 이 방식은 항상 여분의 파렛트를 보유하고 있어야 한다는 점과 파렛트의 편재성 문제, 파렛트 교환 시 파렛트의 품질이 상이할 수 있다는 단점이 있다.

36

분류(sorting)방식 중 동작에 의한 분류 방식이 아닌 것은?

① 밀어내는 방식
② 다이버트 방식
③ 바코드 방식
④ 이송 방식
⑤ 틸트 방식

해설
바코드 방식은 광학적 인식을 통한 분류방식에 해당한다. 따라서 분류기 방식 중 동작에 의한 분류방식에 해당하지 않으며, 동작에 의한 방식의 분류기에는 다이버트 방식, 틸트 방식(경사트레이), 밀어내기 방식, 이송 방식 등이 있다.

37

일관 파렛트화의 장점으로 옳지 않은 것은?

① 운반활성지수 감소
② 화물 도난과 파손의 감소
③ 물품검수 용이
④ 하역작업 능률 향상
⑤ 하역시간의 단축

해설
활성지수는 놓여있는 물건을 다음 동작으로 옮기기 쉽게 놓아 둔 상태를 나타내는 지수로, 지표와 접점이 작을수록 활성지수는 높아지며 하역작업의 효율이 증가한다. 일관 파렛트화는 운반활성지수를 높이는 역할을 한다.

38

아래 설명에 해당하는 것은?

> - 컨테이너터미널에 설치되어 있으며, 안벽을 따라 폭이 약 30~50m 정도로 포장된 공간
> - 야드트럭과 컨테이너크레인의 하역작업에 필요한 공간

① 잔교(pier)
② CFS(Container Freight Station)
③ 에이프런(apron)
④ 컨테이너 야드(container yard)
⑤ 컨트롤센터(control center)

해설
에이프런은 컨테이너터미널에 설치되어 있으며, 안벽을 따라 폭이 약 30~50m 정도로 포장된 공간으로 야드트럭과 컨테이너 크레인(갠트리 크레인)의 하역작업에 필요한 공간을 의미한다.

| 정답 | 31. ① | 32. ⑤ | 33. ① | 34. ② | 35. ① |
| | 36. ③ | 37. ① | 38. ③ | | |

39

항공하역 장비에 해당하는 것을 모두 고른 것은?

> ㄱ. 이글루(igloo)
> ㄴ. 리치스태커(reach stacker)
> ㄷ. 트랜스포터(transporter)
> ㄹ. 탑 핸들러(top handler)
> ㅁ. 돌리(dolly)
> ㅂ. 스트래들 캐리어(straddle carrier)

① ㄱ, ㄴ, ㄷ
② ㄱ, ㄴ, ㄹ
③ ㄱ, ㄷ, ㄹ
④ ㄱ, ㄷ, ㅁ
⑤ ㄱ, ㄷ, ㅂ

해설
리치스태커(reach stacker), 탑 핸들러(top handler), 스트래들 캐리어(straddle carrier)는 육상 또는 항만하역 작업에서 사용되는 장비에 해당한다.

40

다음 중 포장의 기능이 아닌 것은?

① 판매촉진성
② 표시성
③ 상품 수요 예측의 정확성
④ 취급의 편리성
⑤ 보호성

해설
포장 중 공업포장은 제품의 안전성(보호성)과 취급의 편리성, 표시성 등의 기능을 하며, 상업포장은 판매의 촉진성을 높이는 기능을 한다. 상품 수요 예측의 정확성은 포장의 기능에 해당하지 않는다.

물류관련법규

41

물류정책기본법령상 물류정책위원회에 관한 설명으로 옳지 않은 것은?

① 물류보안에 관한 중요 정책 사항은 국가물류정책위원회의 심의·조정 사항에 포함된다.
② 국가물류정책위원회의 분과위원회가 국가물류정책위원회에서 위임한 사항을 심의·조정한 때에는 분과위원회의 심의·조정을 국가물류정책위원회의 심의·조정으로 본다.
③ 국가물류정책위원회에 둘 수 있는 전문위원회는 녹색물류전문위원회와 생활물류전문위원회이다.
④ 지역물류정책에 관한 주요 사항을 심의하기 위하여 국토교통부장관 소속으로 지역물류정책위원회를 둘 수 있다.
⑤ 지역물류정책위원회는 위원장을 포함한 20명 이내의 위원으로 구성한다.

해설
지역물류정책에 관한 주요 사항을 심의하기 위하여 시·도지사 소속으로 지역물류정책위원회를 둔다.
보기 ③의 전문위원회는 2024년에 신설된 조직이다. 국가물류정책위원회에 녹색물류전문위원회가 신설됨에 따라 녹색물류협의기구는 폐지되었다.

42

물류정책기본법상 물류체계의 효율화에 관한 설명으로 옳지 않은 것은?

① 국토교통부장관·해양수산부장관 또는 산업통상자원부장관은 효율적인 물류활동을 위하여 필요한 물류시설 및 장비를 확충할 것을 물류기업에 권고할 수 있다.
② 국토교통부장관·해양수산부장관·산업통상자원부장관 또는 시·도지사는 물류공동화를 추진하는 물류기업이나 화주기업 또는 물류 관련 단체에 대하여 예산의 범위에서 필요한 자금을 지원할 수 있다.
③ 국토교통부장관·해양수산부장관 또는 산업통상자원부장관은 물류기업이 물류자동화를 위하여 물류시설 및 장비를 확충하거나 교체하려는 경우에는 필요한 자금을 지원할 수 있다.
④ 국토교통부장관 또는 해양수산부장관은 물류표준화에 관한 업무를 효과적으로 추진하기 위하여 필요하다고 인정하는 경우에는 통계청장에게 「산업표준화법」에 따른 한국산업표준의 제정·개정 또는 폐지를 요청하여야 한다.
⑤ 국토교통부장관·해양수산부장관·산업통상자원부장관 또는 관세청장은 물류정보화를 통한 물류체계의 효율화를 위하여 필요한 시책을 강구하여야 한다.

해설
국토교통부장관 또는 해양수산부장관은 물류표준화에 관한 업무를 효과적으로 추진하기 위하여 필요하다고 인정하는 경우에는 산업통상자원부장관에게 「산업표준화법」에 따른 한국산업표준의 제정·개정 또는 폐지를 요청할 수 있다.

43

물류정책기본법령상 우수물류기업의 인증에 관한 설명으로 옳지 않은 것은?

① 국토교통부장관 및 해양수산부장관은 물류기업의 육성과 물류산업 발전을 위하여 소관 물류기업을 각각 우수물류기업으로 인증할 수 있다.
② 우수물류기업의 인증은 물류사업별로 운영할 수 있다.
③ 국토교통부장관 또는 해양수산부장관은 인증우수물류기업이 해당 요건을 유지하는지에 대하여 국토교통부와 해양수산부의 공동부령으로 정하는 바에 따라 2년마다 점검하여야 한다.
④ 국토교통부장관 또는 해양수산부장관은 소관 인증우수물류기업이 물류사업으로 인하여 공정거래위원회로부터 시정조치를 받은 경우에는 그 인증을 취소할 수 있다.
⑤ 국토교통부장관 및 해양수산부장관은 우수물류기업의 인증과 관련하여 우수물류기업 인증심사 대행기관을 공동으로 지정하여 인증신청의 접수를 하게 할 수 있다.

해설
국토교통부장관 또는 해양수산부장관은 인증우수물류기업이 해당 요건을 유지하는지에 대하여 국토교통부와 해양수산부의 공동부령으로 정하는 바에 따라 3년마다 점검하여야 한다.

정답 | 39. ④ 40. ③ 41. ④ 42. ④ 43. ③

44

물류정책기본법상 국제물류주선업의 등록에 관한 설명이다. ( )에 들어갈 내용을 바르게 나열한 것은?

- 국제물류주선업을 경영하려는 자는 국토교통부령으로 정하는 바에 따라 (ㄱ)에게 등록하여야 한다.
- 국제물류주선업의 등록을 하려는 자는 (ㄴ) 이상의 자본금(법인이 아닌 경우에는 6억 원 이상의 자산평가액을 말한다)을 보유하고 그 밖에 대통령령으로 정하는 기준을 충족하여야 한다.

① ㄱ: 시·도지사, ㄴ: 3억 원
② ㄱ: 시·도지사, ㄴ: 4억 원
③ ㄱ: 국토교통부장관, ㄴ: 3억 원
④ ㄱ: 국토교통부장관, ㄴ: 4억 원
⑤ ㄱ: 국토교통부장관, ㄴ: 5억 원

해설
국제물류주선업을 경영하려는 자는 국토교통부령으로 정하는 바에 따라 시·도지사에게 등록하여야 한다. 국제물류주선업의 등록을 하려는 자는 3억원 이상의 자본금(법인이 아닌 경우에는 6억 원 이상의 자산평가액)을 보유하여야 한다.

45

물류정책기본법령상 물류관련협회 및 민·관 합동 물류지원센터에 관한 설명으로 옳지 않은 것은?

① 국토교통부장관 또는 해양수산부장관은 물류관련협회 설립의 인가권자이다.
② 물류관련협회는 법인으로 한다.
③ 물류관련협회는 해당 사업의 진흥·발전에 필요한 통계의 작성·관리와 외국자료의 수집·조사·연구사업을 수행한다.
④ 국토교통부장관·해양수산부장관·산업통상자원부장관 및 대통령령으로 정하는 물류관련협회 및 물류관련 전문기관·단체는 공동으로 물류지원센터를 설치·운영할 수 있다.
⑤ 민·관 합동 물류지원센터의 장은 3년마다 사업계획을 수립한다.

해설
민·관 합동 물류지원센터의 장은 매 연도별로 사업계획을 수립하고, 물류지원센터의 조직·인사·복무·보수·회계·물품·문서의 처리에 관한 규정을 정한 후, 이에 따라 사무를 처리하여야 한다.

46

물류정책기본법령상 국가물류통합정보센터에 관한 설명으로 옳지 않은 것은?

① 국토교통부장관은 국가물류통합정보센터를 설치·운영할 수 있다.
② 국토교통부장관은 자본금 2억 원 이상, 업무능력 등 대통령령으로 정하는 기준과 자격을 갖춘 「상법」상의 주식회사를 국가물류통합정보센터의 운영자로 지정할 수 있다.
③ 국토교통부장관은 국가물류통합정보센터운영자를 지정하려는 경우에는 미리 물류정책분과위원회의 심의를 거쳐 신청방법 등을 정하여 30일 이상 관보 또는 인터넷 홈페이지에 이를 공고하여야 한다.
④ 국토교통부장관은 국가물류통합정보센터운영자가 국가물류통합데이터베이스의 물류정보를 영리를 목적으로 사용한 경우에는 그 지정을 취소할 수 있다.
⑤ 국토교통부장관은 해양수산부장관·산업통상자원부장관 및 관세청장과 협의하여 국가물류통합정보센터운영자에게 필요한 지원을 할 수 있다.

해설
국토교통부장관은 국가물류통합정보센터운영자를 지정하려는 경우에는 미리 물류시설분과위원회의 심의를 거쳐 신청방법 등을 정하여 30일 이상 관보 또는 인터넷 홈페이지에 이를 공고하여야 한다.

47

물류정책기본법상 환경친화적 물류의 촉진에 관한 설명으로 옳지 않은 것은?

① 국토교통부장관·해양수산부장관 또는 시·도지사는 물류활동이 환경친화적으로 추진될 수 있도록 관련 시책을 마련하여야 한다.
② 국토교통부장관·해양수산부장관 또는 시·도지사는 물류기업 및 화주기업에 대하여 환경친화적인 운송수단으로의 전환을 권고하고 지원할 수 있다.
③ 국토교통부장관은 환경친화적 물류활동을 모범적으로 하는 물류기업과 화주기업을 우수기업으로 지정할 수 있다.
④ 국토교통부장관은 우수녹색물류실천기업 지정심사대행기관이 고의 또는 중대한 과실로 지정 기준 및 절차를 위반한 경우에는 그 지정을 취소하여야 한다.
⑤ 우수녹색물류실천기업 지정심사대행기관은 공공기관 또는 정부출연연구기관 중에서 지정한다.

해설
국토교통부장관은 우수녹색물류실천기업 지정심사대행기관이 고의 또는 중대한 과실로 지정 기준 및 절차를 위반한 경우에는 그 지정을 취소할 수 있다.
지정이나 인증의 경우 지정을 취소하여야(즉, 반드시 취소) 하는 경우는 거짓 그 밖에 부정한 방법으로 지정이나 인증을 받은 경우 한 가지 뿐이다.

48

물류정책기본법령상 국가물류통합정보센터운영자 또는 단위물류정보망 전담기관이 보관하는 전자문서 및 정보처리장치의 파일에 기록되어 있는 물류정보의 보관기간은?

① 1년
② 2년
③ 3년
④ 4년
⑤ 5년

해설
국가물류통합정보센터운영자 또는 단위물류정보망 전담기관은 전자문서 및 정보처리장치의 파일에 기록되어 있는 물류정보를 대통령령으로 정하는 기간 동안 보관하여야 한다. 여기서 대통령령으로 정하는 기간은 2년이다.

49

물류시설의 개발 및 운영에 관한 법률상 복합물류터미널사업의 등록을 할 수 없는 결격사유에 해당하는 것은?

① 「물류시설의 개발 및 운영에 관한 법률」을 위반하여 벌금형을 선고받은 후 3년이 된 자
② 「물류시설의 개발 및 운영에 관한 법률」을 위반하여 금고형을 선고받은 후 1년이 된 자
③ 「물류시설의 개발 및 운영에 관한 법률」을 위반하여 징역형을 선고받은 후 2년 6개월이 된 자
④ 법인으로서 그 임원이 아닌 직원 중에 파산선고를 받고 복권되지 아니한 자가 있는 경우
⑤ 법인으로서 그 임원 중에 「물류시설의 개발 및 운영에 관한 법률」을 위반하여 금고형의 집행유예를 선고받고 그 유예기간 종료 후 1년이 된 자가 있는 경우

해설
이 법을 위반하여 벌금형 이상을 선고받은 후 2년이 지나지 아니한 자는 결격사유에 해당하여 복합물류터미널사업의 등록을 할 수 없다. 벌금형 이상에 해당하는 것은 벌금형, 금고형 및 징역형 등이다.
따라서, 이 법을 위반하여 금고형을 선고받은 후 1년이 된 자는 아직 2년이 지나지 않았으므로 결격사유에 해당한다.

정답 | 44. ①　45. ⑤　46. ③　47. ④　48. ②　49. ②

50

물류시설의 개발 및 운영에 관한 법률상 물류시설개발종합계획의 수립에 관한 설명으로 옳지 않은 것은?

① 국토교통부장관은 물류시설개발종합계획을 5년 단위로 수립하여야 한다.
② 연계물류시설은 물류터미널 및 물류단지 등 둘 이상의 단위물류시설 등이 함께 설치된 물류시설이다.
③ 물류시설의 기능개선 및 효율화에 관한 사항은 물류시설개발종합계획에 포함되어야 한다.
④ 물류시설개발종합계획의 수립은 「물류정책기본법」에 따른 물류시설분과위원회의 심의를 거쳐야 한다.
⑤ 국토교통부장관은 물류시설개발종합계획을 수립한 때에는 이를 관보에 고시하여야 한다.

해설
물류터미널 및 물류단지 등 둘 이상의 단위물류시설 등이 함께 설치된 물류시설은 집적(클러스터, cluster)물류시설이다.

관련이론 | 연계물류시설
연계물류시설은 물류시설 상호 간의 화물운송이 원활히 이루어지도록 제공되는 도로 및 철도 등 교통시설을 말한다.

51

물류시설의 개발 및 운영에 관한 법률상 다음 신청을 하려고 할 때 국토교통부령으로 정하는 바에 따라 수수료를 내야 하는 사항이 아닌 것은?

① 도시첨단물류단지의 지정의 신청
② 물류터미널의 구조 및 설비 등에 관한 공사시행인가의 신청
③ 물류창고업의 등록
④ 스마트물류센터 인증의 신청
⑤ 복합물류터미널사업의 등록신청

해설
도시첨단물류단지의 지정의 신청은 수수료를 내야 하는 사항에 해당하지 않는다.

52

물류시설의 개발 및 운영에 관한 법률상 형사벌의 대상이 되는 경우를 모두 고른 것은?

> ㄱ. 공사시행인가를 받지 아니하고 공사를 시행한 복합물류터미널사업자
> ㄴ. 인증을 받지 않고 스마트물류센터임을 사칭한 자
> ㄷ. 등록을 하지 아니하고 복합물류터미널사업을 경영한 자
> ㄹ. 다른 사람에게 등록증을 대여한 복합물류터미널사업자

① ㄱ, ㄴ
② ㄴ, ㄷ
③ ㄷ, ㄹ
④ ㄱ, ㄴ, ㄹ
⑤ ㄱ, ㄴ, ㄷ, ㄹ

해설
제시된 4가지 모두 1년 이하의 징역 또는 1천만 원 이하의 벌금에 처하는 경우이다.

53

물류시설의 개발 및 운영에 관한 법령상 이행강제금에 관한 설명으로 옳지 않은 것은?

① 이행강제금은 해당 토지·시설 등 재산가액(「감정평가 및 감정평가사에 관한 법률」에 따른 감정평가법인등의 감정평가액을 말함)의 100분의 20에 해당하는 금액으로 한다.
② 물류단지지정권자는 이행강제금을 부과하기 전에 이행강제금을 부과하고 징수한다는 뜻을 미리 문서로 알려야 한다.
③ 물류단지지정권자는 의무가 있는 자가 그 의무를 이행한 경우에는 이미 부과된 이행강제금 처분을 취소하여야 한다.
④ 물류단지지정권자는 이행기간이 만료한 다음 날을 기준으로 하여 매년 1회 그 의무가 이행될 때까지 반복하여 이행강제금을 부과하고 징수할 수 있다.
⑤ 물류단지지정권자는 의무를 이행하지 아니한 자에 대하여 의무이행기간이 끝난 날부터 6개월이 경과한 날까지 그 의무를 이행할 것을 명하여야 한다.

해설
물류단지지정권자는 이행강제금을 납부할 의무가 있는 자가 그 의무를 이행한 경우에는 새로운 이행강제금의 부과를 중지하되, 이미 부과된 이행강제금은 징수하여야 한다.

54

물류시설의 개발 및 운영에 관한 법령상 스마트물류센터의 인증에 관한 설명으로 옳은 것은?

① 스마트물류센터 인증은 국토교통부장관과 해양수산부장관이 공동으로 한다.
② 스마트물류센터 인증의 유효기간은 인증을 받은 날부터 5년으로 한다.
③ 인증받은 자가 인증서를 반납하는 경우는 인증을 취소할 수 있는 사유에 해당한다.
④ 스마트물류센터 인증에 대한 정기 점검은 인증한 날을 기준으로 5년마다 한다.
⑤ 인증기관의 장은 점검 결과 스마트물류센터가 인증기준을 유지하고 있다고 판단하는 경우에는 인증의 유효기간을 5년의 범위 내에서 연장할 수 있다.

선지분석
① 스마트물류센터 인증은 국토교통부장관이 단독으로 한다.
② 스마트물류센터 인증의 유효기간은 인증을 받은 날부터 3년으로 한다.
④ 스마트물류센터 인증에 대한 정기 점검은 인증한 날을 기준으로 3년마다 한다.
⑤ 인증의 유효기간을 3년의 범위 내에서 연장할 수 있다.

55

물류시설의 개발 및 운영에 관한 법률상 물류단지의 개발 및 운영에 관한 설명으로 옳은 것은?

① 일반물류단지는 물류단지 개발사업의 대상지역이 2개 이상의 시·도에 걸쳐 있는 경우 시·도지사가 협의하여 지정한다.
② 시·도지사는 일반물류단지를 지정하려는 때에는 「물류정책기본법」에 따른 물류시설분과위원회의 심의를 거쳐야 한다.
③ 국토교통부장관은 시장·군수·구청장의 신청을 받아 도시첨단물류단지를 지정한다.
④ 「민법」에 따라 설립된 법인은 물류단지개발사업의 시행자로 지정받을 수 없다.
⑤ 물류단지 안에서 토지분할을 하려는 자는 시장·군수·구청장의 허가를 받아야 한다.

선지분석
① 일반물류단지는 물류단지 개발사업의 대상지역이 2개 이상의 시·도에 걸쳐 있는 경우에는 국토교통부장관이 지정한다.
② 시·도지사가 일반물류단지를 지정하려는 때에는 지역물류정책위원회의 심의를 거쳐야 한다.
③ 시장·군수·구청장의 신청을 받아 도시첨단물류단지를 지정할 수 있는 것은 시·도지사이다.
④ 「민법」에 따라 설립된 법인도 물류단지개발사업의 시행자로 지정받을 수 있다.

정답 | 50. ②　51. ①　52. ⑤　53. ③　54. ③
55. ⑤

56

물류시설의 개발 및 운영에 관한 법령상 물류단지 관리기구에 해당하지 않는 것은?

① 지방자치단체
② 「한국토지주택공사법」에 따른 한국토지주택공사
③ 「한국도로공사법」에 따른 한국도로공사
④ 「한국농어촌공사 및 농지관리기금법」에 따른 한국농어촌공사
⑤ 「지방공기업법」에 따른 지방공사

해설
대통령령으로 정하는 물류단지 관리기구는 한국토지주택공사, 한국도로공사, 한국수자원공사, 한국농어촌공사, 항만공사와 「지방공기업법」에 따른 지방공사이다.

57

화물자동차 운수사업법상 운수사업자 등이 국가로부터 재정지원을 받을 수 있는 사업에 해당하지 않는 것은?

① 공동차고지 및 공영차고지 건설
② 화물자동차 운수사업의 정보화
③ 낡은 차량의 대체
④ 화물자동차 휴게소의 건설
⑤ 화물자동차 운수사업에 대한 홍보

해설
화물자동차 운수사업에 대한 홍보는 국가로부터 재정지원을 받을 수 없다.

관련이론 | 운수사업자 등이 국가로부터 재정지원을 받을 수 있는 사업
제시된 4가지 사업 이외에도
㉠ 연료비가 절감되거나 환경친화적인 화물자동차 등으로의 전환 및 이를 위한 시설·장비의 투자,
㉡ 화물자동차 운수사업의 서비스 향상을 위한 시설·장비의 확충과 개선이 있다.
이외에도 국토교통부령으로 정하고 있는
㉢ 화물자동차의 감차,
㉣ 그 밖에 긴급한 공익적 목적을 위하여 일시적으로 화물운송에 대체 사용된 차량에 대한 피해의 보상 등이 재정지원을 받을 수 있는 사업에 포함된다.

58

화물자동차 운수사업법령상 화물자동차 운송주선사업에 관한 설명으로 옳지 않은 것은?

① 국토교통부장관은 화물자동차 운송주선사업의 허가사항 변경신고를 받은 경우 그 신고를 받은 날부터 7일 이내에 신고수리 여부를 신고인에게 통지하여야 한다.
② 운송주선사업자는 자기 명의로 다른 사람에게 화물자동차 운송주선사업을 경영하게 할 수 없다.
③ 관할청은 화물자동차 운송주선사업 허가증을 발급하였을 때에는 그 사실을 협회에 통지하고 화물자동차 운송주선사업 허가대장에 기록하여 관리하여야 한다.
④ 화물자동차 운송주선사업 허가대장은 전자적 처리가 불가능한 특별한 사유가 없으면 전자적 처리가 가능한 방법으로 작성하여 관리하여야 한다.
⑤ 관할관청은 운송주선사업자가 허가기준을 충족하지 못한 사실을 적발하였을 때에는 특별한 사유가 없으면 적발한 날부터 30일 이내에 처분을 하여야 한다.

해설
국토교통부장관은 화물자동차 운송주선사업의 허가사항 변경신고를 받은 경우 그 신고를 받은 날부터 3일 이내에 신고수리 여부를 신고인에게 통지하여야 한다.

59

화물자동차 운수사업법령상 공제조합에 관한 설명으로 옳지 않은 것은?

① 공제조합을 설립하려면 공제조합의 조합원 자격이 있는 자의 10분의 1 이상이 발기하고, 조합원 자격이 있는 자 200인 이상의 동의를 받아 창립총회에서 정관을 작성한 후 국토교통부장관에게 인가를 신청하여야 한다.
② 공제조합은 공제사업에 관한 사항을 심의·의결하고 그 업무집행을 감독하기 위하여 운영위원회를 둔다.
③ 국토교통부장관은 운송사업자로 구성된 협회 등이 각각 연합회를 설립하는 경우, 연합회(연합회가 설립되지 아니한 경우에는 그 업종을 말함)별로 하나의 공제조합만을 인가하여야 한다.
④ 연합회가 공제사업을 하는 경우의 운영위원회 위원은 시·도별 협회의 대표 전원을 포함하여 25명 이내로 한다.
⑤ 공제조합은 결산기마다 그 사업의 종류에 따라 공제금에 충당하기 위한 책임준비금 및 지급준비금을 계상하고 이를 적립하여야 한다.

해설
연합회가 공제사업을 하는 경우의 운영위원회 위원은 시·도별 협회의 대표 전원을 포함하여 37명 이내로 한다.

60

화물자동차 운수사업법령상 화물자동차 운송가맹사업 등에 관한 설명으로 옳지 않은 것은?

① 운송사업자가 국토교통부령으로 정하는 바에 따라 운송가맹사업자의 화물정보망을 이용하여 운송을 위탁하면 직접 운송한 것으로 본다.
② 국토교통부장관은 운송가맹사업자가 거짓이나 그 밖의 부정한 방법으로 화물자동차 운송가맹사업 허가를 받은 경우 6개월 이내의 기간을 정하여 그 사업의 전부 또는 일부의 정지를 명할 수 있다.
③ 화물취급소의 설치 및 폐지는 운송가맹사업자의 허가사항 변경신고의 대상이다.
④ 운송사업자가 다른 운송사업자나 다른 운송사업자에게 소속된 위·수탁차주에게 화물운송을 위탁하는 경우에는 운송가맹사업자의 화물정보망을 이용할 수 있다.
⑤ 감차 조치, 사업 전부정지 또는 사업 일부정지의 대상이 되는 화물자동차가 2대 이상인 경우에는 화물운송에 미치는 영향을 고려하여 해당 처분을 분할하여 집행할 수 있다.

해설
운송가맹사업자가 거짓이나 그 밖의 부정한 방법으로 화물자동차 운송가맹사업 허가를 받은 경우에는 허가를 취소하여야 한다(반드시 취소해야 하는 사유임).

정답 | 56. ① 57. ⑤ 58. ① 59. ④ 60. ②

61

화물자동차 운수사업법상 적재물배상보험 등의 의무 가입에 관한 설명이다. ( )에 들어갈 내용을 바르게 나열한 것은?

> 최대 적재량이 (ㄱ)톤 이상이거나 총 중량이 (ㄴ)톤 이상인 화물자동차 중 국토교통부령으로 정하는 화물자동차를 소유하고 있는 운송사업자는 적재물사고로 발생한 손해배상 책임을 이행하기 위하여 대통령령으로 정하는 바에 따라 적재물배상 책임보험 또는 공제에 가입하여야 한다.

① ㄱ: 2.5, ㄴ: 2.5
② ㄱ: 2.5, ㄴ: 5
③ ㄱ: 2.5, ㄴ: 7
④ ㄱ: 3, ㄴ: 5
⑤ ㄱ: 5, ㄴ: 10

해설
최대 적재량이 5톤 이상이거나 총 중량이 10톤 이상인 화물자동차 중 국토교통부령으로 정하는 화물자동차를 소유하고 있는 운송사업자는 적재물배상 책임보험 또는 공제에 가입하여야 한다.

62

화물자동차 운수사업법상 위·수탁계약의 갱신에 관한 설명이다. ( )에 들어갈 내용을 바르게 나열한 것은?

> 운송사업자가 위·수탁계약기간 만료 전 (ㄱ)일부터 (ㄴ)일까지 사이에 위·수탁차주에게 계약 조건의 변경에 대한 통지나 위·수탁계약을 갱신하지 아니한다는 사실의 통지를 서면으로 하지 아니한 경우에는 계약만료 전의 위·수탁계약과 같은 조건으로 다시 위·수탁계약을 체결한 것으로 본다.
> 다만, 위·수탁차주가 계약이 만료되는 날부터 30일 전까지 이의를 제기하거나 운송사업자나 위·수탁차주에게 천재지변이나 그 밖에 대통령령으로 정하는 부득이한 사유가 있는 경우에는 그러하지 아니하다.

① ㄱ: 150, ㄴ: 20
② ㄱ: 150, ㄴ: 30
③ ㄱ: 150, ㄴ: 60
④ ㄱ: 180, ㄴ: 60
⑤ ㄱ: 180, ㄴ: 90

해설
운송사업자가 위·수탁계약기간 만료 전 150일부터 60일까지 사이에 위·수탁차주에게 계약 조건의 변경에 대한 통지나 위·수탁계약을 갱신하지 아니한다는 사실의 통지를 서면으로 하지 아니한 경우에는 계약만료 전의 위·수탁계약과 같은 조건으로 다시 위·수탁계약을 체결한 것으로 본다.

63

화물자동차 운수사업법령상 운수종사자 교육에 관한 설명으로 옳지 않은 것은?

① 관할관청은 운수종사자 교육을 실시하는 때에는 운수종사자 교육계획을 수립하여 운수사업자에게 교육을 시작하기 1개월 전까지 통지하여야 한다.
② 운전적성정밀검사 중 특별검사 대상자인 운수종사자 교육의 교육시간은 8시간으로 한다.
③ 「물류정책기본법」에 따라 이동통신단말장치를 장착해야 하는 위험물질 운송차량을 운전하는 사람에 대한 교육시간은 8시간으로 한다.
④ 운수종사자 교육을 실시할 때에 교육방법 및 절차 등 교육 실시에 필요한 사항은 한국교통안전공단 이사장이 정한다.
⑤ 지정된 운수종사자 연수기관은 운수종사자 교육 현황을 매달 20일까지 시·도지사에게 제출하여야 한다.

해설
운수종사자 교육을 실시할 때에 교육방법 및 절차 등 교육 실시에 필요한 사항은 관할관청이 정한다.

64

화물자동차 운수사업법령상 공영차고지 설치 대상 공공기관에 해당하지 않는 것은?

① 「인천국제공항공사법」에 따른 인천국제공항공사
② 「한국도로공사법」에 따른 한국도로공사
③ 「한국철도공사법」에 따른 한국철도공사
④ 「한국토지주택공사법」에 따른 한국토지주택공사
⑤ 「한국가스공사법」에 따른 한국가스공사

해설
「한국가스공사법」에 따른 한국가스공사는 공영차고지 설치 대상 공공기관에 해당하지 않는다.

관련이론 | 공영차고지 설치 대상 공공기관
공영차고지 설치 대상 공공기관은 제시된 4가지 외에 한국공항공사와 항만공사가 포함된다. 이외에도 시·도지사, 시장·군수·구청장 및 지방공사가 공영차고지를 설치할 수 있다.

65

화물자동차 운수사업법령상 운송사업자의 준수사항으로 옳지 않은 것은?

① 개인화물자동차 운송사업자는 주사무소가 있는 특별시·광역시·특별자치시 또는 도와 이와 맞닿은 특별시·광역시·특별자치시 또는 도 외의 지역에 상주하여 화물자동차 운송사업을 경영하지 아니하여야 한다.
② 밤샘주차하는 경우에는 화물자동차 휴게소에 주차할 수 없다.
③ 최대적재량 1.5톤 이하의 화물자동차의 경우에는 주차장, 차고지 또는 지방자치단체의 조례로 정하는 시설 및 장소에서만 밤샘주차하여야 한다.
④ 화주로부터 부당한 운임 및 요금의 환급을 요구받았을 때에는 환급하여야 한다.
⑤ 개인화물자동차 운송사업자는 자기 명의로 운송계약을 체결한 화물에 대하여 다른 운송사업자에게 수수료나 그 밖의 대가를 받고 그 운송을 위탁하거나 대행하게 할 수 없다.

해설
밤샘주차(0시부터 4시까지 사이에 하는 1시간 이상의 주차)하는 경우에는 해당 운송사업자의 차고지, 다른 운송사업자의 차고지, 공영차고지, 화물자동차 휴게소, 화물터미널 및 그 밖에 지방자치단체의 조례로 정하는 시설 또는 장소에 주차할 수 있다.

66

화물자동차 운수사업법령상 관할관청이 화물자동차 운송사업의 임시허가 신청을 받았을 때 확인해야 하는 사항이 아닌 것은?

① 화물자동차의 등록 여부
② 차고지 설치 여부 등 허가기준에 맞는지 여부
③ 화물운송 종사자격 보유 여부
④ 화물운송사업자의 채권·채무 여부
⑤ 적재물배상보험등의 가입 여부

해설
관할관청이 화물자동차 운송사업의 임시허가 신청을 받았을 때 확인해야 하는 사항에 화물운송사업자의 채권·채무 여부는 포함되지 않는다.

67

항만운송사업법령상 항만운송 분쟁협의회에 관한 설명이다. ( )에 들어갈 내용을 바르게 나열한 것은?

- 항만운송사업자 단체, 항만운송근로자 단체 및 그 밖에 대통령령으로 정하는 자는 항만운송과 관련된 분쟁의 해소 등에 필요한 사항을 협의하기 위하여 (ㄱ)로 항만운송 분쟁협의회를 구성·운영할 수 있다.
- 항만운송 분쟁협의회의 회의는 재적위원 (ㄴ)의 출석으로 개의하고, 출석위원 (ㄷ)의 찬성으로 의결한다.

① ㄱ: 업종별, ㄴ: 과반수, ㄷ: 과반수
② ㄱ: 업종별, ㄴ: 과반수, ㄷ: 3분의 2 이상
③ ㄱ: 업종별, ㄴ: 3분의 2 이상, ㄷ: 3분의 2 이상
④ ㄱ: 항만별, ㄴ: 과반수, ㄷ: 3분의 2 이상
⑤ ㄱ: 항만별, ㄴ: 3분의 2 이상, ㄷ: 3분의 2 이상

해설
항만운송 분쟁협의회는 항만별로 구성한다. 항만운송 분쟁협의회의 회의는 재적위원 3분의 2 이상의 출석으로 개의하고, 출석위원 3분의 2 이상의 찬성으로 의결한다.

68

항만운송사업법상 과태료 부과 대상은?

① 항만운송사업자로서 관리청의 자료 제출 요구에 거짓으로 자료를 제출한 자
② 선박연료공급업을 등록한 자로서 사업계획 변경신고를 하지 아니하고 장비를 추가한 자
③ 해양수산부장관에게 신고하지 아니하고 선용품공급업을 한 자
④ 항만운송사업자로서 대통령령으로 정하는 부득이한 사유로 등록을 하지 아니한 항만에서 미리 신고를 하지 아니하고 일시적 영업행위를 한 자
⑤ 관리청으로부터 사업정지처분을 받았음에도 해당 기간 동안 사업을 영위한 항만운송사업자

선지분석
②: 500만 원 이하의 벌금
③: 1년 이하의 징역이나 1천만 원 이하의 벌금
④: 500만 원 이하의 벌금
⑤: 300만 원 이하의 벌금

정답 | 61. ⑤ 62. ③ 63. ④ 64. ⑤ 65. ②
66. ④ 67. ⑤ 68. ①

69

항만운송사업법령상 항만운송종사자 등에 대한 교육훈련기관에 관한 설명으로 옳지 않은 것은?

① 교육훈련기관은 매 사업연도의 세입·세출결산서를 다음 해 3월 31일까지 해양수산부장관에게 제출하여야 한다.
② 교육훈련기관은 법인으로 한다.
③ 교육훈련기관은 다음 해의 사업계획 및 예산안을 매년 11월 30일까지 해양수산부장관에게 제출하여야 한다.
④ 교육훈련기관의 운영에 필요한 경비는 대통령령으로 정하는 바에 따라 국가가 부담한다.
⑤ 교육훈련기관을 설립하려는 자는 해양수산부장관의 설립인가를 받아야 한다.

해설
교육훈련기관의 운영에 필요한 경비는 대통령령으로 정하는 바에 따라 항만운송사업자, 항만운송관련사업자 및 해당 교육훈련을 받는 자가 부담한다.

70

유통산업발전법령상 유통업상생발전협의회(이하 '협의회'라 함)에 관한 설명으로 옳지 않은 것은?

① 대규모점포 및 준대규모점포와 지역중소유통기업의 균형발전을 협의하기 위하여 특별자치시장·시장·군수·구청장 소속으로 협의회를 둔다.
② 협의회의 회의는 재적위원 과반수의 출석으로 개의하고, 출석위원 3분의 2 이상의 찬성으로 의결한다.
③ 회장은 회의를 소집하려는 경우에는 긴급한 경우나 부득이한 사유가 있는 경우를 제외하고 회의 개최일 5일 전까지 회의의 날짜·시간·장소 및 심의 안건을 각 위원에게 통지하여야 한다.
④ 협의회의 사무를 처리하기 위하여 간사 1명을 두되, 간사는 유통업무를 담당하는 공무원으로 한다.
⑤ 협의회는 대형유통기업과 지역중소유통기업의 균형발전을 촉진하기 위하여 대규모점포 및 준대규모점포에 대한 영업시간의 제한 등에 관한 사항에 대해 특별자치시장·시장·군수·구청장에게 의견을 제시할 수 있다.

해설
협의회의 회의는 재적위원 3분의 2 이상의 출석으로 개의하고, 출석위원 3분의 2 이상의 찬성으로 의결한다.

71

유통산업발전법상 대규모점포등을 등록하는 경우 의제되는 허가등에 해당하지 않는 것은?

① 「담배사업법」에 따른 소매인의 지정
② 「식품위생법」에 따른 집단급식소 설치·운영의 신고
③ 「대기환경보전법」에 따른 배출시설 설치의 허가 또는 신고
④ 「평생교육법」에 따른 평생교육시설 설치의 신고
⑤ 「외국환거래법」에 따른 외국환업무의 등록

해설
법 제9조에 대규모점포등을 등록하는 경우 의제되는 허가등에 관하여 17가지를 제시하고 있다.
「대기환경보전법」이 아니라 「물환경보전법」 제33조에 따른 배출시설 설치의 허가 또는 신고가 의제되는 허가등에 해당한다.

72

유통산업발전법령상 공동집배송센터의 지정취소사유에 해당하는 것을 모두 고른 것은?

> ㄱ. 공동집배송센터의 지정을 받은 날부터 정당한 사유 없이 3년 이내에 시공을 하지 아니하는 경우
> ㄴ. 공동집배송센터사업자가 파산한 경우
> ㄷ. 공동집배송센터의 시공후 공사가 6개월 이상 중단된 경우
> ㄹ. 공동집배송센터의 지정을 받은 날부터 5년 이내에 준공되지 아니한 경우

① ㄱ, ㄴ
② ㄷ, ㄹ
③ ㄱ, ㄴ, ㄷ
④ ㄴ, ㄷ, ㄹ
⑤ ㄱ, ㄴ, ㄷ, ㄹ

해설
산업통상자원부장관이 공동집배송센터의 지정을 취소할 수 있는 경우는 보기에 제시된 사유 전부 해당된다.
이외에도 거짓이나 그 밖의 부정한 방법으로 공동집배송센터의 지정을 받은 경우(반드시 취소 사유), 시정명령을 이행하지 아니하는 경우와 공동집배송센터사업자인 법인, 조합 등이 해산된 경우에 공동집배송센터의 지정을 취소할 수 있다.

73

유통산업발전법령상 대규모점포 등과 관련한 유통분쟁조정위원회(이하 '위원회'라 함)의 분쟁 조정에 관한 설명으로 옳지 않은 것은?

① 대규모점포 등과 관련한 분쟁의 조정신청을 받은 특별자치시·시·군·구의 위원회는 부득이한 사정이 없으면 신청을 받은 날부터 60일 이내에 이를 심사하여 조정안을 작성하여야 한다.
② 시(특별자치시는 제외)·군·구의 위원회의 조정안에 불복하는 자는 조정안을 제시받은 날부터 15일 이내에 시·도의 위원회에 조정을 신청할 수 있다.
③ 위원회는 동일한 시기에 동일한 사안에 대하여 다수의 분쟁조정이 신청된 경우에는 그 다수의 분쟁조정신청을 통합하여 조정할 수 있다.
④ 위원회는 유통분쟁조정신청을 받은 경우 신청일부터 10일 이내에 신청인외의 관련 당사자에게 분쟁의 조정신청에 관한 사실과 그 내용을 통보하여야 한다.
⑤ 위원회는 분쟁의 성질상 위원회에서 조정함이 적합하지 아니하다고 인정하거나 부정한 목적으로 신청되었다고 인정하는 경우에는 조정을 거부할 수 있다.

해설
유통분쟁조정위원회는 유통분쟁조정신청을 받은 경우 신청일부터 3일 이내에 신청인외의 관련 당사자에게 분쟁의 조정신청에 관한 사실과 그 내용을 통보하여야 한다.

74

유통산업발전법령상 지정유통연수기관의 지정기준으로 옳은 것을 모두 고른 것은?

> ㄱ. 사무실 면적: 16 이상
> ㄴ. 강의실 면적: 50 이상
> ㄷ. 휴게실 면적: 7 이상
> ㄹ. 연수실적: 지정신청일 기준으로 1년 이내에 2회(1회당 20시간 이상) 이상의 유통연수강좌를 실시한 실적이 있을 것

① ㄱ, ㄴ
② ㄱ, ㄹ
③ ㄴ, ㄷ
④ ㄴ, ㄷ, ㄹ
⑤ ㄱ, ㄴ, ㄷ, ㄹ

해설
지정유통연수기관의 지정요건으로 강의실 면적은 100 이상이고, 휴게실 면적은 10 이상이다.

75

철도사업법상 철도사업자가 공동사용시설관리자와 협정을 체결하여 공동 활용할 수 있는 공동사용시설로서 옳지 않은 것은?

① 철도역 및 환승시설을 제외한 역 시설
② 철도차량의 정비·검사·점검·보관 등 유지관리를 위한 시설
③ 사고의 복구 및 구조·피난을 위한 설비
④ 열차의 조성 또는 분리 등을 위한 시설
⑤ 철도 운영에 필요한 정보통신 설비

해설
철도사업자가 공동사용시설관리자와 협정을 체결하여 공동 활용할 수 있는 공동사용시설에는 물류시설, 환승시설 및 편의시설 등을 포함한 철도역 및 역 시설이 포함된다.

정답	69. ④	70. ②	71. ③	72. ⑤	73. ④
	74. ②	75. ①			

76

철도사업법령상 민자철도의 운영평가 방법 등에 관한 설명으로 옳지 않은 것은?

① 국토교통부장관이 민자철도사업자에게 필요한 조치를 명한 경우 해당 민자철도사업자는 15일 이내에 조치계획을 마련하여 국토교통부장관에게 제출해야 한다.
② 국토교통부장관은 운영평가를 실시하려면 매년 3월 31일까지 소관 민자철도에 대한 평가일정, 평가방법 등을 포함한 운영평가계획을 수립한 후 평가를 실시하기 2주 전까지 민자철도사업자에게 통보해야 한다.
③ 국토교통부장관은 운영평가 결과에 따라 민자철도에 관한 유지·관리 및 체계개선 등 필요한 조치를 민자철도사업자에게 명할 수 있다.
④ 국토교통부장관은 운영평가를 위하여 필요한 경우에는 관계 공무원, 철도 관련 전문가 등으로 민자철도 운영평가단을 구성·운영할 수 있다.
⑤ 국토교통부장관이 정하여 고시하는 민자철도 운영평가 기준에는 민자철도 운영의 효율성이 포함되어야 한다.

해설
국토교통부장관이 민자철도사업자에게 필요한 조치를 명한 경우 해당 민자철도사업자는 30일 이내에 조치계획을 마련하여 국토교통부장관에게 제출해야 한다.

77

철도사업법령상 전용철도를 운영하는 자가 등록사항을 변경하려는 경우 국토교통부장관에게 등록을 하지 않아도 되는 경미한 변경에 해당하지 않는 것은?

① 운행시간을 연장한 경우
② 운행횟수를 단축한 경우
③ 10분의 1의 범위 안에서 철도차량 대수를 변경한 경우
④ 주사무소·철도차량기지를 제외한 운송관련 부대시설을 변경한 경우
⑤ 9월의 범위 안에서 전용철도 건설기간을 조정한 경우

해설
6월의 범위 안에서 전용철도 건설기간을 조정한 경우가 대통령령으로 정하는 경미한 변경에 해당한다.

78

철도사업법상 국토교통부장관이 철도시설물의 점용허가를 취소할 수 있는 경우가 아닌 것은?

① 점용허가를 받은 자가 점용허가 목적과 다른 목적으로 철도시설을 점용한 경우
② 시설물의 종류와 경영하는 사업이 철도사업에 지장을 주게 된 경우
③ 점용허가를 받은 자가 점용허가를 받은 날부터 6개월 이내에 해당 점용허가의 목적이 된 공사에 착수하지 아니한 경우
④ 점용허가를 받은 자가 점용료를 납부하지 아니하는 경우
⑤ 점용허가를 받은 자가 스스로 점용허가의 취소를 신청하는 경우

해설
점용허가를 받은 자가 점용허가를 받은 날부터 1년 이내에 해당 점용허가의 목적이 된 공사에 착수하지 아니한 경우에는 점용허가를 취소할 수 있다.

79

농수산물 유통 및 가격안정에 관한 법령상 중도매업의 허가에 관한 설명으로 옳지 않은 것은?

① 도매시장법인의 주주 및 임직원으로서 해당 도매시장법인의 업무와 경합되는 중도매업을 하려는 자는 중도매업의 허가를 받을 수 없다.
② 최저거래금액 및 거래대금의 지급보증을 위한 보증금 등 도매시장 개설자가 업무규정으로 정한 허가조건을 갖추지 못한 자는 중도매업의 허가를 받을 수 없다.
③ 법인인 중도매인은 임원이 파산선고를 받고 복권되지 아니한 때에는 그 임원을 지체 없이 해임하여야 한다.
④ 도매시장 개설자는 법인인 중도매인에게 중도매업의 허가를 하는 경우 3년 이상 10년 이하의 범위에서 허가 유효기간을 설정할 수 있다.
⑤ 도매시장의 개설자는 갱신허가를 한 경우에는 유효기간이 만료되는 허가증을 회수한 후 새로운 허가증을 발급하여야 한다.

해설
도매시장 개설자는 법인인 중도매인에게 중도매업의 허가를 하는 경우 5년 이상 10년 이하의 범위에서 허가 유효기간을 설정할 수 있다. 법인이 아닌 경우에 3년 이상 10년 이하의 범위이다.

80

농수산물 유통 및 가격안정에 관한 법령상 농수산물공판장(이하 '공판장'이라 함)에 관한 설명으로 옳지 않은 것은?

① 농림수협 등, 생산자단체 또는 공익법인이 공판장의 개설승인을 받으려면 공판장 개설승인 신청서에 업무규정과 운영관리계획서 등 승인에 필요한 서류를 첨부하여 시·도지사에게 제출하여야 한다.
② 공판장 개설자가 업무규정을 변경한 경우에는 이를 시·도지사에게 보고하여야 한다.
③ 생산자단체가 구성원의 농수산물을 공판장에 출하하는 경우 공판장의 개설자에게 산지유통인으로 등록하여야 한다.
④ 공판장의 경매사는 공판장의 개설자가 임면한다.
⑤ 공판장의 중도매인은 공판장의 개설자가 지정한다.

해설

농수산물을 수집하여 공판장에 출하하려는 자는 공판장의 개설자에게 산지유통인으로 등록하여야 한다. 다만, 생산자단체가 구성원의 생산물을 출하하는 경우에는 그러하지 아니하다.
이외에도 도매시장법인이 매수한 농수산물을 상장하는 경우, 중도매인이 비상장 농수산물을 매매하는 경우, 시장도매인이 매매하는 경우에도 그러하지 아니하다.

정답 | 76. ①   77. ⑤   78. ③   79. ④   80. ③

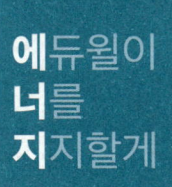

에듀윌이 너를 지지할게

ENERGY

미래를 예측하는 최선의 방법은
미래를 창조하는 것이다.

– 앨런 케이(Alan Kay)

물류관리사
제 **27** 회
기출문제

2023년 7월 29일 시행

1교시   물류관리론
화물운송론
국제물류론
2교시   보관하역론
물류관련법규

2023년 27회 1교시

자동채점

>> 2023년 7월 29일 시행

물류관리론

001

물류관리의 대상이 아닌 것은?

① 고객서비스관리 ② 재고관리
③ 인사관리 ④ 주문정보관리
⑤ 운송관리

해설
물류(Logistics)는 대표적인 서비스업으로, 운송·보관(재고관리)·하역·포장, 물류정보 등의 활동을 종합적으로 계획·실행·통제하는 것이다. 이는 공급자로부터 최종 고객에게까지 이르는 공급사슬의 전체 흐름을 통합적으로 관리하는 활동이라 할 수 있다. 따라서 경영일반에 해당하는 인사관리와는 거리가 멀다.

002

스마이키(E. W. Smykey) 교수가 제시한 물류의 7R 원칙에 해당되지 않는 것은?

① Right Impression ② Right Place
③ Right Quality ④ Right Safety
⑤ Right Time

해설
스마이키(E. W. Smykey) 교수가 제시하는 7R 원칙은 고객에 대한 서비스의 기본으로, 아래와 같이 7가지 적정한(Right) 요소로 구성된다.

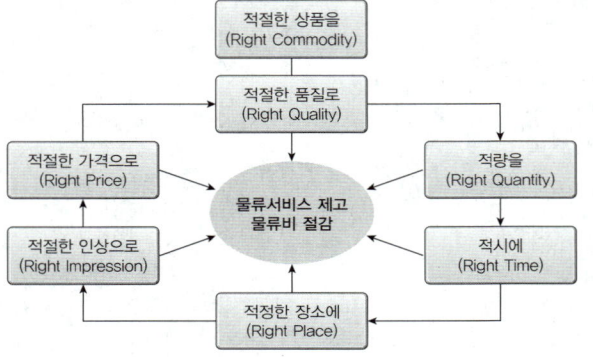

003

제품수명주기에 따른 단계별 물류관리전략에 해당되지 않는 것은?

① 성숙기 전략 ② 쇠퇴기 전략
③ 수요기 전략 ④ 성장기 전략
⑤ 도입기 전략

해설
제품수명주기(PLC; Product Life Cycle)란 신제품이 시장에 처음 등장하는 도입기, 판매가 급속하게 확대/증가하는 성장기, 이익이 최대로 커지는 동시에 매출액은 점차 둔화되는 성숙기, 판매가 감소하는 쇠퇴기를 말한다.

004

물류서비스 품질을 결정하는 요인을 고객 서비스 시행 전, 시행 중, 시행 후로 나눌 때, 시행 중의 요인에 해당하는 것을 모두 고른 것은?

ㄱ. 재고수준	ㄴ. 주문의 편리성
ㄷ. 시스템의 유연성	ㄹ. 시스템의 정확성
ㅁ. 고객서비스 명문화	ㅂ. 고객클레임·불만

① ㄱ, ㄴ ② ㄱ, ㄴ, ㄹ
③ ㄱ, ㄷ, ㅁ ④ ㄴ, ㄹ, ㅂ
⑤ ㄷ, ㅁ, ㅂ

해설
고객서비스 구성요소

거래 전 요소	거래 시(시행 중) 요소	거래 후 요소
• 기업의 고객서비스 정책 • 명문화된 회사 정책 • 고객의 접근 용이성 • 주기적 제품 점검 • 시스템의 유연성 • 경영관리·기술적 서비스 • 목표 배송일 • 재고가용성	• 재고의 품절수준 • 주문주기의 일관성 (배송의 신뢰성) • 주문의 편리성 • 주문주기 및 주문처리능력 • 정보시스템의 정확성 • 제품 선적(shipping) • 제품의 교환, 대체 • 백오더 이용 가능성	• 설치, 보증, 수리, 서비스부품 • 고객 컴플레인 처리 • 제품추적 및 보증 • 수리기간 동안의 제품대체

005

물류의 영역별 분류에 해당하지 않는 것은?

① 조달물류 ② 정보물류
③ 사내물류 ④ 판매물류
⑤ 회수물류

해설
「기업물류비 산정지침」제7조에 따르면, 영역별 물류는 순물류(조달물류, 사내물류, 판매물류)와 리버스물류(회수물류, 폐기물류, 반품물류)로 구성된다.

006

물류관리에 관한 설명으로 옳지 않은 것은?

① 최근 전자상거래 활성화에 따라 물동량은 증가하는 반면 물류관리의 역할은 줄어들고 있다.
② 물류관리의 목표는 비용절감을 통한 제품의 판매촉진과 수익증대라고 할 수 있다.
③ 기업의 물류관리는 구매, 생산, 마케팅 등의 활동과 상호 밀접한 관련이 있다.
④ 물류비용 절감을 통한 이익창출은 제3의 이익원으로 인식되고 있다.
⑤ 원자재 및 부품의 조달, 구매상품의 보관, 완제품 유통도 물류관리의 대상이다.

해설
최근 IT기술의 발전, 소비자들의 소비형태 변화, COVID-19 등에 기인한 전자상거래 시장의 급격한 활성화 등에 따라 수·배송 물동량은 크게 증가하고 있으며 이에 따라 물류관리의 역할 또한 비례하여 커지고 있다.

007

물류 환경변화에 관한 설명으로 옳지 않은 것은?

① 경제규모 확대에 따른 화물량 증가로 사회간접자본 수요는 급증하는 반면 물류기반시설은 부족하여 기업의 원가부담이 가중되고 있다.
② 정보기술 및 자동화기술의 확산으로 물류작업의 고속화 및 효율화, 적정 재고관리 등이 추진되고 있다.
③ 소비자 니즈(Needs)의 다양화에 따라 상품의 수요패턴이 소품종, 대량화되고 있다.
④ 기후변화 및 친환경 물류정책에 따라 운송활동 등 물류부문에서 탄소배출을 줄이는 방향으로 변화되고 있다.
⑤ 소비자 니즈(Needs)의 다양화와 제품 수명주기의 단축에 따라 과잉재고를 지양하려는 경향이 심화되고 있다.

해설
최근 물류환경은 소비자 니즈(Needs)의 다양화에 따라 상품의 수요패턴이 다품종, 소량생산, 다빈도 배송으로 변화되고 있다.

008

인과형 예측기법의 하나로 종속변수인 수요에 영향을 미치는 독립변수를 파악하고, 독립변수와 종속변수간의 함수관계를 통계적으로 추정하여 미래의 수요를 예측하는 방법은?

① 회귀분석법 ② 델파이법
③ 지수평활법 ④ 수명주기예측법
⑤ 가중이동평균법

해설
회귀분석법은 인과형 예측기법의 대표적인 기법으로 종속변수의 예측에 관련된 독립변수를 파악하여 종속변수와 독립변수의 관계를 방정식으로 나타내는 수요예측방식을 말한다.

정답	001. ③	002. ④	003. ③	004. ②	005. ②
	006. ①	007. ③	008. ①		

009

물류와 마케팅의 관계에 관한 설명으로 옳지 않은 것은?

① 물류역량이 강한 기업일수록 본래 마케팅의 기능이었던 수요의 창출 및 조절에 유리하다.
② 물류와 마케팅 기능이 상호작용하는 분야는 하역관리와 설비관리 등이 있다.
③ 물류는 마케팅뿐만 아니라 생산관리 측면 등까지 광범위하게 확대되고 있다.
④ 물류는 마케팅의 4P 중 Place, 즉 유통채널과 관련이 깊다.
⑤ 물류는 포괄적인 마케팅에 포함되며 물류 자체의 마케팅 활동을 할 수도 있다.

해설
하역관리와 설비관리는 물류의 기능적인 측면 요소로, 마케팅과 직접적인 관련성이 적다.

관련이론 | 마케팅전략
마케팅전략에는 제품전략(Product), 가격전략(Price), 유통전략(Place), 촉진전략(Promotion) 등이 있으며, 물류는 마케팅 요소 4P 중 유통(Place)과 가장 밀접한 관계가 있다.

010

상물분리의 효과에 관한 내용으로 옳지 않은 것은?

① 물류와 영업업무를 각각 전담부서가 수행하므로 전문화에 의한 핵심역량 강화가 가능하다.
② 공동화, 통합화, 대량화에 의한 규모의 경제 효과로 물류비 절감이 가능하다.
③ 영업소와 고객 간 직배송이 확대되므로 고객서비스가 향상된다.
④ 운송 차량의 적재효율이 향상되어 수송비용 절감이 가능하다.
⑤ 대규모 물류시설의 기계화 및 자동화에 의해 효율 향상이 가능하다.

해설
상물분리는 배송단계에서 영업소와 고객 간 직배송보다는 다수의 대리점 및 영업소 등의 주문을 통합·운영할 수 있으며, 배송차량의 적재율을 늘려 효율적 이용이 가능하다.

관련이론 | 상물분리
상물분리는 상류와 물류를 분리하여 운영하는 것을 말한다. 오늘날 시장개방, 수요의 다양화 등 경쟁상황이 급변하고 있는 상황에서 영업과 물류를 분리함으로써 각각의 전문성을 발휘하여 효율성을 극대화 할 수 있다.

011

물류 개념에 관한 설명으로 옳지 않은 것은?

① 물류의 전통적 개념은 사물의 흐름과 관련된 시간적, 공간적 효용을 창출하는 경영활동을 말한다.
② 물류활동은 운송, 보관, 하역, 포장, 유통가공 및 이들의 활동들을 지원하는 정보를 포함한다.
③ 물류와 Logistics는 동일한 개념으로 혼용하여 사용되고 있으나 범위 면에서는 Logistics가 더 넓다.
④ 2000년대부터 물류의 개념이 시대적인 요구·변화에 따라 점차 그 영역을 확대하여 SCM(공급사슬관리)으로 변천되어 왔다.
⑤ 생산단계에서 소비단계로의 전체적인 물적 흐름으로 조달부문을 제외한 모든 활동이다.

해설
물류는 물자의 조달(procurement)로부터 시작된다.

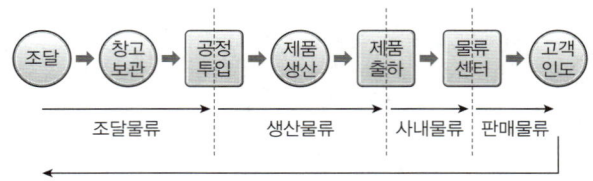

012

제약이론(TOC; Theory of Constraints)의 지속적 개선 프로세스를 순서대로 옳게 나열한 것은?

```
ㄱ. 제약자원 개선        ㄴ. 제약자원 식별
ㄷ. 제약자원 최대 활용    ㄹ. 개선 프로세스 반복
ㅁ. 비제약자원을 제약자원에 종속화
```

① ㄱ-ㄴ-ㄷ-ㄹ-ㅁ ② ㄱ-ㄷ-ㄴ-ㅁ-ㄹ
③ ㄴ-ㄱ-ㄷ-ㄹ-ㅁ ④ ㄴ-ㄷ-ㅁ-ㄱ-ㄹ
⑤ ㄷ-ㄴ-ㄱ-ㅁ-ㄹ

해설
TOC는 제약자원 식별 → 제약자원 최대 활용 → 비제약자원을 제약자원에 종속화 → 제약자원 개선 → 개선 프로세스 반복으로 이루어진다.

관련이론 | TOC(Theory Of Constraints)
이스라엘의 골드랫(Goldratt)이 개발한 생산공정 개선도구인 TOC는 모든 조직은 적어도 하나 이상의 제약요소를 가지고 있으며 이 제약요소가 조직의 전체적인 성과를 지배하므로, 보다 많은 이익을 얻기 위해서는 제약요소를 중심으로 모든 관리가 집중되어야 한다고 주장한다.

013

물류혁신을 위한 6시그마 기법의 DMAIC 추진 단계들 중 다음 설명에 해당하는 것은?

> 통계적 기법을 활용해서 현재 프로세스의 능력을 계량적으로 파악하고, 품질에 결정적인 영향을 미치는 핵심품질특성(CTQ: Critical to Quality)의 충족 정도를 평가한다.

① Define
② Measure
③ Analyze
④ Improve
⑤ Control

해설

정의 (define)	고객들의 요구사항과 품질의 중요영향요인(CTQ; Critical To Quality), 즉 고객만족을 위해 개선해야 할 중요부분을 인지하고 이를 근거로 개선작업을 수행할 프로세스를 선정하는 단계
측정 (measure)	중요 영향요인(CTQ)에 영향을 미치는 프로세스에 대하여 그 업무과정에서 발생하는 결함 등을 계량적으로 측정하는 단계
분석 (analyze)	결함의 형태와 발생원인을 조사하여 중요한 직접적 및 잠재적 변동원인을 파악하는 단계 • 프로세스의 현재 수준과 목표 수준 간 차이가 발생하는 원인 규명 • 파레토도, 특성요인도 등의 도구 활용
개선 (improve)	결함의 원인을 제거하여 문제나 프로세스를 개선하는 단계
통제 (control)	개선효과 분석, 개선프로세스의 지속방법을 모색하는 단계

014

다음 설명에 해당하는 물류 시설은?

> 국내용 2차 창고 또는 수출 화물의 집화, 분류, 운송을 위한 내륙 CFS(Container Freight Station)와 같이 공급처에서 수요처로 대량으로 통합 운송된 화물을 일시적으로 보관하는 창고

① 물류터미널
② 집배송센터
③ 공동집배송단지
④ 물류센터
⑤ 데포(Depot)

해설
데포(Depot)는 크로스도킹 기능을 수행하는 일시 보관장소로, 소비지에 가까운 소규모 집배송 중계 및 배송처를 총칭하며 소비자에게 최종 배송을 수행한다.

015

일반기준에 의한 물류비 분류에서 기능별 물류비에 해당하지 않는 것은?

① 위탁비
② 운송비
③ 보관비
④ 포장비
⑤ 하역비

해설
「기업물류비 산정지침」 제7조 제2항에서는 기능별 물류비로 운송비, 보관비, 하역비, 포장비, 물류정보·관리비를 열거하고 있다. 위탁비는 지급형태별 물류비에 해당한다.

016

현대의 구매 혹은 조달 전략에 관한 설명으로 옳지 않은 것은?

① 최근에는 총소유비용 절감보다 구매단가 인하를 위한 협상 전략이 더 중요해졌다.
② 구매자의 경영목표를 달성하기 위한 공급자와의 정보 공유 필요성이 커졌다.
③ 적기에 필요한 품목을 필요한 양만큼 확보하는 JIT(Just-in-Time) 구매를 목표로 한다.
④ 구매의 품질을 높이기 위해서 구매자는 공급자의 활동이 안정적으로 수행되도록 협력한다.
⑤ 구매전략에는 공급자 수를 줄이는 물량통합과 공급자와의 운영통합 등이 있다.

해설
단순한 단가 인하를 위한 협상 전략보다는 기업 전체의 전략과 일치하는 구매전략을 개발해야 한다.

정답 | 009. ② 010. ③ 011. ⑤ 012. ④ 013. ②
014. ⑤ 015. ① 016. ①

017

유통경로의 구조에 관한 설명으로 옳지 않은 것은?

① 전통적 유통경로 시스템은 자체적으로 마케팅 기능을 수행하는 독립적인 단위들로 구성된다.
② 전통적 유통경로 시스템은 수직적 시스템에 비해 구성원 간 결속력은 약하지만 유연성이 높다.
③ 수직적 유통경로 시스템은 신규 구성원의 진입이 상대적으로 용이한 개방형 네트워크이다.
④ 도소매기관 지원형 연쇄점, 소매기관 협동조합, 프랜차이즈 등은 계약형 유통경로구조에 해당한다.
⑤ 기업형 유통경로 구조는 특정 유통경로가 다른 유통경로를 소유하고 통제하는 형태이다.

해설
수직적 유통경로 시스템(VMS)은 생산에서 소비에 이르기까지 유통과정의 흐름을 체계적으로 통합하여 규모의 경제를 실현할 수 있도록 설계된 유통경로이다. 수직적 유통경로 시스템은 전방통합과 후방통합하는 형태이므로 신규 구성원의 진입이 어렵다.

018

물류기업 K는 제품의 포장 및 검사를 대행하는 유통가공 서비스의 경제적 타당성을 검토하고 있으며, 관련 자료는 다음과 같다. K사 유통가공 서비스의 연간 손익분기 매출액(단위: 만 원)은?

- 서비스 가격: 10만 원/개
- 고정비: 10,000만 원/년
- 변동비: 7.5만 원/개

① 1,000 ② 4,000
③ 10,000 ④ 20,000
⑤ 40,000

해설
- 손익분기점 판매량 = $\frac{100,000,000}{100,000-75,000}$ = 4,000개
- 손익분기점 매출액 = 4,000개 × 10만 원 = 4억 원

019

공동수배송의 기대효과를 모두 고른 것은?

| ㄱ. 물류비용 감소 | ㄴ. 교통혼잡 완화 |
| ㄷ. 환경오염 방지 | ㄹ. 물류인력 고용증대 |

① ㄱ, ㄴ, ㄷ ② ㄱ, ㄴ, ㄹ
③ ㄱ, ㄷ, ㄹ ④ ㄴ, ㄷ, ㄹ
⑤ ㄱ, ㄴ, ㄷ, ㄹ

해설
공동수배송 도입 시 물류인력의 고용은 감소한다.

관련이론 | 공동수배송 도입의 기대효과
- 수·배송 효율성 제고를 통한 물류비용 절감
- 교통혼잡 완화 및 차량감소로 인한 환경오염 방지
- 수·배송업무의 효율화를 통한 교차배송 감소
- 물류기업의 인력부족에 대처 가능(고용이 증가하지는 않음)
- 운송대형화로 인한 경제성 및 물류센터의 효율성 향상
- 동일 지역 및 동일 배송선에 대한 중복·교차배송의 문제점 해결
- 운송차량의 영차율은 증가하고, 공차율은 감소

020

K 물류센터의 6월 비목별 간접물류비와 품목별 배부를 위한 자료가 다음과 같다. 간접물류비 배부기준이 운송비는 (운송물량×운송거리), 보관비는 (보관공간×보관일수), 하역비는 (상차수량+하차수량)일 때, 품목별 간접 물류비 배부액(단위: 천 원)은?

비목	운송비	보관비	하역비
금액(천 원)	10,000	2,000	1,000

품목	운송물량 (ton)	운송거리 (km)	보관공간 (m^3)	보관일수 (일)	상차수량 (개)	하차수량 (개)
P1	15	250	500	3	4,000	5,000
P2	10	125	300	15	600	400
합계	25	375	800	-	4,600	5,400

① P1: 8,000, P2: 5,000　② P1: 8,300, P2: 4,700
③ P1: 8,600, P2: 4,400　④ P1: 8,900, P2: 4,100
⑤ P1: 9,200, P2: 3,800

해설

$$P1 = 10,000 \times \frac{15 \times 250}{15 \times 250 + 10 \times 125} + 2,000 \times \frac{500 \times 3}{500 \times 3 + 300 \times 15}$$
$$+ 1,000 \times \frac{9,000}{9,000 + 1,000}$$
$$= 8,900$$

$$P2 = 10,000 \times \frac{10 \times 125}{15 \times 250 + 10 \times 125} + 2,000 \times \frac{300 \times 15}{500 \times 3 + 300 \times 15}$$
$$+ 1,000 \times \frac{1,000}{9,000 + 1,000}$$
$$= 4,100$$

021

공동수배송의 전제조건으로 옳지 않은 것은?

① 대상기업 간 배송조건의 유사성
② 공동수배송을 주도할 중심업체 존재
③ 대상기업 간 공동수배송에 대한 이해 일치
④ 화물형태가 일정하지 않은 비규격품 공급업체 참여
⑤ 일정 지역 내 공동수배송에 참여하는 복수기업 존재

해설
공동수·배송시스템의 전제조건으로 일정지역 내 영업 및 화물특성, 배송조건의 유사성이 있는 다수의 화주가 존재하여야 한다.

022

포장표준화에 관한 설명으로 옳지 않은 것은?

① 포장이 표준화되어야 기계화, 자동화, 파렛트화, 컨테이너화 등이 용이해진다.
② 포장치수는 파렛트 및 컨테이너 치수에 정합하고, 수송, 보관, 하역의 기계화 및 자동화에 최적의 조건을 제공해야 한다.
③ 포장표준화는 치수, 강도, 재료, 기법의 표준화 등 4요소로 나누지만, 관리의 표준화를 추가하기도 한다.
④ 포장표준화를 통해 포장비, 포장재료비, 포장작업비 등을 절감할 수 있다.
⑤ 치수표준화는 비용절감효과가 빠르게 나타나지만 강도표준화는 그 효과가 나타나기까지 오랜 시간이 걸린다.

해설
강도의 표준화는 선적과 동시에 효과가 나타나므로 오랜 시간이 걸리지 않는다.

정답 | 017. ③　018. ⑤　019. ①　020. ④　021. ④
022. ⑤

023

물류 네트워크의 창고 수와 물류비용 혹은 성과지표 간의 관계로 옳지 않은 것은?

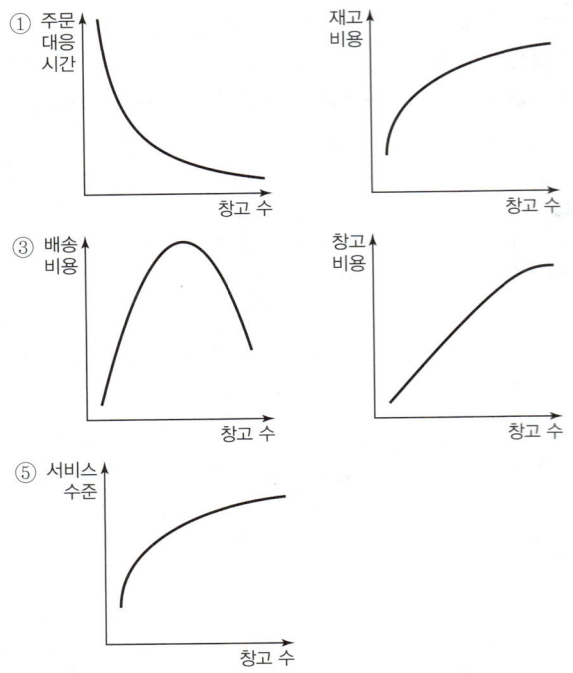

해설
창고 수(물류거점 수)와 최종 목적지로의 운송비용인 배송비는 반비례 관계에 있다.
따라서 창고의 수가 증가할수록 배송비는 감소하는 형태를 보인다.

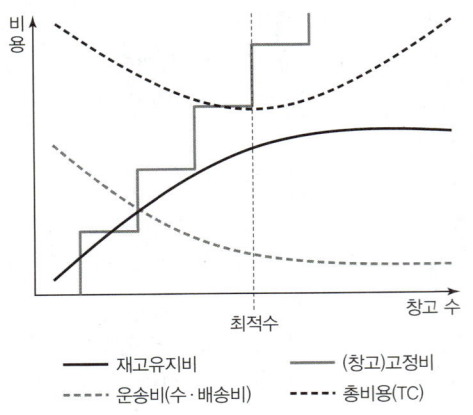

024

공급사슬 성과지표 중 원자재 구매비용을 지불한 날부터 제품 판매대금을 수금한 날까지 소요되는 시간을 측정하는 것은?

① 주문주기시간(Order Cycle Time)
② 현금화 사이클타임(Cash-to-Cash Cycle Time)
③ 공급사슬 배송성과(Delivery Performance to Request)
④ 주문충족 리드타임(Order Fulfillment Lead Time)
⑤ 공급사슬 생산유연성(Upside Production Flexibility)

해설
공급사슬의 성과 측정에 있어 자산 측면의 효율성이 포함되어야 하며, 이를 측정하기 위한 지표에는 현금화 사이클타임, 공급재고일수, 자산회전율 등이 활용된다.
현금흐름의 효율성을 측정하는 현금화 사이클타임은 원자재를 구입하기 위해 지불한 금액이 최종 완성품을 통해 회수된 금액으로 전환되기까지 소요되는 평균시간을 의미한다.

025

다음 ( )에 들어갈 내용으로 옳게 짝지어진 것은?

> SCM은 산업별로 다양한 특성과 니즈에 적합한 형태로 발전되어 왔다. 의류부문에서 시작된 (ㄱ), 식품부문에서 시작된 (ㄴ), 의약품부문에서 시작된 (ㄷ) 등은 특정 산업에 적용된 후 관련산업으로 확산되어 활용되고 있다.

① ㄱ: ECR, ㄴ: QR, ㄷ: EHCR
② ㄱ: QR, ㄴ: ECR, ㄷ: EHCR
③ ㄱ: ECR, ㄴ: EHCR, ㄷ: QR
④ ㄱ: EHCR, ㄴ: QR, ㄷ: ECR
⑤ ㄱ: QR, ㄴ: EHCR, ㄷ: ECR

해설
공급사슬관리의 계층별 구성체계는 SCM을 기초로 산업별로 응용된 기법들과 이를 실제 구현하기 위한 수단들로 다음과 같이 구축된다.
SCM은 적용되는 산업별로 그 표현을 달리하는데 섬유·의류부문에서는 QR, 식품·잡화 부문에서는 ECR, 신선식품 부문에서는 EFR, 의약품 부문에서는 EHCR이라고 표현한다.

026

공동수배송의 필요성에 관한 설명으로 옳지 않은 것은?

① 소비자 욕구의 다양화로 다빈도 소량주문 증가
② 화물량 증가에 따른 도로혼잡 및 환경오염 문제 발생
③ 능률적이고 효율적으로 물류활동 개선 필요
④ 새로운 시설과 설비 투자에 따른 위험부담 감소 필요
⑤ 소비자의 물류서비스 차별화 요구 증가

해설
물류의 공동수배송은 물류표준화가 선행되며, 일정지역 내 영업 및 화물특성의 유사성이 있는 다수의 화주가 존재하는 경우를 상정한다. 따라서 공동수배송은 서비스의 차별화가 아니라 표준화를 중시하는 개념이다.

027

화물을 일정한 중량이나 체적으로 단위화시켜 하역과 수송의 합리화를 도모하는 것은?

① 유닛로드시스템(Unit Load System)
② 파렛트풀시스템(Pallet Pool System)
③ 파렛트 표준화(Pallet Standardization)
④ 포장의 모듈화(Packaging Modularization)
⑤ 일관파렛트화(Palletization)

해설
유닛로드시스템(Unit Load System)은 화물을 일정 중량이나 크기(부피 또는 체적)로 단위화·규격화시켜 기계를 이용하여 하역·수송하는 단위적재시스템을 말한다.

028

SCM 등장배경에 관한 설명으로 옳지 않은 것은?

① 부가가치의 60~70%가 제조공정 외부 공급망에서 발생한다.
② 부품 및 기자재의 납기 및 품질, 주문의 납기 및 수요 등 외부의 불확실성이 점점 더 심화되고 있다.
③ 공급망 하류로 갈수록 정보가 왜곡되는 현상이 심화되고 있다.
④ 기업 활동이 글로벌화 되면서 공급망 상의 리드타임이 길어지고 불확실해졌다.
⑤ 글로벌화 및 고객요구 다양성 증대에 따라 대량고객화가 보편화되고 있다.

해설
채찍효과는 공급사슬에서 최종 소비자로부터 상류로 갈수록 정보가 지연되거나 왜곡되어 수요와 재고의 불안정이 확대되는 현상을 말한다. 이러한 정보의 왜곡현상으로 공급사슬 전체에서 재고가 증가하고, 고객서비스 수준은 떨어지며, 생산능력 계획의 오류, 수송상의 비효율, 생산계획의 난맥 등과 같은 문제가 발생한다.

정답 | 023. ③ 024. ② 025. ② 026. ⑤ 027. ① 028. ③

029

기업 간 협력의 유형에 관한 설명으로 옳지 않은 것은?

① VMI(Vendor-Managed Inventory): 유통업체와 제조업체가 실시간 정보공유를 통해 공동으로 유통업체의 재고를 관리하는 방식
② CRP(Continuous Replenishment Programs): 유통업체의 실제 판매 데이터를 토대로 제조업체에서 상품을 지속적으로 공급하는 방식
③ QR(Quick Response): 제조업체와 유통업체가 협력하여 소비자에게 적절한 시기에 적절한 양을 적절한 가격으로 제공하는 것을 목표로 함
④ ECR(Efficient Consumer Response): 제품에 대한 고객들의 반응을 측정하여 재고관리 및 생산효율을 달성하는 방식
⑤ CPFR(Collaborative Planning, Forecasting & Replenishment): 제조업체와 유통업체가 협업전략을 통해 공동으로 계획, 생산량 예측, 상품 보충을 구현하는 방식

해설
유통업체와 제조업체가 실시간 정보공유를 통해 공동으로 유통업체의 재고를 관리하는 방식은 CMI(Co-Managed Inventory)이다. VMI는 공급업자 주도의 재고관리 방식을 의미한다.

030

외주물류(아웃소싱)와 3자물류에 관한 설명 중 옳지 않은 것을 모두 고른 것은?

> ㄱ. 외주물류는 주로 운영 측면에서 원가절감을 목표로 하는 반면, 3자물류는 원가절감과 경쟁우위 확보 등을 목표로 한다.
> ㄴ. 외주물류는 중장기적 협력 관계를 기반으로 이루어지는 반면, 3자물류는 단기적 관계를 기반으로 운영된다.
> ㄷ. 외주물류는 주로 최고경영층의 의사결정에 따라 경쟁계약의 형태로 진행되는 반면, 3자물류는 중간관리층의 의사결정에 따라 수의계약 형태로 주로 진행된다.
> ㄹ. 서비스 범위 측면에서 외주물류는 기능별 서비스(수송, 보관) 수행을 지향하는 반면, 3자물류는 종합물류를 지향한다.

① ㄱ, ㄴ
② ㄴ, ㄷ
③ ㄷ, ㄹ
④ ㄱ, ㄴ, ㄹ
⑤ ㄱ, ㄷ, ㄹ

해설
ㄴ. 외주물류는 단기적 협력 관계를 기반으로 이루어지는 반면, 3자물류는 중·장기적 관계를 기반으로 운영된다.
ㄷ. 외주물류는 주로 중간관리층의 의사결정에 따라 수의계약 형태로 진행되는 반면, 3자물류는 최고경영층의 의사결정에 따라 경쟁계약의 형태로 주로 진행된다.

031

다음에서 설명하는 물류 활동에 해당하는 것은?

> - 녹색물류의 일환으로 출하된 상품 또는 원부자재를 반품, 폐기, 회수하는 물류를 의미한다.
> - 강화되는 환경규제로 인해 이에 관한 관심이 높아지고 있다.
> - 폐기비용 감소, 부품의 재활용, 고객들의 환경 친화적 제품 요구 등으로 인해 제조기업들의 기술 도입 및 관련 네트워크 구축이 활발해지고 있다.

① Forward Logistics
② Cross Docking
③ Reverse Logistics
④ Gatekeeping
⑤ Life Cycle Assessment

해설
역물류(Reverse Logistics)는 상품의 생산에서 소비로 향하는 통상의 흐름과 반대의 흐름을 총칭하는 물류를 의미한다. 이는 반품(소비자 주체), 회수(공급자 주체) 및 폐기물류(법적 관련)의 세 가지로 크게 나누어 볼 수 있으며 최근에는 녹색물류의 일환으로 자원의 감축, 리사이클링, 대체 및 처분에 관련하여 중요한 역할을 하고 있다.

032

채찍효과(Bullwhip Effect)의 발생 원인이 아닌 것은?

① 공급사슬 구성원들의 독립적 수요예측
② 경제성을 고려한 일괄주문
③ 판촉활동, 수량할인 등에 따른 가격변동
④ 제품 생산 및 공급 리드타임 단축
⑤ 공급부족에 따른 과다 주문

해설
채찍효과는 공급사슬상의 하류에서 상류로 정보가 전달되는 과정에서 정보가 왜곡되고 확대되는 현상이다. 제품 생산 및 공급 리드타임 단축은 채찍효과의 경감방안에 해당한다.

033

다음 설명에 해당하는 물류보안제도는?

- 기존 24시간 규칙을 강화하기 위한 조치로 항만보안법에 의해 법제화되었다.
- 보안 및 수입자의 책임을 강화하기 위해 적재 24시간 전, 미국 세관에 온라인으로 신고하도록 의무화한 제도이다.
- 수입자가 신고해야 할 사항이 10가지, 운송사가 신고할 사항이 2가지로되어 있어 10+2 rule이라고도 불린다.

① C-TPAT(Customs-Trade Partnership Against Terrorism)
② ISF(Importer Security Filing)
③ Safe Port Act 2006
④ CSI(Container Security Initiative)
⑤ ISPS(International Ship and Port Facility Security) cod

해설
ISF는 미국 세관에서 보안과 수입자 책임을 보다 강화하기 위해 시행하고 있는 제도이다. 이는 미국으로 해상운송에 의해 수입되는 Non-Bulk 화물에 대해 신고당사자인 수입자 또는 수입자의 대리인이 신고할 사항 10가지에 운송인이 신고해야 할 사항 2가지를 추가하여 AMS전송을 한다고 하여 10+2(ten plus two) rule로도 불린다.

034

A기업은 수송부문 연비 개선을 통해 이산화탄소 배출량을 10kg 줄이고자 한다. 연비법에 의한 이산화탄소 배출량 산출식 및 관련 자료는 다음과 같을 때, 이산화탄소 배출량 10kg 감축을 위한 A기업의 목표 평균 연비는?

- 이산화탄소 배출량(kg) = 주행거리(km) ÷ 연비(km/L) × 이산화탄소 배출계수(kg/L)
- 주행 거리: 150,000km
- 연비개선 전 평균연비: 5km/L
- 이산화탄소 배출계수: 0.002kg/L

① 6.0km/L ② 7.5km/L
③ 9.0km/L ④ 10.5km/L
⑤ 12.0km/L

해설
연비 개선 전 이산화탄소 배출량 = $\frac{150,000kg}{5km/L} \times 0.002kg/L = 60kg$

이산화탄소 배출량 10kg 감축 위한 목표 평균 연비
= $\frac{150,000kg}{x kg/L} \times 0.002kg/L = 50kg$

∴ $x = 6km/L$

035

4자물류에 관한 설명으로 옳지 않은 것은?

① 기존의 3자물류 서비스에 IT, 기술, 전략적 컨설팅 등을 추가한 서비스이다.
② 포괄적인 공급사슬관리(SCM) 서비스를 제공하기 위한 통합서비스로, 공급사슬 전반의 최적화를 도모한다.
③ 합작투자 또는 장기간 제휴형태로 운영되며, 이익의 분배를 통하여 공통의 목표를 설정한다.
④ 기업과 고객 간의 거래(B2C) 보다는 기업과 기업 간의 거래(B2B)에 집중한다.
⑤ 다양한 기업이 파트너로서 참여하는 혼합조직이다.

해설
4PL(4자물류)은 3PL 기업이 SCM, 컨설팅, 전체적인 물류네트워크 개선 등 한 차원 높은 물류서비스를 제공하는 것을 의미하며, 물류 위탁 서비스를 요구하는 B2B, B2C를 대상으로 서비스를 수행한다.

정답 | 029. ① 030. ② 031. ③ 032. ④ 033. ②
      034. ① 035. ④

036

물류정보의 개념과 특징에 관한 설명으로 옳지 않은 것은?

① 생산에서 소비에 이르기까지의 물류기능을 유기적으로 결합하여 물류관리 효율성을 향상시키는데 활용된다.
② 운송, 보관, 하역, 포장 등의 물류활동에 관한 정보를 포함한다.
③ 원료의 조달에서 완성품의 최종 인도까지 각 물류기능을 연결하여 신속하고 정확한 흐름을 창출한다.
④ 기술 및 시스템의 발전으로 인해 물류정보의 과학적 관리가 가능하다.
⑤ 정보의 종류가 다양하고 규모가 크지만, 성수기와 평상시의 정보량 차이는 작다.

해설
물류정보는 그 종류가 다양하고 규모가 크며, 성수기와 특정 시기에 물동량이 많이 발생하므로 시기별로 정보량 차이가 크게 나타난다.

037

다음 설명에 해당하는 물류정보관리 시스템은?

- 대표적인 소매점 관리시스템 중 하나로서, 상품의 판매 시점에 발생하는 정보를 저장 가능하다.
- 실시간으로 매출을 등록하고, 매출 자료의 자동정산 및 집계가 가능하다.
- 상품의 발주, 구매, 배송, 재고관리와 연계가 가능한 종합 정보관리 시스템이다.

① POS(Point of Sale)
② KAN(Korean Article Number)
③ ERP(Enterprise Resource Planning)
④ GPS(Global Positioning System)
⑤ DPS(Digital Picking System)

해설
POS(Point of Sales)는 판매시점에 상품바코드를 통해 발생하는 데이터를 실시간으로 받아들이는 판매시점 정보관리 시스템으로, 단품별 판매상품에 관련된 모든 정보를 자동 수집하여 필요한 시점에 발주, 매입, 발송, 재고관리 등의 정보를 제공한다.

038

능동형 RFID(Radio Frequency IDentification) 시스템에 관한 설명으로 옳지 않은 것은?

① 내장 배터리를 전원으로 사용한다.
② 지속적인 식별정보 송신이 가능하다.
③ 수동형에 비해 가격이 비교적 비싸다.
④ 수동형에 비해 비교적 원거리 통신이 가능하다.
⑤ 반영구적으로 사용 가능하다.

해설
수동형(passive) RFID는 판독기(리더)의 동력만으로 칩의 정보를 읽고 통신하는 형태로 구조가 간단하고 반영구적으로 사용이 가능하다. 반면 능동형 RFID는 배터리 전원을 내장하여 자발적으로 원거리 전파를 송신하는 유형이다.

039

표준 바코드의 한 종류인 EAN(European Article Number)-13 코드에 관한설명으로 옳지 않은 것은?

① EAN-13(A)와 EAN-13(B)의 국가식별코드는 2~3자리 숫자로 구성된다.
② 제조업체코드는 EAN-13(A)의 경우 4자리, EAN-13(B)의 경우 6자리로 구성된다.
③ 상품품목코드는 EAN-13(A)의 경우 5자리, EAN-13(B)의 경우 3자리로 구성된다.
④ EAN-13(A)와 EAN-13(B) 모두 물류용기에 부착하기 위한 물류식별코드를 가지고 있다.
⑤ EAN-13(A)와 EAN-13(B) 모두 체크 디지트를 통해 스캐너에 의한 판독 오류를 방지한다.

해설
EAN-13(표준형 바코드) 코드는 소매상품에 가장 일반적으로 사용되는 바코드이다. 표준 물류 바코드로는 ITF-14가 활용된다.

040

물류 EDI(Electronic Data Interchange) 시스템에 관한 설명으로 옳지 않은 것은?

① 거래업체 간에 상호 합의된 전자문서표준을 이용한 컴퓨터 간의 구조화된 데이터전송을 의미한다.
② 상호간의 정확한, 실시간 업무 처리를 가능하게 하여 물류업무의 효율성을 향상시킬 수 있다.
③ 종이문서 수작업 및 문서처리 오류를 감소시킬 수 있다.
④ 국제적으로는 다양한 EDI 시스템이 존재하지만, 국내 EDI 시스템 개발 사례는 존재하지 않는다.
⑤ 전자적 자료 교환을 통해 기업의 국제 경쟁력을 강화시킬 수 있다.

해설
표준 EDI를 이용할 수 있을 뿐만 아니라 기업별로 DB 인터페이스, DB select 후 EDI 생성–송신 등 개별 시스템을 개발할 수 있다.

화물운송론

041

운송수단별 특징에 관한 설명으로 옳은 것은?

① 철도운송은 장거리, 대량운송에 유리하지만 운송시간이 오래 걸리고 초기인프라 설치관련 진입비용이 낮다.
② 해상운송은 대량화물의 장거리운송에 적합하지만 정기항로에 치우쳐 유연성과 전문성이 떨어진다.
③ 항공운송은 장거리를 신속하게 운송하며 항공기의 대형화로 운송비 절감을 가져왔다.
④ 공로운송은 접근성이 가장 뛰어나지만 1회 수송량이 적어 운임부담력이 상대적으로 낮다.
⑤ 연안운송은 초기 항만하역시설투자비가 적은 편이고 해상경로가 비교적 짧은 단거리 수송에 유리하다.

선지분석
① 철도운송은 운송시간은 적게 걸리고, 초기인프라 설치관련 진입비용이 높다.
② 해상운송은 정기항로와 부정기항로를 활용하므로 유연성과 전문성이 높은 편이다.
④ 공로운송은 1회 수송량이 적어 운임부담력이 상대적으로 높다.
⑤ 연안운송은 초기 항만하역시설투자비가 높은 편이다.

042

다음은 최근 운송산업의 변화에 관한 설명이다. ( )의 내용으로 옳은 것은?

- 철도운송은 철도르네상스를 통하여 시간적 제약을 극복하면서 도심으로의 접근성에 대한 우수한 경쟁력으로 (ㄱ)운송의 대체수단으로 떠오르고 있다.
- 운송수단의 대형화, 신속화 추세에 따라 (ㄴ)간의 경쟁이 심화되면서 (ㄴ)의 수는 줄어들고 그 기능이 복합화 되어 가는 새로운 지역경제 협력시대를 열고 있다.
- 기후변화와 관련된 운송수단의 (ㄷ) 기술혁신은 조선업의 새로운 부흥시대를 열고 있다.
- 미국과 중국 간의 정치적 갈등은 글로벌공급망의 재편과 관련하여 최저생산비보다 (ㄹ) 공급망을 중시하는 방향으로 협업적 관계를 강조하고 있다.

① ㄱ: 해상, ㄴ: 경로, ㄷ: 친환경, ㄹ: 효율적인
② ㄱ: 해상, ㄴ: 운송방식, ㄷ: 인공지능, ㄹ: 안정적인
③ ㄱ: 항공, ㄴ: 경로, ㄷ: 인공지능, ㄹ: 효율적인
④ ㄱ: 항공, ㄴ: 거점, ㄷ: 친환경, ㄹ: 안정적인
⑤ ㄱ: 공로, ㄴ: 거점, ㄷ: 인공지능, ㄹ: 효율적인

해설
ㄱ. 철도운송은 항공운송의 대체수단으로 떠오르고 있다.
ㄴ. 거점 간의 경쟁이 치열해지면 거점 수는 줄어드는 경향이 있다.
ㄷ. 기후변화는 친환경과 관련이 있다.
ㄹ. 최근 효율성보다 안정적 공급망을 중시하는 방향으로 변화하고 있다.

정답 | 036. ⑤ 037. ① 038. ⑤ 039. ④ 040. ④
041. ③ 042. ④

043

운송서비스의 특징에 관한 설명으로 옳지 않은 것은?

① 운송이란 생산과 동시에 소비되는 즉시재이다.
② 운송공급은 비교적 계획적이고 체계적인 반면, 운송수요는 상대적으로 무계획적이고 비체계적이다.
③ 개별적 운송수요는 다양하므로 운송수요는 집합성을 가질 수 없다.
④ 운임의 비중이 클수록 운임상승은 상품수요를 감소시킴으로써 운송수요를 줄이게 되어 운송수요의 탄력성이 더욱 커지게 된다.
⑤ 운송수단 간 대체성이 높아 운송수요에 대한 탄력적 대응이 가능하다.

해설
개별적 운송수요는 다양하지만 수배송 공동화를 통해 운송수요에 대처하면 운송수요는 집합성을 가지게 된다.

044

국내화물운송의 합리화 방안에 관한 설명으로 옳지 않은 것은?

① 과학적 관리에 입각한 계획수송체계의 강화
② 운송수단의 대형화, 신속화, 표준화
③ 적재율 감소를 통한 물류합리화
④ 공동수배송 체계의 활성화
⑤ 운송업체의 대형화, 전문화

해설
물류합리화를 위해서는 적재율을 향상시켜야 한다.
적재율 = $\dfrac{\text{총운송량}}{\text{차량 적재정량}}$ 으로, 최대화하여야 한다.

045

운송의 기능에 관한 설명으로 옳지 않은 것은?

① 보관과 배송을 연결하는 인적 조절기능이 있다.
② 한계생산비의 차이를 극복하는 장소적 조절기능이 있다.
③ 원재료 이동을 통한 생산비 절감기능이 있다.
④ 운송의 효율적 운용을 통한 물류비 절감기능이 있다.
⑤ 지역 간 경쟁력 있는 상품의 생산과 교환, 소비를 촉진시키는 기능이 있다.

해설
보관과 배송을 연결하는 것은 시간적 조절기능이다. 인적 조절은 운송을 통해 송화인과 수하인을 연결시키는 기능을 말한다.

046

물류와 운송의 개념에 관한 설명으로 옳지 않은 것은?

① 미국 마케팅협회는 물류를 생산지에서 소비지에 이르는 상품의 이동과 취급에 관한 관리라고 정의하였다.
② 1976년 미국물류관리협회는 물류를 생산에서 소비에 이르는 여러 활동을 포함하되 수요예측이나 주문처리는 물류가 아닌 마케팅의 영역으로 구분하였다.
③ 오늘날 운송은 생산지와 소비지 간의 공간적 거리 극복뿐만 아니라 토탈 마케팅 비용의 절감과 고객서비스 향상이라는 관점도 강조하고 있다.
④ 물류의 본원적 활동인 운송은 다양한 부가가치 활동이 추가되면서 오늘날의 물류로 발전되었다.
⑤ 운송은 재화를 효용가치가 낮은 장소로부터 높은 장소로 이전하는 활동을 포함한다.

해설
물류의 개념이 물류관리(PDM)에서 로지스틱스(Logistics), 공급사슬관리(SCM)로 고도화·첨단화되고 있다. 따라서 물류는 과거의 마케팅의 개념을 벗어나 생산에서 소비에 이르는 모든 활동을 포함하는 개념으로 확대되고 있다.

047

국내 화물운송의 특징으로 옳지 않은 것은?

① 공로운송은 운송거리가 단거리이기 때문에 전체 운송에서 차지하는 비중이 낮다.
② 화물운송의 출발/도착 관련 경로의 편중도가 높다.
③ 한국의 수출입 물동량 중 항만을 이용한 물동량이 가장 큰 비중을 차지하며 특정 수출입항만의 편중도가 높다.
④ 화물자동차운송사업은 영세업체가 많고 전문화, 대형화가 미흡하여 운송서비스의 질이 위협받고 있다.
⑤ 화주기업과 운송인과의 협업적 관계가 미흡하여 제3자물류나 제4자물류로 발전하기 위한 정부의 정책적 지원 확대가 필요하다.

해설
공로운송은 운송거리가 단거리이고 운송의 완결성을 위해 필수적이기 때문에 국내 화물운송에서 차지하는 비중이 가장 크다.

048

물류활동 및 운송합리화를 위한 3S1L의 기본원칙으로 옳지 않은 것은?

① 저비용
② 대체성
③ 안전성
④ 정확성
⑤ 신속성

해설
물류활동 및 운송합리화를 위한 3S1L 원칙은 신속성(Speedy), 안전성(Safely), 확실성(Surely), 경제성(Low Cost)이 고려된 원칙이다.

관련이론 | 7R
물류의 7R은 적절한 제품(right commodity), 적절한 가격(right price), 적절한 품질(right quality), 적절한 양(right quantity), 적절한 인상(right impression), 적시에(right time), 원하는 장소(right place)를 의미한다. 7R의 원칙은 미시간 대학교의 스마이키(E. W. Smykey) 교수가 제창한 원칙으로 고객에 대한 서비스의 기본으로 간주된다. 여기서 적절하다(right)는 말은 고객이 요구하는 서비스의 수준을 뜻하는 것이다.

049

화물자동차의 운행상 안전기준에 해당하는 것을 모두 고른 것은?

ㄱ. 적재중량: 구조 및 성능에 따르는 적재중량의 110% 이내일 것
ㄴ. 길이: 자동차 길이에 그 길이의 10분의 1을 더한 길이를 넘지 아니할 것
ㄷ. 승차인원: 승차정원의 110% 이내일 것
ㄹ. 너비: 자동차의 후사경(後寫鏡)으로 뒤쪽을 확인할 수 있는 범위(후사경의 높이보다 화물을 낮게 적재한 경우에는 그 화물을, 후사경의 높이보다 화물을 높게 적재한 경우에는 뒤쪽을 확인할 수 있는 범위를 말한다)의 너비를 넘지 아니할 것
ㅁ. 높이: 지상으로부터 4.5미터를 넘지 아니할 것

① ㄱ, ㄴ, ㄷ
② ㄱ, ㄴ, ㄹ
③ ㄴ, ㄷ, ㄹ
④ ㄱ, ㄴ, ㄷ, ㄹ
⑤ ㄱ, ㄷ, ㄹ, ㅁ

해설
「도로교통법 시행령」 제22조(운행상의 안전기준)에 규정된 내용이다.
ㄷ. 승차인원은 승차정원 이내일 것
ㅁ. 높이는 지상으로부터 4미터를 넘지 아니할 것

정답 | 043. ③ 044. ③ 045. ① 046. ② 047. ①
048. ② 049. ②

050

화물자동차 운송가맹사업의 허가기준에 관한 설명으로 옳지 않은 것은?

① 허가기준대수: 400대 이상(운송가맹점이 소유하는 화물자동차 대수를 포함하되, 8개 이상의 시·도에 50대 이상 분포되어야 한다)
② 화물자동차의 종류: 일반형·덤프형·밴형 및 특수용도형 화물자동차 등 화물자동차운수사업법시행규칙 제3조에 따른 화물자동차(화물자동차를 직접 소유하는 경우만 해당한다)
③ 사무실 및 영업소: 영업에 필요한 면적
④ 최저보유차고 면적: 화물자동차 1대당 그 화물자동차의 길이와 너비를 곱한 면적(화물자동차를 직접 소유하는 경우만 해당한다)
⑤ 그 밖의 운송시설: 화물정보망을 갖출 것

해설
화물자동차 운송가맹사업의 허가기준대수는 50대 이상(운송가맹점이 소유하는 화물자동차 대수를 포함하되, 8개 이상의 시·도에 각각 5대 이상 분포되어야 한다)이다.

051

화물자동차의 구조에 의한 분류 중 합리화 특장차는?

① 믹서트럭　　　　② 분립체 운송차
③ 액체 운송차　　　④ 냉동차
⑤ 리프트게이트 부착차량

해설
화물자동차의 구조에 의한 분류 중 합리화 특장차는 리프트게이트 부착차량이다. 나머지는 전용특장차이다.

052

다음에서 설명하는 화물자동차 운송정보시스템은?

> 출하되는 화물의 양(중량 및 부피)에 따라 적정한 크기의 차량선택과 1대의 차량에 몇 개 배송처의 화물을 적재할 것인지를 계산해 내고, 화물의 형상 및 중량에 따라 적재함의 어떤 부분에 화물을 적재해야 가장 효율적인 적재가 될 것인지를 시뮬레이션을 통하여 알려주는 시스템

① WMS(Warehouse Management System)
② Routing System
③ Tracking System
④ VMS(Vanning Management System)
⑤ CVO(Commercial Vehicle Operating system)

해설
위의 내용은 적재관리시스템(VMS; Vanning Management System)에 대한 설명이다.

053

자가용 화물자동차와 비교한 사업용 화물자동차의 장점으로 옳지 않은 것은?

① 자가용 화물차 이용 시보다 기동성이 높고, 보험료가 적다.
② 귀로 시 복화화물운송이 가능하여 운송비가 저렴하다.
③ 돌발적인 운송수요의 증가에 탄력적 대응이 가능하다.
④ 필요한 시점에 필요한 수량과 필요한 규격 및 종류의 차량 이용이 가능하다.
⑤ 운임이 저렴하고 서비스 수준이 높은 업체와 계약운송이 가능하다.

해설
사업용(영업용) 화물자동차는 자가용에 비해 기동성은 낮고 보험료는 높은 것이 일반적이다.

054

화물운임의 부과방법에 관한 설명으로 옳지 않은 것은?

① 종가운임: 운송되는 화물의 가격에 따라 운임의 수준이 달라지는 형태의 운임
② 최저운임: 일정한 수준 이하의 운송량을 적재하거나 일정 거리 이하의 단거리운송 등으로 실운임이 일정수준 이하로 계산될 때 적용하는 최저 수준의 운임
③ 특별운임: 운송거리, 서비스 수준, 운송량, 운송시간 등에 따라 운임 차이가 발생할 수 있음에도 불구하고 동일한 요율을 적용하는 형태의 운임
④ 품목별운임: 운송하는 품목에 따라 요율을 달리하는 운임
⑤ 반송운임: 목적지에 도착한 후 인수거부, 인계불능 등에 의하여 반송조치하고 받는 운임

해설
특별운임(Special rate)은 정기선 운임의 하나로 수송 조건과는 별개로 해운동맹측이 비동맹선과 적취 경쟁을 하는 경우 일정조건 하에서 정상요율보다 인하한 특별요율을 적용하는 운임이다.

055

일반 화물자동차의 화물 적재공간에 박스형 덮개를 고정적으로 설치한 차량은?

① 밴형 화물자동차
② 덤프트럭
③ 포크리프트
④ 평바디트럭
⑤ 리치스테커(Reach Stacker)

해설
일반화물자동차의 화물 적재공간에 박스형의 덮개를 고정적으로 설치한 차량은 밴형 화물자동차이다. 「자동차관리법」에서는 밴형 일반화물자동차를 '지붕구조의 덮개가 있는 화물운송용인 것'으로 정의한다.

056

다음에서 설명하고 있는 운송방식은?

- 배송에 관한 사항을 시간대별로 계획하고 표로 작성하여 운행
- 배송처 및 배송물량의 변화가 심할 때 방문하는 배송처, 방문순서, 방문시간 등을 매일 새롭게 설정하여 배송하는 운송방식

① 루트(Route) 배송
② 밀크런(Milk Run) 배송
③ 적합 배송
④ 단일 배송
⑤ 변동다이어그램 배송

해설
배송에 관한 사항을 시간대별로 계획하고 표로 작성하여 운행하는 방식은 다이어그램 배송방식이다.
이 중 배송처 및 배송물량의 변화가 심할 때 방문하는 배송처, 방문순서, 방문시간 등을 매일 새롭게 설정하여 배송하는 운송방식은 변동다이어그램 배송방식이다.

057

다음과 같은 화물자동차 운송과 철도 운송 조건에서 두 운송수단 간 경제적 효용거리 분기점은?

- 철도 운송비: 40원/ton·km
- 화물자동차 운송비: 80원/ton·km
- 철도 부대비용(철도발착비, 하역비 등): 10,000원/ton

① 200km
② 230km
③ 250km
④ 270km
⑤ 320km

해설
화물자동차와 철도 간 경제적 효용거리의 분기점은 채트반(Chatban) 공식을 이용해 구할 수 있다. 채트반 공식에 따르면
화물자동차 운송의 경제효용거리의 한계 $= \dfrac{10,000원}{80원-40원} = 250km$이다.
채트반 공식으로 산출된 경계점 거리 이내에서는 화물자동차 운송이 철도 운송보다 유리하다.

정답 | 050. ① 051. ⑤ 052. ④ 053. ① 054. ③ 055. ① 056. ⑤ 057. ③

058

컨테이너 전용 철도 무개화차의 종류에 해당하지 않는 것은?

① 오픈 톱 카(Open Top Car)
② 플랫카(Flat Car)
③ 컨테이너카(Container Car)
④ 더블스택카(Double Stack Car)
⑤ 탱크화차(Tank Car)

해설
무개화차는 철도화차의 상단이 평면을 이루어 기계류, 건설장비 등과 같은 대중량 및 대용적화물, 장척화물 등을 운반하기에 적합하도록 설계된 화차를 말한다. 컨테이너 전용 무개화차로는 컨테이너카, 평판화차(플랫카), 오픈 톱 카, 더블스택카 등이 있다.
탱크화차(Tank Car)는 유류와 같은 액체상태의 화물운송을 위해 탱크와 화차가 일체형으로 설계된 화차이다.

059

철도화물 운임 및 요금에 관한 설명으로 옳지 않은 것은?

① 화물운임의 할인종류에는 왕복수송 할인, 탄력할인, 사유화차 할인 등이 있다.
② 컨테이너의 크기, 적컨테이너, 공컨테이너 등에 따라 1km당 운임률은 달라진다.
③ 화차 1량에 대한 최저기본운임은 사용화차의 화차표기하중톤수의 200km에 해당하는 운임이다.
④ 일반화물의 기본운임은 1건마다 중량, 거리, 임률을 곱하여 계산한다. 이 경우 1건 기본운임이 최저기본운임에 미달할 경우에는 최저기본운임을 기본운임으로 한다.
⑤ 화물운임의 할증대상에는 귀중품, 위험물, 특대화물 등이 있다.

해설
철도화물의 일반화물의 최저기본운임은 사용화차의 최대 적재중량에 대한 100km에 해당하는 운임이다. 1km 미만의 거리와 1톤 미만의 일반화물은 반올림하여 계산한다.

060

철도운송 서비스 형태에 관한 설명으로 옳지 않은 것은?

① Shuttle Train : 철도역 또는 터미널에서 화차조성비용을 줄이기 위해 화차의 수와 타입이 고정되며 출발지 → 목적지 → 출발지를 연결하는 루프형 서비스를 제공하는 열차형태
② Block Train : 스위칭 야드(Switching Yard)를 이용하지 않고 철도화물역 또는 터미널 간을 직행 운행하는 전용열차의 한 형태로 화차의 수와 타입이 고정되어 있음
③ Y-Shuttle Train : 한 개의 중간터미널을 거치는 것을 제외하고는 Shuttle Train과 같은 형태의 서비스를 제공하는 방식임
④ Single-Wagon Train : 복수의 중간역 또는 터미널을 거치면서 운행하는 방식으로 목적지까지 열차운행을 위한 충분한 물량이 확보된 경우에만 운행
⑤ Liner Train : 장거리 구간에서 여러 개의 소규모터미널이 존재하는 경우 마치 여객열차와 같이 각 기차터미널에서 화차를 Pick up & Deliver하는 서비스 형태

해설
블록 트레인(Block Train)은 스위칭 야드를 이용하지 않고 철도화물역 또는 터미널 간을 직접 운행하는 전용열차로, 화차의 수와 타입이 고정되어 있지 않다. 또한 중간역을 거치지 않고 최초 출발역부터 최종 도착역까지 직송서비스를 제공한다.

061

해상운송의 기능 및 특성에 관한 설명으로 옳지 않은 것은?

① 해상운송은 떠다니는 영토로 불릴 만큼 높은 국제성을 지니므로 제2편의치적과 같은 전략적 지원이 강조된다.
② 장거리, 대량운송에 따른 낮은 운임부담력으로 인해 국제물류의 중심 역할을 담당한다.
③ 직간접적인 관련 산업 발전 및 지역경제 활성화와 국제수지 개선에도 기여한다.
④ 해상운송은 물품의 파손, 분실, 사고발생의 위험이 적고, 타 운송수단에 비해 안전성이 높다.
⑤ 선박대형화에 따라 기존 운하경로의 제약이 있지만 북극항로와 같은 새로운 대체경로의 개발도 활발하다.

해설
해상운송은 물품의 파손, 분실, 사고발생의 위험이 적지만, 기후의 영향을 크게 받으므로 타 운송수단에 비해 안전성은 낮은 편이다.

062

해상운임 중 Berth Term(Liner Term)에 관한 설명으로 옳은 것은?

① 선사(선주)가 선적항 선측에서 양하항 선측까지 발생하는 제반 비용과 위험을 모두 부담한다.
② 화물을 선측에서 선내까지 싣는 과정의 비용 및 위험부담은 화주의 책임이며, 양하항에 도착 후 본선에서 부두로 양하할 때의 비용과 위험은 선사가 부담한다.
③ 화물을 본선으로부터 양하하는 위험부담은 화주의 책임이며, 반대로 선사는 적하비용을 부담한다.
④ 화물의 본선 적하 및 양하와 관련된 모든 비용과 위험부담은 화주가 지며, 선사는 아무런 책임을 지지 않는다.
⑤ 품목에 관계없이 동일하게 적용되는 운임을 말한다.

해설
해상운임 중 Berth Term(Liner Term)은 정기선의 개품운송에서 적용되는 운임으로 선적 시와 하역 시의 하역비 및 위험을 선주(선사)가 부담하는 조건이다.

선지분석
②, ③, ④ 화물을 선내까지 싣는 비용과 위험, 본선 적하 및 양하와 관련된 위험과 비용 모두 선사의 책임이다.
⑤ Berth Term은 운송하는 품목에 따라 운임률에 차이가 있다.

063

해운동맹에 관한 설명으로 옳은 것은?

① 두 개 이상의 정기선 운항업자가 경쟁을 활성화하기 위해 운임, 적취량, 배선 등의 조건에 합의한 국제카르텔을 말한다.
② 미국을 포함한 대부분의 국가는 해상운송의 안전성을 위해 해운동맹을 적극적으로 받아들이고 있으며, 가입과 탈퇴에 따른 개방동맹과 폐쇄동맹에 대한 차이는 없다.
③ 해운동맹은 정기선의 운임을 높게 유지함으로써 동맹탈퇴의 잠재이익이 크게 작용하고 있어 동맹유지가 어렵고 이탈이 심한 편이다.
④ 맹외선과의 대응전략으로 동맹사들은 경쟁억압선의 투입이나 이중운임제, 연체료와 같은 할인할증제 등을 운영한다.
⑤ 동맹회원간에는 일반적으로 운임표가 의무적으로 부과되지만 특정화물에 대해서는 자유로운 open rate가 가능하다.

선지분석
① 해운동맹은 정기선사 간에 과도한 경쟁을 제한하여 높은 이익을 얻기 위해 결성된 국제카르텔이다.
② 해운동맹은 가입 및 탈퇴의 자유 유무에 따라 개방동맹과 폐쇄동맹으로 분류되고 둘 사이에는 여러 가지 차이가 있다.
③ 해운동맹은 정기선의 운임을 높게 유지함으로써 동맹탈퇴의 잠재손실이 크게 작용하고 있어 동맹유지가 용이하고 이탈이 없는 편이다.
④ 해운동맹에 대한 맹외선사들의 대응전략이다.

정답 | 058. ⑤ 059. ③ 060. ② 061. ④ 062. ①
063. ⑤

064

부정기선 용선계약의 특징에 관한 설명으로 옳지 않은 것은?

① 항해용선(Voyage Charter)계약은 선주가 선장을 임명하고 지휘·감독한다.
② 항해용선계약의 특성상 용선자는 본선운항에 따른 모든 책임과 비용을 부담하여야 한다.
③ 정기용선(Time Charter)계약은 선주가 선장을 임명하고 지휘·감독한다.
④ 정기용선계약에서 용선자는 영업상 사정으로 본선이 운항하지 못한 경우에도 용선료를 지급하여야 한다.
⑤ 정기용선계약에서 용선료는 원칙적으로 기간에 따라 결정된다.

해설
항해용선(voyage charter) 계약은 한 항구에서 다른 항구까지의 편도 항행에 대해 체결하는 운송계약으로 본선운항에 따른 모든 책임과 비용은 선사(선주)가 부담한다.

관련이론 | 부정기선 용선계약 비교

구분	항해용선 계약	정기(기간) 용선 계약	나용선 계약
선장 고용책임	선주가 선장 임명 및 지휘감독	선주가 선장 임명 및 지휘감독	임차인이 선장 임명 및 지휘감독
책임한계	용선자는 선복이용, 선주는 운송행위	용선자는 선복이용, 선주는 운송행위	임차인이 선박을 일정기간 사용 및 운송행위
운임 결정 기준	선복으로 결정	기간에 의하여 결정	임차료는 기간을 기초로 결정
감항담보	용선자는 재용선에 대하여 감항담보 책임이 없음	용선자는 재용선에 대하여 감항담보 책임이 없음	임차인은 화주 또는 용선자에 대하여 감항담보 책임이 있음
용선자의 비용부담	운임조건 지불, 그 외 비용부담 없음	연료비 등 변동비 부담	운항에 필요한 모든 비용 부담

065

수입화물의 항공운송 취급 절차를 순서대로 옳게 나열한 것은?

ㄱ. 전문접수 및 항공기 도착 ㄴ. 창고분류 및 배정
ㄷ. 서류분류 및 검토 ㄹ. 도착 통지
ㅁ. 보세운송 ㅂ. 화물분류 작업
ㅅ. 운송장 인도

① ㄱ-ㄷ-ㄴ-ㅂ-ㄹ-ㅅ-ㅁ
② ㄱ-ㄷ-ㅅ-ㄹ-ㅁ-ㅂ-ㄴ
③ ㄱ-ㄹ-ㄴ-ㄷ-ㅁ-ㅂ-ㅅ
④ ㄹ-ㄱ-ㄷ-ㄴ-ㅂ-ㅁ-ㅅ
⑤ ㄹ-ㄴ-ㄷ-ㄱ-ㅂ-ㅅ-ㅁ

해설
수입화물의 항공운송 취급 절차는 전문접수 및 항공기 도착 → 서류분류 및 검토 → 창고분류 및 배정 → 화물분류 작업 → 도착 통지 → 운송장 인도 → 보세운송 등의 순서이다.

관련이론 | 항공화물의 수입절차
수입화물 발송통지서 접수 → 적하목록 세관 제출 → 하기(비행기에서 화물 양하) 신고 및 보세구역 물품 반입 → 수화인에게 화물도착 통지 → 수입통관절차 수행 및 물품 반출

066

항공운송의 운임에 관한 설명으로 옳지 않은 것은?

① 일반화물요율(GCR; General Cargo Rate)은 모든 항공화물 요금산정 시 기본이 된다.
② 일반화물요율의 최저운임은 "M"으로 표시한다.
③ 특정품목할인요율(SCR; Specific Commodity Rate)은 특정 대형화물에 대하여 운송구간 및 최저중량을 지정하여 적용되는 할인운임이다.
④ 품목별분류요율(CCR; Commodity Classification Rate)은 특정 품목에 대하여 적용하는 할인 또는 할증 운임률이다.
⑤ 일반화물요율은 특정품목할인요율이나 품목별분류요율보다 우선하여 적용된다.

해설
항공운송의 운임적용은 특정품목할인요율(SCR)이 가장 우선하여 적용되고, 다음으로 품목별분류요율(CCR), 일반화물요율(GCR)의 순으로 적용된다.

067

운송주선인(Freight Forwarder)의 역할에 관한 설명으로 옳지 않은 것은?

① 운송계약의 주체가 되어 자신의 명의로 운송서류를 발행한다.
② 화물포장 및 보관 업무를 수행한다.
③ 수출화물을 본선에 인도하고 수입화물은 본선으로부터 인수한다.
④ 화물인도지시서(D/O)를 작성하여 선사에게 제출한다.
⑤ 화물의 집화, 분배, 통관업무 등을 수행한다.

해설

화물인도지시서(D/O; Delivery Order)는 선박회사 또는 그 대리인이 선장에 대하여 해당 화물의 인도를 지시하는 증서이다. 선하증권(B/L)의 소지인은 선박이 도착하는 항만에서 운송인 또는 그 대리인에게 제시하고 화물의 인도를 청구하면 대리점에서는 D/O를 발행하게 된다.

관련이론 | 운송주선인, 국제물류주선업자(Freight Forwarder, 복합운송인)의 업무

운송에 대한 전문적인 조언, 운송관계서류의 작성, 보험업무 대행, 복합운송, 포장 및 창고 보관업무, 본선과 화물의 인수 또는 인도, 통관절차의 수행, 소량화물의 혼재 및 분류, 운송계약의 체결 및 선복의 예약, 운임 및 기타 비용 지불 등

068

수요지와 공급지 사이의 수송표가 아래와 같을 때 보겔추정법(Vogel's Approximation Method)을 적용하여 산출된 총 운송비용과 공급지 B에서 수요지 X까지의 운송량은? (단, 공급지에서 수요지까지의 톤당 운송비는 각 셀의 우측 하단에 표시되어 있음)

(단위: 천 원)

수요지 공급지	X	Y	Z	공급량(톤)
A	10	12	16	200
B	5	8	20	400
C	14	11	7	200
수요량(톤)	500	200	100	800

① 6,000,000원, 300톤
② 6,000,000원, 400톤
③ 6,100,000원, 200톤
④ 6,100,000원, 300톤
⑤ 6,200,000원, 400톤

해설

보겔의 추정법은 기회비용의 개념을 활용하여, 총운송비용이 최소화되도록 물동량을 할당하는 탐색적 기법이다. 각 행과 열에서 가장 낮은 수준의 단위운송비용과 두 번째로 낮은 단위운송비용의 차이가 기회비용이다. 기회비용이 가장 큰 곳부터 할당해 나간다.

수요지 공급지	X	Y	Z	공급량(톤)	기회비용
A	100 3rd 10	100 5th 12	16	200 → 100	2 OK3
B	400 2nd 5	8	20	400 → 0	3 OK2
C	14	100 4th 11	100 1st 7	200 → 100	4 → 3
수요량(톤)	500 → 100	200	100	800	
기회비용	5 → 4	3	9 OK1		

1. 보겔추정법에 따라 기회비용을 산출하면 위 [표]의 내용과 같다. [표]에서 수요지 Z의 기회비용이 가장 크므로 Z까지의 운송비가 가장 낮은 공급지 C의 200톤 중 100톤을 할당한다.(수요지 Z 할당 완료)
2. 수요지 Z의 할당이 끝났으므로 기회비용을 다시 구하면 공급지 X의 기회비용이 가장 높으므로 공급지 B의 공급량을 운송비가 가장 낮은 수요지 X에 400톤을 할당한다.(공급지 B 할당 완료)
3. 그 다음 기회비용이 가장 큰 수요지 X에 운송비용이 적은 공급지 A의 100톤을 할당한다.
4. 이후 공급지 C의 100톤과 공급지 A의 100톤을 수요지 Y에 할당한다.
5. 따라서 총운송비는 (100×7+400×5+100×10+100×11+100×12)×1,000=6,000,000원이 된다.

정답 | 064. ② 065. ① 066. ⑤ 067. ④ 068. ②

069

다수의 수요지와 공급지를 지닌 수송문제에서 수송표를 작성하여 수송계획을 세우고자 한다. 수송계획법에 관한 설명으로 옳은 것을 모두 고른 것은?

> ㄱ. 북서코너법(North-West Corner Method)은 수송표 좌측 상단부터 우측 하단방향으로 차례대로 수요량과 공급량을 고려하여 수송량을 할당해나가는 방법이다.
> ㄴ. 보겔추정법(Vogel's Approximation Method)은 최선의 수송경로를 선택하지 못했을 때 추가 발생되는 기회비용을 고려한 방법이다.
> ㄷ. 최소비용법(Least-Cost Method)은 단위당 수송비용이 가장 낮은 칸에 우선적으로 할당하는 방법이다.
> ㄹ. 북서코너법은 신속하게 최초실행가능 기저해를 구할 수 있다는 장점이 있으나 수송비용을 고려하지 못한다는 단점을 가지고 있다.

① ㄱ, ㄹ
② ㄱ, ㄴ, ㄷ
③ ㄱ, ㄷ, ㄹ
④ ㄴ, ㄷ, ㄹ
⑤ ㄱ, ㄴ, ㄷ, ㄹ

해설
수송계획법과 관련하여 모두 옳은 내용이다.

070

운송주선인(Freight Forwarder)의 혼재운송에 관한 설명으로 옳지 않은 것은?

① 혼재운송은 소량 컨테이너화물을 컨테이너단위 화물로 만들어 운송하는 것을 말한다.
② 혼재운송은 소량화물의 선적용이, 비용절감, 물량의 단위화로 취급상 용이하다.
③ Forwarder's consolidation은 단일 송화인의 화물을 다수의 수화인에게 운송하는 형태이다.
④ Buyer's consolidation은 다수의 송화인의 화물을 혼재하여 단일 수화인에게 운송하는 형태이다.
⑤ 혼재운송에서 운송주선인은 선박회사가 제공하지 않는 문전운송 서비스를 제공한다.

해설
Forwarder's consolidation은 여러 화주(송화인)의 소량 컨테이너화물(LCL)을 수출지의 CFS에서 혼재하여 FCL 단위화물로 선적 운송하고, 수입지에 도착한 후 CFS에서 컨테이너 화물을 분류하여 다수의 수입자들에게 인도해주는 서비스이다.

관련이론 | 혼재서비스의 유형
- Buyer's consolidation: 한 포워더가 수입업자에게 위탁을 받아 다수의 수출업자로부터 화물을 집화하여 컨테이너에 혼재한 후 이를 그 수입업자에게 운송하는 형태
- Shipper's consolidation: 수출업자는 한 사람이고 수입업자가 다수인 경우 운송되는 방식 즉, 다수의 수입업자가 한 사람의 수출업자로부터 상품을 수입 시 수출업자는 동일한 목적지로 운송되는 여러 화물을 자신이 혼재하여 보내는 형태

071

수송모형에 관한 설명으로 옳지 않은 것은?

① 회귀모형: 화물의 수송량에 영향을 주는 다양한 변수 간의 상관관계에 대한 회귀식을 도출하여 장래 화물량을 예측하는 모형이다.
② 중력모형: 지역 간의 운송량이 경제규모에 비례하고 거리에 반비례한다는 가정에 의한 화물분포모형으로 단일제약모형, 이중제약모형 등이 있다.
③ 통행교차모형: 교통량을 교통수단과 교통망에 따라 시간, 비용 등을 고려하여 효율적으로 배분하는 화물분포모형으로 로짓모형, 카테고리 분석모형 등이 있다.
④ 성장인자모형: 물동량 배분패턴이 장래에도 일정하게 유지된다는 가정 하에 지역 간의 물동량을 예측하는 화물분포모형이다.
⑤ 엔트로피 극대화모형: 제약조건 하에서 지역 간 물동량의 공간적 분산 정도가 극대화된다는 가정에 기초한 화물분포모형이다.

해설
카테고리 분석모형은 화물발생모형에 포함되는 것으로, 수단분담모형에 해당하는 통행교차모형과는 관련이 없다.

관련이론 | 수송수요 분석모형의 구분
- 화물발생모형: 회귀분석법, 원 단위법, 카테고리 분석법, 성장률법
- 화물분포모형: 중력모형, 성장인자법, 엔트로피 극대화 모형 등(성장인자법은 평균인자법, 평형인자법으로 분류됨)
- 수단분담모형: 통행교차모형(전환곡선법, 로짓모형, 프로빗모형 등)
- 통행배정모형: 용량비제약모형과 용량제약모형으로 구분
  - 용량비제약모형: 전량배정법, 다이알(Dial)모형
  - 용량제약모형: 반복배정법, 분할배정법, 수형 망단위 분할배정법, 교통망 평행배정법

072

허브 앤 스포크(Hub & Spoke) 시스템에 관한 설명으로 옳지 않은 것은?

① 셔틀노선의 증편이 용이하여 영업소 확대에 유리하다.
② 집배센터에 배달물량이 집중될 경우 충분한 상하차 여건을 갖추지 않으면 배송지연이 발생할 수 있다.
③ 모든 노선이 허브를 중심으로 구축된다.
④ 대규모 분류능력을 갖춘 허브터미널이 필요하다.
⑤ 운송노선이 단순한 편이어서 효율성이 높아진다.

해설
허브 앤 스포크(Hub & Spoke) 시스템에는 기본적으로 단거리 운송인 셔틀운송이 없다. 또한 물류거점의 중복을 해결하기 위해 도입된 것이므로 영업소를 확대할 필요가 없다.

정답 | 069. ⑤   070. ③   071. ③   072. ①

073

다음 수송문제의 모형에서 공급지 1, 2, 3의 공급량은 각각 250, 300, 150이고, 수요지 1, 2, 3, 4의 수요량은 각각 120, 200, 300, 80이다. 공급지에서 수요지 간의 1단위 수송비용이 그림과 같을 때 제약 조건식으로 옳지 않은 것은? (단, X_{ij}에서 X는 물량, i는 공급지, j는 수요지를 나타냄)

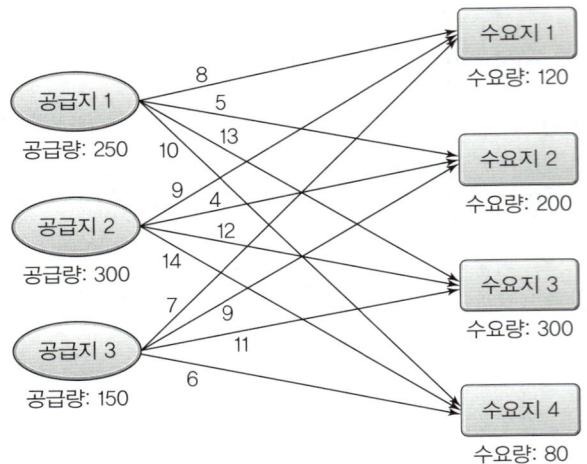

① $X_{11}+X_{21}+X_{31}=120$
② $X_{13}+X_{23}+X_{33}=300$
③ $X_{14}+X_{24}+X_{34}=200$
④ $X_{11}+X_{12}+X_{13}+X_{14}=250$
⑤ $X_{31}+X_{32}+X_{33}+X_{34}=150$

해설
세 곳의 공급지에서 수요지 4에 보내지는 수요량은 80이다.
∴ $X_{14}+X_{24}+X_{34}=80$

074

출발지에서 도착지까지 파이프라인을 통해 가스를 보낼 경우 보낼 수 있는 최대 가스량(톤)은? (단, 구간별 숫자는 파이프라인의 용량(톤)이며, 링크의 화살표 방향으로만 가스를 보낼 수 있음)

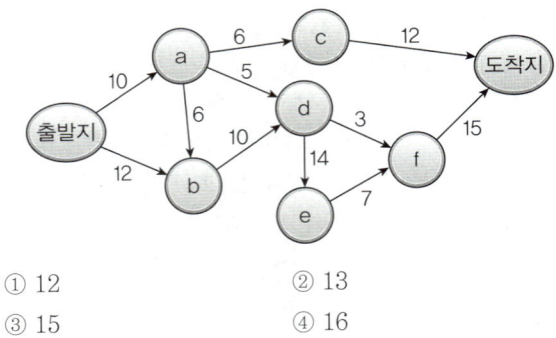

① 12
② 13
③ 15
④ 16
⑤ 18

해설
출발지를 X, 도착지를 Y라고 하면
최대 가스량은 XacY 6톤+XadfY 3톤+XbdefY 7톤=16톤이다.

075

수배송 계획에서 활용되는 세이빙(Saving) 기법에 관한 설명으로 옳지 않은 것은?

① 모든 방문처를 경유해야 하는 차량수를 최소로 하면서 동시에 차량의 총 수송거리를 최소화하는데 유용하다.
② 단축된 거리가 큰 순위부터 차량 운행경로를 편성한다.
③ 경로 편성 시 차량의 적재용량 등의 제약사항을 고려한다.
④ 배차되는 각 트럭의 용량의 합은 총수요 이상이고 특정 고객의 수요보다는 작아야 한다.
⑤ 배송센터에서 두 수요지까지의 거리를 각각 a, b라 하고 두 수요지 간의 거리를 c라고 할 때 단축 가능한 거리는 (a+b-c)가 된다.

해설
세이빙(Saving) 기법을 적용하기 위해서는 배차되는 각 트럭의 용량은 총수요보다 크고, 특정 고객의 수요보다도 커야 한다.

076

택배 영업장에 관한 설명으로 옳은 것은?

① 터미널은 회사가 점포를 개설하여 직접 운영하는 영업장을 말한다.
② 특약점은 일정한 지역의 영업거점으로 집배차량 통제 및 집배구역을 관리하고 주로 집배·배송업무를 수행하는 영업장을 말한다.
③ 대리점은 수탁자가 점포, 차량을 준비하여 화물집화만을 수행하는 영업장을 말한다.
④ 취급점은 화물의 분류, 차량의 간선운행 기능을 갖는 영업장을 말한다.
⑤ 위탁 영업소는 회사가 점포와 집배·배송 차량을 제공하고 수탁자가 이를 운영하는 영업장을 말한다.

선지분석
택배 영업장과 관련하여 ①은 영업소, ②는 집배센터, ③은 취급점, ④는 터미널의 정의이다.

077

수배송 합리화를 위한 계획 수립 시 고려사항으로 옳지 않은 것은?

① 최단 운송루트를 개발하고 최적 운송수단을 선택한다.
② 운송수단의 적재율 향상을 위한 방안을 마련한다.
③ 운송의 효율성을 높이기 위해 관련 정보시스템을 활용한다.
④ 배송경로는 상호 교차되도록 하여 운송루트에 다양성을 확보한다.
⑤ 운송수단의 회전율을 높일 수 있도록 계획한다.

해설
수·배송 합리화를 위해서는 배송경로가 교차하지 않도록 하여야 한다. 수·배송 시스템을 설계할 때 고려해야 할 요소는 리드타임, 차량단위의 적재율, 차량의 회전율, 차량의 운행대수, 수배송의 범위와 경로, 수배송 비율 등이다.

078

택배 표준약관(공정거래위원회 표준약관 제10026호)에 따른 용어의 정의로 옳지 않은 것은?

① '택배'라 함은 고객의 요청에 따라 운송물을 고객(송화인)의 주택, 사무실 또는 기타의 장소에서 수탁하여 고객(수화인)의 주택, 사무실 또는 기타의 장소까지 운송하여 인도하는 것을 말한다.
② '택배사업자'라 함은 택배를 영업으로 하며, 상호가 운송장에 기재된 운송사업자를 말한다.
③ '인도'라 함은 사업자가 고객(수화인)에게 운송장에 기재된 운송물을 넘겨주는 것을 말한다.
④ '운송장'이라 함은 사업자와 고객(송화인) 간의 택배계약의 성립과 내용을 증명하기 위하여 사업자의 청구에 의하여 고객(송화인)이 발행한 문서를 말한다.
⑤ '수탁'이라 함은 사업자가 택배를 수행하기 위하여 고객(수화인)으로부터 운송물을 수령하는 것을 말한다.

해설
택배 표준약관에서 '수탁'이라 함은 사업자가 택배를 수행하기 위하여 고객(송화인)으로부터 운송물을 수령하는 것을 말한다.

정답 | 073. ③   074. ④   075. ④   076. ⑤   077. ④
078. ⑤

079

택배 표준약관(공정거래위원회 표준약관 제10026호)에서 사업자가 고객(송화인)과 계약을 체결하는 때에 운송장에 기재하는 내용으로 옳은 것을 모두 고른 것은?

> ㄱ. 손해배상한도액
> ㄴ. 운송물의 종류(품명), 수량 및 가액
> ㄷ. 운임 기타 운송에 관한 비용 및 지급방법
> ㄹ. 운송물의 중량 및 용적 구분
> ㅁ. 운송상의 특별한 주의사항(훼손, 변질, 부패 등 운송물의 특성구분과 기타 필요한 사항을 기재함)
> ㅂ. 운송장의 작성연월일

① ㄱ, ㄴ, ㄷ
② ㄱ, ㄷ, ㄹ
③ ㄱ, ㄹ, ㅂ
④ ㄴ, ㄷ, ㄹ
⑤ ㄴ, ㅁ, ㅂ

해설
택배 표준약관 제7조(운송장)에서 운송장에 사업자가 기재하여야 하는 내용과 고객(송화인)이 기재하여야 하는 내용이 제시되어 있다.
제시된 내용 중 ㄱ, ㄷ, ㄹ은 사업자가 기재하고 나머지는 고객(송화인)이 기재하는 내용이다.

080

다음 설명에 해당하는 택배물류의 형태는?

> • 구매한 제품의 A/S를 위한 화물, 구매취소 등의 반품이 주를 이룸
> • 판매자의 폐기물 회수
> • 전자상거래 증가에 따라 지속적으로 증가할 것으로 예상함

① C2G 택배
② B2C 택배
③ B2G 택배
④ C2B 택배
⑤ C2C 택배

해설
위의 설명은 반품, 폐기, 회수 등 역물류와 관련된 내용이다. 역물류는 고객으로부터 물류기업이나 화주기업을 대상으로 이루어지므로 Customer to Business, 즉 C2B 택배에 해당한다.

국제물류론

081

국제물류의 기능에 관한 설명으로 옳지 않은 것은?

① 정보의 비대칭성을 강화하여 생산자의 경쟁력을 제고하는 기능을 한다.
② 생산자와 소비자의 수급 불일치를 해소하는 기능을 한다.
③ 생산물품과 소비물품의 품질을 동일하게 유지하는 기능을 한다.
④ 재화의 생산시점과 소비시점의 불일치를 조정하는 기능을 한다.
⑤ 생산지와 소비지의 장소적, 거리적 격차를 단축시키는 기능을 한다.

해설
국제물류는 정보시스템을 활용하여 광범위한 정보를 종합적으로 관리함으로써 정보의 비대칭성을 완화하여 물류비용을 줄이고 고객서비스를 향상시킨다.

082

국제물류의 동향에 관한 설명으로 옳지 않은 것은?

① 운송거점으로서의 허브항만이 지역경제 협력의 거점으로 다각화되고 있다.
② 전자상거래의 발전으로 온라인 정보망과 오프라인 물류망 간 동조화가 강화되고 있다.
③ 재화의 소비 이후 재사용 및 폐기까지 환경유해요소를 최소화하는 환경물류의 중요성이 증대되고 있다.
④ 국제물류의 기능변화에 따라 공급사슬 전체를 관리하는 제3자 물류(3PL)업체들의 역할이 강화되고 있다.
⑤ 국제물류기업은 항만이나 공항의 공용터미널을 지속적으로 활용하여 체선·체화를 감소시키고 있다.

해설
국제물류기업은 항만이나 공항 인근에 위치한 복합물류터미널을 지속적으로 활용하여 정체 현상이 심한 항만, 공항의 체선·체화를 감소시키고 있다.

083

국제민간항공기구(ICAO)에 관한 설명으로 옳지 않은 것은?

① 1944년에 결의된 Chicago Conference를 기초로 하고 있다.
② 회원국의 항공사 대표들이 참석하는 국제연합(UN) 산하의 전문기관이다.
③ 국제항공법회의에서 초안한 국제항공법을 의결한다.
④ 국제민간항공의 안전 확보와 항공 시설 및 기술발전 등을 목적으로 하고 있다.
⑤ 항공기 사고 조사 및 방지, 국제항공운송의 간편화 등의 업무를 하고 있다.

해설
국제민간항공기구(ICAO; International Civil Aviation Organization)는 국제민간항공의 발전, 비행 안전증진, 운항기술 권고, 공항 및 항공 보안시설 장려 등을 목적으로 시카고조약에 기반하여 설립된 정부 간 국제협력기구이다.

084

항공화물운송의 특성에 관한 설명으로 옳지 않은 것은?

① 대부분 야간에 운송이 집중된다.
② 신속성을 바탕으로 정시 서비스가 가능하다.
③ 여객에 비해 계절에 따른 운송수요의 탄력성이 크다.
④ 화물추적, 특수화물의 안정성, 보험이나 클레임에 대한 서비스가 우수하다.
⑤ 적하를 위하여 숙련된 지상작업이 필요하다.

해설
항공화물운송은 고정화주가 많아서 여객에 비해 계절에 따른 운송수요의 탄력성이 작다.

085

항공운송관련 국제협정을 통합하기 위해 1999년 ICAO 국제항공법회의에서 채택되어 2003년에 발효된 국제조약은?

① Hague Protocol
② Guadalajara Convention
③ Guatemala Protocol
④ Montreal Convention
⑤ Montreal Agreement

해설
Montreal Convention은 항공운송과 관련된 Warsaw Convention, Hague Protocol, Guadalajara Convention, Guatemala Protocol, Montreal Protocol 등을 포함하는 바르샤바 체제를 현대화, 통합화하기 위해 ICAO가 1999년에 몬트리올에서 채택하여 2003년에 발효된 협약이다.

정답 | 079. ② 080. ④ 081. ① 082. ⑤ 083. ②
084. ③ 085. ④

086

국제복합운송인에 관한 설명이다. (   )에 들어갈 용어를 올바르게 나열한 것은?

- (ㄱ)는 자신이 직접 운송수단을 보유하고 복합운송인으로서 역할을 수행하는 운송인
- (ㄴ)는 해상운송에서 선박을 직접 소유하지 않으면서 해상운송인에 대하여 화주의 입장, 화주에게는 운송인의 입장에서 운송을 수행하는 자

① ㄱ: Actual carrier, ㄴ: NVOCC
② ㄱ: Contracting carrier, ㄴ: NVOCC
③ ㄱ: NVOCC, ㄴ: Ocean freight forwarder
④ ㄱ: Actual carrier, ㄴ: VOCC
⑤ ㄱ: Contracting carrier, ㄴ: VOCC

해설
- Actual carrier: 자신이 직접 운송수단을 보유하면서 화주와 국제복합운송계약을 체결하고, 다른 운송인과 연계하여 실제로 운송을 이행하는 실제운송인형 복합운송인
- NVOCC(Non-Vessel Operating Common Carrier): 계약운송인형 복합운송인을 미국 신해운법에서 실체화시킨 개념으로, 해상운송에서 선박을 직접 보유하지 않으면서 해상운송인에 대하여 화주의 입장이 되고, 화주에 대하여 운송인의 입장에서 운송을 수행하는 무선박운송인형 복합운송인

선지분석
- Contractual carrier: 선박, 항공기, 트럭, 열차 등의 운송수단을 직접 보유하지는 않으면서 화주에게는 운송인의 입장에서 복합운송계약을 체결하고 운송주체자로서 기능과 책임을 수행하며, 실제운송인에게는 화주의 입장에서 화물의 운송을 위탁하는 계약운송인형 복합운송인
- VOCC(Vessel Operating Common Carrier): 선사, 항공사와 같이 운송수단을 보유하고 실제 운송을 담당하는 실제 운송인
- Ocean freight forwarder: 운송수단을 보유하지 않으면서 다수의 화주로부터 운송계약을 체결하고 화물을 집화하여 혼재, 분류, 포장, 보관, 통관, 적하보험 알선, 운송수단 수배, 조언 등의 업무를 주선하며 운송주체자로서의 기능을 수행하는 해상운송주선인

087

항공화물운송에서 단위탑재용기운임(BUC)의 사용제한품목이 아닌 것은?

① 유해
② 귀중화물
③ 위험물품
④ 중량화물
⑤ 살아있는 동물

해설
BUC 사용제한 품목에는 유해, 귀중화물, 위험물, 생동물이 있다.

관련이론 | 단위탑재용기운임(BUC; Bulk Unitization Charge)
단위탑재용기운임(BUC)은 항공사가 항공기용 컨테이너, 파렛트와 같은 단위탑재용기의 유형별 중량을 기준으로 운임을 미리 정해놓고 부과하는 방식이다.

088

복합운송인의 책임 및 책임체계에 관한 설명으로 옳지 않은 것은?

① 단일책임체계(uniform liability system)는 복합운송인이 운송물의 손해에 대하여 사고발생 구간에 관계없이 동일한 기준으로 책임을 지는 체계이다.
② 무과실책임(liability without negligence)은 복합운송인의 과실여부와 면책사유를 불문하고 운송기간에 발생한 모든 손해의 결과를 책임지는 원칙이다.
③ 이종책임체계(network liability system)는 손해발생 구간이 확인된 경우 해당 구간의 국내법 및 국제조약이 적용되는 체계이다.
④ 과실책임(liability for negligence)은 복합운송인이 선량한 관리자로서 적절한 주의의무를 다하지 못한 손해에 대하여 책임을 지는 원칙이다.
⑤ 절충식책임체계(modified uniform liability system)는 단일책임체계와 이종책임체계를 절충하는 방식으로 UN국제복합운송조약이 채택한 책임체계이다.

해설
무과실책임(liability without negligence)은 고의 또는 과실이 없어도 손해에 대해 책임을 부담하지만 불가항력, 화물 고유의 성질, 통상의 소모 등으로 인한 손해에 대해서는 일부 면책을 인정한다.

089

다음에서 설명하는 복합운송경로는?

> 극동에서 선적된 화물을 파나마 운하를 경유하여 북미 동안 또는 US걸프만 항구까지 해상운송을 한 후 내륙지역까지 철도나 트럭으로 운송하는 복합운송방식

① Micro Land Bridge
② Overland Common Point
③ Mini Land Bridge
④ Canada Land Bridge
⑤ Reverse Interior Point Intermodal

해설
Reverse Interior Point Intermodal은 극동지역에서 파나마운하를 통해 미국 동부지역으로 해상운송한 후 철도나 트럭으로 미국 내륙지점까지 화물을 운송하는 복합운송방식이다.

선지분석
① Micro Land Bridge: 극동지역에서 미국 서부지역으로 해상운송한 후 철도나 트럭으로 미국 내륙지점까지 화물을 운송하는 복합운송방식으로, Interior Point Intermodal(IPI)라고도 함
② Overland Common Point: 극동지역에서 미국 서쪽 해안으로 해상운송하여 로키산맥 동쪽지역으로 육상운송하는 복합운송 화물의 해상운임을 할인해주는 지역
③ Mini Land Bridge: 극동지역에서 미국 서부지역으로 해상운송한 후 철도를 이용하여 미국 동쪽 해안까지 화물을 운송하는 복합운송방식
④ Canada Land Bridge: 극동지역에서 캐나다 서부지역으로 해상운송을 한 뒤에 캐나다 대륙횡단철도를 이용하여 캐나다 동부지역까지 운송하고, 그곳에서 다시 해상운송으로 유럽까지 운송하는 복합운송방식

090

국제복합운송에 관한 설명으로 옳지 않은 것은?

① 컨테이너의 등장으로 인해 비약적으로 발전하였다.
② 단일 운송계약과 단일 책임주체라는 특징을 가지고 있다.
③ 두 가지 이상의 상이한 운송수단이 결합하여 운송되는 것을 말한다.
④ UN국제복합운송조약은 복합운송증권의 발행 여부를 송하인의 선택에 따르도록 하고 있다.
⑤ 복합운송증권의 발행방식은 유통식과 비유통식 중에서 선택할 수 있다.

해설
복합운송증권은 2가지 이상의 서로 다른 운송수단에 의해 이루어지는 복합운송계약을 증명하기 위하여 복합운송인이 유통성 또는 비유통성으로 발행하는 운송서류이다. UN 국제복합운송조약에서는 복합운송증권의 유통성 또는 비유통성 발행방식을 송하인의 선택에 따르도록 규정하고 있다.

091

다음 중 해상운송과 관련된 국제조약을 모두 고른 것은?

> ㄱ. Hague Rules (1924)
> ㄴ. Warsaw Convention (1929)
> ㄷ. CMR Convention (1956)
> ㄹ. CIM Convention (1970)
> ㅁ. Hamburg Rules (1978)
> ㅂ. Rotterdam Rules (2008)

① ㄱ, ㄴ, ㄷ
② ㄱ, ㅁ, ㅂ
③ ㄴ, ㄷ, ㄹ
④ ㄷ, ㄹ, ㅁ
⑤ ㄷ, ㄹ, ㅂ

해설
해상운송과 관련된 국제조약에는 Hague Rules(헤이그 규칙), Hague Visby Rules(헤이그-비스비 규칙), Hamburg Rules(함부르크 규칙), Rotterdam Rules(로테르담 규칙) 등이 있다.

선지분석
ㄴ. Warsaw Convention(1929): 항공운송 관련 국제조약
ㄷ. CMR Convention(1956): 도로운송 관련 국제조약
ㄹ. CIM Convention(1970): 철도운송 관련 국제조약

정답 | 086. ① 087. ④ 088. ② 089. ⑤ 090. ④ 091. ②

092
정기선 해상운송의 특징에 관한 내용으로 올바르게 연결되지 않은 것은?

① 운항형태 – Regular sailing
② 운송화물 – Heterogeneous cargo
③ 운송계약 – Charter party
④ 운송인 성격 – Common carrier
⑤ 운임결정 – Tariff

해설
정기선 해상운송은 표준화된 운송계약의 성질을 가지며, 운송계약 체결의 증거로서 선하증권(B/L; Bill of Lading)을 발행한다.

093
해상운송과 관련된 용어의 설명으로 옳지 않은 것은?

① 선박은 선박의 외형과 이를 지탱하기 위한 선체와 선박에 추진력을 부여하는 용골로 구분된다.
② 총톤수는 관세, 등록세, 도선료의 부과기준이 된다.
③ 재화중량톤수는 선박이 적재할 수 있는 화물의 최대중량을 표시하는 단위이다.
④ 선교란 선박의 갑판 위에 설치된 구조물로 선장이 지휘하는 장소를 말한다.
⑤ 발라스트는 공선 항해 시 선박의 감항성을 유지하기 위해 싣는 짐으로 주로 바닷물을 사용한다.

해설
용골은 선저의 선체 중심선을 따라 밑바닥을 이루는 뼈대로서, 인체의 척추와 같이 선체의 세로강도를 맡아 선체가 받는 국부적인 외력이나 마멸로부터 선체를 보호하는 역할을 한다.

094
개품운송계약에 관한 설명으로 옳지 않은 것은?

① 불특정 다수의 화주로부터 개별적으로 운송요청을 받아 이들 화물을 혼재하여 운송하는 방식이다.
② 주로 단위화된 화물을 운송할 때 사용되는 방식이다.
③ 법적으로 요식계약(formal contract)의 성격을 가지고 있기 때문에 개별 화주와 운송계약서를 별도로 작성하여야 한다.
④ 해상운임은 운임율표에 의거하여 부과된다.
⑤ 일반적으로 정기선해운에서 사용되는 운송계약 형태이다.

해설
해상운송인(선사)은 불특정 다수의 화주로부터 개개 물품의 운송을 인수하면서 운송의 대가로 사전에 공표된 운임률(Tariff)에 따라 운임을 받고 운송계약 체결의 증거로서 표준화된 운송약관이 일률적으로 반영된 선하증권(B/L; Bill of Lading)을 발행한다.

095
컨테이너화물의 하역절차에 필요한 서류를 모두 고른 것은?

ㄱ. Shipping Request
ㄴ. Booking Note
ㄷ. Shipping Order
ㄹ. Arrival Notice
ㅁ. Delivery Order
ㅂ. Mate's Receipt

① ㄱ, ㄴ
② ㄱ, ㄷ
③ ㄷ, ㄹ
④ ㄹ, ㅁ
⑤ ㅁ, ㅂ

선지분석
ㄱ. Shipping Request: 선적요청서
ㄴ. Booking Note: 선복예약서
ㄷ. Shippng Order: 선적지시서
ㄹ. Arrival Notice: 도착통지
ㅁ. Delivery Order: 화물인도지시서
ㅂ. Mate's Receipt: 본선수취증

096

다음 설명에 해당하는 정기선 할증운임은?

> 해상운송 계약 시 화물의 최종 양륙항을 확정하지 않고 기항 순서에 따라 몇 개의 항구를 기재한 후, 화주가 화물 도착 전에 양륙항을 선택할 수 있도록 할 때 부과하는 할증료

① Port congestion surcharge
② Transhipment additional surcharge
③ Optional surcharge
④ Bunker adjustment surcharge
⑤ Currency adjustment surcharge

해설
위의 내용은 Optional surcharge(양륙항 선택 할증료)에 대한 설명이다.

선지분석
① Port congestion surcharge: 항구 혼잡 할증료
② Transhipment additional surcharge: 환적 할증료
④ Bunker adjustment surcharge: 유류 할증료
⑤ Currency adjustment surcharge: 통화 할증료

097

다음 설명에 해당하는 용선은?

> 용선자가 일정기간 선박 자체만을 임차하여 자신이 고용한 선장과 선원을 승선시켜 선박을 직접 점유하는 한편, 선박 운항에 필요한 선비 및 운항비 일체를 용선자가 부담하는 방식

① Bareboat charter
② Partial charter
③ Voyage charter
④ Time charter
⑤ Lumpsum charter

해설
Bareboat charter(나용선계약)는 용선자가 운항에 필요한 선원, 장비 등이 없는 선박 자체를 일정기간 용선하는 경우 체결하는 운송계약으로서, 용선자는 항해에 필요한 인적, 물적요소 전체를 부담한다.

선지분석
② Partial charter: 일부용선계약
③ Voyage charter: 항해용선계약
④ Time charter: 기간용선계약
⑤ Lumpsum charter: 선복용선계약

098

다음 설명에 해당하는 국제물류시스템 유형은?

> - 세계 여러 나라에 자회사를 가지고 있는 글로벌기업이 지역물류거점을 설치하여 동일 경제권 내 각국 자회사 창고 혹은 고객에게 상품을 분배하는 형태
> - 유럽의 로테르담이나 동남아시아의 싱가포르 등 국제교통의 중심지에서 인접국가로 수배송서비스를 제공하는 형태

① Classical system
② Transit system
③ Direct system
④ Just In Time system
⑤ Multi-country warehouse system

해설
Multi-country warehouse system(다국적행 창고 시스템)은 상품이 생산국에서 출하되어 특정 지역의 중심국에 있는 중앙창고에 보관되다가 각국의 자회사 창고 또는 고객에게 운송되는 형태이다.

선지분석
① Classical system: 고전적 시스템
② Transit system: 통과 시스템
③ Direct system: 직송 시스템
④ Just In Time system: 적시 생산 시스템

099

최근 국제물류 환경변화에 관한 설명으로 옳지 않은 것은?

① 국제물류시장의 치열한 경쟁으로 물류기업 간 수평적 통합과 수직적 통합이 가속화 되고 있다.
② 온실가스 감축을 위해 메탄올 연료를 사용하는 선박 건조가 증가하고 있다.
③ 4차 산업혁명 시대를 맞아 디지털 기술들을 활용하여 운영효율성과 고객만족을 제고하려는 물류기업들이 늘어나고 있다.
④ 기업경영의 글로벌화가 보편화되면서 글로벌 공급사슬에 대한 중요성이 증대되고 있다.
⑤ 코로나 팬데믹의 영향으로 전자상거래 비중이 감소하는 추세이다.

해설
코로나19 장기화의 영향으로 전자상거래 비중이 증가하는 추세이다.

정답 | 092. ③ 093. ① 094. ③ 095. ④ 096. ③
097. ① 098. ⑤ 099. ⑤

100

다음 설명에 해당하는 부정기선 운임은?

> ㄱ. 원유, 철광석 등 대량화물의 운송수요를 가진 대기업과 선사 간에 장기간 반복되는 항해에 대하여 적용되는 운임
> ㄴ. 화물의 개수, 중량, 용적과 관계없이 항해 또는 선복을 기준으로 일괄 부과되는 운임

① ㄱ: Long Term Contract Freight
　ㄴ: Lump-Sum Freight
② ㄱ: Long Term Contract Freight
　ㄴ: Dead Freight
③ ㄱ: Pro Rate Freight
　ㄴ: Lump-Sum Freight
④ ㄱ: Pro Rate Freight
　ㄴ: Dead Freight
⑤ ㄱ: Consecutive Voyage Freight
　ㄴ: Freight All Kinds Rate

해설
- Long Term Contract Freight(장기계약운임)는 대량화물의 운송수요를 가진 화주와 장기간의 용선에 대한 정기운송계약을 체결하거나 장기간 연속적인 항해용선계약을 체결하는 경우 적용하는 운임이다.
- Lump-Sum Freight(선복운임 또는 총괄운임)는 화물의 개수, 중량, 용적 기준과 관계없이 용선계약의 항해단위 또는 선복의 크기단위로 일괄 부과하는 운임이다.

선지분석
- Dead Freight: 공적운임
- Pro Rate Freight: 비율운임
- Consecutive Voyage Freight: 연속항해운임
- Freight All Kinds Rate: 무차별운임

101

국제물류와 국내물류의 비교로 옳지 않은 것을 모두 고른 것은?

구분		국제물류	국내물류
ㄱ	운송 방법	주로 복합운송이 이용된다.	주로 공로운송이 이용된다.
ㄴ	재고 수준	짧은 리드타임으로 재고 수준이 상대적으로 낮다.	주문시간이 길고, 운송 등의 불확실성으로 재고 수준이 높다.
ㄷ	화물 위험	단기운송으로 위험이 낮다.	장기운송과 환적 등으로 위험이 높다.
ㄹ	서류 작업	구매주문서와 송장 정도로 서류 작업이 간단하다.	각종 무역운송서류가 필요하여 서류 작업이 복잡하다.
ㅁ	재무적 위험	환리스크로 인하여 재무적 위험이 높다.	환리스크가 없어 재무적 위험이 낮다.

① ㄱ, ㄴ, ㄷ
② ㄱ, ㄷ, ㅁ
③ ㄱ, ㄹ, ㅁ
④ ㄴ, ㄷ, ㄹ
⑤ ㄴ, ㄹ, ㅁ

해설
- ㄴ. 국제물류는 주문시간이 길고, 운송 등의 불확실성으로 재고 수준이 높다. 반면, 국내물류는 짧은 리드타임으로 재고 수준이 상대적으로 낮다.
- ㄷ. 국제물류는 장기운송과 환적 등으로 화물 위험이 높은 반면, 국내물류는 단기운송으로 화물 위험이 낮다.
- ㄹ. 국제물류는 각종 무역운송서류가 필요하여 서류 작업이 복잡하다. 반면, 국내물류는 구매주문서와 송장 정도로 서류 작업이 간단하다.

102

다음 설명에 해당하는 컨테이너는?

> 기계류, 철강제품, 판유리 등의 중량화물이나 장척화물을 크레인을 사용하여 컨테이너의 위쪽으로부터 적재 및 하역할 수 있는 컨테이너로, 천장은 캔버스 재질의 덮개를 사용하여 방수 기능이 있음

① Dry container
② Open top container
③ Flat rack container
④ Solid bulk container
⑤ Hanger container

해설
Open top container는 지붕이 개방되어 장척화물 운송 시 이용 가능한 컨테이너이다.

선지분석
① Dry container: 건화물 운송용 컨테이너
③ Flat rack container: 앞, 뒤가 막혀있고 측면이 뚫려있어 기계, 차량과 같이 부피가 큰 화물의 운송에 사용 가능한 컨테이너
④ Solid bulk container: 곡물, 사료 등 운송용 컨테이너
⑤ Hanger container: 의류를 행거에 걸어서 운송하는 방식의 컨테이너

103

다음 설명에 해당하는 컨테이너 화물운송과 관련된 국제협약은?

> 컨테이너의 구조상 안전요건을 국제적으로 통일하기 위하여 1972년에 UN(국제연합)과 IMO(국제해사기구)가 공동으로 채택한 국제협약

① ITI(Customs Convention on the International Transit of Goods, 1971)
② CCC(Customs Convention on Container, 1956)
③ CSC(International Convention for Safe Container, 1972)
④ TIR(Transport International Routiere, 1959)
⑤ MIA(Marine Insurance Act, 1906)

해설
CSC(International Convention for Safe Container, 1972)는 컨테이너의 운송 및 취급에 있어서 컨테이너의 구조상 안전요건을 국제적으로 통일하기 위해 채택한 컨테이너 안전협약으로, 기준에 합격한 컨테이너에는 안전승인판을 부착한다.

선지분석
① ITI(Customs Convention on the International Transit of Goods, 1971): 컨테이너 속에 내장된 화물이 육·해·공 모든 운송수단으로 경유지 국가를 통과하여 목적지까지 운송될 때 컨테이너화물에 관한 관세법상 특례를 규정한 협약
② CCC(Customs Convention on Container, 1956): 컨테이너가 관세선을 통과할 때 컨테이너 자체의 수출입에 대한 관세법상 특례를 규정한 협약
④ TIR(Transport International Routiere, 1959): 컨테이너 속에 내장된 화물이 도로운송으로 특정 국가를 통과하여 목적지까지 운송될 때 컨테이너에 봉인되어 도로운송되는 화물에 관한 관세법상 특례를 규정한 협약
⑤ MIA(Marine Insurance Act, 1906): 영국의 해상보험의 원리 및 체계를 구성하는 해상보험법

정답 | 100. ① 101. ④ 102. ② 103. ③

104

컨테이너 화물운송에 관한 설명으로 옳지 않은 것은?

① 편리한 화물취급, 신속한 운송 등의 이점이 있다.
② 하역의 기계화로 하역비를 절감할 수 있다.
③ CY(Container Yard)는 컨테이너를 인수, 인도 및 보관하는 장소로 Apron, CFS 등을 포함한다.
④ CY/CY는 컨테이너의 장점을 최대로 살릴 수 있는 운송 형태로 door to door 서비스가 가능하다.
⑤ CY/CFS는 선적지에서 수출업자가 LCL화물로 선적하여 목적지 항만의 CFS에서 화물을 분류하여 수입업자에게 인도한다.

해설
CY/CFS는 선적지에서 수출업자가 FCL화물로 선적하여 목적지 항만의 CFS에서 화물을 분류하여 수입업자에게 인도한다.

105

국제물류 정보기술에 관한 설명으로 옳지 않은 것은?

① ITS(Intelligent Transport System): 기본 교통체계의 구성요소에 전자, 제어, 통신 등의 첨단기술을 접목시켜 상호 유기적으로 작동하도록 하는 차세대 교통 시스템
② CVO(Commercial Vehicle Operation): 조직간 표준화된 전자문서로 데이터를 교환하고, 업무를 처리하는 시스템
③ WMS(Warehouse Management System): 제품의 입고, 집하, 적재, 출하의 작업과정과 관련 데이터의 자동 처리 시스템
④ DPS(Digital Picking System): 랙이나 보관구역에 신호장치가 설치되어 있어, 출고화물의 위치와 수량을 알려주는 시스템
⑤ GPS(Global Positioning System): 화물 또는 차량의 자동식별과 위치추적의 신속·정확한 파악이 가능한 시스템

해설
CVO(Commercial Vehicle Operation)는 화물 및 차량의 위치정보를 실시간으로 파악하여 각종 정보를 제공함으로써 화물차량의 운행을 최적화하고 배차를 효율적으로 관리하는 화물 운송 정보 시스템이다. EDI(Electronic Data Interchange)는 조직간 표준화된 전자문서로 데이터를 효율적으로 교환하고, 업무를 처리하는 시스템이다.

106

신용장통일규칙(UCP 600) 제23조에 규정된 항공운송서류의 수리요건이 아닌 것은?

① 운송인의 명칭이 표시되고, 운송인 또는 그 대리인에 의하여 서명되어야 한다.
② 물품이 운송을 위하여 인수되었음이 표시되어야 한다.
③ 신용장에 명기된 출발 공항과 목적 공항이 표시되어야 한다.
④ 항공운송서류는 항공화물운송장(AWB)의 명칭과 발행일이 표시되어야 한다.
⑤ 신용장에서 원본 전통이 요구되더라도, 송하인용 원본이 제시되어야 한다.

해설
항공운송서류의 명칭은 반드시 항공화물운송장(AWB)일 필요는 없다. 항공운송서류에는 운송인 또는 그의 지정대리인에 의한 서명이 있어야 하며, 발행일과 발행장소를 기재하여야 한다.

107

다음은 신용장통일규칙(UCP 600) 제22조 용선계약 선하증권 내용의 일부이다. (　)에 들어갈 내용을 올바르게 나열한 것은?

> A bill of lading, however named, containing an indication that it is subject to a charter party(charter party bill of lading), must appear to:
> be signed by:
> - the (ㄱ) or a named (ㄴ) for or on behalf of the (ㄱ), or
> - the (ㄷ) or a named (ㄴ) for or on behalf of the (ㄷ), or

① ㄱ: master, ㄴ: charterer, ㄷ: agent
② ㄱ: master, ㄴ: agent, ㄷ: consignee
③ ㄱ: master, ㄴ: agent, ㄷ: owner
④ ㄱ: owner, ㄴ: agent, ㄷ: consignee
⑤ ㄱ: owner, ㄴ: charterer, ㄷ: agent

해설
선하증권이 어떤 명칭으로 불리는지 관계없이 용선계약에 따른다는 표시가 포함된 경우에는 다음의 조건을 충족해야 한다:
다음 사람에 의해 서명되어야 한다:
- (선장) 또는 (선장)을 대신하는 지정된 (대리인), 또는
- (선주) 또는 (선주)를 대신하는 지정된 (대리인)

선지분석
- master: 선장
- charterer: 용선자
- agent: 대리인
- consignee: 수하인
- owner: 선주

108

항만의 시설과 장비에 관한 설명으로 옳지 않은 것은?

① Quay는 해안에 평행하게 축조된, 선박 접안을 위하여 수직으로 만들어진 옹벽을 말한다.
② Marshalling Yard는 선적할 컨테이너나 양륙완료된 컨테이너를 적재 및 보관하는 장소이다.
③ Yard Tractor는 Apron과 CY간 컨테이너의 이동을 위한 장비로 야드 샤시(chassis)와 결합하여 사용한다.
④ Straddle Carrier는 컨테이너 터미널에서 양다리 사이에 컨테이너를 끼우고 운반하는 차량이다.
⑤ Gantry Crane은 CY에서 컨테이너를 트레일러에 싣고 내리는 작업을 수행하는 장비이다.

해설
Gantry Crane은 Apron에서 레일을 따라 이동하며 컨테이너를 선적하거나 양륙하는 대형 크레인이다.

정답 | 104. ⑤　105. ②　106. ④　107. ③　108. ⑤

109

해상화물운송장을 위한 CMI통일규칙(1990) 내용의 일부이다. ( )에 들어갈 내용을 올바르게 나열한 것은? (단, 대/소문자는 고려하지 않는다.)

> These Rules may be known as the CMI Uniform Rules for Sea Waybills.
> In these Rules:
> - (ㄱ) and (ㄴ) shall mean the parties so named or identified in the contract of carriage.
> - (ㄷ) shall mean the party so named or identified in the contract of carriage, or any persons substituted as (ㄷ) in accordance with Rule 6.

① ㄱ: carrier, ㄴ: shipper, ㄷ: consignee
② ㄱ: carrier, ㄴ: consignee, ㄷ: master
③ ㄱ: shipper, ㄴ: carrier, ㄷ: master
④ ㄱ: shipper, ㄴ: consignee, ㄷ: carrier
⑤ ㄱ: shipper, ㄴ: master, ㄷ: carrier

해설
이 규칙은 해상화물운송장을 위한 CMI 통일규칙으로 알려져 있다.
이 규칙에서:
- (운송인)과 (화주)는 운송계약서에 명시되거나 확인된 당사자를 의미한다.
- (수하인)은 운송계약서에 명시되거나 확인된 당사자 또는 규칙 6에 따라 (수하인)으로 대체된 사람을 의미한다.

선지분석
- carrier: 운송인
- shipper: 화주
- consignee: 수하인
- master: 선장

110

다음 설명에 해당하는 국제물류 보안제도는?

> - 해상운송인과 NVOCC(Non-Vessel Operating Common Carrier)로 하여금 미국으로 향하는 컨테이너가 선박에 적재되기 전에 화물에 대한 세부정보를 미국 관세청에 제출하게 함으로써 화물 정보를 분석하여 잠재적 테러 위험을 확인할 수 있음
> - CSI(Container Security Initiative) 후속조치의 일환으로 시행됨

① C-TPAT(Customs-Trade Partnership Against Terrorism)
② ISO 28000
③ 10+2 Rule
④ 24-Hour Rule
⑤ Trade Act of 2002 Final Rule

해설
문제에서 설명하는 국제물류 보안제도는 24-Hour Rule로, 선적 24시간 전 적하목록 제출제도이다.

선지분석
① C-TPAT(Customs-Trade Partnership Against Terrorism): 반테러 민관협력 프로그램
② ISO(International Organization for Standardization) 28000: 물류보안경영시스템 인증제도
③ 10+2 rule: 미국으로 수입되는 화물에 대하여 수입자에게 10가지, 운송인에게 2가지 신고의무를 부여한 사전신고제도
⑤ Trade Act of 2002 Final Rule: 2002 무역법 최종규칙

111

내륙컨테이너기지(ICD)에 관한 설명으로 옳지 않은 것은?

① 항만 또는 공항이 아닌 내륙에 설치된 컨테이너 운송관련 시설로서 고정설비를 갖추고 있다.
② 세관 통제 하에 통관된 수출입화물만을 대상으로 일시 저장과 취급에 대한 서비스를 제공한다.
③ 수출입 화주의 유통센터 또는 창고 기능을 한다.
④ 소량화물의 혼재와 분류작업을 수행하는 공간이다.
⑤ 철도와 도로가 연결되는 복합운송거점의 기능을 한다.

해설
내륙컨테이너기지(ICD; Inland Container Depot)는 항만이 아닌 내륙에서 컨테이너 화물에 대하여 집화, 보관, 혼재, 분류, 통관 등의 기능을 수행하고 철도로 화물을 항만까지 운송시키는 내륙컨테이너터미널이다.

112

Incoterms® 2020의 개정 내용에 관한 설명으로 옳지 않은 것은?

① FCA에서 본선적재 선하증권에 관한 옵션 규정을 신설하였다.
② FCA, DAP, DPU 및 DDP에서 매도인 또는 매수인 자신의 운송수단에 의한 운송을 허용하고 있다.
③ CIF규칙은 최대담보조건, CIP규칙은 최소담보조건으로 보험에 부보하도록 개정하였다.
④ 인코텀즈 규칙에 대한 사용지침(Guidance Note)을 설명문(Explanatory Note)으로 변경하여 구체화하였다.
⑤ 운송의무 및 보험비용 조항에 보안관련 요건을 삽입하였다.

해설
Incoterms® 2020은 매도인에게 CIP규칙의 경우 최대담보조건으로, CIF규칙의 경우 최소담보조건으로 부보할 것을 요구하고 있다.

113

다음에서 Incoterms® 2020 규칙이 다루고 있는 것을 모두 고른 것은?

> ㄱ. 관세의 부과
> ㄴ. 매도인과 매수인의 비용
> ㄷ. 매도인과 매수인의 위험
> ㄹ. 대금지급의 시기, 장소 및 방법
> ㅁ. 분쟁해결의 방법, 장소 또는 준거법

① ㄱ, ㄴ
② ㄴ, ㄷ
③ ㄱ, ㄴ, ㄷ
④ ㄱ, ㄹ, ㅁ
⑤ ㄴ, ㄷ, ㄹ, ㅁ

해설
Incoterms® 2020은 물품이 매도인으로부터 매수인에 이르기까지 운송, 보험, 수출입통관 등에 관한 의무, 위험, 비용의 분담에 대하여 다루고 있다.
그러나 Incoterms® 2020은 매매계약에 따른 물품의 소유권 이전, 대금지급의 시기, 관세의 부과, 분쟁해결방법, 권리구제수단, 불가항력, 이행가혹, 준거법 등에 대해서는 다루지 않는다.

정답 | 109. ① 110. ④ 111. ② 112. ③ 113. ②

114

Incoterms® 2020 소개문의 일부이다. ( )에 들어갈 용어로 올바르게 나열된 것은?

> ICC decided to make two changes to (ㄱ) and (ㄴ). First, the order in which the two Incoterms®2020 rules are presented has been inverted, and (ㄴ), where delivery happens before unloading, now appears before (ㄱ).
> Secondly, the name of the rule (ㄱ) has been changed to (ㄷ), emphasising the reality that the place of destination could be any place and not only a "terminal".

① ㄱ: DAP, ㄴ: DAT, ㄷ: DDP
② ㄱ: DAP, ㄴ: DAT, ㄷ: DPU
③ ㄱ: DAT, ㄴ: DDP, ㄷ: DPU
④ ㄱ: DAT, ㄴ: DAP, ㄷ: DPU
⑤ ㄱ: DAT, ㄴ: DAP, ㄷ: DDP

해설
ICC(국제상업회의소)는 (DAT)와 (DAP)에 대해 두 가지 변경사항을 결정했다.
첫째, 이 두 가지 Incoterms® 2020 규칙이 나타나는 순서가 바뀌었으며, 양하 전에 인도가 일어나는 (DAP)가 (DAT) 앞으로 나오게 되었다.
둘째, (DAT) 규칙의 명칭이 (DPU)로 변경되었는데, 이는 목적지가 "터미널"뿐만 아니라 어떠한 장소든 될 수 있는 현실을 강조하기 위한 것이다.

115

해상보험계약의 용어 설명으로 옳지 않은 것은?

① Warranty란 보험계약자(피보험자)가 반드시 지켜야 할 약속을 말한다.
② Duty of disclosure란 피보험자 등이 보험자에게 보험계약 체결에 영향을 줄 수 있는 모든 중요한 사실을 알려 주어야 할 의무를 말한다.
③ Insurable interest란 피보험자가 보험의 목적물에 대하여 가지는 권리 또는 이익으로 피보험자와 보험의 목적과의 경제적 이해관계를 말한다.
④ Duration of insurance란 보험자의 위험부담책임이 시작되는 때로부터 종료될 때까지의 기간을 말한다.
⑤ Insured amount란 피보험위험으로 인하여 발생한 손해를 보험자로부터 보상받는 대가로 보험계약자가 보험자에게 지급하는 수수료를 말한다.

해설
Insured amount는 보험사고로 손해가 발생한 경우 보험자가 보상해주는 최고한도액을 말한다.
Premium은 피보험위험으로 인하여 발생한 손해를 보험자로부터 보상받는 대가로 보험계약자가 보험자에게 지급하는 수수료를 말한다.

116

수출입통관과 관련하여 관세법상 내국물품이 아닌 것은?

① 보세공장에서 내국물품과 외국물품을 원재료로 하여 만든 물품
② 우리나라의 선박 등에 의하여 공해에서 채집 또는 포획된 수산물
③ 입항전수입신고가 수리된 물품
④ 수입신고수리 전 반출승인을 얻어 반출된 물품
⑤ 수입신고 전 즉시반출신고를 하고 반출된 물품

해설
관세법상 내국물품은 아래와 같다.
- 우리나라에 있는 물품으로서 외국물품이 아닌 것
- 우리나라의 선박 등이 공해에서 채집하거나 포획한 수산물 등
- 국내에 반입되어 수입신고가 수리된 물품
- 입항전수입신고가 수리된 물품
- 수입신고 전 즉시반출신고를 하고 반출된 물품
- 수입신고수리 전 반출승인을 받아 반출된 물품

117

해상손해의 종류 중 물적 손해에 해당하지 않는 것은?

① 보험목적물의 완전한 파손 또는 멸실
② 보험목적물의 일부에 발생하는 손해로서 피보험자 단독으로 입은 손해
③ 보험목적물에 해상위험이 발생한 경우 손해방지의무를 이행하기 위해 지출되는 비용
④ 보험목적물이 공동의 안전을 위하여 희생되었을 때 이해관계자들이 공동으로 분담하는 손해
⑤ 선박의 수리비가 수리후의 선박가액을 초과하는 경우

해설
보험목적물에 해상위험이 발생한 경우 손해를 방지 또는 경감하기 위하여 지출하는 손해방지비용은 비용손해에 해당한다.

118

무역계약 조건 중 물품과 수량단위의 연결이 옳지 않은 것은?

① 양곡, 철강 – 중량 – ton, pound, kilogram
② 유리, 합판, 타일 – 용적 – CBM, barrel, bushel
③ 섬유류, 전선 – 길이 – meter, yard, inch
④ 잡화, 기계류 – 개수 – piece, set, dozen
⑤ 비료, 밀가루 – 포장 – bale, drum, case

해설
유리, 합판, 타일 등의 수량은 주로 면적단위로 평방피트(square foot)를 사용한다.

119

관세법상 수출입통관에 관한 설명으로 옳지 않은 것은?

① 물품을 수출입 또는 반송하고자 할 때에는 당해 물품의 품명·규격·수량 및 가격 등 기타 대통령령이 정하는 사항을 세관장에게 신고하여야 한다.
② 당해 물품을 적재한 선박 또는 항공기가 입항하기 전에 수입신고를 할 수 있다.
③ 세관장은 수출입 또는 반송에 관한 신고서의 기재사항이 갖추어지지 아니한 경우에는 이를 보완하게 할 수 있다.
④ 관세청장은 수입하려는 물품에 대하여 검사대상, 검사범위, 검사방법 등에 관하여 필요한 기준을 정할 수 있다.
⑤ 수입신고와 반송신고는 물품의 화주 또는 완제품공급자나 이들을 대리한 관세사 등의 명의로 해야 한다.

해설
수출신고는 물품의 화주 또는 완제품공급자나 이들을 대리한 관세사 등의 명의로 하고, 수입신고와 반송신고는 물품의 화주, 관세사 등의 명의로 해야 한다.

120

무역분쟁해결 방법에 관한 설명으로 옳지 않은 것은?

① ADR(Alternative Dispute Resolution)에는 타협, 조정, 중재가 있다.
② 중재판정은 당사자간에 있어서 법원의 확정판결과 동일한 효력을 가진다.
③ 소송은 국가기관인 법원의 판결에 의하여 분쟁을 강제적으로 해결하는 방법이다.
④ 뉴욕협약(1958)에 가입한 국가간에는 중재판정의 승인 및 집행이 보장된다.
⑤ 상사중재의 심리절차는 비공개로 진행되므로, 기업의 영업상 비밀이 누설되지 않는다.

해설
ADR(Alternative Dispute Resolution)은 알선, 조정, 중재 등 소송 이외의 방법으로 분쟁을 해결하는 대안적 분쟁해결방법을 의미한다.

정답	114. ④	115. ⑤	116. ①	117. ③	118. ②
	119. ⑤	120. ①			

2교시

2023년 27회

2023년 7월 29일 시행

보관하역론

01
보관의 기능으로 옳지 않은 것은?

① 물품의 거리적·장소적 효용 창출 기능
② 물품의 분류와 혼재 기능
③ 물품의 보존과 관리 기능
④ 수송과 배송의 연계 기능
⑤ 고객서비스 신속 대응 기능

해설
물품의 거리적·장소적 효용 창출 기능은 물류의 기능 중 운송에서 발생한다. 보관은 시간적 효용을 창출한다.

02
공동집배송단지의 도입 효과에 관한 설명으로 옳은 것을 모두 고른 것은?

ㄱ. 배송물량을 통합하여 계획 배송함으로써 차량의 적재 효율을 높일 수 있다.
ㄴ. 혼합배송이 가능하여 차량의 공차율이 증가한다.
ㄷ. 공동집배송단지를 사용하는 업체들의 공동 참여를 통해 대량 구매 및 계획 매입이 가능하다.
ㄹ. 보관 수요를 통합 관리함으로써 업체별 보관 공간 및 관리 비용이 증가한다.
ㅁ. 물류 작업의 공동화를 통해 물류비 절감 효과가 있다.

① ㄱ, ㄴ, ㄹ
② ㄱ, ㄴ, ㅁ
③ ㄱ, ㄷ, ㅁ
④ ㄴ, ㄷ, ㄹ
⑤ ㄷ, ㄹ, ㅁ

해설
ㄴ. 공동집배송단지는 혼합배송이 가능하여 차량의 공차율이 감소한다.
ㄹ. 보관 수요를 통합 관리함으로써 업체별 보관 공간 및 관리 비용이 감소한다.

03
다음에서 설명하는 물류시설은?

ㄱ. LCL(Less than Container Load) 화물을 특정 장소에 집적하였다가 목적지별로 선별하여 하나의 컨테이너에 적입하는 장소
ㄴ. 복수의 운송수단 간 연계를 할 수 있는 규모 및 시설을 갖춘 장소
ㄷ. 재고품의 임시보관거점으로 상품의 배송거점인 동시에 예상 수요에 대한 보관 장소

① ㄱ: CY(Container Yard), ㄴ: 복합물류터미널, ㄷ: 스톡 포인트(Stock Point)
② ㄱ: CY(Container Yard), ㄴ: 복합물류터미널, ㄷ: 데포(Depot)
③ ㄱ: CFS(Container Freight Station), ㄴ: 복합물류터미널, ㄷ: 스톡 포인트(Stock Point)
④ ㄱ: CFS(Container Freight Station), ㄴ: 공동집배송단지, ㄷ: 스톡 포인트(Stock Point)
⑤ ㄱ: CFS(Container Freight Station), ㄴ: 공동집배송단지, ㄷ: 데포(Depot)

해설
ㄱ. CFS: LCL화물을 특정 장소에 집적하였다가 목적지별로 선별하여 하나의 컨테이너에 적입하는 장소
ㄴ. 복합물류터미널: 복수의 운송수단 간 연계를 할 수 있는 규모 및 시설을 갖춘 장소
ㄷ. 스톡 포인트: 재고품의 임시보관거점으로 상품의 배송거점인 동시에 예상 수요에 대한 보관 장소

04

다음에서 설명하는 보관의 원칙은?

- 물품의 입·출고 빈도에 따라 보관장소를 결정한다.
- 출입구가 동일한 창고의 경우 입·출고 빈도가 높은 물품을 출입구 근처에 보관하며, 낮은 물품은 출입구로부터 먼 장소에 보관한다.

① 회전대응의 원칙
③ 통로 대면의 원칙
⑤ 유사자재 관리의 원칙
② 선입선출의 원칙
④ 보관 위치 명확화의 원칙

해설
회전대응의 원칙은 제품의 회전율 즉 입출고 빈도에 따라서 보관장소를 결정하는 것을 말한다. 회전대응의 원칙에 따르면 입출고빈도가 높은 제품을 출입구와 가까운 장소에 보관하게 된다.

05

물류센터 구조와 설비 결정 요소에 관한 설명으로 옳지 않은 것은?

① 운영특성은 입고, 보관, 피킹, 배송방법을 반영한다.
② 물품특성은 제품의 크기, 무게, 가격을 반영한다.
③ 주문특성은 재고정책, 고객서비스 목표, 투자 및 운영비용을 반영한다.
④ 환경특성은 지리적 위치, 입지 제약, 환경 제약을 반영한다.
⑤ 설비특성은 설비종류, 자동화 수준을 반영한다.

해설
주문특성은 주문건수, 주문빈도, 처리속도 등과 관련되는 요인으로 재고정책, 고객서비스 목표 등과 관련성이 있으나 투자 및 운영비용은 경제적 타당성과 관련 있는 특성에 해당한다.

06

다음에서 설명하는 공공 물류시설의 민간투자사업 방식은?

ㄱ. 민간 사업자가 건설 후, 소유권을 국가 또는 지방자치단체에 양도하고 일정기간 그 시설물을 운영한 수익으로 투자비를 회수하는 방식
ㄴ. 민간 사업자가 건설 후, 투자비용을 회수할 때까지 관리·운영한 후 계약기간 종료 시 국가에 양도하는 방식
ㄷ. 민간 사업자가 건설 후, 일정기간 동안 국가 또는 지방자치단체에 임대하여 투자비를 회수하고 임대기간 종료 후에 소유권을 국가 또는 지방자치단체에 양도하는 방식

① ㄱ : BTO(Build Transfer Operate)
　ㄴ : BOO(Build Own Operate)
　ㄷ : BLT(Build Lease Transfer)
② ㄱ : BTO(Build Transfer Operate)
　ㄴ : BOT(Build Operate Transfer)
　ㄷ : BLT(Build Lease Transfer)
③ ㄱ : BOT(Build Operate Transfer)
　ㄴ : BTO(Build Transfer Operate)
　ㄷ : BLT(Build Lease Transfer)
④ ㄱ : BOT(Build Operate Transfer)
　ㄴ : BOO(Build Own Operate)
　ㄷ : BTO(Build Transfer Operate)
⑤ ㄱ : BOO(Build Own Operate)
　ㄴ : BOT(Build Operate Transfer)
　ㄷ : BTO(Build Transfer Operate)

해설
ㄱ. BTO(Build Transfer Operate) : 민간 사업자가 건설(Build) 후, 소유권을 국가 또는 지방자치단체에 양도(Transfer)하고 일정기간 그 시설물을 운영(Operate)한 수익으로 투자비를 회수하는 방식
ㄴ. BOT(Build Operate Transfer) : 민간 사업자가 건설(Build) 후, 투자비용을 회수할 때까지 관리·운영(Operate)한 후 계약기간 종료 시 국가에 양도(Transfer)하는 방식
ㄷ. BLT(Build Lease Transfer) : 민간 사업자가 건설(Build) 후, 일정기간 동안 국가 또는 지방자치단체에 임대하여(Lease) 투자비를 회수하고 임대기간 종료 후에 소유권을 국가 또는 지방자치단체에 양도(Transfer)하는 방식

정답 | 01. ① 　 02. ③ 　 03. ③ 　 04. ① 　 05. ③
　　　 06. ②

07

물류단지시설에 관한 설명으로 옳지 않은 것은?

① 물류터미널은 화물의 집하, 하역, 분류, 포장, 보관, 가공, 조립 등의 기능을 갖춘 시설이다.
② 공동집배송센터는 참여업체들이 공동으로 사용할 수 있도록 집배송 시설 및 부대업무 시설이 설치되어 있다.
③ 지정보세구역은 지정장치장 및 세관검사장이 있다.
④ 특허보세구역은 보세창고, 보세공장, 보세건설장, 보세판매장, 보세전시장이 있다.
⑤ 배송센터는 장치보관, 수출입 통관, 선박의 적하 및 양하 기능을 수행하는 육상운송수단과의 연계 지원시설이다.

해설
배송센터는 물류센터로부터 최종 목적지인 소비자에게 전달하는 기능을 하는 물류센터를 의미한다. 장치보관, 수출입 통관, 선박의 적하 및 양하 기능을 수행하는 육상운송수단과의 연계 지원시설은 해상 복합 물류터미널이다.

08

물류단지의 단일설비입지 결정 방법에 관한 설명으로 옳지 않은 것은?

① 입지요인으로 수송비를 고려한다.
② 시장경쟁력, 재고통합효과, 설비를 고려하는 동적 입지 모형이다.
③ 총 운송비용을 최소화하기 위한 입지 결정 방법이다.
④ 총 운송비용은 거리에 비례해서 증가하는 것으로 가정한다.
⑤ 공급지와 수요지의 위치와 반입, 반출 물량이 주어진다.

해설
물류단지의 단일설비입지 결정 방법은 정적 입지모형(static model)이다. 정적 입지모형은 수송비를 고려하여 총 운송비용을 최소화하기 위한 입지 결정 방법이다.

09

다음에서 설명한 물류단지의 입지결정 방법은?

- 일정한 물동량(입고량 또는 출고량)의 고정비와 변동비를 산출한다.
- 물동량에 따른 총비용을 비교하여 대안을 선택하는 방법이다.

① 체크리스트법　　② 톤-킬로법
③ 무게 중심법　　④ 손익분기 도표법
⑤ 브라운 & 깁슨법

해설
손익분기 도표법은 일정한 물동량 즉, 입고량 또는 출고량을 전체로 하여 고정비와 변동비의 합을 비교하는 방법이다. 물동량에 따라 변동비가 증가하므로 물동량에 따라 총비용이 최소가 되는 대안을 선택하게 된다.

10

모빌 랙(Mobile Rack)에 관한 설명으로 옳지 않은 것은?

① 파렛트가 랙 내에서 경사면을 이용하여 이동하는 방식으로 선입선출이 요구되는 제품에 적합하다.
② 필요한 통로만을 열어 사용하고 불필요한 통로를 최대한 제거하기 때문에 면적 효율이 높다.
③ 바닥면의 효과적인 사용과 용적 효율이 높다.
④ 공간 효율이 높기 때문에 작업공간이 넓어지고 물품보관이 용이하다.
⑤ 동시작업을 위한 복수통로의 설정이 가능하여 작업효율이 증대 된다.

해설
모빌 랙은 레일 등을 이용하여 직선적으로 수평 이동하는 랙으로, 통로를 크게 절약할 수 있으므로 한정된 공간을 최대한 사용할 수 있다. 또한 다품종 소량 물품 보관에 적합하고 통로공간을 활용하므로 보관 효율이 높다.
한편 경사면을 이용하는 랙은 슬라이딩 랙(또는 플로우 랙)으로, 랙 전체가 한 쪽으로 기울어져 있어 랙의 끝에서 보관품을 넣으면 중력에 의해 출구까지 스스로 움직여 정지하도록 되어 있다. 따라서 선입선출이 필요한 제품의 보관에 이용된다.

11

물류센터의 규모 결정에 영향을 미치는 요인을 모두 고른 것은?

> ㄱ. 자재취급시스템의 형태
> ㄴ. 통로요구조건
> ㄷ. 재고배치
> ㄹ. 현재 및 미래의 제품 출하량
> ㅁ. 사무실 공간

① ㄱ, ㄹ
④ ㄱ, ㄴ, ㄷ, ㅁ
③ ㄱ, ㄴ, ㄷ, ㄹ
② ㄷ, ㄹ, ㅁ
⑤ ㄱ, ㄴ, ㄷ, ㄹ, ㅁ

해설
자재취급시스템의 형태, 통로요구조건, 재고배치, 현재 및 미래의 제품 출하량, 사무실 공간은 모두 물류센터의 규모 결정에 영향을 미치는 요인에 해당한다.

12

창고의 기능에 관한 설명으로 옳지 않은 것은?

① 물품을 안전하게 보관하거나 현상을 유지하는 역할을 수행한다.
② 물품의 생산과 소비의 시간적 간격을 조절하여 시간가치를 창출한다.
③ 물품의 수요와 공급을 조정하여 가격안정을 도모하는 역할을 수행한다.
④ 물품을 한 장소에서 다른 장소로 이동시키는 물리적 행위를 통해 장소적 효용을 창출한다.
⑤ 창고에 물품을 보관하여 안전재고를 확보함으로써 품절을 방지하여 기업 신용을 증대시킨다.

해설
창고의 기능 중 가장 중요한 것은 보관 기능이며, 창고는 보관을 통해 물품의 생산과 소비의 시간적 차이를 조정하여 시간적 효용을 창출한다. 장소적 효용을 창출하는 것은 운송의 기능이다.

13

창고 유형과 특징에 관한 설명으로 옳지 않은 것은?

① 자가창고는 창고의 입지, 시설, 장비를 자사의 물류시스템에 적합하도록 설계, 운영할 수 있다.
② 영업창고 이용자는 초기에 창고건설 및 설비투자와 관련하여 고정비용이 발생한다.
③ 임대창고는 시장환경의 변화에 따라 보관장소를 탄력적으로 운영하기 어렵다.
④ 유통창고는 생산된 제품의 집하 및 배송 기능을 갖춘 창고로 화물의 보관, 가공, 재포장 등의 활동을 수행한다.
⑤ 보세창고는 관세법에 근거하여 세관장의 허가를 얻어 수출입화물을 취급하는 창고를 의미한다.

해설
창고건설 및 설비투자와 관련하여 초기에 고정비용이 발생하는 것은 자가창고이다. 영업창고는 타인 소유의 창고를 임차하는 개념이므로 건설 및 설비투자비용과 같은 고정비용은 발생하지 않는다.

14

창고관리시스템(WMS: Warehouse Management System)의 특성에 관한 설명으로 옳지 않은 것은?

① 창고 내의 랙(Rack)과 셀(Cell)별 재고를 실시간으로 관리할 수 있다.
② 정확한 위치정보를 기반으로 창고 내 피킹, 포장작업 등을 지원하여 효율적인 물류작업이 가능하다.
③ 입고 후 창고에 재고를 보관할 때, 보관의 원칙에 따라 최적의 장소를 선정하여 저장할 수 있다.
④ 창고 내 물동량의 증감에 따라 작업자의 인력계획을 수립하며 모니터링 기능도 지원한다.
⑤ 고객주문내역 상의 운송수단을 고려한 최적의 경로를 설정하여 비용과 시간을 절감하도록 지원한다.

해설
고객주문내역 상의 운송수단을 고려한 최적의 경로를 설정하여 비용과 시간을 절감하도록 지원하는 것은 운송관리시스템에 해당한다. 창고관리시스템(WMS)은 제품의 입하, 입고, 피킹, 출하 및 재고관리 등의 창고 비즈니스 프로세스와 창고 자체의 직접적인 활동을 효율적으로 관리하는데 사용되는 시스템이다.

정답	07. ⑤	08. ②	09. ④	10. ①	11. ⑤
	12. ④	13. ②	14. ⑤		

15

DPS(Digital Picking System)와 DAS(Digital Assorting System)의 특성에 관한 설명으로 옳지 않은 것은?

① DPS는 피킹 대상품목 수를 디지털 기기로 표시하여 피킹하도록 지원하는 시스템이다.
② DAS는 분배된 물품의 순서에 따라 작업자에게 분류정보를 제공하여 신속한 분배를 지원하는 시스템이다.
③ DPS는 작동방식에 따라 대차식, 구동 컨베이어식, 무구동 컨베이어식으로 구분할 수 있다.
④ 멀티 릴레이 DAS는 주문 단위로 출하박스를 투입하여 피킹하는 방식으로 작업자의 이동이 최소화된다.
⑤ 멀티 다품종 DAS는 많은 고객에게 배송하기 위한 분배 과정을 지원하는 방식으로 합포장을 할 때 적합하다.

해설
멀티 릴레이 분배방식 DAS는 냉장 및 신선식품의 통과형 또는 생산형 물류센터의 입고수량을 1차 통로별 중분류와 2차 점포별로 분배하는 방식을 말한다. 이는 짧은 시간 내에 여러 종류 이상의 아이템을 분배할 수 있도록 하는 피킹 방식으로, 작업자의 이동 최소화와는 거리가 멀다.

16

자동화 창고의 구성요소에 관한 설명으로 옳지 않은 것은?

① 랙은 자동화 창고에서 화물 보관을 위한 구조물로 빌딩랙(Building Rack)과 유닛 랙(Unit Rack) 등이 있다.
② 스태커 크레인(Stacker Crane)은 랙과 랙 사이를 왕복하며 보관품을 입출고시키는 기기이다.
③ 트래버서(Traverser)는 보관품의 입출고 시 작업장부터 랙까지 연결시켜주는 반송장치이다.
④ 무인반송차(AGV: Automative Guided Vehicle)는 무인으로 물품을 운반 및 이동하는 장비이다.
⑤ 보관단위(Unit)는 파렛트형, 버킷형, 레인형, 셀형 등이 있다.

해설
트래버서(Traverser)는 스태커 크레인을 횡으로 이동시키는 장치를 말한다.

17

K기업이 수요지에 제품 공급을 원활하게 하기 위한 신규 물류창고를 운영하고자 한다. 수요량은 수요지 A가 50ton/월, 수요지 B가 40ton/월, 수요지 C가 100ton/월 이라고 할 때, 무게중심법을 이용한 최적입지 좌표(X,Y)는? (단, 소수점 둘째 자리에서 반올림한다.)

구분	X좌표	Y좌표
수요지 A	10	20
수요지 B	20	30
수요지 C	30	40
공장	50	50

① X=21.5, Y=32.1
② X=25.3, Y=39.1
③ X=36.3, Y=41.3
④ X=39.7, Y=53.3
⑤ X=43.2, Y=61.5

해설
좌표(X,Y)
$= \frac{(X,Y \text{ 좌표 수요지별 거리} \times \text{수요지별 수요량 합계}) + (\text{공장거리} \times \text{공장공급량})}{\text{수요량 총합계(수요지+공장)}}$

$X = \frac{10 \times 50 + 20 \times 40 + 30 \times 100 + 50 \times 190}{50 + 40 + 100 + 190} ≒ 36.3$

$Y = \frac{20 \times 50 + 30 \times 40 + 40 \times 100 + 50 \times 190}{50 + 40 + 100 + 190} ≒ 41.3$

18

재고관리 지표에 관한 설명으로 옳지 않은 것은?

① 서비스율은 전체 수주량에 대한 납기 내 납품량의 비율을 나타낸다.
② 백오더율은 전체 수주량에 대한 납기 내 결품량의 비율을 나타낸다.
③ 재고회전율은 연간 매출액을 평균재고액으로 나눈 비율을 나타낸다.
④ 재고회전기간은 수요대상 기간을 재고 회전율로 나눈 값이다.
⑤ 평균재고액은 기말재고액에서 기초재고액을 뺀 값이다.

해설
평균재고액은 기말재고액과 기초재고액을 더한 것을 2로 나눈 값이다.

19

K기업의 A제품 생산을 위해 소모되는 B부품의 연간 수요량이 20,000개이고 주문비용이 80,000원, 단위당 단가가 4,000원, 재고유지비율이 20%라고 할 때, 경제적 주문량(EOQ)은?

① 2,000개 ② 4,000개
③ 6,000개 ④ 8,000개
⑤ 10,000개

해설

$$EOQ = \sqrt{\frac{2 \times D \times O}{C_h}}$$
$$= \sqrt{\frac{2 \times 연간\ 수요량 \times 주문비용}{단위당\ 연간\ 재고유지비용}}$$
$$= \sqrt{\frac{2 \times 20,000 \times 80,000원}{4,000 \times 0.2}} = 2,000개$$

20

다음 자재소요량 계획(MR)에서 부품 X, Y의 순소요량은?

- 제품 K의 총 소요량: 50개
- 제품 K는 2개의 X부품과 3개의 Y부품으로 구성
- X부품 예정 입고량: 10개, 가용재고: 5개
- Y부품 예정 입고량: 20개, 가용재고: 없음

① X=50개, Y=50개 ② X=60개, Y=80개
③ X=85개, Y=130개 ④ X=100개, Y=150개
⑤ X=115개, Y=170개

해설

- 순소요량의 결정: 총소요량 - 현 재고
∴ X = 50×2 - (10+5) = 85
  Y = 50×3 - 20 = 130

21

재고 보유의 역할이 아닌 것은?

① 원재료 부족으로 인한 생산중단을 피하기 위해 일정량의 재고를 보유한다.
② 작업준비 시간이나 비용이 많이 드는 경우 생산 일정 계획을 유연성 있게 수립하기 위하여 재고를 보유한다.
③ 미래에 발생할 수 있는 위험회피를 위해 재고를 보유한다.
④ 계절적으로 집중 출하되는 제품은 미리 확보하여 판매 기회를 놓치지 않기 위해 재고를 보유한다.
⑤ 기술력 향상 및 생산 공정의 자동화 도입 촉진을 위해 재고를 보유한다.

해설

재고는 미래의 불확실성 및 고객의 주문에 대응하기 위해 예비적으로 보유하는 것으로, 기술력 향상 및 생산 공정의 자동화 도입이 촉진되는 경우 재고의 필요성은 감소하게 된다.

22

A상품의 연간 평균 재고는 10,000개, 구매단가는 5,000원, 단위당 재고 유지비는 구매단가의 5%를 차지한다고 할 때, A상품의 연간 재고유지비는?(단, 수요는 일정하고, 재고 보충은 없음)

① 12,500원 ② 25,000원
③ 1,000,000원 ④ 2,500,000원
⑤ 10,000,000원

해설

총비용(ATC) = 연간 재고유지비용 + 연간 주문비용

연간 재고유지비용 = $C_h \times \frac{Q}{2}$ = 5,000원 × 0.05 × 10,000개
= 2,500,000원

$\left(C_h = 5,000원 \times 0.05,\ \frac{Q}{2} = 10,000개 \right)$

관련이론 | 연간 재고유지비용의 계산식

- 연간재고유지비용 = $C_h \times \frac{Q}{2}$
- C_h = 연간 단위당 재고유지비용
- $\frac{Q}{2}$ = 평균 재고량

| 정답 | 15. ④ | 16. ③ | 17. ③ | 18. ⑤ | 19. ① |
| | 20. ③ | 21. ⑤ | 22. ④ | | |

23
재주문점의 주문관리 기법이 아닌 것은?

① 정량발주법　　② 델파이법
③ Two-Bin법　　④ 기준재고법
⑤ 정기발주법

해설
델파이법은 재주문점(ROP)의 주문관리 기법이 아니라 수요예측 기법 중 하나로, 대표적인 정성적 기법에 해당한다.

24
수요예측 방법에 관한 설명으로 옳지 않은 것은?

① 정성적 수요예측방법은 시장조사법, 역사적 유추법 등이 있다.
② 정량적 수요예측방법은 단순이동평균법, 가중이동평균법, 지수평활법 등이 있다.
③ 가중이동평균법은 예측기간이 먼 과거일수록 낮은 가중치를 부여하고, 가까울수록 더 큰 가중치를 주어 예측하는 방법이다.
④ 시장조사법은 신제품 및 현재 시판중인 제품이 새로운 시장에 소개 될 때 많이 활용된다.
⑤ 지수평활법은 예측하고자 하는 기간의 직전 일정 기간의 시계열 평균값을 활용하여 산출하는 방법이다.

해설
지수평활법은 시계열기법 중 하나로, 현 시점에 가까운 실적치에 가중치를 크게 두는 수요예측기법에 해당한다.

관련이론
당기의 수요예측치＝전기 예측치＋(전기 실제치－전기 예측치)×평활상수

25
하역에 관한 설명으로 옳지 않은 것은?

① 운송 및 보관에 수반하여 발생한다.
② 적하, 운반, 적재, 반출, 분류 및 정돈으로 구성된다.
③ 시간, 장소 및 형태 효용을 창출한다.
④ 생산에서 소비에 이르는 전 유통과정에서 행해진다.
⑤ 무인화와 자동화가 빠르게 진행되고 있다.

해설
하역은 운송, 보관 사이를 지원하는 작업으로 특별한 효용을 발생시키지는 않는다.

관련이론
보관은 시간적 효용을, 운송은 장소적 효용을, 유통가공은 형태적 효용을 창출한다.

26
하역합리화의 기본 원칙에 관한 설명으로 옳지 않은 것은?

① 하역작업의 이동거리를 최소화한다.
② 불필요한 하역작업을 줄인다.
③ 운반활성지수를 최소화한다.
④ 화물을 중량 또는 용적으로 단위화한다.
⑤ 파손과 오손, 분실을 최소화한다.

해설
하역합리화의 기본 원칙 중 활성화(live load)의 원칙이란 운반활성지수를 최대화하는 것으로, 지표와 접점이 작을수록 활성지수는 높아지며 하역작업의 효율이 증가하게 된다.

27
하역작업과 관련된 용어에 관한 설명으로 옳지 않은 것은?

① 디배닝(Devanning): 컨테이너에서 화물을 내리는 작업
② 래싱(Lashing): 운송수단에 실린 화물이 움직이지 않도록 화물을 고정시키는 작업
③ 피킹(Picking): 보관 장소에서 화물을 꺼내는 작업
④ 소팅(Sorting): 화물을 품종별, 발송지별, 고객별로 분류하는 작업
⑤ 스태킹(Stacking): 화물이 손상, 파손되지 않도록 화물의 밑바닥이나 틈 사이에 물건을 깔거나 끼우는 작업

해설
운송기기에 실려진 화물이 손상 및 파손되지 않도록 화물의 밑바닥이나 틈 사이에 깔거나 끼우는 물건을 더니지(dunnage)라 하고 그러한 작업을 더니징(dunnaging)이라 한다.
적재(stacking)란 화물을 창고 등의 보관시설 또는 장소에 정해진 위치와 형태로 쌓는 작업을 말한다.

28
하역시스템에 관한 설명으로 옳지 않은 것은?

① 물품을 자동차에 상하차하고 창고에서 상하좌우로 운반하거나 입고 또는 반출하는 시스템이다.
② 필요한 원재료·반제품·제품 등의 최적 보유량을 계획하고 조직하고 통제하는 기능을 한다.
③ 하역작업 장소에 따라 사내하역, 항만하역, 항공하역시스템 등으로 구분할 수 있다.
④ 하역시스템의 기계화 및 자동화는 하역작업환경을 개선하는데 기여할 수 있다.
⑤ 효율적인 하역시스템 설계 및 구축을 통해 에너지 및 자원을 절약할 수 있다.

해설
필요한 원재료·반제품·제품 등의 최적 보유량을 계획하고 조직하고 통제하는 기능은 재고관리시스템에 해당한다.

29
하역기기에 관한 설명으로 옳은 것은?

① 탑 핸들러(Top Handler): 본선과 터미널 간 액체화물 이송 작업 시 연결되는 육상터미널 측 이송장비
② 로딩 암(Loading Arm): 부두에서 본선으로 석탄, 광석의 벌크화물을 선적하는데 사용하는 장비
③ 돌리(Dolly): 해상 컨테이너를 적재하거나 다른 장소로 이송, 반출하는데 사용하는 장비
④ 호퍼(Hopper): 원료나 연료, 화물을 컨베이어나 기계로 이송하는 깔때기 모양의 장비
⑤ 스트래들 캐리어(Straddle Carrier): 부두의 안벽에 설치되어 선박에 컨테이너를 선적하거나 하역하는데 사용하는 장비

선지분석
① 탑 핸들러: 육상이나 항만 내 단거리 컨테이너 이동 장치
② 로딩 암(Loading Arm): 본선과 터미널 간 액체화물이나 가스 등의 이송 작업 시 연결되는 육상 터미널 측 장비
③ 돌리(Dolly): 항공운송과 관련하여 컨테이너를 적재하거나 다른 장소로 이송, 반출하는데 사용하는 장비
⑤ 스트래들 캐리어(Straddle Carrier): 차량의 양 각 사이에 컨테이너를 들어 올려 이동 주행하는 특수차량

30
하역의 표준화에 관한 설명으로 옳지 않은 것은?

① 생산의 마지막 단계로 치수, 강도, 재질, 기법 등의 표준화로 구성된다.
② 운송, 보관, 포장, 정보 등 물류활동 간의 상호 호환성과 연계성을 고려하여 추진되어야 한다.
③ 환경과 안전을 고려하여야 한다.
④ 유닛로드 시스템에 적합한 하역·운반 장비의 표준화가 필요하다.
⑤ 표준규격을 만들고 일관성 있게 추진되어야 한다.

해설
생산의 마지막 단계이자 물류의 시작단계는 포장이다.
포장은 '물품의 유통과정에 있어서, 그 물품의 가치 및 상태를 보호하기 위하여 적합한 재료 또는 용기 등으로 물품을 포장하는 방법 및 포장한 상태'를 의미한다.

| 정답 | 23. ② | 24. ⑤ | 25. ③ | 26. ③ | 27. ⑤ |
| | 28. ② | 29. ④ | 30. ① | | |

31
다음에서 설명하는 항만하역 작업방식은?

> 선측이나 선미의 경사판을 거쳐 견인차를 이용하여 수평으로 적재, 양륙하는 방식으로 페리(Ferry) 선박에서 전통적으로 사용해 온 방식이다.

① LO-LO(Lift on-Lift off) 방식
② RO-RO(Roll on-Roll off) 방식
③ FO-FO(Float on-Float off) 방식
④ FI-FO(Free in-Free out) 방식
⑤ LASH(Lighter Aboard Ship) 방식

선지분석
① LO-LO(Lift on-Lift off): 본선 또는 육상의 갠트리크레인(Gantry crane)을 사용하여 컨테이너를 본선에 수직으로 하역하는 방식
③ FO-FO(Float on-Float off): 부선에 컨테이너(Container)를 적재하고 부선에 설치되어 있는 크레인 또는 엘리베이터를 이용하여 하역하는 방식
④ FI-FO(Free in-Free out): 선적 및 양하 시 하역비를 선주가 아닌 용선자가 모두 부담하는 조건
⑤ LASH(Lighter Aboard Ship): LASH는 화물을 적재한 부선을 본선에 설치된 기중기로 선상에 올려놓을 수 있는 구조를 가진 선박을 말하며, 부선(바지선)을 선박에 탑재하여 수송할 수 있는 LASH 방식은 수심이 낮은 하천이나 운하를 통해 내륙까지 운송할 수 있음

32
철도하역 방식에 관한 설명으로 옳지 않은 것은?

① TOFC(Trailer on Flat Car) 방식: 컨테이너가 적재된 트레일러를 철도화차 위에 적재하여 운송하는 방식
② COFC(Container on Flat Car) 방식: 철도화차 위에 컨테이너만을 적재하여 운송하는 방식
③ Piggy Back 방식: 화물열차의 대차 위에 트레일러나 트럭을 컨테이너 등의 화물과 함께 실어 운송하는 방식
④ Kangaroo 방식: 철도화차에 트레일러 차량의 바퀴가 들어갈 수 있는 홈이 있어 적재높이를 낮게 하여 운송할 수 있는 방식
⑤ Freight Liner 방식: 트럭이 화물열차에 대해 직각으로 후진하여 무개화차에 컨테이너를 바로 실어 운송하는 방식

해설
트럭이 화물열차에 대해 직각으로 후진하여 무개화차에 컨테이너를 바로 실어 운송하는 방식은 플렉시-밴(Flexi Van) 방식에 가깝다. Freight Liner 방식은 정기 급행 컨테이너열차를 이용한 방식을 말한다.

33
포장에 관한 설명으로 옳지 않은 것은?

① 소비자들의 관심을 유발시키는 판매물류의 시작이다.
② 물품의 가치를 높이거나 보호한다.
③ 공업포장은 물품 개개의 단위포장으로 판매촉진이 주목적이다.
④ 겉포장은 화물 외부의 포장을 말한다.
⑤ 기능에 따라 공업포장과 상업포장으로 분류한다.

해설
물품 개개의 단위포장으로 판매촉진이 주목적인 것은 상업포장이다.

34
화인(Shipping Mark)의 표시방법에 관한 설명으로 옳은 것을 모두 고른 것은?

> ㄱ. 스티커(Sticker)는 주물을 주입할 때 미리 화인을 해두는 방법으로 금속제품, 기계류 등에 사용된다.
> ㄴ. 스텐실(Stencil)은 화인할 부분을 고무인이나 프레스기 등을 사용하여 찍는 방법이다.
> ㄷ. 태그(Tag)는 종이나 플라스틱판 등에 일정한 표시 내용을 기재한 다음 철사나 끈으로 매는 방법으로 의류, 잡화류 등에 사용된다.
> ㄹ. 라벨링(Labeling)은 종이나 직포에 미리 인쇄해 두었다가 일정한 위치에 붙이는 방법이다.

① ㄱ, ㄴ ② ㄱ, ㄷ
③ ㄴ, ㄷ ④ ㄴ, ㄹ
⑤ ㄷ, ㄹ

해설
ㄱ. 스티커(Sticker): 일정한 표시내용을 기재한 것을 못으로 박거나 혹은 특정방법에 의해 고정시키는 방법
ㄴ. 스텐실(Stencil): 기름기가 많은 종이 등에 문자를 파 두었다가 붓이나 스프레이를 사용하여 칠하면 화인이 새겨지는 방법

35

화인(Shipping Mark)에 관한 설명으로 옳지 않은 것은?

① 기본화인, 정보화인, 취급주의 화인으로 구성되며, 포장화물의 외장에 표시한다.
② 주화인 표시(Main Mark)는 타상품과 식별을 용이하게 하는 기호이다.
③ 부화인 표시(Counter Mark)는 유통업자나 수입 대행사의 약호를 표시하는 기호이다.
④ 품질 표시(Quality Mark)는 내용물품의 품질이나 등급을 표시하는 기호이다.
⑤ 취급주의 표시(Care Mark)는 내용물품의 취급, 운송, 적재요령을 나타내는 기호이다.

해설
부화인 표시(Counter Mark)는 생산자 또는 공급자의 약호를 표시하는 기호이다.

36

파렛트의 화물적재방법에 관한 설명으로 옳은 것은?

① 블록쌓기는 맨 아래에서 상단까지 일렬로 쌓는 방법으로 작업효율성이 높고 무너질 염려가 없어 안정성이 높다.
② 교호열쌓기는 짝수층과 홀수층을 180도 회전시켜 쌓는 방식으로 화물의 규격이 일정하지 않아도 적용이 가능한 방식이다.
③ 벽돌쌓기는 벽돌을 쌓듯이 가로와 세로를 조합하여 1단을 쌓고 홀수층과 짝수층을 180도 회전시켜 쌓는 방식이다.
④ 핀휠(Pinwheel)쌓기는 비규격화물이나 정방형 파렛트가 아닌 경우에 이용하는 방식으로 다양한 화물의 적재에 이용된다.
⑤ 스플릿(Split)쌓기는 중앙에 공간을 두고 풍차형으로 쌓는 방식으로 적재효율이 높고 안정적인 적재방식이다.

선지분석
① 블록쌓기는 무너질 염려가 있어 안정성이 낮다.
② 교호열쌓기는 동일한 단내에서는 동일한 방향으로 물품을 나란히 쌓지만 단별로는 방향을 90도로 바꾸거나 교대로 겹쳐쌓는 방식이다.
④ 핀휠(Pinwheel)쌓기는 중간에 둔 공간을 중심으로 풍차 모양으로 둘러쌓되 단간에는 교대로 방향을 바꾸어 겹쳐 쌓는 방식이다.
⑤ 스플릿(Split)쌓기는 벽돌 적재의 일종이나 물품 사이에 공간을 두고 쌓는 방식이다.

37

파렛트 풀 시스템(Pallet Pool System)의 운영형태에 관한 설명으로 옳은 것을 모두 고른 것은?

> ㄱ. 교환방식은 동일한 규격의 예비 파렛트 확보를 위하여 추가비용이 발생한다.
> ㄴ. 리스·렌탈방식은 개별 기업이 파렛트를 임대하여 사용하는 방식으로 파렛트의 품질유지나 보수가 용이하다.
> ㄷ. 대차결제방식은 운송업체가 파렛트로 화물을 인도하는 시점에 동일한 수의 파렛트를 즉시 인수하는 방식이다.
> ㄹ. 교환·리스병용방식은 대차결제방식의 단점을 보완하기 위하여 개발된 방식이다.

① ㄱ, ㄴ
② ㄱ, ㄷ
③ ㄴ, ㄷ
④ ㄴ, ㄹ
⑤ ㄷ, ㄹ

해설
ㄷ. 대차결제방식은 즉시교환방식의 단점을 개선하기 위해 고안된 방식으로 현장에서 즉시 파렛트를 교환하지 않고 일정 시간 내에 동일한 수량의 파렛트를 해당 철도역에 반환하도록 하는 방식이다.
ㄹ. 교환·리스병용방식은 교환방식과 리스·렌탈방식의 단점을 보완한 방식으로, 화주가 A지점으로부터 B지점으로 화물을 운송하는 경우 송화인, 수화인, 운송회사는 각각 가까운 리스회사의 데포(depot)에서 필요한 양의 파렛트를 렌탈하는 방식이다.

정답 | 31. ② 32. ⑤ 33. ③ 34. ⑤ 35. ③
36. ③ 37. ①

38

자동분류장치의 종류에 관한 설명으로 옳지 않은 것은?

① 팝업 방식(Pop-Up Type)은 컨베이어의 아래에서 분기장치가 튀어나와 물품을 분류한다.
② 푸시 오프 방식(Push-Off Type)은 화물의 분류지점에 직각방향으로 암(Arm)을 설치하여 밀어내는 방식이다.
③ 슬라이딩 슈 방식(Sliding-Shoe Type)은 반송면의 아래 부분에 슈(Shoe)가 장착되어 단위화물과 함께 이동하면서 압출하는 분류방식이다.
④ 크로스 벨트 방식(Cross Belt Type)은 레일을 주행하는 연속된 캐리어에 장착된 소형 컨베이어를 구동시켜 물품을 분류한다.
⑤ 틸팅 방식(Tilting Type)은 벨트, 트레이, 슬라이드 등의 바닥면을 개방하여 물품을 분류한다.

해설
벨트, 트레이, 슬라이드 등의 바닥면을 개방하여 물품을 분류하는 방식은 저개식 소팅에 해당한다.
틸팅 방식은 레일을 주행하는 트레이, 슬라이드의 일부 등을 경사지게 하여 화물을 떨어뜨려 분류하는 방식으로, 고속처리가 가능하나 중력에 의한 파손품이 발생할 수 있다.

39

유닛로드 시스템(Unit Load System)의 장점에 관한 설명으로 옳지 않은 것은?

① 상·하역 또는 보관 시에 기계화된 물류작업으로 인건비를 절감할 수 있다.
② 운송차량의 적재함과 창고 랙을 표준화된 단위규격을 사용하여 적재공간의 효율성을 향상시킨다.
③ 운송과정 중 수작업을 최소화하여 파손 및 분실을 방지할 수 있다.
④ 하역기기 등에 관한 고정투자비용이 발생하지 않기 때문에 대규모 자본투자가 필요 없다.
⑤ 단위 포장용기의 사용으로 포장업무가 단순해지고 포장비가 절감된다.

해설
유닛로드 시스템의 구축은 일관 파렛트화, 파렛트 풀 시스템(PPS), 물류공동화를 가능케 하고 고객서비스 향상 및 물류비 절감이라는 물류관리의 목표를 달성하기 위한 것이다. 수송장비, 하역장비, 창고보관설비 등의 표준화가 전제되기 때문에 많은 자본설비 투자가 요구된다.

40

파렛트(Pallet)의 종류에 관한 설명으로 옳은 것은?

① 롤 파렛트(Roll Pallet)는 파렛트 바닥면에 바퀴가 달려 있어 자체적으로 밀어서 움직일 수 있다.
② 시트 파렛트(Sheet Pallet)는 핸드리프트 등으로 움직일 수 있도록 만들어진 상자형 파렛트이다.
③ 스키드 파렛트(Skid Pallet)는 상부구조물이 적어도 3면의 수직측판을 가진 상자형 파렛트이다.
④ 사일로 파렛트(Silo Pallet)는 파렛트 상단에 기둥이 설치된 형태로 기둥을 접거나 연결하는 방식으로 사용한다.
⑤ 탱크 파렛트는(Tank Pallet)는 주로 분말체의 보관과 운송에 이용하는 1회용 파렛트이다.

선지분석
② 는 스키드 파렛트에 대한 설명이다.
③ 은 롤형 파렛트에 대한 설명이다.
④ 는 기둥 파렛트에 대한 설명이다.
⑤ 탱크파렛트는 분말체가 아니라 액체 보관 및 운반에 이용된다.

물류관련법규

41

물류정책기본법상 물류현황조사에 관한 설명으로 옳지 않은 것은?

① 국토교통부장관은 물류에 관한 정책의 수립을 위하여 필요하다고 판단될 때에는 관계 행정기관의 장과 미리 협의한 후 물동량의 발생현황과 이동경로 등에 관하여 조사할 수 있다.
② 국토교통부장관은 물류현황조사를 위한 조사지침을 작성하려는 경우에는 미리 시·도지사와 협의하여야 한다.
③ 도지사는 지역물류에 관한 정책의 수립을 위하여 필요한 경우에는 해당 행정구역의 물동량 현황과 이동경로, 물류시설·장비의 현황과 이용실태 등에 관하여 조사할 수 있다.
④ 해양수산부장관은 물류현황조사를 효율적으로 수행하기 위하여 필요한 경우에는 물류현황조사의 전부 또는 일부를 전문기관으로 하여금 수행하게 할 수 있다.
⑤ 도지사는 관할 군의 군수에게 지역물류현황조사를 요청하는 경우에는 효율적인 지역물류현황조사를 위하여 조사의 시기, 종류 및 방법 등에 관하여 해당 도의 조례로 정하는 바에 따라 조사지침을 작성하여 통보할 수 있다.

해설
국토교통부장관은 물류현황조사를 위한 지침을 작성하려는 경우에는 미리 관계 중앙행정기관의 장과 협의하여야 한다.

선지분석
① 국토교통부장관 또는 해양수산부장관은 물류에 관한 정책 또는 계획의 수립·변경을 위하여 필요하다고 판단될 때에는 관계 행정기관의 장과 미리 협의한 후 물동량의 발생현황과 이동경로, 물류시설·장비의 현황과 이용실태, 물류인력과 물류체계의 현황, 물류비, 물류산업과 국제물류의 현황 등에 관하여 조사할 수 있다.
③ 시·도지사는 지역물류에 관한 정책 또는 계획의 수립·변경을 위하여 필요한 경우에는 해당 행정구역의 물동량 현황과 이동경로, 물류시설·장비의 현황과 이용실태, 물류산업의 현황 등에 관하여 조사할 수 있다.
④ 국토교통부장관 또는 해양수산부장관은 물류현황조사를 효율적으로 수행하기 위하여 필요한 경우에는 물류현황조사의 전부 또는 일부를 전문기관으로 하여금 수행하게 할 수 있다.
⑤ 시·도지사는 관할 시·군·구의 시장·군수·구청장, 물류기업 및 이 법에 따라 지원을 받는 기업·단체 등에게 지역물류현황조사를 요청하는 경우에는 효율적인 지역물류현황조사를 위하여 조사의 시기, 종류 및 방법 등에 관하여 해당 시·도의 조례로 정하는 바에 따라 조사지침을 작성하여 통보할 수 있다.

42

물류정책기본법상 물류계획의 수립에 관한 설명으로 옳지 않은 것은?

① 국토교통부장관 및 해양수산부장관은 국가물류정책의 기본방향을 설정하는 10년 단위의 국가물류기본계획을 5년마다 공동으로 수립하여야 한다.
② 국가물류기본계획에는 국가물류정보화사업에 관한 사항이 포함되어야 한다.
③ 국토교통부장관은 국가물류기본계획을 수립하거나 변경한 때에는 이를 관보에 고시하고, 관계 중앙행정기관의 장 및 시·도지사에게 통보하여야 한다.
④ 특별시장 및 광역시장은 지역물류정책의 기본방향을 설정하는 5년 단위의 지역물류기본계획을 3년마다 수립하여야 한다.
⑤ 지역물류기본계획은 국가물류기본계획에 배치되지 아니하여야 한다.

해설
특별시장 및 광역시장은 지역물류정책의 기본방향을 설정하는 10년 단위의 지역물류기본계획을 5년마다 수립하여야 한다.

43

물류정책기본법령상 물류회계의 표준화를 위한 기업물류비 산정지침에 포함되어야 하는 사항으로 명시되지 않은 것은?

① 물류비 관련 용어 및 개념에 대한 정의
② 우수물류기업 선정을 위한 프로그램 개발비의 상한
③ 영역별·기능별 및 자가·위탁별 물류비의 분류
④ 물류비의 계산 기준 및 계산 방법
⑤ 물류비 계산서의 표준 서식

해설
②는 기업물류비 산정지침의 내용과 관련이 없다.
기업물류비 산정지침에 포함되어야 하는 사항은 「시행령」 제18조에 ① 물류비 관련 용어 및 개념에 대한 정의, ③ 영역별·기능별 및 자가·위탁별 물류비의 분류, ④ 물류비의 계산 기준 및 계산 방법, ⑤ 물류비 계산서의 표준 서식의 4가지가 규정되어 있다.

정답	38. ⑤	39. ④	40. ①	41. ②	42. ④
	43. ②				

44

물류정책기본법령상 도로운송 시 위험물질운송안전관리센터의 감시가 필요한 위험물질을 운송하는 차량의 최대 적재량 기준에 관한 설명이다. ( )에 들어갈 내용은?

- 「위험물안전관리법」 제2조제1항제1호에 따른 위험물을 운송하는 차량: (ㄱ)리터 이상
- 「화학물질관리법」 제2조제7호에 따른 유해화학물질을 운송하는 차량: (ㄴ)킬로그램 이상

① ㄱ: 5,000, ㄴ: 5,000
② ㄱ: 5,000, ㄴ: 10,000
③ ㄱ: 10,000, ㄴ: 5,000
④ ㄱ: 10,000, ㄴ: 10,000
⑤ ㄱ: 10,000, ㄴ: 20,000

해설

최대 적재량 기준은 다음과 같다.
- 「위험물안전관리법」 제2조제1항제1호에 따른 위험물을 운송하는 차량: 10,000리터 이상
- 「화학물질관리법」 제2조제7호에 따른 유해화학물질을 운송하는 차량: 5,000킬로그램 이상

45

물류정책기본법상 물류공동화 및 자동화 촉진에 관한 설명으로 옳은 것을 모두 고른 것은?

ㄱ. 해양수산부장관은 물류공동화를 추진하는 물류기업에 대하여 예산의 범위에서 필요한 자금을 지원할 수 있다.
ㄴ. 국토교통부장관은 화주기업이 물류공동화를 추진하는 경우에는 물류기업이나 물류 관련 단체와 공동으로 추진하도록 권고할 수 있다.
ㄷ. 자치구 구청장은 물류공동화를 확산하기 위하여 필요한 경우에는 시범지역을 지정하거나 시범사업을 선정하여 운영할 수 있다.
ㄹ. 산업통상자원부장관은 물류기업이 물류자동화를 위하여 물류시설 및 장비를 확충하거나 교체하려는 경우에는 필요한 자금을 지원할 수 있다.

① ㄱ, ㄷ
② ㄱ, ㄹ
③ ㄴ, ㄷ
④ ㄱ, ㄴ, ㄹ
⑤ ㄴ, ㄷ, ㄹ

해설

ㄷ. 자치구 구청장은 물류공동화 관련 행위의 주체가 될 수 없다.
물류공동화 관련 행위의 주체는 국토교통부장관·해양수산부장관·산업통상자원부장관 또는 시·도지사이고, 물류자동화 관련 주체에는 시·도지사가 포함되지 않는다.

46

물류정책기본법령상 단위물류정보망 전담기관으로 지정될 수 없는 것은? (단, 고시는 고려하지 않음)

① 「한국자산관리공사 설립 등에 관한 법률」에 따른 한국자산관리공사
② 「인천국제공항공사법」에 따른 인천국제공항공사
③ 「한국공항공사법」에 따른 한국공항공사
④ 「한국도로공사법」에 따른 한국도로공사
⑤ 「항만공사법」에 따른 항만공사

해설

관계 행정기관은 대통령령으로 정하는 공공기관 또는 물류정보의 수집·분석·가공·유통과 관련한 적절한 시설장비와 인력을 갖춘 자 중에서 단위물류정보망 전담기관을 지정한다.
여기서 대통령령으로 정하는 공공기관은 인천국제공항공사, 한국공항공사, 한국도로공사, 한국철도공사, 한국토지주택공사 및 항만공사 등 물류와 관련이 있는 6개 공공기관들이다.

47

물류정책기본법령상 국가물류통합정보센터의 운영자로 지정될 수 없는 자는?

① 중앙행정기관
②「한국토지주택공사법」에 따른 한국토지주택공사
③「과학기술분야 정부출연연구기관 등의 설립·운영 및 육성에 관한 법률」에 따른 정부출연연구기관
④ 자본금 1억원인「상법」상 주식회사
⑤「물류정책기본법」에 따라 설립된 물류관련협회

해설
국토교통부장관이 국가물류통합정보센터의 운영자로 지정할 수 있는 자는 다음과 같다.
- 중앙행정기관
- 대통령령으로 정하는 공공기관(단위물류정보망 전담기관으로 지정할 수 있는 6개 공공기관)
- 정부출연연구기관
- 물류관련협회
- 자본금 2억 원 이상, 업무능력 등 대통령령으로 정하는 기준과 자격을 갖춘「상법」상의 주식회사 등

48

물류정책기본법상 국토교통부장관 또는 해양수산부장관이 소관 인증우수물류기업의 인증을 취소하여야 하는 경우는?

① 거짓이나 그 밖의 부정한 방법으로 인증을 받은 경우
② 물류사업으로 인하여 공정거래위원회로부터 과징금 부과 처분을 받은 경우
③ 인증요건의 유지여부 점검을 정당한 사유 없이 3회 이상 거부한 경우
④ 우수물류기업의 인증기준에 맞지 아니하게 된 경우
⑤ 다른 사람에게 자기의 성명 또는 상호를 사용하여 영업을 하게 하거나 인증서를 대여한 때

해설
물류정책기본법에서 '지정'이나 '인증' 관련하여 취소하여야 하는(반드시 취소) 경우는 거짓이나 그 밖의 부정한 방법으로 인증을 받은 경우이다. 나머지는 인증을 취소할 수 있는 경우이다.

49

물류시설의 개발 및 운영에 관한 법령상 복합물류터미널사업에 관한 설명으로 옳지 않은 것은?

① 복합물류터미널사업자가 그 사업을 양도한 때에는 그 양수인은 복합물류터미널사업의 등록에 따른 권리·의무를 승계한다.
② 국토교통부장관은 복합물류터미널사업의 등록에 따른 권리·의무의 승계신고를 받은 날부터 10일 이내에 신고수리 여부를 신고인에게 통지하여야 한다.
③ 복합물류터미널사업자의 휴업기간은 3개월을 초과할 수 없다.
④ 복합물류터미널사업자인 법인의 합병 외의 사유에 따른 해산신고를 하려는 자는 해산신고서를 해산한 날부터 7일 이내에 국토교통부장관에게 제출하여야 한다.
⑤ 복합물류터미널사업자는 복합물류터미널사업의 전부 또는 일부를 휴업하거나 폐업하려는 때에는 미리 국토교통부장관에게 신고하여야 한다.

해설
복합물류터미널사업자의 휴업기간은 6개월을 초과할 수 없으며, 다른 법의 사업(철도사업 등)에서도 마찬가지로 휴업기간은 6개월을 초과할 수 없다.

정답	44. ③	45. ④	46. ①	47. ④	48. ①
	49. ③				

50

물류시설의 개발 및 운영에 관한 법령상 물류단지 실수요 검증에 관한 설명으로 옳지 않은 것은?

① 물류단지 실수요 검증을 실시하기 위하여 국토교통부 또는 시·도에 각각 실수요검증위원회를 둔다.
② 도시첨단물류단지개발사업의 경우에는 실수요 검증을 실수요검증위원회의 자문으로 갈음할 수 있다.
③ 실수요검증위원회의 위원장 및 부위원장은 공무원이 아닌 위원 중에서 각각 호선(互選)한다.
④ 실수요검증위원회의 심의결과는 심의·의결을 마친 날부터 14일 이내에 물류단지 지정요청자등에게 서면으로 알려야 한다.
⑤ 실수요검증위원회의 회의는 분기별로 2회 이상 개최하여야 한다.

해설
실수요검증위원회의 회의는 분기별로 1회 이상 개최하여야 한다.

51

물류시설의 개발 및 운영에 관한 법령상 물류단지개발특별회계 조성의 재원을 모두 고른 것은? (단, 조례는 고려하지 않음)

> ㄱ. 차입금
> ㄴ. 정부의 보조금
> ㄷ. 해당 지방자치단체의 일반회계로부터의 전입금
> ㄹ. 「지방세법」에 따라 부과·징수되는 재산세의 징수액 중 15퍼센트의 금액

① ㄱ, ㄴ
② ㄴ, ㄹ
③ ㄷ, ㄹ
④ ㄱ, ㄴ, ㄷ
⑤ ㄱ, ㄴ, ㄷ, ㄹ

해설
ㄹ. 물류단지개발특별회계 조성의 재원 중 「지방세법」에 따라 부과·징수되는 재산세의 징수액 중 대통령령으로 정하는 비율의 금액에서 대통령령으로 정하는 비율은 10%이다.
이외에도 물류단지개발특별회계의 재원은 ㉠ 해당 지방자치단체의 일반회계로부터의 전입금, ㉡ 정부의 보조금, ㉢ 이 법에 따라 부과·징수된 과태료, ㉣ 「개발이익환수에 관한 법률」에 따라 지방자치단체에 귀속되는 개발부담금 중 해당 지방자치단체의 조례로 정하는 비율의 금액, ㉤ 「국토의 계획 및 이용에 관한 법률」에 따른 수익금, ㉥ 차입금, ㉦ 해당 특별회계자금의 융자회수금·이자수입금 및 그 밖의 수익금 등이다.

52

물류시설의 개발 및 운영에 관한 법령상 일반물류단지시설에 해당할 수 없는 것은?

① 물류터미널 및 창고
② 「수산식품산업의 육성 및 지원에 관한 법률」에 따른 수산물가공업시설(냉동·냉장업 시설은 제외한다)
③ 「유통산업발전법」에 따른 전문상가단지
④ 「농수산물유통 및 가격안정에 관한 법률」에 따른 농수산물도매시장
⑤ 「자동차관리법」에 따른 자동차경매장

해설
「수산식품산업의 육성 및 지원에 관한 법률」에 따른 수산물가공업시설(냉동·냉장업 시설은 제외)은 지원시설이다.

53

물류시설의 개발 및 운영에 관한 법령상 물류창고업의 등록에 관한 설명이다. ( )에 들어갈 내용은?

> 물류창고업의 등록을 한 자가 물류창고 면적의 (ㄱ) 이상을 증감하려는 경우에는 국토교통부와 해양수산부의 공동부령으로 정하는 바에 따라 변경등록의 사유가 발생한 날부터 (ㄴ)일 이내에 변경등록을 하여야 한다.

① ㄱ: 100분의 5, ㄴ: 10
② ㄱ: 100분의 5, ㄴ: 30
③ ㄱ: 100분의 10, ㄴ: 10
④ ㄱ: 100분의 10, ㄴ: 30
⑤ ㄱ: 100분의 10, ㄴ: 60

해설
물류창고업의 등록을 한 자가 물류창고 면적의 물류창고 면적의 100분의 10 이상을 증감하려는 경우에는 국토교통부와 해양수산부의 공동부령으로 정하는 바에 따라 변경등록의 사유가 발생한 날부터 30일 이내에 변경등록을 하여야 한다.

54

물류시설의 개발 및 운영에 관한 법령상 복합물류터미널사업의 등록에 관한 설명으로 옳지 않은 것은?

① 「지방공기업법」에 따른 지방공사는 복합물류터미널사업의 등록을 할 수 있다.
② 복합물류터미널사업의 등록을 위해 갖추어야 할 부지 면적의 기준은 3만 3천 제곱미터 이상이다.
③ 복합물류터미널사업 등록이 취소된 후 1년이 지나면 등록결격사유가 소멸한다.
④ 국토교통부장관은 복합물류터미널사업의 변경등록신청을 받고 결격사유의 심사 후 신청내용이 적합하다고 인정할 때에는 지체없이 변경등록을 하여야 한다.
⑤ 복합물류터미널의 부지 및 설비의 배치를 표시한 축척 500분의 1 이상의 평면도는 복합물류터미널사업의 등록신청서에 첨부하여 국토교통부장관에게 제출하여야 할 서류이다.

해설
복합물류터미널사업의 등록의 결격사유는 ⊙ 이 법을 위반하여 벌금형 이상을 선고받은 후 2년이 지나지 아니한 자, ⓒ 복합물류터미널사업 등록이 취소된 후 2년이 지나지 아니한 자 등이다.

55

물류시설의 개발 및 운영에 관한 법령상 입주기업체협의회에 관한 설명으로 옳지 않은 것은?

① 입주기업체협의회는 그 구성 당시에 해당 물류단지 입주기업체의 75퍼센트 이상이 회원으로 가입되어 있어야 한다.
② 입주기업체협의회의 회의는 정관에 다른 규정이 있는 경우를 제외하고는 회원 과반수의 출석과 출석회원 과반수의 찬성으로 의결한다.
③ 입주기업체협의회의 일반회원은 입주기업체의 대표자로 한다.
④ 입주기업체협의회의 특별회원은 일반회원 외의 자 중에서 정하되 회원자격은 입주기업체협의회의 정관으로 정하는 바에 따른다.
⑤ 입주기업체협의회는 매 사업연도 개시일부터 3개월 이내에 정기총회를 개최하여야 한다.

해설
입주기업체협의회는 매 사업연도 개시일부터 2개월 이내에 정기총회를 개최하여야 한다.

56

물류시설의 개발 및 운영에 관한 법령상 국가 또는 지방자치단체가 우선적으로 지원하여야 하는 기반시설로 명시된 것을 모두 고른 것은?

> ㄱ. 하수도시설 및 폐기물처리시설
> ㄴ. 보건위생시설
> ㄷ. 집단에너지공급시설
> ㄹ. 물류단지 안의 공동구

① ㄱ
② ㄴ, ㄹ
③ ㄱ, ㄴ, ㄷ
④ ㄱ, ㄷ, ㄹ
⑤ ㄴ, ㄷ, ㄹ

해설
국가나 지방자치단체가 지원하는 기반시설은 도로·철도 및 항만시설, 용수공급시설 및 통신시설, 하수도시설 및 폐기물처리시설, 집단에너지공급시설, 물류단지 안의 공동구, 그 밖에 물류단지개발을 위하여 특히 필요한 공공시설로서 국토교통부령으로 정하는 시설(유수지 및 광장) 등이다.

정답 | 50. ⑤ 51. ④ 52. ② 53. ④ 54. ③
　　　 55. ⑤ 56. ④

57

화물자동차 운수사업법령상 운송사업자의 직접운송의무에 관한 설명이다. ( )에 들어갈 내용은? (단, 사업기간은 1년 이상임)

> - 일반화물자동차 운송사업자는 연간 운송계약 화물의 (ㄱ) 이상을 직접 운송하여야 한다.
> - 운송사업자가 운송주선사업을 동시에 영위하는 경우에는 연간 운송계약 및 운송주선계약 화물의 (ㄴ) 이상을 직접 운송하여야 한다.

① ㄱ: 3분의 2, ㄴ: 3분의 1
② ㄱ: 100분의 30, ㄴ: 100분의 20
③ ㄱ: 100분의 30, ㄴ: 100분의 30
④ ㄱ: 100분의 50, ㄴ: 100분의 20
⑤ ㄱ: 100분의 50, ㄴ: 100분의 30

해설
일반화물자동차 운송사업자는 연간 운송계약 화물의 100분의 50 이상을 직접 운송하여야 한다.
운송사업자가 운송주선사업을 동시에 영위하는 경우에는 연간 운송계약 및 운송주선계약 화물의 100분의 30 이상을 직접 운송하여야 한다.

58

화물자동차 운수사업법령상 경영의 위탁 및 위·수탁계약에 관한 설명으로 옳지 않은 것은?

① 운송사업자는 화물자동차 운송사업의 효율적인 수행을 위하여 필요하면 다른 운송사업자에게 차량과 그 경영의 일부를 위탁할 수 있다.
② 국토교통부장관이 경영의 위탁을 제한하려는 경우 화물자동차 운송사업의 허가에 조건을 붙이는 방식으로 할 수 있다.
③ 위·수탁계약의 기간은 2년 이상으로 하여야 한다.
④ 위·수탁계약을 체결하는 경우 계약의 당사자는 양도·양수에 관한 사항을 계약서에 명시하여야 한다.
⑤ 위·수탁차주가 계약기간 동안 화물운송 종사자격의 효력 정지 처분을 받았다면 운송사업자는 위·수탁차주의 위·수탁계약 갱신 요구를 거절할 수 있다.

해설
운송사업자는 화물자동차 운송사업의 효율적인 수행을 위하여 필요하면 다른 사람(운송사업자를 제외한 개인을 말한다)에게 차량과 그 경영의 일부를 위탁하거나 차량을 현물출자한 사람에게 그 경영의 일부를 위탁할 수 있다.

59

화물자동차 운수사업법상 화물자동차 운송가맹사업에 관한 설명으로 옳지 않은 것은?

① 다른 사람의 요구에 응하여 자기 화물자동차를 사용하여 유상으로 화물을 운송하는 사업은 화물자동차 운송가맹사업에 해당하지 않는다.
② 화물자동차 운송가맹사업의 허가를 받은 자는 화물자동차 운송주선사업의 허가를 받지 아니한다.
③ 화물자동차 운송가맹사업의 허가를 받은 자는 화물자동차 운송사업의 허가를 받지 아니한다.
④ 운송가맹사업자는 적재물배상 책임보험 또는 공제에 가입하여야 한다.
⑤ 운송가맹사업자의 화물정보망은 운송사업자가 다른 운송사업자나 다른 운송사업자에게 소속된 위·수탁차주에게 화물운송을 위탁하는 경우에도 이용될 수 있다.

해설
화물자동차 운송가맹사업은 ㉠ 다른 사람의 요구에 응하여 자기 화물자동차를 사용하여 유상으로 화물을 운송하거나 ㉡ 화물정보망을 통하여 소속 화물자동차 운송가맹점에 의뢰하여 화물을 운송하게 하는 사업을 말한다.

60

화물자동차 운수사업법령상 운수사업자(개인 운송사업자는 제외)가 관리하고 신고하여야 하는 사항을 모두 고른 것은?

> ㄱ. 운수사업자가 직접 운송한 실적
> ㄴ. 운수사업자가 화주와 계약한 실적
> ㄷ. 운수사업자가 다른 운수사업자와 계약한 실적
> ㄹ. 운송가맹사업자가 소속 운송가맹점과 계약한 실적

① ㄱ, ㄴ
② ㄷ, ㄹ
③ ㄱ, ㄴ, ㄷ
④ ㄱ, ㄴ, ㄹ
⑤ ㄱ, ㄴ, ㄷ, ㄹ

관련이론 | 화물자동차 운수사업법령상 운수사업자(개인 운송사업자는 제외)가 관리하고 신고하여야 하는 사항은 다음과 같다.
- 운수사업자가 직접 운송한 실적
- 운수사업자가 화주와 계약한 실적
- 운수사업자가 다른 운수사업자와 계약한 실적
- 운송가맹사업자가 소속 운송가맹점과 계약한 실적
- 운수사업자가 다른 운송사업자 소속의 위·수탁차주와 계약한 실적

61

화물자동차 운수사업법령상 공영차고지를 설치하여 직접 운영할 수 있는 자가 아닌 것은?

① 도지사
② 자치구의 구청장
③ 「지방공기업법」에 따른 지방공사
④ 「한국토지주택공사법」에 따른 한국토지주택공사
⑤ 「한국농수산식품유통공사법」에 따른 한국농수산식품유통공사

해설
공영차고지를 설치하여 직접 운영할 수 있는 대통령령으로 정하는 공공기관은 인천국제공항공사, 한국공항공사, 한국도로공사, 한국철도공사, 한국토지주택공사 및 항만공사이다.

62

화물자동차 운수사업법령상 사업자단체에 관한 설명으로 옳지 않은 것은? (단, 협회는 화물자동차 운수사업법 제48조의 협회로 함)

① 운수사업자의 협회 설립은 화물자동차 운송사업, 화물자동차 운송주선사업 및 화물자동차 운송가맹사업의 종류별 또는 시·도별로 할 수 있다.
② 협회는 개인화물자동차 운송사업자의 화물자동차를 운전하는 사람에 대한 경력증명서 발급에 필요한 사항을 기록·관리하고, 운송사업자로부터 경력증명서 발급을 요청받은 경우 경력증명서를 발급해야 한다.
③ 협회의 사업에는 국가나 지방자치단체로부터 위탁받은 업무가 포함된다.
④ 협회는 국토교통부장관의 허가를 받아 적재물배상 공제사업 등을 할 수 있다.
⑤ 화물자동차 휴게소 사업시행자는 화물자동차 휴게소의 운영을 협회에게 위탁할 수 있다.

해설
국토교통부장관의 허가를 받아 운수사업자의 자동차 사고로 인한 손해배상 책임의 보장사업 및 적재물배상 공제사업 등을 할 수 있는 것은 연합회이다.

63

화물자동차 운수사업법상 국가가 그 소요자금의 일부를 보조하거나 융자할 수 있는 사업이 아닌 것은?

① 낡은 차량의 대체
② 화물자동차 휴게소의 건설
③ 공동차고지 및 공영차고지 건설
④ 운수사업자의 자동차 사고로 인한 손해배상 책임의 보장
⑤ 화물자동차 운수사업의 서비스 향상을 위한 시설·장비의 확충과 개선

해설
운수사업자의 자동차 사고로 인한 손해배상 책임의 보장은 공제사업에 포함되는 것으로 국가의 재정지원 대상이 될 수 없다.

정답	57. ⑤	58. ①	59. ①	60. ⑤	61. ⑤
	62. ④	63. ④			

64

화물자동차 운수사업법상 화물자동차 운송주선사업에 관한 설명으로 옳은 것은?

① 운송주선사업자는 자기 명의로 다른 사람에게 화물자동차 운송주선사업을 경영하게 할 수 있다.
② 운송주선사업자는 화주로부터 중개 또는 대리를 의뢰받은 화물에 대하여 다른 운송주선사업자에게 수수료나 그 밖의 대가를 받고 중개 또는 대리를 의뢰할 수 있다.
③ 운송가맹사업자의 화물운송계약을 중개·대리하는 운송주선사업자는 화물자동차 운송가맹점이 될 수 있다.
④ 국토교통부장관은 운수종사자의 집단적 화물운송 거부로 국가경제에 매우 심각한 위기를 초래할 우려가 있다고 인정할 만한 상당한 이유가 있으면 운송주선사업자에게 업무개시를 명할 수 있다.
⑤ 운송주선사업자는 공영차고지를 임대받아 운영할 수 있다.

해설
운송가맹사업자의 화물운송계약을 중개·대리하는 운송주선사업자는 화물자동차 운송가맹점이 될 수 있다.

선지분석
① 운송주선사업자는 자기 명의로 다른 사람에게 화물자동차 운송주선사업을 경영하게 할 수 없다.
② 운송주선사업자는 화주로부터 중개 또는 대리를 의뢰받은 화물에 대하여 다른 운송주선사업자에게 수수료나 그 밖의 대가를 받고 중개 또는 대리를 의뢰하여서는 아니 된다.
④ 국토교통부장관은 운송사업자나 운수종사자가 정당한 사유 없이 집단으로 화물운송을 거부하여 화물운송에 커다란 지장을 주어 국가경제에 매우 심각한 위기를 초래하거나 초래할 우려가 있다고 인정할 만한 상당한 이유가 있으면 그 운송사업자 또는 운수종사자에게 업무개시를 명할 수 있다.
⑤ 운송주선사업자는 화물자동차가 없으므로 공영차고지를 임대받아 운영할 수 있는 대상에 포함되지 않는다.

65

화물자동차 운수사업법상 화물의 멸실·훼손 또는 인도의 지연으로 발생한 운송사업자의 손해배상 책임에 관한 설명으로 옳지 않은 것은?

① 손해배상 책임에 관하여 「상법」을 준용할 때 화물이 인도기한이 지난 후 1개월 이내에 인도되지 아니하면 그 화물은 멸실된 것으로 본다.
② 국토교통부장관은 화주가 요청하면 운송사업자의 손해배상 책임에 관한 분쟁을 조정할 수 있다.
③ 국토교통부장관은 화주가 분쟁조정을 요청하면 지체 없이 그 사실을 확인하고 손해내용을 조사한 후 조정안을 작성하여야 한다.
④ 화주와 운송사업자 쌍방이 조정안을 수락하면 당사자 간에 조정안과 동일한 합의가 성립된 것으로 본다.
⑤ 국토교통부장관은 분쟁조정 업무를 「소비자기본법」에 따라 등록한 소비자단체에 위탁할 수 있다.

해설
손해배상 책임에 관하여 「상법」을 준용할 때 화물이 인도기한이 지난 후 3개월 이내에 인도되지 아니하면 그 화물은 멸실된 것으로 본다.

66

화물자동차 운수사업법령상 사업 허가 또는 신고에 관한 설명으로 옳은 것은?

① 운송사업자는 관할 관청의 행정구역 내에서 주사무소를 이전하려면 국토교통부장관의 변경허가를 받아야 한다.
② 운송사업자는 허가받은 날부터 5년마다 허가기준에 관한 사항을 신고하여야 한다.
③ 국토교통부장관은 운송사업자가 사업정지처분을 받은 경우에도 주사무소를 이전하는 변경허가를 할 수 있다.
④ 운송주선사업자가 허가사항을 변경하려면 국토교통부장관의 변경허가를 받아야 한다.
⑤ 운송가맹사업자가 화물취급소를 설치하거나 폐지하려면 국토교통부장관의 변경허가를 받아야 한다.

해설
운송사업자는 허가받은 날부터 5년의 범위에서 대통령령으로 정하는 기간마다 국토교통부령으로 정하는 바에 따라 허가기준에 관한 사항을 국토교통부장관에게 신고하여야 한다.

선지분석
① 관할 관청의 행정구역 내에서 주사무소를 이전하는 것은 경미한 사항에 해당하므로 신고하면 된다.
③ 국토교통부장관은 운송사업자가 사업정지처분을 받은 경우에는 주사무소를 이전하는 변경허가를 하여서는 아니된다.
④ 운송주선사업자의 허가사항 변경은 신고하면 된다.
⑤ 화물취급소 설치나 폐지는 경미한 사항이므로 신고하면 된다.

67

항만운송사업법령상 항만용역업의 내용에 해당하지 않는 것은?

① 통선(通船)으로 본선(本船)과 육지 사이에서 사람이나 문서 등을 운송하는 행위를 하는 사업
② 본선을 경비(警備)하는 행위나 본선의 이안(離岸) 및 접안(接岸)을 보조하기 위하여 줄잡이 역무(役務)를 제공하는 행위를 하는 사업
③ 선박의 청소[유창(油艙) 청소는 제외한다], 오물 제거, 소독, 폐기물의 수집·운반, 화물 고정, 칠 등을 하는 행위를 하는 사업
④ 선박에 음료, 식품, 소모품, 밧줄, 수리용 예비부분품 및 부속품, 집기, 그 밖에 이와 유사한 선용품을 공급하는 행위를 하는 사업
⑤ 선박에서 사용하는 맑은 물을 공급하는 행위를 하는 사업

해설
④는 항만운송관련사업 중 선용품공급업에 대한 정의이다. 항만용역업의 내용과 잘 구분하여야 한다.

정답 | 64. ③   65. ①   66. ②   67. ④

68

항만운송사업법령상 항만운송사업에 관한 설명으로 옳지 않은 것은?

① 항만하역사업의 등록신청서에 첨부하여야 하는 사업계획에는 사업에 제공될 수면목재저장소의 수, 위치 및 면적이 포함되어야 한다.
② 항만운송사업의 등록을 신청하려는 자가 법인인 경우 등록신청서에 정관을 첨부하여야 한다.
③ 검수사의 자격이 취소된 날부터 2년이 지나지 아니한 사람은 검수사의 자격을 취득할 수 없다.
④ 「민사집행법」에 따른 경매에 따라 항만운송사업의 시설·장비 전부를 인수한 자는 종전의 항만운송사업자의 권리·의무를 승계한다.
⑤ 항만하역사업의 등록을 한 자는 컨테이너 전용 부두에서 취급하는 컨테이너 화물에 대하여 그 운임과 요금을 정하여 관리청의 인가를 받아야 한다.

해설
항만하역사업의 등록을 한 자는 해양수산부령으로 정하는 바에 따라 운임과 요금을 정하여 관리청의 인가를 받아야 한다.
그러나 해양수산부령으로 정하는 항만시설에서 하역하는 화물 또는 해양수산부령으로 정하는 품목(컨테이너 전용 부두에서 취급하는 컨테이너 화물)에 해당하는 화물에 대하여는 그 운임과 요금을 정하여 관리청에 신고하여야 한다.

69

항만운송사업법령상 부두운영회사의 운영 등에 관한 설명으로 옳은 것은?

① 항만시설운영자등은 항만시설등의 효율적인 사용 및 운영 등을 위하여 필요하다고 인정하는 경우에는 부두운영회사 선정계획의 공고 없이 부두운영계약을 체결할 수 있다.
② 부두운영회사의 금지행위 위반시 책임에 관한 사항은 부두운영계약에 포함되지 않아도 된다.
③ 부두운영회사가 부두운영 계약기간을 연장하려는 경우에는 그 계약기간이 만료되기 3개월 전까지 부두운영계약의 갱신을 신청하여야 한다.
④ 화물유치 또는 투자 계획을 이행하지 못한 부두운영회사에 대하여 부과하는 위약금은 분기별로 산정하여 합산한다.
⑤ 항만운송사업법에서 정한 것 외에 부두운영회사의 항만시설 사용에 대해서는 「국유재산법」 또는 「지방재정법」에 따른다.

해설
항만시설운영자등은 항만시설등의 효율적인 사용 및 운영 등을 위하여 필요하다고 인정하는 경우에는 부두운영회사 선정계획의 공고 없이 부두운영계약을 체결할 수 있다.

선지분석
② 부두운영계약에 포함되어야 한다.
③ 계약기간이 만료되기 6개월 전까지 부두운영계약의 갱신을 신청하여야 한다.
④ 위약금은 연도별로 산정하여 합산한다.
⑤ 「항만법」 또는 「항만공사법」에 따른다.

70

유통산업발전법상 용어의 정의에 관한 설명으로 옳지 않은 것은?

① "임시시장"이란 다수의 수요자와 공급자가 일정한 기간 동안 상품을 매매하거나 용역을 제공하는 일정한 장소를 말한다.
② "상점가"란 같은 업종을 경영하는 여러 도매업자 또는 소매업자가 일정 지역에 점포 및 부대시설 등을 집단으로 설치하여 만든 상가단지를 말한다.
③ "무점포판매"란 상시 운영되는 매장을 가진 점포를 두지 아니하고 상품을 판매하는 것으로서 산업통상자원부령으로 정하는 것을 말한다.
④ "물류설비"란 화물의 수송·포장·하역·운반과 이를 관리하는 물류정보처리활동에 사용되는 물품·기계·장치 등의 설비를 말한다.
⑤ "공동집배송센터"란 여러 유통사업자 또는 제조업자가 공동으로 사용할 수 있도록 집배송시설 및 부대업무시설이 설치되어 있는 지역 및 시설물을 말한다.

해설
②는 "전문상가단지"에 대한 정의이다.
"상점가"란 일정 범위의 가로 또는 지하도에 대통령령으로 정하는 수 이상의 도매점포·소매점포 또는 용역점포가 밀집하여 있는 지구를 말한다.

71

유통산업발전법의 적용이 배제되는 시장·사업장 및 매장을 모두 고른 것은?

> ㄱ. 「농수산물 유통 및 가격안정에 관한 법률」에 따른 농수산물공판장
> ㄴ. 「농수산물 유통 및 가격안정에 관한 법률」에 따른 민영농수산물도매시장
> ㄷ. 「농수산물 유통 및 가격안정에 관한 법률」에 따른 농수산물종합유통센터
> ㄹ. 「축산법」에 따른 가축시장

① ㄹ
② ㄱ, ㄷ
③ ㄴ, ㄹ
④ ㄱ, ㄴ, ㄷ
⑤ ㄱ, ㄴ, ㄷ, ㄹ

해설
다음의 시장·사업장 및 매장에 대하여는 유통산업발전법을 적용하지 아니한다.
- 「농수산물 유통 및 가격안정에 관한 법률」에 따른 농수산물도매시장·농수산물공판장·민영농수산물도매시장 및 농수산물종합유통센터
- 「축산법」에 따른 가축시장

정답 | 68. ⑤ 69. ① 70. ② 71. ⑤

72

유통산업발전법상 대규모점포 등에 관한 설명으로 옳은 것은?

① 대규모점포를 개설하려는 자는 영업을 개시하기 30일 전까지 개설 지역 및 시기 등을 포함한 개설계획을 예고하여야 한다.
② 유통산업발전법을 위반하여 징역의 실형을 선고받고 그 집행이 면제된 날부터 6월이 지난 사람은 대규모점포등의 등록을 할 수 있다.
③ 대형마트의 영업시간을 제한하는 경우 조례로 달리 정하지 않는 한 오전 0시부터 오전 11시까지의 범위에서 영업시간을 제한할 수 있다.
④ 대규모점포 등 관리자는 대규모점포 등의 관리 또는 사용에 관하여 입점상인의 3분의 2 이상의 동의를 얻어 관리규정을 제정하여야 한다.
⑤ 대규모점포 등 개설자가 대규모점포 등을 폐업하려는 경우에는 특별자치시장·시장·군수·구청장의 허가를 받아야 한다.

선지분석
① 대규모점포는 60일 전까지, 준대규모점포는 30일 전까지 개설계획을 예고하여야 한다.
② 결격사유와 관련된 것으로 다른 법에서는 2년이 지나지 아니한 자이지만 이 법에서는 1년이 지나지 아니한 자이다.
③ 오전 0시부터 오전 10시까지의 범위이다.
⑤ 폐업하려는 경우에는 특별자치시장·시장·군수·구청장에게 신고하여야 한다.

73

유통산업발전법상 유통산업의 경쟁력 강화에 관한 설명으로 옳은 것은?

① 체인사업자는 체인점포의 경영을 개선하기 위하여 유통관리사의 고용 촉진을 추진하여야 한다.
② 지방자치단체의 장은 자신이 건립한 중소유통공동도매물류센터의 운영을 중소유통기업자단체에 위탁할 수 없다.
③ 상점가진흥조합은 협동조합으로 설립하여야 하고 사업조합의 형식으로는 설립할 수 없다.
④ 지방자치단체의 장은 상점가진흥조합이 조합원의 판매 촉진을 위한 공동사업을 하는 경우에는 필요한 자금을 지원할 수 없다.
⑤ 상점가진흥조합의 구역은 다른 상점가진흥조합 구역의 5분의 1 이하의 범위에서 그 다른 상점가진흥조합의 구역과 중복되어 지정할 수 있다.

선지분석
② 위탁할 수 있다.
③ 상점가진흥조합은 협동조합 또는 사업조합으로 설립한다.
④ 예산의 범위에서 필요한 자금을 지원할 수 있다.
⑤ 중복되어서는 아니된다.

74

유통산업발전법령상 공동집배송센터에 관한 설명으로 옳지 않은 것은?

① 산업통상자원부장관은 공동집배송센터를 지정하거나 변경지정하려면 미리 관계중앙행정기관의 장과 협의하여야 한다.
② 공동집배송센터사업자가 신탁계약을 체결하여 공동집배송센터를 신탁개발하는 경우 신탁계약을 체결한 신탁업자는 공동집배송센터사업자의 지위를 승계한다.
③ 공업지역 내에서 부지면적이 2만제곱미터이고, 집배송시설면적이 1만제곱미터인 지역 및 시설물은 공동집배송센터로 지정할 수 없다.
④ 산업통상자원부장관은 공동집배송센터의 시공후 공사가 6월 이상 중단된 경우에는 공동집배송센터의 지정을 취소할 수 있다.
⑤ 공동집배송센터의 지정을 추천받고자 하는 자는 공동집배송센터지정신청서에 부지매입관련 서류를 첨부하여 시·도지사에게 제출하여야 한다.

해설
공동집배송센터의 지정요건은 다음과 같다.
- 부지면적이 3만제곱미터 이상(「국토의 계획 및 이용에 관한 법률」에 따른 상업지역 또는 공업지역의 경우에는 2만제곱미터 이상)이고, 집배송시설면적이 1만제곱미터 이상일 것
- 도시 내 유통시설로의 접근성이 우수하여 집배송기능이 효율적으로 이루어질 수 있는 지역 및 시설물

75

철도사업법령상 철도사업의 면허에 관한 설명으로 옳지 않은 것은?

① 철도사업을 경영하려는 자는 지정·고시된 사업용철도노선을 정하여 국토교통부장관의 면허를 받아야 한다.
② 국토교통부장관은 면허를 하는 경우 철도의 공공성과 안전을 강화하고 이용자 편의를 증진시키기 위하여 필요한 부담을 붙일 수 있다.
③ 법인이 아닌 자도 철도사업의 면허를 받을 수 있다.
④ 철도사업의 면허를 받기 위한 사업계획서에는 사용할 철도차량의 대수·형식 및 확보계획이 포함되어야 한다.
⑤ 신청자가 해당 사업을 수행할 수 있는 재정적 능력이 있어야 한다는 것은 면허기준에 포함된다.

해설
철도사업의 면허를 받을 수 있는 자는 법인으로 한다.

76

철도사업법령상 전용철도 등록사항의 경미한 변경에 해당하지 않는 것은?

① 운행시간을 단축한 경우
② 배차간격을 연장한 경우
③ 철도차량 대수를 10분의 2의 범위 안에서 변경한 경우
④ 전용철도를 운영하는 법인의 임원을 변경한 경우
⑤ 전용철도 건설기간을 6월의 범위 안에서 조정한 경우

해설
경미한 변경에 해당하는 것은 10분의 1의 범위 안에서 철도차량 대수를 변경한 경우이다.
전용철도를 운영하려면 국토교통부장관에게 등록을 하여야 하고, 등록사항을 변경하려는 경우에는 변경등록을 하여야 한다. 다만 경미한 변경의 경우에는 예외로 한다.

정답 | 72. ④　73. ①　74. ③　75. ③　76. ③

77

철도사업법상 여객 운임에 관한 설명으로 옳지 않은 것은?

① 철도사업자는 재해복구를 위한 긴급지원이 필요하다고 인정되는 경우에는 일정한 기간과 대상을 정하여 여객 운임·요금을 감면할 수 있다.
② 철도사업자는 여객 운임·요금을 감면하는 경우에는 그 시행 3일 이전에 감면사항을 인터넷 홈페이지 등 일반인이 잘 볼 수 있는 곳에 게시하여야 하며, 긴급한 경우에는 미리 게시하지 아니할 수 있다.
③ 철도사업자는 열차를 이용하는 여객이 정당한 운임·요금을 지급하지 아니하고 열차를 이용한 경우에는 승차 구간에 해당하는 운임 외에 그의 50배의 범위에서 부가 운임을 징수할 수 있다.
④ 철도사업자는 송하인(送荷人)이 운송장에 적은 화물의 품명·중량·용적 또는 개수에 따라 계산한 운임이 정당한 사유 없이 정상 운임보다 적은 경우에는 송하인에게 그 부족 운임 외에 그 부족 운임의 5배의 범위에서 부가 운임을 징수할 수 있다.
⑤ 철도사업자는 부가 운임을 징수하려는 경우에는 사전에 부가 운임의 징수 대상행위, 열차의 종류 및 운행 구간 등에 따른 부가 운임 산정기준을 정하고 철도사업약관에 포함하여 국토교통부장관에게 신고하여야 한다.

해설
철도사업자는 열차를 이용하는 여객이 정당한 운임·요금을 지급하지 아니하고 열차를 이용한 경우에는 승차 구간에 해당하는 운임 외에 그의 30배의 범위에서 부가 운임을 징수할 수 있다.

78

철도사업법령상 국유철도시설의 점용허가에 관한 설명으로 옳지 않은 것은?

① 국유철도시설의 점용허가는 철도사업자와 철도사업자가 출자·보조 또는 출연한 사업을 경영하는 자에게만 하여야 한다.
② 국유철도시설의 점용허가를 받은 자는 부득이한 사유가 없는 한 매년 1월 15일까지 당해 연도의 점용료 해당분을 선납하여야 한다.
③ 국유철도시설의 점용허가로 인하여 발생한 권리와 의무를 이전하려는 경우에는 국토교통부장관의 인가를 받아야 한다.
④ 국토교통부장관은 점용허가를 받은 자가 「공공주택 특별법」에 따른 공공주택을 건설하기 위하여 점용허가를 받은 경우 점용료를 감면할 수 있다.
⑤ 국토교통부장관은 점용허가기간이 만료된 철도 재산의 원상회복의무를 면제하는 경우에 해당 철도 재산에 설치된 시설물 등의 무상 국가귀속을 조건으로 할 수 있다.

해설
국토교통부장관은 대통령령으로 정하는 바에 따라 점용허가를 받은 자에게 점용료를 부과한다. 점용료는 매년 1월말까지 당해 연도 해당분을 선납하여야 한다. 다만, 국토교통부장관은 부득이한 사유로 선납이 곤란하다고 인정하는 경우에는 그 납부기한을 따로 정할 수 있다.

79

농수산물 유통 및 가격안정에 관한 법률상 민영도매시장에 관한 설명으로 옳은 것은?

① 민간인등이 광역시 지역에 민영도매시장을 개설하려면 농림축산식품부장관의 허가를 받아야 한다.
② 민영도매시장 개설허가 신청에 대하여 시·도지사가 허가처리 지연 사유를 통보하는 경우에는 허가 처리기간을 10일 범위에서 한 번만 연장할 수 있다.
③ 시·도지사가 민영도매시장 개설 허가 처리기간에 허가 여부를 통보하지 아니하면 허가 처리기간의 마지막 날에 허가를 한 것으로 본다.
④ 민영도매시장의 개설자는 시장도매인을 두어 민영도매시장을 운영하게 할 수 없다.
⑤ 민영도매시장의 중도매인은 해당 민영도매시장을 관할하는 시·도지사가 지정한다.

해설
시·도지사는 민영도매시장 개설허가의 신청을 받은 경우 신청서를 받은 날부터 30일 이내(허가 처리기간)에 허가 여부 또는 허가처리 지연 사유를 신청인에게 통보하여야 한다. 시·도지사는 허가처리 지연 사유를 통보하는 경우에는 허가 처리기간을 10일 범위에서 한 번만 연장할 수 있다.

선지분석
① 민간인등이 특별시·광역시·특별자치시·특별자치도 또는 시 지역에 민영도매시장을 개설하려면 시·도지사의 허가를 받아야 한다.
③ 시·도지사가 민영도매시장 개설 허가 처리기간에 허가 여부 또는 허가처리 지연 사유를 통보하지 아니하면 허가 처리기간의 마지막 날의 다음 날에 허가를 한 것으로 본다.
④ 민영도매시장의 개설자는 중도매인, 매매참가인, 산지유통인 및 경매사를 두어 직접 운영하거나 시장도매인을 두어 이를 운영하게 할 수 있다.
⑤ 민영도매시장의 중도매인은 민영도매시장의 개설자가 지정한다.

80

농수산물 유통 및 가격안정에 관한 법령상 도매시장법인에 관한 설명이다. (   )에 들어갈 내용은?

> - 도매시장 개설자는 도매시장에 그 시설규모·거래액 등을 고려하여 적정 수의 도매시장법인·시장도매인 또는 중도매인을 두어 이를 운영하게 하여야 한다. 다만, 중앙도매시장의 개설자는 (ㄱ)와 수산부류에 대하여는 도매시장법인을 두어야 한다.
> - 도매시장법인은 도매시장 개설자가 부류별로 지정하되, 중앙도매시장에 두는 도매시장법인의 경우에는 농림축산식품부장관 또는 해양수산부장관과 협의하여 지정한다. 이 경우 (ㄴ) 이상 10년 이하의 범위에서 지정유효기간을 설정할 수 있다.

① ㄱ: 청과부류, ㄴ: 3년
② ㄱ: 양곡부류, ㄴ: 3년
③ ㄱ: 청과부류, ㄴ: 5년
④ ㄱ: 양곡부류, ㄴ: 5년
⑤ ㄱ: 축산부류, ㄴ: 5년

해설
- 중앙도매시장의 개설자는 청과부류와 수산부류에 대하여는 도매시장법인을 두어야 한다.
- 도매시장법인을 지정하는 경우 5년 이상 10년 이하의 범위에서 지정유효기간을 설정할 수 있다.

정답 | 77. ③   78. ②   79. ②   80. ③

물류관리사
제 26 회
기출문제

2022년 8월 6일 시행

1교시   물류관리론
　　　　　화물운송론
　　　　　국제물류론
2교시   보관하역론
　　　　　물류관련법규

2022년 26회 1교시

자동채점

>> 2022년 8월 6일 시행

물류관리론

001
물류시스템에 관한 설명으로 옳지 않은 것은?

① 생산과 소비를 연결하며 공간과 시간의 효용을 창출하는 시스템이다.
② 물류하부시스템은 수송, 보관, 포장, 하역, 물류정보, 유통가공 등으로 구성된다.
③ 물류서비스의 증대와 물류비용의 최소화가 목적이다.
④ 물류 합리화를 위해서 물류하부시스템의 개별적 비용절감이 전체시스템의 통합적 비용절감보다 중요하다.
⑤ 물류시스템의 자원은 인적, 물적, 재무적, 정보적 자원 등이 있다.

해설
물류 합리화를 위해서는 개별적인 비용절감이 아니라 물류시스템 전체의 통합적 비용절감이 더 중요하다.

002
공동수·배송의 효과에 관한 설명으로 옳지 않은 것은?

① 차량 적재율과 공차율이 증가한다.
② 물류업무 인원을 감소시킬 수 있다.
③ 교통체증 및 환경오염을 줄일 수 있다.
④ 물류작업의 생산성이 향상될 수 있다.
⑤ 참여기업의 물류비를 절감할 수 있다.

해설
공동수·배송의 결과로 차량 적재율과 영차율(적재함을 꽉 채우고 운행한 비율)이 증가한다.

003
다음 설명에 해당하는 공동수·배송 운영방식은?

> 물류센터에서의 배송뿐만 아니라 화물의 보관 및 집하업무까지 공동화하는 것으로 주문처리를 제외한 물류업무에 관해 협력하는 방식이다.

① 노선집하공동형 ② 납품대행형
③ 공동수주·공동배송형 ④ 배송공동형
⑤ 집배송공동형

해설
집배송공동형(집하+배송)은 물류센터에서의 배송뿐만 아니라 화물의 보관 및 집하업무까지 공동화하는 것으로, 주문 처리를 제외한 물류업무에 관해 협력하는 방식이다.

004
공동수·배송시스템 관련 설명으로 옳지 않은 것은?

① 화물형태가 규격화된 품목은 공동화에 적합하다.
② 참여 기업 간 공동수·배송에 대한 이해도가 높고 서로 목표하는 바가 유사해야 한다.
③ 자사의 정보시스템, 각종 규격 및 서비스에 대한 공유를 지양해야 한다.
④ 화물의 규격, 포장, 파렛트 규격 등의 물류표준화가 선행되어야 한다.
⑤ 배송처의 분포밀도가 높으면 배송차량의 적재율 증가로 배송비용을 절감할 수 있다.

해설
공동수·배송을 위해서는 공동수·배송을 하려는 기업들과 자사의 정보시스템, 각종 규격 및 서비스에 대한 공유를 지향해야 한다.

005

물류조직에 관한 설명으로 옳지 않은 것은?

① 예산관점에서 비공식적, 준공식적, 공식적 조직으로 분류할 수 있다.
② 형태관점에서 사내조직, 독립자회사로 분류할 수 있다.
③ 관리관점에서 분산형, 집중형, 집중분산형으로 분류할 수 있다.
④ 기능관점에서 라인업무형, 스텝업무형, 라인스텝겸무형, 매트릭스형으로 분류할 수 있다.
⑤ 영역관점에서 개별형, 조달형, 마케팅형, 종합형, 로지스틱스형으로 분류할 수 있다.

해설
물류조직의 유형 중 비공식적, 준공식적, 공식적 조직으로 구분하는 것은 인적자원의 할당에 따른 분류이다.

006

물류표준화 관련 하드웨어 부문의 표준화에 해당하는 것을 모두 고른 것은?

ㄱ. 파렛트 표준화
ㄴ. 포장치수 표준화
ㄷ. 내수용 컨테이너 표준화
ㄹ. 물류시설 및 장비 표준화
ㅁ. 물류용어 표준화
ㅂ. 거래단위 표준화

① ㄱ, ㄴ
② ㄱ, ㄷ, ㄹ
③ ㄴ, ㄷ, ㅁ
④ ㄴ, ㄷ, ㄹ, ㅁ
⑤ ㄷ, ㄹ, ㅁ, ㅂ

해설
하드웨어 부문 표준화 대상
• 파렛트 표준화, 내수용 컨테이너 표준화, 지게차 표준화, 트럭적재함 표준화, 보관시설 표준화, 기타 물류기기 표준화 등

관련이론 | 소프트웨어 부문 표준화 대상
• 포장치수 표준화, 물류용어 표준화, 거래단위 표준화, 전표 표준화, 표준코드 활용 등

007

James&William이 제시한 물류시스템 설계단계는 전략수준, 구조수준, 기능수준, 이행수준으로 구분한다. 기능수준에 해당하는 것을 모두 고른 것은?

ㄱ. 경로설계
ㄴ. 고객 서비스
ㄷ. 물류네트워크 전략
ㄹ. 창고설계 및 운영
ㅁ. 자재관리
ㅂ. 수송관리

① ㄱ, ㄴ
② ㄴ, ㄹ
③ ㄷ, ㄹ, ㅁ
④ ㄷ, ㅁ, ㅂ
⑤ ㄹ, ㅁ, ㅂ

관련이론 | 물류전략단계
• 전략적 단계 – 고객서비스 수준(최우선적으로 결정)
• 구조적 단계 – 유통경로설계, 네트워크전략
• 기능적 단계 – 물류창고 설계 및 운영, 자재관리, 운송(수송)관리
• 실행(이행) 단계 – 정보시스템구축, 정책 및 절차수립, 설비 및 장비 도입, 조직 및 변화관리

008

물류표준화에 관한 설명으로 옳지 않은 것은?

① 단위화물체계의 보급, 물류기기체계 인터페이스, 자동화를 위한 규격 등을 고려한다.
② 운송, 보관, 하역, 포장 정보의 일관처리로 효율성을 제고하는 것이다.
③ 물류모듈은 물류시설 및 장비들의 규격이나 치수가 일정한 배수나 분할 관계로 조합되어 있는 집합체로 물류표준화를 위한 기준치수를 의미한다.
④ 대표적인 Unit Load 치수에는 NULS(Net Unit Load Size)와 PVS(Plan View Size)가 있다.
⑤ 배수치수 모듈은 1,140mm×1,140mm Unit Load Size를 기준으로 하고, 최대허용공차 −80mm를 인정하고 있는 Plan View Unit Load Size를 기본단위로 하고 있다.

해설
배수치수 모듈은 1,140mm×1,140mm Unit Load Size를 기준으로 하고, 최대 허용공차 40mm를 인정하고 있는 Plan View Unit Load Size를 기본단위로 하고 있다.

정답 | 001. ④　002. ①　003. ⑤　004. ③　005. ①
006. ②　007. ⑤　008. ⑤

009

다음 설명에 해당하는 포장화물의 파렛트 적재 형태는?

홀수단에서는 물품을 모두 같은 방향으로 나란히 정돈하여 쌓고, 짝수단에서는 방향을 90도 바꾸어 교대로 겹쳐 쌓은 방식이다.

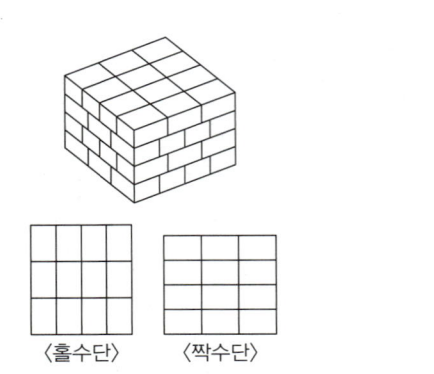

① 스플릿(Split) 적재
② 풍차형(Pinwheel) 적재
③ 벽돌(Brick) 적재
④ 교대배열(Row) 적재
⑤ 블록(Block) 적재

해설

교대배열 적재(alternative tires row pattern)는 동일한 단 내에서는 동일한 방향으로 물품을 나란히 쌓지만 단별로는 방향을 90도로 바꾸거나 교대로 겹쳐쌓는 방식이다. 교호열 적재라고도 한다.

블록형 적재	교대배열(교호열) 적재	벽돌형 적재
핀휠 적재		스플릿 적재

010

TOC(Theory of Constraints)에 관한 설명으로 옳은 것은?

① Drum, Buffer, Rope는 공정간 자재의 흐름 관리를 통해 재고를 최소화하고 제조기간을 단축하는 기법으로서 비제약공정을 중점적으로 관리한다.
② Thinking Process는 제약요인을 개선하여 목표를 달성하는 구체적 해결방안을 도출하는 기법으로서 부분 최적화를 추구한다.
③ Critical Chain Project Management는 프로젝트의 단계별 작업을 효과적으로 관리하여 기간을 단축하고 돌발 상황에서도 납기수준을 높일 수 있는 기법이다.
④ Throughput Account는 통계적 기법을 활용한 품질개선 도구이다.
⑤ Optimized Production Technology는 정의, 측정, 분석, 개선, 관리의 DMAIC 프로세스를 활용한다.

선지분석

① Drum - Buffer - Rope시스템은 제약공정(constraint process)을 중점적으로 관리한다.
② Thinking Process는 제약요인을 개선하여 목표를 달성하는 구체적 해결방안을 도출하는 기법으로서 '전체 최적화'를 추구한다.
④ TOC는 기업경영에 새로운 성과측정방식을 제안하였다. 이를 Throughput account라 하며, 이는 비용절감을 위한 기존의 원가회계방식을 대체하는 새로운 방식을 뜻한다. 통계적기법을 활용한 품질개선도구는 식스시그마 또는 TQM(전사적 품질관리)에 해당한다.
⑤ 정의, 측정, 분석, 개선, 관리의 DMAIC 프로세스 활용은 식스시그마에서 수행되는 것이며, TOC(제약이론)는 골드렛(Goldratt) 박사가 개발한 생산 스케줄링 소프트웨어인 OPT(Optimized Production Technology)에서 출발한 경영과학의 체계적 이론이다.

011

RFID의 특징을 설명한 것으로 옳지 않은 것은?

① 태그에 접촉하지 않아도 인식이 가능하다.
② 바코드에 비해 가격이 비싸다.
③ 태그에 상품과 관련한 다양한 기록이 저장될 수 있으므로 개인정보의 노출 또는 사생활 침해 등의 위험성이 발생할 수 있다.
④ 읽기(Read)만 가능한 바코드와 달리 읽고 쓰기(Read and Write)가 가능하다.
⑤ 태그 데이터의 변경 및 추가는 자유롭지만 일시에 복수의 태그 판독은 불가능하다.

해설
바코드는 개별적으로 하나씩 읽어 정보를 수동 또는 자동으로 인식하지만, RFID는 데이터의 추가 또는 변경뿐만 아니라 다량의 복수 정보를 동시에 인식한다.

012

EAN-13(표준형 A) 바코드에 관한 설명으로 옳지 않은 것은?

① 국가식별 코드는 3자리로 구성되는데, 1982년 이전 EAN International에 가입한 국가의 식별 코드는 2자리 숫자로 부여받았다.
② 제조업체 코드는 상품의 제조업체를 나타내는 코드로서 4자리로 구성된다.
③ 체크 디지트는 판독오류 방지를 위한 코드로서 1자리로 구성된다.
④ 상품품목 코드는 3자리로 구성된다.
⑤ 취급하는 품목 수가 많은 기업들에게 활용된다.

해설

표준형 바코드(EAN-13) 심볼로지의 자리 구성: 국가코드(3)+제조업체코드(4~6)+상품코드(3~5)+검증코드(1)

013

다음 ( )에 들어갈 물류정보시스템 용어를 바르게 나열한 것은?

- 주파수공용통신: (ㄱ)
- 지능형교통정보시스템: (ㄴ)
- 첨단화물운송시스템: (ㄷ)
- 철도화물정보망: (ㄹ)
- 판매시점관리: (ㅁ)

① ㄱ: CVO, ㄴ: ITS, ㄷ: POS, ㄹ: KROIS, ㅁ: TRS
② ㄱ: CVO, ㄴ: KROIS, ㄷ: TRS, ㄹ: ITS, ㅁ: POS
③ ㄱ: ITS, ㄴ: POS, ㄷ: CVO, ㄹ: TRS, ㅁ: KROIS
④ ㄱ: ITS, ㄴ: TRS, ㄷ: KROIS, ㄹ: CVO, ㅁ: POS
⑤ ㄱ: TRS, ㄴ: ITS, ㄷ: CVO, ㄹ: KROIS, ㅁ: POS

해설
ㄱ. TRS(Trunked Radio System)는 화물추적을 위한 무선통신시스템으로, 중계국에 할당된 여러 개의 채널을 공동으로 사용하는 무전기 시스템으로 운송수단에 탑재하여 이동 간의 정보를 실시간으로 송·수신할 수 있다.
ㄴ. ITS(Intelligent Transportation System)는 도로, 차량, 신호시스템 등 기본 교통체계의 구성요소에 전자, 제어, 통신 등 첨단기술을 접목시켜 구성요소들이 상호 유기적으로 작동하도록 하는 차세대 교통체계이다. 첨단교통관리시스템(ATMS), 첨단교통정보시스템(ATIS), 첨단화물운송시스템(CVO) 등으로 구성된다.
ㄷ. CVO(Commercial Vehicle Operation)는 차주와 화주를 연결하는 첨단화물운송시스템으로 화물차량의 위치, 적재화물의 종류, 운행상태, 노선상황, 화물알선정보 등을 자동적으로 파악하여 화물차량의 운행을 최적화하고 관리를 효율화하기 위한 지능형 교통시스템(ITS; Intelligent Transport Systems) 중의 하나이다.
ㄹ. KROIS(Korea Railroad Operating Information System)는 1996년부터 운영되어 온 철도운영정보시스템으로 2011년 말 차세대 철도운영정보시스템으로 발전되었다.
ㅁ. POS(Point of Sales)는 판매시점에 상품바코드를 통해 발생하는 데이터를 실시간으로 받아들이고 정보처리하는 시스템이다.

정답 | 009. ④ | 010. ③ | 011. ⑤ | 012. ④ | 013. ⑤

014

다음 설명에 해당하는 물류관리기법은?

- Bose사가 개발한 물류관리 기법
- 공급회사의 영업과 발주회사의 구매를 묶어 하나의 가상기업으로 간주
- 공급회사의 전문요원이 공급회사와 발주회사 간의 구매 및 납품업무 대행

① JIT
② JIT-II
③ MRP
④ ERP
⑤ ECR

해설

미국의 보스(Bose)사에서 처음 도입한 Lean 생산시스템(JITⅡ)은 부가가치가 적은 부문에 투입되는 자원의 낭비를 지속적으로 줄이고, 고부가가치를 창출할 수 있는 합리적인 프로세스를 구축하여 조직성과를 향상시키기 위한 생산시스템이다.

015

물류정보기술에 관한 설명으로 옳은 것은?

① ASP(Application Service Provider)는 정보시스템을 자체 개발하는 것에 비해 구축기간이 오래 걸린다.
② CALS 개념은 Commerce At Light Speed로부터 Computer Aided Acquisition & Logistics Support로 발전되었다.
③ IoT(Internet of Things)는 인간의 학습능력과 지각능력, 추론능력, 자연어의 이해능력 등을 컴퓨터 프로그램으로 실현한 기술을 의미한다.
④ CIM(Computer Integrated Manufacturing)은 정보시스템을 활용하여 제조, 개발, 판매, 물류 등 일련의 과정을 통합하여 관리하는 생산관리시스템을 말한다.
⑤ QR코드는 컬러 격자무늬 패턴으로 정보를 나타내는 3차원 바코드로서 기존의 바코드보다 용량이 크기 때문에 숫자 외에 문자 등의 데이터를 저장할 수 있다.

선지분석

① ASP는 Application Service Provider의 약자로 솔루션임대사업자를 뜻한다. 최신 소프트웨어가 서비스 회사의 데이터 센터에 있으며, 이 소프트웨어를 사용하고 싶은 사람은 공유하여 사용할 수가 있다.
② CALS의 개념은 Computer Aided Acquisition & Logistics Support로부터 시작해서 Commerce At Light Speed로 발전되었다.
③ IoT(Internet of Things)란 사람, 사물, 공간, 데이터 등이 인터넷으로 서로 연결되어 정보가 생성·수집·활용되게 하는 사물인터넷 기술이다.
⑤ QR은 일본 덴소사가 개발한 2차원 코드로, 매트릭스형 코드에 해당한다.

016

A기업의 연간 고정비는 10억 원, 단위당 판매가격은 10만 원, 단위당 변동비는 판매가격의 50%이다. 연간 손익분기점 판매량 및 손익분기 매출액은?

① 10,000개, 10억 원
② 15,000개, 20억 원
③ 20,000개, 20억 원
④ 25,000개, 25억 원
⑤ 30,000개, 25억 원

해설

BEP 판매량 $= \dfrac{10억원}{10만원 \times (1-0.5)} = 20,000개$

BEP 매출액 $= 20,000개 \times 100,000원 = 20억원$

017

국토교통부 기업물류비 산정지침에 관한 설명으로 옳지 않은 것은?

① 영역별 물류비는 조달물류비·사내물류비·판매물류비·역물류비로 구분된다.
② 일반기준에 의한 물류비 산정방법은 관리회계 방식에 의해 물류비를 계산한다.
③ 간이기준에 의한 물류비 산정방법은 기업의 재무제표를 중심으로 한 재무회계방식에 의해 물류비를 계산한다.
④ 간이기준에 의한 물류비 산정방법은 정확한 물류비의 파악을 어렵게 한다.
⑤ 물류기업의 물류비 산정 정확성을 높이기 위해 개발되었으므로 화주기업은 적용대상이 될 수 없다.

해설

기업물류비 산정지침은 「물류정책기본법 제26조」 및 「시행령 제18조」의 규정에 따라 물류기업 및 화주기업의 물류비 계산을 위한 절차와 방법에 대한 기준을 제공함으로써 개별기업의 물류회계표준화를 도모하고 물류비 산정의 정확성과 관리의 합리성을 제고하는 데 있다.

018

활동기준원가계산(ABC)에 관한 설명으로 옳지 않은 것은?

① 기업이 수행하고 있는 활동을 기준으로 자원, 활동, 원가대상의 원가와 성과를 측정하는 원가계산방법을 말한다.
② 전통적 원가계산방법보다 제품이나 서비스의 실제 비용을 현실적으로 계산할 수 있다.
③ 활동별로 원가를 분석하므로 낭비요인이 있는 업무 영역을 파악할 수 있다.
④ 임의적인 직접원가 배부기준에 의해 발생하는 전통적 원가계산방법의 문제점을 극복하기 위해 활용된다.
⑤ 소품종 대량생산보다 다품종 소량생산 방식에서 유용성이 더욱 높다.

해설

전통적 원가계산방식이 '간접원가'를 제품원가에 정확하게 반영시키지 못함으로써 야기될 수 있는 원가의 왜곡 문제를 보완할 수 있다.

019

BSC(Balanced Score Card)에 관한 설명으로 옳지 않은 것은?

① 기업의 재무성과뿐만 아니라 전략실행에 필요한 비재무적 정보를 제공해준다.
② 기업의 전략과 관련된 측정지표의 집합이라고 볼 수 있다.
③ 무형자산을 기업의 차별화 전략이나 주주가치로 변환시킬 수 있는 효과적인 기법이다.
④ 기업의 성과를 비재무적 관점, 고객 관점, 내부 비즈니스 프로세스 관점, 학습 및 성장 관점에서 측정한다.
⑤ 단기적이고 재무적 성과에 집착하는 경영자의 근시안적 사고를 균형있게 한다.

해설

기업의 성과를 재무적 관점(financial point), 고객 관점, 내부비즈니스 프로세스 관점, 학습 및 성장 관점에서 측정한다.

정답 | 014. ② 015. ④ 016. ③ 017. ⑤ 018. ④
019. ④

020
물류의 기능에 관한 설명으로 옳지 않은 것은?

① 운송활동은 생산시기와 소비시기의 불일치를 해결하는 기능을 수행한다.
② 고객의 요구에 부합하기 위한 물류의 기능에는 유통가공활동도 포함된다.
③ 포장활동은 제품을 보호하고 취급을 용이하게 하며, 상품가치를 제고시키는 역할을 수행한다.
④ 운송과 보관을 위해서 화물을 싣거나 내리는 행위는 하역활동에 속한다.
⑤ 물류정보는 전자적 수단을 활용하여 운송, 보관, 하역, 포장, 유통가공 등의 활동을 효율화한다.

해설
생산시기와 소비시기의 불일치를 해결하는 기능을 수행하는 것은 물류의 기능 중 보관기능이다.
운송은 장소적 장애를 해소시켜주는 기능을 담당한다.

021
물류에 대한 설명으로 옳지 않은 것은?

① Physical Distribution은 판매영역 중심의 물자 흐름을 의미한다.
② Logistics는 재화가 공급자로부터 조달되고 생산되어 소비자에게 전달되고 폐기되는 과정을 포함한다.
③ 공급사슬관리가 등장하면서 기업 내·외부에 걸쳐 수요와 공급을 통합하여 물류를 최적화하는 개념으로 확장되었다.
④ 한국 물류정책기본법상 물류는 운송, 보관, 하역 등이 포함되며 가공, 조립, 포장 등은 포함되지 않는다.
⑤ 쇼(A.W. Shaw)는 경영활동 내 유통의 한 영역으로 Physical Distribution 개념을 정의하였다.

해설
「물류정책기본법 제2조 1호」
"물류(物流)"란 재화가 공급자로부터 조달·생산되어 수요자에게 전달되거나 소비자로부터 회수되어 폐기될 때까지 이루어지는 운송·보관·하역(荷役) 등과 이에 부가되어 가치를 창출하는 가공·조립·분류·수리·포장·상표부착·판매·정보통신 등을 말한다.

022
물류의 영역에 관한 설명으로 옳지 않은 것은?

① 사내물류 – 완제품의 판매로 출하되어 고객에게 인도될 때까지의 물류활동이다.
② 회수물류 – 판매물류를 지원하는 파렛트, 컨테이너 등의 회수에 따른 물류활동이다.
③ 조달물류 – 생산에 필요한 원료나 부품이 제조업자의 자재창고로 운송되어 생산공정에 투입 전까지의 물류활동이다.
④ 역물류 – 반품물류, 폐기물류, 회수물류를 포함하는 물류활동이다.
⑤ 생산물류 – 자재가 생산공정에 투입될 때부터 제품이 완성되기까지의 물류활동이다.

해설
완제품의 판매로 출하되어 고객에게 인도될 때까지의 물류활동은 판매물류이다.

023
다음 설명에 해당하는 수요예측기법은?

> • 단기 수요예측에 유용한 기법으로 최근 수요에 많은 가중치를 부여한다.
> • 오랜 기간의 실적을 필요로 하지 않으며 데이터 처리에 소요되는 시간이 적게 드는 장점이 있다.

① 시장조사법　　② 회귀분석법
③ 역사적 유추법　④ 델파이법
⑤ 지수평활법

해설
지수평활법(Exponential smoothing)은 가장 최근의 값에 가장 많은 가중치를 주고, 오래된 자료일수록 가중치를 지수적으로 감소시키면서 예측하는 단기적 예측방법으로, 오랜 기간의 실적을 필요로 하지 않으며 데이터 처리에 소요되는 시간이 적게 드는 장점이 있다.

024

물류환경 변화에 관한 설명으로 옳지 않은 것은?

① 노동력 부족, 공해 발생, 교통 문제, 지가 상승 등 사회적 환경변화로 인해 물류비 절감의 중요성이 증가하고 있다.
② 소품종 대량생산에서 다품종 소량생산으로 물류환경이 변화하고 있다.
③ 전자상거래의 확산으로 인해 라스트마일(Last Mile) 물류비가 감소하고 있다.
④ 녹색물류에 대한 관심이 높아짐에 따라 물류활동으로 인한 폐기물의 최소화가 요구된다.
⑤ 기업의 글로벌 전략으로 인해 국제물류의 중요성이 증가하고 있다.

해설
최근 전자상거래 확산으로 신속성 측면에서 라스트마일(last mile)이 중요시되고 있으나 이로 인해 물류비는 증가하고 있다.
라스트마일(last mile)이란 풀필먼트센터 등에서 최종 고객에게 제품이 인도되는 단계를 뜻한다.

025

4자 물류에 관한 설명으로 옳은 것을 모두 고른 것은?

> ㄱ. 3자 물류업체, 물류컨설팅업체, IT업체 등이 결합한 형태
> ㄴ. 공급사슬 전체의 효율적인 관리와 운영
> ㄷ. 참여 업체 공통의 목표설정 및 이익분배
> ㄹ. 사이클 타임과 운전자본의 증대

① ㄱ, ㄴ
② ㄴ, ㄷ
③ ㄷ, ㄹ
④ ㄱ, ㄴ, ㄷ
⑤ ㄴ, ㄷ, ㄹ

해설
ㄹ. 4자 물류를 통해 제조 또는 재고운영 사이클이 증대되거나 운전자본(=유동자산-유동부채)이 직접적으로 영향을 받는 것은 아니다.

관련이론
제4자 물류 서비스 제공자는 공급사슬 전체를 관리하고 운영하며, 다양한 기업을 파트너(글로벌 컨설팅 + IT솔루션)로 참여시킨다. 또한 참여업체들은 공통의 목표를 설정하고 이익분배를 통해 이를 관리한다.

026

물류관리전략 수립에 관한 설명으로 옳지 않은 것은?

① 고객서비스 달성 목표를 높이기 위해서는 물류비용이 증가할 수 있다.
② 물류관리전략의 목표는 비용절감, 서비스 개선 등이 있다.
③ 물류관리의 중요성이 높아짐에 따라 물류전략은 기업 전략과 독립적으로 수립되어야 한다.
④ 물류관리계획은 전략계획, 전술계획, 운영계획으로 나누어 단계적으로 수립한다.
⑤ 제품수명주기에 따라 물류관리전략을 차별화할 수 있다.

해설
물류관리의 중요성이 높아짐에 따라 물류전략은 독립적이 아니라 기업수준 전략, 사업부 수준, 기능수준 전략들과 상호보완적으로 수립되어야 한다.

027

도매상의 유형 중에서 한정서비스 도매상(Limited Service Wholesaler)에 해당하지 않는 것은?

① 현금거래 도매상(Cash and Carry Wholesaler)
② 전문품 도매상(Specialty Wholesaler)
③ 트럭 도매상(Truck Jobber)
④ 직송 도매상(Drop Shipper)
⑤ 진열 도매상(Rack Jobber)

해설
전문품 도매상은 완전서비스 도매상에 해당한다.

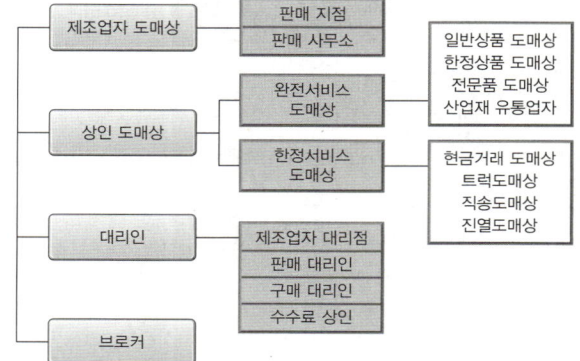

정답 | 020. ① 021. ④ 022. ① 023. ⑤ 024. ③
025. ④ 026. ③ 027. ②

028

유통경로상에서는 경로파워가 발생할 수 있다. 다음 설명에 해당하는 경로파워는?

- 중간상이 제조업자를 존경하거나 동일시하려는 경우에 발생하는 힘이다.
- 상대방에 대하여 일체감을 갖기를 바라는 정도가 클수록 커진다.
- 유명상표의 제품일 경우 경로파워가 커진다.

① 보상적 파워
② 준거적 파워
③ 전문적 파워
④ 합법적 파워
⑤ 강압적 파워

해설
준거적 파워(referent power)는 리더가 바람직한 특별한 자질을 가지고 있어 다른 사람들이 그를 따르고 일체감을 느끼고자 할 때 생기는 권력(파워)이다.

029

다음 설명에 해당하는 소매업태는?

- 할인형 대규모 전문점을 의미한다.
- 토이저러스(Toys 'R' US), 오피스디포(Office Depot) 등이 대표적이다.
- 기존 전문점과 상품구색은 유사하나 대량구매, 대량판매 및 낮은 운영비용을 통해 저렴한 가격의 상품을 제공한다.

① 팩토리 아웃렛(Factory Outlet)
② 백화점(Department Store)
③ 대중양판점(General Merchandising Store)
④ 하이퍼마켓(Hypermarket)
⑤ 카테고리 킬러(Category Killer)

해설
카테고리 킬러는 한정된 제품계열에서 깊이 있는 상품구색으로 전문점과 유사하나 저렴한 가격으로 판매하는 소매점으로 대량판매, 다점포화, 셀프서비스 방식을 채택한다.
예시로는 가전제품 전문매장인 서울전자랜드, 하이마트, 세계최대의 완구 전문할인점인 토이저러스(toysrus), 신발 멀티숍인 ABC마트 등이 있다.

030

다음 ( )에 들어갈 용어는?

공통모듈 A를 여러 제품모델에 적용하면 공통모듈 A의 수요는 이 모듈이 적용되는 개별 제품의 수요를 합한 것이 되므로, 개별 제품의 수요변동이 크더라도 공통모듈 A의 수요변동이 적게 나타나는 ( ) 효과를 얻을 수 있다.

① Risk Pooling
② Quick Response
③ Continuous Replenishment
④ Rationing Game
⑤ Cross Docking

해설
리스크풀링(risk pooling)이란 여러 지역의 수요를 한 곳에서 통합관리하게 되면 수요의 불확실성이 상대적으로 감소하게 된다는 것을 말한다. 즉, 기업은 분산 운영되던 물류거점을 통합 관리함으로써 적은 양의 재고로도 수요불확실성에 효과적으로 대응할 수 있게 된다.
리스크풀링 효과로 인해 기업은 안전재고(safety stock)가 감소하고 관련 물류비 절감효과도 도모할 수 있게 된다.

031

A기업은 최근 수송부문의 연비개선을 통해 이산화탄소 배출량(kg)을 감소시켰다. 총 주행 거리는 같다고 가정할 때, 연비개선 전 대비 연비개선 후 이산화탄소 배출감소량(kg)은? (단, 이산화탄소 배출량(kg)=연료사용량(L)×이산화탄소 배출계수(kg/L))

- 총 주행 거리: 100,000(km)
- 연비개선 전 평균연비: 4(km/L)
- 연비개선 후 평균연비: 5(km/L)
- 이산화탄소 배출계수: 0.002(kg/L)

① 1
② 5
③ 10
④ 40
⑤ 50

해설
㉠ 연비개선 전 연료사용량=100,000(km)/4(km/L)=25,000(L),
∴ 이산화탄소 추정 배출량(kg)=25,000(L)×0.002(kg−CO_2/L)=50kg
㉡ 연비개선 후 연료사용량=100,000(km)/5(km/L)=20,000(L),
∴ 이산화탄소 추정 배출량(kg)=20,000(L)×0.002(kg−CO_2/L)=40kg
㉢ 연비개선 후 감소된 이산화탄소 배출량: ㉠−㉡=10kg

032

고객이 제품을 주문해서 받을 때 까지 걸리는 총시간을 의미하는 것은?

① 주문주기시간(Order Cycle Time)
② 주문전달시간(Order Transmittal Time)
③ 주문처리시간(Order Processing Time)
④ 인도시간(Delivery Time)
⑤ 주문조립시간(Order Assembly Time)

해설

주문주기시간(Order Cycle Time)은 고객이 제품을 주문해서 받을 때까지 걸리는 총시간 즉, 고객주문이 완성되는 시간을 말하며, 아래 ㉠~㉤으로 구성된다.

㉠ 주문전달시간(Order Transmittal Time): 주문접수 후 관련부서와 주문을 주고받는 데 사용되는 방법(이메일, 우편)별로 소요되는 시간
㉡ 주문처리시간(Order Processing Time): 적재서류의 준비, 재고기록의 갱신, 신용장의 처리작업, 주문확인, 주문정보를 생산, 판매, 회계부서 등에 전달하는 데 소요되는 시간
㉢ 주문조립시간(Order Assembly Time): 주문을 받아서 주문정보를 창고나 발송 관련 부서에 전달한 후부터 주문받은 제품을 발송 준비하는 데 걸리는 시간
㉣ 재고 가용성(Stock Availability) 확보 시간: 창고에 보유하고 있는 재고가 없을 때 생산자의 재고로부터 보충하는 데 소요되는 시간
㉤ 인도시간(Delivery Time): 주문품을 재고지점에서 고객에게 전달하는 데 걸리는 시간으로, 창고에 재고가 있는 경우에는 공장을 거치지 않고 곧바로 고객에게 전달하는 데 걸리는 시간

033

역물류에 관한 설명으로 옳은 것을 모두 고른 것은?

> ㄱ. 수작업인 경우가 많아서 자동화가 어렵다.
> ㄴ. 대상제품의 재고파악 및 가시성 확보가 용이하다.
> ㄷ. 최종 소비단계에서 발생하는 불량품, 반품 및 폐기되는 제품을 회수하여 상태에 따라 분류한 후 재활용하는 과정에서 필요한 물류활동을 포함한다.

① ㄱ
② ㄱ, ㄴ
③ ㄱ, ㄷ
④ ㄴ, ㄷ
⑤ ㄱ, ㄴ, ㄷ

해설

역물류 또는 리버스물류는 순물류와는 반대방향으로 이동하는 물류흐름이다.
ㄱ. 역물류는 순물류와 달리 작업자에 의한 선별, 분류 등의 수작업이 많아 자동화에 한계가 있다.
ㄷ. 소비자로부터 회수되거나 반품되는 제품이나 용기, 폐기물 등을 취급하는 물류활동으로 최근 친환경 녹색물류와 관련성이 큰 분야이다.

034

블록체인(Block Chain)에 관한 설명으로 옳은 것을 모두 고른 것은?

> ㄱ. 신용거래가 필요한 온라인 시장에서 해킹을 막기 위해 개발되었다.
> ㄴ. 퍼블릭(Public) 블록체인, 프라이빗(Private) 블록체인, 컨소시엄(Consortium) 블록체인으로 나눌 수 있다.
> ㄷ. 화물의 추적·관리 상황을 점검하여 운송 중 발생할 수 있는 문제에 실시간으로 대처할 수 있다.
> ㄹ. 네트워크상의 참여자가 거래기록을 분산 보관하여 거래의 투명성과 신뢰성을 확보하는 기술이다.

① ㄱ, ㄴ
② ㄷ, ㄹ
③ ㄱ, ㄴ, ㄷ
④ ㄱ, ㄷ, ㄹ
⑤ ㄱ, ㄴ, ㄷ, ㄹ

해설

블록체인은 분산원장 또는 공공거래장부라고도 불리며, 다수의 상대방과 거래를 할 때 데이터를 중앙 서버가 아닌 사용자들의 개인 디지털 장비에 분산·저장하여 공동으로 관리하는 분산형 정보기술이다. 암호화폐로 거래할 때 발생할 수 있는 해킹을 막는 기술에서 출발했으며 최근 항만운송, 항공운송, 관세청 수출통관 등의 분야에서 활용이 추진되고 있다.

정답 | 028. ② 029. ⑤ 030. ① 031. ③ 032. ①
033. ③ 034. ⑤

035

LaLonde & Zinszer가 제시한 물류서비스 요소 중 거래 시 요소(Transaction Element)에 해당하는 것을 모두 고른 것은?

ㄱ. 보증수리	ㄴ. 재고품절 수준
ㄷ. 명시화된 회사 정책	ㄹ. 주문 편리성

① ㄱ, ㄴ
② ㄱ, ㄷ
③ ㄴ, ㄷ
④ ㄴ, ㄹ
⑤ ㄷ, ㄹ

해설
보증수리는 거래 후 요소, 명시화된 회사 정책은 거래 전 요소에 해당한다.

036

효율적(Efficient) 공급사슬 및 대응적(Responsive) 공급사슬에 관한 설명으로 옳은 것을 모두 고른 것은?

> ㉠ 효율적 공급사슬은 모듈화를 통한 제품 유연성 확보에 초점을 둔다.
> ㉡ 대응적 공급사슬은 불확실한 수요에 대해 빠르고 유연하게 대응하는 것을 목표로 한다.
> ㉢ 효율적 공급사슬의 생산운영 전략은 가동률 최대화에 초점을 둔다.
> ㉣ 대응적 공급사슬은 리드타임 단축보다 비용 최소화에 초점을 둔다.

① ㉠, ㉡
② ㉠, ㉣
③ ㉡, ㉢
④ ㉢, ㉣
⑤ ㉠, ㉡, ㉢

해설
㉠ 대응적 공급사슬은 공급사슬유형 중 의류와 같이 제품의 수명주기가 짧고 고객의 수요변동성이 큰 경우와 같이 시장수요 변화에 대해 민감하고 유연하게 반응하도록 설계된 공급사슬로 혁신적 공급사슬이라고도 한다.
㉣ 효율적 공급사슬은 제조기업 중 제품수명주기가 길어 수요가 안정적이고 예측가능한 경우 비용절감 및 효율적 운영을 위해 취하는 공급사슬기법을 말한다.

037

A사는 프린터를 생산·판매하는 업체이다. A사 제품은 전 세계 고객의 다양한 전압과 전원플러그 형태에 맞게 생산된다. A사는 고객 수요에 유연하게 대응하면서 재고를 최소화하기 위한 전략으로 공통모듈을 우선 생산한 후, 고객의 주문이 접수되면 전력공급장치와 전원케이블을 맨 마지막에 조립하기로 하였다. A사가 적용한 공급사슬관리 전략은?

① Continuous Replenishment
② Postponement
③ Make-To-Stock
④ Outsourcing
⑤ Procurement

해설
지연전략(Postponement)이란 생산 프로세스에서 제품들이 서로 차별화되는 시점을 가능한 한 판매시점에 가깝게 지연시키는 전략으로, 연기 또는 유예전략이라도 한다.
이는 제품에 대한 변동성이 큰 경우, 공장에서 제품을 완성하는 대신 시장 가까이로 제품의 완성을 최대한 지연시켜 소비자가 원하는 다양한 수요를 만족시키기 위한 전략에 해당한다.

선지분석
① Continuous Replenishment: 지속적인 재고보충전략
③ Make-To-Stock: 완제품을 재고로 가지고 있다가 고객의 주문에 맞추어 공급하는 전략으로, 가장 대응이 빠르며 대부분의 공산품은 이 방식으로 생산됨
④ Outsourcing: 외부 위탁(제조 또는 물류서비스)
⑤ Procurement: 외부로부터의 원·부자재 조달

038

채찍효과(Bullwhip Effect)에 관한 설명으로 옳지 않은 것은?

① 최종소비자의 수요 정보가 공급자 방향으로 전달되는 과정에서 수요변동이 증폭되는 현상을 말한다.
② 구매자의 사전구매(Forward Buying)를 통해 채찍효과를 감소시킬 수 있다.
③ 공급사슬 참여기업 간 수요정보 공유를 통해 채찍효과를 감소시킬 수 있다.
④ 공급사슬 참여기업 간 정보 왜곡은 채찍효과의 주요 발생원인이다.
⑤ 공급사슬 참여기업 간 파트너쉽을 통해 채찍효과를 감소시킬 수 있다.

해설
채찍효과는 공급사슬에서 최종 소비자로부터 멀어질수록 정보가 지연되거나 왜곡되어 수요와 재고의 불안정이 확대되는 현상을 말한다. 구매자의 사전구매(Forward Buying)를 통해 채찍효과는 더욱 증가할 수 있다.

039

창고에 입고되는 상품을 보관하지 않고 곧바로 소매 점포에 배송하는 유통업체 물류시스템은?

① Cross Docking
② Vendor Managed Inventory
③ Enterprise Resource Planning
④ Customer Relationship Management
⑤ Material Requirement Planning

해설
크로스도킹(Cross Docking)은 창고나 물류센터에서 수령한 상품을 창고에서 재고로 보관하지 않고 바로 배송할 수 있도록 하여 적재시간과 비용을 절감할 수 있는 물류시스템으로 통과형 물류센터라고도 한다. 1980년대 Wal-Mart가 최초로 도입하였다.

선지분석
② Vendor Managed Inventory(VMI): 공급자주도 재고관리
③ Enterprise Resource Planning(ERP): 전사적 자원관리시스템
④ Customer Relationship Management(CRM): 고객관계관리
⑤ Material Requirement Planning(MRP): 자재소요계획(종속수요계획)

040

다음 설명에 해당하는 물류관련 보안제도를 바르게 연결한 것은?

> ㄱ. 국제표준화기구에 의해 국제적으로 보안상태가 유지되는 기업임을 인증하는 보안경영 인증제도
> ㄴ. 세계관세기구의 기준에 따라 물류기업이 일정 수준 이상의 기준을 충족하면 세관 통관절차 등을 간소화 시켜주는 제도
> ㄷ. 미국 세관이 제시하는 보안기준 충족 시 통관절차 간소화 등의 혜택이 주어지는 민관협력 프로그램

① ㄱ: ISO 6780, ㄴ: AEO, ㄷ: C-TPAT
② ㄱ: ISO 6780, ㄴ: C-TPAT, ㄷ: AEO
③ ㄱ: ISO 6780, ㄴ: AEO, ㄷ: ISO 28000
④ ㄱ: ISO 28000, ㄴ: AEO, ㄷ: C-TPAT
⑤ ㄱ: ISO 28000, ㄴ: C-TPAT, ㄷ: AEO

해설
ㄱ, ㄴ, ㄷ은 각각 ISO 28000(물류보안경영 시스템), AEO(종합인증우수업체 제도), C-TPAT(반테러 민간 협력제도)을 말한다.

관련이론 | **KS T ISO 6780**
파렛트 트럭, 지게차 그리고 다른 적절한 취급장비에 의한 수송 및 취급과 관련해 모든 차입구 형태 및 다양한 재질로 만들어진 새로운 단면형, 양면형, 양면 사용형, 단면 사용형 파렛트에 대한 주요치수와 허용치수에 대하여 규정한다.

정답 | 035. ④ 036. ③ 037. ② 038. ② 039. ① 040. ④

화물운송론

041
화물운송의 3요소에 해당하는 것은?

| ㄱ. Link | ㄴ. Load | ㄷ. Mode |
| ㄹ. Node | ㅁ. Rate | |

① ㄱ, ㄴ, ㄷ
② ㄱ, ㄴ, ㄹ
③ ㄱ, ㄷ, ㄹ
④ ㄴ, ㄷ, ㅁ
⑤ ㄴ, ㄹ, ㅁ

해설
운송의 3요소는 Link(운송경로), Mode(운송수단), Node(운송경로상 연결점)이다.
운송의 3요소 중 Mode는 화물자동차, 선박, 항공기 등의 운송수단을 의미한다.
Link는 도로, 철도 등의 운송경로이다.
Node는 복합물류터미널, 철도역, 항만, 공항, 컨테이너 야드(CY) 등의 운송경로상 연결점(또는 운송거점)을 말한다.

042
운송에 관한 설명으로 옳지 않은 것은?

① 운송은 화물을 한 장소에서 다른 장소로 이동시키는 기능이 있다.
② 운송 중에 있는 화물을 일시적으로 보관하는 기능이 있다.
③ 운송 효율화 측면에서 운송비용을 절감하기 위해 다빈도 소량운송을 실시한다.
④ 운송은 장소적 효용과 시간적 효용을 창출한다.
⑤ 운송 효율화는 생산지와 소비지를 확대시켜 시장을 활성화한다.

해설
다빈도 소량운송을 하면 운송비용이 크게 상승하므로 운송의 효율성은 낮아진다. 운송의 효율성을 높이기 위해서는 수·배송 공동화를 통해 여러 화주의 화물을 혼재(consolidation)하여 대량운송해야 한다.

043
운송수단의 선택에 관한 설명으로 옳은 것을 모두 고른 것은?

ㄱ. 화물유통에 대한 제반여건을 확인하고 운송수단별 평가항목의 내용을 검토한다.
ㄴ. 운송수단의 특성에 따라 최적경로, 배송빈도를 고려하여 운송계획을 수립한다.
ㄷ. 특화된 운송서비스를 제공하거나 틈새시장을 공략하기 위한 경우라도 일반적인 선택기준을 적용하고 다른 기준을 적용하는 경우는 없다.
ㄹ. 물류흐름을 최적화하여 물류비를 절감하고 고객만족서비스를 향상시키도록 하는 전략을 활용한다.
ㅁ. 운송비 부담력은 고려하지 않는다.

① ㄱ, ㄴ
② ㄱ, ㄴ, ㄹ
③ ㄴ, ㄷ, ㄹ
④ ㄱ, ㄷ, ㄹ, ㅁ
⑤ ㄴ, ㄷ, ㄹ, ㅁ

해설
ㄷ. 운송수단을 선택할 때 특화된 운송서비스를 제공하거나 틈새시장을 공략하기 위한 경우라면 일반적인 선택기준이 아니라 그 목적에 맞는 기준을 적용하여 운송수단을 선택해야 한다.
ㅁ. 운송수단을 선택할 때 고려해야 할 가장 중요한 요인 중의 하나는 운송비 부담력이다.

044
운송수단별 비용 비교에 관한 설명으로 옳지 않은 것은?

① 철도 운송은 운송기간 중의 재고유지로 인하여 재고유지비용이 증가할 수 있다.
② 운송수단별 운송물량에 따라 운송비용에 차이가 있어 비교우위가 다르게 나타난다.
③ 항공운송은 타 운송수단에 비해 운송 소요시간이 짧아 재고유지비용이 감소한다.
④ 해상운송은 장거리 운송의 장점을 가지고 있지만, 대량 화물을 운송할 때 단위비용이 낮아져 자동차 운송보다 불리하다.
⑤ 수송비와 보관비는 상관관계가 있으므로 총비용 관점에서 운송수단을 선택한다.

해설
해상운송은 장거리 운송에서 가장 유리한 장점을 가지고 있다. 그리고 대량화물을 운송할 때 단위비용이 낮아지므로 어떤 운송수단보다 유리한 위치를 점하고 있다.

045
파이프라인 운송에 관한 설명으로 옳지 않은 것은?

① 초기시설 설치비가 많이 드나 유지비는 저렴한 편이다.
② 환경오염이 적은 친환경적인 운송이다.
③ 운송대상과 운송경로에 관한 제약이 적다.
④ 유류, 가스를 연속적이고 대량으로 운송한다.
⑤ 컴퓨터시스템을 이용하여 운영의 자동화가 가능하다.

해설
파이프라인 운송은 주로 유류, 가스의 운송에 이용되므로 운송대상과 운송경로에 관한 제약이 다른 운송수단에 비해 가장 크다.

046
다음은 운송수단 선택 시 고려해야 할 사항이다. 이에 해당하는 요건은?

> • 물류네트워크 연계점에서의 연결이 용이한가?
> • 운송절차와 송장서류 작성이 간단한가?
> • 필요시 운송서류를 이용할 수 있는가?

① 안전성　　　② 신뢰성
③ 편리성　　　④ 신속성
⑤ 경제성

해설
제시된 내용은 운송수단을 선택할 때 고려해야 할 사항 중 편리성에 관한 것이다.
일반적으로 운송수단의 선택 시 대안별 평가요소로는 편리성, 확실성, 신속성, 안전성, 경제성, 신뢰성 등이 있다.

047
화물운송의 합리화 방안으로 옳지 않은 것은?

① 수송체계의 다변화
② 일관파렛트화(Palletization)를 위한 지원
③ 차량운행 경로의 최적화 추진
④ 물류정보시스템의 정비
⑤ 운송업체의 일반화 및 소형화 유도

해설
화물운송의 합리화가 이루어지려면 대형화된 제3자 물류업체인 전문 운송업체가 화물운송을 담당해야 한다. 그래야만 운송비의 절감을 통한 물류비용의 절감과 함께 고객서비스의 개선이 이루어질 수 있다.

048
철도와 화물자동차 운송의 선택기준에 관한 설명으로 옳지 않은 것은?

① 장거리·대량화물은 철도가 유리하다.
② 근거리·소량화물은 화물자동차가 경제적이다.
③ 채트반(Chatban) 공식은 운송거리에 따른 화물자동차 운송과 철도 운송의 선택기준으로 활용된다.
④ 채트반 공식은 비용요소를 이용하여 화물자동차 경쟁 가능거리의 한계(분기점)를 산정한다.
⑤ 채트반 공식으로 산출된 경계점 거리 이내에서는 화물자동차 운송보다 철도 운송이 유리하다.

해설
채트반(Chatban) 공식으로 산출된 경계점 거리 이내에서는 화물자동차 운송이 철도 운송보다 유리하다. 채트반 공식은 운송거리에 따른 화물자동차 운송과 철도 운송의 선택기준으로 활용된다.

정답	041. ③	042. ③	043. ②	044. ④	045. ③
	046. ③	047. ⑤	048. ⑤		

049

다음과 같은 특징을 가진 운임산정 기준은?

> - 양모, 면화, 코르크, 목재, 자동차 등과 같이 중량에 비해 부피가 큰 화물에 적용된다.
> - Drum, Barrel, Roll 등과 같이 화물 사이에 공간이 생기는 화물에 적용된다.
> - 일정비율의 손실공간을 감안하여 운임을 부과한다.
> - 이러한 화물은 통상 이들 손실공간을 포함시킨 적화계수를 적용한다.

① 중량기준 ② 용적기준
③ 종가기준 ④ 개수기준
⑤ 표정기준

해설
중량에 비해 부피가 큰 화물, 화물 사이에 공간이 생기는 화물의 운임을 산정할 때는 용적기준(부피기준)이 합리적이다. 반면 중량기준은 시멘트, 철강과 같이 부피에 비해서 무거운 화물에 적용된다.

050

화물자동차의 구조에 의한 분류상 전용특장차로 옳은 것을 모두 고른 것은?

> ㄱ. 덤프트럭
> ㄴ. 분립체 운송차
> ㄷ. 적화·하역 합리화차
> ㄹ. 측면 전개차
> ㅁ. 액체 운송차

① ㄱ, ㄴ ② ㄴ, ㄷ
③ ㄱ, ㄴ, ㅁ ④ ㄴ, ㄹ, ㅁ
⑤ ㄷ, ㄹ, ㅁ

해설
덤프트럭, 분립체 운송차(벌크차), 액체 운송차(탱크로리), 냉동차, 믹서트럭(레미콘 차량) 등이 전용특장차이다. 전용특장차는 자동차 자체의 동력을 이용하여 적하작업, 운반작업, 기타의 작업을 행할 수 있는 기계장치를 설치한 차량이다.
적화·하역 합리화차와 측면 전개차는 합리화 차량으로 분류된다.

051

화물자동차의 운행제한 기준으로 옳은 것은?

① 축간 중량 5톤 초과 ② 길이 13.7m 초과
③ 너비 2.0m 초과 ④ 높이 3.5m 초과
⑤ 총중량 40톤 초과

해설
화물자동차 운행제한 기준은 총중량 40톤 초과, 축하중 10톤 초과이다. 「도로법 제77조」(차량의 운행제한 및 운행허가), 「시행령 제79조」에 규정된 기타 운행제한 기준은 길이 16.7m 초과, 폭(너비) 2.5m 초과, 높이 4.0m 초과 등이다.

052

폴트레일러 트럭(Pole-trailer truck)에 관한 설명으로 옳은 것은?

① 트랙터에 턴테이블을 설치하고 트레일러를 연결한 후, 대형파이프나 H형강, 교각, 대형목재 등 장척물의 수송에 사용한다.
② 트랙터와 트레일러가 완전히 분리되어 있고, 트레일러 자체도 바디를 가지고 있으며 중소형이다.
③ 트레일러의 일부 하중을 트랙터가 부담하는 것으로 측면에 미닫이문이 부착되어 있다.
④ 컨테이너 트랙터는 트레일러 2량을 연결하여 사용한다.
⑤ 대형 중량화물을 운송하기 위하여 여러 대의 자동차를 연결하여 사용한다.

해설
폴트레일러 트럭(Pole-trailer truck)은 트랙터에 턴테이블을 설치하고 트레일러를 연결한 후, 대형파이프나 H형강, 교각, 대형목재 등 장척물의 수송에 사용한다.

선지분석
② 트랙터와 트레일러가 완전히 분리되어 있는 것은 풀(full) 트레일러이다.
③ 측면에 미닫이문이 부착되어 있는 것은 슬라이딩도어 차량이다.
④ 트랙터가 2개의 트레일러를 동시에 견인하여 화물을 운송할 수 있는 것은 더블(double) 트레일러이다.

053

화물자동차 운송의 고정비 항목으로 옳은 것은?

① 유류비
② 수리비
③ 감가상각비
④ 윤활유비
⑤ 도로통행료

해설

화물자동차 운송에서 원가항목 중 고정비는 운송거리와 관계없이 지출되는 일정한 비용을 말한다. 고정비 성격의 항목은 운전기사 인건비, 통신비, 복리후생비, 차량의 감가상각비, 차량보험료, 세금과 공과금 등이다.

관련이론 | 변동비

변동비는 운송거리나 운송물량 등에 따라 증가하는 비용으로 연료비, 수리비, 도로통행료, 주차비 등이 포함된다.

054

컨테이너에 의한 위험물의 운송 시 위험물 수납에 관한 내용으로 옳지 않은 것은?

① 컨테이너는 위험물을 수납하기 전에 충분히 청소 및 건조되어야 한다.
② 위험물을 컨테이너에 수납할 경우에는 해당 위험물의 이동, 전도, 충격, 마찰, 압력손상 등으로 위험이 발생할 우려가 없도록 한다.
③ 위험물의 어느 부분도 외부로 돌출하지 않도록 수납한 후에 컨테이너의 문을 닫아야 한다.
④ 위험물을 컨테이너 일부에만 수납하는 경우에는 위험물을 컨테이너 문에서 먼 곳에 수납해야 한다.
⑤ 위험물이 수납된 컨테이너를 여닫는 문의 잠금장치 및 봉인은 비상시에 지체 없이 열 수 있는 구조이어야 한다.

해설

위험물을 컨테이너 일부에만 수납하는 경우에는, 응급상황이 발생했을 때 빠르게 대처하기 위해 위험물을 컨테이너 문에서 가까운 곳에 수납해야 한다.

055

목재, 강재, 승용차, 기계류 등과 같은 중량화물을 운송하기 위하여 지붕과 벽을 제거하고, 4개의 모서리에 기둥과 버팀대만 두어 전후, 좌우 및 위쪽에서 적재·하역할 수 있는 컨테이너는?

① 건화물 컨테이너(Dry container)
② 오픈탑 컨테이너(Open top container)
③ 동물용 컨테이너(Live stock container)
④ 솔리드벌크 컨테이너(Solid bulk container)
⑤ 플랫랙 컨테이너(Flat rack container)

해설

목재, 강재, 승용차, 기계류 등과 같은 중량화물을 운송하기 위하여 지붕과 벽을 제거하고, 4개의 모서리에 기둥과 버팀대만 두어 전후, 좌우 및 위쪽에서 적재·하역할 수 있는 컨테이너는 플랫랙 컨테이너(Flat rack container)이다.

선지분석

① 건화물 컨테이너(Dry container) 또는 드라이 카고 컨테이너(Dry Cargo Container)는 가장 일반적인 용도의 컨테이너이다.
② 오픈탑 컨테이너(Open Top Container)는 파이프와 같이 길이가 긴 장척화물, 중량물, 기계류 등을 수송하기 위한 컨테이너로 지붕이 가동식, 착탈식 또는 캔버스(canvas)로 되어있는 형태여서 화물을 컨테이너의 윗부분으로 넣거나 하역할 수 있다.
③ 동물용 컨테이너(Live stock container, Pen container)는 소, 말, 양 등 생동물 수송용 컨테이너로 통풍이 잘 되도록 옆면과 전후양면에 창문이 있고, 옆면 하부에 청소 배수구 등이 있다. 옆면에 모이통이 붙어 있는 것도 있으며, 통상 상갑판에 적재된다.
④ 솔리드벌크 컨테이너(Solid bulk container) 또는 드라이 벌크 컨테이너(Dry Bulk Container)는 사료, 곡물 등 분립체 등의 벌크화물을 수송하는 컨테이너로 천정에 적부용 해치가 있고 아랫부분에 꺼내는 문이 있다.

정답 | 049. ② 050. ③ 051. ⑤ 052. ① 053. ③
054. ④ 055. ⑤

056

다음에서 설명하고 있는 철도 운송 서비스 형태는?

- 철도화물역 또는 터미널 간을 직송 운행하는 전용열차
- 화차의 수와 타입이 고정되어 있지 않음
- 중간역을 거치지 않고 최초 출발역부터 최종 도착역까지 직송서비스 제공
- 철도 – 도로 복합운송에서 많이 사용되는 서비스

① Block Train
② Coupling & Sharing Train
③ Liner Train
④ Shuttle Train
⑤ Single Wagon Train

해설
철도화물역 또는 터미널 간을 직접 운행하는 전용열차로 중간역을 거치지 않고 최초 출발역부터 최종 도착역까지 직송서비스를 제공하는 철도 운송 서비스는 블록 트레인(Block Train)이다. 블록트레인은 스위칭야드를 이용하지 않고, 화차의 수와 타입이 고정되어 있지 않다.

선지분석
② 커플링 앤 셰어링 트레인(Coupling & Sharing Train)은 중거리나 단거리 운송 또는 소규모 터미널에서 이용할 수 있는 소형열차(Modular Train) 형태의 열차서비스이다. 중간역에서 화차의 취급을 단순화하여 열차의 조성을 신속하게 할 수 있다.
③ 라이너 트레인(Liner Train)은 Single – Wagon train의 한 유형이다.
④ 셔틀 트레인(Shuttle Train)은 철도역이나 터미널에서 화차조성비용을 절감하기 위해 화차의 수 및 형태가 고정되어 있는 서비스 방식이다. 출발지 → 목적지 → 출발지를 연결하는 루프형 구간에서 서비스를 제공한다.
　Y – Shuttle Train은 한 개의 중간터미널을 거치는 것을 제외하고는 셔틀트레인(Shuttle Train)과 같은 형태의 서비스를 제공한다.
⑤ 싱글왜건 트레인(Single – Wagon train)은 화주가 원하는 시간에 따라 서비스를 제공하는 것이 아니라 열차편성이 가능한 물량이 확보되는 경우에 서비스를 제공하는 철도 운송 서비스이다. Single – Wagon train은 여러 개의 중간역 또는 터미널을 거치면서 운행하는 방식으로 가장 일반적인 열차서비스의 형태이다.

057

우리나라 철도화물의 운임체계에 관한 설명으로 옳지 않은 것은?

① 화차(차량)취급운임, 컨테이너 취급운임, 혼재운임으로 구성된다.
② 화차취급운임 중 특대화물, 위험화물, 귀중품의 운송은 할증이 적용된다.
③ 화차취급운임 중 정량화된 대량화물이나 파렛트 화물의 운송은 할인이 적용된다.
④ 냉동컨테이너의 운송은 할증이 적용된다.
⑤ 공컨테이너와 적컨테이너의 운송은 할증이 적용된다.

해설
공컨테이너(empty container)의 운임은 규격별 영컨테이너, 즉 적재컨테이너 운임의 74%를 적용하여 계산한다.
철도화물의 일반화물의 최저기본운임은 사용화차의 최대 적재중량에 대한 100km에 해당하는 운임이다. 1km 미만의 거리와 1톤 미만의 일반화물은 반올림하여 계산한다.

058

다음에서 설명하고 있는 대륙횡단 철도서비스 형태는?

> 아시아 극동지역의 화물을 파나마 운하를 경유하여 북미 동부 연안의 항만까지 해상운송을 실시하고, 철도 및 트럭을 이용하여 내륙지역까지 운송한다.

① ALB(American Land Bridge)
② MLB(Mini Land Bridge)
③ IPI(Interior Point Intermodal)
④ RIPI(Reversed Interior Point Intermodal)
⑤ CLB(Canadian Land Bridge)

해설
제시된 내용은 Reverse IPI 또는 RIPI(Reversed Interior Point Intermodal)에 대한 설명이다. 미국의 내륙지역이 화물운송의 출발 또는 도착지인 점에서는 IPI와 같지만, 운송 중 파나마 운하를 경유하는 점에서 IPI와 차이가 있다.

선지분석
① ALB(America Land Bridge)는 미국대륙횡단철도로 극동의 항구에서 북미 서안까지 해상운송한 후 철도를 이용하여 미대륙을 횡단하고, 북미 동부 또는 남부항에서 대서양을 해상운송으로 횡단하여 유럽지역 항만 또는 내륙까지 일관운송하는 시스템이다. 수에즈 운하가 봉쇄될 경우 기존의 운송방식을 대체할 수 있다. 이와 비슷한 시스템으로 캐나다 랜드 브리지(CLB)가 있다.
② MLB(Mini Land Bridge)는 미국 서안에서 철도 등의 내륙운송을 거쳐 미국 동안 또는 걸프지역 항만까지 수송하는 방식이다.
③ IPI(Interior Point Intermodal)는 Micro Land Bridge라고도 하는데 극동에서 미국 서안 항구로 운송한 후 미국 내륙까지 철도로 운송한다. IPI는 목적지가 미국 내륙이라는 점에서 ALB와 차이가 있다.

059

철도 운송의 특징으로 옳지 않은 것은?

① 장거리 대량화물의 운송에 유리하다.
② 타 운송수단과의 연계 없이 Door to Door 서비스가 가능하다.
③ 안전도가 높고 친환경적인 운송수단이다.
④ 전국적인 네트워크를 가지고 있다.
⑤ 계획적인 운송이 가능하다.

해설
타 운송수단과의 연계 없이 Door to Door 서비스가 가능한 것은 화물자동차 운송이다. 철도 운송이 이루어지기 위해서는 운송의 앞과 뒤에 다른 운송수단이 연계되어야 한다.

060

다음에서 설명하는 해상운임 산정 기준으로 옳은 것은?

> 운임단위를 무게 기준인 중량톤과 부피 기준인 용적톤으로 산출하고 원칙적으로 운송인에게 유리한 운임단위를 적용하는 운임톤

① Gross Ton(G/T)
② Long Ton(L/T)
③ Metric Ton(M/T)
④ Revenue Ton(R/T)
⑤ Short Ton(S/T)

해설
운임단위를 무게 기준인 중량톤과 부피 기준인 용적톤으로 산출하고 원칙적으로 운송인에게 유리한 운임단위를 적용하는 운임톤은 R. TON(Revenue Ton, R/T)이다.
정기선 운임산정기준 중 중량기준은 1,000kg을 1Metric Ton(M/T)으로 하여 운임을 산정하는 방식으로 지역에 따라 차이가 있다. 영국계 국가에서는 Long Ton(L/T, 2,240lbs), 미국계 국가에서는 Short Ton(S/T, 2,000lbs), 유럽계 국가에서는 Metric Ton(2,204lbs)이 주로 이용된다. lbs는 무게 단위 파운드(1lb=0.45kg)이다.

061

선박의 국적(선적)에 관한 설명으로 옳지 않은 것은?

① 전통적인 선박의 국적 취득 요건은 자국민 소유, 자국 건조, 자국민 승선이다.
② 편의치적제도를 활용하는 선사는 자국의 엄격한 선박 운항기준과 안전기준에서 벗어날 수 있다.
③ 제2선적제도는 기존의 전통적 선적제도를 폐지하고, 역외등록제도와 국제선박등록제도를 신규로 도입한다.
④ 편의치적제도는 세제상의 혜택과 금융조달의 용이성으로 인해 세계적으로 확대되었다.
⑤ 우리나라는 제2선적제도를 시행하고 있다.

해설
제2치적(Secondary Registry) 또는 제2선적제도는 자국선의 편의치적(Flag of Convenience)을 방지하기 위해 자국의 일정지역을 치적으로 정하여(우리나라는 제주도) 편의치적과 유사한 혜택을 부여하는 것을 말한다.
편의치적(Flags of convenience)은 선주가 속한 국가의 엄격한 요구조건과 의무부과를 피하기 위하여 파나마, 온두라스 및 라이베리아 등의 국적을 취득하는 것을 의미한다.

정답 | 056. ① 057. ⑤ 058. ④ 059. ② 060. ④
061. ③

062

항해용선 계약과 나용선 계약을 구분한 것으로 옳지 않은 것은?

	구분	항해용선 계약	나용선 계약
ㄱ	선장고용책임	선주가 감독, 임명	용선주가 임명
ㄴ	해원고용책임	선주가 감독, 임명	용선주가 임명
ㄷ	책임한계	선주 – 운송행위	용선주 – 운송행위
ㄹ	운임결정	용선기간	화물의 수량
ㅁ	용선주 비용부담	없음	전부

① ㄱ
② ㄴ
③ ㄷ
④ ㄹ
⑤ ㅁ

해설
운임결정기준에서 항해용선 계약은 선복(화물의 수량)을 기준으로 결정하고, 나용선 계약은 용선기간을 기준으로 결정한다.
항해용선계약에서 화주(용선주)는 선주에게 운임조건을 지불하고, 그 외 항해비 일체는 선주가 부담한다.

관련이론
용선계약에는 전부용선과 일부용선이 있으며 전부용선에는 기간(정기)용선(Time Charter)과 항해용선 계약(Voyage Charter) 및 나용선(Bareboat Charter) 등이 있다.

구분	항해용선 계약	정기(기간) 용선 계약	나용선 계약
선장 고용책임	선주가 선장 임명 및 지휘감독	선주가 선장 임명 및 지휘감독	임차인이 선장 임명 및 지휘감독
책임한계	용선자는 선복이용, 선주는 운송행위	용선자는 선복이용, 선주는 운송행위	임차인이 선박을 일정기간 사용 및 운송행위
운임 결정 기준	선복으로 결정	기간에 의하여 결정	임차료는 기간을 기초로 결정
감항담보	용선자는 재용선에 대하여 감항담보 책임이 없음	용선자는 재용선에 대하여 감항담보 책임이 없음	임차인은 화주 또는 용선자에 대하여 감항담보 책임이 있음
용선자의 비용부담	운임조건 지불, 그 외 비용부담 없음	연료비 등 변동비 부담	운항에 필요한 모든 비용 부담

063

선하증권 운송약관상의 운송인 면책 약관에 관한 설명으로 옳지 않은 것은?

① 잠재하자약관: 화물의 고유한 성질에 의하여 발생하는 손실에 대해 운송인은 면책이다.
② 이로약관: 항해 중에 인명, 재산의 구조, 구조와 관련한 상당한 이유로 예정항로 이외의 지역으로 항해한 경우, 발생하는 손실에 대해 운송인은 면책이다.
③ 부지약관: 컨테이너 내에 반입된 화물은 화주의 책임 하에 있으며 발생하는 손실에 대해 운송인은 면책이다.
④ 과실약관: 과실은 항해과실과 상업과실로 구분하며 상업과실일 경우, 운송인은 면책을 주장하지 못한다.
⑤ 고가품약관: 송하인이 화물의 운임을 종가율에 의하지 않고 선적하였을 경우, 운송인은 일정금액의 한도 내에서 배상책임이 있다.

해설
잠재하자약관(latent defect clause)은 잠재된 하자로 인한 손해에 대해서 운송인의 면책사항을 규정한 것으로, 해상운송에서 인정되는 운송인의 면책약관의 하나이다.
각 나라는 운송인에게 선박의 내항능력 담보의 의무를 부과하고 있으나 복잡한 선체·기관·설비에 잠재된 기술적 결함은 신중하게 주의했더라도 출항 전에는 쉽게 발견할 수 없는 사항이다. 따라서 이에 대해서 운송인은 면책된다.
이밖에도 운송인의 면책조항으로는 과실약관(negligence clause)·이로약관(deviation clause)·전쟁약관·동맹파업약관 등이 있다.

064

다음 설명에 해당하는 해상운송 관련서류는?

- 해상운송에서 운송인은 화물을 인수할 당시에 포장상태가 불완전하거나 수량이 부족한 사실이 발견되면 사고부 선하증권(Foul B/L)을 발행한다.
- 사고부 선하증권은 은행에서 매입을 하지 않으므로, 송하인은 운송인에게 일체의 클레임에 대해서 송하인이 책임진다는 서류를 제출하고 무사고 선하증권을 수령한다.

① Letter of Credit
② Letter of Indemnity
③ Commercial Invoice
④ Certificate of Origin
⑤ Packing List

해설
제시된 내용은 파손화물보상장(LOI; Letter Of Indemnity)에 대한 설명이다. 이는 물품운송계약에 있어서 운송화물이 손상되었을 경우 운송인이 사고부 선하증권(Foul B/L or Dirty B/L, 고장부 선하증권)을 발행하지 않고 무사고 선하증권(Clean B/L)을 발행함으로써 부담하게 되는 책임을 송하인(consignor)이 부담하겠다고 하는 송하인의 서면상의 약속 증서이다.

선지분석
① Letter of Credit(L/C, 신용장)은 수입업자의 요청에 따라 수입업자가 거래하는 은행에서 수출업자가 발행하는 환어음의 결제를 보증하는 문서이다.
③ Commercial Invoice(CI, 상업송장)는 판매자가 매매계약 이행 사실을 기재해 구매자에게 발송하는 문서이다.
④ Certificate of Origin은 원산지증명서이다.
⑤ Packing List는 포장명세서이다.

065

항공화물 운임의 결정 원칙으로 옳지 않은 것은?

① 운임은 출발지의 중량에 kg 또는 lb당 적용요율을 곱하여 결정한다.
② 별도 규정의 경우를 제외하고는 요율과 요금은 가장 낮은 것을 적용한다.
③ 운임 및 종가 요금은 선불이거나 도착지 지불이어야 한다.
④ 화물의 실제 운송경로는 운임 산출 시 근거경로와 일치하여야만 한다.
⑤ 항공화물의 요율은 출발지국의 현지통화로 설정한다.

해설
화물의 실제 운송경로는 운임 산출 시 근거경로와 반드시 일치하여야 하는 것은 아니다.

066

단위탑재용기(ULD: Unit Load Device)에 관한 설명으로 옳은 것을 모두 고른 것은?

ㄱ. 지상 조업시간이 단축된다.
ㄴ. 전 기종 간의 ULD 호환성이 높다.
ㄷ. 냉장, 냉동화물 등 특수화물의 운송이 용이하다.
ㄹ. 사용된 ULD는 전량 회수하여 사용한다.

① ㄱ
② ㄱ, ㄷ
③ ㄴ, ㄷ
④ ㄴ, ㄹ
⑤ ㄱ, ㄷ, ㄹ

해설
ㄴ. ULD는 항공기 기종에 따라 형태와 규격이 다르므로 호환성이 매우 낮다. 또한 동일한 항공기 내에서도 적재위치별로 형태가 다르다. 항공기 간의 호환 여부에 따라 Aircraft ULD와 Non-Aircraft ULD로 구분한다.
ㄹ. 사용된 ULD의 회수 등 관리상의 애로가 있다는 점이 ULD의 단점으로 지적되고 있다.

067

운송주선인의 역할로 옳지 않은 것은?

① 수출화물을 본선에 인도하고 수입화물을 본선으로부터 인수한다.
② 화물포장 및 목적지의 각종 규칙에 관해 조언한다.
③ 운송주체로서 화물의 집하, 혼재, 분류 및 인도 등을 수행한다.
④ 운송의 통제인 및 배송인 역할을 수행한다.
⑤ 운송수단을 보유하고, 계약운송인으로서 운송책임이 없다.

해설
운송주선인(Freight Forwarder)은 계약운송인으로서 운송수단(선박, 항공기 등)을 보유하지 않으면서도 운송인에게는 화주 입장에서, 화주에게는 운송인의 입장에서 책임과 의무를 수행한다.

관련이론 | 운송주선인(Freight Forwarder, 국제물류주선업자, 복합운송인)의 업무
운송에 대한 전문적인 조언, 운송관계서류의 작성, 보험업무 대행, 복합운송, 포장 및 창고 보관업무, 본선과 화물의 인수 또는 인도, 통관절차의 수행, 소량화물의 혼재 및 분류, 운송계약의 체결 및 선복의 예약, 운임 및 기타 비용 지불 등

정답 | 062. ④, ⑤ 063. ① 064. ② 065. ④ 066. ② 067. ⑤

068

항공화물운송주선업자에 관한 설명으로 옳지 않은 것은?

① 화주의 운송대리인이다.
② 전문혼재업자이다.
③ 송하인과 House Air Waybill을 이용하여 운송계약을 체결하는 업자이다.
④ 수출입 통관 및 보험에 관한 화주의 대리인이다.
⑤ CFS(Container Freight Station)업자이다.

해설
항공화물운송주선업자는 전문혼재업자(consolidater)이기는 하지만 그렇다고 해서 CFS(Container Freight Station)업자인 것은 아니다.
항공화물운송주선업자 또는 항공운송주선인(air freight forwarder, consolidater)은 혼재업자나 포워더로서 타인의 수요에 응하여 유상으로 자기의 명의로써 항공사와 항공기를 이용하여 화물을 혼재운송하는 사업자이다. 즉, 다수의 화주로부터 화물을 집화하여 화주의 입장에서 항공사와 운송계약을 체결하여 운송을 위탁하는 사업자이다.

070

수송문제에서 초기해에 대한 최적해 검사기법으로 옳은 것은?

① 디딤돌법(Stepping Stone Method)
② 도해법(Graphical Method)
③ 트리라벨링법(Tree Labelling Algorithm)
④ 의사결정수모형(Decision Tree Model)
⑤ 후방귀납법(Backward Induction)

해설
수송계획법에서 초기해에 대한 최적해의 검사기법으로는 디딤돌법(징검다리법; Stepping Stone Method)과 수정배분법(MODI) 등이 활용된다.
수송계획법에서 북서코너법, 최소비용법, 보겔추정법 등은 기본해를 유도하는 방법이고, 디딤돌법(징검다리법)은 기본해를 개선하여 최적해를 유도하는 방법이다.
디딤돌법은 최적해 여부를 판정하는 과정과 최적해가 아닌 경우 수송량을 재할당하여 더 나은 수송방법을 찾는 과정으로 구성되어 있다.

069

화물차량이 물류센터를 출발하여 배송지 1, 2, 3을 무순위로 모두 경유한 후, 물류센터로 되돌아가는 데 소요되는 최소시간은? (단위: 분)

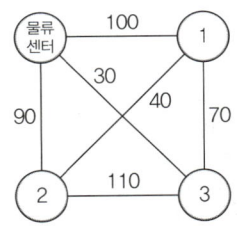

① 210 분
② 230 분
③ 240 분
④ 260 분
⑤ 280 분

해설
순회배송을 통해 "물류센터-3-1-2-물류센터"로 가는 경로가 시간이 가장 적게 걸린다. 소요시간은 30분+70분+40분+90분=230분이다.

071

8곳의 물류센터를 모두 연결하는 도로를 개설하려 한다. 필요한 도로의 최소 길이는?

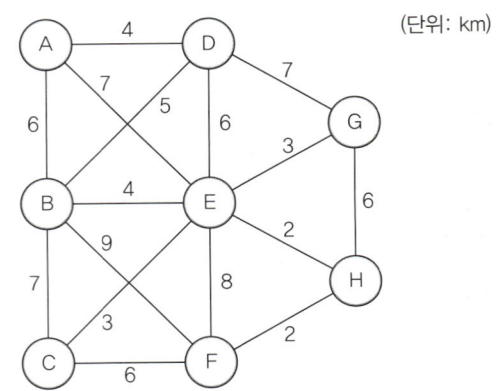

① 19 km
② 21 km
③ 23 km
④ 25 km
⑤ 27 km

해설
필요한 도로의 최소길이는 A-D-B-E-G: 16km, E-H-F: 4km, E-C: 3km로 합계 23km이다.

072

물류센터에서 8곳 배송지까지 최단 경로 네트워크를 작성하였을 때, 그 네트워크의 총길이는?

(단위: km)

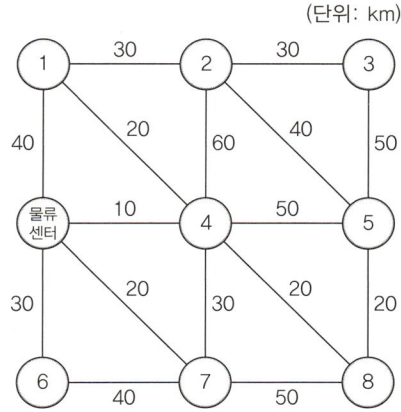

① 150km
② 160km
③ 170km
④ 180km
⑤ 190km

해설

8곳 배송지가 모두 포함되도록 전부 계산해 본 후 최단거리를 선택하는 방법이다.
물류센터 - 4 - 1 - 2 - 3 : 90km
4 - 8 - 5 : 40km
물류센터 - 7 : 20km
물류센터 - 6 : 30km
∴ 합계 = 90km + 40km + 20km + 30km = 180km이다.

073

공급지 1, 2에서 수요지 1, 2, 3까지의 수송문제를 최소비용법으로 해결하려 한다. 수요지 1, 수요지 2, 수요지 3의 미충족 수요량에 대한 톤당 페널티(penalty)는 각각 150,000원, 200,000원, 180,000원이다. 운송비용과 페널티의 합계는? (단, 공급지와 수요지 간 톤당 단위운송비용은 셀의 우측 상단에 있음)

(단위: 원)

수요지 공급지	수요지 1	수요지 2	수요지 3	공급량(톤)
공급지 1	25,000	30,000	27,000	150
공급지 2	35,000	23,000	32,000	120
수요량(톤)	100	130	70	

① 10,890,000원
② 11,550,000원
③ 11,720,000원
④ 12,210,000원
⑤ 12,630,000원

해설

최소비용법은 운송비용이 가장 낮은 곳부터 순서대로 할당해 나간다. 가장 먼저 공급지 2에서 수요지 2에 120톤을 할당하고, 그 다음 공급지 1에서 수요지 1에 100톤을 할당한다. 마지막으로 공급지 1에서 수요지 3에 50톤을 할당한다.

수요지 공급지	수요지 1	수요지 2	수요지 3	공급량(톤)
공급지 1	2nd 25,000 100	30,000	3rd 27,000 50	150 → 50
공급지 2	35,000	1st 23,000 120	32,000	120 → 0
수요량(톤)	100 → 0	130 → 10	70 → 20	

1. 미충족 수요량은 수요지 2의 10톤과 수요지 3의 20톤이다. 따라서 페널티 = 10톤 × 200,000원 + 20톤 × 180,000원 = 5,600,000원이다.
2. 운송비용 = 120톤 × 23,000원 + 100톤 × 25,000원 + 50톤 × 27,000원 = 6,610,000원이다.
3. 운송비용과 페널티의 합계 = 6,610,000원 + 5,600,000원 = 12,210,000원이다.

정답 | 068. ⑤ 069. ② 070. ① 071. ③ 072. ④
073. ④

074

공급지 A, B, C에서 수요지 W, X, Y, Z까지의 총운송비용 최소화 문제에 보겔추정법을 적용한다. 운송량이 전혀 할당되지 않는 셀(Cell)로만 구성된 것은? (단, 공급지와 수요지 간 톤당 단위운송비용은 셀의 우측 하단에 있음)

(단위: 천 원)

수요지 공급지	W	X	Y	Z	공급량 (톤)
A	30	25	47	36	100
B	17	52	28	42	120
C	22	19	35	55	130
수요량(톤)	80	100	90	80	350

① A-X, B-Z, C-W ② A-X, B-W, C-Z
③ A-Z, B-X, C-Y ④ A-Y, B-W, C-Z
⑤ A-Y, B-X, C-W

해설

보겔의 추정법은 기회비용의 개념을 활용하여, 총운송비용이 최소화되도록 물동량을 할당하는 탐색적 기법이다. 각 행과 열에서 가장 낮은 수준의 단위운송비용과 두 번째로 낮은 단위운송비용의 차이가 기회비용이다. 기회비용이 가장 큰 곳부터 할당해 나간다.

수요지 공급지	W	X	Y	Z	공급량	기회비용
A	30	6th 25	20 47	80 5th 36	100	5→11→11
B	80 1st 17	52	40 4th 28	42	120 → 40	11→14→14
C	22	100 2nd 19	30 3rd 35	55	130 → 30	3→16→20
수요량	80	100	90	80	350	
기회비용	5	6	7 → 19	6		

1. 보겔의 추정법에 따라 기회비용을 산출하면 위와 같다. 표에서 공급지 B의 기회비용이 11천원으로 가장 크다. 따라서 공급지 B의 공급량을 운송비가 가장 낮은 수요지 W에 80톤을 할당한다.(수요지 W 할당 완료)
2. 수요지 W의 할당이 끝났으므로 기회비용을 다시 구하면 공급지 C의 기회비용이 16천원으로 가장 높으므로 공급지 C의 공급량을 운송비가 가장 낮은 수요지 X에 100톤을 할당한다.(수요지 X 할당 완료)
3. 수요지 X의 할당이 끝났으므로 기회비용을 다시 구하면 공급지 C의 기회비용이 20천원으로 가장 높으므로 공급지 C의 남은 공급량 30톤을 수요지 Y에, 그리고 다음으로 기회비용이 높은 공급지 B의 40톤을 수요지 Y에 할당한다.
4. 마지막으로 공급지 A의 공급량을 수요지 Z에 80톤, 수요지 Y에 20톤 할당하면 할당이 끝난다.
5. 운송량이 전혀 할당되지 않은 셀은 A-W, A-X, B-X, B-Z, C-W, C-Z이다.

075

수송수요 분석에 사용하는 화물분포 모형에 해당하는 것은?

① 성장인자법(Growth Factor Method)
② 회귀분석법(Regression Model)
③ 성장률법(Growth Rate Method)
④ 로짓모형(Logit Model)
⑤ 다이얼모형(Dial Model)

해설

수송수요 분석모형 중 화물분포 모형에 해당하는 것은 성장인자법(Growth Factor Method)이다. 이는 현재의 존(zone) 간 물동량 배분 패턴이 장래에도 그대로 유지된다는 가정하에 존 간 장래 물동량을 예측하는 방법이다.

선지분석

② 회귀분석법(Regression Model)과 ③ 성장률법(Growth Rate Method)은 화물발생 모형에 해당하고, ④ 로짓모형(Logit Model)은 수단분담 모형에 해당한다.
⑤ 다이얼모형(Dial Model)은 통행배정 모형에 포함된다.

관련이론 | 수송수요 분석모형

수송수요 분석모형을 크게 구분하면 다음과 같다.
- 화물발생 모형: 회귀분석법, 원 단위법, 카테고리 분석법, 성장률법
- 화물분포 모형: 중력모형, 성장인자법, 엔트로피 극대화 모형 등이 있고, 성장인자법은 평균인자법, 평형인자법(프래타법, 디트로이트법 등)으로 분류된다.
- 수단분담 모형: 통행교차 모형(전환곡선법, 로짓모형, 프로빗 모형 등)
- 통행배정 모형: 용량비제약 모형과 용량제약 모형으로 구분한다. 용량비제약모형에는 전량배정법과 다이얼(Dial) 모형이 있다. 용량제약 모형에는 반복배정법, 분할배정법, 수형 망단위 분할배정법, 교통망 평형배정법 등이 있다.

076

이용자 측면에서의 택배서비스 특징에 관한 설명으로 옳지 않은 것은?

① 소형·소량화물을 위한 운송체계
② 공식적인 계약에 따른 개인 보증제도
③ 규격화된 포장서비스 제공
④ 단일운임·요금체계로 경제성 있는 서비스 제공
⑤ 운송업자가 책임을 부담하는 일관책임체계

해설
택배서비스는 기존의 소형화물을 운송해 주는 우편소포나 철도소화물 등 다른 서비스와 비교할 때 다른 서비스와 구별되는 다양한 특징을 갖는다. 이용자 측면에서 택배서비스는 공식적인 계약에 따른 개인 보증이 아니고, 별도의 택배계약을 하지 않더라도 택배표준약관에 의하여 각종 손해에 대한 보장을 받을 수 있다.

077

택배 취급이 금지되는 품목으로 옳지 않은 것은?

① 유리제품　② 상품권
③ 복권　④ 신용카드
⑤ 현금

해설
유리제품은 수탁거절 품목에 해당하지 않는다. 반면 상품권, 복권, 신용카드 및 현금 등은 수탁거절 품목에 포함된다.

관련이론 | **운송물의 수탁거절 (「택배표준약관 제12조」)**
1. 고객이 운송장에 필요한 사항을 기재하지 아니한 경우
2. 운송에 적합한 포장이 되지 않은 경우
3. 운송물의 종류와 수량이 운송장에 기재된 것과 다른 경우
4. 운송물 1포장의 가액이 300만원을 초과하는 경우
5. 운송물의 인도예정일(시)에 따른 운송이 불가능한 경우
6. 운송물이 화약류, 인화물질 등 위험한 물건인 경우
7. 운송물이 밀수품, 군수품, 부정임산물 등 위법한 물건인 경우
8. 운송물이 현금, 카드, 어음, 수표, 유가증권 등 현금화가 가능한 물건인 경우
9. 운송물이 재생불가능한 계약서, 원고, 서류 등인 경우
10. 운송물이 살아있는 동물, 동물사체 등인 경우
11. 운송이 법령, 사회질서 기타 선량한 풍속에 반하는 경우
12. 운송이 천재, 지변 기타 불가항력적인 사유로 불가능한 경우

078

택배표준약관(공정거래위원회 표준약관 제10026호)의 포장에 관한 설명으로 옳은 것을 모두 고른 것은?

> ㄱ. 고객(송하인)은 운송물을 성질, 중량, 용량에 따라 운송에 적합하도록 포장하여야 한다.
> ㄴ. 사업자가 운반하는 도중에 운송물의 포장이 훼손되어 재포장하는 경우, 운송물을 인도한 후 고객(송하인)에게 그 사실을 알려야 한다.
> ㄷ. 사업자는 운송물의 포장이 운송에 적합하지 아니한 때, 고객(송하인)의 승낙을 얻어 운송 중 발생될 수 있는 충격량을 고려하여 포장을 하여야 한다.
> ㄹ. 사업자는 운송물을 수탁한 후 포장의 외부에 운송물의 종류와 수량, 인도예정일(시), 운송 상의 특별한 주의사항을 표시한다.
> ㅁ. 사업자는 운송물의 포장이 운송에 적합하지 아니한 때, 고객(송하인)의 승낙을 얻어 포장을 한 경우에 발생하는 추가 포장비용은 사업자가 부담한다.

① ㄱ, ㄴ
② ㄱ, ㄷ, ㄹ
③ ㄴ, ㄷ, ㄹ
④ ㄴ, ㄹ, ㅁ
⑤ ㄱ, ㄷ, ㄹ, ㅁ

해설
ㄴ. 사업자는 운송물 운반 도중 운송물의 포장이 훼손된 때에는 재포장을 할 수 있으며, 이 때 지체없이 고객에게 그 사실을 통지해야 한다.
ㅁ. 사업자는 운송물의 포장이 운송에 적합하지 아니할 때에 적합한 포장을 하도록 청구하거나 고객의 승낙을 얻어 고객의 부담으로 필요한 포장을 할 수 있다.

정답 | **074.** ① **075.** ① **076.** ② **077.** ① **078.** ②

079

택배표준약관(공정거래위원회 표준약관 제10026호)의 운송물 사고와 사업자 책임에 관한 내용으로 옳은 것은?

① 사업자는 운송 중에 발생한 운송물의 멸실, 훼손 또는 연착에 대하여 고객(송하인)의 청구가 있으면 그 발생일로부터 6개월에 한하여 사고증명서를 발행한다.
② 사업자는 운송장에 운송물의 인도예정일의 기재가 없는 경우, 도서·산간지역은 운송물의 수탁일로부터 5일에 해당하는 날까지 인도한다.
③ 운송물의 일부 멸실 또는 훼손에 대한 사업자의 손해배상책임은 고객(수하인)이 운송물을 수령한 날로부터 10일 이내에 그 사실을 사업자에게 통지를 발송하지 아니하면 소멸한다.
④ 운송물의 일부 멸실, 훼손 또는 연착에 대한 사업자의 손해배상책임은 고객(수하인)이 운송물을 수령한 날로부터 6개월이 경과하면 소멸한다.
⑤ 사업자가 운송물의 일부 멸실 또는 훼손의 사실을 알면서 이를 숨기고 운송물을 인도한 경우, 사업자의 손해배상책임은 고객(수하인)이 운송물을 수령한 날로부터 5년간 존속한다.

선지분석
① 사업자는 운송 중에 발생한 운송물의 멸실, 훼손 또는 연착에 대하여 고객(송하인)의 청구가 있으면 그 발생한 날로부터 1년에 한하여 사고증명서를 발행한다.
② 사업자는 운송장에 운송물의 인도예정일의 기재가 없는 경우, 도서·산간벽지는 운송물의 수탁일로부터 3일에 해당하는 날까지 인도한다.
③ 운송물의 일부 멸실 또는 훼손에 대한 사업자의 손해배상책임은 고객(수하인)이 운송물을 수령한 날로부터 14일 이내에 그 일부 멸실 또는 훼손에 대한 사실을 고객(송하인)이 사업자에게 통지를 발송하지 아니하면 소멸한다.
④ 운송물의 일부 멸실, 훼손 또는 연착에 대한 사업자의 손해배상책임은 고객(수하인)이 운송물을 수령한 날로부터 1년이 경과하면 소멸한다. 다만, 운송물이 전부 멸실된 경우에는 그 인도예정일로부터 기산한다.

080

택배표준약관(공정거래위원회 표준약관 제10026호)의 손해배상에 관한 설명이다. (　)에 들어갈 내용으로 옳은 것은?

> 사업자가 고객(송하인)으로부터 배상요청을 받은 경우, 고객(송하인)이 손해입증서류를 제출한 날로부터 (　) 이내에 사업자는 우선 배상한다. (단, 손해입증서류가 허위인 경우에는 적용되지 아니한다.)

① 7일　　　　② 10일
③ 21일　　　④ 30일
⑤ 6일

해설
사업자가 고객(송하인)으로부터 배상요청을 받은 경우, 고객(송하인)이 손해입증서류를 제출한 날로부터 30일 이내에 사업자는 우선 배상한다. 단, 손해입증서류가 허위인 경우에는 적용되지 아니한다.(택배표준약관 제22조 제5항)

국제물류론

081

국제물류관리체계에 관한 설명으로 옳지 않은 것은?

① 현지물류체계는 본국 중심의 생산활동과 국제적으로 표준화된 판매활동이 이루어진다.
② 글로벌 SCM 네트워크 체계는 조달, 생산, 판매, 유통 등 기업 활동이 전(全) 세계를 대상으로 진행된다.
③ 거점물류체계는 기업 활동의 전부 또는 일부를 특정 경제권의 투자가치가 높은 지역에 배치하고 해당 지역거점을 중심으로 이루어지는 물류관리체계이다.
④ 현지물류체계는 국가별 현지 자회사를 중심으로 물류 및 생산활동을 수행하는 체계로 현지국에 생산거점을 둔다.
⑤ 글로벌 SCM 네트워크 체계는 정보자원, 물류인프라, 비즈니스 프로세스를 국경을 초월해 통합적으로 관리하고 조정한다.

해설
현지물류체계는 본국이 아닌 현지국에 생산거점을 두고, 국가별 현지 자회사를 중심으로 현지국의 수요에 맞춰 물류 및 생산활동을 수행하는 체계이다.

082

국제물류시스템 중 고전적 시스템에 관한 내용으로 옳은 것은?

① 기업은 해외 자회사 창고까지 저속·대량운송수단을 이용하여 운임을 절감할 수 있다.
② 수출국 창고에 재고를 집중시켜 운영할 수 있기 때문에 다른 어떤 시스템보다 보관비가 절감된다.
③ 수출기업으로부터 해외 자회사 창고로의 출하 빈도가 높기 때문에 해외 자회사 창고의 보관비가 상대적으로 절감된다.
④ 해외 자회사 창고는 집하·분류·배송기능에 중점을 둔다.
⑤ 상품이 생산국 창고에서 출하되어 한 지역의 중심국에 있는 중앙창고로 수송된 후 각 자회사 창고 혹은 고객에게 수송된다.

선지분석
② 직송 시스템에 대한 설명이다.
③ 통과 시스템에 대한 설명이다.
④ 통과 시스템에 대한 설명이다.
⑤ 다국행 창고 시스템에 대한 설명이다.

083

선박에 관한 설명으로 옳지 않은 것은?

① 선급제도는 선박의 감항성에 관한 객관적이고 전문적인 판단을 위해 생긴 제도이다.
② 재화중량톤수(DWT)는 관세, 등록세, 소득세, 계선료, 도선료 등의 과세기준이 된다.
③ 건현은 수중에 잠기지 않는 수면 위의 선체 높이를 의미한다.
④ 만재흘수선은 선박의 항행구역 및 시기에 따라 해수와 담수, 동절기와 하절기, 열대 및 북태평양, 북대서양 등으로 구분하여 선박의 우현 측에 표시된다.
⑤ 선박은 해상에서 사람 또는 물품을 싣고 이를 운반하는 데 사용되는 구조물로 부양성, 적재성, 이동성을 갖춘 것이다.

해설
재화중량톤수(DWT; Dead Weight Tonnage)는 선박의 매매, 용선료의 기준이 된다.

084

해상운송계약에 관한 설명으로 옳지 않은 것은?

① 개품운송계약은 불특정 다수의 화주를 대상으로 하며 선박회사에서 일방적으로 결정한 정형화된 약관을 화주가 포괄적으로 승인하는 부합계약 형태를 취한다.
② 정기용선계약은 일정 기간을 정해 용선자에게 선박을 사용하도록 하는 계약으로 표준서식으로 Gencon 서식이 사용된다.
③ 항해용선에는 화물의 양에 따라 운임을 계산하는 물량용선(Freight Charter)과 화물의 양에 관계없이 본선의 선복을 기준으로 운임을 결정하는 총괄운임용선(Lump Sum Charter)이 있다.
④ 나용선계약은 선박 자체만을 용선하여 선장, 선원, 승무원 및 연료나 장비 등 인적·물적 요소나 운항에 필요한 모든 비용을 용선자가 부담하는 계약이다.
⑤ Gross Term Charter는 항해용선계약에서 선주가 적·양하항에서 발생하는 일체의 하역비 및 항비를 부담하는 조건이다.

해설
정기용선계약은 선주가 용선자에게 일정 기간을 정해 선박을 사용하도록 하는 용선계약으로서, 표준서식으로 NYPE Form(New York Produce Exchange Form)이 사용된다.

정답 | 079. ⑤ 080. ④ 081. ① 082. ① 083. ② 084. ②

085

정기선 운송의 특징에 관한 설명으로 옳지 않은 것은?

① 항로가 일정하지 않고 매 항차마다 항로가 달라진다.
② 정기선 운송은 공시된 스케줄에 따라 운송서비스를 제공한다.
③ 정기선 운임은 태리프(Tariff)를 공시하고 공시된 운임률에 따라 운임이 부과되므로 부정기선 운임에 비해 안정적이다.
④ 정기선 운송은 화물의 집화 및 운송을 위해 막대한 시설과 투자가 필요하다.
⑤ 정기선 운송서비스를 제공하는 운송인은 불특정 다수의 화주를 상대로 운송서비스를 제공하는 공중운송인(Public Carrier)이다.

해설
항로가 일정하지 않고 매 항차마다 항로가 달라지는 것은 부정기선 운송의 특징이다.
정기선 운송은 특정 항로를 정해진 운행계획에 따라 반복적으로 운항한다.

086

양하 시 하역비를 화주가 부담하지 않는 운임조건을 모두 고른 것은?

| ㄱ. Berth Term | ㄴ. FI Term | ㄷ. FO Term |
| ㄹ. FIO Term | ㅁ. FIOST Term | |

① ㄱ, ㄴ
② ㄱ, ㄹ
③ ㄴ, ㄷ
④ ㄷ, ㅁ
⑤ ㄷ, ㄹ, ㅁ

해설
하역비 부담조건

	In (적하 시)	Out (양하 시)
Berth Term	선주 부담	선주 부담
FI Term	용선자(화주) 부담	선주 부담
FO Term	선주 부담	용선자(화주) 부담
FIO Term	용선자(화주) 부담	용선자(화주) 부담
FIOST Term	용선자(화주) 부담	용선자(화주) 부담

087

1998년 미국 외항해운개혁법(OSRA)의 주요 내용으로 옳지 않은 것은?

① FMC에 선사의 태리프(Tariff) 신고의무를 폐지하였다.
② 우대운송계약(Service Contract)을 허용하되 서비스계약 운임률, 서비스 내용, 내륙운송구간, 손해배상 등 주요 내용을 대외비로 인정해주고 있다.
③ 비슷한 조건의 화주가 선사에게 동등한 조건을 요구할 수 있는 'me-too'조항을 삭제하여 선사의 화주에 대한 차별대우를 인정해 주었다.
④ NVOCC의 자격요건을 강화하여 해상화물운송주선인과 동일하게 FMC로부터 면허취득을 의무화하였다.
⑤ 컨소시엄, 전략적 제휴 등 공동행위 및 경쟁제한 행위를 금지시켰다.

해설
미국 외항해운개혁법(OSRA; Ocean Shipping Reform Act, 1998)은 미국 항만에서 수출할 준비가 된 상품을 해운선사들이 불합리하게 운송을 거부하지 못하도록 함으로써 미국 수출업체들에게 공정한 경쟁의 장을 마련하기 위한 목적으로 제정되었다. 미국 외항해운개혁법(OSRA, 1998)은 컨소시엄, 전략적 제휴 등 공동행위 및 경쟁제한 행위를 금지하지 않으며 해상운송업체, 터미널운영자, 운송중개자가 선복공간을 부당하게 거부하거나 불공정하게 차별적인 방법 또는 보복적인 관행에 의존하는 것을 금지하고 있다.

088

다음 설명에 해당하는 정기선 운임은?

화폐, 보석, 유가증권, 미술품 등 고가품의 운송에 있어서 화물의 가격을 기초로 일정률을 징수하는 운임

① Special Rate
② Open Rate
③ Dual Rate
④ Ad Valorem Freight
⑤ Pro Rate Freight

선지분석
① Special Rate: 특별운임
② Open Rate: 자유운임
③ Dual Rate: 이중운임
④ Ad Valorem Freight: 종가운임
⑤ Pro Rate Freight: 비례운임

089

항해용선계약에 포함되지 않는 내용은?

① Laytime
② Off Hire
③ Demurrage
④ Cancelling Date
⑤ Despatch Money

해설
용선중단(Off Hire, 휴항)조항은 정기용선계약에 해당한다. 용선중단은 정기용선계약에서 선체고장, 해난 등 용선자의 책임 없는 사유로 용선자의 선박이용이 방해되는 기간에 대하여 휴항으로서 용선을 일시정지하고 용선료의 지급을 중지하는 것으로 취급한다.

선지분석
① Laytime: 정박기간
③ Demurrage: 초과정박기간에 대한 체선료
④ Cancelling Date: 해약선택권이 발생하는 날짜
⑤ Despatch Money: 정박기간보다 먼저 하역작업을 종료하였을 때 지급받는 조출료

090

최근 정기선 시장의 변화에 해당하지 않는 것은?

① 항로안정화협정 또는 협의협정체결 증가
② 선사 간 전략적 제휴 증가
③ 선박의 대형화
④ 글로벌 공급망 확대에 따른 서비스 범위의 축소
⑤ 해운관련 기업에서 블록체인 등 디지털 기술의 도입

해설
글로벌 공급망이 확대되면 글로벌 물류네트워크가 활성화되므로 정기선의 서비스 범위가 확대된다.

091

Gencon Charter Party(1994)와 관련된 정박시간표(time sheet)의 기재사항으로 옳지 않은 것은?

① 도착일시 및 접안일시
② 하역준비완료일시 및 하역준비완료통지서 제출일시
③ 하역개시일시 및 하역실시기간
④ 용선계약서에 약정된 하역률 및 허용정박기간
⑤ 7일 하역량 및 누계

해설
7일 하역량 및 누계는 Gencon Charter Party(1994)와 관련된 정박시간표 기재사항에 해당하지 않는다.

관련이론
Gencon Charter Party(1994)와 관련된 정박시간표에는 도착일시, 접안일시, 하역준비완료일시, 하역준비완료통지서 제출일시, 하역개시일시, 하역실시기간, 하역량, 하역률, 허용정박기간 등이 기재된다. 이 때 화물종류, 항구사정, 항해용선계약조항 등에 따라 정박기간은 상이하다.

092

다음 설명에 해당하는 부정기선 운임은?

> 선적하기로 약정했던 화물량보다 실제 선적량이 적으면 용선인이 그 부족분에 대해 지불해야 하는 운임

① Dead Freight
② Lump Sum Freight
③ Long Term Contract Freight
④ Freight All Kinds Rate
⑤ Congestion Surcharge

선지분석
① Dead Freight: 공적운임
② Lump Sum Freight: 선복운임(총괄운임)
③ Long Term Contract Freight: 장기계약운임
④ Freight All Kinds Rate: 무차별운임
⑤ Congestion Surcharge: 혼잡할증료

정답	085. ①	086. ①	087. ⑤	088. ④	089. ②
	090. ④	091. ⑤	092. ①		

093

Hamburg Rules(1978)상 청구 및 소송에 관한 내용이 옳게 나열된 것은?

> - No compensation shall be payable for loss resulting from delay in delivery unless a notice has been given in writing to the carrier within (ㄱ) consecutive days after the day when the goods were handed over to the (ㄴ).
> - Any action relating to carriage of goods under this Convention is time-barred if judicial or arbitral proceedings have not been instituted within a period of (ㄷ) years.

① ㄱ: 30, ㄴ: consignee, ㄷ: two
② ㄱ: 30, ㄴ: consignor, ㄷ: three
③ ㄱ: 60, ㄴ: consignee, ㄷ: two
④ ㄱ: 60, ㄴ: consignor, ㄷ: three
⑤ ㄱ: 90, ㄴ: consignee, ㄷ: three

해설
- 화물이 (수하인)에게 인도된 날로부터 (60) 연속일 이내에 운송인에게 서면으로 통지하지 않는 한, 인도지연으로 인한 손해에 대하여 보상하지 않는다.
- (2)년 이내에 소송 또는 중재 절차가 개시되지 않으면 이 규칙에 따른 물품의 운송과 관련된 모든 조치는 종료된다.

094

항공화물의 품목분류요율(CCR) 중 할증요금 적용품목으로 옳지 않은 것은?

① 금괴
② 화폐
③ 잡지
④ 생동물
⑤ 유가증권

해설
품목분류요율(CCR; Commodity Classification Rate)의 할증적용품목에는 귀중화물, 생동물, 자동차, 시체, 유골 등이 있고, 할인적용품목에는 신문, 잡지, 정기간행물, 비동반 수화물, 이식용 각막, 안구 등이 있다.

095

항공화물 손상(damage) 사고로 생동물이 수송 중 폐사되는 경우를 뜻하는 용어는?

① Breakage
② Wet
③ Spoiling
④ Mortality
⑤ Shortlanded

선지분석
① Breakage: 파손
② Wet: 유손
③ Spoiling: 부패
④ Mortality: 폐사
⑤ Shortlanded: 부족양륙(적하목록에 기재되어 있는 화물이 도착지 공항에 도착하지 않은 경우)

096

항공화물운송장에 관한 설명으로 옳지 않은 것은?

① 송하인은 항공화물운송장 원본 3통을 1조로 작성하여 화물과 함께 운송인에게 교부하여야 한다.
② 제1원본(녹색)에는 운송인용이라고 기재하고 송하인이 서명하여야 한다.
③ 제2원본(적색)에는 수하인용이라고 기재하고 송하인 및 운송인이 서명한 후 화물과 함께 도착지에 송부하여야 한다.
④ 제3원본(청색)에는 송하인용이라고 기재하고 운송인이 서명하여 화물을 인수한 후 송하인에게 교부하여야 한다.
⑤ 송하인은 항공화물운송장에 기재된 화물의 명세·신고가 정확하다는 것에 대해 그 항공화물운송장을 누가 작성했든 책임을 질 필요가 없다.

해설
항공화물운송장은 송하인이 작성하는 것을 원칙으로 하며 송하인은 항공화물운송장에 기재된 화물의 명세, 신고가 정확하다는 것에 대하여 책임을 진다.
실무상 운송인이 송하인의 청구에 따라 항공화물운송장을 작성한 경우, 특별한 사정이 없는 한 송하인을 대신하여 항공화물운송장을 작성한 것으로 본다.

097

복합운송증권(FIATA FBL) 이면 약관상 정의와 관련된 용어가 옳게 나열된 것은?

> - (ㄱ) means the Multimodal Transport Operator who issues this FBL and is named on the face of it and assumes liability for the performance of the multimodal transport contract as a carrier.
> - (ㄴ) means and includes the Shipper, the Consignor, the Holder of this FBL, the Receiver and the Owner of the Goods.

① ㄱ: Freight Forwarder, ㄴ: Merchant
② ㄱ: Freight Forwarder, ㄴ: Shipowner
③ ㄱ: NVOCC, ㄴ: Merchant
④ ㄱ: NVOCC, ㄴ: Shipowner
⑤ ㄱ: VOCC, ㄴ: Merchant

해설
- (ㄱ. Freight Forwarder)는 자신의 이름으로 FBL을 발행하고 운송인으로서 복합운송계약의 이행에 대한 책임을 지는 복합운송인을 의미한다.
- (ㄴ. Merchant)는 화주, 송하인, FBL 소지자, 수하인, 화물의 소유자를 의미하고 포함한다.

관련이론
- Freight Forwarder: 포워더(국제물류주선업자)
- Merchant: 무역상(상인)
- Shipowner: 선주
- NVOCC(Non-Vessel Operating Common Carrier): 운송수단을 보유하지 않지만, 화주에 대하여 운송인으로서 역할을 수행하는 무선박운송인. NVOCC는 선사, 항공사에 대하여 화주로서 화물의 운송을 의뢰함
- VOCC: 선사, 항공사와 같이 운송수단을 보유하고 실제 운송을 담당하는 운송인

098

국제복합운송에 관한 설명으로 옳지 않은 것은?

① 하나의 계약으로 운송의 시작부터 종료까지 전(全)과정에 걸쳐, 운송물을 적어도 2가지 이상의 서로 다른 운송수단으로 운송하는 것을 말한다.
② 각 구간별로 분할된 운임이 아닌 전(全)구간에 대한 일관운임(through rate)을 특징으로 한다.
③ 1인의 계약운송인이 누가 운송을 실행하느냐에 관계없이 운송 전체에 대해 단일운송인책임(single carrier's liability)을 진다.
④ 하나의 운송수단에서 다른 운송수단으로 신속하게 환적할 수 있는 컨테이너 운송의 개시와 함께 비약적으로 발달하였다.
⑤ NVOCC는 자신이 직접 선박을 소유하고 화주와 운송계약을 체결하며 일관선하증권(through B/L)을 발행한다.

해설
NVOCC(Non-Vessel Operating Common Carrier)는 운송수단을 보유하지 않지만, 화주에 대해 운송계약의 주체가 되어 일관선하증권(through B/L)을 발행하고 운송인으로서 역할을 수행하는 무선박운송인이다.

정답 | 093. ③ 094. ③ 095. ④ 096. ⑤ 097. ①
098. ⑤

099

다음 설명에 해당하는 복합운송인 책임 체계는?

> - 손해발생구간을 판명·불명으로 나누어 각각 다른 책임체계를 적용하는 방식
> - 손해발생구간을 아는 경우 운송인의 책임은 운송물의 멸실 또는 훼손이 생긴 운송구간에 적용될 국제조약 또는 강행적인 국내법에 따라 결정됨
> - 기존의 운송조약과 조화가 잘되어서 복합운송 규칙과 기존의 다른 운송방식에 적용되는 규칙 간의 충돌 방지가 가능함

① strict liability
② uniform liability system
③ network liability system
④ liability for negligence
⑤ modified liability system

선지분석
① strict liability: 과실의 유무를 묻지 않고 운송인이 결과를 책임지는 것으로 불가항력 등의 면책을 인정하지 않는 엄격책임
② uniform liability system: 화주에 대하여 복합운송인이 전 운송구간에 대해 운송수단의 종류를 불문하고, 어느 구간에서 사고가 발생했는지와 상관없이 전적으로 동일한 내용의 책임을 부담하는 단일책임체계
③ network liability system: 이종책임체계로, 손해가 발생된 운송구간을 규율하는 국내법 또는 국제규칙을 적용하여 책임 부담
④ liability for negligence: 선량한 관리자로서 요구되는 적절한 주의의무를 태만하여 과실에 의한 손해가 발생한 경우 책임을 부담하는 과실책임
⑤ modified liability system: 단일책임체계와 이종책임체계를 절충한 변형단일책임체계

100

국제운송조약 중 항공운송과 관련되는 조약을 모두 고른 것은?

> ㄱ. Hague Protocol(1955)
> ㄴ. CMR Convention(1956)
> ㄷ. CIM Convention(1970)
> ㄹ. CMI Uniform Rules for Electronic Bills of Lading(1990)
> ㅁ. Montreal Convention(1999)
> ㅂ. Rotterdam Rules(2008)

① ㄱ, ㄹ
② ㄱ, ㅁ
③ ㄱ, ㄴ, ㅁ
④ ㄴ, ㄷ, ㅂ
⑤ ㄴ, ㄷ, ㄹ, ㅂ

선지분석
ㄴ. CMR Convention(1956): 도로운송 관련 국제조약
ㄷ. CIM Convention(1970): 철도운송 관련 국제조약
ㄹ. CMI Uniform Rules for Electronic Bills of Lading(1990): 전자식 선하증권 관련 국제조약
ㅂ. Rotterdam Rules(2008) 해상운송 관련 국제조약

관련이론 | 항공운송 관련 국제조약
바르샤바 협약(Warsaw Convention), 헤이그 의정서(Hague Protocol), 과달라하라 협약(Guadalajara Convention), 몬트리올 협정(Montreal Agreement), 몬트리올 협약(Montreal Convention) 등

101

공항터미널에서 사용되는 조업장비가 아닌 것은?

① High Loader
② Transporter
③ Tug Car
④ Dolly
⑤ Transfer Crane

해설
Transfer crane은 해상운송 컨테이너 터미널에서 사용되는 하역장비이다.
공항터미널에서 사용되는 조업장비에는 transporter, tug car, dolly, high loader, self-propelled conveyor, fork lift truck, work station 등이 있다.

102
다음 설명에 해당하는 컨테이너는?

> 위험물, 석유화학제품, 화공약품, 유류, 술 등의 액체화물을 운송하기 위하여 내부에 원통형의 탱크(Tank)를 위치시키고 외부에 철재 프레임으로 고정시킨 컨테이너

① Dry Container
② Flat Rack Container
③ Solid Bulk Container
④ Liquid Bulk Container
⑤ Open Top Container

선지분석
① Dry Container : 건화물 운송용 컨테이너
② Flat Rack Container : 앞, 뒤가 막혀있고 측면이 뚫어있어 기계, 차량과 같이 부피가 큰 화물의 운송에 사용 가능한 컨테이너
③ Solid Bulk Container : 곡물, 사료 등 벌크화물 운송용 컨테이너
④ Liquid Bulk Container : 유류, 화학약품 등 액체화물 운송용 컨테이너
⑤ Open Top Container : 컨테이너 지붕이 개방되어 장척화물 운송 시 이용 가능한 컨테이너

103
컨테이너 분류에 관한 설명으로 옳지 않은 것은?

① 크기에 따라 ISO 규격 20 feet, 40 feet, 40 feet High Cubic 등이 사용되고 있다.
② 재질에 따라 철재컨테이너, 알루미늄컨테이너, 강화플라스틱컨테이너 등으로 분류된다.
③ 용도에 따라 표준컨테이너, 온도조절컨테이너, 특수컨테이너 등으로 분류된다.
④ 알루미늄컨테이너는 무겁고 녹이 스는 단점이 있으나 제조원가가 저렴하여 많이 이용된다.
⑤ 냉동컨테이너는 과일, 야채, 생선, 육류 등의 보냉이 필요한 화물을 운송하기 위한 컨테이너이다.

해설
알루미늄컨테이너는 가볍고 녹이 잘 슬지 않는 장점이 있지만, 제조원가가 비싸다는 단점이 있다.

104
다음에 해당하는 선하증권의 법적성질이 옳게 나열된 것은?

> ㄱ. 상법이나 선하증권의 준거법에서 규정하고 있는 법정기재사항을 충족하여야 함
> ㄴ. 선하증권상에 권리자로 지정된 자가 배서의 방법으로 증권상의 권리를 양도할 수 있음
> ㄷ. 선하증권의 정당한 소지인이 이를 발급한 운송인에 대하여 물품의 인도를 청구할 수 있는 효력을 지님

① ㄱ : 요식증권, ㄴ : 지시증권, ㄷ : 채권증권
② ㄱ : 요식증권, ㄴ : 유가증권, ㄷ : 채권증권
③ ㄱ : 요인증권, ㄴ : 지시증권, ㄷ : 처분증권
④ ㄱ : 요인증권, ㄴ : 제시증권, ㄷ : 인도증권
⑤ ㄱ : 문언증권, ㄴ : 제시증권, ㄷ : 인도증권

해설
선하증권(B/L)은 요식증권, 지시증권, 채권증권, 상환증권, 유가증권, 인도증권, 처분증권 등의 성질을 가진다.

정답 | 099. ③ 100. ② 101. ⑤ 102. ④ 103. ④
104. ①

105

해륙복합운송 경로에 관한 설명으로 옳지 않은 것은?

① SLB(Siberia Land Bridge)는 한국, 일본 등 극동지역의 화물을 해상운송한 후 시베리아 대륙횡단철도를 이용하여 유럽이나 중동까지 운송하는 방식이다.
② CLB(China Land Bridge)는 한국, 일본 등 극동지역의 화물을 해상운송한 후 중국대륙철도와 실크로드를 이용하여 유럽까지 운송하는 방식이다.
③ IPI(Interior Point Intermodal)는 한국, 일본 등 극동지역의 화물을 해상운송한 후 캐나다 대륙횡단철도를 이용하여 캐나다의 동해안 항만까지 운송하는 방식이다.
④ ALB(America Land Bridge)는 한국, 일본 등 극동지역의 화물을 해상운송한 후 미국대륙을 철도로 횡단하고 유럽지역까지 다시 해상운송하는 방식이다.
⑤ MLB(Mini Land Bridge)는 한국, 일본 등 극동지역의 화물을 해상운송한 후 철도와 트럭을 이용하여 미국 동해안이나 미국 멕시코만 지역의 항만까지 운송하는 방식이다.

해설
IPI(Interior Point Intermodal)는 극동지역에서 미국 서부지역으로 해상운송한 후 철도나 트럭으로 미국 내륙지점까지 화물을 운송하는 복합운송방식으로서, Micro Land Bridge라고도 한다.

106

다음에서 설명하는 물류보안 제도는?

> 미국 세관직원이 수출국 항구에 파견되어 수출국 세관직원과 합동으로 미국으로 향하는 컨테이너 화물 중 위험요소가 큰 컨테이너 화물을 선별하여 선적 전에 미리 화물 검사를 시행하게 하는 컨테이너 보안 협정

① 10+2 rule ② CSI
③ ISPS Code ④ AEO
⑤ ISO 28000

해설
CSI(Container Security Initiative)는 미국으로 수입되는 컨테이너 화물에 대해 미국 세관 및 수출국 세관 직원이 합동으로 검사를 시행하는 컨테이너 보안 협정이다.

선지분석
① 10+2 rule: 미국으로 수입되는 화물에 대하여 수입자에게 10가지, 운송인에게 2가지 신고의무를 부여한 사전신고제도
③ ISPS Code(International Ship and Port Facility Security Code): 선박 및 항만시설 보안을 위한 국제규약
④ AEO(Authorized Economic Operator): 수출입안전관리우수업체 공인제도
⑤ ISO(International Organization for Standardization) 28000: 물류보안경영시스템 인증제도

107

다음은 항공화물운송장과 선하증권을 비교한 표이다. ( )에 들어갈 내용을 순서대로 나열한 것은?

구분	항공화물운송장	선하증권
주요 기능	화물수취증	유가증권
유통 여부	(ㄱ)	유통성
발행 형식	(ㄴ)	지시식(무기명식)
작성 주체	송하인	(ㄷ)

① ㄱ: 유통성, ㄴ: 기명식, ㄷ: 송하인
② ㄱ: 유통성, ㄴ: 기명식, ㄷ: 운송인
③ ㄱ: 비유통성, ㄴ: 지시식, ㄷ: 송하인
④ ㄱ: 비유통성, ㄴ: 지시식, ㄷ: 운송인
⑤ ㄱ: 비유통성, ㄴ: 기명식, ㄷ: 운송인

해설
항공화물운송장(AWB)은 단순한 화물수취증으로서 비유통성의 기명식으로 발행되며 송하인이 작성하는 것을 원칙으로 한다. 반면, 선하증권(B/L)은 유가증권, 상환증권의 성격을 가지며 선사(운송인)가 유통성을 가진 지시식 또는 비유통성을 가진 기명식으로 발행된다.

108
컨테이너 운송에 관한 설명으로 옳지 않은 것은?

① 화물취급의 편리성과 운송의 신속성으로 인해 운송비를 절감할 수 있다.
② 하역작업의 기계화와 업무절차 간소화로 인하여 하역비와 인건비를 절감할 수 있다.
③ 해상운송과 육상운송을 원만하게 연결하고 환적시간을 단축시킴으로써 신속한 해륙일관운송을 가능하게 한다.
④ 송하인 문전에서 수하인 문전까지 효과적인 Door-to-Door 서비스를 구현할 수 있다.
⑤ CY/CFS(FCL/LCL)운송은 수출지 CY로부터 수입지 CFS까지 운송하는 방식으로 다수의 송하인과 다수의 수하인으로 구성되어 있다.

해설
CY/CFS(FCL/LCL)운송은 수출지 CY로부터 수입지 CFS까지 운송하는 방식으로, 한 명의 송하인과 다수의 수하인으로 구성되어 있다.

109
복합운송증권 기능에 관한 설명으로 옳지 않은 것은?

① 복합운송증권은 물품수령증으로서의 기능을 가진다.
② 복합운송증권은 운송계약 증거로서의 기능을 가진다.
③ 지시식으로 발행된 복합운송증권은 배서·교부로 양도가 가능하다.
④ 복합운송증권은 수령지로부터 최종인도지까지 전(全) 운송구간을 운송인이 인수하였음을 증명한다.
⑤ UNCTAD/ICC규칙(1991)상 복합운송증권은 유통성으로만 발행하여야 한다.

해설
복합운송증권(MTD; Multimodal Transport Document)은 운송화물 수령을 증명하는 서류로서, 복합운송의 계약내용 및 운송조건을 기재하여 유통성 또는 비유통성으로 발행 가능하다.

110
컨테이너운송에 관한 국제협약이 아닌 것은?

① CCC(Customs Convention on Container, 1956)
② TIR(Transport International Routiere, 1959)
③ ITI(Customs Convention on the International Transit of Goods, 1971)
④ CSC(International Convention for Safe Container, 1972)
⑤ YAR(York-Antwerp Rules, 2004)

선지분석
① CCC(Customs Convention on Container, 1956): 컨테이너가 관세선을 통과할 때 컨테이너 자체의 수출입에 대한 관세법상 특례를 규정한 협약
② TIR(Transport International Routiere, 1959): 컨테이너 속에 내장된 화물이 도로운송으로 특정 국가를 통과하여 목적지까지 운송될 때 컨테이너에 봉인되어 도로운송되는 화물에 관한 관세법상 특례를 규정한 협약
③ ITI(Customs Convention on the International Transit of Goods, 1971): 컨테이너 속에 내장된 화물이 육·해·공 모든 운송수단으로 경유지 국가를 통과하여 목적지까지 운송될 때 컨테이너화물에 관한 관세법상 특례를 규정한 협약
④ CSC(International Convention for Safe Container, 1972): 컨테이너의 운송 및 취급에 있어서 컨테이너의 구조상 안전요건을 국제적으로 통일하기 위해 채택한 컨테이너 안전협약
⑤ YAR(York-Antwerp Rules, 2004): 공동해손의 손해 및 비용의 처리에 관한 국제적 통일규칙

정답 | 105. ③　106. ②　107. ⑤　108. ⑤　109. ⑤
110. ⑤

111

ICC(A)(2009)의 면책위험에 해당하지 않는 것은?

① 보험목적물의 고유의 하자 또는 성질로 인하여 발생한 손상
② 포획, 나포, 강류, 억지 또는 억류(해적행위 제외) 및 이러한 행위의 결과로 발생한 손상
③ 피보험자가 피보험목적물을 적재할 때 알고 있는 선박 또는 부선의 불감항으로 생긴 손상
④ 동맹파업자, 직장폐쇄노동자 또는 노동쟁의, 소요 또는 폭동에 가담한 자에 의하여 발생한 손상
⑤ 피보험목적물 또는 그 일부에 대한 어떠한 자의 불법행위에 의한 고의적인 손상 또는 고의적인 파괴

해설
피보험목적물 또는 그 일부에 대한 어떠한 자의 불법행위에 의한 고의적인 손상 또는 파괴는 ICC(A)의 담보위험에 해당한다.

112

Incoterms® 2020에서 물품의 인도에 관한 설명으로 옳은 것은?

① CPT 규칙에서 매도인은 지정선적항에서 매수인이 지정한 선박에 적재하여 인도한다.
② EXW 규칙에서 지정인도장소 내에 이용 가능한 복수의 지점이 있는 경우에 매도인은 그의 목적에 가장 적합한 지점을 선택할 수 있다.
③ DPU 규칙에서 매도인은 물품을 지정목적지에서 도착운송수단에 실어둔 채 양하준비된 상태로 매수인의 처분 하에 둔다.
④ FOB 규칙에서 매수인이 운송계약을 체결할 의무를 가지고, 매도인은 매수인이 지정한 선박의 선측에 물품을 인도한다.
⑤ FCA 규칙에서 지정된 물품 인도 장소가 매도인의 영업구내인 경우에는 물품을 수취용 차량에 적재하지 않은 채로 매수인의 처분 하에 둠으로써 인도한다.

선지분석
① CPT 규칙에서 매도인은 매도인과 계약을 체결한 운송인에게 물품을 교부하여 인도한다.
  FOB 규칙에서 매도인은 지정선적항에서 매수인이 지정한 선박에 적재하여 인도한다.
③ DPU 규칙에서 매도인은 물품을 지정목적지에서 도착운송수단으로부터 양하된 상태로 매수인의 처분 하에 둔다.
④ FOB 규칙에서 매수인이 운송계약을 체결할 의무를 가지고, 매도인은 매수인이 지정한 선박에 물품을 적재하여 인도한다.
⑤ FCA 규칙에서 지정된 물품 인도 장소가 매도인의 영업구내인 경우에는 물품을 수취용 차량에 적재하고 매수인의 처분하에 둠으로써 인도한다.

113

Marine Insurance Act(1906)에서 비용손해에 관한 설명으로 옳은 것은?

① 특별비용은 공동해손과 손해방지비용을 모두 포함한 비용을 말한다.
② 제3자나 보험자가 손해방지행위를 했다면 그 비용은 손해방지비용으로 보상될 수 있다.
③ 특별비용은 보험조건에 상관없이 정당하게 지출된 경우 보험자로부터 보상받을 수 있다.
④ 보험자의 담보위험 여부에 상관없이 발생한 손해를 방지하기 위해 지출한 구조비는 보상받을 수 있다.
⑤ 보험목적물의 안전과 보존을 위하여 구조계약을 체결했을 경우 발생하는 비용은 특별비용으로 보상될 수 있다.

선지분석
① 특별비용은 공동해손과 손해방지비용을 제외한 비용을 말한다.
② 피보험자 또는 그의 사용인 및 대리인이 손해방지행위를 했다면 그 비용은 손해방지비용으로 보상될 수 있다.
③ 특별비용은 보험조건에 따라 정당하게 지출된 경우 보험자로부터 보상받을 수 있다.
④ 보험자의 담보위험 여부에 따라 발생한 손해를 방지하기 위해 지출한 구조의 보상 여부가 달라진다.

114

상사중재에 관한 설명으로 옳지 않은 것은?

① 중재인은 해당 분야 전문가인 민간인으로서 법원이 임명한다.
② 비공개로 진행되어 사업상의 비밀을 그대로 유지할 수 있다.
③ 중재합의는 분쟁발생 전후를 기준으로 사전합의방식과 사후합의방식이 있다.
④ 뉴욕협약(1958)에 가입된 국가 간에는 중재판정의 승인 및 집행이 보장된다.
⑤ 중재판정은 법원의 확정판결과 동일한 효력을 가지며 중재인은 자기가 내린 판결을 철회하거나 변경할 수 없다.

해설
중재인은 해당 분야 전문가인 민간인으로서, 법원이 임명하지 않고 중재계약에 따라 사적으로 임명된다.

115

다음 매도인의 의무를 모두 충족하는 Incoterms® 2020 규칙으로 옳은 것은?

> • 목적지의 양하비용 중에서 오직 운송계약상 매도인이 부담하기로 된 비용을 부담
> • 해당되는 경우에 수출국과 통과국(수입국 제외)에 의하여 부과되는 모든 통관절차를 수행하고 그에 관한 비용을 부담

① CFR
② CIF
③ FAS
④ DAP
⑤ DDP

선지분석
① CFR(Cost and Freight): 운임 포함 인도 조건
② CIF(Cost, Insurance and Freight): 운임, 보험료 포함 인도 조건
③ FAS(Free Alongside Ship): 선측 인도 조건
④ DAP(Delivered At Place): 도착지 인도 조건
⑤ DDP(Delivered Duty Paid): 관세 지급 인도 조건

정답 | 111. ⑤   112. ②   113. ⑤   114. ①   115. ④

116

관세법상 특허보세구역에 관한 설명으로 옳은 것은?

① 보세전시장에서는 박람회 등의 운영을 위하여 외국물품을 장치·전시하거나 사용할 수 있다.
② 보세창고의 경우 장치기간이 지난 내국물품은 그 기간이 지난 후 30일 내에 반출하면 된다.
③ 보세공장에서는 내국물품은 사용할 수 없고, 외국물품만을 원료 또는 재료로 하여 제품을 제조·가공할 수 있다.
④ 보세건설장 운영인은 보세건설장에서 건설된 시설을 수입신고가 수리되기 전에 가동해도 된다.
⑤ 보세판매장에서 판매하는 물품의 반입, 반출, 인도, 관리에 관한 사항은 산업통상자원부령으로 정한다.

선지분석
② 보세창고의 경우 장치기간이 지난 내국물품은 그 기간이 지난 후 10일 내에 반출해야 한다.
③ 보세공장에서는 내국물품 및 외국물품을 원료 또는 재료로 하여 제품을 제조·가공할 수 있다.
④ 보세건설장 운영인은 보세건설장에서 건설된 시설에 대한 수입신고 수리 이후에 해당 시설을 가동할 수 있다.
⑤ 보세판매장에서 판매하는 물품의 반입, 반출, 인도, 관리에 관한 사항은 관세법 및 관련 고시로 정한다.

117

Incoterms® 2020 규칙이 다루고 있지 않은 것을 모두 고른 것은?

> ㄱ. 매도인과 매수인 각각의 의무
> ㄴ. 매매물품의 소유권과 물권의 이전
> ㄷ. 매매 당사자 간 물품 인도 장소와 시점
> ㄹ. 매매계약 위반에 대하여 구할 수 있는 구제수단

① ㄱ, ㄴ
② ㄱ, ㄷ
③ ㄴ, ㄷ
④ ㄴ, ㄹ
⑤ ㄷ, ㄹ

해설
인코텀즈 규칙에서는 대금지급의 시기, 장소, 방법과 관세부과, 불가항력, 소유권 이전, 구제수단에 대한 내용은 다루고 있지 않다. 이러한 문제는 무역계약의 당사자인 매도인과 매수인이 합의로 결정할 내용이다.

118

관세법상 수입통관에 관한 설명으로 옳지 않은 것은?

① 여행자가 외국물품인 휴대품을 관세통로에서 소비하거나 사용하는 경우는 수입으로 본다.
② 우편물은 수입신고를 생략하거나 관세청장이 정하는 간소한 방법으로 신고할 수 있다.
③ 세관장은 수입에 관한 신고서의 기재사항에 보완이 필요한 경우 해당물품의 통관을 보류할 수 있다.
④ 관세청장은 수입하려는 물품에 대하여 검사대상, 검사범위, 검사방법 등에 관하여 필요한 기준을 정할 수 있다.
⑤ 수입하려는 물품의 신속한 통관이 필요한 때에는 해당 물품을 적재한 선박이나 항공기가 입항하기 전에 수입신고할 수 있다.

해설
여행자가 외국물품인 휴대품을 관세통로에서 소비하거나 사용하는 경우는 수입으로 보지 않는다.

119

ICD의 기능에 관한 설명으로 옳지 않은 것은?

① CY, CFS 시설 등을 통해 컨테이너의 장치·보관 기능을 수행한다.
② 항만에서 이루어지는 본선적재작업과 마셜링 기능을 수행한다.
③ 통관절차를 내륙으로 이동함으로써 내륙통관기지로서의 기능을 수행한다.
④ 화물의 일시적 저장과 취급에 대한 서비스를 제공한다.
⑤ 소량화물을 컨테이너 단위로 혼재작업을 행하는 기능을 수행한다.

해설
내륙컨테이너기지(ICD; Inland Container Depot)는 항만에서 이루어지는 본선적재작업과 마셜링 기능은 수행할 수 없다.
다만, 항만이 아닌 내륙에서 컨테이너 화물에 대해 집화, 보관, 혼재, 분류, 통관 등의 기능을 수행하여 비용을 절감하고, 철도로 화물을 항만까지 운송시켜 교통체증을 감소시키는 효과가 있다.

120

비엔나협약(CISG, 1980)에서 승낙의 효력에 관한 설명으로 옳은 것은?

① 분쟁해결에 관한 부가적 조건을 포함하고 있는 청약에 대한 회답은 승낙을 의도하고 있는 경우 승낙이 될 수 있다.
② 청약에 대한 동의를 표시하는 상대방의 진술뿐만 아니라 침묵 또는 부작위는 그 자체만으로 승낙이 된다.
③ 승낙을 위한 기간이 경과한 승낙은 당사자 간의 별도의 합의가 없더라도 원칙적으로 계약을 성립시킬 수 있다.
④ 서신에서 지정한 승낙기간은 서신에 표시되어 있는 일자 또는 서신에 일자가 표시되지 아니한 경우에는 봉투에 표시된 일자로부터 계산한다.
⑤ 승낙기간 중 기간의 말일이 승낙자 영업소 소재지의 공휴일 또는 비영업일에 해당하여 승낙의 통지가 기간의 말일에 청약자에게 도달할 수 없는 경우에도 공휴일 또는 비영업일은 승낙기간의 계산에 산입한다.

선지분석
① 분쟁해결에 관한 부가적 조건을 포함하고 있는 청약에 대한 회답은 이전 청약에 대한 거절로 간주하고 새로운 청약으로 본다.
② 청약에 대한 침묵 또는 부작위는 그 자체만으로 승낙이 될 수 없다.
③ 승낙을 위한 기간이 경과한 승낙은 당사자 간에 별도의 합의가 있어야 계약을 성립시킬 수 있다.
⑤ 승낙기간 중 기간의 말일이 승낙자 영업소 소재지의 공휴일 또는 비영업일에 해당하여 승낙의 통지가 기간의 말일에 청약자에게 도달할 수 없는 경우에는 공휴일 또는 비영업일을 승낙기간의 계산에 산입하지 않고 그 다음 영업일을 기간의 말일로 본다.

정답 | 116. ① 117. ④ 118. ① 119. ② 120. ④

2022년 26회 2교시

>> 2022년 8월 6일 시행

보관하역론

01
보관의 원칙에 관한 설명으로 옳지 않은 것은?

① 선입선출의 원칙: 먼저 입고하여 보관한 물품을 먼저 출고하는 원칙이다.
② 회전대응의 원칙: 입출고 빈도에 따라 보관 위치를 달리하는 원칙으로 입출고 빈도가 높은 화물은 출입구 가까운 장소에 보관한다.
③ 유사성의 원칙: 연대출고가 예상되는 관련 품목을 출하가 용이하도록 모아서 보관하는 원칙이다.
④ 위치표시의 원칙: 보관된 물품의 장소와 선반번호의 위치를 표시하여 입출고 작업의 효율성을 높이는 원칙이다.
⑤ 중량특성의 원칙: 중량에 따라 보관 장소의 높이를 결정하는 원칙으로 중량이 무거운 물품은 하층부에 보관한다.

해설
연대출고가 예상되는 관련 품목을 출하가 용이하도록 모아서 보관하는 원칙은 네트워크 원칙이다.

관련이론 | 유사성의 원칙
동일 품종은 동일 장소에 모아서 보관하고, 유사품은 근처 가까운 장소에 모아서 보관해야 한다는 원칙이다. 동일 품종을 동일 장소에 보관하여 관리하면 관리효율의 향상을 기대할 수 있다.

02
보관의 기능에 해당하는 것을 모두 고른 것은?

ㄱ. 제품의 시간적 효용 창출
ㄴ. 제품의 공간적 효용 창출
ㄷ. 생산과 판매와의 물량 조정 및 완충
ㄹ. 재고를 보유하여 고객 수요 니즈에 대응
ㅁ. 수송과 배송의 연계

① ㄱ, ㄴ, ㄹ
② ㄴ, ㄷ, ㅁ
③ ㄱ, ㄴ, ㄷ, ㄹ
④ ㄱ, ㄷ, ㄹ, ㅁ
⑤ ㄴ, ㄷ, ㄹ, ㅁ

해설
ㄴ. 제품의 공간적 효용 창출은 보관이 아니라 운송(transportation)의 기능 또는 효용이다. 운송은 장소적, 공간적 거리의 장애를 극복하게 한다.

03
물류센터의 종류에 관한 설명으로 옳지 않은 것은?

① 항만 입지형은 부두 창고, 임항 창고, 보세 창고 등이 있다.
② 단지 입지형은 유통업무 단지 등의 유통 거점에 집중적으로 입지를 정하고 있는 물류센터 및 창고로 공동창고, 집배송 단지 및 복합 물류터미널 등이 있다.
③ 임대 시설은 화차로 출하하기 위하여 일시 대기하는 화물의 보관을 위한 물류센터이다.
④ 자가 시설은 제조 및 유통 업체가 자기 책임 하에 운영하는 물류센터이다.
⑤ 도시 근교 입지형은 백화점, 슈퍼마켓, 대형 할인 매장 및 인터넷 쇼핑몰 등을 지원하는 창고이다.

해설
③은 Depot에 대한 설명이다. Depot는 일시적인 보관장소로, 소비자에게 최종 배송을 수행하는 시설이다.

04

ICD(Inland Container Depot)에 관한 설명으로 옳은 것을 모두 고른 것은?

> ㄱ. 항만지역과 비교하여 창고 보관 시설용 토지 매입이 어렵다.
> ㄴ. 화물의 소단위화로 운송의 비효율이 발생한다.
> ㄷ. 다양한 교통수단의 높은 연계성이 입지조건의 하나이다.
> ㄹ. 통관의 신속화로 통관비가 절감된다.
> ㅁ. 통관검사 후 재포장이 필요한 경우 ICD 자체 보유 포장시설을 이용할 수 있다.

① ㄱ, ㄴ, ㄷ
② ㄱ, ㄷ, ㄹ
③ ㄴ, ㄷ, ㄹ
④ ㄴ, ㄹ, ㅁ
⑤ ㄷ, ㄹ, ㅁ

해설
ㄱ. 항만지역과 비교하여 창고 보관 시설용 토지 매입이 용이하다.
ㄴ. 화물의 대량화로 운송의 효율성이 증가한다.

관련이론 | 내륙 컨테이너 기지(ICD; Inland Container Depot)
화물의 대부분이 컨테이너화되어 항만터미널의 화물수용능력이 한계를 보임에 따라, 항만터미널과 내륙운송수단과의 연계가 편리한 산업지역에 건설한 컨테이너 장치장(CFS)이나 컨테이너 화물의 통관기지를 말한다.

05

복합 물류터미널에 관한 설명으로 옳지 않은 것은?

① 화물의 혼재기능을 수행한다.
② 환적기능을 구비하여 터미널 기능을 실현한다.
③ 장기보관 위주의 보관 기능을 강화한 시설이다.
④ 수요단위에 적합하게 재포장하는 기능을 수행한다.
⑤ 화물 정보센터의 기능을 강화하여 화물 운송 및 재고 정보 등을 제공한다.

해설
복합 물류터미널은 두 종류 이상의 운송 수단 간 연계운송을 할 수 있는 규모 및 시설을 갖춘 물류터미널을 말하며, 환적 또는 혼재, 유통가공 등을 위한 단기적인 보관·가공 시설을 뜻한다.

06

시장 및 생산공장의 위치와 수요량이 아래 표와 같다. 무게중심법에 따라 산출된 유통센터의 입지 좌표(X, Y)는?

구분	위치 좌표(X, Y) (km)	수요량(톤/월)
시장 1	(50, 10)	100
시장 2	(20, 50)	200
시장 3	(10, 10)	200
생산공장	(100, 150)	

① X: 35, Y: 55
② X: 35, Y: 61
③ X: 61, Y: 88
④ X: 75, Y: 85
⑤ X: 75, Y: 88

해설
무게중심법의 계산식은 아래와 같다.

$$\text{좌표 }(X, Y) = \frac{(X, Y \text{ 좌표수요지별거리} \times \text{수요지별수요량합계}) + (\text{공장거리} \times \text{공장공급량})}{\text{수요량총합계}(\text{수요지} + \text{공장})}$$

해당 식에 문제에서 제시한 숫자를 대입하면,

$$X = \frac{50 \times 100 + 20 \times 200 + 10 \times 200 + 100 \times 500}{100 + 200 + 200 + 500} = 61$$

$$Y = \frac{10 \times 100 + 50 \times 200 + 10 \times 200 + 150 \times 500}{100 + 200 + 200 + 500} = 88$$

07

물류센터의 설계 시 고려사항에 관한 설명으로 옳지 않은 것은?

① 물류센터의 규모 산정 시 목표 재고량은 고려하나 서비스 수준은 고려 대상이 아니다.
② 제품의 크기, 무게, 가격 등을 고려한다.
③ 입고방법, 보관방법, 피킹방법, 배송방법 등 운영특성을 고려한다.
④ 설비종류, 운영방안, 자동화 수준 등을 고려한다.
⑤ 물류센터 입지의 결정 시 관련 비용의 최소화를 고려한다.

해설
물류센터의 규모 산정 시 목표 재고량뿐만 아니라 고객서비스 수준, 입출고 물량, 주변 경쟁자의 수와 규모, 향후 물동량의 증감 등을 고려해야 한다.

정답 | 01. ③ 02. ④ 03. ③ 04. ⑤ 05. ③
06. ③ 07. ①

08

물류센터의 일반적인 입지선정에 관한 설명으로 옳지 않은 것은?

① 수요와 공급을 효율적으로 연계할 수 있는 지역을 선정한다.
② 노동력 확보가 가능한 지역을 선정한다.
③ 경제적, 자연적, 지리적 요인 등을 고려해야 한다.
④ 운송수단의 연계가 용이한 지역에 입지한다.
⑤ 토지 가격이 저렴한 지역을 최우선 선정조건으로 고려한다.

해설
물류센터의 입지는 토지 가격뿐만 아니라 수요와 공급을 효율적으로 연계할 수 있는 접점을 선택하여 물류서비스의 목표인 비용절감 및 서비스 수준 개선이 가능한 거점을 선정해야 한다.

09

물류센터 투자 타당성을 분석할 때 편익의 현재가치 합계와 비용의 현재가치 합계가 동일하게 되는 수준의 할인율을 활용하는 기법은?

① 순현재가치법
② 내부수익율법
③ 브라운깁슨법
④ 손익분기점법
⑤ 자본회수기간법

해설
내부수익률(IRR; Internal Rate of Return)은 기대 현금유입의 현재가치와 기대 현금유출의 현재가치의 합계가 동일하게 되는, 즉 순현재가치(NPV)를 0으로 만드는 수준의 할인율을 의미한다.

10

보관 설비에 관한 설명으로 옳지 않은 것은?

① 캔틸레버 랙(Cantilever Rack): 긴 철재나 목재의 보관에 효율적인 랙이다.
② 드라이브 인 랙(Drive in Rack): 지게차가 한쪽 방향에서 2개 이상의 깊이로 된 랙으로 들어가 화물을 보관 및 반출할 수 있다.
③ 파렛트 랙(Pallet Rack): 파렛트 화물을 한쪽 방향에서 넣으면 중력에 의해 미끄러져 인출할 때는 반대방향에서 화물을 반출할 수 있다.
④ 적층 랙(Mezzanine Rack): 천장이 높은 창고에서 저장 공간을 복층구조로 설치하여 공간 활용도가 높다.
⑤ 캐러셀(Carousel): 랙 자체를 회전시켜 저장 및 반출하는 장치이다.

해설
파렛트 랙(Pallet Rack)은 화물이 적재된 파렛트 그대로 지게차를 사용하여 보관 랙의 셀(cell)마다 격납시켜 보관할 수 있는 랙을 말한다. 즉, 파렛트에 쌓아올린 물품의 보관에 이용되는 랙이다.
파렛트 화물을 한쪽 방향에서 넣으면 중력에 의해 미끄러져 인출할 때는 반대방향에서 화물을 반출할 수 있는 형태는 플로우 랙(Flow Rack)에 해당한다.

11

물류센터의 작업 계획 수립 시 세부 고려사항으로 옳지 않은 것은?

① 출하 차량 동선 – 평치, 선반 및 특수 시설의 사용 여부
② 화물 형태 – 화물의 포장 여부, 포장 방법 및 소요 설비
③ 하역 방식 – 하역 자동화 수준, 하역 설비의 종류 및 규격
④ 검수 방식 – 검수 기준, 검수 작업 방법 및 소요 설비
⑤ 피킹 및 분류 – 피킹 기준, 피킹 방법 및 소팅 설비

해설
평치, 선반 및 특수 시설의 사용 여부는 화물의 종류나 형태, 크기, 중량에 따라 하역운반 작업을 계획할 때 고려해야 하는 내용에 해당한다.

12

물류센터 건설의 업무 절차를 물류거점 분석, 물류센터 설계 그리고 시공 및 운영 등 단계별로 시행하려고 한다. 물류거점 분석 단계에서 수행하는 활동이 아닌 것은?

① 지역 분석
② 하역장비 설치
③ 수익성 분석
④ 투자 효과 분석
⑤ 거시환경 분석

해설
하역장비의 설치 및 설비시공 등은 시공 및 운영단계에서 이루어지는 활동으로, 물류거점 분석 단계와는 거리가 멀다.

13

3개의 제품(A~C)을 취급하는 1개의 창고에서 기간별 사용공간이 다음 표와 같다. (ㄱ) 임의위치저장(Randomized Storage) 방식과 (ㄴ) 지정위치저장(Dedicated Storage) 방식으로 각각 산정된 창고의 저장소요공간(m^2)은?

기간	제품별 사용공간(m^2)		
	A	B	C
1주	14	17	20
2주	15	23	35
3주	34	25	17
4주	18	19	20
5주	15	17	21
6주	34	21	34

① ㄱ: 51, ㄴ: 51
② ㄱ: 51, ㄴ: 67
③ ㄱ: 67, ㄴ: 89
④ ㄱ: 89, ㄴ: 94
⑤ ㄱ: 94, ㄴ: 89

해설

기간	제품별 사용공간(m^2)			
	A	B	C	합계(=A+B+C)
1	14	17	20	51
2	15	23	35	73
3	34	25	17	76
4	18	19	20	57
5	15	17	21	53
6	34	21	34	89

(ㄱ) 임의위치저장(Randomized Storage) 방식: A+B+C의 합계가 가장 큰 89m^2 선택
(ㄴ) 지정위치저장(Dedicated Storage) 방식: A, B, C 각 제품별 가장 큰 공간을 하나씩 선정해서 합하면 94m^2(34+25+35)가 된다.

정답 | 08. ⑤ 09. ② 10. ③ 11. ① 12. ②
13. ④

14

오더피킹의 출고형태 중 파렛트 단위로 보관하다가 파렛트 단위로 출고되는 제1형태(P → P)의 적재방식에 활용되는 장비가 아닌 것은?

① 트랜스 로보 시스템(Trans Robo System)
② 암 랙(Arm Rack)
③ 파렛트 랙(Pallet Rack)
④ 드라이브 인 랙(Drive in Rack)
⑤ 고층 랙(High Rack)

해설
암 랙(Arm Rack) 또는 캔틸레버 랙(Cantilever Rack)은 외팔지주걸이 구조로 기본 프레임에 암(Arm)을 결착하여 화물을 보관하는 랙으로 파이프, 목재 등 장척물 보관에 적합하다. 파렛트 단위 화물에는 활용할 수 없다.

15

창고에 관한 설명으로 옳은 것은?

① 보세창고는 지방자치단체장의 허가를 받은 경우에는 통관되지 않은 내국물품도 장치할 수 있다.
② 영업창고는 임대료를 획득하기 위해 건립되므로 자가창고에 비해 화주 입장의 창고설계 최적화가 가능하다.
③ 자가창고는 영업창고에 비해 창고 확보와 운영에 소요되는 비용 및 인력문제와 화물량 변동에 탄력적으로 대응할 수 있다.
④ 임대창고는 특정 보관시설을 임대하거나 리스(Lease)하여 물품을 보관하는 창고형태이다.
⑤ 공공창고는 특정 보관시설을 임대하여 물품을 보관하는 창고형태로 민간이 설치 및 운영한다.

선지분석
① 보세창고는 지방자치단체장이 아니라 세관장의 허가를 받아 설치한다.
② 화주 입장의 창고설계 최적화가 가능한 것은 자가창고에 해당한다.
③ 영업창고는 자가창고에 비해 창고 확보와 운영에 소요되는 비용 및 인력문제와 화물량 변동에 탄력적으로 대응할 수 있다.
⑤ 보관시설을 임대하여 물품을 보관하는 창고형태는 리스창고(임대창고)이다.

16

다음이 설명하는 창고의 기능은?

> ㄱ. 물품 생산과 소비의 시간적 간격을 조정하여 일정량의 화물이 체류하도록 한다.
> ㄴ. 물품의 수급을 조정하여 가격안정을 도모한다.
> ㄷ. 물류활동을 연결시키는 터미널로서의 기능을 수행한다.
> ㄹ. 창고에 물품을 보관하여 재고를 확보함으로써 품절을 방지하여 신용을 증대시키는 역할을 수행한다.

① ㄱ: 가격조정기능, ㄴ: 수급조정기능, ㄷ: 연결기능, ㄹ: 매매기관적 기능
② ㄱ: 수급조정기능, ㄴ: 가격조정기능, ㄷ: 매매기관적 기능, ㄹ: 신용기관적 기능
③ ㄱ: 연결기능, ㄴ: 가격조정기능, ㄷ: 수급조정기능, ㄹ: 판매전진기지적 기능
④ ㄱ: 수급조정기능, ㄴ: 가격조정기능, ㄷ: 연결기능, ㄹ: 신용기관적 기능
⑤ ㄱ: 연결기능, ㄴ: 판매전진기지적 기능, ㄷ: 가격조정기능, ㄹ: 수급조정기능

해설
ㄱ. 생산과 소비의 시간적 간격을 조정하여 일정량의 화물이 체류하도록 하는 것은 수급조정기능이다.
ㄴ. 수급을 조정하여 가격안정을 도모하는 것은 가격조정기능에 해당한다.
ㄷ. 물류활동을 연결시키는 터미널로서의 기능은 연결기능을 말한다.
ㄹ. 재고를 보유하여 신용을 증대시키는 것은 신용기관적 기능이다.

17

경제적 주문량(EOQ) 모형에 관한 설명으로 옳은 것은?

① 주문량이 커질수록 할인율이 높아지기 때문에 가능한 한 많은 주문량을 설정하는 것이 유리하다.
② 조달기간이 일정하며, 주문량은 전량 일시에 입고된다.
③ 재고유지비용은 평균재고량에 반비례한다.
④ 재고부족에 대응하기 위한 안전재고가 필요하다.
⑤ 수요가 불확실하기 때문에 주문량과 주문간격이 달라진다.

선지분석
① EOQ 모형에서는 할인은 없으며, 조달기간이 일정하고 주문량은 전량 일시에 입고된다고 가정한다.
③ 재고유지비용은 평균재고량에 비례한다.
④ 재고부족은 없으므로 안전재고는 필요 없다고 가정한다.
⑤ 연간 수요량이 알려져 있으므로 수요의 불확실성은 없다.

18

분산구매방식과 비교한 집중구매방식(Centralized Purchasing Method)에 관한 설명으로 옳은 것은?

① 일반적으로 대량 구매가 이루어지기 때문에 수요량이 많은 품목에 적합하다.
② 사업장별 다양한 요구를 반영하여 구매하기에 용이하다.
③ 사업장별 독립적 구매에 유리하나 수량할인이 있는 품목에는 불리하다.
④ 전사적으로 집중구매하기 때문에 가격 및 거래조건이 불리하다.
⑤ 구매절차의 표준화가 가능하여 긴급조달이 필요한 자재의 구매에 유리하다.

해설
집중구매방식은 여러 사업장이나 부서의 표준품의 요구량을 모아서 대량구매하므로 가격과 거래조건이 유리하다.
사업장별 다양한 요구를 반영하여 구매하기에 용이한 것은 분산구매 방식이다.

19

A상품의 2022년도 6월의 실제 판매량과 예측 판매량, 7월의 실제 판매량 자료가 아래 표와 같을 때 지수평활법을 활용한 8월의 예측 판매량(개)은? (단, 평활상수(α)는 0.4를 적용한다.)

구분	2022년 6월	2022년 7월
실제 판매량	48,000(개)	52,000(개)
예측 판매량	50,000(개)	–

① 48,320
② 49,200
③ 50,320
④ 50,720
⑤ 50,880

해설
- 8월의 예측 판매량=α×전기의 실적치+(1−α)×전기의 예측치
- 7월의 예측 판매량=0.4×48,000+0.6×50,000개=49,200개
∴ 8월의 예측 판매량=0.4×52,000+0.6×49,200=50,320개

20

제품 B를 취급하는 K물류센터는 경제적 주문량(EOQ)에 따라 재고를 관리하고 있다. 재고관리에 관한 자료가 아래와 같을 때 (ㄱ) 연간 총 재고비용과 (ㄴ) 연간 발주횟수는 각각 얼마인가? (단, 총 재고비용은 재고유지비용과 주문비용만을 고려한다.)

- 연간 수요량: 90,000개
- 제품 단가: 80,000원
- 제품당 연간 재고유지비용: 제품 단가의 25%
- 1회 주문비용: 160,000원

① ㄱ: 12,000,000원, ㄴ: 75회
② ㄱ: 12,000,000원, ㄴ: 90회
③ ㄱ: 18,000,000원, ㄴ: 75회
④ ㄱ: 18,000,000원, ㄴ: 90회
⑤ ㄱ: 24,000,000원, ㄴ: 75회

해설
$$EOQ = \sqrt{\frac{2 \times 연간\ 수요량 \times 1회당\ 주문비용}{1개당\ 연간\ 재고유지비용}}$$
$$= \sqrt{\frac{2 \times 90,000개 \times 160,000원}{80,000 \times 0.25}} = 1,200개$$

(1) 연간 최적 주문횟수=연간 수요량/EOQ
= 90,000개/1,200개=75회
(2) 총 주문비용=160,000원×75회=12,000,000원,
총 재고유지비용=평균 재고$\left(\frac{EOQ}{2}\right)$×개당 재고유지비용
$$= \left(\frac{1,200}{2}\right) \times 20,000원 = 12,000,000원$$

∴ 연간 총 재고비용=12,000,000원+12,000,000원
=24,000,000원

정답 | 14. ② 15. ④ 16. ④ 17. ② 18. ①
19. ③ 20. ⑤

21
수요예측방법에 관한 설명으로 옳지 않은 것은?

① 정성적 수요예측방법에는 경영자판단법, 판매원이용법 등이 있다.
② 정량적 수요예측방법에는 이동평균법, 지수평활법 등이 있다.
③ 델파이법(Delphi Method)은 원인과 결과관계를 가지는 두 요소의 과거 변화량에 대한 인과관계를 분석한 방법으로 정량적 수요예측방법에 해당한다.
④ 가중이동평균법은 예측 기간별 가중치를 부여한 예측방법으로 일반적으로 예측대상 기간에 가까울수록 더 큰 가중치를 주어 예측하는 방법이다.
⑤ 라이프사이클(Life-cycle) 유추법은 상품의 수명주기 기간별 과거 매출 증감 폭을 기준으로 수요량을 유추하여 예측하는 방법이다.

해설
원인과 결과관계를 가지는 두 요소의 과거 변화량에 대한 인과관계를 분석한 방법으로 정량적 수요예측방법에 해당하는 것은 회귀분석법이다.

관련이론 | 델파이법(Delphi Method)
수요예측을 위해 해당분야 전문가들을 선정한 후 예측 대상에 대한 질문과 답변을 통해 결론을 도출하는 대표적인 정성적 수요예측방법이다.

22
C도매상의 제품판매정보가 아래와 같을 때 최적의 재주문점은? (단, 소수점 첫째자리에서 반올림한다.)

- 연간수요: 14,000Box
- 서비스 수준: 90%, Z(0.90)=1.282
- 제품 판매량의 표준편차: 20
- 제품 조달기간: 9일
- 연간 판매일: 350일

① 77　　② 360
③ 386　　④ 437
⑤ 590

해설
재주문점(ROP) = 일일 평균수요 × 조달기간 + 안전재고
(1) 일일 평균수요 = 연간수요/연간 판매일 = 14,000Box/350일 = 40Box
(2) 안전재고 = 안전계수 × 수요의 표준편차 × $\sqrt{조달기간}$
　　　　＝ $1.282 \times 20 \times \sqrt{9}$ = 76.92 (약 77Box)
∴ 재주문점 = 40Box × 9일 + 77Box = 437Box

23
재고에 관한 설명으로 옳지 않은 것은?

① 고객으로부터 발생하는 제품이나 서비스의 요구에 적절히 대응할 수 있게 한다.
② 안전재고는 재고를 품목별로 일정한 로트(Lot) 단위로 조달하기 때문에 발생한다.
③ 공급사슬에서 발생하는 수요나 공급의 다양한 변동과 불확실성에 대한 완충역할을 수행한다.
④ 재고를 필요 이상으로 보유하게 되면 과도한 재고비용이 발생하게 된다.
⑤ 재고관리는 제품, 반제품, 원재료, 상품 등의 재화를 합리적·경제적으로 유지하기 위한 활동이다.

해설
안전재고는 품목별로 일정한 로트(Lot) 단위로 조달하기 때문에 발생하는 것이 아니라 수요의 변동이나 수요의 지연, 공급의 불확실성 등으로 품절이 발생하는 것을 방지하여 고객서비스를 향상시키기 위해 보유하는 예비 재고량이다.

24
JIT(Just In Time) 시스템에 관한 설명으로 옳지 않은 것은?

① 반복적인 생산에 적합하다.
② 효과적인 Pull 시스템을 구현할 수 있다.
③ 공급업체의 안정적인 자재공급과 엄격한 품질관리가 이루어져야 효과성을 높일 수 있다.
④ 제조준비시간 및 리드타임을 단축할 수 있다.
⑤ 충분한 안전재고를 확보하여 품절에 대비하기 때문에 공급업체와 생산업체의 상호협력 없이도 시스템 운영이 가능하다.

해설
JIT 시스템은 무재고시스템 즉, 안전재고를 보유하지 않으므로 공급업체와 생산업체의 긴밀한 상호협력이 이루어져야 JIT 시스템 운영이 가능해진다.

25

다음이 설명하는 하역합리화의 원칙은?

> ㄱ. 화물의 이동 용이성을 지수로 하여 이 지수의 최대화를 지향하는 원칙으로 관련 작업을 조합하여 화물 하역작업의 효율성을 높이는 것을 목적으로 한다.
> ㄴ. 불필요한 하역작업의 생략을 통해 작업능률을 높이고, 화물의 파손 및 분실 등을 최소화하는 것을 목적으로 한다.
> ㄷ. 하역작업 시 화물의 이동거리를 최소화하는 것을 목적으로 한다.

① ㄱ: 시스템화의 원칙, ㄴ: 하역 경제성의 원칙,
  ㄷ: 거리 최소화의 원칙
② ㄱ: 운반 활성화의 원칙, ㄴ: 화물 단위화의 원칙,
  ㄷ: 인터페이스의 원칙
③ ㄱ: 화물 단위화의 원칙, ㄴ: 거리 최소화의 원칙,
  ㄷ: 하역 경제성의 원칙
④ ㄱ: 운반 활성화의 원칙, ㄴ: 하역 경제성의 원칙,
  ㄷ: 거리 최소화의 원칙
⑤ ㄱ: 하역 경제성의 원칙, ㄴ: 운반 활성화의 원칙,
  ㄷ: 거리 최소화의 원칙

해설

하역합리화의 원칙 중 ㄱ은 운반 활성화의 원칙, ㄴ은 하역 경제성의 원칙, ㄷ은 거리 최소화의 원칙이다. 하역은 그 자체로는 가치를 창출하지 않지만 운송과 보관의 전후에 반드시 하역작업이 수반되기 때문에 하역의 합리화는 중요하다.

26

하역의 요소에 관한 내용이다. ( )에 들어갈 용어로 옳은 것은?

> • (ㄱ): 보관장소에서 물건을 꺼내는 작업이다.
> • (ㄴ): 생산, 유통, 소비 등에 필요하므로 하역의 일부로 볼 수 있으며, 창고 내부와 같이 한정된 장소에서 화물을 이동하는 작업이다.
> • (ㄷ): 컨테이너에 물건을 싣는 작업이다.
> • (ㄹ): 물건을 창고 등의 보관시설 장소로 이동하여 정해진 형태로 정해진 위치에 쌓는 작업이다.

① ㄱ: 피킹, ㄴ: 운송, ㄷ: 디배닝, ㄹ: 적재
② ㄱ: 피킹, ㄴ: 운반, ㄷ: 배닝, ㄹ: 적재
③ ㄱ: 적재, ㄴ: 운반, ㄷ: 디배닝, ㄹ: 분류
④ ㄱ: 배닝, ㄴ: 운반, ㄷ: 피킹, ㄹ: 정돈
⑤ ㄱ: 디배닝, ㄴ: 운송, ㄷ: 배닝, ㄹ: 분류

해설

하역용어에 대한 것으로, 보관장소에서 물건을 꺼내는 작업은 피킹(picking), 생산, 유통, 소비 등에 필요하므로 하역의 일부로 볼 수 있으며, 창고 내부와 같이 한정된 장소에서 화물을 이동하는 작업은 운반(carrying), 컨테이너에 물건을 싣는 작업은 적입 또는 배닝(vanning), 물건을 보관시설 장소로 이동하여 정해진 형태로 정해진 위치에 쌓는 작업은 적재(stacking)라고 한다.

정답 | 21. ③ 22. ④ 23. ② 24. ⑤ 25. ④
26. ②

27

하역합리화를 위한 활성화의 원칙에서 활성지수가 '3'인 화물의 상태는? (단, 활성지수는 0~4이다.)

① 대차에 실어 놓은 상태 ② 파렛트 위에 놓인 상태
③ 화물이 바닥에 놓인 상태 ④ 컨베이어 위에 놓인 상태
⑤ 상자 안에 넣은 상태

해설
활성화(live load)의 원칙은 운반활성지수를 최대화하는 원칙으로, 지표와 접점이 작을수록 활성지수는 높아지며 하역작업의 효율이 증가한다. 활성지수란 놓여있는 물건을 다음 동작으로 옮기기 쉽게 놓아둔 상태를 나타내는 지수를 말하는 것으로 다음과 같다.

활성지수	물건을 놓아 둔 상태
0	바닥에 낱개의 상태로 놓여 있음
1	상자 속에 들어 있음
2	파렛트나 스키드(skid) 위에 놓여 있음
3	대차 위에 놓여 있음
4	컨베이어 위에 놓여 있음

28

하역시스템에 관한 설명으로 옳지 않은 것은?

① 하역작업 장소에 따라 사내하역, 항만하역, 항공하역 등으로 구분할 수 있다.
② 제조업체의 사내하역은 조달, 생산 등의 과정에서 필요한 운반과 하역기능을 포함한 것이다.
③ 하역시스템의 효율화를 통해 에너지 및 자원을 절약할 수 있다.
④ 하역시스템의 도입 목적은 범용성과 융통성을 지양하는 데 있다.
⑤ 하역시스템의 기계화를 통해 열악한 노동환경을 개선할 수 있다.

해설
하역시스템을 도입하면 하역비용의 절감, 하역 노동자들의 노동환경 개선, 에너지 또는 자원의 절감 및 표준화를 통한 범용성, 유연하고 다양한 상황에 대응이 가능한 융통성을 확보할 수 있다.

29

자동분류시스템의 소팅방식에 관한 설명으로 옳은 것은?

① 크로스벨트(Cross belt) 방식: 컨베이어 반송면의 아래 방향에서 벨트 등의 분기장치가 나오는 방식으로 하부면의 손상 및 충격에 취약한 화물에는 적합하지 않다.
② 팝업(Pop-up) 방식: 레일을 주행하는 연속된 캐리어 상의 소형벨트 컨베이어를 레일과 교차하는 방향으로 구동시켜 단위화물을 내보내는 방식이다.
③ 틸팅(Tilting) 방식: 반송면에 튀어나온 기구를 넣어 단위화물을 함께 이동시키면서 압출하는 방식이다.
④ 슬라이딩슈(Sliding-shoe) 방식: 여러 형상의 화물을 수직으로 나누어 강제적으로 분류하므로 충격에 취약한 정밀기기나 깨지기 쉬운 물건은 피해야 한다.
⑤ 다이버터(Diverter) 방식: 외부에 설치된 안내판을 회전시켜 반송경로상에 가이드벽을 만들어 단위화물을 가이드벽에 따라 이동시키므로 다양한 형상의 화물 분류가 가능하다.

선지분석
①은 팝업(Pop-up) 방식, ②는 크로스벨트(Cross belt) 방식, ③은 슬라이딩슈 방식(Sliding-Shoe Type)에 대한 설명이다.
한편, 틸팅 방식(Tilting Type)은 컨베이어를 주행하는 트레이, 슬라이드 등에 물품을 적재하였다가 분류되는 순간에 트레이, 슬라이드가 기울어지는 방식으로 고속처리가 가능하지만 중력에 의한 파손품이 발생될 수 있는 특징이 있다.

30

포크 리프트(지게차)에 관한 설명으로 옳은 것은?

① 스트래들(Straddle)형은 전방이 아닌 차체의 측면에 포크와 마스트가 장착된 지게차이다.
② 디젤엔진식은 유해 배기가스와 소음이 적어 실내작업에 적합한 환경친화형 장비이다.
③ 워키(Walkie)형은 스프레더를 장착하고 항만 컨테이너 야드 등 주로 넓은 공간에서 사용된다.
④ 3방향 작동형은 포크와 캐리지의 회전이 가능하므로 진행방향의 변경 없이 작업할 수 있다.
⑤ 사이드 포크형은 차체전방에 아웃리거를 설치하고 그 사이에 포크를 위치시켜 안정성을 향상시킨 지게차이다.

선지분석
①은 사이드 포크형 포크 리프트에 대한 설명이다.
② 디젤엔진식은 유해 배기가스와 소음으로 인해 실내작업에는 적합하지 않다.
③ 워키형(Walkie Forklift Truck)은 작업자의 탑승설비가 없으며, 작업자가 지게차를 가동시킨 상태에서 걸어 다니며 작업을 하게 된다.
⑤는 스트래들형 포크 리프트에 대한 설명이다.

31

하역의 기계화가 필요한 화물에 해당하는 것은 몇 개인가?

- 액체 및 분립체로 인하여 인력으로 취급하기 곤란한 화물
- 많은 인적 노력이 요구되는 화물
- 작업장의 위치가 높고 낮음으로 인해 상하차 작업이 곤란한 화물
- 인력으로는 시간(Timing)을 맞추기 어려운 화물

① 0개　　② 1개
③ 2개　　④ 3개
⑤ 4개

해설
하역현대화의 원칙 중 하나인 '하역의 기계화'는 하역기기의 효율적인 활용과 기계화, 자동화, 무인화를 실현하는 것으로, 인력으로 취급하기 어려운 화물은 하역의 기계화가 필요하다. 따라서 글상자의 사례들은 모두 하역의 기계화가 필요하다.

32

국가별 파렛트 표준규격의 연결이 옳은 것은?

국가	파렛트 규격
ㄱ. 한국	A. 800×1,200mm
ㄴ. 일본	B. 1,100×1,100mm
ㄷ. 영국	C. 1,100×1,200mm
ㄹ. 미국	D. 1,219×1,016mm

① ㄱ-B, ㄴ-A, ㄷ-C, ㄹ-D
② ㄱ-B, ㄴ-B, ㄷ-A, ㄹ-D
③ ㄱ-B, ㄴ-C, ㄷ-C, ㄹ-A
④ ㄱ-C, ㄴ-A, ㄷ-B, ㄹ-B
⑤ ㄱ-C, ㄴ-B, ㄷ-D, ㄹ-A

해설
국제표준화기구(ISO)가 인정하는 국제표준 파렛트의 규격은 다음과 같다. (ISO 6780)
- 한국, 일본 등 동아시아 국가: 1,100mm×1,100mm
- 영국 등 유럽 18개국: 1,200mm×800mm
- 미국: 1,219mm×1,016mm(미국의 표준 파렛트 48″×40″ 규격)

33

일관파렛트화(Palletization)의 경제적 효과가 아닌 것은?

① 포장의 간소화로 포장비 절감
② 작업 능률의 향상
③ 화물 파손의 감소
④ 운임 및 부대비용 절감
⑤ 제품의 과잉생산 방지

해설
일관파렛트화는 작업능률을 향상시켜 다양한 비용의 절감을 가져오지만 과잉생산 방지와는 관련이 없다.

관련이론 | 일관파렛트화(Palletization)
화물의 출발지에서부터 도착지까지 파렛트에 화물을 실은 상태를 유지하면서 수송하는 시스템

| 정답 | 27. ① | 28. ④ | 29. ⑤ | 30. ④ | 31. ⑤ |
| | 32. ② | 33. ⑤ | | | |

34

유닛로드 시스템(Unit Load System)의 선결과제에 해당하는 것을 모두 고른 것은?

ㄱ. 운송 표준화	ㄴ. 장비 표준화
ㄷ. 생산 자동화	ㄹ. 하역 기계화
ㅁ. 무인 자동화	

① ㄱ, ㄴ, ㄹ
② ㄱ, ㄴ, ㅁ
③ ㄱ, ㄷ, ㅁ
④ ㄴ, ㄷ, ㄹ
⑤ ㄴ, ㄹ, ㅁ

해설
유닛로드 시스템(ULS; Unit Load System)을 구축하기 위해서는 운송의 표준화, 파렛트 등 운송기기 및 장비의 표준화, 하역의 기계화 등이 전제가 되어야 한다.

35

다음은 파렛트 풀 시스템 운영방식에 관한 내용이다. 다음 (   )에 들어갈 용어로 옳은 것은?

- (ㄱ): 유럽 각국의 국영철도역에서 파렛트 적재 형태로 운송하며, 파렛트를 동시에 교환하여 사용하는 것으로 언제나 교환에 응할 수 있도록 파렛트를 준비해 놓는 방식이다.
- (ㄴ): 개별 기업에서 파렛트를 보유하지 않고, 파렛트 풀 회사에서 일정 기간 동안 임차하는 방식이다.

① ㄱ: 즉시교환방식, ㄴ: 리스·렌탈방식
② ㄱ: 대차결제교환방식, ㄴ: 즉시교환방식
③ ㄱ: 리스·렌탈방식, ㄴ: 교환리스병용방식
④ ㄱ: 교환리스병용방식, ㄴ: 대차결제교환방식
⑤ ㄱ: 리스·렌탈방식, ㄴ: 즉시교환방식

해설
(ㄱ) 즉시교환방식: 유럽 각국의 국영철도역에서 파렛트 적재 형태로 운송하며, 파렛트를 동시에 교환하여 사용하는 방식
(ㄴ) 리스·렌탈방식: 파렛트 풀 회사에서 일정 기간 동안 임차하여 사용하는 방식으로 우리나라 등에서 많이 활용

관련이론 | 파렛트 풀 시스템(PPS; Pallet Pool System)
표준화된 파렛트를 서로 교환할 수 있도록 하여 여러 화주와 물류업자들이 파렛트를 공동으로 이용하는 시스템이다. 즉, 파렛트를 다량 확보하고 있는 파렛트 풀 조직이 파렛트에 대한 납품, 회수관리, 수리 등을 담당하여 수송의 합리화 및 물류비의 절감에 기여하려는 파렛트 공동이용 제도이다.

36

유닛로드 시스템(Unit Load System)에 관한 설명으로 옳지 않은 것은?

① 운송, 보관, 하역 등의 물류활동을 합리적으로 처리하기 위하여 포장화물의 기계취급에 적합하도록 단위화한 방식을 말한다.
② 화물을 파렛트나 컨테이너를 이용하여 벌크선박으로 운송한다.
③ 화물취급단위에 대한 단순화와 표준화를 통하여 하역능력을 향상시키고, 물류비용을 절감할 수 있다.
④ 하역을 기계화하고 운송·보관 등을 일관하여 합리화할 수 있다.
⑤ 화물처리 과정에서 발생할 수 있는 파손이나 실수를 줄일 수 있다.

해설
유닛로드 시스템(ULS)에서는 표준화된 규격의 화물을 파렛트나 컨테이너를 이용하여 컨테이너선으로 운송한다. 벌크선박은 철광석, 양곡, 석탄이나 시멘트처럼 포장하지 않은 상태로 운송하는 벌크(bulk)화물을 운송하는 선박을 말한다.

37

항만하역기기 중 컨테이너 터미널에서 사용하는 하역기기가 아닌 것은?

① 리치 스태커(Reach Stacker)
② 야드 트랙터(Yard Tractor)
③ 트랜스퍼 크레인(Transfer Crane)
④ 탑 핸들러(Top Handler)
⑤ 호퍼(Hopper)

해설
호퍼(Hopper)는 철도화차에서 사용하는 기기 중 하나로 석탄, 모래 등의 벌크화물을 운송할 때 이용되며, 컨테이너 터미널에서는 사용할 수 없는 하역기기이다.

38

항만운송사업 중 타인의 수요에 응하여 하는 행위로서 항만하역사업에 해당하는 것은?

① 선적화물(船積貨物)을 싣거나 내릴 때 그 화물의 개수를 계산하는 행위
② 선적화물 및 선박(부선을 포함한다)에 관련된 증명·조사·감정을 하는 행위
③ 선적화물을 싣거나 내릴 때 그 화물의 인도·인수를 증명하는 행위
④ 선박을 이용하여 운송된 화물을 화물주(貨物主) 또는 선박운항사업자의 위탁을 받아 항만에서 선박으로부터 인수하거나 화물주에게 인도하는 행위
⑤ 선적화물을 싣거나 내릴 때 그 화물의 용적 또는 중량을 계산하거나 증명하는 행위

해설
항만운송사업에는 항만하역사업, 검수·감정·검량사업이 있다.(「항만운송사업법 제2조」)

선지분석
①은 검수사업, ②는 감정사업, ⑤는 검량사업이다.
④ 선박을 이용하여 운송된 화물을 화물주(貨物主) 또는 선박운항사업자의 위탁을 받아 항만에서 선박으로부터 인수하거나 화물주에게 인도하는 행위는 항만하역사업에 해당한다.

39

주요 포장기법 중 금속의 부식을 방지하기 위한 포장 기술은?

① 방청 포장
② 방수 포장
③ 방습 포장
④ 진공 포장
⑤ 완충 포장

해설
금속의 부식을 방지하기 위한 포장은 방청 포장이다. 방청 포장은 운송 중이나 보관 중에 금속표면의 녹이나 부식을 방지하기 위한 포장기법이며 일반적으로 방청제 도포나 가연성 플라스틱 도포가 사용된다.

40

포장 결속 방법으로 옳지 않은 것은?

① 밴드결속 – 플라스틱, 나일론, 금속 등의 재질로 된 밴드를 사용한다.
② 꺾쇠 물림쇠 – 주로 칸막이 상자 등에서 상자가 고정되도록 사용하는 방법이다.
③ 테이핑 – 용기의 견고성을 유지하기 위해 접착테이프를 사용한다.
④ 대형 골판지 상자 – 작은 부품 등을 꾸러미로 묶지 않고 담을 때 사용한다.
⑤ 슬리브 – 열수축성 플라스틱 필름을 화물에 씌우고 터널을 통과시킬 때 가열하여 필름을 수축시키는 방법이다.

해설
열수축성 플라스틱 필름을 화물에 씌우고 터널을 통과시킬 때 가열하여 필름을 수축시키는 방법은 쉬링크(shrink) 포장에 해당하며, 슬리브(sleeve) 포장은 보통 필름으로 슬리브를 만들어 4개 측면을 감싸는 방법이다.

정답 | 34. ① 35. ① 36. ② 37. ⑤ 38. ④
39. ① 40. ⑤

물류관련법규

41
물류정책기본법상 물류계획에 관한 설명으로 옳지 않은 것은?

① 특별시장 및 광역시장은 지역물류정책의 기본방향을 설정하는 10년 단위의 지역물류기본계획을 5년마다 수립하여야 한다.
② 국가물류기본계획에는 국가물류정보화사업에 관한 사항이 포함되어야 한다.
③ 국가물류기본계획은 「국토기본법」에 따라 수립된 국토종합계획 및 「국가통합교통체계효율화법」에 따라 수립된 국가기간교통망계획과 조화를 이루어야 한다.
④ 지역물류기본계획은 국가물류기본계획에 배치되지 아니하여야 한다.
⑤ 해양수산부장관은 국가물류기본계획을 수립한 때에는 이를 관보에 고시하여야 한다.

해설
국가물류기본계획은 국토교통부장관과 해양수산부장관이 공동으로 수립하여야 한다. 국가물류기본계획을 수립하거나 변경한 때 이를 관보에 고시하고, 관계 중앙행정기관의 장 및 시·도지사에 통보하는 것은 국토교통부장관 소관이다.

42
물류정책기본법령상 국토교통부장관이 행정적·재정적 지원을 할 수 있는 환경친화적 물류활동을 위하여 하는 활동에 해당하는 것을 모두 고른 것은?

> ㄱ. 환경친화적인 운송수단 또는 포장재료의 사용
> ㄴ. 기존 물류장비를 환경친화적인 물류장비로 변경
> ㄷ. 환경친화적인 물류시스템의 도입 및 개발
> ㄹ. 물류활동에 따른 폐기물 감량

① ㄱ, ㄷ
② ㄱ, ㄹ
③ ㄴ, ㄷ
④ ㄴ, ㄷ, ㄹ
⑤ ㄱ, ㄴ, ㄷ, ㄹ

해설
제시된 내용 모두 행정적·재정적 지원을 할 수 있는 환경친화적 물류활동이다.

관련이론 | 「법 제59조」 환경친화적 물류의 촉진
국토교통부장관·해양수산부장관 또는 시·도지사는 물류기업, 화주기업 또는 「화물자동차 운수사업법」에 따른 개인 운송사업자가 환경친화적 물류활동을 위하여 다음 각 호의 활동을 하는 경우에는 행정적·재정적 지원을 할 수 있다.
1. 환경친화적인 운송수단 또는 포장재료의 사용
2. 기존 물류시설·장비·운송수단을 환경친화적인 물류시설·장비·운송수단으로 변경
3. 그 밖에 대통령령으로 정하는 환경친화적 물류활동(환경친화적인 물류시스템의 도입 및 개발, 물류활동에 따른 폐기물 감량, 그 밖에 물류자원을 절약하고 재활용하는 활동으로서 국토교통부장관 및 해양수산부장관이 정하여 고시하는 사항)

43
물류정책기본법령상 물류인력의 양성 및 물류관리사에 관한 설명으로 옳지 않은 것은?

① 「대한무역투자진흥공사법」에 따른 대한무역투자진흥공사는 물류연수기관이 될 수 없다.
② 물류관리사는 물류활동과 관련하여 전문지식이 필요한 사항에 대하여 계획·조사·연구·진단 및 평가 또는 이에 관한 상담·자문, 그 밖에 물류관리에 필요한 직무를 수행한다.
③ 국토교통부장관은 물류관리사를 고용한 물류관련 사업자에 대하여 다른 사업자보다 우선하여 행정적·재정적 지원을 할 수 있다.
④ 물류관리사는 다른 사람에게 자격증을 대여하여서는 아니 된다.
⑤ 물류관리사 자격의 취소를 하려면 청문을 하여야 한다.

해설
대한무역투자진흥공사, 한국해양수산연수원도 국토교통부령으로 정하는 물류연수기관에 해당한다.
이외에도 물류관련협회 또는 물류관련협회가 설립한 교육·훈련기관, 물류지원센터, 민법에 따라 설립된 물류와 관련된 비영리법인 등이 물류연수기관에 해당된다.

관련이론 | 「법 제50조」 물류인력의 양성
국토교통부장관·해양수산부장관 또는 시·도지사는 정부출연연구기관, 대학이나 대학원, 국토교통부령 또는 해양수산부령으로 정하는 물류연수기관의 어느 하나에 해당하는 자가 물류인력의 양성을 위한 사업을 하는 경우에는 예산의 범위에서 사업수행에 필요한 경비의 전부나 일부를 지원할 수 있다.

44

물류정책기본법령상 녹색물류협의기구에 관한 설명으로 옳지 않은 것은?

① 녹색물류협의기구는 환경친화적 물류활동 지원을 위한 사업의 심사 및 선정 업무를 수행한다.
② 국토교통부장관은 녹색물류협의기구가 환경친화적 물류활동 촉진을 위한 연구·개발 업무를 수행하는 데 필요한 행정적·재정적 지원을 할 수 있다.
③ 녹색물류협의기구의 위원장은 위원 중에서 국토교통부장관이 지명하는 사람으로 한다.
④ 녹색물류협의기구는 위원장을 포함한 15명 이상 30명 이하의 위원으로 구성한다.
⑤ 국토교통부장관은 위원이 직무와 관련된 비위사실이 있는 경우에는 해당 위원을 해임 또는 해촉할 수 있다.

해설
녹색물류협의기구의 위원장은 위원 중에서 호선한다.(「물류정책기본법 시행령 제48조의2」)

45

물류정책기본법령상 국가물류정책위원회에 관한 설명으로 옳지 않은 것은?

① 국가물류정책위원회는 국가물류체계의 효율화에 관한 중요 정책 사항을 심의·조정한다.
② 국가물류정책위원회의 위원 중 공무원이 아닌 위원의 임기는 2년으로 하되, 연임할 수 있다.
③ 국가물류정책위원회에는 5명 이내의 비상근 전문위원을 둘 수 있다.
④ 국가물류정책위원회의 업무를 효율적으로 추진하기 위하여 물류정책분과위원회, 물류시설분과위원회, 국제물류분과위원회를 둘 수 있다.
⑤ 물류시설분과위원회의 위원장은 해당 분과위원회의 위원 중에서 해양수산부장관이 지명하는 사람으로 한다.

해설
각 분과위원회의 위원장은 해당 분과위원회의 위원 중에서 국토교통부장관(물류정책분과위원회 및 물류시설분과위원회의 경우로 한정) 또는 해양수산부장관(국제물류분과위원회의 경우로 한정)이 지명하는 사람으로 한다.(「물류정책기본법 시행령 제13조」)

46

물류정책기본법령상 국제물류주선업에 관한 설명으로 옳은 것은?

① 컨테이너장치장을 소유하고 있는 자가 국제물류주선업을 등록하려는 경우 1억 원 이상의 보증보험에 가입하여야 한다.
② 국제물류주선업을 경영하려는 자는 해양수산부장관에게 등록하여야 한다.
③ 국제물류주선업자는 등록기준에 관한 사항을 5년이 경과할 때마다 신고하여야 한다.
④ 국제물류주선업자가 그 사업을 양도한 때에는 그 양수인은 국제물류주선업의 등록에 따른 권리·의무를 승계한다.
⑤ 해양수산부장관은 국제물류주선업자의 폐업 사실을 확인하기 위하여 필요한 경우에는 국세청장에게 폐업에 관한 과세정보의 제공을 요청할 수 있다.

선지분석
① 국제물류주선업의 등록을 하려는 자는 3억 원 이상의 자본금을 보유하여야 하고, 1억 원 이상의 보증보험에 가입하여야 한다. 그러나 컨테이너장치장을 소유하고 있는 자가 국제물류주선업을 등록하려는 경우 1억 원 이상의 보증보험에 가입하여야 할 의무가 없다.
② 국제물류주선업을 경영하려는 자는 시·도지사에게 등록하여야 한다.
③ 국제물류주선업자는 등록기준에 관한 사항을 3년이 경과할 때마다 신고하여야 한다.
⑤ 시·도지사는 국제물류주선업자의 휴업·폐업 사실을 확인하기 위하여 필요한 경우에는 관할 세무관서의 장에게 휴업·폐업에 관한 과세정보의 제공을 요청할 수 있다.

정답 | 41. ⑤ 42. ⑤ 43. ① 44. ③ 45. ⑤ 46. ④

47

물류정책기본법령상 우수물류기업의 인증에 관한 설명으로 옳지 않은 것은?

① 국토교통부장관 및 해양수산부장관은 물류기업의 육성과 물류산업 발전을 위하여 소관 물류기업을 각각 우수물류기업으로 인증할 수 있다.
② 국제물류주선기업에 대한 우수물류기업 인증의 주체는 해양수산부장관이다.
③ 인증우수물류기업은 우수물류기업의 인증이 취소된 경우에는 인증서를 반납하고, 인증마크의 사용을 중지하여야 한다.
④ 국가 또는 지방자치단체는 인증우수물류기업이 해외시장을 개척하는 경우에는 해외시장 개척에 소요되는 비용을 우선적으로 지원할 수 있다.
⑤ 국토교통부장관 및 해양수산부장관은 우수물류기업의 인증과 관련하여 우수물류기업 인증심사 대행기관을 공동으로 지정하여 인증신청의 접수 업무를 하게 할 수 있다.

해설
물류사업에서 물류서비스업 중 국제물류주선기업에 대한 우수물류기업 인증의 주체는 국토교통부장관이다.
화물자동차운송기업, 국제물류주선기업, 화물정보망기업 등의 인증주체는 국토교통부장관이다.
물류창고기업 중 항만구역에 있는 창고를 운영하는 기업의 경우에는 해양수산부장관이 인증주체이고, 종합물류서비스업의 경우에는 국토교통부장관·해양수산부장관 공동이다.

48

물류정책기본법령상 물류 공동화·자동화 촉진에 관한 설명으로 옳은 것을 모두 고른 것은?

> ㄱ. 시·도지사는 화주기업이 물류공동화를 추진하는 경우에는 물류기업과 공동으로 추진하도록 권고할 수 있다.
> ㄴ. 시·도지사는 물류기업이 정보통신기술을 활용하여 물류공동화를 추진하는 경우 우선적으로 예산의 범위에서 필요한 자금을 지원할 수 있다.
> ㄷ. 국토교통부장관·해양수산부장관 또는 산업통상자원부장관은 물류기업이 물류자동화를 위하여 물류시설 및 장비를 확충하거나 교체하려는 경우에는 필요한 자금을 지원할 수 있다.

① ㄱ
② ㄷ
③ ㄱ, ㄴ
④ ㄴ, ㄷ
⑤ ㄱ, ㄴ, ㄷ

해설
ㄱ. 화주기업이 물류공동화를 추진하는 경우 물류기업과 공동으로 추진하도록 권고할 수 있는 주체는 국토교통부장관·해양수산부장관 또는 산업통상자원부장관 또는 시·도지사이다.
ㄴ. 국토교통부장관·해양수산부장관 또는 산업통상자원부장관 또는 시·도지사는 물류기업이 정보통신기술을 활용하여 물류공동화를 추진하는 경우 우선적으로 예산의 범위에서 필요한 자금을 지원할 수 있다.
ㄷ. 물류공동화는 국토교통부장관·해양수산부장관 또는 산업통상자원부장관 또는 시·도지사가 주체이지만 물류자동화에는 시·도지사가 해당되지 않는다.

49

물류시설의 개발 및 운영에 관한 법률상 국가 또는 지방자치단체는 물류터미널사업자가 설치한 물류터미널의 원활한 운영에 필요한 기반시설의 설치 또는 개량에 필요한 예산을 지원할 수 있다. 이러한 기반시설에 해당하지 않는 것은?

① 「도로법」 제2조제1호에 따른 도로
② 「철도산업발전기본법」 제3조제1호에 따른 철도
③ 「수도법」 제3조제17호에 따른 수도시설
④ 「국토의 계획 및 이용에 관한 법률 시행령」 제2조제1항 제6호에 따른 보건위생시설 중 종합의료시설
⑤ 「물환경보전법」 제2조제12호에 따른 수질오염방지시설

해설

국가 또는 지방자치단체는 제1항에 따른 물류터미널사업자가 설치한 물류터미널의 원활한 운영에 필요한 도로·철도·용수시설 등 대통령령으로 정하는 기반시설의 설치 또는 개량에 필요한 예산을 지원할 수 있다.(「법 제20조」)
"도로·철도·용수시설 등 대통령령으로 정하는 기반시설"이란 다음 각 호의 어느 하나에 해당하는 시설을 말한다.(「시행령 제12조의2」)
1. 「도로법」 제2조제1호에 따른 도로
2. 「철도산업발전기본법」 제3조제1호에 따른 철도
3. 「수도법」 제3조제17호에 따른 수도시설
4. 「물환경보전법」 제2조제12호에 따른 수질오염방지시설

50

물류시설의 개발 및 운영에 관한 법률상 물류터미널사업협회에 관한 설명이다. ( )에 들어갈 내용을 바르게 나열한 것은?

> 물류터미널사업협회를 설립하려는 경우에는 해당 협회의 회원의 자격이 있는 자 중 (ㄱ) 이상의 발기인이 정관을 작성하여 해당 협회의 회원자격이 있는 자의 (ㄴ) 이상이 출석한 창립총회의 의결을 거친 후 국토교통부장관의 설립인가를 받아야 한다.

① ㄱ: 2분의 1, ㄴ: 3분의 1
② ㄱ: 3분의 1, ㄴ: 3분의 1
③ ㄱ: 3분의 1, ㄴ: 2분의 1
④ ㄱ: 5분의 1, ㄴ: 3분의 1
⑤ ㄱ: 5분의 1, ㄴ: 4분의 1

해설

물류터미널사업협회를 설립하려는 경우에는 해당 협회의 회원의 자격이 있는 자 중 5분의 1 이상의 발기인이 정관을 작성하여 해당 협회의 회원자격이 있는 자의 3분의 1 이상이 출석한 창립총회의 의결을 거친 후 국토교통부장관의 설립인가를 받아야 한다.

51

물류시설의 개발 및 운영에 관한 법령상 복합물류터미널사업에 관한 설명으로 옳은 것은?

① 복합물류터미널사업이란 두 종류 이상의 운송수단 간의 연계운송을 할 수 있는 규모 및 시설을 갖춘 물류터미널사업을 말한다.
② 「항만공사법」에 따른 항만공사는 복합물류터미널사업의 등록을 할 수 있는 자에 해당하지 않는다.
③ 「물류시설의 개발 및 운영에 관한 법률」을 위반하여 벌금형을 선고받은 후 1년이 지난 자는 복합물류터미널사업의 등록을 할 수 있다.
④ 부지 면적이 3만제곱미터인 경우는 복합물류터미널사업의 등록기준 중 부지 면적 기준을 충족한다.
⑤ 복합물류터미널사업자가 그 등록한 사항 중 영업소의 명칭을 변경하려는 경우에는 변경등록을 하여야 한다.

선지분석

② 대통령령으로 정하는 복합물류터미널사업의 등록을 할 수 있는 공공기관은 한국철도공사, 한국토지주택공사, 한국도로공사, 한국수자원공사, 한국농어촌공사 및 항만공사이다.
③ 「물류시설의 개발 및 운영에 관한 법률」을 위반하여 벌금형을 선고받은 후 2년이 지나지 아니한 자는 복합물류터미널사업의 등록을 할 수 없다.
④ 복합물류터미널사업의 등록기준 중 부지 면적 기준은 3만 3천제곱미터 이상이다.
⑤ 복합물류터미널의 부지 면적의 변경(변경 횟수에 불구하고 통산하여 부지 면적의 10분의 1 미만의 변경), 복합물류터미널의 구조 또는 설비의 변경, 영업소의 명칭 또는 위치의 변경 등은 변경등록 외의 사항이다.

정답 | 47. ② 48. ⑤ 49. ④ 50. ④ 51. ①

52

물류시설의 개발 및 운영에 관한 법률상 물류시설개발종합계획에 포함되어야 하는 사항으로 옳은 것을 모두 고른 것은?

> ㄱ. 물류시설의 지역별·규모별·연도별 배치 및 우선순위에 관한 사항
> ㄴ. 물류시설의 환경보전·관리에 관한 사항
> ㄷ. 도심지에 위치한 물류시설의 정비와 교외이전에 관한 사항
> ㄹ. 물류보안에 관한 사항

① ㄱ, ㄴ
② ㄷ, ㄹ
③ ㄱ, ㄴ, ㄷ
④ ㄴ, ㄷ, ㄹ
⑤ ㄱ, ㄴ, ㄷ, ㄹ

해설
ㄹ. 물류보안에 관한 사항은 국가물류기본계획에 포함되어야 할 사항이다. 물류시설개발종합계획과는 관련이 없다.

53

물류시설의 개발 및 운영에 관한 법률상 물류터미널사업에 관한 설명으로 옳지 않은 것은? (단, 물류터미널은 「국토의 계획 및 이용에 관한 법률」에 따른 도시·군계획시설에 해당하는 물류터미널에 한정한다)

① 물류터미널사업자는 물류터미널의 건설을 위하여 필요한 때에는 다른 사람의 토지에 출입하거나 이를 일시 사용할 수 있다.
② 물류터미널을 건설하기 위한 부지 안에 있는 국가 소유의 토지로서 물류터미널 건설사업에 필요한 토지는 해당 물류터미널 건설사업 목적이 아닌 다른 목적으로 매각하거나 양도할 수 없다.
③ 복합물류터미널사업자는 복합물류터미널사업의 전부 또는 일부를 휴업하거나 폐업하려는 때에는 미리 국토교통부장관에게 신고하여야 한다.
④ 일반물류터미널사업자는 건설하려는 물류터미널의 구조 및 설비 등에 관한 공사계획을 수립하여 국토교통부장관의 공사시행인가를 받아야 한다.
⑤ 물류터미널을 건설하기 위한 부지 안에 있는 국가 또는 지방자치단체 소유의 재산은 「국유재산법」, 「공유재산 및 물품 관리법」, 그 밖의 다른 법령에도 불구하고 물류터미널사업자에게 수의계약으로 매각할 수 있다.

해설
국토교통부장관의 공사시행인가를 받아야 하는 것은 복합물류터미널사업자이다. 일반물류터미널사업자는 시·도지사의 공사시행인가를 받을 수 있다.
복합물류터미널사업자는 건설하려는 물류터미널의 구조 및 설비 등에 관한 공사계획을 수립하여 국토교통부장관의 공사시행인가를 받아야 하며, 일반물류터미널사업을 경영하려는 자는 물류터미널 건설에 관하여 필요한 경우 시·도지사의 공사시행인가를 받을 수 있다.(「법 제9조」)

54

물류시설의 개발 및 운영에 관한 법률상 물류시설개발종합계획에 관한 설명으로 옳지 않은 것은?

① 국토교통부장관은 물류시설개발종합계획을 5년 단위로 수립하여야 한다.
② 국토교통부장관은 물류시설개발종합계획을 효율적으로 수립하기 위하여 필요하다고 인정하는 때에는 물류시설에 대하여 조사할 수 있다.
③ 집적[클러스터(cluster)]물류시설은 창고 및 집배송센터 등 물류활동을 개별적으로 수행하는 최소 단위의 물류시설을 말한다.
④ 물류시설개발종합계획은 「물류정책기본법」에 따른 국가물류기본계획과 조화를 이루어야 한다.
⑤ 관계 중앙행정기관의 장은 필요한 경우 국토교통부장관에게 물류시설개발종합계획을 변경하도록 요청할 수 있다.

해설
창고 및 집배송센터 등 물류활동을 개별적으로 수행하는 최소 단위의 물류시설은 단위물류시설이다. 집적(클러스터, cluster)물류시설은 물류터미널 및 물류단지 등 둘 이상의 단위물류시설 등이 함께 설치된 물류시설이다.

55

물류시설의 개발 및 운영에 관한 법령상 물류단지의 개발 및 운영에 관한 설명으로 옳은 것은?

① 도시첨단물류단지개발사업의 경우에는 물류단지 실수요검증을 실수요검증위원회의 자문으로 갈음할 수 없다.
② 물류단지개발지침의 내용 중 토지가격의 안정을 위하여 필요한 사항을 변경할 때에는 시·도지사의 의견을 듣고 관계 중앙행정기관의 장과 협의한 후 물류시설분과위원회의 심의를 거쳐야 한다.
③ 국가정책사업으로 물류단지를 개발하는 경우 일반물류단지의 지정권자는 시·도지사가 된다.
④ 도시첨단물류단지개발사업의 시행자는 「공공주택 특별법」 제2조제2호에 따른 공공주택지구 내 사업에 따른 시설과 도시첨단물류단지개발사업에 따른 시설을 일단의 건물로 조성할 수 있다.
⑤ 공고된 물류단지개발계획안의 내용에 대하여 의견이 있는 자는 그 열람기간 내에 물류단지지정권자에게 의견서를 제출할 수 있다.

해설
도시첨단물류단지개발사업의 시행자는 「공공주택 특별법 제2조제2호」에 따른 공공주택지구 내 사업에 따른 시설과 도시첨단물류단지개발사업에 따른 시설을 일단의 건물로 조성할 수 있다.

선지분석
(「시행령 제17조」)
① 도시첨단물류단지개발사업의 경우에는 물류단지 실수요검증을 실수요검증위원회의 자문으로 갈음할 수 있다.
② 물류단지개발지침의 내용 중 토지가격의 안정을 위하여 필요한 사항을 변경할 때에는 물류시설분과위원회의 심의를 거치지 않는다.
③ 국가정책사업으로 물류단지를 개발하는 경우 일반물류단지의 지정권자는 국토교통부장관이 된다.
⑤ 공고된 물류단지개발계획안의 내용에 대하여 의견이 있는 자는 그 열람기간 내에 해당 시장·군수·구청장에게 의견서를 제출할 수 있다.

정답 | 52. ③ 53. ④ 54. ③ 55. ④

56

물류시설의 개발 및 운영에 관한 법령상 물류단지개발사업에 관한 설명으로 옳지 않은 것은?

① 물류단지 지정권자는 준공검사를 한 결과 실시계획대로 완료되지 아니한 경우에는 지체 없이 보완시공 등 필요한 조치를 명하여야 한다.
② 물류단지 개발사업의 시행자는 특별한 사유가 없으면 이주자 또는 인근지역의 주민을 우선적으로 고용하여야 한다.
③ 물류단지 지정권자는 물류단지 개발사업의 시행자에게 물류단지의 진입도로 및 간선도로를 설치하게 할 수 있다.
④ 시·도지사 또는 시장·군수는 물류단지 개발사업을 촉진하기 위하여 지방자치단체에 물류단지 개발특별회계를 설치할 수 있다.
⑤ 물류단지 개발사업의 시행자는 물류단지 안에 있는 기존의 시설을 철거하지 아니하여도 물류단지 개발사업에 지장이 없다고 인정하는 때에는 이를 남겨두게 할 수 있다.

해설
입주기업체 및 지원기관은 특별한 사유가 없으면 이주자 또는 인근지역의 주민을 우선적으로 고용하여야 한다.(「법 제45조」 이주대책)

57

화물자동차 운수사업법령상 위·수탁계약에 관한 설명으로 옳은 것을 모두 고른 것은?

> ㄱ. 위·수탁차주가 화물운송 종사자격을 갖추지 아니한 경우는 위·수탁계약을 지속하기 어려운 중대한 사유가 있는 경우에 해당한다.
> ㄴ. 국토교통부장관이 공정거래위원회와 협의하여 표준 위·수탁계약서를 고시한 경우, 위·수탁계약의 당사자는 이를 사용하여야 한다.
> ㄷ. 위·수탁계약의 내용이 당사자 일방에게 현저하게 불공정한 경우로서 계약불이행에 따른 당사자의 손해배상책임을 과도하게 경감하여 정함으로써 상대방의 정당한 이익을 침해한 경우 그 부분에 한정하여 무효로 한다.

① ㄱ
② ㄴ
③ ㄱ, ㄷ
④ ㄴ, ㄷ
⑤ ㄱ, ㄴ, ㄷ

해설
ㄴ. 국토교통부장관은 건전한 거래질서의 확립과 공정한 계약의 정착을 위하여 표준 위·수탁계약서를 고시하여야 하고, 이를 우선적으로 사용하도록 권고할 수 있다.(「법 제40조」)

58

화물자동차 운수사업법상 화물자동차 운송사업의 상속 및 그 신고에 관한 설명으로 옳은 것은?

① 운송사업자가 사망한 경우 상속인이 그 운송사업을 계속하려면 피상속인이 사망한 후 6개월 이내에 국토교통부장관에게 신고하여야 한다.
② 국토교통부장관은 신고를 받은 날부터 14일 이내에 신고수리 여부를 신고인에게 통지하여야 한다.
③ 국토교통부장관이 「화물자동차 운수사업법」에서 정한 기간 내에 신고수리 여부를 신고인에게 통지하지 아니하면 그 기간이 끝난 날에 신고를 수리한 것으로 본다.
④ 상속인이 상속신고를 하면 피상속인이 사망한 날부터 신고한 날까지 피상속인에 대한 화물자동차 운송사업의 허가는 상속인에 대한 허가로 본다.
⑤ 상속인이 피상속인의 화물자동차 운송사업을 다른 사람에게 양도하려면 국토교통부장관의 승인을 받아야 한다.

선지분석
① 운송사업자가 사망한 경우 상속인이 그 화물자동차 운송사업을 계속하려면 피상속인이 사망한 후 90일 이내에 국토교통부장관에게 신고하여야 한다.(「법 제17조」)
② 국토교통부장관은 신고를 받은 날부터 5일 이내에 신고수리 여부를 신고인에게 통지하여야 한다.
③ 국토교통부장관이 「화물자동차 운수사업법」에서 정한 기간 내에 신고수리 여부를 신고인에게 통지하지 아니하면 그 기간이 끝난 날의 다음 날에 신고를 수리한 것으로 본다.
⑤ 상속인이 피상속인의 화물자동차 운송사업을 다른 사람에게 양도하려면 국토교통부장관에게 신고하여야 한다.

59

화물자동차 운수사업법상 화물자동차 운송주선사업자에 관한 설명으로 옳은 것은?

① 운송주선사업자가 허가사항을 변경하려면 국토교통부장관에게 신고하여야 한다.
② 운송주선사업자는 주사무소 외의 장소에서 상주하여 영업하려면 국토교통부장관에게 신고하여야 한다.
③ 운송주선사업자는 화주로부터 중개를 의뢰받은 화물에 대하여 다른 운송주선사업자에게 수수료를 받고 중개를 의뢰할 수 있다.
④ 운송주선사업자가 운송사업자에게 화물운송을 위탁하는 경우에는 운송가맹사업자의 화물정보망을 이용할 수 없다.
⑤ 부정한 방법으로 화물자동차 운송주선사업의 허가를 받고 화물자동차 운송주선사업을 경영한 자는 과태료 부과 대상이다.

선지분석
② 운송주선사업자는 주사무소 외의 장소에서 상주하여 영업하려면 국토교통부령으로 정하는 바에 따라 국토교통부장관의 허가를 받아 영업소를 설치하여야 한다.(「법 제24조」 운송사업자, 운송가맹사업자 동일)
③ 운송주선사업자는 화주로부터 중개 또는 대리를 의뢰받은 화물에 대하여 다른 운송주선사업자에게 수수료나 그 밖의 대가를 받고 중개 또는 대리를 의뢰하여서는 아니 된다.
④ 운송주선사업자가 운송사업자나 위·수탁차주에게 화물운송을 위탁하는 경우에는 운송가맹사업자의 화물정보망이나 「물류정책기본법」에 따라 인증 받은 화물정보망을 이용할 수 있다.
⑤ 허가를 받지 아니하거나 거짓이나 그 밖의 부정한 방법으로 허가를 받고 화물자동차 운송주선사업을 경영한 자는 2년 이하의 징역 또는 2천만원 이하의 벌금에 처한다.

60

화물자동차 운수사업법령상 화물자동차 운송사업의 허가에 관한 설명으로 옳은 것은?

① 화물자동차 운송사업자가 감차 조치 명령을 받은 후 6개월이 지났다면 증차를 수반하는 허가사항을 변경할 수 있다.
② 화물자동차 운송사업자는 허가받은 날부터 3년마다 허가기준에 관한 사항을 신고하여야 한다.
③ 국토교통부장관은 운송사업자가 사업정지처분을 받은 경우 주사무소를 이전하는 변경허가를 할 수 있다.
④ 화물자동차 운송사업의 허가에는 기한을 붙일 수 없다.
⑤ 화물자동차 운송사업자가 상호를 변경하려면 국토교통부장관에게 신고하여야 한다.

선지분석
「법 제3조」
① 1년이 지나지 아니한 경우에는 증차를 수반하는 허가사항을 변경할 수 없다.
② 화물자동차 운송사업자는 허가받은 날부터 5년마다 허가기준에 관한 사항을 신고하여야 한다.
③ 국토교통부장관은 운송사업자가 사업정지처분을 받은 경우에는 주사무소를 이전하는 변경허가를 하여서는 아니 된다.
④ 국토교통부장관은 화물자동차 운수사업의 질서를 확립하기 위하여 화물자동차 운송사업의 허가 또는 증차를 수반하는 변경허가에 조건 또는 기한을 붙일 수 있다.

정답 | 56. ② 57. ③ 58. ④ 59. ① 60. ⑤

61

화물자동차 운수사업법령상 적재물배상보험 등에 관한 설명으로 옳은 것은?

① 보험 등 의무가입자인 화물자동차 운송주선사업자는 각 화물자동차별로 적재물배상보험등에 가입하여야 한다.
② 이사화물운송만을 주선하는 화물자동차 운송주선사업자는 사고 건당 2천만 원 이상의 금액을 지급할 책임을 지는 적재물배상보험 등에 가입하여야 한다.
③ 특수용도형 화물자동차 중 「자동차관리법」에 따른 피견인자동차를 소유하고 있는 운송사업자는 적재물배상보험 등에 가입하여야 하는 자에 해당하지 않는다.
④ 보험 등 의무가입자 및 보험회사등은 화물자동차 운송사업의 허가가 취소된 경우 책임보험계약 등을 해제하거나 해지할 수 없다.
⑤ 적재물배상보험 등에 가입하지 아니한 보험 등 의무가입자는 형벌 부과 대상이다.

선지분석
① 운송주선사업자는 각 사업자별로 가입하여야 한다.
② 이사화물운송만을 주선하는 경우에는 사고 건당 500만 원 이상의 금액을 지급할 책임을 지는 적재물배상보험 등에 가입하여야 한다.
④ 해지할 수 있다.
⑤ 적재물배상보험 등에 가입하지 아니한 자는 500만 원 이하의 과태료를 부과한다.

62

화물자동차 운수사업법령상 운임 및 요금 등에 관한 설명으로 옳은 것은?

① 운송사업자는 운임과 요금을 정하여 미리 신고하여야 하며, 신고를 받은 국토교통부장관은 30일 이내에 신고수리 여부를 신고인에게 통지하여야 한다.
② 화물자동차 안전운임위원회 위원의 임기는 2년으로 하되, 연임할 수 있다.
③ 화물자동차 안전운임위원회에는 기획재정부, 고용노동부의 3급 또는 4급 공무원으로 구성된 특별위원을 둘 수 있다.
④ 화물운송계약 중 화물자동차 안전운임에 미치지 못하는 금액을 운임으로 정한 부분은 무효로 하며, 당사자는 운임을 다시 정하여야 한다.
⑤ 화물자동차 안전운임위원회는 안전운송원가를 심의·의결함에 있어 운송사업자의 운송서비스 수준을 고려하여야 한다.

해설
위원회가 화물자동차 안전운송원가를 심의·의결함에 있어 고려하여야 할 사항은 ㉠ 인건비, 감가상각비 등 고정비용, ㉡ 유류비, 부품비 등 변동비용, ㉢ 상·하차 대기료, ㉣ 운송사업자의 운송서비스 수준, ㉤ 운송서비스 제공에 필요한 추가적인 시설 및 장비 사용료 등이다.

선지분석
① 국토교통부장관은 운임과 요금의 신고 또는 변경신고를 받은 날부터 14일 이내에 신고수리 여부를 신고인에게 통지하여야 한다.
② 위원의 임기는 1년으로 하되, 연임할 수 있다.
③ 산업통상자원부, 국토교통부, 해양수산부의 3급 또는 4급 공무원으로 구성된 특별위원을 둘 수 있다.
④ 화물운송계약 중 화물자동차 안전운임에 미치지 못하는 금액을 운임으로 정한 부분은 무효로 하며, 해당 부분은 화물자동차 안전운임과 동일한 운임을 지급하기로 한 것으로 본다.

63

화물자동차 운수사업법령상 화물자동차 휴게소에 관한 설명으로 옳은 것은?

① 국토교통부장관은 휴게소 종합계획을 10년 단위로 수립하여야 한다.
② 국토교통부장관은 휴게소 종합계획을 수립하는 경우 미리 시·도지사의 의견을 듣고 관계 중앙행정기관의 장과 협의하여야 한다.
③ 「한국공항공사법」에 따른 한국공항공사는 화물자동차 휴게소 건설사업을 할 수 있는 공공기관에 해당하지 않는다.
④ 휴게소 건설사업 시행자는 그 건설계획을 수립하면 이를 공고하고, 관계 서류의 사본을 10일 이상 일반인이 열람할 수 있도록 하여야 한다.
⑤ 「항만법」에 따른 항만이 위치한 지역으로서 화물자동차의 일일 평균 왕복 교통량이 1만 5천대인 지역은 화물자동차 휴게소의 건설 대상지역에 해당하지 않는다.

선지분석
① 국토교통부장관은 휴게소 종합계획을 5년 단위로 수립하여야 한다.
③ 화물자동차 휴게소 건설사업을 할 수 있는 공공기관은 한국철도공사, 한국토지주택공사, 한국도로공사, 한국수자원공사, 한국농어촌공사, 항만공사, 인천국제공항공사, 한국공항공사, 한국교통안전공단, 국가철도공단 등 10개이다.
④ 휴게소 건설사업 시행자는 그 건설계획을 수립하면 이를 공고하고, 관계 서류의 사본을 20일 이상 일반인이 열람할 수 있도록 하여야 한다.
⑤ 항만 또는 산업단지 등이 위치한 지역으로서 화물자동차의 일일 평균 왕복 교통량이 1만 5천대 이상인 지역, 국가관리항이 위치한 지역, 물류단지 중 면적이 50만제곱미터 이상인 물류단지가 위치한 지역, 고속국도, 일반국도, 지방도 또는 국가지원지방도에 인접한 지역으로서 화물자동차의 일일 평균 편도 교통량이 3천 5백대 이상인 지역이 휴게소의 건설 대상지역이다.

64

화물자동차 운수사업법령상 자가용 화물자동차에 관한 설명으로 옳지 않은 것은?

① 자가용 화물자동차로서 대통령령으로 정하는 화물자동차로 사용하려는 자는 국토교통부령으로 정하는 기준에 따라 시·도지사의 허가를 받아야 한다.
② 천재지변으로 인하여 수송력 공급을 긴급히 증가시킬 필요가 있는 경우, 자가용 화물자동차의 소유자는 시·도지사의 허가를 받으면 자가용 화물자동차를 유상으로 화물운송용으로 임대할 수 있다.
③ 자가용 화물자동차를 사용하여 화물자동차 운송사업을 경영한 경우 시·도지사는 6개월 이내의 기간을 정하여 그 자동차의 사용을 제한하거나 금지할 수 있다.
④ 자가용 화물자동차의 소유자가 자가용 화물자동차를 사용하여 화물자동차 운송사업을 경영하였음을 이유로 시·도지사가 사용을 금지한 자가용 화물자동차의 소유자는 해당 화물자동차의 자동차등록증과 자동차등록번호판을 반납하여야 한다.
⑤ 「화물자동차 운수사업법」을 위반하여 자가용 화물자동차를 유상으로 화물운송용으로 제공한 자는 형벌 부과 대상이다.

해설
자가용 화물자동차로서 대통령령으로 정하는 화물자동차로 사용하려는 자는 국토교통부령으로 정하는 기준에 따라 시·도지사에게 신고하여야 한다.(「법 제55조」)

65

화물자동차 운수사업법령상 화물자동차 운송사업의 폐업에 관한 설명으로 옳지 않은 것은?

① 운송사업자가 화물자동차 운송사업의 전부를 폐업하려면 미리 신고하여야 한다.
② 폐업 신고의 의무는 신고에 대한 수리 여부가 신고인에게 통지된 때에 이행된 것으로 본다.
③ 운송사업자가 화물자동차 운송사업의 전부를 폐업하려면 미리 그 취지를 영업소나 그 밖에 일반 공중이 보기 쉬운 곳에 게시하여야 한다.
④ 화물자동차 운송사업의 폐업 신고를 한 운송사업자는 해당 화물자동차의 자동차등록증과 자동차등록번호판을 반납하여야 한다.
⑤ 화물자동차 운송사업의 폐업 신고를 받은 관할관청은 그 사실을 관할 협회에 통지하여야 한다.

해설
폐업 신고가 신고서의 기재사항 및 첨부서류에 흠이 없고, 법령 등에 규정된 형식상의 요건을 충족하는 경우에는 신고서가 접수기관에 도달된 때에 신고 의무가 이행된 것으로 본다.(「법 제18조」)

66

화물자동차 운수사업법상 화물자동차 운송사업의 허가를 받을 수 없는 자는?

①「화물자동차 운수사업법」을 위반하여 징역 이상의 실형을 선고받고 그 집행이 면제된 날부터 3년이 지난 자
②「화물자동차 운수사업법」을 위반하여 징역 이상의 형의 집행유예를 선고받고 그 유예기간이 종료된 후 1년이 지난 자
③ 부정한 방법으로 화물자동차 운송사업의 허가를 받아 그 허가가 취소된 후 3년이 지난 자
④「화물자동차 운수사업법」 제11조에 따른 운송사업자의 준수사항을 위반하여 화물자동차 운송사업의 허가가 취소된 후 3년이 지난 자
⑤ 파산선고를 받고 복권된 자

해설
부정한 방법으로 화물자동차 운송사업의 허가를 받아 그 허가가 취소된 후 5년이 지나지 아니한 자는 화물자동차 운송사업의 허가를 받을 수 없다.

67

유통산업발전법상 공동집배송센터에 관한 설명으로 옳은 것은?

① 시·도지사는 물류공동화를 촉진하기 위하여 필요한 경우에는 시장·군수·구청장의 추천을 받아 산업통상자원부령으로 정하는 요건에 해당하는 지역 및 시설물을 공동집배송센터로 지정할 수 있다.
② 공동집배송센터사업자는 지정받은 사항 중 산업통상자원부령으로 정하는 중요 사항을 변경하려면 시·도지사의 변경지정을 받아야 한다.
③ 공동집배송센터의 지정을 받은 날부터 정당한 사유 없이 2년 이내에 시공을 하지 아니하는 경우에는 공동집배송센터의 지정이 취소될 수 있다.
④ 거짓으로 공동집배송센터의 지정을 받은 경우는 공동집배송센터의 지정을 취소할 수 있는 사유에 해당한다.
⑤ 시·도지사는 집배송시설의 집단적 설치를 촉진하고 집배송시설의 효율적 배치를 위하여 공동집배송센터 개발촉진지구의 지정을 산업통상자원부장관에게 요청할 수 있다.

선지분석
① 산업통상자원부장관은 물류공동화를 촉진하기 위하여 필요한 경우에는 시·도지사의 추천을 받아 부지 면적, 시설 면적 및 유통시설로의 접근성 등 산업통상자원부령으로 정하는 요건에 해당하는 지역 및 시설물을 공동집배송센터로 지정할 수 있다.
② 공동집배송센터사업자는 지정받은 사항 중 산업통상자원부령으로 정하는 중요 사항을 변경하려면 산업통상자원부장관의 변경지정을 받아야 한다.
③ 공동집배송센터의 지정을 받은 날부터 정당한 사유 없이 3년 이내에 시공을 하지 아니하는 경우에는 공동집배송센터의 지정을 취소할 수 있다.
④ 거짓이나 그 밖의 부정한 방법으로 공동집배송센터의 지정을 받은 경우에는 그 지정을 취소하여야 한다.

68

유통산업발전법상 형벌 부과 대상에 해당하지 않는 것은?

① 유통표준전자문서를 위작하는 죄의 미수범
② 대규모점포를 개설하려는 자로서 부정한 방법으로 대규모점포의 개설등록을 한 자
③ 대규모점포 등 관리자로서 부정한 방법으로 회계감사를 받은 자
④ 유통정보화서비스를 제공하는 자로서「유통산업발전법 시행령」으로 정하는 유통표준전자문서 보관기간을 준수하지 아니한 자
⑤ 대규모점포 등 관리자로서 신고를 하지 아니하고 대규모점포등개설자의 업무를 수행한 자

해설
대규모점포 등 관리자로서 부정한 방법으로 회계감사를 받은 자는 1억 원 이하의 과태료를 부과한다.

선지분석
① 유통표준전자문서를 위작 또는 변작하거나, 위작 또는 변작된 전자문서를 사용하거나 유통시킨 자는 10년 이하의 징역 또는 1억 원 이하의 벌금에 처하며 미수범 또한 처벌한다.
②는 1년 이하의 징역 또는 3천만 원 이하의 벌금에 처한다.
④는 1년 이하의 징역 또는 1천만 원 이하의 벌금에 처한다.
⑤는 1년 이하의 징역 또는 3천만 원 이하의 벌금에 처한다.

69

유통산업발전법령상 대규모점포의 등록에 관한 설명으로 옳은 것을 모두 고른 것은?

> ㄱ. 전통상업보존구역에 대규모점포를 개설하려는 자는 상권영향평가서 및 지역협력계획서를 첨부하여 시·도지사에게 등록하여야 한다.
> ㄴ. 대규모점포의 매장면적이 개설등록 당시의 매장면적보다 20분의 1이 증가한 경우 변경등록을 하여야 한다.
> ㄷ. 매장이 분양된 대규모점포에서는 매장면적의 2분의 1 이상을 직영하는 자가 있는 경우에는 그 직영하는 자가 대규모점포 등 개설자의 업무를 수행한다.

① ㄱ
② ㄷ
③ ㄱ, ㄴ
④ ㄴ, ㄷ
⑤ ㄱ, ㄴ, ㄷ

해설
ㄱ. 대규모점포를 개설하거나 전통상업보존구역에 준대규모점포를 개설하려는 자는 영업을 시작하기 전에 상권영향평가서 및 지역협력계획서를 첨부하여 특별자치시장·시장·군수·구청장에게 등록하여야 한다.
ㄴ. 대규모점포의 매장면적이 개설등록 당시의 매장면적보다 10분의 1이 증가한 경우 변경등록을 하여야 한다.

70

유통산업발전법상 유통산업의 경쟁력 강화에 관한 설명으로 옳은 것은?

① 산업통상자원부장관은「중소기업기본법」제2조에 따른 중소기업자 중 대통령령으로 정하는 소매업자 30인이 공동으로 중소유통공동도매물류센터를 건립하는 경우 필요한 행정적·재정적 지원을 할 수 있다.
② 산업통상자원부장관은 중소유통공동도매물류센터를 건립하여 중소유통기업자단체에 그 운영을 위탁할 수 있다.
③ 지방자치단체의 장은 상점가진흥조합이 주차장·휴게소 등 공공시설의 설치 사업을 하는 경우에는 예산의 범위에서 필요한 자금을 지원할 수 있다.
④ 상점가진흥조합은 조합원의 자격이 있는 자의 과반수의 동의를 받아 결성한다.
⑤ 상점가진흥조합의 조합원은 상점가에서 도매업·소매업·용역업이나 그 밖의 영업을 하는 모든 자로 한다.

선지분석
① 소매업자 50인 또는 도매업자 10인 이상의 자(중소유통기업자단체)
② 지방자치단체의 장은 중소유통공동도매물류센터를 건립하여 중소유통기업자단체 등에 그 운영을 위탁할 수 있다.
④ 상점가진흥조합은 조합원의 자격이 있는 자의 3분의 2 이상의 동의를 받아 결성한다.
⑤ 상점가진흥조합의 조합원은 상점가에서 도매업·소매업·용역업이나 그 밖의 영업을 하는 중소기업자로 한다.

정답 | 65. ②   66. ③   67. ⑤   68. ③   69. ②
      70. ③

71

유통산업발전법상 대규모점포등관리자의 회계감사에 관한 설명이다. (　　)에 들어갈 내용을 바르게 나열한 것은?

> 대규모점포등관리자는 대통령령으로 정하는 바에 따라 「주식회사의 외부감사에 관한 법률」 제3조제1항에 따른 감사인의 회계감사를 매년 (　ㄱ　)회 이상 받아야 한다. 다만 입점상인의 (　ㄴ　)이(가) 서면으로 회계감사를 받지 아니하는 데 동의한 연도에는 회계감사를 받지 아니할 수 있다.

① ㄱ: 1, ㄴ: 과반수
② ㄱ: 1, ㄴ: 3분의 2 이상
③ ㄱ: 2, ㄴ: 과반수
④ ㄱ: 2, ㄴ: 3분의 2 이상
⑤ ㄱ: 2, ㄴ: 5분의 3 이상

해설
대규모점포등관리자는 감사인의 회계감사를 매년 1회 이상 받아야 한다. 다만 입점상인의 3분의 2 이상이 서면으로 회계감사를 받지 아니하는 데 동의한 연도에는 회계감사를 받지 아니할 수 있다.

72

항만운송사업법령상 항만운송 분쟁협의회에 관한 설명으로 옳은 것은?

① 항만운송 분쟁협의회는 사업의 종류별로 구성한다.
② 항만운송근로자 단체는 항만운송 분쟁협의회 구성에 참여할 수 있다.
③ 항만운송 분쟁협의회의 회의는 분쟁협의회의 위원장이 필요하다고 인정하거나 재적위원 3분의 1 이상의 요청이 있는 경우에 소집한다.
④ 항만운송 분쟁협의회의 회의는 재적위원 과반수의 출석으로 개의하고, 출석위원 과반수의 찬성으로 의결한다.
⑤ 항만운송과 관련된 노사 간 분쟁의 해소에 관한 사항은 항만운송 분쟁협의회의 심의·의결사항에 포함되지 않는다.

해설
항만운송사업자 단체, 항만운송근로자 단체 및 그 밖에 대통령령으로 정하는 자는 항만운송과 관련된 분쟁의 해소 등에 필요한 사항을 협의하기 위하여 항만별로 항만운송 분쟁협의회를 구성·운영할 수 있다.

선지분석
① 항만운송 분쟁협의회는 항만별로 구성한다.
③ 분쟁협의회의 회의는 분쟁협의회의 위원장이 필요하다고 인정하거나 재적위원 과반수의 요청이 있는 경우에 소집한다.
④ 분쟁협의회의 회의는 재적위원 3분의 2 이상의 출석으로 개의하고, 출석위원 3분의 2 이상의 찬성으로 의결한다.
⑤ 분쟁협의회는 항만운송과 관련된 노사 간 분쟁의 해소에 관한 사항, 그 밖에 분쟁협의회의 위원장이 항만운송과 관련된 분쟁의 예방 등에 필요하다고 인정하여 회의에 부치는 사항을 심의·의결한다.

73

항만운송사업법상 항만운송에 해당하지 않는 것은?

① 타인의 수요에 응하여 하는 행위로서 「해운법」에 따른 해상화물운송사업자가 하는 운송
② 타인의 수요에 응하여 하는 행위로서 항만에서 뗏목으로 편성하여 운송된 목재를 수면 목재저장소에 들여놓는 행위
③ 타인의 수요에 응하여 하는 행위로서 항만에서 화물을 선박에 싣거나 선박으로부터 내리는 일
④ 타인의 수요에 응하여 하는 행위로서 항만에서 선박 또는 부선을 이용하여 운송될 화물을 하역장에서 내가는 행위
⑤ 타인의 수요에 응하여 하는 행위로서 항만이나 지정구간에서 목재를 뗏목으로 편성하여 운송하는 행위

해설
「해운법」에 따른 해상화물운송사업자가 하는 운송, 해상여객운송사업자가 여객선을 이용하여 하는 여객운송에 수반되는 화물 운송은 항만운송에서 제외한다.

74

항만운송사업법령상 항만운송사업에 관한 설명으로 옳은 것은?

① 항만운송사업의 종류는 항만하역사업, 검수사업, 감정사업, 검량사업으로 구분된다.
② 항만운송사업의 등록신청인이 법인인 경우 그 법인의 정관은 등록신청 시 제출하여야 하는 서류에 포함되지 않는다.
③ 검수사등의 자격이 취소된 날부터 3년이 지난 사람은 검수사등의 자격을 취득할 수 없다.
④ 항만운송사업을 하려는 자는 항만별로 관리청에 등록하여야 한다.
⑤ 항만운송사업자가 사업정지명령을 위반하여 그 정지기간에 사업을 계속한 경우는 항만운송사업의 정지사유에 해당한다.

선지분석
② 항만운송사업의 등록을 신청하려는 자는 항만운송사업 등록신청서에 사업계획서와 법인인 경우 정관과 직전 회계연도의 재무제표를 첨부하여 해양수산부장관, 지방해양수산청장 또는 시·도지사에게 제출하여야 한다.
③ 검수사등의 자격이 취소된 날부터 2년이 지나지 아니한 사람은 검수사등의 자격을 취득할 수 없다.
④ 항만운송사업을 하려는 자는 사업의 종류별로 관리청에 등록하여야 한다.(동시에 항만하역사업과 검수사업은 항만별로 등록한다.)
⑤ 항만운송사업자가 부정한 방법으로 사업을 등록한 경우, 사업정지명령을 위반하여 그 정지기간에 사업을 계속한 경우는 항만운송사업의 등록을 취소하여야 한다.

75

철도사업법령상 철도사업자에 관한 설명으로 옳지 않은 것은?

① 철도사업을 경영하려는 자는 지정·고시된 사업용철도노선을 정하여 국토교통부장관의 면허를 받아야 한다.
② 천재지변으로 철도사업자가 국토교통부장관이 지정하는 날에 운송을 시작할 수 없는 경우에는 국토교통부장관의 승인을 받아 날짜를 연기할 수 있다.
③ 철도사업의 면허를 받을 수 있는 자는 법인으로 한다.
④ 철도사업자는 여객에 대한 운임을 변경하려는 경우 국토교통부장관의 허가를 받아야 한다.
⑤ 철도사업자는 사업계획 중 여객열차의 운행구간을 변경하려는 경우 국토교통부장관의 인가를 받아야 한다.

해설
철도사업자는 여객에 대한 운임·요금을 국토교통부장관에게 신고하여야 한다. 이를 변경하려는 경우에도 같다.

76

철도사업법상 철도사업의 관리에 관한 설명으로 옳지 않은 것은?

① 철도사업자는 그 철도사업을 양도·양수하려는 경우에는 국토교통부장관의 인가를 받아야 한다.
② 철도시설의 개량을 사유로 하는 경우 휴업기간은 6개월을 넘을 수 없다.
③ 철도사업자가 선로 또는 교량의 파괴로 휴업하는 경우에는 국토교통부장관에게 신고하여야 한다.
④ 국토교통부장관은 철도사업자가 거짓이나 그 밖의 부정한 방법으로 철도사업의 면허를 받은 경우에는 면허를 취소하여야 한다.
⑤ 국토교통부장관은 과징금으로 징수한 금액의 운용계획을 수립하여 시행하여야 한다.

해설
철도사업의 휴업기간은 6개월을 넘을 수 없다. 선로 또는 교량의 파괴, 철도시설의 개량, 그 밖의 정당한 사유로 휴업하는 경우에는 예외로 한다.

정답 | 71. ②   72. ②   73. ①   74. ①   75. ④
76. ②

77

철도사업법령상 전용철도에 관한 설명이다. ( )에 들어갈 내용을 바르게 나열한 것은?

> - 전용철도운영자가 사망한 경우 상속인이 그 전용철도의 운영을 계속하려는 경우에는 피상속인이 사망한 날부터 (ㄱ) 이내에 국토교통부장관에게 신고하여야 한다.
> - 전용철도운영자가 그 운영의 전부 또는 일부를 휴업한 경우에는 (ㄴ) 이내에 국토교통부장관에게 신고하여야 한다.

① ㄱ: 1개월, ㄴ: 1개월
② ㄱ: 1개월, ㄴ: 2개월
③ ㄱ: 2개월, ㄴ: 3개월
④ ㄱ: 3개월, ㄴ: 1개월
⑤ ㄱ: 3개월, ㄴ: 3개월

해설
전용철도운영자가 사망한 경우 상속인이 그 전용철도의 운영을 계속하려는 경우에는 피상속인이 사망한 날부터 3개월 이내에 국토교통부장관에게 신고하여야 한다. 전용철도운영자가 그 운영의 전부 또는 일부를 휴업한 경우에는 1개월 이내에 국토교통부장관에게 신고하여야 한다.

78

철도사업법령상 국유철도시설의 점용허가에 관한 설명으로 옳은 것은?

① 점용허가는 철도사업자와 철도사업자가 출자·보조 또는 출연한 사업을 경영하는 자에게만 한다.
② 철골조 건물의 축조를 목적으로 하는 경우에는 점용허가기간은 20년을 초과하여서는 아니 된다.
③ 점용허가를 받은 자가 「공공주택 특별법」에 따른 공공주택을 건설하기 위하여 점용허가를 받은 경우에 해당할 때에는 점용료 감면대상이 될 수 없다.
④ 국토교통부장관은 점용허가를 받지 아니하고 철도시설을 점용한 자에 대하여 점용료의 100분의 150에 해당하는 금액을 변상금으로 징수할 수 있다.
⑤ 점용허가로 인하여 발생한 권리와 의무를 이전하려는 경우에는 국토교통부장관에게 신고하여야 한다.

해설
국토교통부장관의 점용허가는 철도사업자와 철도사업자가 출자·보조 또는 출연한 사업을 경영하는 자에 한하여 할 수 있다.

선지분석
② 철골조·철근콘크리트조·석조 또는 이와 유사한 견고한 건물의 축조를 목적으로 하는 경우에는 30년, 그 외 건물은 15년, 공작물은 5년을 초과하여서는 아니 된다.
③ 공공주택을 건설하기 위하여 점용허가를 받은 경우에 해당할 때에는 점용료 감면대상이 될 수 있다.
④ 변상금은 100분의 120에 해당하는 금액이다.
⑤ 국토교통부장관의 인가를 받아야 한다.

79

농수산물 유통 및 가격 안정에 관한 법령상 농산물가격안정기금에 관한 설명으로 옳은 것은?

① 다른 기금으로부터의 출연금은 농산물가격안정기금의 재원으로 할 수 없다.
② 농산물의 수출 촉진사업을 위하여 농산물가격안정기금을 대출할 수 없다.
③ 농산물가격안정기금의 여유자금은 「자본시장과 금융투자업에 관한 법률」 제4조에 따른 증권의 매입의 방법으로 운용할 수 있다.
④ 농림축산식품부장관은 농산물가격안정기금의 여유자금의 운용에 관한 업무를 농업정책보험금융원의 장에게 위탁한다.
⑤ 농림축산식품부장관은 농산물가격안정기금의 수입과 지출을 명확히 하기 위하여 농협은행에 기금계정을 설치하여야 한다.

해설
기금의 여유자금은 은행에 예치, 국채·공채, 그 밖에 증권의 매입으로 운용할 수 있다.

선지분석
① 기금의 재원은 정부의 출연금, 기금 운용에 따른 수익금, 다른 법률의 규정에 따라 납입되는 금액, 다른 기금으로부터의 출연금 등이다.
② 농산물의 수출 촉진사업을 위하여 기금을 대출할 수 있다.
④ 기금의 여유자금의 운용에 관한 업무를 한국농수산식품유통공사의 장에게 위탁한다.
⑤ 농림축산식품부장관은 농산물가격안정기금의 수입과 지출을 명확히 하기 위하여 한국은행에 기금계정을 설치하여야 한다.

80

농수산물 유통 및 가격 안정에 관한 법률상 농수산물도매시장에 관한 설명으로 옳은 것은?

① 도매시장은 중앙도매시장의 경우에는 시·도가 개설하고, 지방도매시장의 경우에는 시·군·구가 개설한다.
② 중앙도매시장의 개설자가 업무규정을 변경하는 때에는 농림축산식품부장관 또는 산업통상자원부장관의 승인을 받아야 한다.
③ 도매시장법인은 도매시장 개설자가 부류별로 지정하되, 3년 이상 10년 이하의 범위에서 지정 유효기간을 설정할 수 있다.
④ 상품성 향상을 위한 규격화는 도매시장 개설자의 의무사항에 포함된다.
⑤ 도매시장법인이 다른 도매시장법인을 인수하거나 합병하는 경우에는 해당 도매시장 개설자에게 신고하여야 한다.

선지분석
① 도매시장은 중앙도매시장의 경우에는 특별시·광역시·특별자치시 또는 특별자치도가 개설하고, 지방도매시장의 경우에는 특별시·광역시·특별자치시·특별자치도 또는 시가 개설한다.
② 중앙도매시장의 개설자가 업무규정을 변경하는 때에는 농림축산식품부장관 또는 해양수산부장관의 승인을 받아야 하며, 지방도매시장의 개설자(시가 개설자인 경우)가 업무규정을 변경하는 때에는 도지사의 승인을 받아야 한다.
③ 5년 이상 10년 이하의 범위에서 지정 유효기간을 설정할 수 있다.
⑤ 도매시장법인이 다른 도매시장법인을 인수하거나 합병하는 경우에는 해당 도매시장 개설자의 승인을 받아야 한다.

정답 | 77. ④   78. ①   79. ③   80. ④

물류관리사
제25회 기출문제

2021년 7월 17일 시행

1교시 물류관리론
화물운송론
국제물류론

2교시 보관하역론
물류관련법규

2021년 25회 1교시

>> 2021년 7월 17일 시행

물류관리론

001

공공적, 사회경제적, 개별기업 관점에서 물류의 역할 또는 기능으로 옳지 않은 것은?

① 물류 생산성 향상 및 비용절감을 통해서 물가상승을 억제한다.
② 물류 합리화를 통해 유통구조 선진화 및 사회간접자본 투자에 기여한다.
③ 고객요구에 따라서 생산된 제품을 고객에게 전달하고 수요를 창출한다.
④ 생산자와 소비자 사이의 인격적 유대를 강화하고 고객 서비스를 높인다.
⑤ 공급사슬관리를 통해 개별 기업의 독자적 경영 최적화를 달성한다.

해설
공급사슬관리(SCM)는 개별 기업의 독자적 경영 최적화 달성을 위한 시스템이 아니라 공급사슬(supply chain) 구성원들 간 긴밀한 협업시스템을 구축하고 실시간 정보공유 및 협력함으로써 공급사슬 전체의 최적화를 달성하고자 하는 것이다.

002

유통활동을 상적유통과 물적유통으로 구분할 때 물적유통에 해당하는 것을 모두 고른 것은?

| ㄱ. 거래활동 | ㄴ. 보관활동 |
| ㄷ. 표준화 활동 | ㄹ. 정보관리 활동 |

① ㄱ, ㄴ
② ㄱ, ㄹ
③ ㄴ, ㄷ
④ ㄴ, ㄹ
⑤ ㄷ, ㄹ

해설
운송, 보관, 하역 및 정보관리, 유통가공, 포장 등은 물적유통(physical distribution) 활동에 해당한다.
반면, 상적유통(commercial distribution)은 재화의 거래에 의해 재화의 소유권이 이전되는 것과 관련된 활동으로 매매, 중개, 무역행위 등이 이에 해당한다. 또한 유통조성기능에는 표준화, 금융기능, 보험기능, 위험부담기능, 시장정보기능 등이 있다.

003

다음 설명에 해당하는 물류 영역은?

- 역물류(Reverse Logistics)의 한 형태이다.
- 고객요구 다양화 및 클레임 증가, 유통채널 간 경쟁 심화, 전자상거래 확대 등에 따라서 중요성이 커지고 있다.

① 조달물류
② 생산물류
③ 판매물류
④ 폐기물류
⑤ 반품물류

해설
위의 내용은 반품물류, 회수물류, 폐기물류를 아우르는 역물류(reverse logistics) 중 '반품물류'에 대한 설명이다. 반품물류는 최근 온라인거래가 급증하면서 이슈가 되고 있는 분야로, 판매된 제품의 반품에 따른 물류활동으로 반환된 물품의 회수·운송·분류·보관·처리업무가 그 핵심을 이루고 있다.

004

물류환경의 변화와 발전에 관한 설명으로 옳지 않은 것은?

① 글로벌 물류시장을 선도하기 위한 국가적 차원의 종합 물류기업 육성정책이 시행되고 있다.
② e-비즈니스 확산 등으로 Door-to-Door 일관배송, 당일배송 등의 서비스가 증가하고 있다.
③ 유통가공 및 맞춤형 물류기능 확대 등 고부가가치 물류 서비스가 발전하고 있다.
④ 소비자 요구 충족을 위해서 수요예측 등 종합적 물류계획의 수립 및 관리가 중요해지고 있다.
⑤ 기업의 핵심역량 강화를 위해서 물류기능을 직접 수행하는 화주기업이 증가하는 추세이다.

해설
기업의 핵심역량 강화를 위해서 물류기능을 물류전문업체에 아웃소싱하는 제3자물류(3PL)의 활용이 크게 증가하고 있다.

005

스미키(E. W. Smykey)가 제시한 '물류관리 목적을 달성하기 위한 7R 원칙'에 해당하지 않는 것은?

① 적절한 상품(Right Commodity)
② 적절한 고객(Right Customer)
③ 적절한 시기(Right Time)
④ 적절한 장소(Right Place)
⑤ 적절한 가격(Right Price)

해설
물류의 7R은 적합한 제품(Right Commodity)을, 적정한 가격(Right Price)에, 적절한 품질(Right Quality), 적절한 양(Right Quantity), 적절한 인상(Right Impression)으로, 적시(Right Time)에, 원하는 장소(Right Place)에 제공하는 것을 의미한다.

006

물류정책기본법의 물류산업 분류에서 화물의 하역과 포장, 가공, 조립, 상표부착, 프로그램 설치, 품질검사 등의 부가서비스 사업에 해당하는 것은?

① 화물취급업
② 화물주선업
③ 화물창고업
④ 화물운송업
⑤ 화물부대업

해설
화물의 하역, 포장, 가공, 조립, 상표부착, 프로그램 설치, 품질검사 등 부가적인 물류업은 물류사업의 물류서비스업 중 '화물취급업'에 해당한다.

007

㈜한국물류의 배송부문 핵심성과지표(KPI)는 정시배송율이고, 배송완료 실적 중에서 지연이 발생하지 않은 비율로 측정한다. 배송자료가 아래와 같을 때 7월 17일의 정시배송률은?

번호	01	02	03	04	05
배송예정 일시	7월 17일 14:00	7월 17일 15:00	7월 17일 17:00	7월 17일 16:00	7월 17일 17:30
배송완료 일시	7월 17일 13:30	7월 17일 14:00	7월 17일 16:45	7월 17일 17:00	7월 17일 17:45

① 25%
② 40%
③ 50%
④ 60%
⑤ 75%

해설
㈜한국물류의 5건의 배송실적 중 정시 배송완료에 성공한 배송번호는 5건 중 #01~03의 3건에 해당한다. 따라서 7월 17일 ㈜한국물류의 정시배송률은 60%(3건/5건)이다.

정답 | 001. ⑤ 002. ④ 003. ⑤ 004. ⑤ 005. ②
006. ① 007. ④

008
고객서비스와 물류서비스에 관한 설명으로 옳지 않은 것은?

① 고객서비스의 목표는 고객만족을 통한 고객감동을 실현하는 것이다.
② 물류서비스의 목표는 서비스 향상과 물류비 절감을 통한 경영혁신이다.
③ 경제적 관점에서의 최적 물류서비스 수준은 물류활동에 의한 이익을 최대화하는 것이다.
④ 고객서비스 수준은 기업의 시장점유율과 수익성에 영향을 미친다.
⑤ 일반적으로 고객서비스 수준이 높아지면 물류비가 절감되고 매출액은 증가한다.

해설
일반적으로 고객서비스의 수준이 높아지면 물류비는 상승하지만 매출액은 증가하게 된다.(물류비 절감과 고객서비스의 향상은 대표적인 상충관계(trade off)에 해당하는 것으로 이율배반적 관계에 있다.)

관련이론 | 고객서비스와 물류비의 관계
다른 분야와 달리 물류분야는 그 특수성으로 인하여 물류기업의 전문화와 대형화를 통해 규모의 경제가 발생하면 물류비용이 절감될 수 있고 전문성으로 인해 서비스수준도 어느 정도는 향상을 기대할 수 있다.

009
물류의 전략적 의사결정 활동으로 옳은 것은?

① 시설 입지계획
② 제품포장
③ 재고통제
④ 창고관리
⑤ 주문품 발송

해설
선지 중 시설 입지계획은 전략적 의사결정이다.
일반적으로 물류관리의 의사결정은 장·단기에 따라 혹은 단계별로 기업수준, 전략수준, 전술수준, 기능적 수준으로 구분할 수 있다. 재고통제와 창고관리는 전술적 의사결정, 제품포장과 주문품 발송은 기능적 또는 운영적 수준의 물류관리 의사결정으로 구분할 수 있다.

010
물류전략 수립 시 고려사항으로 옳지 않은 것은?

① 물류 시스템의 설계 및 범위결정의 기준은 총비용 개념을 고려한다.
② 소비자 서비스는 모든 제품에 대해서 동일한 수준으로 제공되어야 한다.
③ 물류활동의 중심은 운송, 보관, 하역, 포장 등이며, 비용과 서비스 면에서 상충 관계가 있다.
④ 물류시스템에서 취급하는 제품이 다양할수록 재고는 증가하고 비용상승 요인이 될 수 있다.
⑤ 도로, 철도, 항만, 공항 등 교통시설과의 접근성을 고려해야 한다.

해설
물류전략 수립 시 소비자 서비스는 제품에 따라 제품의 가격, 특성 등을 종합적으로 고려하여 제품별로 차별화시켜야 한다.

011
4자 물류(4PL: Fourth Party Logistics)의 특징으로 옳지 않은 것은?

① 합작투자 또는 장기간 제휴상태
② 기능별 서비스와 상하계약관계
③ 공통의 목표설정 및 이익분배
④ 공급사슬상 전체의 관리와 운영
⑤ 다양한 기업이 파트너로 참여하는 혼합조직 형태

해설
4자 물류(4PL)는 물류효율화를 위한 SCM 구축 및 확대과정에서 제3자 물류에 IT기술 및 물류서비스업체 등이 물류 네트워크를 통해 연계되어 협력하는 전략적이고 수평적인 계약관계를 의미한다.

012

다음 설명에 해당하는 물류조직은?

> - 다국적 기업에서 많이 찾아 볼 수 있는 물류조직의 형태이다.
> - 모회사 물류본부의 스탭부문이 여러 자회사의 해당부문을 횡적으로 관리하고 지원하는 조직 형태이다.

① 라인과 스탭형 물류조직
② 직능형 물류조직
③ 사업부형 물류조직
④ 기능특성형 물류조직
⑤ 그리드형 물류조직

관련이론 | 물류조직의 형태

직능형조직 (기능식조직)	라인조직과 스태프조직이 분리되지 않은 형태로, 물류활동이 구분되지 않고 타부문 활동에 포함되어 있어 물류전문화가 곤란
라인·스태프 조직	라인조직(직계)에 라인부문을 지원하는 스태프조직(인사/관리)을 조합한 형태로, 지휘와 명령의 일관성 유지가 가능한 조직
사업부제조직	상품을 중심으로 하는 사업부와 지역을 중심으로 하는 사업부형태를 절충한 조직, 각 사업부 내에 라인과 스태프조직이 각각 존재하며, 사업단위 성과극대화 및 책임소재 구분이 명확하고, 물류관리와 인재육성에 유리한 조직형태
그리드형조직	모회사의 스태프 부문이 자회사를 수평적으로 관리하는 조직형태로, 다국적기업에서 많이 활용하며, 자회사의 특정 부서는 모회사의 동일 부서로부터 업무관리를 받는 이중적인 조직구조
매트릭스조직 (행렬조직)	급변하는 새로운 환경변화에 적극적으로 대처하기 위해 시도된 조직, 전통적인 기능식조직과 프로젝트조직 또는 사업부제조직의 장점인 전문성과 제품혁신과 같은 목표를 동시에 달성하고자 하는 의도에서 발생하였으며, 이중명령체계의 문제점이 존재

013

6-시그마 물류혁신 프로젝트에서 다음 설명에 해당하는 추진 단계는?

> - 프로세스의 현재 수준과 목표 수준 간에 차이가 발생하는 원인을 규명한다.
> - 파레토도, 특성요인도 등의 도구를 활용한다.

① 정의(Define)
② 측정(Measure)
③ 분석(Analyze)
④ 개선(Improve)
⑤ 관리(Control)

해설
6-시그마 5단계인 DMAIC 중 프로세스의 현재 수준과 목표 수준 간에 차이가 발생하는 원인을 규명하며, 파레토도, 특성요인도 등의 도구를 활용하는 단계는 분석(Analyze)에 해당한다. DMAIC은 정의(Define), 측정(Measurement), 분석(Analysis), 개선(Improvement), 관리(Control) 5단계로 나누어 품질관리를 실시한다.

014

물류시스템이 수행하는 물류활동의 기본 기능에 관한 설명으로 옳지 않은 것은?

① 포장기능은 생산의 종착점이자 물류의 출발점으로 표준화와 모듈화가 중요하다.
② 수송기능은 물류 거점과 소비 공간을 연결하는 소량 화물의 단거리 이동을 말한다.
③ 보관기능은 재화를 생산하고 소비하는 시기와 수량의 차이를 조정하는 활동이다.
④ 하역기능은 운송, 보관, 포장 활동 사이에 발생하는 물자의 취급과 관련된 보조활동이다.
⑤ 정보관리기능은 물류계획 수립과 통제에 필요한 자료를 수집하고 물류관리에 활용하는 것이다.

해설
수송(운송)기능은 생산지와 물류 거점(node)을 연결하는 장거리 이동을 의미하며, 지문에서 언급된 물류 거점과 소비 공간을 연결하는 소량 화물의 단거리 이동은 배송기능(delivery)에 해당한다.

정답 | 008. ⑤ 009. ① 010. ② 011. ② 012. ⑤
013. ③ 014. ②

015

물류비의 분류체계에서 기능별 비목에 해당하지 않는 것은?

① 운송비
② 재료비
③ 유통가공비
④ 물류정보/관리비
⑤ 보관 및 재고관리비

해설
「물류정책기본법 시행령 제18조」(기업물류비 산정지침)에서는 영역별·기능별 및 자가·위탁별 물류비의 분류가 규정되어 있다. 이 중 '재료비'는 기능별 분류가 아니라 세목별 분류에 해당한다. 기능별 비목은 운송비, 보관비, 포장비, 하역비(유통가공비 포함), 물류정보·관리비로 실무적으로 분류한다.

016

물류 분야의 활동기준원가계산(ABC: Activity Based Costing)에 관한 설명으로 옳지 않은 것은?

① 재료비, 노무비 및 경비로 구분하여 계산한다.
② 업무를 활동단위로 세분하여 원가를 산출하는 방식이다.
③ 활동별로 원가를 분석하므로 낭비요인이 있는 물류업무영역을 파악할 수 있다.
④ 산정원가를 바탕으로 원가유발요인분석과 성과측정을 할 수 있다.
⑤ 물류서비스별, 활동별, 고객별, 유통경로별, 프로세스별 수익성 분석이 가능하다.

해설
활동기준원가계산(Activity Based Costing)은 직접재료비, 직접노무비, 제조간접비등의 원가분류가 아니라 당해 원가(cost)가 발생하게 된 원가 동인(activity driver)을 찾아내어 이를 기반으로 원가를 배분하는 방식이다.

017

유통가공을 수행하는 A물류기업의 당기 고정비는 1억 원, 개당 판매 가격은 10만 원, 변동비는 가격의 60%이며 목표이익은 1억 원이다. 당기의 손익분기점 판매량(ㄱ)과 목표이익을 달성하기 위한 판매량(ㄴ)은 몇 개인가?

① ㄱ: 1,000개, ㄴ: 3,500개
② ㄱ: 1,500개, ㄴ: 4,000개
③ ㄱ: 2,000개, ㄴ: 5,000개
④ ㄱ: 2,500개, ㄴ: 5,000개
⑤ ㄱ: 2,500개, ㄴ: 6,000개

해설
ㄱ. 손익분기점판매량(Q_{BEP})

$$= \frac{총고정비}{단위당\ 판매가격 - 단위당\ 변동비} = \frac{1억\ 원}{10만\ 원 - 6만\ 원} = 2,500개$$

ㄴ. 목표이익을 달성하기 위한 판매량(TI_{BEP})

$$= \frac{총고정비 + 목표이익}{단위당\ 판매가격 - 단위당\ 변동비} = \frac{1억\ 원 + 1억\ 원}{10만\ 원 - 6만\ 원} = 5,000개$$

018

카플런(R. Kaplan)과 노턴(D. Norton)의 균형성과표(BSC: Balanced Score Card)는 전 조직원이 전략을 공유하고 전략방향에 따라 행동하도록 유도함으로써 회사의 가치창출을 보다 효과적이고 지속적으로 이루기 위한 성과측정 방법이다. BSC의 4가지 성과지표관리 관점에 해당하지 않는 것은?

① 고객관점(Customer Perspective)
② 재무적 관점(Financial Perspective)
③ 전략적 관점(Strategic Perspective)
④ 학습과 성장의 관점(Learning & Growth Perspective)
⑤ 내부 경영프로세스 관점(Internal Business Process Perspective)

해설
균형성과표(BSC)는 카플런과 노턴에 의해 조직의 목표와 전략을 효율적으로 실행 및 관리하기 위한 경영관리 기법으로 제시된 것으로, 기존 과거지향적인 계량화 지표인 재무적 관점에서 벗어나 외부적인 고객관점, 내부적인 비계량적 내부 경영프로세스 관점, 미래지향적인 지표를 나타내는 학습 및 성장 등 4가지 관점의 균형적 결합을 통해 전략적으로 통제하려는 방법이다.

019

e-조달의 장점으로 옳지 않은 것은?

① 운영비용이 절감된다.
② 조달효율성이 개선된다.
③ 조달가격이 절감된다.
④ 문서처리 비용이 감소된다.
⑤ 구매자와 판매자 간에 밀접한 관계가 구축된다.

해설
전자조달(e-조달, e-procurement)은 최근 급변하고 있는 인터넷 환경을 이용하여 자재 또는 제품의 구매 요청·승인·주문·운반·결제 및 인도에 이르는 일련의 프로세스를 전략적으로 관리하는 것으로, 오프라인 조달과 비교할 때 구매자와 판매자 간 개별적인 관계가 아닌, 공식적인 관계(formal relation)가 구축된다.

020

다음 설명에 해당하는 공급업체 선정 방법은?

> 다수의 공급업체로부터 제안서를 제출받아 평가한 후 협상절차를 통하여 가장 유리하다고 인정되는 업체와 계약을 체결한다.

① 협의에 의한 방법
② 지명 경쟁에 의한 방법
③ 제한 경쟁에 의한 방법
④ 입찰에 의한 방법
⑤ 수의계약에 의한 방법

해설
제시된 내용의 공급업체 선정 방법은 협의에 의한 방법이다.

021

집중구매의 장점으로 옳지 않은 것은?

① 구입절차를 표준화하여 구매비용이 절감된다.
② 대량구매로 가격 및 거래조건이 유리하다.
③ 공통자재의 표준화, 단순화가 가능하다.
④ 긴급수요 발생 시 대응에 유리하다.
⑤ 수입 등 복잡한 구매 형태에 유리하다.

해설
긴급수요 발생 시 대응에 유리한 구매방법은 분산구매이다.

관련이론 | 집중구매와 분산구매의 장·단점

구분	집중구매	분산구매
장점	· 표준화되고 수요가 많은 제품에 유리 · 비용절감 및 거래조건이 유리 · 절차가 복잡한 구매에 유리 · 구매효과 측정이 용이	· 소량·소액 품목에 적합 · 구매부서의 독자적 구매 가능 · 사업장의 특수요구 반영이 용이함 · 긴급한 수요 대응에 용이함
단점	· 구매부서의 자주성이 없음 · 긴급한 수요에 대한 대응이 곤란 · 각 사업장별 재고파악 어려움 · 조달기간의 증가 가능성	· 분산구매된 제품의 품질이 상이함 · 구입단가가 비싸고 구매경비 증가 · 구입처와 거리가 먼 경우 적절한 자재구입 어려움

022

바코드와 비교한 RFID(Radio Frequency Identification)의 특징으로 옳지 않은 것은?

① 원거리 및 고속 이동 시에도 인식이 가능하다.
② 반영구적인 사용이 가능하다.
③ 국가별로 사용하는 주파수가 동일하다.
④ 데이터의 신뢰도가 높다.
⑤ 태그의 데이터 변경 및 추가가 가능하다.

해설
RFID기술은 국가별로 주파수 대역, 채널 대역폭 등이 상이하므로 각국은 실정에 맞춰 최선의 RFID 규격을 재정하고 있다. 참고로 국내에서는 908.5~915MHz의 5.5MHz의 주파수 대역에서 한 채널당 200kHz의 채널 대역폭을 선정하고 있다.

정답	015. ②	016. ①	017. ④	018. ③	019. ⑤
	020. ①	021. ④	022. ③		

023
물류정보의 특징으로 옳지 않은 것은?

① 관리대상 정보의 종류가 많고, 내용이 다양하다.
② 성수기와 비수기의 정보량 차이가 크다.
③ 정보의 발생원, 처리장소, 전달대상 등이 한 곳에 집중되어 있다.
④ 상품과 정보의 흐름에 동시성이 요구된다.
⑤ 구매, 생산, 영업활동과의 관련성이 크다.

해설
물류정보는 육상, 해상, 항공 및 국·내외에 걸쳐 정보의 발생원천이 다양하고, 처리장소, 전달대상 등이 넓게 분산되어 있으므로 그에 적합한 통신망과 정보시스템을 구축해야한다.

024
다음의 ( )에 들어갈 용어는?

> 국제표준 바코드는 개별 품목에 고유한 식별코드를 부착해 정보를 공유하는 국제표준체계이다. 현재 세계적으로 사용되는 GS1 표준코드는 미국에서 제정한 코드 (ㄱ)와(과) 유럽에서 제정한 코드 (ㄴ) 등을 표준화한 것이다.

① ㄱ: UPC, ㄴ: EAN
② ㄱ: UPC, ㄴ: GTIN
③ ㄱ: EAN, ㄴ: UPC
④ ㄱ: EAN, ㄴ: GTIN
⑤ ㄱ: GTIN, ㄴ: EAN

해설
국제표준 바코드는 개별 품목에 고유한 식별코드를 부착해 정보를 공유하는 국제표준체계로, 세계적으로 사용되는 GS1 표준코드는 미국에서 제정하여 북미지역에서 사용되던 UPC 코드(12자리)와 유럽에서 제정하여 전세계적으로 사용되던 EAN 코드(13자리)를 2005년에 표준화하여 제정한 것이다.

025
VAN(Value Added Network)에 관한 설명으로 옳은 것은?

① 한정된 지역의 분산된 장치들을 연결하여 정보를 공유하거나 교환하는 것이다.
② 컴퓨터 성능의 발달로 정보수집 능력이 우수한 대기업에 정보가 집중되므로 중소기업의 활용 가능성은 낮아지고 있다.
③ 1990년대 미국의 AT&T가 전화회선을 임대하여 특정인에게 통신 서비스를 제공한 것이 효시이다.
④ 부가가치를 부여한 음성 또는 데이터를 정보로 제공하는 광범위하고 복합적인 서비스의 집합이다.
⑤ VAN 서비스는 컴퓨터 성능 향상으로 인해 이용이 감소되고 있다.

선지분석
① 한정된 지역의 분산된 장치들을 빠른 통신망으로 연결하여 정보를 공유하거나 교환하는 것은 LAN(근거리 통신망)에 대한 설명이다.
② 컴퓨터 성능의 발달로 VAN을 이용한 부가가치통신망의 활용으로 대기업뿐만 아니라 중소기업의 활용도 높아졌다.
③ 1975년 서비스를 개시한 Telenet과 1977년 Tymnet이 VAN의 효시라 할 수 있으며, 이후 AT&T와 같은 공중전기통신 사업자로부터 전기통신회선을 임대하여 이 회선에 컴퓨터를 접속. 부가기능을 높인 통신망을 구축하여 제3자에게 판매한 네트워크가 현대적인 VAN이라 할 수 있다.
⑤ VAN은 단순한 전송기능뿐만 아니라 정보의 축적이나 가공·변환처리 등의 부가가치를 부여한 음성 또는 데이터 정보를 제공해 주는 광범위하고 복합적인 서비스의 집합으로 그 이용이 증가하고 있다.

026

물류정보시스템에 관한 설명으로 옳지 않은 것은?

① EDI(Electronic Data Interchange)는 표준화된 상거래 서식으로 작성된 기업 간 전자문서교환시스템이다.
② POS(Point of Sales)는 소비동향이 반영된 판매정보를 실시간으로 파악하여 판매, 재고, 고객관리의 효율성을 향상시킨다.
③ 물류정보시스템의 목적은 물류비가 증가하더라도 고객서비스를 향상시키는 것이다.
④ 물류정보의 시스템화는 상류정보의 시스템화가 선행되어야만 가능하며, 서로 밀접한 관계가 있다.
⑤ 수주처리시스템은 최소의 주문입력(order entry) 비용을 목표로 고객서비스를 달성하는 것이 목적이다.

해설
물류정보시스템(LIS)은 물류관리의 목표인 물류 비용절감과 동시에 물류 서비스의 향상을 달성하기 위한 것이다.

027

공급사슬관리(SCM)에 관한 설명으로 옳지 않은 것은?

① 원자재를 조달해서 생산하여 고객에게 제품과 서비스를 제공하기 위한 프로세스 지향적이고 통합적인 접근방법이다.
② ABM(Activity Based Management)을 근간으로 하여 각 공급사슬과 접점을 이루는 부문에서 계획을 수립하는 시스템이다.
③ 가치사슬의 관점에서 원자재로부터 소비에 이르기까지의 구성원들을 하나의 집단으로 간주하여 물류와 정보흐름의 체계적 관리를 추구한다.
④ 전체 공급사슬을 관리하여 비용과 시간을 최소화하고 이익을 최대화하도록 지원하는 방법이다.
⑤ 정보통신기술을 활용하여 공급자, 제조업자, 소매업자, 소비자와 관련된 상품, 정보, 자금흐름을 신속하고 효율적으로 관리하여 부가가치를 향상시키는 것이다.

해설
활동기준 경영관리(ABM; Activity Based Management)는 활동기준 원가관리(Activity Based Costing) 기법이 한 단계 더 진화한 것으로, 개별 기업의 원가관련 의사결정에 해당하므로 SCM과는 직접적인 관련이 없다.

028

채찍효과(Bullwhip Effect)의 원인이 아닌 것은?

① 중복 또는 부정확한 수요예측
② 납품주기 단축과 납품횟수 증대
③ 결품을 우려한 과다 주문
④ 로트(lot)단위 또는 대단위 일괄(batch) 주문
⑤ 가격변동에 의한 선행구입

해설
채찍효과는 공급사슬에서 최종 소비자로부터 멀어질수록 정보가 지연되거나 왜곡되어 수요와 재고의 불안정이 확대되는 현상을 말한다. 이러한 정보의 왜곡현상으로 공급사슬 전체에서 재고가 증가하고, 고객서비스 수준은 떨어지며, 생산능력 계획의 오류, 수송상의 비효율, 생산계획의 난맥 등과 같은 문제가 발생한다.

채찍효과 발생 원인	해결 방안
다단계 수요예측 (개별적 수요예측)	통합적 수요예측을 할 수 있도록 해야 하며, 이를 위해서 '정보공유 및 정보통합'이 필요
공급사슬상 분배의 문제 (과잉주문 문제)	제품 배분 시 수요를 과거 판매 실적 또는 주문실적에 의해 공급량 배정
일괄주문 처리방식 (batch order)	일괄주문보다는 실시간 주문처리가 필요
불규칙적인 가격정책	EDLP정책을 적절히 사용하여 가격의 변동성을 감소시킴

정답 | 023. ③ 024. ① 025. ④ 026. ③ 027. ②
028. ②

029

공급사슬상에서 발생하는 경영환경변화에 관한 설명으로 옳지 않은 것은?

① 공급사슬상에 위치한 조직 간의 상호 의존성이 증대되고 있다.
② 정보통신기술의 발전은 새로운 시장의 등장과 기업경영방식의 변화를 초래하고 있다.
③ 기업 간의 경쟁 심화에 따라 비용절감과 납기개선의 중요성이 증대되고 있다.
④ 물자의 이동이 주로 국내나 역내에서 이루어지고 있다.
⑤ 고객의 다양한 니즈에 맞추기 위해 생산, 납품 등의 활동을 해야 할 필요성이 증대되고 있다.

해설
최근에는 글로벌화에 따라 국가 간 국제물류가 활발하여 글로벌 공급망 확대 및 강화 측면에서 전략적으로 SCM이 중요시되고 있다. 반면, 과거에는 주로 국내에서의 물자 이동이 대부분이었다.

030

다음 설명에 해당하는 개념은?

> • 거래파트너들이 특정시장을 목표로 사업계획을 공동으로 수립하여 공유한다.
> • 제조업체와 유통업체가 판매 및 재고 데이터를 이용, 협업을 통해서 수요를 예측하고 제조업체의 생산계획에 반영하며 유통업체의 상품을 자동 보충하는 프로세스이다.

① Postponement ② Cross-Docking
③ CPFR ④ ECR
⑤ CRP

해설
위의 내용은 협력적 계획·예측 및 보충 시스템을 의미하는 CPFR(Collaborative Planning Forecasting & Replenishment) 시스템에 대한 설명이다. CPFR 시스템이란 판매·재고 데이터를 소비자 수요예측과 주문관리에 이용하고, 제조업체와 공동으로 생산계획에 반영하는 등 제조와 유통업체가 예측·계획·상품보충을 공동으로 협업하고자 하는 업무 프로세스로 최근 각광받고 있는 SCM 공급측면 기법을 뜻한다.

선지분석
① Postponement는 물류의 지연전략, ②는 흐름형 물류창고를 의미하는 Cross-Docking, ④ ECR은 SCM의 산업별 분야 중 가공식품분야에 대한 것이고, ⑤ CRP(Continuous Replenishment Planning)는 지속적 재고보충시스템을 의미한다.

031

T-11형 표준 파렛트를 사용하여 1단 적재 시, 적재효율이 가장 낮은 것은?

① 1,100mm×550mm, 적재수 2
② 1,100mm×366mm, 적재수 3
③ 733mm×366mm, 적재수 4
④ 660mm×440mm, 적재수 4
⑤ 576mm×523mm, 적재수 4

해설
① 1,100mm×550mm, 적재수 2: $\frac{1,100 \times 550 \times 2}{1,100 \times 1,100} \times 100 = 100\%$

② 1,100mm×366mm, 적재수 3: $\frac{1,100 \times 366 \times 3}{1,100 \times 1,100} \times 100 = 99.82\%$

③ 733mm×366mm, 적재수 4: $\frac{733 \times 366 \times 4}{1,100 \times 1,100} \times 100 = 88.69\%$

④ 660mm×440mm, 적재수 4: $\frac{660 \times 440 \times 4}{1,100 \times 1,100} \times 100 = 96\%$

⑤ 576mm×523mm, 적재수 4: $\frac{576 \times 523 \times 4}{1,100 \times 1,100} \times 100 = 99.59\%$

따라서 733mm×366mm, 적재수 4인 경우 적재효율이 가장 낮다.

032

물류표준화의 대상이 아닌 것은?

① 물류조직 ② 수송
③ 보관 ④ 포장
⑤ 물류정보

해설
「물류정책기본법 제2조 7호」에서는 물류표준화에 대하여 다음과 같이 정의하고 있다.

> "물류표준화"란 원활한 물류를 위하여 다음의 사항을 물류표준으로 통일하고 단순화하는 것을 말한다.
> 가. 시설 및 장비의 종류·형상·치수 및 구조
> 나. 포장의 종류·형상·치수·구조 및 방법
> 다. 물류용어, 물류회계 및 물류 관련 전자문서 등 물류체계의 효율화에 필요한 사항

'시설 및 장비'의 종류에는 운송·보관·하역시설이 포함되며, 이밖에 운송용기(device), 물류정보시스템도 표준화의 대상에 해당한다.

033

물류표준화 효과 중 자원 및 에너지의 절감 효과에 해당하는 것은?

① 물류기기와의 연계성 증대
② 재료의 경량화
③ 작업성 향상
④ 물류기기의 안전 사용
⑤ 부품 공용화로 유지보수성 향상

해설
물류표준화의 기대효과 중 자원 및 에너지 절감 효과로는 재료의 경량화, 적재효율의 향상, 운송수단의 연계성 용이, 작업의 기계화 및 표준화, 물류 생산성의 향상 등을 들 수 있다.

034

다음 ( )에 들어갈 수치는?

물류 모듈 시스템은 크게 배수치수 모듈과 분할치수 모듈로 나뉜다. 배수치수 모듈은 1,140mm×1,140mm 정방형 규격을 Unit Load Size 기준으로 하고 최대 허용 공차 ( )mm를 인정하고 있는 Plan View Unit Load Size를 기본 단위로 하고 있다.

① −30
② −40
③ −50
④ −60
⑤ −70

해설
T-11형 파렛트를 기준한 Plan View Size(PVS) 1,140mm×1,140mm를 기준으로 하여, 최대 허용 공차는 −40mm를 인정하고 있다.

035

물류공동화에 관한 설명으로 옳지 않은 것은?

① 물류활동에 필요한 인프라를 복수의 파트너와 함께 연계하여 운영하는 것이다.
② 물류자원을 최대한 활용함으로써 물류비용 절감이 가능하다.
③ 자사의 물류시스템과 타사의 물류시스템을 연계시켜 하나의 시스템으로 운영해야 하지만 회사 보안을 위해 시스템 개방은 포함하지 않는다.
④ 물류환경의 문제점으로 대두되는 교통혼잡, 차량적재 효율저하, 공해문제 등의 해결책이 된다.
⑤ 표준물류심벌 및 통일된 전표와 교환 가능한 파렛트의 사용 등이 전제되어야 가능하다.

해설
물류공동화는 자사의 물류시스템과 타사의 물류시스템을 연계시켜 하나의 시스템으로 운영하여 물류의 효율화를 꾀하는 것으로서 비용절감의 장점이 있으나, 회사의 보안노출 문제는 단점으로 지적된다.

036

물류공동화 방안 중 하나인 공동 수·배송 시스템의 도입 필요성에 해당하는 사항을 모두 고른 것은?

ㄱ. 다빈도 대량 수·배송의 확대
ㄴ. 주문단위의 소량화
ㄷ. 물류비용의 증가
ㄹ. 배송차량의 적재효율 저하

① ㄱ, ㄴ
② ㄷ, ㄹ
③ ㄱ, ㄴ, ㄷ
④ ㄴ, ㄷ, ㄹ
⑤ ㄱ, ㄴ, ㄷ, ㄹ

해설
제시된 내용 중 ㄱ을 제외한 나머지는 모두 공동 수·배송 시스템의 도입 필요성에 해당한다.
공동 수·배송 시스템은 하나의 대형차량으로 다수 화주의 화물을 혼재 운송함으로써 운송의 효율성을 증대시키고 최근 전자상거래 증가에 따른 다품종·소량·다빈도배송 서비스가 요구되고 있는 상황에서 규모의 경제를 활용하여 수배송 비용을 절감할 수 있는 중요한 공동화 방안에 해당한다.

정답	029. ④	030. ③	031. ③	032. ①	033. ②
	034. ②	035. ③	036. ④		

037

수·배송 공동화의 유형에 관한 설명으로 옳지 않은 것은?

① 배송공동형은 배송만 공동화하는 것을 의미하며, 화물 거점시설까지의 공동화는 포함하지 않는다.
② 집배송공동형 중 특정화주공동형은 동일화주가 조합이나 연합회를 만들어 공동화하는 것이다.
③ 집배송공동형 중 운송업자공동형은 다수의 운송업자들이 불특정 다수 화주들의 집배송을 공동화하는 것이다.
④ 노선집화공동형은 노선업자가 화물들을 공동 집화하여 각지로 발송하는 것이다.
⑤ 납품대행형은 화주가 납입선에 대행으로 납품하는 것이다.

해설
납품대행형(공동납품 대행형)은 일반적으로 백화점, 할인점 등에서의 공동화 유형으로, 화주의 주도로 공동화하며 유통가공, 포장, 상품검사, 납품 등의 작업을 대행하는 것을 뜻한다.

038

다음 설명에 해당하는 물류보안 제도는?

- 2002년 미국 세관이 도입한 민관협력 프로그램이다.
- 수입업자와 선사, 운송회사, 관세사 등 공급사슬의 당사자들이 적용 대상이다.
- 미국 세관이 제시하는 보안기준 충족 시 통관절차 간소화 등의 혜택이 주어진다.

① C-TPAT(Customs-Trade Partnership Against Terrorism)
② ISO 28000(International Standard Organization 28000)
③ ISPS code(International Ship and Port Facility Security code)
④ CSI(Container Security Initiative)
⑤ SPA(Safe Port Act)

해설
위의 내용은 9·11테러가 발생한 이후 미국에서 물류보안을 높이기 위한 방안으로 도입된 대테러 민관협력 프로그램(C-TPAT: Customs-Trade Partnership Against Terrorism)에 대한 설명이다.

선지분석
② ISO 28000: 국제표준화기구의 물류보안경영인증
③ ISPS(International Ship and Port facility Security) code: 국제선박 및 항만시설 보안규칙(각국 정부와 항만관리당국, 선사들이 갖춰야 할 보안 관련 조건들을 명시하고, 보안사고 예방에 대한 가이드라인을 제시함)
④ CSI(Container Security Initiative): 미국 컨테이너 보안협정
⑤ SPA(Safe Port Act): 미국의 항만보안법

039

기후변화와 환경오염에 대응하는 녹색물류체계와 관련 있는 제도에 해당하지 않는 것은?

① 저탄소녹색성장기본법
② 온실가스·에너지목표관리제
③ 탄소배출권거래제도
④ 생산자책임재활용제도
⑤ 제조물책임법(PL)

해설
제조물책임법(PL)은 제조물의 결함으로 발생한 손해에 대한 제조업자 등의 손해배상책임을 규정함으로써 피해자 보호를 도모하고 국민생활의 안전 향상과 국민경제의 건전한 발전에 이바지함을 목적으로 하여 제정된 법률로, 녹색물류체계와는 관련이 없다.

040

국가과학기술표준은 물류기술(EI10)을 8가지의 소분류로 나눈다. 다음 중 국가과학기술표준 소분류에 포함되지 않는 것은?

① EI1001 - 물류운송기술
② EI1003 - 하역기술
③ EI1004 - 물류정보화기술
④ EI1007 - 물류안전기술
⑤ EI1099 - 달리 분류되지 않는 물류기술

해설
국가과학기술표준 중 물류기술(EI10)에 물류안전기술은 포함되지 않는다. EI1007은 물류 표준화기술에 해당한다.

화물운송론

041

운송에 관한 설명으로 옳지 않은 것은?

① 경제적 운송을 위한 기본적인 원칙으로는 규모의 경제 원칙과 거리의 경제 원칙이 있다.
② 운송은 공간적 거리의 격차를 해소하여 주는 장소적 효용이 있다.
③ 운송은 수송 중 물품을 일시적으로 보관하는 시간적 효용이 있다.
④ 운송은 재화의 생산과 소비에 따른 파생적 수요이다.
⑤ 운송의 3요소(Mode, Node, Link) 중 Mode는 각 운송점을 연결하여 운송되는 구간 또는 경로를 의미한다.

해설
운송의 3요소(Mode, Node, Link) 중 Mode는 화물자동차, 선박, 항공기 등 운송수단을 의미한다.
도로, 철도 등 운송거점(Node)을 연결하여 운송되는 구간 또는 경로는 운송경로(Link)이다.
운송거점(Node)은 복합물류터미널, 철도역, 항만, 공항, 컨테이너 야드(CY) 등을 말한다.

042

화물자동차 운송과 철도 운송 조건이 다음과 같을 때 채트반 공식을 이용한 자동차의 한계 경제효용거리(km)는?

- 화물자동차의 ton · km당 운송비: 900원
- 철도의 ton · km당 운송비: 500원
- 톤당 철도 부대비용(철도발착비+하역비+배송비 등): 50,000원

① 122
② 123
③ 124
④ 125
⑤ 126

해설
채트반(Chatban) 공식은 화물자동차 운송과 철도 운송 간 경제성의 경계점을 구할 때 이용된다.
화물자동차 운송의 경제효용거리의 한계 = $\dfrac{50,000원}{900원 - 500원}$ = 125km 이다.

043

철도화물의 운임체계에 관한 설명으로 옳지 않은 것은?

① 일반화물운임은 운송거리(km)×운임단가(원/km)×화물중량(톤)으로 산정한다.
② 사유화차로 운송되는 경우 할인운임을 적용한다.
③ 컨테이너화물의 최저기본운임은 규격별 컨테이너의 100km에 해당하는 운임으로 한다.
④ 컨테이너화물의 운임은 컨테이너 규격별 운임단가(원/km)×운송거리(km)로 산정한다.
⑤ 공컨테이너의 운임은 규격별 영(적재)컨테이너 운임의 50%를 적용하여 계산한다.

해설
공컨테이너(empty container)의 운임은 규격별 영(盈)컨테이너 적재컨테이너 운임의 74%를 적용하여 계산한다.

044

컨테이너 운송에 일반적으로 이용되는 철도화차가 아닌 것은?

① Open top car
② Flat car
③ Covered hopper car
④ Container car
⑤ Double stack car

해설
Covered hopper car(덮개형 개저식화차 또는 유개 호퍼차)는 천장 부분에 적재용 뚜껑이 부착되어 있고, 밑 부분에 중력양륙 또는 공기양륙 장치가 부착되어 있는 화차를 말한다. 이는 석탄, 모래, 자갈 등 벌크화물의 운송에 이용된다.

정답	037. ⑤	038. ①	039. ⑤	040. ④	041. ⑤
	042. ④	043. ⑤	044. ③		

045
해상용 컨테이너 취급을 위한 장비가 아닌 것은?

① Gantry crane
② Transtainer
③ Straddle carrier
④ Reach stacker
⑤ Dolly

해설
Dolly는 공항에서 화물을 운반하는 데 사용된다. 작은 바퀴가 달린 무동력 장비로, 견인차(tractor)에 연결하여 수평 이동한다.

046
운송수단의 운영 효율화를 위한 원칙으로 옳은 것은?

① 소형차량을 이용하는 소형화 원칙
② 영차율 최소화 원칙
③ 회전율 최소화 원칙
④ 가동률 최대화 원칙
⑤ 적재율 최소화 원칙

해설
가동률은 목표 운행일수에 대한 실 운행일수의 비율로 최대화하여야 한다.

선지분석
운송수단의 운영을 효율화하기 위한 원칙으로는 ① 대형차량을 이용하여 운송을 대형화하여야 한다. ② 화물을 적재하고 운행한 비율인 영차율은 최대화하여야 한다. ③ 회전율은 최대화하여야 하고, ⑤ 적재율은 최대화하여야 한다.

047
최근 운송시장의 변화에 관한 내용으로 옳지 않은 것은?

① 운송화물의 소품종 대형화
② 환경규제의 강화
③ 물류보안의 중요성 증대
④ 정보시스템의 활용증가
⑤ 구매고객에 대한 서비스 수준의 향상

해설
최근의 운송시장은 운송화물의 다품종 소량화, 다빈도 배송이 일반적이다.

048
다음에서 설명하고 있는 철도 운송 서비스 형태는?

- 복수의 중간역 또는 터미널을 거치면서 운행하는 방식
- 운송경로상의 모든 종류의 화차 및 화물을 수송
- 화주가 원하는 시간에 따라 서비스를 제공하는 것이 아니라 열차편성이 가능한 물량이 확보되는 경우에 서비스를 제공
- 이 서비스의 한 종류로 Liner train이 있음

① Block train
② Shuttle train
③ Single - Wagon train
④ Y - Shuttle train
⑤ U - train

해설
화주가 원하는 시간에 따라 서비스를 제공하는 것이 아니라 열차편성이 가능한 물량이 확보되는 경우에 서비스를 제공하는 철도 운송 서비스는 Single - Wagon train이다. Single - Wagon train은 여러 개의 중간역 또는 터미널을 거치면서 운행하는 방식으로 가장 일반적인 열차 서비스의 형태이다.

선지분석
① 블록 트레인(Block Train)은 철도화물역 또는 터미널 간을 직행 운행하는 전용열차로 화차의 수와 타입이 고정되어 있지 않다. 스위칭 야드(Switching Yard)를 이용하지 않는다.
② 셔틀 트레인(Shuttle Train)은 철도역이나 터미널에서 화차조성비용을 절감하기 위해 화차의 수 및 형태가 고정되어 있는 서비스 방식이다. 출발지 → 목적지 → 출발지를 연결하는 루프형 구간에서 서비스를 제공하는 방식이다.
④ Y - Shuttle Train은 한 개의 중간터미널을 거치는 것을 제외하고는 셔틀트레인(Shuttle Train)과 같은 형태의 서비스를 제공하는 방식이다.

049

운임의 종류에 관한 내용으로 옳은 것은?

① 공적운임: 운송계약을 운송수단 단위 또는 일정한 용기 단위로 했을 때 실제로 적재능력만큼 운송하지 않았더라도 부담해야 하는 미적재 운송량에 대한 운임
② 무차별운임: 일정 운송량, 운송거리의 하한선 이하로 운송될 경우 일괄 적용되는 운임
③ 혼재운임: 단일화주의 화물을 운송수단의 적재능력만큼 적재 및 운송하고 적용하는 운임
④ 전액운임: 운송거리에 비례하여 운임이 증가하는 형태의 운임
⑤ 거리체감운임: 운송되는 화물의 가격에 따라 운임의 수준이 달라지는 형태의 운임

해설
공적운임(부적운임, dead freight)은 운송수단 단위로 계약한 경우 미적재 운송량에 대한 운임을 말한다. 즉, 선적하기로 계약했던 화물량보다 적재량(실선적량)이 부족한 경우 용선인이 부족분에 대해 지불하는 운임이다.

선지분석
②는 최저운임(Minimum Freight), ③은 단일운임, ④는 비례운임, ⑤는 종가운임(Ad Valorem Freight)에 대한 설명이다.

050

항공화물의 탑재방식에 관한 설명으로 옳지 않은 것은?

① Bulk Loading은 좁은 화물실과 한정된 공간에 탑재할 때 효율을 높일 수 있는 방식이다.
② Pallet Loading은 지상 체류시간의 단축에 기여하는 탑재방식이다.
③ Bulk Loading은 안정성과 하역작업의 기계화 측면에서 가장 효율적인 방식이다.
④ Pallet Loading은 파렛트를 굴림대 위로 굴려 항공기 내의 정위치에 고정시키는 방식이다.
⑤ Container Loading은 화물실에 적합한 항공화물 전용 용기를 사용하여 탑재하는 방식이다.

해설
Bulk Loading은 벌크화물(bulk cargo)을 인력으로 하나하나 화물칸에 쌓는 방식으로, 기계화하기 어렵다.

051

택배 표준약관(공정거래위원회 표준약관 제10026호)의 운송장에서 고객(송하인)이 사업자에게 교부해야 하는 사항으로 옳은 것을 모두 고른 것은?

> ㄱ. 문의처 전화번호
> ㄴ. 송하인의 주소, 이름(또는 상호) 및 전화번호
> ㄷ. 수하인의 주소, 이름(또는 상호) 및 전화번호
> ㄹ. 운송물의 종류(품명), 수량 및 가액
> ㅁ. 운송상의 특별한 주의사항
> ㅂ. 운송물의 중량 및 용적 구분

① ㄱ, ㄴ, ㄷ, ㅂ
② ㄱ, ㄷ, ㄹ, ㅁ
③ ㄱ, ㄹ, ㅁ, ㅂ
④ ㄴ, ㄷ, ㄹ, ㅁ
⑤ ㄴ, ㄷ, ㅁ, ㅂ

해설
「택배표준약관 제7조」 운송장에서 고객(송하인)이 사업자에게 교부해야 하는 사항
1. 송하인(고객)의 주소, 이름(또는 상호) 및 전화번호
2. 수하인의 주소, 이름(또는 상호) 및 전화번호
3. 운송물의 종류(품명), 수량 및 가액
4. 운송물의 인도예정장소 및 인도예정일(특정 일시에 수하인이 사용할 운송물의 경우에는 그 사용목적, 특정 일시 및 인도예정일시를 기재함)
5. 운송상의 특별한 주의사항(훼손, 변질, 부패 등 운송물의 특성구분과 기타 필요한 사항)
6. 운송장의 작성연월일

정답 | 045. ⑤ 046. ④ 047. ① 048. ③ 049. ①
050. ③ 051. ④

052

다음 수송표의 수송문제에서 북서코너법을 적용할 때, 총 운송비용과 공급지 2에서 수요지 2까지의 운송량은? (단, 공급지에서 수요지까지의 톤당 운송비는 각 칸의 우측 상단에 제시되어 있음)

(단위: 천 원)

수요지 공급지	수요지 1	수요지 2	수요지 3	공급량(톤)
공급지 1	8	5	7	300
공급지 2	9	12	11	400
공급지 3	4	10	6	300
수요량(톤)	400	500	100	1,000

① 9,300,000원, 200톤
② 9,300,000원, 300톤
③ 9,500,000원, 100톤
④ 9,500,000원, 300톤
⑤ 9,600,000원, 200톤

해설

북서코너법은 북서쪽의 셀부터 오른쪽 아래로 가능한 최댓값을 할당해 나간다.

수요지 공급지	수요지 1	수요지 2	수요지 3	공급량(톤)
공급지 1	8 1st 300	5	7	300 − 300 = 0
공급지 2	9 2nd 100	12 3rd 300	11	400 − 100 = 300 300 − 300 = 0
공급지 3		10 4th 200	6 5th 100	300 − 200 = 100 100 − 100 = 0
수요량(톤)	400	500	100	1,000

북서코너법을 통해 (공급지1, 수요지1)로부터 (공급지3, 수요지3)까지의 해를 구하면
총비용=(8×300)+(9×100)+(12×300)+(10×200)+(6×100)=9,500,000원이다.
(공급지2, 수요지2)의 운송량은 300톤이다.

053

택배 표준약관(공정거래위원회 표준약관 제10026호)에 따른 용어의 정의로 옳지 않은 것은?

① '운송장'이라 함은 사업자와 고객(송하인) 간의 택배계약의 성립과 내용을 증명하기 위하여 사업자의 청구에 의하여 고객(송하인)이 발행한 문서를 말한다.
② '인도'라 함은 사업자가 고객(송하인)에게 운송장에 기재된 운송물을 넘겨주는 것을 말한다.
③ '수탁'이라 함은 사업자가 택배를 수행하기 위하여 고객(송하인)으로부터 운송물을 수령하는 것을 말한다.
④ '택배사업자'라 함은 택배를 영업으로 하며, 상호가 운송장에 기재된 운송사업자를 말한다.
⑤ '손해배상한도액'이라 함은 운송물의 멸실, 훼손 또는 연착 시에 사업자가 손해를 배상할 수 있는 최고한도액을 말한다.

해설

「택배표준약관 제2조 제7호」
'인도'라 함은 사업자가 고객(수하인)에게 운송장에 기재된 운송물을 넘겨주는 것을 말한다.

054

화물자동차 운송의 일반적인 특징으로 옳은 것은?

① 타 운송수단과 연동하지 않고는 일관된 서비스를 제공할 수 없다.
② 기동성과 신속한 전달로 문전운송(door-to-door)이 가능하여 운송을 완성시켜 주는 역할을 한다.
③ 철도 운송에 비해 연료비 등 에너지 소비가 적어 에너지 효율성이 높다.
④ 해상운송에 비해 화물의 중량이나 부피에 대한 제한이 적어 대량화물의 운송에 적합하다.
⑤ 철도 운송에 비해 정시성이 높다.

해설

기동성과 신속한 전달로 문전운송(door-to-door)이 가능하여 운송을 완성시켜 주는 역할을 하는 것은 화물자동차 운송의 가장 큰 장점이다.

관련이론 | 화물운송수단별 특징

항목	화물자동차	철도	해상	항공
화물량	소량화물	대량화물	대량화물	소량화물
운송거리	단·중거리	중·장거리	장거리	장거리
운송비용	비교적 고가	저렴	저렴	고가
운송속도	빠름	느림	매우 느림	매우 빠름
일관운송	용이함	다소 어려움	어려움	어려움
안전성	조금 낮음	높음	낮음	낮음

055

다음은 A기업의 1년간 화물자동차 운행실적이다. 운행실적을 통해 얻을 수 있는 운영지표 값에 관한 내용으로 옳은 것은?

- 누적 실제 차량 수: 300대
- 실제 가동 차량 수: 270대
- 트럭의 적재 가능 총 중량: 5톤
- 트럭의 평균 적재 중량: 4톤
- 누적 주행거리: 30,000km
- 실제 적재 주행거리: 21,000km

① 복화율은 90%이다.
② 영차율은 90%이다.
③ 적재율은 90%이다.
④ 가동률은 90%이다.
⑤ 공차거리율은 90%이다.

해설

가동률 = $\frac{\text{실제 운행일 수}}{\text{목표 운행일 수}} = \frac{\text{실제 가동 차량 수}}{\text{누적 실제 차량 수}} = \frac{270대}{300대} = 90\%$ 이다.

선지분석

① 복화율은 편도운송을 한 후 귀로에 복화운송을 어느 정도 수행했느냐를 나타내는 지표로, 복화율 = $\frac{\text{귀로시 영차운행 횟수}}{\text{편도 운행 횟수}}$ 이다. 문제에서 주어진 자료로는 구할 수 없다.

② 영차율(실차율)은 전체 화물운송거리 중에서 실제로 얼마나 화물을 적재하고 운행했는지를 나타내는 지표로,

영차율 = $\frac{\text{영차 운행거리}}{\text{총운행거리}} = \frac{21,000km}{30,000km} = 70\%$ 이다.

③ 적재율은 $\frac{\text{총운송량}}{\text{차량 적재정량}} = \frac{4톤}{5톤} = 80\%$ 이다.

⑤ 공차율은 전체 주행거리 중 화물을 싣지 않고 운행한 거리비율로, 공차거리율(공차율) = 1 - 영차율 = 1 - 0.7 = 0.3(30%)이다.

056

운임에 영향을 주는 요인으로 옳은 것을 모두 고른 것은?

ㄱ. 화물의 중량
ㄴ. 화물의 부피
ㄷ. 운송 거리
ㄹ. 화물의 개수

① ㄱ, ㄴ
② ㄷ, ㄹ
③ ㄱ, ㄴ, ㄷ
④ ㄴ, ㄷ, ㄹ
⑤ ㄱ, ㄴ, ㄷ, ㄹ

해설

화물의 운송운임은 화물의 중량, 부피, 운송 거리, 화물의 개수 등에 따라 결정되며, 이밖에도 밀도, 취급의 용이성, 적재성 등이 운임에 영향을 미친다.

057

다음에서 설명하는 화물운송정보시스템은?

디지털 지도에 각종 정보를 연결하여 관리하고 이를 분석, 응용하는 시스템의 통칭이다. 각종 교통정보를 관리, 이용하여 교통정책 수립 시 의사 결정을 지원하는 시스템이다.

① Port-MIS(항만운영정보시스템)
② VMS(적재관리시스템)
③ TRS(주파수공용통신)
④ RFID(Radio Frequency Identification)
⑤ GIS-T(교통지리정보시스템)

해설

디지털 지도에 각종 정보를 연결하여 관리하고 이를 분석, 응용하는 시스템은 GIS-T(교통지리정보시스템)이다.

정답 | 052. ④ 053. ② 054. ② 055. ④ 056. ⑤
057. ⑤

058

택배 표준약관(공정거래위원회 표준약관 제10026호)에서 사업자가 운송물의 수탁을 거절할 수 있는 경우가 아닌 것은?

① 운송물의 인도예정일(시)에 따른 운송이 불가능한 경우
② 운송이 법령, 사회질서 기타 선량한 풍속에 반하는 경우
③ 운송물 1포장의 가액이 100만 원 이하인 경우
④ 운송물이 살아 있는 동물, 동물사체 등인 경우
⑤ 고객(송하인)이 운송장에 필요한 사항을 기재하지 아니한 경우

해설
운송물 1포장의 가액이 300만 원을 초과하는 경우 사업자는 운송물의 수탁을 거절할 수 있다.

관련이론 | 운송물의 수탁거절(「택배표준약관 제12조」)
사업자는 다음 각 호의 경우에 운송물의 수탁을 거절할 수 있다.
1. 고객이 운송장에 필요한 사항을 기재하지 아니한 경우
2. 운송에 적합한 포장이 되지 않은 경우
3. 운송물의 종류와 수량이 운송장에 기재된 것과 다른 경우
4. 운송물 1포장의 가액이 300만 원을 초과하는 경우
5. 운송물의 인도예정일(시)에 따른 운송이 불가능한 경우
6. 운송물이 화약류, 인화물질 등 위험한 물건인 경우
7. 운송물이 밀수품, 군수품, 부정임산물 등 위법한 물건인 경우
8. 운송물이 현금, 카드, 어음, 수표, 유가증권 등 현금화가 가능한 물건인 경우
9. 운송물이 재생불가능한 계약서, 원고, 서류 등인 경우
10. 운송물이 살아있는 동물, 동물사체 등인 경우
11. 운송이 법령, 사회질서 기타 선량한 풍속에 반하는 경우
12. 운송이 천재, 지변 기타 불가항력적인 사유로 불가능한 경우

059

화물자동차 운송의 효율화 방안으로 옳지 않은 것은?

① 운송정보시스템의 구축
② 도로 및 기간시설의 확충
③ 컨테이너 및 파렛트를 이용한 운송 확대
④ 적재율 감소 및 차량의 배송빈도 증가
⑤ 공동배송체제 구축 및 확대

해설
화물자동차의 효율화를 위해서는 적재율을 향상시키고 배송빈도를 감소시켜야 한다.

060

적재중량 24톤 화물자동차가 다음과 같은 운송실적을 가질 때 연료소모량(L)은? (단, 영차(실차)운행 시에는 ton·km당 연료소모기준을 적용함)

- 운행실적: 총 운행거리 36,000km, 영차(실차)운행거리 28,000km
- 평균 화물적재량: 18ton
- 연료소모기준: 공차운행 시 0.3L/km, 영차(실차)운행 시 0.5L/ton·km

① 234,000   ② 252,000
③ 254,400   ④ 256,800
⑤ 504,000

해설
총 운행거리 36,000km 중 영차(실차)운행거리가 28,000km이므로 공차운행거리는 8,000km이다.
연료소모량(L)=(28,000km×18t×0.5L)+(8,000km×0.3L)=254,400L이다.

061

철도운송에 관한 설명으로 옳지 않은 것은?

① 국내화물운송시장에서 철도운송은 도로운송에 비해 수송분담률이 낮다.
② 철도화물운송형태에는 화차취급운송, 컨테이너취급운송 등이 있다.
③ 컨테이너의 철도 운송은 크게 TOFC 방식과 COFC 방식이 있다.
④ COFC 방식에는 피기백 방식과 캥거루 방식이 있다.
⑤ 철도 운송은 기후상황에 크게 영향을 받지 않으며 계획적인 운송이 가능하다.

해설
피기백 방식과 캥거루 방식은 TOFC에 해당한다.
COFC 방식은 화차에 컨테이너만을 적재하는 방식을 말한다. 철도 컨테이너 데포에서 크레인이나 탑핸들러를 이용하여 적재하며, 세로 – 가로 방식(비교적 취급량이 적은 경우), 매달아 싣는 방식(대량의 컨테이너를 신속히 처리하고자 할 경우), 플렉시 밴 방식 등이 있다.

062

다음에서 설명하고 있는 용선운송계약서의 조항은?

- 선주는 용선운송계약에 의거한 운임, 공적운임, 체선료 등에 대하여 화물이나 그 화물의 부속물을 유치할 수 있는 권리를 가지며 화주는 이에 대한 책임을 부담해야 한다.
- 용선료의 지급을 확보하기 위하여 선주측에 화물압류의 권리가 있다는 취지를 규정하고 있다.

① Lien Clause
② Indemnity Clause
③ Not before Clause
④ Deviation Clause
⑤ General Average Clause

해설
용선료의 지급을 확보하기 위하여 선주 측에 화물압류의 권리가 있다는 취지를 규정한 용선운송계약서의 조항은 Lien Clause(유치권 조항)이다.
화물 유치권(Lien on cargo)은 영국법의 Lien Clause에 의한 계약상의 권리이다. 따라서 계약 당사자가 아닌 제3자에 대하여는 효력이 없으며, 화물이 용선자의 소유가 아닌 경우, 화물 유치권 행사는 무효가 된다.

063

수 · 배송시스템의 설계에 관한 설명으로 옳지 않은 것은?

① 화물에 대한 리드타임(lead time)을 고려하여 설계한다.
② 화물차의 적재율을 높일 수 있도록 설계한다.
③ 편도수송이나 중복수송을 피할 수 있도록 설계한다.
④ 차량의 회전율을 높일 수 있도록 설계한다.
⑤ 동일지역에서의 집화와 배송은 별개로 이루어지도록 설계한다.

해설
동일지역에서의 집화와 배송은 함께 이루어지도록 설계해야 한다.

064

해상운송에서 화주가 부담하는 할증운임(surcharge)에 관한 내용으로 옳지 않은 것은?

① Bunker Adjustment Factor는 선박의 주연료인 벙커유의 가격변동에 따른 손실을 보전하기 위한 할증료이다.
② Congestion Surcharge는 특정 항구의 하역능력 부족으로 인한 체선으로 장기간 정박을 요할 경우 해당화물에 대한 할증료이다.
③ Outport Surcharge는 운송 도중에 당초 지정된 양륙항을 변경하는 화물에 대한 할증료이다.
④ Currency Adjustment Factor는 급격한 환율변동으로 선사가 입을 수 있는 환차손에 대한 할증료이다.
⑤ Transshipment Surcharge는 화물이 운송 도중 환적될 때 발생하는 추가비용을 보전하기 위한 할증료이다.

해설
운송 도중에 당초 지정된 양륙항을 변경하는 화물에 대한 할증료는 Optional Charge(양륙항선택 화물할증료)라고 한다.
Outport Surcharge(외항추가할증료)는 선박이 원래 계획된 기항지(Base port) 이외의 항구로 운송되는 화물에 부가하는 할증료이다.

정답 | 058. ③ 059. ④ 060. ③ 061. ④ 062. ①
063. ⑤ 064. ③

065

수입지에서 원본 선하증권의 제시 없이 선사로부터 화물을 찾는 데 사용되는 것으로 옳은 것을 모두 고른 것은?

> ㄱ. Surrendered B/L ㄴ. Clean Received B/L
> ㄷ. T/R(Trust Receipt) ㄹ. L/G(Letter of Guarantee)
> ㅁ. Sea Waybill

① ㄱ, ㄴ
② ㄱ, ㄷ, ㅁ
③ ㄱ, ㄹ, ㅁ
④ ㄴ, ㄷ, ㄹ
⑤ ㄴ, ㄷ, ㄹ, ㅁ

해설

원본 선하증권의 제시 없이 선사로부터 화물을 찾는 데 사용되는 것으로는 Surrendered B/L, L/G(Letter of Guarantee), Sea Waybill 등이 있다.

ㄱ. Surrendered B/L: 원본 B/L의 특징 중 하나인 유가증권으로서의 유통성을 상실한 B/L로, 수출자가 화물에 대한 권리를 포기한 B/L 을 의미한다. 따라서 수출자는 화물의 소유권이 없다고 간주하게 되며, 수취인에 기재된 사람만이 화물을 찾을 수 있다.

ㄹ. 수입화물선취보증서(L/G): 해상운송에서 화물이 선적서류보다 먼저 도착했을 때, 수입업자가 화물을 먼저 받기 위해 은행의 보증을 받아 선박회사에 제출하는 서류이다. 이 경우 수입업자가 수입화물을 받기 위해 신용장 개설은행에 제출하는 보증장은 수입화물 보관증(Trust receipt, T/R)이라고 한다.

ㅁ. 해상화물운송장(Sea WayBill): 해상운송인이 화물의 수령을 증명하고 계약조건 이행을 목적으로 송하인에게 발행하는 운송장이다.

066

다음에서 설명하고 있는 국제물류주선업자의 서비스 종류는?

> 여러 화주(송하인)의 소량 컨테이너화물(LCL)을 수출지의 CFS에서 혼재하여 FCL 단위화물로 선적 운송하고, 수입지에 도착한 후 CFS에서 컨테이너 화물을 분류하여 다수의 수입자들에게 인도해주는 서비스

① Buyer's Consolidation
② Forwarder's Consolidation
③ Master's Consolidation
④ Shipper's Consolidation
⑤ Seller's Consolidation

해설

Forwarder's Consolidation은 CFS/CFS 방식으로 수출업자(송하인)와 수입업자(수하인)가 각각 다수인 경우에 사용된다. 수출 선적항의 컨테이너 화물처리장소인 CFS(Container Freight Station)에서 LCL 화물을 컨테이너에 싣고 목적지까지 컨테이너로 운송한 후 목적지에서 다수의 수하인에게 화물을 인도하는 방식이다.

067

( )에 들어갈 내용으로 바르게 나열한 것은?

> Groupage B/L은 국제물류주선업자가 여러 LCL 화물을 혼재하여 FCL로 만든 화물을 선사에 인도할 때 선사가 국제물류주선업자에게 교부하는 (ㄱ)을 말하고, (ㄴ)은 선사가 발행한 B/L을 근거로 하여 국제물류주선업자가 각 LCL 화주들에게 교부하는 서류를 말한다.

① ㄱ: Through B/L, ㄴ: House B/L
② ㄱ: Master B/L, ㄴ: Red B/L
③ ㄱ: Straight B/L, ㄴ: Baby B/L
④ ㄱ: Master B/L, ㄴ: House B/L
⑤ ㄱ: Foul B/L, ㄴ: Consolidated B/L

해설

Master B/L은 선사가 주체가 되어 발행하는 B/L이고, House B/L은 포워더가 화주에게 발행하는 B/L이다. 이를 구분하는 방법은 B/L 상단 issued by 부분에 선사의 이름과 주소가 있으면 Master B/L이고, 포워더의 이름과 주소가 적혀 있으면 House B/L에 해당한다.

068

항공기에 관한 설명으로 옳지 않은 것은?

① High Capacity Aircraft는 소형기종의 항공기로서 데크(deck)에 의해 상부실 및 하부실로 구분되며 하부실은 구조상 ULD의 탑재가 불가능하다.
② 항공기는 국제민간항공조약에 의해 등록이 이루어진 국가의 국적을 보유하도록 되어있다.
③ 여객기는 항공기의 상부 공간은 객실로 이용하고 하부 공간은 화물실로 이용한다.
④ Convertible Aircraft는 화물실과 여객실을 상호 전용할 수 있도록 제작된 항공기이다.
⑤ 항공기 블랙박스는 비행정보 기록장치와 음성 기록장치를 통칭하는 이름이다.

해설
High Capacity Aircraft는 대형 항공기로, 데크(deck)에 의해 상부실 및 하부실로 구분되며, 하부실은 ULD의 탑재가 가능하다.

069

다음에서 설명하고 있는 항공화물 운임 요율의 종류는?

> 항공화물운송의 요금을 산정할 때 기본이 되며, 특정품목 할인요율이나 품목분류요율을 적용받지 않는 모든 항공화물운송에 적용되는 요율이다. 최저운임(M), 기본요율(N), 중량단계별 할인요율(Q) 등으로 분류된다.

① GCR(General Cargo Rate)
② SCR(Specific Commodity Rate)
③ CCR(Commodity Classification Rate)
④ BUC(Bulk Unitization Charge)
⑤ CCF(Charge Collect Fee)

해설
① 항공화물의 요율은 GCR(General Cargo Rates), SCR(Specific Commodity Rates), CCR(Commodity Classification Rates) 등으로 크게 구분할 수 있다.
GCR(일반화물요율)은 항공화물운송요금 산정의 기본이 되는 요율이다. 품목분류요율과 특정품목할인요율의 적용을 받지 않는 모든 항공화물운송에 적용된다.

선지분석
② 특정품목할인요율(SCR; Specific Commodity Rate)은 특정구간에 특정품목이 계속적으로 반복하여 운송되는 품목들에 대해 일반품목보다 요율을 낮춤으로써 항공운송 이용을 확대, 촉진시키기 위해 적용하는 요율을 말한다.
③ 품목분류요율(CCR; Commodity Classification Rate)은 몇 가지 특정품목에만 적용되고, 특정지역 간 또는 특정지역 내에서만 적용하며, 일반화물요율(GCR)의 백분율에 의한 할증(S) 또는 할인(R)에 의해 결정한다.
④ 단위탑재용기운임(BUC)은 파렛트 또는 컨테이너 단위로 부과되는 운임을 뜻한다.
⑤ 착지불 수수료(CCF; Charges Collect Fee)는 운송장상에 운임과 종가 요금을 수하인이 부담하도록 하는 요금제도를 의미한다.

정답 | 065. ③   066. ②   067. ④   068. ①   069. ①

070

다음 수송표에서 최소비용법과 보겔추정법을 적용하여 총 운송비용을 구할 때 각각의 방식에 따라 산출된 총 운송비용의 차이는? (단, 공급지에서 수요지까지의 톤당 운송비는 각 칸의 우측 상단에 제시되어 있음)

(단위: 천 원)

수요지 \ 공급지	D1	D2	D3	공급량(톤)
S1	12	15	9	400
S2	8	13	16	200
S3	4	6	10	200
수요량(톤)	300	300	200	800

① 300,000원
② 400,000원
③ 500,000원
④ 600,000원
⑤ 700,000원

해설

1. 최소비용법

운송비용이 4천원으로 가장 낮은 S3-D1부터 시작하여 순서대로 할당해 나간다. 공급지 S3의 공급량 200톤은 할당이 끝났으므로 남은 것 중 운송비용이 가장 낮은 S2-D1에서 100톤을 할당한다. 수요지 D1의 할당이 끝났으므로 남은 것 중 운송비용이 가장 낮은 S1-D3에 200톤을 할당한다. D3의 할당이 끝났으므로 S2의 100톤과 S1의 200톤을 수요지 D2에 할당하면 마무리된다.

수요지 \ 공급지	D1	D2	D3	공급량(톤)
S1		5th 15 200	3rd 9 200	400 → 200 → 0
S2	2nd 8 100	4th 13 100	16	200 → 100 → 0
S3	1st 4 200	6	10	200 → 0
수요량(톤)	300 → 100	300 → 200	200	800

∴ 운송비용 = (4×200)+(8×100)+(9×200)+(13×100)+(15×200) = 7,700천원이다.

2. 보겔추정법

보겔의 추정법은 기회비용의 개념을 활용하여, 총운송비용이 최소화되도록 물동량을 할당하는 탐색적 기법이다. 각 행과 열에서 가장 낮은 수준의 단위운송비용과 두 번째로 낮은 단위운송비용의 차이가 기회비용이다. 기회비용이 가장 큰 곳부터 할당해 나간다.

수요지 \ 공급지	D1	D2	D3	공급량	기회비용
S1	4th 12 100	5th 15 100	2nd 9 200	400	3
S2	3rd 8 200	13	16	200 → 0	5
S3	4	1st 6 200	10	200 → 0	2
수요량	300 / 100	300 / 100	200	800	
기회비용	4	7 → 2	1 → 7		

가장 먼저 기회비용이 7천원으로 가장 높은 수요지 D2에 운송비용이 가장 낮은 공급지 S3의 200톤을 할당한다.
공급지 S3는 할당이 끝났으므로 기회비용을 다시 구하면 기회비용이 7천원으로 가장 큰 곳은 수요지 D3이다.
D3에 운송비용이 가장 낮은 공급지 S1의 200톤을 할당한다.
이와 같은 방법으로 S2-D1에 200톤, S1-D1에 100톤, S1-D2에 100톤을 할당하면 마무리된다.
∴ 운송비용 = (6×200)+(9×200)+(8×200)+(12×100)+(15×100) = 7,300천원이다.

3. 따라서 두 방법에 따른 총운송비의 차이는 7,700천원 - 7,300천원 = 400,000원이 된다.

071

천장이 개구된 형태이며 주로 석탄 및 철광석 등과 같은 화물에 포장을 덮어 운송하는 트레일러는?

① 스케레탈 트레일러
② 오픈탑 트레일러
③ 중저상식 트레일러
④ 저상식 트레일러
⑤ 평상식 트레일러

해설

천장이 개구된(오픈된) 형태이며, 주로 석탄 및 철광석 등과 같은 화물에 포장을 덮어 운송하는 트레일러는 오픈탑 트레일러(open top trailer)이다.

선지분석

① 스케레탈(Skeletal) 트레일러는 컨테이너 운송을 위해 제작된 트레일러로서 전후단에 컨테이너 고정장치가 부착되어 있으며 20피트용, 40피트용 등의 종류가 있다.
③ 중저상식 트레일러와 ④ 저상식 트레일러는 일반적으로 기중기와 같은 건설 중량화물 운송에 이용된다. 중저상식 트레일러는 대형 핫코일 운송에 이용된다.

072

택배운송장의 역할에 관한 설명으로 옳지 않은 것은?

① 송하인과 택배회사 간의 계약서 역할
② 택배요금에 대한 영수증 역할
③ 송하인과 택배회사 간의 화물인수증 역할
④ 물류활동에 대한 화물취급지시서 역할
⑤ 택배회사의 사업자등록증 역할

해설
택배운송장은 택배업체와 고객 간의 택배계약의 성립과 내용을 증명하기 위해 택배업체의 청구에 의하여 고객이 발행한 증서이다. 택배회사의 사업자등록증과는 아무 관련이 없고, 유가증권도 아니다.

관련이론 | 택배운송장의 역할(기능)
- 계약서의 기능 및 화물취급지시서의 역할
- 선불로 요금을 지불한 경우에는 운송장을 영수증으로 사용가능
- 택배회사가 화물을 송하인으로부터 이상 없이 인수하였음을 증명하는 서류
- 운송장에 인쇄된 바코드를 스캐닝함으로써 추적정보를 생성시켜 주는 역할
- 배송 완료 후 배송 여부 등에 대한 책임소재를 확인하는 증거서류 역할

073

다음과 같은 파이프라인 네트워크에서 X지점에서 Y지점까지 유류를 보낼 때 최대유량(톤)은? (단, 링크의 화살표 방향으로만 송유가 가능하며 링크의 숫자는 용량을 나타냄)

(단위: 톤)

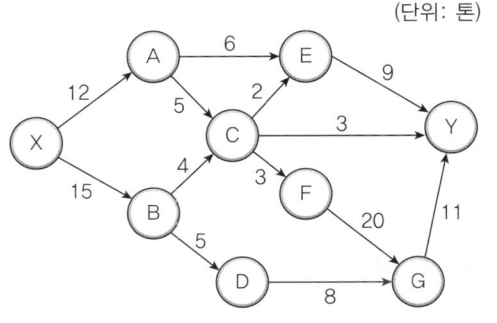

① 18
② 19
③ 20
④ 21
⑤ 22

해설
가능한 경로를 전부 확인한 후 이를 합하여 최대유량을 구해야 한다.
X-A-E-Y: 6톤
X-A-C-E-Y: 2톤
X-A-C-Y: 3톤
X-B-C-F-G-Y: 3톤
X-B-D-G-Y: 5톤
따라서 최대유량: 6+2+3+3+5=19톤이다.

074

선박이 접안하는 부두 안벽에 접한 야드의 일부분으로 바다와 가장 가까이 접해 있으며 갠트리 크레인(Gantry Crane)이 설치되어 컨테이너의 적재와 양륙작업이 이루어지는 장소는?

① Berth
② Marshalling Yard
③ Apron
④ CY(Container Yard)
⑤ CFS(Container Freight Station)

해설
Apron(에이프런)은 야드트럭이 하역작업을 하거나 컨테이너크레인이 주행할 수 있도록 안벽을 따라 일정한 폭으로 포장된 공간이다.

선지분석
① Berth(선석)는 항구에 컨테이너선이 접안해서 컨테이너 용기를 선적 또는 양하하기 위해 설치된 구조물로 바다와 맞닿아 있는 부분을 말한다.
② Marshalling Yard는 컨테이너선에 선적하거나 양륙하기 위하여 컨테이너를 정렬시켜 놓은 공간이다. 본선 입항 전에 미리 입안된 선내 적치계획에 따라 선적예정 컨테이너를 순서대로 쌓아 두기 위한 곳으로, 컨테이너 터미널 운영에 있어 중심이 되는 중요한 장소이다.
④ CY는 철도 및 해상운송 등과 관련된 화물처리 시설로서 컨테이너를 효율적으로 배치, 회수, 보관하기 위하여 운영되는 시설이다.
⑤ CFS는 LCL 화물 처리를 위한 기본적인 시설로서 LCL 화물을 인수, 인도하고 보관하거나 컨테이너에 적입(Vanning) 또는 적출(Devanning)작업을 하는 장소이다.

정답 | 070. ② 071. ② 072. ⑤ 073. ② 074. ③

075

택배운송에 관한 내용으로 옳지 않은 것은?

① 사업허가를 득한 운송업자의 책임 하에 이루어지는 일관책임체계를 갖는다.
② 물류거점, 물류정보시스템, 운송네트워크 등이 요구되는 산업이다.
③ 소화물을 송하인의 문전에서 수하인의 문전까지 배송하는 door-to-door 서비스를 의미한다.
④ 전자상거래의 확산에 따른 다빈도 배송 수요의 영향으로 택배 관련 산업이 성장 추세에 있다.
⑤ 택배 서비스 제공업체, 수하인의 지역, 화물의 규격과 중량 등에 상관없이 국가에서 정한 동일한 요금이 적용된다.

해설
택배운송의 요금은 국가에서 정하는 요금은 없다. 택배운송요금은 택배화물의 지역, 규격, 중량, 용적, 화물의 특성 등을 고려하여 택배사업자마다 다른 요금을 적용한다.

076

다음의 도로망을 이용하여 공장에서 물류센터까지 상품을 운송할 때 최단경로 산출거리(km)는? (단, 링크의 숫자는 거리이며 단위는 km임)

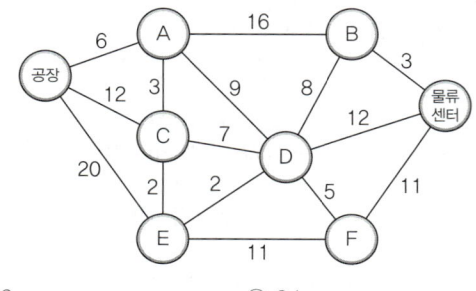

① 23
② 24
③ 25
④ 26
⑤ 27

해설
최단거리 산출경로는 가능한 경로를 전부 계산해본 후 최단거리를 찾는다. 최단경로는 공장 → A → C → E → D → B → 물류센터로, 6+3+2+2+8+3=24km이다.

077

수송수요 모형에 관한 내용으로 옳은 것은?

① 중력모형: 지역 간의 운송량은 경제규모에 비례하고 거리에 반비례한다는 가정에 의한 분석모형
② 통행교차모형: 화물 발생량 및 도착량에 영향을 주는 다양한 변수 간의 상관관계에 대한 복수의 식을 도출하여, 교차하는 화물량을 예측하는 모형
③ 선형로짓모형: 범주화한 운송수단을 대상으로 운송구간의 운송비용을 이용하여 구간별 통행량을 산출하는 모형
④ 회귀모형: 일정구역에서 화물의 분산정도가 극대화한다는 가정을 바탕으로 분석한 모형
⑤ 성장인자모형: 화물의 이동형태 변화를 기반으로 인구에 따른 화물 발생단위를 산출하고, 이를 통하여 장래의 수송수요를 예측하는 모형

해설
수송수요 모형 중 화물분포 모형의 하나인 중력모형은 물동량은 발생 및 도착지역의 경제활동 패턴의 잠재력에 비례하고, 거리에 따른 통행시간 및 통행비용에 반비례한다는 경험에 바탕에 둔 모형이다.

선지분석
②는 회귀모형, ③은 카테고리 분석법, ④는 엔트로피 극대화모형에 대한 설명이다. ⑤ 성장인자모형은 현재의 구역 간 물동량 배분 패턴이 장래에도 그대로 유지된다는 가정하에 구역 간 장래 물동량을 예측하는 모형이다.

078

해상운송에서 부정기선 운임이 아닌 것은?

① 장기계약운임
② 현물운임
③ 특별운임
④ 공적운임
⑤ 연속항해운임

해설
특별운임(Special rate)은 정기선 운임의 하나로 수송 조건과는 별개로 해운동맹 측이 비동맹선과 경쟁을 하게 되면 일정 조건하에서 정상요율보다 인하한 특별요율을 적용하는 운임이다.

079

배송방법에 관한 설명으로 옳은 것을 모두 고른 것은?

> ㄱ. 단일배송: 하나의 배송처에 1대의 차량을 배차하는 방법으로 보통 주문자가 신속한 배송을 요구할 때 이용한다.
> ㄴ. 루트(Route)배송: 일정한 배송경로를 반복적으로 배송하는 방법으로 비교적 광범위한 지역의 소량화물을 요구하는 다수의 고객을 대상으로 한다.
> ㄷ. 고정다이어그램(Diagram)배송: 배송할 물량을 기준으로 적합한 크기의 차량을 배차하는 방법으로 배송량이 고정되어 있다.
> ㄹ. 변동다이어그램(Diagram)배송: 배송처 및 배송물량의 변화에 따라 배송처, 방문순서, 방문시간 등이 변동되는 방법으로 배송 관련 기준설정이 중요하다.

① ㄱ, ㄷ
② ㄴ, ㄷ
③ ㄴ, ㄹ
④ ㄱ, ㄴ, ㄹ
⑤ ㄱ, ㄷ, ㄹ

해설
ㄷ. 고정 다이어그램(Diagram)배송은 배송할 물량을 기준으로 적합한 크기의 차량을 배차하는 방법으로 배송지와 배송시간이 고정되어 있다.

080

수·배송 계획을 위한 물동량 할당 또는 배송경로 해법에 관한 내용으로 옳지 않은 것은?

① 북서코너법(North-West Corner Method): 수송계획표의 왼쪽상단인 북서쪽부터 물동량을 할당하며 시간, 거리, 위치를 모두 고려하는 방법
② 최소비용법(Least-Cost Method): 수송계획표에서 단위당 수송비용이 가장 낮은 칸에 우선적으로 할당하는 방법
③ 보겔추정법(Vogel's Approximation Method): 수송계획표에서 최적의 수송경로를 선택하지 못했을 때 발생하는 기회비용을 고려하여 물동량을 할당하는 방법
④ TSP(Travelling Salesman Problem): 차량이 지역 배송을 위해 배송센터를 출발하여 되돌아오기까지 소요되는 시간 또는 거리를 최소화하기 위한 방법
⑤ 스위핑법(Sweeping Method): 차고지에서 복수의 배송처에 선을 연결한 후 시계 방향 또는 반시계 방향으로 돌려가며 순차적으로 배송하는 방법

해설
북서코너법(North-West Corner Method)은 수송계획표의 왼쪽 상단인 북서쪽부터 물동량을 할당하며 비용(cost)을 고려하는 방법이다.

국제물류론

081

국제물류의 특징으로 옳지 않은 것은?

① 국제물동량은 지속적으로 증가하고 있다.
② 국제물류는 해외고객에 대한 서비스향상에 기여한다.
③ 국제물류는 국가 경제발전과 물가안정에 기여한다.
④ 국제물류는 국내물류에 비해 짧은 리드타임을 가지고 있다.
⑤ 국제물류는 제품 및 기업의 국제경쟁력에 기여한다.

해설
국제물류는 국내물류보다 운송거리가 길고 운송과정에서 통관 등 각종 수속 절차가 수반되므로 리드타임이 길다.

082

국제물류의 동향으로 옳지 않은 것은?

① 선박대형화에 따른 항만효율화를 위해 Post Panamax Crane이 도입되었다.
② 선박대형화에 따라 항만의 수심이 깊어지고 있다.
③ 국제특송업체들은 항공화물운송 효율화를 위해 항공기 소형화를 추진하고 있다.
④ 글로벌 공급사슬 관점에서의 국제물류관리가 중요해지고 있다.
⑤ 정보통신기술의 발전으로 국제물류체계가 플랫폼화 및 고도화되고 있다.

해설
많은 화물을 한 번에 효율적으로 운송하기 위해 국제특송업체들은 항공기 대형화를 추진하고 있다.

정답	075. ⑤	076. ②	077. ①	078. ③	079. ④
	080. ①	081. ④	082. ③		

083

다음 설명에 해당하는 국제물류시스템의 내용으로 옳지 않은 것은?

> 다국적기업이 해외 각국에 여러 개의 현지 자회사를 가지고 있는 경우 어느 한 국가의 현지 자회사가 지역물류거점의 역할을 담당하여 인접국에 대한 상품공급에 유용한 허브창고를 갖고 상품을 분배하는 시스템

① 허브창고에서 수송거리가 먼 자회사가 존재하는 경우 수송비용증가 및 서비스수준 하락을 가져올 수 있다.
② 고전적 시스템보다 재고량이 감축되어 보관비가 절감된다.
③ 국내 생산공장에서 허브창고까지의 상품수송은 대량수송과 저빈도 수송형태이다.
④ 해당 물류시스템은 창고형뿐만 아니라 통과형으로도 사용가능하다.
⑤ 허브창고의 입지는 수송의 편리성이 아닌 지리적 서비스 범위로만 결정한다.

해설
다국적(행) 창고 시스템은 중앙창고에서 인근 지역의 재고를 통합하여 관리하므로 중앙창고의 입지를 결정할 때 지리적인 서비스 범위뿐만 아니라 수송 및 배송의 편리성도 함께 고려해야 한다.

084

최근 국제물류 환경 변화로 옳지 않은 것은?

① 최적화를 위한 물류기능의 개별적 수행 추세
② 국제 물동량의 지속적인 증가 추세
③ 초대형 컨테이너 선박 증가에 따른 허브항만 경쟁심화 추세
④ 제3자 물류업체들의 국제물류시장 진입 활성화 추세
⑤ 생산시설의 글로벌화에 따른 글로벌 물류네트워크 구축 추세

해설
물류 최적화를 위해서는 물류기능을 통합적으로 수행해야 한다.

085

글로벌 소싱의 이유에 해당하지 않는 것은?

① 비용절감
② 상품개발과 생산기간 단축
③ 핵심역량에 집중
④ 조직효율성 개선
⑤ 인력증대

해설
글로벌 소싱은 기업 외부에서 원부자재 등을 조달하는 것으로, 인력증대와는 거리가 멀다.

086

해상운송과 관련된 국제기구에 관한 설명으로 옳지 않은 것은?

① IMO는 정부간 해사기술의 상호협력, 해사안전 및 해양오염방지대책, 국제간 법률문제 해결 등을 목적으로 설립되었다.
② FIATA는 국제운송인을 대표하는 비정부기구로 전 세계 운송주선인의 통합, 운송주선인의 권익보호, 운송주선인의 서류통일과 표준거래조건의 개발 등을 목적으로 한다.
③ ICS는 선주의 이익증진을 목적으로 설립된 민간 기구이며, 국제해운의 기술 및 법적 분야에 대해 제기된 문제에 대해 선주들의 의견교환, 정책입안 등을 다룬다.
④ BIMCO는 회원사에 대한 정보제공 및 자료발간, 선주의 단합 및 용선제도 개선, 해운업계의 친목 및 이익 도모를 목적으로 설립되었다.
⑤ CMI는 선박의 항로, 항만시설 등을 통일하기 위해 설치된 UN전문기구이다.

해설
CMI(Committee Maritime International)는 해사 관련 법규, 관행, 관습, 실무의 통일화에 기여할 목적으로 창설된 국제민간기구이다.

087

UCP 600에서 다음과 같이 환적을 정의하고 있는 운송서류와 관련이 있는 것을 모두 고른 것은?

> Transshipment means unloading from one vessel and reloading to another vessel during the carriage from the port of loading to the port of discharge stated in the credit.

> ㄱ. 적어도 두 가지 다른 운송방식을 표시하는 운송서류 (Transport document covering at least two different modes of transport)
> ㄴ. 선하증권(Bill of lading)
> ㄷ. 비유통성 해상화물운송장(Non-negotiable sea waybill)
> ㄹ. 용선계약 선하증권(Charter party bill of lading)
> ㅁ. 항공운송서류(Air transport document)

① ㄱ, ㄴ
② ㄴ, ㄷ
③ ㄷ, ㄹ
④ ㄷ, ㅁ
⑤ ㄹ, ㅁ

해설
지문에서 적재항, 양륙항, 선박이라는 단어가 사용되고 있으므로 해상운송 관련 운송서류라는 것을 유추할 수 있다.
용선계약은 선주와 용선자가 협의한 운송조건에 따라 운항할 것을 약정하는 것으로 환적을 전제로 하지 않는다.

088

선박의 톤수에 관한 설명으로 옳지 않은 것은?

① 총톤수(Gross Tonnage)는 선박이 직접 상행위에 사용되는 총용적으로 주로 톤세, 항세, 운하통과료, 항만시설 사용료 등을 부과하는 기준이 되고 있다.
② 순톤수(Net Tonnage)는 선박의 총톤수에서 기관실, 선원실 및 해도실 등의 선박운항과 관련된 장소의 용적을 제외한 것으로 여객이나 화물의 수송에 직접 사용되는 용적을 표시하는 톤수이다.
③ 배수톤수(Displacement Tonnage)는 선체의 수면아래 부분의 배수용적에 상당하는 물의 중량을 말한다.
④ 재화용적톤수(Measurement Tonnage)는 화물선창내의 화물을 적재할 수 있는 총용적으로 선박의 화물적재능력을 용적으로 표시하는 톤수이다.
⑤ 재화중량톤수(Dead Weight Tonnage)는 선박의 만재흘수선에 상당하는 배수량과 경하배수량의 차이이며, 선박의 최대적재능력을 나타낸다.

해설
총톤수(Gross Tonnage)는 선체의 밀폐된 공간에서 선박의 안전, 위생을 위한 공간(갑판의 환기시설, 조명장치 등)을 차감한 총용적을 톤수로 환산한 것으로 관세, 등록세, 도선료 등의 산출기준이 된다.

관련이론 | 순톤수(Net Tonnage)
선박이 직접 상행위에 사용되는 총용적으로 주로 톤세, 항세, 운하통과료, 항만시설 사용료 등을 부과하는 기준이 된다.

089

해상운임에 관한 설명으로 옳지 않은 것은?

① Lumpsum freight: 화물의 개수, 중량, 용적 기준과 관계없이 용선계약의 항해단위 또는 선복의 양을 단위로 계산한 운임
② Forward rate: 용선계약 체결 시 화물을 장기간이 지난 후 적재하기로 하는 경우에 미리 합의하는 운임
③ Back freight: 화물이 목적항에 도착하였으나 수하인이 화물의 인수를 거절하거나 목적항의 사정으로 양륙할 수 없어서 화물을 다른 곳으로 운송하거나 반송할 때 적용되는 운임
④ Pro rate freight: 선박이 운송도중 불가항력 또는 기타 원인에 의해 목적항을 변경할 경우에 부과되는 운임
⑤ Optional charge: 선적 시에 화물의 양륙항이 확정되지 않고 화주가 여러 항구 중에서 양륙항을 선택할 권리가 있는 화물에 대해서 부과되는 할증요금

해설
Pro rate freight는 불가항력 등으로 항해를 계속하기 어려워져 화물의 일부만 인도받은 경우, 부분 인도된 화물에 대해 지급되는 운임이다.
선박이 운송 도중 불가항력 또는 기타 원인에 의해 목적항을 변경할 경우에 부과되는 운임은 Diversion charge이다.

정답	083. ⑤	084. ①	085. ⑤	086. ⑤	087. ②
	088. ①	089. ④			

090

부정기선 운송에 관한 설명으로 옳지 않은 것은?

① 화주는 용선계약에 따라 항로와 운항일정의 자유로운 선택이 가능하다.
② 선박회사 간의 과다한 운임경쟁을 막기 위해 공표된 운임을 적용하는 것이 일반적이다.
③ 용선계약에 의해서 운송계약이 성립되고, 용선계약서를 작성하게 된다.
④ 운임부담능력이 적거나 부가가치가 낮은 화물을 대량으로 운송할 수 있다.
⑤ 주요 대상화물은 곡물, 광석, 유류 등과 같은 살화물(Bulk cargo)이다.

해설
부정기선 운임은 수요와 공급에 따라 수시로 변동하므로 선주와 용선자가 운송조건을 협의하여 용선계약을 체결한다.
정기선의 운임은 선박회사 간의 과다한 운임경쟁을 막기 위해 사전에 공표된 확정운임을 적용하는 것이 일반적이다.

091

다음에 해당하는 선하증권(Bill of Lading)을 순서대로 나열한 것은?

> ㄱ. 선하증권의 수하인란에 수하인의 상호 및 주소가 기재된 것으로 화물에 대한 권리가 수하인에게 귀속되는 선하증권
> ㄴ. 선하증권의 권리증권 기능을 포기한 것으로서 선하증권 원본 없이 전송받은 사본으로 화물을 인수할 수 있도록 발행된 선하증권
> ㄷ. 선하증권의 송하인란에 수출상이 아닌 제3자를 송하인으로 표시하여 발행하는 선하증권

① ㄱ: Straight B/L, ㄴ: Surrendered B/L, ㄷ: Third Party B/L
② ㄱ: Straight B/L, ㄴ: Short form B/L, ㄷ: Negotiable B/L
③ ㄱ: Order B/L, ㄴ: Groupage B/L, ㄷ: Third Party B/L
④ ㄱ: Order B/L, ㄴ: House B/L, ㄷ: Switch B/L
⑤ ㄱ: Charter Party B/L, ㄴ: Surrendered B/L, ㄷ: Switch B/L

선지분석
- Short form B/L: 선하증권 앞면에 필수사항을 기재하고, 뒷면에 선사가 일방적으로 정한 약관을 생략한 약식선하증권
- Negotiable B/L: 수하인란에 특정인의 이름이 기재되어 있지 않고 지시식으로 발행되어 양도가 가능한 유통가능선하증권
- Order B/L: 수하인란에 특정인의 이름을 기재하지 않고, 지시인만 기재되어 있는 지시식선하증권
- Groupage B/L: 여러 소량화물을 모아 하나의 혼재화물로 만들어 선적할 때 선사가 포워더에게 발행하는 선하증권
- House B/L: 포워더가 선사로부터 발급받은 Master B/L을 근거로 소량화물의 선적을 의뢰한 화주에게 개별적으로 발행하는 선하증권
- Switch B/L: 중계무역에서 원수출자를 노출시키지 않기 위해 선적지에서 발행된 선하증권을 근거로 중계무역업자가 수출자를 자신으로 바꾸어 발행하는 선하증권
- Charter Party B/L: 부정기선의 용선계약에 의해 용선자 또는 제3자에게 발행되는 용선계약선하증권

092

운송관련 서류 중 선적지에서 발행하는 서류가 아닌 것은?

① 수입화물선취보증장(Letter of Guarantee)
② 파손화물보상장(Letter of Indemnity)
③ 선하증권(Bill of Lading)
④ 선적예약확인서(Booking Note)
⑤ 적화목록(Manifest)

해설
파손화물보상장(Letter of Indemnity), 선하증권(Bill of Lading), 선복예약서(Booking Note), 적화목록(Manifest)은 선적지에서 발행하는 운송관련 서류이다.

관련이론 | 수입화물선취보증서(Letter of Guarantee)
해상운송에서 화물이 선적서류보다 먼저 목적항에 도착했을 때, 수하인이 선하증권의 원본 없이 수입화물을 먼저 수취하기 위해 은행의 보증을 받아 선사에 제출하는 서류

093

다음 설명에 해당하는 복합운송 경로는?

> 극동아시아에서 미국의 서부연안까지 해상운송이 이루어지고 미국 서해안에서 철도에 환적된 다음 미국 대서양 연안 및 걸프지역 항만까지 운송하는 복합운송 서비스

① America Land Bridge
② Reverse Interior Point Intermodal
③ Overland Common Point
④ Mini Land Bridge
⑤ Micro Land Bridge

선지분석
① America Land Bridge: 극동지역에서 미국 서부지역으로 해상운송한 후 미국 대륙횡단철도를 이용하여 미국 동부지역까지 운송하고, 그곳에서 다시 해상운송으로 유럽까지 운송하는 복합운송방식
② Reverse Interior Point Intermodal: 극동지역에서 파나마운하를 통해 미국 동부지역으로 해상운송한 후 철도나 트럭으로 미국 내륙지점까지 화물을 운송하는 복합운송방식
③ Overland Common Point: 극동지역에서 미국 서쪽 해안으로 해상운송하여 로키산맥 동쪽지역으로 육상운송하는 복합운송 화물의 해상운임을 할인해주는 지역
⑤ Micro Land Bridge: 극동지역에서 미국 서부지역으로 해상운송한 후 철도나 트럭으로 미국 내륙지점까지 화물을 운송하는 복합운송방식. Interior Point Intermodal(IPI)라고도 함

094

용선계약에 관한 설명으로 옳지 않은 것은?

① Voyage Charter는 특정 항구에서 다른 항구까지 화물 운송을 의뢰하고자 하는 용선자와 선주 간에 체결되는 계약이다.
② CQD는 해당 항구의 관습적 하역 방법 및 하역 능력에 따라 가능한 빨리 하역하는 정박기간 조건이다.
③ Running Laydays는 하역개시일부터 종료일까지 모든 일수를 정박기간에 산입하지만 우천 시, 동맹파업 및 기타 불가항력 등으로 하역을 하지 못한 경우 정박기간에서 제외하는 조건이다.
④ Demurrage는 초과정박일수에 대해 용선자가 선주에게 지급하기로 한 일종의 벌과금이다.
⑤ Dispatch Money는 용선계약상 정해진 정박기간보다 더 빨리 하역이 완료되었을 경우에 절약된 기간에 대해 선주가 용선자에게 지급하기로 약정한 보수이다.

해설
Running Laydays는 우천, 동맹파업, 기타 불가항력 등으로 하역을 하지 못한 경우를 포함하여 하역개시일부터 종료일까지 모든 일수를 정박기간에 산입하는 방식이다.

095

다음 내용에 해당하는 선박은?

> - 선수, 선미 또는 선측에 램프(ramp)가 설치되어 있어 화물을 이 램프를 통해 트랙터 또는 지게차 등을 사용하여 하역하는 방식의 선박
> - 데릭, 크레인 등의 적양기(lifting gear)의 도움 없이 자력으로 램프를 이용하여 Drive On/Drive Off 할 수 있는 선박

① LO-LO(Lift On/Lift Off) Ship
② RO-RO(Roll On/Roll Off) Ship
③ FO-FO(Float On/Float Off) Ship
④ Geared Container Ship
⑤ Gearless Container Ship

해설
크레인을 사용하지 않고 선박의 입구에 설치되어 있는 경사로(ramp)를 통해 트랙터, 지게차 등을 이용하여 바퀴를 굴려 화물을 하역하는 방식의 선박은 RO-RO(Roll On/Roll Off) Ship이다.

정답 | 090. ② 091. ① 092. ① 093. ④ 094. ③ 095. ②

096

컨테이너운송에 관한 설명으로 옳은 것은?

① 컨테이너운송은 1920년대 미국에서 해상화물운송용으로 처음 등장하여 군수물자의 운송에 사용된 것이 시초이다.
② 컨테이너의 성격과 구조에 관하여는 일반적으로 함부르크 규칙(1978)에서 규정하고 있다.
③ 특수컨테이너의 지속적인 개발로 컨테이너화물의 운송비중은 현재 전 세계 물동량의 약 70%에 달하고 있다.
④ 탱크(Tank) 컨테이너는 유류, 술, 화학약품, 고압가스 등의 액체화물을 운송하기 위해 설계된 컨테이너를 말한다.
⑤ 컨테이너화물의 하역에는 LO-LO(Lift On/Lift Off) 방식만 적용 가능하다.

선지분석
① 컨테이너운송은 1920년대 미국에서 철도화물 운송용으로 처음 등장하여 미국이 제2차 세계대전에서 군수물자를 운송에 사용한 것이 시초이다.
② 컨테이너의 구조상 안전요건을 국제적으로 통일하기 위해 채택한 컨테이너 안전협약은 CSC(International Convention for Safe Containers)이다.
③ 해상운송 전체 물동량(중량 기준)은 벌크화물 약 50%, 컨테이너화물 약 20%, 유류 약 20%, 기타 약 10%로 구성된다.(UNCTAD 2019년 보고서)
⑤ 컨테이너 화물의 하역방식에는 LO-LO(Lift On/Lift Off), RO-RO(Roll On/Roll Off), FO-FO(Float On/Float Off) 등이 있다.

097

복합운송주선인(Forwarder)에 관한 설명으로 옳지 않은 것은?

① 송하인으로부터 화물을 인수하여 수하인에게 인도할 때까지 화물의 적재, 운송, 보관 등의 업무를 주선한다.
② 우리나라에서 복합운송주선인은 해상화물은 물론 항공화물도 주선할 수 있다.
③ 복합운송주선인 스스로는 운송계약의 주체가 될 수 없으며, 송하인의 주선인으로서 활동한다.
④ 복합운송주선인의 주요 업무는 화물의 집화, 분류, 수배송 및 혼재작업 등이다.
⑤ 복합운송주선인은 화주를 대신하여 보험계약을 체결하기도 한다.

해설
화주에게는 계약운송인으로서 복합운송계약의 주체가 되어 전체 운송구간에 대한 책임을 부담하고, 실제운송인에게는 화주의 대리인으로서 운송계약을 체결하고 화물의 운송을 위탁한다.

098

항공화물운송의 특성에 관한 설명으로 옳은 것은?

① 국내항공화물운송과 달리 국제항공화물운송은 대부분 왕복운송형태를 보이고 있다.
② 국제항공화물운송은 송하인이 의뢰한 화물을 그대로 벌크형태로 탑재하기 때문에 지상조업이 거의 필요하지 않다.
③ 항공화물운송은 주간운송에 집중되는 경향이 있다.
④ 신문, 잡지, 정기간행물 등과 같이 판매시기가 한정된 품목도 항공화물운송의 주요대상이다.
⑤ 해상화물운송과 달리 항공화물운송은 운송 중 매각을 위해 유통성 권리증권인 항공화물운송장(Air Waybill)이 널리 활용되고 있다.

선지분석
① 국내 및 국제 항공화물운송은 항공여객운송과 달리 편도운송의 비중이 높다.
② 국제 항공화물운송은 송하인이 의뢰한 화물을 항공기 탑재에 적합한 상태로 만들기 때문 대부분 지상조업이 필요하다.
③ 항공화물운송은 주간에도 이루어지지만 주로 야간운송에 집중된다.
⑤ 항공화물운송장(Air Waybill)은 선하증권(B/L)과 달리 권리증권이 아니고 기명식으로 발행되는 비유통성 운송장이다.

099

항공화물운송의 탑재방식에 관한 설명으로 옳지 않은 것은?

① 컨테이너와 파렛트는 항공화물의 단위탑재에 사용된다.
② 항공화물의 단위탑재 시 고급의류는 컨테이너에 적재하는 것이 적합하다.
③ 여객기에 탑재하는 벨리카고(Belly Cargo)는 파렛트를 활용한 단위탑재만 가능하다.
④ 항공화물의 단위탑재 시 기계부품은 파렛트에 적재하는 것이 적합하다.
⑤ 이글루(Igloo)도 항공화물의 단위탑재 용기이다.

해설
벨리카고(Belly Cargo)는 여객기 하부의 화물실에 여객의 짐을 싣고 남는 공간에 파렛트, 컨테이너 등을 이용하여 탑재하는 화물을 의미한다.

100

최근 국제항공화물운송의 환경 변화에 관한 설명으로 옳지 않은 것은?

① 송하인의 항공화물운송 의뢰는 대부분 항공화물운송주선인(Air Freight Forwarder)에 의해 이루어지고 있다.
② 코로나19 등으로 인해 항공화물운송료가 급등하고 있어 전체 물동량은 줄어들고 있다.
③ 아마존과 같은 국제전자상거래업체의 성장으로 GDC(Global Distribution Center) 관련 항공화물이 증가하고 있다.
④ 국제항공화물운송에서 신선화물이 증가하고 있다.
⑤ 우리나라 인천국제공항의 국제항공 환적화물 비중이 크게 증가하고 있다.

해설
코로나19 등으로 인해 전자부품 수요 등이 많아지면서 항공화물운송료가 급등하였지만 항공화물 전체 물동량은 증가하고 있다.

101

국제해상 컨테이너화물의 운송형태에 관한 설명으로 옳지 않은 것은?

① 컨테이너화물은 컨테이너 1개의 만재 여부에 따라 FCL(Full Container Load)과 LCL(Less than Container Load)화물로 대별할 수 있다.
② CY → CY(FCL → FCL)운송: 수출지 CY에서 수입지 CY까지 FCL형태로 운송되며, 컨테이너운송의 장점을 최대한 살릴 수 있는 방식이다.
③ CFS → CFS(LCL → LCL)운송: 수출지 CFS에서 수입지 CFS까지 운송되며, 운송인이 다수의 송하인으로부터 LCL화물을 모아 혼재하여 운송하는 방식이다.
④ CFS → CY(LCL → FCL)운송: 운송인이 다수의 송하인으로부터 화물을 모아 수출지 CFS에서 혼재하여 FCL로 만들고, 수입지 CY에서 분류하지 않고 그대로 수하인에게 인도하는 형태이다.
⑤ CY → CFS(FCL → LCL)운송: 수출지 CY로부터 수입지 CFS까지 운송하는 방식으로, 다수의 송하인과 다수의 수하인 구조를 갖고 있다.

해설
CY→CFS(FCL→LCL)운송은 수출지 CY에서 수입지 CFS까지 운송하는 방식으로, 한 명의 송하인으로부터 다수의 수하인에게 LCL화물을 인도하는 방식이다.

정답 | 096. ④ 097. ③ 098. ④ 099. ③ 100. ② 101. ⑤

102

국제항공기구와 조약에 관한 설명으로 옳은 것은?

① 국제항공운송에 관한 대표적인 조약으로는 Hague규칙(1924), Montreal조약(1999) 등이 있다.
② 국제항공기구로는 대표적으로 FAI(1905), IATA(1945), ICAO(1947) 등이 있다.
③ ICAO(1947)는 국제정기항공사가 중심이 된 민간단체이지만, IATA(1945)는 정부 간 국제협력기구이다.
④ Warsaw조약(1929)은 항공기에 의해 유무상으로 행하는 수화물 또는 화물의 모든 국내외운송에 적용된다.
⑤ ICAO(1947)의 설립목적은 전 세계의 국내외 민간 및 군용항공기의 안전과 발전을 도모하는 데 있다.

선지분석
① 항공운송과 관련되는 국제조약에는 바르샤바 협약(Warsaw Convention), 헤이그 의정서(Hague Protocol), 과달라하라 협약(Guadalajara Convention), 몬트리올 협정(Montreal Agreement), 몬트리올 협약(Montreal Convention) 등이 있다.
③ ICAO(International Civil Aviation Organization)는 정부 간 국제협력기구이며, IATA(International Air Transport Association)는 국제정기항공사 중심의 민간단체이다.
④ Warsaw 조약(바르샤바 협약)은 국제항공운송에만 적용된다.
⑤ ICAO(International Civil Aviation Organization)는 국제민간항공의 안전과 발전을 위한 것으로, 군용항공기와는 관계가 없다.

103

다음은 FCL 컨테이너화물의 선적절차이다. 순서대로 올바르게 나열한 것은?

> ㄱ. 공컨테이너 반입요청 및 반입
> ㄴ. D/R(부두수취증)과 CLP(컨테이너 내부 적부도) 제출
> ㄷ. Pick-up 요청과 내륙운송 및 CY 반입
> ㄹ. B/L(선하증권) 수령 및 수출대금 회수
> ㅁ. 공컨테이너에 화물적입 및 CLP(컨테이너 내부 적부도) 작성

① ㄱ → ㄴ → ㄷ → ㅁ → ㄹ
② ㄱ → ㅁ → ㄴ → ㄷ → ㄹ
③ ㄱ → ㅁ → ㄷ → ㄴ → ㄹ
④ ㅁ → ㄱ → ㄷ → ㄴ → ㄹ
⑤ ㅁ → ㄷ → ㄱ → ㄴ → ㄹ

해설
컨테이너화물 선적절차: 선복신청 → 공컨테이너 요청 → 공컨테이너에 화물 적입 및 CLP(Container Load Plan: 컨테이너에 적입된 화물의 명세를 기재한 컨테이너 내부 적부도) 작성 → 통관 및 컨테이너 봉인(seal) → 컨테이너 Pick-up 및 CY에 반입 → D/R(Dock Receipt: 부두수취증), CLP(컨테이너 내부 적부도) 제출 → 선적 후 B/L(Bill of Lading: 선하증권) 수령 및 수출대금 회수

104

국제복합운송에 관한 설명으로 옳은 것은?

① 국제복합운송이라는 용어는 대표적인 국제복합운송 관련 조약인 바르샤바조약(1929)에서 처음 사용되었다.
② 국제복합운송의 요건으로 하나의 운송계약, 하나의 책임주체, 단일의 운임, 단일의 운송수단 등을 들 수 있다.
③ 국제복합운송이란 국가 간 두 가지 이상의 동일한 운송수단을 이용하여 운송하는 것이다.
④ 컨테이너운송의 발달은 국제복합운송 발달의 계기가 되었다.
⑤ 복합운송 시에는 운송 중 물품 매각이 불필요하기 때문에 복합운송증권은 비유통성 기명식으로 발행되는 것이 일반적이다.

선지분석
① 바르샤바 조약(Warsaw Convention)은 항공운송과 관련된 조약이다.
② 국제복합운송의 기본요건으로는 일관선하증권(through B/L), 일관운임(through rate), 단일운송인책임(single carrier's liability), 2가지 이상의 상이한 운송수단(multi-modal) 등이 있다.
③ 국제복합운송은 국가 간 2가지 이상의 상이한 운송수단을 이용하여 운송하는 것이다.
⑤ 복합운송증권(Multimodal Transport Document)은 유통성 또는 비유통성으로 발행 가능하다.

105

다음 중 헤이그규칙상의 선하증권 법정기재사항으로 옳은 것을 모두 고른 것은?

> ㄱ. 주요한 화인
> ㄴ. 여러 통의 선하증권을 발행할 때의 그 원본의 수
> ㄷ. 선하증권의 발행지
> ㄹ. 송하인의 명칭
> ㅁ. 물품의 외관상태
> ㅂ. 송하인이 서면으로 제출한 포장물품의 개수, 수량 또는 중량

① ㄱ, ㄴ, ㄷ
② ㄱ, ㄷ, ㄹ
③ ㄱ, ㅁ, ㅂ
④ ㄴ, ㄹ, ㅂ
⑤ ㄴ, ㅁ, ㅂ

관련이론 | 「헤이그규칙(Hague Rules) 제3조 제3항」

운송인, 선장 또는 운송인의 대리인은 물건을 수령한 후 송하인의 청구가 있으면 다음 사항을 기재한 선하증권을 송하인에게 교부하여야 한다.
- 물건의 식별을 위하여 필요한 주요 기호
- 송하인이 서면으로 통지한 포장 또는 개품의 개수, 용적 또는 중량
- 물품의 외관상태

106

항공화물운송장의 설명으로 옳지 않은 것은?

① 항공화물운송장의 원본은 적색, 청색, 녹색 3통이 발행된다.
② 항공화물운송장 원본 2는 적색으로 발행되며, 송하인용이다.
③ 항공화물운송장은 수출입신고 및 통관자료로 사용될 수 있다.
④ 항공화물운송장 원본 3은 화물수취증의 기능을 가진다.
⑤ 항공화물운송장 사본 4는 수하인의 화물수령 증거가 된다.

해설

항공화물운송장 원본 1은 운송인용(녹색), 원본 2는 수하인용(적색), 원본 3은 송하인용(청색)으로 발행된다.

107

다음에서 설명하는 물류보안 제도는?

> - 공급사슬 전반에 걸친 보안을 보장하기 위하여 제조업자뿐만 아니라 창고보관업자, 운송업자, 서비스업자 등 공급사슬에 참여하는 모든 조직의 보안 사항을 심사하여 인증하는 제도
> - 보안 심사 내용은 일반사항, 보안경영방침, 보안위험평가 및 기획·실행·운영, 점검 및 시정조치, 경영검토 그리고 지속적인 개선 등 6가지임

① CSI
② C-TPAT
③ ISPS CODE
④ ISO 28000
⑤ AEO

선지분석

① CSI(Container Security Initiative): 컨테이너 보안 협정
② C-TPAT(Customs-Trade Partnership Against Terrorism): 반테러 민관협력 프로그램
③ ISPS Code(International Ship and Port Facility Security Code): 선박 및 항만시설 보안을 위한 국제규약
④ ISO(International Organization for Standardization) 28000: 물류보안경영시스템 인증제도
⑤ AEO(Authorized Economic Operator): 수출입안전관리우수업체 공인제도

정답 | 102. ② 103. ③ 104. ④ 105. ③ 106. ②
107. ④

108

복합운송증권의 특징으로 옳은 것은?

① 복합운송증권은 운송인이 송하인으로부터 화물을 인수한 시점에 발행된다.
② 복합운송증권은 운송주선인이 발행할 수 없다.
③ 복합운송증권상의 복합운송인의 책임구간은 화물 선적부터 최종 목적지에서 양륙할 때까지이다.
④ 복합운송증권상의 복합운송인은 화주에 대해서 구간별 분할책임을 진다.
⑤ 복합운송증권은 양도가능 형식으로만 발행된다.

선지분석
② 복합운송증권(Multimodal Transport Document)은 발행인에 대한 특별한 제한이 없어서 육상운송인, 해상운송인, 항공운송인, 복합운송주선인에 의해 발행 가능하다.
③ 복합운송증권(MTD)상 복합운송인의 책임구간은 화물 수령지부터 인도지까지 전 구간이다.
④ 복합운송증권(MTD)상 복합운송인은 화주에 대해 전 운송구간에 단일화된 책임을 부담한다.
⑤ 복합운송증권(MTD)은 운송화물 수령을 증명하는 서류로서, 복합운송의 계약내용 및 운송조건을 기재하여 양도 가능한 유통성 또는 양도 불가능한 비유통성으로 발행된다.

109

해상화물운송장에 관한 설명으로 옳지 않은 것은?

① 해상화물운송장에는 그 운송장과 상환으로 물품을 인도한다는 취지의 문언이 없다.
② 해상화물운송장은 운송 중에 양도를 통해 화물의 전매가 가능하다.
③ 송하인은 수하인이 인도를 청구할 때까지 수하인을 자유롭게 변경할 수 있다.
④ 해상화물운송장은 운송계약의 추정적 증거서류이다.
⑤ 해상화물운송장을 사용하는 경우 그 운송장의 제출 없이도 운송인은 수하인에게 화물 인도가 가능하다.

해설
해상화물운송장(Sea waybill)은 유가증권이 아닌 비유통증권으로 발행되므로 양도를 통한 화물의 전매는 불가능하다.

110

항만과 공항에 관한 설명으로 옳은 것을 모두 고른 것은?

> ㄱ. Sea&Air 운송 등 상호 보완적인 기능을 위해 항만과 공항은 인접하여 위치하는 것이 좋다.
> ㄴ. 화물수요창출을 위해 항만에 인접하여 물류단지가 조성되는 것이 일반적이다.
> ㄷ. 항공화물 특성상 공항 주변에는 물류단지가 조성되지 않는 것이 일반적이다.
> ㄹ. 전 세계 네트워크 구성을 위해 공항은 Hub&Spokes 형태로 입지하고 운영하는 것이 일반적이다.
> ㅁ. 국제전자상거래업체들은 항만과 공항의 입지와 무관하게 물류센터를 확보하는 경향이 있다.

① ㄱ, ㄴ, ㄹ
② ㄱ, ㄷ, ㄹ
③ ㄴ, ㄷ, ㅁ
④ ㄴ, ㄹ, ㅁ
⑤ ㄷ, ㄹ, ㅁ

해설
항공화물 특성상 공항 주변에는 물류단지가 조성되는 것이 일반적이며, 국제전자상거래업체들은 항만과 공항의 입지를 고려하여 물류센터를 확보하는 경향이 있다.

111

ICD에 관한 설명으로 옳지 않은 것은?

① 내륙의 공항 내에 설치되어 있는 시설로서 운송기지 또는 운송거점으로서의 역할이 강조되고 있다.
② 컨테이너화물의 통관, 배송, 보관, 집화 등을 수행한다.
③ 철도와 도로가 연결되는 복합운송거점으로서 대량운송을 통한 운송비를 절감할 수 있다.
④ 본래는 내륙통관기지(Inland Clearance Depot)를 의미하였으나 컨테이너화의 확산으로 내륙컨테이너기지로 성장하였다.
⑤ ICD의 이점은 운송 면에서 화물의 대단위에 의한 운송 효율의 향상과 항만지역의 교통 혼잡을 줄일 수 있다는 것이다.

해설
내륙컨테이너기지(Inland Container Depot)는 항만 또는 공항이 아닌 내륙에서 컨테이너 화물에 대해 집화, 보관, 혼재, 분류, 통관 등의 기능을 수행하여 비용을 절감하고, 철도로 화물을 항만까지 운송시켜 교통체증을 감소시키는 효과가 있다.

112

Incoterms® 2020에 관한 설명으로 옳지 않은 것은?

① FCA 규칙에서는 매수인이 자신의 운송수단으로 물품을 운송할 수 있고, DAP 규칙, DPU 규칙 및 DDP 규칙에서는 매도인이 자신의 운송수단으로 물품을 운송할 수 있다.
② "터미널"뿐만 아니라 어떤 장소든 목적지가 될 수 있는 현실을 강조하여 기존의 DAT 규칙이 DPU 규칙으로 변경되었다.
③ CFR 규칙에서는 인도장소에 대한 합의가 없는 경우, 인천에서 부산까지는 피더선으로, 부산에서 롱비치까지는 항양선박(Ocean Vessel)으로 운송한다면 위험은 인천항의 선박적재 시에 이전한다.
④ 선적 전 검사비용은 EXW 규칙의 경우 매수인이 부담하고, DDP 규칙의 경우 매도인이 부담한다.
⑤ FOB 규칙에서 매수인에 의해 지정된 선박이 물품을 수령하지 않은 경우 물품이 계약물품으로서 특정되어 있지 않더라도 합의된 인도기일부터 매수인은 위험을 부담한다.

해설
FOB(Free On Board) 규칙에서는 물품이 지정된 선박에 적재된 때 물품의 멸실 및 손상의 위험이 매수인에게 이전되고, 위험이 이전된 때부터 매수인은 모든 비용을 부담한다. 즉, 지정된 선박에 물품이 적재되지 않았다면 여전히 매도인은 물품의 멸실 및 손상의 위험을 부담한다.

113

관세법상 보세운송에 관한 설명으로 옳지 않은 것은?

① 보세운송을 하려는 자는 물품의 감시 등을 위하여 필요하다고 인정하여 대통령령으로 정하는 경우 세관장에게 보세운송신고를 하여야 한다.
② 보세운송의 신고는 화주의 명의로 할 수 있다.
③ 세관장은 보세운송물품의 감시·단속을 위하여 필요하다고 인정될 때에는 관세청장이 정하는 바에 따라 운송통로를 제한할 수 있다.
④ 보세운송 신고를 한 자는 해당 물품이 운송목적지에 도착하였을 때 도착지의 세관장에게 보고하여야 한다.
⑤ 수출신고가 수리된 물품은 관세청장이 따로 정하는 것을 제외하고는 보세운송절차를 생략한다.

해설
보세운송을 하려는 자는 관세청장이 정하는 바에 따라 세관장에게 보세운송의 신고를 하여야 한다. 다만, 물품의 감시 등을 위하여 필요하다고 인정하여 대통령령으로 정하는 경우에는 세관장의 승인을 받아야 한다.

114

관세법상 수출입신고를 생략하게 하거나 관세청장이 정하는 간소화 방법으로 신고하게 할 수 있는 물품에 해당되지 않는 것은?

① 휴대품
② 탁송품
③ 우편물
④ 별송품
⑤ 해외로 수출하는 운송수단

해설
「관세법 241조2항」
휴대품, 탁송품 또는 별송품, 우편물, 관세가 면제되는 물품, 보고 또는 허가의 대상이 되는 운송수단은 간소한 방법으로 신고할 수 있다. 다만 다음의 운송수단은 제외한다.
- 우리나라에 수입할 목적으로 최초로 반입되는 운송수단
- 해외에서 수리하거나 부품 등을 교체한 우리나라의 운송수단
- 해외로 수출 또는 반송하는 운송수단

정답 | 108. ① 109. ② 110. ① 111. ① 112. ⑤
113. ① 114. ⑤

115

Incoterms® 2020의 CIP와 CIF규칙에서 당사자 간에 합의가 없는 경우 매도인이 매수인을 위하여 부보하여야 하는 보험조건에 대하여 올바르게 연결된 것은?

① CIP의 경우 ICC (A) – CIF의 경우 ICC (B)
② CIP의 경우 ICC (A) – CIF의 경우 ICC (C)
③ CIP의 경우 ICC (B) – CIF의 경우 ICC (A)
④ CIP의 경우 ICC (B) – CIF의 경우 ICC (B)
⑤ CIP의 경우 ICC (C) – CIF의 경우 ICC (A)

해설
CIP 규칙에서 매도인은 매수인을 위하여 ICC(A) 또는 ICC(A/R)의 최대 담보조건으로 부보해야 한다. 다만, 매도인과 매수인은 더 낮은 수준의 담보조건으로 부보하는 것을 합의할 수 있다.
CIF 규칙에서 매도인은 매수인을 위하여 ICC(C) 또는 ICC(FPA)의 최소 담보조건으로 부보해야 한다. 다만, 매도인과 매수인은 더 높은 수준의 담보조건으로 부보하는 것을 합의할 수 있다.

116

Incoterms® 2020에서 물품의 양륙에 관한 설명으로 옳지 않은 것은?

① FCA규칙에서 매도인의 구내가 아닌 그 밖의 장소에서 물품의 인도가 이루어지는 경우 매도인은 도착하는 운송수단으로부터 물품을 양륙할 의무가 없다.
② FOB규칙에서 목적항에서 물품의 양륙비용은 매수인이 지급한다.
③ CPT규칙에서 목적지에서 물품의 양륙비용을 운송계약에서 매도인이 부담하기로 한 경우에는 매도인이 이를 부담하여야 한다.
④ DAP규칙에서 매도인이 운송계약에 따라 목적지에서 물품의 양륙비용을 부담한 경우 별도의 합의가 없다면 매수인으로부터 그 양륙비용을 회수할 수 있다.
⑤ DPU규칙에서 목적지에서 물품의 양륙비용은 매도인이 부담하여야 한다.

해설
DAP(Delivered At Place) 규칙에서 당사자 간에 별도의 합의가 없는 경우 매도인이 양하에 관하여 비용을 부담했다면 그러한 비용을 매수인으로부터 상환받을 권리가 없다.

117

위부(Abandonment)에 관한 설명으로 옳지 않은 것은?

① 위부의 통지는 피보험자가 손해를 추정전손으로 처리하겠다는 의사표시이다.
② 위부는 피보험자가 잔존물에 대한 모든 권리를 보험자에게 이전하고 전손보험금을 청구하는 행위이다.
③ 피보험자의 위부통지를 보험자가 수락하게 되면 잔존물에 대한 일체의 권리는 보험자에게 이전된다.
④ 피보험자가 위부통지를 하지 않으면 손해는 분손으로 처리된다.
⑤ 보험목적물이 전멸하여 보험자가 회수할 잔존물이 없더라도 위부를 통지하여야 한다.

해설
위부는 보험목적물이 전멸하여 보험자가 회수할 잔존물이 없는 경우에는 현실전손에 해당하므로 위부의 통지를 할 필요가 없다.

관련이론 | 위부(Abandonment)
해상보험에만 존재하는 제도로서 전손 여부가 분명하지 않은 경우, 피보험자가 전손으로 추정되도록 피보험목적물과 이에 부수되는 모든 권리를 보험자에게 이전하는 것이다.

118

공동해손(General Average)이 발생한 경우 이를 정산하기 위하여 사용되는 국제규칙은?

① Uniform Rules for Collection
② York–Antwerp Rules
③ International Standby Practices
④ Rotterdam Rules
⑤ Uniform Rules for Demand Guarantees

관련이론 | York–Antwerp Rules(YAR)
공동해손의 손해 및 비용의 처리에 관한 국제적 통일규칙

119

무역계약조건 중 선적조건에 관한 설명으로 옳은 것은?

① 계약에서 선적횟수와 선적수량을 구체적으로 나누어 약정한 경우를 분할선적이라고 한다.
② UCP 600에서는 신용장이 분할선적을 금지하고 있더라도 분할선적은 허용된다.
③ UCP 600에서는 동일한 장소 및 일자, 동일한 목적지를 위하여 동일한 특송운송업자가 서명한 것으로 보이는 둘 이상의 특송화물수령증의 제시는 분할선적으로 보지 않는다.
④ UCP 600에서는 신용장이 환적을 금지하고 있다면 물품이 선하증권에 입증된 대로 컨테이너에 선적된 경우라도 환적은 허용되지 않는다.
⑤ UCP 600에서는 신용장이 환적을 금지하고 있는 경우에는 환적이 행해질 수 있다고 표시하고 있는 항공운송서류는 수리되지 않는다.

선지분석
① 계약에서 선적횟수와 선적수량을 구체적으로 나누어 약정한 것은 할부선적이다.
② 신용장에서 분할선적을 금지하지 않는 한, 분할선적은 허용된다.
④ 신용장에서 환적을 금지하고 있더라도 물품이 선하증권에 기재된 대로 컨테이너에 선적된 경우에는 환적이 허용된다.
⑤ 신용장에서 환적을 금지하고 있더라도 환적이 행해질 수 있다고 표시하고 있는 항공운송서류는 수리될 수 있다.

120

우리나라 중재법상 중재에 관한 설명으로 옳지 않은 것은?

① 중재합의의 당사자는 중재절차의 진행 중에는 법원에 보전처분을 신청할 수 없다.
② 중재인의 수는 당사자 간의 합의로 정하되, 합의가 없으면 3명으로 한다.
③ 당사자 간에 다른 합의가 없으면 중재인은 국적에 관계없이 선정될 수 있다.
④ 당사자 간에 다른 합의가 없는 경우 중재절차는 피신청인이 중재요청서를 받은 날부터 시작된다.
⑤ 중재절차의 진행 중에 당사자들이 화해한 경우 중재판정부는 그 절차를 종료한다.

해설
중재대상 목적물의 처분이나 재산 도피 등을 제한하기 위하여 중재절차의 진행 중에 중재합의의 당사자는 법원에 보전처분을 신청할 수 있다.

정답 | 115. ② 116. ④ 117. ⑤ 118. ② 119. ③ 120. ①

2021년 25회 2교시

>> 2021년 7월 17일 시행

보관하역론

01

보관의 기능에 관한 설명으로 옳지 않은 것은?

① 시간적 효용을 창출한다.
② 운송과 배송을 원활하게 연계한다.
③ 제품에 대한 장소적 효용을 창출한다.
④ 생산의 평준화와 안정화를 지원한다.
⑤ 재고를 보유하여 고객 수요에 대응한다.

해설
제품에 대한 장소적 효용을 창출하는 물류활동은 운송(transportation)이다.

02

물류센터 입지 선정 단계에서 우선적으로 고려해야 할 사항이 아닌 것은?

① 지가(地價)   ② 운송비
③ 시장 규모   ④ 각종 법적 규제 사항
⑤ 제품의 보관 위치 할당

해설
제품의 보관 위치 할당은 입지 선정 단계가 아니라 물류센터가 건설된 이후 물류센터의 운영단계에서 고려할 요인에 해당한다.

03

보관의 원칙에 관한 내용이다. ( )에 들어갈 알맞은 내용은?

> (ㄱ): 보관 및 적재된 제품의 장소, 선반 번호의 위치를 표시하여 입출고와 재고 작업의 효율화를 높이는 원칙
> (ㄴ): 입출고 빈도가 높은 화물은 출입구 가까운 장소에, 낮은 화물은 출입구로부터 먼 장소에 보관하는 원칙
> (ㄷ): 관련 품목을 한 장소에 모아서 계통적으로 분리하여 보관하는 원칙

① ㄱ: 위치표시의 원칙, ㄴ: 형상 특성의 원칙,
   ㄷ: 네트워크보관의 원칙
② ㄱ: 선입선출의 원칙, ㄴ: 동일성·유사성의 원칙,
   ㄷ: 형상 특성의 원칙
③ ㄱ: 위치표시의 원칙, ㄴ: 회전대응보관의 원칙,
   ㄷ: 네트워크보관의 원칙
④ ㄱ: 선입선출의 원칙, ㄴ: 중량특성의 원칙,
   ㄷ: 위치표시의 원칙
⑤ ㄱ: 회전대응보관의 원칙, ㄴ: 중량특성의 원칙,
   ㄷ: 선입선출의 원칙

해설
(ㄱ) 위치표시의 원칙: 보관품의 장소와 선반번호 등의 위치를 표시하는 원칙
(ㄴ) 회전대응보관의 원칙: 출입구와 가까운 곳은 출하빈도가 높은 것, 먼 곳은 출하빈도가 낮은 것을 배치하는 원칙
(ㄷ) 네트워크보관의 원칙: 물품정리와 출고가 용이하도록 관련 품목을 정리, 계통적으로 보관하는 원칙

04

다음이 설명하는 물류센터 입지결정 방법은?

> 수요지와 공급지 간의 거리와 물동량을 고려하여 물류센터 입지를 결정하는 기법이다.

① 총비용 비교법
② 무게 중심법
③ 비용편익분석법
④ 브라운깁슨법
⑤ 손익분기 도표법

해설
무게 중심법은 공급지 및 수요지의 위치가 고정되어 있고, 각 공급자로부터 단일의 물류센터로 반입되는 물동량과 그 물류센터로부터 각 수요지로 반출되는 물동량이 정해져 있다고 가정한다. 이 방법은 물류센터를 기준으로 고정된 공급지에서 물류센터까지의 운송비와 물류센터에서 각 수요지의 운송비를 구하여 그 합이 최소가 되는 지점을 구하는 입지결정 방법이다.

05

다음이 설명하는 물류시설은?

> 수출입 통관업무, 집하 및 분류 기능을 수행하며 트럭회사, 포워더(Forwarder) 등을 유치하여 운영하므로 내륙 항만이라고도 부른다.

① ICD(Inland Container Depot)
② CY(Container Yard)
③ 지정장치장
④ 보세장치장
⑤ CFS(Container Freight Station)

해설
내륙컨테이너기지(ICD; Inland Container Depot)는 주로 항만터미널과 내륙운송수단과의 연계가 편리한 산업지역에 위치한 컨테이너 장치장으로 컨테이너 화물의 통관기능까지 갖춘 시설이다.
ICD는 산업단지와 항만 사이를 연결하여 컨테이너화물의 원활한 유통을 위한 대규모 물류단지로서 복합물류터미널의 역할을 수행한다.

06

복합화물터미널에 관한 설명으로 옳지 않은 것은?

① 마샬링(Marshalling) 기능과 선박의 양하 작업을 수행한다.
② 운송화물을 발송지 및 화주별로 혼재 처리하여 운송 효율을 높인다.
③ 두 종류 이상의 운송수단을 연계하여 화물을 운송한다.
④ 창고, 유통가공시설 등의 다양한 물류기능을 수행하는 시설이 있다.
⑤ 운송수단 예약, 화물의 운행 및 도착 정보를 제공하는 화물정보센터로서의 역할을 한다.

해설
복합화물터미널이라는 용어는 현재 물류시설의 개발 및 운영에 관한 법률상 복합물류터미널로 변경되었으며, 마샬링 기능과 선박의 양하작업을 수행하는 곳은 부두(Wharf)이다. 부두는 선박이 접안하여 화물을 하역하고 여객이 승·하강하는 장소를 말한다.

07

물류센터 건립 단계에 관한 설명으로 옳지 않은 것은?

① 입지분석단계: 지역분석, 시장분석, 정책 및 환경 분석, SWOT 분석을 수행한다.
② 기능분석단계: 취급 물품의 특성을 감안하여 물류센터 기능을 분석한다.
③ 투자효과분석단계: 시설 규모 및 운영 방식, 경제적 측면의 투자 타당성을 분석한다.
④ 기본설계단계: 구체적인 레이아웃과 작업방식, 물류비용 정산방법을 설계한다.
⑤ 시공운영단계: 토목과 건축 시공이 이루어지고 테스트와 보완 후 운영한다.

해설
구체적인 레이아웃과 작업방식은 상세 설계단계에서 고려할 사항이고, 물류비용 정산방법은 경제적 타당성 분석단계에서 고려할 사항이다.

정답 | 01. ③ 02. ⑤ 03. ③ 04. ② 05. ①
06. ① 07. ④

08
물류센터를 설계할 때 고려할 요인을 모두 고른 것은?

> ㄱ. 입하능력 ㄴ. 출하시간
> ㄷ. 물품 취급횟수 ㄹ. 보관 면적

① ㄱ, ㄴ
② ㄱ, ㄷ
③ ㄷ, ㄹ
④ ㄴ, ㄷ, ㄹ
⑤ ㄱ, ㄴ, ㄷ, ㄹ

해설
물류센터를 설계할 때 입하능력, 출하시간, 물품 취급횟수, 보관 면적은 모두 고려할 요인이다.

관련이론 | 물류센터 설계 시 구조결정 요인

구조결정 요인	내용
제품 특성	제품의 크기, 무게, 가격 등
주문 특성	주문건수, 주문빈도, 주문의 크기, 처리속도, 출하시간 등
관리 특성	재고정책, 고객 서비스 목표, 투자 및 운영비용 등
환경 특성	지리적 위치, 입지제약, 환경제약 등
설비 특성	설비종류, 운영방안, 자동화 수준 등
운영 특성	입고방법, 보관방법, 피킹방법, 배송방법 등

09
시중에서 유통되는 '콜라'의 물류특성(보관점수는 적고, 보관수량과 회전수는 많음)을 아래 그림의 보관유형으로 나타낼 때 순서대로 옳게 나타낸 것은?

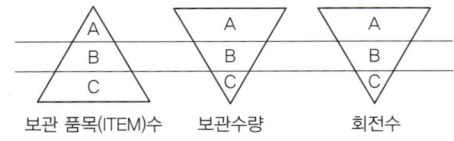

① A-A-A
② A-B-C
③ C-A-A
④ C-B-A
⑤ C-C-C

해설
A-A-A형은 보관 품목(item)수는 적지만 보관수량이 많고 회전수가 큰 콜라와 같은 청량음료, 맥주, 시멘트 등 입출고가 빠른 물품으로 대량처리에 편리하다.

10
피킹 방식에 관한 설명으로 옳지 않은 것은?

① 디지털 피킹(Digital Picking): 피킹 물품을 전표없이 피킹하는 방식으로 다품종 소량, 다빈도 피킹작업에 효과적이다.
② 차량탑승피킹: 파렛트 단위로 피킹하는 유닛로드시스템(Unit Load System)이며, 피킹트럭에 탑승하여 피킹함으로써 보관시설의 공간활용도가 낮다.
③ 존 피킹(Zone Picking): 여러 피커가 피킹 작업범위를 정해두고, 본인 담당구역의 물품을 골라서 피킹하는 방식이다.
④ 일괄피킹: 여러 건의 주문을 모아서 일괄적으로 피킹하는 방식이다.
⑤ 릴레이 피킹(Relay Picking): 피킹 전표에서 해당 피커가 담당하는 품목만을 피킹하고, 다음 피커에게 넘겨주는 방식이다.

해설
차량탑승피킹 방식: 작업자가 스태커크레인에 탑승하고 입·출고지점을 출발하여 물품을 정해진 순서로 출고 후 다시 입·출고지점으로 돌아오는 방식으로 공간활용도가 높은 편이다.

11
자동분류시스템에 관한 설명으로 옳지 않은 것은?

① 다이버터(Diverter) 방식은 팝업 방식에 비하여 구조가 상대적으로 복잡하다.
② 팝업(Pop-up) 방식은 여러 개의 롤러(Roller)나 휠(Wheel) 등을 이용하여 물품이 컨베이어의 특정 위치를 지나갈 때 그 물품을 들어 올려서 방향을 바꾸는 방식이다.
③ 다이버터(Diverter) 방식은 다이버터를 사용하여 물품이 이동할 때 가로막아 방향을 바꾸는 방식이다.
④ 트레이(Tray) 방식은 분류해야 할 물품이 담긴 트레이를 기울여서 물품의 위치를 아래로 떨어트리는 방식이다.
⑤ 슬라이딩슈(Sliding Shoe) 방식은 트레이 방식에 비하여 물품의 전환 흐름이 부드러워 상대적으로 물품의 손상 가능성이 낮다.

해설

다이버터 방식은 외부에 설치된 안내판(Arm)을 회전시켜 컨베이어에 가이드벽을 만들어 이동시키는 방식이다. 화물 형상에 관계없이 분류가 가능하기 때문에 다양한 종류의 화물을 처리하는 데 사용되며, 팝업 방식에 비하여 구조가 상대적으로 단순하다.

12

컨테이너터미널 운영방식에 관한 설명으로 옳은 것을 모두 고른 것은?

> ㄱ. 섀시 방식(Chassis System): 컨테이너를 섀시 위에 적재한 상태로, 필요할 때 이송하는 방식이다.
> ㄴ. 트랜스테이너 방식(Transtainer System): 트랜스퍼 크레인(Transfer Crane)을 활용하여 컨테이너를 이동하는 방식으로 자동화가 어렵다.
> ㄷ. 스트래들 캐리어 방식(Straddle Carrier System): 컨테이너를 스트래들 캐리어의 양다리 사이에 끼우고 자유로이 운반하는 방식이다.

① ㄱ
② ㄴ
③ ㄱ, ㄴ
④ ㄱ, ㄷ
⑤ ㄱ, ㄴ, ㄷ

해설

트랜스테이너 방식(Transtainer System): 트랜스퍼 크레인(Transfer Crane)을 활용하여 컨테이너를 이동하는 방식으로, 야드샤시에 탑재한 컨테이너를 마셜링 야드로 이동시켜 장치하며 일정한 방향으로 이동하므로 전산화에 의한 자동화가 가능한 방식이다.

13

자동창고(AS/RS)에 관한 설명으로 옳은 것은?

① 스태커 크레인(Stacker Crane): 창고의 통로 공간을 수평 방향으로만 움직이는 저장/반출 기기이다.
② 단일명령(Single Command) 방식: 1회 운행으로 저장과 반출 작업을 동시에 수행하는 방식이다.
③ 이중명령(Dual Command) 방식: 2회 운행으로 저장과 반출 작업을 순차적으로 모두 수행하는 방식이다.
④ 임의위치저장(Randomized Storage) 방식: 물품의 입출고 빈도에 상관없이 저장위치를 임의로 결정하는 방식이다.
⑤ 지정위치저장(Dedicated Storage) 방식: 물품의 입출고 빈도를 기준으로 저장위치를 등급(Class)으로 나누고 등급별로 저장위치를 결정하는 방식이다.

선지분석

① 스태커 크레인(Stacker Crane): 화물을 랙에 입출고시키는 주행장치와 승강장치, 포크장치로 구성된 창고입출고기기를 말한다. 창고의 통로 공간을 수평 방향으로만 움직이는 기기는 트레버서이다.
② 단일명령(Single Command) 방식: 스태커 크레인이 입고(저장)나 출고(반출) 각각 한 가지씩 작업하는 시스템이다. 입고작업 혹은 출고작업이 별도 지시에 따라 분리 수행된다.
③ 이중명령(Dual Command) 방식: 단일명령방식과 달리 입고작업과 출고작업이 동시에 수행된다.
⑤ 지정위치저장(Dedicated Storage) 방식: 화물의 보관위치를 사전에 지정하는 방식으로서, 임의위치 보관방식에 비해 전체적인 공간이 여유가 있어야 한다.

| 정답 | 08. ⑤ | 09. ① | 10. ② | 11. ① | 12. ④ |
| 13. ④ | | | | | |

14
물류센터의 기능을 모두 고른 것은?

> ㄱ. 조립 및 유통 가공
> ㄴ. 상품의 보호를 위한 포장
> ㄷ. 입출고를 원활하게 하기 위한 오더피킹

① ㄱ
② ㄴ
③ ㄱ, ㄴ
④ ㄴ, ㄷ
⑤ ㄱ, ㄴ, ㄷ

해설
물류센터는 재고품의 임시보관거점으로 상품의 배송거점인 동시에 예상 수요에 대한 보관거점으로, 하역, 집하, 조립, 유통가공, 포장, 검품, 출하, 오더피킹, 정보관리 등의 종합물류활동이 이루어지는 거점을 말한다.

15
창고관리시스템(WMS)을 자체 개발이 아닌, 기성제품(패키지)을 구매할 경우 고려해야 할 요인이 아닌 것은?

① 커스터마이징(customizing) 용이성
② 기성제품(패키지)의 개발 배경
③ 초기투자비용
④ 기존 자사 물류정보시스템과의 연계성
⑤ 유지보수비용

해설
창고관리 시스템(WMS; Warehouse Management System)은 제품의 입하, 입고, 피킹, 출하 및 재고관리 등의 창고 비즈니스 프로세스와 창고자체의 직접적인 활동을 효율적으로 관리하는데 사용되는 시스템으로, 고객맞춤형 서비스(Customization), 기존 물류시스템과의 연계가능성, 구축 시 투자비용 및 이후 유지보수비 등을 고려해야 한다.

16
수요지에 제품을 공급하기 위한 물류센터와 각 수요지의 위치 좌표(X, Y), 그리고 일별 배송횟수가 다음의 표와 같이 주어져 있다. 물류센터와 수요지 간 일별 총이동거리를 계산한 결과는? (단, 이동거리는 직각거리(rectilinear distance)로 계산한다.)

구분	위치좌표(단위: km)		배송횟수 (회/일)
	X	Y	
물류센터	6	4	
수요지 1	3	8	2
수요지 2	8	2	3
수요지 3	2	5	2

① 28 km
② 36 km
③ 38 km
④ 42 km
⑤ 46 km

해설

구분	위치좌표(단위 km)		ⓐ 직각거리 합	ⓑ 배송횟수	총이동거리 (ⓐ×ⓑ)
	X	Y			
물류센터	6	4			
수요지 1	3	8	(6−3)+(8−4)=7	2	14
수요지 2	8	2	(8−6)+(4−2)=4	3	12
수요지 3	2	5	(6−2)+(5−4)=5	2	10
총이동거리				총이동거리	36

17

랙(Rack)에 관한 설명으로 옳지 않은 것은?

① 드라이브스루랙(Drive-through Rack): 지게차가 랙의 한 방향으로 진입해서 반대방향으로 퇴출할 수 있는 랙이다.
② 캔틸레버랙(Cantilever Rack): 긴 철재나 목재의 보관에 효율적인 랙이다.
③ 적층랙(Mezzanine Rack): 천정이 높은 창고의 공간활용도를 높이기 위한 복층구조의 랙이다.
④ 실렉티브랙(Selective Rack): 경량 다품종 물품의 입출고에 적합한 수평 또는 수직의 회전랙이다.
⑤ 플로우랙(Flow Rack): 적입과 인출이 반대 방향에서 이루어지는 선입선출이 효율적인 랙이다.

해설
수평 또는 수직으로 순환하여 소정의 입출고 장소로 이동이 가능한 랙은 회전 랙(Carousel Rack)이다.

18

컨테이너터미널의 시설에 관한 설명으로 옳지 않은 것은?

① CFS(Container Freight Station): LCL화물의 적입(Stuffing)과 FCL화물의 분리(Stripping) 작업을 할 수 있는 시설이다.
② 선석(Berth): 컨테이너 선박이 접안할 수 있는 시설이다.
③ 에이프런(Apron): 야드트럭이 하역작업을 하거나 컨테이너크레인이 주행할 수 있도록 안벽을 따라 일정한 폭으로 포장된 공간이다.
④ 마샬링야드(Marshalling Yard): 컨테이너의 자체검사, 보수, 사용 전후 청소 등을 수행하는 공간이다.
⑤ 컨트롤센터(Control Center): 본선 하역작업이나 야드의 컨테이너 배치를 계획하고 통제 감독하는 시설이다.

해설
마샬링야드(Marshalling Yard)는 컨테이너 선적 전 대기장소로, 컨테이너선에 선적하거나 양륙하기 위하여 컨테이너를 정렬시켜 놓은 공간이다.

19

항공운송에서 사용되는 하역장비에 관한 설명으로 옳지 않은 것은?

① 리프트로더(Lift Loader): 파렛트를 항공기 적재공간 밑바닥 높이까지 들어 올려 기내에 탑재하기 위한 기기이다.
② 소터(Sorter): 비교적 소형화물을 행선지별, 인도지별로 구분하는 장치로서 통상 컨베이어와 제어장치 등으로 구성된다.
③ 돌리(Dolly): 파렛트를 운반하기 위한 차대로서 자체 기동력은 없고 Tug Car에 연결되어 사용된다.
④ 트랜스포터(Transporter): 항공기에서 내린 ULD(Unit Load Device)를 터미널까지 수평 이동하는 데 사용하는 장비이다.
⑤ 컨투어게이지(Contour Gauge): 파렛트에 적재가 끝난 후 적재된 파렛트의 무게를 계량하기 위하여 트레일러에 조립시켜 놓은 장치이다.

해설
컨투어게이지는 윤곽게이지 또는 형틀게이지라 하며 파렛트에 적재된 화물의 형상을 측정하기 위한 계측 도구에 해당한다.

20

생수를 판매하는 P사는 지수평활법을 이용하여 8월 판매량을 55,400병으로 예측하였으나, 실제 판매량은 56,900병이었다. 지수평활법에 의한 9월의 생수 판매량 예측치는? (단, 평활상수(α)는 0.6을 적용한다.)

① 54,200병
② 54,900병
③ 55,400병
④ 55,800병
⑤ 56,300병

해설
9월 예측치 = 전기예측치 + (전기실제치 − 전기예측치) × α
= 55,400 + (56,900 − 55,400) × 0.6
= 56,300

정답	14. ⑤	15. ②	16. ②	17. ④	18. ④
	19. ⑤	20. ⑤			

21

S업체는 경제적주문량(EOQ: Economic Order Quantity) 모형을 이용하여 발주량을 결정하고자 한다. 아래와 같이 연간 수요량이 60% 증가하고, 연간 단위당 재고유지비용이 20% 감소한다고 할 때, 증감하기 전과 비교하여 EOQ는 얼마나 변동되는가? (단, $\sqrt{2}=1.414$, $\sqrt{3}=1.732$, $\sqrt{5}=2.236$ 이며, 계산한 값은 소수점 첫째자리에서 반올림한다.)

- 연간 수요량: 4,000개
- 1회 주문비용: 400원
- 연간 단위당 재고유지비용: 75원

① 14 % 증가
② 24 % 증가
③ 41 % 증가
④ 73 % 증가
⑤ 124 % 증가

해설
EOQ 계산 식은 다음과 같다.

$$EOQ = \sqrt{\frac{2 \times D \times O}{C_h}} = \sqrt{\frac{2 \times \text{연간 수요량} \times \text{회당 주문비용(주문비용)}}{\text{단위당 연간 재고유지비용}}}$$

$$EOQ = \sqrt{\frac{2 \times 4,000 \times 400}{75}} = 206.6$$

$$EOQ\text{변동} = \sqrt{\frac{2 \times (4,000 \times 1.6) \times 400}{75 \times (1-0.2)}} = 292.1$$

∴ 변동률 = $\frac{292.1 - 206.6}{206.6} \times 100 ≒ 41.4\%$

22

다음은 L사의 연도별 휴대전화 판매량을 나타낸 것이다. 2021년 휴대전화 수요를 예측한 값으로 옳은 것은? (단, 단순이동평균법의 경우 이동기간(n)은 3년 적용, 가중이동평균법의 경우 가중치는 최근 연도로부터 0.5, 0.3, 0.2를 적용, 지수평활법의 경우 평활상수(α)는 0.4를 적용, 모든 예측치는 소수점 둘째자리에서 반올림한다.)

연도	판매량(만대)	수요예측치(만대)		
		단순이동평균법	가중이동평균법	지수평활법
2018	36			
2019	34			
2020	37			39
2021		(ㄱ)	(ㄴ)	(ㄷ)

① ㄱ: 32.7, ㄴ: 34.4, ㄷ: 38.2
② ㄱ: 34.9, ㄴ: 34.4, ㄷ: 37.2
③ ㄱ: 35.7, ㄴ: 34.9, ㄷ: 38.2
④ ㄱ: 35.7, ㄴ: 35.9, ㄷ: 36.9
⑤ ㄱ: 35.7, ㄴ: 35.9, ㄷ: 38.2

해설
(ㄱ) 단순이동평균법: $\frac{36+34+37}{3} = 35.7$

(ㄴ) 가중이동평균법: $36 \times 0.2 + 34 \times 0.3 + 37 \times 0.5 = 35.9$

(ㄷ) 지수평활법: $39 + (37-39) \times 0.4 = 38.2$

관련이론 | 지수평활법의 계산
당기의 수요예측치
= 전기예측치 + (전기실제치 - 전기예측치) × 평활상수(α)
= 평활상수(α) × 전기실제치 + (1-α) × 전기예측치

23
구매방식에 관한 설명으로 옳은 것은?

① 분산구매방식은 본사의 공통품목을 일괄적으로 구매하기에 적합하다.
② 집중구매방식은 분산구매방식보다 사업장별 독립적 구매가 가능하다.
③ 분산구매방식은 구매량에 따라 가격차가 큰 품목의 대량 구매에 적합하다.
④ 집중구매방식은 수요량이 많은 품목에 적합하다.
⑤ 분산구매방식은 집중구매방식보다 대량 구매가 이루어지기 때문에 가격 및 거래조건이 유리하다.

해설
집중구매방식은 각 부서에서 필요로 하는 자재의 주문을 한 업체에 집중시켜 대량으로 구매하는 방식으로, 수요량이 많은 품목에 적합하다.

24
채찍효과(Bullwhip Effect)의 해소 방안이 아닌 것은?

① 리드타임을 길게 설정
② 공급사슬 주체 간 실시간 정보공유
③ VMI(Vendor Managed Inventory)의 사용
④ EDLP(Every Day Low Pricing)의 적용
⑤ 협력계획, 예측 및 보충(CPFR: Collaborative Planning, Forecasting, and Replenishment)의 적용

해설
채찍효과(Bullwhip Effect)는 수요의 불확실성에 따른 수요의 왜곡현상으로 리드타임을 짧게 설정할 경우 이를 감소시킬 수 있다.

25
재고관리의 장점이 아닌 것은?

① 실제 재고량 파악
② 불확실성에 대한 대비
③ 상품 공급의 지연(delay)
④ 가용 제품 확대를 통한 고객서비스 달성
⑤ 수요와 공급의 변동성 대응

해설
적정한 재고관리는 결품을 방지함으로써 고객의 긴급한 수요 요구에 대하여 상품공급의 지연을 미연에 방지할 수 있다.

26
포장의 원칙이 아닌 것은?

① 표준화의 원칙
② 통로대면의 원칙
③ 재질 변경의 원칙
④ 단위화의 원칙
⑤ 집중화의 원칙

해설
통로대면 보관의 원칙은 포장의 원칙이 아닌 보관의 원칙으로, 창고 내에서 제품의 입고와 출고를 용이하게 하고 효율적으로 보관하기 위해 작업의 접근성을 강조한다.

27
JIT(Just In Time) 시스템에 관한 설명으로 옳은 것은?

① 한 작업자에게 업무가 할당되는 단일 기능공 양성이 필수적이다.
② 효과적인 Push 시스템을 구현할 수 있다.
③ 비반복적 생산시스템에 적합하다.
④ 불필요한 부품 및 재공품 재고를 없애는 것을 목표로 한다.
⑤ 제조 준비 시간이 길어진다.

선지분석
① 한 작업자가 여러 업무를 담당할 수 있는 다기능공 양성이 필수적이다.
② JIT는 대표적인 Pull 시스템에 해당한다.
③ JIT는 도요타 자동차에서 고안된 생산관리 기법으로 기본적으로 반복적인 생산이 진행된다.
⑤ JIT에서는 불필요한 대기시간은 제거대상에 해당하므로 길어질 이유가 없다.

정답	21. ③	22. ⑤	23. ④	24. ①	25. ③
	26. ②	27. ④			

28

화인(Mark)에 관한 설명으로 옳은 것을 모두 고른 것은?

> ㄱ. 주화인(Main Mark): 다른 화물과의 식별을 용이하게 하기 위하여 외장에 특정의 기호(Symbol)를 표시
> ㄴ. 포장번호(Case Number): 주화인만으로 다른 화물과 식별이 어려울 때 생산자 또는 공급자의 약자를 보조적으로 표시
> ㄷ. 항구표시(Port Mark): 선적과 양하작업이 용이하도록 도착항을 표시
> ㄹ. 원산지표시(Origin Mark): 당해 물품의 원자재까지 모두 원산지를 표시

① ㄱ, ㄴ
② ㄱ, ㄷ
③ ㄴ, ㄷ
④ ㄴ, ㄹ
⑤ ㄷ, ㄹ

해설
ㄴ. 부표시(Counter Mark): 주화인만으로 다른 화물과 식별이 어려울 때 생산자 또는 공급자의 약자를 보조적으로 표시한다.
ㄹ. 원산지표시(Origin Mark): 당해 물품의 원자재까지 모두 원산지를 표시하는 것은 아니며 수출제품의 원산지명을 표시하면 된다.

29

정성적 수요예측 기법이 아닌 것은?

① 델파이법
② 시장조사법
③ 회귀분석법
④ 역사적 유추법
⑤ 패널조사법

관련이론 | 수요예측 기법에 따른 분류

예측기법	내용
정성적 기법 (질적)	• 개인의 주관이나 판단 또는 다수전문가 의견에 따라 수요를 예측하는 방법(델파이법, 유추법 등) • 과거의 자료가 충분치 않거나 신뢰할 수 없는 경우에 특히 유용 • 주로 중·장기 예측에 많이 이용
정량적 기법 (계량적)	• 수치로 측정된 통계자료에 기초하여 계량적으로 예측 • 인과형 모형(회귀분석법)과 시계열 분석(평균법, 지수평활법)으로 구분 • 주로 단기 예측에 많이 이용

30

다음이 설명하는 파렛트 적재방식은?

> (ㄱ): 각 단의 쌓아 올리는 모양과 방향이 모두 같은 일렬 적재방식
> (ㄴ): 동일한 단 내에서는 동일한 방향으로 물품을 나란히 쌓지만, 단별로는 방향을 직각(90도)으로 바꾸거나 교대로 겹쳐쌓는 적재방식

① ㄱ: 블록적재방식, ㄴ: 교대배열적재방식
② ㄱ: 블록적재방식, ㄴ: 벽돌적재방식
③ ㄱ: 교대배열적재방식, ㄴ: 스플릿적재방식
④ ㄱ: 스플릿적재방식, ㄴ: 벽돌적재방식
⑤ ㄱ: 스플릿적재방식, ㄴ: 교대배열적재방식

해설
(ㄱ) 블록 적재(block pattern): 각 단의 쌓아올리는 모양과 방향이 모두 같은 방식(일렬 적재 또는 막대기 적재)이다.
(ㄴ) 교대배열적재(alternative tires row pattern): 교호열 적재라고도 하며, 동일한 단 내에서는 동일한 방향으로 물품을 나란히 쌓지만 단별로는 방향을 90도로 바꾸거나 교대로 겹쳐쌓는 방식이다.

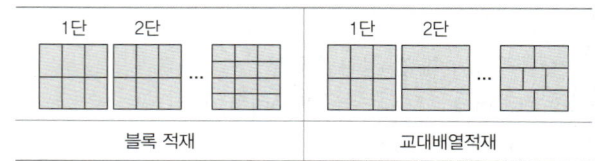

31

하역의 기계화와 표준화를 위해 고려해야 할 사항이 아닌 것은?

① 환경영향을 고려해야 한다.
② 물류합리화의 관점에서 추진되어야 한다.
③ 안전성을 고려하여 추진되어야 한다.
④ 특정 화주의 화물을 대상으로 추진되어야 한다.
⑤ 생산자, 제조업자, 물류업자와 관련 당사자의 상호협력을 고려하여야 한다.

해설
하역 기계화 및 표준화는 하역의 합리화를 통해 물류의 효율성을 높여 비용절감 및 서비스 수준을 높이기 위한 노력으로 특정 화주를 위한 것이 아니다.

32
파렛트 풀(Pallet Pool)에 관한 설명으로 옳지 않은 것은?

① 물류합리화와 물류비 절감이 가능하다.
② 비수기에 불필요한 파렛트 비용을 절감할 수 있다.
③ 파렛트 회수관리의 일원화에 어려움이 있다.
④ 파렛트 규격의 표준화가 필요하다.
⑤ 지역적, 계절적 수요 변동에 대응이 가능하다.

해설
파렛트 풀 시스템(PPS)은 파렛트를 다량 확보하고 있는 파렛트 풀 조직이 파렛트에 대한 납품, 회수관리, 수리 등을 담당하여 수송의 합리화 및 물류비의 절감에 기여하려는 파렛트 공동이용 제도로, 여러 방식을 통해 파렛트 회수의 문제점을 개선하고 있다.

33
하역기기 선정 기준으로 옳지 않은 것은?

① 에너지 효율성
② 하역기기의 안전성
③ 작업량과 작업 특성
④ 하역물품의 원산지
⑤ 취급 품목의 종류

해설
하역기기는 물류의 기계화(생력화)를 통해 물류활동의 효율성을 제고시키기 위한 일환으로 하역물품의 원산지는 하역기기 선정기준에 해당하지 않는다.

34
다음이 설명하는 시스템은?

> 화물을 품종별, 발송처별, 고객별, 목적지별로 제품을 식별·구분하는 시스템으로 고객의 소량·다빈도 배송요구가 다양해짐에 따라 중요도가 높아지고 있다.

① 운반시스템
② 분류시스템
③ 반입시스템
④ 반출시스템
⑤ 적재시스템

해설
분류(sorting)란 개개의 인위적 정보를 가진 물품을 그 정보에 따라 구분하여 정해진 장소에 모으는 작업이다. 미국 운반관리협회의 정의에 따르면 '분류란 특정의 목적지로 운반해야 할 제품을 품종별, 고객별로 식별, 구분하고, 유도하는 행위'를 말한다.

35
다음이 설명하는 파렛트 풀 시스템의 운영방식은?

> (ㄱ): 현장에서 파렛트를 즉시 교환하지 않고 일정 시간 내에 동일한 수량의 파렛트를 반환하는 방식이다.
> (ㄴ): 파렛트의 이용자가 교환을 위한 동일한 수량의 파렛트를 준비해 놓을 필요가 없는 방식이다.
> (ㄷ): 파렛트를 동시에 교환하여 사용하는 것으로 언제나 교환에 응할 수 있도록 파렛트를 준비해 놓아야 하는 방식이다.

① ㄱ: 대차결제방식, ㄴ: 리스·렌탈방식, ㄷ: 즉시교환방식
② ㄱ: 대차결제방식, ㄴ: 즉시교환방식, ㄷ: 교환·리스병용방식
③ ㄱ: 리스·렌탈방식, ㄴ: 교환·리스병용방식, ㄷ: 대차결제방식
④ ㄱ: 리스·렌탈방식, ㄴ: 대차결제방식, ㄷ: 교환·리스병용방식
⑤ ㄱ: 교환·리스병용방식, ㄴ: 리스·렌탈방식, ㄷ: 즉시교환방식

해설

구분	대차결제방식 (스웨덴)	리스·렌탈방식 (호주, 한국)	즉시교환방식 (유럽방식)
정의	• 교환방식의 개선 • 현장에서 즉시 교환하지 않고 일정 시간 내에 국철역에 동수로 반환하는 방식	• 파렛트 풀(Pallet Pool) 회사에서 일정 규격의 파렛트를 필요에 따라 임대해 주는 제도 • 파렛트의 이용자가 교환을 위한 동일한 수량의 파렛트를 준비해 놓을 필요가 없음	유럽 각국의 국영철도에서 송화주가 국철에 파렛트 형태로 운송하면, 국철에서 이와 동수의 파렛트로 교환하는 방식

정답 | 28. ② 29. ③ 30. ① 31. ④ 32. ③ 33. ④ 34. ② 35. ①

36
하역작업과 관련된 용어의 설명으로 옳지 않은 것은?
① 더니지(Dunnage): 운송기기에 실려진 화물이 손상, 파손되지 않도록 밑바닥에 까는 물건을 말한다.
② 래싱(Lashing): 운송기기에 실려진 화물을 줄로 고정시키는 작업을 말한다.
③ 스태킹(Stacking): 화물을 보관시설 또는 장소에 쌓는 작업을 말한다.
④ 피킹(Picking): 보관 장소에서 화물을 꺼내는 작업을 말한다.
⑤ 배닝(Vanning): 파렛트에 화물을 쌓는 작업을 말한다.

해설
배닝(Vanning)은 컨테이너에 화물을 적입(넣는)하는 작업이다.

37
유닛로드 시스템(Unit Load System)에 관한 설명으로 옳지 않은 것은?
① 운송장비, 하역장비의 표준화가 선행되어야 한다.
② 파렛트, 컨테이너를 이용하는 방법이 있다.
③ 화물을 일정한 중량 또는 용적으로 단위화하는 시스템을 말한다.
④ 하역의 기계화를 통한 하역능력의 향상으로 운송수단의 회전율을 높일 수 있다.
⑤ 파렛트는 시랜드사가 최초로 개발한 단위적재기기이다.

해설
파렛트의 개발자는 불분명하며, 시랜드사가 개발하여 운영하는 방식은 컨테이너터미널 하역방식인 섀시방식이다.

38
하역장비에 관한 설명으로 옳지 않은 것은?
① 언로우더(Unloader): 철광석, 석탄 및 석회석과 같은 벌크(Bulk) 화물을 하역하는 데 사용된다.
② 톱 핸들러(Top Handler): 공(empty)컨테이너를 적치하는 데 사용된다.
③ 스트래들 캐리어(Straddle Carrier): 부두의 안벽에 설치되어 선박에 컨테이너를 선적하거나 하역하는 데 사용된다.
④ 트랜스퍼 크레인(Transfer Crane): 컨테이너를 적재하거나 다른 장소로 이송 및 반출하는 데 사용된다.
⑤ 천정 크레인(Overhead Travelling Crane): 크레인 본체가 천장을 주행하며 화물을 상하로 들어 올려 수평 이동하는 데 사용된다.

해설
부두의 안벽에 설치되어 선박에 컨테이너를 선적하거나 하역하는 데 사용되는 것은 갠트리크레인(컨테이너 크레인)이며, 스트래들 캐리어는 컨테이너를 양각 사이로 들어 올려 주행하는 특수한 차량을 이용하는 하역기기를 말한다.

39
하역합리화의 수평직선 원칙에 해당하는 것은?
① 하역기기를 탄력적으로 운영하여야 한다.
② 운반의 혼잡을 초래하는 요인을 제거하여 하역작업의 톤·킬로를 최소화하여야 한다.
③ 불필요한 물품의 취급을 최소화하여야 한다.
④ 하역작업을 표준화하여 효율성을 추구하여야 한다.
⑤ 복잡한 시설과 하역체계를 단순화하여야 한다.

해설
수평직선의 원칙은 하역작업의 흐름을 직선으로 유지하려는 원칙으로, 운반의 혼잡을 초래하는 요인을 제거하여 하역작업의 톤·킬로를 최소화하여야 한다는 원칙을 말한다.

선지분석
① 탄력성 원칙
③ 최소취급의 원칙
④ 표준화의 원칙
⑤ 단순화의 원칙

40
하역에 관한 설명으로 옳은 것은?

① 제품에 대한 형태효용을 창출한다.
② 운반활성화 지수를 최소화해야 한다.
③ 적하, 운반, 적재, 반출 및 분류로 구성된다.
④ 화물에 대한 제조공정과 검사공정을 포함한다.
⑤ 기계화와 자동화를 통한 하역생산성 향상이 어렵다.

선지분석
① 하역은 특정한 효용을 창출하지는 않는다. 형태효용은 유통가공을 통해 창출된다.
② 지표와 접점이 작을수록 활성지수는 높아지며 하역작업의 효율이 증가하므로, 하역은 운반활성화 지수를 최대화해야 한다.
④ 제조공정과 검사공정은 하역에서 제외한다.
⑤ 기계화와 자동화를 통해 하역생산성은 향상된다.

물류관련법규

41
물류정책기본법상 화주의 수요에 따라 유상으로 물류활동을 영위하는 것을 업으로 하는 물류사업으로 명시되지 않은 것은?

① 물류장비의 폐기물을 처리하는 물류서비스업
② 물류터미널을 운영하는 물류시설운영업
③ 물류컨설팅의 업무를 하는 물류서비스업
④ 파이프라인을 통하여 화물을 운송하는 화물운송업
⑤ 창고를 운영하는 물류시설운영업

해설
물류정책기본법상 물류장비의 폐기물을 처리하는 사업은 물류사업에 포함되지 않는다.

42
물류정책기본법상 물류현황조사에 관한 설명으로 옳지 않은 것은?

① 해양수산부장관은 물류현황조사의 결과에 따라 물류비 등 물류지표를 설정하여 물류정책의 수립 및 평가에 활용할 수 있다.
② 시·도지사는 지역물류현황조사의 효율적인 수행을 위하여 필요한 경우에는 지역물류현황조사의 일부를 전문기관으로 하여금 수행하게 할 수 있다.
③ 시·도지사는 물류기업 등에게 지역물류현황조사를 요청하는 경우 조례로 정하는 바에 따라 조사지침을 작성·통보할 수 없고, 국토교통부장관의 물류현황조사지침을 따르도록 해야 한다.
④ 국토교통부장관은 물류기업에게 물류현황조사에 필요한 자료의 제출을 요청할 수 있다.
⑤ 지역물류현황조사는 「국가통합교통체계효율화법」에 따른 국가교통조사와 중복되지 아니하도록 하여야 한다.

해설
시·도지사는 지역물류현황조사를 요청하는 경우에는 효율적인 지역물류현황조사를 위하여 조사의 시기, 종류 및 방법 등에 관하여 해당 시·도의 조례로 정하는 바에 따라 조사지침을 작성하여 통보할 수 있다.(「법 제9조」)

43
물류정책기본법상 국가물류기본계획에 포함되어야 할 사항으로 명시되지 않은 것은?

① 물류관련 행정소송전략에 관한 사항
② 물류보안에 관한 사항
③ 국가물류정보화사업에 관한 사항
④ 물류시설·장비의 수급·배치 및 투자 우선순위에 관한 사항
⑤ 환경친화적 물류활동의 촉진·지원에 관한 사항

해설
물류관련 행정소송전략에 관한 사항은 국가물류기본계획은 물론 어떤 물류관련계획에도 포함되어 있지 않다.

| 정답 | 36. ⑤ | 37. ⑤ | 38. ③ | 39. ② | 40. ③ |
| | 41. ① | 42. ③ | 43. ① | | |

44

물류정책기본법상 위험물질운송안전관리센터의 관리대상으로 명시된 위험물질을 모두 고른 것은?

> ㄱ. 「위험물안전관리법」에 따른 위험물
> ㄴ. 「화학물질관리법」에 따른 유해화학물질
> ㄷ. 「폐기물관리법」에 따른 생활폐기물
> ㄹ. 「고압가스 안전관리법」에 따른 고압가스
> ㅁ. 「총포·도검·화약류 등 단속법」에 따른 화약류

① ㄱ, ㄴ, ㄷ
② ㄱ, ㄴ, ㄹ
③ ㄱ, ㄷ, ㅁ
④ ㄴ, ㄹ, ㅁ
⑤ ㄷ, ㄹ, ㅁ

해설
위험물질운송안전관리센터의 관리대상으로 명시된 위험물질은 ㄱ, ㄴ, ㄹ 이외에도 방사성폐기물, 지정폐기물, 농약과 원제가 포함된다.

45

물류정책기본법상 국제물류주선업에 관한 설명으로 옳은 것은?

① 국제물류주선업을 경영하려는 자는 국토교통부장관에게 등록하여야 한다.
② 피한정후견인은 국제물류주선업의 등록을 할 수 있다.
③ 국제물류주선업자가 사망한 때에는 그 상속인은 국제물류주선업의 등록에 따른 권리·의무를 승계한다.
④ 등록증 대여 등의 금지규정에 위반하여 다른 사람에게 등록증을 대여한 경우에는 시·도지사는 사업의 전부의 정지를 명할 수 있다.
⑤ 시·도지사는 국제물류주선업자가 거짓이나 그 밖의 부정한 방법으로 등록을 한 경우에는 사업의 일부의 정지를 명할 수 있다.

선지분석
① 국제물류주선업은 시·도지사에게 등록하여야 한다.
② 피성년후견인·피한정후견인은 결격사유에 해당된다.
④, ⑤의 경우는 등록을 취소하여야 한다.

46

물류정책기본법령상 물류신고센터에 관한 설명으로 옳은 것은?

① 물류신고센터는 신고 내용이 명백히 거짓인 경우 접수된 신고를 종결할 수 있으며, 이 경우 종결 사유를 신고자에게 통보할 필요가 없다.
② 물류신고센터의 장은 산업통상자원부장관이 지명하는 사람이 된다.
③ 화물운송의 단가를 인하하기 위한 고의적 재입찰 행위로 발생한 분쟁에 대해서는 물류신고센터에 신고할 수 없다.
④ 물류신고센터는 신고 내용이 이미 수사나 감사 중에 있다는 이유로 접수된 신고를 종결할 수 없다.
⑤ 물류신고센터가 조정을 권고하는 경우에는 신고의 주요내용, 조정권고 내용, 조정권고에 대한 수락 여부 통보기한, 향후 신고 처리에 관한 사항을 명시하여 서면으로 통지해야 한다.

해설
물류신고센터가 조정을 권고하는 경우에는 신고의 주요내용, 조정권고 내용, 조정권고에 대한 수락 여부 통보기한, 향후 신고 처리에 관한 사항을 명시하여 서면으로 통지해야 한다.(「시행규칙 제4조의5」)

선지분석
① 물류신고센터는 신고 내용이 명백히 거짓인 경우 접수된 신고를 종결할 수 있고, 이 경우 종결 사실과 그 사유를 신고자에게 서면 등의 방법으로 통보해야 한다.(「시행규칙 제4조의3」 물류분쟁 신고의 종결처리)
② 물류신고센터의 장은 국토교통부 또는 해양수산부의 물류정책을 총괄하는 부서의 장으로서 국토교통부장관 또는 해양수산부장관이 지명하는 사람이 된다.(「시행령 제27조의2」)
③ 화물운송의 단가를 인하하기 위한 고의적 재입찰 행위로 발생한 분쟁은 물류신고센터에 신고할 수 있는 사항이다.(「법 제37조의2」)
④ 물류신고센터는 신고 내용이 이미 수사나 감사 중에 있다는 이유로 접수된 신고를 종결할 수 있고, 이 경우 종결 사실과 그 사유를 신고자에게 서면 등의 방법으로 통보해야 한다.(「시행규칙 제4조의3」)

47

물류정책기본법령상 환경친화적 물류의 촉진에 관한 설명으로 옳지 않은 것은?

① 환경친화적인 연료를 사용하는 운송수단으로 전환하는 경우는 지원의 대상이 된다.
② 물류기업과 화주기업의 환경친화적 협력체계 구축을 위한 정책과 사업의 개발 및 제안은 녹색물류협의기구의 업무에 해당한다.
③ 화물자동차의 배출가스를 저감하기 위한 장비투자를 하는 경우는 지원의 대상이 된다.
④ 선박의 배출가스를 저감하기 위한 시설투자를 하는 경우는 지원의 대상이 된다.
⑤ 녹색물류협의기구의 위원장은 국토교통부장관이 임명한다.

해설
녹색물류협의기구의 위원장은 위원 중에서 호선한다. 위원은 국토교통부장관이 임명 또는 위촉한다.

48

물류정책기본법상 물류관련협회에 관한 설명으로 옳지 않은 것은?

① 물류관련협회를 설립하려는 경우에는 해당 협회의 회원이 될 자격이 있는 기업 100개 이상이 발기인으로 정관을 작성하여야 한다.
② 물류관련협회를 설립하려는 경우에는 해당 협회의 회원이 될 자격이 있는 기업 150개 이상이 참여한 창립총회의 의결을 거쳐야 한다.
③ 물류관련협회를 설립하려는 경우에는 소관에 따라 국토교통부장관 또는 해양수산부장관의 설립인가를 받아야 한다.
④ 물류관련협회는 설립인가를 받아 설립등기를 함으로써 성립한다.
⑤ 물류관련협회는 법인으로 한다.

해설
물류관련협회를 설립하려는 경우에는 해당 협회의 회원이 될 자격이 있는 기업 200개 이상이 참여한 창립총회의 의결을 거쳐야 한다.

49

물류시설의 개발 및 운영에 관한 법령상 용어의 설명으로 옳지 않은 것은?

① 「철도사업법」에 따른 철도사업자가 그 사업에 사용하는 화물운송·하역 및 보관 시설은 일반물류단지 안에 설치하더라도 일반물류단지시설에 해당하지 않는다.
② 「유통산업발전법」에 따른 공동집배송센터를 경영하는 사업은 물류터미널사업에서 제외된다.
③ 「주차장법」에 따른 주차장에서 자동차를 보관하는 사업은 물류창고업에서 제외된다.
④ 화물의 집화·하역과 관련된 가공·조립 시설의 전체 바닥면적 합계가 물류터미널의 전체 바닥면적 합계의 4분의 1을 넘는 경우에는 물류터미널에 해당하지 않는다.
⑤ 물류단지시설의 운영을 효율적으로 지원하기 위하여 물류단지 안에 설치되는 금융·보험·의료 시설은 지원시설에 해당된다.

해설
「철도사업법」에 따른 철도사업자가 그 사업에 사용하는 화물운송·하역 및 보관 시설은 일반물류단지시설에 해당한다. 일반물류단지시설이란 화물의 운송·집화·하역·분류·포장·가공·조립·통관·보관·판매·정보처리 등을 위하여 일반물류단지 안에 설치되는 시설을 말한다.(「시행령 제2조」)

정답 | 44. ②   45. ③   46. ⑤   47. ⑤   48. ②
49. ①

50

물류시설의 개발 및 운영에 관한 법률상 복합물류터미널사업의 등록에 관한 설명으로 옳지 않은 것은?

① 「민법」 또는 「상법」에 따라 설립된 법인은 국토교통부장관에게 등록하여 복합물류터미널사업을 경영할 수 있다.
② 복합물류터미널사업의 등록을 하려면 부지 면적이 10,000제곱미터 이상이어야 한다.
③ 복합물류터미널사업의 등록을 하려면 물류시설개발종합계획에 배치되지 않아야 한다.
④ 임원 중에 파산선고를 받고 복권되지 아니한 자가 있는 법인은 복합물류터미널사업을 등록할 수 없다.
⑤ 물류시설의 개발 및 운영에 관한 법률을 위반하여 벌금형 이상을 선고받은 후 2년이 지나지 아니한 자는 등록을 할 수 없다.

해설
복합물류터미널사업의 등록을 하려면 부지 면적이 3만 3천제곱미터 이상이어야 한다.

관련이론 | 복합물류터미널 사업의 등록기준
1. 복합물류터미널이 해당 지역 운송망의 중심지에 위치하여 다른 교통수단과 쉽게 연계될 것
2. 부지 면적이 3만 3천제곱미터 이상일 것
3. 주차장, 화물취급장, 창고 또는 배송센터를 갖출 것
4. 물류시설개발종합계획 및 국가물류기본계획상의 물류터미널의 개발 및 정비계획 등에 배치되지 아니할 것

51

물류시설의 개발 및 운영에 관한 법령상 물류단지의 개발 및 운영에 관한 설명으로 옳지 않은 것은?

① 국토교통부장관은 노후화된 일반물류터미널 부지 및 인근 지역에 도시첨단물류단지를 지정할 수 있다.
② 시장·군수·구청장은 시·도지사에게 도시첨단물류단지 지정을 신청할 수 있다.
③ 국토교통부장관은 물류단지의 개발에 관한 기본지침을 작성하여 관보에 고시하여야 한다.
④ 물류단지지정권자는 도시첨단물류단지를 지정한 후 1년 이내에 물류단지 실수요 검증을 실시하여야 한다.
⑤ 도시첨단물류단지 안에서 「건축법」에 따른 건축물의 용도변경을 하려는 자는 시장·군수·구청장의 허가를 받아야 한다.

해설
물류단지지정권자는 무분별한 물류단지 개발을 방지하고 국토의 효율적 이용을 위하여 물류단지 지정 전에 물류단지 실수요 검증을 실시하여야 한다.

52

물류시설의 개발 및 운영에 관한 법률상 물류창고업의 등록에 관한 설명이다. ( )에 들어갈 숫자를 바르게 나열한 것은?

> 보관시설의 전체 바닥면적의 합계가 (ㄱ)제곱미터 이상이거나 보관장소의 전체면적의 합계가 (ㄴ)제곱미터 이상인 물류창고를 소유 또는 임차하여 물류창고업을 경영하려는 자는 관할 행정청에 등록하여야 한다.

① ㄱ: 500, ㄴ: 2,500
② ㄱ: 1,000, ㄴ: 2,500
③ ㄱ: 1,000, ㄴ: 4,500
④ ㄱ: 2,000, ㄴ: 2,500
⑤ ㄱ: 2,000, ㄴ: 4,500

해설
보관시설의 전체 바닥면적의 합계가 1,000제곱미터 이상이거나 보관장소의 전체면적의 합계가 4,500제곱미터 이상인 물류창고를 소유 또는 임차하여 물류창고업을 경영하려는 자는 국토교통부와 해양수산부의 공동부령으로 정하는 바에 따라 국토교통부장관 또는 해양수산부장관(항만구역만 해당)에게 등록하여야 한다.

53

물류시설의 개발 및 운영에 관한 법령상 스마트물류센터에 관한 설명으로 옳은 것은?

① 국가 또는 지방자치단체는 스마트물류센터의 구축 및 운영에 필요한 자금의 대출 등으로 인한 금전채무의 보증한도, 보증료 등 보증조건을 우대할 수 있다.
② 스마트물류센터 인증의 유효기간은 인증을 받은 날부터 5년으로 한다.
③ 스마트물류센터 인증의 등급은 3등급으로 구분한다.
④ 스마트물류센터 예비인증은 본(本)인증에 앞서 건축물 설계에 반영된 내용을 대상으로 한다.
⑤ 스마트물류센터임을 사칭한 자에게는 과태료를 부과한다.

선지분석
① 신용보증기금 및 기술보증기금은 스마트물류센터의 구축 및 운영에 필요한 자금의 대출 등으로 인한 금전채무의 보증한도, 보증료 등 보증조건을 우대할 수 있다.
② 스마트물류센터 인증의 유효기간은 인증을 받은 날부터 3년으로 한다.
③ 스마트물류센터 인증의 등급은 5등급으로 구분한다.
⑤ 스마트물류센터임을 사칭한 자에게는 3천만 원 이하의 벌금을 부과한다.

54

물류시설의 개발 및 운영에 관한 법령상 물류단지개발사업에 관한 설명으로 옳지 않은 것은?

① 「상법」에 따라 설립된 법인이 물류단지개발사업을 시행하는 경우에는 사업대상 토지면적의 3분의 2 이상을 매입하여야 토지등을 수용하거나 사용할 수 있다.
② 물류단지개발사업에 필요한 토지등을 수용하려면 물류단지 지정 고시가 있은 후 「공익사업을 위한 토지 등의 취득 및 보상에 관한 법률」에 따른 사업인정 및 그 고시가 있어야 한다.
③ 물류단지개발사업에 필요한 토지등의 수용 재결의 신청은 물류단지개발계획에서 정하는 사업시행기간 내에 할 수 있다.
④ 국가 또는 지방자치단체는 물류단지개발사업에 필요한 이주대책사업비의 일부를 보조하거나 융자할 수 있다.
⑤ 물류단지개발사업을 시행하는 지방자치단체는 해당 물류단지의 입주기업체 및 지원기관에게 물류단지개발사업의 일부를 대행하게 할 수 있다.

해설
토지등을 수용하거나 사용하는 경우에 이 법에 따른 물류단지 지정 고시를 한 때에는 「공익사업을 위한 토지 등의 취득 및 보상에 관한 법률」에 따른 사업인정 및 그 고시를 한 것으로 본다.(「법 제32조」)

정답 | 50. ② 51. ④ 52. ③ 53. ④ 54. ②

55

물류시설의 개발 및 운영에 관한 법령상 물류 교통·환경 정비지구에서 국가 또는 시·도지사가 시장·군수·구청장에게 행정적·재정적 지원을 할 수 있는 사업이 아닌 것은?

① 「화학물질관리법」에 따른 유독물 보관·저장시설의 보수·개조 또는 개량
② 도로 등 기반시설의 신설·확장·개량 및 보수
③ 「소음·진동관리법」에 따른 방음·방진시설의 설치
④ 「화물자동차 운수사업법」에 따른 공영차고지 및 화물자동차 휴게소의 설치
⑤ 「환경친화적 자동차의 개발 및 보급 촉진에 관한 법률」에 따른 전기자동차의 충전시설의 설치·정비 또는 개량

해설
「화학물질관리법」에 따른 유독물 보관·저장시설의 보수·개조 또는 개량은 국가 또는 시·도지사가 행정적·재정적 지원을 할 수 있는 사업에 해당하지 않는다.

선지분석
행정적·재정적 지원을 할 수 있는 사업은 ②~⑤번과 수소연료공급시설을 설치·정비 또는 개량하는 사업이다.(「법 제59조의7」)

56

물류시설의 개발 및 운영에 관한 법령상 물류단지재정비사업에 관한 설명으로 옳지 않은 것은?

① 물류단지의 부분 재정비사업은 지정된 물류단지 면적의 3분의 2 미만을 재정비하는 사업을 말한다.
② 물류단지지정권자는 준공된 날부터 20년이 지나서 물류산업구조의 변화 및 물류시설의 노후화 등으로 물류단지를 재정비할 필요가 있는 경우에는 물류단지재정비사업을 할 수 있다.
③ 물류단지의 부분 재정비사업에서는 물류단지재정비계획 고시를 생략할 수 있다.
④ 물류단지지정권자는 물류단지재정비시행계획을 승인하려면 미리 입주업체 및 관계 지방자치단체의 장의 의견을 듣고 관계 행정기관의 장과 협의하여야 한다.
⑤ 승인받은 재정비시행계획에서 사업비의 100분의 10을 넘는 사업비 증감을 하고자 하면 그에 대하여 물류단지지정권자의 승인을 받아야 한다.

해설
물류단지의 부분 재정비사업은 지정된 물류단지 면적의 100분의 50 미만을 재정비하는 사업을 말한다.

57

화물자동차 운수사업법령상 화물자동차 운송사업의 허가에 관한 설명으로 옳지 않은 것은?

① 30대의 화물자동차를 사용하여 화물을 운송하는 사업을 경영하려는 자는 일반화물자동차 운송사업의 허가를 받아야 한다.
② 화물자동차 운송사업의 허가에는 조건을 붙일 수 있다.
③ 화물자동차 운송사업자가 법인인 경우 대표자를 변경하려면 변경허가를 받아야 한다.
④ 화물자동차 운송사업자가 운송약관의 변경명령을 받고 이를 이행하지 아니한 경우 증차를 수반하는 허가사항을 변경할 수 없다.
⑤ 운송사업자가 사업정지처분을 받은 경우에는 주사무소를 이전하는 변경허가를 받을 수 없다.

해설
법인인 경우 대표자의 변경은 대통령령으로 정하는 경미한 사항에 해당하므로 국토교통부장관에게 신고해야 하는 사항이다.

58

화물자동차 운수사업법령상 운송약관에 관한 설명으로 옳은 것은?

① 운송약관을 신고할 때에는 신고서에 적재물배상보험계약서를 첨부하여야 한다.
② 운송사업자는 운송약관의 신고를 협회로 하여금 대리하게 할 수 없다.
③ 시·도지사가 화물자동차 운수사업법령에서 정한 기간 내에 신고수리 여부를 신고인에게 통지하지 아니하면 그 기간이 끝난 날에 신고를 수리한 것으로 본다.
④ 공정거래위원회는 표준약관을 작성하여 운송사업자에게 그 사용을 권장할 수 있다.
⑤ 운송사업자가 화물자동차운송사업의 허가를 받는 때에 표준약관의 사용에 동의하면 운송약관을 신고한 것으로 본다.

선지분석
① 운송약관을 신고할 때에는 신고서에 운송약관, 운송약관의 신·구 대비표(변경신고인 경우)를 첨부하여야 한다.
② 운송사업자는 운송약관의 신고를 협회로 하여금 대리하게 할 수 있다.(운임 및 요금의 신고는 연합회)
③ 국토교통부장관은 신고 또는 변경신고를 받은 날부터 3일 이내에 신고수리 여부를 신고인에게 통지하여야 한다. 국토교통부장관이 정한 기간 내에 신고수리 여부를 신고인에게 통지하지 아니하면 그 기간이 끝난 날의 다음 날에 신고를 수리한 것으로 본다.
④ 국토교통부장관은 표준약관을 작성하여 운송사업자에게 그 사용을 권장할 수 있다.

59

화물자동차 운수사업법령상 운임 및 요금에 관한 설명으로 옳지 않은 것은?

① 운송사업자는 운임과 요금을 정하여 미리 국토교통부장관에게 신고하여야 한다.
② 화물자동차 안전운임의 적용을 받는 화주와 운수사업자는 해당 화물자동차 안전운임을 게시하거나 그 밖에 적당한 방법으로 운수사업자와 화물차주에게 알려야 한다.
③ 화주는 운수사업자에게 화물자동차 안전운송운임 이상의 운임을 지급하여야 한다.
④ 화물운송계약 중 화물자동차 안전운임에 미치지 못하는 금액을 운임으로 정한 경우 그 부분은 취소하고 새로 계약하여야 한다.
⑤ 화물자동차 운송사업의 운임 및 요금의 신고는 운송사업자로 구성된 협회가 설립한 연합회로 하여금 대리하게 할 수 있다.

해설
화물운송계약 중 화물자동차 안전운임에 미치지 못하는 금액을 운임으로 정한 부분은 무효로 하며, 해당 부분은 화물자동차 안전운임과 동일한 운임을 지급하기로 한 것으로 본다.(「법 제5조의5」)

정답 | 55. ① 56. ① 57. ③ 58. ⑤ 59. ④

60

화물자동차 운수사업법상 운송사업자의 책임에 관한 설명으로 옳은 것을 모두 고른 것은?

> ㄱ. 적재물사고로 발생한 운송사업자의 손해배상에 관하여 화주가 요청하면 국토교통부장관은 이에 관한 분쟁을 조정할 수 있다.
> ㄴ. 국토교통부장관은 운송사업자의 손해배상책임에 관한 분쟁의 조정 업무를 「소비자기본법」에 따른 한국소비자원에 위탁할 수 있다.
> ㄷ. 화물이 인도기한이 지난 후 3개월 이내에 인도되지 아니하면 그 화물은 멸실된 것으로 본다.

① ㄱ
② ㄷ
③ ㄱ, ㄴ
④ ㄴ, ㄷ
⑤ ㄱ, ㄴ, ㄷ

해설
제시된 내용 모두 운송사업자의 책임이다.
- 화물의 멸실·훼손 또는 인도의 지연(적재물사고)으로 발생한 운송사업자의 손해배상 책임에 관하여는 「상법 제135조」를 준용한다.
- 국토교통부장관은 화주가 분쟁조정을 요청하면 지체 없이 그 사실을 확인하고 손해내용을 조사한 후 조정안을 작성하여야 한다. 당사자 쌍방이 조정안을 수락하면 당사자 간에 조정안과 동일한 합의가 성립된 것으로 본다.

61

화물자동차 운수사업법령상 운송사업자의 준수사항에 관한 설명으로 옳지 않은 것은?

① 운송사업자는 택시 요금미터기의 장착을 하여서는 아니 된다.
② 운송사업자는 화물자동차 운송사업을 양도·양수하는 경우에 양도·양수에 소요되는 비용을 위·수탁차주에게 부담시켜서는 아니 된다.
③ 최대적재량 1.5톤을 초과하는 화물자동차를 밤샘주차하는 경우 차고지에서만 하여야 한다.
④ 화주로부터 부당한 운임 및 요금의 환급을 요구받았을 때에는 환급하여야 한다.
⑤ 밴형 화물자동차를 사용해서 화주와 화물을 함께 운송하는 사업자는 화물자동차 바깥쪽에 "화물"이라는 표기를 한국어 및 외국어(영어, 중국어 및 일어)로 표시하여야 한다.

해설
최대적재량 1.5톤 이하의 화물자동차를 밤샘주차하는 경우 주차장, 차고지 또는 지방자치단체의 조례로 정하는 시설 및 장소에서만 하여야 한다.(「시행규칙 제21조」)

62

화물자동차 운수사업법상 위·수탁계약의 해지 등에 관한 조문의 일부이다. ( )에 들어갈 숫자를 바르게 나열한 것은?

> 운송사업자는 위·수탁계약을 해지하려는 경우에는 위·수탁차주에게 (ㄱ)개월 이상의 유예기간을 두고 계약의 위반 사실을 구체적으로 밝히고 이를 시정하지 아니하면 그 계약을 해지한다는 사실을 서면으로 (ㄴ)회 이상 통지하여야 한다. 다만, 대통령령으로 정하는 바에 따라 위·수탁계약을 지속하기 어려운 중대한 사유가 있는 경우에는 그러하지 아니하다.

① ㄱ: 1, ㄴ: 1
② ㄱ: 2, ㄴ: 2
③ ㄱ: 2, ㄴ: 3
④ ㄱ: 3, ㄴ: 2
⑤ ㄱ: 3, ㄴ: 3

해설
위·수탁계약을 해지하려면 2개월 이상의 유예기간을 두고, 2회 이상 통지하여야 한다.

63

화물자동차 운수사업법상 화물자동차 운송주선사업의 허가를 반드시 취소하여야 하는 경우를 모두 고른 것은?

> ㄱ. 화물자동차 운송주선사업의 허가기준을 충족하지 못하게 된 경우
> ㄴ. 거짓이나 그 밖의 부정한 방법으로 운송주선사업 허가를 받은 경우
> ㄷ. 화물자동차 운수사업법 제27조(화물자동차 운송주선사업의 허가취소 등)에 따른 사업정지명령을 위반하여 그 사업정지기간 중에 사업을 한 경우

① ㄱ
② ㄷ
③ ㄱ, ㄴ
④ ㄴ, ㄷ
⑤ ㄱ, ㄴ, ㄷ

해설
화물자동차 운송주선사업의 허가 결격사유에 해당하는 경우, 거짓으로 허가를 받은 경우, 사업정지명령을 위반하여 사업정지기간 중에 사업을 한 경우의 3가지는 반드시 취소해야 하는 사유이다.

64

화물자동차 운수사업법령상 화물자동차 운송가맹사업에 관한 설명으로 옳지 않은 것은?

① 운송가맹사업자는 주사무소 외의 장소에서 상주하여 영업하려면 허가를 받고 영업소를 설치하여야 한다.
② 화물자동차 운송가맹사업 허가대장은 전자적 처리가 불가능한 특별한 사유가 없으면 전자적 처리가 가능한 방법으로 작성하여 관리하여야 한다.
③ 운송사업자 및 위·수탁차주인 운송가맹점은 화물의 원활한 운송을 위한 차량위치의 통지를 성실히 이행하여야 한다.
④ 시장·군수·구청장은 안전운행의 확보, 운송질서의 확립 및 화주의 편의를 도모하기 위하여 필요하다고 인정하면 운송가맹사업자에게 화물자동차의 구조변경 및 운송시설의 개선을 명할 수 있다.
⑤ 허가를 받은 운송가맹사업자가 주사무소를 이전한 경우 변경신고를 하여야 한다.

해설
④의 개선명령은 국토교통부장관의 권한이다.

관련이론 | 개선명령
개선명령의 내용에는 아래 5가지가 포함된다.
1. 운송약관의 변경
2. 화물자동차의 구조변경 및 운송시설의 개선
3. 화물의 안전운송을 위한 조치
4. 정보공개서의 제공의무 등, 가맹금의 반환, 가맹계약서의 기재사항 등, 가맹계약의 갱신 등의 통지
5. 보험·공제의 가입

정답 | 60. ⑤ 61. ③ 62. ② 63. ④ 64. ④

65

화물자동차 운수사업법령상 적재물배상보험 등에 관한 설명으로 옳은 것은?

① 특수용도형 화물자동차 중「자동차관리법」에 따른 피견인자동차를 소유하고 있는 운송사업자는 적재물배상보험 등의 의무가입 대상이다.
② 이사화물을 취급하는 운송주선사업자는 적재물배상보험 등의 의무가입 대상이다.
③ 적재물배상보험 등에 가입하려는 자가 운송사업자인 경우 각 사업자별로 가입하여야 한다.
④ 중대한 교통사고로 감차 조치 명령을 받은 경우에도 책임보험계약 등을 해제하거나 해지하여서는 아니 된다.
⑤ 적재물배상보험 등에 가입하려는 자가 운송주선사업자인 경우 각 화물자동차별로 가입하여야 한다.

해설
이사화물을 취급하는 운송주선사업자는 적재물배상보험 등의 의무가입 대상으로 사고 건당 500만 원 이상의 금액을 지급할 책임을 지는 적재물배상보험 등에 가입하여야 한다.(「시행령 제9조의7」)

선지분석
① 특수용도형 화물자동차 중「자동차관리법」에 따른 피견인자동차를 소유하고 있는 운송사업자는 적재물배상보험 등의 의무가입 대상에서 제외한다.(「시행령 제41조의13」)
③ 적재물배상보험 등에 가입하려는 자가 운송사업자인 경우 각 화물자동차별로 가입하여야 한다.
④ 감차 조치 명령을 받은 경우에는 책임보험계약 등을 해제하거나 해지할 수 있다.
⑤ 적재물배상보험 등에 가입하려는 자가 운송주선사업자인 경우 각 사업자별로 가입하여야 한다.

66

화물자동차 운수사업법령상 경영의 위·수탁에 관한 설명으로 옳은 것은?

① 운송사업자는 필요한 경우 다른 사람에게 차량과 그 경영의 전부를 위탁할 수 있다.
② 위·수탁계약의 기간은 2년 이상으로 하여야 한다.
③ 위·수탁계약의 내용이 계약불이행에 따른 당사자의 손해배상책임을 과도하게 가중하여 정함으로써 상대방의 정당한 이익을 침해한 경우에는 위·수탁계약 전부를 무효로 한다.
④ 화물운송사업분쟁조정협의회가 위·수탁계약의 분쟁을 심의한 결과 조정안을 작성하여 분쟁당사자에게 제시하면 분쟁당사자는 이에 따라야 한다.
⑤ 운송사업자가 위·수탁계약의 갱신 요구를 거절하는 경우에는 그 요구를 받은 날부터 30일 이내에 위·수탁차주에게 거절 사유를 적어 서면으로 통지하여야 한다.

선지분석
① 운송사업자는 필요한 경우 다른 사람에게 차량과 그 경영의 일부를 위탁할 수 있다.
③ 위·수탁계약의 내용이 계약불이행에 따른 당사자의 손해배상책임을 과도하게 가중하여 정함으로써 상대방의 정당한 이익을 침해한 경우에는 그 부분에 한하여 무효로 한다.
④ 화물운송사업분쟁조정협의회는 분쟁을 심의한 결과 조정안을 작성하여 분쟁당사자에게 권고할 수 있다.
⑤ 운송사업자가 갱신 요구를 거절하는 경우에는 그 요구를 받은 날부터 15일 이내에 위·수탁차주에게 거절 사유를 적어 서면으로 통지하여야 한다.

67

유통산업발전법상 정의에 관한 설명이다. ( )에 들어갈 내용을 바르게 나열한 것은?

- (ㄱ): 다수의 수요자와 공급자가 일정한 기간 동안 상품을 매매하거나 용역을 제공하는 일정한 장소
- (ㄴ) 체인사업: 체인본부의 계속적인 경영지도 및 체인본부와 가맹점 간의 협업에 의하여 가맹점의 취급품목·영업방식 등의 표준화사업과 공동구매·공동판매·공동시설 활용 등 공동사업을 수행하는 형태의 체인사업

① ㄱ: 상점가, ㄴ: 조합형
② ㄱ: 상점가, ㄴ: 임의가맹점형
③ ㄱ: 임시시장, ㄴ: 조합형
④ ㄱ: 임시시장, ㄴ: 임의가맹점형
⑤ ㄱ: 임시시장, ㄴ: 프랜차이즈형

해설
ㄱ은 임시시장, ㄴ은 임의가맹점형 체인사업에 대한 정의이다.

68

유통산업발전법령상 유통산업발전계획에 관한 설명으로 옳은 것은?

① 산업통상자원부장관은 10년마다 유통산업발전기본계획을 수립하여야 한다.
② 유통산업발전기본계획에는 유통산업의 지역별·종류별 발전방안이 포함되지 않아도 된다.
③ 시·도지사는 유통산업발전기본계획에 따라 2년마다 유통산업발전시행계획을 수립하여야 한다.
④ 시·도지사는 유통산업발전시행계획의 집행실적을 다음 연도 1월 말일까지 산업통상자원부장관에게 제출하여야 한다.
⑤ 지역별 유통산업발전시행계획은 유통전문인력·부지 및 시설 등의 수급방안을 포함하여야 한다.

선지분석
① 산업통상자원부장관은 5년마다 유통산업발전기본계획을 관계 중앙행정기관의 장과 협의를 거쳐 세우고 시행하여야 한다.
② 유통산업발전기본계획에는 유통산업의 지역별·종류별 발전방안이 포함되어야 한다.
③ 산업통상자원부장관은 기본계획에 따라 매년 유통산업발전시행계획을 관계 중앙행정기관의 장과 협의를 거쳐 세워야 한다.
④ 관계 중앙행정기관의 장은 시행계획의 집행실적을 다음 연도 2월 말일까지 산업통상자원부장관에게 제출하여야 한다.

69

유통산업발전법령상 대규모점포 등의 관리규정에 관한 설명으로 옳은 것을 모두 고른 것은?

ㄱ. 관리규정을 제정하기 위해서는 입점상인의 4분의 3 이상의 동의를 얻어야 한다.
ㄴ. 대규모점포 등 관리자는 대규모점포 등 관리자신고를 한 날부터 1개월 이내에 관리규정을 제정하여야 한다.
ㄷ. 시·도지사는 대규모점포 등의 효율적이고 공정한 관리를 위하여 표준관리규정을 마련하여 보급하여야 한다.
ㄹ. 대규모점포 등 관리자는 입점상인의 3분의 2 이상의 동의를 얻어 관리규정을 개정할 수 있다.

① ㄱ, ㄴ
② ㄱ, ㄷ
③ ㄴ, ㄷ
④ ㄴ, ㄹ
⑤ ㄷ, ㄹ

해설
ㄱ. 관리규정을 제정하기 위해서는 입점상인의 3분의 2 이상의 동의를 얻어야 한다.
ㄴ. 대규모점포 등 관리자는 대규모점포 등 관리자신고를 한 날부터 3개월 이내에 관리규정을 제정하여야 한다.

정답 | 65. ② 66. ② 67. ④ 68. ⑤ 69. ⑤

70

유통산업발전법상 유통산업의 경쟁력 강화에 관한 설명으로 옳은 것을 모두 고른 것은?

> ㄱ. 상점가진흥조합은 협동조합 또는 사업조합으로 설립한다.
> ㄴ. 상점가진흥조합의 구역은 다른 상점가진흥조합의 구역과 중복될 수 있다.
> ㄷ. 지방자치단체의 장은 중소유통공동도매물류센터를 건립하여 중소유통기업자단체에 그 운영을 위탁할 수 있다.
> ㄹ. 중소유통공동도매물류센터의 건립, 운영 및 관리 등에 관하여 필요한 사항은 산업통상자원부장관이 정하여 고시한다.

① ㄱ, ㄷ
② ㄴ, ㄷ
③ ㄴ, ㄹ
④ ㄱ, ㄴ, ㄹ
⑤ ㄱ, ㄷ, ㄹ

해설
ㄴ. 상점가진흥조합의 구역은 다른 상점가진흥조합의 구역과 중복될 수 없다.
ㄹ. 중소유통공동도매물류센터의 건립, 운영 및 관리 등에 관하여 필요한 사항은 중소벤처기업부장관이 정하여 고시한다.

71

유통산업발전법령상 공동집배송센터에 관한 설명으로 옳은 것은?

① 상업지역 내에서 부지면적이 1만제곱미터이고, 집배송시설면적이 5천제곱미터인 지역 및 시설물은 공동집배송센터로 지정할 수 있다.
② 공동집배송센터의 지정을 받은 날부터 정당한 사유 없이 3년 이내에 시공을 하지 아니하는 경우 산업통상자원부장관은 그 지정을 취소할 수 있다.
③ 공동집배송센터를 신탁개발하는 경우 신탁계약을 체결한 신탁업자는 공동집배송센터사업자의 지위를 승계하지 않는다.
④ 관계 중앙행정기관의 장은 집배송시설의 효율적 배치를 위하여 공동집배송센터 개발촉진지구의 지정을 산업통상자원부장관에게 요청할 수 있다.
⑤ 공동집배송센터 개발촉진지구의 집배송시설에 대하여는 시·도지사가 공동집배송센터로 지정할 수 있다.

선지분석
① 상업지역 내에서 부지면적이 2만제곱미터이고, 집배송시설면적이 1만제곱미터인 지역 및 시설물은 공동집배송센터로 지정할 수 있다.
③ 공동집배송센터를 신탁개발하는 경우 신탁업자는 공동집배송센터사업자의 지위를 승계한다.
④ 시·도지사는 집배송시설의 효율적 배치를 위하여 공동집배송센터 개발촉진지구의 지정을 산업통상자원부장관에게 요청할 수 있다.
⑤ 산업통상자원부장관은 촉진지구의 집배송시설에 대하여는 제29조제1항에도 불구하고 시·도지사의 추천이 없더라도 공동집배송센터로 지정할 수 있다.

72

항만운송사업법령상 항만운송의 유형으로 분류할 수 없는 것은?

① 선적화물을 실을 때 그 화물의 개수를 계산하는 일
② 통선(通船)으로 본선과 육지 사이에서 사람이나 문서 등을 운송하는 행위
③ 항만에서 선박 또는 부선(艀船)을 이용하여 운송될 화물을 하역장[수면(水面) 목재저장소는 제외]에서 내가는 행위
④ 선박을 이용하여 운송될 화물을 화물주의 위탁을 받아 항만에서 화물주로부터 인수하는 행위
⑤ 선적화물 및 선박에 관련된 증명·조사·감정을 하는 일

해설
통선(通船)으로 본선과 육지 사이에서 사람이나 문서 등을 운송하는 행위는 항만운송 관련사업 5가지 중 항만용역업에 포함되며, 항만운송에는 해당되지 않는다.

73

항만운송사업법상 등록 또는 신고에 관한 설명으로 옳지 않은 것은?

① 항만운송관련사업 중 선용품공급업은 신고대상이다.
② 항만하역사업과 검수사업의 등록은 항만별로 한다.
③ 한정하역사업에 대하여 관리청은 이용자·취급화물 또는 항만시설의 특성을 고려하여 그 등록기준을 완화할 수 있다.
④ 선박연료공급업을 등록한 자가 사용 장비를 추가하려는 경우에는 사업계획 변경신고를 하지 않아도 된다.
⑤ 등록한 항만운송사업자가 그 사업을 양도한 경우 양수인은 등록에 따른 권리·의무를 승계한다.

해설
선박연료공급업을 등록한 자가 사용 장비를 추가하려는 경우에는 사업계획 변경신고를 하여야 한다.

74

항만운송사업법령상 감정사업의 등록을 한 자가 요금의 변경신고를 할 경우 제출 서류에 기재하여야 하는 사항을 모두 고른 것은?

| ㄱ. 사업의 종류 | ㄴ. 취급화물의 종류 |
| ㄷ. 항만명 | ㄹ. 변경하려는 요금의 적용방법 |

① ㄱ, ㄴ
② ㄷ, ㄹ
③ ㄱ, ㄴ, ㄹ
④ ㄴ, ㄷ, ㄹ
⑤ ㄱ, ㄴ, ㄷ, ㄹ

해설
감정사업의 등록을 한 자가 요금의 변경신고를 할 경우 제출 서류에 기재하여야 하는 사항은 ㄱ, ㄴ, ㄹ 외에도 상호, 성명 및 주소와 변경 전후 요금 비교, 변경사유와 변경예정일 등이 있다.

75

철도사업법령상 철도사업약관 및 사업계획에 관한 설명으로 옳은 것은?

① 철도사업자는 철도사업약관을 정하여 국토교통부장관의 허가를 받아야 한다.
② 국토교통부장관은 철도사업약관의 변경신고를 받은 날부터 10일 이내에 신고수리 여부를 신고인에게 통지하여야 한다.
③ 철도사업자는 여객열차의 운행구간을 변경하려는 경우 국토교통부장관의 인가를 받아야 한다.
④ 철도사업자는 사업용철도노선별로 여객열차의 정차역의 10분의 2를 변경하는 경우 국토교통부장관에게 신고하여야 한다.
⑤ 철도사업자가 사업계획 중 인가사항을 변경하려는 경우에는 사업계획을 변경하려는 날 1개월 전까지 사업계획변경인가신청서를 제출하여야 한다.

선지분석
① 철도사업약관은 신고하여야 한다.
② 3일 이내에 신고수리여부를 통지하여야 한다.
④ 인가를 받아야 한다.
⑤ 2개월 전까지 제출하여야 한다.

| 정답 | 70. ① | 71. ② | 72. ② | 73. ④ | 74. ③ |
| | 75. ③ | | | | |

76

철도사업법령상 과징금에 관한 설명으로 옳지 않은 것은?

① 징수한 과징금은 철도사업 종사자의 양성을 위한 시설 운영의 용도로 사용할 수 있다.
② 과징금 부과처분을 받은 자가 납부기한까지 과징금을 내지 아니하면 국세 체납처분의 예에 따라 징수한다.
③ 과징금은 분할하여 낼 수 없다.
④ 하나의 위반행위에 대하여 사업정지처분과 과징금처분은 함께 부과할 수 없다.
⑤ 국토교통부장관은 과징금으로 징수한 금액의 운용계획을 수립하여 시행하여야 한다.

해설
과징금은 분할하여 납부할 수 있다.

77

철도사업법상 철도사업자에 관한 설명으로 옳지 않은 것은?

① 철도사업자는 여객에 대한 운임을 변경하려는 경우 국토교통부장관에게 신고하여야 한다.
② 철도사업자는 철도사업을 양도·양수하려는 경우에는 국토교통부장관의 인가를 받아야 한다.
③ 철도사업자가 국토교통부장관의 허가를 받아 그 사업의 전부 또는 일부를 휴업하는 경우 휴업기간은 6개월을 넘을 수 없다.
④ 철도사업자의 화물의 멸실·훼손에 대한 손해배상책임에 관하여는 「상법」 제135조(손해배상책임)를 준용하지 않는다.
⑤ 철도사업자는 타인에게 자기의 성명 또는 상호를 사용하여 철도사업을 경영하게 하여서는 아니 된다.

해설
철도사업자의 화물의 멸실·훼손에 대한 손해배상책임에 관하여는 「상법 제135조」(손해배상책임)를 준용한다.

78

철도사업법령상 전용철도에 관한 설명이다. ( )에 들어갈 내용을 바르게 나열한 것은?

> - 전용철도를 운영하려는 자는 전용철도 건설기간을 1년 연장한 경우 국토교통부장관에게 (ㄱ)을(를) 하여야 한다.
> - 전용철도운영자가 그 운영의 일부를 폐업한 경우에는 (ㄴ) 이내에 국토교통부장관에게 (ㄷ)하여야 한다.

① ㄱ: 신고, ㄴ: 15일, ㄷ: 등록
② ㄱ: 신고, ㄴ: 1개월, ㄷ: 등록
③ ㄱ: 등록, ㄴ: 15일, ㄷ: 신고
④ ㄱ: 등록, ㄴ: 1개월, ㄷ: 신고
⑤ ㄱ: 등록, ㄴ: 3개월, ㄷ: 신고

해설
ㄱ. 6개월의 범위 안에서 전용철도 건설기간을 조정한 경우는 경미한 사항에 해당하므로 등록사항의 변경을 등록하지 않아도 된다. 그러나 1년 연장한 경우에는 변경사항을 등록하여야 한다.(「시행령 제12조」)
ㄴ, ㄷ. 전용철도운영자가 그 운영의 전부 또는 일부를 휴업 또는 폐업한 경우에는 1개월 이내에 국토교통부장관에게 신고하여야 한다.(「법 제38조」)

79

농수산물 유통 및 가격안정에 관한 법령상 농수산물도매시장의 개설·폐쇄에 관한 설명으로 옳지 않은 것은?

① 시가 지방도매시장을 개설하려면 도지사에게 신고하여야 한다.
② 특별시·광역시·특별자치시 및 특별자치도가 도매시장을 폐쇄하는 경우 그 3개월 전에 이를 공고하여야 한다.
③ 특별시·광역시·특별자치시 또는 특별자치도가 도매시장을 개설하려면 미리 업무규정과 운영관리계획서를 작성하여야 한다.
④ 도매시장은 양곡부류·청과부류·축산부류·수산부류·화훼부류 및 약용작물 부류별로 개설하거나 둘 이상의 부류를 종합하여 개설한다.
⑤ 도매시장의 명칭에는 그 도매시장을 개설한 지방자치단체의 명칭이 포함되어야 한다.

해설
시가 지방도매시장을 개설하려면 도지사의 허가를 받아야 한다.

관련이론 | 「법 제17조」
도매시장은 대통령령으로 정하는 바에 따라 부류별로 또는 둘 이상의 부류를 종합하여
㉠ 중앙도매시장의 경우에는 특별시·광역시·특별자치시 또는 특별자치도가 개설하고,
㉡ 지방도매시장의 경우에는 특별시·광역시·특별자치시·특별자치도 또는 시가 개설한다.
㉢ 다만, 시가 지방도매시장을 개설하려면 도지사의 허가를 받아야 한다.

80

농수산물 유통 및 가격안정에 관한 법령상 농수산물공판장에 관한 설명으로 옳지 않은 것은?

① 농림수협등, 생산자단체 또는 공익법인이 공판장을 개설하려면 시·도지사의 승인을 받아야 한다.
② 공판장에는 중도매인, 매매참가인, 산지유통인 및 경매사를 둘 수 있다.
③ 공판장의 경매사는 공판장의 개설자가 임면한다.
④ 공판장의 중도매인은 공판장의 개설자가 지정한다.
⑤ 공익법인이 운영하는 공판장의 개설승인 신청서에는 해당 공판장의 소재지를 관할하는 시장 또는 자치구의 구청장의 의견서를 첨부하여야 한다.

해설
농림수협등, 생산자단체 또는 공익법인이 공판장의 개설승인을 받으려면 공판장 개설승인 신청서에 업무규정과 운영관리계획서 등 승인에 필요한 서류를 첨부하여 시·도지사에게 제출하여야 한다.(「법 제43조」)

정답 | 76. ③   77. ④   78. ④   79. ①   80. ⑤

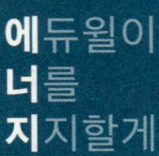

ENERGY

삶의 순간순간이
아름다운 마무리이며
새로운 시작이어야 한다.

- 법정 스님

**여러분의 작은 소리
에듀윌은 크게 듣겠습니다.**

본 교재에 대한 여러분의 목소리를 들려주세요.
공부하시면서 어려웠던 점, 궁금한 점,
칭찬하고 싶은 점, 개선할 점, 어떤 것이라도 좋습니다.

에듀윌은 여러분께서 나누어 주신 의견을
통해 끊임없이 발전하고 있습니다.

에듀윌 도서몰 book.eduwill.net
- 부가학습자료 및 정오표: 에듀윌 도서몰 → 도서자료실
- 교재 문의: 에듀윌 도서몰 → 문의하기 → 교재(내용, 출간) / 주문 및 배송

꿈을 현실로 만드는
에듀윌

DREAM

공무원 교육
- 선호도 1위, 신뢰도 1위! 브랜드만족도 1위!
- 합격자 수 2,100% 폭등시킨 독한 커리큘럼

자격증 교육
- 9년간 아무도 깨지 못한 기록 합격자 수 1위
- 가장 많은 합격자를 배출한 최고의 합격 시스템

직영학원
- 검증된 합격 프로그램과 강의
- 1:1 밀착 관리 및 컨설팅
- 호텔 수준의 학습 환경

종합출판
- 온라인서점 베스트셀러 1위!
- 출제위원급 전문 교수진이 직접 집필한 합격 교재

어학 교육
- 토익 베스트셀러 1위
- 토익 동영상 강의 무료 제공

콘텐츠 제휴·B2B 교육
- 고객 맞춤형 위탁 교육 서비스 제공
- 기업, 기관, 대학 등 각 단체에 최적화된 고객 맞춤형 교육 및 제휴 서비스

부동산 아카데미
- 부동산 실무 교육 1위!
- 상위 1% 고소득 창업/취업 비법
- 부동산 실전 재테크 성공 비법

학점은행제
- 99%의 과목이수율
- 17년 연속 교육부 평가 인정 기관 선정

대학 편입
- 편입 교육 1위!
- 최대 200% 환급 상품 서비스

국비무료 교육
- '5년우수훈련기관' 선정
- K-디지털, 산대특 등 특화 훈련과정
- 원격국비교육원 오픈

에듀윌 교육서비스 **AI 교육** AI 프롬프트 연구소/AI CLASS(ChatGPT/AICE/노션 AI/중개업 AI 등) **공무원 교육** 9급공무원/소방공무원/계리직공무원 **자격증 교육** 공인중개사/주택관리사/손해평가사/감정평가사/노무사/전기기사/경비지도사/검정고시/소방설비기사/소방시설관리사/사회복지사1급/대기환경기사/수질환경기사/건축기사/토목기사/직업상담사/청소년상담사/전기기능사/산업안전기사/산업위생관리기사/건설안전기사/위험물산업기사/위험물기능사/설비보전기사/에너지관리기사/유통관리사/물류관리사/행정사/한국사능력검정/한경TESAT/매경TEST/KBS한국어능력시험·실용글쓰기/국제무역사/무역영어 **어학 교육** 토익 교재/토익 동영상 강의 **금융/IT/비즈니스** 전산세무회계/ERP정보관리사/재경관리사/정보처리기사/컴퓨터활용능력/SQLD/ADsP **대학 편입** 편입 영어·수학/연고대/의약대/경찰대/논술/면접 **직영학원** 공무원학원/소방학원/공인중개사 학원/주택관리사 학원/전기기사 학원/편입학원 **종합출판** 공무원·자격증 수험교재 및 단행본 **학점은행제** 교육부평가인정기관 원격평생교육원(사회복지사2급/경영학/CPA) **콘텐츠 제휴·B2B 교육** 교육 콘텐츠 제휴/기업 맞춤 자격증 교육/대학취업역량 강화 교육 **부동산 아카데미** 부동산 창업CEO/부동산 경매마스터/부동산 컨설팅 **주택취업센터** 실무 특강/실무 아카데미 **국비무료 교육(국비교육원)** 전기기능사/전기(산업)기사/소방설비(산업)기사/IT(빅데이터/자바프로그램/파이썬)/게임그래픽/3D프린터/실내건축디자인/웹퍼블리셔/그래픽디자인/영상편집(유튜브) 디자인/온라인 쇼핑몰광고 및 제작(쿠팡, 스마트스토어)/전산세무회계/컴퓨터활용능력/ITQ/GTQ/직업상담사

교육문의 1600-6700 www.eduwill.net

• 2022 소비자가 선택한 최고의 브랜드 공무원·자격증 교육 1위 (조선일보) • 2023 대한민국 브랜드만족도 공무원·자격증·취업·학원·편입·부동산 실무 교육 1위 (한경비즈니스)
• 2017/2022 에듀윌 공무원 과정 최종 환급자 수 기준 • 2023년 성인 자격증, 공무원 직영학원 기준 • YES24 공인중개사 부문, 2025 에듀윌 공인중개사 이영방 필살키 부동산학개론 (2025년 10월 월별 베스트) 그 외 다수 • YES24 한국산업인력공단 부문, 2025 에듀윌 산업안전기사 필기 한권끝장 (2025년 10월 베스트) 그 외 다수 • 교보문고 취업/수험서 부문, 2025 에듀윌 공기업 코레일 한국철도공사 실전모의고사 9+2+4회(2025년 2월 1일~2월 28일, 인터넷 월간 베스트) 그 외 다수 • 알라딘 시사/상식 부문, 2025 최신판 에듀윌 취업 공기업 기출 일반상식 (2025년 6월 5주 주별 베스트) 그 외 다수 • YES24 컴퓨터활용능력 부문, 2024 컴퓨터활용능력 1급 필기 초단기끝장(2023년 10월 3~4주 주별 베스트) 그 외 다수 • YES24 신규자격증 부문, 2025 에듀윌 SQL 개발자 SQLD 2주끝장+무료특강(2025년 10월 월별 베스트) 그 외 다수 • YES24 eBook 부문, 2025 에듀윌 취업 SKCT SK그룹 종합역량 통합기본서 (2025년 10월 월별 베스트) 그 외 다수 • YES24 국어 외국어사전영어 토익/TOEIC 기출문제/모의고사 분야 베스트셀러 1위 (에듀윌 토익 READING RC 4주끝장 리딩 종합서, 2022년 9월 4주 주별 베스트) • 에듀윌 토익 교재 입문~실전 인강 무료 제공 (2022년 최신 강좌 기준/109강) • 2024년 종강반 중 모든 평가항목 정상 참여자 기준, 99% (평생교육원 기준) • 2008년~2024년까지 234만 누적수강학점으로 과목 운영 (평생교육원 기준) • 에듀윌 국비교육원 구로센터 고용노동부 지정 "5년우수훈련기관" 선정 (2023~2027)
• KRI 한국기록원 2016, 2017, 2019년도 공인중개사 최다 합격자 배출 공식 인증 (2025년 현재까지 업계 최고 기록)

YES24 수험서 자격증 국가자격/전문사무 물류관리사 베스트셀러 1위 (2022년 12월 4주, 2023년 1월 1주~6월 4주, 7월 1주, 5주, 8월 1주~2주, 4주, 10월 1주~3주, 11월 1주, 12월 3주, 2024년 3월 4주~5주, 4월 2주~3주, 5월 4주, 8월 4주, 9월 1주, 3주~5주, 10월 1주~3주, 11월 1주, 12월 5주, 2025년 1월 2주, 3월 5주, 5월 1주, 3주, 8월 4주~5주, 9월 4주, 10월 4주 주별 베스트)
2023, 2022, 2021 대한민국 브랜드만족도 물류관리사 교육 1위(한경비즈니스)
2020, 2019 한국브랜드만족지수 물류관리사 교육 1위(주간동아, G밸리뉴스)

2026 에듀윌 물류관리사 한권끝장 + 무료특강

이론[1교시, 2교시] + 5개년 기출

[최신 5개년 기출+기출해설] 최신 기출 반복 학습으로 단기 합격 완성!
이용경로 교재 내 수록

[CBT 시험 서비스] 언제 어디서든! 최신 5개년 기출 CBT 무료 응시 가능!
혜택경로 교재 내 QR코드

[최신 2개년 기출 해설 무료특강] 최신 출제 경향 분석을 통해 실전 감각 극대화!
혜택경로 에듀윌 도서몰(book.eduwill.net) ▶ 동영상강의실 ▶ '물류관리사' 검색

고객의 꿈, 직원의 꿈, 지역사회의 꿈을 실현한다

펴낸곳 (주)에듀윌   **펴낸이** 양형남   **출판총괄** 김기철   **에듀윌 대표번호** 1600-6700
주소 서울시 구로구 디지털로 34길 55 코오롱싸이언스밸리 2차 3층
© 2025 eduwill. Created with AI assistance.
협의 없는 무단 복제는 법으로 금지되어 있습니다.

에듀윌 도서몰	• 부가학습자료 및 정오표: 에듀윌 도서몰 > 도서자료실
book.eduwill.net	• 교재 문의: 에듀윌 도서몰 > 문의하기 > 교재(내용, 출간) / 주문 및 배송